国家社科基金重大项目

（项目编号：06&ZD023）

我国奥运会备战参赛的理论与实践

上

杨桦 主编

中国法制出版社
CHINA LEGAL PUBLISHING HOUSE

本书编写组

主　编：杨　桦

副主编：钟秉枢　池　建　熊晓正　黄亚玲　王　莉　李少丹

主要编写人员：（按姓氏笔画排序）

　　　王　莉　王会寨　王凯珍　池　建　刘大庆　刘纯献

　　　李少丹　李庚全　杨　桦　苗向军　钟秉枢　黄亚玲

　　　蔡有志　熊晓正

参编人员：（按姓氏笔画排序）

　　　马　群　王卫星　王长生　王润斌　毛志雄　布

　　　毕仲春　毕晓婷　米　靖　许小冬　何世权　何

　　　何　强　张力为　张玉田　张英波　张建会　张

　　　张　薇　张　霞　李劲松　苏丕仁　邱招义　阮

　　　陈立人　周爱国　周　越　易剑东　郑国华　胡

　　　袁守龙　贾志强　韩　坤　雷　厉

前　言

2006 年，正当中国军团备战 2008 年北京奥运会如火如荼之际，杨桦教授率领的课题组针对在"家门口"准备参加奥运会比赛所面临的重大理论问题和实践难题，以"2008 年奥运会我国备战、参赛若干重大问题研究"为题展开了研究，获得当年国家哲学社会科学基金重大招标课题立项。课题组以北京体育大学科研队伍为依托，先后组织了 50 多位校内外专家、学者和博士研究生参与研究工作。课题研究的总体思路和框架由杨桦教授负责设计，分设 4 个课题。第一个课题由杨桦任负责人，以回顾我国竞技体育崛起的历程，总结取得的主要经验为主要任务；第二个课题由池建任负责人，以总结我国奥运备战工作的经验，研究 2008 年备战过程中面临的重大问题为主要任务；第三个课题由钟秉枢任负责人，以总结历届参赛的经验，研究 2008 年奥运会参赛中可能出现的重大问题为主要任务；第四个课题由熊晓正任负责人，以研究北京奥运会圆满成功的基础和对未来的影响为主要任务。为了把握研究进度，保障研究质量，圆满完成研究任务，北京体育大学专门设立重大课题研究办公室，负责课题的人员调配、调查安排、质量控制、进度检查、经费监管等事宜，为课题研究的实施提供了充足的人力、时间和物质条件。

2007 年，该课题完成了核心部分研究，并为中国奥运军团备战工作提供了及时的咨询；2008 年奥运会开幕前夕，该课题基本完成。考虑到中国军团 2008 年奥运会参赛在即，遵照有关领导的指示，申请了延期结题。本书在"结题报告"的基础上，参照 2008 年奥运会的实际备战参赛工作和取得的巨大成功及产生的重大影响，进行了必要的补充与修订，定名为《我国奥运会备战参赛的理论与实践》。从结题报告的初步形成到该书的定稿，先后六易其稿。现在奉献给读者的这本著作共包括五部分：第一篇，课题总论；第二篇，我国竞技体育崛起的历程及主要经验；第三篇，2008年奥运会我国备战重大问题；第四篇，2008年奥运会我国参赛重大问题；第五篇，北京奥运会实现成功举办的伟大预期，共26章70多万字。这是目前国内全面系统研究奥运会备战与参赛问题的一部著作。

这项研究的成果还包含了数以千万字的研究资料，发表了数十篇研究论文，参与编写了十多部教材。由于受到篇幅字数的限制，许多具体内容和资料不能一一都收入本书之中。

由于课题研究过程与中国体育代表团备战、参赛北京奥运会的实践同步开展，使课题研究手段与研究对象实现了很好的结合。为了增强研究的针对性，突出阶段性成果的实际应用价值，在首席专家统筹设计和带领下，课题组深入多个国家集训队现场，与正在紧张备战北京奥运会的领队、教练员和运动员进行座谈、访谈或问卷调查，发掘训练第一线存在的亟待解决的问题，然后进行分析论证，设计指导方案，探讨整改措施，适时推出了一批阶段性成果，为解决各运动队训练、管理、比赛中普遍存在的关键性问题提供了理论指导，为提高中国体育代表团备战、参赛的科学化、规范化、标准化、集约化、系统化水平提供了科技支持，得到国家体育总局、各运动项目管理中心和多个国家队的重视和采纳。

为配合中国军团的备战参赛工作，在国家体育总局的支持下，课题组主动参与了备战北京奥运会的系列活动，应邀参加了大量服务工作和教育工作，例如，科研团队跟队训练和服务、运动队理想信念系列教育、反兴奋剂教育、中国代表团礼仪教育等，这些不仅使该课题的研究紧紧跟踪实践，促进了理论与实践的结合，还对奥运备战工作产生了巨大的推动作用。

国家体育总局2008年北京奥运会竞技备战工作领导小组办公室、科教司等部门先后以公函形式对本项研究的成果所产生的应用价值给予充分肯定。课题组向全国哲学社会科学规划办公室报送的多篇《成果要报》和

《工作简报》，也受到主管部门的高度重视并得到刊发。

本书以 2008 年北京奥运会备战参赛为切入点，从解剖我国奥运军团备战、参赛面临问题入手，在总结过往经验的基础上，着重以揭示奥运备战、参赛规律和科学的组织体系为主要学术诉求。但其所涉内容，几乎涵盖体育事业的各个方面。因为，揭示一个子系统的规律，离不开竞技体育发展的基本态势，离不开体育事业发展的内在约束，离不开社会巨系统提供的生存环境。我们是在分析中国体育事业发展的内在需求、历史动因与发展进程中审视奥运会备战参赛；是在厘清奥运备战参赛与整个竞技体育、体育事业乃至社会、经济、文化发展关系的基础上进行完善；是从解构备战、参赛的系统构成、战略目标、资源配置、项目统筹、技战术训练创新、思想政治工作、反兴奋剂、伤病防治、科技保障、参赛指挥、参赛风险、心理调节、本土参赛利弊因素与代表团形象塑造等若干关键、细节性问题入手揭示其规律。因此，这是一本整合体育学、哲学、社会学、管理学、经济学、系统科学、生物科学、统计学、心理学等多门学科的理论与方法，是多学科、跨学科研究成果，它不仅总结发展了相应学科的理论成果，同时也促进了相关学科的运用与融合。总体而言，本书对了解中国体育发展历程、发展战略、制度建设、奥运战略、组织实施、运动训练、社会影响及存在问题与改革，都能提供积极的帮助。

本课题在研究过程中，得到了全国哲学社会科学规划办公室领导和工作人员的亲切关心和具体指导；国家体育总局领导对课题研究进行大力支持与指导。国家体育总局副局长段世杰同志为本书作序，认为该研究"不仅对于中国在北京奥运会上取得优异成绩具有价值，而且对于中国体育未来的和谐发展，对于中国健步走向世界体育强国也具有指导意义。"

课题研究还得到了第 29 届奥林匹克运动会组织委员会（北京奥组委）、国家体育总局 2008 年北京奥运会竞技备战工作领导小组办公室、科教司、竞体司以及有关运动项目管理中心等单位的支持，以及许多专家、学者对课题研究提供的帮助，在此一并表示衷心的感谢！

序

2001 年 7 月，北京申办奥运会成功，中国人对奥运的百年企盼终于梦想成真。2008 年 8 月，万客云集、流光溢彩的北京奥运会，在和谐的氛围中创造了比赛设施、竞赛组织、运动成绩、媒体传播、安保措施、交通运输、志愿服务等多方面的一流。全世界的体育爱好者与中国人民一道参与并享受了具有东方特色的奥林匹克文化盛宴。国际奥委员会主席罗格做出了"这是一届真正的无与伦比的奥运会"的高度评价！

北京奥运会的帷幕早已落下，但众多的人们为办好这届奥运会所做出的艰辛探索和实践仍然使人难以忘怀。党中央、国务院高度重视奥运会的筹办和举办，北京奥组委为把北京奥运会办成一届"有特色、高水平"的奥运会做出了不懈努力。中国体育界始终把体育健儿取得优异成绩作为北京奥运会成功举办的重要体现，并提出了"全民健身与奥运同行"的理念，借举办奥运之机，全面推进全民健身运动的发展。中国的体育工作者，把举办奥运会作为全面学习、认识、诠释奥运文化的重大契机，潜心进行研究。

杨桦同志率领的研究团队承担了国家社科基金重大项目——"2008 年奥运会我国备战、参赛若干重大问题研究"。这是一项面对奥运大赛所进行的专题性研究，涉及的内容广泛，思考较为深刻，对认识和参与奥运匹克运动很有裨益。

借东道主之机，全面提升本国竞技体育的水平，是所有奥运举办国体育界的共同理念，当然，中国体育界绝不能放过这一重大机遇。国家体育总局历史性地在组织创新、机制创新、训练理念、管理措施、科技保障等诸多方面进行创新，不仅很好地继承了前人的经验，创造了优异成绩，同时，对体育的社会价值、实现方式等方面有很多理性思考。

这项课题研究工作全面启动以来，课题组认真钻研理论，提升实践经验，陆续发表一些研究文章，出版了部分阶段性成果。现在呈现在人们面前的这部专著——《我国奥运会备战参赛的理论与实践》，包含了从历史经验借鉴、备战工作的系统性开展、参赛关键问题的处理到奥运遗产的整理与吸收等几大板块，立论正确，论据充分，资料翔实，逻辑清晰，凝聚数年心血，体现了研究者追求卓越的科学态度。这部专著的内容对于中国体育健儿充分备战和比赛制胜起到了智力支持作用。

胡锦涛总书记在北京奥运会、残奥会总结表彰大会上的讲话中指出，七年来，广大奥运建设者、工作者、志愿者坚持坚定正确的政治方向、科学严谨的工作态度，以过硬的作风、周密的措施、细致的工作，确保北京奥运会、残奥会各个环节实现了有特色、高水平的要求。总书记对北京奥运会参与者的肯定和表扬当然也包括这些理论研究者。正是由于他们的研究和实践，为中国体育代表团在北京奥运会上创造辉煌成绩和展示全新形象注入了智力因素和精神营养。中国体育代表团在北京奥运会上取得的骄人战绩也凝聚着这些理论研究者的智慧。

在中国的北京举办奥运会，对于每一位体育工作者来说都是一生中难得的机遇，参与其中的建设工作更是义不容辞的责任。许多人把经受北京奥运会的锻炼当作一次特殊的大考，把身临其境当作自己生逢其时的机缘。我们参与、奉献，享受其中的快乐，我们在这次大考中取得了优异成绩，履行了对世界的郑重承诺，赢得了国际社会的高度评价。

然而，竞技运动永无止境。我们的薄弱环节仍然存在，基础项目与别人的差距比较明显，我国由体育大国向体育强国攀登的道路还十分崎岖。这不仅是对中国竞技体育发展水平的一种估价，也是中国每一位体育人必须清醒面对的现实。北京奥运会的辉煌已经成为过去，我们要面对新的任务，瞄准新的高度，不断开展理论研究和实践创新，为中国竞技体育的持

续进步和创造卓越提供支持。从这个意义上讲，《我国奥运会备战参赛的理论与实践》不仅对于中国在北京奥运会上取得优异成绩具有价值，而且对于中国体育未来的和谐发展，对于中国健步走向世界体育强国也具有指导意义。

希望杨桦同志带领团队继续探索，为中国体育的发展提供更多有价值的成果。上述字句可能词不达意，仅作抛砖引玉之用。是为序。

2012 年 3 月

目　录

（上　册）

（下　册）

第一篇

总　论

2008 年 8 月，第 29 届奥运会在北京举办，国际社会共同分享了北京奥运会的丰硕成果。为了北京奥运会的圆满成功，2006 年以来，本课题研究团队从竞技体育训练与参赛的角度出发，就中国备战和参加北京奥运会的若干重大问题进行全方位的研究。

一、研究背景

（一）北京申奥成功为本课题提供研究机遇

1908 年，一家名为《天津青年》的杂志向人们提出三个问题，其中最后一个问题是"中国何时才能举办奥运会"。长期以来，举办奥运会成为中国人的一个梦想，但由于种种限制，这一梦想的实现等待了一百年。

20 世纪 90 年代，中国北京开始了申办奥运的历程，虽然首次申奥以两票之差失利，但中国人找到了差距，积累了经验，树立了信心，赢得了支持。2001 年 7 月 13 日，在莫斯科举行的国际奥林匹克会议上，中国北京以较大优势获得了 2008 年第 29 届奥运会的举办权。北京申奥的成功给中国人一个圆梦的机会，同时也向中国人提出了许多研究课题，其中向中国体育界提出的重要问题之一是：中国将怎样准备和参加北京奥运会？

与那些多次举办奥运会的发达国家不同，近代中国积贫积弱，国家形象在世界竞技场上相形见绌，中华体育健儿备受屈辱。20 世纪 70 年代末，中国开始改革开放，以经济建设为中心，在经济全球化浪潮中激流勇进，成为经济持续增长的国家，综合国力大大提升。作为一个曾经引导世界文化潮流的民族，新世纪的中国究竟应该向世界奉献什么？通过举办奥运会，促进中华文化与西方文化的交流和相互借鉴，向世界展示中国人的崭新形象和对奥林匹克运动的支持，这是中国人结缘奥运的最大情结！

中国怎样备战和参加北京奥运会的比赛？这也是中国体育界在申奥成功豪情释放之后很快进入思考的一个问题。对此，党和政府给予了充分的关怀和支持，无数的中国人也对体育界寄托了许多希望。中国体育人只有全力以赴，才能不辱使命。

一般而言，国际社会对奥运会的成功与否具有如下共识：第一，一流的场馆设施；第二，赛会组织工作安全有序；第三，东道主代表团的出色表现；第四，媒体具有较高的评价；第五，良好的经济效益和文化影响。如何准备和参加北京奥运会比赛，这是涉及东道主代表团能否具有出色表现的大问题，同时也涉及媒体的评价、经济效益和文化影响力等诸多方面。

正是北京申奥成功这一重大事件给中国体育工作者提供了研究"东道主如何在家门口参加奥运会"这一历史性课题的机遇。俗话说，不打无准备之仗。中国准备和参加北京奥运会比赛这一问题从表面看好像很简单，其实里边蕴含着一个宏大的工程。虽然中国军团的工作主要体现在准备和参赛两大过程，但涉及的问题却很多，包括管理体制、运行效率、思想教育、战略战术、科学训练、伤病防治、膳食营养、比赛经验、心理干预、信息分析、参赛指挥、风险评估、媒体应对等很多方面。要解决中国准备和参赛的一系列问题，需要精心筹划，科学训练，提高软、硬两方面的实力。换句话说，北京奥运会中国准备和参赛的历史任务要求体育工作者从宏观到微观两方面都要进行研究，做出预案。只有未雨绸缪，中国军团才能在竞赛中旗开得胜，表现优异。

（二）中国竞技体育的三十年跨越为本课题打下研究基础

中国运动员在国际体坛崭露头角始于 1959 年。时年 4 月，容国团为中国人夺得第一个乒乓球世界冠军，从此世界冠军的大门向中国人隆隆洞开。新中国成立后，中国体育度过了 20 多年打基础、争权利的艰难岁月。伴随着改革开放的进程和海峡两岸中国人参加国际奥委会资格问题的恰当解决，中国体育全面走向世界，登上国际竞技大舞台。

30 年改革开放，中国体育实现了巨大的历史性跨越。1979 年，国际奥委会恢复中国的合法席位。1984 年，中国以正式会员的身份全面参加洛杉矶奥运会，取得了 15 枚金牌的优异成绩。从此，中国体育逐步成为国际奥运赛场日益重要的竞争力量。进入 21 世纪以来，中国体育在奥运赛场连创佳绩，一步一个台阶向高峰攀登。2000 年悉尼奥运会，中国代表团取得了 28 枚金牌的好成绩，进入奥运奖牌榜第一集团；2004 年雅典奥运会，中国代表团再接再厉，收获 34 枚金牌，登上金牌榜第二位的高度，跨入世界竞

技体育先进国家的行列。

中国竞技体育30年历史跨越中的许多成果为中国备战和参加北京奥运会比赛和本课题研究打下了理论基础，比如，举国管理体制、理想信念教育、模拟实况训练、运动损伤预防等。这些成果有些是日常训练和关键比赛中的经验积累，有些则是系统研究并反复检验的行动方案，都是体坛前辈心血的结晶。本课题所做的工作就是在以往研究的基础上，根据2008年北京奥运会的现实，系统整理30年中国竞技体育快速进步的历程，从竞技训练和参赛两个阶段的情况入手，展开相关方面的研究。

（三）中国政府的庄严承诺对本课题提出研究任务

中国在申办2008奥运会时提出了新的奥运理念：绿色奥运、科技奥运、人文奥运。这三大理念紧扣人类社会生存和发展中所面临的重大理论和现实问题，旨在促进人与人、人与自然、人与社会的和谐发展，赢得了广泛的响应。北京申奥成功之后，中国政府对世界作出了举办一届"有特色、高水平"奥运会的承诺。所谓有特色是指：中国风格、人文风采、时代风貌、大众参与。所谓高水平表现在八个方面：高水平的体育设施和竞赛组织；高水平的开幕式及文化活动；高水平的媒体服务和良好的舆论评价；高水平的安全保卫工作；高水平的志愿者队伍和服务；高水平的交通组织和生活服务；高水平的城市文明形象；各国运动员取得优异成绩。

为了实现"有特色、高水平"的承诺，中央领导亲赴一线考察奥运筹备事宜。2006年10月1日上午，胡锦涛总书记来到北京奥运场馆建设工地，看望节日期间坚持工作的工程建设者，向他们致以节日祝贺和亲切慰问，并特别强调："举办奥运会，是我国各族人民的共同心愿，是中华民族的百年企盼，是全国的一件大事。我们一定要尽最大努力把奥运会办好，以增强全国各族人民的自信心和奋斗精神、增强中华民族的自豪感和凝聚力，共同为实现中华民族的伟大复兴而奋斗。"① 这是中央领导人对全社会发出的办好奥运的号召。

---

① 胡锦涛节日考察奥运场馆建设工地［N］. 人民日报, 2006－10－2（1）.

2008 年 7 月 23 日，中共中央总书记、国家主席、中央军委主席胡锦涛和中共中央政治局常委、中央书记处书记、国家副主席习近平来到国家体育总局训练局，考察奥运备战工作，看望运动员、教练员和工作人员，代表党中央向大家表示诚挚的问候。胡锦涛指出，"全国人民热切期待着北京奥运会办得精彩纷呈，也热切期待着中国体育代表团在本届奥运会上取得好成绩。希望你们利用这段宝贵时间，着力抓好赛前训练，使运动员做到以最佳竞技状态参赛；着力抓好思想工作，引导运动员以良好的心态对待比赛；着力抓好后勤保障，为运动员备战和参赛创造良好条件。"① 这是在奥运备战关键时刻中央领导人对中国体育健儿传达的要在北京奥运会上取得运动成绩和精神文明双丰收的殷切期望。

2008 年 8 月 8 日，国家主席胡锦涛在欢迎出席北京奥运会贵宾的宴会上发表题为"弘扬奥林匹克精神，共创世界美好未来"的祝酒词时说："2001 年北京申奥成功以来，中国政府和人民认真履行对国际社会的郑重承诺，坚持绿色奥运、科技奥运、人文奥运理念，全力做好各项筹办工作。我相信，在国际奥委会和国际奥林匹克大家庭支持下，我们一定能够共同把北京奥运会办成一届有特色、高水平的奥运会。"② 这是北京奥运会开幕当天中国领导人再次对世界作出办好北京奥运会的庄严承诺。

伴随着北京奥运会紧张的筹备工作，本课题组针对中国竞技体育如何备战和参赛展开了全面的研究。我们对国家领导人关怀奥运、期待中国竞技体育跨上新台阶的话语感到十分亲切，备受鼓舞，对北京奥运会筹备工作取得的重大进展感到由衷的高兴，常常夜以继日地奔波，调查研究课题所涉及的问题。举办一届"有特色、高水平"奥运会的承诺，实际上给我们的工作确定了基本的研究任务。作为体育理论研究者，就是要围绕举办"有特色、高水平"奥运会的目标，在训练和参赛等重要战略问题上做出前

---

① 胡锦涛总书记在国家体育总局训练局考察奥运备战工作 ［N］. 人民日报，2008 - 7 - 24 (1).

② 胡锦涛举行隆重宴会 热烈欢迎出席奥运会的贵宾 ［N］. 人民日报，2008 - 8 - 9 (2).

瞻性的研究，在影响比较大的事务工作上做出预先规划，从容应对各种复杂情况，为北京奥运会的成功举办和中国代表团的"双丰收"打好理论基础。

（四）中国体育健儿的不懈追求是本课题研究的精神动力

体育是一项不懈追求、永无止境的事业。体育研究也要与时俱进，不断追求新的内容和新的高度。中国体育健儿有一句名言：从领奖台上走下来，一切从零开始。无论训练还是比赛，大家都把取得的成绩看做是已经过去的事情，专注于新的目标，迎接新的挑战。从容国团的"人生能有几回搏"，到乒乓球队的"我是代表集体来领奖的"，中国体育健儿始终把祖国的荣誉看作高于一切，不断奋进，喊出了许多激励民心的名言，创出了许多可歌可泣的业绩。从1984年洛杉矶奥运会上金牌零的突破到悉尼奥运会、雅典奥运会的大步跨越，再到北京奥运会上勇攀高峰，中国体育健儿的不懈追求给了体育工作者从事研究的精神动力。

改革开放以来，中国竞技体育所获得的巨大成就是我国改革开放和现代化建设辉煌成就的集中体现，是党、国家和人民大力支持的结果，更是几代体育工作者半个多世纪以来艰苦奋斗和努力拼搏的成功实践。为了在北京奥运上实现运动成绩和精神文明双丰收，中国体育军团刻苦训练，于比赛出征前立下"为人生添彩、为奥运增辉、为民族争气、为祖国争光"的誓言，就是为了取得参加奥运会历史上的最好成绩而拼搏。

在家门口举办奥运会，我们必须站在更高的历史起点上，做好理论准备。北京奥运会的成功举办，对中国体育面向未来的发展目标、发展方向、发展道路将会产生巨大的引导作用，是中国实现从体育大国向体育强国迈进的重要历史台阶。我们深受中国体育健儿勇攀高峰大无畏精神的鼓舞，在课题研究中产生了信心和力量。面对新形势、新任务，必须以清醒的头脑，总结历史经验和教训，正视问题和不足，根据国际竞技体育发展的新情况、新特点，在提高竞技水平，完善结构，增加效益方面努力，在缩小落后项目差距方面加强研究，着力增强中国体育的综合竞争力和国际影响力；同时，要加强对运动员理想信念教育和赛风赛纪教育及反兴奋剂工作的研究，努力树立中国军团的良好形象；还要充分挖掘体育的社会价值，总结北京奥运会的历史遗产，发挥体育在弘扬爱国主义精神、增强民族凝聚力方面的作用，发挥体育在提高全社会文明素质、激发全民族文化创造力、提高国家文化软实力方面的作用，为建设和谐体育，促进人的全面发展和社会进步做出贡献。

二、目的意义

（一）为中国备战参赛的管理体制创新和竞赛战略提供服务

中国备战和参加北京奥运会比赛的活动是一项宏大的工程，我们究竟以什么样的管理体制来组织所有的准备活动，以何种战略和指挥体系来参加比赛呢？这都是涉及奥运会是否有特色和高水平的大问题。古人云，不谋全局者，不足以谋一隅。要使中国体育代表团在奥运会上表现出色，必须着眼大局，从管理体制和发展战略等方面统筹规划，做到知己知彼，百战不殆。本项研究从回顾中国竞技体育发展的历史进程，总结竞技体育管理体制、发展战略及运作体系的基本情况入手，研究中国竞技体育快速发展的制度优势及改革的趋势，研究中国竞技体育不同阶段发展战略的实施和衔接状况，研究中国竞技体育竞赛工作体系的重点和薄弱环节，查找以往取得成效的主要因素和存在的不足之处，为中国准备和参加 2008 北京奥运会的管理体制创新提供理论参考和案例选择，为发挥主场优势，克服主场弊端，制定全面的竞赛战略计划提供研究数据和参考资料。

（二）为中国体育代表团的组建及训练工作提供科技情报支持和知识资源保障

就备战和参赛这两个过程而言，中国体育代表团所做的准备工作是大量的，花费的时间是较多的。"台上十分钟，台下十年功"这句艺术行当的术语同样适用于竞技体育。艺高人胆大，实力出成绩。无论是个人项目还是集体项目，竞技综合实力的高低是取胜的关键。综合实力所蕴含的内容比较广泛，包括指挥艺术、战略战术、比赛技能、实战经验、临战心理、思想意志、比赛情报、伤病预防，等等。中国体育代表团各运动队的综合

实力来自于人才的培养和选拔，来自于国家队组建后的训练质量和比赛过程，这都需要花费一定的时间、积累一定的经验。本项研究根据国家队组建管理和多种训练活动的具体实际，研究如何从思想引导、兴奋剂预防、伤病防治、信息情报、技能训练、战术配合、资源配置等方面给各国家队集训提供知识技术支持和精神保障，促进训练的科学化、系统化。

（三）为中国体育代表团本土参赛和形象塑造提供预案和应对措施

中国体育代表团参加北京奥运会比赛具有主场优势是不言而喻的，但事物都有其两面性。由于各方面的期待和观众居高不下的热情，在某些情况下参赛的中国运动员反而会产生主场压力，进而影响他们竞技水平的发挥，甚至影响其躯体的正常运动和语言表达。中国体育代表团能否表现出色，最根本的取决于两个方面：一是竞赛成绩是否优异，二是作风是否优良。成绩优异是说我们要取得历史性突破，而作风优良则贯穿于代表团进入奥运村至比赛结束后的整个全程，其中有许多因素都可能影响竞赛成绩和作风问题。比如，本土参赛的利弊处理、参赛指挥系统的准确与快捷、对比赛程序的了解、比赛风险的预判、比赛的意志品质、公平竞争意识、比赛规则的运用及罚则规避、运动员形象塑造及媒体的恰当应对等，都是本课题所专注的研究项目。本课题组通过对上述问题的深入挖掘，为中国体育代表团的上佳表现和美好形象预先设计方案，提出应对的措施，提供事先训练的教材等。

（四）为北京奥运会丰富遗产的整理提出工作建议

北京奥运会是在中国首次举办的全球性体育文化盛典，是奥林匹克文化与中国文化的一次大交汇与精神互补，其过程会产生许多前所未有的文化遗产。高水平的竞技运动其观赏性已得到广大群众的普遍认同，观摩北京奥运会是中国人民和世界人民的热切愿望。通过北京奥运会的精彩举办，展示奥林匹克运动的无限魅力，展示世界的团结与和睦，展示中国的文明和进步，展示中国人的活力与友善，对于促进中国与国际奥林匹克大家庭的交流互动都是一个难得的历史契机。奥运会来到中国的北京，从此奥林匹克运动打上了中国印记。世界通过北京奥运会这面镜子来透视中国文化的奥秘，来探索中国"和"、"合"理念的精髓，感受中国的发展对世界进步的好处。例如，北京奥运会所包含的中国文化元素、开闭幕式盛况的独特之处、奥运场馆建设的水平和文化内涵、奥运项目比赛的运营特点、志愿者队伍的组织及作用、奥运安保措施的制定和效果等，都有许多可圈可点的地方。通过本课题的研究，记录和整理北京奥运会举办过程中所产生的文化现象，并对奥运遗产的作用进行评估，为奥运遗产的全面整理提出工作建议，努力促进奥林匹克文化在中国的进一步传播。同时，通过研究奥运遗产，总结北京奥运会的成功经验，从而为中国的和谐社会建设提供借鉴。

三、指导思想

（一）马克思主义哲学思想指导中国竞技体育发展规律研究

马克思主义作为科学的理论在当今社会具有强大的生命力，并给世界提供了指向未来的发展思路。马克思主义哲学思想对研究体育发展的规律同样具有指导作用。新中国体育所走过的道路就是一条马克思主义与中国体育文化契合的道路。中国体育以往的成就是在马克思主义指导下勇于探索和实践的结果，未来中国体育的发展与研究同样离不开马克思主义哲学思想的指导。

本课题研究遵循辩证唯物主义和历史唯物主义的基本原理，在分析中国竞技体育发展历史、中国队竞赛对手情况以及研究应对措施过程中，都要贯彻实事求是这一马克思主义基本原则，做到具体情况具体分析，从内外两个方面查找原因。内因是根据，外因是条件，比赛的成败都具有因果联系。胜有胜的理由，败有败的原因，没有无因之果，也没有无果之因。有时比赛出现一个令人沮丧的结果，表面看可能是偶然情况所致，但事物的发展都是通过必然的绝对性和偶然的相对性而表现出来的。偶然中潜藏着必然，之所以出现预料之外难以接受的结果，可能是轻视对手、疏于训练、指挥不当、技术落后等多种因素所致。本课题研究贯彻"一切从实际出发、理论联系实际、实事求是"这条思想路线，避免空洞说

教和人云亦云。

认清事物发展的矛盾及其转化的规律是我们从事本课题研究的根基。体育竞赛的过程是矛盾对抗的尖锐状态，胜负则是矛盾转化的一种结果。竞赛是运动员意志、技术、智力和体力的较量，也是对组织指挥系统、信息情报系统、物资保障系统效率的全面检验。胜负结果的确定标志着旧矛盾的结束和新矛盾的产生，其中规律都在产生着作用。如何准备和参加比赛，重要的是探寻运动竞赛的规律。规律是客观存在的，规律的发现是通过矛盾冲突和矛盾转化来实现的。我们要掌握矛盾法则，研究运动中出现的矛盾，找出化解矛盾的办法，才能使训练和竞赛水平略胜一筹。体育竞赛同样存在着共性与个性的统一。有的运动员以力量见长，有的则以技巧见长，要想立于不败之地，就应当结合自身特点，形成领先于人的思路和独特的技术战术，这样才能真正拥有制胜的利器。

（二）中国特色社会主义理论体系指导体育制度文化研究

中国在改革开放的伟大实践中创立了中国特色社会主义理论体系，其中包括邓小平理论、"三个代表"重要思想和科学发展观。正是由于贯彻执行这一理论体系，中国体育才全面登上世界体坛，创造了一个又一个辉煌。我们坚持把中国特色社会主义理论体系作为课题研究的指南，实际上就是坚持中国特色社会主义体育思想的指导。

中国特色社会主义体育思想产生于改革开放以来中国体育进步的历程中，而中国体育迅速发展的现实为这一思想的产生提供了实践基础。以邓小平、江泽民、胡锦涛为代表的中央领导集体都把体育放在整个中国国情大局中考虑，有计划、分阶段地实施发展规划，处理好体育发展中的矛盾，从而形成了体育发展的一系列思想，如竞技体育坚持举国体制与发挥各地区积极性、奥运项目与非奥运项目的协调布局、奥运争光与全民健身共同发展、体育进步与受教育者全面发展等等。正是在思考、决策中国体育发展战略过程中，党和国家领导人产生了指导中国体育事业持续发展的思想——中国特色社会主义体育思想。中国特色社会主义体育思想是中国特色社会主义理论体系的重要组成部分。

中国特色社会主义体育思想的内容十分丰富，比如，体育是社会主义精神文明建设的重要方面、竞技体育与群众体育要协调发展、体育的发展要遵循法制依靠科技、体育是促进世界和谐的重要途径等等。中国特色社会主义体育思想的特点表现在，把增进人民健康作为体育发展的目标，把弘扬民族精神作为体育工作的核心，把促进社会和谐作为体育的基本功能。在中国特色社会主义体育思想指导下，中国体育走出了一条以大众体育为基础、以学校体育为重点、以竞技体育为标志的发展轨迹，产生了独特的运动队文化、训练比赛方法及在某些领域领先世界的成绩等，形成了体育发展与经济、政治、社会进步相协调、与环境相匹配的新认识，绿色体育、科技体育、人文体育、快乐体育等意识深入人心，各类体育活动在质和量上都有较大提升。这些成绩的取得都与体育制度的作用分不开。

新中国 60 多年的历程中，党和政府充分发挥体育的政治功能，把脍炙人口的语言符号与体育活动的开展相结合，形成了具有中国特色的体育制度文化，有力地推动了体育运动的快速发展。这是中国体育对世界体育的重要贡献之一。根据中国特色社会主义体育思想的指导，我们研究的重点定位于进一步完善中国的体育制度，从社会进步的角度把体育看作协调社会关系的纽带和促进人的全面发展的桥梁。通过对体育制度文化的丰富和完善，倡导体育运动对人的激励作用，重视体育比赛中人的技术发挥和意志展示，弘扬中华体育精神，以此来引领人们过上健康的生活方式，着力提高民族素质。

（三）以人为本的科学理念指导竞技体育管理和训练研究

中国共产党十七大全面系统地阐述了科学发展观。科学发展观的第一要义是发展，核心是以人为本，基本要求是全面协调可持续，根本方法是统筹兼顾。科学发展观引领中国特色社会主义建设的各项工作。体育也是如此，也要把发展作为第一要义，把以人为本作为各项工作的核心。以人为本，就是以最广大人民的根本利益为本，就是要从增强人民的体质、促使运动员全面发展的角度来制定政策和开展工作。新中国成立以来，中国竞技体育由部分项目的非均衡态势向着奥运项目与非奥运项目共同发展的

方向过渡，实现了从竞技体育弱小国家向竞技体育大国的跨越。在此基础上，中国向竞技体育、大众体育与学校体育协调发展过渡，确立了迈进世界体育强国行列的目标。本课题研究着眼于科学发展，把以人为本作为项目研究工作的出发点和归宿，坚持体育发展为增进人民健康、体育比赛为祖国争光的理念，着力促进运动员的全面发展，摒弃单纯追求奖牌的观念，建立既保持民族传统又融合世界先进经验的竞技体育管理体制，从而使中国竞技体育模式在全球化背景下，吸收世界各民族的长处，包涵更多的科学元素，体现时代性、多层次性和广泛的包容性。

竞技体育是残酷的竞争，能够站在金字塔顶的人毕竟是极少数，但支撑塔尖却需要宽大厚实的基础，需要宏大的人才梯队。长江后浪推前浪，体育明星辈辈出。竞技体育中的"赢"与"输"并非绝对。输者有长处，赢者存缺陷。赢者不能长盛不衰，输者也不会永远毫无胜机。比赛实践证明，体坛没有常胜将军。树立以人为本的理念，研究如何准备和参加北京奥运会比赛，就要有全面和长远的眼光，既要有技术战术等方面的硬件构筑，又要讲究思想和意志方面的精神锤炼，把参加北京奥运会作为锻炼运动员全面发展的机会，做到既要增强体能和技术，又要升华思想和情操。竞技体育最忌讳的莫过于"输不起比赛"。进行本课题研究就是要通过对大量案例的评判，帮助队员既赢得起比赛，也输得起比赛，从失败的阴影中摆脱出来，战胜自我，奋发图强，使以往的失败成为今后成功的借鉴，转败为胜。

因此，通过研究，在以人为本科学发展观指导下不断完善中国竞技体育管理模式，不断丰富训练的内容和方法，使中国体育健儿在全球化背景下吸收各国先进的训练理念和方法，增强竞争实力，锤炼坚强意志，创造更多优异的成绩。

四、研究的主要方法

（一）运用系统科学研究法，对奥运备战进行全局性规划

北京奥运会的举办是一项重大工程，制定预案需要运用系统论、控制

论、信息论等科学思维来综合考察每一个子项目。研究者的眼光要有战略高度，要有宽广的视野，因为备战中的不少问题属于战略性的，对这些问题认识水平的高低，直接影响奥运备战的成效。

毛泽东曾在《中国革命战争的战略问题》中指出，战略问题是研究战争全局的规律的东西。他对"战略问题"分层次进行了阐述：第一层概念是纲领性的，区分何为战略、战术，"研究带全局性的战争指导规律，是战略学的任务。研究带局部性的战争指导规律，是战役学和战术学的任务……'一着不慎，满盘皆输'乃是说的带全局性的，即对全局有决定意义的一着，而不是那种带局部性的对全局无决定意义的一着。下棋如此，战争也是如此。"第二层概念剖析全局和局部的关系，"懂了全局性的东西，就更会使用局部性的东西，因为局部性的东西是隶属于全局性的东西……全局性的东西，不能脱离局部而独立，全局是由它的一切局部构成的。"第三层概念说明如何处理全局与局部的关系，"指挥全局的人，最要紧的，是把自己的注意力摆在照顾战争的全局上面……因为这种全局性的东西，眼睛看不见，只能用心思去想一想才能懂得。但是全局是由局部构成的，有局部经验的人，有战役战术经验的人，如肯用心去想一想，就能够明白那些更高级的东西。"① 毛泽东当年的思考就是一种"战略思维"，他给我们的启示是，凡是重大问题都应从全局着眼，从局部着手，既不能一叶障目、不见泰山，也不能好高骛远、不讲实际。研究北京奥运会中国如何备战和参赛，首先要进行"战略思维"，把握全局性问题。

在 2008 年北京奥运会上要完成好备战和参赛的一系列任务，必须进行综合研究，把握各种事项的内部联系，实施全局性的战略构思。比如，备战与参赛究竟是什么关系？奥运备战都有哪些方面的工作、备战效果如何检验、备战效果对参赛成绩产生什么样的影响？备战的总体思路应该如何规划、有可能出现哪些方面的突发事件、应当采取哪些应对措施？这些都

---

① 中国革命战争的战略问题. 毛泽东选集（第一卷）［M］. 2 版. 北京：人民出版社，1991：175 – 177.

是需要宏观考虑并进行事先规划的大事。因此，我们进行本课题的研究，就要以国家体育总局的战略思想和战略部署为框架，对"大事、要事"进行更深入的思考，进一步把握奥运备战中那些具有全局性、规律性意义的东西，辩证地处理"战略与战术"、"全局与局部"的关系，用战略的眼光和思路分析宏观问题，用精细的准备和设计去处理现实中可能出现的具体问题。

（二）运用文献研究法，总结中国竞技体育发展的成功经验

新中国体育 60 余年发展历程中，几代体育人从"发展体育运动、增强人民体质"的愿望出发，逐步探索中国体育的发展之路，确立了中国竞技体育的领导制度，规划了体育的发展战略，并在具体实践中形成了具有中国特色的工作体系。可以说，新中国体育前进道路上的许多文献都蕴含着丰富的经验，如竞技体育管理体制的选择、训练原则的确定、训练方法的提炼、思想政治工作的开展、竞技体育发展步骤的实施、体育不同部门协调发展的关系、国内比赛与国际比赛的关系等等，都是独具中国特色的创造性尝试。

根据北京奥运会备战参赛工作的实际需要，运用文献研究法，通过查阅新中国成立以来，尤其是改革开放以来中国竞技体育发展过程中的大量历史文献，全面了解中国竞技体育发展历史，区分管理制度和发展战略中哪些是"纲"哪些是"目"，哪些训练方法符合长远发展的规律，哪些方法属于权宜之计，并且引述经典赛事，说明当时情况下采取应对策略的"长"与"短"。在扫描历史的过程中研究体育发展的文献，并非简单罗列新中国竞技体育史上的大事，也不是局限于以往的评价，而是瞄准奥运备战和未来发展方向来分析重大决策、做法的利弊得失。例如，"三从一大"训练原则、"以赛代训"模式的建立、优势项目和"潜优势项目"及落后项目的划分、体育管理队伍培养模式、投入和产出之比的核算、基础项目确立、"119 工程"重点攻关计划、体育产业化发展计划等，都不采取简单肯定或简单否定的做法，而是从历史和现实出发，着眼未来，仔细研究上述工作中已经积累的经验和存在的弊端，对其加以记录和整理，进行尽量详细的分析。分析之后所得到的资料都是以后竞技备战参赛工作的宝贵财富。

（三）运用实证研究法，查找备战和参赛中存在的主要问题

奥运会是世界最高水平的综合性竞技比赛，各国选手都力争达到自己的最佳状态，努力创造优异成绩。我们的准备工作究竟做得怎样，不能仅凭经验判断，而是依据比赛的实际需要，剖析自身的优势与薄弱环节，查找备战和参赛中存在的突出问题，分别设计备战和参赛的行动方案，确定相应的指标和实施的途径，然后逐项落实。对于奥运备战训练和其他许多准备工作，我们都要有预案，有落实的措施和实施的过程，还要有可以比较的结果，就是说要用事实来说明问题。运动员是否具备取胜的实力，不能单凭主观想象，而是通过训练和比赛的数据来加以证明。运用实证研究法，就是要根据目前世界竞技体育的科学理论，设计预案，利用先进仪器和设备，在自然条件下通过有步骤地观察，记录，测定训练和比赛中相关数据及其变化来确定运动员实力增长与比赛胜负之间的因果关系。

当前，体育科技的投入已成为提高训练质量的重要因素之一。本项目研究要探讨这个问题，需要统计中国在一定时期内对体育科技的投入概算以及各部分比例分配的权重，选出若干项目，调查科技投入对提高成绩都产生了哪些促进作用。同时还要收集美国、俄罗斯、德国、澳大利亚等体育强国对竞技体育的科技投入，并从数量和使用效率等几个方面进行全面衡量和比较。这样，通过实证研究，所有结论用数据支撑，训练效果让实事说话，把实力建立在科学的数据之上，才有可能把握更多的取胜机会。

（四）运用矛盾分析法，探索解决备战参赛主要矛盾的途径

事物都是由矛盾构成的，矛盾无处不在，矛盾相互交织。如何下手解决复杂的矛盾呢？毛泽东曾经告诉人们要学会"弹钢琴"："弹钢琴要十个指头都动作，不能有的动，有的不动。但是十个指头同时都按下去，那也不成调子。要产生好的音乐，十个指头的动作要有节奏，要相互配合。"①

---

① 党委会的工作方法. 毛泽东选集（第四卷）[M]. 2版. 北京：人民出版社，1991：1442.

奥运备战的众多事务性工作同样存在着多种矛盾，我们要在纷繁复杂的矛盾中把握全局，就要学会"弹钢琴"，密切关注主要矛盾的发展，紧紧抓住问题的关键，做好中心工作。坚持矛盾分析方法，首先要区分主要矛盾和次要矛盾，其次要区分矛盾的主要方面和次要方面，紧紧抓住主要矛盾的主要方面，敲击关键，才能获得及时有效的响应。主要矛盾规定了我们工作的战略主攻方向，不解决势必影响到全局的发展，甚至会影响到全局的成败。解决主要矛盾就要抓住重点，不可平均地使用力量。抓住重点就抓住了全局，反过来说，丢掉重点就丢掉了全局。备战奥运的工作千头万绪，要把注意的重心和工作的重点放在对全局最重要最有决定意义的问题或环节上，有所进有所退，有所为有所不为。

运用矛盾分析法，就要针对备战工作进行全方位分析，看看哪些问题是制约竞技实力的关键因素。相比较而言，备战策略的制定、备战制度体系的建立、对运动本质和规律的正确认识、力量训练和技术训练、运动员的思想问题、杜绝兴奋剂、竞技情报和科技保障、竞技资源优化配置、国家队组建与大赛经验积累等是备战取得成效的主要矛盾。围绕解决上述主要矛盾，就要在分析问题上下工夫。就拿专项训练的强度和数量来说，达不到一定强度和数量，就难以保证训练的质量和效果。如果加大训练强度和数量，则运动损伤的可能性增大，处理不好反而会丧失比赛实力。据此，有人主张放弃"三从一大"的训练原则。究竟怎样训练才能达到合理的效果呢？这里实际上有一个"度"的问题。所谓"度"就是保持事物本质的数量界限。我们之所以加大训练强度，增加训练数量，为的是提高竞技实力。但在实施这一措施过程中，要分析其中的矛盾，加强对运动项目本质、特征及规律的研究，加强对技术战术和规则运用的研究，构建比较完善的备战服务保障体系，避免伤病的发生，防止日常训练在"度"的问题上出现"过犹不及"。如此，我们的训练水平才能真正达到上台阶，升档次。

学会矛盾分析法，也就是找到解决主要矛盾的途径，具备总揽全局和驾驭全局的能力。在解决奥运备战主要矛盾的过程中，各方面工作的发展是不平衡的，必须善于结合具体情况进行具体分析，在优势项目上继续扩大优势，在潜优势项目上获得新的突破，抓住实力的薄弱环节做出针对性决策并加以解决，才能使事物获得相对平衡的发展，从而提高奥运备战工作的整体效率。

（五）运用个案研究法，坚持战术设计的综合创新

奥运备战和比赛一要讲究战略，二要讲究战术。只有具体的战术运用得当，才能在项目竞赛中占领先机，直至取得胜利。提高竞技实力包含着战术的深刻构思和现场教练员的恰当指挥以及运动员的合理运用。备战和比赛过程中，以往的个案具有重大的借鉴价值。所以加强个案研究，将会为备战和参赛探索出许多新路子。

运用个案研究法，就是将以往训练或比赛中的某一特定对象（训练情况、比赛过程、比赛结果、具体人物等）加以详细调查和分析，弄清其特点及其参考价值。本课题研究采用个案研究的方法，将以研究具体案例为主，分析比赛结果产生的内外因素，提出值得吸取的经验和教训。比如，对于雅典奥运会中国举重首枚金牌失落这一个案，我们的研究并不是停留在"意外失落"这一思维定势上，而是全面分析选手综合素质、训练过程、参赛设计和赛前决策等几方面的因素共同导致金牌旁落的现实，并列举出其中的主要因素。个案研究强调微观，因为注重细节才是决定成败的关键所在。加强个案的考察和研究，将会为中国的备战与参赛提供许多可资借鉴的案例，为中国体育代表团的创新之路设立导向的路标。

五、研究的基本思路

本课题研究工作启动之后，课题研究团队确定研究的主旨是：全面贯彻落实科学发展观，为北京奥运会各阶段高质量的备战工作服务，促使中国体育代表团在赛场上表现最佳竞技和作风，力争取得优异成绩；以北京奥运会为案例，研究世界性重大典型赛事准备和参赛的基本规律和应对方案，为后续的重大赛事提供历史资料和工作参考；以备战和参赛为研究平台，积极探索中国体育事业全面协调可持续发展的道路，进一步满足人民群众不断增长的体育文化需求，为建设和谐社会做出贡献。

课题研究团队经过反复讨论确定了基本的研究路线，就是以历史经验为借鉴，着重研究中国竞技体育队伍如何准备和参加北京奥运会比赛这两大阶段的问题，努力提高竞技实力和参赛形象，创造运动成绩和精神文明两方面的佳绩。

备战阶段重点研究对竞赛项目本质和规律的认识，在提高训练水平和质量上多多着力，并且加大战术训练、思想政治工作、竞技情报工作和伤病防治的研究力度，为强化各项备战要素的统筹和效果的提高制定具体方案。

参赛过程的研究重点放在程序化参赛方案和本土参赛情况分析与对策研究上，对运动员主场制胜心理的分析也进行专题研究。另外，针对东道主身份容易受到媒体关注这一现象，特别附加了中国代表团形象塑造和媒体应对的研究，目的在于打造素质过硬的竞赛队伍，创造辉煌成绩，展示美好形象。

确定从经验借鉴到备战要素研究，再到参赛制胜因素分析的研究路线之后，本课题研究还在具体关节点上制定详细的研究工作方案，谋求在重点问题上有所突破。比如，运动队思想政治工作是传家宝，奥运备战如何开展这方面的工作是一个大问题。研究过程中，团队成员在继承传统的基础上，设计出以励志教育为主要形式的备战 2008 年奥运会理想信念系列教育活动，发放《备战 2008 年奥运会国家队励志教育和实战案例》读本，并组成宣讲团奔赴各集训队宣讲，把爱国主义教育、文明礼仪教育、赛风赛纪教育、意志磨炼教育送到运动员的心坎儿上。再如比赛的风险评估问题，以前没有专题研究，出现问题之后往往怨天尤人。现在，通过风险评估理论的学习和实际研究，对中国体育代表团成员参赛的风险进行识别和评价，有利于了解我们所处的优势和劣势，从而了解我们自己和对手，把握胜机，避免无价值的蛮干和损伤。

本课题研究沿着上述逻辑主线的走向，以备战和参赛为重点，由点到面逐步铺开，力求做到言之有理、言之有据。

六、研究的主要内容

本项课题涉及中国准备和参加北京奥运会的一系列重大问题，内容比较广泛。按照精简的原则，我们主要从中国竞技体育发展历史的经验总结、中国军团准备和参赛过程中的重大问题及对北京奥运会成功举办的期待等方面展开研究，希望对中国体育代表团在北京奥运会上的精彩表现及中国竞技体育的科学发展有所帮助。

课题研究主要围绕四个方面的问题展开：

第一，从中国竞技体育崛起的历程中探寻体育发展的主要经验。

主要分析中国竞技体育崛起的历史过程，分别从制度框架、发展战略、工作体系等方面总结哪些属于中国竞技体育的成功经验。研究从新中国参加亚运会和奥运会以来金牌（奖牌）逐步增加的情况入手，介绍中国体育处于世界前沿的竞技项目和中国人在国际体育组织所担任的重要职务，说明中国竞技体育对世界体坛的影响越来越大。对中国竞技体育崛起历史轨迹的研究以分期的方式进行，把参加1984年洛杉矶奥运会确定为中国竞技体育全面崛起的发端，以后经过与世界体育强国共同竞争的考验，中国参加奥运会比赛的成绩逐步跃升，由第二集团到第一集团。

对中国体育环境因素的剖析从国内、国际两方面入手阐述对体育崛起的促进作用。海峡两岸中国人参加奥运会权利的恰当解决是中国体育崛起的外部契机；中国改革开放产生的巨大物质力量和稳定的政治局面是中国体育崛起的内部环境和重要保障条件。有了这样的环境，中国全面登上奥林匹克赛场，励精图治，不断超越，逐步成为世界体坛的主角之一。对中国体育崛起制度框架和发展方向的分析，详细阐述举国体制的内涵、成因及新形势下完善创新这一制度的必要性，指出这一制度并非计划经济的专利，可以与市场经济结合，对于后发国家来说这一体制具有较多优势，今后继续坚持和完善举国体制对于中国竞技体育的持续发展具有多方面意义。中国竞技体育发展在"奥运争光计划"引导下，结合中国实际情况，稳定提升优势项目，重点开发潜优势项目，逐步带动落后项目，使竞技实力在

重点项目上得到较大提升，在若干项目上具备竞争优势。"全民健身与奥运同行"等体育活动的开展，使中国体育向竞技体育与群众体育协调发展过渡，向绿色、人文和科学层面过渡，在管理主体、投资、项目发展的平衡等方面都有质和量的改观。

中国体育崛起的动因除了中国人渴望强大、奋发图强的因素之外，先进体育文化思想的指导是中国体育快速进步的精神动力。中国竞技体育的工作体系具有中国特色，主要表现为集中全国力量大办竞技体育，能够快速培养竞技人才，在重点项目上获得较多的突破。未来的改革将增加文化教育对竞技体育发展的作用，向提高体育的社会效益、经济效益等方面迈进。思想政治工作是中国竞技体育发展的优势所在，不可削弱，更不可放弃。

中国体育崛起的成功经验在于：一切从实际出发，实事求是地按照规律发展体育；坚持党对体育工作方向的领导，把增强人民体质、为国争光作为工作的出发点；根据世界体育发展的潮流与中国的具体实际，坚持不懈地完善举国体制，制定适度的发展战略；强化思想政治工作，着力弘扬中华体育精神，凝聚民族力量。中国竞技体育发展中的问题主要表现在：管理体制中的动力不足，结构调整难度较大；不同利益矛盾突出，效率与效益之间关系的处理还不科学；退役运动员就业安置工作困难；竞技体育与群众体育两个战略发展还不协调等。

第二，针对中国备战北京奥运会过程中的主要问题，进行不同科目的训练设计和物质、精神及制度等方面的准备研究。

主要针对中国军团备战策略的制定与实施、备战制度体系与创新、竞技运动的规律性、项目统筹与实施策略、理想信念教育、反兴奋剂工作、伤病防治与功能恢复、竞技信息情报、竞技科技保障与创新、技术战术训练与创新、竞技资源配置与优化、国家队组建与管理等有关准备工作的若干问题。

确定奥运备战的总体目标为：突出重点，全力挖掘优势项目潜能，努力实现潜优势项目的突破和推动集体球类项目的进步，创造比赛成绩新的辉煌。备战的基本原则立足于提升中国的国际地位和声望、弘扬中华体育精神、"奥运争光"与"全民健身"同行等。备战的主要任务是，巩固并扩大优势项目群，增加奖牌增长点；进行励志教育，提升运动员的意志品质；研究科学训练，预防运动损伤；利用科技先导，提高竞赛成绩等。

奥运备战分若干个子系统实施，共同构成备战工作体制，包括决策子系统、指挥子系统、参谋子系统、执行子系统、操作子系统等。通过各个备战子系统组成的工作体制更好地发挥规律的作用。运动项目有一般规律和特殊规律之分，中国乒乓球队长期占据世界乒坛制高点的事实证明，仅仅把握运动的一般规律是不够的，还要探寻掌握运动的特殊规律，方能百战不殆。实际训练中，不但要了解技能主导类项目和体能主导类项目在竞争规律上的差别，还要了解同类项目速度性、力量性和耐力性之间竞争规律的差别。目前情况下，中国一些教练员存在的不足主要表现为对运动规律的认识比较浅表、视野有局限、指挥机械、指导笼统等，解决这些问题的关键在于处理好"训"与"赛"、借鉴与创新的关系。鉴于竞技项目在中国发展还不平衡，划分优势、潜优势和落后项目是为了保证重点，长远谋划。优势项目是多次国际大赛锤炼形成的，保证优势项目，促进潜优势项目发挥，带动落后项目发展是北京奥运会备战的战略决策。研究工作通过对多次比赛成绩的分析，从中窥探中国奥运优势、潜优势及落后项目在北京奥运比赛中的成果预测，特别强调不能忽视东道主效应和软实力所产生的影响，不能忽视理想信念教育所起的作用，不能忽视反兴奋剂教育手段创新的效果。

世界多次重大比赛的事实证明，伤病预防和治疗恢复的效果是运动队战斗力的重要体现。中国运动员在伤病预防和治疗恢复方面还存在缺陷，尤其对不同项目损伤的预防和伤后修正、功能恢复等在技术手段上与发达国家还存在较大差距。从雅典奥运会中国首枚金牌丧失中可以看出情报失真会对竞赛的排兵布阵产生影响，进而影响比赛的结果。针对奥运会第一集团和第二集团以往训练和比赛的成绩，追踪收集重要运动员的训练效果，搞好竞赛情报的整理和利用工作，对于中国体育代表团在比赛中发挥出训

练的应有水平，夺取胜利至关重要。从对竞技体育发达国家科技投入的分析比较中探讨中国体育科技投入的状况，查找薄弱环节，阐述中国体育科技工作的重点和效果评估问题，重点研究科技监控体系、高原训练创新、东道主参赛心理、伤病预防、运动营养等关键问题。

技战术创新是备战训练的重点，没有创新就没有超越，中国优势项目的成功秘诀就在于不断创新。训练中要处理好技战术创新与体能增加、心智协调等方面的关系。备战训练工作要克服许多问题，其中基本功不扎实、新技术关键时刻失灵等则是当前亟待解决的问题，要从技术协同、实战练兵和对手情报分析等方面着力研究，反复演练。要根据竞赛规则的变化不断探索，形成自成一体的战术风格；训练与竞赛需要有机衔接，避免最佳状态提前到来或滞后的现象发生。中国优秀竞技队伍的案例证明，具备引领世界的技术和战术，比赛之中才能拔得头筹。潜优势项目的突破也需要根据国内外对手的实际情况进行针对性准备，扬长避短，才有新的突破产生。世界竞技场上日益激烈的竞争，要求中国竞技体育在技术和战术创新上要向集成创新迈进，克服单一创新的局限。面对中国不同竞赛项目现有水平的长与短，要在训练和竞赛管理体制上改革，形成团队决策、管理、训练三位一体的模式，根据对手的不同情况和竞赛规则的变化，制定程序化的参赛方案，以达到科学指挥、从容调度、梯队攻关、竞赛制胜的效果。

国家队的组建和训练管理可以采取多种形式，尤其是资金支持和代表团成员的选拔、教练班子的组建将会对训练质量产生重大影响。外籍教练的引入及其相应工作机制、效果评估机制都需要配套建立；国家队的日常管理不能采取一刀切的办法，要体现不同项目的特色，形成不同的管理模式，达到分工明确、信息畅通、指挥有力的效果。

第三，分析本土参赛的影响因素，重点研究与中国参加北京奥运会的比赛成绩和形象展示相关联的重要问题。

主要阐述中国体育代表团本土参赛的利弊因素、参赛指挥系统、参赛过程及其程序化、参赛行为变异与应对、参赛风险意识与媒体应对、参赛形象塑造等比赛时期的若干问题。

中国体育代表团首次在本土参加奥运比赛，制定参赛目标，建立高效的组织体系必不可少，同时还要采取应对参赛风险的若干措施。参赛的基本目标分运动成绩目标和精神作风目标；落实参赛目标的组织体系要达到双向沟通、分权与授权相宜、领导有力和下属潜力得到发挥等几方面的工作效果；参赛风险和成果的考评要重视质和量的统一。21世纪的奥运会比赛，强国之间的竞争达到白热化，国际奥委会所进行的项目调整不少涉及中国的优势项目，这都给我国参赛带来新的困难。东道主参赛的基本任务主要体现在比赛成绩和精神文明两大方面，前者以备战所形成的实力为基础，后者以个人修养和群体意志的磨炼为前提。还有关键的一环在于对参赛对手实力的分析和把握。分析体育强国（美国、俄罗斯、德国、澳大利亚等）不同队伍参赛的实力，并与中国体育代表团相应队伍的实力进行对比，解剖其中主要的影响因素，推测中国参赛的利与弊、分别会产生何种效应等。用辩证的观点看待中国参赛的利与弊，从人文环境、社会期望、主场压力和参赛焦虑等方面进行精心准备，克服消极因素，增加积极因素和比赛信心，制定参赛的系统策略，发挥主场优势，扩大参赛面，为夺取奖牌争取更多机会。

在比赛期间，运动员参赛心理的调适工作相当重要，加压和减压都是必需的，关键看时机和火候，这些细节能够决定训练水平是否得到正常发挥、创新目标是否得到实现。奥运参赛的指挥系统是行动的中枢，担负着信息沟通、组织协调、力量调度、紧急情况应对、重大事件处理等职责，必须按照预定方案和流程进行指挥。参赛指挥系统的有效运行是建立在体系合理、信息畅通、手段先进、调控有力的基础之上。许多队伍以往比赛的案例表明，参赛过程的程序化和指挥的系统性都是组织系统高效的保障。比赛心理受赛场和对手情况等多种因素的影响，研究心理干预的措施，使运动员保持正常心态，克服主场压力所产生的认知焦虑、躯体焦虑、状态焦虑，沉着应对顺境和逆境，摆脱赛场各种突发事件及求胜心切所产生的负面影响，用集体的力量和长久积累的自信驱使队员发挥训练的水平，取得竞赛的胜利。

　　教练员对比赛局面的判断和临场指挥的水平是取得胜利的关键因素之一。教练员与运动员在比赛中的关系是信息互动和战术沟通的关系，而不是依赖性地执行命令的关系。教练员的主导地位和运动员的主体地位会随着赛场情况的变化而发生相应的改变。从根本上说，教练员与运动员之间是相互信任、相互沟通、相互尊重、相互支持的关系，在共同的事业中吃苦奋斗，共享成功的荣光。在比赛过程中，影响运动员水平发挥的因素很多，包括赛场地理环境、裁判员的判罚、观众的情绪、对手的发挥等。教练员负有帮助运动员克服上述负面影响的责任，做到知己知彼、知人善任、合理用兵。中国体育代表团在精神文明方面的任务主要是展示中国的美好形象，要通过赛场上运动员的形象塑造和妥善应对媒体来实现。所以，参赛之前需要对代表团成员进行参赛礼仪和应对媒体技能的培训，使之尝试应对媒体的方法，把握展示自己美好形象的机会。

　　第四，研究北京奥运会成功举办的意义。

　　主要阐述充分准备和成功参加北京奥运会的意义、北京奥运会的成功举办与中华民族的伟大复兴、新世纪中国竞技体育的历史使命等问题。

　　中国选择开展现代体育运动的目的在于增强国民素质、改善国家形象。奥林匹克运动就是中国实现这一目的的最好舞台。在改革开放、经济高速发展的基础上，首都北京获得了第29届奥运会的举办权。北京申奥成功标志着中国经济实力的快速提升，标志着中国政治、文化达到一个新水平。北京奥运会使中国的国际影响力得到进一步扩大，其中包含的和谐元素就是一个巨大的奥运遗产。和谐是中国传统文化的最高境界，其思想内涵相当丰富，在国与国之间的关系上体现的是"和平"；在家庭关系、邻里关系、民族关系、宗教关系上体现的是"和睦"；在人与人之间的关系上体现的是"和爱"。追求和平与友谊是奥林匹克运动的宗旨，目的在于通过体育运动为人的全面发展服务，建立一个人人享受运动健康的和谐社会。

　　北京奥运会的举办，实现中华文化与奥林匹克文化的一次交汇和融合，同时也证明国际社会认可中国的全面崛起，认可中华文化的重要价值。通过参加北京奥运会，国际社会了解到一个充满活力、飞速进步的中国。通过举办奥运会，中国获得一个展示综合国力、奉献世界的机遇。2008 年北京奥运会留下的遗产，无论是对奥林匹克运动的发展，还是对中国和世界体育的进步都具有极其重要的价值，将会在世界体育界产生意义深远的影响。

第二篇

我国竞技体育崛起的历程及主要经验

第一章　我国竞技体育崛起的历程

建国以来，尤其是党的十一届三中全会以来，随着我国政治、经济、社会的飞速发展，我国在国际竞技体育赛场上屡创佳绩。自 1980 年以来，我国开始全面登上国际竞技体育舞台，跻身于世界体育强国之列，国际地位不断提高，在世界竞技体育格局中占据了重要位置，成为国际社会关注的对象，我国竞技体育已经崛起。

第一节　竞技体育崛起的内涵

一、崛起的内涵

"崛起"这样一个概念，近年来频繁出现在新闻媒体上以及各级领导人的讲话中，例如，"中国崛起"、"和平崛起"。在古代汉语中，"崛"本义为高起，突起。《说文解字》中，将"崛"解释为"山短、高也"。张衡的《西京赋》有"神明崛其特起"这样的句子。现代汉语词典中，崛起有两个意思，一是山峰等突起、高起，二是兴起，如东方巨龙的崛起。在学术研究中，特别是在政治学研究领域，崛起有其独特的内涵。阎学通博士在《中国崛起——国际环境评估》专著中对"崛起"有一个通俗易懂的解释："崛起是指新兴大国实力与其他强国的差距迅速缩小，或超过其他强国。"①由此看来，它的含义与以往使用的赶超相近。不论是崛起还是赶超，显然

---

① 阎学通. 中国崛起——国际环境评估［M］. 天津人民出版社，1997.

就是要以一定的"加速度",缩小与一些强国在某些方面的差距,超过与自己处于同一或相近发展水平的国家。① 在《中国崛起及其战略》中,阎学通进一步阐述了崛起的概念,认为崛起是指一个大国与其他大国的相对综合实力差距快速缩小或拉大,并对世界力量格局、国际秩序和国际行为准则产生重大影响的过程。这一过程的基本完成就是崛起的最终实现。② 此界定基本上得到了学术界的肯定并被学术界所接受。

二、竞技体育崛起的内涵

"竞技体育崛起"是国家竞技体育实力的提高,而国家竞技体育实力的提高是相对于其他国家竞技体育实力而言的,不是以自己的实力为标准。"崛起"不同于"一般发展",它比"一般发展"有更加丰富的内涵。1979年10月我国恢复了在国际奥委会的合法席位,开始积极投身奥林匹克运动,由此,我国拉开了竞技体育快速发展的序幕。我国竞技体育不仅实力与成绩不断提高,其国际地位也迅速攀升,对原有世界竞技体育格局的冲击和改变显而易见。因此,对我国竞技体育近20余年来取得的辉煌成绩,用"崛起"来描述较为妥帖。明确提出我国"竞技体育崛起",可以较好地理解我国竞技体育目前所处的国际地位,有利于概括我国竞技体育事业的现状,也有利于指导我国竞技体育工作更加深入地开展,实现可持续发展。

本研究中,"崛起"包括三层含义:

1. 以旧中国竞技体育的屈辱历史作为纵向参照系进行对比

旧中国连年战乱,政治腐败,民不聊生,经济与文化落后。体育发展受到经济社会发展的制约,国人对竞技体育的认识水平低下,体育场地设施和人才匮乏。因而,三次参加奥运会无功而返,甚至未有项目进入决赛。积贫积弱的旧中国,被世界列强讥讽为"东亚病夫"。

---

① 任东来. 大国崛起的制度框架和思想传统——以美国为例的讨论 [J]. 战略与管理,2004 (4).

② 阎学通,孙学峰. 中国崛起及其战略 [M]. 北京:北京大学出版社,2005:2.

新中国成立至今,我国实现了在奥运会上金牌"零"的突破到竞技体育总体实力位居世界前列的转变,从"东亚病夫"到亚洲竞技体育强国,再到世界竞技体育舞台上一支劲旅,竞技体育走出了一条"超常规"发展之路(见表2-1-1和表2-1-2),竞技体育已经崛起。

表2-1-1 1974-2006年中国参加亚洲运动会获奖牌一览表

届次	时间	地点	金牌	银牌	铜牌	金牌排名
第7届	1974	德黑兰	33	45	28	3
第8届	1978	曼谷	51	55	45	2
第9届	1982	新德里	61	51	41	1
第10届	1986	汉城	94	82	46	1
第11届	1990	北京	183	107	51	1
第12届	1994	广岛	126	83	57	1
第13届	1998	曼谷	129	77	68	1
第14届	2002	釜山	150	84	74	1
第15届	2006	多哈	165	88	63	1

表2-1-2 1984-2004年中国参加夏季奥林匹克运动会获奖牌统计表

届次	时间	地点	金牌	银牌	铜牌	金牌排名
第23届	1984	洛杉矶	15	8	9	4
第24届	1988	汉城	5	11	12	11
第25届	1992	巴塞罗那	16	22	16	4
第26届	1996	亚特兰大	16	22	12	4
第27届	2000	悉尼	28	16	15	3
第28届	2004	雅典	32	17	14	2

2. 以欧美竞技体育强国作为横向参照系考察,中国在国际大赛中获得优异成绩,与世界竞技体育强国的差距逐渐缩小

奥运会是世界高水平竞技体育的展现,也是一个国家(或地区)政治、经济、文化、科技、文明发展水平的综合体现。因此,各国十分重视奥运会的成绩与排名。1984年,中国运动员重新回到夏季奥运会赛场,首次参赛便以15块金牌的惊人战绩名列金牌榜第四。经历了1988年汉城奥运会

比赛成绩的低谷后，1992 年巴塞罗那奥运会与 1996 年亚特兰大奥运会，两次均以 16 枚金牌占据金牌榜第四名的位置，排在由美国、俄罗斯和德国三强组成的第一集团之后（见表 2 - 1 - 3）。由于中国所获得的金奖牌数离第一集团美俄德三国的金奖牌数都有着明显的差距，因此，人们普遍认为，中国的竞技实力应该归属于第二集团。[①] 可以认为，在 1984 年至 1996 年的 12 年中，中国在国际竞技体育舞台上稳居"第二集团"的位置。

表 2 - 1 - 3　第 23 - 26 届奥运会中国金牌榜位次表

年度	届次	举办地	中国获奖牌数			金牌榜列位	前 3 位金牌数
			金	银	铜		
1984 年	第 23 届*	美国 洛杉矶	15	8	9	4	美 83 罗 20 联德 17
1988 年	第 24 届	韩国 汉城	5	11	12	11	苏 55 民德 37 美 36
1992 年	第 25 届	西班牙 巴塞罗那	16	22	16	4	独 45 美 37 德 33
1996 年	第 26 届	美国 亚特兰大	16	22	12	4	美 44 俄 26 德 20

＊苏联、民主德国、保加利亚、捷克、波兰、匈牙利等国抵制参赛

在 2000 年悉尼奥运会上，中国首次进入前三强，以 28 枚金牌，奖牌总数 59 枚的成绩位居金牌榜和奖牌榜第 3 名（见表 2 - 1 - 4），金牌数明显多于名列第四、五位的澳大利亚和德国（但中国运动员所获得的奖牌总数却与澳大利亚和德国的奖牌数非常接近）。

表 2 - 1 - 4　第 27 届奥运会（悉尼）金牌榜前五名的获奖统计表

国别	金牌数	奖牌数
美国	39	95
俄罗斯	32	88
中国	28	59
澳大利亚	16	58
德国	14	57

---

① 袁伟民. 雅典奥运会参赛总结 [N]. 中国体育报, 2004 - 09 - 05.

在 2004 年雅典奥运会上，中国体育代表团共获得了 32 枚金牌、17 枚银牌、14 枚铜牌、奖牌总数 63 枚，取得了在金牌榜排名第二的新的历史性突破。从雅典奥运会前十名金牌榜上可以看到（见表 2 - 1 - 5），美、中、俄三国居于第一集团，而澳大利亚、日本、德国、法国、意大利、韩国、英国等国组成了第二集团。

表 2 - 1 - 5　第 28 届奥运会（雅典）金牌榜前十名的获奖统计表

排序	国家地区	金牌数	奖牌数	总分
1	美国	35	103	762
2	中国	32	63	491
3	俄罗斯	27	92	660
4	澳大利亚	17	49	271
5	日本	16	37	279
6	德国	14	46	346
7	法国	11	33	240
8	意大利	10	32	233
9	韩国	9	30	219
10	英国	9	30	216

在雅典奥运会上，我国不仅仅金牌数明显地高于任何一个"第二集团"的国家，奖牌数也是如此。前三名的得分中，我国以 491 分比第 4 名以后得分最高的德国 346 分高出近 30%。所以说，无论从顶级选手的数量，还是从高水平运动员的总体实力来看，雅典奥运会的竞技结果表明，在国际竞技体育格局中，中国已经是"第一集团"当之无愧的重要成员了。[①] 中国竞技体育总体实力与世界传统竞技体育强国的差距正在逐步缩小。

3. 中国在国际竞技赛场上的地位提高，并且在某些项目上已经出现"世界打中国"、"中国打世界"的两极局面，已经对世界竞技体育格局产生重大影响

---

① 田麦久. 国际竞技体育格局的"雅典重组"与中国竞技体育的科学发展［J］. 成都体育学院学报，2005，31（2）：3.

　　首先，中国对世界竞技体育格局的影响表现为竞技规则随着中国竞技水平的不断提高而不断改变。格局的不断变化是世界竞技体育发展的动力，任何项目由少数强者长期垄断，其结果只能导致自身的萎缩。国际奥委会为了促使世界竞技体育格局不断变化，不断地在奥运新周期内对比赛项目的参赛规则进行修改，以增加比赛结果的不确定性，扩大金牌的覆盖面，使更多的国家获得参赛的快感，不断激发它们的参赛热情，促进奥林匹克运动在全球的传播与发展。竞赛规则是运动竞赛得以开展的前提和保证，它规定着竞技项目的发展方向与规模。我国在连续 6 届奥运会中共获得 112 枚金牌，其中的 92 枚金牌（占 82.14%）是体操、跳水、举重、射击、乒乓球、羽毛球、柔道等传统优势项目，这些项目也是我国 2008 年北京奥运会的夺金点。而这 7 个项目也是 2008 年奥运周期内规则变化较大的项目。例如，2008 年奥运周期，国际单项体育组织共对 17 个奥运大项，21 个分项修改了规则，这是修改规则最多的一个周期。特别是我国一些传统优势项目规则的修改，削弱了我国的优势。如跳水单人项目取消规定动作，预赛成绩不带入决赛；举重的试举增重由 2.5 公斤改为 1 公斤；乒乓球男、女双打改为男、女团体；羽毛球的记分方法改为取消发球权的 21 分制；跆拳道项目缩小了比赛场地，对运动员主动攻击性技术提出了更高的要求；射击手枪 25 米项目的决赛由原来 10 发改为 20 发，对运动员的心理负荷提出了更高的要求。① 虽然这些项目规则的修改不完全是针对某一个国家，但从一个侧面反映出由于我国竞技体育的快速崛起，成绩进步显著，已经在某些项目领域内具有显著优势，对世界竞技体育格局产生了影响，促使了国际体育组织修改比赛规则，以求得世界竞技体育项目格局的发展与变化。

　　其次，中国对世界竞技体育格局的影响作用还表现为在国际体育组织中任职中国人数增多，而且，在许多项目中，中国人还担任着重要的职务。一个国家竞技体育在世界体坛的地位，是与自身竞技体育综合实力高度一致的。自身竞技体育实力强大，就会享有在国际社会的话语权，得到国际

---

① 刘鹏在备战 2008 年奥运会训练工作暨 2006 年冬训大会上的讲话［R］. 2006.

社会的认同和尊重；相反，自身实力微弱，就很难得到在国际社会的合法席位，甚至是别人的笑柄。

在国际体育组织中担任重要职位，是取得话语权的重要途径之一，也与一个国家竞技体育综合实力密不可分。改革开放以来，随着我国竞技体育总体实力的不断增强，中国人在国际体育组织中任职的人数越来越多，在一些项目中，还担任了重要的职务。1989 年，中国奥委会主席何振梁当选为国际奥委会副主席，在一个长期由西方人把持的国际体育组织中，何振梁的当选意义重大，反映了中国竞技体育对世界竞技体育格局的影响。借助 2008 年北京奥运会的契机，我国在国际体育组织中的任职人数与日俱增，截止到 2007 年 1 月，已在国际和亚洲体育组织中担任了 350 多个职务，在一半以上的奥运项目国际单项联合会中，都有中国人担任执委以上的职务。[①] 而在 1998 年底，我国仅有 41 人在国际体育组织和 42 人在亚洲体育组织中任职。[②] 从在国际体育组织任职的中国人人数上看，经过近十年的发展，我国竞技体育的国际地位又得到了进一步加强，对世界竞技体育的格局产生越来越重要的影响。

第二节　我国竞技体育崛起的历史轨迹

一、准备阶段（1949－1978 年）

1. 初建基业（1949－1956 年）：

新中国成立之初，百废待兴。体育事业的发展更是困难重重。当时，我国竞技体育的基础十分薄弱，"体育活动的组织权长期为外国人所把持[③]"，

---

① 刘鹏：中国人在国际体育组织中任职超过 350 个 [R/OL]. http：//www. sport. org. cn/newscenter/other/2007－01－19/1025702. html.

② 综合国力五十年 [J]. 求是. 1999（19）.

③ 伍绍祖. 中华人民共和国体育史（1949－1998）综合卷 [M]. 北京：中国书籍出版社，1999.

由于国民党政府不重视体育，各项竞技体育管理制度缺乏。新中国的体育事业在这样的基础上艰难起步。

1951年起，我国逐步建立起了一批中小型体育场馆，并对原来一些简陋的体育场馆进行了改造，到1956年，各省、自治区、直辖市都有了一些可供竞技比赛和群体活动的场地，竞技体育的发展有了一些必要的物质基础。新中国成立以后，我国在很短的时间内就基本建成了较完备的竞技体育管理体制，包括竞技体育行政管理体系和竞赛体制。

1952年，我国成立中华人民共和国体育运动委员会，这是中国历史上第一个部级国家体育行政机关。该机构的成立，将我国竞技体育纳入全面的一体化管理体制之中。从此，我国竞技体育的发展在国家体委的领导下走上了快速发展的道路。全国各自治区、直辖市及其所辖的地县一级政府也设立了各级体育运动委员会，主要负责本行政区域有关的体育工作。国家体委成立以后，我国又迅速建立了一些单项体育协会组织。如中国乒乓球协会、中国举重协会、中国射击协会等。

在竞技体育管理机构建立的同时，我国借鉴苏联等国的体育体制模式以及人民军队体育工作的经验，逐渐建立起了新中国的竞技体育体制，即主要是由青少年业余体育学校和省级、国家级常设运动队构成的训练体制和以全国运动会为核心的竞赛体制。1956年，国家体委公布了《青年业余体育学校章程》（草案）和《少年业余体育学校章程》（草案），仿照苏联模式建立了各级青少年业余体校，他们是国家优秀运动员的主要人才资源培养和储备基地。[①]

在党和国家各级政府的重视下，广大体育工作者、运动员励精图治，调动一切积极因素，群策群力，同心同德，开创了中国竞技体育新局面。1956年1月11日，国家体委公布了1955年的102项全国纪录，其中78项是在1955年创造的，18项是在解放以后其他年份创造的，只有6项是解放

---

① 伍绍祖. 中华人民共和国体育史（1949－1998）综合卷［M］. 北京：中国书籍出版社，1999：52.

以前创造的。①

2. 曲折前进（1957－1976 年）：

1956 年以后的 10 年间，我国开始了全面的社会主义建设，竞技体育在这一时期迅速发展，50 年代末，60 年代初迎来了我国竞技体育的春天。1959 年，在第二十五届世界乒乓球锦标赛上，我国选手荣国团荣获男子单打冠军，这是在乒乓球运动，也是中国体育史上获得的第一个世界冠军。② 1960 年，中国登山健儿取道北峰，克服艰难险阻，成功登上了世界最高峰——珠穆朗玛峰，创造了人类历史上的奇迹。随后，1961 年，我国乒乓健儿在第二十六届世乒赛上获得三项世界冠军，从此开始称霸体坛，长盛不衰。

但是，1957 年的反右斗争扩大化，一些教练员和运动员受到不公正对待，使得竞技体育的发展受到极大影响。而 1958 年开始"大跃进"运动，助长了体育的浮夸风，提出了一些不切实际的口号，对运动训练带来不利的影响，竞技体育发展曲折。

在国民经济困难时期，1962 年，遵循党中央"调整、巩固、充实、提高"的方针，国家体委重新审定了 1958 年制定的"十年规划"，及时纠正了"极左"的做法，调整了不切实际的高指标。1961 年 12 月 5 日－12 日在北京召开全国体育工作会议，认真总结了"大跃进"以来的经验教训。会议指出：体育属于上层建筑范畴，为经济基础所决定，体育事业发展的规模与速度必须与经济建设相适应，不能超越生产所许可的限度，必须依据人民生产和生活情况不断加以调整。③ 竞技体育采取了缩短战线、确保重点的工作路线转移，适当收缩了竞技体育的规模，减少了竞赛活动，把工作重点放在运动训练上，并且将优秀运动员集中，为竞技体育未来的发展积蓄了力量。

---

① 伍绍祖. 中华人民共和国体育史（1949－1998）综合卷 [M]. 北京：中国书籍出版社，1999：82.

② 谷世权. 中国体育史 [M]. 北京：北京体育大学出版社，1997：354.

③ 伍绍祖. 中华人民共和国体育史（1949－1998）综合卷 [M]. 北京：中国书籍出版社，1999：114.

经过 60 年代的调整，随着我国国民经济逐渐好转，国家体委加强了竞技队伍的思想作风建设和训练技术、方法的革新，竞技体育进入了建国后新的高潮。在第 2 届全运会上，有 24 名选手 10 次打破 9 项世界纪录，331 名运动员 496 次打破 130 项全国纪录，数以千计的选手打破各省市纪录。①然而，我国竞技体育发展的良好局面刚开始不久，就遭遇到了十年"文化大革命"这场空前的历史浩劫。十年"文革"浩劫给我国体育事业造成了巨大的破坏和损失，使刚刚恢复的中国竞技体育遭到严重摧残。1968 年，"5.12"命令，全盘否定了 17 年来体育事业取得的成就，诋毁国家体委系统是"长期脱离党的领导，脱离无产阶级政治，钻进了不少坏人，成了独立王国"。②"四人帮"打着"批修"的幌子，把建国以来确立的一整套行之有效的规章制度统统污蔑为"修正主义货色"加以废止。尽管当时由于广大体育工作者奋发努力，也取得了一些成绩，如 1970 年倪志钦以 2.29 米的成绩打破了男子跳高世界纪录，但总的说来，1965 年以来出现的体育蓬勃发展的局面被扼杀了，体育事业一度处于停滞状态，竞技体育跌入发展的低谷。

1976 年 10 月粉碎"四人帮"以后，我国竞技体育经过拨乱反正，迅速恢复。各级体育机构与各类活动的迅速恢复，国际体育交往进一步扩大。继 1974 年中国重返亚洲赛场后，1978 年国际绝大多数单项体育组织恢复了我国的合法席位。在 1978 年体工会的基础上，国家体委又连续召开了城市、农村、业余训练和推行锻炼标准等一系列专业会议，陆续恢复和制定了运动员、裁判员技术等级、技术补贴以及其他规章制度。同时，国家体委迅速、及时、果断地把工作重点调整到攀登体育高峰上，为 20 世纪 80 年我国竞技体育的起飞奠定了坚实基础。从 1977 年到 1978 年底短短两年的时间中，运动成绩和竞赛水平很快走出低谷，开始回升。从 1976 年到 1978 年我国运动员获得和超创世界纪录 21 项（表 2-1-6）。

① 伍绍祖. 中华人民共和国体育史（1949-1998）综合卷 [M]. 北京：中国书籍出版社，1999：510.

② 谷世权. 中国体育史 [M]. 北京：北京体育大学出版社，1997：361.

表 2 - 1 - 6　1976 年 - 1978 年我国运动员获得
世界冠军、超创世界纪录一览表

年份	获得世界冠军（个）	超创世界纪录（次）
1976		3
1977	4	7
1978	4	3

注：根据《中华人民共和国体育史（1949 - 1998）》（综合卷）第 558 页数据改编。

二、起飞阶段（1979 - 1983 年）

党的十一届三中全会以后，国家体委与 1979 年 2 月在北京召开了全国体工会议，会议认为，必须及时、果断地从过去集中抓政治运动转到抓体育业务工作上来，转到攀登世界体育高峰上来，实现体育工作重点的转移，把注意力集中放在高速度发展体育事业上。这一年，国际奥委会也恢复了与中国中断 21 年的关系，为中国参与竞技体育运动提供了国际舞台。

1980 年初，全国体工会议总结了 30 年来体育工作的经验教训，在给中央的请示报告中，将加速提高我国运动技术的整体水平作为今后一个时期体育工作的主要任务。从 1980 年开始，按照以上指导思想，竞技体育运动训练和竞赛进行了全面的调整。首先，按照有利于在奥运会上取得好成绩的原则，对运动项目的布局进行了调整。根据奥运会的项目设置和金牌分布，将当时技术水平较高、影响较大，在国内受到群众的广泛爱好或国际影响较大的乒乓球、羽毛球、田径、游泳、跳水、体操、举重、足篮排球、射击、射箭、速度滑冰共 13 个项目列为全国重点项目。其次，按照"国内练兵、一致对外"的原则，调整全运会设项。第三，为了增强我国竞技体育发展的后劲，从 1980 年开始，按照"思想一盘棋、组织一条龙、训练一贯制"的要求，对优秀运动队、业余体校和学校运动队按照一、二、三线运动队进行了调整，逐渐建立和健全了按比例发展、层层衔接的训练网络。第四，强调动员社会力量共同办体育，减轻体委的压力和负担。从 1980 年开始，体委加强了同教育、卫生、工会、共青团、妇联和解放军等部门的分工合作，切实发挥全国体总及单项运动协会和基层体育协会等群众体育社团的积极作用，使竞技体育的发展有了更多的支撑点和动力。①

经过以上一系列调整，我国竞技技术水平迅速从"文革"的低谷中走了出来，步入快速腾飞的道路。1979 年第 4 届全运会上，共有 5 人 5 次破 5 项世界纪录；2 人 3 次破 3 项世界青年纪录；3 人 3 次平 3 项世界纪录；36 对 203 人 376 次破 102 项全国纪录。② 至此，我国竞技体育开始全面参与国际竞争。1982 年，我国选手在第 9 届亚洲运动会上，获得 61 枚金牌，取得了金牌总数与奖牌总数第一，中国竞技体育从此成为亚洲强国。更为重要的是，这期间我国女排多次获得世界冠军，女排顽强的拼搏精神，成为激励全国人民为实现四化而努力奋斗的榜样和精神力量。

三、崛起阶段（1984 年至今）

20 世纪 80 年代初期确立的以发展竞技体育为先导，带动体育事业全面发展的战略思想与布局，为 80 年代后期我国竞技体育的崛起以至于今天我国竞技体育水平的持续大幅度提高，打下了坚实的基础。1984 年的第 23 届奥运会上，我国健儿取得 15 枚金牌、8 枚银牌和 9 枚铜牌的骄人成绩，金牌总数名列第 4 位。其中，射击运动员许海峰获得本届奥运会的第一枚金牌，实现了我国自 1932 年首次参加奥运会以来金牌"零"的突破，也奏响了中国体育冲击世界高峰的序曲。中国体育迅速完成了由"冲出亚洲"到"走向世界"的历史性跨越。其水平上升之快、成绩提高之多，让世界瞠目，让国人振奋。

1988 年的汉城（现称首尔）奥运会，在 160 个国家和地区，包括所有体育强国参加的激烈竞争中，我国共获得 5 枚金牌、11 枚银牌和 12 枚铜牌。"从总体看，这次比赛的结果基本上反映了我国竞技运动的实力。我们

---

① 伍绍祖. 中华人民共和国体育史（1949 - 1998）综合卷［M］. 北京：中国书籍出版社，1999：269 - 273.

② 伍绍祖. 中华人民共和国体育史（1949 - 1998）综合卷［M］. 北京：中国书籍出版社，1999：516.

的国家和人民，充分肯定我国运动员和体育工作者为提高运动技术水平，弘扬奥林匹克精神所做的一切努力。"① 并且，中央鼓励"体育战线同心同德，再接再厉，加紧建设体育强国的步伐，战胜前进道路上的一切困难②"。汉城（现称首尔）奥运会的成绩，使得我国清醒地认识到与世界竞技体育强国还存在着巨大的差距。在总结汉城（现称首尔）奥运会的经验与教训的基础上，在中央领导对运动员和体育工作者为提高运动技术水平所付出的努力进行肯定的情形下，中国健儿奋力拼搏，在1992年的第25届奥运会上获得16枚金牌、22枚银牌和16枚铜牌的佳绩，位居金牌榜和奖牌榜第4位。同时，在本届奥运会上，中国健儿在游泳、田径两个项目上实现了奥运史上金牌"零"的突破。外电称，"中国以其在奥运会上的成绩给世界一个震惊"，"中国体育的黄金时代开始了。"③

1996年亚特兰大奥运会上，我国参加了本届奥运会26个大项中22个大项153个小项的比赛，共获得奖牌50枚，有2人4次创4项世界纪录，3人6次创6项奥运会纪录，6人13次创12项亚洲纪录。"在规模日益庞大、强手如云、竞争激烈、奖牌分流和困难较多的情况下，中国体育代表团的金牌总数和奖牌总数均位列奥运奖牌榜第4位，证明我国竞技体育的总体水平有所提高。"④

进入新世纪，我国竞技体育继续高歌猛进，取得了一系列伟大的历史成绩。2000年悉尼奥运会上，我国共得金牌28枚、银牌16枚、铜牌15枚，在金牌榜和奖牌榜上仅次于美国和俄罗斯名列第3名。这是中国首次名列奥运金牌榜前3名，进入奥运会金牌第一集团，实现了历史性的突破。⑤ 2001年7月13日，北京获得2008年夏季奥运会举办权。消息传来，

---

① 张彩珍. 论体育 [M]. 北京：人民体育出版社，1990：16.

② 张彩珍. 论体育 [M]. 北京：人民体育出版社，1990：17.

③ 伍绍祖. 中华人民共和国体育史（1949－1998）综合卷 [M]. 北京：中国书籍出版社，1999：445.

④ 伍绍祖. 中华人民共和国体育史（1949－1998）综合卷 [M]. 北京：中国书籍出版社，1999：447.

⑤ 任海. 奥林匹克运动读本 [M]. 北京：人民体育出版社，2005：407.

举国欢庆，全民振奋。2002 年 2 月，在美国盐湖城冬奥会上，在短道速滑女子 500 米决赛中，我国运动员杨扬夺取冠军，之后她又在女子 1000 米比赛中再夺金牌。中国运动员终于实现在冬季奥运会上金牌"零"的突破，这届冬奥会成为中国冰雪运动发展史上的一个里程碑，[1] 也是中国奥运发展史上的一个里程碑。

继 1996 年和 2000 年奥运会的辉煌成绩之后，我国体育战线进一步总结竞技体育工作中的成功经验和教训，针对我国在奥运会比赛夺金点上的趋于饱和的现状，提出了"119"项目发展构想，即加大力度发展水上项目与田径项目。在 2004 年雅典奥运会上，我国健儿不负众望，"119"工程取得初步成效，夺得水上项目皮划艇金牌 1 枚，刘翔勇夺得 110 米栏金牌，实现了中国竞技体育新的历史性突破。学者田麦久认为：雅典奥运会的竞技结果表明，在国际竞技体育格局中，中国已经是第一集团当之无愧的重要成员了。[2] 2004 年 9 月 2 日，胡锦涛总书记在会见雅典奥运中国体育代表团全体成员时表示：中国体育健儿在雅典奥运会上取得了令人振奋的优异成绩，实现了中国竞技体育在历史上新的突破。[3] 我国已跻身于世界竞技体育强国之列，国际地位也越来越高，在世界竞技体育格局中占据了重要位置，已经引起国际社会的广泛关注，我国竞技体育已经崛起。

第三节 我国竞技体育崛起的动因

纵览我国竞技体育崛起的历程以及取得的伟大历史成绩，令人欢欣鼓舞。以西方体育文化为主体的现代竞技体育传播进入中国仅百余年的时间，却以令人难以置信的速度得到迅猛的发展，特别是新中国成立以来，随着

---

① 任海. 奥林匹克运动读本 [M]. 北京：人民体育出版社，2005：409.

② 田麦久. 国际竞技体育格局的"雅典重组"与中国竞技体育的科学发展 [J]. 成都体育学院学报，2005，31（2）：1-7.

③ 胡锦涛高度评价中国雅典奥运健儿的优异表现 [ER/OL]. http：//www. chinanews. com. cn/news/2004/2004-09-02/26/479904. shtml.

我国社会经济的不断发展，随着改革开放的不断深入，在党的正确领导和重视下，在全体教练员、运动员以及广大体育工作者的不懈努力下，在全世界华人的广泛关注与支持下，取得了一系列伟大的历史成绩，竞技体育已经成为当今中国体育的主流。在短短的几十年间，我国竞技体育快速崛起的动因是什么？

动因是指能够推动事物发展、前进的内在力量。按照马克思唯物主义的观点，任何事物的发展，都有其内在规律及内在动因可循。

可以肯定，在我国竞技体育崛起的不同历史阶段，其发展的动因也不同。当1979年我国在国际奥委会合法席位恢复以后的很长一段时间内，洗刷近代竞技体育的耻辱，扫除"文化大革命"的阴霾，振奋民族精神，全面向世界展示中国形象，是当时竞技体育发展的主要动因。进入21世纪以来，随着我国在国际竞技体坛不断获得优异成绩，在奥运会上不断取得新的突破，竞技体育的国际地位与日俱增，受到全世界的广泛关注，一些国家开始研究和学习中国的竞技体育管理体制与发展模式。同时，随着改革开放的不断深入，我国社会主义建设事业不断取得伟大新成就，综合国力位居全球第二，人民生活水平与生活质量不断改善，中国加入WTO，签署《世界人权宣言》，积极申办奥运会，这一系列的重大事件表明中国社会更加开放，与世界的发展联系地更加紧密。然而，随着经济全球化的进程不断深入，我国政治、经济、社会、文化的发展也面临越来越多的挑战。我国的人均国民生产总值还较低，处于世界不发达国家行列。在这样的国际与国内现实条件下，我国竞技体育的发展动因，呈现出多元化的趋势。

整体而言，我国竞技体育崛起的动因源于竞技体育的本质特性，以及竞技体育同人与社会互动所产生的影响作用。具体表现在以下几个方面：

一、泱泱大国迫切希望洗刷近代中国竞技体育屈辱史

鸦片战争以来，贫穷积弱的中国，被世界列强讥讽为"东亚病夫"。在当时的西方人眼中，中国国力荼弱，国人体质孱弱，精神麻木，毫无生气。而后，"东亚病夫"演变为西方列强蔑视中国人和中国落后的代名词。有感

于此，近代中国革命和教育的先驱们发出了"强国强种"的呐喊。为了洗刷"东亚病夫"的奇耻大辱，无数中国人前赴后继，用各自的智慧寻求"治病"良药。而饱受欺凌的百年记忆使中国人在体育上寄予了太多的期望，面对竞技体育长期落后的面貌，人民急切地希望通过振兴竞技体育来实现"强国强种"，洗刷中国近代体育史上的耻辱。

然而，旧中国在落后的社会现实条件下，体育既没有系统的管理体制，又缺乏必要的场地设施，项目发展也无体系而言。"1948 年的'第七届全运会'，体操比赛选手只有几个人；到新中国成立以前，全国连一套标准体操器械都没有；举重只留下 5 项全国纪录，其中 4 项为海外华侨所创。"①三次派人参加奥运会不仅一无所获，而且成为被别人嘲笑的对象。"东亚病夫"的蔑称更是在中国人心中留下的永远无法忘却的耻辱。"改善民族体魄和重塑民族形象与国家尊严，虽经民主革命先辈们的不懈努力，但仍未完成，这既是历史留给中华人民共和国的社会遗产，也是赋予中华人民共和国的历史任务。"②

新中国成立以后，掀起了建设社会主义新中国的高潮。我国第一任国家体委主任贺龙元帅豪迈地说："过去洋人骂我们是'东亚病夫'，现在中国人民站起来了，这顶帽子要摘掉。"③同时，又"由于在国际体育交往中，往往因运动技术水平太差，与我们的国际地位不相称，这大大刺激了我国上上下下的民族自尊心，加快提高我国体育运动水平的呼声日渐高涨。"④基于这样的认识与国际体育交往现实状况，以及旧中国在奥运赛场上的奖牌"零"的纪录，快速提高竞技体育技术水平越来越受到党和国家的高度重视，也成为新中国成立以来我国竞技体育快速发展的历史原动力。

---

① 谷世权. 中国体育史 [M]. 北京：北京体育大学出版社，1997：341.
② 伍绍祖. 中华人民共和国体育史（1949 - 1998）综合卷 [M]. 北京：中国书籍出版社，1999：11.
③ 熊晓正. 中国体育 [M]. 北京：北京出版社，1995：87. 转引自伍绍祖. 中华人民共和国体育史（1949 - 1998）综合卷 [M]. 北京：中国书籍出版社，1999.
④ 伍绍祖. 中华人民共和国体育史（1949 - 1998）综合卷 [M]. 北京：中国书籍出版社，1999：13.

可以说，泱泱大国迫切希望洗刷近代中国竞技体育屈辱史是我国竞技体育快速崛起的强大内部动力。

二、重塑我国大国形象的迫切愿望

竞技体育是展示国家形象的重要途径之一。一个积贫积弱、国民身体素质低下的国家是无法树立强国形象的；相反，一个国家如果拥有无数健康体魄、朝气蓬勃、充满活力的国民，其强国地位则是不言而喻的。重塑我国大国形象的迫切愿望，是我国竞技体育崛起的动因之一。

一部中国近现代史，是一部坚苦卓绝的奋斗史。由于历史的原因，我们社会主义现代化建设的基础差，起点低，没有经验。如何在短时间内把一个半殖民地半封建的旧中国建设成为一个富强、民主的新中国，是前无古人的伟大事业。在建设社会主义的道路上，我国先后经历了"大跃进"、"文化大革命"等政治运动，走了许多弯路。由于"文化大革命"的破坏作用，致使中国经济社会发展走到崩溃的边缘。当我国打开国门时才发现，世界经济发展的大好时机和宝贵时间已错过。党的十一届三中全会以后，经过拨乱反正，提出建设社会主义现代化强国的口号，掀起了建设社会主义新的热潮。《关于建国以来党的若干历史的决议》中明确提出："我们党在新的历史时期的奋斗目标，就是要把我们的国家逐步建设成为具有现代农业、现代工业、现代国防和现代科学技术的，具有高度民主和高度文明的社会主义强国……把全党、全军和全国各族人民的意志和力量进一步集中到建设社会主义现代化强国这个伟大目标上来。"在这样的社会背景条件下，体育作为社会主义事业的一个组成部分，担当起了"排头兵"的重任。当时，体育领域提出了建设"体育强国"的口号。体育较少受意识形态的影响与制约，比较容易走向国际舞台。同时，竞技体育是衡量一个国家体育发达程度的重要标志，也是展示国家科技、经济、文化的重要窗口，更是快速提升国家形象的途径之一。

国家形象就是一张"国家名片"。归纳而言，国家形象是一个国家内部公众和外部公众对该国政治、经济、社会、文化与地理等方面状况的认识与评价，可分为国内形象与国际形象，两者之间往往存在很大差异。① 国家形象在根本上取决于国家的综合国力，但并不能简单地等同于国家的实际状况，它在某种程度上是可以被塑造的。因为，很多情况下，人们通过一个体育项目甚至是一个运动员来认识和了解一个国家。在某一特定历史时刻，体育甚至能影响和推动一个国家的政治事务，如著名的"乒乓外交"。竞技体育是塑造大国形象的"名片"。这是由竞技体育的国际性、竞争性、公开性、公平性以及透明性等特征所决定的。竞技体育中媒体的广泛报道，直接决定运动员之间强弱的手段，升国旗、奏国歌等仪式都是彰显国家实力和形象的途径。从"东亚病夫"到雅典奥运会金牌数第二，从任人宰割的半封建半殖民地国家到建设有中国特色的社会主义国家，两者形象上的差别不言自明。② 重塑我国大国形象的迫切愿望，是我国竞技体育崛起的重要推动力之一。

三、发展先进文化的需要

大力发展竞技体育，让竞技体育成为建设小康社会的"助推器"，成为先进文化的排头兵，是我国竞技体育自进入 21 世纪以来不断取得优异成绩，不断实现新的历史性突破的重要推动力。

1. 以奥林匹克运动为代表的竞技体育是一种先进文化

竞技体育作为一种广泛参与的社会活动，不仅可以增强人民体质，也有助于培养人们勇敢顽强的性格，超越自我的品质，迎接挑战的意志和承担风险的能力，有助于培养人们的竞争意识、协作精神和公平观念。竞技体育也是促进友谊、增强团结的重要手段，有益于人类社会的团结、友谊、进步。培养人们科学、积极健康的生活方式，增强人与人之间的交流，有助于建立和谐互助的人际关系，优化社会人文环境，提高人们的文明度等等。这些也是先进文化不可缺少的重要内容。③ 奥林匹克运动是竞技体育的

---

① 孙有中. 国家形象的内涵及其功能 [J]. 国际论坛, 2002 (3).

② 周圆. 奥运报道和国家形象塑造 [J]. 青年记者, 2007 (7).

③ 梁晓龙. 当代中国体育若干基本理论问题探讨之二——当代中国体育的基本理论和体育发展的基本经验 [J]. 体育文化导刊, 2003 (5): 5 - 9.

重要表现形式，它不仅是一种先进文化，更集中反映和代表了先进文化的前进方向和内容。

奥林匹克文化作为一种文化形态和精神文明，突出的表现了西方文化中竞争、拼搏、超越、公平等精神，属于世界先进文化的一部分。从古到今，奥林匹克运动历经了两千多年的发展演变过程，成为最广泛人群接受的文化形态，因为它体现了人类的崇高理想，体现了对未来社会的憧憬和追求，体现了世间难得的真、善、美和公平正义。奥林匹克文化的先进性反映在体育领域，集中表现在奥林匹克主义、精神、理想、原则、宗旨、格言等方面。它的核心内容是倡导人的和谐发展，友好相处，进而建立一个和平而更美好的世界。此外，奥林匹克文化作为一种先进文化，在其中蕴藏着人类的竞争、创新、友谊等卓越品质，并使体育价值、社会价值和个人价值联系在一起，英雄主义、集体主义和爱国主义高度契合。奥林匹克文化是人类宝贵的精神财富，具有强大的生命力。它对促进人的发展、维护人的尊严和国家民族平等，起了重要作用。因此，大力发展以奥林匹克运动为代表的竞技体育，也就是大力发展先进文化，是我国竞技体育快速崛起的动因之一。纵览我国竞技体育快速崛起的历程，也就是不断融入奥林匹克，在中国大力倡导奥林匹克理念的过程。

2. 竞技体育自身蕴含的先进文化价值是我国社会主义精神文明建设的重要内容

高水平的竞技体育，最显著的文化内涵就是运动员在竞技场上所表现出的顽强拼搏、不畏强手、超越自我、追求卓越和为国争光的体育精神。从体育运动中特别是国际体育大赛中所折射出的这种精神风貌，可以激发中国人民和各行各业在建设有中国特色社会主义征途上，在全面建设小康社会的进程中，始终保持克服艰难、团结协作、奋发有为、昂扬向上和强盛祖国的良好精神面貌。在爱国主义的旗帜下，也必将增强整个国家和民族以及广大人民群众的向心力和凝聚力。一个国家一个民族的精神是综合国力的重要组成部分，也是衡量综合国力的重要标志之一。在中华民族立足于世界民族之林的今天，全民族的凝聚力具有非常重要的意义，是国家发展和稳定的基础。当今世界的国际竞争日趋激烈的社会背景下，一个民族立于不败之地，不仅要创造强大的物质力量，而且要保持强大的精神力量，而这种精神力量对物质文明的建设具有巨大的推动力。①

3. 发展竞技体育，满足人民日益增长的文化需要

1987 年 10 月召开的党的十三大系统地阐述了社会主义初级阶段理论。现阶段，我国处于并将长期处于社会主义初级阶段。中国社会主义初级阶段的主要矛盾、基本矛盾是人民日益增长的物质文化需要同落后的生产之间的矛盾。大力发展竞技体育是满足人民群众日益增长的文化需要的重要途径。

现代人追求的不仅仅是物质生活的满足，同时也高度重视精神生活的质量与品质。随着我国经济、社会的快速发展，人们的物质需求在一定程度上得到满足，而精神文化需求方兴未艾。高水平竞技体育对于丰富人们的文化生活起到了极其重要的作用。观赏高水平的竞技运动比赛已经成为人们余暇生活的重要内容。人们从观看高水平的体育比赛中不仅可以感受到生命的力量，超越的激情，而且也是美的享受。高水平的竞技赛事为人们提供了缓解压力、充分放松的重要渠道，已成为许多人的文化需要。竞技赛事可以给人们带来身心的娱乐，健康的心境以及生活的享受，从而减轻工作的压力和快速生活节奏产生的不良情绪。人们通过参加和欣赏体育运动不仅能增强体质、延年益寿，还能够愉悦身心、丰富感情世界。世界上还没有其他任何一种活动能像体育竞赛那样有规律地举行，特别是以奥运会为最高层次的国际体育竞赛已经成为现代人们关注的焦点和欣赏的热点。各种不同形式和类型的体育竞赛，以它独有的形式和方式为人类社会生产出丰富多彩的文化产品和精神食粮，提高了人类的生存和生活质量，改变和改善了当今人们的生存和生活方式。

随着我国和国外体育文化交流的不断深入，越来越多的高水平运动队

---

① 梁晓龙. 当代中国体育若干基本理论问题探讨之二——当代中国体育的基本理论和体育发展的基本经验［J］. 体育文化导刊，2003（5）：5－9.

来华访问，越来越多的高水平赛事在我国举办，越来来越多的高水平赛事展现在我们面前，对不断满足和丰富人民群众日益增长的文化生活需要提供了条件。满足人们的精神享受与文化需要，也就构成了我国竞技体育快速发展，不断提高竞技水平的重要推动因素。

第四节　我国竞技体育崛起的国际国内环境

"体育从它成熟和形成的那时起，就是相对独立的人类文化形态，有它独特的带有规定性的内涵和本质，有它自己的发展规律和发展轨迹，从而与其他文化形态和社会现象、社会活动相区别。但体育的存在与发展也绝非是孤立的……它必然要受到相应社会的政治制度、经济发展水平，以及其他文化形态、社会现象、社会活动的影响、渗透和制约。"① 作为体育的重要组成部分之一，竞技体育的诞生与发展也并非处于"真空"之中。它与一定社会的政治、经济、文化等有着密切联系，受一定社会的政治、经济、教育等发展水平的影响与制约。总而言之，竞技体育的发展离不开一定的社会环境。竞技体育作为社会大系统中的一个子系统，必然与社会大系统中的其他子系统发生各种各样的有机联系。我国竞技体育的崛起过程，同样离不开国际社会的大环境以及我国政治、经济、社会发展的大背景的影响与作用。

一、国际环境

1. 20 世纪 70 年代世界格局由"冷战"走向和平，为我国竞技体育的崛起提供了良好的国际政治环境

1949 年，中华人民共和国的成立，使得一个占世界上四分之一人口的东方大国彻底脱离了帝国主义的殖民体系，以美国为首的一些西方国家对新生的社会主义中国采取敌视、孤立、颠覆的政策，对我国进行全面的经

---

① 周西宽. 体育基本理论教程［M］. 北京：人民体育出版社，2004：192.

济封锁，给新生的中国带来巨大的威胁。在这种情况下，我国与苏联结盟共同对抗以美国为首的西方国家的威胁。然而，1954 年，国际奥委会主席布伦戴奇以"体育与政治无关"为借口，搞起了"两个中国"的把戏，甚至称台湾过去"不属于中国"。在国际体育界反华势力的纵容下，一些国际单项体育组织陆续用"中华民国"的名义接纳了台湾的体育组织，允许它们占据我国的合法席位。为了不使其阴谋得逞，中国奥委会在提出抗议无效后，1958 年 8 月 19 日，全国体总和有关单项体育运动协会发表了"关于同国际奥委会断绝关系的声明"。① 奥林匹克所倡导的"体育与政治无关"的神话彻底破灭。中国被迫关起门来发展竞技体育，竞技体育发展缓慢，技术水平不高。

历史前进的车轮终究不是以某个人或某个政治集团的意志为转移的。20 世纪 70 年代，资本主义世界经济出现了美、日、欧三足鼎立的局面。欧洲共同体的建立，西欧联合自强趋势的加强，法国戴高乐主义的提出，联邦德国"新东方政策"的出笼，以及日本在推行"经济外交"的同时要求在对外关系方面有更多的自主权利，如此等等，都表明帝国主义阵营内部政治关系日益分化，再也不是铁板一块。从总体上来讲，20 世纪 70 年代的国际形势是苏攻美守。为了扭转同苏联争霸的不利局面，美国迫切需要寻找新的利益伙伴，对抗来自西欧，特别是前苏联的压力。1969 年苏军挑起珍宝岛武装冲突，向中国边境增兵百万，威胁中国的安全。中苏关系开始恶化，由 20 世纪 50 年代"一边倒"的方针转向相互对峙。中国为了抵抗苏联的压力，也需改善同美国的关系。在这样的国际形势下，出于双方利益的考虑，"小球终于转动了地球"，中美关系开始恢复正常。由此，20 世纪 70 年代国际政治格局由东西两极对立的"冷战"格局开始走向和平。"乒乓外交"开启了竞技体育其他项目与外界隔断了 5 年之久的大门，我国的国际体育交往开始恢复。1972 年，我国在联合国合法席位开始恢复，随

---

① 伍绍祖. 中华人民共和国体育史（1949－1998）综合卷［M］. 北京：中国书籍出版社，1999：222－225.

着外部国际政治环境进一步缓解，我国竞技体育开始了新时期快速的发展过程。从1970年前后我国运动员获得世界冠军、超创世界纪录可见一斑（表2-1-7）。

表2-1-7 1969年-1973年我国运动员获得
世界冠军、超创世界纪录一览表

年	获得世界冠军	超创世界纪录
1969	0	0
1970		1
1971	4	
1973	3	
1974		6
1975	2	12

根据《中华人民共和国体育史（1949-1998）》（综合卷）（中国书籍出版社1999年版）第558页数据整理。

世界格局由"冷战"走向和平，为我国竞技体育的快速崛起提供良好的国际政治环境。国际政治环境的转变，为我国不久之后在国际奥委会合法席位的恢复，竞技体育全面参与国际竞争创造了良好的外部条件。我国竞技体育被"孤立"的局面随着国际政治环境的改善而终结，我国重返国际体坛。1973年11月，我国在亚联理事会的合法权利得到恢复，在1974年第7届亚运会期间，亚洲各单项运动协会先后承认了我国各运动协会的合法席位。[1] 从此，我国全面走上了亚洲体坛，并开始了"冲出亚洲"的辉煌历史。由于"文化大革命"的影响，初登国际体坛的中国选手的成绩虽然仍有待于进一步提高，但一系列的活动却开创了我国体育的新局面，为中国体育全面走向世界奠定了基础。[2]

---

① 伍绍祖. 中华人民共和国体育史（1949-1998）综合卷［M］. 北京：中国书籍出版社，1999：247.

② 伍绍祖. 中华人民共和国体育史（1949-1998）综合卷［M］. 北京：中国书籍出版社，1999：249.

2. 我国在国际奥委会的合法席位得到恢复，加速了我国竞技体育的崛起进程

中国在国际奥委会合法席位的恢复，使得我国全面登上国际体育的舞台，全面参与国际竞争，与世界各国广泛交流，彻底摆脱了孤立、隔离的局面。同时，也为世界上一些优秀教练员、运动员来中国进行访问交流创造了条件。

十年"文化大革命"，对我国竞技体育的发展带来巨大冲击，使竞技体育遭受到了严重摧残。专业运动队伍基本上解散，运动技术水平急剧下降，国际竞赛活动几乎被取消。在混乱局势下，整个体育和竞技体育战线上的工作陷入瘫痪。[①]"文革"结束后，运动技术水平落后已成为体育事业发展的突出薄弱环节，多数项目与世界先进水平差距很大，有的达不到奥运会的报名标准，有的还冲不出亚洲。[②] 而参加 1980 年夏季奥运会又迫在眉睫，由此，在 1980 年全国体工会议肯定了 1979 年确定的省一级以上体委继续在普及与提高相结合的前提下，侧重抓提高的部署，并提出了力争"在 80 年代根本改变我国运动技术水平的落后状况，使我国体育在全世界大放异彩"。[③] 按照这样的思路，从 1980 年开始，我国竞技体育的发展经过了较大范围的调整与部署。主要体现在：按照有利于在奥运会上取得好成绩的原则，对运动项目的布局进行了调整，确立了一些全国重点项目；常设国家队；根据"国内练兵、一致对外"的原则，调整了全运会设项，从第 5 届全运会开始，基本按照奥运会的项目要求设项；为增强竞技体育发展后劲，还对优秀运动队、业余体校和学校运动队进行了调整，建立起了比较完善的后备人才培养体系；基于当时我国的经济实力，为保证国家能集中有限的人力、财力、物力抓提高，强调动员社会力量办体育，减轻体委的压力

---

① 颜绍泸. 竞技体育史 [M]. 北京：人民体育出版社，2006：256.

② 伍绍祖. 中华人民共和国体育史（1949－1998）综合卷 [M]. 北京：中国书籍出版社，1999：270.

③ 国家体委.《关于加速提高体育运动技术水平的几个具体问题的请求报告》,《体育运动文件选编》(1949－1981)：141.

和负担。经过以上调整，保证了竞技体育在整个体育事业的发展中有一定的超前性，我国竞技体育事业开始全面复苏，为 80 年代后期以至今天我国竞技体育水平的持续大幅度提高，打下了良好的基础。

可以说，我国在国际奥委会的合法席位恢复，使得我国重返国际竞技体育舞台，全面参与国际竞争，大大激发了我国发展竞技体育的信心与热情。正是因为重返国际舞台带来的巨大历史机遇，促使了我国对体育工作进行巨大战略调整，侧重抓提高，才形成了 80 年代选择以竞技体育为先导、带动体育事业全面发展的战略思想。也正如此，我国竞技体育才迅速摆脱了"文革"阴影，迅速发展壮大起来，自 20 世纪 80 年代以来，在国际赛场上屡创佳绩，夺取了一个又一个世界冠军。特别是 1984 年在美国洛杉矶举行的第二十三届奥运会上中国实现了奥运会金牌零的突破，金牌总数列第四位，开创了中国竞技体育发展的崭新时代，为祖国赢得了巨大荣誉。

3. 奥林匹克运动的全球大发展，为我国竞技体育的快速崛起注入强大动力。

20 世纪 80 年代以来，奥林匹克运动进入快速发展时期。尽管《奥林匹克宪章》中明确指出，奥运会是运动员之间的比赛，不是国家间的比赛，但在现实社会生活体系中，脱离于民族性和游离于国家政府管辖之外的个人，是无法存在的。人们更多地把运动员之间的竞争看成是国家与国家之间的竞争，运动员在奥运会上的表现，不可避免地与其国家和民族的形象紧密地联系在一起，具有民族与国家的象征意义，在奥运会上取得较好成绩就被赋予了较强的政治色彩。基于此，许多国家根据各自国家利益的需要，都对在奥运会上取得优异成绩非常重视。而奥运会项目的特点，如时间、距离、高度、速度、重量、准确性及通过评分、胜负、输赢这样的直接方式来判别一个民族的优劣，在和平年代大概除了竞技体育之外找不出第二种文化现象可以替代这种民族价值的认同。[①] 因此，在改革开放初期，在我国重返国际舞台的初期，借助了奥林匹克的国际大舞台，大力发展竞

①　陈培德，凌平. 举国体制的思想渊源和理论基础 [J]. 体育文化导刊，2003 (3)：6－9.

技体育，破除"文化大革命"的阴影，振奋民族精神，激发爱国热情，鼓舞全国人民勇攀高峰；同时，也给世界一个信号，古老的中国又焕发出了勃勃生机。

可以说，没有奥林匹克运动的全球大发展，我国竞技体育不可能在短时间内取得如此辉煌的历史成绩。奥林匹克运动的全球化发展，促进了体育资源的全球配置，各种先进的运动技术，因为电视转播开始逐渐被我国运动员熟悉和掌握；各种高科技体育器材以及医疗器械，陆续被购买进来，用于运动训练和康复医疗；各类优秀的体育教练员开始来到中国，为我国竞技运动技术水平的提高发挥了重要作用；各种先进的管理经验、管理制度、管理方法开始引进来，用于我国竞技运动训练实践。所有这一切，都对我国竞技体育的快速崛起发挥了积极重要的作用。

二、国内环境

1. 改革开放以来我国经济快速、平稳发展为我国竞技体育快速崛起提供重要的物质基础

体育与经济有着密切的联系。"经济是体育发展的基础，经济状况对体育的发展起着决定性的作用，制约和促进体育的发展。"[①] 一个国家竞技运动水平的高低，取决于经济发展和社会发展等多种因素，但归根到底还是取决于经济发展的水平。因为，物质资料生产活动是人类最基本的实践活动，是人类社会存在和发展的基础，也是政治、文化、教育和体育等活动的基础。体育的产生与发展是以社会生产力的一定发展水平为基础的。一个时代，一个国家体育运动发展的水平和规模，取决于当时的经济发展能为体育运动提供多少人力、财力和物力的支持。[②] "高水平竞技运动的发展，牵涉的因素众多，而经济实力无疑是其中最基本的一个。国家对竞技运动的支持，首先是经济力量的支持，而究竟能支持到何种程度，也取决

---

① 周西宽. 体育基本理论教程 [M]. 北京：人民体育出版社，2004：204.
② 周西宽. 体育基本理论教程 [M]. 北京：人民体育出版社，2004：204.

于该国所拥有的经济实力水平。因此在一定意义上可以说，国际高水平竞技运动的竞争，实际上是各国经济实力的竞争。"①

　　建国50多年来，中国体育与中国社会同步发展。改革开放后的20年，是中国综合国力增长最快的时期，也是中国竞技体育发展最快的时期。"国运盛、体育兴"，体育与祖国母亲的命运休戚相关；有了强大的综合国力作后盾，我国竞技体育就有了无穷的腾飞之力。

　　1949年，新中国成立之初，我国经济非常落后，当时国家财政没有经费支出，没有专门体育队伍，全国体育场地仅4900多个。1953年全国体育事业经费不足1000万元，专门体育队伍不足2000人。1957－1976年经过20年的经济徘徊，也未能改变贫困的局面，国家财政支出的体育事业费始终停留在人均一毛钱的水平。② 党的十一届三中全会以来，随着改革开放的推行与不断深入，我国经济平稳、飞速发展，从1980－2000年，人均国民生产总值实现了翻两番的目标。1999年全国财政支出的体育事业经费约60亿元。到2000年，全国体育场馆已超过62万个，体育专门队伍已达数十万人③。建国初期，由于落后的经济制约了竞技运动，我国长期与世界冠军无缘。自1959年我国运动员获得第一个世界冠军算起，到2004年底，在奥运会、世界锦标赛、世界杯赛中，我国运动员共获得世界冠军1798个，创造世界纪录1119次。④ 近几十年来，特别是改革开放以来，我国经济的快速、平稳发展为我国竞技体育的快速崛起提供了重要的经济基础，使得国家能够拿出更多的财力、物力用于发展竞技体育，从而是竞技体育的规模和发展水平不断提高。

　　我国竞技体育的崛起之路，彰显了改革开放以来我国经济发展取得的伟大历史成就。许多研究表明，经济增长速度和发展水平对获得奥运会奖

---

① 高凤山，张占军，刘建中，等. 战后世界经济的增长与高水平竞技运动的发展——简论中国体育发展战略 [J]. 体育科学，1991（4）：7.
② 周西宽. 体育基本理论教程 [M]. 北京：人民体育出版社，2004：205.
③ 周西宽. 体育基本理论教程 [M]. 北京：人民体育出版社，2004：205.
④ 刘鹏. 在2005年全国体育局长会议上的讲话 [R]. 2005－2－7.

牌数量多寡具有决定性影响。雅典奥运会我国之所以取得好成绩，与经济发展密不可分。2000 年悉尼奥运会前，美国的一些经济学家曾经对一些国家奖牌数进行预测，选用的指标有 3 个：国民生产总值或人均收入、国家人口数量、是否东道主，这种以经济指标为主的预测，结果准确率高达98%。[1] 我国竞技体育的快速崛起，除了党和国家的高度重视、全国人民的大力支持、广大教练员、运动员的顽强拼搏与不懈努力之外，我国经济快速、稳步发展也为我国竞技体育的崛起提供了重要的经济基础。

2. 社会政治稳定是我国竞技体育快速崛起的基本前提

一个国家的发展不可能在动乱中实现，必须以稳定为前提。以稳定为前提来治理国家是我国几代领导人的一贯思想。社会主义社会是一个不断改革和创新的过程，改革不仅会带来发展和利益，也会带来社会的震动，甚至是阵痛，有可能产生社会的混乱与动荡，而这是国家发展之大忌。稳定是中国实现社会主义现代化发展战略的必备前提，没有稳定的社会政治环境，我国竞技体育不可能在短时间内迅速崛起，屹立于世界竞技体坛，成为世界竞技体坛一颗耀眼、璀璨的明星。

1958 年的"大跃进"运动，使新中国开始的竞技体育良好局面遭受严重挫折；1966 年开始的十年"文化大革命"，给中国社会带来的巨大浩劫，也给我国竞技体育带来巨大灾难，竞技运动技术水平陷入低谷。在"文革"初期，建国以来确立的一套竞技体育的管理制度被废止，整个训练和竞赛体系完全崩溃，各级专业运动队大多数被解散。直到 1970 年中共九届二中全会召开前，由于林彪、江青集团的破坏和干扰，我国竞技体育从总体上未能摆脱瘫痪半瘫痪的状况。虽然在"文革"后期，经过一些教练员和运动员的积极努力，克服重重困难，在极其艰苦的条件下进行训练。在 1975年举行的全国第 3 届全运会上，一部分项目的成绩有提高外，竞技体育总体水平与世界发达国家相差甚远。

"文革"结束后，我国社会政治恢复稳定，特别是十一届三中全会以

---

① 探雅典奥运中国胖闪 [N]. 中国体育报，2004 - 09 - 30.

后，我国社会主义建设事业开始新的征程，竞技体育也步入了快速发展的轨道，不断取得优异成绩，在 1979 年第 4 届全运会上，共有 5 人 5 次破 5 项世界纪录；2 人 3 次破 3 项世界青年纪录；3 人 3 次评 3 项世界纪录；36 队 203 人 376 次破 102 项全国纪录。① 而在 1975 年的第 3 届全运会上，共有 1 队 4 人 6 次打破 3 项世界纪录；2 人 2 次平 2 项世界纪录；49 队 83 人 197 次破 62 项全国纪录。②

文化大革命前后，我国竞技体育技术水平的鲜明对比，充分表明了安定团结的政治局面对竞技体育发展的重要影响作用。安定团结的政治局面有利于统一思想，心往一处想，劲往一处使。能够真正形成"全国一盘棋"，做到"国内练兵，一致对外"。特别是在改革开放初期，运动训练刚从"文革"的破坏中开始恢复，各种体育资源极其有限，没有稳定的社会政治局面，就不可能将有限的资源用于优先发展竞技体育，竞技运动技术水平的快速发展与突破也就成为空中楼阁。

党的十五大以来，我国进入全面建设社会主义的新阶段，经济快速发展，经济实力大幅提升，改革开放取得重大突破，人民生活显著改善，民主法制建设取得新进步，文化建设开创新局面，社会建设全面展开，社会政治稳定，人民生活安居乐业。在此社会背景下，我国竞技体育也取得了优异的成绩，不断实现历史性突破。2000 年悉尼奥运会上，我国第一次进入夏季奥运会金牌榜前 3 名；2001 年，我国获得了第 29 届夏季奥运会的举办权；2002 年，我国实现了冬季奥运会金牌"零"的突破；2004 年雅典奥运会上，我国第一次赶超俄罗斯，位列金牌榜第 2 名，实现了新的历史性突破。

对比文化大革命前后，特别是党的十五大以来我国竞技体育不断取得的巨大历史成绩，就会发现，社会政治环境的稳定是我国竞技体育短时间内走出文革的阴霾，迅速崛起的重要保障条件之一。

---

① 伍绍祖. 中华人民共和国体育史（1949 - 1998）综合卷［M］. 北京：中国书籍出版社，1999：516.

② 伍绍祖. 中华人民共和国体育史（1949 - 1998）综合卷［M］. 北京：中国书籍出版社，1999：513.

第二章　我国竞技体育崛起的制度保障

第一节　我国竞技体育的制度选择

历史证明，我国竞技体育之所以能够迅速崛起并在国际上产生巨大影响，得益于举国体制的保障。举国体制是我国获得 2008 年奥运会举办权、成功备战以及取得竞技体育历史最好成绩的决定因素。

一、"举国体制"的含义

体育体制是指体育工作的组织制度，它是实现体育事业目标的组织保证。从管理学角度而言，体育体制，指的是国家体育机关、企事业单位的机构设置和管理权限划分及其相应关系的制度。体育体制的核心是体育的机构设置、权力分配以及运行机制。

一个国家采用什么样的体育制度，其基本经济、政治制度起着决定性的作用。一般来说，体育体制与国家的经济体制和政治体制应该是相互适应、相互促进的关系。《辞海》中对"举"的解释是"全、皆"；而"国"乃是"国家"的意思。顾名思义，"举国体制"就是"全国范围内的体制"。从一般意义上讲，举国体制是在特定时期和资源约束双重背景下，出于政治、经济和文化的特殊需要，或为了应对某种突发事件，运用的较大规模的调配资源的组织方式和运行体系。

表现在体育领域，举国体制是在社会主义条件下，由政府主导、控制和集中全国的人、财、物资源，为奥运争光计划服务的管理模式。

原国家体育总局局长袁伟民认为："实行举国体制就是要集中有限的人

力、财力、物力，最大限度地调动各方面的积极性，有效地配置全国的竞技体育资源，上下形成合力，提高竞技水平，创造优异的运动成绩。具体而言，我国竞技体育举国体制内涵主要是指，在社会主义初级阶段基本国情的条件下，在我国现有竞技体育水平的基础上，国家集中相对的人力、物力和财力，最大限度地调动国家和社会等方面的积极性，有效配置体育资源，在体育领域中全国上下形成合力，努力提升我国竞技体育水平和国际竞争综合实力，力争在以现代奥运会为最高层次的各类国际竞技体育大赛中夺取优异运动成绩，为祖国、为人民赢得荣誉。"国家体育总局局长刘鹏在《备战 2008 年奥运会暨 2005 年冬训动员大会上的讲话》中，再次对举国体制的内涵进行了阐释："我国竞技体育举国体制是在社会主义初级阶段的历史条件下，与我国的竞技体育发展目标相适应，是我们实现奥运战略的最有力的支撑和保障。竞技体育举国体制就是集中有限的人力、物力和财力，最大限度地调动各方面的积极性，有效配置全国的竞技体育资源，上下形成合力，努力提高竞技体育水平，创造优异运动成绩，为国增光。"段世杰副局长提纲挈领地把举国体制概括为"举国意志"、"举国智慧"、"举国资源"，即统一目标、统一行动，集思广益、集中智慧，服务总体目标、优化资源配置的体制。

总体而言，举国体制是指以国家利益为最高目标，动员和调配全国有关的力量，为在世界体育大赛中取得优异成绩而形成的工作体系和运行机制。

二、"举国体制"的形成

从我国体育组织的结构分析，新中国成立初期构建的体育体制，本是为了在国家统一领导下，由国家体委进行监督、指导和协调，实行国家和社会力量共同办体育。但后来逐渐演变成政府部门高度集中，国家体委实际包揽了国家体育事业各方面的工作，这种既管体育又办体育的局面，是由当时的基本国情造成的。

（一）政治因素

新中国成立以后，我国的政权分属、政治制度、管理思想与管理模式都发生了翻天覆地的变化：我国政治制度由过去的少数人的专政制度变为人民民主专政制度；管理模式是从苏联引进的计划经济工业化管理模式；随之产生的，是在计划经济基础之上的集权管理思想。由于建国初期国际上的封锁与特殊的国内政治环境，这一时期的所有的工作都被赋予了浓重的政治色彩。所有管理工作的目标都是巩固新生的革命政权，各项工作都是为了完成建设社会主义的政治任务而实施的，体育工作也不例外。这一时期体育工作的主要目的就是如何在新形势下开展竞技体育活动，激发全国各族人民建设社会主义的热情，增强民族自信心与自豪感，使竞技体育活动成为推动社会主义事业前进的强大精神动力。

（二）经济因素

在建国初期，由于多年战争的磨难与西方敌对势力的经济封锁，我国面临一个很困难的经济环境：国民经济发展水平较低，国民经济综合实力不强，人均收入很低，这一时期，困扰人们的问题大多是如何解决温饱问题，在这种经济条件之下，单凭社会资金根本无法支持和参与竞技体育活动，只能依托政府，依靠政府专门的体育行政组织与固定的财政支持管理竞技体育活动。

（三）管理模式

新中国时期，由于我国特殊的政治、经济制度，我国的基本管理手段是行政化管理手段，具体表现为统收统支的财政，统调统配的流通，高度集中的劳动工资和统存统贷的银行体制。这个时期管理的主要任务就是在高度集权的体制下实现对社会政治、经济、文化各方面的管理。因此，体育方面的管理自然会带有行政化管理模式的烙印。

（四）理论依据

从理论上讲，经济基础决定上层建筑，依据这一准则，我国的竞技体育必然受制于本国的经济、政治制度。只有与国内政治经济制度相适应的体育体制才能有效地促进竞技体育的发展，才能与国家的政治生活和经济

生活形成良性互动。事实证明，凡称雄于国际体坛的国家必有其卓有成效的体育体制，美、俄、德、法、澳、韩、古巴等国均有自己完整而高效的体育体制。因此可以说我国选择举国体制是一条符合竞技体育发展规律的正确道路。

综上所述，我们不难看出，建国初期我国的竞技体育"举国体制"不是我国体育工作管理者凭空臆想出来的一种体育发展模式，而是在政治因素、经济因素和管理模式的综合影响之下，顺应竞技体育的发展规律而提出的一条合理的体育发展道路。

第二节 我国竞技体育的制度架构

中国竞技体育的崛起是在一定的制度框架中进行的，竞技体育的制度框架对中国竞技体育的崛起起着保证和促进作用；制度框架是竞技体育崛起过程中最具影响力的因素，是竞技体育崛起由可能到现实的中介桥梁，在一定程度上决定竞技体育崛起的快慢。因此，中国竞技体育崛起的制度框架是当代中国竞技体育界必须认真研究和着力解决的新课题。

一、制度设计与竞技体育崛起

唯物史观表明，在社会的基本矛盾中，生产力决定生产关系，经济基础决定上层建筑；生产关系和上层建筑又不是消极乏力的，生产关系对生产力，上层建筑对经济基础都具有巨大的直接的或间接的反作用。如果生产关系不适应生产力发展的需要，就会阻碍生产力的发展，同样，不适应经济基础和生产力发展需要的上层建筑也会成为经济基础和生产力发展的桎梏。因此，制度设计就显得非常重要，它是破除与生产力发展要求不相适应的生产关系和上层建筑，建立与生产力发展要求相适应的新的生产关系和上层建筑的实践活动和实践过程。只有通过制度设计与安排，才能解除先进生产力发展的制度性障碍，为先进生产力的发展提供制度保证。制度设计与安排通过变革生产关系，在促进中国竞技体育崛起方面主要通过以下形式发挥作用。

首先，通过竞技体育领导体制和运行机制的局部调整推进竞技体育崛起。中华人民共和国成立以后，在很短的时间内就基本上建立了较完备的体育管理体制。其基本特点是：以团中央为主管领导，以中华全国体育总会为具体操作，以教育部、中华全国总工会等部门系统为各方协作的体育管理模式。经过一段时间的实践，到1952年上半年，鉴于全国体育的发展和共青团自身的特点，团中央认为继续由团中央主管全国体育工作已不太合适。1952年7月，中国体育代表团在新中国成立后首次参加了在芬兰赫尔辛基举行的第15届奥运会。也是首次参赛的苏联代表团获金牌22枚、奖牌71枚，金牌数和奖牌数均居世界第二位，总分和美国并列第一，而我国代表团因种种原因，到达赫尔辛基时，所有赛程已经过半，仅有个别运动员参加了比赛。1952年8月21日，团中央军体部部长、全国体总秘书长荣高棠上书党中央，9月6日教育部长马叙伦向政务院呈递建议书，两份报告都明确提出建议，在政务院设立一个全国体育运动事务委员会，最好请贺龙同志任主席。1952年11月中央体委成立，贺龙任主任。这一制度设计安排既体现了党和国家认识到发展体育的重要性，也体现了发展体育事业的决心。这一变化首先证明在根本制度不发生变化的基础上，对生产关系和上层建筑进行局部的调整，是针对生产力与生产关系、经济基础与上层建筑中的某些经常性矛盾，对生产关系和上层建筑的某些个别环节和方面，采取一些过去没有过的新的制度设计安排。

制度是流，价值是源，正是有了中国共产党和政府对竞技体育价值的认识，所以在制度安排上体现出中国共产党和政府对竞技体育的高度重视：新中国诞生以后，中国为了发展体育运动，提高我国竞技体育的运动技术水平和国际竞争力，融入国际奥林匹克大家庭中。善于学习的中华民族在借鉴和学习前苏联等社会主义国家发展竞技体育的经验和做法的同时与中国当时的国情相结合，成立了专门司职体育的行政机构且数十年职能无大的变化，足见中国共产党和政府对竞技体育的功能认识之深刻，发展决心之坚定。

毋庸置疑，我国国家政治体制的基本形态决定着竞技体育管理体制的制度安排。我国竞技体育管理体制建立最初就紧紧与中国国情及党和政府对竞技体育的期望与需要紧密结合，以国家体育行政部门为主导的竞技体育管理体制在建国后近六十年的沧桑巨变中经受住了考验。

其次，通过具体的竞技体育制度的设计和安排，也就是通过竞技体育体制改革，促进竞技体育实现大的飞跃。十一届三中全会以来，竞技体育一系列管理体制的改革措施出台和实施，一系列竞技体育体制改革的制度设计与安排，就是根据解放和发展生产力的要求，坚持和完善以公有制为主体，多种所有制经济共同发展的社会主义基本经济制度，革除束缚非公有制经济发展的体制性弊端，推进制度创新，使各种所有制经济在市场竞争中发挥各自优势，在相互促进共同发展中，扩大中国竞技体育发展的社会和经济基础。确立竞技体育管理体制和运行机制改革目标，使我国竞技体育体制和机制改革的目标朝向，在投入方式上，不仅逐步加大国家对竞技体育的投入，而且努力拓宽社会投入渠道，形成国家办与社会办相结合的新格局；在运动项目管理改革上，实行运动项目分类管理，建立效益投资体系；强化运动项目的纵向管理，建立责权利相统一，若干项目综合管理与专项管理相结合体制；在引入市场经济的竞争理念上，努力建立公平合理的竞争机制，形成集中与分散相结合的多强对抗的国家队体制；在树立科技兴体的理念上，建立"体育振兴依靠科技进步，体育科技面向运动实践"的体育科技体制；在人才强体方面，改革人才管理体制，促进运动人才的合理流动；在注重竞技体育发展的规模、效益和质量方面，建立以提高质量和效益为核心的竞赛体制和与竞技体育发展相适应的法律、法规体系。

二、制度框架搭建

新中国成立以来，中国社会发生了两次重大的制度变革。在制度变革的过程中，中国竞技体育崛起的制度框架也随之发生显著的变化。这种大规模的制度变革和社会进步的过程，对中国竞技体育崛起的制度框架的演变产生了决定性影响。

新中国成立初期，处于"一穷、二白"的状况，体育资源严重不足。实现国家体育的目标，就必须依靠国家力量来克服体育社会资源不足的缺陷。体育政府部门只有通过对体育资源的强行提取，以保证有限的体育资源投放的有效性和准确性。一套制度化的组织体系又是确保体育资源有效和合理利用的最基本条件，美国的政治社会学家埃森斯塔特认为：社会形成"制度化"的原因在于任何社会系统为了维护自身的存在并从社会的各个方面获得资源，这也必定形成某种程度上的活动、角色和组织的制度化。① 对于体育社会资源比较贫弱的中国来说，只能依靠"统一的集中化的制度"提取，这是确保国家体育目标实现的制度保障和资源保障。体育资源不足，体育政府组织又担负着"增强人民体质"、甩掉"东亚病夫"帽子的历史使命，在这样的一种矛盾处境面前，只能依靠自上而下的权威力量建立一统的"举国体制"，即通过体育资源有针对性分配的调控体系。这种调控体系建立的第一步是对新中国以前的体育组织的快速重整，成立政府管理体育的组织——国家体委；第二步是政府根据自身的需要整合体育资源。

国家体委从诞生之日起就置身于公有制取代私有制，高度中央集权的计划经济体制取代市场经济体制，以及社会全面政治化的进程中。毋庸置疑，体育制度是政治制度的一部分，不同的政治制度形成了不同类型的体育制度，欧美等一些发达的资本主义国家形成了高度分散特征的体育体制，而中国体育是国家事业的组成部分，计划经济时代，国家实行高度政府统制的体制，体育自然实行具有国家集中型特征的体制，举国体制形成了基本的雏形。

1978 年 11 月，中共十一届三中全会明确了"改革开放"求发展之路。之后，改革的基本动力是消除束缚中国社会发展的各种制度弊端，加快社会主义现代化步伐，改革的方向是建立社会主义市场经济体制。中国的改

---

① 西里尔·F·布莱克. 比较现代化［M］. 社会译文出版社, 1996: 11.

革开放不仅推动了体制转轨、机制变活而且也带动了社会转型，从封闭社会转向开放社会，从传统农业社会转向现代工业社会。由于体制转轨、机制变活和社会转型也会不同程度地削弱传统的中央高度集权的再分配体制对人们的控制力，肯定增加社会的自由度，加之中国不断调整发展战略和经济结构，都不同程度地影响着中国竞技体育的社会基础和发展空间。中国社会的第二次制度变革对中国竞技体育的崛起具有深远的意义。由于社会资源配置机制的逐步改变，国家会把越来越多的资源让渡给社会或市场控制。资源配置方式的变化对中国竞技体育长期赖以生存和发展的经济基础产生了冲击，这对完善中国竞技体育崛起的制度框架提供了契机。

国家体育行政管理部门改革开放以来，一直致力于不断深化竞技体育管理体制改革，不断探索适应社会主义市场经济发展的竞技体育体制。在完善中国竞技体育制度框架的过程中，其根本是竞技体育改革一定要适应我国基本国情，适应人民群众不断增长的体育需要，服务于我国体育工作为人民服务，为祖国争光的目标。改革开放以后，我国竞技体育事业进入了一个崭新的快速发展阶段，其中一个重要原因就是在竞技体育的建章立制方面始终随着时代的发展、环境的变化，在继承和吸收以往传统制度的基础上，注重补充原有体育体制和发展模式的不足，与时俱进，不断创新，构建了一条具有中国特色的管理模式。一方面坚持多年来好的经验和做法，一方面根据新形势、新变化、新环境、新需求，不断注入新理念，创造新模式，采用新体制，运用新方法，采取新措施，使竞技体育保持了强大生命力。

新的制度框架突出：1. 体育机构设置与管理，政事分开、管办分离；2. 逐步实现竞技体育协会实体化；3. 突出体育产业与职业体育的地位；4. 提高竞技体育的造血、输血功能。

第三节 我国竞技体育崛起的制度优势

一、"举国体制"具有计划经济与市场经济的互补性

计划与市场都是以所有制结构为前提的经济运行方式，是资源配置的一种方法和手段。计划机制对解决宏观经济运行有效而且有力，但对于调节微观层面的经济活动往往失灵；市场机制则正好相反，它对调节微观层面的经济活动比较迅速和有效，但对于调节宏观经济运行则存在着自发性、盲目性和滞后性等缺陷。计划和市场作为资源配置的两种不同方式和手段，有机地结合起来，可以进行优势互补，充分发挥两者的长处。中国特色社会主义是发展中国家在特定的历史条件下所走的一条特殊的非资本主义发展道路，其实质就是坚持社会主义市场经济条件下，把市场作为资源配置的基础性手段，同时针对市场机制本身存在的弱点和消极方面，运用计划手段即政府宏观调控加以调节和弥补。

新中国要想在短时间改变竞技体育落后的状态，迅速提高运动技术水平，缩小与世界先进水平的差距，仅靠社会资源显然是不足以支撑和难以维持的。因此，通过政府的行政计划手段的优势，以国家资源作为保障，以后发优势作为基础和条件，形成以体育总局为中心的管理体制，专业运动队为中心的训练体制和全运会为中心的竞赛体制的三位一体的管理体制的运行机制，实现竞技体育的追赶型和跨越式的发展。1992 年，在邓小平同志"南巡讲话"精神指导下，我国计划经济逐步向社会主义市场经济转轨，竞技体育领域积极探索，以足球职业化改革为先导，使一些有条件的竞技运动项目率先进入市场，改变了以往单纯依靠国家拨款的模式，为坚持和进一步完善我国竞技体育举国体制踏出了一条新路。

运用计划和市场两种手段可从宏观和微观两个层面尽可能调动社会资源，形成一种结构合理、管理有序、效率优先的管理体系，我国竞技体育实施举国体制的要义和本质即在此。从我国竞技体育发展的轨迹来看，在

计划经济体制下，运用举国体制的管理和运行模式，迅速实现了竞技体育的起跳和腾飞，在向市场经济体制转轨和市场经济体制完善的过程中，则果敢地引入了市场机制，启动了职业化、社会化改革，正是市场机制的引入给举国体制注入了新的活力，赋予了新的内涵。而我国竞技体育正是在20世纪的最后20年才爆发出惊人的能量，中国在近几届奥运会上获得的优异成绩就是最好的见证。举国体制只是整合优化资源的一种手段，它与社会经济制度之间没有必然的联系，社会的经济制度只是对举国体制运行机制的畅通性和运行力度有所影响，而并非是仅限于某种经济制度的产物，无论是计划经济还是市场经济都可以形成举国体制的运行机制。

举国体制是把"举国"这种动员方式以组织和制度的形式稳固，是合法化和制度化所形成的体系结构和运行机制。从它形成的动力机制来看，往往伴随着以下一些社会背景：一是战争。当一个国家陷入战争或面临战争威胁时，意味着这个国家的主权或民族的生存受到挑战，代表国家的政府必然要实行"国家总动员"，举全国之力来应对这种危机。二是重大灾难。灾难压顶，无论是人还是地域都是难以抗拒的，此时也需要政府出面来对抗突发的灾难事件，如我国1998年的抗洪抢险、2003年抗击SARS、2005年应对禽流感；2001年美国应急"9.11"事件、2005年动员全国力量重振台风后的新奥尔良等。三是重大发展。当政府在经济、军事、文化领域做出某些重大战略选择时，由于认知资源和其他必需的资源不足，为不错过发展机遇，也会对稀缺资源实行国家动员和非市场化的配置，运用"举国体制"手段造势和推进。美国近几年提出的国家信息技术保护计划、空间站计划等，我国"两弹一星"、载人航天飞船的研制发射和竞技体育等均属举国体制之例。由此可见，举国体制，从一般意义讲，是在特定时期和资源约束双重背景下，出于政治、经济和文化的特殊需要，或为了应对某种突发事件，运用的较大规模的调配资源的组织方式和运行体系。只要存在某种迫切的需要，只要满足这种需要的资源依然有限，只要国家行政机构网络完整且有效，任何体制的国家都有实行"举国体制"的可能和能力。可以说，举国体制既是计划经济也是市场经济下实现国家最高目标和利益的手段，所不同的是，它在高度集权的计划经济体制下，在强调集体利益的文化背景中可能被"显性化"长期存在。

二、"举国体制"对于发展中国家具有后发优势

后发优势是指在先进国家和地区与后进国家和地区并存的情况下，后进国家和地区所具有的内在的、客观的有利条件。后发优势是由后发国地位所致的特殊益处，这一益处先发国家没有，后发国家也不能通过自身的努力创造出来，而完全是与其经济的相对落后性共生的。后发优势在体育领域主要体现在四个方面：一是运动技术的后发优势。体育落后国家可通过各种途径学习和模仿后者的先进运动技术，从而比创新更节约时间，使运动技术水平在短期得以迅速提高。二是运动人力的后发优势。它主要体现在运动人力成本低。体育落后国家有土地辽阔、人口众多、体育资源丰富和人力资本低的特点，在世界体坛上具有一种比较优势。全球化、信息化使体育落后国家全方位学习先进国家的体育运动技术与管理更为容易和便利，从而加快体育落后国家运动者和管理者素质提高的步伐，缩短了其培养进程。三是体制的后发优势。体育落后国家在发展体育的过程中可以对体育先进国家行之有效的管理体制和运行机制，通过借鉴和改造，选择和形成符合自己国家发展的运行模式和管理体制，可节约制度创建成本和时间，从而有利于加快体育落后国家，尤其是竞技体育的快速发展。四是体育资本的后发优势。体育落后国家的体育资本较稀缺，体育先进国家资本较充足，前者体育资本效益较后者高，体育资本将从后者流向前者。

后发优势是体育落后国家赶超体育先进国家的基础条件，要使后发优势得以充分的利用和发挥，后发国家还必须制造一个有利的制度和政策环境。与世界上大多数体育落后国家不同的是，中国在短短的 20 年里，跃居为奥运强国，就是得益于我国举国体制最大限度地发挥了后发优势，在系统的学习中实施追赶战略，"利用社会主义制度的优越性，充分发挥了全国体育界的聪明才智，为国争光的奉献精神，在政府主导下，比较好地利用

了全国体育资源，调动了各方面的积极性，为实现国家的最高目标奋斗。从中获得比较利益，促成新追赶战略目标的实现。"①

三、"举国体制"能通过社会主义优越性发挥最大效力

中国特色社会主义优越性主要从三个方面对举国体制的效力得以发挥做出保障。

首先，中国特色社会主义的特征是市场经济体制和社会主义基本制度相结合。这种结合可以充分利用对各种经济信号反应比较灵敏等优点，发挥市场在资源配置中的基础作用，同时通过宏观调控克服市场经济的盲目性、自发性等弱点和消极方面，做到全国上下一盘棋，集中力量办大事。由此为举国体制奠定了制度基础，也给计划和市场两种手段能够较为完美地有机结合提供了依据，使在竞技体育上能够实现举全国之力，集全国之智，整合行政资源、政策资源、新闻舆论资源，政治资源有了可能，从而形成以政府为主导作用，又不排斥社会和市场的作用，并通过发挥政府主导作用来引导、鼓励和调控社会、市场办体育，最终形成政府主导、社会自治、市场自主三者之间的协调运行。

其次，中国特色社会主义充分确立体育在社会主义事业中的地位。我们党历来重视体育事业的建设和发展，重视人民群众的身体健康和体质水平的不断提高。无论是在建国初期，还是在全面推进小康社会的进程中，都将体育提升到推动社会主义精神文明建设、发展先进文化、丰富和满足广大人民群众的需要的政治高度来把握，充分确立了体育在社会主义事业中的地位，使竞技体育走上高速、健康和持续发展的道路，确保了竞技体育举国体制的实现。一个民族兴旺发达的程度，涉及一个国家民族的形象问题，涉及一种社会制度的形象问题。重视国家民族的形象，重视社会制度的形象的需要，使我国竞技体育在社会事业建设中有了特别重要的意义，

---

① 杨桦，孙淑惠，舒为平，等. 坚持和进一步完善我国竞技体育举国体制的研究［J］. 北京体育大学学报，2004，27（5）.

使我国竞技体育实行举国体制有了充足的理论和实践基础。

第三，中国特色社会主义文化的价值取向是实行举国体制的思想基础。"以天下为己任"、"国家兴亡、匹夫有责"等思想已内化为中国人的价值取向。尤其在新中国成立后，经历了新民主主义和社会主义实践，中华优秀儿女在创造辉煌历史的进程中，培育和凝结了以爱国主义为核心的团结统一，勤劳勇敢，自强不息的民族精神，在国家安危，民族存亡的紧要关头，能众志成城、和衷共济；在事关民族尊严、国家荣誉时，能坚决捍卫，在所不惜。这种文化价值取向奠定了实行举国体制的思想基础。在爱国主义感召下，各省（市、区）能够以大局为重，服从国家利益；广大运动员、教练员捐弃个人得失，服从国家需要，"甘为人梯"、"甘做铺路石"，表现出无私的奉献精神。这种伟大的民族精神和优越的社会制度相互支撑，形成了我国竞技体育"举国体制"的独有的优势。

第四节 "举国体制"的实践性与贡献

体育体制在一定历史时期从属于社会的政治经济体制，是为满足体育发展的内在需求而确立的，它的形成、发展由社会发展的客观规律所决定。体育体制的形成与我国社会发展和体育事业发展的要求相吻合，作为竞技体育组织管理方式的"举国体制"是在政治经济体制支持下才发挥出巨大的作用。

"举国体制"是我国发展竞技体育的一条成功经验，是一条具有特色的发展竞技体育的中国道路，这是新中国成立后的几代体育工作者共同得出的一个重要结论。在新中国成立后的五十多年时间里，特别是改革开放二十多年来，我国正是因为坚定不移的实施了举国体制，才造就了我国竞技体育当前的国际地位。举国体制是我国发展竞技体育不同于其他一些国家发展竞技体育的成功做法，是一条成功的中国道路、中国模式和中国经验。引起了世界上其他国家的高度重视，被世界很多国家包括一些发达的市场经济国家在发展高水平竞技体育和进行竞技体育发展方式的制度设计时所

效仿，被当做"中国模式"加以认真的研究。正如美国奥委会的一位高级官员在雅典奥运会结束时的新闻发布会上所说："可以看到中国的体育体制在不断完善……相信中国体育体制的成功，会使中国的体育一年比一年强大。"中国运动员在一系列重大国际体育比赛中取得的成就也充分证明了我国竞技体育的举国体制是一条符合中国竞技体育发展实际，顺应竞技体育发展规律的成功经验，值得认真地总结和不断完善。

举国体制的贡献表现在四个方面：

一、激发了建设新中国的信心与决心

在新中国成立前的一百多年时间里，中国人民饱受西方列强的长期欺凌，社会官僚腐败无能，加之战争，致使中国社会动荡不定，民不聊生，根本就无法在国际竞技体育中崭露头角，我国运动员三次参加奥运会不要说获得金牌，复赛都难以进入。新中国的建立，极大地促进了我国政治、经济、文化与社会的发展，体育事业同其他领域一样也取得了巨大成就。正所谓"国运兴，体运兴"，新中国体育的蓬勃发展不仅丰富了人们的文化生活，弘扬了爱国主义精神，更是增强了国家和民族的向心力与凝聚力，更重要的是，这种蓬勃的气息与精神深深地激励了全国人民建设祖国的希望与决心，而这种民族进取心与自信心则有效地在建国初期巩固了我国新生的革命政权。因此，举国体制对于在建国初期巩固新生政权有着积极的作用与意义。

二、创建了新型竞技体育发展体制

新中国成立后，随着军事接管国家政权，从党的组织系统中直接派生出中国的体育政府组织，政府组织与社会组织合二为一，实施对竞技体育的全面管理和资源的统一配置。改革开放后，这一管理体制的有效运行，使中国竞技体育快速跨入世界强国行列，与前苏联竞技体育发展过程有相似之处。因此，举国体制被认为是照搬前苏联体育体制形成的，是计划经济产物。事实果真如此吗？众所周知，新中国成立后不久，中国竞技体育脱离了国际"大舞台",直至 80 年代以后,中国重返国际体育舞台并开始了探索竞技体育发展之路。而此时,中国虽然已经形成了体育的基本体制(带有前苏联的痕迹),但竞技体育走出一条非常规、跨越式的发展道路,是在中国确定社会主义市场经济的条件下,在与前苏联完全不同的经济社会背景中探索出的一条前人从未走过的路,前苏联经验中根本找不到。

世界的发展是系统不断组合创新的过程,社会的发展是由一些不同的要素或者部分通过不同结构的"搭配组合"的过程。举国体制的形成正是通过长期的实践,借鉴了前苏联的某些经验,但更多是靠我们自己将适合我国竞技体育体制的要素搭配组合的创新过程。毋庸置疑,要素的不同联系组合可以创造出多种体制系统,而举国体制的创新主要表现在:1. 形成了管理体制、训练体制和竞赛体制三大支柱构成的刚性的体制结构。2. 刚性体制结构由八个要素组成:国家、省(区、直辖市)、市(地),县的政府设立主管本行政区域内体育业务的部门,并自上而下地建立业务管理指导关系;政府部门决定并推动发展战略;国家、省(区、直辖市)设置专业运动队;市(地)、县两级业余体校配套形成"一条龙"的人才训练选拔模式;政府拨给财政经费;运动员、教练员的引进输出由行政部门实施;全国综合运动会的赛制;"为国争光"与"国内练兵,一致对外"的思想政治纲领;各级党团组织,党团员围绕中心任务发挥作用。八个要素形成了一个三角形的体制结构,一是以各级政府下属体育行政部门为架构的垂直型管理体制;二是以国家与省级两级专业运动队为中心,以市、县两级业余体校为基础的"一条龙"训练体制;三是以全运会为最高层次的竞赛体制。管理体制、训练体制和竞赛体制三足鼎立,构成中国体育"举国体制"的三大支柱和内在结构。经过半个世纪的发展,这一体制结构已趋于刚性化,三者互为支撑,缺一不可。举国体制管理体制、训练体制和竞赛体制彰显了单向和集中化管理的优点,它与其他体制,例如军事体制、教育体制的形成一样都有实践的基础和深刻的社会背景,符合中国社会的现实,抓住了竞技体育控制管理的核心,遵循了竞技体育管理的规律。

三、集中力量短时高效地实现了竞技体育的跨越式发展

在我国这样一个体育基础相对薄弱、经济尚处于整体不发达水平的国度，竞技体育能在短短 20 多年的时间内迅速崛起，实现跻身奥运三强的跨越，靠的是什么？靠的就是举国体制的支撑与保障。国家体育总局局长刘鹏肯定的指出：改革开放以来，我国竞技体育取得了举世瞩目的成绩，成为世界体育舞台上的一支重要力量，一条重要的经验就是我们坚持了举国体制。我国竞技体育举国体制是在社会主义初级阶段的历史条件下，与我国的竞技体育发展目标相适应而逐步形成的。实行举国体制，就是集中有限人力、物力和财力，最大限度地调动各方面的积极性，有效配置全国的竞技体育资源，上下形成合力，提高竞技体育水平，创造优异运动成绩，为国争光。这一成功经验，受到党和政府的充分肯定，引起世界各国的广泛关注，尤其是体育强国的积极探索，法国、日本、韩国等一些国家表示要借鉴中国发展竞技体育的体制。举国体制是中国在短时间内实现竞技体育跨越式发展的法宝。

据统计，截至 2005 年 12 月底，中国运动员共获得世界冠军 1901 个，创、超世界纪录 1140 次。其中，在"十五"期间，中国运动员共获得世界冠军 493 个，创、超世界纪录 98 次；在第 27、28 届奥运会上跻身世界竞技体育强国之列，特别是 2004 年雅典奥运会，中国共获得了 32 枚金牌、17 枚银牌、14 枚铜牌，金牌榜排名第二，取得了新的历史性突破，充分展示了中国社会主义政治、经济、文化的优越性，体育健儿爱国拼搏的体育精神极大地激发了全国人民建设有中国特色社会主义的积极性，大大增强了民族的自豪感和凝聚力，使中国体育成为世界瞩目的力量，这些都得益于举国体制的有力支撑和保障。

四、提升中华民族精神、催生中华体育精神

作为人类表现自我、超越自我、征服同类、挑战自然、表达人类旺盛生命力的一种运动，体育表现出来的高尚精神是整个人类极其宝贵的精神

财富，它反映了人类追求进步、爱好和平、努力向上、永不停歇、永不言败的积极进取精神。在竞技体育举国体制的保障下，我国体育在较短的时间跻身于世界前列，由此催生了活力四射的中华体育精神。以"爱国奉献"、"团结协作"、"拼搏自强"、"振兴中华"为核心的中华体育精神是中华民族精神的升华和表现。中华体育精神强化了中华民族的历史认同、民族认同和国家认同，有助于构建开放的现代民族主义。作为中华民族的宝贵精神财富，中华体育精神是实现中华民族伟大复兴的强大驱动力，对促进全国人民团结和凝聚在党中央的周围，加快社会主义现代化建设的步伐发挥着巨大的作用。正如胡锦涛总书记在接见第 28 届中国体育代表团时所强调指出的："我国体育健儿在奥运赛场上所表现出来的顽强拼搏精神和良好体育道德，极大地激发了全国各族人民的爱国热情，增强了全体中华儿女的民族自信心和自豪感，成为推动我们事业前进的强大精神力量。"在中国需要凝聚全民族的力量，团结一心，奋力追赶世界强国的进程中，中华体育精神无疑起着先锋和号角的作用。

第三章 我国竞技体育崛起的发展战略

新中国成立后的 50 多年里，特别是改革开放 30 年来，我国竞技体育在日趋激烈的国际竞争中，取得了中国历史上前所未有的辉煌成绩。中国竞技体育崛起令全世界瞩目，受到广大人民群众满意和喝彩，得到党和国家高度赞扬，特别是 2000 年悉尼奥运会的历史性突破，2004 年雅典奥运会以金牌总数第二名的优异运动成绩傲视群雄，已经成为中华民族和平崛起的重要象征。中国运动员在国际竞技体育赛场上表现出的以爱国主义为核心的集体主义、革命英雄主义、顽强拼搏和无私奉献精神以及精湛的运动技艺、高尚的体育道德，已经成为当代中华民族精神的重要组成部分。是什么神奇的力量造就了中国竞技体育如此辉煌？是什么原因使中国运动员在国际赛场上群星灿烂？从根本上说，这一切应该归功于中国改革开放的伟大时代，归功于党和政府对体育工作的正确领导和高度重视，具体来说，就是我国准确地把握国际竞技体育发展格局和趋势，制定符合国情的竞技体育发展战略的结果。

第一节 "为国争光"的奥运发展战略目标

一、发展战略含义

19 世纪末，日本人将西方的"strategy"一词翻译成汉语"战略"一词。后由中国留日学生传回国内。战略概念从其产生至今有一个发展演变过程，经历了 18 世纪以前的古代战略时期、18 世纪末到第一次世界大战爆发时的近代战略时期和二战后至今的现代战略时期。随着战争实践的日益复杂，战争问题变得空前复杂，政治、经济、科技和精神等因素对战争的影响日益重要。随后，战略一词的内涵更加丰富，英国学者利德尔·哈特首先指出"战略所研究的，不只限于兵力的调动"，而"是一种分配和运用军事工具以达到政治目的的艺术"。1972年，美国参谋长联席会议确定了"国家战略"的定义，将国家战略与军事战略区别开来。从此，战略概念已不仅仅局限于军事领域了。①

战略含义的延伸，后来较多使用"发展战略"、"大战略"等概念。发展战略一词首先出现在发展经济学中。美国耶鲁大学教授、发展经济学家A·O·赫希曼在其专著"经济发展战略"中最早将军事上的战略概念移植到发展经济学中，提出了发展战略的概念。发展战略，就是指从总体上决定人类社会各个领域发展的全局性、长远性的指导原则与谋划。具体地讲，发展战略就是指某一社会系统为谋求自己的最大利益、自身的最优发展，在特定条件和环境中产生出的代表该社会系统意志的目标、方针、政策、任务和基本行动方案等内容。无论在哪个领域，发展战略都具有全局性、长远性、动态性、利益性等四个共同的特征。

二、"为国争光"的奥运发展战略目标

"体育发展战略就是通过对体育运动的全面分析、判断和科学预测，对体育运动发展作全局的筹划与指导。"② 竞技体育发展战略是在充分认识竞技体育发展的必要性和迫切性的基础上，通过对体育运动的全面分析、判断和科学预测，对竞技体育发展作全局的筹划与指导。竞技体育发展战略是社会对体育事业发展需要的客观反映。我们知道，竞技体育具有社会广延性，因此，我们如果缺乏对竞技体育内外部环境的全面考察，就不能准确地把握竞技体育发展的规律；对竞技体育发展前景没有科学的预测，就

---

① 阳荣威. 后合并时代高校的选择：战略联盟［J］. 高等教育研究，2005（9）.
② 严美萍. 体育发展战略与奥运战略关系初探［R］. 湖北社会科学，2002（12）.

无法制定正确的竞技体育发展战略，这必然导致竞技体育的目标将偏离健康发展的轨道。竞技体育发展战略更是竞技体育自身特征的本质要求和体现。竞技体育运动不仅具有社会广延性的特征，更具有竞争性的重要特征，这也对体育发展战略的制定提出了内在的要求。一般来说，只有在正确战略的指导下，才能在竞争中掌握竞技规律，充分发挥应有的竞技战术水平，立于不败之地。竞技体育发展战略也具有十分突出的理论和实践的价值。第一，竞技体育发展战略对体育实践活动具有前瞻作用。作为一种战略性的决策，竞技体育发展战略的任务非常明确，即确立竞技体育未来发展的目标，并拟定达到目标的相关的策略。从我国现有的竞技体育战略步骤来分析，各阶段战略目标有机衔接，体现了目标与对策的统一，它为竞技体育的发展绘制了一张宏伟的蓝图。第二，竞技体育发展战略对竞技体育的管理工作具前瞻性的指导作用。它要求竞技体育领导要始终保持清醒的头脑，切实遵循竞技体育发展战略的具体方案和计划，这样才能领导和发展竞技体育，保证使其健康有序的发展。

　　1949 年，中华人民共和国刚刚成立，中央人民政府就把发展体育事业摆上了重要议事日程，提出了建设"新体育"的要求。然而，建设一个什么样的体育事业，确定什么样的发展战略和方针，是"新体育"建设者首先要解决的问题。我们党早在新民主主义革命初期，就深刻地认识到国民体质羸弱的根本原因在于广大劳动人民被剥夺了享受体育活动的权利。因此，新、旧体育的根本区别就在于体育事业是为少数人服务，还是为最广大的工农群众服务。在这样的认识基础上，确定了"要把体育普及到千百万劳动人民中去"的目标，提出了"使新中国的体育运动成为经常的、广泛的运动"的具体工作方针和"为劳动生产和国防建设服务"为基本任务的体育发展思路。在这一思路的基础上相继制定了竞技体育组织制度和战略目标。特别是参加第 15 届赫尔辛基奥运会问题的提出，如何迅速提高我国运动技术水平摆上了重要议事日程。1952 年 2 月 18 日，中共中央组织部和团中央联合发出了《选拔各项运动选手集中培养的通知》，第一次提出了"普及与提高相结合"的体育工作方针。1956 年，遵照党中央提出的"多、快、好、省"建设社会主义的方针和精神，国家体委提出了"加速开展群众性体育运动，在广泛的群众运动的基础上努力提高运动技术水平"的战略和方针。1958 年在经中央批复的《十年规划》中，国家体委对这一方针又作了进一步的具体表述："体育运动的根本任务是增强人民体质，为劳动生产和国防建设服务"。根据这一任务，体育运动的方针和战略是：适应生产"大跃进"中广大劳动人民对增强体质的要求，大力开展群众性的体育运动，在体育运动广泛开展的基础上，提高技术水平，不断创造新纪录。1959 年在中央批转的国家体委报告中提出：开展群众性的业余体育运动和培养少数优秀运动队伍相结合，实行在普及基础上的提高和在提高指导下的普及，这是当前体育工作中一项重要的原则。"普及与提高相结合"方针的正式出台意味着体育虽然仍以普及为基本目标，但普及再也不是唯一的目标了，提高运动技术水平，快速发展竞技体育，提升中国的国际地位和激励民族精神，也开始逐渐成为体育事业的基本战略和目标，并且在后来这一战略中得到进一步强化。① 在这样的战略方针指导下，面对当时的经济、文化落后和体育基础极为薄弱的实际，我国一方面广泛地开展群众性体育活动，另一方面又集中更多的人力、物力和财力，优先保证竞技体育的快速发展，因而出现了我国体育事业全面发展的良好势头，但"文革"时期把体育作为政治的工具发展到了极端，而"普及与提高相结合"这一最基本的体育指导方针被弃之不顾，导致我国体育事业的发展偏离了正常的发展轨道。

1979 年 2 月，在北京召开的全国体育工作会议上，制定了"在本世纪内成为世界上体育最发达的国家之一"的奋斗目标，明确提出要力争在1980 年的莫斯科奥运会进入团体总分前 10 名的任务。为了保证这一目标的实现，这次会议确定了"在 1979 年和 1980 年，国家体委和省一级体委要在普及与提高相结合的前提下，侧重抓提高"的方针。1980 年初，鉴于参

---

① 卢文云，唐炎，熊晓正. 建国初期我国竞技体育发展模式的历史回眸［R］. 西安体育学院学报，2007，24（4）：7.

加莫斯科奥运会的任务迫在眉睫，国家体委在给中共中央的请示报告中指出，"将加速提高我国运动技术的整体水平作为今后一个时期内体育工作的主要任务"。"这个报告实际上形成了中国改革开放以来第一个体育发展战略。即在80年代，中国体育的总体战略是以发展高水平竞技为先导，带动体育事业全面发展。"①

从80年代初开始，我国在竞技体育优先发展战略指导下，围绕奥运会进行了一系列改革与调整：突出强化了"举国体制"的作用，将"文革"中遭受破坏的国家、省市和县三级体委"一条龙"训练体制重新恢复起来，对运动项目的布局进行调整，集中优势，保证重点，优化结构，分类管理，以发挥制度整体优势；完善具有中国特色的专业竞技体制，按照"全国一盘棋"的精神，由国家体委组建代表国家最高水平的国家队，由各省市组建"体工队"，从1980年起，按4年一个奥运周期制定赶超世界先进水平的具体指标，培养能在奥运会上争金夺银的选手；在"国内练兵，一致对外"原则的指导下，国家体委调整全运会体制，整合了全运会项目设置和资源，加快了与奥运会接轨的进程，进一步突出了以奥运会为核心的竞技体育"优先发展战略"。②1984年全国发展战略、体育改革会议在北京召开，第一次以理论研究成果的形式公布了《2000年中国的体育》的研究报告，报告中明确提出了中国竞技体育发展的战略目标："在本世纪内把我国建设成为世界体育强国"。会议正式提出了奥运战略，要求"各级体委都立足本地区，面向全世界，为奥运会作贡献"。这一战略目标对于迅速提高我国的竞技体育水平并在世界体育中寻找强国的位置起到了决定性的导向作用，从而奥运战略步入实施阶段。1995年7月6日，国家体委发布了《奥运争光计划纲要》，为实现我国竞技体育赶超世界，为国争光战略目标提供了有力的政策保障。北京赢得2008年奥运会举办权以后，国家体育总局又

---

① 杨桦，陈宁，郝勤（执笔），等. 改革开放以来中国体育发展战略的演进与思考［R］. 成都体育学院学报，2002（3）.

② 肖林鹏，李宗浩，裴立新. 中国竞技体育优先发展战略回顾与总结［R］. 上海体育学院学报，2002，26（5）.

相继制定了《2001－2010 新奥运争光行动计划》和《2008 年奥运争光行动计划》，成立了专门的领导机构，并采取了一系列有效措施加大了奥运战略的实施力度。

在为国争光的奥运战略目标的指导下，突出实施《奥运争光计划纲要》的 10 多年里，我国竞技体育总体实力和国际竞争力明显增强。在 2004 年的雅典奥运会上，中国体育代表团表现出了超越自我、挑战强手的良好精神风貌，共获得了 32 枚金牌、17 枚银牌、14 枚铜牌，奖牌总数 63 枚，创造了在金牌榜上排名第二的新的历史。特别是竞技体育中表现出来的"为国争光、无私奉献、科学求实、遵纪守法、团结协作、顽强拼搏"的中华体育精神成为社会共有的精神财富，成为中华民族精神的重要组成部分。对正在全面建设和谐社会的全国各族人民起到了巨大的鼓舞作用。正如刘鹏局长在 2005 年全国体育局长会议上的讲话中说的那样"中国竞技体育已经成为世界体育舞台上一支非常强劲、耀眼夺目的重要力量"。

三、不同历史阶段竞技体育的战略任务

（一）"以提高为重点"的战略任务

1949 年，新中国刚成立，党和国家就把发展竞技体育事业摆上了重要议事日程，特别是面对参加第 15 届赫尔辛基奥运会的形势，如何迅速提高我国运动技术水平成为重要的战略任务。50 年代国家体委提出了发展体育运动的发展战略任务是：适应生产"大跃进"中广大劳动人民对增强体质的要求，大力开展群众性的体育运动，在体育运动广泛开展的基础上，提高技术水平，不断创造新纪录。面对当时的经济、文化落后和体育基础极为薄弱的实际，为了完成这样的战略任务采取了很多卓有成效的措施，一方面广泛地开展群众性体育运动，另一方面又集中更多的人力、物力和财力，优先保证竞技体育的快速发展，因而出现了我国体育事业全面发展的良好势头。但是，在当时国际竞技体育环境下，我国竞技体育很难实现快速发展的战略任务。更为严重的是在"文革"时期把竞技体育作为政治的工具发展导致我国体育事业受到严重的破坏。1979 年 2 月，在北京召开的

全国体育工作会议上，制定了"在本世纪内成为世界上体育最发达的国家之一"的战略任务，明确提出要力争在 1980 年的莫斯科奥运会进入团体总分前 10 名的具体任务。1980 年初，鉴于参加莫斯科奥运会的任务迫在眉睫，国家体委提出将加速提高我国运动技术的整体水平作为今后一个时期内体育工作的战略任务。从而，我国竞技体育发展走上了快速发展的道路。十年"文化大革命"期间，我国共获得 9 个世界冠军，而 1979 年一年，我国就获得了 12 个世界冠军①。

（二）"缩短战线，保证重点"的战略任务

我国竞技体育在上世纪 90 年代后期提出了"缩短战线，保证重点"的战略任务。1979 年，我国在国际奥委会的合法席位得到恢复，这加速了我国体育事业适应对外开放新形势，全面走向世界的进程。1980 年，我国本应参加新中国体育史上的首次奥运会，当时因前苏联侵略阿富汗，西方国家抵制莫斯科奥运会，我国也未组团参加。1984 年在洛杉矶举行第 23 届奥运会，我国实现了金牌"零"的突破，取得了巨大成功。根据中央下发的 20 号文件精神，国家体委制订了以奥运会为最高层次的竞技体育发展战略，从而使我国竞技体育走上了与国际接轨的发展道路。运动项目结构不合理，基础项目薄弱，优势项目得不到充分的保证，大量非奥运项目与重点项目争食。奥运会项目的梯队建设不合理，全国各地开展运动项目的力量不集中等等，这些都是贯彻奥运战略的制约因素。当时奥运会的比赛项目原有 20 多项，亚特兰大奥运会发展到 26 个大项，悉尼奥运会达到 28 个大项。1989 年第六届全运会设 44 个大项，1993 年第七届全运会设 43 个大项。早在 80 年代中期，体育界就提出了调整全运会竞赛项目设置问题，当时由于客观条件不具备，加之认识上不统一，成为一直争执不休的"老大难"。1992 年，随着新一轮改革的深化，体育界进一步解放了思想，深化了认识。当时国家体委提出了"缩短战线，保证重点"的战略任务。为了完成这个

---

① 伍绍祖. 中华人民共和国体育史（1949－1998）综合卷［M］. 北京：中国书籍出版社，1999：558.

战略任务，从比赛项目设置着手进行调整，在 1997 年的第八届全运会中比赛项目仅设置为 28 个大项，把一部分运动项目推向市场，重点保证了传统优势项目，大力发展了田径、游泳等奥运会基础项目。①

　　竞技体育的竞争中，奥运会无疑是最高层次的比赛。1996 年前，我国共参加了洛杉矶等四届夏季奥运会，在金牌总数上不仅与美、俄、德等三国分别有差距，而且金牌项目结构上也有较大差距。我国在参加的四届夏季奥运会中金牌主要分布在 4 - 9 个大项目上，而美、俄、德的金牌分布在 8 - 12 个项目之间。从这四届奥运会金牌分布情况看，美、俄、德仍属当今世界竞技体坛三强。三强之间虽各有优势项目群，但他们的共同点是所获奖牌都集中在奥运会的田径、游泳、水上核心项目。在我国这四届夏季奥运会的奖牌项目的组成结构中，优势项目不突出，奥运会核心项目的基础薄弱。我国竞技体育成绩要想在四届夏季奥运会的基础上有所突破，尽快与奥运会项目结构接轨，就必须改革和完善我国的竞技体育项目结构特征，制定一个科学的、面向 21 世纪的项目结构与布局，真正建立结构合理、优化组合、多维支撑的项目布局体系。正确处理中央和地方的关系、整体和局部的关系，充分调动了系统内和系统外的资源，以奥运战略为最高战略，以奥运战略带动全运战略，全运战略服从、服务于奥运战略，做到了"以国家利益为最高利益，以国家目的为最高目的"，达到了"全国一盘棋"，"上下一条心"，"国内练兵，一致对外"的目的。"缩短战线，保证重点"的战略任务完成的较顺利，我国竞技体育项目发展效果显著，在 2000 年悉尼奥运会、2004 年雅典奥运会上已表现出了与奥运会项目趋于合理的态势，突显了明显的优势项目，开发和储备了潜优势项目，已进入到竞技体育项目良性发展的阶段。

　　我国竞技体育要实现"缩短战线，保证重点"的战略任务对完成奥运战略具有重要的现实意义，为完成这个任务我们始终遵循这样的指导思想：第一，有利于奥运战略目标的实现。在竞技体育的所有比赛中，奥运会是

---

　　①　吴寿章. 竞技体育改革方案出台的前前后后 [J]. 体育文化导刊，2001 (6)：38 - 40.

最高层次的比赛，其国际影响日益增加，各个体育发达国家，比如美国、澳大利亚、日本、韩国都加大了奥运会投入力度，把主要经费和力量放在奥运会金牌争夺上。第二，有利于优势项目的可持续发展。优势项目的可持续发展是一个国家竞技体育成绩稳定的坚强基石，一个优势项目是教练员、运动员、科研人员多年共同努力的结果，优势项目来之不易，国家和社会应当共同保护和巩固优势项目的可持续发展。第三，有利于潜优势项目向优势项目快速转化。我国经过对近几届奥运会成绩及各单项所得奖牌情况进行系统分析后，确立乒羽、重竞技、体操、射击、射箭、游泳、田径等几个项群，另外将冬季运动作为我国的重点发展项群。对这七个重点优势项目极有可能转化为优势或强优势项群要加大投入，保证可持续发展。第四，有利于提高投资效益。我国目前仍然处于社会主义初级阶段，体育事业经费还很有限，我们一定要走节约竞技体育资源，保证有效投资，提高投资社会效益和经济效益，集约化发展的道路。

（三）"稳定优势项目，开发潜优势项目"的战略任务

进入 21 世纪，"稳定优势项目，开发潜优势项"成为我国竞技体育新的战略任务。任何一个国家和地区，即使是竞技体育实力最强的国家，也不可能在所有奥运会项目上称雄称霸。现代奥运会的诞生与发展，特别是在全球化环境下竞技体育进入了一个全新的发展时期，竞技体育在政治、经济、文化等社会生活各个方面的影响和作用越来越大，世界各国也都充分利用竞技体育的多种功能促进本国的经济和社会发展，提高本国在国际上的地位和影响。因此，世界竞技体育发展趋势愈加突变，竞争格局愈加激烈。

我国竞技体育目前虽然处在第二集团行列，但正处于竞技体育的上下波动发展时期，第二集团的前列国家水平都很接近，只差一两块金牌。正如刘鹏局长所说的：前有"强敌"，后有"追兵"。因此，我国竞技体育就是保持第二集团前列也不是很容易的事，超过第二集团更加艰难。特别是从悉尼、雅典两届奥运会来看，我国竞技体育优势项目基本饱和，甚至有些集体优势项目出现滑坡的现象。面对这样的形势，我们又提出了新的战

略任务，即"稳定优势项目，开发潜优势项目"。根据目前国际的竞技体育竞争格局的变化，稳定优势项目，重点发展潜优势项目已经成为我国竞技体育的当务之急，也是进入北京奥运会的备战周期的重点战略任务。在奥运会项目分清层次、有重点地发展的基础上，对于小项较多的项目要合理调整内部结构，使重点项目布局发挥最佳效益，同时要注意奥运会设项变化，对有可能进入奥运会而又适合我国开展并有可能达到较高水平的项目，要及早预见并给予扶持。但是，从整体上看，我国竞技体育项目结构调整任务和开发新项目的任务十分艰巨。从目前奥运会比赛的设项来看，奥运会比赛有 301 个小项，我们还有很多小项没有资格参加。雅典奥运会是我国参加项目最多的一届，共参加了 203 个小项，还有近 100 个小项的空白。在田径、游泳、水上、摔跤和自行车等五大项中，共计 155 枚金牌，占整个奥运会所设小项的 50% 多。我国在这些项目中的竞争能力与世界先进水平仍然有很大的差距，特别是田径、游泳、水上被我们称之为"119"工程的运动项目，在雅典奥运会上虽然取得了可喜的进步，但一共只拿了 4 个小项的金牌，其他小项的竞技水平依然有很大差距。我们应该有清醒的认识，奥运之王的田径项目基本都是跑、投等速度和力量的竞技，这就使得身材相对矮小的中国人很难与身材高大的欧美人抗衡，所谓在"119 工程"的奥运亮点项目上，重点投入与欧美国家展开"尖端体育"的全面竞争，夺牌相当难。再说，雅典奥运会上异军突起的日本队，获 16 枚金牌，特别是柔道、游泳项目更是令人刮目相看，这与该国的奥运策略是分不开的。我们应该借鉴刘翔模式在科学选材、科技训练的带动下，"走出去"参加各种国际大赛的磨砺；吸取孟关良、杨文军的成功典范，"请进来"让有经验的洋教练提出建议，有所为有所不为，在保持个别项目优势的前提下进行重点突破。这些项目在新的奥运周期中如果抓不上去，没有更大的突破，要实现北京奥运会全面参赛的目标和全面完成 2008 年北京奥运会的任务将非常艰难。

1. 巩固和提升优势和重点项目。如果不保持和稳定优势项目，优势也会逐步被瓦解。优势不会一成不变，优势和劣势会在一定条件下发生转化。

保持稳定金牌和奖牌数目上有较高的相对占有率，再增长已很困难，国内已有一批尖子队员达到世界先进水平的优势项目，重点发展和培养年轻选手二线队员，这样既能保持人才群，又能很好地发展人才链，提升优势项目整体水平，能使优势项目长期保持下去，保证奥运第二军团的领先地位。

2. 提速和加快潜优势项目开发和转化力度。对于一些潜优势而奖牌占有率增长较快的项目，需要加大投入，以促使其向优势项目过渡。这些项目的投入重点是培养尖子选手，使其尽快地向金牌冲击，这样有可能与第二军团拉大距离或者进入第一军团。针对中国的优势，外国选手决不会善罢甘休，中国运动员只有自强不息，不断提高自身水平，才能在这种"转化"中立于不败之地。否则，就可能落伍丢掉自己的"阵地"。奥运历程见证了中国体育，2008 年中国体育要续写辉煌，夺牌道路将充满艰辛。

3. 培育可持续发展项目的发展链条。对于一些潜优势小而有较高增长率的项目，需要加大投入，如果投入方向准确，投入力度大就有可能向潜优势或优势项目过渡，如中国的游泳和射击有很大的潜在发展优势，另外，田径与柔道中的个别小项也具有争夺金牌的实力。应对这样的小项加大投入，培育一批快速成长的项目发展链条，实现竞技体育的可持续发展。

四、"为国争光"的奥运发展战略目标符合中国社会现实需要

我国在竞技体育发展上实施"为国争光"奥运战略不仅是对世界竞技体育发展格局正确判断的结果，也是从我国竞技体育实际出发的结果，更是对当时国际政治局势的正确把握的结果。是符合我国客观实际的理性选择。

（一）"为国争光"的奥运发展战略目标是时代的选择

我国竞技体育制定和实施"为国争光"的奥运发展战略是正确判断当时国际竞技体育发展格局的结果，是时代的选择。马克思曾经说过："人们自己创造自己的历史，但是他们并不是随心所欲地创造，并不是在他们自己选定的条件下创造，而是在直接碰到的、既定的，从过去继承下来的条

件下创造。"① 建国初期，我国的竞技体育水平与美、俄（当时苏联）、德等发达国家的现代竞技体育水平有巨大的差距，西方发达国家现代竞技体育发端于 18 世纪的"机器革命"，它基于市民社会的理念，随着工业化、城市化的历史进程自然演进而来的，已经有 200 多年发展历史，并且已成为国际竞技舞台的统治力量。而我国竞技体育在几乎为零的条件下起步，根本谈不上竞技体育实力。思路明确、战略得当是参与国际竞技体育激烈竞争的大前提。因此，我国要走进激烈竞争的国际竞技体育舞台，在国际竞技体育舞台占有一席之地就不能等待我国工业化、城市化以及市民社会的发展进程而必须实施"为国争光"的奥运战略，实现跨越式发展，追赶世界竞技体育先进的国家。因此，我国竞技体育实施"为国争光"的奥运发展战略是世界竞技体育发展形势所迫，不进则退。

我国竞技体育在"为国争光"的奥运发展战略的指引下，1990 年第一次成功举办了洲级综合性运动会——北京亚运会，向全世界展示了中国改革开放所取得的巨大发展与进步。在世纪之交的 2000 年，悉尼奥运会上获得了金牌总数居世界第三的好成绩，实现了奥运会上的新突破，打破了世界竞技体育的旧格局，向全世界充分展示了中华民族阔步迈向新世纪的精神风貌。在雅典奥运会上再创新的历史，展示了竞技体育崛起的新力量。2001 年 7 月 13 日，北京成功地赢得了 2008 年第 29 届奥运会的举办权，充分展现了"政治的胜利，经济的实力，发展的潜力，文化的魅力"（朱镕基语）。实践证明坚持以"全国一盘棋，国内练兵，一致对外"为精要的举国体制、实施"为国争光"的奥运发展战略是社会主义制度的优越性在竞技体育发展中的集中生动体现，是被国际社会广泛认可的竞技体育落后国家赶上发达国家竞技体育水平的成功经验和制胜法宝。

但是，我们要有十分清醒的认识，当前国际竞技体育激烈竞争的基本格局和面临的形势极其严重，我国竞技体育的整体实力与美国和俄罗斯相比，仍然有相当大的差距。与德国、澳大利亚等国家相比，整体优势并不

---

① 马克思恩格斯选集（第 1 卷）[M]. 北京：人民出版社，1972：603.

突出。特别是在雅典奥运会取得历史性的辉煌之后，我国竞技体育成了世界各国的众矢之的，尤其是美、俄正死死地盯着我们。可以说是前有"强敌"，后有"追兵"。从我国竞技体育优势体育项目来看，也有一些项目出现滑坡和面临着越来越明显的挑战。广大人民群众喜爱和影响大的集体球类项目只有女排在雅典奥运会上夺得了冠军，男子集体球类项目只有男子篮球打进了奥运会的决赛圈，其他项目连进军奥运会的资格都没有得到。从奥运会比赛的设项来看，奥运会比赛有 301 个小项，我们还有很多小项没有资格参加。雅典奥运会是我国参加项目最多的一届，共参加了 203 个小项，还有近 100 个小项的空白。在田径、游泳、水上、摔跤和自行车等五大项中，共计 155 枚金牌，占整个奥运会所设小项的 50% 多。我国在这些项目中的竞争能力与世界先进水平仍然有很大的差距，特别是田径、游泳、水上项目被我们称之为"119"工程的运动项目，在雅典奥运会上虽然取得了可喜的进步，但一共只拿了 4 个小项的金牌，其他小项的竞技水平依然有很大差距。[①] 从目前世界竞技体育发展格局中可以看出，我国竞技体育发展水平仍处在第二集团的地位。继续提高我国竞技体育整体国际竞争力，必须遏制集体项目的下滑形势，争取在田径等基础项目上实现更大的突破。因此，我们在新的奥运周期继续强化"为国争光"的奥运发展战略的实施，要确保实现北京奥运会全面参赛的目标和全面完成 2008 年北京奥运会的任务。

（二）"为国争光"的奥运发展战略目标是人民的选择

我国竞技体育制定和实施"为国争光"的奥运发展战略是正确认识社会主义社会本质的结果，是人民的选择。一个民族要发展，要复兴，要立足于世界民族之林，没有强大的民族精神动力是不可想象的，竞技体育就是激发奋发有为的民族精神和高扬爱国主义旗帜的理想载体。建国初期，一方面，刚刚建立起来的社会主义新中国不仅面临着巩固国家政权挑战，还急需突破帝国主义的封锁走向世界的动力，需要积极开拓对外交流的渠

---

① 　刘鹏局长在 2005 年全国体育局长会议上的讲话（摘要）［R］. 2005.

道和方式。由于竞技体育在对外交往方面具有独特的政治功能，因此，发展竞技体育，在国际交往和国际运动会中取得好成绩，为提高中国的国际地位和激励民族精神服务，丢掉"东亚病夫"的帽子和打破帝国主义封锁的历史责任就成为竞技体育发展的特殊历史使命。另一方面，经过长期的战争，各项事业百废待兴，发展生产、巩固国防成为党和国家的中心工作任务，而当时国民体质普遍羸弱，需要通过高水平竞技体育的示范作用来推动群众体育的广泛发展，以此增强人民体质，培养勇敢坚强的革命品质，为新中国社会主义事业服务。因此，竞技体育实施"为国争光"的奥运发展战略体现了社会主义本质的要求，也体现了人民的意志，更体现了竞技体育为党和国家中心工作任务服务的基本宗旨。随着历史的发展，社会的进步，我们党把基本路线和中心工作转移到社会主义经济建设和改革开放上来，特别是党的十七届代表大会明确提出建设社会主义和谐社会的宏伟蓝图。竞技体育的发展也要及时调整发展战略重点和思路，实现竞技体育发展的新飞跃，为我国经济发展和构建和谐社会，乃至为中华民族和平崛起不断激发广大人民群众的爱国主义精神，展示国家伟大形象，弘扬民族优良文化，增强民族凝聚力和向心力。纳尔逊·曼德拉曾说："体育能够达到任何政治影响都无法企及的领域，体育对国家团结起到的作用，超过任何政治家的努力。"当代竞技体育已经发展成为一个国家社会进步、文明程度和展示国家软实力的重要标志之一。完全可以预言，在科学发展观的指导下，随着我国综合国力的不断发展，经济实力的进一步增强、社会发展和全面建设小康社会目标的全面实现，我国的竞技体育事业发展必将取得更大的辉煌，将为国家，为民族做出更大的贡献。[①] 这是社会主义社会的优越性在竞技体育领域的突出体现和集中展示。

（三）"为国争光"的奥运发展战略目标是历史的选择

我国竞技体育制定和实施"为国争光"的奥运发展战略是正确把握当

---

① 梁晓龙.举国体制：中国发展竞技体育的成功之路（上）[J].体育学院学报，2005，25（6）.

时我国体育事业发展趋势的结果，是历史的选择。实事求是，一切从实际出发是我们党的思想路线，又是我们在实际工作中制定方针政策、战略目标遵循的基本原则。一个国家走什么样的发展道路，采取什么样的发展战略必须要从一个国家的国情出发，从这个国家的体育运动的基础条件出发，特别要从一个国家经济发展所达到的程度出发，才能选择出科学的、符合实际的竞技体育发展战略。建国初期，我国竞技体育发展无论体育场馆和体育设施等体育运动的基础条件，还是竞技体育人才和竞技体育水平都很低，几乎都是在"零"起点基础上起步的。群众体育是从新民主主义革命时期革命根据地体育发展过来的，基础也十分薄弱。因此，我国体育事业面临着如何快速发展竞技体育、普及和发展群众体育、适应整个社会主义建设的需要发展成为突出的历史任务，一句话，社会经济恢复情况和国家对竞技体育的实际需要是我们制定和实施竞技体育发展战略的前提条件。因此，我们不能建立像美国和欧洲等西方发达国家那样的竞技体育体制和发展战略。为使我国的竞技体育参与国际竞争，尽快地冲出亚洲走向世界，国家必须集中一定的人力、物力、财力，采取一定的特殊措施，才有可能在比较短的时间内，以比较快的速度提高我国竞技体育的发展水平和国际竞争能力。制定和实施"为国争光"的竞技体育优先发展战略是从我国将长期处于社会主义初级阶段这个最基本的国情出发，立足于这个最基本的竞技体育工作前提条件和社会基础条件而做出的选择。通过实施"为国争光"的奥运发展战略，我国已经成为竞技体育发展速度最快的国家。1996年第26届亚特兰大奥运会上获得金牌16枚，排名第4；在2000年第27届悉尼奥运会上获得金牌28枚，排名第3；在2004年第28届雅典奥运会上获得金牌32枚，排名第2。中国竞技体育在这3届奥运会上的成绩提高是近代奥运史上罕见的，尤其是在一些奥运强国出现奥运成绩滑落的大背景下，中国奥运金牌能保持这样高的增长率更是一个奇迹。同时我国竞技体育发展继续保持了一批具有国际领先水平的优势项目，如乒乓球、羽毛球、跳水、射击、举重等等。特别是近年，在大力开发潜优势项目上有显著的进展，从雅典奥运会可以看到获金牌的项目在增加，由23届的6个项目到 28 届的 14 个项目，在田径、网球、皮划艇上的突破更是鼓舞人心，为世人瞩目。我国竞技体育在国际竞技舞台上取得的成绩，足以说明实施"为国争光"的奥运发展战略目标是一种与中国国情相符的行之有效的举措，是快速培养高水平竞技体育人才的一种高效途径，符合当代竞技体育发展趋势对培养高水平运动员的要求，遵循了当代竞技体育发展的基本规律和运动人才的成长规律。也反复证明了，我国竞技运动技术水平不但有了很快的发展和提高，而且竞技体育的发展速度和规模与社会经济、文化的发展以及群众体育发展相适应的客观事实。

第二节　服务"全面建设小康社会目标"的战略方针

党的十七大报告提出，我国一定要在 2020 年实现全面建设小康社会的奋斗目标。建设和谐文化，培育文明风尚是和谐社会中文化建设的主要内容。竞技体育是一种特定的社会文化现象，它作为和谐文化的重要组成部分在展现民族精神、弘扬爱国主义、丰富文化娱乐活动、推动社会体育发展、提高人们生活质量等方面起着其他任何活动不可替代的重要作用。因此，我国竞技体育的发展中必须围绕"全面建设小康社会目标"制订战略方针，必须服务于"社会主义和谐社会的建设"大局，这是竞技体育发展要牢牢把握的战略方针。竞技体育承担着繁荣社会主义和谐文化、促进社会主义精神文明建设的重要任务，同时也承担着促进全面实现小康社会的重要历史使命。

《中共中央关于制定国民经济和社会发展"九五"计划和 2010 年远景目标纲要》中，体育被正式列为"实施可持续发展战略，推动社会事业全面发展的内容"，显示了可持续发展理论对体育领域的影响是举足轻重的，并提出竞技体育的可持续发展，是在发展当代竞技体育的同时，还应考虑不影响今后我国竞技体育的持续发展。

《2001－2010 年体育改革与发展纲要》明确提出：高举邓小平理论伟大旗帜，认真贯彻"三个代表"的思想，遵循党在社会主义初级阶段的基

本路线和基本纲领，以代表先进文化为方向，以申办 2008 年奥运会为契机，以满足人民群众日益增长的体育需求为出发点，积极开创体育工作新局面。为了实现新世纪体育改革和发展的目标，必须坚持以下基本方针：坚持体育为人民服务、为社会主义服务，把增强人民体质、提高国民素质作为体育的根本任务；坚持普及与提高相结合，坚持群众体育与竞技体育协调发展。努力探索群众体育的发展规律和竞技体育的发展规律，全面提高我国体育的整体水平；坚持以改革促进发展，努力推进体育体制的改革和运行机制的转变；重视体育制度的创新，切实把体育事业的发展方式从行政型转化为社会型；坚持依法行政，依法治体，保障体育事业健康有序地运行。①

　　我们在这样指导方针下，确定的 2010 年竞技体育发展总目标是：充分发挥竞技体育推动普及、发展体育产业和丰富文化娱乐活动等多元功能与作用，继续保持亚洲领先和世界竞技体育"第二集团"前列地位，努力缩小与"世界三强"差距，初步形成适应社会主义市场经济体制的依托社会、自我发展、自我约束的充满活力的体制和良性循环的运行机制；通过改革与发展，使我国竞技体育整体实力稳步提高，运动项目和运动队伍结构更加合理，竞技体育成绩中科技含量显著增加，基础设施和条件明显改善，为参与下世纪中叶世界竞技体育"第一集团"角逐奠定基础。我们只要认真贯彻竞技体育确定的战略目标，才能达到服务于"建设社会主义和谐社会"的目的。

一、建设和谐社会要求竞技体育事业不断发展

　　构建社会主义和谐社会是个伟大的事业，它必然对我国国民整体素质提出更高的要求，中华民族要跻身于世界强国之林，必须增强综合国力。尽管综合国力包含着政治、经济、军事、文化、科学等诸多因素，但是民族素质对综合国力起承载作用。其中，身体素质是民族素质的重要组成部

---

① 国家体育总局.2001 - 2010 年体育改革与发展纲要［R］.体育科学，2001，21（3）.

分，它是思想道德素质和科学文化素质的物质载体。党和国家高度重视我国青少年身体素质建设，十六届中共中央政治局 2007 年 4 月 23 日召开会议，研究加强青少年体育工作。会议强调，广大青少年身心健康、体魄强健、意志坚强、充满活力，是一个民族旺盛生命力的体现，是社会文明进步的标志。体育对青少年的思想品德、智力发育、审美素养的形成都有不可替代的重要作用。要全面贯彻党的教育方针，高度重视青少年体育工作，使广大青少年在增长知识、培养品德的同时，锻炼和发展身体的各项素质和能力，成长为中国特色社会主义事业的合格建设者和接班人。民族素质的提高既有利于和谐社会的构建，也有利于建立和倡导科学、文明和健康的生活方式。体育作为人类文明文化、现代社会最活跃元素，远远超出增强体质，促进健康的传统范畴，特别是竞技体育已经发展成为广大人民群众进行情感交流、和谐沟通、诚信待人、文化娱乐、达到艺术享受的载体，是人民精神境界、文化生活水准和社会活力程度的标志。随着社会现代化的发展和进步，体育自然就和"和谐"的概念联系在一起，特别是竞技体育也面临如何协调性、可持续性、和谐地发展问题。这是竞技体育自身发展的需要，也是参与竞技体育活动的每一个体发展的内在需要，更是构建和谐社会的客观要求。

社会主义和谐社会的总要求是民主法治、公平正义、诚信友爱、充满活力、安定有序、人与自然和谐相处。体育精神较好地体现了和谐社会的这些目标追求与价值导向。发展体育事业，是和谐社会建设的重要环节。竞技体育的发展，能够培育中华体育精神，增强民族凝聚力和民族自豪感，为和谐社会建设提供强大的精神动力。在竞技体育方面，"东亚病夫"的屈辱早已成为历史，我国已经成为世界竞技体育舞台上的一支重要力量。在参加各类世界性大赛的过程中，我国体育界涌现出一大批英雄集体，如蜚声世界的中国女排、长盛不衰的中国乒乓球队、被称为"梦之队"的中国跳水队、勇攀高峰的中国登山队等。我国体育健儿们用辛勤的汗水和骄人的战绩，创造和诠释着"为国争光、无私奉献、科学求实、遵纪守法、团结协作、顽强拼搏"的中华体育精神，使之成为社会主义先进文化的重要

组成部分，成为全社会共有的宝贵精神财富。国运盛，体育兴，中国竞技体育的发展，极大地增强了民族凝聚力和民族自豪感，为广大人民群众投身和谐社会建设提供了强大的精神动力。

世界各体育大国对奥运会金牌空前重视，竞争十分激烈。当年在备战28届雅典奥运会时，美国继续实施了"金牌行动计划"、"运动员奖学计划"，提出要在雅典奥运会夺取100块奖牌，包括34枚金牌；俄罗斯成立体育指导委员会，普京总统亲自担任主席，目标是超过美国，夺取金牌总数第一；德国提出要在雅典奥运会上继美、俄之后排名第三目标。中国的改革开放创造了举世瞩目的奇迹，而在这个经济与社会剧烈变革时期，国家面临着内聚人心、外示形象的大问题，解决这个问题需要通过多种途径。其中，提高竞技水平，派体育健儿参加奥运会，多得金牌，争取优异成绩，是最有效途径之一。在第27、28届奥运会上，我国体育健儿取得了我国奥运史上的最好成绩，奖牌总数分别名列第三、第二。胡锦涛总书记在会见参加第28届奥运会中国体育代表团的讲话中说："我国体育健儿在奥运赛场上所表现出来的顽强拼搏精神和良好的体育道德，极大地激发了全国各族人民的爱国热情，增强了全体中华儿女的民族自尊心和自豪感，成为推动我们事业前进的强大精神力量。"①

二、竞技体育应为建设和谐社会的伟大事业做出新贡献

我国正处在改革发展的关键时期，也是构建和谐社会的历史机遇期。科学发展、共建和谐，是时代的主题、人民的意愿。竞技体育作为社会主义精神文明建设的重要组成部分，理应为实现又好又快发展，为促进社会和谐建设事业做出新的贡献。

（一）竞技体育能够促进和谐文化建设

"为国争光、无私奉献、科学求实、遵纪守法、团结协作、顽强拼搏"的中华体育精神，是我国体育健儿和广大人民群众在党的领导下多年努力

---

① 胡锦涛会见参加第28届奥运会中国体育代表团时的讲话［N］. 人民日报，2004 - 09 - 03.

的结晶。大力弘扬和培育中华体育精神，对于构建社会主义和谐社会具有重要意义。从现实情况看，大多数运动员能够严格遵守比赛纪律和竞技规则，体现了良好的赛风和精神风貌；但也有一些运动员禁不住各种诱惑，弄虚作假，徇私舞弊。有人为追求比赛成绩带来的名誉和物质利益，消极比赛，虚假比赛，通过幕后交易操纵比赛结果；有人铤而走险，在体育训练和比赛中使用兴奋剂等等。所有这些都是对体育精神的背离，与构建和谐社会的理念格格不入。应从"教育、自律、制度、监督、惩处"五个环节入手，严格责任制度，狠抓赛风赛纪，净化赛场风气；按照"严令禁止、严格检查、严肃处理"的方针，旗帜鲜明地开展反兴奋剂斗争，严格执行《反兴奋剂条例》和联合国《反对在体育运动中使用兴奋剂的国际公约》，切实承担起反兴奋剂的国际责任；不断加强运动队的思想政治工作和道德作风建设，筑牢思想堤坝和道德防线，牢固树立社会主义荣辱观，大力弘扬奥林匹克精神和中华体育精神，为树立文明风气、促进社会和谐承担应有责任。①

（二）竞技体育能够增强中华民族的自豪感和凝聚力

2008 年北京奥运会，是在我国举办的一项重大国际体育盛会，承载着中华民族的百年梦想。胡锦涛同志 2006 年 10 月 1 日在北京市考察奥运会工程建设时指出，举办奥运会是我国各族人民的共同心愿，是中华民族的百年企盼，是全国的一件大事。"我们一定要尽最大努力把奥运会办好，以增强全国各族人民的自信心和奋斗精神、增强中华民族的自豪感和凝聚力，共同为实现中华民族的伟大复兴而奋斗。"奥运会绝不仅仅是一次单纯的体育赛事活动，举办和参加奥运会也不仅仅是在比赛中摘金夺牌、赢得锦标，我们必须从科学发展、共建和谐的政治高度来认识筹备和参加奥运会的重要意义。体育战线应牢记责任、不辱使命，弘扬奥林匹克精神，发扬中华体育精神，顽强拼搏，胜不骄、败不馁，以良好的精神风貌和体育道德风尚，努力争取运动成绩和精神文明双丰收，激发广大人民群众的爱国热情

---

① 刘鹏. 充分发挥体育在和谐社会建设中的作用 [N]. 人民日报，2007 - 05 - 21 (9).

和进取精神，展示良好的国家形象；积极向各个国家、各个地区的体育健儿学习，加强交流，增进友谊，在奥运舞台上向全世界传递共创和谐、共建和平的美好愿望；应以承办奥运会为契机，促进竞技体育水平的新提高，掀起群众体育的新高潮，推动体育产业的大发展，促进体育管理的现代化；在全社会积极倡导和大力开展"迎奥运，讲文明，树新风"活动，推动社会主义物质文明和精神文明建设，乘奥运东风，聚人心、抓机遇、求发展、促和谐，为经济发展和社会进步做出更大的贡献。

（三）竞技体育能够提升我国国际形象

改革开放以来，中国的面貌日新月异，取得的成就举世瞩目。目前，中国政治安定，经济腾飞，科教发展，人心凝聚，综合国力迅速增强。通过筹办和举办 2008 年北京奥运会，不仅向全世界展示中国改革开放以来所取得的巨大成就，让世界感受中国欣欣向荣、蒸蒸日上的面貌和充满无限活力的发展前景，而且也为中国社会经济更快更好地发展创造机会，扩大中国在世界的影响，让中国走向世界，也让世界了解中国。[①] 当今社会，竞技体育为人类的交流、和解和沟通创造了条件，是和平时期振奋民族精神、激发民族潜能的重要途径。民族精神是一个民族赖以生存和发展的精神支柱，一个民族如果缺乏民族精神，就是没有希望的民族。中华民族精神并不是抽象的概念，它所折射出的是纯真的爱国主义精神和情怀。当中国体育健儿在奥运赛场一次次的摘金夺银时，不仅向世人展示了中国人民自强不息，奋发进取的精神，也为中国人民创造了巨大的精神财富。

中华民族是一个具有五千年悠久历史和灿烂文化的伟大的民族，中华民族文化是世界优秀文化的一部分，尤其是中国优秀的传统思想，博大精深，内涵隽永。奥运会为展示和弘扬中国文化提供了广阔舞台，2008 年北京奥运会吸引了全世界的目光。因此，利用这个充满无限魅力的舞台，向全世界展示中华民族优秀的传统思想，感受中国五千年厚重的历史文化氛

---

① 杨桦，等．竞技体育与奥运备战重要问题的研究 ［M］．北京：北京体育大学出版社，2006：396.

围，以及中国人温文尔雅、热情友好、文明礼貌和对体育热爱的高尚素质，对中国社会发展有重要的现实意义和深远的历史意义。

三、竞技体育应服务于人的全面发展

人的全面发展的程度是衡量一个社会发展和进步的基本价值尺度。人是社会发展的首要因素，也是生产活动中最积极、最活跃，起决定性作用的因素。推进人的全面发展有利于社会的发展和进步。马克思对人的全面发展作了精辟的论述，认为"只有在未来的共产主义社会里，人的全面发展才会在真正的意义上实现"，共产主义社会的本质规定是"以每个人的自由而全面的发展为基本原则的社会形式"，马克思把人的全面自由发展一直看做是共产主义社会的重要特征和价值目标。

党的十六届三中全会提出了坚持以人为本，树立全面、协调和可持续的科学发展观，为解决我国社会经济全面转型过程中逐步呈现的问题和矛盾提供了科学指导思想。十六届四中全会通过的《关于加强党的执政能力建设的决定》，在我们党的历史上第一次提出"构建社会主义和谐社会"的重要命题。十六届五中全会通过的"十五"计划进一步突出了"以人为本"的可持续发展思想，把经济发展与资源、环境和人口的协调，人与自然的和谐发展作为重大战略付诸实施。党的十六届六中全会是我们党的历史上第一个以研究社会主义社会建设为主题的中央全会，并做出了《中共中央关于构建社会主义和谐社会若干重大问题的决定》，是我们党执政以来第一个关于全面加强社会主义和谐社会建设的纲领性文件。胡锦涛指出："构建社会主义和谐社会，是中国共产党从全面建设小康社会、开创中国特色社会主义事业新局面的全局出发提出的一项重大任务，适应了中国改革发展进入关键时期的客观要求，体现了广大人民群众的根本利益和共同愿望。"①构建和谐社会思想的提出，彰显了时代的特点，呼应了人民的要求，

---

① 《中共中央关于构建社会主义和谐社会若干重大问题的决定》，网址：http://news.xinhuanet.com/politics/2006 - 10/18/content_ 5218639.htm.

是中国特色社会主义事业的必然趋势，它赋予了全面建设小康社会历史性的新内涵。科学发展观是对党的三代中央领导集体关于发展的重要思想的继承和发展，是马克思主义关于发展的世界观和方法论的集中体现，是同马克思列宁主义、毛泽东思想、邓小平理论和"三个代表"重要思想既一脉相承又与时俱进的科学理论，是我国经济社会发展的重要指导方针，是发展中国特色社会主义必须坚持和贯彻的重大战略思想。① 以人为本，更加明确了一切发展的终极目的都是为了人的全面发展。这与马克思关于人的全面而自由发展的思想一脉相承，是与时俱进的崭新的发展观。重视人的发展需要，把人的全面发展与社会全面发展作为社会主义的最高价值目标和本质要求，充分尊重人的历史主体地位，从根本上体现了马克思主义的理论本质。构建社会主义和谐社会的核心在于坚持以人为本，其本质是发展人。社会发展的终极目标是促进人的全面发展。② 正如马克思所说：任何一种解放都是把人的世界和人的系统还给人自己。竞技体育运动作为一种以身体为对象的实践活动，其文化价值就在于人自身的价值，即人的全面、自由、和谐的发展是人的身心完美展示和全面实现，是个体人格和社会人格的和谐与统一。竞技体育是以人身体为活动对象的实践之一，在促进和推动人的全面而自由发展进程中发挥其独特作用并彰显无限魅力。

第三节　"政府主导，社会联动"的战略措施

一、坚持科学发展观，为实施奥运战略树立正确理念导向

我们认为无论人类社会发展到何种程度，其核心就是要促进人本质的全面发展。因此，作为社会可持续发展的一部分——竞技体育的可持续发

---

① 《中共中央关于构建社会主义和谐社会若干重大问题的决定》，网址：http://news.xinhuanet.com/politics/2006-10/18/content_5218639.htm.

② 李抒望. 社会主义和谐社会的价值诉求 [J]. 党建研究，2005 (6).

展、奥运战略的实施也要以"人"为本，促进人的能力的全面提升，促进人的素质全面发展。奥运战略要以人为本，就是要达到竞技体育必须以促进人的完善，服务人的发展的目的。

（一）走出"唯金牌论"的误区，并举"金牌价值"和"人文价值"理念导向

在建国后的很长时期中，我国由于受当时国际气候与国内环境的影响，奥运价值观念上强调政治行为、政治秩序的重要性，政治需求成为我国各项工作的主要导向，竞技体育也不例外地把"金牌价值"作为唯一价值取向、为政治服务作为唯一目的。然而，随着我国经济体制改革进程的深入，特别是在构建社会主义和谐社会的时代背景下，奥运战略的价值理念上重视金牌数量，同时也更加注重竞技体育的经济功能、教育功能、休闲娱乐功能，逐渐实现着从"唯金牌论"向"以人为本论"的转变。刘鹏在党的十七大期间接受记者采访时说金牌奖牌绝非中国参加北京奥运的唯一目标，而中国参加 2008 年奥运会，有四个方面的整体目标：发扬奥林匹克精神，以中国运动员良好的精神风貌和体育道德风尚来展示国家形象；充分发挥竞技水平，创造更好的运动成绩，为国争光；与各国、各地区进行友好交流，增进友谊；激发全民健身的热情，促进群众体育发展。

（二）倡导人文关怀，积极彰显人文精神

我们认为竞技体育可持续发展的最大障碍是人文精神的贫乏。因此，我们在奥运战略中，无论是动作的设计、编排、训练、恢复，还是比赛等方面，要充分考虑人这一最重要的根本因素。在竞技体育训练计划的制订、实施中，在激烈的竞赛场中，在离开竞赛场进入社会的竞争中要充分考虑运动员是社会的人、思想的人这一重要的社会属性，坚持弘扬人的主体精神，不断提升人的精神境界，充分尊重人的人格权利，坚持以运动员为中心，有的放矢，因材施教，最大限度地调动运动员的训练积极性，改变运动员训练过程中的被动性和从属性，改变运动员退役后被遗忘性，使运动员训练过程中得到教练员关心，使运动员在竞赛中得到观众的喜爱，使运

动员在退役后得到社会的关爱，实现竞技体育的人性化。[①]　特别是进入奥运备战周期，国家体育总局出台了《关于进一步加强和改善国家队思想政治工作的意见》和《备战 2008 年奥运会国家队励志教育与实战案例》等相关规定以促进提高运动队的战斗力，加强了舆论保障，对内鼓劲、全力备战，对外低调、哀兵出征，给运动员、教练员营造了一个较宽松的心理环境。

（三）弘扬竞技体育的公平正义，保证竞技体育绿色公平

我们认为竞技体育竞争，残酷无情，有你无我，优胜劣汰。但公开、公正，实现着差别是和谐的本质和永恒哲理，是奥运会可持续发展的无限魅力。社会公平正义是社会和谐的基本条件，而公正恰恰是体育运动的灵魂和重要的价值尺度。运动场上强调的是"大家站在同一起跑线上"、"横杆面前人人平等"，不按名头评优劣，不以身份排座次，大家平等参与、切磋技艺、展示实力、享受过程。在长期的发展过程中，体育不分种族、性别、信仰，摒弃偏见、歧视、欺诈，追寻并实现着公正的核心价值。[②]

我国在 1989 年确定了对兴奋剂问题实行严令禁止、严格检查、严肃处理的三严方针，全面开展了兴奋剂检测工作，那时都是在比赛期间检测，到 2006 年是实行兴奋剂全面检测，特别是突然检测达到 74%。1995 年，我国公布了《中华人民共和国体育法》，对禁止使用兴奋剂进行了法律上的规定，2004 年国务院颁布了《反兴奋剂条例》，同时我国在亚洲第一个加入了反兴奋剂国际公约。临近 2008 北京奥运会我国继续加大了反兴奋剂力度，国家体育总局和各地方体育局都建立了反兴奋剂责任制，签署了反兴奋剂责任书。为筹备北京奥运会，我国检测基地建设、实验室规模、监测设备和资金等都加大了投入，目前都处在世界领先水平，因而多次受到世界反兴奋剂机构主席庞德的高度评价。我国政府作为 2008 年奥运会的东道国、一个有国际责任的大国，多次明确表态要把 2008 北京奥运会办成"纯洁的"、"干净的"的奥运会，为国际反兴奋剂工作做贡献。只有这样北京

---

① 马志和，等. 论我国竞技体育后备人才培养体制的创新 [J]. 体育科学，2004（6）.
② 刘鹏. 充分发挥体育在和谐社会建设中的作用 [R]. 人民日报，2007 - 05 - 21（9）.

奥运会才能实现"人文奥运"的目的，才能体现出"更干净、更人性、更团结"的奥林匹克的伟大精神。

二、深化体制创新，为实施奥运战略提供制度保证

制度创新是人类经济社会健康发展永恒的主题。一部人类文明史就是改革和创新的历史，改革就是制度创新，就是解放生产力。制度先进与否直接决定着一个民族的衰败或兴盛，而制度的及时革新和完善则维系着经济社会健康发展的可持续性。按照新制度经济学原理，制度完善、创新是竞技体育健康、持续发展的基本保证。没有基本的制度保障，缺乏新制度设计、安排与创新，竞技体育增长与发展就没有动力机制和新鲜活力，将难以为继，更谈不上可持续发展与和谐发展了。随着奥运战略的发展，我国竞技体育举国体制惯性矛盾十分突出，竞技体育举国体制创新问题十分紧迫，朝什么方向改革和创新却一直困扰着人们。我们认为坚持竞技体育举国体制是保证成功举办北京 2008 奥运会的需要，也是符合我国体育事业发展的历史阶段之选择，但必须对竞技体育举国体制进行有效改革和不断创新，建立具有生机活力、体现与时俱进并富有中国特色的新型举国体制。这是竞技体育自身在新旧体制转换时期可持续发展的时代需要，更是社会转型时期构建社会主义和谐社会之体育和谐发展的必然趋势。因此，和谐社会的竞技体育新型"举国体制"，既是"以政府主导、社会自治、市场自主的，以市场手段与政府投入相结合的具有中国特色的体育体制"，① 也就是强化政府宏观调控能力和执政能力的体制创新，更是高度重视并综合运用市场经济的有效手段，建立真正讲求少投入多产出，高效率低成本的现代竞技体育新型体制。近几年，我们在构建"新型举国体制"方面大胆地探索了"两个转变"和"两个模式"的建立工作。

（一）在实现"政企分开，管办分离"的转变上迈出了第一步

构建"新型举国体制"，实际上就是建立有利于竞技体育竞争协作和灵

---

① 郝勤 . 社会主义市场经济与新型"举国体制"的形成［J］. 体育文化导刊，2005（3）.

活高效的运行机制，是从管理模式上从政府管理型向社会管理型过渡，就是从行政式的指令管理变为体育社会团体依照法律的现代社会管理。构建和谐社会、保持竞技体育"举国体制"的优势，就必须改变以往竞技体育的发展全部依赖于政府行政行为的做法，充分运用市场机制来有效整合甚至全盘激活全国的体育资源，为奥运战略和竞技体育可持续发展服务。为此，我们坚定不移地探索了通过政府调控与市场调节的机制来办高水平竞技体育的路子，通过市场机制来促进竞技体育的社会化和产业化，最终实现政府、社会、市场三者融合协调的、真正全民参与的竞技体育的"举国体制"。在构建新型的"举国体制"上，按照"小政府，大社会"的原则，为了实现事权分离，管办分离目的建立了 28 个项目中心，将集中于各级政府体育行政部门手中的部分职能逐步真正移交给项目中心和事业单位。加强了体育社会团体和中介组织间的建设，使政府体育行政管理部门与中华全国体育总会、中国奥委会、各单项运动协会的职能进一步明确化，促进了政府和市场的有序协同、有机互补和有效整合进程，实践证明这一探索是积极的、成功的。

（二）逐步实现投资主体的多元化

我国竞技体育"举国体制"的特点，是政府的指令性体制，政府是竞技体育发展的唯一主体，政府具有决策权、资源的分配权，政府强制性地采用行政手段使资源和竞技体育的发展向国家目标靠拢。这就是运用社会主义集中力量办大事的优势。目前我国竞技体育的社会化程度远不足以产生高水平的业余竞技体育，竞技体育市场化程度也不足以支撑大范围的职业体育。因此，对这一体制不能轻言放弃。就必须在相当一段时期内，在一定程度上维持甚至加大政府对竞技体育的财政投入。但是，竞技体育体制的核心是政府的指令性体制，政府是竞技体育发展的唯一主体，政府具有决策权、资源的分配权。在我国确立社会主义市场经济的战略目标后，社会经济制度发生了根本性转型，出现了以公有制为主体，多种所有制经济共同并存发展的模式。这使竞技体育的体制形式也向社会主义市场经济转型。举国体制的竞技体育面对的不再是单一的政府投资，而是一个社会多主体投资的多元复合结构。因此我们在把传统的政府决策、政府支配模式改变为由政府、市场、非营利组织、企业、社区、家庭共同参与决策和实施的模式方面进行了探索，补充政府投资不足的缺陷，保证了竞技体育可持续发展的资金来源。

（三）大胆探索以区域为依托，以城市为中心的体育资源整合模式

以区域为依托，以城市为中心，选拔和配置体育资源是现代竞技体育可持续发展的时代趋势，也是现代竞技体育社会化和市场化的必然结果。这方面国外很多国家都有成功的经验。随着社会主义市场经济的发展及城市化的发展，竞技体育资源流动也具备了一定的条件。因此，我国新型"举国体制"的运行上，为了克服原"一条龙"选材和训练体制不足，积极探讨了把"地方业余队—省队—国家队"这一直线结构逐步向以地区为依托，以城市为主体的网状式选材训练模式转变。具体而言，就是通过管理体制、训练体制、竞赛体制特别是人才选拔体制的改革创新，逐步形成以各地大城市为基本依托，以市场机制和社会自治为主要手段，以各类比赛为重要契机、有效纽带和推动力，以政府必要的财政资助、补贴、奖励等激励机制和导向作用的新型"举国体制"的运行机制来有效促进城市、地区、社会的竞技体育资源合理流动、有序配置，以此全面推动竞技体育可持续发展，从而进一步推动我国城市化进程，拉动竞技体育与社会经济协调健康发展。

（四）积极探索专业、职业、业余队并存的训练竞赛模式

我国长期以来实行竞技体育"一条龙"训练体制，其主体是地县级业余体校、省级专业运动队、国家集训队。在社会主义市场经济条件下，这种单一的专业竞训模式已无法适应现代竞技体育发展的要求，必须探讨专业、职业、业余队多元化并存的运行模式。我们充分利用政府的政策导向与资金投向的杠杆作用，继续对具有奥运争光战略的项目实施了专业队建制，按照国家投入、行业管理、项目招标、严格审计的原则在全国各大城市建立了一批国家级的训练基地，以此来保证奥运重点项目的可持续发展。同时，大力提倡完全由社会自治与市场自主的职业体育，推动各类高度社

会化和市场化的职业联盟的发展。大力培育了中学和大学为主体的校际联赛和全国性联赛，挖掘和开发学校竞技体育资源，通过联赛打造了一批竞技体育名校，培养了竞技体育品牌学校，把具有高水平竞技体育学校发展为我国竞技体育可持续发展资源的基地，保证其发展后劲及其强劲的可持续性。

三、实行科学选材，为实施奥运战略提供人才保障

（一）建立健全"体教结合"的新型后备人才培养体系

在人才资源上，我们加快建立和开发了竞技运动人才要素市场化步伐，促进竞技人才的合理选拔、科学培养和有序流动。特别是上世纪90年代以后，我国实行了竞技体育人才流动由单位之间向着区域之间乃至全国范围内方向发展。我们对竞技体育人才问题上在思想观念、管理体制、价值取向、运作方式等方面做了新的探索，为了打破竞技体育人才流动的局限性和无序性做了大量的工作。走出了以人才囤积来对付人才短缺、以限制流动来保护弱小者的怪圈，加快建立了以政府主导下的市场化的竞技体育人才培养体制。我们积极探索了"体教结合"的人才培养体系，继续扩大高校办高水平运动队的规模，在招生、资金等方面对高校给予更多的倾斜和照顾，逐步形成"小学—中学—高校"一条龙的后备人才培养体系。由此，体育系统、社会系统与教育系统三线并举，构成横向上相互竞争、相互交流，纵向上层层衔接、输送畅通的后备人才培养体系。① 从而，近几年涌现出了"清华模式"和"北体大模式"等等。

（二）加大竞技体育后备人才培养的投入

我们根据国家对奥运会项目的总体布局，对于奥运会重点项目给予了重点保证，集中、有效地使用中央和地方用于培养重点项目后备人才的专项经费，调整后备人才专项资金投入的比例和结构。同时，我们还按照运动项目分类管理原则合理地调配人力、物力和财力，对集中型的国家队，

---

① 夏端阳. 我国竞技体操运动可持续发展的若干关系［J］. 天津体育学报，2004（4）.

或集中与分散相结合中的集中部分队伍，采取先投入后评价的方式；对于集中与分散相结合中的分散部分队伍，先由各地方进行投入，经过大赛的考验，确实出了成绩，采用一次性奖励的办法，以补偿其培养运动员的投入，从而形成了有效益投资体系。

（三）合理开发和建设训练基地

我们在训练基地的布局和建设上，克服了以往基地重复建设、功能单一、设项单一、效益低下的现象，对已有训练基地本着少而精和充分发挥中央和地方两个积极性的原则，依据基地特殊的训练效果和原有基础等因素，对现有基地进行重新规划和调整，严格控制规模和数量，集中力量办好了有规模的基地。同时，根据竞技运动科学化、综合化、精细化、集中化的特征，突出重点，建立了高水平的全国综合性训练基地。继续支持并不断完善大学、特别是名校办高水平运动队的工作，在基地建设、资金投入等方面予以政策倾斜，使之成为21世纪我国竞技体育新的"生长点"。

（四）加快运动员保障体系的建设

随着我国体育改革的不断深化和全社会保障体系的不断完善，建立优秀运动员的社会保障体系已成为当前体育改革的重中之重。完善的社会保障体系，不仅能够促进体育人才资源的合理流动和优化配置，保障运动员的合法权益，充分调动优秀运动员的竞赛和训练的积极性。同时，也是吸引青少年加入竞技体育队伍的必然举措。优秀运动员作为特殊的群体，他们所从事的职业具有高投入、高风险、长周期和不确定性等特点，更是国家的稀缺人才，相应地就必须建立起与其职业特征相符合的社会保障体制。我国已投入了一定资金设立"运动员培训安置基金"，扶持运动员退役后择业。国家体育总局、国家劳动和社会保障部等六部委联合颁发实施了《运动员聘用暂行办法》，将运动员管理纳入国家事业单位工作人员管理体系，将运动员保障纳入社会基本保障体系，实行运动员聘用制，为运动员退役走向社会提供了保障。

四、整合项目布局，为实施奥运战略提供了活力机制

竞技体育中运动项目的布局是竞技体育资源配置的一个重要方面，也是处理好竞技体育规模与效益关系的重要方面。我国幅员辽阔，资源分布不均，各地区具备发展竞技体育的条件也不一致，我们根据各地区特点、条件，合理安排与配置资源，因地制宜地发展了竞技体育的运动项目，还充分考虑了奥运会项目接轨。

（一）强化优势项目，开发潜优势项目

任何一个国家，即使是竞技体育实力最强的国家，也不可能在所有奥运会项目上称雄。我国在多年的实践中积累了丰富的经验，形成传统优势项目。优势项目在世界范围内优势明显，对我国竞技体育总体水平跨入第二集团做出了重大贡献，如乒乓球、羽毛球、跳水、体操、射击等。根据我国目前的竞技体育实力和有限的财力，把重点发展方向和投资重点放在优势和潜优势项目上。在奥运会项目分层次、有重点地发展的基础上，对于小项较多的项目要合理调整内部结构，使重点项目布局发挥最佳效益。潜优势项目是指已经具备很高水平，通过几年加大投入和努力能够较快转化为优势项目，如女子游泳、柔道、击剑、女排、女曲等项目。这些项目在我国已经有一批世界级运动员，完全可以成为新的金牌增长点。因此，我国这几年重点加大"119工程"实施力度，在田径、游泳两个项目上取得了新进展，彻底改变集体球类项目下滑的势头，稳住了女排、女足的领先水平。潜优势项目逐步显示了亮点和发展空间。

（二）调整竞赛布局，优化竞赛结构

我们已经对传统的竞赛制度进行了改革，充分发挥了竞赛的多元功能和综合效益。从赛制的形式、规模、项目、周期入手，结合世界竞技体育赛制多样化发展趋势和我国实际，建立市场与计划相结合的宏观竞赛调控体系，保持竞赛总量的基本平衡，促进了竞赛结构的优化，引导了竞赛持续、合理、健康地发展。同时，改变了全运会设项多、重点难以突出、各队水平落差大、机会不均、加分因素多、计分标准繁琐等现象，进一步突

出了优先发展奥运会优势项目的政策，引导了各地区把目光放在培养高水平人才上，放在奥运会上夺取金牌和奖牌上。全国城市运动会目标逐步确定为以培养奥运会重点项目后备人才为目的、以青少年为参赛对象为宗旨，引导了参赛城市发展基础薄弱的奥运优势项目。在全国单项竞赛中以竞技水平为参赛标准，充分调动和鼓励了布局地区培养重点项目高水平人才的积极性，大大促进了各地区竞技体育多样化发展态势的形成。

（三）实现奥运和非奥运项目动态管理

在科学预测和注意奥运会设项变化和发展的基础上，及时把握世界竞技体育项目走势。对有可能进入奥运会而又适合我国开展和普及并有可能达到较高水平的项目，要及早预见并给予重点扶持，促进我国竞技体育水平始终保持国际领先地位。

第四章　我国竞技体育的工作体系

第一节　我国竞技体育训练体系

一、运动员成才体系

（一）影响运动员成才的内在和外在因素

在我国，专业运动员是一个较为特殊的群体，一个运动员的成才过程，不仅仅由运动员自身的先天遗传和刻苦努力程度决定，也受到国家的运动训练体制的影响。这就形成了影响运动员成才的内在因素和外在因素。内在因素包括运动员的心理素质、智力水平和身体素质三个方面，其中身体素质又分为先天性身体素质和后天性身体素质。上述三种素质是决定一个运动员是否能够发展成为优秀运动员的重要的内在因素，因此，我国在对青少年运动员进行选材的时候，着重考察运动员是否具备了优秀的身体条件，是否有刻苦训练、奋勇拼搏的毅力，是否有较好的观察能力、理解能力、分析能力等。在对运动员进行培养的过程中，更加注重这三种素质的训练和提高。外在因素主要是指运动员所处的社会环境，其中包括社会政治经济条件、家庭条件、训练条件、舆论条件、教练员团队水平等等，其中非常重要的一点就是国家的运动训练体制，这是决定一个运动员成长模式的最重要的因素。

（二）运动员成才的基本规律

我国多年的运动训练实践表明，优秀运动员的成长和发展过程具有规律性。因此只有充分把握这种规律，并把它运用到具体的运动训练过程中，才能够更有利于运动员的选材和培养。

运动员成才的首要问题是选材。选材过程必须遵循科学的规律，以运动项目自身的特点和运动员个体的状况为依据。其次，掌握不同运动项目的年龄规律。现代竞技运动员的成长过程中，表现出明显的时间分布规律，任何运动员都有自己的运动年龄黄金时期，正确认识不同运动项目的运动寿命和最佳竞技阶段出现的时间，才能更加科学的安排运动训练计划，促进运动员在重大比赛时期达到最佳竞技状态并保持这种状态，才能取得优异的成绩。根据有关学者的统计，我国不同项群的优秀运动员运动寿命各有不同，技能类项群的运动员寿命要长于体能类项群运动员。同样，运动员的成才期和最佳竞技状态的出现，都是根据项群的不同具有明显的专项特征。因此，对不同项群进行研究，建立针对运动员成长年龄规律的对照模型，可以为我国培养优秀的运动员的选材、训练、管理等工作进行时间特征分析，提供一个科学的参照标准。第三，把握运动员成才的分布规律和竞争规律。任何一个运动员的成才过程，都要经历一个发展过程，这个过程中需要很多的阶段性目标，而不断实现这些目标也是一个运动员成长为优秀运动员的必经之路。同时，竞争是竞技运动的基本特征，这不仅仅体现在比赛中，也体现在运动训练过程中。运动员必须要经历在竞争中成才，成长中必须强化竞争的过程。运动员发展的每一步，都伴随着优胜劣汰这一残酷的事实，只有在竞争中获胜，才能够有机会进入更高的运动训练层级，才能够获得更好的训练条件，才更有利于运动成绩的进一步提高。同样，社会对人才竞争也是持鼓励的态度，只有这样才能推动我国竞技体育的发展。最后，运动员群体共生规律和名师成才规律也是重要的因素。运动员是社会的人，他必须要生活在一个社会群体中才能不断发展，一个团结的积极的运动队，是运动员得以成长的沃土。中国以集体的力量塑造运动员，在世界上可以说是独树一帜，乒乓球、排球、羽毛球、射击等优秀运动员的成才就是最好的例证。

优秀运动员的培养有了一个良性的竞争和合作氛围，才能促进运动员自身的发展。但是必须承认，教练员是运动员成才的外部条件，但他们在

运动训练中起到的作用却是举足轻重的，教练员素质的高低直接影响运动员的成才，教练员的培训也是促进我国竞技体育发展的一个重要方面。

二、教练员培养体系

（一）我国教练员体系的形成和发展

在运动训练过程中，教练员是十分重要的影响运动员竞技能力的因素，对教练员的培养至关重要。我国在上世纪50年代以前，从事竞技体育教练工作的多是体育教师和有专项特长的体育工作者，还有少量的外聘专家。60年代之后，我国自主培养的第一批优秀运动员纷纷退役，他们拥有丰富的运动训练和比赛经验，自然成为了各个运动队教练员群体的中坚力量，但是他们多为经验胜于理论。

教练员相对于运动员而言是一项较为稳定的工作，也是多数退役优秀运动员首选的职业。计划经济时期，因为竞技体育运动员和教练员制度不完善，出现了教练员队伍人浮于事的状况，教练员队伍极其庞大臃肿。改革开放以后，竞技体育也开始由计划经济向市场经济转轨，竞争机制大大加强，有关教练员的等级制度、聘任制度、培训进修制度和考核制度的规定纷纷出台，这不仅促进了教练员体系的完善，也推动了我国竞技体育的发展。在当今的竞技体育界，教练员问题越来越受到重视，教练员和运动员的关系不再仅仅是控制和被控制的关系，教练员已经成为了运动员与众多影响其发展的外界因素之间的纽带，因此伴随时代的发展，教练员的素质需要不断提高。

（二）我国教练员体系的构成

目前，教练员体系是一个链条式的隶属管理系统，不同级别的教练员处在不同的运动训练层次，他们必须要经过竞技训练时间和竞技训练理论的培训过程，才能够晋升为更高级别的教练职称。特别是在教练员培养出了优秀的运动员后，才更有希望获得更高一级的教练员资格。这个体系总体而言，是一个自上而下的纵向联系的组织系统，在这个系统中，总教练对运动训练起到了统帅作用，当主管部门对运动队下达了目标指令后，总教练肩负一个项目的全责，对全队的运动训练、竞赛准备、人员安排等方面都要进行统筹规划，这其中助理总教练起到协助作用。在教练员系统中，职责明确，等级分明，每个层级所拥有的职权的责任不尽相同，严格遵循下一层级向上一层次教练员负责的制度。

（三）我国教练员相关制度

进入90年代以来，我国教练员的组织形式发生了很大变化，其中最重要的是对教练员实行聘任制，并且建立了一系列有助于竞技体育发展的教练员制度。为了充分调动国家和地方教练员的积极性，国家体育总局和各省市地方的体协、企业俱乐部都采取了旨在更好地发挥教练员能力的措施。一些个人项目采用不设置国家队，而是"联邦制"，即每年公布国家集训队的教练员和运动员名单，采用分散式训练形式，这样既摆脱了庞大国家运动员队伍"进入容易退出难"，避免国家队和省市队相互扯皮的现象，而且也提高了省市教练员的积极性，减少了因国家队教练员过于庞大而造成"包袱"。因此，合理完备的教练员体系，切实规范了教练员队伍和保障了教练员的权利，是促进竞技体育发展的重要保证。

我国已经出台的教练员技术等级制度、教练员考核制度、教练员进修制度、教练员培养制度、教练员管理制度等与《体育法》等有关法律和制度相一致，使教练员管理逐渐走上规范化和法制化的道路。对于中国这样具有千千万万教练员队伍的竞技体育大国而言，制度的建立是客观评价管理的措施，其目的是要充分发挥教练员的主观能动性，以更强的事业心和敬业精神投入到运动训练工作中去，保证我国竞技体育快速健康的发展。

三、体育运动训练相关机构的工作程序

（一）政府领导机构

我国体育运动训练工作的领导机构也就是竞技体育的领导机构。从领导机构的设置来看，我国的竞技体育组织领导体系和中国特色的政治制度体系是相适应的，以国家体育行政部门为主导的组织体系是其主要特征。

包括国务院、国家体育总局、省市区体育局、地方体育局、县市体育行政部门等自上而下的体育行政领导机构，这些机构是保证我国竞技体育举国体制的各项政策和措施得以贯彻落实的基本组织保证，其机构中的工作人员纳入到国家行政系统和公务员序列，对我国竞技体育各方面的工作起到领导、规划、组织、管理、协调和监督的重要作用。国家体育总局为了从制度上保证我国竞技体育的举国体制的有效实施，先后制定出台了《国家队组建及参加世界大赛运动员、教练员选拔办法》、《国家队组建和集训工作的有关规定》、《奥运省、区、市体育部门和总局项目中心奖励办法》等多项政策法规和制度。以在奥运会上夺取优异运动成绩为目标，调整全运会竞赛规程和全国运动员注册交流政策，加大实施奥运战略政策导向和各种奖励的力度，有效地调动了全国体育系统共同参与备战奥运会工作的积极性。

在具体的运动训练工作中，我国成立了不同层次的运动项目管理中心（包括运动训练领导小组），加强统一领导，强化管理，落实责任。其工作任务是总结我国优势项目的形成规律和学习世界先进的训练理论和技术，收集和分析有关训练的信息情报，创造有利于创新的环境和条件，建立公平、公正的运动员选拔程序，实施对国家队的动态管理。

我国为竞技体育的训练工作提供了大量的经费投入，改善了训练条件，进行基地建设等基础设置建设，形成较为科学合理的保障体系。同时，不同层次的运动项目管理中心根据各项目自身的特点和运动训练的需要，研究设计出有利于引导本项目发展的激励机制和预测机制，真正做到知己知彼、百战不殆。

（二）运动训练基地

在我国的运动训练体系中，训练基地是进行运动训练的必不可少的条件保证。专业竞技体育训练基地为运动训练队提供了良好的训练条件和优质的后勤服务保障。经过 50 多年的发展，我国的竞技体育训练基地已经形成了一个较为完整的体系。运动训练基地既有国家队训练基地，又有地方训练基地；既有高原训练基地，又有平原训练基地；既有国家体育总局命名的训练基地，又有各个单项运动协会命名的训练基地。这些运动训练基地已经形成了门类齐全，布局合理，满足多种项目运动训练需求的网络基地。国家体育总局训练基地、青海多巴高原训练基地、福建漳州排球训练基地、河北定县乒乓球训练基地、云南海埂足球训练基地……很多省级优秀运动队也有了自己的训练基地。从这些基地已经走出了无数奥运选手和金牌选手。训练基地的建设已经证明中国训练体制的创新和已经发挥的积极作用。

我国建立的网络式训练基地的基本任务是以备战奥运会为核心，目前，为国家队和各级优秀运动队做好后勤服务工作不仅是训练基地的工作目标，而且成为了考核运动基地工作优劣的政绩标准。

近年来，通过探索和实践，我国初步建立了符合现代竞技体育规律和训练基地自身发展的管理体制和经营模式，逐步探索出了一条既能保证运动队训练需要，又符合市场经济发展的社会化、产业化的道路。在相关管理机构的大力支持下，我国大部分训练基地向着运动训练、科研、医疗、营养和康复一体化的方向发展，服务意识不断增强，专业化程度不断提高，达到了国际先进的基地水准。随着市场经济的发展，部分训练基地在保证运动员训练需要的前提下，充分提高运动场馆设备的利用率，在运动队利用之外，将场馆对外开放，成为群众休闲娱乐的活动中心，具有丰富社会文化生活的重要作用。

（三）科技服务组织的支持

国家体育总局科教司承担着体育科学研究体系中的领导、组织、管理和协调职能。多年来，国家体育总局科教司为建立我国体育科技的共享机制，形成有利于共同发展的格局等方面做出了大量卓有成效的工作。目前，我国已经形成了以国家体育总局科学研究所、运动医学研究所、体育信息所、中国体育科学学会、高等体育院校的体育科研中心以及社会相关科研单位为代表的体育科研群体，为发展我国竞技体育，提高运动技术水平，解决运动训练过程中出现的重点、难点问题，进行体育科技服务工作和攻关。可以说这些组织和机构是我国竞技体育举国体制科学研究体系中的主

力军和突击队。在我国的体育科研体系运行过程中，举国体制发挥了巨大的作用，国家体育总局通过制定多种有效的政策和措施，广泛动员和组织各个方面科技资源，深入到第一线开展科技工作。

我国体育科技工作的基本方针是"发展体育事业必须依靠科学技术，体育科技工作必须面向体育运动实践"。这个方针明确了我国在开展竞技体育工作中必须要十分注重科研攻关和科技服务，同时明确了体育科研工作的主要目标和任务就是解决运动训练中的难点和重点问题，体育科研工作紧紧的同运动训练实际工作联系在一起。我国的体育科研工作在长期的实践中探索出了丰富的经验和方法。一是始终坚持体育科技工作必须面向运动训练主战场的实践导向，加强科技攻关的制度创新，不断改革和完善科研管理方式和方法，促进了体育科研和运动训练的紧密结合。二是要坚持以科技改革为发展动力，通过对国家体育总局所属的科研单位和体育院校的一系列改革，基本解决了长期存在的科研力量分散、重复投入等一系列问题。体育科技资源的配置更加合理有效，科研机构的研究方向和任务更加明确，科技实力明显增强，科技人员的积极性进一步得到提高。三是坚持以训练监控为重点，加强科技服务体系的建设，逐步形成以运动队服务为第一线、专家为第二线、高级专家组为第三线的三个层次的科技服务体系，探索出了"训、科、医"一体化的科技服务模式。四是坚持科技创新，组织科技攻关，针对国家队在运动训练中出现的关键问题和难点问题，以科技创新推动训练创新，有效地提高了运动训练的质量。

（四）社会力量资金支持

我国竞技体育的举国体制，竞技体育的公益事业性质，决定了在资金投入上是以政府为主的格局，但竞技体育人才培养和各种必需的投入不能仅仅由政府投资，调动社会力量共同兴办也必不可少。我国竞技体育的社会化和产业化改革已经进行了20余年，竞技体育发展至今呈现出物资消耗巨大的趋势，可以说，任何一个国家队的运动员无雄厚的经费和物质条件作为基本保证，欲在国际大赛中取得优异成绩是纸上谈兵，不可能实现的。

广泛动员社会力量，成为竞技体育发展过程中必须走的一步。随着我国市场经济制度的不断完善和发展，我国的高水平运动队每年都从国内外企业中得到一定数量的社会赞助资金，这成为了优秀运动队经费的有效补充。社会赞助一般分为平常对运动队的赞助和大型综合运动会前对中国代表团的赞助。社会赞助的具体数额有很大的不确定性，一般来说，成绩优异的运动队和运动员，受大众喜爱的运动项目的运动队和运动员，比较容易获得社会的赞助，因为企业在考虑其赞助体育的公益性行为的同时，也要注重赞助行为的社会影响力和商业价值。可以说，社会资金的支持对我国竞技体育的发展起到了积极有效的推动作用，同时也有利于企业形象的树立，可以起到双赢的效果。

许多社会企业和热心人士设置了对我国优秀运动员重奖的基金，如著名实业家霍英东先生个人出资专门成立了奥运优胜者奖励基金，对我国的奥运冠军实施重奖，同样也有很多国内外的公司、企业、个人会不定期地对奥运会冠军等优秀运动员和运动队进行物质奖励。这些民间的资金鼓励，是对运动员刻苦努力训练成绩的肯定，对于调动运动员的积极性，鼓励他们夺取更加优异的成绩，为国争光起到了促进作用。

第二节　我国竞技体育竞赛工作体系构成

一、我国竞技体育竞赛工作体系及其构成要素

（一）我国竞技体育竞赛工作体系的形成

竞技体育竞赛工作是竞技体育中的一个重要的组成部分，竞赛工作的好坏直接关系着竞技体育事业的发展，竞赛工作也是衡量一个国家竞技体育发展水平的标尺。体育竞赛的内容、规模、频率、形式等方面，都深刻影响着竞技体育战略目标的制定、训练体制和训练方法的改革，对于竞技体育多元化目标的实现起着导向作用，对竞技体育的资源配置起着基础作用。合理的竞赛体制是保证竞赛工作正常进行、充分发挥其多元功能的前提。

我国竞技体育竞赛工作体系从产生到完善经历了一个复杂而漫长的过程。新中国成立之初，为了迅速提高我国的竞技运动水平，我国同世界各友好国家开始广泛的体育交流活动，这一时期受当时社会政治、经济等多种因素的影响，我国对于体育竞赛管理采取的是国家集中管理的体制。1965 年国家公布了《中华人民共和国运动竞赛制度的暂行规定（草案）》，并且正式确定举行综合运动会，单项全国锦标赛制度以及篮球、足球实行等级赛的制度。这些体育竞赛制度的建立和逐渐完善，对于新中国竞技体育的有序开展，起到了十分重要的作用。改革开放之后，随着我国政治、经济改革的深入，体育事业也有了突飞猛进的发展，但是竞赛管理上的一些弊端也逐渐显现出来。针对出现的问题，我国的体育管理部门进行了大胆的改革，对体育竞赛体制的完善起到了显著作用。特别是在 90 年代之后，国家体委颁布了《关于竞赛体制改革》的文件，其中提出了要把我国竞赛体制的改革着眼点放在充分调动国家、社会的积极性方面，引导项目实体，提高竞赛管理水平，拓宽竞赛资金来源渠道，搞活竞赛经营，发展竞赛产业，开辟竞赛市场，实行经营与社会福利并举，社会效益与经济效益并重，促进竞技体育面向市场与经济活动相结合。1997 年我国成立了各运动项目管理中心，实现了由行政管理向经营开发型的转变，我国的竞赛管理体制发生了深刻的变化。伴随着竞赛无形资产的开发和利用，竞赛产业的形成和发展，竞赛市场的建立和培养，竞赛管理体制需要有一个本质的改革。一般来说，竞赛管理体制是推进体育事业各方面改革的"助推器"，对竞技体育的发展会产生直接的影响。在竞赛管理时使用项目管理中心这种新型的管理方式，更加适应运动项目发展的需要，为建立竞赛市场，发展体育产业创造了有力的条件。我国的竞技体育竞赛制度的建立，为我国有目的、有计划、有组织地开展竞技体育竞赛工作提供了保障。

（二）我国现行的竞技体育竞赛工作体系

我国的竞技体育竞赛体制，正在逐步形成一种与社会主义市场经济相适应，符合现代竞技体育发展规律和国际体育发展趋势的，国家办与社会办相结合、集中与分散相结合、多方位、多层次、多元化的体育竞赛体系。通过开放体育竞赛市场，采用招标、申办等形式，鼓励社会各界积极承办各类体育竞赛。完善全国运动会竞赛制度，改革全国运动会的赛制和奖励办法。特别提出了要举办好全国运动会和国内其他赛事，要全面、科学安排国内各项赛事，改革完善竞赛制度，充分发挥竞赛的功能和效益，为实现"奥运战略"目标服务。注重开发竞赛的社会效益、竞赛效益和经济效益，实现举国竞赛体制的创新。

目前我国在竞技体育竞赛管理上，要在立足社会主义市场经济大环境的基础上，进一步和国际通用的现代体育竞赛管理制度接轨，走发展体育产业和培育体育竞赛市场的道路，要做到权责明细、科学管理、依法治赛、市场和计划相结合。具体来说，就是要消除条块分割、区域为主的人为屏障，打破户籍制度、代表队制的人事管理框架，实现以俱乐部运转为主题，以人才自由流动为条件，以等级联赛为杠杆，以体育市场为基础，以政府调控为纽带的良性循环的体育竞赛体制。与社会主义市场经济相适应的竞赛体制，其工作重点就是要在使体育竞赛在为社会主义市场经济发展和文明建设服务的同时，自身也得到物质上的支持，开发体育竞赛悟性资源。同时，要把国家办和社会办结合起来，力争在以奥运会为代表的国际体育竞赛中取得更加优异的成绩。在政府的管理上，将主要力量放在宏观调控上，为体育事业的竞赛工作创造良好的发展环境。

在我国，大型体育竞赛的主办权一般属于国家体育总局，各个项目管理中心依法行驶管理该运动项目的体育竞赛的权利。在具体的体育竞赛承办上，逐渐引进市场竞争机制，采用了竞赛招标的形式。这改变了过去计划经济条件下竞赛的安排完全按照计划管理和行政手段进行的办法，是体育竞赛转变机制，适应社会主义市场经济的重要举措。随着竞标机制的发展，全国各级地方体育管理部门、相关大型企业、广告公司和社会利益主体，都可以参加到招标中，从而促进了竞赛全面走向社会、走向市场，促进了我国竞赛管理的完善。

二、我国竞技体育竞赛工作体系的运行原则

（一）充分发挥体育竞赛的社会效益、竞赛效益和经济效益

体育竞赛的这三个效益中，最重要的是社会效益。在我国，体育竞赛最重要的是为了满足广大群众日益增长的文化需要，推动社会主义精神文明建设。运动员的训练工作要服从国际大赛的需要，以在国际比赛中取得优异成绩为国争光为目标。通过近年来的实践，全国竞赛工作有了新的发展，训练和竞赛相结合，促进了竞技体育水平的快速提高，为广大人民群众提供了更加丰富多彩的体育文化活动，丰富了人民群众的社会文化生活。在竞赛的组织工作上，从竞赛体制、组织结构、科技含量、运行机制上，都出现了新的格局、新的态势和新的成效，正在逐步探索和形成适应社会主义市场经济的，符合现代竞技体育发展规律和国际体育发展趋势的，国家办和社会办相结合的，集中与分散相结合的，多方位、多层次、多元化的体育竞赛体系。

（二）充分发挥竞赛的杠杆作用，贯彻以奥运会为最高层次的发展战略

首先对全运会的赛制进行了全面改革，从运动项目的设置到奖励积分力度都做了大幅度的调整，顺应了奥运会和全运会的关系，引导全国各地调整运动项目的布局，集中力量发展奥运会项目，特别是我的重点和优势项目。针对这一改革，全国各地都明确了自己的人才培养、资源配置、奖励政策等配套措施，从根本上改变了全运会与奥运会相脱离的局面，形成了新形势下的举国体制。其次，按照"公开条件、公平竞争、公正选拔"的原则实行大赛选拔，为我国参加国际重大比赛提供了最强的阵容。这种国内竞争机制，为所有的运动员提供了公平的参赛机会，有利于调动各方面的积极性。在项目竞赛体系的设置上，与国际系列赛、积分排名赛和大奖赛相衔接，根据自身特点建立了比较完备的竞赛体系，发挥竞赛促进训练、引导训练的作用，促进竞赛向社会化、科学化和规范化发展。

（三）提高竞赛管理的规范化、科学化水平

国家体育总局制定并下发了若干体育竞赛的法规、制度，加速了竞赛

立法的进程。很多市地也都颁布了竞赛管理条例或暂行规定。竞赛管理的科学化主要体现在：现代管理和系统科学的理论、方法以及网络技术被广泛应用在体育竞赛中，以计算机网络为主体的信息、通信、系统工程技术在竞赛的组织编排、运动员资格注册、视觉和指纹检测、登记、刷卡、电子计时、成绩处理和公布、文档查询、通信联络、安全检查、兴奋剂检测等方面的大量应用，极大地提高了体育竞赛的效率和效果，为成功举办各级各类体育竞赛起到了积极的推动作用。在国内举办的体育竞赛中，广泛地采用各种高科技的电子设备，可以满足一切计时和积分的需要，这些设备很多已经达到了国际一流水平。

第三节　我国竞技体育队伍管理工作构成要素及重点

一、我国竞技体育队伍管理工作构成要素

（一）队伍组建方式

我国承担国际体育大赛任务的队伍，采用集中和分散相结合的组建形式。集中是指在一定的时期内由国家体育总局各运动项目管理中心将选拔的优秀运动员集中在一起训练的形式；分散是指各运动管理中心承认一批优秀运动员具有国家队员的资格，并享受国家运动员的待遇，运动员分别在各省、市、自治区及行业体协、解放军、直属体育院校、俱乐部等进行训练的形式。国家队的组建和选拔以运动成绩为主要标准的原则，按运动员参加国际、国内运动竞赛所取得的成绩进行综合排名（积分）。综合排名列前的运动员组成国家队。

（二）训练管理

对训练的管理是在科研、医务等专业人员的协同努力下，由教练员具体实行的，教练员是主要的管理者。运动训练是一个相当复杂的过程，它的基本任务是充分挖掘运动员的竞技潜力，最大限度地提高竞技能力。它包括运动员起始状态的诊断、训练目标的建立、训练计划的制订、训练活

动的实施、训练过程中的检查评定以及训练目标的实现这六个基本环节。为达到训练管理的最优化，运用现代化的科学技术和手段，不断提高运动训练科学化的水平。运动训练是一个多因素、多层次、有序的动态过程，由各个不同的阶段构成，最终由若干个具体的训练过程来实施，训练计划的执行和训练目标的实现主要靠运动员改造自身的实践活动来完成。因此，在训练管理中，教练员应着重注意以下两个问题。首先，教练员必须注意调动运动员的主观能动性，使运动员明确计划中每一环节的作用和意义，使他们明确阶段计划的短期目标。善于听取运动员的不同意见，对正确的意见快速做出反应。这样，运动员才能自觉地、积极地执行计划，从而加快他们成材的进程。那种把运动员看做被动的管理对象，只许他们俯首听命地去执行计划的管理观点十分有害。美国社会心理学家阿尔利斯指出，人在社会中成熟的速度与管理方式有直接关系。"老虎屁股摸不得"的教练员不是好的管理者。其次，善于创造训练气氛和环境。严格要求，严格训练，这样不仅能够在一定的气氛和环境下获得最佳效果，同样也能使运动员集中思想，延缓疲劳、能动地完成训练任务。每个教练员都应学会和掌握创造这种"软环境"的技巧。

（三）学习管理

大量研究揭示，运动技术水平的提高与知识结构密切相关。运动员和教练员需要掌握一定的科学文化知识，其重要性不仅在于接受各种知识，而且在于提高运动员的智力水平，这是提高我国运动技术水平的一个重要方面。在我国运动员队伍里，受过高等教育的运动健将比例偏低，而在其他一些体育发达国家，这个比例要高许多。目前我国运动队伍的这种状态，不仅直接影响到运动成绩的提高，也给运动队的建设带来了许多社会问题。作为管理者，要努力提高运动员学习的主动性和自觉性，同时针对运动队经常外出比赛导致运动员学习间断的客观实际，做出适当的安排和采取相应的措施。

（四）生活管理

运动队的生活管理，是由各有关人员进行明确分工、协同配合共同管理的。生活管理的范围，包含了除从事训练和学习之外的一切时间。对运动队的生活管理好坏，直接影响运动员的情绪、训练的态度和训练的实际效果，影响全队训练水平的提高。生活管理中的大量工作主要由营养师制定食谱、保健医生提出技术要求，由后勤保障部门具体负责落实。教练员对运动员的生活同样负有责任，检查和监督运动员生活制度的执行情况，了解运动员闲暇时间的利用情况，必要时给予干预和指导。运动员的业余生活不能"绝对自由"，它应该由丰富多彩、健康又富有新意和乐趣的活动占领。尊重运动员的个人爱好选择，并提供一定的时间和机会，让运动员得到心理上的满足和自我享受。教练员应该尽可能参加各种有组织的业余活动，它是对运动员进行各种思想教育工作的最好时机。

（五）思想教育工作管理

从管理学角度看，思想工作也是管理工作的组成部分。对人的管理不能不依靠一定的规章制度和行政命令，但同时必须重视进行思想教育工作。袁伟民同志说："不管你愿意不愿意，思想工作必须抓。否则，你就驾驭不住这支队伍，就无法实现既定的目标。"思想教育工作只有结合训练管理、日常生活管理，以及物质奖励进行才能奏效。商品经济的兴起，社会上的不良风气以及许多社会问题必然要波及到运动队，思想教育工作光靠政治说教是不行的，采取符合运动员个性心理特点的思想教育形式会更行之有效。同时，尽一切可能帮助运动员解决实际问题，使思想工作落到实处。理解运动员、关心运动员、尊重运动员是思想教育工作的最基本的指导原则。用真正合乎人性和人道的态度对待运动员，思想教育才能取得好的效果。思想教育工作不仅仅是领队或其他政工人员的事情，做运动员的思想工作教练员最有条件。最有成效的思想工作是渗透在业务中的思想工作。教练员学会在训练中发现运动员的思想问题，在训练中解决思想问题，做到抓思想工作与抓训练同步。只有这样，才能保证全队的中心工作按既定要求顺利进行，既练了思想，又练了技术、战术。

二、我国竞技体育队伍管理的工作重点

（一）制定运动队规范

规范指群体确定的行为标准，但这些规范不是规定其成员的一举一动，而是规定群体在其成员的行为可以接受和不能容忍的范围。各个社会集团都具有固有的行为方式和价值判断，它的成员离开或超过了该文化背景就难以生存。运动员存在的重要条件之一是它的一致性，表现为行为、情绪和态度的统一。只有在运动队成员彼此相互作用的条件下，才会发生一种类化过程即彼此接近、趋同的过程，它对运动队的建设非常重要。

（二）建立健全规章制度

根据运动队的具体情况建立健全各种规章制度和有关公约，是管理水平高低的一个重要标志。规章制度是一种管理的手段，是一种教育手段，它对运动队所有成员具有约束力和强制性。在管理中，必须做到有章可循和有章必循。反对形式主义带来的坏影响。运动队内部应集体讨论确定运动队的会议制度、生活制度、学习制度、训练制度、奖惩制度等。

（三）建立教练员和运动员及管理者共同参加的监督系统

及时发现管理活动中的偏差及管理手段、方法方面的问题，对于保证顺利实现总目标十分必要。由于运动队流动性大，随时都可能发生意料之外的新情况，同时又受到各种外部因素的制约，采取应急措施和非常手段是必要的，关键是要及时回归到正常轨道上来。要经常听取裁判、观众对运动队的评价，听取运动员的家庭成员对运动队的反映。运动队的各项工作要有足够的透明度，训练计划或工作安排的变更，重大事情的决定应该让每个成员都知道，这是实行民主管理和民主监督的前提。

（四）思想品德教育落实到位

运动员的思想品德教育、目的教育应当放在首位。运动员怀着各种不同的动机和目的参加运动训练，这些动机和目的既有正确的，也有不太正确的，甚至还有错误的，必须要通过教育将其引导到正确的方向上来。目的教育的核心就是对运动员进行爱国主义教育，在爱国主义教育的基础上，培养运动员为国争光的责任感、义务感和荣誉感。运动员只有在内心责任感、义务感的驱使下，才能在训练和竞赛中表现出忘我的拼搏精神，激励运动员的自信心，树立艰苦奋斗和勇于战胜困难的精神。运动队的思想品德教育就是要把重点放在培养运动员热爱祖国、热爱集体、公正、谦虚、诚实和遵守纪律的良好道德风尚。既要培养运动员的竞争意识，又要培养其和同伴良好协作的道德作风。

（五）提高管理人员的管理能力和水平

加强运动队的管理，首先要提高管理人员的能力和水平。管理人员必须掌握现代化管理知识，不断提高自身的素质；熟悉运动训练的全过程；了解运动队工作的规律性和特点；认识运动队管理的必要性的价值。其次，每个管理人员必须善于总结经验。恩格斯说："无论从哪方面学习都不如从自己所犯错误的后果中学习来得快。"要把管理工作中的失误减小到最低程度，接二连三的失败将削弱管理工作中的权威性。作为主要的管理者，教练员的知识水平、业务能力、组织能力、管理能力、工作作风直接影响运动队的管理效果。他与运动员的接触、交流、碰撞最多，他的权利和职责决定他应该是一个善于学习、精通业务、反应敏捷、决策果断、适应能力强的现代管理者。总之，运动队管理的最终目的是最大程度地发挥运动队的集体机能。竞技比赛的胜负并不取决于某一个人或发生的某一次进攻或防守的单独事件，而是全体成员共同努力的结果。即使参加某个单项比赛的运动员，也是在一定的集体里进行训练，没有其他队员的帮助和协同，没有合适的训练环境，要成功是不可能的。

第四节　我国竞技体育保障工作体系

竞技体育保障体系与其主体——运动员有着必然的联系。运动员社会保障是对运动员在训期间及退役后的生活待遇、文化教育、职业发展等提供帮扶的社会保障制度，是竞技体育发展的重要组成部分。

一、我国竞技体育保障工作的主要内容

（一）体育竞赛的自然风险

体育项目，尤其是对抗激烈、欣赏性较强的竞技体育项目，由于其不断挑战体能、技能极限的客观发展规律，从而潜伏着相当大的危险性，对运动员的心理和生理都造成了巨大的压力。在这种情况下，长期违背生物活动规律的高强度训练，极易造成运动员身体的损伤，甚至有可能丧失生活能力。保险的要约性、偿还性的特征，有助于规避体育运动本身存在的自然风险，弥补损失。通过体育保险，可以起到防范训练和比赛风险、安定运动员生活的作用。

在现阶段国内的保险业务中，只有人身保险中人身意外保险有相似的条款。人身意外保险指在意外事故中身体蒙受伤害而残疾或死亡后，保险人按保险合同的规定，给付残废保险金或死亡保险金或医疗保险金的保险。从文字表述上看，仔细斟酌又有很大不同。人身意外伤害保险中明确列出了除外责任：即规定被保险人在从事某种活动的期间遭受意外伤害属除外责任，如规定被保险人在从事拳击、摔跤、滑雪、漂流江河等竞技体育和活动期间所遭受的意外伤害属除外责任，若需要保险，则需事先进行特别的约定，称为特别约定意外伤害保险。体育保险只能作为普通保险的特例存在，在实际操作中面临着这样那样的具体问题，中签效率低下。体育保险作为一种客观的保险需求而存在，现有的保险商品中不存在有效的供给，这就构成了供需之间的矛盾。因而体育保险的提出和试行，不能不说是填补了国内保险业的一项空白，不能不说是一个有益的尝试。

（二）优秀运动员退役后的社会保障

1998 年我国注册运动员总数为 14450 人，1999 年估计约为 18000 余人，平均每年的淘汰率为 15 %，如果遇到全运会年，淘汰率将会达到 40 % 左右。每年平均约有 2700 余名运动员面临转业。在 90 年代以前，运动员的安置主要是通过行政手段干预解决，每年也仍有近半数运动员无法合理安置。1998 年国务院机关率先改革之后，各级行政机关都要压缩规模，裁减冗员，事业单位经费逐年减少，且企事业单位人事权逐渐独立，用行政手段安插人员的方法已不可行。1993 年至 2003 年 10 年间，通过各种途径上大学的运动员约占总安置人数的 12.3 %，其中主要是在国际国内取得优异成绩的运动员，更多的运动员没有机会上大学。运动员就业同样面临着走向人才市场、面临着双向选择的问题。一些省市，如广东、山东已经出台了运动员退役制度。由此可见，从事体育职业运动，不仅有身体受伤的风险，同样还面临着就业的风险。这为体育保险中就业保险的出现提供了社会制度条件。

（三）运动员伤残保障

竞技体育的激烈对抗性决定了它在带给人们观赏、娱乐的同时，对于运动员本身来说有着潜在的运动伤害危险，出现运动残疾也是时有发生的。我国现行的运动员伤残保险体系主要分为有明确规定的保障和没有明确规定的保障。但是，该体系仍然存在一定的不足。如：运动员伤残保障金额过低，额度少，不足以保障运动员今后的生活；保障体系范围过窄，没有反映体育运动的特点，对基层运动员考虑不够；运动员伤残的标准、工伤的范围不够明确，容易产生矛盾。针对以上问题。我国正在着手建立新型的运动员保障体系，以国家、单位、保险公司、运动员个人买商业保险和国家、单位为运动员买商业保险组成的多层次、互相补充的综合保障体系。随着竞技运动水平的不断提高，竞技体育的竞争性将会日益加剧，为了保障运动员在运动场上能够发挥出更加优异的水平，解除他们的后顾之忧，促进我国体育的良性发展，必须要建立其完善的运动员伤残保障体系，从对运动员伤残的鉴定、标准、范围等方面制定一系列的规定，不断丰富体育保险的种类，加大体育保险的宣传力度，建立多层次的运动员伤残保障体系，使每个运动员在锻炼的时候有所保障，更加夯实我国体育运动的基础。

（四）体育产业的社会保险

80 年代，我国保险业开始复苏并迅速崛起，保险业以高于常规 20 %以上的速度递增；90 年代以后，保险业出现中外保险公司多家竞争共同发展的多元化新格局。尤其是近几年来，保险业更是取得了突飞猛进的发展。

截至 1998 年底，我国境内中外保险企业有 25 家，各国驻华保险代表处 202 个，保险从业人员 15 万人，保费收入 1247 亿元，保险深度达 1.57％，保险密度为人均 12.6 美元。这就为体育保险业的出现打下了良好的社会基础。而体育产业化口号，是在社会主义计划经济向市场经济过渡过程中，体育为了抓住机遇，发展自己而提出的。1995 年 6 月，国家体委制定了《1995－2000 年体育产业发展纲要》。《纲要》指出，体育产业发展的目标是用 15 年左右的时间，逐步建成适合社会主义市场经济体制、符合现代体育运动规律、门类齐全、结构合理、规范发展的体育产业体系。不仅如此，产业化目标意味着体育在将来能在市场上完成生产和再生产，能真正按企业化的方式运作。目前体育发展的实际状况证明了体育具有产业的潜质。由于体育产业化的不断发展，市场在体育经费来源配置上发挥着越来越大的作用，具体表现为事业收入、单位的经营收入、附属单位上缴收入、其他收入、投资收入、捐赠收入等非财政性经费来源的比例增大和经费自给率的提高。各项目管理中心除了每年国家给予一定的财政拨款外，还不同程度地获得企业捐资赞助、出售体育比赛的电视转播权、比赛门票收入、赛会标志、广告等收入。丰富的剩余资金，为体育保险基金的建立创造了物质前提。

二、我国竞技体育保障工作的责任主体

中国竞技体育运动水平的快速提高，一方面与运动员刻苦训练、顽强拼搏、超越自我以及对国家和人民高度的责任感和使命感分不开，另一方面与我国多年来为他们提供的保障政策和措施密不可分。据统计，新中国成立 60 年来，我国政府和体育主管部门出台了近百个有关专业运动员社会保障的政策法规。这些政策的出台和实施，在不同的历史时期，对保障运动员权益、稳定运动员队伍、促进运动技术水平的提高发挥了积极作用。其中，国家体育总局作为保障的责任主体与相关部委协作，在各种社会保险、住房公积金、工资福利、表彰奖励、退役安置、文化教育、医疗保障、运动伤残等诸多方面进行了探索。

（一）责任主体出台相关保障政策法规

根据国务院领导的指示精神，国家体育总局在充分调查研究的基础上，出台了《进一步加强运动员文化教育和做好运动员保障工作的若干意见》、《运动员保障经费财务管理办法》、《优秀运动员奖学金、助学金试行办法》等社会保障的政策法规。经过多年的努力，我国初步建成了全方位的运动员社会保障体系和稳定的经费支持平台，这为进一步做好运动员社会保障工作打下了坚实的基础。

（二）责任主体落实保障政策法规

2007 年，国家体育总局提出了构建运动员社会保障体系的整体思路，提出以政府主导、社会参与、全面覆盖、分级负责为工作原则，把"工资福利、社会保险、医疗照顾、伤残抚恤、就业指导、退役安置、困难帮扶、学习资助、创业支持"等为内容作为工作的重点，形成了人事部门牵头抓总，训练竞赛、科教、经济等部门共同协调、齐抓共管的工作格局。

三、我国竞技体育保障工作体系的原则与主要任务

（一）我国竞技体育保障工作体系的原则

1. 符合中国实际原则

社会保障的内容、水平和方式，都会受到一国政治、经济和社会等因素的影响，我国运动员社会保障也与我国现阶段社会经济发展状况紧密相关。经过多年的探索，我国竞技体育保障工作从不重视到重视，并立足国情，本着"广覆盖、保基本、多层次、可持续"的原则，在不能大幅度超越社会发展水平提高运动员个体保障水平的情况下，尽可能地扩大了保障运动员的范围。

2. 公平公正原则

竞技体育具有透明性的特征，运动员又是其中备受社会关注的公众人物，公开透明的条件下解决运动员社会保障问题，让运动员群体能公正公平的得到社会给予的保障，对所从事的特殊职业无后顾之忧，努力创造优异的运动成绩是社会保障的主要目的。

3. 落实到位原则

竞技体育保障政策的生命在于落实。各级体育主管部门作为责任主体，结合本地区实际，上下配合，不懈地在落实上下工夫。目前，运动员保障工作从试点逐步扩大到面上，逐步形成思想认识到位、领导管理到位、政策措施到位、资金投入到位、责任分工到位、监督落实到位的"六到位"。

（二）我国竞技体育保障工作体系的主要任务

1. 建立符合竞技体育行业特征的法律法规保障体系

针对运动员可能发生的运动伤残、疾病退役、待业等导致的丧失经济收入来源，造成的经济无保障时，由政府根据一定的法律和法规，通过一定的方式来筹集社会资金以收入再分配的形式给予补偿，来满足他们的生活需求。我国曾经在1985年颁布的《中华人民共和国体育法》中提出"对优秀运动员在就业和升学方面给予优待"，第一次以法律的形式规定了解决运动员在就业上的问题。随着经济和社会的发展以及我国体育改革的不断深入，我国运动员的社会保障法律制度也日益完善。按照市场经济条件下公平和效率兼顾的要求，建立了既有平等保障基本生活的组成部分，又有体现不同运动队、不同运动员之间由社会化程度不同和贡献差异所决定的保险水平的差别，明确国家、单位和运动员三方各自应当承担的责任，在强调实行我国基本社会保险的同时，鼓励运动队和俱乐部根据实际情况为运动员建立补充保险，并提倡运动员个人进行储蓄性保险。同时，加强针对运动员的社会保障教育，增强运动员的风险意识，为运动员社会保障法律制度的建立奠定坚实的基础。

2. 建立通过机构运作实现的保障机制

首先，借鉴外国竞技体育运动员保障体系，成立运动员协会。通过运动员协会，利用运动员的社会影响力组织义赛或者捐款活动，积累的资金用于运动员发生重、特伤残时所需的治疗、护理、功能恢复资金的差额补助，已经退役后的就业安置和失业补助。当运动员的合法权益遭到侵害的时候，也应当由运动员协会出面负责维护运动员的权益。其次，成立运动员就业、就学指导机构。通过这些机构对退役运动员进行就业的咨询和指导、职业技能培训、协助运动员自主择业、对退役运动员的再就学进行指导，协调相关部门降低退役运动员入学门槛。最后，成立运动伤残的鉴定机构。确定针对运动员的运动伤残的专门职业病鉴定机构和标准，建立运动员伤病和伤残信息库，详细记录运动员自开始参加训练以来不同时期的身体状况，产生的伤病和伤残的原因、治疗方案、治疗结果等。只有这样做，才能为教练员制定科学的训练计划提供保障。

3. 多种途径筹集资金，满足竞技体育发展的资金需求

资金保障的实现可以通过以下几种途径。建立运动员互济基金，可以实现运动员自己的问题自己解决，培养运动员互相帮助，按照工资收入的比例计算交纳数目；吸引社会团体和个人赞助，利用竞技体育和运动员的社会影响力来吸引社会团体和个人的赞助，既要考虑和赞助方的双赢，又要考虑自身社会效益和经济效益的并重；开发固定资产的价值，在保障训练的同时，充分利用节假日和业余时间对外有偿开放体育场馆和设施，从盈利中提取一部分用于运动员的保障；通过体育彩票等金融方式筹集资金，在我国体育彩票公益金中有30%用于奥运争光计划，这其中就包括运动员的伤残和就业保障。通过这些方式，从体育总局到地方各级体育局设立运动员保障基金的管理机构，并制定相关的募集、管理和使用资金的条例。

第五章　我国竞技体育崛起的成功经验

纵览我国竞技体育崛起的历史轨迹，面对改革开放 20 多年来我国竞技体育取得的巨大成就，人们难免产生这样的疑问：为什么我国竞技体育会出现这样的奇迹？同样的土地、同样的人民，为什么改革之前与改革之后我国奥运会参赛成绩如此截然不同？进一步，我国竞技体育成绩快速增长的背后是否有规律可循？我国竞技体育崛起的成功经验是什么？

马克思历史唯物主义告诉我们，"历史事件似乎总的说来同样是由偶然性来支配的。但是，在表面上是偶然性在起作用的地方，这种偶然性始终是受内部的隐蔽着的规律支配的，而问题只是在于发现这些规律。"只有深入认识这些规律、把握这些规律、运用这些规律，竞技体育才能取得更大成绩。毛泽东曾多次强调总结历史经验教训的重要性，他说："人类的历史，就是一个不断地从必然王国向自由王国发展的历史。这个历史永远不会完结。……因此，人类总得不断总结经验，有所发现，有所发明，有所创造，有所前进。"① "我们要研究哪些是过去的成功和胜利，哪些是失败，前车之覆，后车之鉴。"中央领导同志在谈到乒乓球队要总结经验时指出：凡是长期、反复出现的现象，都不是偶然的，都有其内在的、必然的规律，值得认真总结。②

我国竞技体育崛起之路，为世界上大多数发展中国家发展竞技体育，实现赶超式发展提供了极其丰富的经验与借鉴，对推动整个世界竞技体育

---

①　毛泽东著作选读（下册）［M］．北京：人民出版社，1986：845.
②　乒乓长盛的训练学探索［M］．北京：北京体育大学出版社，2002：1.

运动水平的提高，发挥了极其重要的作用，对推动奥林匹克运动的发展，做出了重要的贡献，产生了极其重要的影响。系统的、多层面、多角度的归纳与总结竞技体育成功经验，从现象到本质进行深入研究，提炼竞技体育崛起中带有规律性的东西，有利于我们认识规律、把握规律、运用规律，指导体育事业，促进我国竞技体育在当前的发展。这对于我们重新凝练共识具有重要的理论与现实意义。

第一节　科学总结我国竞技体育崛起的成功经验意义重大

高度重视和善于总结历史经验，是中国共产党的一大特点和优良传统，是党认识和掌握中国革命和社会主义现代化建设规律，领导中国革命、社会主义建设和改革开放不断取得胜利的重要保证。这已被我们党的历史所充分证明。毛泽东通过总结经验把马克思列宁主义的基本原理与中国革命的实际相结合，并使之中国化，创立了毛泽东思想，指导中国革命取得胜利，建立新中国，推动了中国社会的发展；邓小平在深入总结国内外社会主义建设历史经验的基础上，把马克思列宁主义基本原理与中国社会主义现代化建设的实际相结合，创立了邓小平理论，引导着我国社会主义现代化事业不断前进；世纪之交，江泽民继承党总结经验的优良传统，提出"三个代表"重要思想，推进了中国特色社会主义事业。随着改革的不断深入，面对国际形势的重大变化和我国改革开放、现代化建设的新情况、新任务，以胡锦涛为总书记的党中央，坚持把对历史经验的总结与新世纪新阶段的理论创新紧密结合在一起，提出树立和落实科学发展观、构建社会主义和谐社会等新的理论观点，使现代化事业在新世纪、新阶段得到新的发展。

按照马克思主义的认识论，人们对客观事物的认识是实践、认识、再实践、再认识这样一个循环往复、不断深化的进程。其中，再认识是前一个认识的继续和发展。它不仅可以肯定和继承以前的正确认识，否定和纠

正以前的错误认识，还可以通过对新的实践中出现的新情况、新问题的研究和解决，获得新的认识，使认识达到一个新的水平，实现从必然王国向自由王国的转化。实践没有止境，理论创新也没有止境。总结实践中的历史经验，就是与时俱进，对实践进行再认识的过程，是一种理论创新。总结我国竞技体育崛起的成功经验，就是对我国竞技体育的实践以及竞技体育自身发展规律进行再认识的过程。作为对实践进行再认识的经验总结，对于加强和改善理论对实践的现实指导具有极其重要的理论与现实意义。因此，科学总结我国竞技体育崛起的成功经验意义重大。

一、总结经验是探求竞技体育自身发展规律的过程

总结经验是实现主观与客观、理论与实践相结合的关键环节。辩证唯物主义认为，客观实际总是不断发展变化的，新情况、新问题层出不穷。只有高度重视并善于总结历史经验，使经验上升为科学理论，才能揭示客观事物的规律性，进而做到按照客观规律办事，正确地实现主观与客观、理论与是实践、历史与现实的统一。

实践可以产生理论，但必须通过总结经验这个环节。如果不善于总结经验，缺乏理性的认识，仅仅跟着感觉走，则往往带有极大的盲目性，容易导致失误。对竞技体育而言，总结经验的过程，就是在马克思主义理论指导下，将竞技体育实践中丰富的可靠的材料加以去粗取精、去伪存真、由此及彼、由表及里的改造制作，比较对照、分析综合、概括抽象，更深刻、更正确、更完全地反映竞技体育发展规律的过程。

二、及时总结经验教训是我国竞技体育快速腾飞的成功之道

50多年来，我国为实现竞技体育的快速腾飞，开创适合中国特点的竞技体育发展道路，进行了艰辛的探索，经历了严重的曲折，积累了丰富的经验。我国竞技体育发展50年的风雨征程中，每一次大规模的经验总结，都使我们对发展竞技体育在思想认识上产生大的飞跃，在实际工作中不断开创新局面。

建国初期，以毛泽东为核心的党中央第一代领导集体，在国家百废待兴的艰难情况下，提出了"发展体育运动，增强人民体质"的体育工作指导方针，明确了新中国体育事业的基本任务和发展方向。在一系列正确方针的指导下，在党和国家各级政府的关怀下，广大体育工作者、运动员励精图治，调动一切积极因素，群策群力，同心同德，开创了中国竞技体育新局面。1956年1月11日，国家体委公布了1955年的102项全国纪录，其中78项是在1955年创造的，18项是在解放以后其他年份创造的，只有6项是解放以前创造的。①

1958年，在"大跃进"浮夸风的影响下，一些地区搞突击性训练，给生产、生活与体育事业的发展都造成了不良影响。国家体委依据中央"调整、巩固、充实、提高"的方针，重新审定了1958年制定的"十年规划"，及时纠正了这种做法，调整了不切实际的高指标。1961年12月5日–20日在北京召开全国体育工作会议，认真总结了"大跃进"以来的经验教训。会议指出：体育属于上层建筑范畴，为经济基础所决定，体育事业发展的规模与速度必须与经济建设相适应，不能超越生产所许可的限度，必须依据人民生产和生活情况不断加以调整。② 经过60年代的调整，随着我国国民经济逐渐好转，国家体委加强了竞技队伍的思想作风建设和训练技术、方法的革新，竞技体育进入了建国后新的高潮。在第2届全运会上，有24名选手10次打破9项世界纪录，331名运动员496次打破130项全国纪录，数以千计的选手打破各省市纪录。③

然而，十年"文革"浩劫给我国体育事业造成了巨大的破坏和损失，使刚刚恢复的中国竞技体育遭到严重摧残。1968年，"5·12"命令全盘否定了17年来体育事业取得的成就，体育事业一度处于停滞状态。粉碎"四

---

① 伍绍祖.中华人民共和国体育史（1949–1998）综合卷［M］.中国书籍出版社，1999：82.

② 伍绍祖.中华人民共和国体育史（1949–1998）综合卷［M］.中国书籍出版社，1999：15.

③ 伍绍祖.中华人民共和国体育史（1949–1998）综合卷［M］.中国书籍出版社，1999：16.

人帮"后，召开了全国体工会议。会议对建国后体育工作进行了反思，在肯定"文革"前17年成绩的基础上，总结经验教训，对建国30年来的体育工作进行了全面的、实事求是的评价。会议认为，要正确处理体育与政治的关系，要正确处理体育与经济的关系，要正确处理普及与提高的关系，要充分运用竞赛推动体育运动的发展，要正确处理学习与创新的关系，在党的领导下，依靠大家办体育。这次体工会议提出的六大关系是拨乱反正的成果。在当时的历史条件下，对实现体育工作重点的转移，加快体育事业的发展起到了积极的指导作用。

党的十一届三中全会以后，国家体委于1979年2月在北京召开了全国体工会议，会议认为，必须及时、果断地从过去集中抓政治运动转到抓体育业务工作上来，转到攀登世界体育高峰上来，实现体育工作重点的转移，把注意力集中放在高速度发展体育事业上。1980年初，全国体工会议在总结了30年来体育工作的经验教训，在给中央的请示报告中，将加速提高我国运动技术的整体水平作为今后一个时期体育工作的主要任务。在此基础上，逐步形成了以竞技体育为先导，带动体育事业全面发展的发展战略思想。在此战略指导思想下，各级体委工作重点转移迅速，使得80年代初期体育各项工作得以顺利开展并进入有序发展的轨道，使竞技体育从"文革"的低谷中迅速恢复，运动成绩短时间内实现大幅度越升。我国竞技体育从此走上了快速腾飞的道路。1984年的第23届奥运会上，实现了我国自1932年首次参加奥运会以来金牌"零"的突破。

成绩固然可喜可贺。然而，1988年的汉城奥运会，有160个国家和地区参加比赛，1984年抵制洛杉矶奥运会的前苏联及东欧体育强国也赤膊上阵，在激烈的竞争中，我国共获得5枚金牌、11枚银牌和12枚铜牌。这样的成绩使得我国清醒地认识到与世界竞技体育强国还存在着巨大的差距。在总结汉城奥运会的经验与教训的基础上，1992年的第25届奥运会上，中国位居金牌榜和奖牌榜第4位，在本届奥运会上，中国健儿在游泳、田径两个项目上实现了奥运史上金牌"零"的突破。外电称，"中国以其在奥运会上的成绩给世界一个震惊"，"中国体育的黄金时代开始了"。继1996

年和 2000 年奥运会的辉煌成绩之后，我国体育战线进一步总结竞技体育工作中的成功经验教训，针对我国在奥运会比赛夺金点上的趋于饱和的现状，提出了"119"项目发展构想，即加大力度发展水上项目与田径项目。在 2004 年雅典奥运会上，我国健儿不负众望，"119"工程取得初步成效，夺得水上项目皮划艇金牌 1 枚，刘翔勇夺得 110M 跨栏金牌，实现了中国竞技体育新的历史性突破。

纵观我国竞技体育 50 年来的风雨历程会发现，每一次辉煌成绩的取得，都建立在认真总结竞技体育发展成功经验与教训的基础之上。科学而又全面地总结历史经验是我国竞技体育快速腾飞的成功之道。

三、竞技体育崛起的成功经验是我国竞技体育实现可持续发展的基石

我国竞技体育目前处于一种"尴尬"的境地。一方面，雅典奥运会的竞技结果表明，在国际竞技体育格局中，中国已经是第一集团当之无愧的重要成员了。另一方面，竞技体育还面临着一些突出矛盾和问题。例如，一些基础大项和群众喜爱的集体球类项目总体水平较低，体制和机制建设需要进一步完善，对竞技体育发展规律的认识有待于进一步深化，国内区域间竞技体育发展不平衡的矛盾日益突出等等，这些问题制约着我国竞技体育的进一步发展。现今，我国竞技体育面临着完成基本崛起以后的继续发展问题。可持续发展是现阶段我国竞技体育崛起后面临的重大课题。

竞技体育已经崛起的事实，以及竞技体育当前发展中面临的问题，决定了现阶段竞技体育的发展应该有新思路。现阶段竞技体育的发展应汲取新的原则与思想，立足于我国国情，立足于竞技体育基本崛起的实际情况，创造性地提出新的发展思路，进行理论创新，实现可持续发展。

实践是理论产生的基础和源泉，但实践并不能直接得出理论的结果，它提供的是经验。只有对这些经验进行科学的总结，并加以系统的、创造性的理论概括，才能形成科学的理论体系。对此，马克思曾经指出："理论的方案需要经过实际经验的大量积累才臻于完善。"从这个角度讲，对历史

经验的科学总结，是进行理论创新的必要条件。

　　竞技体育进行理论创新，很重要的一个前提条件就是对竞技体育发展的成功经验进行认真、全面、系统总结。承前才能启后，继往才能开来。历史是我们走向明天的精神原点和动力，现实是我们走向明天的基础与起点。基于竞技体育崛起的历史事实，以及竞技体育可持续发展现实课题，客观地、全面地、实事求是地归纳和总结我国竞技体育崛起的成功经验，发现和把握竞技体育崛起中带有规律性的东西，是巩固我国竞技体育已有成果，保持我国竞技体育平稳、快速、健康发展，实现可持续发展的基石。

四、竞技体育崛起的成功经验为我国社会主义建设事业其他行业提供重要借鉴

（一）提供一种精神动力

　　《中共中央国务院关于进一步加强和改进新时期体育工作意见》中指出："高水平竞技体育对丰富人们的文化生活，弘扬集体主义、爱国主义精神，增强国家和民族的向心力、凝聚力都有着不可缺少的作用。"党的十六大强调"必须把弘扬和培育民族精神作为文化建设极为重要的任务，纳入国民教育全过程，纳入精神文明建设全过程，使全国人民始终保持昂扬向上的精神状态"。这一论断高屋建瓴，紧紧把握住全面建设小康社会中具有中国特色的社会主义发展进程中的根本问题。一个强大的民族，一定要有强大的精神支撑。竞技体育一定程度上满足了中华民族的心理需求，给了中华民族一个精神支点。1984 年洛杉矶奥运会金牌"零"的突破，女排三连冠，提高了我国的国际地位与声望，展示了中国改革开放的成果，改变了中华民族的面貌，大大地振奋了民族精神。体育健儿在国际赛场上表现的无私奉献，奋勇拼搏，团结协作、为国争光的中华体育精神，增强了民族凝聚力，激励着全国人民勇攀高峰、克服困难的信心与勇气，为建设社会主义现代化起到了巨大推动作用。中国竞技体育崛起之路，振奋了民族精神，激发了爱国热情，增强了民族奋斗热情与动力，增强了全国各族人民勇攀高峰、克服困难的信心与勇气。中国竞技体育的崛起之路，给我国

社会主义建设事业注入了强大的精神动力。

（二）转变思想观念

竞技体育对转变人们的思想观念起着重要的作用。建立完善的社会主义市场经济，不仅仅是组织和制度的完善，还有与市场经济相适应观念的培育和转变。对于经历长期计划经济体制的我国而言，后者更重要、更艰巨。

现代竞技体育对中国而言，是一种西方舶来品。社会主义建设事业更是前无古人的伟大事业。当前，我国正处于为实现中华民族伟大复兴的关键历史时期。我国已进入改革开放的攻坚阶段，这一时期，各种社会问题开始突现出来。城乡差距拉大、贫富悬殊、环境恶化、突发事件增多、公共安全受到威胁，如此种种，伴随着改革的深入，在局部层面上还有进一步恶化的可能。针对社会主义建设事业中出现的这些问题，现阶段，中国的各种社会问题需要全国人民以奋发图强、自强不息、开拓创新的英勇精神，以"更快、更高、更强"的英雄气概，以公平、公正的规则意识，全身心投入到社会主义各项事业建设之中，把改革进一步推向纵深阶段，以切实的行动、稳健的步伐，一步步实现中华民族的伟大复兴。

竞技体育能提供改革开放所需要的现代人的思想观念与心理素质。现代竞技运动要求有详细、完整、周密、成熟的竞赛规则，要求有公正的执法过程，保证参赛各方条件对等，向整个社会，向所有的人主张和宣扬法制精神和道德规范。竞技运动比赛过程激烈残酷，变数较多，要求教练员、运动员要有健康的竞争心态，可感染社会公众，引导全社会正确面对竞争，面对失败。此外，竞技运动中参与者全力追求胜利的同时，渴望战胜强大对手的取向对培养人们良好而健康、高尚的竞争行为和心态方面具有重要意义。

五、我国竞技体育的崛起为世界竞技体育的发展做出重要贡献

总结中国竞技体育崛起的历史经验，根本上是为了深化发展竞技体育规律的认识，特别是对在社会经济发展落后的现实条件下发展竞技体育的

规律认识。因此，科学总结我国竞技体育崛起的成功经验对提升世界竞技体育发展规律的认识，深化是世界竞技体育发展理论，促进世界竞技体育水平的提高具有重要贡献。

（一）我国竞技体育崛起的成功经验为其他竞技体育落后国家发展竞技体育提供借鉴

1932 年美国洛杉矶奥运会，刘长春"单刀赴会"，铩羽而归；1936 年与 1948 年我国分别派出了 141 人和 53 人的体育代表团参加了柏林与伦敦奥运会，虽然运动员顽强拼搏，仍以奖牌"零"的纪录而告终。改革开放以来，1980－2006 年间，我国共参加了 7 届亚运会，连续 7 届保持了金牌总数第 1 的霸主地位。自 1980 年以来，我国开始全面登上奥运舞台。截至 2004 年底，在奥运会、世界锦标赛、世界杯赛中，我国运动员共获得世界冠军 1798 个，创造世界纪录 1119 次，在 2004 年雅典奥运会上，中国体育代表团共获得了 32 枚金牌、17 枚银牌、14 枚铜牌、奖牌总数 63 枚，取得了在金牌榜上排名第二的新的历史性突破，中国竞技体育已经成为世界体育舞台上一支非常强劲、耀眼夺目的重要力量。[①] 中国竞技体育已经崛起。从"东亚病夫"到亚洲体育强国，再到世界竞技舞台上一支劲旅，我国竞技体育走出了一条"超常规"的发展道路，短短 50 余年，实现了竞技体育金牌"零"的突破到竞技实力处于世界前列的伟大转变。

我国竞技体育崛起之路，为世界上大多数发展中国家发展竞技体育，实现赶超式发展提供了极其丰富的经验与借鉴。我国竞技体育崛起成功经验之一，就是坚持举国体制。"举国体制"通过统一竞技目标，集中力量，把有限的人、财、物用在奥运战略上，并通过各级政府和社会组织，将全国上下凝聚为一个联系十分紧密的社会群体，自觉的追求竞技体育的最高目标，使中国的竞技体育在短短的 20 多年的时间内迅速崛起，实现了跻身奥运金牌总数三强之列，充分显示出我国竞技体育发展的高速度，证明了"举国体制"对我国竞技体育发展的积极作用。可以说，举国体制是我国竞

---

① 刘鹏．在 2005 年全国体育局长会议上的讲话 ［R］．2005－02－07.

技体育克服"人种局限"，基础薄弱实现竞技体育短时间内迅速腾飞的一条重要成功经验。这一成功经验，已经引起世界各国的广泛关注，尤其是体育强国的经济探索，法国、日本、韩国等一些国家表示要借鉴中国发展竞技体育的体制，并在一些环节上已经开始效法。①

（二）竞技体育举国体制是对国际竞技体育发展理论的创新

目前世界各国的体育体制大致可分为三种类型：一是民间社团型，即完全由民间社团组织来行使体育管理的职能，如美国、瑞典、意大利、日本等国；二是政府与社团结合型，又称半官方型，即政府依据有关法律行使体育管理职能，但具体体育事务则基本由民间社团独立运作，如英国、法国、西班牙、韩国、新加坡等；其三，政府主导型，即完全由政府主办主管体育，如前苏联、东欧、中国等社会主义国家。我国竞技体育举国体制是一种不同于西方国家的发展竞技体育的体制。

我国竞技体育举国体制的形成是在科学发展观的理论指导下和长期的体育实践中，借鉴了前苏联的某些经验，但更多是在中国确定社会主义市场经济的条件下，在与前苏联完全不同的经济社会背景中探索出来的，是靠我们自己将适合我国竞技体育体制的要素搭配组合的创新过程。作为一种制度创新，举国体制的创新主要表现在：形成了管理体制、训练体制和竞赛体制三大支柱构成的刚性的体制结构。②此刚性体制结构由八个要素组成：1. 国家、省（区、直辖市）、市（地），县的政府设立主管本行政区域内体育业务的部门，并自上而下地建立业务管理指导关系；2. 政府部门决定并推动发展战略；3. 国家、省（区、直辖市）设立专业运动队；4. 市（地）、县两级业余体校配套形成"一条龙"的人才训练选拔模式；5. 政府拨给财政经费；6. 运动员、教练员的进入输出由行政部门实施；7. 全国综合运动会的赛制；8. "为国争光"与"国内练兵，一致对外"的思想政治

---

① 杨桦，等. 竞技体育与奥运备战重要问题的研究［M］. 北京：北京体育大学出版社，2006：25.

② 杨桦，等. 竞技体育与奥运备战重要问题的研究［M］. 北京：北京体育大学出版社，2006：24.

纲领。

作为一种新型的竞技体育发展体制，举国体制为我国竞技体育跻身于世界前国构建起最有力的支撑和保障，促进了中国竞技体育在短时间内实现跨越式发展。中国竞技体育水平的快速提高，促进了世界竞技体育水平的整体提高，对整个世界竞技体育运动水平的发展，发挥了极其重要的推动作用，做出了重要的贡献，产生了极其重要的影响。同时，举国体制突破了西方国家发展竞技体育的管理与体制模式，是对国际竞技体育发展理论与模式的创新。

第二节　我国竞技体育崛起的成功经验

一、总结我国竞技体育崛起的成功经验应遵循的基本原则

为了使经验富有成效，指导竞技体育未来实践，必须以科学的方法和理论为指导，首先确定基本的方法和原则。只有在这些原则的指导下，才能客观、准确地把握 50 多年来我国竞技体育所取得的成就，更好的总结我国竞技体育崛起过程中的历史经验和教训。这些基本方法和原则主要是以下几个方面：

（一）把总结成功经验上升到认识和把握竞技体育发展规律的高度

从规律层面把握和解决问题，是马克思主义的基本要求。马克思主义认为，世界是物质的，一切物质的运动过程，受客观事物本身的性质、内容及其依赖的客观条件所决定，都具有某种坚定不移的基本秩序，这就是物质运动本身所固有的规律性。规律就是联系，就是客观事物内部的、本质的、必然的、一般的、重复的联系。任何社会问题的产生、发展和变化，归根结底是受相关事物发展规律决定的。表面看来，人们对问题可以这样解决，也可以那样解决，所谓"法无定法"，其实，真正起作用的是背后的规律。符合规律，问题就可以得到正确解决；违背规律，不但原有的问题解决不好，而且还会引发更多、更大的问题，受到一定的惩罚。

因此，总结我国竞技体育崛起的成功经验不能停留在表面现象，也不能局限于经验层面，必须努力认识和把握其规律，必须透过现象看到本质，而不能就事论事。只有这样，才能使感性的东西上升到理性认识，全面把握我国竞技体育崛起的成功经验，从中找出带有本质和规律性的东西，使之理论化、条理化，使成功经验总结上升到规律认识和把握的高度，为新的实践提供理论武器。

（二）坚持一切从实际出发，实事求是，做到历史与逻辑相结合

坚持一切从实际出发，实事求是是马列主义、毛泽东思想和邓小平理论的精髓、出发点和根本点，也是总结经验的根本方法。逻辑的和历史的一致性，是马克思主义认识论和辩证逻辑的一条根本的规则。历史与逻辑相统一，本质上是主观思维与客观实际相统一。所谓历史的方法，就是对客观事物发展的自然过程进行追踪描述，从中揭示某种规律的一种方法。作为思维方法的逻辑方法，就是运用概念进行判断、推理，用以揭示事物本质和发展规律、证明必然性的方法。作为一种思维方法，历史与逻辑相结合是思考问题以及理论研究的一种基本思维方法。总结我国竞技体育崛起的成功经验，也必须贯彻这一基本思维原则与方法，必须坚持从我国竞技体育崛起的历史轨迹出发，实事求是，客观、公正地肯定我国竞技体育取得的伟大历史成绩，阐述其成功经验以及发展中存在和面临的现实问题。

（三）把总结历史经验与现实经验结合起来，在继承的基础上开拓创新

总结过去的历史经验，可以更好地认识竞技体育发展的轨迹与历程，对在中国国情下如何发展竞技体育，以及竞技体育辉煌成绩的取得提供基础认识，增强面对、解决竞技体育现实问题与困难的信心与勇气。同时，竞技体育的实践不断变化，这就要求我们必须及时总结竞技体育发展变化中的新鲜经验。总结现实竞技体育实践中的新鲜经验，则可以解决新情况下出现的新问题，并进一步落实"向前看"的问题。因此，二者缺一不可。

（四）把总结经验与研究解决竞技体育面临的实际问题结合起来

总结过去的经验教训是为了更好地开拓未来，探索的目的是为了寻求那些能适用于各个历史阶段的一般原则，只有理论联系实际才能使这些一

般原则具备指导意义。

2004 年雅典奥运会后，袁伟民在中国代表团参加雅典奥运会总结大会上的讲话指出，总结经验的重要性不仅是对备战第 28 届奥运会四年来工作的简单回顾，而更重要的是着手制定 2008 年北京奥运会各项计划、方案和措施的基础，离开了这个前提和基础，我们就不可能形成备战 2008 年北京奥运会的正确方案和思路。因此，必须把总结经验与研究解决竞技体育面临的实际问题结合起来，在总结历史成功经验的基础上，不断探索和寻找解决现实问题的新思路、新途径、新方法，促进竞技体育可持续发展。

二、我国竞技体育崛起的成功经验

（一）坚持党的领导与社会主义方向

在错综复杂的国内国际环境中，为什么在我国这样一个人口众多、生产力水平落后、缺乏现代竞技体育根基与土壤的大国能够成功地把前无古人的竞技体育事业胜利推向前进，在短短的 20 年中取得别的国家难以想象的巨大成就呢？一个根本的原因就是我国是社会主义国家，我国的竞技体育始终是在中国共产党的领导下发展壮大的，因而具有其他发展中国家所没有的政治优势和领导优势。①

坚持了中国共产党的坚强领导，坚持党的基本路线，是我国改革开放顺利进行和取得巨大成功的最基本保证，也是我国改革开放取得巨大成就的基本经验。

邓小平同志曾明确提出，中国实现社会主义现代化必须坚持"四项基本原则"，即坚持社会主义道路、无产阶级专政、共产党的领导、马列主义毛泽东思想，并在以后多次强调，共产党的领导和社会主义道路是其中最重要的两条。首先，只有坚持社会主义方向，才能保持社会稳定，只有在稳定的环境中才能实行改革，只有在改革的过程中才能谋求发展。其次，

---

① 杨桦. 20 世纪 80 年代以来我国竞技体育发展的成功经验及存在的问题 [J]. 成都体育学院学报，2002，28（1）：1.

决定社会主义建设事业兴衰成败的关键是共产党。历史经验证明，没有共产党的领导，就不可能有社会主义革命和建设。中国共产党是我国社会主义建设事业的领导核心。只有坚持党的领导，才能始终保持社会主义现代化建设的社会主义方向，才能为社会主义现代化建设创造稳定的社会环境，才能调动各方面积极因素，搞好社会主义现代化建设。

从 20 世纪 80 年代到 90 年代，以邓小平同志为核心的第二代领导集体和以江泽民同志为核心的第三代领导集体高度重视和关心我国体育事业的发展，尤其是对竞技体育在为国增光、提高民族凝聚力、加强社会主义精神文明建设和满足人民群众需要等方面的意义与作用予以充分的肯定，使我国的竞技运动发展始终能得到党在政治上的强有力指导，也使我国的体育事业（包括竞技运动）的发展始终能坚持坚定正确的政治方向，得到健康持续的发展。例如，2004 年雅典奥运会上，为了保证在雅典参加第 28 届奥运会等活动的中国代表团的安全，中央领导非常重视，有明确批示并成立了安全领导小组，制定了安全保卫工作方案及处置突发事件预案。国家安全部门派出了专职安全人员随团工作，向代表团领导汇报和提供了大量的安保信息，加强了代表团的安全保卫工作，保证了我国代表团在雅典参加奥运会期间的安全。①

纵观我国现在开展的竞技运动项目，乒乓球运动的迅速崛起和长盛不衰，无疑是其中最抢眼、最可圈可点的。2001 年 5 月在日本大阪举行的第 46 届世乒赛上，当中国队将七座冠军奖杯尽数捧走时，国际乒联主席沙拉拉说了一句警迈而又发人深省的话："中国的辉煌，世界的尴尬。"为什么中国能够将一项在我国开展历史不长、根基不深的运动项目几乎推进到极致？因为，中国乒乓运动的崛起和长盛不衰，受到党中央、国务院的极大关怀与鼓励，以毛泽东、邓小平、江泽民同志为核心的党的三代中央领导集体对中国乒乓球队爱护备至。毛泽东同志在 20 世纪 60 年代对徐寅生同志《关于如何打乒乓球》的批示，邓小平、江泽民同志对中国乒乓球队的

---

① 袁伟民. 雅典奥运会参赛总结［N］. 中国体育报，2004 - 09 - 05.

接见和讲话，教育了一代又一代乒乓健儿，成为他们成长进步的巨大精神力量。①

　　田径是各项体育运动的基础，更是竞技运动的重头戏，田径水平已成为衡量一个国家竞技运动水平高低和民族体质强弱的重要标志，故体育界有"得田径者得天下"之说。党和政府历来重视田径运动的发展。每到关键时刻，党中央、国务院和国家体委就颁发文件作出指示。1984年，针对中国在第23届奥运会上的表现，中共中央发出《关于进一步发展体育运动的通知》，强调要搞好项目的战略布局，集中力量发展优势项目，大力加强田径、游泳等落后项目。1988年7月10日，国家体委又发出《关于加速发展田径运动的决定》，提出了10项具体措施。在1993年世界田径成绩排名中，中国田径健儿62人次2队24项进入世界前10名，214人次2队34项进入世界前50名，王军霞获得世界田坛最高荣誉奖——欧文斯杯。② 2001年国家体育总局在《奥运争光计划》中专设《119工程》，旨在把田径、游泳、赛艇3大项（共119个小项）搞上去，增强我国征战奥运会的整体实力。2002年《中共中央国务院关于进一步加强和改进新时期体育工作的意见》中明确提出："争取在田径、游泳项目中有较明显突破。"党和国家领导人的关怀鼓励，中共中央国务院和国家体育总局的政策措施，为我国田径运动指明了正确方向，是我国田径运动健康发展的保证和突破崛起的动力。2004年雅典奥运会上，中国在田径项目上共获得两枚金牌，其中，刘翔获得了110M栏世界冠军，引起全世界的关注。2006年7月12日，在洛桑田径黄金联赛中，他以12秒88打破了由科林·杰克逊保持了13年之久的世界纪录，实现了中国田径运动的历史性突破。

　　回顾20年来中国竞技体育的发展历程，我们所取得的每一项成绩和进步都离不开党的领导与高度重视竞技体育水平的提高。多年来，我党的三

---

　　①　国乒成立50周年，星光为何这般灿烂［N］. 人民日报，2002 – 07 – 10.

　　②　黄向东，邹克宁，梁田，等. 我国田径50年来的成功经验［J］. 武汉体育学院学报，2004，38（5）：78 – 81.

代领导集体曾多次接见在国际体坛上取得优异成绩，为国争光的运动员、教练员和体育工作者，对他们给予了巨大的荣誉和奖励。从 70 年代末 80 年代初制定"在普及与提高相结合的基础上、侧重抓提高"的发展战略，到 1984 年 10 月 5 日中共中央下发《关于进一步发展体育运动的通知》，再到 90 年代《中国体育改革与发展纲要》、《全民健身计划纲要》、《奥运争光计划纲要》的制定，和以足球改革为先行的体育社会化、职业化、产业化改革，中国竞技体育的发展始终是在党的领导下进行的，坚持了一条具有中国特色的竞技体育发展道路。正是由于有这样一个政治上、制度上和组织上的保证，才使中国竞技体育在这 20 年来始终保持一个健康、高速和持续发展的态势，避免了大的挫折和失误。比较一下前苏联和东欧等一些社会主义国家竞技体育的衰落，我们更加深刻地认识到，没有中国共产党这样一个坚强核心的领导，没有政治上的稳定，没有经济上的发展，我国的竞技体育就不可能获得如此大的成功。[①]

（二）确立竞技体育在社会主义事业中的重要地位与作用

1949 年中华人民共和国的诞生，结束了鸦片战争以来中国长期战乱与饱受帝国列强欺侮的历史。体育受到党和国家的高度重视，新中国的体育事业开始迈开了新的步伐，向世界挺进。50 多年来，中国竞技体育取得了举世瞩目的历史成绩，彻底摘掉了"东亚病夫"的帽子，已在世界竞技体育舞台上占据重要地位。

我国竞技体育崛起的历程表明，只有充分认识到竞技体育不仅仅是一个国家和地区体育实力的重要标志，也是显示一个国家综合国力的极其重要的方面；充分认识到让广大人民群众欣赏到高水平的竞技体育比赛，尤其是看到我国体育健儿在国际大赛中取得好成绩，不仅能培养审美情操，提高国民文明修养和道德水准，而且能激发群众的爱国热情，振奋民族精神，增强凝聚力；充分认识到竞技体育是我国社会主义事业的重要组成部

---

① 杨桦. 20 世纪 80 年代以来我国竞技体育发展的成功经验及存在的问题 [J]. 成都体育学院学报，2002，28（1）：2.

分，搞好竞技体育，是人民的需要，是建设有中国特色社会主义伟大事业的需要，是中华民族实现伟大复兴的需要；只有这样，我们才能坚定信心，主动出击，不断克服前进中的困难，排除各种干扰，夺取更大的胜利。[①] 可以肯定地说，我国竞技体育优异成绩的取得同确立竞技体育在我国社会主义事业中的重要地位和作用紧密相连。

我国竞技体育每获得一次进步，取得一些成绩，党和国家就给予高度的评价和充分的肯定。1984 年洛杉矶奥运会上中国健儿取得历史性突破后，中共中央及时下发《关于进一步发展体育运动的通知》，明确指出："中国体育代表团在第二十三届奥运会上取得了优异成绩，这是具有历史意义的突破……它标志着我国已开始全面登上世界体育舞台……体育战线的重大成就，为祖国争得了荣誉，极大地激发了人民群众的民族自豪感和自信心，鼓舞了海内外中华儿女的爱国热情，扩大了我国的国际影响。"这一论述充分阐明了竞技体育在社会主义精神文明建设中的地位和作用。

90 年代以来，随着我国改革开放的深入，经济社会不断发展，竞技体育在我国经济、社会发展中的重要地位和作用不断得到强化。1995 年颁布的《中华人民共和国体育法》第二十四条中明确规定："国家促进竞技体育发展，鼓励运动员提高体育运动技术水平，在体育竞赛中创造优异成绩，为国家争取荣誉。"这是以国家根本大法的形式确立了我国竞技体育在社会主义现代化建设中的重要地位。

进入新世纪，党中央在总结建国以来特别是改革开放后我国体育工作基本经验的基础上，提出了加快我国竞技体育事业发展的指导思想、主要任务和工作措施。2001 年，北京成功赢得 2008 年夏季奥运会举办权，举国欢庆。申奥成功，充分反映了我国改革开放的丰硕成果，同时，2008 年北京奥运会对进一步推动我国经济和社会发展，形成全方位、多层次、宽领域对外开放格局，提高我国的国际地位，都将产生深远的影响。基于这样

---

① 杨桦.20 世纪 80 年代以来我国竞技体育发展的成功经验及存在的问题 [J]. 成都体育学院学报，2002，28（1）：2.

的认识，2001 年中共中央颁布了《中共中央国务院关于进一步加强和改进新时期体育工作的意见》（以下简称《意见》）。《意见》中明确指出："筹备和举办 2008 年奥运会及残疾人奥运会，既是北京市和体育界的大事，也是全国人民的盛事；既是难得的历史机遇，也面临新的挑战。抓住机遇，迎接挑战，努力把 2008 年奥运会和残疾人奥运会办成历史上最出色的一届奥运会……并借此推动我国社会主义物质文明建设和精神文明建设的发展，是全党、各级政府和全国各族人民的一项共同任务。各级党委、政府要以此为契机，进一步加强和改进新时期体育工作。"《意见》要求各级党委、政府必须充分认识体育在我国经济、社会发展中的重要地位和作用，特别指出："经济越发展，社会越进步，人们强身健体的意识就越强烈，体育的地位就越重要，作用就越显著。"而"高水平竞技体育对丰富人们的文化生活，弘扬集体主义、爱国主义精神，增强国家和民族的向心力、凝聚力，都有着不可缺少的作用。我国体育健儿在奥运会和世界性大赛中表现出来的拼搏精神，激发了我国人民的爱国热情和民族自豪感，鼓舞了我国人民战胜困难，奋发向上"。

2004 年，中共中央总书记、国家主席胡锦涛在接见凯旋而归的雅典奥运会中国体育代表团全体成员时强调："我国体育健儿在奥运赛场上所表现出来的顽强拼搏精神和良好体育道德，极大地激发了全国各族人民的爱国热情，增强了全体中华儿女的民族自信心和自豪感，成为推动我们事业前进的强大精神力量。"这一讲话充分肯定竞技体育在社会主义精神文明建设中的作用和重要意义。胡锦涛勉励广大体育健儿，发扬成绩、再接再厉，不畏艰险、继续攀登，努力在北京 2008 年奥运会上再创佳绩，为促进我国体育事业的发展，为全面建设小康社会、实现中华民族的伟大复兴做出更大贡献，从而在政治高度上确定了竞技体育在社会主义事业和体育事业中的地位与作用。

我国竞技体育在短时间内快速崛起的实践表明，只有深刻理解和充分认识发展竞技体育在社会主义事业中的作用和意义，将发展竞技体育提高到推动社会主义精神文明建设、弘扬爱国主义精神、发展先进文化、丰富

和满足广大人民群众的需要的政治高度来把握，正确处理发展竞技体育与大众健身之间的关系，促进《全民健身计划》与《奥运争光计划》的协调发展，才能使竞技体育走上快速、健康和持续发展的道路。[1]

（三）坚持与不断完善"举国体制"

从 1984 年洛杉矶奥运会到 2000 年的悉尼奥运会，我国的竞技体育取得了举世公认的辉煌成就。中国只用了不到 20 年的时间，便完成了由体育"第三世界"跻身于奥运三强的伟业。这一成功跨越以及 2008 年奥运会的申办成功就是我国体育事业发展和"举国体制"强大支撑的经典之作。

国家体育总局局长刘鹏在《备战 2008 年奥运会暨 2005 年冬训大会上的讲话》中对举国体制的内涵进行了阐释："我国竞技体育举国体制是在社会主义初级阶段的历史条件下，与我国的竞技体育发展目标相适应，是我们实现奥运战略的最有力的支撑和保障。竞技体育举国体制就是集中有限的人力、物力和财力，最大限度地调动各方面的积极性，有效配置全国的竞技体育资源，上下形成合力，努力提高竞技体育水平，创造优异运动成绩，为国争光。"[2]

实施"举国体制"使我国竞技体育在国力尚不强大的情况下，迅速地确立了在亚洲和世界的领先地位，竞技体育在短短的 20 多年的时间内迅速崛起，取得了辉煌的历史成绩，令全世界瞩目。在全世界范围内，这样的"历史性突破"，对于一个体育基础相对薄弱、经济发展水平整体不发达的发展中国家而言是没有先例的。

早在 1980 年初举行的全国体育工作会议上，为了迅速提高我国竞技运动水平，尽快缩小与体育强国的差距，国家体委专门研究了如何通过集中统一领导，有计划、有步骤、有重点地发展竞技运动的问题。《关于 30 年体育工作基本经验教训》的总结报告中指出，在"我们国家现在还穷，不

---

① 杨桦.20 世纪 80 年代以来我国竞技体育发展的成功经验及存在的问题［J］.成都体育学院学报，2002，28（1）：2.

② 刘鹏.在备战 2008 年奥运会暨 2005 年冬训动员大会上的讲话［N］.中国体育报，2005－11－23.

可能拿出更多的钱来发展体育事业"的条件下，一方面，"在制定体育发展计划时，必须从实际出发"；但另一方面，"在我国，体育纳入国家计划，能够运用社会主义制度的优越性，实行集中统一的领导，调动各个地方和各个方面的积极性，按比例、有重点地分配财力物力。这样就能在经济比较落后的情况下，使体育上得快一些。"这实际就是我国高水平竞技发展的"举国体制"的认识依据和制度依据。

在2004年雅典奥运会总结大会上，袁伟民指出，中国体育代表团所取得的成绩直接得益于我国竞技体育举国体制的优越性，特别是在2001年7月13日我国获得2008年奥运会举办权后，我国竞技体育的举国体制的优越性得到了进一步强化，地方政府和各级体育行政部门对国家队在人财物和训练基地等各个方面给予了大力支持。正是有了这种全国一盘棋的举国体制做保证，为中国体育代表团取得优异的成绩创造了良好的条件。正如美国奥委会一位官员在新闻发布会上所说："可以看到中国的体育体制在不断完善……相信中国体育体制的成功，会使中国的体育一年比一年强大。"同时，为了从制度上保证举国体制的实施，国家体育总局先后制定并出台了《国家队组建及参加世界大赛运动员、教练员选拔办法》、《国家队组建和集训工作的有关规定》、《奥运会省、区、市体育部门和总局项目中心奖励办法》等多项政策法规和规定。以奥运会夺取成绩为目标，调整了全运会竞赛规程和全国运动员注册交流政策，加大了对实施奥运战略的政策导向和奖励，调动了全国体育系统共同参与备战奥运会工作的积极性。在本届奥运会上获得金牌的运动员来自17个省、市和解放军就充分说明了我国竞技体育举国体制的巨大成效。[1]

实践证明，举国体制具有利用各种资源发展竞技体育的优势：具有整合各级行政资源为体育事业的发展获得必要财政支持的优势；具有利用国家的财政资源为体育事业的发展获得必要资金的优势；具有利用国家的政策资源为体育事业发展获得必要政策支持的优势；具有利用国家的新闻舆

---

① 袁伟民．雅典奥运会参赛总结［N］．中国体育报，2004－09－05.

论资源为体育事业的发展获得良好舆论环境的优势；具有整合体育社会资源为国家的总体利益与目标服务的优势；具有利用社会主义国家的政治资源激励教练员运动员"为国争光"意识与拼搏精神的优势。① 以上几种优势与社会主义制度优越性相结合，发挥了最大效力，实现了我国竞技体育在短时间内迅速崛起，并持续保持了快速、稳定发展。

（四）发挥与弘扬中华体育精神

江泽民在 2000 年 10 月 3 日会见第二十七届奥运会载誉归来的中国体育代表团时指出："中华体育精神是我国社会主义精神文明的重要组成部分，是中华民族的宝贵精神财富。全国各个行业、各条战线的同志们都要大力发扬振兴中华、为国争光的爱国主义精神，大力发扬顽强拼搏、争创一流的革命英雄主义精神，勇于创新，力攀高峰，同心同德地把建设有中国特色社会主义的伟大事业不断推向前进。"②

现代体育不仅仅是技能与体力的竞争，更是运动员精神与毅力的较量。回顾我国竞技体育几十年所取得了辉煌成绩，有一个贯穿始终的主题，那就是时刻发挥、弘扬爱国主义精神，树立为国争光思想。

爱国主义是中华民族的光荣传统，是推动中国社会前进的巨大力量，是各族人民共同的精神支柱，是社会主义精神文明建设主旋律的重要组成部分。江泽民同志在庆祝建国四十周年大会上的讲话中，特别强调了爱国主义教育的重要性。江泽民同志指出："爱国主义是动员和鼓舞中国人民团结奋斗的一面旗帜，是推动我国社会历史前进的巨大力量，是各族人民共同的精神支柱。""发扬爱国主义精神，坚持独立自主，自力更生的方针是中国革命也是中国社会主义建设取得胜利的一条根本经验。"

发扬爱国主义，祖国利益至上，为国争光是我国运动员顽强拼搏的精神动力。无数优秀运动员，在比赛与训练中，努力发扬爱国主义精神，树

---

① 杨桦，等．竞技体育与奥运备战重要问题的研究［M］．北京：北京体育大学出版社，2006：26-28．

② 江泽民主席会见第二十七届奥运会中国体育代表团时的讲话［N］．人民日报．2000-10-04（1）．

立为国争光思想，刻苦锻炼，不计名利，登上了世界体育一个又一个高峰。两次荣膺世界速滑短距离全能冠军，1992 年全国十大杰出青年——叶乔波，十几个春秋寒暑痴心不改，心系祖国荣誉，为我国实现了冬奥会奖牌零的突破。我国的体育"先进集体"乒乓球队，长期以来以祖国的荣誉、人民的利益高于一切为精神支柱，在世界体坛上创造了辉煌的成绩。在众多世界冠军的背后，全国不知有多少体育工作者为祖国的体育事业而默默无闻的辛劳耕耘、无私奉献。如，为发掘选送青少年运动员的众多基层启蒙体育教练、潜心研究体育科技的体育科学工作者、陪练教练员等等。无论是训练中还是竞赛中，他们都能够超越个人的情绪、超越个人的成败得失，将自己的事业和民族的振兴联系起来，并从这种联系中获取永不枯竭的力量源泉。

时至今日，容国团"人生能有几回搏"的豪言壮语仍回响在人们的耳边，在人们的心中激荡；八十年代，中国女排以顽强拼搏的体育精神，实现了"五连冠"，铸就了拼搏的中华体育精神，激励了全国人民奋勇拼搏，书写了中国改革开放新篇章。谁都不曾忘记，当时在北京大学举行的庆祝会上，那一声从中华民族心中喊出"从我做起，振兴中华"的感人口号。进入九十年代，随着中国体育重返奥林匹克大家庭和国际体育交往的增多，中国体育获得了空前的发展。在雅典奥运会上，我国 44 岁的射击运动员王义夫再次夺得奥运会金牌后对记者说，"为国争光"是每一位运动员的神圣职责，只要祖国需要，2008 年我还会义无反顾地走向赛场。中国女排充分发扬了老女排的精神，在比赛中克服了很多难以想象的困难，在 20 年后又夺得了奥运会金牌，女排姑娘们心中最大的动力源泉就是老女排祖国利益至上、顽强拼搏的精神。刘翔夺取了男子 110 米栏金牌，邢慧娜夺得女子10000 米金牌，高扬五星红旗围绕着田径场向全场观众致意，座无虚席的雅典主体育场数万人在赛场上欢呼沸腾。此时此刻，无论是在现场，还是在观看电视的中国人都为伟大的祖国感到骄傲。当记者问到今后的打算时，邢慧娜说："2008 年能在祖国的土地上夺冠军，是每个运动员的梦想和目标。"刘翔对国家田径队的领队说："我很清楚，我国的体制与外国的不一

样，没有国家的培养、教练和队友的指导和支持，就没有我的成功。"杨文军说："能为自己的祖国拿到这枚金牌，感到特别高兴。我要感谢我的祖国，正是这个强大的国家，给了我们动力，让我们有勇气去为祖国付出。"① 正是爱国主义、为国争光的信念激发了运动员奋力拼搏，力攀高峰，夺得一枚枚宝贵的金牌，使我国竞技体育在短时间内迅速崛起，取得了巨大的历史成绩。

（五）适应国际国内竞技体育发展环境变化，不断深化竞技体育体制改革

由于"文化大革命"的影响，七十年代末期，中国的经济、文化、教育事业一度瘫痪，濒临崩溃，百废待兴。1978 年党的十一届三中全会召开成为中国新时期的一个历史转折点。这次会议确立了全党把工作重心由阶级斗争转移到社会主义建设上来，在此思想指导下，1978 年国家体委召开了全国体育工作会议，拨乱反正，清除了"四人帮"在体育事业的流毒和影响。1979 年 2 月的全国体育工作会议正式提出了将工作的重点转移到体育业务工作上来，并确定了"普及和提高相结合的前提下，侧重抓提高"的方针政策，初步形成了奥运战略。20 世纪 80 年代初期，我国体育体制的改革基本上确立了以竞技体育为中心的发展目标，并逐步得到了巩固，从而在短短几年内，中国竞技体育的发展令全世界震惊。1982 年，中国在第 9 届亚运会上获得 61 枚金牌，列金牌、奖牌数第一。特别是 1984 年洛杉矶奥运会上，我国实现了参加奥运会金牌"零"的突破，获金牌总数第 4 位，标志着中国开始向世界体育强国迈进。

1984 年奥运会上中国队取得的佳绩令国人振奋，体育事业的发展成了万众瞩目的焦点，在这种外在环境及内在动力的推动之下，1986 年 4 月 15 日，国家体委颁布了《关于体育体制改革的决定》（草案），为中国体育体制的改革拉开了序幕。这次体制改革的中心是由国家包办体育过渡到国家办与社会办相结合，转变国家体委等行政机构的职能，理顺体委与各方面的关系，恢复、发展行业体协和基层体协，放手发动全社会办体育，并对

---

① 袁伟民. 雅典奥运会参赛总结［N］. 中国体育报，2004 - 09 - 05.

竞赛体制、训练体制、科研体制等分别进行了一系列的变革。

20世纪90年代初期，由于体育职业化、商业化以及电视媒体广泛介入的影响，国际竞技体育从管理、竞赛、训练等各方面都发生了重大变化。如何应对这些变化，引起了各国的高度重视。1992年，邓小平的"南巡讲话"在中国大地上引起了巨大的反响，市场经济的确立使整个社会结构发生了巨变，利益权力再次分配、社会力量有所加强，国家的经济水平得到了提高。这时，小政府、大社会的前提条件已成熟，政府没有必要也不可能再包办一切事务，下放权力给社会，由社会办体育成为了大家的共识，建立一种新型的、顺应市场经济基础的体制已是大势所趋。为顺应国际国内竞技体育发展环境的变化，1993年，国家体委制定了《关于深化体育改革的意见》，确立了90年代体育体制改革的基本思路，即实现由计划经济体制下的体育体制向与社会主义市场经济体制相适应的体育体制转变，逐步建立符合现代体育运动发展规律、国家调控、依托社会、自我发展、充满生机与活力的体育体制和良性循环的运行机制。同时，国家体委于1995年还颁布了《1994－2000年奥运争光计划》，对我国竞技体育到本世纪末7年中的发展目标、规模、重点、质量及措施实施全方位、多层次、全过程的系统管理与控制。到20世纪90年代末，基本形成了集中与分散相结合的多强对抗的国家队体制；人才管理体制改革取得初步成效；以提高质量和效益为核心的竞赛体制和与竞技体育发展相适应的法律、法规体系逐步开始建立。

1998年，我国开始全面实行政府机构改革，本着"精简、统一、效能"的原则，国家对体育的各个领域分别进行了大刀阔斧的改革。原国家体育运动委员会改组为国家体育总局，改组后的国家体育总局由国务院组成部门改变为国务院直属机构，内设机构减少到9个；同时，运动项目开始协会化、实体化改革，管办分离，陆续成立了20多个运动管理中心。政府机关职能由过去的办体育转变为间接的管体育，由过去的事无大小一手包办转换为以制订政策法规、实行监督协调为主要职责的宏观调控。这一系列的机构改革提高了我国体育行政机关的工作效率，改变了人们的观念，

促进体育社会化、产业化，将体育与市场联合起来，取得了较好的经济效益与社会效益，逐步形成了国家与地方相互竞争、全社会来办竞技体育的可喜局面。

进入新世纪，世界各国更加重视奥运会成绩和排名，并将奥运会作为展现民族精神的场所和窗口，树立自己国家和民族的形象；世界各国对竞技体育的经费投入进一步增多，并采取多种措施强化国家对竞技体育的管理和支持；亚洲、欧洲、美洲一些发达国家或发展中的国家都确定了各自的重点发展项目，并在管理、资金等方面加大投入，优先发展[①]；运动训练和竞赛中的科技含量大大增加，体育竞赛内容和形式趋向系列化、多样化，竞技体育职业化、商业化进程加快；世界竞技体育格局发生较大变化，各国差距日益缩小、实力更为接近、竞争更为激烈。而此时虽然我国竞技体育已经取得了长足进步（2000 年，中国在悉尼奥运会上再次取得辉煌成绩；2001 年 7 月 13 日，北京又成功赢得 2008 年奥运会的举办权；2002 年美国盐湖城冬奥会，中国实现了金牌"零"的突破），但在总体实力上与美国、俄罗斯仍有较大差距，竞技体育发展中还存在着一些突出的问题，例如，优势项目不多，田径、游泳等基础项目薄弱；竞技体育后备力量不足，运动员、教练员队伍综合素质和整体水平有待提高；科技与训练结合不够等。以上存在的诸多问题，以及世界竞技体育日益激烈的竞争形势，使中国竞技体育在 2004 年和 2008 年奥运会上面临着更为严峻的挑战。

为满足我国社会进步和经济发展对竞技体育的更高需求，适应世界竞技体育日趋激烈的竞争，实现 2004 年奥运会再现辉煌，完成好在北京举办 2008 年奥运会光荣而艰巨的任务，保证我国竞技体育事业健康、快速和持续发展，国家体育总局颁发了《2001－2010 年体育改革与发展纲要》，提出"建立与社会主义市场经济体制相适应的、符合体育发展规律的体育体制和运行机制，初步形成有中国特色的社会主义体育组织体系"，"竞技体育的优势项目有所拓展，总体实力进一步增强"，并对我国今后 10 年

---

① 杨树安. 世界竞技体育发展的五大趋势［J］. 体育文化导刊，2003（5）：3.

(2001－2010 年) 竞技体育的发展进行了科学规划，制定了《2001－2010年奥运争光计划纲要》。确立了竞技体育发展的总体目标、竞技运动水平目标和可持续发展目标。在 2004 年雅典奥运会上，中国体育代表团获得了 32 枚金牌、63 枚奖牌的好成绩，取得了新的历史性突破。同时，竞技体育管理体制和运行机制不断完善；以全运会为龙头的竞赛体制改革取得显著成效；奥运会竞技备战的组织水平和运动训练科学化水平进一步提高；较为完善的科学训练监控服务体系正逐步建立；竞技体育后备人才基地建设和体教结合工作得到加强；竞技体育职业化改革取得新进展。

20 世纪 80 年代以来我国竞技体育发展的实践深刻证明，发展才是硬道理，而改革是发展的根本动力。只有把实践作为检验真理的唯一标准，通过不断地对那些不适应发展的竞技体制进行大胆改革，才能促进中国竞技体育不断向前发展，不断攀登新的高峰。适应国际国内竞技体育发展环境变化，不断深化竞技体育体制改革，是我国竞技体育崛起的内在动力。

（六）制定符合中国实际的竞技体育发展战略

制定正确的发展战略是关系现代化建设成败的关键。有了正确的战略指导，就能统驭全局，高屋建瓴，避免重大失误，保证现代化建设的胜利。改革开放以来，我国每一次社会生产力的大解放和大发展，都同正确的经济发展战略的提出相关联。在竞技体育领域内，更是如此。为什么中国竞技体育能够在短期内迅速崛起，在世界竞技体育舞台上占据重要地位，引起全世界的广泛关注，最关键的是中国有正确的竞技体育发展战略。

战略是一个军事概念，克劳塞维茨在《战争论》中对战略的定义是"为了达到战争的目的而对战斗的运用"，毛泽东在《中国革命战争的战略问题》阐释："研究带有全局性的战争指导规律，是战略学的任务。研究带局部性的战争指导规律，是战役学和战术学的任务。"

所谓竞技体育发展战略，指的是依据本国竞技体育发展的各种条件、因素的分析、估量和评价而制定的一个较长时期内竞技体育发展的总体谋划。根据这个谋划来调配自身实力，调度、运用和整合各种资源使竞技体育快速崛起的一个过程。它是对国家竞技体育发展的全局性、综合性、长

期性的重大问题的谋划和决策。不同的国家由于竞技体育发展现状、历史背景和经济发展状况的不同，对发展模式的选择也不同。

新中国成立后半个多世纪以来，我国力图根据中国的国情来制定竞技体育发展战略。50 年代，为参加奥运会，我们提出"普及与提高相结合"的方针，来协调普及群众体育与提高运动技术水平的矛盾；改革开放以来，为缩小我国运动技术水平与奥运会的差距，我们明确了以竞技体育为先导，带动体育事业全面发展的发展战略思想，设计了群众体育部门化和竞技体育举国化的发展模式；进入 90 年代，针对体育发展中存在的问题，进一步强调"各类体育协调发展"的方针，强调"奥运争光"与"全民健身"比翼齐飞。50 年来我国竞技体育的实践证明，科学地制定符合中国国情的竞技体育发展战略，是我国竞技体育短时间内快速崛起的关键。

中国的基本国情是人多地少、底子薄、资源相对不足。新中国是在半封建半殖民地的废墟上建立起来的。建国以后，尽管经过近 30 年的努力，我国社会主义建设事业取得了伟大成就。但是，经济不发达的格局还远远没有改变，生产力发展水平不仅很低，而且还呈现出多层次状态。国家财力严重不足，人民生活水平普遍较低，温饱问题尚未解决。1978 年，按当时汇价计算，中国人均国民生产总值只有 230 美元，而当时发达国家的平均水平是 8100 美元，中等收入国家的平均水平是 1160 美元，发展中国家的平均水平是 520 美元。1978 年 9 月，邓小平同志在一次谈话中说："现在在世界上我们算贫困的国家，就是在第三世界，我们也属于比较不发达的那部分。"① 在这样的国情条件下，国家不可能拿出更多的钱来发展体育事业。同时，十年"文化大革命"使得我国竞技体育遭受严重打击，正常的训练被取消。在这样的国情条件下发展竞技体育，面临着许多不利因素、巨大困难。

1979 年我国在国际奥委会等国际体育组织中的合法权利相继得到承认，

---

① 李铁映. 伟大的实践，成功的经验——纪念中国共产党十一届三中全会 20 周年［J］. 中国社会科学，1999（2）：6.

参加 1980 年夏季莫斯科奥运会的任务迫在眉睫。然而，"文革"结束后，运动技术水平落后已成为体育事业发展的突出薄弱环节，多数项目与世界先进水平的差距很大，有的达不到奥运会的报名标准，有的还冲不出亚洲。[①] 为了改变竞技体育落后的状况，适应"文革"后社会需要振奋人心，激发全社会的动力与奋斗热情，国家体委在给中共中央的请示报告中指出，将加速提高我国运动技术的整体水平作为今后一个时期内体育工作的主要任务，由此制定了以奥运会为核心的竞技体育"优先发展"战略。

实践表明，正是由于我们在 80 年代初及时制定了正确的发展战略，采取了一系列带有战略性、全局性的措施和调整，才使我国竞技体育得以在很短时间内取得了洛杉矶奥运会历史性的胜利。在第 23 届洛杉矶奥运会上，中国代表团首次参加奥运会便取得了 15 枚金牌，以金牌总数第 4 的辉煌成绩，极大地振奋了民族精神，鼓舞了全国人民奋发图强的斗志，在海内外引起了强烈反响。

随着我国竞技体育发展水平不断提高，竞技体育与群众体育之间发展不协调的问题开始引起党和国家的广泛关注。1987 年，国家体委提出了群众体育与竞技体育协调发展的方针，力图改变二者发展不平衡的现状。进入 90 年代，国家体委正式提出了"各类体育协调发展"的方针，制定了"全民健身计划"、"奥运争光计划"等战略发展规划，从整体着眼，部分着手，协调各方，综合规划，以达到整体优化目标。1992 年，随着我国社会主义市场经济的确立，我国竞技体育发展战略也开始发生转变。1992 年6 月召开了具有重要历史意义的红山口会议，拉开了中国足球职业化改革的大幕，也开启了我国竞技体育职业化、市场化的序幕。1995 年国家体委颁布了《体育产业发展纲要》。进入新世纪，竞技体育与群众体育之间发展不协调的矛盾日益突出，为了解决这一矛盾，协调好两个战略之间的发展关系，国务院和国家体委相继制定了一系列重要的带战略性质的决策，如，

---

① 伍绍祖. 中华人民共和国体育史（1949－1998）综合卷［M］. 中国书籍出版社，1999：270.

1995 年，国务院制定颁发了《全民健身计划纲要》；1995 年国家体委发布了《奥运争光计划纲要》；2000 年，国家体育总局颁发了《2001－2010 年体育改革与发展纲要》；2002 年，国务院颁布了《中共中央国务院关于进一步加强和改进新时期体育工作的意见》，明确指出："坚持普及与提高相结合，实现群众体育与竞技体育的协调发展。"这些文件法规都对我国竞技运动的发展起到了重大推动作用，同时，这些文件法规也充分表明了我国对竞技体育发展战略的重视，在不断的实践中进行调整、完善，充分体现我国基本国情，用宏观的战略导向指导竞技体育不断走向世界，取得了辉煌的成绩。可以说，制定符合中国国情的竞技体育发展战略，是我国竞技体育快速崛起的重要保障。

（七）深化对竞技体育内在规律的认识

规律就是事物运动过程中固有的本质的必然的联系。规律既不能被创造，也不能被消灭，它的存在和发生作用不以人的意志为转移。虽然规律是客观的，但不等于说人们在客观规律面前就无能为力。人们能认识规律并能利用规律。竞技体育发展的规律是客观存在的，不断深化对竞技体育发展客观规律的认识，是我国竞技体育崛起的基础。具体表现在：

1. 对竞技项目制胜规律的认识与把握

竞技体育是以体育竞赛为主要特征，以创造优异运动成绩、夺取比赛胜利为主要目标的社会体育活动。夺取比赛胜利的过程实质上就是制胜的过程。而要制胜，就必须遵循制胜规律。"所谓制胜规律，是指在竞赛规则的限定内，教练员、运动员在竞赛中战胜对手、夺取优异运动成绩所必须遵循的客观规律。"[1] 每个项目中，制胜因素都是由若干个因素组成，这些因素之间，存在着客观的必然联系。我国部分优势竞技项目在认识、发掘和把握制胜规律方面位于世界前列。这也是我国一些优势项目在一定历史时期能雄踞世界体坛巅峰的重要原因之一。例如，中国乒乓球竞技水平在国际体坛几十年长盛不衰，就是很好地认识和把握了乒乓球项目竞技制胜

---

① 田麦久. 运动训练学［M］. 北京：人民体育出版社，2000：289.

规律并在训练实践与比赛中充分发挥和运用的典型体现。上世纪 60 年代初期，中国队以直拍近台快攻和逐步形成的"快、准、狠、变"的技术风格，征服了日本的直拍进攻型打法和欧洲的横拍防守型打法，在一段时间里执掌国际乒坛之牛耳。后来，日本发明了弧圈球，接着欧洲将中国的快攻和日本的弧圈熔于一炉，创造了横拍全攻型新打法。面对对手的变革，中国队一面改进球拍的性能，一面在"快、准、狠、变"的原有技术风格的基础上加上"转"字，使速度、力量、旋转、弧线和落点五个要素更紧密地结合，大大提高了对付横拍全攻型打法的能力，很快又夺回乒乓技术的优势。再后来，为了对付因多次交手而对中国队打法日渐熟悉、日渐适应并且各怀绝招的亚、欧老将的夹击，中国队不再死守直拍快攻的主流打法，而是让横拍弧圈打法自由浮出水面，再加上全队认真贯彻"特长突出，技术全面，无明显漏洞"的主张，在 90 年代后半期使中国乒乓运动再掀高潮。① "中国队的长盛不衰，就是因为他们在继承发扬自己的技术特长的同时，能针对世界乒乓球技术的发展趋势，特别是主要对手每个时期的技术特点，及时调整自己的技术风格，进行技术创新，在适应与反适应、控制与反控制的矛盾中经常掌握着主动权。"② 其实质，就是因为中国队牢牢地掌握了乒乓球项目竞技制胜规律，对制胜规律的认识不断深化、不断地在训练与比赛实践中运用规律。

在认识和把握竞技项目制胜规律上，"'三从一大'的训练原则是具有中国特色的指导运动训练的基本原则，是我国竞技体育多年训练探索的经验概括和理论升华，是运动训练基本规律的反映并在训练时间中不断深化、完善和发展。"③ "三从一大"的训练原则对我国运动训练实践发挥了重要的基础性作用。"从难、从严、从实战需要出发，大运动量训练"的训练原

① 国家体育总局研究课题组. 星光为何这般灿烂——为中国乒乓球队成立 50 周年而作[M]. 求是，2002（14）.

② 国家体育总局研究课题组. 星光为何这般灿烂——为中国乒乓球队成立 50 周年而作[M]. 求是，2002（14）.

③ 杨桦，等. 竞技体育与奥运备战重要问题的研究[M]. 北京：北京体育大学出版社，2006：55.

则反映了运动项目制胜规律中各训练要素的合力，即训练过程中，各个要素对训练效果有着直接或间接的影响。因为始终不渝地遵循"三从一大"的训练原则，我国各运动项目的训练在 20 世纪 60 年代中期开始有了质的飞跃，在经历"文化大革命"的动乱岁月后，遵循"三从一大"的训练原则，在短时间内使我国竞技体育在 20 世纪 80 年代开始快速发展，为祖国赢得了荣誉。

2. 强化竞技体育科技攻关与服务，进行科学化训练

由于现代化竞技体育的水平越来越高，提高运动成绩的难度也越来越大。据学者统计，运动成绩的提高，涉及的因素达 150 多个，包括素质、体质、机能、心理、技术、战术、智力及许多社会因素。现代竞技体育运动，它是一项向人类极限不断进行挑战的运动，任何项目世界纪录微小的提高都越来越难，运动成绩的提高往往更多的依赖现代科技的介入。因此，人们常说"金牌背后是科技大战"。回顾我国竞技体育的发展历程，20 多年来我国竞技体育之所以能够在较短时间内获得较大发展和提高，源于我国坚持科学训练、强化科技攻关与服务的原则始终坚定不移地贯穿于整个发展过程中。

第一，不断进行运动训练科学化探索。可以肯定地说，我国竞技体育的崛起，离不开广大体育科技工作者不断进行运动训练科学化探索和热情的科技服务。广大体育科技工作者的自主创新使体育科技成为我国体育健儿取得优异成绩的有力保障。这一点在我国竞技体育事业的发展历史中，特别是在雅典奥运会上得到了充分的证明。长期以来，我国皮划艇项目处于落后状态，是我国奥运项目中的弱势项目，1996 年奥运会曾取得第 4 名，之后，我国皮划艇运动出现了停滞和滑坡以至于 1998 年曼谷亚运会仅得 3 金，并无缘 2000 年奥运会。国家皮划艇队科研人员经过认真研究认为，我国皮划艇长期以来未能实现突破，其主要原因是对皮划艇运动训练的本质特征及其规律认识不足①，忽视有氧训练，忽视个体能力，忽视每桨效果。

---

① 刘爱杰. 我国皮划艇科学训练的探索［J］. 北京体育大学学报, 2002, 25（6）：831.

通过一年来对皮划艇科学训练的初步探索与实践，初步构建了以有氧能力训练为基础，以提高个体能力为主体，以每一桨划船效果为重点，做到技术训练与运动负荷训练统一的皮划艇科学训练理论体系；整合了全程速度训练新理念，构建了皮划艇专项主导竞速能力，建立了训练实践操作平台；围绕奥运战略，改革完善竞赛制度，提高了运动员训练水平和竞技表现能力；合理调整教练群体结构，探索第一资源的扩张，促进了教练员个体能力的提高。在2004年雅典奥运会上，我国选手孟关良、杨文军在男子双人划艇500米决赛中，奋勇拼搏，为中国水上军团实现了奥运金牌零的历史性突破，我国皮划艇项目另有6个项目进入A决赛，女子皮划艇获得一个第四、一个第七，奖牌和决赛艇数分别列世界第五和第四位，实现了项目整体提升。

　　第二，制定一系列科技攻关与服务措施。竞技体育的竞争，本质上就是科技水平的竞争，体育进步愈来愈依赖科技的发展和创新。这些认识是我们付出了巨大代价而获得的。自从邓小平同志提出科技是第一生产力以后，在体育系统内逐步提高了对体育科技重要性的认识，加大对体育科技的投入，改善了科研的条件，提高了科研人员待遇，实施科技人员奖励办法，调动了科研人员的积极性。这些举措提高了体育科技人员的科研水平和解决问题的能力，带动了整个体育系统科研意识和科技水平的提高。特别是通过组织近三届奥运会的科技攻关和科技服务，逐步尝试科训医一体化的组织方式，取得了显著的成效。例如，在2004年雅典奥运会备战期间，国家体育总局先后下发了《2001－2010年体育科技发展规划》、《奥运争光科技行动计划》等文件，从"组织科研攻关、加强科技创新，开展科技服务、促进'科训结合'，加强科技建设、改善科研条件"等三个方面对科技备战工作进行全面部署。2001年，总局研究制定了《备战奥运会科技工作重点研究领域实施方案》，确定了11个领域的60个重大科研项目作为今后重点攻关课题。针对备战雅典奥运会存在的关键性问题，国家体育总局还先后组织实施了多项科研攻关和科技服务项目；加大了科技攻关经费投入的力度，很多运动队都配备了科技人员长期跟队，有效地提高了训

练的科技含量；近1500人次直接参与了147个科研攻关和科技服务项目，约150名医务人员长期随队工作。

"知己知彼"，才能"百战不殆"。只要做好自己的实力分析，只有了解其他竞争对手的实力情况，将情况研究分析准确和透彻，制定的措施才能对路，实现目标才有根据。2004年雅典奥运会，总局还强化竞技体育情报收集、整理工作，加强了信息研究和信息服务。总局体育信息中心紧密结合备战训练工作，编辑出版了共计166期、247万字的《雅典奥运信息》等刊物，为代表团参赛准备了重要参考资料。① 2006年多哈亚运会上，孙晋芳在总结我国网球项目参赛的经验与教训时认为：中国队在赛前对对手信息了解得不够及时和准确，没法正确判断对手实力，在赛前制定比赛策略时不够细致，导致运动员对比赛局面的控制和比赛结果的把握能力下降②，从而影响了我国选手参赛水平的发挥。

在一系列强有力措施下，我国竞技体育管理层和教练员的科技素质有了较大的提高，越来越多的科研成果转化到训练比赛中，训练和比赛中的科学技术含量有明显提高，为我们在奥运会以及其他重大国际赛事中夺取优异成绩提供了强有力的技术保障。一个非常典型的例子就是刘翔。2004年奥运会期间，田径课题组的科研人员，对刘翔的日常训练和国内外比赛进行跟踪拍摄，对所有图像资料进行处理，通过详细的技术分析和有针对性的方案，帮助刘翔解决了起跑以及前三栏速度较慢的弱点。雅典奥运会上，刘翔的竞争对手杜库雷在复赛中以13秒06平了刘翔当时的个人最好成绩，科研人员在对杜库雷的预赛、次赛和复赛的录像资料进行技术分析后发现，杜库雷的肌肉已经提前达到疲劳状态，因此已经不可能在决赛中创造更好的成绩，在刘翔实现历史性突破的过程中，科研工作功不可没。③

---

① 袁伟民．在中国代表团参加雅典奥运会总结大会上的讲话［N］．中国体育报，2004-09-03．

② 孙晋芳总结亚运：排名优势没体现 情报收集需提高．http：//sports.sina.com.cn，2007-01-04．

③ 中国树立奥运新丰碑［N］．中国体育报，2004-12-27．

（八）抓好国家队思想政治工作

思想政治工作是我国体育系统的优良传统，是我们长期坚持、行之有效的工作方法。中央领导同志深刻地指出，体育队伍历来以优良的作风、为国争光的拼搏精神教育鼓舞全国人民，赢得了群众的尊敬和爱戴。[①] 新中国50年来，我国采取了一系列措施对运动员进行思想政治教育。

首先，以爱国与奉献精神为核心的中华体育精神始终贯穿于优秀运动队思想政治工作之中，引导和激励运动员团结拼搏、勇攀竞技体育高峰，为祖国争取荣誉。新中国建国50年多来，中国乒乓球队以爱国为中心开展的多种形式的思想政治工作，激发了全队的爱国热忱及敢于创新和拼搏奉献精神，促进技术战术水平的不断提高，为争取优异成绩提供了最有力的保障，在世界三大赛中共取得124.5块金牌，其中三次大满贯；技术创新27项，占世界乒坛技术创新总数的58.7%；创造了几十个经典战例；培养了80多位世界级的体育明星。[②] 可以说爱国主义集体主义精神是中国乒乓球队50年来保持长盛不衰的法宝。无论是训练中还是竞赛中，运动员都能够超越个人的情绪、超越个人的成败得失，将自己的事业和民族的振兴联系起来。崇高而深沉的爱国主义精神，是我国乒乓球队自强不息，奋发图强的精神支柱和永不枯竭的力量源泉。

其次，结合奥林匹克运动开展不断进取和公平竞争的思想品德教育。"更快、更高、更强"的奥林匹克格言充分表达了奥林匹克运动所倡导的不断进取、永不满足的奋斗精神。虽然只有短短的6个字，但其含义却非常丰富，它不仅表示在竞技运动中要不畏强手，敢于斗争，敢于胜利，而且鼓励人们在自己的生活和工作中不甘于平庸，要朝气蓬勃，永远进取，超越自我，不断战胜自我，向人生的极限冲击。不断进取和公平竞争是运动员、教练员、裁判员、其他体育工作者以及一切体育活动爱好者，在参加

---

① 刘鹏：坚定不移地做好赛风赛纪和反兴奋剂工作. http：//www. sports. cn/2006－01－19.

② 国家体育总局《乒乓长胜考》研究课题组. 乒乓长盛的训练学探索［M］. 北京体育大学出版社，2002.

比赛和体育活动时，应遵循的行为规范和准则。良好的体育道德的养成，是青少年运动员不断自我完善的过程。例如我国运动员，在世界比赛中，"打出了风格，打出了水平"，"赢球又赢人，输球不输人"的体育道德，体现了将身心和精神方面的各种品质均衡结合起来，并使之得到提高的一种人生哲学，将体育运动与文化教育融为一体的奥林匹克主义。①

再次，结合榜样的示范作用开展思想政治工作。一个人思想品德的形成，受到各种因素的影响，树立榜样，发挥榜样的示范诱导作用，则是其中最基本、最有效的教育途径与方法之一。结合榜样的示范作用，运用先进人物、典型事迹教育和影响运动员特别是少儿年龄段的小运动员，更具有现实的说服力和感染力，更富有实效。例如，中国体操队经常邀请一些老运动员为年青运动员回顾体操队的光荣历史和艰苦创业史；请老世界冠军现身说法，讲述一个为国拼搏的感人肺腑的故事。体操馆里有一排具有至高荣誉的光荣榜，许多运动员都梦想有朝一日能成为世界冠军被永远载入史册。每年一次的新世界冠军登榜仪式已经成为队里重要而传统的爱国主义教育。许多刚进队的小队员就是从身边的世界冠军成才之路和典型人物的先进事迹中，吸取了无穷的力量，立下为国争光的抱负。②

最后，狠抓优秀运动队作风建设。现代体育运动竞争越来越激烈，运动的对抗性日益加剧，一个运动员要想取得优异的运动成绩，攀登世界体育高峰，就必须从事常人难以忍受的艰苦的严格的训练。袁伟民曾指出："严格训练，严格要求是提高训练水平的关键，吃苦是训练工作搞上去的代价，它必须有优良的作风和过硬的思想基础作保证。"纵观我国优秀运动员的成长史，我们不难发现，他们的一条宝贵经验就是狠抓作风建设，如荣获世界五连冠的中国女子排球队、中国乒乓球队、中国跳水队等等。这些优秀群体，把作风建设、思想教育视为与技术训练同等的重要，对运动员

---

① 白莉，赵炳璞，李云林，等. 新中国优秀运动队思想政治工作轨迹的回顾与思考［J］. 广州体育学院学报，2003（1）：7.

② 白莉，赵炳璞，李云林，等. 新中国优秀运动队思想政治工作轨迹的回顾与思考［J］. 广州体育学院学报，2003（1）：7.

进行严格的、长期的作风训练，培养运动员热爱祖国、关心集体、助人为乐、吃苦耐劳的优良品质和无私奉献的精神，因此，才培养出了一个个世界冠军，以及为国争光的团结的战斗集体。

（九）坚定不移地做好反兴奋剂工作

兴奋剂问题一直是国际体坛面临的严重挑战之一。兴奋剂是竞技体育比赛中特有的腐败，是长在竞技体育身上的一个毒瘤。使用兴奋剂不仅对运动员身心造成严重损害，破坏竞技体育公平竞赛原则，损害体育事业的健康发展，还会对整个中国竞技体育、民族形象和国家荣誉造成严重损害。中国政府对兴奋剂问题态度十分明确，打击兴奋剂不遗余力。

纵览我国竞技体育的崛起历程，是一条光彩的星光大道。因为即使成绩再好，如果出现了兴奋剂，也会使得我们的成绩大打折扣，光彩受损，严重地还会影响到我国的国家形象。几十年来，我国在国际重大比赛中没有受到兴奋剂的困扰，更彰显了我国运动员光明磊落的形象，弘扬了"公平、公开、公正"的竞技体育精神。坚定不移动地打击兴奋剂为我国竞技体育的快速崛起保驾护航，是经世界竞技体育发展历史检验的一条重要的成功经验。

上世纪80年代前，我国体育界对兴奋剂问题知之甚少。随着对外交往的不断扩大，竞技体育竞争的日趋激烈，特别是商业化对体育带来的种种负面影响，兴奋剂这一"国际公害"在80年代中后期开始波及我国。为此，原国家体委在1989年确定了对兴奋剂问题"严令禁止、严格检查、严肃处理"的方针，建立兴奋剂检测中心并开始在国内进行兴奋剂检查，1992年成立了中国奥委会反兴奋剂委员会，制定下发了一系列文件，多次召开全国反兴奋剂大会。但由于当时我国的反兴奋剂工作尚处在起步阶段，缺乏有效的手段方法和必要的法制环境，特别是由于对兴奋剂问题及其后果的严重性缺乏充分认识和高度警惕，致使兴奋剂事件屡有发生，滥觞于西方的兴奋剂问题在国内并未得到有效遏制。特别是1994年广岛亚运会和1998年澳大利亚世界游泳锦标赛期间发生的重大兴奋剂事件，严重损害了

国家形象和中国体育界的声誉，影响极为恶劣，教训极为深刻①。

在党中央、国务院的正确领导下，在全社会广泛支持和广大体育工作者共同努力下，伴随着我国经济和社会发展取得巨大成就，体育事业快速发展，体育工作取得了显著成绩，反兴奋剂工作取得显著成效。

1998 年底，国家体育总局颁布《关于严格禁止在体育运动中使用兴奋剂行为的规定》，即 "1 号令"，加大对违规人员和单位的处罚力度。国家体育总局不断加强反兴奋剂教育，进行严格的兴奋剂检查检测，实施严厉的处罚措施，与国际反兴奋剂领域广泛交往，取得了令人信服的成绩，形成了一套行之有效的做法。建立并逐步完善了统一的反兴奋剂管理体制，形成了由政府主管部门领导、协调、监督，中国奥委会反兴奋剂委员会负责组织实施，全国性单项体育组织各负其责的基本框架。建立了一支以体育工作人员、医务工作者和教师等志愿者为主体的兴奋剂检查人员队伍，逐步完善了相应的培训制度、考核制度及管理制度。

近年来，兴奋剂检查数量逐年大幅增加，从 1990 年的 165 例，90 年代中期 2000 例左右，增加到目前的每年 5000 例左右，并在体能类项目中开展了血检，阳性率从最初的 1.8% 降低到目前的 0.4% 左右，大大低于 1.6% 的国际平均水平。② 兴奋剂在国内泛滥的势头逐步得到控制。在悉尼、雅典奥运会以及曼谷、釜山亚运会上，中国体育代表团均未发生任何兴奋剂问题，取得了运动成绩和精神文明双丰收。我国在兴奋剂问题上的国际形象有了很大转变。

进入 21 世纪，我国的反兴奋剂工作重点加强了法制化建设和标准化建设。2004 年国务院颁布《反兴奋剂条例》，标志着我国政府把反兴奋剂工作纳入了法制化管理的轨道。国家体育总局代表中国政府参与了《反对在体育运动中使用兴奋剂国际公约》的谈判工作，为 2005 年联合国教科文组

---

① 王宝良. 在 2005 年全国反兴奋剂工作会议上的报告［R］.2005－07－13.

② 北京奥组委官方网站. 我国反兴奋剂工作成果显著 加大奥运会反兴奋剂力度.［EB/OL］. http：//www. beijing2008. cn/news/dynamics/headlines/n214143691. shtml.

织通过公约付出了不懈努力，并正在为国内批准公约积极工作。我国自主开发并实施的《中国兴奋剂控制质量管理体系》通过国际标准认证，兴奋剂检测中心连续 16 年通过国际组织考试。这一系列举措，使我国反兴奋剂工作进入了国际先进水平，得到国际体育组织的好评，为 2008 年奥运会反兴奋剂工作打下了良好的基础，同时也为我国竞技体育在新时期的发展进一步保驾护航。

（十）较好地处理从本国国情出发与借鉴外国经验的关系

我国竞技体育建国 50 年来的风雨历程，就是积极探索建立一套有中国特色的社会主义竞技体育发展道路的过程。我国的竞技体育是一项开创性的事业，是在一穷二白的基础上起步的。因此，我国十分注重吸收和借鉴先进训练方法和管理方法。20 世纪 70 年代，我国学习和借鉴前苏联的经验，创立了举国体制。实践证明，这一举措是正确的，也是可行的。由于我国竞技体育发展坚持从中国的实际情况出发，又广泛学习和借鉴了人类社会的一切先进经验和优秀文明成果，借鉴世界其他国家发展竞技体育正反两方面的经验教训，因而取得了令世人惊奇的巨大成就。

发展竞技体育，不能脱离我们的基本国情。同时，发展竞技体育，必须借鉴外国先进经验。众所周知，现代竞技体育起源于西方。一些传统竞技体育强国（如前苏联和美国）以及近年来重新崛起的国家（如日本），在科学训练、运动选材、科学参赛等方面，它们积累了许多丰富的实践经验，为我国竞技体育的发展提供了一定的借鉴作用。

1952 年在赫尔辛基奥运会上，苏联首次参赛便获得了金牌榜第二的位置，紧随美国之后，引起了世界的广泛关注。于是，50 年代初期，我国竞技体育的发展掀起了全面学习苏联经验的热潮。50 年代初期，除了通过报刊、出访等形式学习和宣传苏联体育的经验之外，还邀请了许多苏联体育专家来华访问讲学。我国的运动训练学基础以及各种体育理论就是在那时开始奠基的，也为此后中苏关系破裂后我国自行发展竞技体育打下了基础。此外，我国还派出大批运动员去苏联学习，进行训练。50 年代初期，我国游泳水平比较低下，在赴匈牙利时，我国男运动员还游不过匈牙利的女选

手，国内也无比较科学系统的游泳教学和训练方法，缺乏专业人才。[①] 赴匈牙利训练以后，我国改进了游泳技术，游泳竞技成绩明显提高，其中，吴传玉等人后来为我国竞技游泳作出了贡献。我国还派出举重运动员去苏联学习，其中陈镜开在学习后不久，他在 1956 年 6 月 7 日以 133 公斤的成绩打破最轻量级挺举世界纪录，成为新中国第一个打破世界纪录的运动员，意义巨大。

在"文革"末期，我国游泳水平几乎自一个亚洲霸主的地位跌至零，如何将这个项目恢复起来，使其冲出亚洲，走向世界呢？中国游泳协会经过多次谋划，开始了它的启动工程。首先，他们采用了"请进来"的办法，澳大利亚的卡莱尔夫妇、美国的一些著名教练纷纷出现在中国游泳教学的讲台上。此后，游泳协会又不惜重金，请来了世界上一流的游泳强国前民主德国的教练员。使中国教练员初步了解了目前世界游泳的基本状况，同时找准了我国游泳运动所处的基本位置。在"请进来"的启动中，我国运动员被引向了大运动量超长游的道路，许多人在此路上，一个个累垮了。究竟中国人能否找到训练的成功之路呢？中国游泳协会又启动了第二步，让教练员和运动员走出国门，一些专家赴美国进行学习，许多运动员被送往澳大利亚及其他国家，让他们亲自去识别和体验先进的游泳训练。在经历了两个阶段以后，广大的教练员认识到，应在吸收各国理论经验的同时，找出适合中国人的游泳训练方法。大批专家开始了对第三代运动员的训练。丢弃了仅模仿，不创造的学习方法，真正走入了游泳科学训练的轨道。[②] 通过"请进来，走出去"，我国游泳界教练员水平和素质都有了较大的提高，竞技水平不断提高。

羽毛球是我国竞技项目中能在奥运会上实现夺金的优势项目，其在我国的发展经历了"从无到优"，从借鉴国外经验到独立自主创新的历

① 伍绍祖. 中华人民共和国体育史（1949 - 1998）综合卷［M］. 中国书籍出版社，1999：46.

② 李莎. 中国游泳运动成功经验分析［J］. 天津体育学院学报，1994，9（3）：68.

程。羽毛球运动的发展历程是在我国发展竞技体育方面借鉴国外先进经验的典型。

现代羽毛球运动约于 1910 年传入我国，建国前，羽毛球运动只在上海、广州、天津、北京、成都等城市的基督教青年会和学校中有所开展。新中国成立后，党和政府十分关心人民群众的健康，体育运动得到了蓬勃发展，羽毛球运动也逐渐为群众所喜爱，并作为我国重点开展的项目之一。1953 年在天津首次举办了全国比赛，当时只有五个队 19 名选手参加，总体而言，竞技水平低下。1954 年，先后一批报效祖国的赤子回国，并带回了先进的羽毛球技术。我国羽毛球运动技术水平以此为起点。为了发展与提高我国的羽毛球运动技术水平就不能停留在这个起点上，必须结合中国运动员的特点洋为中用，改革创新，才能向世界高峰迈进。为此，我国羽毛球队总结了国内外羽毛球运动的经验教训和技术资料，结合自己的运动实践进行了探索，不断改进训练方法。其中，福建省运动队主要在技术的手法上、广东队主要在步法上进行了改革和突破。同时借鉴我国乒乓球运动的成功经验，并通过对多年训练和比赛实践经验的总结，提出了"以我为主、以快为主、以攻为主"的积极打法。后来，又经过不断的总结和完善，逐步形成了中国羽毛球运动所持有的"快、狠、准、活"技术风格。[①] 我国运动员怀着一颗勇攀世界羽坛技术高峰、为国争光的雄心大志，吸取了国外的一些先进的运动训练方法，勤学苦练，自觉地贯彻了"从难、从严、从实战出发，进行大运动量训练"的"三从一大"训练方针，运动技术水平得到了进一步的提高。1982 年，中国队第一次参加"汤姆斯杯"赛，夺得冠军。1984 年，在马来西亚的吉隆坡，我国羽毛球女队又夺得了第 10 届"尤伯杯"。至此，我国羽毛球竞技水平逐渐迈入世界羽坛领先地位。

整体而言，我国竞技体育的发展，处理好了从本国实际出发与学习、借鉴国外先进经验的关系。放眼我国竞技体育奥运优势项目，都是在学习、借鉴的基础上进行了适合我国民族特点的改造和创新。在当今流行的一些

---

① 李藏. 中国羽毛球队的成功经验与当前任务 [J]. 中国体育科技，1986 (7)：3.

运动技术、战术、训练方法手段等方面，都深深地体现了中华民族特色的烙印，呈现出中国风格与中国特色。半个世纪以来的中国竞技体育实践表明，合理处理好借鉴国外经验与从中国实际出发之间的关系是我国竞技体育短时间内快速崛起，成为世界竞技体育大国的重要成功经验。

第三节　我国竞技体育可持续发展面临的主要问题

雅典奥运会以来，世界竞技体育格局与发展趋势发生了重大变化。世界各国更加重视奥运会成绩和排名，对竞技体育的经费投入进一步增多，并采取多种措施强化国家对竞技体育的管理和支持；运动训练和竞赛中的科技含量大大增加；美国、俄罗斯、中国、德国、法国、澳大利亚等国间差距日益缩小、实力更为接近、竞争更为激烈；运动训练和竞赛中的科技含量大大增加，体育竞赛内容和形式趋向系列、多样，竞技体育职业化、商业化进程加快。世界竞技体育的深刻变化，使我国竞技体育进一步崛起，实现可持续发展面临着更为严峻的挑战。从国际竞技体育发展趋势与我国竞技体育发展现状来看，我国竞技体育进一步崛起，实现可持续发展面临以下几个方面的问题与挑战：

一、竞技体育举国体制需要进一步完善

我国竞技体育在短时间内快速崛起，诞生于社会主义计划经济条件下的"举国体制"功不可没。随着我国社会主义市场经济体制的确立与进一步完善，举国体制越来越暴露出与社会主义市场经济体制不相融的地方，影响了我国竞技体育可持续发展，引起了政府部门与学者们的广泛关注。当前，举国体制中存在的主要问题包括：

（一）动力源不足，规模难以扩大，结构难以改善

"举国体制"主要依靠政府以计划手段配置资源，以行政手段管理竞技体育事业。这种政府对体育既办又管的格局是在计划经济体制下的管理模式，在社会主义市场经济条件下，这种运行模式受到了阻碍。它首先受到

来自于经济体制转变的冲击。与计划经济制度集权不同的是，市场经济是平权型经济，要求在权力和权利的对立中实现国家权力向社会或民间权利的让渡；市场经济又是分权型经济，多元利益格局中的市场主体独立进行着多样化的自主抉择和运营；市场经济还是效益型经济，各经济主体以追求最大效益为目标，这些都使国家直接运营体育受到挑战。① 此外，举国体制之所以有效，在于这个系统是闭合的系统，即体育部门包办竞技体育，管理和协调的难度不大，系统运行的效率较高。但是，由于系统是封闭的，扩大规模所需的资源只能在体育系统内部挖掘，而这种单一的资源供给渠道，一方面难以在短时间内有效地扩大规模。②

举国体制运行中出现的结构问题突出表现在两个方面：一是长期实施奥运战略虽然实现了局部突破、局部领先的发展目标，但也带来了马太效应，优势项目潜力挖尽，几近饱和，弱势项目越来越弱，社会关注的集体项目普遍滑坡；二是新生的职业体育与非职业体育相冲相克，不能融合互补。而在市场经济条件下，职业体育不仅是竞技体育重要的、现实的组成部分，还是吸纳社会资源不可或缺的窗口、桥梁和纽带，关闭这个窗口，增量资源就流不进来，发展就缺乏活力和后劲。

（二）多种利益矛盾突出，效率与效益呈现递减的趋势

市场经济在我国的确立，唤醒了人们的主体意识与利益意识。不同利益主体目标不尽相同、价值取向各有差异，利益矛盾突出。我国中央与地方、体育系统与非体育系统、体育行政部门与体育事业单位及体育社团之间、运动员与教练员之间以及与集体和国家之间的矛盾日益显性化，导致了整个系统的向心力、凝聚力下降，局部利益与整体利益、短期利益与长远利益时有冲突，在某些环节上还表现得异常尖锐。一些省区围绕"省运战略"、"全运战略"在运动项目设置上"大而全"、"小而全"，低水平重

---

① 杨桦，孙淑惠，舒为平，等. 坚持和进一步完善我国竞技体育举国体制的研究［J］. 北京体育大学学报，2004，27（5）：581.

② 李元伟，鲍明晓，任海，等. 关于进一步完善我国竞技体育举国体制的研究［J］. 中国体育科技，2003，39（8）：2.

复现象严重，运动员、教练员与后备人才私下交易流动、无序流动以及与体育精神背道而驰的弄虚作假、借鸡下蛋等愈演愈烈，给国家队在运动员和教练员的选拔、项目布局等方面造成极大的冲击。

同时，我国竞技体育队伍的"金字塔"塔基过宽，塔身过大，"金字塔"塔形比例失衡；竞技体育采用粗放式发展模式，存在高投入、低产出，高淘汰率的现象，资源浪费现象严重，效率与效益问题突现，已引起人们的关注甚至质疑。有关研究表明，全国平均每年从业余训练队伍中吸纳运动员 1922 名，仅占青少年在训人数的 1.3%，如果狭义地以获得金牌的选手为成才的标准，4 年中奥运人才队伍大约为 7688 人，用 2000 年悉尼奥运会金牌数计算，成才率为 3.6%，如以全国的业余训练运动员为基数，则成才率不足十万分之五。①

（三）退役运动员就业安置工作困难

运动员退役后的安置问题是一个极其现实和十分严峻的问题。任何人都会为自己的前程着想。即使优秀的运动员也面临着运动寿命终结的现实，面临着退役后的去向问题。

竞技体育项目的运动员从事专业训练都是从少儿时期开始，常年超负荷和向生理极限挑战，绝大多数运动员都留下了不同程度的病伤。运动员是以健康为代价，为国家为民族争得了荣誉。因此，运动员的退役安置理应有适应的配套政策、制度，妥善解决。计划经济条件下，运动员退役由国家统包统分，这一矛盾的消极影响较为隐性。随着市场经济体制的建立和劳动人事制度的深化，计划分配的方式受到了极大的冲击，安置难度越来越大，很多退役运动员长期安置不出去。有的虽已安置但很快又下岗、失业，安置效果很差。据河北省统计，目前有待安置的退役运动员有 170人之多，占在训人数的 20%。据了解，这在全国还算积压较少的。如福建省常年积压人数 230 多人；湖北省约 300 多人，占在训人数的 30%，比原

---

① 陈云开. 利用市场机制完善举国体制——实施奥运战略的制度创新 [J]. 体育科学，2002，22（3）：12-14.

来规定的 15% 比率高出很多。①

退役运动员的安置工作关系到中国竞技体育人才是否出现危机的大问题。退役后的运动员安置不好，致使许多家长不愿意送孩子进入专业队，直接导致运动员进口与出口不通畅，导致我国竞技体育出现后备人才危机，导致竞技体育发展的源头枯竭和根基萎缩。《中共中央 国务院关于进一步加强和改进新时期体育工作的意见》中明确规定："体育、财政、人事、劳动保障等部门要研究制定非职业化运动队优秀运动员退役就业安置的政策措施，尽快建立对优秀运动员的激励机制和伤残保险制度，解除运动员的后顾之忧。"近年来，国家及各省市区都想了一些办法，采取了一些措施，但均无明显效果，主要原因是缺乏与现行体制相适应的配套政策、制度，使安置问题一直未能从根本上解决。

二、竞技体育与群众体育两个战略发展不协调

坚持群众体育与竞技体育协调发展是我国体育事业的根本宗旨。《中华人民共和国体育法》中规定："体育工作坚持以开展全民健身活动为基础，实行普及与提高相结合，促进各类体育协调发展。"国家体委则于 1995 年 6 月和 7 月先后颁发了《全民健身计划纲要》和《奥运争光计划纲要》，这两个"计划"分别对应着群众体育和竞技体育。

我国竞技体育与群众体育之间，存在着相互制约、相互促进的关系。群众体育与竞技体育的协调发展战略，是由中国特色社会主义的本质所决定的。群众体育可以为竞技体育的发展创造良好的社会文化环境，为竞技体育的发展提供为数众多的爱好者和支持者、设备、人才资源等等，而竞技体育则可为群众体育的发展提供示范、增强吸引力、探索科学的方法和手段、给以技术性的指导和服务等等。作为一个整体的体育事业，群众体育如果离开了竞技体育，就会失去先导和魅力；竞技体育如果离开了群众

---

① 邓亚萍等委员建议采取切实措施做好退役运动员安置工作［N］．中国体育报．2003－03－10．

体育，就会失去基础和支柱。两者互相依靠，互相渗透，相辅相成，两者都互为需要，不能缺少任何一个。社会、国家和民众既需要发展群众体育，又需要发展竞技体育，而且二者又必须协调发展。[1]

竞技体育与群众体育协调发展，是随着社会、经济条件的改善与转变而形成的。在竞技体育优先发展的计划经济时期，体育资源不足，群众体育不可能得到国家的重点扶持；同时，群众体育发展的社会经济条件仍不成熟，受生活水平、思想观念的制约，群众体育的发展受到严重制约。随着我国逐步进入"小康"社会，人们生活水平大幅度提高，余暇时间增多，对体育的需求也在不断增加。因此，必须改变过去单纯侧重竞技体育优先发展的做法，全面、深入地认识群众体育与竞技体育相互依靠、相互渗透的关系，重视竞技体育与群众体育的协调发展，是体育运动自身发展规律的本质要求与体现。

因此，正确处理"两个战略"之间的关系，不仅关系到我国体育事业的根本宗旨，而且关系到竞技体育的基础问题。全民健身战略给奥运争光战略提供了强大而可靠的基础，奥运争光战略激励带动全民健身战略。所以，"两个战略"协调发展具有重大的理论与现实意义。

然而，长期以来，在竞技体育优先发展战略指导思想下，竞技体育以政府投入为主，倾力而为；而群众体育则沿用政府与社会协办体制，在开展活动时往往受到经济等方面的制约，导致群众体育领域长期存在诸如投入少、场地小、受益面窄和国民体质下滑等问题，国家在竞技体育与群众体育两者之间的投入不平衡。在我国，竞技体育已经达到相当高的水平，在国际赛场上争金夺银，屡屡实现一次次历史性飞跃，成果丰硕；而群众体育的开展却不尽如人意，许多调查表明，当前，群众体育的发展面临着缺器材、缺经费、缺指导人员的现实，群众体育发展步履维艰。竞技体育与群众体育之间一强一弱的现实，使得两个战略之间的矛盾越来越突出，

---

[1] 肖林鹏，李宗浩，裴立新. 中国竞技体育与群众体育协调发展战略回顾 [J]. 体育学刊，2002，9（3）：14.

已经严重影响到我国竞技体育的进一步发展。如何处理好中国竞技体育的快速发展与群众体育发展之间的不平衡关系成为我国竞技体育进一步崛起，实现可持续发展的重要挑战。我们既要避免以牺牲竞技体育快速发展速度，换取群众体育的快速发展，又要维护竞技体育在国际上总体实力的进一步加强，又不至于削弱群众体育的发展。

《2001-2010年体育改革与发展纲要》中明确指出，"我国仍处于社会主义初级阶段，人口众多，人均收入不高，地区间经济发展不平衡，这仍然是制约我国体育事业的发展规模和发展速度的主要因素。"因此，"在体育事业发展的规模和速度上，应从我国的国情出发，保持与经济、社会协调发展和可持续发展，既尽力而为，又量力而行"；"在体育事业重点选择上，群众体育以青少年体育为重点，把提高国民身体素质摆到突出位置，广泛开展群众体育活动。竞技体育以奥运会为主要目标，重视开展人民群众喜闻乐见的运动项目，合理安排，科学布局，提高效率，有序发展。"这些思想对从宏观调控上协调和处理好两个战略之间的关系有着重要意义。

三、竞技体育项目结构与布局需要进一步优化

（一）社会影响大、民众喜欢的集体球类项目运动水平普遍偏低

集体球类项目群众喜欢，社会影响大，被国人寄予厚望。然而，2006年，我国集体球类项目成绩整体下滑，男篮世界锦标赛止步16强，女篮获世界锦标赛第12名，是历史最差成绩；男排参加世界联赛一场未胜；女曲虽然获得冠军杯亚军，但世界杯只获得第10名；垒球借东道主之利仍未获得奖牌；男女足球、男女手球、男子曲棍球、棒球、垒球、男女水球都未见起色；女排是唯一在雅典奥运会上夺得金牌的集体球类项目，但目前面临着意大利、古巴、俄罗斯、巴西、美国等强队的挑战，总体实力上并没有任何优势，在2006年女排大奖赛总决赛上仅获得第5名。[①] 2008年北京奥运会在本土参赛，集体球类项目这样的成绩是无法让国人满意的。中国

---

① 刘鹏局长在备战2008年奥运会训练工作暨2006年冬训大会上的讲话 [R].2006.

拥有世界五分之一的人口，仅从广大群众的热爱和需要出发，我们也应高度重视提高 3 大球的水平。

（二）竞技体育项目发展很不平衡

1993 年原国家体委正式制定通过了《奥运争光计划纲要（1994 年 – 2000 年）》。与此同时，原国家体委为了缩短战线，集中有限的财力实现奥运争光计划，在奥运会上多得金牌，做出了从 1993 年第七届全国运动会开始，体育比赛的项目设置原则上与奥运会设项接轨的决定，除保留中国传统的非奥运会项目武术外，其他非奥运会项目均不再进入全运会。至此，原国家体委批准正式开展的 80 多个项目，被分为奥运会项目和非奥运会项目。由此产生了奥运项目与非奥运项目的巨大反差：一方面奥运项目，尤其是重点项目由于得到特别扶持，使项目发展呈现出人财两旺、欣欣向荣的姿态；另一方面，非奥运会项目由于投入不足，项目发展面临严峻挑战。这种运动项目发展不均衡现象的普遍存在，对我国竞技体育的可持续发展极为不利。

（三）优势项目的发展潜力已趋于饱和，发展空间较小，潜优势项目还缺乏竞争力，田径、游泳两大基础项目实力薄弱

我国优势竞技项目，是指在国际重大比赛中多次取得优异成绩，在未来的竞争中具备有利条件的运动项目。我国体操、跳水、举重、射击、乒乓球、羽毛球、柔道 7 个传统优势项目的运动员在第 23 – 28 届连续 6 届奥运会中共获得金牌 92 枚，占 6 届金牌总数 112 枚的 82.14%。这 7 个项目是构成我国竞技体育总体实力的核心项目。

竞技体育潜优势项目是指在国际重大比赛中多次取得过奖牌，并在后续的重大国际比赛中，特别是奥运会比赛中有望实现突破的竞技体育项目。从近几届奥运会参赛成绩来看，射箭、击剑、女子自行车、女子摔跤、女子跆拳道等潜优势项目还缺乏竞争力。

田径、游泳两大基础项目和水上项目，奥运会共设 119 枚金牌，虽然在雅典奥运会上夺得 4 枚金牌，但进入前 3 名与前 8 名的人数寥寥，整体实力较差。基础项目的强弱是竞技体育综合实力的重要标志，我们不能回

避这个客观现实，必须下决心、花大力气，在这 4 个大项的某些小项上有所突破，取得更好一些的成绩，这样才能使中国的竞技体育在国际体坛上真正具有综合优势。

整体而言，经过几十年、几代人的奋发努力，我国竞技体育取得卓越成绩，已经崛起。但是，我国"现在在一些大的基础项目上，与美国、俄罗斯包括德国相比还是有差距的"；[①] 在项目结构上，存在着夺金项目分布面窄，优势项目不多，田径、游泳等基础项目薄弱，潜优势项目缺乏竞争力，冬季项目仅有少数小项目达到世界先进水平等诸多问题。

四、竞技体育发展的社会化进程缓慢

体育社会化是我国体育改革的基本方向之一。20 世纪 80 年代初，原国家体委针对国家独家办体育的现状和我国体育事业发展与进步的现实情况，为了拓宽办体育的路子。提出了体育社会化的体育改革方向和措施，以此来推动全社会共同办体育。目的是为了促进体育改革不断深化，加快我国体育事业的发展。

自 1952 年我国成立国家体育运动委员会以来，半个多世纪发展过程中，我国在引进苏联高度集中型竞技体育管理体制后，根据自身的国情，进行了系列调整与改革，逐渐形成了较为完备的国家体育行政管理体系，不同训练层次建有不同训练组织，构成了目标统一、层层衔接体系完整的竞技体育管理系统，并为我国竞技体育的发展在计划经济体制条件下发挥了积极的组织与制度保障作用。随着我国社会主义市场经济体制的逐步确立和深入推进，我国整个社会的经济结构、社会运行方式和利益格局等都在发生根本性的历史变革，从而对竞技体育产生了全方位、多层面的影响。建立在计划经济基础上的政府管办竞技体育的体制已经不能适应新时期的要求，必须进行改革。

首先，我国竞技体育的快速发展，在很大程度上走的基本上是一条投

---

① 袁伟民. 我们还不是体育强国. 体总网. http：//www. sport. org. cn. 2004－08－30.

入较高的粗放型发展道路。即仅注重竞技体育总体的"产出量"，很少计算投入量；仅注重数量的增加，很少注重质量的提高，更少注重和考虑到传统竞技体育体制的运行是否符合市场经济体制的原则。这种粗放型的竞技体育发展模式造成我国竞技体育效益和运动员成材率低。有研究表明，我国竞技体育队伍每年要投入4000多名运动员才能产出1个世界冠军。在山东省地级体校中，集体项目达一级运动员水平的只占3.09%，达健将级的仅为0.05%；在单项中达一级的也仅为11.57%，达健将级的为0.96%。①这些数据都足以说明我国竞技体育训练体制的"金字塔"比例失调，竞技运动效益不高和运动员成材率低。

其次，计划经济体制下，我国竞技体育的发展实际上是采用行政命令和计划手段，利用我国土地辽阔、人口众多的特点把丰富的体育资源挖掘出来，并充分利用通过竞争和协同，在系统内配置、整合资源，提高我国竞技体育的整体实力，实现为国争光。在社会主义市场经济条件下，这种体制暴露出规模难以扩大、结构难以改善、效率和效益呈现递减、利益矛盾突出等问题。

再次，国家对竞技体育的投资力度不可能无限制增大，竞技体育可持续发展的资金来源必然依靠自身的造血机能，必须逐步将竞技体育推向社会，形成国家办与社会办相结合，以适应市场经济的要求。尽管为完成2008年奥运会的现实和历史使命，国家对竞技体育高度重视，投入巨资，从根本上改变了现阶段竞技体育经费投入的问题，但随着市场经济体制的不断完善和着眼于我国竞技体育的可持续发展，仅依靠政府投入难以支撑竞技体育规模的扩大和发展。我国政府先后制定的两期《奥运争光计划纲要》中均明确指出：要努力拓宽竞技体育经费来源的渠道，充分调动社会各方面的积极性，多渠道筹集资金，鼓励社会各界参与和兴办竞技体育事业，为实现奥运争光计划的战略目标多方积累资金。显然，要在第29届奥

---

① 魏冰，李庶鸿，王振涛，等.影响我国竞技体育可持续发展的基本问题、产生原因及对策[N]．北京体育大学学报，2002，25（1）：142.

运会上完成全面参与和力争优异成绩的双重任务，以及着眼于我国竞技体育进一步崛起，实现可持续发展的宏伟蓝图，仅在体育系统内部挖潜资源难度很大，而必须坚持竞技体育社会化和产业化的发展方向，努力扩大竞技体育的社会基础，调动其他行业，尤其是企业和社会办高水平竞技体育的积极性，走社会化与产业化发展之路。

最后，社会化改革的重点是从事体育活动的组织由行政型向社会型转变。这一转变的核心，是改变政府管办不分、政事不分的状况，明确界定职能部门、项目管理中心、协会、职业俱乐部等各个组织的社会职能和社会角色。而目前我们对上述问题，还不是很明确，从而导致了管理体制和运行机制上的不协调，未能充分发挥社会各方面的积极作用。

《2001－2010年体育改革与发展纲要》中指出：要"充分调动社会各方面积极性。按照'公开选拔、公平竞争'的原则，采取集中与分散相结合的方式组建国家队。进一步完善和实施有偿训练、有偿输送制度。开放体育竞赛市场，通过招标、申办等形式，鼓励社会各界积极承办各类体育竞赛。完善全国运动会竞赛制度，改革全国运动会的赛制和奖励办法"。这些规定，为我国解决竞技体育发展社会化缓慢提供了重要的指引，具有重要的现实意义。

五、竞技体育后备人才选拔与培养面临巨大挑战

首先，生存选择机会加大，从事运动训练的人才出现分流。现代社会向人们提供了更多的生存选择机会，对人的要求也越来越高。一些人（特别是经济发达地区的人）将有更多更好的生存选择和职业取向，因此要求他们进行艰苦的运动训练，已越来越困难。2001年的一项调查表明，我国高收入家庭不愿意孩子从事运动训练的比例高达77.8%，中等收入家庭为74.6%，低收入家庭也达到69.8%。① 家庭不愿意孩子从事运动训练，这样我国竞技体育可持续发展的人才选拔面临资源短缺。同时，多年以来，

---

① 数字解析羽毛球业余训练的昨天和今天［N］. 中国体育报，2003－01－13.

我国竞技体育的发展一直是一种建立在高投入、低产出、高淘汰率基础之上的粗放型发展模式。这种高投资、高风险、低成材率的社会存在直接影响了社会公众对竞技体育的态度，影响了社会、家庭和个人对竞技体育的积极参与态度，影响了家庭让孩子从事运动训练的可能性。有研究认为，人们之所以不愿意让自己的孩子从事运动训练，主要是因为成材率低、使用药物和影响孩子的文化学习以及未来的出路没有保障等。[①] 总之，没有青少年参与或很少有人参与竞技运动训练，那么竞技体育的发展就成了无源之水、无本之木。

其次，我国青少年学生体质持续下降，严重影响运动训练选材。从1985 年开始，我国进行了 4 次全国青少年体质健康调查。调查显示，最近20 年，我国青少年的体质在不断滑坡。2005 年 7 月，国家教育部发布了"全国学生体质健康监测公告"。结果显示：我国学生的肺活量、速度、爆发力、力量耐力、耐力素质等体能素质指标继续呈下降趋势；学生超重与肥胖检出率不断增加；大、中、小学学生视力不良检出率仍然居高不下，与 2000 年相比，各年龄组的视力不良检出率均有所上升，且有随年龄增加视力不良检出率明显升高的趋势。[②] 我国青少年学生体质下降问题，令人担忧，已经严重影响到我国竞技体育运动训练的选材工作，成为制约我国竞技体育可持续发展的重要要素禀赋，必须引起我们高度重视。

再次，由于体制的变化及经费、人才来源等问题困扰，20 世纪 90 年代以来青少年体育后备人才培养和梯队建设现状不尽如人意，具体表现为各类体校萎缩，业余训练出现滑坡，加之由于金牌和成绩的压力，一些体育行政部门和管理机构急功近利，只顾眼前出成绩，不愿意将精力和资金放在青少年后备人才的培养上，或者假报年龄，以大打小；或者为了经济效益，不注重科学选材；或者自己不搞青少年梯队建设，而是到处去挖人才。

① 魏冰，李庶鸿，工振涛，等. 影响我国竞技体育可持续发展的基本问题、产生原因及对策 [J]. 北京体育大学学报，2002，25（1）：142.

② 教育部关于 2005 年全国学生体质与健康调研结果公告 [EB/OL] . http：//www. moe. cn/.

我国竞技体育后备人才培养还存在着以下一些不容忽视的问题：观念陈旧，思想待解放，办法待创新；原"三集中"业余体校严重滑坡，新的竞技体育后备人才训练网络尚未健全起来；教育结构改革，使中专体校招生困难，面临挑战；竞赛杠杆的调节作用未能得到充分发挥；教练员队伍整体素质有待提高。①

以上这些问题都严重影响了我国竞技体育的后备人才培养工作，如果不采取有力的措施，势必危及到《奥运争光计划的实施》，影响我国竞技体育的可持续发展。

---

① 翼晓. 后备人才培养中的问题及对策 ［N］. 中国体育报，2002 - 03 - 29.

第三篇

北京奥运会我国备战重大问题

第一章　奥运备战的战略与制度体系

第一节　奥运备战的目标、任务与实施策略

我国奥运战略的思想，是在改革开放的历史条件下，随着我国在国际奥委会合法席位得以恢复、全面登上世界竞技体育舞台而逐步形成的。根据我国社会初级阶段的基本国情和体育发展的实际情况，确定以奥运会为最高层次的竞技体育战略，是中国参与国际体育竞争的合理选择。奥运备战战略是我国竞技备战战略的高度概括和集中体现，是我国竞技体育发展总体战略的重要组成部分。

一、奥运备战战略目标

战略目标是战略的基本要素之一，是战略主体在一个较长时期内图谋发展的全局性奋斗目标，是未来发展预期达到的总要求和总水平。如果没有战略目标，也就无所谓战略策略。

备战战略目标是参赛战略行动所要达到的预期结果，是制定和实施战略的出发点和归宿点。备战战略目标是根据备战战略形势和参赛目而确定。确定备战战略目标，就要强调需要与可能相结合，应具有科学性、宏观性、针对性、可行性和相对稳定性，符合国家的路线、方针和政策，与国家体育发展的总体目标和国力相适应。

（一）备战战略目标的特征

1. 宏观性：竞技备战战略目标是一种宏观目标。它是对竞技备战全局的一种总体设想；它所提出的是整体备战工作的总任务和总要求。因此，在备战工作中所提出的备战战略目标是高度概括的。

2. 长期性：竞技备战战略目标是一种长期目标。它的着眼点是未来和长远。战略目标是关于未来的设想，它所设定的，是备战工作的参与者通过自己的长期努力奋斗而达到的对现实的一种根本性的改造。战略目标所规定的，是一种长期的发展方向，它所提出的，是一种长期的任务，绝不是一蹴而就的。

3. 相对稳定性：竞技备战战略目标既然是一种长期目标，它在其规定的时间内应该是相对稳定的。战略目标既然是总方向、总任务，它应该是相对不变的。这样，竞技备战工作在行动上才会有一个明确的方向，人们对目标的实现才会树立起坚定的信念。当然，强调战略目标的稳定性并不排斥根据客观需要和情况的发展而对战略目标作必要的修正。

4. 全面性：竞技备战战略目标是一种整体性要求。它虽着眼于未来，但却没有抛弃现在；它虽着眼于全局，但又不排斥局部。科学的备战战略目标，是对现实利益与长远利益，局部利益与整体利益的综合反映。

5. 可分性：战略目标作为一种总目标、总任务和总要求，总是可以分解成某些具体目标、具体任务和具体要求的。这种分解既可以在空间上把总目标分解成一个个方面的具体目标和具体任务，又可以在时间上把长期目标分解成一个又一个阶段的具体目标和具体任务。人们只有把战略目标分解，才能使其成为可操作、可实现的。

6. 可检验性：为了对竞技备战工作进程准确的评价，战略目标应该是具体的和可以检验的。目标的量化是目标具有可检验性的基本条件。

7. 可挑战性：目标本身是一种激励力量，特别是备战目标充分体现了备战成员的共同利益，使战略大目标和个人小目标很好地结合在一起的时候，就会极大的激发备战参与者的工作热情和献身精神。

（二）备战战略目标的形成

确定备战战略目标需要经历调查研究、拟定目标、评价论证和目标决断这样四个具体步骤：

1. 调查研究

调查研究，在制定备战战略目标之前，必须进行深入的调查研究工作。

但是在确定战略目标的工作时还必须对已经作过的调查研究成果进行复核，进一步整理研究。调查研究一定要全面，但又要突出重点。为确定战略而进行的调查研究是不同于其他类型的调查研究的，它的侧重点是备战工作与外部环境的关系和对未来的预见力。

2. 拟定目标

拟定目标，经过细致周密的调查研究，便可以着手拟定战略目标了。拟定战略目标一般需要经历两个环节：拟定目标方向和拟定目标水平。首先在既定的优势与潜优势及基础发展项目备战领域内，依据对外部环境、需要和资源的综合考虑，确定目标方向，通过对现有能力与手段等诸种条件的全面衡量，对沿着备战战略方向展开的备战工作所要达到的水平也做出初步的规定，这便形成了可供决策选择的目标方案。在拟定目标的过程中，备战领导层要注意充分发挥参谋智囊人员的作用，根据实际需要与可能，尽可能多的提出一些目标方案，以便于对比选优。

3. 评价论证

评价论证，战略目标拟定出来之后，就要组织多方面的专家和有关人员对提出的目标方案进行多轮的评价和论证。

4. 目标决断

目标决断，在决断选定目标时，要注意从以下三方面权衡各个目标方案：（1）目标方向的正确程度；（2）可望实现的程度；（3）期望效益的大小。对这三个方面宜作综合考虑。所选定的目标，三个方面的期望值都应该尽可能大。目标决断，还必须掌握好决断时机。因为战略决策不同于战术决策。战术目标决策常常会时间比较紧迫，回旋余地很小，而且战略目标决策的时间压力相对不大。在决策时间问题上，一方面要防止在机会和困难都还没有搞清楚之前就轻率决策；另一方面又不能优柔寡断，贻误时机。

（三）备战 2008 年奥运会战略目标

1. 总体目标：继续保持亚洲领先和奥运会上金牌数排名前列地位。2008 年夏季奥运会上，充分发挥东道主优势，全面参与奥运会的竞争，突出重点，全力挖掘优势项目潜能，努力实现潜优势项目的突破和推动集体球类项目的进步，力争金牌有所突破，为国争光。

2. 可持续发展目标：深化竞技体育体制、机制改革与制度创新；形成国家办与社会办相结合的竞技体育发展格局，使竞技体育可持续发展能力明显增强；逐步建立公共服务型的竞技体育行政管理体制；多元化的竞技体育效益投资体系；国家办与社会办相结合的竞赛管理体系；稳步推进竞技体育职业化改革，建立规范的竞技体育职业化制度；逐步建立科学合理的运动员劳动保障、保险和退役安置等社会保障体系。

二、奥运备战的主要工作任务

（一）强化组织管理，狠抓贯彻落实

在备战过程中，要明确不同层次、不同部门在备战工作中的责任，进行组织落实。不同的项目中心、各项目各地都应建立备战领导机制，层层细化；围绕2008年北京奥运会的备战目标，统筹规划，将计划细化到备战周期中每个年度、每个阶段、每个小周期；同时必须做到责任落实，将责任层层分解落实到各部门、落实到具体的责任人。此外，还要在政策、科技、人才、经费、场地、器材、信息、宣传等各个方面做好保障，切实做好奥运会训练设施建设工作，为运动队备战和训练提供强有力的保障条件。

（二）把握规律，勇于创新

关于运动训练创新，应进一步加强理论创新能力，在归纳总结当前主要训练理论的适用条件、应用方法、优缺点的基础上，本着"继承中创新"的原则，加强多种理论、方法的组合应用，实现训练理论和训练观念的综合和优化。我们应加强对项目规律的认识和研究，提高训练创新能力和管理创新能力。例如，同场竞技对抗项目应围绕重点赛事，细化训练周期，强化技术细节，突出高强度、高对抗的技战术组合训练，形成多套战术方案。杨桦教授在谈到把握和认识项目规律方面的问题时指出："应把竞赛规则变化作为动态把握项目规律变化的导向，关注规则变化对项目制胜因素

的影响，不断打破并调整已有的认识和训练模式；要将把握本项目的规律与研究当前世界比赛潮流相结合，分析当前世界比赛的特点，总结出克敌制胜的绝招；要把研究本项目的规律与研究冲金运动员的个人特点相结合，寻找适宜的组合训练方法、个人战术行动、战术配合和全队整体战术等。"① 科学化训练是备战工作的核心及提高运动项目实力和水平的根本，我们在训练中要敢于解放思想，创新训练理念，改进训练方法；适时辩证地理性分析以往成功经验和失利教训，特别是对在国际大赛中大面积、反复出现的失利问题，更应高度重视，要从规律上找原因，定措施。

（三）巩固并扩大优势项目群，增加金牌增长点

开发"金牌新的增长点"，也就是必须在夺金项目上扩展，这一点已成为体育界的共识。首先，优势项目的金牌衰减会影响我国代表团的整体成绩，"保优"对于我们参赛成绩至关重要。其次，潜优势项目要寻求突破。这是重要的金牌增长点。集体项目包含了更多的体育知识、体育魅力、体育价值。此外，集体项目冲金的社会影响大，集体项目的夺金更能表现出中国竞技体育的整体实力。

（四）加强思想政治工作，加强理想信念和励志教育

思想政治工作是我国体育战线的优良传统，是我们长期坚持、行之有效的工作方法。中华体育精神是民族的精神财富之一。要抓好体育队伍的思想政治建设和作风建设，树正气，扬国威，展现为国争光的英雄气概。加强思想政治工作必须牢牢把握住培养运动员正确的世界观、人生观和价值观这个关键环节。牢固树立祖国利益至上和祖国培养的观念，培养"报效祖国、为国争光"的意识，激发广大运动员的爱国热情和民族自豪感。在思想政治工作中必须坚持"以人为本"的原则，从关心爱护运动员出发，了解人、理解人、关心人，既帮助他们解决思想问题，又解决实际问题，有针对性地开展工作，为备战提供坚强的思想保障。还要特别注意把加强

---

① 杨桦，等. 竞技体育与奥运备战重要问题的研究 [M]. 北京：北京体育大学出版社，2006.

思想政治工作同加强运动队的作风建设紧密结合起来，培养运动员敢于打硬仗、打恶仗的顽强心理品质。

（五）倡导公平竞争，坚决反对服用兴奋剂

兴奋剂是竞技体育发展中的一个毒瘤，我国政府对此态度十分明确，始终坚持"严令禁止、严格检查、严肃处理"的方针，为2008年奥运会反兴奋剂工作打下了坚实的基础。在管理中重点要抓好思想教育、个人自律、强化制度、认真监督、严格惩处。确保我国参赛运动员在备战期间和在北京奥运会上不出现任何兴奋剂问题。

（六）加强医疗保障，预防运动损伤

伤病与运动员的精神状态、思想状态、体能状态和训练安排都有很大关系。越临近奥运会，我们就越要加强这方面的研究。据对国家队运动员2006－2007年的伤病统计（截止到2007年5月国家队在训运动员1727人），95%的运动员有不同程度的伤病；有20%－30%的运动员因伤病影响系统训练；有50－70名运动员因伤病要停训停赛一周时间；有15－20名运动员有重大伤病，长期停训、停赛，需要专家进行集体会诊。[①] 对此，我们应采用有效的方法，在训练中应增强对高难动作训练的防范意识，完善防护措施，避免伤病的发生，尤其是要杜绝重大意外伤害的发生。将严格的、科学的训练与预防、监督、治疗、康复结合起来，教练员应提高预见能力，在运动员出现小病、小伤苗头的时候，就要给予足够的重视，防患于未然。

（七）发挥科技先导，重视信息情报

知己知彼，百战不殆，我们在备战中要高度重视信息情报工作，加强备战信息情报的收集、研究和分析工作，及时掌握世界竞技体育格局的变化和项目发展趋势，力争及时掌握主要对手的成绩、状态、技战术特点、训练方法手段、训练器材装备情况，并加强理性分析，制定应对方案，提

---

① 段世杰．在备战2008年奥运会本土参赛对策及运动员伤病防治专题会议上的讲话［R］．国家体育总局，2007－07－17．

高训练的针对性。

（八）合理利用竞技资源，优化资源配置

"全国一盘棋、国内练兵、一致对外"是我国竞技体育举国体制的精髓所在，也是社会主义制度的优越性在我国竞技体育领域中的具体表现。我们应围绕一个目标，凝聚全国力量，调动一切资源，排除一切干扰，最大限度地实现全国竞技体育资源的优化组合。

三、奥运备战的实施

（一）进一步完善与创新备战工作体系与制度

备战工作体系和制度的创新，是备战工作的关键环节之一，是应对国内外不断变化的备战局势最有效的手段。作为奥运会备战和参赛领导和组织管理部门，应把2008年奥运会备战工作列为对各项目中心领导班子考核的重要内容。明确各项目中心、各项目的责权，层层落实责任制。在"组织、计划、责任、保障"四个落实中，应注意把握好两个环节，一是要发挥好国家体育总局系统和地方体育局两个积极性，各地方体育局也必须狠抓"四个落实"，并积极与国家体育总局相关单位相衔接。二是要按照由近到远、由粗到细要求部署备战工作。

（二）进一步提高对把握运动项目本质、特征及规律的认识

认识项目规律是科学制订训练计划、开展科学训练的前提和基础。竞技运动水平的提高，很大程度取决于对项目规律的认识和把握水平。我们应始终坚持"从难、从严、从实战出发、大运动量"的科学训练原则，提高训练质量。鼓励训练方法、手段以及技战术方面的创新，建立各项目技术创新的激励机制。加强有关训练信息情报的综合分析能力，加强对先进训练理论和技术项目的研发。

我们在研究项目规律的过程中应明确两个方面的问题，一是运动项目的共同规律，二是能最准确表述项目性质、特征，并对提高运动成绩起主要影响和作用的本质特征及规律。我们在认识项目规律时，要有辩证的、动态的、发展的观点，因为竞技运动本身就是在不断的挑战中发生变化，

不断地更新技术战术，推陈出新，并且随着项目规则、器材、竞赛办法的改变，项目规律也随之发生变化，都要求我们要不断认识到新的变化，深入分析和研究。

（三）进一步完善我国奥运会优势和潜优势项目的备战策略

我国传统优势项目为我国实现奥运争光计划、托起竞技体育腾飞的翅膀做出了卓越贡献，是实施我国奥运战略的核心和重点。潜优势项目作为金牌增长点，是实现新突破的关键。我国奥运优势项目、潜优势项目面向2008年奥运会的备战策略不仅直接关系到备战2008奥运的成败，而且事关我国竞技体育高水准、高层次可持续发展的战略问题。备战中要把握竞技体育的竞争实质，系统整合优势项目资源，挖掘优势项目潜力，提高核心竞争力，拓展优势项目和潜优势项目群。

（四）积极开展理想信念教育

"为国争光"是备战奥运会的精神基础和动力，是备战奥运会工作的重要思想保证。应加强运动队的党团工作和思想教育工作，大力弘扬体育精神和运动队中思想政治工作的优良传统，严肃纪律，严格管理，在训练中严格要求，磨炼运动员的意志和作风，特别是对尖子运动员和教练员，更要高标准严要求，打造具有崇高理想，作风过硬，意志坚定的备战队伍。

进一步加强和改进国家队思想政治工作是做好奥运备战工作的迫切需要。应突出重点，抓关键环节，明确工作职责，建立工作机制，以训练和比赛为核心，将国家队思想政治工作做实、做到位。为国争光是运动队思想政治工作永恒的主题。奥运会不仅仅是体育比赛，备战工作也不仅仅是技战术和体能的训练，思想政治工作、运动员和教练员的作风锤炼以及精神风貌、文明素质的培养也是备战工作的重要组成部分。这些因素直接关系到运动成绩的好坏，直接关系到国家形象，与夺取金牌同样重要，必须给予高度重视。

（五）进一步加强反兴奋剂工作

在竞技备战的攻坚阶段，我们应加强对《反兴奋剂条例》的宣传，加强对运动员、教练员的教育。在国家体育总局、各项目中心、单项协会、

各地方体育部门应进一步明确在反兴奋剂工作中的责任和义务。各级体育行政部门，各个运动队应采取更加严格的措施和手段，保证在各种国际大赛上、特别是 2008 年北京奥运会不出兴奋剂问题。我们要通过完善组织管理体系和检查体系、提高检测水平、增加检查数量、加大惩罚力度等多种措施，同时应积极探索建立反兴奋剂工作的长效机制。

（六）进一步健全信息情报组织制度

信息情报已成为当今竞技体育竞争的一个重要领域。为实现参赛目标，我们要高度重视信息情报工作，重视对各国实力变化的分析，重视对各主要竞争对手，包括潜在对手的分析，重视对规程规则、技战术、训练方法和手段、技术装备等方面的发展变化的分析，做到知己知彼。

（七）进一步加强科技备战与创新

党中央提出"科学技术是第一生产力"的重要思想和科教兴国的战略决策。体现在竞技体育事业中，就是要实施科教兴体战略，构建体育科技创新服务体系。现代竞技体育的发展，科学技术和运动训练的结合越来越紧密，通过科学技术提高训练的效率，已成为提高成绩的关键环节之一。科研工作与竞技体育的紧密结合是当代体育运动发展的客观要求，运动训练的科技含量直接关系到竞技水平的高低。在竞技备战工作中，体育科技工作至关重要，能否为备战提供良好的科技服务是事关大局、事关能否完成任务的重要因素。

随着北京奥运会日益临近，备战奥运会的科研工作也应坚持缩短战线、突出重点、集中资源、加强针对性，围绕重点项目、重点运动员的需要，立足于解决一线运动队遇到的难点和重点问题的原则，紧紧瞄准金牌，瞄准优势项目的巩固，瞄准潜优势和落后项目的进步与突破，刻苦攻关。我们的优势项目要巩固，潜优势项目要取得突破，落后项目要取得大的进步，必须依靠科技创新，必须依靠广大科技工作者的智慧和劳动。

（八）进一步创新训练理念，提高训练水平

创新是竞技体育发展的灵魂，是一个运动项目由落后到突破，再由突破到长盛不衰的不竭动力。在备战中应从运动训练整体效益出发，以竞技

需要为导向，以提高竞技能力和竞赛制胜为目标，加强观念创新，从抓训练观念、方法手段、项目本质特征的认识和制胜规律的摸索等方面入手，构建我国竞技体育备战 2008 年奥运会的创新体系。我们加强多种训练理论、方法的组合应用，实现训练理论和训练观念的综合和优化。竞技体育的本质就是不断创新，挑战极限的过程，就是不断对原有的知识进行再认识的过程，就是不断研究新情况、解决新问题、总结新经验、形成新突破的过程。

训练是备战工作的核心，提高训练水平是提高我国代表团整体竞争力的根本。要取得突破性的成绩必须要有突破性的思维，要战胜强大的对手就必须采取比对手更具有突破性、创新性的措施和手段。我们在训练工作中，应不断提高认识水平和管理能力，通过不懈地研究、探索，不断深化对项目规律的再认识，力争在训练思想、方法手段上有所创新，切实解决重点项目训练中的关键问题，强化心理训练和作风锤炼，加强科技服务，构建复合型训练、管理和保障团队，不断提高训练水平。

我们在备战奥运会中贯彻三从一大训练原则必须要有新认识、新突破、新作为。"三从一大"训练原则是我国竞技体育从弱到强、发展壮大的法宝之一，它充分体现了竞技体育的制胜规律，我们应继续坚持，并不断发扬光大。

（九）整合竞技资源，实现优化配置

竞技资源优化配置是根据竞技体育市场的需求，采用行政手段和市场机制以调节体育资源的合理配置，运用集约化的体育资源增长方式，从而实现人尽其才、物尽其用、地尽其利，提高体育资源的效益与效率，并进一步加强对科技资源的系统整合力度。

（十）构建复合型国家队训练团队

备战奥运会是一项宏大的系统工程，国家队的备战工作涉及政策、管理、训练、科研、信息、后勤、宣传、政治思想教育和反兴奋剂等方方面面，每个环节都可能对最后的比赛成绩产生影响。明确责任、协调一致、优势互补的各项目中心的管理者、主总教练、科研人员、医生应组成一个

知识更为系统，并形成合力，使"管、训、科、医"构成一个有机整体，形成科学的决策、管理、训练体系。

（十一）准确把握本土参赛的特殊性，强化备战工作的针对性

2008年北京奥运会本土参赛，对我们来说是一个全新的课题，影响参赛的因素发生了很大的变化，而参赛心理的稳定性是影响比赛结果的主要因素之一。我国重点优势项目，如乒乓球、羽毛球、跳水、体操、射击、举重等项目，多属于精、准、技、巧类项目，对运动员的心理因素要求更高于其他体能类项目。由于本土参赛，运动员更易近距离接触和感受到国人的高期望值、各级领导关注多、亲朋好友期望高、媒体、企业的关注力大，这些既有积极的一面，同时，也会给运动员造成更大的心理压力，如果拿不出恰当的办法和调整对策，将会严重影响运动员竞技水平的发挥。因此，我们在备战中要充分认识研究本土作战对完成任务的重要性，加强备战工作的针对性，要积极探索，大胆尝试，精心筹措和安排模拟比赛，做到高度重视，认真落实；在深入研究项目规律，提高竞技水平能力的前提下，深入研究主场参赛的各因素，特别是要研究主场参赛的特殊性，并针对中国运动员本土参赛的特殊性，制定和实施有效的对策，使有利因素充分发挥作用，使不利因素的产生和影响减小，并向有利的方面转化，以确保运动员更好地发挥出竞技水平。

第二节　奥运备战制度体系与运行机制

我国在长期备战奥运会的过程中形成了一套具有鲜明中国特色、专门的备战工作制度和管理制度体系。较之技术、管理而言，由于制度具有的根本性、稳定性、深刻性、长期性等特征，对于我国实现奥运成绩突破起了无可替代的根本保障作用。

一、奥运备战系统

所谓奥运备战系统是指由相互作用、相互联系、相互制约的奥运备战各个部分组成的具有特殊功能的集合体。根据所承担的任务和功能的不同，奥运备战系统包括决策、指挥、参谋、执行、操作、保障、监督、反馈等八个子系统（图3-1-1），而每个子系统又由若干要素组成。

图3-1-1　奥运备战系统子系统构成

决策子系统是整个奥运备战决策的智囊团。我国奥运备战系统的最高决策子系统为国家体育总局党组，决策采取党组会议、局长办公会议的形式集体决策，有利于集思广益，提高决策的正确程度。

指挥子系统是整个奥运备战活动的指令中心，是以委员会形式的竞技备战工作领导小组名称存在的，其人员由国家体育总局领导、备战办公室及有关职能部门负责人组成。它的主要任务是实施决策机构的决定，负责指挥各项备战活动，保证各项备战工作的有序开展。

参谋子系统是由各级职能部门或参谋机构负责人与成员组成的水平形态系统，是各级备战负责人的助手，分别负责某一方面的管理业务。我国在备战过程中经常采用的备战办公室、专家组等形式即是参谋子系统的组成部分。

执行子系统是使决策和计划得以推行的重要机构。备战执行子系统包括国家体育总局有关职能部门、各奥运项目管理中心以及有关事业单位。

各国家队组成了奥运备战的操作子系统，其他各子系统的功能最终体现在备战操作子系统的能力提高上。备战操作子系统是各子系统备战合力的汇集点。备战操作子系统主要包括参赛队伍选拔、组建、训练、参赛、管理等要素。

备战监督子系统是保证奥运备战系统围绕目标正确运行的监控系统。其作用主要是监督各项备战工作的执行情况。对于我国奥运备战系统而言，

纪检监察部门、其他职能部门、项目中心、备战办公室等都具有监督职能。

　　备战反馈子系统是对备战工作成效进行评估的系统，也称为备战评估子系统。其功能是要反映备战系统执行的效果。

　　备战保障子系统是整个备战系统得以运行的资源、信息等的基本物质基础。备战保障子系统包括场地设施、器材装备、科技、医务、信息情报、宣传、资金、人力资源、外事、后勤等要素（图3－1－2）。在每个要素中又包含众多的组成要素，如科技保障又可包括运动员科学选材系统、运动训练科学监控系统、运动员体能恢复与营养补充系统、运动员心理训练与咨询服务系统、运动员伤病防治与医疗服务系统、运动竞赛科技服务系统、反兴奋剂系统、体育信息服务系统等，而每一个子系统又可划分为更小的子系统。

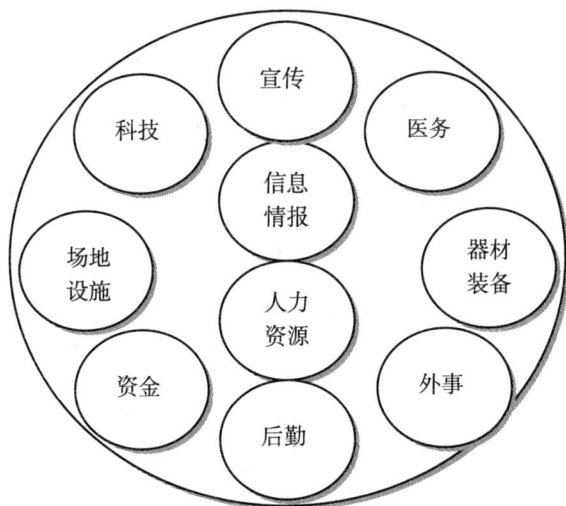

图3－1－2　奥运备战保障系统构成要素

　　整个奥运备战系统的链接中心是备战指挥子系统，其他子系统的运行要通过备战指挥子系统进行指令和协调；而运行的重点子系统是备战操作子系统。其他子系统的功能发挥最终要通过备战实施子系统体现出来，是实现奥运备战系统目标的核心途径。在奥运备战系统中，决策子系统规划系统的战略目标和总体要求；指挥子系统按照决策子系统的要求，指挥整个备战工作，是指令和协调整个备战活动有序开展的大脑中枢；参谋子系统是提高各项备战活动开展科学性、合理性的重要系统；执行子系统是各项备战工作得以推行的关键，是链接其他子系统和操作子系统的桥梁；操作子系统是整个系统的核心，是实现系统最终目标的体现中心；保障子系统是操作子系统得以顺利运转的基本前提和保证；监督子系统和反馈（评估）子系统贯穿于整个备战系统运行的全过程，是保证备战系统向预定轨道发展的重要子系统。

以上八个子系统功能各异，相互联系、相互作用，缺一不可，共同构成了完整的奥运备战系统。

二、奥运备战基本制度体系

组织体系和结构为组织的运行提供了静态的流程和组织基础，而要实现组织目标，必须实现结构动态化。我国备战奥运会的基本制度体系包括专门性管理制度体系和经常性工作制度体系两大主体。

（一）专门性管理制度体系

管理制度是组织中全体成员必须遵守的行为准则。良好而又健全的制度是组织健康运行的根本保证。管理学家认为，组织体系中任何制度都必须反映出"科学性、合法性、系统性、权威性、强制性、稳定性"等一些基本特点。

除遵循我国基本的体育管理制度外，我国在奥运备战领域逐步建立起了一套专门管理制度（图3-1-3），初步形成了专门性制度体系。针对奥运备战工作建立具有针对性的管理制度，既是备战工作的实践需要，也是实现管理规范化、制度化的必然要求。这些专门性管理制度对国家队的选拔、组建、管理、训练、参赛、科研、信息、宣传、思想政治教育、反兴奋剂等与奥运备战有关的事项做出了明确的规定，使各项备战工作有章可循，提高了任务执行的公信度。专门性管理制度的逐步建立和完善对于形成层次分明、职责清晰、任务明确、运转高效的组织管理体系和工作制度至关重要。

《中国奥林匹克荣誉奖章授予办法》

《反兴奋剂条例》

《2008 年奥运会国家队备战工作管理办法》

《2008 年北京奥运会备战工作组织管理办法》

《2008 年奥运会项目管理中心备战工作考核奖励办法》

《备战 2008 年奥运会科技工作管理办法》

《国家队医务人员管理暂行办法》

《国家队科技人员管理暂行办法》

《国家队聘任外籍教练员管理规定》

《国家队人事管理暂行办法》

《国家队组建及参加世界大赛运动员、教练员选拔办法》

《国家队组建和集训工作的有关规定》

《国家队训练经费的核定及管理办法》

《国家体育总局科研项目经费管理办法》

《关于进一步加强和改善国家队思想政治工作的意见》

《国家奥林匹克体育后备人才基地认定条件和办法》

《关于进一步加强运动员保障工作的通知》

我国奥运备战专门性管理制度

基本管理制度

专业管理制度

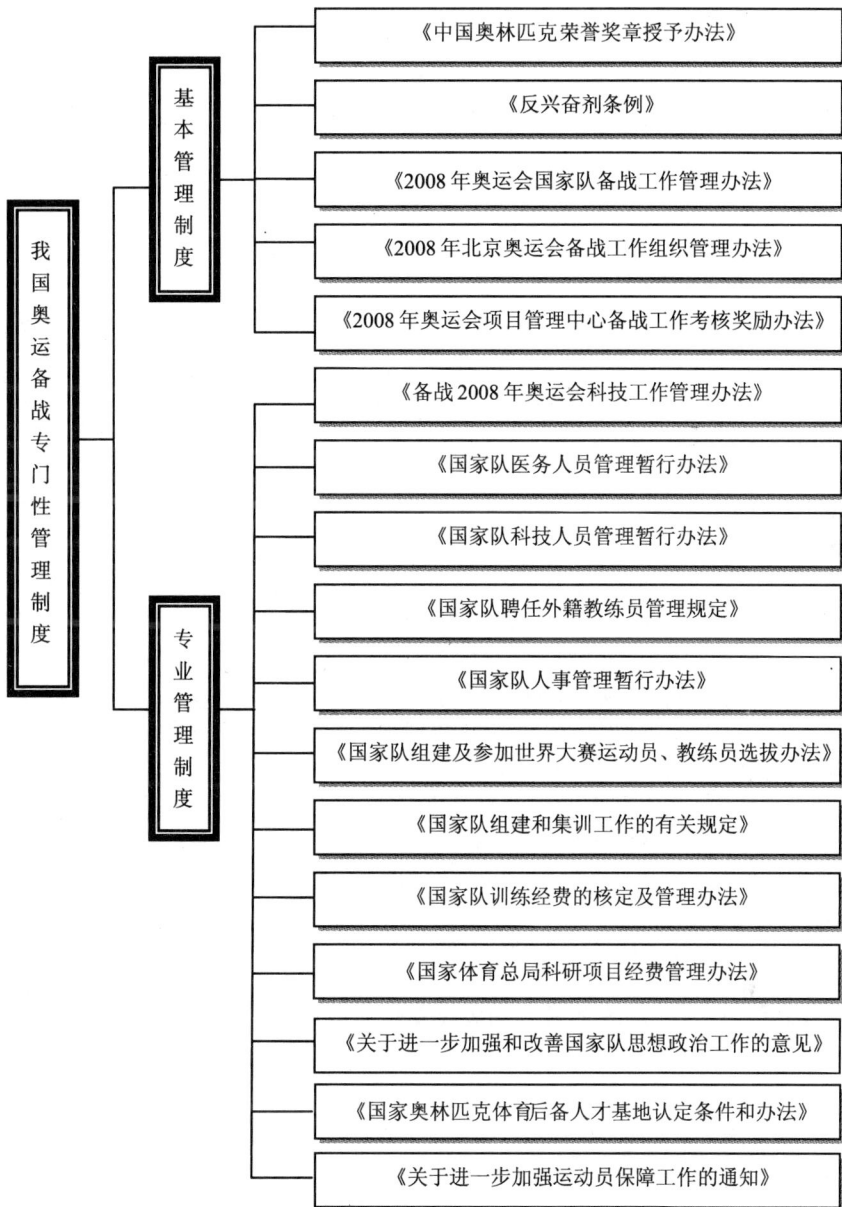

图 3 - 1 - 3 我国备战奥运专门性管理制度体系简况

（二）经常性工作制度体系

为实现各项备战工作的制度化、规范化，我国各级奥运备战机构都建立了经常性的工作制度体系。通过建立工作制度体系，使各项工作纳入到制度化、程序化发展轨道，体现了工作的组织管理成熟度在不断增强，为备战 2008 年奥运会，各级备战机构建立的主要工作制度如图 3 - 1 - 4 至 3 - 1 - 7 所示。

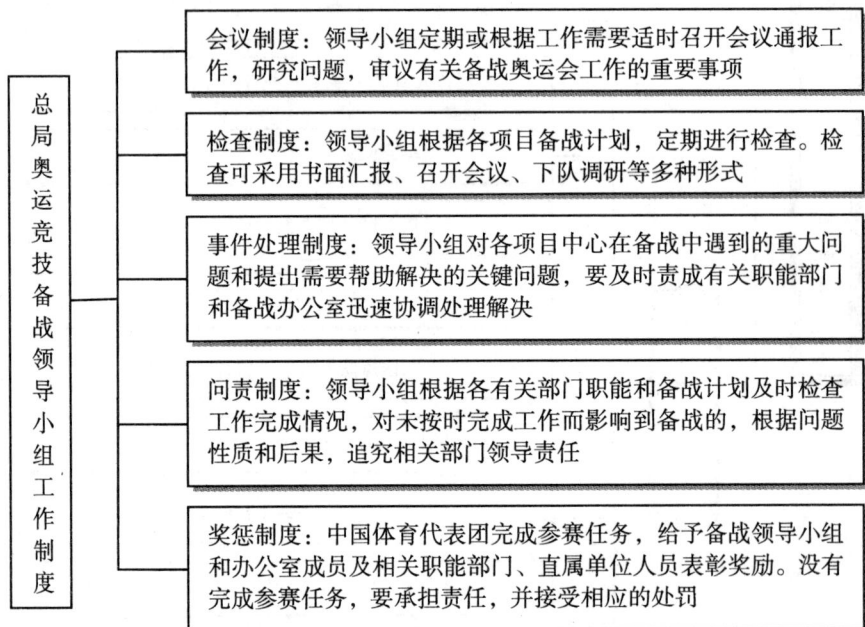

总局奥运竞技备战领导小组工作制度

会议制度：领导小组定期或根据工作需要适时召开会议通报工作，研究问题，审议有关备战奥运会工作的重要事项

检查制度：领导小组根据各项目备战计划，定期进行检查。检查可采用书面汇报、召开会议、下队调研等多种形式

事件处理制度：领导小组对各项目中心在备战中遇到的重大问题和提出需要帮助解决的关键问题，要及时责成有关职能部门和备战办公室迅速协调处理解决

问责制度：领导小组根据各有关部门职能和备战计划及时检查工作完成情况，对未按时完成工作而影响到备战的，根据问题性质和后果，追究相关部门领导责任

奖惩制度：中国体育代表团完成参赛任务，给予备战领导小组和办公室成员及相关职能部门、直属单位人员表彰奖励。没有完成参赛任务，要承担责任，并接受相应的处罚

图 3 - 1 - 4　国家体育总局奥运竞技备战领导小组主要工作制度

备
战
办
公
室
工
作
制
度

会议制度：定期或根据工作需要及时召开办公会议，各处根据工作计划，汇报工作进展情况，研究讨论相关问题，提出意见并确定需要报领导小组审议的事项

协调制度：根据制定的备战工作计划，及时协调有关职能部门、直属单位和各项目中心做好相关的备战工作；协调时可采用召开会议、现场办公、下队调研等方式

办文制度：对各项目中心在备战工作中的请示、报告等公文，以及提出的需要解决的重大问题等要及时协调有关职能部门提出处理意见，并迅速报领导小组审议审批

考核制度：要严格执行备战办公室职责和工作计划。对执行不力或无故未按时完成工作而影响到备战的，可根据问题性质和后果，追究相关人员责任并与考核挂钩

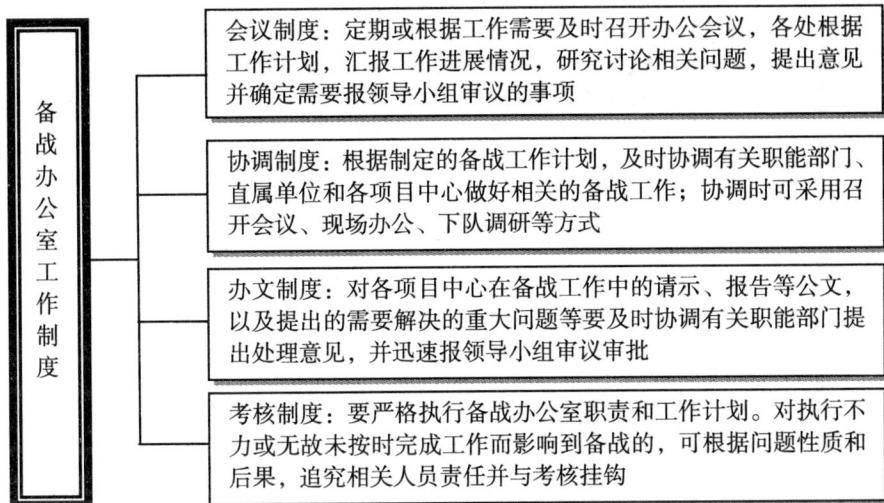

图 3 - 1 - 5　国家体育总局备战办公室主要工作制度

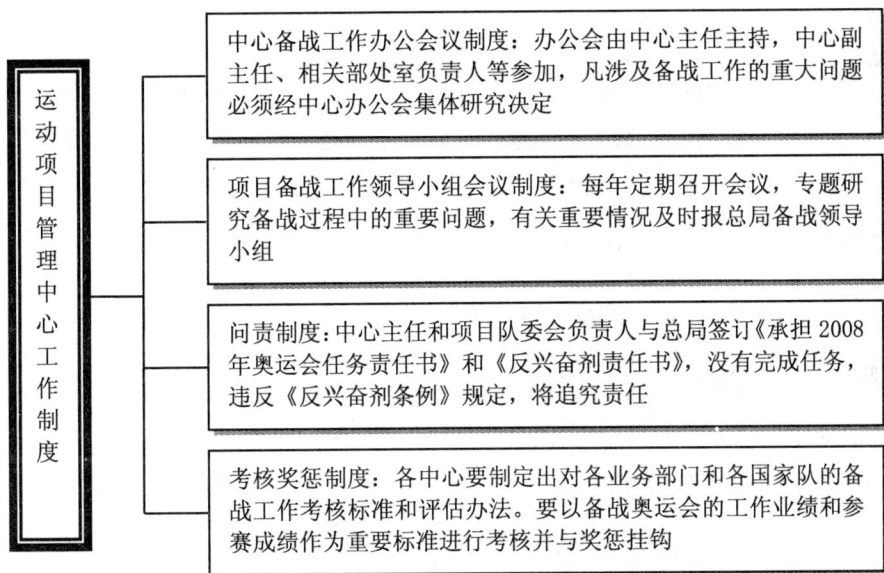

运
动
项
目
管
理
中
心
工
作
制
度

中心备战工作办公会议制度：办公会由中心主任主持，中心副主任、相关部处室负责人等参加，凡涉及备战工作的重大问题必须经中心办公会集体研究决定

项目备战工作领导小组会议制度：每年定期召开会议，专题研究备战过程中的重要问题，有关重要情况及时报总局备战领导小组

问责制度：中心主任和项目队委会负责人与总局签订《承担 2008 年奥运会任务责任书》和《反兴奋剂责任书》，没有完成任务，违反《反兴奋剂条例》规定，将追究责任

考核奖惩制度：各中心要制定出对各业务部门和各国家队的备战工作考核标准和评估办法。要以备战奥运会的工作业绩和参赛成绩作为重要标准进行考核并与奖惩挂钩

图 3 - 1 - 6　运动项目管理中心主要工作制度

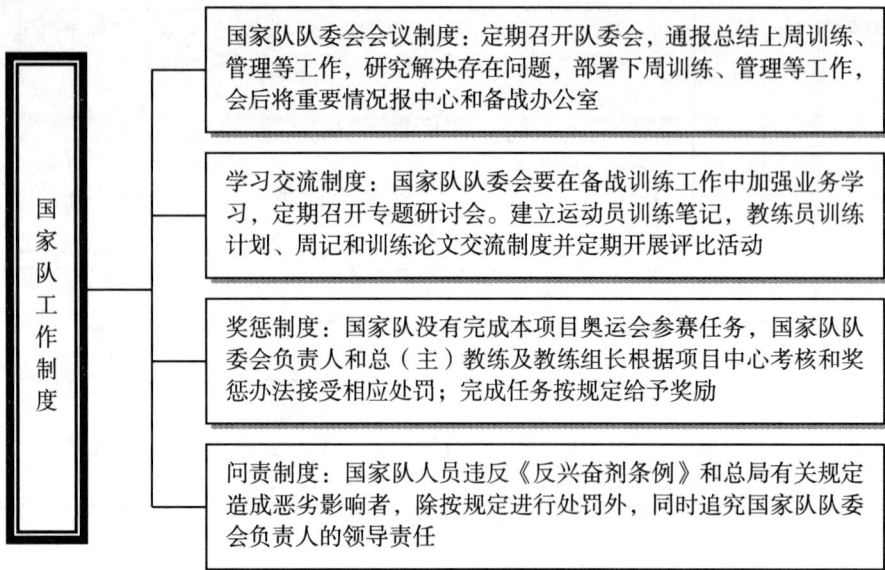

国家队工作制度

- 国家队队委会会议制度：定期召开队委会，通报总结上周训练、管理等工作，研究解决存在问题，部署下周训练、管理等工作，会后将重要情况报中心和备战办公室

- 学习交流制度：国家队队委会要在备战训练工作中加强业务学习，定期召开专题研讨会。建立运动员训练笔记，教练员训练计划、周记和训练论文交流制度并定期开展评比活动

- 奖惩制度：国家队没有完成本项目奥运会参赛任务，国家队队委会负责人和总（主）教练及教练组长根据项目中心考核和奖惩办法接受相应处罚；完成任务按规定给予奖励

- 问责制度：国家队人员违反《反兴奋剂条例》和总局有关规定造成恶劣影响者，除按规定进行处罚外，同时追究国家队队委会负责人的领导责任

图 3-1-7　国家队主要工作制度

从工作制度设立情况看，各级备战机构都把会议制度、奖励制度、检查问责制度等作为经常性工作制度，此外还根据具体工作职能、范畴和角色的不同建立了各自的经常性工作制度。这些不同层级工作制度的建立搭建起了我国各项备战工作的层次化、网络化指挥和实施制度平台。

三、奥运备战系统的运行机制

所谓运行机制是指事物运行的带规律性的模式。竞技体育的运行机制是指竞技体育运行的带规律性的模式。[1] 考察奥运备战系统运行机制是洞察和透视各组成要素相互联系、相互作用以及作用过程和原理的基本途径。

我国奥运备战系统的运行机制是整个备战系统运行的基本工作原理和

---

[1] 吴寿章，等.中国 2010 年竞技体育发展战略研究 [C]. 见：国家体育总局政策法规司. 中国体育发展战略研究会. 全国体育发展战略研讨会论文汇编（1998 年），1998：8.

程序方式。由于其属于我国竞技体育大系统的一部分，所以是在竞技体育大系统框架内运作的。按照奥运备战的内在规定性，将我国奥运备战的运行机制分为动力机制、决策机制、竞争机制、激励机制、沟通机制、整合机制、控制机制和保障机制。

（一）动力机制

动力机制是指奥运备战系统从事各项活动具有内在推动力的目标或目标系统。作为一项特殊性质的工作，奥运备战具有国家支持和推动，以行政手段为基本管理方式的带有鲜明国家意志痕迹的实践过程。备战奥运会的基本动机是实现国家的奥运战略目标。《中共中央、国务院关于进一步加强和改进新时期体育工作的意见》（中发〔2002〕8号）明确提出新时期我国发展竞技体育是"以新世纪我国在奥运会等重大国际比赛中取得优异成绩为目标"。这是对我国竞技体育发展目标的总体要求。

国家体育总局制定颁布的《2001 – 2010年奥运争光计划纲要》对此进行了细化表述，并以目标体系的形式进行了表达。

——我国竞技体育的总体目标是：继续保持亚洲领先和奥运会上金牌数排名前列地位，力争在2008年奥运会有所突破；充分发挥竞技体育多元功能，形成与社会主义市场经济体制相适应的具有中国特色的竞技体育管理体制和运行机制。通过改革与发展，竞技体育整体实力稳步提高，运动项目和运动队伍结构更加合理，运动人才的综合素质进一步提高，竞技成绩中科技含量显著增加，基础设施和条件明显改善。

——竞技运动水平目标是：2004年夏季奥运会继续保持金牌数排名前列地位，巩固和扩大优势项目，为2008年奥运会打下良好基础。力争有20 – 24个大项目和120个左右小项目具有进人前8名的实力，11 – 14个大项目80个左右小项目具有争夺奖牌的实力；在2008年夏季奥运会上，充分发挥东道主优势，全面参与奥运会的竞争，力争金牌数排名第3位。争取有22 – 26个大项目160个左右小项目具有进入前8名的实力，14 – 16个大项目100个左右小项目具有争夺奖牌的实力。

——可持续发展目标：运动项目布局合理和分类管理科学，夺金牌项目数量有较快增长；竞赛制度完善，形成奥运争光激励机制；体育科技意识进一步加强，运动训练和比赛成绩中的科技含量不断提高；运动人才流动合理有序，综合素质和文化水平明显提高；"体教结合"共同培育高水平后备人才体系和激励机制初步形成；建设若干个具有世界先进水平的"训练、科研、教育"一体化的训练基地；与竞技体育发展相适应的效益投资体系和社会保障体系逐步建立。

国家体育总局于2002年制定的《2008年奥运争光行动计划》针对2004年雅典奥运会和2008年北京奥运会制定了相应的目标体系。提出的目标体系为：

——总体目标：2004年奥运会，继续保持金牌数排名前列地位，力争取得更多的参赛资格，扩大获奖牌项目和人数，为2008年奥运会打下坚实的基础。2008年奥运会，争取参加所有大项目和更多小项目的比赛，力争保持金牌数排名第三位，并在奖牌和前8名数量上有较大提高。

——具体目标：①目标预测。2004年奥运会我国将参加25个大项目的比赛。2008年奥运会将参加28个大项目和更多的小项目的比赛。②目标分类。通过论证，将28个大项目、300个小项目在2004年、2008年奥运会上的成绩目标进行分解，分为冲击金牌项目、冲击奖牌项目、进入前8名项目三类，分类分项制定具体目标。

综上所述，我国奥运备战的基本动机是实现国家的奥运战略目标，是国家利益最大化的体现过程，是以"为国争光"为基本出发点，以目标体系为具体动力的运作过程。

（二）决策机制

决策机制是指奥运备战系统能够自主地做出为实现主要目标或目标系统服务的政策性决定的可能性。所谓决策就是个人或群体为实现目标，制定各种可供选择的方案并在多种方案中权衡利弊，最后做出选择的行为。① 决策是人类行为的根本。由于决策的普遍性和决策在管理中的重要性，国外一

---

① 王乐夫等. 公共行政学［M］. 北京：高等教育出版社，2006：221.

些学者，如西蒙、卡斯特、罗森茨维克等人把决策视为管理的同义词。① 西蒙强调："组织行为乃是众多决策过程所构成的一个错综复杂的网络。"②

西蒙把决策过程分为四个主要阶段：（1）找出制定决策的理由；（2）找到可能的行动方案；（3）在行动方案中进行选择；（4）对已进行的选择进行评价。③

结合工作实际，我国奥运备战决策的类型可划分为战略决策、管理决策和业务决策三种不同的形式。

战略决策是对涉及备战目标、战略规划等重大事项举行的决策活动，是对事关全局性、长期性，关系到发展大计的根本问题进行的决策，具有全局性、长期性和战略性的特点。管理决策是对现有的人力、财力、物力等资源进行合理配置，具有局部性、中期性和战术性的特点。管理决策是战略决策的支持性步骤和过程。业务决策是涉及一般管理和处理日常业务的具体决策活动，具有琐细性、短期性与日常性的特点。

在奥运备战系统中，不同管理层面对所负责的决策任务不同，如图 3 - 1 - 8 所示，基层管理者主要从事业务决策，中层管理者主要从事管理决策，高层管理者主要从事战略决策。

对于奥运备战管理决策的有关事项，国家体育总局在 2006 年制定颁发的《2008 年北京奥运会备战工作组织管理办法》和《2008 年奥运会国家队备战工作管理办法》进行了具体的规范，对各类备战问题的决策机制做出了明确规定。国家体育总局党组是整个备战工作的最高决策机构，决策机制通过总局党组会议和局长办公会审定的民主决策原则进行决策。从基层运动队的决策机制看，国家队重大事项的决策采取的是队委会集体讨论的决策机制。集体民主决策是奥运备战系统决策机制的主体形式。

---

① ［美］弗里蒙特·卡斯特等. 组织与管理——系统方法与权变方法 ［M］. 北京：中国社会科学出版社，1985：400.

② ［美］H·西蒙. 管理行为：管理组织决策过程的研究 ［M］. 北京：北京经济学院出版社，1988：213.

③ ［美］赫伯特·A·西蒙. 管理决策新科学 ［M］. 北京：中国社会科学出版社，1982：33 -34.

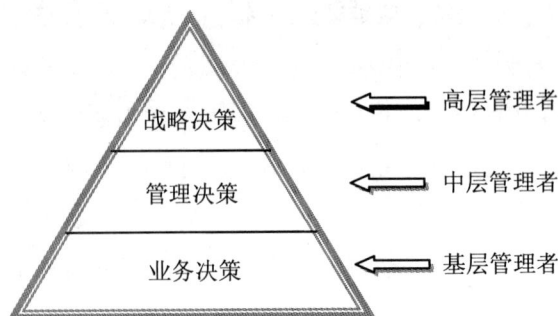

图 3 - 1 - 8 管理者与决策类型

（三）竞争机制

在奥运备战领域引入竞争机制是由竞技体育自身的内在规律性决定的。奥运备战工作的竞争机制主要体现在队伍的组建和人员的竞争任命上。建立规范的运动员选拔制度不仅是竞技体育"公开、公平、公正"精神的体现，是选拔出代表国家最高水平的运动员参加奥运会竞争的基本要求，同时也是正确处理中央与地方奥运备战利益关系的重要环节，是调动地方积极性的激励手段。由于我国奥运战略与全运战略的高度统一，奥运会成绩带入全运会的政策性规定，使得运动员的选拔工作显得愈加重要。

1996 年奥特兰大奥运会以前，我国"参加世界大赛的运动员由国家队教练班子根据队员平时成绩和临战状态确定，这种方式在历史上起过重要作用。但在我国改革开放的形势下，这种选拔方式局限性和弊端越来越明显。国家队由地方队和解放军选拔出来的优秀运动员所组成，应该能代表国家的水平，但不应该成为'当然'的代表。他们应该既有国际比赛的压力，又有国内竞争的动力，不能坐'铁交椅'"，"通过国际大赛选拔，给所有运动员提供公平竞争的机会，有利于调动运动员和教练员以及各方面的积极性，有利于尽快形成多强对抗的格局。这样，我国的竞技体育才能充满生机和活力，整体水平才能提高，这是新形势下举国体育的新的内涵。"① 从 1994 年开始，

---

① 吴寿章. 行与思 [M]. 北京：北京体育大学出版社，2001：93 - 96.

我国实行国际选拔与国内选拔相结合的方式，开始了 1996 年亚特兰大奥运会参赛队伍和队员的选拔与组建。这是我国实行奥运会选拔制度的开端。

面对日益迫近的 2008 年北京奥运会，国家体育总局明确规定，"国家队运动员原则上应通过选拔方式产生"，对参加国际比赛名单的产生，要经过严格的程序（图 3 - 1 - 9）。

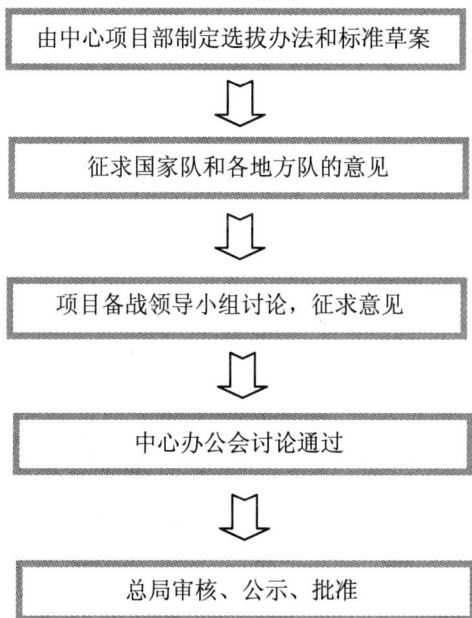

```
┌─────────────────────────────────┐
│   由中心项目部制定选拔办法和标准草案   │
└─────────────────────────────────┘
                 ⇩
┌─────────────────────────────────┐
│      征求国家队和各地方队的意见        │
└─────────────────────────────────┘
                 ⇩
┌─────────────────────────────────┐
│    项目备战领导小组讨论，征求意见       │
└─────────────────────────────────┘
                 ⇩
┌─────────────────────────────────┐
│        中心办公会讨论通过             │
└─────────────────────────────────┘
                 ⇩
┌─────────────────────────────────┐
│       总局审核、公示、批准            │
└─────────────────────────────────┘
```

图 3 - 1 - 9　国家队制定选拔办法和参加重大国际比赛名单产生程序

对于教练员（包括外籍教练员）的选聘，国家体育总局也做出了相应的规定，国家队总（主）教练、副总教练应具备以下条件：

1. 准确理解和把握本项目规律和特点，了解本项目发展趋势，精通竞赛规则、熟悉裁判法；

2. 所执教的运动员（队）曾获得全国冠军或亚洲以上国际比赛前三名；

3. 高级教练以上职称；

4. 具备基本外语会话能力；

5. 具备应用计算机处理业务的能力；

6. 身体健康。

此外，竞争机制还表现在总局机关及各有关事业单位部分岗位人员选拔和干部任命的公开招聘与竞争上岗制度上。

竞争机制是使整个备战工作充满生机和活力的助推器，是社会公平理念在奥运备战领域的生动体现。

（四）激励机制

从组织行为学的角度看，激励就是激发、引导、保持、归化组织成员的行为，使其努力实现组织目标的过程，而组织成员的努力是以能够满足个体的某些需要为前提条件的。① 激励是管理活动中至关重要的一项内容，人的积极性和最大潜能的发挥，离不开有效的激励。

我国在长期的备战过程中形成了一整套的激励措施，包括签订任务责任书制度、反兴奋剂责任制度、奥运会贡献奖励制度、备战奥运会考核奖励制度、体育运动荣誉奖章授予办法等一系列的激励措施和手段。

从精神奖励的国家层面看，共青团中央、全国妇联以及国家体育总局等每次都对在奥运会比赛中取得优异成绩的运动员授予相应的荣誉称号。如，悉尼奥运会结束后，国家体育总局授予陶璐娜等 36 人体育运动荣誉奖章，授予王义夫等 31 人体育运动一级奖章；共青团中央授予国家乒乓球队等 6 支运动队"中国青年五四红旗集体"称号，授予李小鹏等 36 名运动员"中国青年五四杰出贡献奖章"；全国妇联授予刘璇等 16 位获得金牌的女运动员全国"三八"红旗手荣誉称号，授予国家女子举重队等 3 支女运动队全国"三八"红旗集体荣誉称号。②

从物质奖励层面看，整体上说，我国奥运金牌选手所得到的奖励大致来源于四个方面：一是国家，也就是来自于国家体育总局方面的奖金；二

---

① Stephen P. Robbins, Managing Today, Prentice-Hall, Inc, 1997：388.

② 人民日报海外版. 2000. 10. 05. 第二版. 转引自：http：//www. people. com. cn/GB/paper39/1602/258906. html.

是国家体育总局各项目管理中心的奖金；三是各省市政府以及体育局对金牌选手的奖金和实物奖励；四是来自企业或个人的现金及实物奖励。1992年，前国家体委、财政部、前劳动人事部报请国务院批准，出台了对奥运获奖选手的奖励《办法》，标准为金牌8万元人民币，银牌5万，铜牌3万。在当年的巴塞罗那奥运会上，我国选手夺得16枚金牌，在当时的氛围下，除国家奖励外，各省、地级政府更是层层加码，有的冠军获奖励超过百万元，重奖奥运金牌得主由此开了先例。[①] 至雅典奥运会，国家体育总局对奥运会冠军的奖金提高至20万元人民币，银牌12万，铜牌8万（免税）（图3－1－10）。较为典型的企业或个人奖励，如，从1984年洛杉矶奥运会开始，"霍英东体育基金"每届奥运会都重奖中国奥运健儿，雅典奥运会金牌得主每人获一枚重一公斤的纯金金牌和8万美元的现金巨奖。

这些激励制度的建立和实施对于满足备战人员的多层次、多元化需要，最大限度地激发备战人员的工作动机和热情，调动每位参与人员的精神动力，最大化地实现奥运参赛目标将发挥重要的作用。

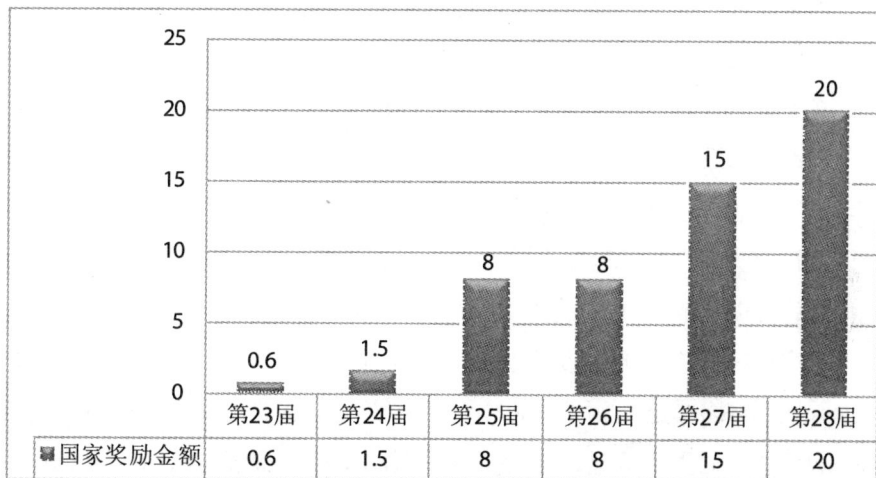

	第23届	第24届	第25届	第26届	第27届	第28届
国家奖励金额	0.6	1.5	8	8	15	20

图3－1－10　23－28届奥运会国家体育总局
对奥运冠军的奖励金额（单位：RMB万元）

① 孙振军. 重奖奥运冠军应有据可依［N］. 中国青年报. 2004－08－26.

（五）沟通机制

沟通机制是指奥运备战系统与外部环境及系统内部的信息交流模式。既是组织成员间传递和交换意见、思想、情感的过程，以期相互了解、相互认知，并达到群体或组织目标的目的。同时又是系统与外部之间的信息交流，是对外的宣传和接受外部信息的方式。在奥运备战系统中沟通机制起着重要的纽带和桥梁作用。

群体内部及群体间的有效沟通是组织能否有效运转的保证。在组织的社会交往及工作关系中，信息的传递、人际关系的交往及工作关系的交往，以及组织的管理、指挥、协调、控制等工作，都是通过有效的沟通完成的，沟通效率的高低会直接影响组织的绩效，有效的沟通是其工作绩效的基本保障。

沟通是指意义的传递和理解。对于管理者来说，没有信息就不可能做出决策，而信息只有通过沟通得到。一旦做出了决策，还需要进行沟通，否则，就不会有人知道一项决策已经做出。[①] 它既可以是人与人之间的交流，也可以是人机之间的交流，还可以是通过通讯工具之间进行的信息交流。[②]

对于奥运备战系统而言，各部门之间的分工协作和备战目标的完成过程需要沟通，没有沟通，很难想象工作的开展会协调有序。良好的沟通有助于创造和谐的氛围，博取社会各界和广大人民群众的支持。良好的沟通可以使行为协调，使管理更有效率，使先进训练、参赛、管理理念能够迅速传播，可以形成巨大的合力，提高实现目标的可能性。

为完成好备战 2008 年奥运会的各项任务，国家体育总局在拓展沟通机制上采取了许多措施。例如，建立了与北京奥组委的定期沟通机制。定期召开会议，互通重要情况，交换工作简报和工作日程表；及时与奥组委协调解决各项目在备战中提出的相关问题；建立了各项目中心在对外宣传上

---

① 斯蒂芬·P·斯宾塞. 管理学［M］. 北京：中国人民大学出版社，2004：295.
② 陈树文. 组织管理学［M］. 辽宁：大连理工大学出版社，2005：124－126.

的新闻通报制度。国家队在保证不影响系统训练的前提下，可定期参加运动项目管理中心安排的媒体采访活动，但对采访的时间和次数有一定的限制；运动项目管理中心或国家队队委会对外发布信息实行新闻发言人制度；建立了重要问题专题研讨制度。对备战有关的训练、参赛等事项进行专题研讨，互通信息，资源共享等。

（六）整合机制

整合机制是指奥运备战系统内上下左右、各个部门和人员都要朝着有利于完成本单位以及整个奥运备战目标的方向而共同努力的工作方式。整合机制是汇聚各种力量并形成合力的过程，是对奥运备战系统的资源进行科学排列组合并使其产生整体功能最优化的基本方式。奥运备战工作涉及的部门和人员众多，要形成系统合力，离不开整合机制的作用发挥。奥运备战系统能够顺利运行，在很大程度上还取决于系统的内外部关系是否协调。

组织理论认为，组织整合的需要程度取决于三大因素：一是工作的相互依赖性；二是组织内部的分化程度；三是组织合作带来的利益诱惑。

从奥运备战系统的内部结构看，各备战有关单位间在工作依赖性上存在职能部门间、项目中心间等并列式相互依赖、存在中心与运动队之间的顺序式相互依赖，以及运动队与科研服务机构间的交互式相互依赖等情形；组织分化在纵向上存在中央和地方、高层领导到基层人员及教练员、运动员，在横向上有多个职能部门和项目管理中心及其他有关事业单位，在空间上存在明显的分化特征，各支队伍经常会分布在全国各地甚至世界各国进行训练和比赛；在部门间合作上，项目中心与有关科研院所、赞助商进行着广泛地合作和联系。

在奥运备战系统中采用的整合手段主要有以下几种。

1. 行政等级链的行政命令

通过行政层级，以行政指令方式进行直接整合。这种整合手段是奥运备战系统的主要整合手段。行政指令具有权威性和强制性特点，是保证凝聚人心，实现资源内聚的有效手段。

2. 标准化的工作程序

通过将备战工作的内容和过程制定成详细的程序和规则，即通过规定标准的工作方法来达到各方面行动的协调配合。比如，《国家队备战工作管理办法》的制定和实施即是一份标准化的操作规范。通过标准化工作程序的应用和监督执行可以实现各项备战工作的协调发展。

3. 跨等级链的直接接触

国家体育总局在雅典奥运会后不久就确立了"围着项目转"的工作思路，要求有关领导及职能部门和项目中心负责人要深入运动队第一线，解决第一线的实际问题和困难。这就直接减少了中间环节，提高了工作效率。

4. 专门机构的直接协调

为协调统一各备战单位的行动，总局专门成立了备战办公室，由备战办公室对各项备战工作进行协调、补缺。成立专门机构进行统一整合，有利于各项备战工作步调一致，有利于实现预期目标。

（七）控制机制

控制机制是指为保证奥运备战系统朝预定目标有序运行，并力求有所创新和突破而采取的各种制度安排和工作方式。控制是对各项活动的监视，从而保证各项行动按计划进行并纠正各种显著偏差的过程。控制是管理职能环节中最后的一环，是管理者知晓组织目标是否实现的唯一办法。所有的管理者都应当承担控制的职责。一个有效的控制系统可以保证各项行动朝向组织目标。控制系统越完善，管理者实现组织的目标就越容易。如果一个组织中缺乏足够的控制，它将面对巨大的成本或达不到组织的目标。无论计划做得如何周全，如果没有满意的控制系统，一项决策或计划仍然不能得到很好地贯彻执行。[①]

奥运备战系统是一个复杂的系统，其构成要素众多，要素间存在非线性关系，所处的外部环境复杂多变。在实现既定目标，保证各项备战工作

---

① 斯蒂芬·P·罗宾斯，玛丽·库尔特. 管理学（第7版）［M］. 孙健敏，等译. 北京：人民大学出版社，2004：532.

持续不断发展和演进的过程中，控制机制的作用是至关重要的。要保证备战和参赛目标的实现，就必须通过控制活动并及时了解自身及外部环境，采取控制措施，对各项备战工作加以控制，使备战工作沿着既定的方向发展。对备战系统实行控制的目的不仅是维持运转的秩序，保证运转的协同，而且还要立足于有所创新和发展。因此，对奥运备战系统实施控制的基本目的有二：一是要维持持续不断的渐进过程；二是要实现突变，有所发展。

奥运备战系统的控制机制包括内部控制机制和外部控制机制两类。外部控制机制主要是指国家的有关法律法规和发展体育事业的有关法规条例。内部控制机制主要是指奥运备战系统内部的规章制度、政策、行为规范等。从内部控制机制看，我国奥运备战系统的控制机制采取的是分层控制的方式，即按照不同的组织层级分别建立控制标准，采取不同的控制方法与手段。具体包括：对总局机关各职能部门的控制机制，对运动项目管理中心的控制机制，对运动队的控制机制等几个层次。在具体的控制手段上通常采取工作绩效评估、成绩指标考核、训练质量评估等。

（八）保障机制

保障机制是实现奥运备战系统顺利运转的人力、资金、场地设施、科技、医务、信息、反兴奋剂、宣传、后勤等有形和无形资源的总和，是其他各项运行机制发挥功能和作用的前提和基础。

综观当今国际体坛的高水平竞争，在每一枚金牌的背后都凝结着密集的人力、资金、科技、信息、器材等的投入，在最近几届奥运会和世界大赛上摘金夺银的运动员，其背后都有一个庞大的分工细致、合作紧密的保障团队。离开了保障机制，或缺少了保障机制的某一环节都有可能影响备战战略目标的实现。

以科技保障为例，为提高备战科技含量，国家体育总局制定了《2001－2010年体育科技发展规划》、《奥运争光科技行动计划》等指导性文件，对科技备战工作进行了全面部署。在备战雅典奥运会期间，研究制定了《备战奥运会科技工作重点研究领域实施方案》（2001年），确定了11个领域的 60 个重大科研项目作为重点攻关课题。制定了《国家队医务人员和科技人员管理办法》，首次将医务人员和科技人员的岗位正式列入国家队编制，并发放驻队岗位津贴。很多运动队都配备了科技人员，约 150 名医务人员长期随队工作，有效地提高了训练的科技含量，近 1500 人次直接参与了 147 个科研攻关和科技服务项目。① 许多中心领导和国家队的主、总教练直接参与或主持了科研攻关项目的研究。科技部和国家体育总局等九部委成立了"奥运科技行动领导小组"，制定和实施了《奥运（2008）科技行动计划》。2005 年总局已批准将国家队科技人员和医务人员的编制从 2004 年的 110 人增加到 2005 年的医务人员 147 人、科技人员 110 人，合计 257 人的规模，② 进一步增强了科技保障团队实力。

2001－2004 年间，国家体育总局为备战雅典奥运会的科研攻关和科技服务工作直接投入经费共计 4800 万元。经费投入比上一个周期（1997－2000 年）增加了 3 倍，直接参与人次和组织攻关课题数分别增加了 58% 和 65%。国家体育总局体育信息中心紧密结合备战训练工作，编辑出版了共计 166 期、247 万字的《雅典奥运信息》等刊物，为代表团参赛准备了重要参考资料。

为做好 2008 年奥运会的科技攻关与科技服务，国家体育总局所属的科研单位深化了科技体制改革，初步形成了以运动项目管理中心为主导、科研课题来源于运动实践第一线，以提高运动成绩为评价标准的体育科研运行机制。③

从运动员队伍建设方面看，根据 2008 年奥运会我国运动员要"参加项目全"和取得好的运动成绩的要求，中央编办为国家体育总局特批了国家队编制，运动员规模扩大了近一倍。现国家队一线运动员 1604 人，二线运动员 988 人。国家队扩编已经辐射到全国，各省区市纷纷效仿国家队，扩

---

① 袁伟民. 在中国代表团参加雅典奥运会总结大会上的讲话 [R] . 载中国体育报. 2004－09－03.

② 奥运新周期，科技新举措 [N] . 中国体育报. 见：SPORTS. SOHU. COM. 2005－07－14.

③ 刘鹏. 2006 年全国体育局长会讲话 [R] . 2006.

大了省级优秀运动队的规模，有效地促进了发现和培养优秀运动人才的进程。[1]

从优秀运动员保障看，形成了"三金一保"，即：将优秀运动员的保障工作定位在运动员伤残互助保险，在役运动员奖学金，退役运动员助学金，国家队老运动员、老教练员关怀基金等方面。逐渐形成了具有中国特色的运动员保障工作格局。自 2003 年奖学金、助学金政策出台以来，全国先后已有 3500 多名运动员享受了约 1600 万元奖学金和助学金的资助。[2]

四、备战的制度创新

引发奥运备战组织管理进行变革的外部原因主要包括社会政治、经济、文化环境的变化，现代科学技术的迅猛发展和管理理论与实践的不断创新。当今世界，社会政治、经济、文化在发展，文明、科技在进步，各种新的管理理论与思潮不断涌现，世界竞技体育日新月异地变化等，都对奥运备战的组织管理带来不同程度地影响，要求奥运备战系统必须实施变革以适应不断变化的外部环境。

从内部原因看，2008 年我国将以东道主的身份参加奥运会，本土参赛与国外参赛在备战和参赛规律上存在当然的差异，因此，参赛环境的变化是引发奥运备战工作进行改革和创新的动力源之一。此外，参赛目标的选择与修正、组织结构与职能的改变、备战人员的调整以及对训练与参赛本质规律的新认识等都会对奥运备战工作提出一定的变革要求。

奥运备战工作是一项具有特殊任务和使命意义的活动，遵循竞技体育的基本规律，将我国备战 2008 年奥运会管理及制度创新与变革分为管理理念变革、制度变革、训练管理体制变革、技术变革和文化变革。

---

[1]　蒋志学，等.2008 年奥运会与我国体育人才队伍建设［M］.见：2008 年北京奥运会的理论与实践.北京：人民体育出版社，2005：122.

[2]　刘鹏.2007 年全国体育局长会讲话［R］.2007.

（一）管理理念变革

管理理念变革是当代政府改革实践要涉及的重要领域之一。[①] 管理理念往往会影响和决定管理的手段和措施。

2005 年，在备战 2008 年奥运会周期开始之际，国家体育总局局长刘鹏就提出："细节就是水平、细节就是效益、细节决定成败，别的领域如此，竞技备战同样如此。"并提出："备战工作要以继承和创新相结合，做到'四个落实'。一是组织落实，要求各中心各项目各地都要建立备战领导机制，层层细化，进行组织落实。二是计划落实，面对 2008 的备战目标是什么？围绕目标在新的备战周期中每个年度、每个阶段、每个小周期要做什么？都要有完整的规划和框架。三是责任落实，以取得好成绩为目标，将责任层层分解落实到部门、到单位、到人头。要把 2008 年奥运会备战工作列为对各中心领导班子考核的重要内容。明确各中心、各项目的责权，层层落实责任制。四是保障落实，总局各个职能部门和有关单位都要'眼睛向下看、围着项目转'，在政策、科技、人才、经费、场地、器材、信息、宣传等各个方面做好保障。"北京奥运会中国军团的金牌奖牌产生自一线运动队，所以，备战期间各方面就要为一线服好务。要加强国家队建设、充实国家队一线编制，适当增加教练员、科研人员、医务人员、管理人员的编制，进一步强化对国家队训练的管理、服务和保障工作。切实做好奥运会比赛场馆和训练设施建设工作，为运动队备战和训练提供强有力的保障条件。并提出，在狠抓"四个落实"中，要注意把握好两个环节，一是要发挥好总局系统和地方体育局两个积极性，各地方体育局也必须狠抓"四个落实"，并同总局相关单位相衔接。二是要按照由近到远、由粗到细来部署，就是说以后几年的部署可以先粗一些，当前和今年的部署要非常细，以后随着时间的推移再逐次细化。

在备战过程中，2006 年，国家体育总局提出了"全民健身与奥运同

行"的主题，围绕北京奥运会的筹备，在全国组织了一系列群众喜闻乐见、有影响、有规模、有声势、有特色的群众体育健身活动，如全民健身活动周，亿万青少年、亿万老年人体育健身活动展示大会，第二届全国"体育进社区"优秀健身项目展演，社区健身大讲堂等。成功举办了"健康、快乐、祥和"的第三届全国体育大会，为非奥项目的推广普及和全民健身运动的开展起到了积极的推动作用。

备战 2008 年奥运会训练工作会议暨 2005 年冬训动员大会上，国家体育总局副局长段世杰提出："要建设好复合型国家队教练团队。"他强调现在的竞技体育的竞争，仅仅依靠有限的知识和单一手段已不能达到高峰。因此提出构建复合型国家队训练团队的构想，符合竞技体育的发展规律，既是适应当今竞技体育竞争日趋激烈的需要，也是我国竞技体育整体水平不断提高的必由之路。通过打造复合型国家队训练管理团队，能使运动项目管理中心管理者、主（总）教练、领队、科研人员、医生、运动员组成一个更为系统的合力，实现"国家最高水平"的训练体系，这是历史的必然，也是举国体制优势的体现。在备战 2008 年奥运会训练工作会议暨 2006 年冬训动员大会上段世杰提出了"金牌是系统、精神是动力、训练是核心、管理是保障"的逻辑思想。对国家队备战中运动队的管理具有积极地指导意义。

这些备战和管理理念将对我国备战 2008 年奥运会组织管理的具体方法和手段产生深刻的影响。

案例：科、训、医一体化复合型科技创新团队

观念创新是一种重大的思想认识变革，观念创新往往会形成在手段、方法、技术等方面的一系列革新，因此，组织的变革往往以观念的创新为先导。随着我国"科教兴国"战略的实施，"以科技促体育"的理念，越来越成为中国体育事业持续、健康发展的强大助推力，这是奥运金牌的辉煌背后，中国体育一种看不见的伟大成就。

中国体育界在 1996 年提出了"科教兴体"。2001 年北京申奥成功后，"进一步依靠科技促进体育事业发展"得到越来越广泛的认同，体育部门对科技的重视达到前所未有的高度。10 年时间，中国体育走出认识误区，科技与体育不再是"两张皮"。

中国体育曾经重视经验而忽视科学，体育科研对体育运动的贡献率非常低。国家体育总局运动医学研究所副所长、中国奥委会首席医务官李国平说，以前的科研和运动是"两张皮"，搞研究和搞运动的"老死不相往来"。研究人员"空对空"进行研究，对运动项目的帮助有限，因此偶尔下一次队，也是"老脸贴上冷屁股"。

1996 年后在大约 10 年时间内，体育界对科技的重视达到了前所未有的高度，科研攻关、科技服务都与运动实践实现了"无缝对接"。科研人员"眼睛向下看，围着项目转"，体能、技术、心理、康复等各方面的科研项目，基本都来自运动一线，每年都有一批科研成果运用到各个运动项目。

中国跳水队多年来长盛不衰，成为名副其实的"梦之队"，用领队周继红的话说，"这是重视科技攻关、坚持科学训练的结果。"

2000 年悉尼奥运会后，国家体育总局科研所和中科院计算机所联手，开发研制出了"跳水视频分析系统"，把经验转化成了科学的数字。国家队跳水训练馆里有 3 套数字化现场技术反馈系统，能全方位分解和解析运动员的技术动作，加强了教练员临场指导的科学性和准确性，运动员的动作质量也大大提高。郭晶晶和吴敏霞在备战雅典奥运会时，双人配对出现了跳水不同步的问题，结果依靠科技手段，很快就找到了郭晶晶提前半步起跳的问题，最终她们获得雅典奥运会双人金牌。

从"重经验"到"重科学"，中国体育在大约 10 年时间实现了巨大进步。这一嬗变的过程，虽然看不到，却是中国体育近 10 年来最大的成就之一。

"科学技术"曾被称为"赛先生"，对体育而言有点抽象。不过，对于中国运动员来说，那就是他们训练时的各项体征，是他们一个细微的技术动作，是他们每天使用的先进设备。

通过科学手段来认识运动规律，结合运动规律实施跟踪监测，是提高训练科学化水平，解决训练难题的必由之路。

刘翔曾经遇到成绩难以提升的困惑，经过研究找到了起跑差的原因。科研人员研究了孟关良和杨文军的肌肉发力特点，由此确定他们的分工，更好地发挥优势，结果他们获得雅典奥运会皮划艇金牌。网球选手晏紫跟腱较短，影响踝关节的活动，并可能带来运动损伤，有针对性地治疗后效果很好。

中国网球运动近年不断创造奇迹，女子双打获得雅典奥运会金牌之后，又在2006年的澳网和温网获得大满贯赛事的桂冠。对此，国家体育总局网球运动管理中心主任孙晋芳说，进步来自科学的训练手段。她说，我们逐步掌握了网球运动的比赛特征、体能特点，以及人体有效刺激生物适应性，因此打破了以往"内容多、时间长、节奏慢、强度低"的训练模式，缩短了训练时间，加大了体能训练比重，并且改变了以往被动性的赛后恢复，加强了赛后的营养补充和康复治疗。这些在科学指导下的改进，收到了良好的效果。

（二）管理制度变革

不断完善管理制度是提高管理科学化水平的重要途径。根据2008年奥运会的特殊任务，国家体育总局在系统总结前一阶段备战工作经验教训的基础上，于2006年研究制定了《2008年奥运会备战工作组织管理办法》和《2008年奥运会国家队备战工作管理办法》，明确了各层次、各部门在备战工作中的责任。对国家队选拔、组建、管理、训练、参赛、科研、信息、宣传、思想政治教育和反兴奋剂工作提出了明确的要求。对于建立层次分明、职责清晰、任务明确、计划周密、措施完善、保障有力、奖惩严明、运转有效的组织管理体系和工作制度具有重要意义。

为完善举国体制、调动各方面积极性，2007年出台的《第十一届全运会竞赛规程总则》明确了运动员注册、交流办法，确定了项目设置，对解放军和地方双计分政策的个别环节作了完善；为完善激励机制，以中国奥委会的名义出台了《中国奥林匹克荣誉奖章授予办法》；修订了运动员和教练员训练津贴和岗位津贴发放办法，提高了训练待遇；制定了《2008年奥运会项目管理中心备战工作考核奖励办法》；为完善优秀运动员保障工作，

2006 年 11 月与财政部、劳动与社会保障部联合下发了我国首个有关运动员社会保障的综合性文件——《关于进一步加强运动员保障工作的通知》，与教育部联合下发了《关于进一步推动体育职业教育改革与发展的意见》，进一步完善了运动员就业、就学等方面的保障政策。各个项目中心也根据项目实际制定实施了许多的具体制度和措施。

通过上述管理制度的陆续出台和贯彻执行，使各项备战工作有章可循，提高了整个备战工作的制度化、规范化、科学化水平。通过完善激励机制和保障机制，调动了地方和运动员、教练员、管理人员的积极性和主动性，使各项备战工作得以有条不紊地顺利开展。

（三）训练管理体制变革

管理体制变革属于组织的结构性变革。训练管理体制变革的根本目的是实现对运动队管理的优化，提高管理效率，从而促进队伍训练质量的提高。2005 年，在备战 2008 年奥运会周期开始的第一年，国家体育总局就明确提出要各支国家队建立复合型训练管理体制，具体是要在总局下属的 28 个大项的 51 支国家队中，实行统一的队委会领导下的分工负责制。方案同时还规定，新体制下各中心主任必须担任其分管国家队队委会的一把手，紧跟队伍。总局这一举措是对长期以来国家队管理实行领队或主教练负责制的一种大刀阔斧式的变革。

案例：队委会制度——运动队的管理体制与模式创新

结构变革是出于战略要求和变化条件的需要而做出的有计划、有目的变革。在备战 2008 年奥运会的过程中，为满足工作需要，实现集约化、专门化管理，提高决策和管理的科学化、规范化程度，国家体育总局在组织结构上进行了一系列变革。例如，设立了备战办公室，将其作为重要的备战组织协调机构；对有关项目中心进行了重新整合，强化了对奥运项目的管理；推行了国家队管理体制的队委会管理模式；提倡建立复合型国家队教练团队等。较早建立并实行队委会管理体制的是中国女排。

2004 年，新一届中国女排终于在时隔二十年之后重夺世界杯冠军和雅典奥运会冠军，再次登上世界排坛的最高峰。总结中国女排的成功经验，

其中重要的一条就是实行队委会领导下的分工负责制。国家排球运动管理中心的负责人认为，队委会管理模式更重视充分发挥集体的智慧和作用，调动起方方面面的积极性，最大限度地整合资源，进一步增强了国家队这个特殊群体的管理，又较好地体现了党的优良传统和组织。实践证明，这种管理模式为中国女排的健康发展，并在较短时间内取得骄人成绩，提供了强有力的组织保证。

提及实行队委会制度的初衷，要回溯到2000年悉尼奥运会，当时中国女排的成绩不理想，中国男排更没有实现冲出亚洲进军奥运会的梦想，对于中国排球当时的状况，社会不满意，球迷不高兴，领导不答应，我们自己也很内疚。2000年10月25日，原国家体育总局局长袁伟民亲自来到排管中心召开全体大会，传达了中央领导关于中国女排工作的指示精神，转达了许多老领导、老球迷对女排的关心和期望，并对排球的发展提出了明确的指示。根据总局领导的要求，排管中心经过数月的调查研究，全面认真地对所存在的问题进行了反思，统一了认识，明确了在现有条件下通过队委会这种全新的管理体制，切实加强队伍管理，向管理要质量，向管理要成绩的工作思路，并在2001年的全国排球工作会上提出，把中心所属的国家男女排和沙排分成三个工作系统，分别成立三个队委会。

队委会制体现集体领导。队委会由一名中心领导、一名训练业务主管部门的负责人、队伍的主教练和领队组成，由中心领导兼任队委会主任。

在队委会中，每个人的分工明确，职责清晰。业务主管部门负责人按照队委会决定事项具体组织落实；主教练全面负责队伍的业务建设和训练、竞赛工作的安排指挥；领队主抓队伍的管理和思想政治工作。凡涉及队伍的训练指导思想、长远规划、年度目标任务、组队原则、人员变动、大赛的形势分析及应对策略和方针等重大问题，都要进行集体研究，然后区别不同情况做出决定。

队委会制这一管理模式的优越性主要体现在四个方面：

第一，能使指挥前移，有利于转变机关工作风。

实行队委会制度后，中心领导经常深入一线，减少了繁琐的中间环节，信息交流更为直接快捷，处理问题更及时，决策更科学。领导干部深入一线，带动了机关作风的转变，大家千方百计为运动队服好务，解难题。

第二，能更充分地保障主教练对业务工作的主导作用，全身心地搞好训练。

实行队委会制度之初曾有人担心，这样做会不会削弱主教练在训练、比赛中的主导作用。经过几年的实践，主教练在业务领域里的工作地位不仅没有动摇，反而得到了更为充分的保障和加强，有利于把个人正确的意见和建议变为统一的集体的行动。如陈忠和一上任就力主选拔一批20岁右的年轻队员，按照以往年年要成绩的做法，组队最稳妥的做法是老、中、青相结合，但考虑到四年的奥运会和阵容的稳定，经队委会研究决定，尊重主教练的意见。当时媒体和有些省市主管部门的领导对新一届女排名单有意见，由于新一届女排名单是经队委会集体研究决定的，不是主教练一人自作主张。所以，中心领导坚持做工作，支持主教练。

由于队委会中有中心领导直接组织协调，大大密切了主教练和领队的关系，主教练支持领队大胆管理，积极配合做好队员的思想政治工作，同样领队也处处支持主教练的工作，自愿充当四大员（服务员、驾驶员、联络员、保育员），最大限度地保证了主教练不受一般事务性工作的干扰。

第三，可以从机制上避免在重大问题上一人说了算，完善了组织监督机制。

例如，中国女排取得奥运会冠军后，各地企业争相要与中国女排搞活动，女排一度活动较多，引起地方队的不满，对此，中心及时召开了队委会主要领导干部参加的民主生活会，大家认识到这确是一个严肃的问题，开始只是想为大家搞点福利，给队员们放松放松，但发展下去，对队伍成长不利。此后，中国女排对这类问题的处理就好了许多。

第四，能更有效地凝聚人心，提高队伍的战斗力。

通过队委会体制，中心主任直接挂帅中国女排后，不但更有效地保障了主教练对业务工作的主导地位，同时，也进一步提高了主持思想政治工作的领队的地位。《中国女排管理细则》之所以要规定得那么细，那么具

体，这是整个领导班子经过痛苦的反思，从过去大量的经验教训中得出的道理。"27 条军规"具有很强的针对性，大多数是针对上一届中国女排队伍曾多次发生过的问题。

另外，队委会也注意结合女排在前进道路上遇到的一些挫折，锤炼教练员和运动员的心理承受能力和勇于战胜困难的能力。2004 年 3 月，赵蕊蕊突然发生骨折，这对状态极佳的中国女排来说，如遭遇灭顶之灾，不少人认为缺少了赵蕊蕊，中国女排不可能夺得雅典奥运会金牌。当时，教练和队员也是这样想的，所以全队为之哭泣。队委会及时研究了这一突发事件的处理办法，在一天内召开了三次全队会议，要求党员起模范带头作用，把大家的思想集中到"靠集体力量夺取奥运会冠军"上来，提出"每个人提高一点弥补赵蕊蕊不在场上的缺陷"的口号，并确定了位置顶替的方案。由于大家统一了思想，齐心协力磨合新阵容，为张萍创造了很好的环境。通过这件事大大增强了运动员应对突发事件的能力，雅典奥运会赵蕊蕊首战再伤，队伍因为有了上次战胜挫折的思想基础，所以不但未受影响，而且发挥出了很高的水平，并在极其艰苦的最后决战中，经受住了考验。

应该说，队委会制度为实施有效的管理搭建了一个好的演出舞台，但戏是否能演好，关键因素还是取决于演员的素质与水平。中国女排队委会成员的组合非常好，他们不仅各有特点，尽职尽责，而且在工作中相互理解，相互支持，尤其在思想上能坦诚相见，能大胆开展批评和自我批评，是一个心齐气顺，目标一致，团结高效的领导集体。在这个集体的统一指挥下，中国女排真正实现了"向管理要成绩"的大胆设想。

从历史上看，我国各项目国家队的管理先后实行过 3 种制度。从时间上划分，1985 年前一般实行领队负责制，1985 年后多数实行的是主（总）教练负责制，部分项目（如排球）从 2001 年开始实行队委会制度。3 种管理模式都有明显的时代特征。第一种强调领队的政治领导作用，第二种突出主教练业务上的全面指挥权。队委会领导下的分工负责制更重视充分发挥集体的作用，调动各方面积极性，最大限度地整合全队资源。

（四）管理方法变革

技战术创新是竞技体育实现腾飞的根本，在竞技体育领域中众多的技战术创新都是在训练和参赛实践中产生的。在备战 2008 年奥运会的过程中，总局、有关职能部门、项目中心等都采取了一些不同于以往的新的管理手段和方法。如，开发建立了国家队信息管理系统，将计算机和网络信息技术引入日常管理。管理的技术创新体现在操作层则表现为训练管理变革和参赛管理变革，是训练、参赛创新与管理创新的产物。

（五）文化传承与变革

所谓组织文化是指在一定的社会经济条件下，通过社会实践所形成的并为全体成员遵循的共同意识、价值观念、职业道德、行为规范和准则的总和。

在备战 2008 年奥运会的过程中，为加强对运动员的思想教育，国家体育总局和各项目中心加强了思想政治工作力度，组织调研组对各支奥运备战队伍思想政治工作的现状及存在的问题做了深入调查研究，下发了《关于进一步加强运动队思想政治工作的意见》，并安排北京体育大学组织编写《备战 2008 年奥运会运动员励志教育和实战案例读本》，使思想政治工作在运动队中真正走上制度化、规范化、实态化的发展轨道。这些举措体现了总局对加强运动队思想政治工作的高度重视。此外，总局还组织开展了如参观红军长征胜利 70 周年图片展等"备战 2008 年奥运会理想信念系列教育活动"，为树立和弘扬先进文化打下了基础。

案例：中国乒乓球队的集体主义教育

在 2007 年全国乒乓球工作会议上，乒羽中心主任刘凤岩在讲话中几次强调"加强集体主义教育"，国家男女队主教练刘国梁和施之皓也在各自发言中表示要"加强队伍的集体主义教育"。乒乓球是个人项目，为何反复强调集体主义呢？刘凤岩说，这是乒乓球队几十年的传统，也是乒乓球队长盛不衰的思想根源。

中国乒乓球队从队员入队第一天起，就对队员进行"国家利益高于一切"、"为国争光"的教育。让队员树立起正确的世界观、人生观和价值

观，正确处理国家、集体和个人的关系。

一名运动员的成功离不开历任教练员的辛勤培养、国家提供的训练、比赛条件和学习、生活等保障条件，离不开幕后陪练的自我牺牲，金牌的背后不只是运动员一人的汗水，而是无数人努力的结晶。近些年来，国家队员在物质上比以往有了很大改善，管理人员更有义务和责任引导他们树立正确的人生观和价值观。"一个队伍的精神面貌、凝聚力、是否和谐都直接影响着运动员在赛场上的发挥，因此，集体对个人项目来说非常重要。"刘凤岩说。加强集体主义教育，增强团队意识，乒乓球队已经将之作为一项优良的思想传统继承下来。

现在集体主义的理念不再局限在队员身上，已经拓展到各个教练员、全国乒乓人身上。2005 年，乒乓球队打破多年来形成的主教练负责制，主动学习女排的队委会管理体制，更加注重集体领导和集体决策，在队委会中责权到人，狠抓工作细节，提高了队伍的凝聚力和战斗力。此外，乒乓球队还调动一切积极因素参与到备战 2008 年奥运会工作中来，从全国重点省市挑选优秀教练员组成国家男女队的备战奥运会顾问小组，这些教练员都有着长期从事乒乓球工作的经历，对队伍管理、训练以及参赛有着丰富的经验和实践体会。与此同时，还将为加强国家队与地方队教练之间的交流创造平台，坚持定期请地方队教练到国家队实习的做法，以此发现人才；坚持教练员技术等级制度，对有特殊才能的中青年教练经教练员委员会认可，可破格任用；继续坚持国家队教练员竞争上岗、末位淘汰制度，国家队教练员的任期以 4 年为一周期，聘期内每年成绩积分最后的教练员可被解聘；规定至少每年举办一次教学经验交流会，实行上下级教练员的双向流动，派遣中青年教练员出国进修等。如此大规模加大乒乓人的互动目的就是推动乒乓球的全面发展，解决国内存在发展不均衡的现状，实现全面提高、一致对外的目标。

集体智慧保证了乒乓球立于不败之地，这也成为同行学习的榜样之一。同样是个人项目的柔道、摔跤、跆拳道甚至拳击等项目，也引入了男帮女的强化训练方法，并取得不错的效果，譬如跆拳道就在雅典奥运会上实现了百分百的夺金率，夺冠的陈中和罗微在备战期间每人各有 4 名男陪练。再说举重，对运动员来说敌人有两个，一个是杠铃，另一个是自己，战胜自己比战胜杠铃难得多。近年来国际举坛竞争日趋白热化，尤其体现在女子举重，一个教练已经不能应对后台以及赛台的全部变化，于是一名队员参赛数名教练忙前顾后，有的负责队员热身，有的负责讲解技术，有的忙着数把数，有的算计开把重量以及增减重量，全然是一个团队作战。还有刘翔，雅典奥运会、黄金联赛、世锦赛，刘翔在跑道上展现自我风采，而他身后有着强大的教练、科研、医疗、后勤等团队为其服务，他的成功是整个刘翔团队的成功。

个人项目已经越来越趋于集体化，这既是紧跟当今世界高水平竞技体育发展趋势的必然，也是我国举国体制优越性的生动体现。随着 2008 年北京奥运会的临近，这个关系已经越来越趋于透明和直白。个人离不开集体，集体需要个人体现，个人与集体相辅相成，无论是个人项目还是集体项目，加强集体主义思想教育，通过具体事件连动团队，收获会更大。

第二章　国家队组建与管理

第一节　国家队组建与队伍选拔

一、国家队组建模式

国家队是代表国家最高水平的队伍，是该运动项目的一面旗帜，应发挥龙头和示范作用。可见，组建可持续发展的国家队人才梯队至关重要。为了使管理体制更加合理、有效，国家队目前主要采用三种组建模式，初步形成了集中与分散相结合的、多强对抗的训练体制。[①]

（一）集中型

集中型是总局确定的重点优势项目，在项目布局方面采取高度集中的管理方式，作为国家投入的重点对象，在各方面提供保障。项目一般指那些科学化程度要求较高、地方上受条件限制难以承担任务、国家队教练力量和各方面保证条件较优越的项目；或者是运动员出成绩年龄较早、普及化程度较低的项目。在一定时期内，由国家体育总局相应的运动管理中心将优秀运动员集中在一起训练，保证备战奥运会、亚运会及国际大赛任务的完成。

集中型国家队以签订任务责任协议书的形式，确定训练计划、方案及措施和承担的任务指标。各项目中心的主要责任人要对备战的全面工作负责，实施监控，在训练计划实施的全过程强化监督检查，保持人员结构的

---

① 奥运争光计划纲要（1994－2000 年），国家体委 1995 年 7 月 6 日发布。

优化和训练计划的落实及各项工作到位。

目前有代表性的运动项目是跳水、体操、乒乓球、羽毛球等，这类项目体现了"精"、"尖"的特点。例如，作为集中型的乒乓球项目，能够在各级体育部门的支持下，贯彻全国一盘棋的思想，调集全国最优秀的运动员进行长时间的集中训练，发挥举国体制的优势。早在 20 世纪 60 年代初，为备战 26 届世乒赛，在贺龙元帅的亲自指挥下，开始搞大规模的全国集训。自上世纪 60 年代以来，中国乒乓球队坚持高度集中的训练体制，汇集了全国各种打法的高水平选手，组成了"乒乓小世界"，创造了优良的训练条件，在食宿、医疗保健、后勤服务各方面都给予了充分保障。同时，中国乒乓球队与省市队和基层队的关系一直很密切，注重上下沟通，目标一致。国家队能照顾省市的利益，给省市和基层很多指导和帮助，省市也支持国家队，愿意输送人才，从全局出发搞好训练比赛工作，形成了团结协作的良好局面。[①]

（二）集中与分散结合型

集中与分散结合型是指单项较多，涉及面较广，其中有些小项，地方有积极性，并有较雄厚的人才基础、技术力量和物质条件，即国家与地方共同承担任务的国家队。双方以签订任务协议书的方式，确定地方承担任务指标的奖励标准。

摔跤、拳击、自行车、部分冰上等项目，单项较多、涉及面较广；尤其是项目中的一些小项，地方有很高的积极性，并具有较雄厚的人才基础、技术力量和物质条件。这些项目，一般采取结合型的形式，即国家承担一部分任务、地方承担一部分任务。目前集中与分散结合型的运动项目主要有田径、游泳、举重、射击、射箭、击剑、柔道等。另外，除足球、篮球、排球和少数普及程度低而技术水平高的项目外，其他集体项目不设常年集中的国家队，采取大赛前选拔组队的办法，选拔以胜队为主，挑选其他队的优秀选手，相对集中若干个月后，代表国家队参赛。准备奥运会时，项

---

① 中国乒协，乒乓盛考，资料来源：中国乒乓球协会官方网站，2004 年.

目中心一般要提前半年选拔组成队伍进行集训。①

例如，2004 年 12 月，重竞技中心在全国设立了 6 个举重集训点，集中了 300 多名二线队员；此后，又挑选了各省一线队员以及参加雅典奥运会的队员在京集训，在全国范围内形成了 7 大集训点。为备战 2008 年北京奥运会，举重部对 6 大集训点集训的队员进行考核，从中选拔一批有能力的年轻队员组成新一届国家队，做到了"强中选强，优中选优"。

（三）分散型

分散型指不设常年国家队的项目，主要以具备较好条件的地方组队代表国家参加国际比赛任务。入选的优秀运动员具有国家队队员的资格，并享受国家队运动员的待遇，运动员分别在各省、市、自治区及行业体协、解放军、直属体育院校、俱乐部等进行训练。这种方式能够充分调动和发挥地方省区及解放军承担国家任务的积极性。

分散型项目一般要充分体现体育来源于社会，服务于社会的思想，广开社会渠道，与社会更紧密地结合在一起，根据社会的需要，寻求项目自身的发展途径。经费来源主要依靠自我经营和社会投入②。为适应现代体育发展的规律，参与国际竞争，一些有条件的队伍试行向职业化过渡。

例如，为备战多哈亚运会，保龄球国家队于 2006 年 4 月开始集中，进行了为期 5 个月的集训。教练组成员来自不同地区，通过短期集训，全体教练员、运动员统一认识、齐心协力、克服困难，朝着既定目标共同努力。

总之，建立集中与分散相结合、多强对抗的国家队体制，有利于发挥举国体制的优势，有利于遵照市场经济规律合理配置资源，有助于社会的广泛参与和投入，形成国家办与社会办相结合的良性循环的竞技体育运行机制。

二、多种组建模式的作用

（一）完善了国家队组建形式和选拔制度

建立集中与分散相结合、多强对抗的训练体制，能够改变训练工作分

---

① 国家体委关于深化体育改革的意见，1993 年 5 月 24 日国家体委发布.
② 国家体委关于深化体育改革的意见，1993 年 5 月 24 日国家体委发布.

段管理、多头领导的体制，实行以运动项目协会为主的专项化管理。按照"稳住一头，放开一片"的原则，只对少数奥运优势项自国家队实行集中管理长期集训，多数项目国家队放到有一定训练能力和训练条件的地方和部门，使国家重点项目布局点与承担国家队任务的单位结合起来。根据项目特点选拔参加国际比赛的运动员、教练员。

（二）有利于职业化转变

国家体育总局对于向职业化转变的项目给予了特殊政策，其训练体系和国家队组建形式能够根据项目特点自行确定。这有利于足球、网球、围棋等项目向职业化过渡，逐步与国际惯例接轨。

（三）拓宽了训练渠道

多种组建模式能够扩大中、初级业余训练面积，更好地鼓励和扶持社会各行业、企业、高校、社会团体兴办优秀运动队或高水平体育俱乐部。

（四）使训练经费来源多元化

多种组建模式改变了运动训练费用全部由国家包下来的做法，中初级形式的运动训练可根据地区和项目特点，实行自费或部分收费。高级形式的运动训练则通过扩大社会资金投入比例，适当引入风险机制。

（五）有利于开拓体育人才市场

多种组建模式打破了地域分割的封闭、半封闭状态，开拓了体育人才市场。能够完善运动员的有偿输送、有偿流动制度。输送单位可根据运动员的水平和培训年限等条件收取培训费。部分项目协会、俱乐部更是能够试行转会费制。

三、国家队不同组建模式的要求

（一）适情划分三种组建形式

集中型、结合型、分散型三种国家队组建形式不能机械地划分，要根据各个项目的实际情况而定，集中型也有可分散的部分，分散型中也可有集中的部分。

（二）引入多强对抗的竞争机制

参加世界大赛的国家队的组成要充分体现公平竞争原则，制订科学、合理、完善的选拔制度；赛前一年要确定选拔标准和办法，并严格执行；还要充分注意选拔的透明度。例如，国家拳击队的组建和选拔能够贯彻以运动成绩为主要标准的原则，按运动员参加国际、国内拳击运动竞赛所取得的成绩进行综合积分排名，综合排名列前的运动员组成国家队。

集中型的运动项目要严格按照选拔制度和标准组建国家队，一旦确定了人选，应保持人员相对的稳定性。地方队在国内大赛上连续战胜国家队的，可以作为国家二队或取代国家队参加重大国际比赛。

结合型的国家队要逐步形成解放军和地方与国家队竞争的局面。在参加国际大赛前，通过一系列的选拔，确定最后人选。省市水平高于国家队的，应由省市承担国家任务。

分散型的国家队，由直接承担国家任务的单位之间通过选拔，组成代表国家最高水平的队伍参加世界大赛。

（三）建立与之相适应的国家队拨款方式

对集中型或结合型中的集中部分，实行"先投入、后评价"的拨款方式，对结合型中的分散部分和分散型的，采取"先评价，后投入"或"先部分投入，经评估后，根据成绩，再按协议追加投资或予以罚款"的办法。建立监督调控机制，强化投资效益。

（四）国家队要根据实际情况适当调整

集中型国家队，结合型中的集中部分，一般两年进行一次小调整，4年进行一次大调整。除特殊原因外，不能随意调整运动员。但是，为确保奥运会国家队能代表国内一流水平，对因故不能参加国内选拔或发挥失常的高水平运动员要有补救的方法。补救办法可以对系列选拔的全年参赛次数赋予一定弹性，提供灵活选择余地；或对选拔期间重大国际比赛的优秀成绩实行奖励性加分政策；对因故不能参加个别选拔比赛者，其得分与本队参赛者中名次最后者得分相同；并预留少数机动指标处理特殊情况。

（五）充分调动地方的积极性

充分调动地方积极性，选择适当的运动项目，由国家和省、自治区、直辖市和解放军等单位共建国家队。对承担国家队任务的地方和解放军等单位，给予相应的政策扶持，鼓励地方利用地区优势为国家培养人才。要贯彻中央关于西部大开发的重大决策，积极支持西部地区发展竞技体育。

四、国家队队伍选拔

奥运会国内选拔工作是指为备战奥运会而组建国家代表队的选拔工作。选拔工作是否科学、公正、合理、有效，事关我国参加奥运会比赛的成绩，事关调动国家与地方训练单位和广大教练员、运动员的积极性，更事关"奥运争光计划"的实施。

（一）选拔原则与要求

按照"以机制调动人，以机制选拔人"的指导思想，奥运会国家队的组建必须通过竞争选拔，坚持竞争择优、公开、公平、公正等原则，要保证国家利益至上。要形成国家队进出有序、科学合理的竞争机制，充分调动运动员和教练员的积极性。国家队运动员和教练员选拔、聘任办法和标准应该充分考虑实际操作的可行性，保证科学化、规范化、正规化。选派过程要有透明度，保证在全国范围内选拔出最优秀的运动员组成最佳队伍参加 2008 年北京奥运会。

为突出重点，全面参与奥运会的竞争，要扩大国家队集训规模，建立健全国家队竞争机制和激励机制，确保高水平竞技人才的数量和质量。尤其要扩大我国竞技体育的优势项目，形成优势项目的"人才群"和"人才链"；扩大各项目适龄段优秀运动队运动员的人数和规模，增加投入比例，形成合理结构。[1]

---

[1] 2001－2010 年奥运争光计划纲要，国家体育总局，2002 年 11 月 19 日．

（二）选拔方法

奥运会选拔的目的就是要入选的运动员能够在奥运会上发挥最佳的竞技水平，获得更多的奖牌，创造佳绩，充分表现团队的最好实力和最佳水平。因此，选拔的方法很重要。

奥运会国家队的"选队"模式有三种：第一种是客观模式，即以运动员选拔赛成绩作为唯一选拔依据的方法；第二种是主观模式，即以选拔者的主观评价作为选拔推荐依据的方法；第三种是混合模式，属主、客观模式相结合的方法，以选拔赛成绩和选拔者主观评价意见作为依据的方法。[①]

实际操作中，不能用"一锤定音"的方法，以一次选拔赛成绩作为唯一选拔依据。因此，要通过系列选拔积分排名来决定，采取选拔比赛与综合评定相结合的混合模式。并且选拔方法应从国情和项目特点出发，对不同类型项目要区别对待。允许采取不同的选拔方法，确保最优秀的运动员参加奥运会。同时，奥运会选拔时间的确定要符合4年奥运周期运动员的成绩变化规律。

另外，由于一次性选拔容易造成过激竞争，导致运动员过早地出现最佳竞技状态，不利于运动员在奥运会上出好成绩。这种方法并且还会造成部分高水平选手因意外情况而落选。因此，提前奥运会当年选拔赛的时间，减轻奥运会选拔赛压力，对在奥运会上创造好成绩极其重要。奥运会选拔方法要避免造成过激竞争，在不影响运动员系统训练的基础上，有助于运动员在奥运会表现最佳竞技状态。

选拔标准要贯彻以运动成绩为主要标准的原则，按运动员参加国际、国内运动竞赛所取得的成绩进行综合积分排名，综合排名列前的运动员组成国家队。国家队组成还应考虑运动员和教练员的年龄结构，注意选拔有培养前途的优秀年轻运动员和教练员。

（三）选拔质量相关因素

与选拔工作质量关联度高、影响力大的因素包括：选拔标准与评价内

---

① 郭惠平. 奥运会国内选拔若干问题的专家调查及分析 [J]. 武汉体育学院学报, 2005 (1): 73 - 76.

容的科学性，主管部门和工作人员的素质与能力，选拔手段的先进性和合理性，选拔管理的规范性和有序性，选拔机制的竞争性，选拔工作指导思想与参赛战略、策略的一致性，选拔目标的正确性，选拔方法的针对性和可操作性等。

因此，要提高奥运会选拔工作质量，必须解决好以上因素所反映的问题。首先要提高选拔标准、内容和方法的科学性、针对性、可操作性；其次要尽可能排除人为因素对选拔过程的影响与干扰；第三要确保选拔竞争机制的公平、合理和规范；最后，选拔工作目标和指导思想要服从于和服务于奥运会参赛的战略和策略。

（四）选拔中的纪检监察工作

各省区市体育部门要牢固树立大局意识，始终把国家利益放在首位。要站在中国体育决胜北京奥运、为国争光的高度，认真协助总局运动项目管理中心做好奥运会参赛队伍的选拔和组建工作。为奥运选拔工作创造一个"公开、平等、竞争、择优、有序"的环境。各省区市体育局在积极为国家队输送人才的同时，必须教育引导所属领导干部特别是项目主管和教练员，将配合总局做好奥运备战工作作为己任，加强管理，从严约束，严肃纪律。

要建立健全选拔相关规章制度，重点包括国家队总教练的选拔程序和产生办法，国家队主教练、助理教练的选拔途径和产生办法，领队、教练和工作人员的权利义务、责任目标、收入水平、奖励标准确定，国家队队员的选拔办法，运动员（含试训队员）权利义务的确定，项目选拔小组或教练委员会的组成与遴选办法等。

第二节　教练员遴选与管理

教练员作为知识的传播者和组织者，在运动训练系统工程中起着主导作用。现代竞技体育运动的激烈竞争性对教练员能力提出了更高的要求。教练员是国家队管理的主体，是进行科学化管理并不断提高运动员技术水

平的主要力量，其素质直接关系到竞技体育人才的质量，影响着我国奥运争光计划的实施。因此，加强国家队教练员的遴选和管理，不断提高教练员综合素质，是实现我国竞技体育战略目标的关键。[①]

一、我国国家队教练员的遴选

提高运动训练科学化水平，关键在于提高训练手段和训练方法的科学化程度，而训练手段和训练方法的科学化，是以教练员的学术水平、实践经验和多种能力为基础的，教练员是运动训练过程中的主要监控者，在实现运动训练目标中起着主导作用，其素质、教学及训练水平的高低，直接关系到运动成绩的提高和体育人才质量的培养。因此，教练员的选聘是关系到一支运动队前途的重要方面，也是教练员管理中的难点问题。通常教练员的来源有三种：第一种是运动员退役后直接从事教练员的工作；第二种是体育院校毕业生从事教练员工作；第三种是运动员退役后到体育院校学习再进行执教。其中第三种形式效果最佳，这样的教练员既有丰富的运动训练实践经验，又有充实的基础理论和专业理论知识；第二种形式次之，他们文化素质较高，理论知识较为扎实，但运动训练实践经验较少；再次是第一种形式，他们运动训练实践经验丰富，但文化素质和专业理论水平较低。因此要尽可能选用第三种养模式下的教练员。[②]

目前我国教练员的遴选主要有委任制、考试制、招聘制等几种制度，其中委任制聘用占主导地位。委任制一般由领导圈定人选，再由集体讨论决定，主观成分较大；考试制较公正、公平，有利于人才脱颖而出，但考试的标准较难统一；而招聘制由于透明度大，选才的范围广，有利于公平竞争。三种选拔制度各有利弊，应根据实际情况权衡利弊，本着公开、平等、竞争、择优的原则实施竞聘上岗，而不是机械地侧重于某一种选拔制。

① 梁亚东，陈艳，胡国良. 我国教练员管理的现状分析及对策研究［J］. 商业文化（学术版），2007（5）：66-67.

② 张锐铧，万和荣. 国家队教练员队伍状况的调查与研究［J］. 中国体育教练员，2006（9）.

要灵活运用多种教练员选拔制度，注重教练员的能力结构体系。应根据运动队的实际需要本着公开、平等、竞争、择优的原则，权衡利弊，灵活运用多种选拔制度选取最适合运动队的教练员。选拔过程中应全面考察教练员的指导训练能力、指挥比赛的能力、管理队伍的能力、科学研究的能力、运动员选材能力、社会交往能力等。特别要注重教练员的管理能力、运动选材能力和科学研究能力，通过提高教练员科学化训练水平，全面推动竞技体育成绩的提高。[①]

国家队教练员选聘和调整由项目中心负责组织，其中总（主）教练、副总教练的选聘和调整需报总局审批。国家队总（主）教练、副总教练应准确理解和把握本项目规律和特点，了解本项目发展趋势，精通竞赛规则、熟悉裁判法；所执教的运动员（队）曾获得全国冠军或亚洲以上国际比赛前三名；具备高级教练以上职称，有基本外语会话能力以及应用计算机处理业务的能力；以及无违反反兴奋剂规定的不良记录等。拟选聘教练员的考核由项目中心组织，考核内容侧重训练方法、手段，对本项目规律的掌握和竞赛规则的理解，并参考其执教运动员的成绩，结合任期内承担的任务研究决定是否选聘。选聘国家队助理教练员，如体能教练、科研教练等，一般由总（主）教练提名，队委会通过，报项目中心批准即可。

二、国家队教练员的岗位要求

教练员在组织国家队实施训练前，应制定阶段训练计划。训练计划要体现"三从一大"和科学、有效的训练原则，尽可能减少运动伤病。国家队教练员应积极组织教练员进行业务学习和讨论，研究项目规律，指导教练员制订训练计划并监督执行，并加强科学研究，围绕项目撰写训练论文。

国家队集训期间，教练员应当全程跟队，指导、监督全队的训练，对教练员训练情况进行评价，随时掌握运动员的训练、参赛、心理等情况。

---

① 梁亚东，陈艳，胡国良. 我国教练员管理的现状分析及对策研究 [J]. 商业文化（学术版），2007（5）：66 - 67.

教练员须全程负责所管运动员的训练，严格保证训练课的完整性，认真总结运动员的每堂训练课，撰写翔实的训练日记。国家队阶段训练结束后，应及时总结国家队集训的训练效果、量化标准、比赛成绩、主要问题及解决措施等。

参加国际大赛（奥运会、世锦赛、世界杯、亚运会以及其他同等水平的国际大赛）前，教练员应制定参赛方案及赛前训练计划，内容涉及参赛的目的和任务；参赛队员情况分析；主要对手分析、比赛的战略、战术及应对措施，现场指挥的确定；参赛过程中可能发生的情况及应急预案；赛前适应训练、调整、心理训练计划；参赛行程安排；等等。国际大赛后国家队每名教练员都应认真总结参赛情况，包括成绩情况、参赛收获、形势分析、主要对手情况、国家队训练比赛中存在的主要问题、解决措施等内容。

为加强交流，实现资源共享，国家队所有教练员的训练计划、经验总结、运动员的科研测试结果等，应在国家队队委会或教练组内部公开。

三、国家队教练员培训

作为职业定向教育性质的培训，现代教练员岗位培训的根本目的在于改善和提高教练员的知识、技能、态度、行为能力和综合素质，使之能愉快地胜任执教工作，达到既定的工作目标。我国于 1989 年正式实行教练员培训制度，目前已形成持续稳定发展的良好局面，使我国教练员的整体水平有了很大的提高。实践证明，教练员岗位培训是改善教练员执教能力的有效途径，因此需不断完善教练员培训制度。

要针对不同运动项目，不同层次岗位，认真研究教练员培训的内容和方向，及时修订、改编岗培教材，从"宽、深、新"上下工夫。要完善"讲师团"制度，定期选派任课教师出国访问、考察，引进国际先进的训练理念、手段和方法，加快教师知识的更新；同时加大国际间的交流，聘请国外优秀教师来华讲学。依据教练员"能力本位"培训教学目标，改革考核方法，采用笔试、口试、答辩、案例分析以及现场操作等等多种考试形式，以促进教练员综合素质和创新能力的全面发展。

要建立健全的教练员行为监督网络。成立技术监督委员会，由具有丰富的训练经验和较高学术水平的专家组成监督队伍，监督教练员的日常训练、比赛计划安排。并建立训练质量信息反馈渠道，通过运动员填写的训练日记等形式，了解教练员的训练态度、训练手段和方法，发现问题及时解决。要建立目标检查及组织评定制度，管理部门在掌握训练的各种资料之后，要及时分析和判断，在广泛征求意见的基础上对教练员进行综合评价，并提出评估的意见。[①]

运动训练实践表明，一个好的教练员可以带好一批队伍，一批好的教练员可以把整个项目都带动起来。因此，加强国家队教练员的选拔与管理，不断提高教练员的综合素质，造就一支适应新时期要求的高水平教练员队伍，才能适应世界竞技运动的发展趋势，不断提高我国竞技体育运动水平。

第三节　外籍教练引进与管理

邓小平同志在《建设有中国特色的社会主义》一书中指出："要利用外国的智力，把外国人请来参加我们的建设以及各方面的建设。"利用国外智力是我们党和政府历来重视的工作。我们党几代领导人都非常重视外国专家的作用。做好外国专家工作、引进国外智力，是人才强国战略的重要组成部分，也是中国优秀的文化传统。外国专家的概念是指具有先进的知识、技术、技能的外国人。我国备战奥运聘请的外籍专家属于外国文教专家，是指应聘在我国从事教育、新闻、出版、文化、艺术、卫生、体育等部门工作并享受专家待遇的外籍教师和工作人员。

随着科学技术的迅速发展及竞技体育竞争的激烈，世界竞技体育格局、管理理念、技术和规则、训练方法手段都会不断变化，在新的国际竞技体

---

① 梁亚东，陈艳，胡国良. 我国教练员管理的现状分析及对策研究 [J]. 商业文化（学术版），2007（5）：66 – 67.

育形势下对教练员的素质提出了更高的要求。而目前我国一些项目的教练员现状不容乐观，有的缺乏对项目特点和规律的深刻认识和准确把握，有的科学训练的意识不强，水平不高，观念陈旧，方法落后，影响了项目发展。这些项目要在 2008 年奥运会上实现突破，只有学习、引进国外先进的训练、理念、方法、手段，取长补短，优势互补，才能尽快提高水平。同时，按照国家体育总局的要求，要逐渐构建"复合型"的教练团队，增强教练员能力，引进外籍专家势在必行。

一、我国国家队外籍专家现状

（一）备战北京奥运会我国聘请外籍专家的基本情况

1. 我国引进外籍专家的人数

近年来，随着竞技体育的国际化，国际间运动员和教练员的交流也日趋增多，很多优秀的外籍专家教练开始执掌我国国家队，并为我国国家队成绩的提高做出了贡献。2000 年悉尼奥运有 7 个项目聘请外籍专家，2004 年雅典奥运会上有 13 个项目聘请外籍专家。随着 2008 年北京奥运会的迫近，已经有 23 个项目聘请了 33 名外籍专家，外籍专家的人数得到了大幅度的增加。

2. 外籍专家特点

（1）执教前是本项目内的优秀运动员，比如中国佩剑队主教练鲍埃尔、跆拳道技术外教金荣稷、女子手球主教练金甲洙等。

（2）长年从事本项目的教学或者教练员工作，积累了丰富的教学训练和比赛经验，比如女子自行车教练丹尼尔·莫雷龙、女子曲棍球教练金昶伯、中国皮划艇队总教练约瑟夫等。

（3）一些外籍专家年轻而有创造力，虽然年龄不大，但是凭借自身的奋斗，短时间内在本项目领域内立足，比如中国自由式滑雪队主教练达斯汀、体能教练辛迪等。

（4）世界知名教练员，比如中国国家男子篮球队主教练尤纳斯、中国女篮主教练澳大利亚人汤姆·马赫等。他们拥有很强的执教能力，尤其是临场能力强于我国本土教练员。

3. 引进外籍专家的思路

首先，可以引进先进的理念和技术。尤其是落后项目和潜优势项目，要想在短时间内提高项目的水平和竞争力，单是靠国内教练不太可能，而引进外籍专家，提高项目水平和国际竞争力势在必行。

其次，可以提高我国教练员的执教水平，通过对比查找我们的差距，尽快弥补或缩小差距，拓宽视野和思路。

第三，有利于融入到国际主流环境中。我们从多个国家聘请优秀外籍专家，增强了我们与国际竞技体育的联系，改变了以往的封闭情况，尤其是一些打分项目，我们经常是在不公平的条件下参赛，融入到国际发展的主流中，为我国运动员创造了一个较好的外部参赛环境。

在聘请外籍专家的过程中，我们往往将一个团队聘请到我们国家，比如国家男子篮球队聘请了主教练尤纳斯、专项教练伊格尔和体能训练师安东尼·内尔松，将一整套国外先进理念和技术引进，力求改变我们传统的训练模式，与国际接轨。

（二）外籍专家的作用

1. 外籍专家大都工作认真负责、敬业，具备良好的专业素质，给运动员做了一个好榜样。例如前国足教练米卢就对工作极端地负责任，对技术精益求精。接触过米卢的人，没有一个不佩服他，没有一个不为他的精神所感动。尤其是亲身受过米卢指点和亲眼看过米卢工作的人，更是为之感动。他的敬业精神对于外籍教练的选帅工作，已成为一个很好的借鉴。

2. 外籍专家带来了先进的训练方法和手段，同时也带来了先进的训练和管理理念。例如自由式滑雪教练员辛迪带来了一整套严格的训练效果评价体系和检测手段，强调正确的身体训练技术和准确的肌肉用力方法，以细致的训练计划和目标来指导训练、工作，避免了盲目训练，提高了训练效果。女子垒球教练是美国人麦克·贝恩斯坦，他强调运动员的自我管理与职业道德的加强。这与我们以制度和规定为主的管理手段是不完全一致的，这也给我们提出了新的课题。

3. 外籍专家的到来，提高了本国教练员和运动员的水平，为我们今后的发展打下了良好的基础。依靠外力提高本国水平，已是体育领域的普遍做法。例如日本足球在他们的职业联赛开始之初就大量引进国外高水平的教练和球员，致使日本足球有了重大突破。又如在前韩国国家队主教练希丁克的带领下，一群从未获得过世界杯赛一场胜利的韩国球员变成了战斗力极强而且纪律严明的勇士，这可以被看做亚洲足球聘请外籍教练后球队产生巨变最成功的例子。我们有理由相信，优秀的外籍教练员能够促进世界体育运动的发展。

4. 外籍专家大都喜好钻研，科研能力非常强，为我们带来了很好的学术氛围，提高了我们的科研水平。中国皮划艇项目崛起得很快，就和皮划艇队的两名外籍教练有着密不可分的关系。皮划艇是一项技术含量很高的运动项目，外籍教练非常重视科研工作，总局更是每年向中国皮划艇队拨款100万用于科研。在外籍教练带领下，中国皮划艇队引入科学训练，在力量和有氧耐力等方面进行了重点训练，使科学训练的成效得到显现。

5. 外籍专家的到来，加强了我们与国际竞技体育之间的交流，使我们开阔了视野，提高了竞争力。例如，美国是世界垒球强国，聘请美国人担任中国女子垒球队教练，可以及时把这个项目最先进的技术及发展新动向等内容带到国内，这不仅可以提升中国队的实力，也可以使中国队更加了解对手的情况。

6. 外籍专家到来后使我们的许多项目如女子曲棍球、自由式滑雪、蹦床、赛艇等取得了突破性的进展。自由式滑雪外籍教练达斯汀来自加拿大，加拿大是自由式滑雪开展最早的国家，他把自由式滑雪的最新理念带入了中国，使我国运动员在对项目的认识和心态上都发生了很大变化，运动员成绩提高很快，真正达到了引进外籍教练的目的。外籍教练的先进训练理念对中国赛艇整体实力的提升起到了很大作用。十运会赛艇比赛中，广东、上海、福建、河北等摘取金牌的省市均可以看到外籍教练的身影。包括国家赛艇队在内，当时共有13名外籍教练在华执教。他们的到来，对缺少国际比赛经验的中国赛艇运动非常有益，使得我国赛艇成绩普遍提高，队员的技术以及运用技术的合理性都前进了一大步。

（三）引进和管理外籍专家过程中出现的困难

1. 引进外籍专家的主要困难

引进外籍专家过程中的主要困难是薪水要求高、引进过程手续复杂，影响了引进过程。另外，没有合适的懂体育训练竞赛的翻译，以及外籍专家有合同不能来华执教等也是影响因素。

2. 管理外籍专家中遇到的困难

语言、经费、管理体制、项目规律成为项目管理中心遇到的主要问题。语言关是大多数来华教练所遇到的首要问题，这一问题需要一个较长的执教时间才能解决，这就要求我们在引进外籍专家时要考虑长期合作，互相信任，加深了解。经费问题随着国家对各项目投入的加大将会得到缓解。管理体制和项目规律认识上的不同，另外两个难题短时间内很难解决。在引进外籍专家的目的中，引进国外先进的理念和管理方式、方法和手段是非常重要的，应当说这两个问题的出现是非常正常的。项目管理中心在引进外援之前应当早有准备，解决这些问题只是时间的问题。

二、引进外籍专家的收获

从 20 世纪 90 年代初足球开始聘请外籍专家起，到备战 2004 年雅典奥运会部分项目聘请外籍专家，引进外籍专家总体来说是带给我们先进的训练思想和技、战术理念，突破了制约项目发展的瓶颈，解决了一些问题，使部分落后项目在短时间内实现了超常规的快速发展。在 2004 年雅典奥运会上，中国体育代表团取得了运动成绩的历史性突破，代表团中有 6 个项目 7 名外籍专家，他们在比赛中发挥了积极的作用，取得了较好的成绩。如水上双人男子划艇夺得金牌；女子射箭团体赛在最后一箭以一环的成绩负于韩国队获得银牌；女曲取得第四名；女手、男篮进入前八名。尤其在 2006 年的都灵冬奥会上，由外籍专家指导的自由式滑雪空中技巧也取得了冠军，实现了我国雪上项目历史性的突破。实践证明，坚持"请进来，走出去"的方针，是尽快提高我国一些潜优势和落后项目水平的重要途径之一。

通过对外籍专家的聘用，我们学到了许多好的经验，主要表现在：

1. 具有高度的敬业精神

外籍专家普遍具有高度的职业精神和事业心，对工作认真负责、兢兢业业，心无旁骛、全身心投入到训练和比赛中。

通过对国家队教练员和运动员的调查显示，大多数外籍专家在执教过程中从不迟到，从不酒后指导训练。大家普遍反映专家非常认真、非常敬业。

2. 训练理念先进

外籍教练具有先进的训练思想和技战术理念，了解该项目世界发展趋势，具有系统的技战术体系和训练的方法手段，在训练中要求明确、具体、细致、严格，针对性强，效果明显。

调查显示，90%以上的教练员和运动员认为外籍专家的专项理论水平非常高，这反映出教练员和运动员对外籍专家的理论水平的认可。他们主要认为外籍专家在训练方法的安排上非常有针对性，在训练时能很好地做到区别对待，即训练时能根据队员的情况安排训练的内容，运用适当的训练的方法，有针对性的安排运动员的训练。

除此之外，在训练中，皮划艇项目主教练马克突出强调准备活动中的拉伸，解决了长期困扰运动员的训练伤病问题；女子曲棍球主教练金昶伯、女子手球教练郑亨均注重体能训练，实行了超大强度训练。在这种强度下，运动员不仅没有被练垮，反而逐步适应，并大幅度提高了运动能力，使我们对体能训练有了新的认识。

3. 注意信息情报的收集，临场指挥能力强

外籍专家临场指挥水平较高。他们能够根据比赛情况特别是场上变化情况，采取的战略和战术及时、正确，收到了较好效果。他们善于及时进行情报收集和分析，信息量大。这是外籍专家与中方教练最大的不同。除了比赛时注意分析比赛对手录像外，平时还注意收集2008年奥运会主要对手的情报，并将对手的文字资料汇编成册，一目了然，据此制定的战略和战术针对性很强。对队伍竞技状态的调控能力强，敢于大胆培养和使用新人。

调查显示，68.57% 的教练员和 85.88% 的运动员认为外籍专家临场指挥能力非常好，从数据反映出运动员对外籍专家的临场指挥的认可度很高，甚至超过教练员的认可度。

4. 注意与团队的沟通

调查表明，75% 的教练员认为与外籍专家之间没有矛盾，教练员和运动员普遍认为外籍专家在训练之外比较注意沟通。例如，前国足教练米卢就曾经总结到，我们可以输球，但不能输掉团队精神；一个球队的团队精神、自信心、场上的激情斗志比战术更重要，因为态度决定表现。由此可见外籍教练更加注重团队管理。再如，足球国青队外教克劳琛总是不停地强调团队精神，一开始还很难接受，但是随着时间的推移，大家逐渐发现团队精神还真有作用。足球是一个团体项目，一支球队不可能将所有希望都押在一个人或者某几个人身上，只有在一个很好的团队精神的支持下，才能更好地发挥技战术水平。[①]

三、外籍专家的管理机制

（一）引进外籍专家前的评价指标

一个项目在引进外籍专家前首先要分析一下是否需要引进外籍专家，然后再考虑引进哪位外籍专家，这就要求运动管理中心首先对项目的需求进行分析，然后再根据国外的优秀教练员的情况作仔细分析。备战奥运会外籍专家引进前评价体系包含以下指标。

1. 执教国家队前所带队伍或个人的比赛成绩

该指标指在带队或者个人参加重大国际比赛，比如世界锦标赛、奥运会和世界杯赛事中所取得的成绩，优异的运动成绩能够直观的反映外籍专家的个人水平和训练效果，是衡量其执教能力的重要条件。

2. 外籍专家的年龄

由于一些运动项目对外籍教练的身体有一定的要求，有些项目训练条

---

① 段炼. 备战奥运会外籍专家管理机制的研究 [D]. 北京体育大学博士论文, 2008 年.

件比较艰苦，有些专家年龄太大之后身体的健康状况会受到很大影响；有些项目需要教练员能够亲身示范；有些项目甚至于需要教练员以陪练的身份参与到实战中去，因此许多项目都对外籍专家的年龄提出了一些要求。

3. 外籍专家的薪水要求

聘请外籍专家之前国家体育总局或者各中心会有预算，会考虑聘请外籍教练员的水平和薪水之间的差异，也就是我们通常所说的性价比。外籍专家自身也会有一定的薪水要求，我们力求中外双方能够达成一致。

4. 外籍专家的执教经历

外籍专家的执教经历主要是指外籍专家主要执教哪种层次或者水平的队伍或者个人，执教年限的长短以及外籍专家的名气和声望等。

5. 外籍专家的性格

有些项目需要性格温和的教练员；有些项目可能需要性格比较沉稳的教练；有些球类项目可能需要性格外向充满激情和表现力的教练员来带动整个队伍的士气。外籍专家的性格对运动员或者运动队往往具有很强的影响力，很多时候可能直接影响到运动员的训练状态，很多时候也能决定运动员的成败。

（二）外籍专家的引进机制

引进人才、技术知识是改革开放的需求，同时也是我国竞技体育实现可持续发展的需要。引进外籍专家也是备战2008年北京奥运会的客观要求，奥运会的竞争是一个全方位的竞争，在许多项目上，国外有着更为悠久的历史和成熟的经验，与传统体育强国相比还有着明显的差距。为了尽快地缩小这种差距，步伐再快一些，办法再多一些，积极引进国外智力人才就显得十分重要。

美国是体育强国，但同样非常重视外籍专家的引进工作。在美国的科罗拉多春季奥运训练中心（CSOTC），目前美国国家队在该基地备战2008年北京奥运会的常住重点项目有9个，共有教练员30人，其中，聘请的外籍专家就有15人，我国著名排球运动员郎平就是其中之一，正带领美国女排在积极备战。这充分说明了引进先进的技术、理念、方法，来提高自身的发展水平是国际共识。

引进外籍专家工作还是推动我国竞技体育事业长远发展的重要途径。从全球视角看，现代竞技体育能够取得今天这样巨大的成绩和影响力，是广泛合作与交流的结果、是智力与知识自由流动的结果，引进外籍专家的最终目的是把国外的先进的训练理念、方法手段吸收转化过来，成为我们自己的东西，在此基础上进一步发展，从而形成我们自主的创新能力，提高我们项目的训练水平和管理水平，为我国竞技体育事业的长远发展打下坚实的基础。

1. 我国引进外籍专家的方式

运动管理中心选择外籍专家时，通过国际友人的推荐占第一位，共有6人；国际单项协会推荐的3人；通过互联网查找的3人；自荐的2人；在地方队执教后到国家队执教的2人；中方教练和经纪人推荐的各1人。

项目管理中心与外籍专家联系的方式中有14人直接和外籍专家联系，有1人是通过中国朋友联系，1人通过经纪人联系。其中，足球项目管理中心是通过经纪人联系，艺术体操通过中国朋友联系。

2. 引进外籍专家政策的宗旨

引进外籍专家归根到底是为了促进我国运动整体水平更快的提高，尤其是落后项目必须全面学习先进国家的技术和经验。例如，国际足球发展的经验已经证明，教练员的流动，特别是足球落后国家聘请高水平的外籍专家是获取先进足球理论与经验的重要途径。我国引进外籍专家的经验也证明，我们在训练观念、训练理论与方法，以及对训练和比赛过程的组织和控制等方面，都与外籍专家存在较大差距，而且这种认识和能力上的差距都不是在短时间内就可以提高到所需水平的。要赶上世界先进水平，必须要虚心学习和努力探索。我国制定引进外籍专家政策及出台各项相关的规定，就是要利用市场经济的机制，把更多高水平的外籍专家请进来，以利于更有效地学习先进的训练、理论和方法。

3. 选聘外籍专家的指导思想和基本原则

要实现引进外籍专家的目的，需要有一个正确的态度和潜心谋划工作

的整体思路。也就是说，主管机构首先要确立一个选聘外籍专家的指导思想和基本原则，以便把握工作的基本方向和基本行动准则，这样可以保证工作过程不会出现大的偏差和重大失误。指导思想的确定需要综合考虑各种内外因素，并有预见性地把握问题的主流和关键，这样才能形成正确的工作方针。

选聘外籍专家的指导思想和基本原则应当具有整体性、方向性、纲领性和实践性的特点。在确定引进外籍专家的指导思想和基本原则时应当考虑以下因素：国家的政策和主管机构的规定以及相关要求；尊重项目发展的基本规律，以尽快提高项目整体水平为根本目的；认真分析队伍训练、比赛和管理现状，注重队伍整体建设，兼顾队伍中短期以及长远利益的原则；根据队伍自身的风格特点和今后的技术风格发展方向，选聘适合本队需要的，具有较高的理论水平和实践工作能力的外籍专家；建立法律意义上的诚信和责权关系，必须达成合作意向的共识，以有效改进队伍的训练和提高竞技实力；必须配备能有效协调运转的中方教练组，全面、系统地学习和掌握外籍专家的训练、理论和方法，培养、提高中国教练的训练水平和临场指挥能力；充分认识对外籍专家管理工作的重要意义，建立系统的管理体系和监控体系；做好物质保证和其他保障性工作，相关机构和人员要加强配合和协调等。

4. 选聘外籍专家的素质要求

聘用外籍专家要从队伍的实际需要出发，按照一定的基本素质要求，全面、综合地进行考察和评估。这样利于全面和客观地了解对方，正确地确定人选，也利于选聘工作规范化。我们可以把考核外籍专家的内容分成以下几个部分。

（1）思想品德与人文综合素质

包括敬业精神与工作态度、事业心与责任心、严格的管理与协调能力、计划与宏观构思能力、外交口才等方面。从事任何事业成功的人都需要具备较好的思想品德和人文综合素质，尤其是跨越不同国家、不同文化的业务交流和沟通，更需要外籍专家具备业务之外的良好文化素养。

（2）基本业务素质

外籍专家的基本业务素质包括理论素养、训练水平、战术素养、选人用人、比赛指挥、临场应变、心理素质、大赛经验以及对体育科学的认知水平等方面，基本业务素质是考察外籍专家最重要的内容，是确定外籍专家人选的决定性因素，必须对被选聘外籍专家的基本业务素质做全面、深入和细致的调查和考察。

被考察的外籍专家最好当过运动员，即有过运动经历。许多运动项目要求教练员能够示范或者与运动员一起完成技术动作，比如芭蕾舞、艺术体操等，只有这样，才能增强运动员的训练热情，提高运动成绩。

基本业务素质考察是技术性很强的工作，需要通过各种途径和采用各种方法，其中包括外围调查和组织技术人员的专门考察。客观、准确地确认所聘教练的业务素质，需要较大的精力和一定的资金投入，而一旦选准了业务素质好的外籍专家也就可以确保我们的队伍能够获得应有的技术帮助。当然，每一个外籍专家在业务素质方面都会有自己的优势和局限，这需要根据我们的主要目的和需要，以发挥所聘教练的特长和优势为主体，把握和控制好事物发展的方向。

（3）个人执教经历与声望

个人执教经历与声望包括职业生涯、带队经历、带队成绩、国际上的知名度和人格魅力等。比如说中国男篮的主教练尤纳斯号称欧洲的"恺撒"，来自法国的国家自行车场地组教练丹尼尔·莫雷龙号称"金牌教练"，来自日本的井村雅代号称"花游水母"，仅是他们的声望就足以吸引我们去聘请他们。

一个教练即便具有较高的训练水平和理论水平，而没有取得大赛成功的经历，往往会有临场经验的不足，理论与实践结合不够的问题。但是，教练作为一支队伍训练和比赛过程的设计者和指挥者，其理论功底、训练方法、手段的策划和训练质量，以及对比赛的指挥与控制是赢得队伍球队全体人员尊重和信服的决定性因素。

（4）跨文化交流能力

也就是我们常说的交际能力，这当然首先包括语言能力，毫无疑问所有的项目管理中心都希望外籍专家在语言交流上能够顺畅，但是客观困难决定了大多数外籍专家都不可能在短时间内解决这一问题，语言之外的就是人际交往能力，这包括：

与中方领导的交流能力，能够接受我方的领导。在引进外籍专家上我们明确提出要"以我为主"，其中包含的意思就是要外籍专家服从我方的总体安排。

与中方运动员的交流能力，大多数项目管理中心要求外籍专家能够多与我国运动员进行交流，这种交流不仅表现在训练和工作中，还应当融入到日常生活之中，与我们的队员建立感情。

与中方教练员的交流能力，这是一个比较复杂的问题。俗话说"同行是冤家"，你从异国他乡远道而来，抢走了别人的"饭碗"，要想取得认同并不容易。

与本项目内国际竞技体育的交流能力，这也是一个很重要的方面，如果外籍专家有很强的国际交际能力，具有良好的国际合作关系，信息量比较大，信息比较准确，不仅可以搭建一个高水平的国际交流平台，同时对于开展有益的国际合作、共同训练，都很有帮助。[①]

5. 选聘外籍专家的注意事项

（1）要提高对外籍专家聘用工作重要性的认识

教练员对于运动人才的成长和运动水平的提高起着主导性和关键性的作用。一个好教练可以培养一批优秀运动员，而一批好教练则可以促进整个项目的发展，使项目保持长盛不衰。随着竞技体育竞争的日益激烈，科学技术的突飞猛进，世界竞技体育的格局、管理的理念、技术和规则、训练的方法手段都会不断变化，这就对教练员的素质提出了更高的要求。而目前我国一些项目的教练员现状不容乐观，有的缺乏对项目特点和规律的深刻认识和准确把握，有的科学训练的意识不强，水平不高，观念陈旧，

---

① 段炼. 备战奥运会外籍专家管理机制的研究［D］. 北京体育大学博士论文，2008 年.

方法落后，影响了项目发展。这些项目要在 2008 年奥运会上实现突破，必须采取"请进来，走出去"的策略，只有学习、引进国外先进的训练理念、方法、手段，取长补短，优势互补，才能尽快提高水平。

（2）要特别重视对外籍专家聘任前的考察以及合同的签订

这两步是聘请外籍专家成败的关键，后面发生的问题往往是由于前面没有选好人，或者是合同不完备，无法制约，无法解除。聘用外籍专家要进一步进行规范，总局于 2003 年下发了《国家队聘任外籍专家管理规定》，各中心要按照法规性文件进行操作，通过协议的方式去有效的约束与管理外籍专家。

（3）要进一步明确聘用外籍专家的指导思想

这个指导思想就是以我为主、为我所用。各项目中心聘用外籍专家绝不能"一聘了之"，项目中心要发挥领导作用。在贯彻"以我为主"方针的同时，还必须为外籍专家提供发挥其才能的舞台。要搭建好与外籍专家合作的平台，充分发挥外籍专家的业务特长，在队委会中要明确分工，中心领导靠前指挥，发现问题及时解决。要主动向外籍专家通报有关情况。要向外籍专家介绍中国的国情、文化、生活习惯等，使他们能够尽早了解熟悉情况，进入角色。要建立多种与外籍专家沟通的渠道，在沟通中达成共识。

（4）要尊重外籍专家

对外籍专家要有一个明确的目标和一个合理的定位。聘请外籍专家复合型国家队，要赋予主教练相应的责、权、利，不能取（聘）而代之。要取长补短，优势互补，要相互信任、相互合作；要从体制和机制上给予外籍专家充分的保证，确保外籍专家的执教效果；必须为外籍专家营造一个良好的施教氛围，建立相应的机制，提供相应的条件。小球中心提出了"理解、支持和帮助"，并在训练安排、出国参赛、选调队员等方面给予了金昶伯大力支持。由于语言、文化背景、生活方式等方面的不同，篮球中心提出了"主导、信任、尊重、支持、沟通、协调、合作"的 14 字方针开展工作。水上中心早在 2002 年就提出了"外籍专家本土化，本土教练国际化"的教练员发展目标，取得良好的效果。

（5）要敢于严格管理

由于中外文化背景的差异，主管部门在训练和管理中不能对外籍专家放任自流。项目管理中心要在支持其工作的同时，敢于善于与外籍专家进行训练思想和管理方式的碰撞，必要时敢于进行严格管理。还要防止外籍专家的一些倾向，对在训练中倾向走捷径，希望用快速的方法提高运动员的专项成绩，忽视基础能力的发展等问题，应该及时提醒。对于外籍专家的严格要求和严格管理，给予全力支持。

（6）对于聘用外籍专家不能平均着力，必须突出重点

在备战北京奥运会过程中，要加强研究，在北京奥运会上不可能完成进入前 8 名任务的落后项目不能高价聘请外籍专家。重点强调能在奥运会上夺金或获得好名次的队员。

（三）外籍专家考核评价指标

随着竞技体育的国际化，国际间交流也日趋增多，很多优秀的外籍教练开始执教我国国家队，并为我国国家队成绩的提高做出了贡献。我国一些欠优势和弱势项目上引进外籍专家后，取得了突破性进展。例如雪上项目，进入了世界前列，并拿到了奥运会的奖牌。从另一方面来说，2008 年奥运会即将在我国举行，备战奥运会是我国国家体育主管部门的重要部署。作为东道主，理应拿更多的奖牌取得奥运会上的更大突破，同时推动我国首都经济更快发展，取得双赢。为此，在一些弱势和欠优势项目上更进一步，聘请外籍专家，放心将我国一些项目交给他们去执教管理，无疑是一种更快捷的方法。但在聘请外籍专家上也有不成功的例子。在外籍专家的引进、考核评价及监督管理上必须有一套相应的评价体系与标准。

1. 队伍和个人的比赛成绩

该项指在外籍专家执教期间，本项目团体或个人在一些国内外的重大赛事中取得较好的名次，且个人的技战术得到提高的幅度。或在阶段性训练中成绩明显进步与提高。训练的目的就是为了出成绩、拿名次，比赛成绩是决定他们执教能力的重要因素。

2. 外籍专家的职业道德

主管部门聘请专家必须要求他们有敬业精神，有严肃认真的工作态度，一心一意的为中国的体育事业服务，而不是为钱而来，拿钱就走。他们的敬业精神和工作态度是衡量他们工作的重要尺度。

3. 外籍专家的训练水平

外籍专家的训练水平也是衡量其执教能力的重要因素之一。外籍专家到中国来能给我们带来先进的训练理念，能及时地收集与反馈本项目的最新的、先进的经验、信息，注重科学研究，并能深入把握所从事项目的规律与特点，利用合理的方法手段，使运动成绩得以提高。外籍专家还应能针对我国运动员的特点，因材施教。

4. 外籍专家与中方教练员及管理人员的合作关系

外籍专家来到中国，我们首先要给他们创造发挥自己能力的平台，给他们自由发挥的可能空间。但是他们初来乍到，不一定能完全把握中国运动员的特点，需要建立与中国教练员及其他工作人员的友好合作关系。中国教练员及其他工作人员首先要配合外籍专家的工作，但外籍专家也尊重中方人员，倾听中方人员的建议。双方目标一致，共同的为本项目取得突破进展而努力。合作具体体现在训练计划地制定，训练过程中问题的沟通，比赛过程中技战术的调整等方面。

5. 外籍专家指挥队员参加比赛的能力

训练的目的就是要求在比赛时很好的发挥。这需要运动员在赛前调整到最佳状态。这更需要教练员丰富的比赛经验和高超的训练水平。外籍专家的临场指挥能力体现在赛前能把运动员的心理和体力调整到最佳状态，做好赛前工作的战略部署。[①]

---

① 段炼. 备战奥运会外籍专家管理机制的研究 [D]. 北京体育大学博士论文，2008 年.

第四节　国家队备战管理模式的选择

国家队采用何种管理模式，直接关系到国家队的管理绩效。建国以来随着我国竞技体育事业的蓬勃发展，已经在国家队内部初步形成了各具特色的管理模式。因此有必要对这些管理模式进行分析比较和论证，进而优化出高效、规范，适应客观实际的科学管理模式。[①]

一、国家队管理模式状况分析

（一）历史演进

我国各项目国家队的管理先后实行过 3 种制度。从时间上划分，1985 年前一般实行领队负责制，1985 年至今多数实行的是主（总）教练负责制，部分项目（如排球）从 2001 年开始实行队委会制度。3 种管理模式都有明显的时代特征。第一种强调领队的政治领导作用，第二种突出主教练业务上的全面指挥权。队委会领导下的分工负责制更重视充分发挥集体的作用，调动各方面积极性，最大限度地整合全队资源。

在 2005 年冬训暨备战 2008 年奥运会动员大会上，段世杰副局长提出：要建设好复合型国家队教练团队。他强调现在的竞技体育的竞争，仅仅依靠有限的知识和单一手段已不能达到高峰。因此，要提出构建复合型国家队教练团队的构想，这既是适应当今竞技体育竞争技术、管理更为复杂的需要，也是我国竞技体育整体水平不断提高的必由之路。通过打造复合型国家队管理团队，能使中心管理者、主教练、总教练、领队、科研人员、队医组成一个知识更为系统，各方形成合力，实现"国家最高水平"的训练体系。

（二）类型与分布

当前国家队的管理模式存在多种情况，而国家队主要是从事业务工作

---

① 王凯珍，雷厉，潘志军，等. 国家队管理模式的研究［J］. 北京体育大学学报，2006（10）.

的组织，不是行政组织，因而与其相对应的管理方法和手段就要侧重于业务管理，尤其是突出训练、竞赛管理工作。从这个意义上讲，国家队管理模式改革非常必要。没有一套适合于组织的管理机构，但每个组织机构都应有一套适合自己的管理模式。从实践的角度来看，应通过研究找出不同项目背景下更加适用的国家队管理模式。

1. 国家队管理模式种类多、名称杂

国家体育总局竞体司对40个国家队的调查结果表明，目前国家队共有8种管理模式，其中采取队委会（集体）领导下的分工负责制模式的比例最大，占47.5%。领队领导下的队委会负责制和领队、主教练分工负责制比例最小，仅占2.5%。（见表3-2-1）

表3-2-1　不同管理模式比例

管理模式	是否集体领导	数量	%
（队委会领导下的）领队负责制	是	5	12.50
（队委会领导下的）总教练负责制	是	6	15.00
成立队委会（外籍教练）		4	10.00
队委会（集体）领导下的分工负责制	是	19	47.50
领队领导下的队委会负责制		1	2.50
领队领导下的主教练负责制		2	5.00
领队主教练分工负责制		1	2.50
业务部领导下的领队主教练分工负责制	是	2	5.00
总计		40	100.00

2. 集体领导模式的分布较多

比较不同管理模式发现，虽然国家队管理模式的种类达到了8种，但采取集体领导方式或成立队委会的仍然占大多数，有80.0%。说明国家队普遍意识到集体领导的重要性。

3. 不同类别项目管理模式的选择

（1）优势项目管理模式的选择

6个优势项目和非优势项目的比较表明，有5个优势项目采取了队委会

领导下的分工负责制，只有射击项目采取的是（队委会领导下的）总教练负责制，这与射击教练许海峰的个人素质有一定关系。总体看，所有优势项目都是采用了领导集体决策的方式，可见复合型团队是优势项目保持优异成绩的基础。

（2）个人项目与集体项目管理模式的现状

个人项目与集体项目选择的管理模式有较大差别。个人项目采取的管理模式有5种，其中采取队委会（集体）领导下的分工负责制的最多，占58.1%。集体项目的管理模式有5种，其中外籍教练负责制比例较大，占44.4%。其他几种模式比较平均，见表3-2-2。

个人项目和集体项目管理模式的比较发现，只有2种模式是共同选择的，即队委会（集体）领导下的分工负责制以及（队委会领导下的）总教练负责制，但比例不同。个人项目采取队委会（集体）领导下的分工负责制模式的更多一些，说明集体项目和个人项目对管理模式的选择有较大差异。

表3-2-2　个人项目与集体项目国家队管理模式比较

国家队管理模式	个人项目国家队管理模式%	集体项目国家队管理模式%
队委会（集体）领导下的分工负责制	58.1	11.1
（队委会领导下的）总教练负责制	19.4	
（队委会领导下的）领队负责制	12.9	11.1
领队领导下的主教练负责制	6.5	
领队领导下的队委会负责制	3.2	
领队主教练分工负责制		11.1
业务部领导下的领队主教练分工负责制		22.2
成立队委会（外籍教练）		44.4
合计	100	100

（三）不同管理模式的特点

1. 队委会领导下的分工负责制

项目中心领导兼任队委会主任，业务部门负责人、教练、领队、运动员、队医、队干事、科研人员等各司其职。队委会主任的作用是领导、鼓动、教育、协调和督查。重大问题在尊重主管人员合理意见的基础上集体研究优势汇集更多知识与信息，集思广益，提高决策质量，使最终方案更加周全；减轻教练员负担，更充分地保障主教练对业务工作的主导作用；使每个人的分工更明确，职责更清晰，使更多人感到负有更大责任；执行者参与决策，接受程度增加，贯彻就会更加顺利。重大事项集体决策，克服个人领导下的局限性，避免权力过分集中；项目中心的指挥工作前移、管理重心下沉劣势是要额外付出沟通成本；沟通耗时、效率低，易影响决策速度，快速反应差；容易出现责任不明确；核心人员要精简；风险增加，群体环境冲淡了个人的自我暴露感，使成员敢于做出更加冒险的决策。当意见不一致时，容易出现妥协或折中性方案。

2. （队委会领导下的）总教练负责制

（队委会领导下的）总教练负责制属于强教练型，组成成员同上。优势强调了总教练的地位，便于开展业务工作。劣势是总教练责任重，压力大，个人素质的欠缺会影响全局；教练职责扩大化，影响训练工作；权力过于集中，不利于发挥其他成员作用。

3. （队委会领导下的）领队负责制

（队委会领导下的）领队负责制属于强领队型，优势是领队在行政管理工作上具备优势；能强调思想政治工作的重要性；便于建立运动队的团队文化氛围。劣势是会削弱教练的主导作用，影响业务工作积极性；个人素质的局限性难以避免。

4. 领队领导下的主教练负责制

领队领导下的主教练负责制的特点是领队总负责，教练抓训练。优势是强调了教练的主导地位；行政工作由领队全面负责。劣势是领队和教练的关系较难协调，会造成过多内耗，影响训练管理工作。

5. 领队领导下的队委会负责制

领队领导下的队委会负责制的特点是领队总负责，集体决策。优势是权利集中于领队身上，便于解决行政上的矛盾；重大问题集体决策。劣势

是没有强调教练的业务地位。

6. 领队、主教练分工负责制

领队、主教练分工负责制的特点是领队、教练明确分工。优势是领队负责运动队的职业化和市场运作；教练具体负责训练工作。劣势是领队和教练的关系较难协调，会造成过多内耗，影响训练管理工作。

7. 业务部领导下的领队主教练分工负责制

业务部领导下的领队主教练分工负责制的特点是业务部参与运动队工作。优势是成立专门的业务部，具体负责国家队的训练管理工作；强调了领队和主教练的明确分工。劣势是领队和教练的关系较难协调，会造成过多内耗，影响训练管理工作。

8. 队委会（外籍教练）负责制

队委会（外籍教练）负责制的特点是注重外籍教练。优势是充分重视外籍教练，能将所有工作集中到训练上来。劣势是队委会和外籍教练的关系难以协调，队委会对外籍教练的控制和引导能力较低。

二、国家队管理模式选择的影响因素

（一）多因素综合影响力

权变理论认为，在企业管理中要根据企业所处的内外条件随机应变，没有什么一成不变、普遍适用的"最好的"管理理论和方法。[①] 该理论的核心就是强调在管理中要根据组织所处的内外部条件随机应变，针对不同的具体条件寻求不同的最合适的管理模式。因此国家队各成员之间的关系，国家队项目特点，外部环境等都直接影响到管理模式的选择。多因素影响因素包括管理者的资历、学识、经验、价值观、目标和期望等；运动项目的特点、成绩、目标和期望等；国家队内外部环境的复杂程度、组织氛围、金牌压力和工作本质等。因此，国家队在决定采用哪种管理模式时要考虑多因素的交互作用。

---

① 庄国风. 西方企业管理理论的发展 [J]. 现代管理科学，2003 (11).

（二）项目水平与个人素质

组织心理学家埃德加·沙因提出来的"复杂人"理论认为，由于人的不同，同一管理方式会有不同的反应，所以没有特定的管理方式对任何组织都适用。不同国家队内领导人员素质直接影响管理模式的选择，对于历史上运动成绩优异，资历深，风格强硬的领导，通常会形成较高的权威性，这种强势便于统领全队开展训练工作，这样可以避免更多的冲突和矛盾。

（三）运动项目特点

不同运动项目的群众普及度有很大差别，普及度高的项目或市场化运作好的项目，中心领导要承担更多的面向全国的业务工作，难以深入国家队指导具体的训练工作，因此，主任直接参与队委会工作还不现实。而群众普及度低的项目，中心主任有时间和精力深入基层指导训练工作。

三、国家队管理模式的选择与运行

（一）选择建议

1. 多数国家队的选择

运动项目的不同、竞技体育水平的高低、管理者自身素质的差异，导致了国家队多元化的领导体制，国家体育总局竞技体育司在调查中请项目中心评价不同管理模式。从反馈意见看，60%以上的国家队支持队委会领导下的分工负责制，赞成集体领导方式。

如冬季中心王楫涛表示，自从2005年年初改变了国家队领导体制，由总教练负责制变成队委会领导之后，教练班子得到了充实和加强，男女队分开，不同意见能够得到更广泛的讨论、研究，工作能够做得更细。除教练、助理教练外，上面还有队委会主任、副主任，领导力量显然也加强了。大家在这个层面上都为冬奥会备战而努力，集思广益，团结合作的力量更大，训练、比赛成绩也提高了。游泳中心认为实行队委会领导下的总教练负责制的好处有：一是有利于加强国家队的领导工作，把管理、训练、科研、医务工作纳入一个共同的体系；二是减少中间环节；三是便于国家队和各省市之间进行协调，组织一线和二线队伍。游泳项目队委会主要抓大

的方针、政策，贯彻总局的指导思想和精神，确定国家队组建方案、国家队教练员和运动员的选拔标准、选拔程序以及大赛的选拔，做出管理规定，制定大赛目标和备战方案等；总教练全面抓队伍，副总教练分管各组，每组还有骨干教练。队委会还设攻关组，进行分类管理。体操中心高健认为，实行队委会领导下的分工负责制，队委会成员各司其职，能够最大限度地调动全队积极性，这种管理方式相当好。

由于集体项目与个人项目的差别较大，球队成员的不同角色要求采取不同的训练方法；另外教练除技术训练外，要重点考虑战术训练，因此面临更加繁重的业务工作，因此建议集体项目建立复合型训练团队，利用集体的力量解决问题，选择队委会领导下的分工负责制。

2. 特殊情况下的选择

不同项目要根据实际情况进行选择。

（1）群众普及度低的项目的选择

国家队不同项目差异较大，不同项目国家队的管理目标、职能、重点都会有很大不同，如果生硬地按照同一个管理模式提要求，难免脱离实际。对于群众普及度低的项目可强调中心主任的领导地位，降低管理重心。

（2）强势领导类的选择

要根据领导的素质确定具体的管理模式。如果国家队管理层中有曾经的奥运金牌获得者，具备综合素质较高的领队或教练，国家队的管理工作可以在队委会的领导下，重点围绕强势领导展开，充分发挥强势人才的优势。

（二）运行注意事项

1. 重视人才素质

国家队权威领导者除了具备领导行为的 4 要素，即确定目标、运用手段、控制组织、进行协调，还需要对该运动项目有牢固的业务知识，而且必须随时、随地、随人、随环境不断变化，具备鉴别情景、分析差异、诊断问题、敏锐洞察等能力。集体决策中如果控制者素质跟不上，就会十分消极地影响群体的运行效率。

2. 低成本、高效率

国家队管理的运行机制是根据体育训练工作实际需要形成的，低成本运作、高效率运转是基本要求。决策过程注意充分发挥行政领导的作用，使他们真正担起责任来，决策中要充分发挥队委会的作用，出现意见相左的情况，由主任根据一定的原则进行决断。效率问题也是质量问题，管理的高效率就是管理的高质量。管理的高效率是国家队管理的一个基本特征，如果机构设置合理，加上管理人员的高素质，管理运行过程就非常快捷和管用。要注重成员间的沟通与协调，队委会成员在工作中要相互理解、相互支持，默契配合，及时沟通，组成一个团结高效的领导集体。

3. 处理好政事关系

国家队应处理好党政领导指导权与教练自主权的关系，处理好队内行政权力和专业权力的关系。运动队的管理离不开行政主管部门的指导，只有在项目管理中心的正确指导下才能开展各项工作。然而，行政主管部门不能超越其指导权范围，对竞赛训练工作过多地干预。上级给予运动队越多的自主权，国家队的决策就灵活，运行机制就越容易调适，出台的管理办法和手段就越行之有效。因而，在国家队组织中尊重教练、尊重业务就成为一个领导原则。行政权力的运用要保证专业权力的权威性，否则奥运金牌任务就难以实现。

4. 明确分工与职责

韦伯提出组织中的人员应有固定和正式的职责并依法行使职权。组织是根据合法程序制定的，应有其明确目标，并靠着这一套完整的法规制度，组织与规范成员的行为，以期有效地追求与达到组织的目标。因此，国家队需要综合地考虑各个方面，充分利用成员的优势，要求团队的各个成员都能够明确自己的分工。没有责任，分工就不会有任何的效力。每位成员都需要明确自己的责任，明确自己要做些什么，自己的权利是什么。这些问题清楚了，进行高效沟通与决策的前提就具备了。

5. 避免冒险与折中

集体决策冲淡了个人的责任感与自我暴露感，会使成员在心理上敢于

做出更加冒险的决策。因此要避免大家不假思索，点头认可，不能使集体决议变成支持大会。另外，群体决策时，由于各个成员常常对于某些问题有着不同的见解，为了取得集体一致的解决问题的办法和协议，经常需要采用某种妥协或折中性方案来使各方认可并执行。因此要避免做出这种"退而求其次"、"退而求其和"的折中性决策。

6. 不同时段的做法（比赛期、训练期）

在训练比赛的不同时段，要考虑采取不同的管理模式，如大赛期间是特殊时段，中心主任应该直接下到队委会指导比赛工作，便于及时协调和解决各种问题。但平时的训练工作，应该更多地让教练负责，中心主任主要是为运动队提供最好的保障，业务工作以教练为主能更好地调动教练的积极性。

总之，国家队的不同管理模式各有优劣，选择一定的管理模式后要优化运行机制。对于队委会（集体）领导下的分工负责制，为了最大程度地提高集体决策的高效性，要明确目标、明确分工、明确责权、明确沟通方式、选择高素质的"领头羊"。对于总教练负责制或领队负责制，要注意权威者的个人素质。对领队领导下的主教练负责制，要注意领队与教练之间的协调，避免产生矛盾。[①] 对领队领导下的队委会负责制，要让领队充分了解该项目各方面的业务知识，才能更好地指导运动队工作。对领队、主教练分工负责制，要注意领队和教练之间的协调。对业务部领导下的领队主教练分工负责制，要使业务部真正发挥作用，全力为运动队服务。对队委会（外籍教练）负责制，要注意协调外籍教练和队委会的关系，既要充分发挥外籍教练的优势，又要结合国情，控制可能产生的问题。

① 王凯珍，雷厉，潘志军，等. 国家队管理模式的研究 ［J］. 北京体育大学学报，2006 (10).

第三章　竞技备战资源配置与优化

第一节　备战过程竞技资源配置原则

一、备战过程的资源配置属性

北京奥运会的备战和参赛过程本质上是一次巨大的资源动员、整合和配置过程。可以说，备战与参赛北京奥运会是我国各种社会资源配置状况和使用效率的一次全面检验，是我国竞技资源配置效率的全面检阅。尤其是备战过程中所体现的我国竞技资源的合理配置和优化配置，构成了我国2008年北京奥运会的重大问题之一。

一般而言，体育资源被称之为"广泛的、包容体育系统自身及所能利用的人力、物力、财力、技术、信息和政策、机遇等综合优势的各种要素。"① 我国的竞技体育资源是指现阶段我国竞技体育所能调动的一切要素，包括人、财、物、信息、技术和政策等资源。在备战2008年北京奥运会过程中，我国的竞技资源有着鲜明的特征：第一，我国作为主办国和参赛国双重身份参与北京奥运会，形成了举办过程的资源配置过程和参赛过程的资源配置过程相互交织在一起；第二，整个社会的参与度、投入度空前，耗用的社会资源无论是数量规模，还是结构类型都高于历次动用水平，呈现为社会资源广泛介入竞技资源配置过程；第三，我国政府对国际社会庄严承诺不同于任何一届奥运会，首先是要举办一届最成功的奥运会，其

---

① 陈效范. 体育产业指导 [M]. 北京：人民体育出版社，1997.6.（78）.

次是在赛场上取得优异成绩。在这种情况下，如何实现竞技资源的合理配置和最优配置，成为了衡量我国资源配置能力和配置水平的关键，如何根据社会资源现实状况，依托于社会资源配置机制，实现竞技资源优化配置目标成为了我国备战参赛 2008 年北京奥运会的一项重要任务，同时，也为我国竞技体育资源配置理论和配置实践探索一条行之有效的发展道路。

为此，必须清醒认识我国竞技体育资源配置的一般属性和特殊性，充分肯定在竞技体育资源配置和使用上的成功经验，也要敢于直面某些配置教训，科学评价我国在备战北京奥运会中的各种竞技体育资源配置中存在的主要问题，提高和改善竞技体育资源在备战与参赛中资源配置效率，探索一条适应我国竞技体育资源优化配置的发展道路。事实上，我国竞技体育的发展过程，应该说就是一种集约使用竞技体育资源的配置过程。但是，由于认识上的局限性与实践中不断探索性，以及竞技体育的资源配置的有效性，决定了恰当而适时的比赛胜利成为了衡量竞技资源配置效率的一个重要的标志。但是这不等于说，一场比赛的胜利就构成了资源配置效率的衡量的基准，而是涵盖了大量的信息，包括现有资源的状况、资源配置和使用、资源优化的可能性以及持续保持的边际资源投入状况等等。

备战工作必须以实现竞技资源最优化配置为标志，这不仅是从节约整个社会资源的需要，也是竞技资源的自身属性的客观要求。特别是，在备战过程中，由于国家和各省市的高度重视，可能会助长人们对社会资源和竞技资源不当使用，甚至是无效使用，违背了资源配置合理和最优原则。要维护资源配置效率原则和优化原则，尽力避免资源的无效与低效配置。

二、合理配置与优化配置

一般而言，资源配置涉及到合理配置和优化配置两个方面。所谓资源的合理配置是指全社会意义上配置状况，强调全社会意义上的资源是否实现了有效配置。而资源优化配置是指配置状态，即资源是否实现了高效率、最优化使用状况，强调"优化"的动态过程。合理配置和优化配置具有相辅相成的关系，合理配置需要不断优化配置过程进行补充，同时，优化配置也需要不断进行合理配置过程中才更富有效率。总之，两者相互依赖、互为条件，但前者更多呈现为宏观性和静态性，后者更多呈现为微观性和动态性。

竞技资源的配置过程也分为合理配置与优化配置两个环节，所谓竞技资源的合理配置是指在全社会意义上配置竞技体育资源，即符合整个社会发展需要的竞技体育资源有效配置状况，其着眼点在于竞技资源的"有效性"和"实用性"问题。竞技资源优化配置是指在竞技体育资源高效率、优化使用问题，其着眼点在于"优化"问题，它既包括竞技体育内部的人、财、物、科技、信息、政策等资源的使用和安排的优化，也包括从全社会意义上竞技资源使用中优化动态问题。具体而言，一个社会竞技体育资源的配置状况反映在两个方面，即合理配置与优化配置，这种配置还受到历史现实条件的约束。

竞技资源的优化配置效率主要借助于单一的奥运会竞技赛场加以实现和体现，竞技资源的合理配置则强调既要依托于赛场比赛，又要依托于全社会层面上组织各种社会资源，实现全社会资源合理配置。由于竞技赛场所具有的公平性、竞争性、规则性等特点，它能够自发地引导参赛队员在赛场的表现实现优胜劣汰的选择，这就决定了必须在备战过程中实现各种资源的优化配置，谋求特定的比赛目标。无论是在项目布局方面，还是在资源的使用方面，必须谋求竞技资源的最优产出。同时，还必须本着竞技体育的可持续发展的要求，从全社会意义上彰显社会与体育协调发展的需要，并把这种需要融入备战工作之中，也就是说，把竞技资源自身的配置活动与整个社会资源配置协调起来，实现竞技资源的全社会意义上的优化配置。

因此，奥运会赛场构成了衡量各国竞技资源优化配置的一种有效形式。但是，奥运会赛场的衡量机制存在着相对的滞后性，需要从队伍组建、筛选和训练过程的科学化加以实现，需要从体育事业的发展的全局加以认识，同时结合资源的现实约束条件加以实施，实现各个项目的备战过程中竞技资源的合理配置和优化配置。同时，借助于奥运会比赛机制，促使各个项

目和各个运动项目中心不断改进训练技术和管理能力，提高训练效能，促进各个项目和项目中心站在全社会视野上整合资源，面向奥运会赛场优化竞技资源配置，在资源的要素结构上，在备战过程中培育创新机制，从每一个项目具体实际出发在全国范围内实现竞技资源的合理配置。在此基础上，寻求竞技资源的优化配置路径，把奥运会赛场成为引导竞技资源合理配置和优化配置的纽带和桥梁。

竞技资源的优化配置和合理配置是一个相互区别又相互联系的资源配置的两种状态。备战过程中不仅涉及竞技资源与社会资源的合理配置和优化配置，也涉及到竞技资源内部的合理配置和优化配置。在竞技备战资源中，一方面要求人、财、物等资源在各个运动项目之间，以及项目内部的配置要保持协调比例关系，另一方面，要明确竞技资源配置中稀缺性资源特征，正确衡量稀缺资源的合理配置界限和配置效率条件。这些不仅是发展我国竞技体育的需要，也是推进我国体育事业持续发展的需要。因此，要重视奥运会竞赛赛场对于我国体育事业，尤其是群众体育发展具有引导和示范作用，同时，还要力争用最少的资源投入实现最大的比赛功效。这就要求竞技资源合理配置必须以竞技的优化配置为条件，有效利用有限的竞技体育资源，必须处理好优势项目、潜优势项目和一般项目的资源分配关系。同时，对于优势项目和潜优势项目，必须置于我国体育发展的长远发展视野加以考察，从发展的全局加以评价。因此，竞技资源的优化配置是合理配置的落脚点，是维持我国体育事业的可持续、协调发展的基本前提。

其次，竞技资源的优化配置是合理配置的最终目标。竞技体育和群众体育都涉及到运用各种社会资源问题，无论是从个体还是从社会组织、国家层面上均要实现资源合理配置问题，由于资源的有限性，投入到一个方面资源的增加必然会导致投入到其他方面的这种资源的减少，因此，人们被迫在多种可以相互替代的资源使用方式中，选择较优的一种方式，以达到社会资源最高效率和社会利益的最大化。从这个意义讲，体育事业的发展历程，就必须不断追求资源的优化配置，争取使有限的资源得到充分利用，最大限度地满足体育事业发展的需要。在竞技资源使用中，不仅要在战略层面配置确保各种社会资源的比例关系协调，还要在每个运动项目内部匹配好各类资源的数量关系和结构比例，实现竞技资源的优化配置。实现 2008 年北京奥运会确定的战略目标，从整个社会发展来看，推动和提升整个国家体育事业持续健康发展，在奥运会上取得优异成绩，引导和带动我国大众体育的健康发展，实现有限的竞技资源最大限度地利用，必须把竞技资源的优化配置和合理配置有机地联系起来。

基于本研究的目标，我们设定整个社会竞技体育资源已经处于合理边界，即竞技体育发展的现实状况已经满足合理化要求，现在的问题是如何实现优化问题。具体地说，竞技资源合理配置是指竞技资源能够满足社会发展需要和奥运会比赛两个维度的需要。在项目布局中合理处置合理配置与优化配置的关系。同时，还要在备战中注重社会需要，比如说，我国在某个项目上根本没有夺取奖牌的实力，但是，我们的参赛组团到备战过程，兼顾到群众体育发展需要，践行大众体育与竞技体育协调发展的需要。在备战过程中必须遵循着竞技体育优化配置原则，在资源约束条件下，实现最优的比赛阵容、谋求最佳的资源配置方式，实现最大的竞技成绩产出，提升我国参赛的竞争力。

三、竞技体育资源配置的一般原则

在备战 2008 年北京奥运会过程中，如何实现竞技资源的配置问题，需要在两个层面加以认识和实施。首先，竞技资源的稀缺性和有限性是制约资源配置的基本前提，有限的资源平均分配既违背社会效率原则，也不符合竞技项目自身发展状况。众所周知，我国竞技项目存在着事实上的实力差距和参赛能力差别，如何在优势项目、潜优势项目和一般项目上合理和有效地配置资源，不仅是一个理论问题，更是一个实践问题。在既定的运动项目发展格局中，既往的运动成绩和在世界上的基本排名或可能的成绩状况，决定着资源利用效率的可能性。因此，合理而有效的资源配置方式要求在人、才、物、技术、政策等资源的配备上确定一个合理的比例，综

合评价现有比例的边际报酬，从而为最优配置评价提供理论框架。因此，需要对现存的资源配置方式进行全新审视和科学评估，把竞技资源的配置真正置于合理配置的基础上，实现竞技资源的优化配置。在充分衡量不同项目在社会体育发展的现实状况和发展趋势的基础上，确定总体的资源合理界限。同时，在公允审视各个运动项目属性和规律的基础上，结合该项目的现有实力，以及成长趋势，兼顾到该项目以往的资源分布状况，并对现有的资源利用状况进行严谨的评估，评价该项目资源利用的总体效率和边际效率，进而来评定该项目的资源配置合理性问题和优化问题。因此，备战中竞技资源的配置问题必须建立在如下原则基础上展开：

1. 要站在世界前沿和我国现实状况考虑竞技资源的配置方向，既要兼顾与整个体育事业发展的长远需要，又要保持与社会经济环境相协调；

2. 从提高竞技资源的综合利用水平出发，全局性地整合资源，提高资源的利用效率；要根据运动项目的发展状况和发展需要，遵循着资源最优使用原则进行；

3. 竞技资源的配置必须符合奥运会参赛目标的要求，集约使用资源，提升我国奥运竞技实力，推动奥运项目的可持续发展；

4. 竞技资源的优化配置是衡量竞技资源合理配置的归宿，资源利用的优化配置性必须体现资源利用的科学性、有效性、有偿性、综合性、经济性、可靠性。

第二节　备战中竞技资源优化配置与创新管理

一、奥运备战中我国竞技资源配置方式

任何资源配置方式都是在特定的环境和条件下进行的，备战 2008 年北京奥运会竞技资源配置也不例外，正视竞技资源的配置条件是评价配置方式和优化配置前提。竞技资源的配置条件如下：

1. 2008 年北京举办奥运会是我国社会生活中的一件大事，我们国家向

国际社会庄严承诺要把北京奥运会举办成历史上最成功的一届奥运会。举办成功的奥运会要完成两个目标:一是举办好、组织好奥运会,二是力争在奥运会赛场上我国运动健儿取得优异的比赛成绩。

2. 全国人民对奥运会的成功举办抱有极大的热情,党和政府高度重视奥运会的筹备工作,无论是准备时间上,还是投入的资源数量上都是中国奥运会备战历史上少见的。我国竞技资源配置要符合社会资源综合效率的原则,竞技资源的配置必须以综合效率最高为宗旨。

3. 奥运会对于我国体育事业而言,只是我国体育发展进程中的一部分,竞技资源配置必须符合体育事业的可持续发展需要。

因此,竞技资源的利用必须遵循着竞技体育与群众体育发展的一般规律,以及各个项目发展特征的需要进行。

竞技资源的合理配置是优化配置的前提条件,优化配置是合理配置的必然归宿,两者之间构成了辩证统一的关系。在我国 2008 年北京奥运会备战过程中,应该依据资源配置原则,根据我国竞技资源特定状况,基于竞技资源的配置条件,探索实现我国竞技体育资源合理配置和优化配置的相统一的发展道路。

在备战过程中,我国竞技资源构成了一个相对独立又相互依存的配置系统。这个系统由如下几个部分所构成:第一,社会资源配置系统和竞技体育资源配置系统,这是全部竞技资源配置的基本环境,它决定和制约着竞技体育资源的配置的基本方向。在我国社会主义市场经济体制基本形成的状况下,决定了竞技体育资源配置的基本方式和主要手段,比如,市场机制的配置原则和宏观调控方式相结合。第二,根据我国参赛奥运会大项和各个小项的布局,确定的以国家体育总局主抓,在备战办统领下,由各个运动中心组成的国家参赛团队,这是我国竞技资源配置的主要操作方式,这是我国目前竞技资源配置的基本单位。第三,是整合各种社会力量,借助于体能的、信息的、康复的和心理的各种力量和团队组成的各种资源团队与各个运动团队组成了有机的资源整合系统。他们在服务和保障竞技团队备战和参赛中承担着重要角色,通过这种服务机制把社会力量合理地配

置到备战工作之中，实现社会资源与竞技体育资源的有效整合。

从我国具体的备战实践来看，我国竞技资源的配置基本实现了总体布局和具体项目匹配的资源系统。我们根据我国竞技体育在最近几年的成绩状况和发展潜力，结合体育与社会发展关系确定了我国竞技体育参赛的项目布局，形成了优势项目、潜优势项目和一般项目配置布局。根据不同的项目特征，确定了资源配备的不同界限，并形成了衡量不同项目合理配置的衡量方式和考核办法。同时，竞技体育资源作为社会资源的一个子系统，必须兼顾社会资源的合理配置过程，北京奥运会的备战过程中，社会动用了大量的资源投入到备战工作中。国家在基础设施上投入了大量的人力、物力和财力，动员了数以万计的志愿者，修建奥运村、建造奥运场馆等，这些资源的利用方式也是社会资源配置的一部分，正如前文中所设定的一样，在已经实现了某个时点上的合理配置基础上，重点研究我国备战过程中的资源配置效率问题，同时关注到竞技体育可持续发展的即期效用和长期效应。从短期来看，我国竞技资源的合理配置和优化配置是应对 2008 年北京奥运会参赛需要，实现我国竞技资源优化配置取得赛场佳绩，从长期来看，为我国体育事业的长期发展探索资源配置有效方式和实现途径，推动我国体育事业健康发展。

因此，我国在备战 2008 年北京奥运会日益迫近的现实条件下，在竞技资源的配置格局的前提下，谋求竞技资源合理配置和优化配置的主要过程集中在管理创新环节上，如何实现竞技资源的合理配置和有效配置，必须在管理创新上深入挖潜，在最短时间上实现竞技资源最优配置。

二、竞技资源优化配置与管理创新

管理创新是指创造一种新的更加合理、有效的资源配置与整合范式。这种整合可以是建立一个全新的组织形式，也可以是原有组织系统的重新排列组合，还可以是具体资源整合及目标制定等细节管理的突破和完善。它是将有限的资源从低效率使用转向高效率发掘的过程。从而实现竞技资源的优化配置。备战中要实现竞技资源的优化配置，必须建立在科学认识项目发展特征和规律的基础上，对特定项目现有的资源利用状况进行评估的前提下，公允地测度和评价现有的资源利用的合理性和有效性问题。然后，来确定竞技资源的重新整合和配置方案，以谋求竞技资源的最优化安排。所有这一切还必须辅之以科学严谨的管理活动，必须建立在创新基础上的管理实施过程，才能真正实现竞技资源的最优化配置。同时，上述评价过程也是创新型管理活动的一部分。

（一）管理创新是实现竞技资源优化的基本保证

任何组织效率问题，实质上都涉及管理行为，我国参赛组织活动集中体现在各个项目的备战过程的精细化管理实践中，也需要审视现有的竞技资源配置状况，重新整合和优化竞技资源配置方式实施创新型管理。备战过程本质上是各个运动项目资源管理活动过程。在竞技资源配置中必须谋求竞技资源优化配置，这决定了备战工作管理创新的关键所在。

因此，各个运动项目在备战中离开了创新的管理行为，轻者会导致竞技资源合理配置结构受损，重者会出现竞技资源无效率，造成竞技资源浪费和闲置，损害整个奥运会参赛目标的实现。管理的有效实施是离不开创新活动，但是创新行为的指向必须以提升备战组织效率和参赛目标为前提，通过有效的管理活动实现是各类竞技资源的优化整合，产生出倍增的效益，实现既定目标。

管理行为的创新不仅是对资源要素的高效整合，也蕴含着思维整合的创造过程。现代体育中能够在奥运会赛场上展现的竞技项目，尽管赛场上表演的时间有限，但是其背后需要动员和整合的资源十分浩大繁杂。首先，是参赛运动员的个人禀赋因素，参赛队员的选拔和评定就是一个系统的工程。其次，围绕着竞赛项目，结合该运动员的一系列身体体征和竞技状态展开的资源整合问题，包括训练问题、体能问题、技术问题、战术问题、心理问题、训练保障问题等等。如何清晰评定这些要素构成，并在训练实际中有效整合这些要素，在竞技场上取得优异成绩，可以说，这些问题覆盖了现代竞技体育各个运动项目的管理实践过程。

（二）竞技资源的优化配置是管理创新的落脚点和归宿

在 2008 年北京奥运会备战实践中，如何把控管理创新的标尺，不仅要建立在参赛代表团意义上的创新管理方式，重点是建立在各个运动项目的备战和训练实践过程中。管理创新的根本标志是以资源利用效率的最优化为目标。因此，要站在竞技体育发展的全局全面整合竞技资源，通过管理创新实现竞技资源的优化配置。以往的管理实践证实，"管理活动不仅在管理观念上具有刚性，管理行为也具有显著的刚性效应"。[①] 如何面对既成状况的惯性思维，冲破现有的管理惰性摆脱经验管理模式，事实上不仅是管理实践的一场革命，也是优化资源配置方式的一场革命。在备战实践中，如何评价现有的管理过程，结合项目特点，在原有的资源配置中深入挖掘潜力，改进管理方法，已经构成了我国备战的关键问题。创新是管理的价值体现。对于备战奥运会的各个项目而言，必须遵循着管理创新原则，备战项目的管理创新实现现有资源的充分利用，进而实现资源配置效率的改进和提升。但是，管理创新的目的是以提高有限资源的配置效率，使短期刚性的约束要素能够发挥更大的效能。

（三）管理的组织创新

管理的实质就在于发挥组织的作用，发挥组织的功能，使各种组织运行有序、协调，需要对组织资源进行有效整理和集成来加以实现。在备战 2008 年北京奥运会过程中，如何协调各个项目之间的资源配置的有效性问题，在组织上的基本创新之一就是备战办的设立，实际上发挥了协调整理组织创新尝试。这种组织行为是谋求各种项目之间实现对各种人、财、物、信息等资源的某种整合的组织创新活动。而组织运行效率首先是组织职能实现的基础，也是组织各种竞技资源利用效率的关键，同时也是实现竞技资源优化配置的保证。我国备战组织机构的设立就是一种组织创新活动，这一创新实现了有效地整合组织资源，为竞技资源优化配置提供了组织保障。在备战过程中，细化到每个项目、运动队实质上都是组织力在发挥着

---

① 托马斯·彼得斯. 乱中求胜——美国管理革命通鉴［M］. 中信出版社，1987.

基础性作用，因此，要确保组织资源能够为备战过程发挥基础性作用，就必须保障组织创新的活跃性和灵活性。

组织创新是实现管理创新能力的基础，灵活而有效的组织创新活动室确保组织完成组织目标的前提，在备战 2008 年北京奥运会过程中，我国在组织上借助于备战办组织创新凸显组织优势，借助于综合性、集成性整合各种竞技资源，实现各个项目之间构筑起适应性。可渗透性和灵活性的优势，形成了扁平化的组织网络，随时整合各种信息，是对高度变化的奥运会参赛环境和特征的认识基础上的组织创新，有着巨大的优势。它一方面集中了战略管理，人力资源管理等功能优势；另一方面又可以整合各种社会资源为备战参赛目标的实现服务。

三、2004 年雅典奥运会我国竞技资金支出的实证分析

实证分析主要以 2004 年雅典奥运会备战为例，选择备战中主要可控资金资源来加以分析，重点分析资金配置状况和配置效率，为 2008 年北京奥运会备战实践过程提供参考依据。本文假定我国备战队伍投入的资金规模和结构是给定的，即不考虑资金投入的现实依据，在整个备战周期中这些资金的规模和结构是相对稳定的。下文的分析是在两个层次展开：首先，假设是由国家体育总局根据项目的特点和成绩顺序能够进行有效的规划、配置，并投入到具体项目中去。但是这需要全面地了解各类项目并获得真实有效信息，同时，能够完全按着项目意图安排资金的结构。其次，假设不存在着真实有效的信息，而是按着成绩或在获得金牌的概率来加以匹配，事实上这里涉及到国外队员的整体水平。

（一）雅典奥运会中国体育代表团参赛结构与规模

2004 年雅典奥运会，我国运动员共获得了 28 个大项中的 26 个大项，203 个小项的参赛资格（马术、棒球未能获得参赛资格）；参赛运动员人数为 407 人，其中：男运动员为 138 人，女运动员为 269 人。有 84 人曾经代表国家参加过奥运会比赛，占代表团运动员总数的 20.6%，其中 23 名运动员曾参加过亚特兰大奥运会，有 79 名运动员曾参加过悉尼奥运会，有 18

名运动员参加过上述两届奥运会。代表团中有 323 名运动员是首次参加奥运会比赛，占所有参赛运动员人数的 80%。

根据雅典奥组委的规定，中国代表团官员人数为 226 人，其中团部 31 人，各运动队为 195 人。在代表团团部和各队官员中，领队为 27 人（含 6 名副领队）、教练员 117 人、医生 26 人、翻译 27 人、陪练 2 人，运动员及官员人数总计为 633 人。参赛人数和规模创造了中国参加奥运会人数和规模的新纪录，为 2008 年奥运会全面参赛打下了坚实基础。

（二）竞技资金投入总量与效果分析

1. 财政资金投入数据统计

从 2002 年开始，竞技资金根据备战雅典奥运会和 2008 年奥运会项目发展的需要，突出项目重点，在国际队训练经费、器材费、科研课题费、国际比赛、基地场馆维修改造、基地仪器设备、重点实验室建设、共建基地、引进外教、人才培养、文化教育、场馆运行项目上加大了投入力度，整合项目资源，在资金的使用上进行了结构调整，进一步优化了项目的增量，资金投入总量稳中有升。竞技资金根据备战奥运的实际需要，主要用于十二个方面使用结构构成了七大板块。

2. 竞技资金使用效果分析

从促进社会全面进步和协调发展的高度，认识中国备战奥运会的社会效应，分析竞技资金使用效果，对竞技体育追求社会效益的最大化具有重大的现实意义。

（1）从 2001 年至 2004 年备战雅典奥运专款的使用效果来看，专项资金的适时投入产生了巨大的联动效应：一是大大提高了国家队的"训练"与"实战"、"建设"与"提升"、"服务"与"保障"的整体水平，为国家队在 2004 年雅典奥运会实战中取得优异成绩奠定了坚实的基础；二是我国体育健儿在以奥运会为最高层次的重大国际比赛中取得了优异的成绩，为祖国、为人民赢得了荣誉。特别是在 2004 年的雅典奥运会上，中国体育代表团表现出了超越自我、挑战强手的良好精神风貌，共获得了 32 枚金牌、17 枚银牌、14 枚铜牌，奖牌总数 63 枚，取得了在金牌榜上排名第二

的新的历史性突破。中国竞技体育已经成为世界体育舞台上一支非常强劲、
耀眼夺目的重要力量。

表 3 - 3 - 1　第 28 届奥运会（雅典）金牌榜

排名	国家/地区	金牌	银牌	铜牌	总数
1	美国	35	39	29	103
2	中国	32	17	14	63
3	俄罗斯	27	27	38	92
4	澳大利亚	17	16	16	49

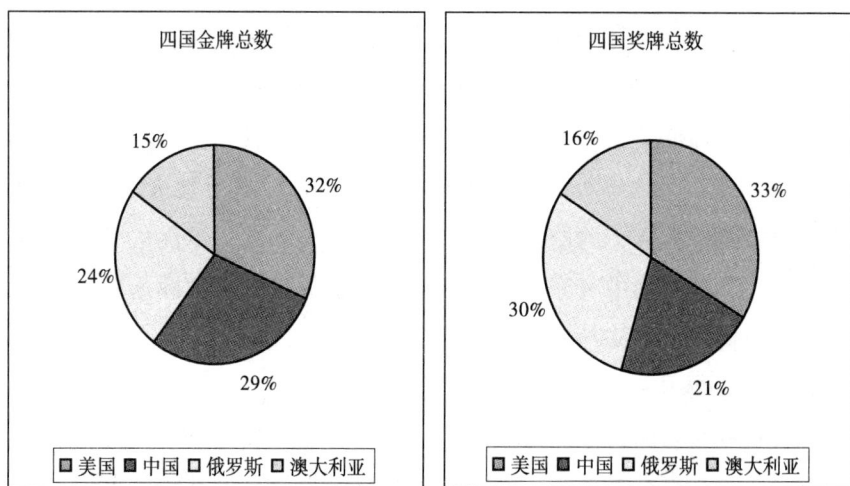

图 3 - 3 - 1　第 28 届奥运会（雅典）金牌与奖牌格局

（2）从雅典奥运会奖牌数量来看，中国 32 枚金牌，而主要对手美国、
俄罗斯和澳大利亚分别是 35、27 和 17 枚金牌。从奖牌总数看，美国得到
103 枚，俄罗斯 92 枚，中国只有 63 枚，总体实力我国与美、俄之间差距较
大，紧跟我国之后的澳大利亚是 49 枚，与我国的奖牌总数跟得很紧。从我
国获得金牌的运动项目上看，仍主要集中在射击、举重、跳水、乒乓球、
羽毛球、女子柔道等我国传统优势项目上。从弱势项目的转化与金牌新的
增长点来看，一些弱势项目在比赛中一一突破成功。从"中国龙"刘翔以

飞一样的速度率先冲过男子 110 米栏比赛的终点线，打破中国、亚洲选手在短跑直道项目上金牌零的突破，到邢慧娜最后时刻发力一举摘下女子万米金牌，以重现东方神鹿英姿；从女蛙王罗雪娟时隔八年为中国代表团在泳池再度夺金，到女排历经 20 年重回世界之巅；从李婷、孙甜甜在网球场打破欧美垄断局面最后夺冠，到孟关良、杨文军在被欧美选手把持多年的皮划艇项目中分到一杯羹；从小将王旭为中国代表团摘下摔跤奥运第一金，到罗微、陈中在跆拳道项目上的夺金百分之百成功率。中国代表团在雅典不断超越自己，突破极限，完美地展现了"更快、更高、更强"的奥运精神。

（3）备战奥运专款的投入，大大推动了国家队训练费、器材、人才培养、科研和基地仪器设备购置等重点项目的有效实施，直接保障了国家队竞技水平的提升，使我国运动员获得世界冠军的总数创历史最高水平。"十五"期间，备战专款投入与运动员取得的成绩同步增长，投入与产出呈现出良性互动的发展态势，金牌数量与竞技体育社会基础进一步扩大。见下图 3 - 3 - 2：

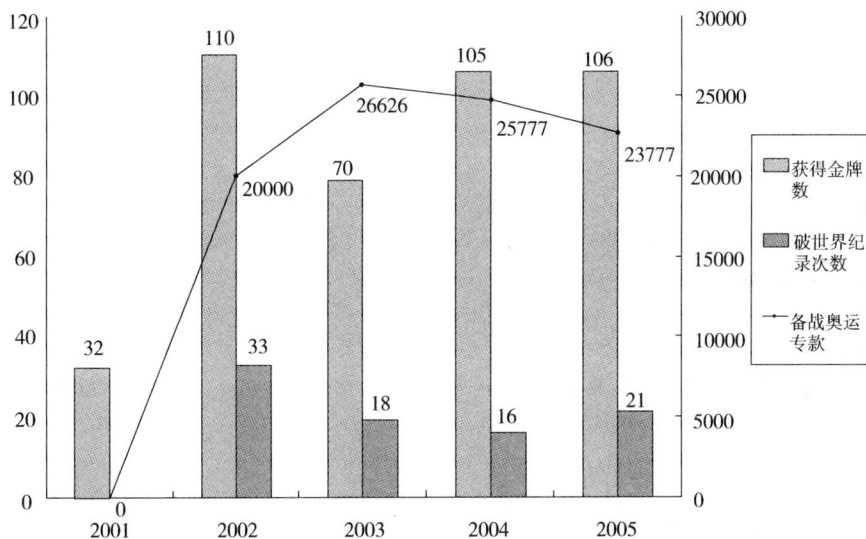

图 3 - 3 - 2　奥运专款与运动成绩相关图（单位：个/万元）

（4）以人为本，在人才培养上取得了可喜的成绩

第一，国家队运动员竞技水平、教练员素质同步提高。在教练员中，金牌教练孙海平（刘翔教练）、许奎元（摔跤王旭教练）、余丽桥（网球孙甜甜、李婷教练）等都是"备战奥运人才专款"有针对性的培训、参加过出国培训的教练员。通过总结和借鉴竞技体育强国的经验，把重点运动员的训练与运动员自身特点密切结合起来，与我国实际情况相结合，对运动员专项训练时间进行科学的调整，冲破传统训练方法，培养造就出了一些像刘翔一样的优秀运动员，将奥运潜在优势项目转化为优势项目。

第二，科研人才直接为备战奥运服务的实力大大增强。国家队科研人才的培养、重大科研成果的应用和科研服务的配套，直接与备战奥运项目联系起来，树立"科技奥运"的先导理念，为备战奥运发挥了科技人才的支撑作用，实现了科研、医疗保障人才70%直接随队服务。

第三，国际组织任职人员体育外交能力加强。截止到2005年底，共有367人次在国际体育组织和亚洲体育组织中担任各类职务，比2002年增长了20%。

第四，竞赛组织骨干人才的竞赛组织能力、外语水平明显提高。先后向奥组委推荐了几批竞赛组织人才，一律通过外语测试，能够直接与国际单项体育组织进行业务沟通和往来。

第五，优秀运动员培养已见成效。分别选派的击剑冠军鄂洁赴法国留学，在国际击剑联合会发挥了非常大的作用；选派邓亚萍、李玲蔚赴英国留学，目前在国际体育组织任职（李玲蔚竞选国际羽毛球联合会有关职务）。

第六，整体队伍的综合素质进一步提高。为适应奥运会的需要，对领导干部进行管理知识培训、外语培训及岗位适应性培训，使一大批领导干部能够直接用外语参加国际体育组织竞选，参加国际会议能够直接提问、演讲，与国际交往能力大大增强。

从上文的部分实证分析，验证了各种资料配置效率问题和优化配置的基本途径，在备战2008年北京奥运会过程中，如何汲取竞技体育资源的配置效率实现优化配置，对于实现既定目标意义重大。同时，这种配置效率的改善对于整合我国竞技体育资源和群众体育资源有着重要的示范价值和引导效应。

第四章 竞技信息情报

备战 2008 年北京奥运会是我国竞技体育事业中的一件大事，竞技信息情报对于成功的举办奥运会将起到重要的作用。因此，对备战 2008 年北京奥运会竞技信息情报进行系统研究，充分发挥我国竞技信息情报的作用，具有一定的意义，并在未来的竞技体育发展中起到举足轻重的作用。

第一节 竞技信息情报对奥运备战的意义

竞技信息情报就是指为战胜对手或保持竞争优势而获得的有关竞争环境、竞争对手和竞争策略等有价值的信息。竞技信息情报强调的是对竞技起重要作用的信息情报。竞技体育最大的特点就是竞争，正是这种"自然选择"，促进运动成绩向更高、更快、更强的目标迈进。竞技体育运动之所以被大众热爱，之所以长久不衰，正是因为它本身就存在竞争，在比赛的竞争过程中为取得胜利，获得奖牌而无情面可言。获取对手重要的竞技信息是运动成绩提高和保持的重要途径。

例如，足球教练员提前或者对手的出场名单、战术意图等信息，获知对手如上信息，将为安排有针对性地训练、制定相应的备战策略和目标有着重要的意义。而出场人数、队医等信息，将不作为竞技信息情报，只看作是一般信息。有的竞技信息是有价值的，有的是没有价值。对竞技信息的加工形成情报，将更具有应用价值。例如，通过对对手赛前训练的分析，推断其将在比赛中采用的战术，这对备战具有较高的参考价值。在此，本文把有价值的竞技信息和竞技情报统称为竞技信息情报。

一、竞技信息情报的分类

根据竞技体育构成要素划分，竞技信息情报还可以分为训练信息情报、运动竞赛信息情报、设施与服装信息情报、体育行政管理信息情报等类型。

（一）运动训练信息情报

训练情报信息中，运动员竞技能力训练的方法、手段及相关理论研究在竞技信息情报中表现最为突出。如现代科学技术在竞技体育中应用的尖端成果，新兴的边缘学科对某项运动的影响。国内外体育科技的动态，运动训练中提高成绩的创新手段与方法、技术分析、技术指导及技术开发，战术布置与战术运用，在竞赛中出现的新成绩、新纪录以及裁判、规则对某项运动变革的影响等。总之，凡在竞技体育运动中对提高或保持运动技术水平，包括技术、方法、手段、战术布置等都应列为竞争情报的范畴，而且这部分情报在竞技体育中占较高的比重。

（二）竞赛信息情报

竞赛信息情报涉及对手竞赛的相关信息，主要包括对手的实力及对手的基本技战术特征、裁判员的执法特征、比赛环境的基本信息以及对手运动员的选拔信息和方法等。这些信息情报将为竞赛目标及战术的安排有着重要的指导作用。

（三）项目动态信息情报

项目动态信息情报是涉及竞技项目发展趋势（新的训练理念、新的训练方法、新的训练手段等）、竞赛规则变化（竞赛规则变化的趋势、变化核心要点、对技战术及身体约束等）、场地设施及器械、运动服装、新技术运用等信息情报。

（四）组织管理竞争情报

组织管理竞争情报主要是指国家政治、经济、竞技、科技及社会各层次对体育竞技的发展方针、政策、组织机构体制改革和体育管理方法及规划；对运动队的培养方向、目标、制度等有关体育管理和建设方面的竞争

情报。如管理人员的建设、教练员的培训与引进（包括对外籍教练的聘请、奖励）、运动队的梯层建设，以及对运动员受奖方面都应属于管理竞争情报的范围。

二、竞技信息情报对奥运备战的作用

影响竞技体育运动训练和比赛的因素繁多。随着竞技体育竞争性的不断提高，竞技信息情报经历了一个从简单到复杂、从具体技术层到高层决策层的过程。竞技信息情报系统在竞技体育发展中作用的层面是由业务运行层向运行控制层、战术决策层，最终向战略管理层逐步提升。

表 3 - 4 - 1　竞技信息情报的应用层面及作用表

应用层面	作用
竞技业务运行层	面向事务处理的自动化系统，主要任务是数据处理
竞技运行控制层	面向功能部门，满足功能部门的信息需求
竞技战术决策层	面向功能部门
竞技战略管理层	面向竞技体育整体，满足战略管理信息需求

竞技信息情报在备战 2008 奥运会及竞技体育发展中有着重要的作用。通过归纳，竞技信息情报主要涵盖以下具体功能。

第一，充分利用体育科技情报，能节约科研经费，节省科研时间，为奥运备战提供较为直接、最新的信息情报。

第二，利用和占有科技情报，就能做到站在巨人的肩膀上发展，把握竞技体育科技动态，并预测科技发展趋势，帮助体育科研人员发现科技发展的热点领域和空白领域。

第三，能及时掌握对手及比赛环境的信息，为教练员训练和参赛提供充分的依据。

第四，把握信息情报将对整个备战战略制定的科学性产生影响。

案例分析：雅典奥运会我国女子48kg举重情报失真的教训①

知己知彼不仅是战略上的需要，也是战术中决定胜负的关键。2004年雅典奥运会上，中国失掉了赛前号称最稳的一块金牌——女子48kg级举重金牌。为了备战奥运会，中国队在此前备战世锦赛和亚锦赛时，都派出了相关人员搜集情报，得出的结论是中国女子举重在各个项目上占据绝对优势。现在看来，获取的信息情报并不完善和准确。曾被认为是中国军团的囊中之物的女子48kg举重金牌，被土耳其队员泰兰夺走。

由于对对手的实力的忽视，从比赛一开始，李卓就处于被动地位。泰兰第一把就临时将试举重量从87.5kg改为90kg，并一举过关。李卓的开把重量也是90kg，虽然轻松举起，但心理显然受到了对手的影响。随后泰兰第二把的重量提高到95kg，这更让中方教练组措手不及，经教练组商议，仍让李卓按原计划试举92.5kg，并获得成功。随后出场的泰兰也是一把成功。最后一把李卓冲击95kg未果，而泰兰举起了97.5kg。仅仅抓举成绩，李卓就落后对手5kg。另外，由于李卓体重比泰兰多0.5kg，因此，她挺举成绩要比对手高7.5公斤才能取胜。最终李卓在试举120kg时，没有成功。

赛后，中国体育代表团总结分析时认为，女子举重之所以出现金牌旁落，主要是对对手和自己的估计不足，没有做到真正的知己知彼。

本案例揭示，除了泰兰的高水平发挥外，我国在备战中对主要竞技对手的信息情报工作不甚理想，信息情报失真，以至于影响到比赛战术的指定和临场指挥的被动。从中我们看出，竞技信息情报工作对于奥运备战的重要作用，它是实现训练目的性和竞赛针对性的关键。

---

① 读本编写组. 备战2008年奥运会实战案例读本 [M]. 北京：北京体育大学出版社. 2007.4.

第二节　北京奥运会我国主要竞争对手实力分析

一、2006 年度俄罗斯奥运实力分析

2006 年俄罗斯竞技体育度过了稳步发展的一年。以 2003 年费季索夫被普京任命为俄体委主任为标志，俄罗斯竞技体育遏制住了下滑的颓势。借助持续的经济高速发展，俄体育发展的内外部环境大幅改善，俄竞技体育开始走上良性发展轨道。尽管 2004 年雅典奥运会俄罗斯金牌排名首次跌到第三，但是其后两年展现出更多的是其竞技体育总体向上发展的苗头。2006 年延续良性的发展势头，使俄罗斯竞技体育总体呈现稳中略有上升的态势。

（一）项目分析

根据统计，2006 年俄罗斯在奥运项目上共夺得 34 金 29 银 28 铜，共计 91 枚奖牌，与 2005 年相比（34 金 26 银 28 铜共 88 枚奖牌）实力基本保持稳定。2006 年俄罗斯运动员在 15 个项目上夺得了金牌，其中射击、摔跤、拳击、击剑、艺术体操、花样游泳、皮划艇是其夺金主力。在众多夺金项目中，俄罗斯在艺术体操、花样游泳、排球（女子）、摔跤（男子自由式）、射击（飞碟）、手球（女子）项目上拥有世界领先优势；田径、皮划艇、射击项目水平稳中有升；古典式摔跤、自行车成绩有所下降。

表 3-4-2　2006 年俄罗斯奥运项目奖牌一览表

项目	金牌	银牌	铜牌
田径	8	10	3
射击	5	1	3
拳击	3	1	1
摔跤	3	2	5
皮划艇	2	1	0
击剑	2	0	3

艺术体操	2	0	1
花样游泳	2	0	0
举重	1	6	3
游泳	1	1	4
柔道	1	0	1
跳水	1	0	1
手球	1	0	0
赛艇	1	0	0
排球	1	0	0
自行车	0	3	0
体操	0	1	1
网球	0	1	1
蹦床	0	1	0
篮球	0	1	0
水球	0	0	1
合计	34	29	28

注：田径、游泳选取 2006 年度世界成绩排名（其中公开水域游泳选取 2006 世锦赛）；网球选取 2006 年度世界排名；蹦床选取 2006 年世界杯总决赛；花样游泳选取 2006 年世界杯赛；手球、艺术体操、柔道、拳击、跳水选取 2005 年世锦赛；其他项目选取 2006 年世锦赛。

1. 田径

作为俄罗斯传统奥运奖牌大户，2006 年田径的表现可圈可点。由于 2006 年没有举办田径世锦赛，我们选择年度世界成绩排名分析其实力变化。根据统计，俄罗斯田径运动员在 8 个小项上排名第一，10 个小项上排名第二，3 个小项上排名第三。2006 欧洲田径锦标赛上，俄罗斯共夺得 12 金 12 银 10 铜，创下欧锦赛上俄罗斯历史最好成绩（以前最高纪录是上世纪 50 年代初苏联田径队在欧锦赛上夺得了 10 枚金牌）。但俄田径目前也存在男女实力严重失衡的问题，以年度世界排名为例，8 个排名第一的选手中只有

1 名男选手，21 名排名前三的选手中只有 3 名男选手。这也是困扰俄田径发展的一个重要问题。2006 年度俄罗斯田径选手在男子跳高、女子跳远、女子三级跳远、女子撑杆跳高、女子链球、女子 1500 米、4×100 米接力、20 公里竞走上排名第一。俄女子田径继续保持在一些田赛项目上的较大优势，女子跳远、三级跳远、撑杆跳高、链球每个项目上都有多名实力一流的选手，人才济济。撑杆跳高名将伊辛巴耶娃、三级跳老将列别捷娃都保持着超群的实力。在优势径赛项目上，如女子中长跑、女子接力、女子竞走上也是老将宝刀不老，小将实力不俗。俄罗斯田径的进步与俄竞技体育外部环境的改善以及俄田径协会的有效管理是分不开的。俄罗斯田径协会一直是俄众多协会中管理运作比较好的协会之一。协会在北京奥运会备战工作中下了很多功夫，许多做法也被俄奥委会作为成功经验向其他协会推广，如协会利用参加北京世界青年田径锦标赛机会，对分别在欧洲部分和远东地区集训的运动员进行了跟踪研究，调查他们在北京比赛期间对时差、气候、地理位置差异的适应能力以及训练和赛后的恢复状况，以此为依据制定 2008 年奥运会前远东集训备战计划。

　　2. 射击

　　射击是俄罗斯的传统强项。在 2006 年世界射击锦标赛上俄罗斯共夺得 5 金 1 银 3 铜，明显好于雅典奥运会 3 金 4 银 3 铜的成绩。在世界一流水平人才不是很充足的情况下，俄队珍惜队中每一位高水平选手，包括四十多岁的老将，尽可能为他们创造良好的训练条件，发挥余热，因此整个项目依然在 2006 年取得了不错的成绩。另外雅典奥运会上与中国选手遭遇总是俄罗斯选手败北的经历，也让他们在北京奥运会备战工作中开始重视心理训练。

　　3. 排球

　　2004 年雅典奥运会女排决赛中俄罗斯队最后时刻功亏一篑，输给了中国队。

　　2006 年在世锦赛上俄罗斯女排地登上了世界冠军的宝座。俄名帅卡尔波里雅典奥运会后宣布隐退，意大利人卡普拉拉开始执掌俄女排帅印。他执教后俄罗斯女排大换血，队员构成年轻化，雅典奥运会阵容中只有三名选手继续留在国家队。在卡普拉拉的指导下俄队的防守有所改善，进攻手段也更加多样化，对待训练的态度、新技术运用方面球队有了很大进步。另外，在体能训练、医疗设备利用、监测、收集和加工各类信息，包括对手信息方面，这位意大利教练也有很多独到之处。

4. 摔跤

2006 年广州世界摔跤锦标赛上俄罗斯共夺得 3 金 2 银 5 铜（其中古典式摔跤 1 金 3 铜，自由式摔跤 2 金 2 银 1 铜）。尽管俄摔跤协会最终对此次比赛成绩的评价为满意，但是与雅典奥运会 5 金 2 银 3 铜的成绩相比，广州世锦赛上俄罗斯队的表现难以获高分。俄自由式摔跤队此次比赛交出了令人满意的答卷，但俄摔跤界对古典式摔跤队的表现颇有微词。俄队将表现欠佳归咎于运动员对广州的气候、时差以及场馆条件难以适应，以及名将如奥运会冠军米申（84 公斤级）和萨穆尔加舍夫（74 公斤级）最近几年连年征战，身心疲惫，状态不佳等。广州世锦赛后，俄协会认真研究了比赛过程中出现的时差、气候差异适应问题，着手制定北京奥运会前国家队远东集训计划。一次比赛成绩不足以说明俄摔跤项目的真实实力，俄摔跤的雄厚实力应该说没有实质性下降，或许北京奥运会前出现这样的问题对俄摔跤来说利远远大于弊。

5. 自行车

2006 世界自行车锦标赛上俄罗斯选手与金牌无缘，只有 3 枚银牌入账，与雅典奥运会 2 金 2 银 1 铜的成绩无法相提并论。被寄予厚望的奥运会冠军斯柳萨列娃未能走出雅典奥运会后的低迷状态，一金未得，在女子 3 公里个人追逐赛和女子记分赛上都只名列第二。俄罗斯场地自行车另一位名将格兰科夫斯卡娅雅典奥运会后怀孕生子，不久前才刚刚复出。尽管 2006 年成绩欠佳，俄罗斯自行车协会依然制定了 2－3 枚金牌的北京奥运会夺牌目标。为了实现这个金牌目标，俄罗斯努力改善其重点项目——场地自行车的训练条件，不久前在圣彼得堡新建了一个 250 米的标准自行车场，改变了以前俄选手只能在 333 米场地训练的状况，这将为俄自行车备战北京

奥运会带来积极影响。

（二）备战工作分析

2006 年俄罗斯国家队共有 7497 名运动员，其中 2158 名（占总数的 29%）为一线队员，5339 名（占总数的 71%）为二线队员。国家队队员中 44% 是女运动员，平均年龄 24 岁，5696 名是男运动员，平均年龄 25 岁。从目前情况来看，俄罗斯的北京奥运会备战工作明显优于往届，主要体现在以下几个方面。

1. 完善备战组织工作

为了备战 2008 年北京奥运会，俄罗斯设立了有各类专家、官员、财团参加的备战领导小组，集思广益，充分利用各方资源。此外还成立了俄奥运项目协会主席委员会和俄奥运项目国家队主教练委员，为不同项目之间的交流提供了平台，同时也为政府加强对备战过程的监控提供了有效途径。

2. 大幅增加经费投入，改善备战条件

俄罗斯备战北京奥运会经费充足，一改往届的捉襟见肘的情况，运动员训练条件得到了很大改善，数额可观、名目繁多的津贴、奖金对运动员构成了空前巨大的物质刺激，成为各国运动员羡慕的对象。2006 年俄罗斯奥委会为项目协会备战北京奥运会购买了约合 4 千万人民币的器材、设备，2007 年计划再继续投入约 1 百万人民币，这样的投入在往届是难以想象的。

3. 优化训练工作

在训练工作中俄罗斯也努力恢复原苏联的医学、科研小组模式，并积极争取流失海外的优秀教练回国任教。目前俄罗斯专家们正在研制帮助俄运动员机体恢复的新手段，这其中包括效果已经得到证明的"氧气鸡尾酒"。大约有 20 个项目的俄罗斯国家队计划在远东和西伯利亚地区进行北京奥运会前最后阶段训练，为此当地场馆设施正在修缮中。

4. 加大反兴奋剂力度

目前俄罗斯兴奋剂检测实验室在设备先进程度和检测技术上都名列世界前列。2007 年俄罗斯打算充分利用这个优势，加大兴奋剂监控力度，全年计划检测 11000 例，这个数量是 2006 年的两倍。

5. 提前做好参赛准备

在距离北京奥运会前一年多，俄罗斯就已经在计划奥运会参赛期间的一些细节工作，如根据都灵冬奥会的成功经验，北京奥运会期间俄罗斯设立了医学恢复中心，为运动员参赛、训练提供帮助。并将解决运动员饮食不适应问题列入备战重要事项。

2006赛季是北京奥运周期的第二年，俄罗斯大多数项目国家队仍然处在形成阶段，年轻选手、新阵容、新组合都还在试验、磨合状态。但是2006年俄罗斯表现出来的奥运实力在很大程度上能够反映出其真实水平。俄罗斯目前社会政治稳定，经济持续较高速发展，俄竞技体育目前拥有良好的内外部发展环境。如果没有大的变动，俄罗斯未来两年竞技体育的发展应该还是保持2006年表现出来的稳中略有上升的态势，但是奥运实力发生实质性飞跃的可能性不大。考虑到北京奥运会中国东道主因素，俄罗斯制定的北京奥运会进入金牌榜前三的目标还是较为客观的。在备战工作中我们应重视俄罗斯所拥有的厚重基础和实力及所拥有的地缘优势，高度重视俄罗斯备战中的新动向。

二、2006年美国奥运实力分析

作为世界第一体育强国的美国，其在2006年度的奥运实力水平基本保持在原有基础之上。根据2006年度的大赛成绩（即世界锦标赛、世界杯总决赛、年度成绩排名）以及综合评估，美国在16个奥运项目中取得了奖牌，其中金牌38枚、银牌35枚、铜牌34枚，总奖牌数为107枚。美国在田径和游泳两项上继续保持优势，共取得了27枚金牌，占总金牌数的71%，在潜优势项目摔跤、自行车、击剑等也取得了一定突破，而近年来表现相当出色的体操却在2006年世界锦标赛上表现不理想，无金牌入账，美国在体操项目上成绩的滑落对其在本年度金牌排名产生了一定影响。

表 3-4-3　2006 年美国奥运项目在世界大赛奖牌一览表

项目	金牌	银牌	铜牌	合计
田径	15	7	10	32
游泳	12	14	5	31
棒垒球	1	0	0	1
篮球	0	0	2	2
拳击	0	0	2	2
自行车	2	2	2	6
马术	0	2	2	4
击剑	1	2	1	4
足球	0	1	2	1
体操	0	5	1	6
赛艇	1	0	0	1
射击	0	0	1	1
跆拳道	3	0	0	3
跳水	1	1	1	3
摔跤	2	1	5	8
帆船	0	0	1	1
合计	38	35	34	107

注：田径、游泳选取 06 年世界成绩排名；女足选取 06 世界排名；马术选取 06 年马术运动会；跳水和跆拳道选取 05 年世界锦标赛；其他项目选取 06 年世界锦标赛。

从 2006 年度的总体情况看，田径和游泳仍然是美国夺取金牌的支柱项目。在田径项目上，美国继续在男子 100 米、200 米、4×100 米和 4×400 米接力、三级跳远和撑竿跳高等传统优势项目上保持领先水平，而在女子项目上，虽然近年来俄罗斯女选手的实力水平迅速上升，但是美国女选手仍能在 400 米、100 米栏、400 米栏、4×400 米接力等径赛项目上占据优势。美国男、女选手在田径的短跑、跨栏和跳跃等项目上的优势在短期内很难被超越，完全有希望保持到北京奥运会。

除了田径项目外，本年度美国最值得骄傲的是游泳项目，在 2006 年的全美游泳锦标赛和泛太平洋游泳锦标赛中，美国选手表现突出，屡次刷新世界纪录，显示了美国游泳目前的强劲势头。在全美游泳锦标赛中，美国选手共打破了 2 项世界纪录和 2 项全美纪录。而在泛太平洋游泳锦标赛中，美国选手的表现更加出色，菲尔普斯不仅赢得了 6 枚奖牌，其中包括 5 枚金牌，而且还创造了 200 米个人混合泳、200 米蝶泳和 4×100 米自由泳 3 项新的世界纪录。蛙泳选手汉森在全美游泳锦标赛中曾将 200 米蛙泳世界纪录刷新，并在泛太平洋游泳锦标赛上战胜日本选手北岛康介，打破该项目的世界纪录。美国媒体甚至认为，美国游泳的黄金时代已经来临，有菲尔普斯、汉森、佩尔索尔这些男子顶尖选手，再加之女选手中的库格林和新生代霍夫、齐格勒、哈迪等，美国游泳在 2008 年北京奥运会上将是实力最强大的队伍。

表 3 - 4 - 4　美国选手在 2006 年全美游泳锦标赛和泛太平洋
游泳锦标赛中打破世界纪录一览表

姓名	项目	比赛	成绩	原纪录
汉森 （Hans Brendan）	男子 100 米蛙泳	全美游泳锦标赛	59.13	59.30 （汉森 2004 年）
汉森 （Hans Brendan）	男子 200 米蛙泳	全美游泳锦标赛	2:08.74	2:09.04 （汉森 2004 年）
佩尔索尔	男子 200 米仰泳	泛太平洋游泳锦标赛	1:54.44	1:54.66 （佩尔索尔 2005）
汉森 （Hans Brendan）	男子 200 米蛙泳	泛太平洋游泳锦标赛	2:08.50	2:08.74 （汉森 2006 年）
菲尔普斯 （Phel Michael）	男子 200 米蝶泳	泛太平洋游泳锦标赛	1:53.80	1:53.93 （菲尔普斯 2003）
菲尔普斯 （Phel Michael）	男子 200 米混合泳	泛太平洋游泳锦标赛	1:55.84	1:55.94 （菲尔普斯 2003）
	男子 4×100 米	泛太平洋游泳锦标赛	3:12.46	3:13.17 （南非队 2004 年）

从 2006 年国际泳联世界排名、全美游泳锦标赛和泛太平洋游泳锦标赛的成绩看，美国在国际泳坛上占据主导地位的态势没有改变，游泳项目的优势仍然集中在男子上，但女子项目的进步速度也非常快。

除了田径和游泳项目外，在 2006 年度表现不错的项目还有自行车和击剑。作为美国潜优势项目的自行车，在 2006 年世界锦标赛上取得了 2 枚金牌。其中，取得女子公路个人计时赛冠军的阿姆斯特朗成为美国历史上第 3 位最优秀的女子公路个人计时赛选手，她是在击败该项目两届卫冕冠军瑞士选手获得此殊荣的。在自行车项目上，美国在最近几年已经涌现出一些好手，例如女子 3 公里个人追逐项目的哈默尔，男子 BMX 个人赛选手斯顿普菲奥瑟尔等，这些选手都有希望在北京奥运会上争夺金牌。在击剑项目上，由于前东欧国家的一些优秀教练大量流入美国，使美国在击剑特别是女子佩剑项目上的发展取得了很大进步，基本打破了欧洲选手在这个项目上的垄断地位。在 2006 年世界击剑锦标赛上，美国在女子佩剑项目上包揽了前 3 名。

2006 年美国也有个别优势项目成绩下滑，其中体操项目最为突出。雅典奥运会和 2005 年世界体操锦标赛成就了美国体操队，但是在经历过辉煌时期，并在主力队员哈姆退出和柳金、梅美尔的伤病之后，美国在本年度的世界体操锦标赛上仅夺得了 5 枚银牌和 1 枚铜牌的成绩。不过，应该看到，柳金、梅美尔这两名女选手只有 17 岁，在距离北京奥运会不到两年的时间里，她们的水平将依然处于上升期，而哈姆如果重回赛场，则他们无疑将是北京奥运会上最主要的金牌竞争者。另外，在球类项目上，男、女篮球队在 2006 年的世界锦标赛中仅取得第三名，但这并不意味着美国在篮球项目上的强势地位被动摇，他们仍然是实力强大的世界劲旅。

从 2006 年美国在国际体坛上的表现看，美国的总体奥运实力水平保持稳定，奥运项目的金牌数介于 35－40 枚之间，重点大项目田径和游泳的优势较明显，尽管在一些优势项目和球类项目上有些闪失，但美国的总体实力并没有造成大的影响，之所以如此，是因为美国的一些潜优势项目发展迅速，弥补了上述的不足。在距离北京奥运会不到两年的时间里，美国奥委会和单项运动协会为了适应国际体坛竞争日益激烈的趋势，也采取了一些相应措施：

1. 为在国际体坛和奥运会上继续占据有利位置，美国不断改善与国际体育界的关系。这是因为，自 1996 年亚特兰大奥运会以来，美国在夏季奥运会上都名列奖牌榜第一。然而，美国奥委会认为，在这十年里，美国竞技体育对全球的影响力不断下降，而这又是美国在未来奥运会上继续取得成功的关键因素。美国国际奥委会委员鲍伯表示将采取行动，改变目前的被动局面。实际上，美国奥委会为了改善与国际间的关系，已经开始了行动，例如，为其他国家的运动队赴美训练提供条件。此外，美国奥委会计划与更多的国家奥委会共享资源，包括开放训练基地。这一切表明，自从尤伯罗斯上任以来，美国奥委会向外界展露出更加开放的姿态。

2. 为优秀奥运选手提供职业培训计划。美国奥委会与 Adecco 集团等机构建立了运动员职业计划（简称 ACP）。该计划的核心是为现役的以及退役的美国奥运选手提供未来就业服务。美国奥委会清楚地认识到，优秀运动员在关注自己的竞技水平的同时，也会考虑其运动生涯结束后面临的问题。通过 ACP 计划，所有运动员（包括现役和退役的选手）都能达到自己的目标。美国奥委会制定该计划就是要为优秀运动员解除后顾之忧，全身心地投入到北京奥运会的备战中。

3. 美国某些单项运动协会为在北京奥运会上取得好成绩，准备重新启用一些曾经在奥运会上取得过好成绩的老选手。例如，曾经 2 次代表美国国家举重队征战奥运会（2000 年和 2004 年）并在 2000 年奥运会上赢得铜牌的老将霍沃思极有可能再次代表美国队出征北京奥运会，而其他一些项目为了取得好成绩，完成美国奥委会制定的目标，也可能采取这样的方式，重新征召老选手来保证在奥运会上多拿奖牌。

4. 重视引进高水平外籍教练。近年来，俄罗斯和东欧国家的教练大量涌入以及聘请的其他一些国家的高水平教练，使美国在一些项目上的发展非常迅速。体操项目就是一个成功的例子。击剑项目上也开始仿效体操。击剑项目过去一直是欧洲选手称霸的天下，但是自从波兰籍教练科尔芬特

执教美国女子击剑队以来，其女子佩剑的成绩迅速提升，不仅在雅典奥运会上取得了金牌，而且已连续多次获得世界锦标赛的个人冠军。此外，2004年雅典奥运会后，美国射箭协会也首次聘请韩国著名教练李基智（Kisik Lee），他曾率领韩国和澳大利亚国家射箭队夺得奥运会奖牌。美国奥委会竞赛部主任罗什说："聘请教练的一个关键因素是，这名教练能适应美国的环境并将自己丰富的知识和经验带给美国队，像我们聘请的排球教练郎平就有丰富的美国文化背景，在调教美国排球队中显得得心应手。"

5. 美国试图从其他奥运大项中夺取奖牌甚至金牌。众所周知，美国在奥运会上的成功离不开田径和游泳这两大项目。但是，随着美国人在这两大项目上金牌挖掘的枯竭，他们也在其他项目上寻找突破口，像自行车、赛艇和皮划艇这样一些奖牌多而美国在近几届奥运会上表现不突出的项目，都有可能成为美国人获得更多金牌或奖牌的机会。美国奥委会竞赛部主任罗什就曾表示，要寻求与两个主要对手国（俄罗斯、中国）直接交手的项目进行突破，这样可以达到事倍功半的效果。

根据美国在2006年各项目的比赛成绩及奥委会采取的一些措施，可以认为，美国在未来两年内的总体奥运实力水平会呈现稳中有升的态势。随着北京奥运会的日益临近，美国的重点奥运项目会逐渐进入状态。对此，我们将密切关注。

第五章　运动项目的规律、本质与特征

第一节　对运动项目一般、特殊规律的认识

规律是事物本质的、必然的、稳定的联系，是事物运动变化发展的确定的秩序，它总是体现和贯穿于事物的发展的现实过程之中。依照规律所反映的联系的范围和层次，可以把规律划分为一般规律和特殊规律。一般规律是自然界、人类社会和思维运动的共同规律，包括对立统一规律、质量互变规律、否定之否定规律三个基本规律。自然科学、社会学和思维科学探讨的规律是自然规律、社会规律和思维规律，它们属于特殊规律。运动项目的规律是在一般规律支配下的特殊规律，规律的普遍性与特殊性具有多种不同的层次，同一运动项目在其发展的不同阶段也各有其特殊规律，不同层次的规律共同构成一个规律群。即运动项目的发展是一个否定之否定的过程，影响运动项目发展的各种因素的对立统一是运动项目发展的源泉和动力，质量互变规律揭示了运动项目发展的两种基本形式。同时，作为一种多学科知识交叉应用的运动项目又具有自身变化发展的特殊规律。

要探讨运动项目的规律首先要明确运动项目的本质和特征。运动项目的本质是运动项目的根本性质，是构成运动项目各基本要素的内在联系和固有属性，是运动项目质的规定性和内在要求，是某一运动项目区别于其他运动项目的根源。本质是同类现象的共性，是事物内部深藏的东西。由于任何事物都是处于普遍联系和发展的过程中，因此，人类对事物本质的认识是一个主观无限接近客观的过程。运动项目的本质不能简单地、直观地去认识，必须通过现象或特征才能掌握本质。

运动项目的特征是运动项目本质的外部表现，是运动项目本质的要求和反映，是一个项目区别其他项目性质的某一个或几个显著标志。以不同标准可以确定不同项目的特征，同一个项目可以确定一个以上特征。应以最能准确地表示该项目性质、特征的标准。[1] 特征是人们对事物丰富多变现象的归纳，不同的考察视角和标准，可以确定不同的特征。但是，特征与本质是密不可分的，本质决定着特征，并通过一定的特征表现自己的存在；特征总是从不同的侧面表现事物的本质。

通过实践、研究所要揭示的竞技活动客观规律包括两个方面：（1）运动项目自身的规律，即运动项目从简单到复杂，从低级到高级发展所遵循的规律，集中体现于制胜规律。（2）运动训练活动本身的规律，即改造运动员竞技能力、提高运动成绩所遵循的规律，集中体现于训练规律。目前，人们对于制胜因素、制胜规律的研究比较重视，但往往忽视了对训练规律的研究。

由于影响因素有别，不同运动项目的制胜规律和训练规律也必然存在着差别。总体而言，规律的共同特性是：首先，任何规律都是事物运动过程本身所固有的联系；任何规律都是事物运动中的本质联系；任何规律都是事物运动过程中的必然联系。事物之间的这种本质的联系不断重复出现，决定着事物的发展方向。规律不能脱离本质，本质又不能取代规律。规律比本质更接近表象，更具体、更便于掌握和运用。

规律和本质是同等程度的概念，都是指事物本身所固有的、深藏于现象背后并决定或支配现象的方面。世界处在普遍联系和永恒发展之中。本质体现的是系统的观点，是一个系统区别于其他系统的稳定的内部结构；规律体现的是过程的观点，任何事物的存在和发展都是一个过程，规律就是事物发展过程中的确定的秩序和必然的趋势。从矛盾运动的角度来看，本质揭示的是事物的内部矛盾，而规律反映了事物的主要矛盾，揭示的是事物的必然联系。规律是反复起作用的，只要具备必要的条件，合乎规律

---

① 杨桦，等. 竞技体育与奥运备战问题的研究 [M]. 北京：北京体育大学出版社，2006：84-85.

的现象就必然重复出现。特征是事物外在的表现，是一个事物在某一方面或某些方面有别于其他事物的现象，具有直观性和多变性。运动训练科学研究的目的就是通过丰富多变的现象，认识事物的本质，通过大量的偶然性联系发现必然性联系。

运动训练本质上是一个实践活动，是主观见之于客观的活动，其本身包含着认识的因素。要使一个运动项目取得成绩并保持长盛不衰，首先要对运动项目的社会历史条件加以系统的分析，从大量的现象中归纳运动项目的特征，进一步认识运动项目的本质和制胜规律。其次，在实践活动中必须敢于创新，并将运动训练实践活动的经验加以提炼，遵循"实践——认识——再实践——再认识"的这一认识的根本规律，挖掘和把握不同项目、同一项目不同阶段的训练规律。

同时，要注重沟通、交流，加强理论学习，吸收优秀运动队、先进国家的运动训练经验，不断提高从业者的认识水平，并以正确的认识作为先导，使运动训练活动更加合乎规律，逐步实现"知与行"的合一。

刘鹏、段世杰和肖天等领导在总局备战 2008 年奥运会动员大会上从不同角度提出：要以辩证的、动态的、发展的观点，深刻认识项目客观规律。任何一个优势项目之所以成为优势的内在依据就是不断认识项目的本质、特征、规律，并进行训练创新的结果。①

唯物辩证法告诉我们，在复杂的事物发展中，有许多矛盾存在，其中必有一种矛盾是主要的，由于它的存在和发展，直接影响着其他矛盾的存在和发展。抓住了这个主要矛盾，就可以提纲挈领，有力地推动全局的发展。一切体育项目的发展和提高，都有它的主要矛盾在起作用，谁认识并抓住了项目的主要矛盾，解决了项目的主要矛盾，谁就能在本项目训练上有新的飞跃。作为一名教练员，如果对自己训练的项目特征认识模糊，理解肤浅，就不可能拟订出行之有效的训练方案。这样一来，必然会出现练

---

① 杨桦，等. 竞技体育与奥运备战问题的研究 [M]. 北京：北京体育大学出版社，2006：84 – 85.

得不准，练得不实，练得不力。

我国早在 1979 年就提出了"重点发展优势运动项目"的竞技体育发展战略。通过优先发展优势项目，以点带面，逐步扩大重点项目的容量，1980 年、1984 年、1989 年我国分别确定了 13、16、18 个重点项目，并对这些项目在全国各省市的重点布局做了统一规划。① 乒乓球、羽毛球、体操、跳水、举重、射击、女子柔道 7 个传统优势项目在第 23－28 届奥运会上共获得 92 枚金牌，占金牌总数的 82.14%。通过近 30 年的发展，我国的优势项目积累了丰富的经验，也促进了其他项目训练水平的逐步提高，并培育了一些有望夺金的潜优势项目。可见，围绕奥运战略，我国竞技体育的发展体现了从追求部分项目质的提高，逐步向其他项目辐射，到全面提高运动项目训练水平的"质变——量变——质变"的发展思路。在发展的过程中，由于每一个运动项目所处的竞技环境不同，推动项目发展的主要矛盾及矛盾之间的互动关系有所差别，各运动项目的规律也各具特性，同一个运动项目在不同的发展阶段也遵循着不同的规律。

50 年来，我国的乒乓球运动在总体上几乎一直处于世界领先位置，被誉为"国球"。在世界竞技舞台上为我国争得了巨大的荣誉，在 2000 年奥运会和 2004 年奥运会上分别取得 4 枚和 3 枚金牌，优势地位明显。作为一项国外开创的运动项目，我国的运动员之所以取得如此骄人的战绩，与乒乓球界长期重视学习、研究，善于摸索和把握项目制胜规律，勇于创新和改革是密不可分的。自 1958 年容国团为中国夺得世界乒乓球锦标赛的第 1 枚金牌后，中国乒乓界开展了关于攻球与防守两套技术风格的讨论。这场讨论使乒乓界树立了新观念，明确提出了在技术全面的基础上，以快、准、狠，变化多样的打法，力争主动，力争胜利的指导思想。在第 26 届世乒赛夺取了男团、男单、女双 3 项世界冠军。成功的实践，证明这一认识是符合客观实际的。上世纪 60 年代初，张燮林更是依靠独创的长胶拍打遍世

① 杨桦，等. 竞技体育与奥运备战问题的研究［M］. 北京：北京体育大学出版社，2006：159－160.

界，在第 27 届世乒赛中日男团决赛中两次出场，他利用长胶球拍的奇特性能，用加转的动作，削出不转的球，又用不加转的动作削出加转的球，偶尔还猛扣一板，柔中有刚，刚柔相济，对手们被打得晕头转向。张燮林连赢四局，一共只丢了 33 分，平均每局只让对手得了 8.25 分，从此便有了"魔术师"的称号。因此，通过对项目规律的再认识，在快、准、狠的基础上又加了一个"变"，成为"快、准、狠、变"四字方针。20 世纪 70 年代开始，由于欧洲运动员的弧圈球技术的提高和加转搓底线下旋技术的出现对中国传统直板正胶搓中突击打法构成了极大的威胁，为了解决这一难题，经过仔细的分析和研究，徐寅生同志提出了在"快、准、狠、变"后面加一"转"字，由此培养出了一批直板反胶快攻结合弧圈打法的运动员。这一创新不仅丰富了中国乒乓球的打法，同时也提高了对乒乓球项目制胜规律的认知水平。

上世纪 80 年代中期，以瓦尔德内尔为代表的欧洲两面拉弧圈打法的运动员开始成长起来，他们对中国运动员形成了很大的威胁和冲击，也一度使我国的男子团体、男子单打失去冠军地位。为此，我国乒乓球界进行了大量的探索和研究，分析敌我的优势和劣势，寻找突破口，提出"积极主动，特长突出，技术全面，没有明显漏洞"这一新的训练指导思想。

近年来，乒乓球规则的改变非常频繁，力度也非常大，尤其是 11 分制的出现给我国带来了巨大的冲击，致使 2002 年釜山亚运会多项金牌旁落。我国乒乓球界又开始了新一轮的研究热潮，他们根据 11 分制的特点，归纳出了"三大、两快、一精"的赛制规律。"三大"指的是偶然性大、比分起伏大、运动员心理压力大；"两快"指发动快、预热快，没有了以前 21 分制时的试探和观望，开局之后就是真刀真枪的火拼；"一精"就是指技战术要精练，要有自己的绝招和杀手锏。这些规律的发现和归纳为教练员有针对性地安排训练打下了坚实的认识论基础，极大地提高了训练的质量和效益，比赛成绩也迅速回升。

综上所述，乒乓球项目的制胜规律不是一成不变的，它会随着比赛规则的修改、技战术的发展、器材的更新、运动员体能的提高等因素变化而

变化，而我们的教练员、运动员和科研人员正是认清楚了这一点，不断地从实践中发掘、研究和发现项目的本质特征，动态把握项目的制胜规律，最终才使我国该项目的水平一直伫立于世界的最高峰。

同样，作为体能类项目的中长跑，在上世纪 80 年代以前在我国一直属于劣势项目，也一直被认为是耐力性项目，训练中以提高有氧代谢能力为主，跑的训练量很大，甚至有人提出了向"公里"要成绩口号，尽管运动员练得很苦，跑的很多，练了几十年，练了几代人，但中长跑运动一直在低水平上徘徊。有人悲观地认为，中国的中长跑项目要赶上世界水平，比登天还难。但是，到了 20 世纪 90 年代初，出了一个马俊仁。他在深入研究和深刻认识项目规律的前提下，提出了中长跑项目是高速度的耐力性项目。把速度和耐力两个反差很大的素质紧紧地结合在一起练，强调进行有氧无氧混合代谢训练，最后进行以 ATP – CP 和无氧糖酵解为主的大强度高速跑训练，从根本上全面提高了运动员的专项能力，提高了运动员在疲劳状态下的速度能力。他还根据中长跑要求长时间保持相对速度跑的特点，创造了运动中有效利用能量与节省能量的快频率放松跑技术，加强了小关节及小肌肉群（如踝关节）的力量训练，并特别重视训练后机体的恢复与调整。由于马俊仁对中长跑项目特征突破性认识和深刻理解，在训练结构的设计与训练方法的拟订上改变了传统做法，使我国的中长跑项目有了新的突破。因此，规律研究透彻了，思路才会清晰，而思路就是对客观规律认识的结果。只有思路清明，计划才有灵魂，训练才可能有飞跃。

第二节　关于运动项目的本质、特征和规律

一、不同类别运动项目的本质特征及规律

（一）技能主导类表现难美性项群本质特征及规律

1. 技能主导类表现难美性项群竞技能力决定因素特征分析

技能主导类表现难美性项群包括跳水、体操、艺术体操、花样滑冰、

花样游泳和技巧、武术套路等竞技项目。①

（1）体能特征

身体形态上要求运动员具有优美的形体，表现出动作敏捷和灵巧。运动员神经过程的均衡性和灵活性高，视、听、触觉及本体感觉准确、灵敏。力量、柔韧、灵敏、动作速度和耐力都是运动员所需的主要素质。

（2）技能与战术能力特征

主要表现为时空判断准确、对身体姿态控制的能力强，能够熟练掌握各种专门器械的技能，以及与同伴相互配合的协调运动技能。而在战术运用上，主要体现在动作编排上的扬长避短，合理布局动作等。

（3）心理和智能特征

感知觉灵敏度高，善于自我调节，具有果敢精神。在智能上具有丰富的想象力和创造力，善于分析和判断动作。

2. 技能主导类表现难美性项群比赛成绩决定因素特征分析

难美项群运动员比赛成绩是由竞赛的裁判员根据运动员临场发挥的技术水平进行评分，再与众多对手得分相比较后判断名次而决定的。因此，运动员的成绩取决于多种因素的综合效应，有运动员技术水平发挥的主观因素，也有竞赛条件、裁判评分，以及对手状况等客观因素的影响。

3. 技能主导类表现难美性项群运动员的训练特点

（1）身体训练

运动员应多采用非专项的运动项目练习促进健康水平，同时十分重视专项身体素质训练。如在进行一定的长跑、短跑、游泳和球类活动的基础上，采用在技术结构上近似于基本运动技能的动作和能提高运动素质新水平的专门动作作为专项素质训练的手段。

（2）技术训练

技术训练是该项群训练的核心组成部分。主要包括基本动作和高难动作的训练。其中基本动作训练贯穿于运动员多年训练及各年度训练的全过

---

① 田麦久. 运动训练学［M］. 北京：人民体育出版社，2000：46–47.

程，基本动作内容要选准、选精和照顾全面。而难新动作的教学训练过程也更加精细、并分阶段依次实施；规定性动作又具有很强的时间特点、需运动员尽快掌握；在自选动作的训练中，要注重"扬长避短"。

（3）心理训练

心理训练主要目的是调节运动员心理状态，为取得优异成绩而进行各种必要的心理准备。采用的主要方法有念动训练法、模拟训练法和自我调节法等。

（4）艺术表现能力训练

以舞蹈训练为主，培养形体表现力，有音乐伴奏的项目还让运动员按不同节奏完成动作和根据音乐内容作即兴表演和小品表演，以培养动作节奏感和表演能力。

（二）技能主导类表现准确性项群本质特征及规律

技能主导类表现准确性项群，包括射箭、射击和弓弩三个竞赛项目。

1. 竞技能力决定因素特征分析

（1）体能特征

在体形上，要求身体匀称。在运动素质方面，运动员的静力耐力、平衡能力和稳定性要好，动作协调能力强，并具有良好的本体感觉能力和视觉。

（2）技能和战术能力特征

射箭、射击、弓弩三个项目的技术均是单一动作结构。技术要求可概括为"固势要稳，瞄靶要准，击发、撒放要正确"。在比赛中选手们的技战术表现，相互间不产生明显的影响，在战术运用上也较为稳定。

（3）心理和智能特征

在心理方面对运动员注意力集中与稳定、自我控制、感知觉和运动表象再现能力都有较高的要求。因此，稳定性、有恒性、实验性、独立性和自律性都是运动员重要的个性特征。在智能上，除要求运动员掌握必要的基础理论知识和专项理论知识外，通过各种手段培养和发展观察力、想象力、思维能力，以及分析和解决问题的能力是十分必要的。[①]

2. 比赛成绩决定因素特征分析

运动员的比赛成绩的取得，主要靠自身技术的发挥和心理状态的控制。主要内容包括：确立辩证的比赛指导思想，全面做好赛前准备，以及教练员与运动员正确的参赛行为等。另外，枪弹、弓箭质量的优劣，以及对其性能的熟悉程度，对比赛成绩也有不可忽视的重要作用。

3. 运动员的训练特点

（1）技术训练

注重基本功训练，如射击的稳定功、击发功、运枪功，以及射箭项目的稳定功、撒放功和举开功。另外，巧妙地组织与安排空射与实射，可以灵活地引申出多种行之有效的训练方法。

（2）心理训练

射击、射箭运动员的心理训练侧重于意志品质和心理自控能力的提高。一般心理训练的内容包括培养运动员意志品质，提高竞技心理素质和调节、控制能力，特别是通过念动训练发展正确运动表象再现的能力。准备比赛的心理训练的内容包括做好心理定向工作、认真抓好意象练习等。

（3）战术训练

主要包括掌握风天射击的特点和规律、加强决赛能力的训练，以及通过各种复杂条件下的训练，提高抗干扰的能力和应变能力。

（4）身体训练

主要采用各种距离的跑步，各种姿势的游泳等练习发展速度和耐力；采用各种信号刺激手段提高反应能力；采用推举，卧推等负重练习提高以上肢、腰腹为主的肌肉力量、静力性和动力性力量耐力；采用徒手和多种器械的基本体操练习及球类运动发展柔韧性、灵活性和协调能力。

（三）技能主导类格斗对抗性项群本质特征及规律

技能主导类格斗对抗性项群包括摔跤、拳击、击剑、柔道、跆拳道等

---

① 田麦久. 运动训练学［M］. 北京：人民体育出版社，2000.

项目。具有一对一竞技、按体重分级别比赛、以绝对胜利或得分取胜等竞技特点。

1. 竞技能力决定因素特征分析

（1）体能特征

在形态方面要求运动员较高的身材与较长的四肢，身高和体重保持恰当的比例。在身体机能上要求内脏器官的抗震性能好、应激适应能力强、触觉加强和痛觉减退，以及前庭分析器的稳定性高等。要求全面发展的身体素质是格斗项目的共性，速度、力量、灵敏、耐力都很重要。

（2）技能和战术能力特征

技术与战术能力是格斗项目运动员竞技能力的主导因素，是制胜的武器，对提高运动成绩起决定性作用。格斗项目技术包括进攻、防守和反攻等三部分，并具有主动性、全面性、重点性、连续性和实用性等多方面特点。在战术特征上，主要表现为因人而异、先发制人、真假结合、引诱和借力、消耗战和游击战，以及反边线战术等方式的运用。

（3）心理和智能特征

心理特征主要表现在对阵时的敢斗性、坚毅性和对待抽签机遇的稳定心态等。而在智能方面主要为了提高技术水平而加强理解力与记忆力，以及为了灵活运用战术而提高分析判断能力等。

2. 比赛成绩决定因素特征分析

格斗项目比赛场地是具有一定高度的赛台，其设施质量对于运动员发挥自身水平具有直接影响。比赛方式都是一对一的对抗，编排又分为淘汰制和循环制两大类。一般情况下，运动员要靠实力取胜，但在许多情况下，机遇也会影响成绩。比赛的胜负评定也有得分和制服两类，因而裁判过程和犯规处理对裁判水平要求较高，使裁判因素对运动员能力的发挥具有较大影响。

3. 运动员的训练特点

（1）技术训练

技术训练的内容包括基本动作、基本功、进攻、防守和反攻的各种方法，以及连贯技术。技术训练根据各专项的特点，常采用整体法和分解法、限制法和诱导法以及配对训练法，有针对性地安排训练内容。

（2）身体训练

格斗项目的身体训练主要分为一般身体素质训练和专项身体训练。一般身体素质训练要发展心血管系统和呼吸系统的能力，常采用短距离冲刺跑发展速度，中长距离和越野跑发展耐力。另外，还采用垫上技巧、球类活动培养灵敏性，用轻杠铃和哑铃练习发展力量等。而专项身体素质训练都是根据各项目所要求的重点素质和技术特点的需要而安排的，具有很强的专项性。

（四）技能主导类隔网对抗性项群本质特征及规律

技能主导类隔网对抗性项群包括乒乓球、羽毛球、网球、软式网球、排球、沙滩排球、藤球、毽球等项目。

1. 竞技能力决定因素特征分析

（1）技能和战术能力特征

运动员的技术水平主要表现在基本功熟练、扎实、全面、准确，特点突出，并在技术发展中不断创新、形成绝招等方面。在战术特点上，也反映在个人战术与集体战术结合、注重战术创新和战术理论研究等。

（2）体能特征

本项群的重点素质包括移动速度、挥臂速度、灵活性和耐久力等，排球、羽毛球要求运动员有很好的弹跳力。在身体形态上要求运动员符合移动快、灵活性高、挥臂动作快的条件，运动员身高、体重适当，腰短、骨盆小、臀肌上收、手臂长、跟腱长、足弓高。在机能上以发展心肺功能，来满足专项速度耐力的需要为主。

（3）心理和智能特征

本项群各种技术动作失误就要失分的特点，要求运动员具备良好的敢斗意识和自我控制能力；球速快、变化多的特点，又要求具备良好的时空知觉、反应速度和集中注意力的能力。在智能方面的要求也较高，运动员需要灵活善变，应付和处理场上各种复杂情况，为此需要丰富的专业理论

知识和临场经验。

2. 比赛成绩决定因素特征分析

本项群的比赛成绩除受到运动员自身竞技能力水平的影响外，还受到比赛的时间安排、比赛地点、对手水平、观众，以及比赛的评定行为等多种因素的影响。

3. 运动员的训练特点

隔网对抗性项群的训练既要遵循竞技运动发展的基本规律，坚持一般训练原则，同时又要充分考虑本项群各项目的特点组织实施。如乒乓球训练中，我国的成功经验包括：理论认识领先，正确指导训练实践；百花齐放、以我为主，采诸家之长，走自己的路；不断创新保持优势；特长突出，技术全面；形成一支高素质的教练队伍和科研、情报系统；等。

我国羽毛球训练的基本经验反映了本项群运动员训练的特点：以快为主，以攻为主，以我为主，走自己发展的道路；在技术全面的基础上发挥特长；步法和手法的创新，保证快速特点的充分发挥；反应速度、灵活性、爆发力和耐久力为主的身体素质训练；实行多周期训练，适应日益频繁的比赛任务；等。

我国排球训练的基本经验包括：树立良好的训练作风，培养团结拼搏精神；明确的技战术指导思想；结合自己的特点，博采众长和敢于创新，走自己发展的道路；掌握发展趋势，采取超前战略，不断创新，走在世界发展的前面；坚持"三从一大"的科学训练；形成竞争格局，发挥竞争机制；等。

（五）技能主导类同场对抗性项群本质特征及规律

技能主导类同场对抗性项群主要包括足球、篮球、手球、曲棍球、冰球和水球等项目。

1. 竞技能力决定因素特征分析

（1）技能和战术能力特征

技战术在本项群各个项目运动员的竞技能力中起着决定性的作用。其技术特征表现在：既全面又有特长；技术熟练，技巧性高；技术表现出高度的准确性和实用性。战术特征表现为比赛战术中战术方法、比赛阵形和比赛意识的有机结合。整体攻防战术的协调发展，以及个人、组合与全队战术的协调发展。

（2）体能特征

本项群运动员具有身体健壮、肌肉细长并且富于弹性、脂肪层薄、臀部肌肉紧缩上收，以及踝关节围度小、跟腱清晰、足弓高等形态学特征，以满足快速、灵活、激烈对抗等比赛特点的需要。运动员的心肺功能所反映的机能能力在体能中占有重要地位，良好的血液循环和呼吸系统功能是运动员在长时间比赛中持续运动的体力基础。本项群的运动特点要求运动员具备全面的身体素质，主要有力量、速度、灵敏与柔韧、一般耐力和速度耐力等。

（3）心理和智能特征

心理特征主要包括球感、情绪、注意力和意志品质等，而智能特征主要表现在三个方面，即观察记忆能力、抽象思维能力，以及独立地创造性地解决各种技战术问题的能力。

2. 技能主导类同场对抗性项群比赛成绩决定因素特征分析

决定本项群比赛成绩的主观因素，是本队的竞技水平和教练员的临场指挥水平，其客观因素则包括对手水平、竞赛办法、比赛环境、比赛时间、裁判行为等。运动员的比赛成绩是以上众多主客观因素综合作用的结果。

3. 技能主导类同场对抗性项群运动员的训练特点

（1）技术训练

全队技术训练强调提高整体攻守效能，注重攻守训练内容的同步化。在个人技术训练中重视训练内容的专门化，使个体特长更为突出。同时，还特别强调技术动作的动力性，提高对抗能力及在激烈对抗条件下技术的准确性。

（2）战术训练

由于攻守的配合速度明显加快，快速反击战术在进攻打法的训练中占重要位置。注重发展运动员的聪明才智，以求有目的地训练运动员比赛中

独立进行思考的能力，培养他们在时间短促、情况复杂的条件下随机应变地解决问题的能力。同时，应加强以多攻少、以少防多的战术训练。

（3）身体训练

发展速度和耐力等素质是身体训练的重要任务。要提高完成动作的速度，即反应速度、移动速度和完成技战术方法总的速度，强调训练的负荷强度和加速疲劳后的恢复，注重训练内容的全面化和内容组合的最佳化。

（4）心理训练

围绕保持运动员高度的自我心理控制能力和稳定的情绪，以及正确对待比赛胜负和得失的心理品质组织相应的训练。

（六）体能主导类快速力量性项群本质特征及规律

体能主导类快速力量性项群包括跳跃、投掷和举重等项目。

1. 竞技能力决定因素特征分析

（1）体能特征

本项群运动员的形态，受专项技术需要和竞赛规则规定等多方面因素的制约，表现出明显的多样性特征。由于运动员快速力量水平在其竞技能力构成因素中占决定性地位，因而在机能上表现出磷酸原系统供能能力强，神经过程灵活性高、强度大、兴奋过程占优势，感官机能高度发展等。在素质特征上，各项目均把速度、力量和专项爆发力作为典型素质予以发展。同时，良好的协调性和柔韧性对于跳跃和投掷运动员加大肌肉用力距离和完成技术也很重要。

（2）技能和战术能力特征

本项群运动员的技术特征主要表现为技术动作高度的稳定性、准确性和可控性；技术动作明确的经济性和实效性，以及技术原理与个人技术特点的完美结合。战术上，努力实现预定参赛计划；力争首演成功；巧妙利用竞赛规则，运用多种暗示激发运动员战斗意志和拼搏精神；等。

（3）心理和智能特征

由于专项竞技的特殊需要，运动员在心理特征上表现为专项感知觉高度灵敏和清晰，运动员自信、顽强并具有强烈征服欲，性格的独立性和自我开发性，以及情绪状态的高度自控性等。在智能特征方面，要求运动员具备一定的语言智商和操作智商水平，具有较高的分析和解决问题的能力。在复杂多变的赛场上需要较强的自控、概括和推理能力、心理状态的稳定性和机体多种机能的和谐配合。

2. 比赛成绩决定因素特征分析

本项群比赛过程中，运动员独立完成运动技术动作，较少受到其他选手和裁判的影响，场地、器材及装备相对固定。所以，运动员自身的竞技能力及在比赛中的发挥情况，是决定运动员比赛成绩诸因素中首要的决定因素。

3. 运动员的训练特点

（1）体能训练

在体能训练中，先进有效的训练方法与手段在本项群内迅速地传播与应用，相互借鉴、移植与融合，并不断演化出新的训练方法与手段。如举重项目中的最大力量练习方法、快速力量对照训练方法被广泛应用于投掷和跳跃运动员的力量训练，并不断发展成各项目的专门力量训练方法。在体能训练过程中，不断寻求训练方法与手段的最佳组合，非常注重训练的整体效益，也是本项群运动员体能训练的突出特点。

（2）技能和战术能力训练

在技术训练方法和手段的运用上表现出全面的综合化特点。并通过建立技术模型，以及运用多种技术诊断方法和手段为科学训练提供依据。另外，在技术训练中也注重强化精细技术动作感知觉的训练。在战术训练中，主要以努力实现预定参赛计划、力争首演成功率的提高，以及巧妙利用规则和运用多种心理暗示，以培养运动员充分发挥训练水平能力。

（3）心理和智能训练

通过对意志品质的培养，以及在训练和比赛中进行有效的心理调节和控制进行心理训练。心理训练与体能和技能战术能力训练高度结合、协调统一。智能训练体现在运动员分析和解决问题能力的培养，基础理论和专业理论知识的学习和应用能力的提高上。

（七）体能主导类速度性项群本质特征及规律

体能主导类速度性项群包括短跑、跨栏跑、短距离游泳、短程速度滑冰、短程速度滑雪、短程自行车和短程划船等竞技项目。

1. 竞技能力决定因素特征分析

（1）体能特征

由于本项群包括众多专项，运动员的身体形态也表现出明显的差异性。在生理机能方面，运动员神经过程的灵活性较高、神经冲动的传导速度快、强度大；心血管系统的功能较强，具有较强的抗缺氧能力，机体无氧代谢水平高。而身体素质的特点，则表现为以良好的身体全面发展为基础，保证速度素质的不断提高。另外，良好的柔韧性、灵活性和一般耐力，对于运动员也非常重要。

（2）技能和战术能力特征

本项群选手的技能特征主要包括：完整的技术动作都包含有若干个独立的动作周期；运动中人体重心在水平方向上移动的直线与平稳性；保持移动过程中合理的动作节奏；位移速度直接决定运动效果。而战术的制定与应用，是建立在运动技术高水平发展基础之上的。科学地分配及运用体力，是保证选手体能与技能充分发挥的重要战术指导思想。

（3）心理和智能特征

速度性项群竞技的特点，要求从事这一项群的运动员反应迅速、思维敏捷、行动果断、讲求实效、朴实直率，这需要以良好的智能和心理调节能力作为基础。此外，坚强的意志品质、高度集中注意力的能力，以及较高的文化素养，也是本项群运动员重要的心理和智能特征。

2. 比赛成绩的决定因素特征分析

本项群运动员比赛成绩的获得，是主、客观多种因素的综合效应。其中，运动员自身的体能水平，特别是身体素质的发展水平是比赛成绩的决定性因素。相对来说，本项群的比赛裁决公正、赛次机会均等、时间计量准确、运动员间相互干扰较少。这就为运动员集中精力参赛创造了相对客观和均等的条件。但对手比赛成绩和裁判行为也会对运动成绩带来一定影响，也需要运动员制定正确的战术方案和具备一定的应变能力。

3. 运动员的训练特点

（1）体能训练

由于技术动作相对简单，并表现为周期性的多次重复，体能训练的关键在于精选有效的方法迅速提高体能水平。这就决定了训练中力求使训练内容、训练手段简练、集中，力求实效性，减少不必要的体能消耗。因而使各种训练手段的最佳组合成为提高训练效果的关键环节，例如赛跑运动员多采用跑——跳、跳——跑的组合；游泳选手也采用陆上练习加水中练习的组合等。训练手段的选择也主要集中于发展爆发力、提高动作速率、改善反应能力、提高动作幅度，以及无氧代谢能力方面。同时，把不断提高训练负荷强度作为训练的核心。

（2）技能训练

在技术训练中，强调技术动作的实际效果，而不去过分追求动作的外形。技术训练重视完整技术和动作节奏的连贯性；重视关键技术环节的实效性；强调体能与关键技术的紧密结合。

由于运动技术多属于周期性运动，技术训练中，改进一个动作周期的技术，对全程都有明显作用。因此，提高和完善周期运动中的经济性和实效性，是技术训练的关键。

（3）心理和智能训练

主要集中于培养运动员心理调节能力和坚强的意志品质，以及速度感、节奏感和高度集中注意力的能力，以满足比赛所需要的心理素质。另外，运动员不断提高的思想和文化水平，也对他们树立正确世界观、科学训练，以及处理比赛中各种突发情况具有重要作用。

（八）体能主导类耐力性项群本质特征及规律

体能主导类耐力性项群包括竞走、中长距离跑、中长距离游泳、中长距离自行车、赛艇、皮划艇、驶帆、越野滑雪，以及中长距离速度滑冰等众多项目。

1. 竞技能力决定因素特征分析

（1）体能特征

耐力性项目运动员在形态学方面既有共同点，又有不同点。如以中长跑为代表的克服自身体重向前位移的项目，要求运动员相对较轻的体重，而当运动员位移的速度受到水、车或舟运动的力学条件的影响时，运动员具有相应的肌肉质量则会有利于取得更快的前进速度。比赛中连续运动时间长是耐力性项群竞技的基本特征之一，这就要求对运动员机体进行适应性改造，包括改善机体能源物质的存储状况、提高机体的物质代谢功能、提高运动器官的运动功能，以及提高心理耐受度。耐力性项目运动员的各种基本运动素质都会综合地反映在运动员通过特定距离的平均速度上，运动员的"多种变速能力"取决于以下多方面的身体素质状况，即最大速度、"相对速度"、专项耐力、"相对耐力"，以及基础耐力水平。此外，力量素质对取得优异成绩也很重要。

（2）技能和战术能力特征

耐力性项目的技术结构属周期性活动，动作技术的完善、经济性和实效性的提高，对于取得优异成绩都具有重要作用。此外，运动员出色的动作节奏感，也是突出的技术特征。在耐力性项目的比赛中，人们按战术行为的目的，将比赛战术分为创纪录战术和夺冠军战术；按照比赛时场地条件的不同，分为同道竞速战术与分道竞速战术；而依比赛中运动员所处位置，又分为领先者的战术与跟随者的战术等类型。

（3）心理特征

本项群比赛要求运动员具有高度发展的心理耐力，能够以超强的耐心忍受生理上和心理上的极度疲劳，最大限度地动员体能的潜力。只有具备顽强的意志品质，才能满足比赛竞技的需要。

2. 运动成绩的决定因素

运动员在比赛中表现出来的竞技水平，除主要取决于其自身所具有的竞技能力在比赛中发挥的状况外，在同道竞赛中，对手发挥状况对比赛结果也有着重要影响。运动员通过训练所获得的竞技能力在比赛中发挥的程度受到竞技状态，以及客观的比赛条件的影响。其中，运动员的训练安排与自身的机体生物节律会直接影响竞技状态。而比赛场地、器材、地点、气候，以及裁判和观众等因素，都构成了客观的比赛条件，对运动员运动成绩的取得造成一定影响。

3. 运动员的训练特点

耐力性项群训练内容主要包括：发展以体能为主导的多种竞技能力、发展以专项耐力为核心的多种竞速能力、发展以糖酵解供能或有氧氧化供能为主渠道的多种代谢能力。

（1）以体能为主导的多种竞技能力的训练

耐力性项群运动员在全面提高和发展体能、技能、战术能力及心理能力的过程中，把发展体能放在首位，而在反映运动员体能发展水平的力量、速度与耐力的各种运动素质中，又特别着重发展运动员的耐力素质。

（2）以专项耐力为核心的多种竞速能力的训练

竞速是耐力性项目竞技的核心，发展和提高以最高的平均速度通过专项竞技距离的能力，是耐力性项群选手训练的主要目标。有计划、按比例地发展运动员的多种竞速能力，并综合地表现于专项赛距之中。是本项群训练的重要特点。

（3）以糖酵解供能或有氧氧化供能为主渠道的多种代谢能力的训练

根据本项群项目运动员代谢供能特点，安排训练内容、方法和手段，已成为现代训练突出的特点。[①]

二、当前我国教练员在对项目本质特征规律认识上存在的问题

从教练员角度而言，要提高本项目运动水平，首先要抓住四个环节：第一是认识项目规律；第二是把握个体特点；第三是设计训练方法；第四是制订训练计划。认识项目规律，提炼项目特点是一切训练的第一步。认识项目规律越深刻，提炼项目特点就越准确，训练结构设计就越合理，采取的方法手段就越科学。抛开体制因素，我们有些项目练了许多年，为什

---

① 田麦久. 运动训练学 [M]. 北京：人民体育出版社，2000：59 - 60.

么没有成绩，为什么走了弯路？问题就是我们在认识上有误区：过分地依赖实践经验，对实践经验的提炼不足，没有将感性认识上升为理性认识，训练活动中往往直接地凭经验办事，主观代替客观，这必然导致认识上的一些现象代替本质、局部代替整体等错误的出现。这种认识就像在沙滩上盖大楼一样，最后必然要倒塌。概而言之，我们的教练员在对所从事的运动项目本质特征及规律的认识上还存在以下几点不足之处。

（一）现象认识代替本质认识

项目特征是一个项目区别其他项目的显著标志，是运动员参加大赛获胜的外部特征。教练员每天都在和项目打交道，对训练过程、参赛场景有深刻感受，但概括起来十分困难，教练员有很多行业性术语，但大部分都是对项目的表面描述和主观感觉。有些项目在进行技术训练专项调查中发现，对于同一个技术动作竟然有 30 多个称谓，因此，造成项目教练员之间的交流困难，运动员理解上出现偏差，结果导致各省市运动员技术不规范、不统一。很多项目运动员到了国家队需要重新进行技术训练，在基层这一问题更为严重。项目认识的浅表性影响着教练员训练观念的形成、创新，并影响到教练员在训练过程中的直接操作与具体要求。训练只能是抓表面文章，脚踏西瓜皮，滑到哪里是哪里；要么单纯模仿移植其他人的训练计划，训练缺乏科学内涵，训练质量不高，长期停滞不前。[①]

（二）局部认识掩盖整体认识

对于事物的把握必须要见微知著，既要能看到树木，又要能看到森林。对于一个项目本质特征规律认识也是一样，系统思考、全面研究、科学设计才能不断提升项目实力。但是，我国各个项目，教练员大都是来自各个专项的运动员，长期的训练造成认识上的定势、定位和定型，传统的项目观念根深蒂固。对于项目的认识比较局限，我们经常可以听到，这是"技术性项目"、这是"体能类项目"、这是"对抗性项目"，这些描述不无道

---

① 袁守龙. 运动项目的本质、特征与规律. 见：杨桦等. 竞技体育与奥运备战问题的研究[M]. 北京：北京体育大学出版社，2006：88 - 90.

理，但是现代竞技水平日趋极值化，单纯的局部描述和局部认识势必限制我们的思维，束缚自己的手脚。如何打通项目认识的壁垒，建立链条状的竞技能力立体板块认识，从体能项目中透视技战术的要素，从技能类项目中感知体能训练的重要意义，是一项紧张而重要的任务。认识上的整体性将会保证我们更加清晰认识和明确项目特征。

（三）静态认识多于动态认识

我国训练界普遍认可的"木桶理论"告诉我们，竞技能力是由不同的能力板块组成的，而且明确提出一个运动员竞技能力的高低取决于能力短板的高度。这一原理始终在指导我们的训练思路，这是运动员的竞技能力进行机械地划分并进行空间的有序组合。项目的特征本质是动态变化的，对项目特征的认识不是一次性可以完成的。高水平运动员竞技能力是一个动态有机的形成、保持和消失的过程。这需要教练员在认识项目本质特征和规律时，破除机械论，建立动态认识项目的自觉理性。但是在许多项目中，至今存在机械地割裂项目核心竞争力的现象，将专项能力与基础能力对立起来、将技术与体能对立起来、将训练中的实战与参赛中的训练对立起来、将训练性恢复与训练内容对立起来等，这严重影响了我们对项目本质、特征和规律的认识水平。

（四）共性认识高于个性认识

实践经常领先于理论，而理论的价值在于指导实践。我国跆拳道项目通过10年的探索先后取得一批辉煌的成绩。雅典奥运会后在总结中国跆拳道队经验时，总教练陈立人提到"跆拳道是成功不成熟"，这是理性认识的升华。但是传统的理论教育中，我们的理论构架是以共性规律、原则、方法为主导教育方式，对于专项理论研究和细节研究是不够重视的，以至于经常在国际性比赛中留下毫厘的错误，带来极大的遗憾。目前在备战2008年奥运会中，关于专项体能和专项能力的认识方面，我们的认识尚停留在对于结构型力量的研究和探索方面，对于专项需要的功能性力量方面研究匮乏，导致我国运动员基本素质比国外优秀运动员好，而专项能力又比别

人差的现象。①

上述出现的一些认识上的偏差都受到了各种各样主客观条件的制约和影响，比如国家的重视程度、教练员的理论水平、教练组的人员配备、科研的同步性等等。然而一名优秀的教练员必须要有一个清醒的头脑，认识项目的本质特征和规律，是科学训练的前提。没有深刻的认识，就不可能有科学的计划，没有科学的计划，在实践中就会做无效的劳动。教练员是训练的最终实施者、主导者，他对项目规律的认识与利用，直接关系到训练的成败。经过科学研究所总结出的成功经验和规律，基本可以保证某一项目向着正确的方向发展，但在落实时教练员或运动员有一个环节出现差错，往往会导致全盘皆输。训练实践中也不乏存在由于教练员们对同一项目的规律认识不统一，而导致运动员的训练无所适从的现象。一名优秀的教练员，应该善于总结和认识项目的规律，创造性地提出有指导性的训练预案。一名优秀的教练员应该具有很强的谋略思想，凡事预则立，不预则废。一名优秀的教练员还必须有完备的理论知识才能在更高层面上去认识规律，把握规律，才能在实践中运用规律。

三、在实践中研究、利用项目本质特征规律应把握的几个关系

（一）把握好一般规律与特殊规律

有专家对德国许多优势项目研究发现，德国竞技体育管理体制是松散的、多元化的，机制上也没有十分强化的保障，但许多项目都有很强的竞争力。在认识和把握项目规律是首先需要全面认识一般规律，其次才是特殊规律。一般规律是前提，特殊规律是关键。

1. 关于一般规律

一般规律就是一个项目发展赖以存在的环境和条件，是竞技体育共性的规律。现代竞技体育是一个多学科、多领域交叉融合的领域，要打造运

---

① 袁守龙. 运动项目的本质、特征与规律. 见：杨桦等. 竞技体育与奥运备战问题的研究 [M]. 北京：北京体育大学出版社，2006：88 - 90.

动员参赛的核心竞争力，需要广泛研究竞技体育的多学科本质。一个项目备战大赛的准备需要复杂系统科学的理论支撑，需要从社会、生理和心理等多领域进行全方位的综合研究。社会因素包括参赛环境、参赛条件、规则变化和社会支持、队伍管理等；生物性因素包括素质、机能和技能以及项目的能量代谢系统等；心理性因素包括心理品质、自我调控和抗干扰等方面的能力。要把握好共性规律：

首先，要了解竞技能力的内部结构。任何一个项目竞技能力部分为"体—技—战—心—智"，这些竞技能力构成要素是项目发展最基本的构件，高水平教练员和低水平教练员差距就在于五大要素的整合能力，在于综合认识和选择方法等能力。

其次，需要了解竞技能力主导要素。竞技运动项目可大略分为体能类和技能类两大类。体能类项目主导性竞技能力是以力量、速度和耐力等为主；技能类则是技术、战术和心理能力为主导型竞技素质。

2. 关于特殊规律

段世杰副局长在总局 2008 年奥运会动员大会上总结出"重视"与"忽视"的几对本质性矛盾，并提出认识项目的普遍规律不认识特殊规律是不行的，只有细化特殊规律才能提高专项竞技制胜概率。跆拳道在两届奥运会三枚金牌的备战过程中提炼出专项制胜特征和规律："快、全、连、变、高"和"先发制人和后发制人灵活运用、自然流畅、顽强拼搏"。创造雅典神话的网球教练员和管理者在深刻洞察世界网球变化趋势基础上提出"技术全面、意志坚强、体能充沛是基础，女子网球的力量男子化特征越加明显"的网球制胜特点，需要"技战术创新快、竞技水平提高快，体能全面、心理素质好"，并正确选择女子双打为突破口，通过默契配合和良好的战术意识弥补体能不足。

运动项目本质规律的认识过程就是掌握制胜规律的过程，也是抓特殊规律的过程。我们的教练员更需要从专项出发，从细节入手，才能不断提高训练质量，提高训练效益，提升项目的核心竞技能力。

（二）把握好训练规律和参赛规律

我国"三从一大"训练原则的核心是"从实战出发"，体现了"练为战"的训练目的，训练规律掌握的效益需要通过参赛成绩来体现。竞赛从外部界定了训练的内在规律，要把握好这一规律需要做到以下几点：

1. 掌握现代训练发展趋势，深入研究多种赛制下竞技能力变化特点

频繁的赛事已经改变了传统的周期训练结构，年度一个大周期、两个大周期和三个大周期的训练节奏需要根据新的竞赛制度进行调整。优秀运动员年度训练的周期痕迹随着专项化训练的安排逐渐弱化，提示教练员更应该关注的是内容的有序化和高质量的训练控制，扩大运动员的机能储备总量。

传统周期训练的负荷特征是大周期、大幅度的跌宕起伏，阶段性的以量为主或以强度为主的二元化训练必将导致运动员竞技能力的不稳定性，竞技高峰少且高峰状态容易消退，出现竞技水平和参赛的"大幅振荡"。孙海平教练在谈及其成功经验时谈到，高水平运动员全年训练负荷基本稳定，变化的是多样化的训练方法和手段，这就是所谓的多因素训练和模块训练法，这样多种赛制以及相关多重目标的导向，会使运动员竞技能力形成稳定态势，使运动员竞技能力可以保持较高水平上的"高频低幅振荡"。

2. 转变训练观念，创新训练方法，提高训练质量

刘翔在雅典奥运会周期是中国田径运动员参赛次数最多的队员。即使是 2003 年"非典"期间，他一年也参加 20 场次以上的比赛。孙海平在总结中说，频繁比赛时教练员必须摒弃过去那种长时间的大周期训练，采用小周期，避免疲劳积累太深，所有训练都要以专项为中心，训练应该把每一堂课作为一个完整的体系，环环相扣。

跳水项目雅典奥运 6 枚金牌的背后也是强调"科学训练首先要认识跳水项目的本质特征和训练的基本规律"。训练上，改变过去跳水训练就是水上练习的习惯，提出"重视基本功训练，强调提高能力，解决关键技术，达到动作的难、稳、美、准、齐"，从传统跳水的"四环节论"到"七环节论"，做到了水上与陆上、跳板与跳台、高难度与高质量、参赛心理与优

势技术、刻苦训练与科学参赛"五结合"。

（三）把握好生理规律与心理规律

训练过程就是改造运动员生物体结构与功能的过程，参赛是在公开的社会性环境中的表现过程。"克拉克现象"频繁发生，其原因就在于这两方面的规律把握出现了问题。

1. 重新审视项目能量代谢特征

能量代谢特征是一个项目的重要特征，能量代谢理论是运动训练的经典理论，与能量代谢密切相关的是比赛的时间、对抗强度、技术状况、比赛节奏、赛与赛的间隔等。

运动员在比赛中能量供应都是综合性的，都需要 ATP－CP、糖酵解供能和有氧供能，只是比例不同。教练员对专项比赛的不同项目的能量结构比例一般比较清楚，但在训练中如何动态把握供能比例与年度训练的有氧、无氧负荷结构联系起来很容易出现偏差。皮划艇项目在 500 米比赛中，无氧供能与有氧供能的比例分别占 70% 和 30% 左右，结果在 2001 年的调研中就发现，教练员 70% 的专项训练手段是间歇训练。开始时，国家队教练未认识其危害性，机械地认为，500 米只要发展无氧糖酵解供能就可以了，因此采取负荷大、间歇的方法，结果伤病越来越多，成绩越来越差。2001 年以来，新一届国家队重新界定了本质特征，提出"坚持有氧、坚持个体能力、坚持每一桨效果"的训练指导思想，注重利用多种手段进行有氧训练、有氧强度训练，看起来远离项目的本质特征，其实是为专项提高夯实了平台，最后使项目得到持续进步。

2. 全面认识基础体能与专项体能的关系，提高专项技术训练强度

体能训练受到越来越多的重视，而体能有可以分为基础体能和专项体能，基础体能是运动成绩提高的基础，专项体能是高水平竞技能力表现的保障。所有比赛都是比强度，强度表现形式是速度，速度又分为反应速度、动作速度与位移速度，而动作速度与位移速度来源于力量，但力量又来源于神经肌肉系统的结构与功能。在研究基础体能和专项体能中，十分重要的是技术强度概念。国内流行的基础体能训练逐步向专项转化的观点值得

认真研究，如何提高在高强度比赛条件下技术动作的输出功率和技术效益，而不是单纯地追求力量大、功率高而忽视效益转化，结果导致基础体能在奥运会等大赛中表现不出来和制约专项体能发挥的瓶颈现象。

高强度技术需要运动员神经机构系统功能的增强。现代科学训练评价运动员的技术动作不仅要从运动学和动力学分析，还要从运动员神经系统的支配调节和肌肉群协同工作的效率来评价。周期性技术运动员做功的形式单一，开放型、多元动作和多项组合动作的项目运动员肌肉做功的情况较为复杂。运动员的专项训练需要注重速度力量、协调用力以及实战出发的专项阻力训练，以此来提高运动员的专项动作速度、专项力量和专项竞技能力。

3. 加大项目训练一体化，倡导过程导向的心理能力

雅典奥运会后，国家跆拳道队通过欧洲训练和对抗比赛，总结出这样令人深思的结论"男子实力有限，女子优势不显"，发现国外在进攻转化训练时，不仅强调"从外向内"切入进攻技术，而且使用贴靠后的"从内向外"的连续进攻技术，使得"进攻、防守、反击一体化"。这种思想使他们在零距离的战术运用有特色，发明一些边缘技术，如注重贴身技术、后撤技术、身体支持后的转接攻击技术、用拳改变对手节奏技术，以此改变对手比赛节奏。国外平时训练注重使用攻防过程的连续技术，具备在不失分或少失分的前提下连续得分的能力。相比较，我们具有先得分、得高分、连续得分的能力，但同时失分也高。这已经形成跆拳道项目训练管理的质的转变，这种"技战术一体化"启示我们要对技术和战术的训练进行"整合式提高"而不是"组合式提高"。

国外训练氛围看似松散、无序，但运动员内在驱动力是积极的、主动的，训练十分紧凑；我们训练看起来热闹，但是被动的甚至是盲目的多。国外训练强调动作完成的质量，对技术训练的心理上是"过程导向"。相比而言，我们的技术训练多数是为了完成动作而不是提高动作之间的转换能力，是一种"结果导向"。

（四）把握好规则变化

竞赛规则变化是动态把握项目本质特征变化的导向，作为一个复杂的、动态开放的训练系统，专项竞技能力的提高受到人体生物学规律和客观条件的制约，其中规则的变化直接导致项目本质特征和规律的变化。到 2005 年底，在 2008 年奥运会周期已经有乒乓球、羽毛球、射箭、排球等 13 个项目进行了规则调整，现在还在变化。因此，在备战 2008 年奥运会动员大会上，北京奥组委副主席杨树安强调，在抓好技战术训练的同时，必须密切关注规则发展变化的动态和趋向。当前一些国际单项体育联合会对奥运会比赛规则、比赛办法的改变很可能导致项目制胜规律的变革。

规则变化导致项目制胜元素的变化，表现在技术动作外部特征和参赛体能储备、分配和节奏等的变化，从而改变项目的制胜规律。2004 年奥运会后，跆拳道规则发生了重要变化，新规则的出台，强调使用拳的牵制技术、技术与技术间衔接快、连贯性好，突出了连续得分能力；使比赛中攻防的密度、强度增加，加大了体能充沛性与技术细腻化要求；边角区域对抗激烈，"压迫式"打法迫使我们考虑获得另类得分的手段；"突然死亡法"要求先得分者胜，再一次强化了"进攻为主"的指导思想。可以初步预测，2008 年奥运会上的跆拳道将在原有"直接得分"基础上，增加"变向间接得分"的内容。比赛日趋激烈，主动进攻、连续进攻和高位技术、贴靠技术是今后跆拳道发展的主流方向。①

对于项目特征本质和规律的认识是困难的、动态复杂的，制胜的偶然性大，相关因素多，既不能一蹴而就也不能得过且过，需要系统地、动态地、地毯式地逐一盘点，才能不断接近项目的本质规律。

---

① 袁守龙．运动项目的本质、特征与规律．见：杨桦等．竞技体育与奥运备战问题的研究 [M]．北京：北京体育大学出版社，2006：95-97．

第六章　不同项目备战统筹与实施策略

备战奥运是一个复杂的系统工程。备战 2008 年奥运会是事关我国竞技体育能否再上新台阶，是否能完成党和人民交给我们的参赛目标的历史性任务，是当前我国体育战线特别是竞技体育界各项工作的第一要务。我国传统优势项目为我国实现奥运争光计划、托起竞技体育腾飞的翅膀做出了卓越贡献，是实施我国奥运战略的核心和重点。潜优势项目作为金牌增长点，是实现新突破的关键。而迟发展项目的成长是提高我国竞技体育整体实力的基础和保障。研究我国优势、潜优势、迟发展项目面向 2008 年奥运会的备战统筹与实施问题，不仅直接关系到备战 2008 奥运的成败，而且事关我国竞技体育高水准、高层次可持续发展的战略问题。

面对备战北京奥运会的严峻形势，实现对优势、潜优势、迟发展项目在备战过程中的统筹兼顾是贯彻落实科学发展观的根本要求。在备战过程中需要我们以科学发展观为指导，结合我国不同项目实际，贯彻落实统筹兼顾的根本方法，以达到整体提升我国竞技体育综合竞争力的发展目标。

第一节　我国奥运项目的划分与定位

在备战北京奥运会的过程中根据各项目的竞技实力和竞争力，通常把我国的奥运项目分为优势、潜优势和落后项目三大类。在以往的备战过程中也曾划分为优势、潜优势、基础、集体球类项目等几类。

从备战奥运会视角看，可划分为优势项目、潜优势项目和迟发展项目等三大类。优势项目是指我国在奥运会上多次取得优胜，具有项目整体优势，并在后续的奥运会比赛中处于竞技有利位置的竞技体育项目。潜优势项目是指我国在奥运会上多次取得奖牌，并在后续的奥运会比赛中有望实现突破的竞技体育项目。迟发展项目是指我国在奥运会中缺乏竞争实力的项目。

在具体的划分过程中，根据我国备战实际，有时按大项划分，有时按小项划分。但这并不影响我们对项目划分的理解。根据最近几届奥运会和北京备战周期运动项目竞技实力的变化情况，我国的优势、潜优势及迟发展项目可大体做如下划分：

一、优势项目群

跳水、乒乓球、举重、体操、射击、羽毛球、女子柔道等 7 个项目是我国的传统优势项目，加上已连续两届奥运会取得金牌的女子跆拳道项目，目前我国的奥运优势项目为以上 8 个大项，此外田径男子 110 米栏也可列入我国奥运优势小项。

早在 1979 年，我国体育事业的领导者就高瞻远瞩地提出了"重点发展优势运动项目"的竞技体育发展战略。并组织专家、学者进行了我国重点竞技项目的设置和布局研究。1980 年、1984 年、1989 年我国分别确定了 13、16、18 个重点项目，并对这些项目在全国各省市的重点布局做出了统一规划。这一战略对我国竞技体育运动水平的提高起到了重要作用，取得了巨大成功。我国体操、跳水、举重、射击、乒乓球、羽毛球、女子柔道 7 个传统优势项目的运动员在第 23 – 28 届连续 6 届奥运会中共获得金牌 92 枚，占 112 枚金牌总数的 82.14%，是构成我国竞技运动水平总体实力的决定性因素。我国多年来形成的竞技优势项目，在悉尼奥运会上得到了充分的展现。乒乓球、羽毛球、跳水、体操、举重、射击、女子柔道等 7 个项目即获得了 26 枚金牌、53 枚奖牌，分别占总数的 92.9%、89.9%。在雅典奥运会上我国的上述 7 个优势项目获得了 23 枚金牌，潜优势项目女子跆拳道、女子摔跤贡献了 3 枚金牌，占金牌总数的 81.3%。（见表 3 – 6 – 1）

从我国参加历届奥运会的成绩不难看出，正是由于传统优势项目的稳

定发挥和部分潜优势项目的出色表现，才使我国的竞技体育强国地位不断得以确立和提升，因此继续巩固和保持传统优势项目的领先地位，加快潜优势项目向优势项目的转化过程是实现我国2008年奥运会参赛目标的核心和关键。

表 3 - 6 - 1　我国参加历届奥运会获金牌项目分布表

项目	第23届	第24届	第25届	第26届	第27届	第28届	合计	%	排序
体操	5	1	2	1	3	1	13	11.61	5
举重	4	0	0	2	5	5	16	14.29	2
跳水	1	2	3	3	5	6	20	17.86	1
乒乓球	0	2	3	4	4	3	16	14.29	2
羽毛球	0	0	0	1	4	3	8	7.14	6
射击	3	0	2	2	3	4	14	12.50	4
柔道	0	0	1	1	2	1	5	4.46	8
田径	0	0	1	1	1	2	5	4.46	8
击剑	1	0	0	0	0	0	1	0.89	12
游泳	0	0	4	1	0	1	6	5.36	7
跆拳道	0	0	0	0	1	2	3	2.68	10
女排	1	0	0	0	0	0	2	1.79	11
摔跤	0	0	0	0	0	1	1	0.89	12
网球	0	0	0	0	0	1	1	0.89	12
皮划艇	0	0	0	0	0	1	1	0.89	12
金牌合计	15	5	16	16	28	32	112	100.00	－
项目数	6	4	7	9	9	14	－	－	－

　　我国奥运优势项目在我国竞技体育发展中的核心地位，不仅体现在战绩卓著上，同时还体现在对我国竞技体育发展所产生的巨大推动力上。长期以来我国的乒乓球、跳水等项目在运动训练理论与技战术实践、队伍管理、人才培养等诸多方面开创了竞技体育发展的崭新局面，引领了世界竞

技体育发展的潮头，这些项目长盛不衰的基本经验已经成为了我国竞技体育不断实现突破的制胜法宝，为我国其他项目的发展提供了极其宝贵的经验和财富。因此，对我国传统优势项目的评价不能仅仅停留在运动成绩的单一纬度上，还应充分认识到对我国竞技体育整体实力的提高所产生的重要推动作用上。

此外，正是由于我国传统优势项目在国际大赛上屡创佳绩，极大地振奋了民族精神，弘扬了中华文明，促进了体育与社会经济政治文化的互动与交融，为我国竞技体育的发展赢得了良好的社会发展环境，这些都是我国奥运优势项目的丰功伟绩。

事实证明，在我国特定的社会历史条件下，采取重点发展优势项目的基本思路既是一种理性的选择，又是一条经过了实践检验的正确道路。

二、潜优势项目群

由于潜优势项目尚未形成整体的项目优势，因此，潜优势项目主要体现在一些小项上，且变化较为迅速，几乎每届奥运会我国潜优势项目群都会发生变化。根据最近几年世界大赛的情况，可把摔跤、蹦床、赛艇、帆船帆板、击剑、射箭、自行车、女子排球、皮划艇、拳击、女子马拉松、现代五项、沙滩排球、女子曲棍球等项目列入我国奥运潜优势项目。这些项目已经具备了夺取金牌的可能性。

由于我国绝大多数优势项目所设小项（金牌）数量少，且夺金几近饱和，继续扩大金牌数量有相当难度。因此，要实现在 2008 年奥运会上的金牌总数突破，必须要以潜优势项目的突破为重要前提。在雅典奥运会上，也是由于我国潜优势项目的出色发挥，才使我国代表团成功超越俄罗斯首度跃居金牌榜第二位。因此，在备战 2008 年奥运会的过程中，要继续强化和挖掘潜优势项目潜力，实现潜优势项目向优势项目的转化，并将潜优势项目的突破作为一项重要的任务和工作来抓实、抓好。

潜优势项目实现突破可以扩大我国奥运金牌和奖牌争夺的"面"和"点"，是促进我国竞技体育迈上新高度的重要步骤。由于我国奥运优势项

目数量与美国、俄罗斯等相比较还存在不小的差距，且所含小项数量偏少，因此，在奖牌总数上，从雅典奥运会看，我们与美、俄还存在明显差距，与第二集团的德国、澳大利亚等相比优势也不明显，而要缩小这种差距和扩大优势的关键力量来自潜优势项目的突破。通过潜优势项目突破，不仅可以扩大我国的夺金面，而且可以增加我国的奖牌总数，从而缩小与美、俄等在总体实力上的差距，增强我国竞技体育在奥运会上的整体竞争实力。

三、迟发展项目群

田径、游泳等基础大项，大部分的集体球类项目等，我国与世界先进水平相比还存在相当大的差距，需要我们在今后的竞技体育发展过程中不断缩小与世界水平的距离。

北京奥运会我国要参加全部 28 个大项的争夺，除优势、潜优势项目外，多数项目还处于落后状态。如北京奥运会田径、游泳、水上等项目共设有 122 枚金牌，但我国具备夺金实力，甚至夺牌实力的项目屈指可数。此外，社会影响大，群众基础雄厚的集体球类项目目前我国多数还处于世界二流或三流水准，除女排、女曲等少数项目外，我国其他集体球类项目与世界先进水平还存在较大差距，要在北京奥运会上取得好成绩必须要付出超乎寻常的努力。

总体上看，我国的迟发展项目多数属于国际影响大、群众基础雄厚的大项，因此，在备战过程中加快迟发展项目的发展是备战战略中不可或缺的组成部分。这关系到我国参加奥运会的国际、国内社会效应问题，也是"举国体制"可持续发展的一项不容忽视的重要任务。

迟发展项目之所以落后是一个多因素影响的结果，绝非一日之寒。田径、游泳是奥运会设项最多的两个大项，我们在绝大多数小项上缺乏竞争实力。在集体球类项目上，我国除女子排球、女子曲棍球等少数几个项目外，其余项目与世界先进水平相比还存在比较大的差距。因此，迟发展项目实现赶超还有一段很长的路要走。所以，必须牢固树立长期奋斗的思想准备，在具体工作中要作为一项长期的战略任务来看待。

由于备战奥运的周期性特点，特别是备战资源的有限性，决定了我国在备战过程中必须要突出重点，带动一般，以实现备战效率和效果的最佳化。根据预期目标，我国要参加北京奥运会所有 28 个大项和尽可能多的小项的比赛，如果如此之多的项目在备战过程中平均着力，没有重点，则难以巩固和发展优势项目，会削弱我国在奥运赛场的核心（金牌）竞争力。衡量备战工作成效的指标主要体现在备战效率和效果两个方面。从效率的方面看，是要采取正确的方式做事；从效果的方面看，是要做正确的事。因此，衡量备战成效要实现效率和效果的完整统一。为了实现备战效率和效果的同步最大化，必须将目标定位在提高我国运动员在奥运会赛场上的核心竞争力——夺取金牌上。而提高核心竞争力的关键无疑在于优势项目的发挥和潜优势项目的突破。

从我国最近几届奥运会连续实现突破的实践看，其中的一条重要经验就是采取了重点发展优势项目的备战思路。从世界范围看，不仅我国，其他强国也无一例外将大力发展本国的优势项目作为备战重点。因此，为提高我国在北京奥运会上的金牌竞争力，必须坚持"有所为，有所不为"的基本思路，确立"以优势项目备战为重点，以实现潜优势项目突破为辅助，以带动落后项目提高为基础"的备战全局性战略导向。为实施这一基本思路，首先，要坚持把巩固和发展优势项目放在备战各项工作的核心地位，在人力、经费、科技、训练、竞赛、医务等方面提供重点保障，以保持和扩大我们的领先地位。其次，要积极扶持潜优势项目的发展，实现潜优势项目的突破，以扩大我国的夺金面，增加夺金点。最后，要带动迟发展项目的发展，以提高我国竞技体育整体实力。

第二节　我国奥运项目 2008 年奥运会成绩前瞻

一、我国传统优势项目、潜优势项目雅典奥运会成绩分析

雅典奥运会中国军团实现了历史性突破，金牌榜首度位列第二位，跨

入了竞技体育第一集团行列。优势项目的稳定发挥和潜优势项目的锦上添花是实现成绩跨越的决定性力量。

1. 跳水、乒乓球、羽毛球、射击、举重具有项目整体优势，是我国的拳头和龙头项目

跳水等上述 5 个优势拳头项目共取得了 21 枚金牌，奖牌合计 37 枚（表 3 - 6 - 2 至表 3 - 6 - 6），分别占我国奥运军团金牌和奖牌数的 65.6% 和 58.7%，上述 5 个项目除射击奖牌数少于俄罗斯 1 枚以外，金牌数和奖牌数均名列榜首，充分体现出了项目的整体优势。

表 3 - 6 - 2　雅典奥运会乒乓球奖牌分布

国别	金牌	银牌	铜牌	合计
中国	3	1	2	6
韩国	1	1	1	3
中国香港	0	1	0	1
朝鲜	0	1	0	1
丹麦	0	0	1	1
合计	4	4	4	12

表 3 - 6 - 3　雅典奥运会羽毛球奖牌分布

国别	金牌	银牌	铜牌	合计
中国	3	1	1	5
韩国	1	2	1	4
印度尼西亚	1	0	2	3
英国	0	1	0	1
荷兰	0	1	0	1
丹麦	0	0	1	1
合计	5	5	5	15

表3-6-4　雅典奥运会跳水奖牌分布

国别	金牌	银牌	铜牌	合计
中国	6	2	1	9
澳大利亚	1	1	4	6
希腊	1	0	0	1
俄罗斯	0	2	2	4
加拿大	0	1	1	2
德国	0	1	0	1
英国	0	1	0	1
合计	8	8	8	24

表3-6-5　雅典奥运会射击奖牌分布

国别	金牌	银牌	铜牌	合计
中国	4	2	3	9
俄罗斯	3	4	3	10
美国	2	1	0	3
德国	2	1	0	3
意大利	1	2	0	3
澳大利亚	1	0	1	2
保加利亚	1	0	1	2
乌克兰	1	0	0	1
阿联酋	1	0	0	1
匈牙利	1	0	0	1
韩国	0	2	1	3
捷克	0	1	1	2
印度	0	1	0	1
西班牙	0	1	0	1
芬兰	0	1	0	1

续　表

塞黑	0	1	0	1
阿塞拜疆	0	0	2	2
斯洛伐克	0	0	1	1
朝鲜	0	0	1	1
奥地利	0	0	1	1
古巴	0	0	1	1
白俄罗斯	0	0	1	1
合计	17	17	17	51

表 3 - 6 - 6　雅典奥运会举重奖牌分布

国别	金牌	银牌	铜牌	合计
中国	5	3	0	8
土耳其	3	0	1	4
泰国	2	0	2	4
俄罗斯	1	2	5	8
乌克兰	1	1	0	2
保加利亚	1	0	1	2
伊朗	1	0	0	1
格鲁吉亚	1	0	0	1
白俄罗斯	0	2	1	3
韩国	0	2	0	2
匈牙利	0	1	0	1
印度尼西亚	0	1	0	1
哈萨克斯坦	0	1	0	1
朝鲜	0	1	0	1
拉脱维亚	0	1	0	1
希腊	0	0	1	1

波兰	0	0	1	1
哥伦比亚	0	0	1	1
委内瑞拉	0	0	1	1
克罗地亚	0	0	1	1
合计	15	15	15	45

2. 体操、柔道项目的个别小项具有优势，但不具备项目整体优势

体操和柔道项目在雅典奥运会上分别仅取得 1 枚金牌，特别是体操项目与参赛目标相去甚远。而体操和柔道项目的传统强国罗马尼亚和日本则东山再起，取得了竞技绝对优势地位（表 3 - 6 - 7、表 3 - 6 - 8）。面对世界诸强的强势上升或回升态势，我国体操项目重振雄风任重而道远，柔道项目整体实力跨越新台阶的任务更是异常艰巨。

表 3 - 6 - 7 雅典奥运会体操奖牌分布

国别	金牌	银牌	铜牌	合计
罗马尼亚	4	3	3	10
美国	2	6	1	9
日本	1	1	2	4
中国	1	0	2	3
西班牙	1	0	1	2
意大利	1	0	1	2
加拿大	1	0	0	1
乌克兰	1	0	0	1
法国	1	0	0	1
希腊	1	0	0	1
俄罗斯	0	1	2	3
韩国	0	1	1	2

续　表

保加利亚	0	1	1	2
拉脱维亚	0	1	0	1
合计	14	14	14	42

表3-6-8　雅典奥运会柔道奖牌分布

国别	金牌	银牌	铜牌	合计
日本	8	2	0	10
中国	1	1	3	5
韩国	1	1	1	3
格鲁吉亚	1	1	0	2
德国	1	0	3	4
希腊	1	0	0	1
白俄罗斯	1	0	0	1
俄罗斯	0	2	3	5
古巴	0	1	5	6
荷兰	0	1	3	4
法国	0	1	0	1
乌克兰	0	1	0	1
朝鲜	0	1	0	1
斯洛伐克	0	1	0	1
奥地利	0	1	0	1
巴西	0	0	2	2
意大利	0	0	1	1
比利时	0	0	1	1
爱沙尼亚	0	0	1	1
保加利亚	0	0	1	1
以色列	0	0	1	1

蒙古	0	0	1	1
斯洛文尼亚	0	0	1	1
美国	0	0	1	1
合计	14	14	28	56

3. 潜优势项目已初步成长为新的金牌增长点

在雅典奥运会上我国潜优势项目射箭、击剑、女子自行车、女子摔跤、女子跆拳道、女子蹦床在雅典奥运会上夺得了 3 金 5 银 1 铜的喜人成绩，已经逐渐成长为新的金牌增长点。但 2008 北京奥运会个别项目的调整对我国潜优势项目有一定影响，例如，自行车项目改为小轮自行车使我国的这一潜优势项目面临严峻考验。

二、雅典奥运我国优势、潜优势项目选手参赛中存在的不足

1. 部分运动员心理素质不过硬，临场发挥失常

乒乓球男单选手决赛时的失常表现、羽毛球男单选手的颗粒无收、跳水男子双人三米板的最后一跳、射击多个夺金点运动员的早早出局无不体现出心理素质不稳定的弱点。

2. 赛前情报工作失真，导致最后失败

赛前认为最具夺金把握的女子 48 公斤级举重金牌由于情报工作失实，导致临场比赛策略出现混乱，金牌被突如其来的土耳其选手掠走。

3. 赛前盲目乐观，对困难估计不足，导致满盘皆负

最典型的例子为中国体操男队。赛前国内最保守的估计认为至少能确保 3 枚金牌。由于盲目乐观，对困难估计不足，在首战不利的情况下，满盘皆负，仅取得 1 枚金牌，出乎所有国内专家的预料。

4. 部分运动员临场竞技环境适应能力差，与金牌失之交臂

裁判员因素在部分项目的临场竞技中起着不可忽视的重要作用，雅典奥运会也给我们留下了众多的思考。例如，女子柔道和击剑项目的部分运

动员在比赛中表现出对裁判判罚尺度的生疏，适应临场竞技环境的能力差，及时调整比赛策略和心理状态的能力不足，先后与金牌擦肩而过，令人惋惜。

三、我国奥运项目 2008 年奥运会前景展望

1. 优势项目夺金点基本饱和，挖掘潜优势项目潜力是实现突破的关键

在奥运会上我国夺取金牌的乒乓球、羽毛球、跳水等优势项目整体实力较强，但我的奥运优势项目普遍存在设项较少、金牌数少的特点，扩大夺金数量的潜力空间有限。第 28 届奥运会乒乓、羽毛、跳水项目共夺得 12 枚金牌，占代表团金牌总数的 37.5%，是我国完成奥运会任务的基础。但是 12 枚金牌已经占设项的 70% 左右（3 个项目共设 17 个小项），已基本趋于饱和。在 2008 年奥运会上实现更大突破的任务异常艰巨。此外，由于我国在乒乓球、跳水等项目上的长盛不衰，形成了"世界打中国"的局面。随着技术扩散的加速和比赛的高频化，过去乒乓球等项目经常使用的令对手措手不及的技术创新、奇兵等"秘密武器"已不再具备以往的威力。因此，2008 年奥运会我国优势项目将面临更加严峻的考验。备战 2008 年奥运会应把战略重点放在确保优势项目中的夺金小项金牌的同时，要想方设法挖掘和提高潜优势项目和基础项目的金牌增长点，这是确保我国竞技体育奥运第一集团地位并力求更好成绩的关键。

2. 我国优势项目在近期世界大赛中继续保持优势

2005 年，我国共获得 10 个大项 28 个夏季奥运小项的世界冠军，其中乒乓球、羽毛球、跳水、举重、射击、女子柔道就获得了 23 个小项的世界冠军。（表 3 - 6 - 9）

表 3 - 6 - 9　2005 年我国优势项目获奥运小项世界冠军情况

项目	获世界冠军小项数
射击	2
举重	7

乒乓球	2
羽毛球	5
跳水	5
女子柔道	2
合计	23

2006 年，我国共获得 12 个大项（蹦床列入体操大项）46 个奥运小项的世界冠军，优势项目就取得了 37 个奥运小项的世界冠军。其中跳水获得 8 个项目的冠军，羽毛球 4 项，体操 9 项，射击 5 项，乒乓球 4 项，举重 7 项（注：其中女子获得 5 项，奥运会只能报 4 个级别）。

2007 年，在已经结束的世界大赛中，我国优势项目又有出色发挥，乒乓球先后获得全部 4 个小项冠军，跳水获全部 8 个小项冠军，射击 4 项，举重 7 项（注：其中女子获得 5 项，奥运会只能报 4 个级别），女子柔道 2 项，女子跆拳道 2 项，体操 5 项。此外，男子 110 米栏也取得了世锦赛金牌。

3. 潜优势项目群有了较大拓展，但水平发挥起伏大

从本周期世界大赛情况看，摔跤、蹦床、击剑、男子拳击、赛艇、帆船帆板、现代五项、网球女子双打等项目曾取得了世界大赛的金牌，具备了夺金的可能性。这些项目绝大多数为历史上第一次获得世界锦标赛冠军。女子沙滩排球、女子马拉松、皮划艇、自行车等项目也取得了较好成绩，女子排球、女子曲棍球等集体球类项目也保持了一定的竞争力，使我国北京奥运会的夺金面有所扩大，但这些项目多数还属于孤军奋战，没有形成项目的整体突破力量，仅在个别小项上具备夺金能力。而且这些项目运动员水平发挥不稳定，成绩起伏大，依然缺乏夺金的绝对实力。

4. 迟发展项目出现了几个亮点，但差距依然较大

在本周期的世界大赛中，田径、游泳等落后项目除刘翔外，出现了几个亮点，如女子链球、女子 400 米栏、男子 100 米蝶泳等。但成绩距离金

牌还存在较大差距。集体球类项目出现了整体下滑态势，垒球、篮球、排球等均未实现成绩突破，篮球下滑至历史低点。手球、男曲、棒球、水球等项目与世界先进水平相比差距悬殊，集体球类项目的备战形势异常严峻。

第三节　我国奥运项目 2008 年奥运会备战策略

备战 2008 年奥运会是一个复杂的系统工程，各个要素间存在着相互依存和相互制约的复杂关系，并处于不断的动态变化之中。备战奥运的系统性、复杂性和动态性特点决定了备战过程的不确定性。因此，在具体的工作过程中要在深入总结我国参加历届奥运会的经验和教训的基础上，根据备战工作的动态变化及时调整备战策略，以实现备战过程的最优化和备战效应的最大化。

根据参赛形势和目标，我国优势、潜优势、落后项目备战 2008 奥运的基本思路为：以提高我国竞技体育核心竞争力为目标，挖掘和拓展优势项目，形成奥运优势项目集团优势；发展和突破潜优势项目，形成新的金牌增长点；带动和促进落后项目，推动竞技体育的整体发展。

一、以提高核心竞争力为目标，形成优势项目集团优势

当今世界体坛的竞争归根到底是资源的竞争，即：人力资源、实物资源、组织资源等有形和无形资源的竞争。单个的资源可能无法创造竞争优势，只有资源的相互配合才会产生战略优势。核心竞争力是我国战胜其他体育强国的资源和能力，提高竞技体育核心竞争力是实现我国奥运战略的关键。

奥运优势项目是实现我国 2008 奥运战略的基础，也是我国竞技体育界在多年的成功与失败的基础上积累和形成的宝贵财富。认真总结和大力倡导优势项目在发展过程中的成功经验和做法，并在继承的基础上不断创新，对于保持优势项目的优势地位大有裨益。对我国曾在奥运会取得奖牌或其他国际大赛上取得较好成绩的潜优势项目，要着眼长远、精心布局、科学

规划、加大投入，以培养尖子选手为重点，促其尽快向金牌冲击，带动整个项目的发展，加速向优势项目的转化。

为提高我国各奥运项目整体实力，应系统整合我国奥运优势项目资源，进一步研究我国奥运优势项目训练和参赛等制胜规律，扩大我国竞技体育的优势项目群，形成奥运优势项目的集团优势。在巩固已有 8 个优势项目的基础上，加快潜优势项目向优势项目的转化，不断拓展优势项目群。潜优势项目要借鉴优势项目的成功经验积极培育更多的优势小项。落后项目要加大和加快向潜优势项目的转化速度，以此扩大我国奥运夺金的项目厚度和宽度。组织备战 2008 年奥运会的参赛队伍，扩大各项目适龄段优秀运动队运动员的人数和规模，形成合理的运动员结构。

在详尽分析近几届奥运会主要对手国参赛成绩和近期各世界重大赛事成绩变化规律的基础上，结合我国近期各运动队参赛成绩和训练水平，综合考虑东道主效应，提出并制定好 2008 年奥运会各优势项目和潜优势项目的细化参赛目标和目标分类体系，明确参赛和备战重点。

二、以"举国体制"为保障，形成制度和体制优势

中国体育代表团在奥运会上所取得的成绩直接得益于我国竞技体育举国体制的优越性，特别是在 2001 年 7 月 13 日我国获得 2008 年奥运会举办权后，我国竞技体育的举国体制的优越性得到了进一步强化。发挥社会主义制度的优越性，充分挖掘各类体育资源，树立"国内练兵、一致对外，优势互补、共同发展"的全国一盘棋思想，按照可持续发展原则、集约化原则和全国一盘棋与兼顾各方利益的原则，强化举国体制，并赋予举国体制新的内涵，以形成强大的制度和体制优势。

三、构建运动项目科学管理机制

（一）建立以战略管理为先导的决策机制

战略管理包含着众多的管理决策。无数战例表明，能否实施正确的战略管理直接关系到奥运备战的成效。备战奥运具有一定的周期性和时间跨

度，根据备战周期的一般规律和世界竞技体育强国及主要对手国的竞技水平变化态势拟定战略管理内容是一项重要的先导性工作。战略管理的内容应包括：确定备战工作的使命、目标和战略，分析面临的竞争环境，分析我国备战奥运的资源和能力，评估我国优势项目和潜优势项目的优势与劣势，制定战略，实施战略，结果评估等环节。根据备战工作要求，要建立备战奥运会工作的组织决策机构，确立备战 2008 年奥运会战略管理内容和基本思路。以继承和创新相结合，做到"四个落实"，即"组织落实、计划落实、责任落实、保障落实"。通过全过程的战略管理，形成科学的决策机制。

（二）制定以目标管理为核心的责任与激励机制

目标管理的核心在于目标订立的合理性和目标执行的一致性。2008 年奥运会参赛目标的制定要根据运动竞赛的不确定性特征体现出一定的弹性，并将目标层层分解，制定合理的目标考核体系，人人围绕目标开展备战工作，充分调动各方备战力量以实现总体参赛目标。在深入研究项目的特点、规律、本质的基础上，围绕参赛目标，根据项目发展趋势和主要竞争对手的动态变化，确定本项目的备战计划。在制订计划的过程中要围绕参赛目标、本项目重点运动员、教练员的情况以及主要对手、规则变化、重大赛事情况，将训练、参赛、信息、管理、科技、保障等工作的各个要素进行有机整合，提高备战的针对性和实效性。

（三）推行以项目管理为基础的具体实施机制

在备战过程中要注意研究和应用有关项目管理的基本理论和方法。项目管理是面对变化与挑战，推动事业发展的有力武器。美国的阿波罗登月计划、我国的长江三峡水利工程、神舟飞船计划等即是运作大型复杂项目的范例。项目管理在体系上注重管理的模块化、专业化、标准化与国际化；注重以人为本与柔性管理，在管理理念与组织上强调开放性。备战 2008 年奥运会无疑是一项复杂的系统工程，在管理与运作过程中引入项目管理的基本理念和方法对于提高备战工作的成功率具有重要的借鉴价值。目前在全球最发达国家的政府部门、公司和军工企业中，项目管理已成为其运作的中心模式，如，美国白宫行政办公室、世界银行、波音等均在其运营的核心部门采用项目管理的方式，并取得了显著的效果。

按照项目管理理论，备战奥运工程属于项目群，它由若干个类似的项目组成，项目的生命周期为 3 - 4 年。备战 2008 年奥运会工程包括项目资源、项目需求与目标、项目组织以及项目环境四个方面。项目管理的基本职能有项目计划、项目组织和项目控制与评价。具体管理过程可分为 5 个模块化的阶段，即启动过程、计划过程、执行过程、实战过程、结束过程。

在备战工作中引入项目管理的基本理念和具体方法可以丰富以往备战工作的组织管理思路，使备战工作井然有序、环环相扣，推动备战工作的程序化和规范化，提高备战工作的组织管理和实施运作水平。

四、优化项目布局结构，拓展新的"金牌增长点"

合理的项目布局对于 2008 年奥运会备战工作具有重要的先导和基础作用，研究制定重点项目优先发展规划，优化项目布局结构，对于保持优势项目优势地位，加快潜优势项目向优势项目的转化举足轻重。在项目布局中要根据国际体坛竞技实力的变化情况，提高预测、决策的科学性，重新审视和科学界定我国优势项目和潜优势项目。借助东道主优势，拓展优势项目，扩大潜优势项目，合理进行项目布局，以增加我国奥运夺金点。

五、围绕实战，构建多元化竞赛实战保障体系

竞赛是检验训练成果的镜子，取得优异的竞赛成绩是运动训练的终极目的。当前国际体坛呈现出竞赛的高频化和高度的商业化。赛练结合、以赛促练已成为众多奥运项目组织训练和参赛的基本指导思想。围绕备战 2008 年奥运会的实际需要，需周密制定有针对性的优势项目和潜优势项目竞赛计划，并与全国竞赛计划协调一致。同时，对现有竞赛制度进行适当调整，增加优势项目和潜优势项目的全国竞赛经费投入，重点加大对准备 2008 年奥运会适龄年龄段各种青年比赛的投入，积极承办和外出参加各种国际比赛，为运动员提供更多的参加国际比赛机会，同时为 2008 年奥运会

锻炼各类人才。

根据备战需要，要建立和完善以国内赛事为主体，以高水平国际赛事和世界大赛为重点，以针对性热身赛为补充的多元化竞赛实战保障体系，增加运动员比赛机会和实战经验。继续完善全国性竞赛的申办和招投标制度，通过形式多样的系列赛、集训赛、大奖赛、冠名赛等，利用竞赛政策，引导技术、战术创新，为运动训练服务；以赛制改革为龙头，积极开发和培育优势项目和潜优势项目竞赛市场，提高我国优势项目和潜优势项目的市场化、社会化、产业化水平，扩大群众基础，提高我国优势项目和潜优势项目的价值创造能力。

六、贯彻"三从一大"训练原则，以技战术创新为突破口，不断深化对项目制胜规律的认识

"从难、从严、从实战出发，坚持科学的大运动量训练"的"三从一大"的训练原则是对我国竞技体育多年来成功经验的科学总结和理论升华，是指导各项目训练工作的核心原则。随着对运动训练实践探索的不断深化，"三从一大"的训练原则被赋予了新的科学内涵。坚持"三从一大"训练原则是实现我国竞技体育优势项目腾飞的重要支柱。认识项目制胜规律是提高训练成效和比赛成绩的关键，把技战术创新作为项目发展的灵魂则是我国传统优势项目的基本经验之一。在备战 2008 奥运过程中，必须继续强化"三从一大"的基本原则不动摇，并不断深化对项目制胜规律的认识，大胆进行技战术创新，引领世界潮头，提高对训练和参赛的驾驭和操作能力，以确保我国优势项目的领先地位和潜优势项目的突破率。

七、加大科技攻关与服务力度，建立"科、训、医"一体化训练体系，提高训练的科学化水平

科学训练的核心是遵循人体和运动训练规律，以最小的消耗取得最大训练效益的创造性实践活动。随着对科学训练认识能力的不断提高和多学科的综合介入，奥运金牌的科技含量越来越高。借助先进的高科技手段提

高训练质量和参赛成绩是世界各体育强国共同关注和实践的重要课题。当前，建立"科研、训练、医疗"一体化的训练体系既是竞技体育攀登高峰的必然选择，同时也是世界各国纷纷采取的有效举措。

围绕备战 2008 年奥运会，要切实加强对科技工作的领导，全面实施奥运科技行动计划，适度增加专项科研经费，加大科技对运动训练的指导和支持力度，建立与完善科学训练监控服务体系。形成以训练单位为主体进行科研攻关与科技服务的机制；调动社会各方面力量参与体育科技工作，逐步形成跨学科、跨系统、跨行业的体育科技体系。要继续建设和发挥好国家体育总局于 2002 年开始建设的训练监控、运动心理、运动医学、运动营养、体育信息、体能训练与恢复等 6 个重点实验室的功能和作用。同时充分发挥高等体育院校和科研单位的科技资源优势，针对各项目训练中的疑难关键问题，深入开展科研攻关，建立以实际贡献率为尺度的成果价值评价体系，为备战奥运会提供高水平、全方位的科技服务，使体育科技成为提高训练水平的动力。

八、高度重视规则和项目设置动态变化

规则修改会对项目的技战术发展带来必然的影响，雅典奥运会后，众多奥运项目进行了项目调整或规则修改。例如，在我国传统优势项目中，2008 年奥运会将乒乓球中的双打改为团体；羽毛球已基本确定实行每局 21 分的每球得分制，同时修改了双打的部分规则；体操、跳水在动作要求和评分上进行了修改；射击也进行了小的规则变动；举重项目则将增加杠铃的重量由 2.5kg 的倍数改为 1kg；柔道、跆拳道项目也进行了规则部分条款的变动。由此可见，规则的修改涵盖了我国所有的传统优势项目，深刻理解和把握规则精神和实质，特别是规则修改对技战术产生的影响，以及对规则修改后的训练规律和参赛规律的及时把握和适应，对于我国优势项目和潜优势项目做好备战 2008 奥运工作具有重要意义。

九、加大对"参赛软实力"的研究力度

参赛软实力是构成运动员参赛能力的非技战术水平的诸要素的统一体。比赛成绩低于训练成绩，参加重要比赛成绩较参加一般比赛成绩差等大量的事实和现象即是运动员参赛软实力不足的直接体现。运动员的参赛软实力对于其取得优异比赛成绩具有举足轻重的作用，有时甚至起到至关重要的关键作用。当今世界体坛顶级赛事的无数战例生动地折射出参赛软实力在运动员临场竞技中的重要地位和作用。我国跳水运动员王克楠在雅典奥运会上的最后一跳、短道速滑队多年实现冬奥金牌零突破的艰难历程、体操"梦之队"兵败雅典等战例既有技战术方面的原因，同时心理素质差、比赛经验不足、认知水平低等非技战术因素也是不容忽视的重要方面。目前我国正处于全力备战 2008 年北京奥运会的关键阶段，但近一段时期以来，我国运动员参加世界大赛的成绩却差强人意，我国体育界长期以来一直存在的重训练、轻参赛，重技战术、轻心智等对参赛软实力的忽视倾向尚未得到根本改变，这种状况如不得到迅速扭转将给我国的 2008 奥运备战和参赛工作带来不可估量的损失。

重视对运动员的参赛软实力进行系统的理论探讨和实践研究，将对我国备战 2008 奥运、完成参赛目标发挥积极的理论支持和实践指导作用。

十、加强对主场效应的研究，充分发挥举办国优势

利用和发挥主场优势是历届奥运会举办国实现奥运成绩突破的基本经验。东道主选手参赛具有得天独厚的参赛环境优势。但部分研究成果和参赛实践也表明，对稳定性要求高的项目，如射击、跳水等项目，主场效应往往会起负面作用。因此，主场效应也是一柄双刃剑，运用不好，反而会影响运动员的正常发挥。作为 2008 年奥运会的东道主，充分挖掘和有效利用主场优势，并将主场效应可能会造成的不利因素减至最低限度也是摆在我们面前的新课题。

十一、加强对竞争对手的分析，建立主要对手预期反应档案

运动竞技是运动员与对手之间的抗衡与博弈。提高运动员自身竞技能力和参赛能力只是取得优异成绩的一个方面，加强对竞争对手的研究也是运动员获胜必不可少的重要环节。我国优势项目在备战过程中已初步形成了一套行之有效的信息搜集和对手分析手段与方法，但显然还未达到相对成熟的水平。雅典奥运会女子举重运动员的意外失手、体操男子团体遭遇滑铁卢即是赛前情报工作失误的结果，导致了赛前实力分析失真和最终的失利。

建立包括参赛目标，备战战略与动态，技战术特点与训练重点，强项、优点与弱项、缺点，竞赛表现，动态实力比较等为主体的主要对手的预期反应档案，形成快捷准确的信息搜集和综合分析反馈机制，以提高备战工作的针对性和高效性。

十二、建立运动项目备战资源与信息共享机制，提高备战效率

资源共享、优势互补是提高备战效率的重要环节，要改变过去各项目备战各自为政、信息封闭的传统备战模式，积极构建运动项目备战资源与信息共享机制。在具体的实施方式上可以采取定期沟通与交流机制、建立资源信息平台等形式来提高资源的利用率。建立运动项目，特别是优势项目和潜优势项目备战资源与信息共享机制可以提高备战效率，减少资源浪费，实现资源利用的最佳化和备战效益的最优化。[①]

---

① 池建，苗向军．备战 2008 年奥运会我国奥运优势项目、潜优势项目备战策略 [J]．北京体育大学学报，2006（8）：1-4.

第七章　技、战术训练与创新

第一节　技、战术训练与运动成绩

一、技、战术训练是成绩提高的关键

系统论认为，在多数情况下，结构对系统的属性、功能、价值起决定性的作用。结构是系统元素间相对稳定的关联所形成的整体构架，元素在系统中具有"不可缺少性"和"牵一发，动全身"的性质，元素之间的关联又是系统结构的基础。[①] 因此，对系统而言，元素以及元素之间的关联确定，系统的整体构架形成，决定了系统的整体功能与价值。

竞技能力指运动员的参赛能力，由具有不同形式和作用的体能、技能、战术、心理及运动智能所构成，并综合地表现于专项竞技的过程之中。[②] 运动员的竞技能力是一个能力系统，是体能、技术、战术、心理、智能五个元素及其元素之间的相互关联形成的整体构架。

运动技术是完成特定体育活动的方法。参加不同体育项目的活动，需完成不同的动作，则需要学习和掌握不同的技术。合理的、正确的运动技术须符合项目运动规则的要求，有利于运动员的生理、心理能力得到充分的发挥，有助于运动员取得最好的竞技效果。竞技战术是在比赛中为战胜

---

① 陈忠，盛毅华编著．现代系统科学学 ［M］．上海：上海科学技术文献出版社，2005.5 - 73.

② 田麦久主编．运动训练学词解 ［M］．北京：北京体育大学运动训练学教研室，2002：1 - 4.

对手或为表现出理想的竞技水平而采取的计谋和行动。① 在竞技能力结构系统中,技术、战术能力是两个重要的要素,它们与其他要素相互联系、相互制约、相互影响,共同形成运动员的竞技能力结构,从而影响运动员在比赛中运动成绩的取得。

(一)技、战术与运动成绩的关系

运动训练学理论认为,在运动员竞技能力结构系统中,首先,战术依存于技术,技术又是战术的基础,技术的全面性决定了战术的多样性。制定战术时必须考虑我方是否有超出对手的技术。其次,良好的体能水平是有效地掌握、提高和发挥运动技术、战术的基础,而只有正确合理地运用运动技术、战术,才能更有效地发挥身体训练水平,使得已获得的体能训练水平能在赛场上充分表现出来。通过对不同运动项目特征的仔细研究,会发现在高水平的竞技比赛中,特别在技能主导的项目中,运动员在技术、战术上的优势被看成取胜的关键;在体能主导的各类项目中,技战术也是项目取胜不可忽视的因素。

1. 技战术创新与竞赛成绩提升

对技能类项目来说,优势技术、战术在竞技比赛中具有核心作用。然而技战术的优势在不同的时期又是相对的,因此对于以技术动作、得分为运动成绩主要评判标准的项目(如乒乓球、击剑、体操等),技术、战术创新是项目发展的生命。

(1)竞技体操技术创新历程

国家体操队总教练黄玉斌的座右铭是"一招鲜,吃遍天"。这短短的6个字道出了创新在竞技体操中的重要性。从突破原有难度组别所需要的时间来看,从三个难度组别到4个难度组别经过了29年,从4个难度组别到5个难度组别经过了8年,从5个难度组别到6个难度组别才经过了4年,也可以看出竞技体操动作的日新月异和技术创新的巨大速度和规模。

---

① 田麦久主编. 运动训练学词解 [M]. 北京:北京体育大学运动训练学教研室,2002:46
−48.

　　同样，从竞技体操的实践发展历程来看，技术创新的地位随着时代的发展而不断地上升，成为竞技体操的生命线、运动员的制胜法宝。例如：

　　20世纪50年代前苏联体操队靠动作规格严谨、质量高、稳定性好而取胜，在整个20世纪50年代坐稳了冠军宝座。

　　20世纪60年代日本体操队以自选动作的高难创新、规定动作的高规格、高质量而夺得冠军，终于打破了前苏联队的垄断地位和永不失败的神话，并创造了称雄世界体坛18年的光辉业绩。日本体操队的动作创新给世界体坛带来更多的启示，也大大促进了世界各路体操劲旅在动作难度创新上狠下工夫。

　　20世纪70年代以来，体操技术发展突飞猛进。1972年日本运动员冢原首先在单杠上完成了空翻两周同时转体360度下，即旋下，成为复合轴空翻转体的先行者。70年代中期，空翻再握和飞行动作出现，加快了体操运动的发展进程。总的来说，70年代以来各国普遍重视向难度、创新方向发展，奖牌由一两国独占优势的局面逐渐被打破。创新难度动作给了各国竞技体操腾飞的翅膀。

　　20世纪80年代在70年代新技术的基础上，飞、旋、跳、转复合加难；90年代在难度发展到比较稳定的阶段开始趋向难度动作组合连接创新，实现多样化技术连接、多类型动作组合。

　　自从1978年和1979年国际体联和国际奥委会相继恢复中国体操协会在国际体操联合会及中国在国际奥运会上的合法席位以来，我国的竞技体操取得了辉煌的成就。至2003年，我国体操健儿在奥运会体操比赛、世界体操锦标赛和世界杯体操赛三大赛上已经取得了60多枚金牌，成为我国竞技体育的拳头项目之一。从1997年国际体操联合会开始以运动员的名字命名新动作以来，至2002年，男子17个动作和女子18个动作是以中国运动员的名字命名的（见表3-7-1）。①

---

　　① 孙浩．竞技体操技术创新理论研究［D］．山东：山东师范大学，2005．

表 3 - 7 - 1　以中国运动员名字命名的动作统计表

项目	平衡木	高低杠	女子鞍马	单杠	男子跳马	吊环	鞍马	男子自由体操	双杠	总计
数量	6	11	1	2	4	3	4	3	1	35

（资料来源：孙浩，2005）

我国取得优异成绩的根本原因就在于我们广大的教练员、运动员和科研人员的大胆创新、锐意进取，使我们的队员在每场、每项比赛中都有自己的"秘密武器"。从我国取得冠军的运动员的参赛动作也可以看出创新动作与获得冠军有着极高的正相关关系。[①]

（2）乒乓球技战术创新

中国乒乓球几十年长盛不衰的一个重要原因就是不断地突破创新，形成新的技、战术。用蔡振华的话说："整个乒乓球运动史就是发展和创新的历史，唯有创新才有出路。"[②]

在备战 25 届奥运会期间，乒乓球队教练班子做出了一个大胆的决策：选择男子双打作为突破口。众所周知，世界乒坛历来男子强手如林，当时与中国头号主力马文革在同一层次的外国优秀运动员多达 20 余人，中国队欲夺男单金牌显得势单力薄。而当时世界各强队对双打的技战术却没有进行充分和系统的研究，其他国家的几对强手都是凭出众的个人技术进行双打配合。而中国男队在双打技战术研究方面已先行一步，只要明确双打的技战术风格和意识，一定会有所成就。果然，经过一番苦练之后，王涛和吕林在奥运会上夺得了男双金牌。事实表明，当时的决策是完全正确的。从那时以来，中国男双在世界大赛中几乎是百发百中，成为男子比赛的"保险项目"。

再拿直板横打来说，在徐寅生、李富荣的多次倡导下，国家队直板运动员在 20 世纪 90 年代开始训练这种打法。所谓直板横打，就是直板运动

---

① 孙浩. 竞技体操技术创新理论研究［硕士学位论文］. 山东：山东师范大学，2005.

② 江山，李新彦，蔡振华. 祖国为你自豪（二）［N］. 人民日报，2002 - 04 - 12.

员在打反手时由过去利用正面进行推挡，改为用反面进行抽拉，这样大大增强了反手的攻击性。但当时有些教练却不同意采用直板横打，理由是这种打法还没有多大把握，很可能会影响运动员的成绩。因此，当有些运动员在国家队集训时练了直板横打，可回到省队参加全国比赛时，教练员又让他们改回去。面对这种状况，国家队男队教练组坚持创新，顶着各种压力毫不动摇。教练员们一道反复研究如何改进训练方法，进一步提高这种打法的成效。后来，刘国梁、马琳、王皓等直板运动员，都较为熟练地掌握了这种打法，成为中国传统直板克敌制胜的一个法宝。

十多年来，中国乒乓球队先后出台了直板横打、背面发球、攻防转换、三快战术等多种新打法和新战术，以及把对手的名单和打法贴在墙上以不断提示运动员，在训练场地悬挂国徽、党旗以激励运动员等多种特殊的训练方法和措施。[①] 这一项项创新的后面，饱含着教练员、运动员们的智慧和勇气。

（3）排球技、战术创新

排球技术决定战术，战术可以反作用于技术，对技术提出新的要求。战术和技术的提高和改进是在实践中不断发展的。

纵观世界排球强队竞技成绩，好的竞技成绩的取得无不与创新技术、战术有关，甚至可以看成近似正比例关系。排球技术、战术任何一方面有所创新及技术和战术同时都有所创新的球队，在"三大"赛上多数都有取得世界冠军的历史，或者说从 20 世纪 60 年代开始的 30 多年中，强队的取胜都是靠创新去取胜的。

20 世纪 60 年代，日本女排在大松博文的率领下坚持"三大"训练并创新出了勾手飘球、小臂垫球和滚动防守等先进技术，分别在 1962 年、1965 年、1967 年三获世界冠军。日本男排教练松平康隆，采用斋藤训练法将他们的后排防守练到出神入化的地步，并在中国的快板球基础上创造出短平快进攻配套战术，一举成名，夺得 1972 年慕尼黑奥运会冠军。20 世纪

---

① 江山，李新彦，蔡振华. 祖国为你自豪（二）［N］. 人民日报，2002 - 04 - 12.

70 年代末，中国男排在传统打法的基础上，创新出"前飞"、"背飞"、"拉三"、"拉四"等新战术，在 1977 年世界杯赛中获得历史上最好成绩第五名。中国女排在袁伟民的指导下，集亚洲的快速灵活与欧洲的强攻高拦为一体，形成了攻防全面、高快结合的独特打法，并首创了二号位背飞战术，曾在 20 世纪 80 年代世界排坛独领风骚。美国男排首创了二人接发球战术、立体进攻战术、扩大防守战术和跳发球技术、后排扣球技术，并提出了高度、速度和全面的等边三角形均衡发展学说，不仅丰富了世界排坛的技术和战术，还将当时处在世界第 13 名的美国队一下子推上洛杉矶奥运会冠军的领奖台。意大利男排将亚洲的快速多变融进了高打强攻的欧洲打法之中，使意大利男排形成了攻守均衡发展、节奏快慢有序的风格，多次获得世界杯、世界锦标赛和世界联赛冠军。古巴女排在欧亨尼奥率领下，创新出平砍式发球技术，并根据古巴姑娘独特的身体素质，坚持采用"四、二"配备，不用"自由"人，尽情发挥全攻全守的优势，称霸世界排坛达十几年之久。

总之，几乎所有的奥运会金牌获得者和世界冠军都是新技术、新战术的发明家和传播者，他们的发明创造和技术专长奠定了他们在列强中的优势地位。也为推动排球运动发展做出了积极的贡献。[1]

2. 技战术对运动水平发挥的制约性

技战术在以技能为主导的项目中的核心地位是毋庸置疑的，但近年来的训练、比赛实践证明，在体能类项目中，专项技战术也是不可忽视的制胜因素。

中国皮划艇队女子 4 人皮艇在雅典奥运会的决赛中划出了全年最差的运动成绩 1′38″144（第七名），与 2003 的世锦赛成绩 1′32″500（第四名）相比有着明显的差距。但其个人的整体体能水平和专项运动成绩均较上年度有了大幅的提高（见表 3 - 7 - 2、3 - 7 - 3）。分析成绩退化的成因，主要在于 4 人配艇的技术不好（没能形成有效的合力）和竞速结

---

① 张建文. 论排球技、战术的创新与发展 [J]. 襄樊学院学报，2001（5）：94 - 96.

构设计的不合理（不符合能量代谢的原理）这两点成为制约体能发挥的最主要因素。①

表 3 - 7 - 2　女皮组队员奔跑能力的对比

姓名	100m（秒）		3000m		12000m		30 级台阶跑（秒）	
	03 年	04 年	03 年	04 年	03 年	04 年	03 年	04 年
钟红燕	15.6	13.3	12：45.1	11：17.0	0：58：00	0：52：09	6.55	5.22
高毅	17.2	14.5	13：44.5	11：19.	1：05：46	0：52：34	6.42	4.97
徐琳蓓	17.3	15.8	11：56.0	11：09.0	0：56：00	0：52：28	6.61	5.55
孙秀静	15.8	14.3	11：51.9	11：24.0	0：58：00	0：52：09	5.93	5.35
何静	16.4	15.9	12：56.6	11：42.5	0：58：00	0：52：09	6.80	5.68
李婷	15.5	13.8	12：18.2	11：32.0	0：58：00	0：52：31	5.88	5.24
许亚萍	15.6	13.5	11：39.4	11：11.0	1：02：00	0：55：34	6.96	5.52
武佳婧	18.2	15.6	13：01.4	11：48	1：08：52	0：55：46	6.87	5.43

表 3 - 7 - 3　女皮组队员力量素质的对比

姓名	杠铃高翻 ×6 次（kg）		引体向上（次）		击掌俯卧撑 15 秒（次）		仰卧起坐 ×4 组（次/kg）	
	03 年	04 年	03 年	04 年	03 年	04 年	03 年	04 年
钟红燕	40	67.5	29	33	12	18	20/05	20/25
高毅	20	50	20	26.	10	17	20/05	20/25
徐琳蓓	30	50	20	29	13	21	20/05	20/20
孙秀静	40	60	15	18	11	17	20/05	20/20
何静	40	60	12	17	8		20/05	20/20
李婷	40	67.5	16	20	13	19	20/05	20/25
许亚萍	40	60	12	20	15	22	20/05	20/25
武佳婧	20	55	14	25	13	22	20/05	20/20

---

① 杨桦主编．竞技体育与奥运备战重要问题的研究——运动员体能与技战术发挥的关系，王卫星等执笔［M］．北京：北京体育大学出版社，2006.127－144.

有人曾通过 cybex 等速测力仪对国际和国家级两组速度滑冰运动员下肢膝、踝关节肌力特征进行比较分析，并得出：两组运动员在 500m 成绩上存在显著性差异，但在最大力量、爆发力量等指标上两组运动员均不存在显著性差异，只有在多个速度测试下，在最大力量出现角度指标上国际与国家级存在多项显著性差异，这说明，力量素质并不是制约成绩的主要因素，只有与专项技术动作结合起来的力量素质才能发挥其作用。

据有关材料介绍，刘翔的百米平跑成绩在 2004 年雅典奥运会 110 米栏前八名的运动员中仅名列第六，但取得了 110 米栏的金牌。正如他的教练孙海平所言："刘翔的腿部力量可能不比欧美运动员强，但他的髋关节力量比他们大。"而髋关节的力量和灵活性又恰恰是跨栏运动员的专门素质。不具备这种专门素质，跨栏跑运动员就不可能具备高水平的专项技术，也不可能在跨栏跑中使百米平跑速度得到充分的发挥。

（二）运动员技战术与体能之间的辩证关系

体能、技能和战术能力是运动员竞技能力中最重要的三个子能力，三者之间相互联系、相互制约、相互影响。技战术水平在比赛中发挥得如何，受到许多因素的影响，其中体能因素是最重要的影响因素之一。反之，技战术发挥得好与坏也会影响到体能水平的发挥。

1. 体能是技战术正常发挥的基础

体能就像房屋的地基，而体能训练就是在打地基。只有在地基打好、打实之后，才能在上面加砖添瓦，进行技战术训练。这样盖起高楼大厦才能稳固，才能长久。作为体能因素的人体关节的结构特征、机能状况、动作速度、力量、柔韧等对技术的完成和完成的质量有着重要的影响。这些体能因子的发展水平会直接影响技术完成过程中时空与节奏特征及各部分肌肉用力的协调配合。没有强有力的弹跳力和优秀的腰腹控制力，乔丹也很难完成他的制敌绝招——后仰跳投技术。[①]

---

① 杨桦主编. 竞技体育与奥运备战重要问题的研究 ［M］. 北京：北京体育大学出版社，2006.

2002－2003 年，中国女篮取得了第 19 届亚锦赛、第 14 届亚运会的冠军和第 14 届世锦赛第六名的好成绩，这源于她们有良好的体能做基础。表 3－6－4 中显示，2000 年组建的国家女篮与 1996 年的国家女篮相比在身高、体重和最大摄氧量上差异显著。1996 年的中国女篮最大摄氧量水平在 47.39 ml/min·kg 左右，这样的有氧能力在攻守中很难在全场比赛中保持快节奏的，因此在进攻特点上主要以阵地进攻为主。而 2000 年组建的国家女篮经过两年多的系统的体能训练，最大摄氧水平达到 53.73 ml/min·kg 左右，这一数值已经与一般水平的男子中长跑运动员相近。因此，2000 年的国家女篮的进攻特点才能以移动进攻为主，宫鲁鸣教练提出的"全时段、全场范围和全体人员"的技战术指导思想才能有实现的可能。

表 3－7－4　两届国家队女篮运动员的最大摄氧量比较

	年龄（岁）	身高（cm）	体重（kg）	最大摄氧量（ml/min·kg）
2000 年女篮	20.40±1.98	186.80±6.39	76.01±9.34	53.73±4.55
1996 年女篮	23.93±2.46	180.46±9.32	70.52±6.34	47.39±3.66
	P＜0.01	P＜0.01	P＜0.01	P＜0.01

可以说，体能是技战术正常发挥的基础，而体能训练是顺利完成各项体育训练的基础。没有良好的体能，技能训练、战术训练等必将流于形式；没有高效的体能训练，运动员竞技能力的提高就难以保证。

2. 体能与技术的不可分割性

"体能是基础，技术是关键"，这一总结暗示着技术与体能的训练不可分割。在提高技术训练质量的同时发展体能训练，而且要使发展的体能真正属于该项目所需的体能；而在强调体能训练的同时要使之尽可能地融入技术，使技术更具实用性。

在备战雅典奥运会期间，国家皮划艇队对 2003 年的比赛成绩进行了结构上的分析，发现与最大力量能力对应的起航加速阶段成绩在整个竞速结构中已是强势因素，而与专项力量耐力水平对应的冲刺阶段成绩却是弱势环节。经过一年的训练，大部分皮划艇运动员的最大力量提高并不明显，甚至有的比以前还有所下降，但专项力量耐力（一分钟引体向上）平均比以前有明显提高。在 2004 年雅典奥运会的决赛中，我国双划运动员孟关良和杨文军在前半程处在第三位，但在最后的冲刺阶段专项力量耐力水平的提高保证了专项技术水平的发挥，最终以 0.072 秒的微弱优势夺冠。技术与体能训练的辩证关系，决定了技术与体能训练的不可分割，在技术训练中发展体能，在体能训练中巩固和提高技术，两者有机的结合是推动运动项目发展的必由之路。

3. 体能与战术的不可分割性

一次成功的战术配合是多方面共同协调作用的结果，体能是其中的一个重要方面。无论是单兵作战或集体配合能否成功，运动员的体能都起着不可忽视的作用。良好的体能状态是保证高质量完成技、战术的重要因素。一场比赛，随时都会出现战术良机，球员的体能应该在任何时候都能满足战术的需要。乔丹的意识和技术是一流的，但如果没有充沛的体能去大范围的跑动，积极的寻觅战机，也不会成为著名的优秀投手。好的战术质量需要球员在积极的跑动中去寻找，而不是靠站在球场上等到的。[①]

（三）运动员技战术与心智之间的协调关系

运动员的心智与技战术、体能共同作用于竞技能力结构系统，技战术的一枝独秀，未必达到理想的效果。因此，技战术并不是运动成绩单一的决定元素，还在于各种与技战术要素相互关联的要素。在竞技运动中，除体能外，运动员心理能力极大地影响着运动员技战术水平以及体能的正常发挥。

在体育比赛中我们常常看到：技战术略逊色的队或运动员，战胜了这方面占优势的对手；也有许多优秀的运动员卧薪尝胆，十年磨一剑，但关键时刻功亏一篑，留下莫大遗憾。这是什么原因？这就说明，较高水平的体育竞技，不仅是技战术与体能的竞争，还包括运动员心智的较量。

---

① 杨桦主编. 竞技体育与奥运备战重要问题的研究 ［M］. 北京：北京体育大学出版社，2006.

比如，2004 年雅典奥运会孙甜甜、李婷获得了女子网球双打冠军。在中国参加的本届奥运会的 203 个小项中，人们当时认为网球是没希望拿牌的，抽签时又碰上了上届奥运会冠军得主——一对美国选手。李富荣对这两个队员做思想工作，提出："放开打、平常心，第一场预赛就当做决赛去打，全力以赴的去拼。"因为输了这场，淘汰就回家了。出乎预料，那天她们赢了。又经过几场比赛，最后走到决赛。进入决赛的时候，两个姑娘又有想法了，拿冠军的"包袱"背上了。这时李富荣同志又找她们谈话，说你们已经取得突破了，决赛放开打，并提出："最后一场决赛你们要当预赛去打，把自己的技术水平发挥出来。"最后，她们拿下了这块金牌。

但由于心理问题导致失败的例子也比比皆是。雅典奥运会乒乓球男单比赛，中国乒乓球队这块分量最重的金牌旁落了，在决赛中王皓输给了韩国的柳承敏。说明了运动员心理承受大赛的能力、应变能力的训练还不到位。王克楠/彭勃在雅典奥运会男子双人三米跳板决赛中搭档出战，最后一跳前他们还遥遥领先第二名 12 分。但最后一跳时，王克楠起跳踏板时没有赶上节奏，出现严重失误，所有裁判均给出了 0.0 分，最终王克楠/彭勃排名倒数第一。

这反映出即使技战术能力强于对手，其他非技战术能力准备不足，优势的技战术一样受到制约。由此可见运动员成功参加比赛，已经不是单纯的技战术因素所能决定，需要与之相关联的各要素之间的协调配合，才能使运动员的竞技能力结构系统发挥最大的功效。

二、备战北京奥运会技、战术训练应正视和解决的问题

人们认识的最终目的是指导实践。在备战北京奥运会的过程中，我们必须在看到技战术在竞技比赛中取得成绩的关键作用，以及技战术与体能、心智之间对运动成绩协同作用的同时，还要通过透视训练实践，深入剖析当前备战奥运会过程中技、战术训练存在的问题，探讨解决问题的对策。

（一）我国运动员在 2004 年奥运会及近期大赛表现出的技战术问题

1. 进步项目仍存在问题

2004 年雅典奥运会上，中国在一些项目上实现了突破，尤其水上项目

取得了历史性突破：皮划艇项目 11 条艇参加奥运会比赛，6 条艇进决赛 A，分别获得第一、第四、第七，男子 500 米双划项目率先实现了金牌零的突破。

但是项目的突破与进步，并不能说明没有存在的问题，更不能掩饰问题。正是由于存在不足，我们才有更大的发展空间。崔大林在对"雅典奥运会中国水上项目备战总结和问题分析"① 时，指出皮划艇项目技战术训练方面存在的问题在于：

第一，技术能力还不全面。首先，我们适应不同环境的技术能力差。有的时候中小风好，大风差；有的时候中小水流还能行，大水流不行，顶风和顺风条件下成绩的波动太大。说明我们在技术方面是很不全面的。其次，我们的划船技术往往受风力的大小、风向的顶风、顺风和侧风的影响，划出的结果不一样。即便是夺取金牌的双人划艇，也是如此。顺风我们好一些，而根据我们的桨位，左侧风好一些，右侧风差一些，因为后面的跟桨手还得转下桨，这也说明我们的技术还不够全面。另外，我们的划船动作不流畅，表现为划得紧、动作僵、缺乏柔性、不连贯，给人感觉好像总是断断续续，流畅性不够，实效性差。再次，从我们划桨的技术上来看，不流畅，不放松，划得紧，动作僵，实效差。我们的技术在低桨频的情况下具有世界水平，可是一上高桨频效果就差了，动作经常做不到位，划半桨，桨频一快就发不上力。再有在体能上，我们的专项体能还不能够完全适应像奥运会这种高水平的激烈对抗，还不能适应这种比赛的需要，表现为大专项力量向速度转化得不够。我们力量大的目的是为了划得快，但是力量大不一定就划的快，你要抓不住水你是不可能划快的；我们要把我们有效的力量作用于我们有效的划船动作上，但是在这方面我们还有差距。

第二，从比赛的战术上来看，我们强调根据我们的实力，根据我们的技术，要以我为主。但是，在临场的比赛当中我们感觉到，以我为主做得还不够，容易受外界的影响与干扰。有的时候跟着人家跑了，没有自己的

① 崔大林. 在水上项目奥运会总结会议和全国皮划艇教练员培训班上的讲话 [R] . 2004. 11.

节奏了，这也体现出我们在错综复杂的激烈竞争中应变能力不强。皮划艇是户外运动项目，比赛往往容易受外界的影响，容易受对手的干扰。通过雅典奥运会皮划艇比赛的临场统计看，我队"以我为主、灵活应变"能力还不强，难以做到以我为主。所以，在全程速度结构和桨频节奏方面都表现得不够合理，一些项目没有划出自己应有的水平。

2. 技战术决定论

过去我们的许多项目的优势在于技术战术某一因素的"绝招"。中国奥运军团许多优势项目的成就，在某种程度上的确归功于技战术领先，然而，一旦当比赛失利时，必然的逻辑后果是由技战术来承担比赛失利的全部责任。这种"技术决定论"，其根源是教练员在思想上，把技术战术发展与运动成绩之间的复杂关系简单化，把技战术游离于竞技能力之外加以考察，视技战术为创造成绩的唯一决定性因素，从而忽视了竞技能力结构系统中，除技、战术之外的其他要素，以及各要素之间相互协同的关系。[①]

中国女排在 2006 年世锦赛中取得了第五的成绩。这也许令众多中国球迷出乎所料，他们心目中的世界冠军这次却未能如愿以偿。中国队在这次比赛中发挥不稳定、打法单一、得分进攻点少、防反攻能力不强、面对强队拦网能力较差，是此次世锦赛中国队暴露出来的主要症结，中国队在此次世锦赛上的 2 点换 3 点进攻不能有效结合，暴露出了不少问题。而俄罗斯与巴西则可以多点进攻，最多可达 5 点攻，这也是在比赛过程中我国队员差距显著的地方。但是除了上述这些技战术因素外，我们还应该看到，运动员在体重、弹跳等方面的不足，以及心理上的弱势，特别是在对巴西和俄罗斯的比赛中完全没有了雅典奥运夺冠时的霸气。从本届世锦赛整个比赛过程来看，俄罗斯、巴西、塞黑和意大利晋级四强的一个重要原因就是队员整体素质均衡，队员实现了梯次配置。[②]

---

① 杨桦主编. 竞技体育与奥运备战重要问题的研究——非技战术因素与技术战术因素，李少丹执笔 [M]. 北京：北京体育大学出版社，2006. 113 – 126.

② 何志今. 对第 15 对女排世锦赛中国与前四名球队队员身体形态与主要技战术的比较分析 [J]. 体育科技文献通报，2007 (9)：80 – 81.

3. "从实战出发"没有完全做好

"练即为战",运动员经过长期艰苦训练获得的竞技能力,最终要在竞技比赛中表现出来。到目前为止,训练内容脱离实战的还很多,训练没有抓住核心,没能做到从实战出发。

下面是几个项目的例子①:

举重:过去举重练习的方法很多,前拉、后蹲等等;但是有些东西练了没用,现在已简化成几种了。

跳远:我们的训练达不到比赛要求的太多。当年辽宁田径队的训练,跳远组整天在馆里训练,练短程技术,五步助跑、七步助跑,有点成绩就沾沾自喜,"五步助跑能跳 7.20 米",过两天"中程起跳已又经能达 7.26 米了",就是不跑全程。结果一到比赛,参照物不同了,风向变了,全程助跑了,结果跑到最后腿的支撑力不够,跳不起来了。五步助跑最后是什么速度呢?跳远是通过助跑水平速度的获得,然后有一个起跳向上的力量,水平速度加上起跳向上的力量,形成一个合力,人成为一个抛物线飞出去。在高速水平运动当中,腿的支撑力不够,向上垂直用力根本顶不起来,也就跳不起来。所以,队员比赛中一跑全程就跳不起来了,再有一顶风,一顺风,步点儿全乱了,不是犯规就是踏不上板,取得不了好成绩,这就叫不从实战出发。

篮球:篮球训练,每天心平气和的练罚球当然很重要,但也是不结合实战。比赛都是在高强度拼抢之中、气喘吁吁之下去投篮,要求准确性,所以平时训练就要结合实际,运动中立刻投篮,这才叫结合实战,从实战出发。

羽毛球:过去辽宁羽毛球队训练,练网前搓球,就是拿着球拍在网前一下一下挑。但是,比赛中都是从后场一个箭步跑上去搓了以后再回来,根本不是在那等的。

射击射箭:射箭队,整天在屋里练,一个冬天每天就是拉弓、瞄准,就是不放箭,瞄得准不准,技术动作正确不正确,根本都不知道,一冬天

---

① 崔大林. 在河南省体育局训练工作会议上的讲话 [R] . 2004.10.

就在白练。其实，不完成完整的技术动作，就没有一个客观的检查标准；只说今天拉弓多少次都没用，不叫从实战出发。

4. 技术训练中存在的若干问题

竞技体育与奥运备战重要问题的研究①中指出"我国运动员在2004年奥运会及近期大赛表现出的技术问题"主要表现为：

（1）基本技术不扎实

我们经常听到和看到这样的报道：某某教练员赛后说，输就输在队员基本技术不过关，基本功差等。就基本技术概念而言，是指某个运动项目比赛或练习中最常用的、最基本、最典型的动作方法。它是运动技术的重要内容之一，也是运动员优异成绩的基本保障，与其相对应的是高难度技术。没有过硬的基本技术，高难度技术、特长技术等都无从谈起。

通过对2005年亚洲耐克篮球训练营10名外教的问卷调查，也说明了我国青少年篮球运动员基本技术差的问题（表3-7-5）。因此，基本技术差是我国有些项目技术水平停滞不前的主要原因。

表3-7-5　外教对中国青少年篮球运动员竞技能力评价表

	很好	好	一般	差	很差
	excellent	good	normal	bad	awful
技术	–	–	2	4	2
战术	–	1	5	4	–
体能	–	4	3	3	–
心理	–	4	4	2	–
智能	2	4	3	–	–

（2）基本技术的规范性与实效性失衡

基本技术的规范性是指技术的规格和质量符合科学原理所确定的技术

---

① 杨桦主编.竞技体育与奥运备战重要问题的研究——运动技术若干问题研究，米靖执笔[M].北京：北京体育大学出版社，2006.145-157.

训练的模式化要求。而实效性是指技术动作在比赛中所表现出的实际结果和效率。规范性和实效性两者有时是同步的，即基本技术的规范性高，比赛中所取得的实效性同样也高。而有时，两者的发展却是不同步，不协调的，有的运动员基本技术非常标准、规范、规格很高，但比赛的结果却不能令人满意，这固然有比赛发挥的问题，但从本质上讲还是训练出现了问题，即基本技术训练为实战服务，一切从实战出发的指导思想还没有得到充分贯彻。以体操为例，中国男子运动员的基本技术好，动作规格高是世界推崇的，但在雅典奥运会上却大败而归，好的技术没有表现出来，这说明基本技术的训练还不到位，追求动作规范性的同时，忽视了动作实效性，华而不实，失败在所难免。

反观一些国内外的著名运动员，他们的技术动作不是十分规范，但却表现出超强的实效性。例如：中国男篮两代神投手张勇军和胡卫东，他们的投篮技术（肘关节外张）都不同于传统的规格要求，但它可能更符合其自身的特点，如果硬要他们改为传统的技术规格模式，恐怕将适得其反；美国短跑运动员约翰逊跑的技术如果按照传统的技术规格来评价，应明显属于最常见的错误动作——坐着跑，但其教练员则认为这种技术更适合他本人，在总结他打破 200 米世界纪录的经验时，他的教练指出："幸亏当时没有纠正他跑的技术动作。"因此，科学的运动技术应该是符合一种动态的原理而不是完全依照一个固定模式，最适合个人特点的（而不一定是最规范的），最有实效性的技术就是最好的技术。①

（3）关键技术关键时刻失灵

在运动技术中，还有一些技术往往对比赛的胜负起着决定性的作用，在运动项目的技术结构中占有主导地位，称之为"关键技术"，或者叫"核心技术"。如个人项目跳高、跳远的起跳技术，射击的击发技术等等。在 2004 年奥运会及近期的大赛中，我国某些项目的运动员在这类技术上存在较大的缺陷。具体表现为跳远踏不上板，体操下法站不住，篮球前锋不

---

① 邓飞. 论运动技术［J］. 南京体育学院学报，2009（3）：74.

会运球急停投篮，足球后腰的抢劫球技术不精等等。这些现象反映出，教练员对于关键技术的重视程度不够，常规训练多，针对性的训练少，集体训练多，个性化训练少。

（4）特色技术无特色

竞争日趋激烈的竞技体育舞台，对运动训练的专项化要求越来越高。在某些项目中，比赛的胜负甚至取决于运动员的特色技术（或称为特长技术），即运动员是否有克敌制胜的"绝招"。如乔丹的后仰投篮技术，贝克汉姆的任意球，加莫娃的高点强攻等都成为他们各自的"独门绝技"而蜚声国际体坛。在国内也有一些运动员具备这种特色技术，像王皓的直板横拉，李小鹏的"李小鹏跳"等。然而，从普遍意义上讲，我国的许多运动员却很少具备这种技术，使得在重大比赛中很难出其不意，形成决杀。因此，如何继续保持和挖掘我们的特色，如何创新特长技术成为我们竞技体育界亟待解决的问题。

（5）得分技术不得分

在一些对抗项目中，像篮球的投篮技术，足球队的射门技术，排球的扣球、拦网等技术、拳击的击打技术称之为得分技术，它是比赛成绩的最终决定环节，对比赛胜负起着决定性的作用。阿根廷篮球队的吉诺比利，巴西足球队的罗纳尔多等运动员，就是其各自球队的得分手，他们往往能为球队带来胜利。

再看看我国的一些项目，中国男子足球队在2002年世界杯决赛阶段的"270分钟不进球"，在2005年对欧洲球队5场比赛更是创出了零进球的尴尬记录。男篮方面，除姚明有着较强的得分能力外，其他队员像朱芳雨、杜峰、易建联等在比赛中得分忽高忽低，表现好了一场球二三十分，表现不好只得到几分，越到关键时刻需要他们得分时越表现失常。在雅典奥运会上对阿根廷的比赛中，中国男篮在其中一节比赛中30投仅4中。产生这种"得分技术不得分"现象的原因可以从两方面来分析：一是我国运动员缺乏过硬的得分手段，有机会把握不住；另一方面，创造出较好的得分机会少。表现在训练中，一是训练手段单一；二是训练的对抗性和实战性不强；三是围绕得分技术展开的其他技、战术训练的针对性和目的性不强，从而导致得分技术不过硬。

（6）运动员技术结构不尽合理，没有形成整体功能的放大和升华

运动员的不同的技术结构将产生不同的技术特点和技术水平。不同的运动员，技术结构也不尽相同。以篮球运动员的技术结构为例，中锋运动员与后卫运动员的技术结构就有很大的区别，中锋的技术以拼抢篮板、背对球篮的接球、转身、挤抗下的各种投篮等技术为主，后卫则以运球、传球、外围投篮及突破技术为主。因此，应对不同运动员的技术结构进行仔细的研究和分析，寻找差距和不足，制定科学训练计划，逐步使运动员的技术结构更合理、更符合运动员的特点。

系统整体大于各部分的总和，发挥整体性能比突出各个部分的性能更为重要。运动员的基本技术、高难度技术、核心技术、特色技术、制胜技术等以不同的比例和方式共同构建了运动员个体的运动技术结构系统。在这个系统中，并非各种技术都完美、精确，该运动员才能有良好的整体表现；而有时，运动员在某一方面稍有欠缺，却仍能表现出较好的整体水平。这就要求我们同样要对运动员技术结构给予充分的重视，通过改造、整合、优化技术结构来提高运动员的技术水平。

5. 竞赛规则变化提出的问题

竞赛规则是运动竞赛得以开展的前提和保证。竞赛规则有自身产生、发展、完善的历史，其内容和侧重点在各个时期的发展也有所不同。竞赛规则的制订、修改和完善，促进了运动技术、战术的不断丰富提高，同时也给技战术训练提出了新的难题。

在连续 6 届奥运会中共获 92 枚金牌，占 112 枚金牌总数的 82.14% 的体操、跳水、举重、射击、乒乓球、羽毛球、柔道项目，是我国 2008 奥运的重点夺金的优势项目。而 2005 年以后，这 7 个项目规则均出现了变化。传统优势项目规则的修改，削弱了我们的优势。如跳水单人项目取消规定动作，预赛成绩不带入决赛；举重的试举增重由 2.5 公斤改为 1 公斤；乒乓球男、女双打改为团体；跆拳道项目缩小了比赛场地，对运动员主动攻击性技术提出

了更高的要求；射击手枪 25 米项目的决赛由原来 10 发子弹改为 20 发，对运动员的心理负荷提出了更高的要求。这些规则修改对优势项目保持优势提出了新的挑战，它影响到制胜规律的变化，对项目的训练提出了新的要求。

第二节　我国重点项目技、战术发展的趋势

一、影响技、战术发展的要素

（一）规则的变化

规则的变化是影响技、战术发展的重要因素之一。例如，近年来乒乓球规则的改变非常频繁，力度也非常大，尤其是 11 分制的出现给我国带来了巨大的冲击，致使在一些赛事上金牌旁落。针对规则新的变化，我国乒乓球界开始了新一轮的研究热潮，他们根据 11 分制"进入状态快、发接球转换快、比分变化快、竞赛节奏快、精力消耗大"的特点，归纳出了"三大、两快、一精"的赛制规律。"三大"指的是偶然性大、比分起伏大、运动员心理压力大；"两快"指发动快、预热快，没有了以前 21 分制时的试探和观望，开局之后就是真刀真枪的火拼；"一精"就是指技战术要精练，要有自己的绝招和杀手锏。这些规律的发现和归纳为教练员有针对性地安排训练打下了坚实的认识论基础，极大地提高了训练的质量和效益，比赛成绩也迅速回升。

任何运动项目的制胜规律不是一成不变的，它会随着比赛规则的修改、技战术的发展、器材的更新、运动员体能的提高等因素变化而变化，作为教练员、运动员和科研人员要不断地从实践中发掘和研究，透过现象发现本质，动态把握项目的制胜规律，更好地为训练和比赛服务。

（二）比赛实战环境的新要求

近年来，随着运动员技术水平的不断提高和大型比赛环境的对运动员要求的日益苛刻，比赛实战环境对于技、战术发展也产生了重要影响。因此，"一切从实战出发，在战争中学会战争"，也成为影响我国优势项目运

动员技、战术发展和训练质量的另一个重要因素。例如，我国优秀跨栏运动员刘翔的教练孙海平的技、战术训练自始至终一直坚持从实战出发进行高质量训练这一原则，所有的练习都是为比赛打基础、做准备；每一个动作，每一次跑都符合实战的要求，从而促使运动员的训练成果能够在比赛中表现出来。长此以往刘翔也养成了习惯，每次训练中都时刻想着比赛的要求，并且有着很高的自觉性和控制能力，对于每次技术训练，一般与栏架的磕碰他都从不停下重来，而是一路坚持到底，模拟比赛中的场景。再加上这几年在欧洲高水平比赛中的锻炼，使其已基本在各个方面逐渐适应了高水平大赛中激烈竞争的要求，从而能够正常、甚至超常地将训练水平发挥出来。

在大负荷高强度的训练要求下，运动员完成每一个动作的准确性也是孙海平所一贯关注的，也就是说，在训练中，如何贯彻好从难、从严的原则也是训练成败的关键所在。众所周知，在高负荷的训练中运动员完成动作的准确性往往会下降，所以孙海平对于运动员的每个技术动作往往都是亲自把关，严格把握训练手段完成的准确性，力争运动员的每个动作都在高质量中去完成。有人认为刘翔的训练量偏小，但实际上他的整体训练负荷是很大的，不少慕名跟孙海平训练的运动员根本承受不了刘翔的训练负荷，原因就在于刘翔的训练特点主要体现在对训练强度和对技术实战性有非常严格的要求上，"一要有强度，二要技术动作完成的正确，二者缺一不可。"刘翔就是长期在这样严格的要求下，完成相应数量的训练，在积累足够的高质量的大负荷后，产生质的变化和飞跃的。①

所以，必须坚持技、战术训练从实战出发这一核心，要使技、战术训练符合训练规律和专项特点，并对训练过程中的每个动作的准确性和强度都严格把关，这样的训练才会是有实效性的训练。刘翔也正是在孙海平教练长期的指导下，竞技状态一直表现得较为稳定。

---

① 张庆文. 刘翔科学训练的主要特征研究 [J]. 天津体院学报，2008 (4)：340.

（三）技、战术风格的形成和演变

在运动训练过程中发挥运动员自身的优势和特点、扬长避短，形成鲜明的技、战术风格，对于技、战术的发展具有显著的推动作用。

在我国优势项目运动员的技、战术训练和比赛实践中，教练员、运动员极其重视"技术风格"的培养，有人甚至称技术风格是运动技术的"灵魂"。邱钟惠等人指出，"培养什么样的风格，关系到运动员（发展的）方向和可能达到的水平……我国乒乓球运动之所以能够持续多年的跃进，其重要因素之一，就是不断地认识了技术风格的重要意义，并有效地培养了一批批具有独特风格的运动员。事实证明，一名缺乏鲜明技术风格的运动员，要攀登世界技术高峰是十分困难的。"一名运动员有个人的技术风格，一个运动队也有集体的技术风格。因此，在理解技术风格时，不应局限在个人技术上。[①]

（四）创新是技、战术发展的灵魂

随着现代科学技术的发展和人们思维方式和训练方法的进步，为技、战术的创新提供了发展更广阔的空间和更大的可能性。

在竞技运动水平达到如此高度发展的今天，创新成为技、战术发展的灵魂。例如，十多年来，中国乒乓球队先后创造了直板横打、背面发球、攻防转换、三快战术等多种新打法和新战术。乒乓球队不仅在技术上积极创新，而且在管理机制的战略上也勇于创新。国家队过去的训练都是沿用前苏联的训练模式和机制，运动员进了国家队就等于进了保险箱，新老更替、自然接班，竞争性不强。当时，蔡振华执掌男队教鞭后，清醒地认识到竞争是竞技体育的生存之本，在战略上坚决地把竞争机制引进乒乓球队。其具体做法是：将国家队分成一队和二队，在队内定期进行循环比赛，打出名次，进行升降，展开竞争；一队前 6 名有资格进入世锦赛主力阵容，后 4 名则与二队实行交流；二队前 4 名可上升到一队，后 4 名则与省队实行交流，把过去的以训为主改为现在的以赛带练。近几年，国家队又完善

---

① 刘建和. 论技术风格［J］，体育与科学，1990（3）.

了这一机制为"积分制",即把比赛成绩、训练态度、比赛作风、生活管理等项内容化为分值,统一评定。这一整套战略性竞争管理机制的建立与完善,彻底打破了大锅饭、铁饭碗,大大激发起运动员们的上进心和拼搏精神,像世界冠军孔令辉、刘国梁、王励勤、马琳、刘国正、王楠,都是在这种机制下脱颖而出的佼佼者。①

二、技、战术发展的主要特征

(一)在深刻认识项目本质和制胜规律的基础上进行技、战术训练

深刻认识项目本质和制胜规律,有效提高了技、战术训练的科学性、针对性和实效性,同时也是技、战术新发展的特征之一。

在中国在跆拳道队,无论是管理者、教练员,还是运动员,在整个技、战术训练和比赛过程中,及时、深入地总结是工作的重点内容之一。通过及时的总结,对各种现象加以剖析、判断,抓住本质,对工作实践进行再认识,全方位地思考和研究,从而推进整个技、战术训练水平的不断提高。在总结过程中本着认真细致、见微知著的思维原则,透过现象看本质,抓住主要矛盾和关键环节,认真地总结经验和教训,这对于后续的技、战术训练和比赛起到了十分重要的作用。例如,在备战奥运会的关键时刻,针对技战术训练中运动员感到无潜力可挖的现象,领导和教练组提出了"如何看待高水平运动训练"的题目来进行大讨论,经过大家的共同研究和探讨,最后得出的结论是:运动训练是强制性、艺术性和自我改造性的有机统一。因此,必须加大对教练员、运动员的自我改造。与此同时,针对比赛和运动员的特点,创编了大量的口诀,以便在战术上深挖思想潜力,稳定心理状态,清清楚楚参赛。如上场口诀"抬头深呼吸,健步走上去。行礼需周到,衣冠理整齐。目光索对手,内在含霸气。我是王中王,谁敢与我敌";陈中比赛的开局口诀"创造机会我占先,牵动对手露破绽。果断出击打开局,进出自如是关键";罗薇的战术口诀"主动强攻讲方法,辅助变

---

① 江山,李新彦,蔡振华.祖国为你自豪 [N] . 人民日报,2002 – 04 – 12.

化是诱饵。预料对手起和落，抓住时差打迎反。出奇出怪能克敌，关键时刻要放电"；等等。这些口诀的创编和运用凝聚了管理者、教练员及运动员共同的智慧和辛勤的汗水，为备战奥运和成功参赛发挥了重要的作用。我国优势项目的教练员和运动员，通过对技、战术训练和比赛中技、战术运用的及时总结，发现比赛中存在的问题和不足，项目的发展趋势，技战术的新动向等，不断地把握项目的制胜规律，以此来提高对项目的认识，更好地为将来的训练和比赛服务。

（二）在技、战术训练中注重细节和参赛风险控制

注重细节和参赛风险控制，也是技、战术发展过程中表现出的一个显著特征。国家乒乓球队教练李隼则认为："在大赛中遇到的风险很多，如运动员的胶皮在赛前胶皮超光或超厚、裁判的有意误判（对发球的判罚较多）、抽签（如双打抽在同一半区）、赛场的风向、观众、场地、驻地与赛场的距离，甚至比赛中的换衣服都会给比赛带来风险。国家队运动员必须在巨大的压力面前发挥水平才能打上主力，乒乓球运动员，特别是主力运动员，平时的队内比赛压力和风险就特别大。工作做得越细，比赛的风险就会越小，因为乒乓球这个项目只要我们正常发挥就能拿冠军。"[①] 我国乒乓球队长盛不衰的成功经验是多方面的，其中在应对运动员参赛风险的一些方法值得重视与学习。

中国跳水队是自 1984 年我国参加奥运会以来在历届奥运比赛中发挥最为稳定的团队，尽管决定最终成绩的因素众多，但技、战术训练和比赛中细致备战，稳定参赛，力争参赛的"零失误"是重要成功经验之一。双人跳水项目技术难度与技巧性要求高，双人配合参加比赛，要求运动员除了把自己的技术动作跳好外，还要与搭档默契配合，同步完成好每一技术环节，可以说双人比赛时运动员的要求在心理和技术上都高于单人独立作战。另外，为了提高运动员技术控制稳定性和抗干扰能力，在每个星期天，教

---

① 石岩. 我国优势项目高水平运动员参赛风险的识别、评估与应对［D］. 北京体育大学博士学位论文，2004.

练员把队员分成两组，举行别开生面的对抗赛，使选手适应大赛时的紧张气氛，增强对抗意识和承受能力。有趣的是，对抗赛中，教练员要求当观众的一方，成为制造噪音的专家。一时，训练馆里敲盆打板，高喊跺脚，乱成一团。教练员还自当裁判，也乘机浑水摸鱼，故意打错分，压低分，扰乱军心。目的就是要通过"乌烟瘴气"的比赛环境，增强小选手的抗干扰能力。

中国跳水队重视教练员在应对运动员参赛风险中的重要作用。"在比赛场上，教练员必须集中精力、集中思想，表现出镇静自若的神态，让运动员感觉到有支持他拼搏的力量，提高运动员自信心；当比赛中教练员可以和运动员在一起时，对运动员完成的每一个动作应简单地评价，并提醒下一个动作的要领；当比赛不允许教练员和运动员在一起时，要鼓励运动员放手拼搏，发挥单兵作战的作用，尽可能在跳完一个动作后进行一些提示。"中国跳水队在应对运动员参赛风险问题上已经找到了一整套实用有效的方法，如抗干扰训练、封闭训练、拉练式比赛等。其中，抗干扰训练是被大家公认的、经过实践检验证明的一种比较好的训练方法。[①]

（三）加强比赛与技、战术训练之间的有机结合

我国优势项目教练员和运动员十分重视比赛与技、战术训练之间的结合和互补。例如，陈中取胜的重要因素之一是实现了比赛和训练的有机结合，充分体现了技、战术训练的以练为主、赛练结合、以赛促练的指导思想。跆拳道队曾经为陈中制定的一个目标是，从冬训开始到比赛之前，要打满100场实战比赛。平均算下来，就是每3天就要有一场正规的比赛，这在过去是无法想象的。比赛就避免不了伤病，受了伤就要影响训练，陈中有伤在身，怎么解决这个问题呢？不打高强度的比赛不行，影响正常训练也不行，这二者缺一不可。不参加足够场次的比赛，上了奥运会的战场，水平发挥不出来，夺金牌，成功率是零；打比赛，受伤的几率是50%，但

---

① 石岩．我国优势项目高水平运动员参赛风险的识别、评估与应对［D］．北京体育大学博士学位论文，2004.

夺取奥运金牌的可能大，所以决定要打，而且要打够。但打比赛不是蛮打蛮干，尽管没有什么仙药良方可以让运动员不打比赛、不训练就可以拿到奥运会金牌，但通过细致的工作，科学地制定训练和比赛计划，可以最大限度地做好伤病防护以尽量避免伤病的发生。实践证明这样的技、战术训练方式是成功的，实际上把运动员已经调整到了一个最佳竞技适应状态，身心愉快，信心百倍地迎接比赛。

（四）高度整合技、战术训练与体能训练

我国优势项目教练员和运动员追求技、战术训练与体能训练的高度整合。例如，中国跆拳道队优秀运动员备战奥运会训练过程的力量素质训练安排比较重视多种训练手段和方法的结合，重视发展运动员的爆发力，强调小负荷多组数刺激强化。在练习的动作结构上尽可能与专项技术动作一致。如在发展腿部力量练习中，采用负重半蹲及侧跨步练习，这样的动作在用力的角度和方向上与跆拳道的技术动作更接近。注重力量训练课后的转换练习，采用单一快速踢或沙包连续踢的形式转换力量能力，做到从专项特点和运动员的实际情况出发，更好地适应比赛的需要。[①]

在速度素质训练方面，对练习时的运动时间以及节奏提出了明确要求，要求训练与跆拳道项目需要的本体反应速度和神经类型相一致；同时从专项需要出发提高速度的训练，在要求上更有针对性及个体性，坚持从解决细节问题、减少多余动作人手，提高训练的质量。采用：速度 + 技能，速度耐力 + 技能的组合方式进行训练。从具体备战过程的训练安排来看，比较重视采用多种训练手段和方法，重视发展运动员的快速启动和本体反应速度，同时结合多种跳跃练习发展速度素质。在跑的练习上注意提高脚下快速交换的频率；在跳的练习上重视结合专项技术特点发展脚下的瞬间爆发力；在专项练习上注意起始状态的放松，保证机体在轻松快速的情况下

---

① 贺璐敏. 对陈中、罗微备战 2004 年奥运会训练过程控制的研究［D］. 北京体育大学硕士学位论文，2005.

达到训练目的。①

在耐力素质训练方面，结合跆拳道女子比赛的时间：2分钟3局，中间间歇1分钟，跆拳道比赛的血乳酸值为7mmol/L左右，说明了比赛中糖酵解的供能占重要的比例，但由于跆拳道比赛时，攻防双方都不是持续运动，而且每次攻击或防守均需较大强度，运动中的心率高，因此比赛中更需要良好的呼吸和心血管功能做基础。同时，跆拳道运动要求运动员在一天内连续作战4－5场，始终保持高质量的连续作战能力才能取得最后的胜利，因此也要求运动员具有较强的有氧代谢能力。所以在备战过程中，针对耐力的训练，更贴近比赛所需，更注重运动员训练中储备的能量能有效转化。在具体的训练安排上全面发展运动员的有氧耐力和无氧耐力，同时注重有氧耐力和无氧耐力训练手段相结合。这有效地保证了运动员在比赛中的体力要求，为技术的发挥提供了保证。②

在柔韧素质方面，强调横竖叉的规范性、高位动作的充分发力和髋关节的最大幅度转动，有利于动作的衔接和高位动作的准确性。在灵敏素质方面上针对队员肩膀僵硬，身体柔和性欠缺的问题，主要强调运动员的身形变化、动作的整体意识及上下肢协调的配合，在高难度动作训练中抓打前打后要求、动作的顺畅性和连贯性。③

从具体的训练安排上看，训练内容比较全面、系统，并采取集体或个人、双人、器械压等多种方法、手段、形式发展柔韧和灵敏素质。

（五）增强技、战术训练借助科技力量和"外脑"智囊支持的针对性

我国优势项目教练员和运动员的技、战术训练质量与科技力量的投入密切相关。运动员取得的殊荣首先与个人的艰苦训练及教练员的辛勤培育密切相关，但国家的支持和运动员背后的"科研经"也的确值得人们细细

---

① 贺璐敏．对陈中、罗微备战2004年奥运会训练过程控制的研究［D］．北京体育大学硕士学位论文，2005.

② 贺璐敏．对陈中、罗微备战2004年奥运会训练过程控制的研究［D］．北京体育大学硕士学位论文，2005.

③ 贺璐敏．对陈中、罗微备战2004年奥运会训练过程控制的研究［D］．北京体育大学硕士学位论文，2005.

品读。

　　例如，我国优秀跨栏运动员刘翔在第九届世界田径锦标赛上获得铜牌之后，中国田径在径赛项目上取得了历史性突破，国家体育总局随即让所属的体育科学研究所围绕刘翔开展课题研究，为刘翔配备了 5 名博士参与指导他日常的技、战术训练，运用国外进口图像分析软件对刘翔的每一次技术训练过程进行计算机的图像反馈，分析技术、改进技术、提高训练强度。由于刘翔经常在上海莘庄训练，对刘翔运动学和动力学的参数研究部分就由同济大学体育部负责。课题的研究人员说："这个课题一共有十几位研究人员参与，历时一年，耗费 100 多万元科研经费。那时候我们就带着几台高速摄像机和普通摄像机，采集刘翔训练和比赛的影像资料。课题从 2003 年 8 月刘翔结束世锦赛后开始动手，一直持续到 2004 年 8 月。一年的数据全部经过筛选分析，结果出来后，孙海平教练私下表示，刘翔在奥运会上已经具备了冲击金牌的能力。"

　　通过数据分析发现，刘翔在许多数据上都比世界纪录创造者科林·杰克逊和世界冠军阿兰·约翰逊优秀，刘翔分栏的最快速度、栏间跑的 3 步、第 10 栏结束后的冲刺速度，这些数据都已经超过了杰克逊和约翰逊。而且，刘翔的起跑反应速度在第九届世锦赛上就已经达到 0.14 秒，比当时的冠军约翰逊反应要快 0.019 秒，这个方面他是不折不扣的世界优秀级水平。但是，刘翔也不是没有缺点，刘翔欠缺的是最快分栏速度出现的数量，跨栏时的腾空高度甚至连国内最好也达不到。研究结果还表明刘翔真正的弱点其实在别的方面，刘翔的最快分栏速度比杰克逊和约翰逊都快，但在持续性方面就明显差于后者，杰克逊能保持最高速度过 5 个左右的栏，约翰逊能过 6 个，可是刘翔高速过的栏只有 1 到 2 个。

　　刘翔尽管是国内迄今为止最优秀的选手，但他并不是在每个方面都超过前辈的。形象地说，刘翔从空中"掉"下来的时间太长，他比陈雁浩要强，但比另一名优秀选手李彤要差不少。而国内仅次于刘翔的史冬鹏，在这一点上也比刘翔强。

　　为了保证反馈给教练员更多更全面的训练信息，全面提高刘翔的竞技能力，科研人员运用摄像机从正面、侧面等不同的角度来为刘翔做拍摄，再经过后期处理，反馈给教练员更多的技术信息，使他对刘翔目前的技术状况，能够多角度全面地了解。此外，科研人员还对拍摄的图像进行了一些数字化处理，得出刘翔跨越栏架的时间，科研人员通过这些数据分析，可以跟约翰逊的数据进行比较，刘翔强在哪儿，不足在哪儿，通过比较后再把数据反馈给教练员。

对于皮划艇队来说，技、战术训练的质量很大程度上取决于训练过程的控制和科技投入。皮划艇队在中国体育界率先提出了"科技训练"的口号。所谓"科技训练"，就是在运动员日常训练的各方面都要加大科技含量，使训练做到"科学化"。"科技训练"是一套训练体系，包括运动员的营养结构、日常饮食、训练教学、赛后恢复等方面。这个体系涉及到营养学、运动训练学、生物学甚至心理学和社会学等各方面的知识。皮划艇队之所以敢于采用"科技训练"，其背后是一支由北京体育大学多名博士组成的中国皮划艇队"博士军团"的保驾护航。

第三节　我国部分项目技、战术创新典型案例

一、跳水项目——中国跳水队对"世界"的引领

（一）优势项目筑成的根基

中国跳水队在历届奥运会上都圆满地完成参赛任务，并始终是一面旗帜。雅典奥运会之后，如何再创辉煌，特别是要在 2008 年北京奥运会上做出更大贡献不仅是中国跳水队面临的最为紧迫的任务，也是考验中国跳水队能否继续引领世界。

"走自己的路、科学训练、科学管理、勇于探索、不断创新"是中国跳水界几代人用心血和汗水摸索出的成功经验。在多年的训练实践中，中国跳水队最大的体会就是必须在训练中牢牢把握、遵循创新这个主线，不断居安思危，深化对项目规律的认识，理顺训练中的诸多关系，努力提高训练创新

能力，并将创新意识渗透到队伍的训练、竞赛、科研、管理等方方面面。

1. 保持优势需居安思危

竞技体育的特点是竞争，即敢于并善于对抗。而我国的跳水运动多年来一直处于世界领先地位，无论从项目发展角度，还是从运动水平提高角度来讲，中国跳水在世界上均处在明处，成为了众矢之的。随着世界跳水形势的发展及各个国家对跳水项目的重视，越来越多的国家和地区在跳水上加大了投入，世界跳水实力的格局已经发生了变化。从过去的中、俄领先，中国有较大的优势，发展并且形成了今天的中、俄、加、澳等几国纷争，谁也没有明显优势的新格局。在雅典奥运会上共有30多个国家参加跳水比赛，其中多个国家均有水平优异的选手参加激烈的竞争，纵观历届奥运会跳水比赛，尤以雅典奥运会表现突出，多个国家表现出了强有力的竞争态势，澳大利亚、加拿大、俄罗斯、美国、日本、墨西哥、英国等等国家均出现了一批有望夺金的选手。从参赛选手来看，国外选手几年来水平稳步提高，已经形成了对我们冲击很大的优势群体，如男子运动员澳大利亚的罗伯特·纽贝里、赫尔姆，俄罗斯的多布罗斯科克和萨乌丁，加拿大的德斯帕蒂，墨西哥的普拉塔斯、日本的寺内健等等，女子运动员澳大利亚的乾德乐·纽贝里、加拿大的埃米莉、俄罗斯的帕卡琳娜和伊莲娜、澳大利亚的拉什科等等，诸多强将的冲击，对我们造成了很大的威胁和冲击。反观我国选手，无论是动作的难度，还是规格和稳定等方面，都没有丝毫的优势，甚至在某些项目上处于相对弱势的地位。在近几年的世界大赛中，我们并没有取得什么优势。如在2003年的世界锦标赛上，8个奥运项目中我国只获得了3枚金牌（女子跳板单人、双人和女台双人），而俄罗斯获2金（男子三米板单人、双人），加拿大得2金（男台、女台单人），澳大利亚夺得1金（男台双人）。在2004年2月份世界杯比赛上仅仅获得了一枚单项金牌，在6月举行的世界大奖赛总决赛上，也是刚刚完成了赛前目标取得四枚奥运项目金牌。

随着国外技术水平的上升和重视程度的增加，以及国际组织从规程或规则上对我们进行限制，目前我们正面临着近二十多年来从未有过的严峻挑战。严峻的形势，加大了对跳水队备战北京奥运会工作的考验，面对世界跳水水平提高对我们形成的冲击，我们需要居安思危，认真分析形势，积极调整心态，摆正位置，把自己放在一个很低的起点上，即我们也是与国外选手一样，是去冲金牌，而不是去保金牌。只有这样，才能确保我们自身优势的情况下，有计划、有步骤地攻克难度，做到有的放矢，不气馁，不灰心，积极吸取经验，及时调整状态，以最佳的状态投入到北京奥运会的备战与参赛中去。

2. 保持优势需加深认识规律

规律是事物之间内在的本质联系，决定着事物的发展方向。规律是客观存在的，是不以人的意志为转移的，但是人们可以通过实践来认识规律，并利用规律指导实践。规律又不是一成不变的，是随着事物发展过程中内外因素的变化而变化的。因此，对跳水项目规律的认识要不断深入。

跳水运动的本质究竟是什么？从表面上看，跳水运动是处理运动员与水之间的关系，而实质上是处理由助跑、起跳、连接、空中姿势、看目标、打开到入水的每一个环节，其中，入水效果是上述一系列动作的综合反映。从竞技能力特征来看，跳水运动是考察运动员在复合旋转过程中的时空感知和调控能力。

对项目本质、规律的研究，是一个不断深入的过程。中国跳水运动之所以能够保持优势，归根到底是由于跳水界所有人勇于探索、不断深化研究跳水项目规律的结果。

上个世纪70年代中后期，中国跳水界把跳水的制胜因素归纳为"难、稳、美"三个方面：

难：反映单个动作和成套动作难度系数的高低。

稳：反映单个动作和成套动作具有较高的成功率。

美：反映动作的技术质量与艺术表现力的特征。技术质量，通常是指动作的幅度、高度、力度、同步和入水等等是否达到高标准。艺术表现力，通常指动作的节奏、姿态、轻盈飘逸程度，甚至身材、面貌、表情等对裁判及观众的艺术感染力。

进入 20 世纪 90 年代，我们在训练中遇到了新的挑战。随着双人项目的出现以及认识的深入，"准"和"齐"对于比赛制胜的作用逐步引起了中国跳水界的注意，并被纳入制胜因素之中。

准：反映运动员动作技术的标准程度，以及动作打开时机和入水角度的准确性。

齐：反映双人跳水两名运动员在各个技术环节上都要整齐划一。

应该说，这一阶段中国跳水界对项目的认识多是对跳水运动的竞技表现，即比赛中外在表现的描述性归纳。在训练中要做到上述几个字，背后有大量问题需要解决，如难度的背后是什么？如何提高难度？等等。中国跳水界又意识到必须从竞技能力决定因素的角度来分析、研究其后的"本质"问题。于是，我们开始思考"难、稳、美、准、齐"的内涵，并试图解析这一问题。通过剖析认为：

难：要求运动员具有良好的速度力量、柔韧、协调、灵敏，以及准确的时空感觉和顽强的意志品质。

稳：要求运动员具有自信、抗干扰、果断的心理素质，以及能够承受技术动作反复练习的身体机能。

美：要求运动员具有匀称的肢体、灵巧的身材，以及对技术流畅的感知和领悟能力。

准：要求运动员具有精确的身体控制能力，良好的视觉、本体感觉、平衡能力、力量、柔韧和领悟能力。

齐：要求运动员具有默契的配合能力，良好的节奏和空间感觉。

制胜规律是制胜因素之间的本质联系。通过分析制胜因素之间的动态变化关系，结合多年训练和比赛的实践，中国跳水界进一步提出"高难度高质量的结合是制胜的法宝"。其中，高质量涵盖了稳、准、美、齐四个方面。在把握高难度与高质量之间的辩证关系时，应当始终坚持发展难度、兼顾质量的原则。

雅典奥运会之后，国际泳联针对我们的优势在规则上进行了重大修改。比如，单人项目取消了我国选手具有较高水平的规定动作，在预赛、半决赛、决赛中全部采用自选动作；再如，单人项目计分方式由去掉一个最高和最低分变为去掉两个最高和最低分，并且半决赛的分数不再带入决赛，每场比赛均从零分开始；同样，双人项目上也有一些不利于我们的调整。以上规则的变化，缩小了运动员得分之间的差距，增加了比赛的偶然性，对高水平运动员尤为不利，使得竞争更加激烈、残酷，对于运动员的训练和参赛能力提出了更高的要求，极大地增加了中国跳水队备战和参加2008年奥运会的艰巨性和复杂性。面对这种挑战，中国跳水队只有从思想认识的高度加强研究，重新分析，深入理解规则变化对项目制胜因素、制胜规律的影响，才能积极调整，从容应对，采取有效措施变被动为主动，变不利为有利。

在上述过程中，中国跳水队意识到，从描述跳水现象到剖析跳水本质是认识的深化，但不是认识的终止。由现象进入到本质，在一定程度上认识到了事物的规律性之后，还必须在这种认识的指导下，继续研究尚未研究过或尚未深入研究的现象，以此补充、丰富和加深对于跳水本质的认识，这是一个从现象到本质又从本质到现象的循环往复的认识过程。实践告诉我们要保持优势，就不能停留在对现象的描述上，而要善于观察、善于总结、不断学习，始终保持对制胜因素变化的敏锐洞察力，把握制胜规律变化的脉搏，只有这样，才能不断推动我国跳水运动向前发展。

（二）引领世界的路径依赖

1. 解读核心训练范畴是中国跳水队制胜的关键

范畴是人们在社会实践基础上概括出来的成果，又反过来成为人们认识世界和改造世界的工具。[①] 中国跳水项目始终能够保持世界的引领作用，关键就是能够解决和处理好跳水项目核心的训练范畴：难度与质量、技术与心理、水上训练与陆上训练、基本技术与高难技术、身体训练与技术训练、分解训练与成套训练、跳板训练与跳台训练、应用器材与优化方法等。这些训练范畴即是中国跳水队的核心训练问题，又是中国跳水队在提高竞

---

① 简明社会科学词典［M］．上海：上海辞书出版社，1984.

技水平过程中思考和处理的关键关系问题。

（1）难度与质量

高难度与高质量的有机结合是跳水运动制胜的基本规律。新规则实施后，取消了规定动作，难度与质量之间的关系更加密切。从夺取金牌的角度看，没有难度的质量毫无价值，没有质量的难度徒劳无功。

与同项群的体操、武术、蹦床等项目相比，跳水项目的难度分值对于比赛实得分的贡献最大，难度系数与质量分之间构成倍数关系，难度越高，在最后得分中的权重越大。另外，难度是运动员身体素质尤其是协调能力的集中体现，依据运动员身体素质发展的阶段特征，7－14岁是人体灵活性、反应、空间定位能力发展的敏感期。因此，无论从跳水项目的竞技需要，还是从少年运动员身体素质发展的一般规律，我们都应当坚持发展难度，努力增加运动员的难度储备，提高运动员的专项适应能力。尽管在训练中要坚持发展难度，但是在比赛中、尤其在重大比赛中必须根据对手和自身的情况有目的地选择使用不同的高难动作。

发展难度并不意味着否定动作质量，而在某种程度上可以成为提高动作质量的一个重要途径，一方面从高难度"居高临下"地完成低难度动作时，运动员的心理上具有优势，信心更强，动作质量相应更高；另一方面，我们在上难度的过程中同时强调技术规范，强调各个环节的衔接，能够为高质量的完整动作奠定基础。

"走在世界跳水难度表的前面"一直是中国跳水项目的优良传统，也是长期以来中国跳水队保持优势的主要经验。近些年来，国外运动员依靠难度不断地向我们发起冲击，对我们造成了较大的威胁。而我们也在不断总结，努力攻关，寻求突破，争取实现"别人没有的我们要有，别人有的，我们的质量更高"。在北京奥运会周期的备战工作中，本着这种指导思想，提前准备，及早下手，在2005年冬训过程中，全队有12人攻克了14个高难动作。由于掌握了这些高难动作，加之动作质量和稳定性不断提高，极大地增强了中国各个小项的竞争力，特别是男子跳台和男子跳板，为2005年取得较好的成绩打下了坚实的基础。

（2）技术与心理

高质量的技术动作可以通过不断的精雕细刻、反复磨炼形成，而比赛中运动员的发挥则必须依靠过硬的心理素质和较强的抗干扰能力。技术与心理相辅相成，缺一不可。技术是运动员的硬实力，心理则是运动员的软实力。技术是心理的物质基础，心理是技术完美展现的内在保障。良好的心理素质不仅是提高技术训练的内在基础，而且是动作完成质量的根本保障。即所谓艺高人胆大，胆大艺更高。

奥运会等重大比赛的实践证明，跳水比赛不仅是比技术，更重要的是比心态，是心理素质的较量。面对2008年奥运会主场作战，中国跳水队不同项目、不同年龄结构的运动员都将承受前所未有的压力，这种压力将给队员们带来巨大的心理挑战。在这种状况下，如何保持心理的稳定和良好的心态，如何将各种压力转化为动力，如何淡化结果、注重过程，如何在提高技术的同时不断增强心理素质等等，这些都是备战过程中非常关键的问题。

为提高国家队的全面参赛能力，在狠抓技术训练的同时，有意识加强了心理训练，特别强调了教练员对运动员心理状态的把握。在平时训练、测验中通过设置各种情景提高运动员的心理应激水平，赛前训练则采用鼓励、诱导性语言提高运动员的自信心，转化运动员的目标指向。另外，我们还聘请有关专家普及心理学知识，提高运动员对心理问题的认识水平和自我调节能力，同时通过相关测试制定个体针对性的心理调整与心理训练方案。在备战2008年奥运会的过程中，我们将不断重视并且加强这方面的工作，要把提高运动员的心理素质作为当前必须解决、重点突破的首要任务。

（3）水上训练与陆上训练

跳水专项训练通常包括水上和陆上两种训练方式。水上训练是指运动员在水上不同高度的跳台、跳板，主要进行完整动作的练习。陆上训练是指运动员在陆上弹网、跳板、跳台或海绵垫上，主要进行分解动作的练习。

尽管跳水比赛是在水上进行，但陆上训练非常重要。与水上训练相比，

陆上训练有不少优点：第一，可以增加训练量，扩展训练内容；第二，可以更好地提高运动员的能力；第三，可以更好地改进技术；第四，可以缩短学习动作的进程。比如在运动员上难度的过程中，如果直接在水上练习，不仅运动员经常受到"摔打"，危险性大，容易造成胆怯的心理，而且训练的密度和质量也无法保证。陆上训练则可以有效地解决这些问题，弥补水上训练的不足，但是陆上训练只能模拟水上，分解训练，降低危险，却不能达到水上完整练习的效果。要切实地提高运动员的实战能力，必须同步重视水上训练，努力做到水陆结合、陆为水用。

经过多年来的不断探索，中国跳水队形成了一整套比较完善的水陆结合的训练方法。水、陆各有不同，相互补充。在不同的训练阶段，根据不同的训练目的，水上训练和陆上训练安排的比重不同，每天穿插进行，可以先陆后水，也可以先水后陆。水上和陆上的有机结合为我们学习掌握难新动作、贯彻"发展难度、兼顾质量"的训练原则，全面提高整体实力和水平提供了有力的保障。

（4）基本技术训练与高难技术训练

基本技术训练并不是指运动员成才过程中的初期训练，而是指技术基本环节的训练。跳水基本技术包括助跑、起跳、连接、空中姿势、看目标、打开、入水等环节的技术。高难技术是指高、精、尖的专项运动技术。跳水高难技术是指那些难度系数较高的动作技术。

扎实的基本技术是完成高难技术的基础，是保持较长的运动寿命和较高的运动水平的重要条件。任何运动技术的发展都遵循着由易到难、由简到繁的基本规律。一般来讲，运动员应当具备比较扎实的基本技术后才开始高难技术的训练，这样有利于打牢基础，稳步前进。

但是，高难技术本身的难度价值和完成的质量才是决定成绩的关键因素。因此，在进行基本技术训练时应把握好学习高难技术的时机，否则整体技术水平和能力的提高将非常困难。

近些年来，随着跳水训练器材和方法的不断改进，跳水动作的难度不断攀升，各种高难动作层出不穷。有些教练员机械地应用"发展难度"的方法，在运动员的少年期花费了大量的时间进行高难技术的训练，一味地追求难度，忽视了基本技术的练习，结果欲速则不达，运动员技术粗糙，动作质量低下，稳定性很差，而且提前进入了难度发展的平台，丧失了进一步发展的空间和潜力。

我们应当坚持基本技术训练与高难技术训练的有机结合，将基本技术训练贯穿于整个运动训练过程之中。通常情况下，基本技术训练达到一定程度，就可以发展高难技术，如果遇到困难，可以返回进一步磨炼基本技术，之后再强化高难技术，如此循序渐进，不断向上发展。这样既可以保证运动员具有扎实的基本技术，又在上难度的过程中提高了整体能力，从而保证了运动员竞技能力发展的全面性和可持续性。

（5）身体素质训练与技术能力训练

身体素质是指人体神经、肌肉系统在工作时克服或对抗阻力的能力。技术能力包括两方面的内容，即掌握的技术和在比赛中使用技术的能力。身体素质是技能的基础，技术能力是在特定技术约束下身体素质的运用。身体素质的提高可以为进一步完善技术能力打下基础，技术能力的发展也需要相应的身体素质作为保障。跳水运动员只有具备良好的身体素质，技术能力的发展才会拥有广阔的前景。

但是，长期以来跳水项目对身体素质与技术能力之间的关系认识不足，将身体素质当作一般训练看待，对身体素质训练的重视程度不够，存在着重技术能力训练、轻身体素质训练的现象。过去在冬训期间安排运动员的身体素质训练比较多，在赛季开始后比较少。由于以前的动作难度低，比赛次数少，对运动员身体素质和能力的要求不是很高，这种训练方式基本上可以满足运动员全年比赛的需要。但是目前随着动作难度和各种比赛的不断增加，对运动员身体素质和技术能力的要求也越来越高。如果继续采用原来的训练方式，运动员整体能力的储备将受到影响，只能维持一个阶段的需要。

因此，运动员必须在全年的训练中不间断地保持身体素质训练，使身体素质训练与技术能力训练有机结合、同步进行、协调发展，尤其应当重

视赛前和赛中的身体素质训练。在身体素质的训练中，还应注意与运动员的身体发育特点密切结合。对于少年运动员来说，快速的发育阶段也是促使身体素质增长的较好时期。

（6）分解训练与成套训练的关系

分解训练是将成套动作分解为单个动作，或者将完整动作分解为技术细节进行训练的方法。分解训练主要用于学习难度、改进技术、提高动作质量。成套训练是将一套动作完整进行训练的方法，主要用于提高整套动作的完成能力和成效率。我们在实践中要做到分解训练与成套训练的有机结合。

过去我国比赛较少，整个冬训的分解训练较多，经常到赛前一周时间才安排成套训练。赛前训练中，运动员习惯于先从倒下、半周、诱导开始，然后才能逐步进行成套动作。而国外运动员在赛前没有过多的基本练习和诱导训练，准备活动之后直接练习成套动作。相比之下，我们有些运动员进入比赛状态较慢，发挥往往欠佳，这与过多的分解训练有着较大的关系。因此，我们应当吸取别人的优点，在训练中提前练习成套动作，增加成套动作的比例。

为提高国家队成套动作训练的比例和训练质量，我们经常进行队内测验，即使在冬训学习难度、需要安排较多分解训练的情况下，我们仍然坚持每周一测，以此来解决这个问题。

（7）跳板训练与跳台训练的关系

跳台项目是在固定的器械上完成技术动作，运动员不受器械的影响，少年选手可以利用跳台的高度和身材的优势较快地掌握动作，因而出成绩较早。反之，跳板项目是在具有弹性的跳板上完成技术动作，运动员受器械的影响较大，对动作技术、控制能力和应变能力的要求更高，而少年选手体重较轻，沉板力度不够，训练基础较差，因而合理地掌握动作难度较大，成材周期较长，这就使得我国各级训练和比赛中都普遍出现了重台轻板的现象，甚至在国家队内跳板选手也少于跳台选手，加之我国跳水运动员年龄普遍偏小，这些都造成了目前我国跳板人才较为匮乏、后备力量薄弱的现状。

单一的跳台或跳板训练，会对提高运动员的全面能力和动作质量带来不少负面影响，当达到一定的水平后，再想提高就非常困难。其实跳板训练是跳台训练的基础，跳台训练能够为跳板训练提供更大的发展空间。尽管少年运动员在跳板项目上完成难度动作具有一定的困难，但是我们可以采用多种方法和手段弥补他们自身条件的不足，较好地解决这一问题，为将来跳板或跳台的高水平发展奠定坚实的基础。合理的板台兼顾可以促进技术的良好迁移，带动运动员的全面发展，并且延长运动寿命。不少在少年期以跳台为主项的运动员，如伏明霞、郭晶晶、肖海亮、熊倪等，随着年龄的增长，当他们在跳台的发展上受到一定局限时，由于具有良好的跳板训练基础，能够较快地从跳台转到跳板并且达到较高的水平。因此，我们加强了跳板训练与跳台训练的有机结合，特别加重了年轻跳台运动员的跳板训练。

（8）应用器材与优化方法的关系

器材是训练方法设计的重要元素，通过合理的应用器材可以优化训练方法。我国跳水项目自上个世纪 70 年代至今，创造性地发明和改进了许多训练器材，如保护带、气浪、橡皮筋弹网、轴承保护装置、陆上海绵坑、陆上跳台和跳板等，这些器材的应用极大地丰富了我国跳水训练的方法和手段，在训练实践中发挥了重要作用。但是，器材作为训练辅助措施，如何更加合理地使用是我们必须思考的问题。

比如利用保护带训练，可以为运动员提供助力，减少伤害事故，消除运动员上难度时的恐惧心理，更好地掌握动作和改进技术。但是，如果使用不当，又会带来负面影响。如在运动员难度动作还没有定型的情况下过早进行脱保练习，会导致运动员心理紧张，注意力分散，容易形成错误的动力定型；如果脱保过晚，也容易造成运动员对保护带的过分依赖，不利于提高完成动作的能力。可见，适时地使用和脱保是合理应用保护带的关键，也是提高训练质量的保证。因此，我们要更加重视从方法学的角度进一步探索器材应用的针对性、合理性，不断优化训练方法，提高训练效率。

2. 完善训练支撑系统是中国跳水队制胜的保障

从影响运动成绩的角度讲，所有影响因素构成一个系统，应由此制定系统完善的备战计划。应该说，这个计划是一个整体，由许多部分构成，如选材、训练、竞赛、科研、管理、后勤保障等等，这些部分又各自构成自身相对完整的整体。对系统认识问题关系到训练过程中处理问题的方向，实践中要从整体角度考虑问题，整合各方面的资源，使各方面的功能集中于备战需要，方能保证训练的科学性。这方面中国跳水队在实践中主要做了以下工作：

（1）全方位地加强管理

三分靠训练、七分靠管理。为充分发挥管理的作用，加大队伍的管理力度，树正气，立榜样，中国跳水队采取了一系列措施，确保训练、思想和日常管理都能够为完成训练任务服务，强调一切为了备战，一切为了提高运动成绩。比如在管理条例中，专门增加了一些训练管理方面的内容，细化了积分评比办法，详细规定了从训练到思想、从生活到比赛、测验等各个方面的行为规范，还特别设立了综合评定奖、冲击难度奖和动作质量奖。通过管理制度的引导，全队极大地提高了训练的主动性，有效地保证了训练质量，增强了爱国主义、集体主义精神和祖国培养意识以及组织纪律观念。

（2）充分发挥科研对训练的服务作用

中国跳水队认真贯彻科教兴体的战略思想，不断转变观念，把科技作为第一生产力，采取各种措施切实加大训练中的科技含量，提高训练的科学化水平。多年来，组织了一批来自于不同行业、不同学科的专家和学者，组成了跳水项目的科研攻关和科技服务保障小组，形成了一支教练员、科研人员、管理人员相结合的科研队伍，以解决日常训练中遇到的难点问题和关键环节为目标开展工作，并且建立起了一个长期和短期相结合、静态和动态相结合、监控服务和攻关课题相结合的运行机制和管理模式。我们还相继聘请了各个相关领域、相关学科的高水平专家对跳水训练过程中遇到的复杂和疑难问题进行会诊，集思广益，共商对策。通过不懈的努力，跳水队与科研人员共同开发和取得的多项研究成果，如跳水训练图像分析软件系统、基于数字笔的跳水科学化训练管理系统、运动员身体机能监测与营养恢复、运动员心理和中枢神经系统状况检测与调控方式等内容，已经成为中国跳水队日常训练中不可缺少的重要组成部分，对提高训练效率发挥了积极的作用。

（3）牢固树立竞赛为提高运动员竞技水平服务的观念

长期以来我国跳水比赛较少，训练周期较长，训练与比赛之间的结合不够紧密，引导技术发展的主动性不足。与国外优秀选手相比，我国运动员训练时间较长，参赛次数不足，致使比赛经验欠缺，临场发挥和应变能力较差，同时比赛次数过少无法及时检验训练效果，提高训练质量，巩固高难技术动作，从客观上制约了成材进程。为解决上述问题，游泳中心从2004年起对全国跳水竞赛体制进行了改革，将比赛次数由4次增加到了9次，使初、中、高各个层次运动员的参赛次数普遍增加，改变了多年来年度训练周期的安排特征，符合了国际跳水运动的发展潮流。

此外，我们在国家队内也有意识增加了测验的次数，同时想方设法增加队员参加国际比赛的机会，这对提高年轻选手的比赛能力和增长比赛经验起到了较好的作用。

另外，为了鼓励运动员不断提高动作难度和动作质量，我们在竞赛规程中制定了许多国内特殊的规则，如红、黄灯制，难度加分等，今年在国内最高水平的比赛中还特别设置了难度奖和难度突破奖，这些措施都有效地引导了训练的针对性，促进了技术创新，真正发挥了以赛促练、以赛带练的作用。

（4）完善队伍结构，形成完备的人才培养体系

一支优秀的运动队，既要有经验丰富的老将，又需要具有较强冲击力的年轻选手，这样才能保持整体竞技实力的延续性，符合可持续发展的规律。为提高我国运动员的整体参赛实力，国家队在训练中不断调动老运动员的积极性，充分发挥他们的模范带头作用，同时在组建上注重形成合理的梯队结构，采取各种措施加大年轻队员的培养力度，及时通过一些重要

的国内外比赛锻炼提高，一批年轻选手在老将的带领下迅速成长，呈现出较强的技术实力和上升势头。目前，全队已经形成了以老带新、以新促老、新老结合、你追我赶的良好氛围。

二、皮划艇项目——落后项目短期实现"零"突破的启迪[①]

（一）战略思想的转变与突破

中国皮划艇也曾在 1992 年巴塞罗那奥运会和 1996 年亚特兰大奥运会上取得过个别项目的第 5 和第 4 名，但在上升气势如虹的中国竞技体育军团中，皮划艇的发展和进步太慢，并继而出现滑坡。我国曾发展较快的是女子皮艇项目，在 1990 年到 1996 年的几年间，中国女子皮艇个别项目在世界上的地位从零逐步上升到世界亚军和奥运会第 4 名。从 1997 年到 2001 年逐步下降。1998 年曼谷亚运会仅得 3 金。在 1999 年世界锦标赛上女子四人皮艇、双人皮艇和单人皮艇分别只取得第 25、20 和 16 名，失去了参加 2000 年悉尼奥运会的资格，使我国皮划艇运动水平与世界拉开了距离。

国家队在 2001 年底九运会结束后重新组建，开始了雅典奥运的备战征程。在组队之初就鲜明提出了一个令所有水上人想也不敢想的宏伟目标：用两年零八个月的时间，冲击奥运金牌，实现历史性突破！

对于新一届国家队的决策和管理层来说，提出一个落后项目要在短时间内要实现历史性突破的目标不仅是个现实问题，也是个理论问题。水上中心上下进行了反复的大讨论和思想发动，最后大家统一了思想认识：竞技体育不仅具有线性发展的一般规律，而且还具有非线性发展的特殊规律。新一届领导班子在综合分析水上项目发展的现状，理智而果敢地提出"超常规思维，跨越式发展"的战略性思路，为皮划艇项目的发展探索奠定了思想基础。"夯实基础，厚积薄发，哀兵出征，创造奇迹"成为新一届国家皮划艇队的行动要求。同时，2008 年北京奥运会的成功申办和总局"119

[①]　曹景伟，刘爱杰等.皮划艇项目短期内实现奥运金牌零突破的系统思考 [J].天津体院学报，2005（2）：1-10.

工程"的实施，使项目展获得了前所未有的发展条件和机遇。皮划艇是奥运会竞赛大项，国家政策的支持与扶助，北京奥运东风，为中国皮划艇早日实现其历史性的突破提供了宝贵契机和重要保证。

1. 长期落后的根源

一个项目的先进与落后，与能否深刻认识项目特征及其训练规律密切相关。如何认识项目特征及其训练规律是一个说起来容易，但做起来很难的事情。如果说，对皮划艇项目特征及其训练规律缺乏深刻认识导致了中国皮划艇的长期落后，这种观点不仅正确，而且也能被同行承认。但是，如何才能深刻揭示皮划艇项目特征及其训练规律？所以，在解决这个问题前，必须回答思维方法的问题，即认识论问题。而认识论问题的焦点则是如何剖析我国皮划艇落后原因。因为，认识论从哲学层面看决定着思想方法，从科学层面看决定着行动方法，从系统层面看决定着决策和管理方法。而这恰恰是中国皮划艇界过去长期欠缺的。

2001 年全运会期间，协会组织了大规模的调研活动，目的是找到在落后现象背后的真正症结，通过调研，有三个完全与纵向思维归纳出的认识截然相反的重要发现：

忽视有氧能力训练。从九运会皮划艇 12 个比赛项目的前后成绩的比较看，大部分项目的后程速度都显著下降，这些都从不同的侧面反映出目前我国皮划艇运动员专项有氧耐力的训练不足。导致这种状况的主要原因是我们长期以来对皮划艇比赛的能量代谢特点缺乏完整、系统、准确的认识。简单地依据比赛的时间将皮划艇运动定位为有氧与无氧混合功能、无氧能力最终决定比赛结果，因此在长期训练中，忽视了运动员有氧能力的发展和培养。例如，九运会取得优异成绩的广东队、上海队，其成功的经验是在备战过程中大力发展了运动员的有氧能力，直到赛前 4 周他们仍然坚持有氧长划训练，这说明我们对皮划艇运动能量代谢的认识存在误区，必须加强有氧能力在皮划艇运动重要作用的认识，树立以发展有氧能力为核心的训练指导思想，探索提高运动员有氧能力的有效训练方法和手段。这是我国皮划艇运动取得突破的基础和前提。

忽视个体能力发展。我国三个女子皮艇项目中，多人艇比少人艇好，即 WK4 比 WK2 好、WK2 比 WK1 好，差距随人数增加而缩小。我国三个女子皮艇项目之间的差距分别是：1:54.80/1:45.00/1:35.54，平均在 10 秒左右；而世界最好成绩的差距分别是：1:47.66/1:39.33/1:31.68，差距是 8.33 秒和 7.65 秒。这提示，目前我国女子皮艇运动员个体运动能力亟待迅速提高。而男子皮划艇项目正好相反，单人艇比多人艇差距小，差距随人数增加而增加。男子单人划艇比单人皮艇好，男子单人划艇有一批优秀运动员，这为实现突破提供了较好的基础。

忽视每桨效果的技术训练。在九运会 12 个皮划艇（静水）比赛项目的比赛过程中，协会特邀国际划联技术委员会主任 Szanto 和匈牙利教练 Janos 给每一名参赛运动员进行技术评分（5 分制）。该技术评分工作一方面作为此次科研活动的重要内容，另一方面也使外籍教练能够尽快全面了解中国运动员的技术现状，提高执教针对性和实效性。在 48 场比赛过程中，专家认为，在所有参赛的 244 名运动员中，仅有 10 名达到国际技术水平（5 分）。这说明，技术差、不统一是我国皮划艇运动水平落后的重要原因之一。

到底是什么原因造成"三个忽视"呢？任何一个项目的成功与失败，总有其内在的必然原因。中国皮划艇长期落后，难以实现腾飞的主要症结主要表现在：

缺乏进取精神，总爱找借口。皮划艇项目 1999 年世界锦标赛惨败后，曾对业内同行进行了调查，当时皮划艇界把我国长期落后的原因归结为：第一，项目发展历史短；第二，国家重视不够，表现为我国皮划艇运动人才欠缺、薄弱；第三，经费困难，国际比赛参赛机会少；第四，场地、器材等训练基础设施薄弱，长期难以满足项目训练需要；第五，社会支持与关注不够等。

而剖析这些原因不难发现，对中国皮划艇长期落后的归因主要集中于客观层面，几乎没有涉及主观内容。另外，这些所谓的原因，很多是一些表面现象，准确说是一种对于落后解释的"借口"。中国皮划艇要想改变长期落后面貌，就必须把自己逼上绝路，不去寻找任何使自己能够责任外推的借口。

竞技比赛如同战争，要想在残酷的战争中取胜，美国著名的西点军校有句名言，那就是"没有任何借口"。"没有任何借口"的核心不仅是敬业、责任、服从、诚实，其最重要的理念是"强调执行力"。"执行力"是西点最根本的精神之源，不找借口之后最重要的是如何去执行。一个有执行力的军队是总能打胜仗的军队，一个有执行力的企业是具有核心竞争力的企业，中国皮划艇要想摆脱落后，必须学习西点人的这种精神！血淋淋地解剖自己，不找任何客观的理由。

对皮划艇项目存在问题缺乏理性反思是长期落后的认识论根源。不会超前思考、积极求变。皮划艇运动起源于欧洲，具有较长的项目发展历史，加之民众喜爱，使得欧洲具有得天独厚的"先发"优势，长期居于项目的垄断地位。反观我国，皮划艇项目开展较晚、不普及，这是历史形成的客观存在。但是，如同国家经济社会发展一样，只要规划、组织得当，落后国家一样可以赶超发达国家，这就是后发国家的高起点发展及由此带来的赶超势能。

对竞技体育而言，超前思考的重要特征是处危求变，居安思危。处危求变就是当落后处于逆境时，不要怨天尤人，而要积极求变。而当处于领先地位时，要善于洞察和发现问题，并超前制定应对的措施，这就是居安思危。

皮划艇项目落后和长期落后，根源就是没有超前思考、积极求变，集中表现在不敢勇敢地否定自己。首先，从实践主体层面看，没有勇气承认是教练群体的综合素质难以满足项目高速发展的需要。2001 年调研表明，我国皮划艇教练员群体中经过全日制系统教育获得学历的人数仅占 21.1%，说明我国皮划艇教练员的知识结构不合理，其业务素质和科技化水平明显滞后于皮划艇强国，这是我国皮划艇运动快速健康发展的核心障碍。其次，从决策层面看，缺乏针对性的超前战略思考。对皮划艇项目实现突破的有利条件认识和把握不够，没有变不利条件为有利条件。如没有在落后项目

的高起点上做文章，没有在赶超势能上挖掘潜力。最后，从项目管理层面看，没有专项训练体系化建设的意识。皮划艇强国之所以长期称霸，是因为他们在实践中通过理论归纳，形成了适合于自身国情的科学化专项训练体系。如德国和匈牙利均形成了各自风格迥异的训练系统。由于我们没有，只能东搬西学，最终导致邯郸学步。

　　缺乏科研意识，没能找准训练症结。项目落后会在训练竞赛中反映出来，只要采取科学的方法就能找到症结。过去皮划艇人喜欢沿着逻辑分析的主线去认识和分析训练实践，比如，中国皮划艇要想实现突破是单人艇还是多人艇？答案是多人艇。所以，训练要突出多人，强调多人训练中的配合。皮划艇项目的比赛时间在 1min30s－1min50s，是有氧重要还是无氧重要？答案是无氧重要。所以，就要间歇训练，就要冲强度，这种认识似乎没有问题，但是，按照德波诺的思维理论，逻辑分析毕竟只是一种可能性较大的思维（纵向思维），在这种思维中，人们按部就班、缺乏创造；而往往决定事物进程改变的恰恰是横向思维，而横向思维又是产生创新思维的必由之路。当然，横向思维往往是一种猜测和假设，能否成立则需要以科学的方法予以检验。2001 年全运会期间，协会组织了大规模的调研活动，目的是找到落后在实践中表现出来的真正症结，通过调研有三个完全和纵向思维归纳出的认识截然相反的重要发现，即如前所论的"三个忽视"。"三个忽视"的发现找准了项目落后的关键症结，这将为下一步训练思路的开启提供依据。

　　缺乏系统意识，没有形成高效博弈系统。当代竞技体育的竞争日趋激烈，早已超越了训练主体（教练员、运动员）单纯对抗的时代，而进入到一种整体性的系统博弈对抗的新阶段。这种变化使得竞技体育的组织和管理日趋系统化和集成化，系统化的主要表现是分工日趋精细，结构要素不断扩充，在训练主体外，辅助群体（管理、科医、后勤）业已形成，并随着实践发展和竞技体育日趋激烈的竞争而不断扩大。集成化则是系统要素为同一个目标协同工作，通过网络交织的连接而不断提高系统运作的效益，从而使系统功能通过优化而实现最大化。

中国皮划艇长期落后的一个重要原因是没有敏锐地觉察到竞技体育运作系统的这种变化，虽然科研、医务、后勤等相关人员也逐渐参与到训练过程中，但主体和辅助的界线仍非常清晰。操作层面，教练因科学文化知识的欠缺只能依靠经验进行实践，而科研人员作为辅助人员很难真正地介入到训练过程之中，导致科研和实践不能密切结合。另外，管理人员也没能系统思考，没有从项目发展趋势、项目训练特征及规律的探索和人力资源的整合上做文章，而是陷入日常的事务性管理工作中，这必然导致系统要素间的协同能力下降，系统的整体功能无法优化，系统效益难以提高。

机械移植、缺乏自主性创新是我国皮划艇项目长期落后的实践根源。认识上的误区必然在实践中体现出来，作为训练主体的教练员虽然也在努力地实践，但由于项目整体发展环境的制约和自身科技意识、能力的欠缺，对世界皮划艇发展的新信息、项目发展趋势和训练方法、手段的新变化缺乏同步性认识，更缺乏通过理性思考、借助科学方法去在实践中发现问题、归纳项目特点和训练规律的能力，从而使训练出现盲目性。

盲目性的突出表现是在训练实践中机械移植盛行，而自主性创新严重不足。比如，奥运会皮划艇项目的比赛距离为 500 m 和 1000m，比赛时间分别为 1min30s – 1min50s、2min55s – 4min，因此，从能量代谢理论看，皮划艇项目是对有氧和无氧均有较高要求，关键时刻无氧糖酵解能力起决定性作用的运动项目。由于皮划艇强国选材和训练早，通过多年的系统训练，运动员的有氧供能系统、技术均得到很好发展所以，进入成年阶段后，其训练更注重强度训练，在速度、力量和专项力量上投入了更多的精力。而反观我国，选材年龄平均比国外晚 4 年左右，在使运动员掌握基本技术后，便逐渐加大了体能训练比重，所以，运动员进步很快，训练 2 – 3 年后，这些运动员中的优秀者便进入优秀行列。我们的教练员没有看到中外的这种差别，没有看到中国运动员其实是训练底子薄，有氧储备不足，技术不精不细，只是机械地按照国外的训练模式和方法组织训练，最终造成和国外的差距越来越大。

再如，皮划艇项目对运动员的力量有很高要求，特别是专项力量及其

力量耐力，这一点国内外并无认识上的差别，但在实践上则出入很大。国外进行力量训练的思路是，首先了解：皮划艇运动员在完成技术时所动用的肌群是哪些？哪些力量练习手段和方法能发展这些肌群的力量？力量练习手段和方法的技术规格及其要求有哪些？如何科学组织运动员的力量训练？如何诊断和评价力量训练的质量和效果？如何把力量训练的成果成功地转化到水上？沿着这些理性思路，他们开展了大量的实践探索，并取得了很好的效果。表现在国外优秀运动员的身体形态非常专项化，他们躯干肌肉非常发达，肌肉线条清晰，而我们的教练员则没有这样的训练思路，他们通常把国外的力量评定方法作为力量训练的主要方法，不注意合理的专项化手段的设计和使用，不注意技术规格及动作要求，没有将力量训练成果成功转化为专项的能力，而造成要么基础力量练不上去（普遍），要么练上去不能很好转化（20 世纪 90 年代国家队）。

再如，皮划艇项目是一项技术性很强的运动项目，国外很多优秀运动员在年龄超过最佳体能表现年龄时仍能取得优异成绩，就是一个很好的证明。国外能做到这一点，固然有很多原因，但不可否认，对技术的高度重视和常抓不懈是最重要的原因之一。可惜的是，我国皮划艇对技术的理解和重要性认识不够，探索滞后。运动员的主要问题是缺乏以骨盆为先导的蹬腿发力动作，前弧小后弧大，回桨越空，多人艇配合重外表忽视合力等。而在实践中，长期对这些重要的技术问题始终没有针对性的解决方法，相反的是错误动作不断在训练中强化而形成恶性循环。正是这些认识上的误区和实践上的机械移植、缺乏创新导致了中国皮划艇的长期落后。

2. 突破的着力点

项目的本质特征是决定我们制定训练指导思想的前提，是我们训练实践的先决条件，没有动态把握项目本质特征的能力就很难持续地推动项目整体水平进步。2001 年以前，认为皮划艇项目是短时间无氧耐力项目，训练大多采取短距离训练和间隙性训练，其比例高达 70%。这对于我国皮划艇运动员年龄结构偏小，训练时间较短、有氧水平较低的运动员个体能力无疑是一种破坏。通过研究对皮划艇项目特征进行重新定位，将其制胜的特征结构界定为：以高强度有氧供能为基础的速度力量耐力性项目。特征结构的转变导致对专项竞技能力认识的转变，加大对有氧能力和力量全面训练和提高。为此，国家队提出"三个坚持"的训练指导思想——"坚持以有氧耐力训练为核心，坚持以发展个体能力为主体，坚持以每桨效果为重点"。

坚持有氧训练为基础，进一步研究适合不同阶段不同项目的有氧训练方法体系，不断提高有氧训练的质量；坚持提高个体能力为主体，全面提高运动员身体素质，着力提高专项力量素质和心血管系统的组织学改造；坚持"每一桨划船效果"为目的，在完善技术的基础上，提高划桨功率和划船效果，保证重点，鼓励黑马，以一切从实战出发为需要，在实现运动员个体多种竞技能力的基础上，早日实现运动员专项能力有较大突破。

通过 2002 年对"一个坚持"训练指导思想的坚定贯彻，国家皮划艇队取得了快速进步和提高，先后在世界杯分站赛上夺取了 12 个冠军，取得 8 枚亚运会金牌，创造了一项非奥项目的世界最好成绩并取得了世界锦标赛银牌。

（二）创新工程与系统实施[①]

为尽快摆脱中国皮划艇的落后局面，实现项目跨越式的发展和历史性突破，只有实施集成创新，才能超前思考、系统运作；才能提出整体实施的项目发展对策。

1. 集成创新的合力

皮划艇项目为了实现短期内的突破，通过"三个制胜"的集成创新，使得"三个坚持"的训练指导思想得以有效的贯彻和扎实的落实。"三个制胜"，即体系制胜是核心，创新制胜是动力，而战略制胜则是居于中心环节的保证。为了把"三个制胜"体现在实践中，中心在 2001 年底到 2002 年 4 月间先后完成了《目前我国皮划艇运动的现状调查与对策研究》、《我国皮划艇科学化训练体系的构建规划》和《皮划艇项目 2004 - 2008 年奥运

---

① 曹景伟，刘爱杰等．皮划艇项目短期内实现奥运金牌零突破的系统思考 ［J］．天津体院学报，2005（2）：1 - 10．

争光行动计划实施方案》等工作。这些对皮划艇项目发展的理论性认识和实践性反思材料，为实践"三个制胜"提供了系统的思路。

战略制胜，就是抓住"119 工程"的契机，深刻领会"超常规思维、跨越式发展"的内涵，迅速建立针对性强且行之有效的科学管理系统。在充分调动全国皮划艇界智慧和力量的基础上，坚持和完善处队合一的管理模式。突出"一个核心"、建立"两个机制"、实现"三个保证"、强化"四个狠抓"。突出"一个核心"就是在训练、管理过程中，确定"以人为本"为核心的指导思想；建立"两个机制"即竞争机制和激励机制；实现"三个保证"即政治思想工作的保证、科教兴体的保证和后勤服务的保证；强化"四个狠抓"即狠抓队风和思想建设，狠抓运动员专项有氧能力和力量速度素质的提高，狠抓单人艇每一桨效率训练，狠抓技术训练。"一个核心"、"两个机制"、"三个保证"和"四个狠抓"是密切联系而又相辅相成内在统一的系统。"一个核心"是中国皮划艇训练的最终目标和归宿，"两个机制"是中国皮划艇运动实现腾飞的内在动力，"三个保证"是中国皮划艇运动实现突破的基础条件和前提，"四个狠抓"则是中国皮划艇运动走出低谷、实现振兴的操作手段。

体系制胜，就是把构建中国特色的皮划艇科学化训练理论和实践平台，作为国家队工作的重中之重。在对我国皮划艇现状深刻剖析的基础上，为了我国皮划艇运动的快速提高和未来可持续的发展，提出了雅典奥运周期平台建设的重点包括：我国优秀皮划艇运动员选材及其评价方法和标准的研究；我国优秀皮划艇运动员体能结构模型及其评价、预测和规划研究；我国皮划艇各项目优秀运动员能量代谢、输出功率与专项技术最佳化的研究；我国优秀皮划艇运动员训练过程的科学监测和快速诊断系统的研究与建立；皮划艇项目专项化力量训练的理论与方法；皮划艇高原训练有关问题的实践与探索。

创新制胜，就是要坚信创新是进步和发展的动力，也是中国特色的皮划艇科学化训练理论平台建设的需要。中国特色的皮划艇科学化训练理论平台不是对相对系统、成熟的国外训练体系的机械拷贝和复制，而是以开放的眼光，对国内外皮划艇训练进行深入理解、系统思辨，同时，积极借鉴其他项目一切先进的经验为我所用。秉承这一设想，必须在未来3年中积极致力于皮划艇项目"制度创新、管理创新和训练创新"的实践。在制度和管理创新上，要制定一系列涉及国家队选拔、训练、科研、医务和后勤保证的规范文件，建立涉及运动员素质和专项成绩测验、机能监控、伤病预防与治疗、营养品使用的档案管理电子文档，启动天才运动员发展计划和大师级教练员培训计划，形成了周末合练和定期的测功仪机能监控制度，营造北京体育大学研究生工作流动站等举措。在训练创新上，通过"三个坚持"训练指导思想的贯彻及其深化，围绕运动员专项竞技能力发展的需要，进行运动员有氧能力发展与提高、专项力量提高、技术教学、多种竞速结构、可持续大运动量训练内部负荷结构设计等多方面的理论和实践创新，不断提高实践效果。

2. 逐级推进系统实施

皮划艇项目短期内实现历史性突破和整体性提高的双重使命，得益于"超常规思维、跨越式发展"的指导思想，是与训练的理论和实践不断创新分不开的。其中，不断地否定自己，否定传统，是训练创新的重要内容和过程。三年的创新实践历程，国家队一年一个台阶，逐级推进，系统地发展，确保了夺金工程目标的实现。

表 3 - 7 - 6　皮划艇项目创新工程的阶段划分和基本内容

阶段划分	时间跨度	阶段名称	基本内容
第一阶段	2001.1 - 2002.4	项目本质特征规律再认识阶段	确立战略/体系/创新制胜的冲金目标和指导思想 建立项目科学训练竞赛的理论体系和平台 突出重点，鼓励黑马与人力资源优化整合 "三个坚持"训练指导思想的确立 确立有氧训练的重要地位和多样化特点
第二阶段	2002.4 - 2002.10	实践探索与提高阶段	全程速度结构和桨频节奏关系探索 以我为主灵活多样与程序化参赛的建立 建立研究生工作流动站与学习创新型群体

续　表

第三阶段	2002.12 － 2003.5	不断否定与 创新阶段	科学发展观与可持续的大运动量训练 皮划艇肌肉收缩特征与力量训练若干误区 柔韧、协调素质对专项体能的整合作用 蹬腿和骨盆导向与手臂前伸和躯干旋转 以能力提高为主导的高原训练探索
第四阶段	2003.5－ 2004.10	全面提高运 用阶段	多种竞速能力与专项成绩的结构整合

（三）皮划艇实现突破的核心启迪①

皮划艇项目雅典夺取了奥运冠军，在短期内实现落后项目跨越式发展和历史性突破，它的意义绝不仅仅是一块金牌，更重要的是金牌背后的思考、实践和探索。因此，对这个过程进行理性思考，特别是使中国皮划艇取得突破的核心启迪进行梳理，对皮划艇项目的未来发展乃至对其他落后项目均具有重要的价值。

1. 超常规思维是落后项目实现跨越式发展的必由之路

常规思维是一种建立在理由充分的基础上的思维活动，是逻辑思维。而超常规思维是在理由不充足或很不充足的基础上的思维活动，这种非逻辑思维是创新思维的关键。人们已习惯这种充足理由律的逻辑思维，而忽略了非逻辑思维不能超越自己，主要是打不破自身已有的思维框架。知识、逻辑思维能力和非逻辑思维能力是创新思维的三要素。皮划艇项目的实践表明，一个项目落后，看起来有很多的客观原因，但归根结底是主观原因表现在项目决策者不能从战略上进行超前设计，把握趋势和方向，而是直接陷入了具体的战术性问题；项目管理者缺乏专业规划和运作的意识，不能有效整合资源，导致系统封闭，缺乏开放性；项目实践者则缺乏创新意识和创新能力，只能机械模仿、东搬西套，始终形成不了对专项训练特征及规律的深刻揭示。

---

① 刘爱杰. 雅典奥运会我国对划挺实现历史性突破的核心启迪［J］. 山东体院学报，2005（2）：1－4.

"超常规思维"的提出，为整个项目进行新的实践开启了思路。表现在中心宏观的战略设计和战略控制能力得到明显加强，促进了项目管理部进行专项训练体系化建设的步伐，使以更新的方式进行人力资源优化成为可能，训练系统的开放性、网络化和集成化促进了训练科学化探索的深入，为项目的快速进步和跨越式发展提供了思想方法和工作方法的保证。

2. 优化训练主体结构，提高训练科学化水平

皮划艇项目取得成功的一个重要原因是改变了对传统训练实践主体结构的认识。过去，训练实践的主体是教练员个体和运动员，而新一届国家队则在实践中改变了这一认识和运作模式。这是因为：

第一，构建教练群体反映了竞技体育运作系统已经而且正在发生着深刻变化的新趋势。竞技体育在20世纪80年代前，即科学化训练时代到来前，其竞争主要是训练主体——教练员和运动员间的竞争，这种竞争被称为训练主体单纯对抗阶段。80年代后，科技特别是高科技逐渐开始渗透到竞技体育实践中，大大提高了训练质量，使得竞技体育的竞争日趋激烈。这种激烈竞争又促进了竞技体育运作系统的变化，人们逐渐感受到竞技体育的多学科综合介入的整体性系统对抗新时代的到来。这种时代首先在职业体育行业得到发展并不断深化和完善，人们开始以团队方式组织训练活动，虽然没有命名，但教练群体的概念已悄然在实践中盛行起来过去，皮划艇项目没有意识到这种变化，也没有在实践中通过结构调整以适应这种变化，导致项目长期难以加快发展速度。新一届国家队通过引入外教、建立北京体育大学研究生工作流动站介入训练过程等举措，促进了国家队人力资源结构的调整和优化，多学科的介入和综合性协同工作，改变了训练实践的理念和操作模式，使科技和训练的连接日趋紧密。教练群体的形成促进了优势互补，使得训练工作得以在更大的平台上展开。

第二，教练群体的形成促进了理论和实践创新。本届国家队在两年零八个月的时间内进行了大量的理论和实践创新，初步统计的创新有14项内容，包含管理、训练和竞赛的诸多方面，这些创新大大促进了皮划艇项目科学训练质量的不断提高。而这些工作的完成是教练群体协同工作的结晶。

训练学高学历人才的加入，使国家队训练设计、组织和总结、归纳能力明显提高，训练的预见性增强；生物力学人才的加入，丰富了国家队对技术的理解和自主性探索；心理学人才的加入，使我们对运动员智能培养、动机激励等工作得到加强；力量训练专家和协调灵敏训练专家的加盟，提高了运动员体能训练的质量。而专项教练通过共同参与这个过程，大大提高了训练的科技意识和科学化训练操作能力，使得训练工作稳步推进。

　　第三，构建教练群体是落后项目实现历史性突破的必然抉择。与优势项目相比，落后项目的突出表现是教练员队伍的专业能力不能满足突破的需要。教练员们虽然有专项训练的实践感受和经验，但在发展项目所需要的专业知识、专业技能方面明显滞后。皮划艇项目是以有氧供能为基础的速度力量耐力性项目，运动员提高成绩需要体能、技术、战术、心理和运动智能等多方面的有效训练和积累，而竞技能力各构成要素的发展需要多学科的知识，同时多学科的知识又必须和实践密切结合。这些多学科的知识和实践要求的多种能力，我们的教练员暂时还不具备，即便具备，他们也没有这么多的精力把事情做好。如皮划艇项目的力量训练，业内教练员在训练手段与方法、训练设计与控制等方面明显低于专业力量教练；陆上多种素质的整合训练，皮划艇教练明显差于田径教练。再如，对多年和年度训练规划设计，皮划艇教练可以从训练学专家那里获得很多收益；对技术的评价和分析，肉眼经验明显滞后于生物力学的学者。因此，构建目标一致的教练员群体，把训练辅助系统渗透到传统的训练主体内，有利于多学科综合效益和功能的发挥，对短期内丰富和完善专项训练是一种高效、集成的方法。

　　3. 团队决策、管理、训练三位一体模式是项目突破的组织保障

　　当代竞技体育的竞争已进入系统博弈对抗的新时代。综合国力理论告诉人们，一个国家要想成为强国，屹立于世界民族之林，必须在战略设计与干预、系统运作及质量等方面达到高水平和高效率。皮划艇项目以"三个制胜"为核心的成功实践始终秉承着这一思想，并随着实践的深入而不断完善。

没有"超常规思维、跨越式发展"战略的提出，就不可能有战略制胜、体系制胜和创新制胜平台的提出和实践，更不可能有"一个核心"、"两个机制"、"三个保证"和"四个狠抓"管理措施的出台。而没有强有力的管理，就不可能使全队在整个训练过程中始终自觉贯彻"两严"和"三从一大"训练原则，更不可能形成教练群体有计划、有针对性地进行实践和理论创新。皮划艇项目的实践改变了过去决策滞后、管理松散、训练无序的痼疾，而进入一种兵团作战，决策、管理和训练三位一体的新阶段。这一新的团队工作机制为皮划艇项目的突破营造了良好的科学研究氛围和制度与组织上的保证。

4. 不找借口、主动而完美地工作，提升执行力

在工作中不找借口是本届皮划艇国家队最重要的收获之一。落后项目最突出的问题，是喜欢找各种各样的借口为落后推卸责任。本届皮划艇国家队组队之初，便提出解放思想、与时俱进、开拓创新的项目发展思路，始终强调要敢于否定传统，敢于解剖自己，敢于承认自己的无知和无能，同时要不断探索真理，在理论和实践上进行大胆创新。这一工作的常抓不懈促进了整个团队良好工作风气的逐渐形成。如在 2002 年国家队成功取得 8 枚亚运会金牌后，运动员和教练员沉浸在喜悦中，在休整期忙于应酬，疏于训练，导致国家队重新集中时运动员体重明显提高，而专项能力明显下降，针对这一情况，国家队及时开展了队内整风活动，提出为什么会"辛辛苦苦练一年，一觉回到解放前"？原因是我们的职业境界、职业精神不能满足项目腾飞的需要，为此要灵魂深处闹革命。这一工作的开展使我们成功进行了冬训快速恢复的尝试，并进而实践了"可持续发展的大运动量训练"。这为国家队成功参赛世界锦标赛打下了扎实的基础。

再如，划艇组运动员孟关良和杨文军面对马克教练高质量、高要求的大运动量训练，经常打退堂鼓，并说这样的安排完全超出了我们的能力，怎么可能完成。马克教练说得好，你们想创造你们前辈们从来没有取得的成绩，那么你们就必须承担你们前辈们从来没有承担过的负荷。我制定的计划及其要求，只要你们拼了，就一定能完成。否则就是偷懒，就是懦夫。

正是这种不找借口的持之以恒，才换来孟、杨能力的不断提高，才换来他们主动完美执行的能力提高。而正是有了这些提高，他们才能在全程落后的最后一桨实现了个人最高的人生价值，也圆了中国水上人几代人的梦想。

5. 勇于否定自己，大胆地进行训练实践和理论创新

中国皮划艇在短时间内成功地走出一条落后项目没有走过的腾飞之路，就必须在消化性和自主性创新两方面走在别人的前面。要想提高训练质量和效率，就必须善于学习和借鉴，达到"他山之石，可以攻玉"的目的。3年来，在学习、借鉴其他项目方面，国家皮划艇队做了大量工作，并卓有成效。如从田径周期性项目中学习全程节奏和速度结构理念，从游泳项目中学习抓水和入水的专项技术知觉，从赛艇项目中学习其专项技术的程序化分解教学，从举重项目中学习其力量训练天天练的方法和训练气氛的动员，从射击项目学习程序化参赛，从乒乓球项目中学习训练作风培养和逆境中的动员激发能力等。

成功实践"可持续发展的大运动量训练"，是对"三从一大"训练原则在新时期科学内涵的新解。如何贯彻"三从一大"是新一届国家皮划艇队组建以来始终研究的重要课题。2001 年 12 月组队后，很多运动员在训练中不能够适应大运动量训练，并"以九运会已经透支"为理由建议减量和调整，为此全队提出"自觉全面地贯彻'一从一大'训练原则和'两严'方针"，并得到中心领导的坚决支持，甚至表示"谁练出过度训练给谁奖励"。经过一个阶段的大运动量训练运动员开始初步的适应。冬训以来，队内针对亚运会后运动员的严重倒退的现象，一开始就改变过去慢节奏的恢复提高，进行较高强度的恢复性训练，女子组有氧耐力在短短的 6 周内恢复到去年最高水平。对于运动员产生的疲劳征象及时进行了动员，提出"坚持可持续发展的大运动量训练"，连续水上训练达到 180km/周，整个冬训完成 3300km，这在以前是很难想象的。另一种观念的转变是将"三从一大"贯穿到竞赛期。在 2003 年春季冠军赛比赛周，由于竞赛内容的变化，运动员水上需参加 12km、2000m、10000m、500m，陆上要参加 3000m 跑各种力量测试。可以说每天比赛十分紧张，但是女子皮艇组周训练量仍然达

到 160km 的较大运动量。每次水上专项比赛后都要安排 4 - 6km 的恢复性训练，血乳酸浓度 1.0 - 2.0mm，大部分运动员都降到赛前的水平甚至低于比赛前的水平，可以认为，这种赛期的大运动量训练对比赛起到快速恢复、能量快速补偿和减轻心理压力的作用，改变了过去比赛期间不训练或小量训练的观念。为成功进行可持续的大运动量训练，首先要注重运动员的第一时间的恢复，重点是进行较低强度的梳理性训练，进行动力性恢复，恢复性的训练量又成为"一大"的重要组成部分；其次，要注意不同阶段负荷结构的设计与调整；第三，要加强机能监控的力度。可见，"三从一大"的内容是十分丰富的。实践证明，可持续的大运动量训练深化了"三从一大"的科学内涵，有效提高了训练的积累效应。

形成了以能力提高为重点的高原训练新理念。为备战雅典奥运会，皮划艇队一个组分别开展了 6 次高原训练尝试。涉及高住低训、亚高原到平原和高原、高住高练等多种方式。总结国家队所开展的高原训练，取得成功的几次，都是以提高能力为重点，自觉地坚持大运动量训练，使高原训练平原化；而失败的又往往是以培养状态为出发点而导致训练不足。这点从男皮和划艇的比较中可以得到验证。男皮成功的一次是第一次高原训练，24 天完成水上负荷 495km，平均 20.6km/天；而第 2、3、4 次则平均水上负荷为 20.1km/天、15.8km/天和 15.9km/天，明显低于第一次。因此，男皮的第 2、3、4 次高原训练效果不佳。

划艇的高原训练则是以提高能力为重点，坚持大运动量训练的典型。2004 年 1 月 4 日 - 2 月 1 日，划艇组进行了为期 4 周的昆明松茂水库高住高练的训练实践，主要目的就是进一步提高有氧能力（最大摄氧量）。在这一基础能力训练阶段，训练方法主要仍是跑步训练（长距离有氧强度），进一步提高最大力量的训练，还有水上专项训练加上划船测功仪的训练。该阶段大约 70% 的总训练负荷还是为基础能力（陆上）的准备，其余 30% 为专项能力准备——水上或测功仪专项水上训练。在每周训练计划中只安排 3 - 4 次，主要是保持在贵阳阶段获得的能力。在本阶段第一周的时间里，运动员表现出的水平较低（主要是适应高海拔），然后都达到了平时个人的能力

水平，随着时间的延续，成绩都在逐渐提高。最大力量的继续提高也可以在这四周被观察到，运动员在力量训练中表现出非常高的水平。运动员训练都非常刻苦，积极性很高。回到千岛湖后第 7 天和第 14 天进行了 5000m 跑，检验有氧能力（最大摄氧量）和最大力量测验。结果表明高原训练的效果非常显著。运动员上山根本没有采用适应周，首先连续进行 2 周积累周，然后是强度周，最后是积累周，然后下山。4 周跑步量分别为 58km、64km、16km、和 72km；水上负荷为 54km、68km、22km 和 73km；力量训练时间分别为 480min、630min、420min 和 600min，总量超过了平原。事实证明，划艇组的这次高原训练效果非常显著，为备战雅典奥运会亚洲区资格赛打下了雄厚的体能基础。运动员在赛前的强度训练中，表现出了很好的适应能力。在资格赛上，划艇组夺得所有项目的冠军，取得全部入场券，还创造 1 项当年世界最好成绩。这为划艇组在奥运会上的历史性突破奠定了坚实基础。

高原训练的成功促使教练组对高原训练的目的和把握产生以下思考：从理论上讲，虽然高原训练具有发展能力、培养竞技状态和促进恢复等多种目的，但从实践上看，以提高能力为主要目的的高原训练成功率高，而把目的放在培养状态上则失败的概率高。如男皮的高原训练尝试，多以培养状态为主，结果在世界锦标赛和全国锦标赛遭受失败；而划艇组以针对自身问题，采取发展能力为目的，实践取得了成功。其主要原因是，高原训练利用的是缺氧和训练的双重刺激，促进机体机能发生代偿性的提高。一方面，这种提高往往具有泡沫效应；另一方面，对机能变化的过多关注会误导训练实践的深入，表现为畏首畏尾，不敢上量和强度。同时，机能的这种代偿性变化和运动能力的发展与提高并不同步。而运动竞赛比的不是机能，比的是运动素质和专项能力。过去对高原训练规律的认识能力有限，往往将高原训练的控制寄托于机能监测和评价上，而忽视了高原训练中应解决的实质性问题——发展身体素质和提高专项能力。因此，以能力提高为重点开展皮划艇项目的高原训练是探索专项训练科学化的又重要贡献。

开创了程序化参赛的新模式。皮划艇项目属于分道竞速的项目，"以我为主，注重过程"是运动员充分发挥自身潜力，创造优异成绩的基础。要在比赛中真正做到"以我为主，注重过程"，必须牢固树立"心理为技术服务"的概念，为重视过程提供具体的手段和方法。这就是提出坚持程序化参赛的主要原因。

程序化是系统理论的中重要研究内容，程序化才能节省化。运动员竞技能力的获得和竞技能力的表现是由两个环节密切构成的：训练过程和比赛过程。前者是运动员的生物学改造过程，后者主要是社会学表现过程。在比赛中对运动员影响最大的是外部环境所带来的刺激以及由这些刺激产生的运动员心理的落差。程序化参赛的主要作用主要是利用时间、空间、生理、心理等多种因素的有序安排和实施，为运动员提供脉络清晰的操作路径，为运动员尽可能表现出自己应有的竞技能力提供客观保证。

程序化参赛方案的安排上要做到：第一，时间连续性和阶段性的统一；第二，空间层次性和整体性的统一；第三，心理准备的充分性和战术安排灵活性的统一；第四，体能动员最大化和情绪调节最佳化的统一；第五，方法操作具体化与个性化的统一。程序化参赛的主要作用可以归结为：第一，通过程序化方案的制定，可以使参赛的群体包括教练员、运动员和管理人员、工作人员形成共识，从而形成强大的心理氛围；第二，程序化参赛可以避免运动员因大赛的紧张造成过度紧张而忘却某些重要参赛环节；第三，程序化参赛可以使不同的角色各归其位，使比赛的现场忙而不乱；第四，程序化参赛可以为运动员发挥比赛能力提供必要的保障。两次准备活动是程序化参赛的基本模式，通过亚运会、世界杯赛和世界锦标赛及雅典奥运会的反复实践，很好地验证了两次准备活动的有效性和科学性，对动员和提高运动员的机能和比赛潜力发挥了重要的作用。

同时，为保证程序化参赛的成功率，近年来国家队加大了运动员智能培养的力度，提出了"零失误参赛工程"。这是因为，运动员是训练竞赛的主体，国际比赛的高密度、高强度和战术制胜的重要性，迫切要求运动员

具有较高的智能水平要使运动员获得超常的成绩，必须具备超常的智能其智能水平的高低直接决定其认知水平的高低，而认知水平又决定运动员训练的质量、训练的效益和对成功比赛的信心以及比赛应激水平。3年来，一手抓训练的科学化，一手抓运动员的智能管理，特别注重对运动员智能水平的培养。通过信息管理平台的构建使运动员的训练日记和其他训练文档电子化，提高运动员对现代科技的兴趣和操作水平。通过吸收孟关良等部分优秀运动员参加北京体育大学硕士学位课程进修班学习，提高运动员现代科学知识的水平，丰富其思维的素材，提高其思维水平。在训练过程中，通过对运动员贯彻问题和思考问题能力的培养，提高运动员洞察训练竞赛本质的能力。正因为重视了运动员的智能开发和培养，在雅典奥运会决赛中，孟关良、杨文军在不利桨位风向下，在起航明显落后的情况下，没有慌乱，而是以我为主；没有急躁，而是注意节奏和全程体力分配。他们相信自己的实力，充分动员了自己的能力，终于实现了自己的奥运梦想，这既是运动员成熟的一种表现，也是几年来智能开发的成果。

三、田径项目——刘翔的成功之路

我国优秀跨栏运动员刘翔在1999年初开始进行跨栏专项训练，短短数年时间，成绩稳步上升，从2001年到2002年相继获得世界大学生运动会、九运会、亚锦赛和亚运会冠军，打破亚洲和世界青年纪录，2003年又获得世界室内锦标赛季军、第九届世界田径锦标赛季军，2004年获得世界室内锦标赛亚军、第二十八届奥运会冠军，打破亚洲和奥运会纪录，并于2006年7月12日一举打破了尘封13年的世界纪录。在2007年大阪世界田径锦标赛上，刘翔也一圆世锦赛金牌之梦，并成为集世锦赛和奥运会两项大赛冠军于一身的选手，再加上他所保持的世界纪录，刘翔当仁不让地跻身巨星之列，刘翔也成为亚洲田径毫无疑问的领军人物。

刘翔近年来主要比赛的成绩如下：

表 3-7-7　刘翔近年来主要比赛的成绩进展

时间（年）	比赛	成绩（秒）
2001	东亚运动会	13.42
2002	釜山亚运会	13.27
2002	洛桑大奖赛	13.12
2003	世界锦标赛	13.23
2003	国际田联总决赛	13.27
2004	雅典奥运会	12.91
2005	世界锦标赛	13.08
2005	全明星赛	13.08
2006	洛桑大奖赛	12.88
2007	世界锦标赛	12.95

在刘翔的技、战术训练和比赛中，也表现出鲜明的个性和创新特征。

（一）通过多次参加比赛来巩固和保持高水平技术能力和竞技状态

刘翔巩固和保持高水平技术能力和竞技状态的方式具有鲜明的个人特色，通过多次参加比赛来巩固和保持高水平竞技状态。刘翔的训练具有小周期、多层次、高质量的特点，以赛促练，赛练结合。

刘翔在近几年参加各类比赛的次数是国内田径选手中最多的。正如国家体育总局田径运动管理中心副主任冯树勇所说："刘翔在 2007 赛季的成绩相当出色。他共参加了 12 场比赛。3 场室内赛，获得两个冠军、一个亚军；9 场室外赛，获得 7 个冠军、两个季军，其中包括大阪世锦赛的冠军。这一年，刘翔的竞技状态保持着高水平的稳定。"刘翔多次参加比赛的体验，使得他拥有较强的综合参赛能力，而综合参赛能力的提高，则能有效地减轻心理负担。刘翔曾在 2003 年 6 月 25 日－7 月 13 日的 18 天内，参加了 6 场国际比赛，平均 3 天一场，并且多有上乘表现。他曾在 2003 年 4 月初连续赛出过 13 秒 32、13 秒 28、13 秒 28、13 秒 21 的世界水平的好成绩。

他也不止一次地与当时世界排名第一的阿兰·约翰逊交过手。由此可见，刘翔具有丰富的参赛经验，而这些参赛经验的积累，则有助于减轻他在大赛时的心理压力和负担。也正是有了好的心态，刘翔在比赛结束后接受采访时才能说出"我只是想把压力留给自己"、"有一些对付媒体的经验"等语言诙谐、逻辑清晰的话语。当有人和他的教练孙海平讨论到这个问题时，他用一句极为简单的话概括出刘翔在战略上成功的关键："在比赛中找出问题，在训练中解决问题。"简而言之，就是以赛带练。不光如此，从1999年开始，刘翔每次参加国际大赛时，孙海平都会带一个摄像机，把他的比赛全过程拍下来，回去之后一个画面一个画面地研究。

（二）创造性地逐步形成个人制胜技、战术"绝招"

刘翔技术和战术训练和比赛中逐步形成了对手难以匹敌的"绝招"。例如，在雅典奥运会决赛中，刘翔在跨越10个栏架时，有6个栏周期（距离9.14米）的分段成绩在1秒内，最快的一个栏周期达到了0.97秒，这是有资料记载以来的最快速度，这是他精湛的过栏技术的生动表现。现代跨栏运动，不仅重视发展运动员的平跑速度，同时也更加注意提高跑跨、跨跑相结合的能力，即尽量缩小跨与跑在动作外形、运动方向、速度变化、肌肉用力转换等方面的差别。刘翔近乎完美的过栏技术和栏间节奏，集中体现了这些特点，可以说这是孙海平教练及其同事们在充分理解跨栏项目的特性和发展方向的基础上，将当今跨栏的技术特点与刘翔的个人特点完美结合的经典之作。

（三）以联合攻关科技服务形式，为刘翔的技、战术训练和比赛提供有力支持

刘翔的技、战术训练和比赛活动，已经远远不是主要以教练员和运动员等少数人的智慧和努力能够完成的任务，在技、战术训练的组织和过程控制上，常常能够整合全国各方面人才资源和技术优势，强强联合，以备战世界大赛联合攻关和科技服务形式，为训练提供最为有力的支持，达到技、战术训练、体能训练和比赛目标。刘翔备战奥运会的技、战术训练过程中，在人员配备方面，专门成立了由全国多领域运动训练专家和科技保

障优秀组成的科技服务攻关组。鉴于刘翔的体能与技、战术训练内容高度结合，攻关组确立了如下目标：针对刘翔在过栏技术（摆动腿攻摆及起跨腿的提拉技术）、身体素质、专项力量方面存在的不足以及对机能、医疗、恢复和营养方面的需求，进行切实有效科研与科技服务工作，争取使其在关键技术环节和专项速度和力量方面有较为明显的改进与提高；身体机能及连续大强度训练和比赛的能力有所增强，为其技术和成绩水平更进一步的提高提供可靠的保障和坚实的基础。刘翔的技、战术训练具有如下特点：

1. 专项技、战术研究与科技服务紧密结合

（1）专项技术诊断与分析：对刘翔在训练和比赛中的专项技术动作进行快速的定量及定性诊断分析与反馈。

（2）专项技、战术训练方法、手段的研究与选择：在技术诊断与分析的基础上，协助教练员对现有的训练方法与手段进行改进、选择和优化组合，以提高训练工作的科学性和实效性。

（3）专项技、战术训练调控：在对刘翔训练、比赛和身体机能状况进行系统监测的基础上，协助教练员有效地观察和控制运动员的技、战术训练变化和发展，并提供调控训练过程的科学依据。

（4）与技术相结合的专项速度和力量能力诊断：对刘翔的专项力量、速度能力进行测试与评定，与教练员共同研究相应的训练方法与手段。

（5）专项信息反馈：及时收集与反馈国际上优秀运动员训练、比赛情况、技术图片、录像及先进的训练方法与手段。

2. 结合技、战术训练和体能训练适时进行生理生化、医务监督与营养恢复

对刘翔定期进行身体机能检查与评定，并在此基础上实施有针对性的营养恢复措施。

3. 心理评定与技、战术训练调控的积极配合

相关专家根据教练员和运动员的实际需求，对刘翔及时提供运动心理学方面的咨询和服务。

对刘翔体能和技、战术训练过程提供科技服务和保障的技术关键主要

包括如下方面：技术诊断方法手段的简洁、实用和准确性；运动技术图像处理的多样性和反馈的快速及时性；专项训练方法、手段的科学与有效性；专项速度能力诊断的针对与可接受性；田径运动员机能监测敏感指标的选择与效果评定；结合优秀田径运动员的特点，寻找有效增强其竞技心理能力的心理训练方法和手段；结合田径比赛的特点，制定适宜、有效、操作性强的赛前心理调节程序安排，使其真正有利于运动员最佳竞技心理状态的形成；等等。

在刘翔备战奥运会的训练活动中，结合技、战术训练和专项体能训练过程，还体现了如下辅助保障系统的创新：技术图像及关键技术数据的快速现场反馈；采用激光测速系统进行更加全面、深入的速度诊断与监测；优秀田径运动员心理素质结构模型的建立和心理训练手段的应用；赛前心理调节程序安排的建立与应用。

（四）自主创新、张扬个性、强化优势

刘翔取得如此骄人的成绩，除了他本身具有的跨栏天赋和身体条件外，还与孙海平教练根据刘翔的个人特点，精心进行个性化的训练安排有关。从1999年开始，两人建立了牢固的师徒情谊，刘翔习惯称呼孙海平为"师傅"。孙海平教练对刘翔的优势和特长非常了解，同时对他的问题和缺点也是了然在胸。而且，更可贵的是，尽管曾当过跨栏运动员，也培养过国内拔尖的运动员，对跨栏项目的训练和教学有自己的经验和体会，但孙海平没有沿袭过去的经验——"照葫芦画瓢"，他结合刘翔个人的身体条件和素质情况因材施教，在基本技术学习和改进、节奏感培养、专项能力训练、专项力量训练、速度训练等多方面量体裁衣，设计和改进了多种方法与手段，使刘翔在多年的专项训练中避免了无谓的"时间战"、"消耗战"以及伤病的干扰，取得了实质上的进步和提高。

刘翔的起跑和冲刺能力一度并不能让孙海平教练满意。在备战雅典奥运会的冬训期间，孙海平教练根据刘翔的比赛情况提出，在冬训期间必须解决起跑问题，提高前半程的速度，同时加强冲刺能力的训练。为此，冬训期间解决刘翔的起跑、提高力量和进一步发展速度能力作为提高成绩的

重点突破口。在确定需要解决的三个问题后，整个冬训围绕这三个问题进行了认真的准备，结果，刘翔在冬训之后参加的一系列比赛中，成绩稳步提高，反映出这一训练策略达到了预期的效果。

（五）教练员强烈的学习意识和积极的思维与行为方式

刘翔的突出表现与孙海平教练细致、周密的个性化训练和比赛方案密不可分，与攻关组科学、准确、及时的数据分析和信息反馈息息相关。"问渠哪得清如许，为有源头活水来。"学习是一切创新的源泉，是掌握最新训练信息的途径，也是不断探究自身项目规律的必经之路。孙海平教练深深知道训练工作要有突破往往需要的是对知识的积累和继承，因此不管是训练中，还是课余时，他都用心学习，孜孜以求，将学习和研究本项目的制胜规律视为搞好训练工作的根本。

走进孙海平的寝室，你会发现屋内到处都是各种训练资料和与之相关的书籍，从训练备课笔记到训练录像资料，从大学时期的各种课本到外出比赛带回的最新专业杂志，它们满满地摆放在这个不大的房间里。平时，孙海平一有空就会坐在书桌前翻阅它们，从中获取有用的信息，即使回家，孙海平也是带着厚厚的一包资料，常常是研究到深夜。虽说孙海平的英语水平不错，在查阅一些从国外带来的专业杂志时，为了准确翻译，吃透实质，身边总是放着一本英汉字典，有时还与英语较好的同事一起探讨。在参加国内外训练比赛期间，细心的孙指导常常是每到一处就用手中的摄像机拍下那些优秀运动员的训练和技术动作，回来后仔细观看，找出一些细节问题，列出提纲，再反复分析做比较，有时也与刘翔一起进行研究。就如孙海平所言："用原有的知识、经验、能力去搞训练，那是远远不够的，必须要注入新的活力，增加新的知识，充实我们的训练思想，这样我们才能走在别人的前面，才会握有胜机。"孙海平正是通过对大量文献资料以及一些录像资料进行归纳整理后，不断提高自身的思维判断能力，透过现象看本质，捕捉到了跨栏训练中的内在规律，深刻把握了跨栏训练中技术、力量、速度三者之间的内在联系。以此，他不断地否定自己以前的认识，否定传统的规律，否定国外所谓专家的一些观点，不断调整和修正跨栏项

目的训练指导思想。因为，他相信，掌握了跨栏训练中的规律好比是拥有了解题的公式，对以后训练工作的开展有着重要的指导性意义。正是孙海平教练这种孜孜以求的探索精神，使他不断地总结和提炼出跨栏项目的一些新观点、新认识。例如，长期大量的低强度训练容易造成疲劳；低强度的训练不会对专项形成有效的刺激，不利于专项水平的提高；"弹性力量"训练的创新和运用，以及跨栏项目新的训练规律，对丰富和发展跨栏项目的训练理论，更好地指导训练实践起到了重要的作用。

四、体操项目——国家体操队的技术创新

竞技体操是指运动员根据特定规则，在相对固定的条件下，完成各级大纲所要求的动作难度、成套编排及动作质量并给予评分的一项竞技性运动。独创性、惊险性、稳定性和优美性，在这个项目中得到了完美的体现。它作为竞技体育难美项群项目之一，其最大特点就是技术发展追求难度大和新颖因素。从其迅速发展的历史可以看出它强大的生命力与独特魅力，而这生命力与魅力之源在于创新。这一切都可以从其不断修改的竞赛规则中看出，具体表现在（见表 3 - 7 - 8）：难度组别变化即由 1956 开始的 A、B、C 三个难度组，1985 年 A、B、C、D 四个难度组，1993 - 1996 年规则增加到了 A、B、C、D、E 五个难度组，到 1997 - 2000 年又增设了超 E 组难度，并取消了规定动作比赛；随着难度组增加，原有动作难度也不断被降组，对运动员成套动作难度的要求也在不断增加；加分因素变化即从原来"三性"加分改变为"D、E"难度动作加分和难度动作连接加分；评分中创新因素加分分值的变化即由原来的"0.4 分"改变为 1993 - 1996 年版规则的"1 分"、再增到 1997 - 2000 年版规则"1.4 分"。这些都反映了竞技体操对创新不断追求。尤其是 1997 - 2000 年规则把难度创新和难度连接创新的加分提到了一个新的高度，更加引起了广大教练员、运动员和科研人员对创新的更高的认识。没有创新就没有加分，没有加分就不能取胜，这已成了定律。因此，不断创新，成为竞技体操发展追求的永恒目标。

表3-7-8　竞技体操评分规则难度变化统计表

时间	难度组别	加分因素	加分分值
1956 年	A、B、C		
1975 年	A、B、C	"R、O、V"	0.6
1985 年	A、B、C、D	"R、O、V"	0.6
1993 年	A、B、C、D、E	新难动作及连接加分	1.0
1997 年	A、B、C、D、E、SE	新难动作及连接加分	1:4
2001 年	A、B、C、D、E、SE	新难动作及连接加分	1.2

　　竞技体操是我国竞技体育的优势项目，在世界处于领先地位，是"奥运争光计划"不可缺少的一部分。从几十年来我国竞技体操所取得的辉煌成就可以看出，中国体操队之所以能成为一支高水平队伍，能在奥运会、世界锦标赛、世界杯三大赛及各种类型大小比赛中数次夺取奖牌，最重要因素就是因为教练员、科研人员和运动员敢想敢干，勇于创新。

　　从中国运动员在世界三大赛上获单项冠军所采用的难新动作统计表中（表3-7-9）可以看出，正是运动员在比赛中采用了他们所特有的难新动作，他们才能在比赛中获得冠军。也正是我国教练员、运动员和科研人员几十年来在动作技术、训练方法、训练安排等各方面的不断创新，才使得我国体操突飞猛进的发展，从而保证了中国体操队在国际体坛的地位，培养出了一个又一个的世界冠军。可以说："只要抓住创新就抓住了核心，抓住了创新就有了取之不尽用之不竭的动力。"

表3-7-9　中国竞技体操运动员在世界三大赛上
获单项冠军所采用的难新动作统计表

时间	比赛名称	姓名	项目	创新动作
1979 年	世锦赛	马燕红	高低杠	绷杠转体180度前空翻下，腾身回环转体360度
1980 年	世界杯	黄玉斌	吊环	直臂后上成水平支撑
1980 年	世界杯	李月久	双杠	杠中分腿前空翻成挂臂

续　表

1981 年	世锦赛	李月久	自由操	720 度旋空翻，月久空翻
		李小平	鞍马	纵向前移环中转体 360 度，纵向后移四位
1982 年	世界杯	李宁	自由操	托马斯起倒立转体 720 度，720 度旋空翻
			鞍马	正交叉经倒立转体 180 度接正交叉
			吊环	团后三周下
			跳马	直体笠松跳
			单杠	团后三周下
		童非	单杠	右、左单臂大回环，720 度旋下
1983 年	世锦赛	童非	自由操	团身侧空翻二周，旋子转体 360 度
		娄云	双杠	大回环转体 180 度成手倒立
1984 年	奥运会	李宁	自由操	720 度旋空翻，托马斯起倒立转体 720 度
			鞍马	正交叉经倒立转体 180 度接正交叉
			吊环	李宁正吊
		娄云	跳马	前手翻转体 180 度直体后空翻，前手翻屈体前空翻转体 540 度
		马燕红	高低杠	绷杠后空翻转体 360 度下
1985 年	世锦赛	童非	自由操	屈体侧空翻
			单杠	单臂并腿特卡切夫
				屈体侧空翻二周转体 270 度下
		娄云	跳马	前手翻转体 180 度直体后空翻
				前手翻屈体前空翻转体 540 度
1986 年	世界杯	李宁	自由操	360 度旋空翻，托马斯起倒立转体 720 度
			鞍马	托马斯起倒立转体 270 度下
		许志强	双杠	大回环转体 360 度成倒立
				屈体侧空翻二周转体 270 度下

1987 年	世锦赛	娄云	自由操	前手翻前空翻转体 180 度回笼一又四分之一
			跳马	前手翻转体 180 度直体后空翻
				前手翻屈体前空翻转体 540 度
1988 年	奥运会	娄云	跳马	前手翻转体 180 度直体后空翻
				前手翻屈体前空翻转体 540 度
1989 年	世锦赛	李春阳	单杠	屈体前空翻一周半越杠再握，反吊直体前空翻
		李敬	双杠	希里夸尔接希里夸尔接屈体前空翻二周挂臂
		樊迪	高低杠	向前大回环接叶格尔空翻
1990 年	世界杯	杨波	平衡木	杨波跳
1992 年	奥运会	李小双	自由操	团身后空翻三周
		陆莉	高低杠	向前大回环转体 360 度接反吊接屈体前空翻
1994 年	世锦赛	罗莉	高低杠	大回环转体 360 度接中穿反吊前空翻
		黄力平	双杠	屈体后空翻二周挂臂
1995 年	世锦赛	莫慧兰	高低杠	莫空翻
1997 年	世界杯	毕文静	高低杠	反吊回环单臂转体 360 度成倒立接屈体前空翻
				反吊回环接扭臂握的莫空翻
1999 年	世锦赛	李小鹏	跳马	键子 180 前直 540 度、直体笠松 540 度

（节选自吕万刚博士论文《竞技体操创新理论研究》，2001）

五、跆拳道项目——对技战术创新的跨越

我国自 1995 年开展跆拳道项目以来，至今仅有 12 年的发展历史。但我国跆拳道走的是一条超常规的"跨跃式"道路，历经了"学习与模仿、总结与提炼、创新与突破"的三个发展阶段。所参加的两届奥运会上共获得 3 枚金牌，超短期内实现了两次突破。"在偶然中抓必然、在无形中抓有形、在实战中抓规律"是项目探索未知，把握规律的出发点，而"思想上高度统一、理念上加速更新、体系上系统设计、组织上紧密团结"则成为项目取得突破的指导方针。但其突破的根源在于核心竞争力的提升。并且，项目发展坚持认为，跆拳道的核心竞争力是以提高竞技实力为目的，以自

主创新为动力，以资源整合为手段，以和谐团队为后盾。就竞技而言，"技术全面、特长突出、体能出众、心理过硬、作风顽强"是核心竞争力的具体体现。

　　根据我国跆拳道备战经验，要想全面提升本项目核心竞争力，绝不能走"资源化"道路，必须摆脱"粗放型"增长方式，加速技战术训练结构的调整，向集约化的"创新型"团队建设方向努力，变原有的"主动出击"为"主动创新"。围绕奥运备战过程中核心问题——技战术训练，进行了多方位、立体式的创新。具体如下：

（一）研究项目特征，把握与确立制胜因素

　　规律是事物本质的、必然的内在联系，决定着事物的发展方向。把握运动规律，首先要认识项目的根本特点。跆拳道基本特征是：运用腿部踢的技术为主要手段，在有效的距离、有效的时间内实施有效的击打的一对一同场对抗性项目。[①] 得分的关键是在规则限制和一定时空条件约束下，通过抑制对手技战术运用，充分发挥自身技战术特长，通过打点记分来取胜。由此，我国跆拳道人认识到，该项目技战术运用取胜的关键是智取而不是力胜。要实现我国跆拳道项目的突破，就必须创新，并在学习基础上提高，在消化条件下发展。为此，在认真研究规则修改后带来的机遇、挑战和变化前提下，我国跆拳道人走了自主创新之路。特别是在对项目制胜规律认识的同时，对制胜因素的把握也随着不同发展阶段、不同水平而动态变化。

　　在2000年之前，将项目制胜因素初步确立为"快"、"准"、"狠"、"变"，2003年之后认识到"快"、"全"、"连"、"变"、"高"是重要制胜因素。[②] 2005年，规则有了较大变化，制胜因素的把握必须及时跟进。特别是项目规则的变动，使得比赛呈现出竞争更加激烈、难度更大、能力要求更强、得分率减小的"三高一低"外在表现。深入分析，跆拳道新规则

---

　　① 陈立人，袁守龙. 把握规律，主动创新　力求突破［J］. 北京体育大学学报，2007（9）：1154.

　　② 陈立人，袁守龙. 把握规律，主动创新　力求突破［J］. 北京体育大学学报，2007（9）：1154.

的出台，强调使用拳的牵制技术、技术与技术间衔接快、连贯性好，突出了连续得分能力；也使比赛中攻防的密度、强度增加，加大了体能充沛性与技术细腻化要求；边角区域对抗激烈，"压迫式"打法促使另类的特长技术得分手段的进一步开发；"突然死亡法"要求先得分者胜，再一次强化了"以进攻为主"的指导思想。因此，围绕2008年奥运会备战目标，结合重点运动员的特点和竞技能力，教练组经过大量技战术实践环节的深入细致研究后认为，高水平运动员参加大赛的技战术运用过程中，"全"、"连"已不再是制胜的主要因素，而"准"、"控"应当成为制胜的关键。

在跆拳道比赛中，只有快速、准确的击中对手的有效得分部位，才能得分，而得分是比赛获胜的首要条件。从项目客观规律的角度分析，"准"和"快"应该是最高层次的。虽然"快"是一对一项目的普遍制胜因素，但跆拳道项目实践述之于我们，"快"是建立在"准"基础上的"快"，不是盲目的"快"。"准"既是得分要素，也是所有要素的最终落脚点。比赛当中，准是目的，其他像控制、快速均为手段，或者说是"准"的过程和准备。准包含着对跆拳道力量得分要素的认识，力量是一种技术性的或者理性的力量，并非越大越好。准确性也体现在对等级评分体系的认识，如需要击头才能赢得比赛，则必须上头。"高"是项目规则变化和技术发展所致。"变"的核心在于破解和预见，指在掌握多种技术和战术配合的基础上，能够根据不同对手和场上情况灵活多变，既能使对手不适应，又提高自己的应变能力。"变"是由比赛本身所决定的，比赛的局面是动态的，对手和自身也是动态变化的，比赛中体能、技术、智能、心理等会随着比赛局面的变化而变化。因此，必须依靠自身主动地调整和变化使比赛局面向着自己所能掌控的方向发展，才能获得胜利。"控"则是直觉思维和逻辑思维的统一，建立在强大的技战术能力上。由于跆拳道比赛自始至终都是处于交战双方"控"与"反控"的约束条件下。控制内容包括控制比赛节奏、控制对手、控制自己的技战术发挥、控制体力、控制时局、控制距离、控制时间、控制身体重心等。控制的基础建立在全面扎实的基本技术功底、

丰富的比赛经验、综合的跆拳道专项素养和较强的专项体能等。① 因此，将项目制胜因素概括为"快、准、高、变、控"。这些因素是相互联系、相互渗透的，独立不成气候，整合才显效果。

（二）解析项目制胜结构，自主构建训练方法体系

虽然中国跆拳道项目超短期的迅速崛起，并在雅典奥运会上创造了"中国神话"，但我国跆拳道人仍认为项目发展"成功不成熟"。因为项目国际竞技格局在变、环境在变、任务在变、对手在变、目标在变，这就要求我国跆拳道技战术训练必须同步变化，这也要求我国跆拳道人具有与时俱进的开拓精神，具有重新审定项目发展的心理准备，具有展望新目标境界的追求，动态研究世界格局变化与发展趋势，系统分析队伍存在的现状和问题，知难而进，团结奋进，更新观念，自主创新，狠抓质量，提高效益，战略思考，超前构思，整体推进，进一步完善与加速我国跆拳道项目技战术科学化训练进程，逐步形成有中国特色的跆拳道风格和打法，力求本项目在 2008 年北京奥运会上全面突破。特别是目前处于转型期的我国跆拳道项目，技战术训练水平正处于"瓶颈"阶段，如何再一次超短期实现从"转型"走向"定型"，从"成功"迈向"成熟"，从"资源"转成"资本"，面临着严峻形势和存在诸多问题。

特别在雅典奥运会后，国家跆拳道队通过欧洲训练和对抗比赛，总结出这样令人深思的结论："男子实力有限，女子优势不显"，发现国外在进行攻防转化训练时，不仅强调"从外向内"切入进攻技术，而且使用贴靠后的"从内向外"的连续进攻技术，使得"进攻、防守、反击一体化"。而国外的技术训练目的性强，将战术紧密融入到技术训练，技中有战、战中有技，在技术训练十分注重专项体能提高，达到"技战术一体化"训练效果。国外平时训练注重平时使用攻防过程的连续技术，提高在不失分或尽可能地少失分的前提下连续得分的能力。相比较，我国选手具备先得分、

---

① 陈立人，袁守龙. 把握规律，主动创新　力求突破 [J] . 北京体育大学学报，2007 (9)：1154.

得高分、连续得分的能力，但同时失分也高。这已经形成跆拳道项目训练规律的质的转变，这种"技战术一体化"昭示，对技术与战术的训练方面需要"整合式提高"而不是"组合式提高"。

总结悉尼和雅典两届奥运会备战经验，在前两届备战的基础上，再一次明确了"以规则为导向，以体能为基础，以技术为核心，以战术为生命，以心理为保障，以控制为灵魂"的项目制胜结构体系。同时，技战术运用上突出了"打变结合、压调控制、击头为重、攻防一体"的打法。坚持"以专项能力为突破，以技战术组合强化为核心，以个人特长技术为主体"的训练指导思想，进一步完善了"技术全面、特长突出、体能超强、心理过硬、作风顽强"的技战术风格。另外，针对规则变化，设计出"技术精细、技战术一体化、攻防一体化、赛练一体化"的训练体系。[①]

在不同奥运备战周期中，我国跆拳道技战术训练过程始终坚持以竞赛为杠杆，尤其牢固树立了"练"为"赛"的训练导向，并将专项能力与基础能力、力量素质与协调性、有氧与无氧、技术与体能整合起来，避免多种能力训练机械组合而不是多种训练有机整合，防止练不为战，练赛二元化。并以"肌肉等长收缩"与"整体发力"为突破口，提高专项能力，避免一般能力训练代替专项能力训练，减少动作预伸值，加固技术动态结构。同时，以专项辅助技术为重点，改"两头弱、中间强"的"粗放"设计为"实战条件下的技战术实施全过程"的"精细"设计，在结构中抓环节，在系统中抓细节。根据国家队训练和备战工作需要，在国内赛事上实施"导向性"规则，定期举办模拟赛、评价赛、测试赛等，使得竞赛体系为训练提供全面保障和服务。

（三）坚持技战术实战，强化大赛能力

"三从一大"是我国成功指导实践的训练原则，长期的跆拳道技战术训练实践，确立了"从难是标准，从严是要求，从实战出发是核心"的主体

---

① 陈立人，袁守龙．把握规律，主动创新　力求突破 [J]．北京体育大学学报，2007（9）：
1154.

思想，并在具体实践中加大"三从一大"的科学内涵理解。同时认为，现代训练是具有典型的研究特征的实践活动，是个性改造大于共性认识的活动，共性规律只能解决一般性认识问题，个性问题才是真正需要解决的核心。

雅典奥运备战周期对技战术实战进行了战略性定位，提出"以人为本、发展个性、创新技术、强化战术、精细环节、重在实战"的训练理念，坚持"以练为主、赛练结合、以赛促练"的指导思想。国家队在在雅典奥运会最后一年，为陈中和罗微制定了打满 100 场实战比赛的计划，做到"周周有考核，月月有比赛"。当时陈中膝、踝关节伤病严重，成绩徘徊，最好成绩仅为世锦赛第三，解决高强度对抗与伤病防护十分棘手。如果没有强大的比赛储备，奥运夺金可能性就不大；若打比赛，蝉联的可能性会加大。高强度对抗与伤病防护的矛盾成为训练首要解决的问题。中心领导及时组织医学专家进行会诊，与队医制定了一整套防伤、恢复和治疗方案。在医务组的监督和保障下，教练组决定不仅要打而且要打好。罗微作为年轻选手，若想战胜强大对手，必须在实战中磨炼个人意志，增强舍身战术打法能力。为了完成实战任务，她经常在泪水中度过自己的训练课。一系列比赛的锤炼，使陈中和罗微到达雅典后，信心倍增，体能良好，以最佳状态出现在赛场，并一路过关斩将，双双夺冠。

（四）突破传统，强化技战术训练过程的"动态定型"

跆拳道是开放式技能主导类项目，技术结构的变异性，环境条件的复杂多样性，击打时机的不确定性和不稳定性等特征，反映出跆拳道项目运动技能是在非平衡、动态的条件下完成的。[①] 由于平时训练与比赛时技战术的发挥程度是不同的，那么，在平时的训练中技战术的程度必须高于比赛时。运动员要想跨入高水平的行列，就必须在平时训练中多设计一些高难度、强负荷、非稳态的技战术练习。

---

① 陈立人，袁守龙. 把握规律，主动创新 力求突破 [J]. 北京体育大学学报，2007（9）：1154.

过去，我国跆拳道技战术训练只是简单照搬巴甫洛夫高级神经活动条件反射学说和斯金纳操作性条件反射理论，认为跆拳道运动技能只要坚持大运动量和千万次重复练习就可以获得，力求动力定型。然而，在比赛中，运动员的实战对抗能力却没有因为技术能力提高而提高。为什么呢？项目理论研究发现，巴氏的经典条件反射和斯氏的操作性条件反射忽视了运动技能形成过程中生物因素与社会因素的复杂性，忽视了人的大脑功能的复杂性、交互性和非线性特点，忽视了人类行为建立的内在性、意志性和精神性。因此，这些理论对于解释简单运动技能形成无懈可击，但对跆拳道项目来说，则显得过于简单。

通过主动学习和吸收认知神经科学和技能训练中有关"动态定型"的最新进展，在训练中努力摆脱动力定型的理论束缚，实现技术训练的"动力定型"向"动态定型"转化，强化技术动作之间的联系，提高组合技术训练，实现训练能力向竞赛能力转化的无缝连接，注重比赛实景模拟训练、抗干扰训练、高强度心理承受能力训练。为此，我国跆拳道项目技战术训练的目标定位为"把实战所表现出来不稳定的条件元素，通过高水平的训练，构成运动技能发挥的稳定系统"。①

在具体技战术训练设计中，我国跆拳道队创新了在多种赛制下周期训练的节奏安排，改原来的时间长、节奏慢、效率低的大周期训练，转变为阶梯式的小周期训练；重新审视训练负荷，强调没有强度的技术训练是无效训练，加大实战要求下的持续性高强度变换训练，这种技术强度训练提高了运动员连续踢击能力和自我调控能力；完善一节训练课结构，激活运动员的自我内动力与恢复机制，树立一节课训练"质量工程"；逐渐建立训练控制的量化标准体系，构建训练效益和训练质量的监控体系。研究训练过程中量变如何引起质变，以及质变引起量变的基本规律研究，提高训练效能；改变原有的"群体式计划"为"个性化"计划与"个案化"计划。

---

① 陈立人，袁守龙. 把握规律，主动创新　力求突破 [J]. 北京体育大学学报，2007 (9)：1154 – 1155.

（五）加强控制能力培养，增强训练实战化效果

动态定型需要技战术储备，需要激活，需要实战化条件设计，更需要运动员具备应对比赛的控制能力。跆拳道比赛是在快速、多变的情况下连续完成技术或进行多回合的攻防转换，运动员要根据复杂的场上情况，不断预判和决策自己的技术行动，并在瞬间争取对对手施以有效击打。因此，速度快、控制能力强、智能程度高是项目的明显特点。限制与反限制，适应与反适应等竞技表现形式的内在核心是对比赛的控制。那么，跆拳道竞技表现形式的内在核心是对比赛的控制，控制自己、控制对手、控制战局是比赛中制胜的关键，也是技战术赛前储备与赛中表现的基本目标导向。

在我国跆拳道技战术训练发展过程上，起初是将跆拳道技能训练简单理解为外在的技术表现，在一定程度上导致了运动员在比赛中脑子常常出现一片空白，意识不清醒，甚至动作失控。现在则认为，技术的目的是形成有效制胜的战术，技术运用是为了完成实战目标的过程，只有控制好此过程，才能使储备的技术得以有效激活。简单理解，控制就是"致人而不致于人"，"抓住不变，控制可变"，训练中着重要求教练员敏锐地控制赛场中的可变因素，运动员抓住相对不变的因素，把复杂问题简单处理。比如，陈中在两届奥运会决赛决胜局的重要时刻，均用下劈技术锁定胜局，其关键在于及时准确地从对手外在表现上，预判出对手急于追分的意图，并抓住这一不变因素，牢牢地控制住了对手，控制了比赛进程。

针对不同战局战况控制能力不强的现象，我国跆拳道国家队采取了一腿一腿地总结、一个战况一个战况地设计、一次课一次课地强化的有力措施。在训练中设置"以优打优"、"顶优打劣"的战术控制模式，有效地将战术优势转化为比赛胜势。如雅典奥运会上，罗微第一场对阵韩国选手黄敬善，竞技实力明显处于下下风，战胜对手的希望渺茫，但在平时技战术训练中，有针对性地进行了"顶优打劣"的技战术训练，并在比赛中坚决实施此的控制战术，只要黄敬善使用特长技术，罗微就积极运用牵制技术，咬紧牙，拼骨气，打毅力，大胆出腿，搁住对方优势，使对手明显产生不适应，不仅优势发挥不出来，还频频露出劣势，于是，罗微控制了主动权，最后赢得了这场比赛。另外，针对对手特点，提高陪练难度系数设计。通过听觉、视觉、本体感觉等手段的实施，完善实战化训练方法。①

（六）采用物化手段以提高强对抗适应能力

跆拳道是谋略性项目，随着比赛激烈程度加大，心理问题日益凸显，心态决定状态，心理控制也自然成为控制能力训练的重要内容。② 鉴于跆拳道比赛结果是很多因素综合作用的产物，在这些因素中，实战心理在比赛中对运动员的技战术水平发挥的影响占很重比例，那么，对运动员积极的心理训练，把比赛的注意力放在自身能控制的方面，其比赛结果的平均得分率会明显提高。但很多教练员对心理问题感到莫名恐惧，甚至"谈心色变"，无从应对。其实，心理存在多面性，有给别人看的一面，有给最亲近人了解的一面，也有自己解读的一面。如何拨开这个"黑箱"，我国跆拳道选手奥运场上的竞技表现有力地证明了，解决心理问题比较有效的方法是采用物化手段去把握和调整运动员心理状态，否则就会影响到技战术适时发挥。奥运冠军陈中在雅典奥运临赛前出现了大的心理波动，为了避免心理问题导致技战术运用，临战教练组及时采取信件交流的物化手段对其进行心理调节，从而有效保证了她充满自信地站在赛场上。③

物化心理手段必须重视创设情景和程序设计。通过模拟打硬仗、打恶仗、打大仗甚至是打败仗的实战场景，培养运动员不畏强手、敢于面对困难、独立作战的心理品质。通过"平时拧着来、赛时顺着来"的做法，增强运动员比赛时的良好心态。同时，根据不同运动员的个性特点，还应该制定出相应的参赛心理预案。特别对运动员个体进行全方位了解，包括社会与家庭背景、成长历程、自身特点、技术特长、自身薄弱环节等方面都要有清晰的认知。保证我国奥运参赛选手临场技战术运用时"优势更优、

---

① 陈立人，袁守龙.把握规律，主动创新　力求突破［J］.北京体育大学学报，2007（9）：P1155.

② 陈立人，袁守龙.把握规律，主动创新　力求突破［J］.北京体育大学学报，2007（9）：P1155.

③ 陈立人，袁守龙.把握规律，主动创新　力求突破［J］.北京体育大学学报，2007（9）：P1155.

特点更特"。如雅典奥运会上，针对陈中有大赛经验但容易保守的特点，在比赛进场时，让她面对观众，挥手示意；罗微年轻有拼劲但心存杂念，让她进场时低头鼓劲，集中注意力。另外，在临赛前通过制定程序化参赛方案，设计出运动员整体参赛过程中每一个细小环节的心理方案，包括场地休息、准备活动、检录、等候、进场都采取相应的物化手段。[①]

针对奥运会比赛和运动员特点，我国跆拳道人也创编了大量口诀，以便深挖思想潜力，稳定心理状态，清清楚楚参赛。如上场口诀"抬头深呼吸，健步走上去。行礼需周到，衣冠理整齐。目光锁对手，内在含霸气。我是王中王，谁敢与我敌"等等。这些口诀式的物化手段对保证参赛成功起到了重要的心理支撑。更重要的是，项目实践已经将心理环节融入到具体的技战术运用过程中。

跆拳道运动实践证明，心理问题的解决可以借用理论，但绝不能照搬理论，使用物化心理手段是我们奥运取胜的重要方法之一。[②]

总之，2008 年北京奥运对于我国跆拳道项目来说，机遇大于挑战，创新决定未来。目前，国家跆拳道队在认清形势、振奋精神、树立信心、准确定位、保持强烈的紧迫感和忧患意识的前提下，全力以赴做好备战工作，抓住机遇、自主创新，力求实现我国跆拳道项目整体突破。自主创新、团结高效是中国跆拳道队备战 2008 年奥运会的战略选择。

六、举重项目——掌握信息、革新理念

(一)举重技战术创新的意义

当今竞技体育的发展，使得各个项目的竞争愈加激烈，伴随而来的是运动竞技水平和运动训练的科学化水平的不断提高，如举重运动员能把三

---

①　陈立人，袁守龙. 把握规律，主动创新　力求突破 [J]. 北京体育大学学报，2007（9）：P1155.

②　陈立人，袁守龙. 把握规律，主动创新　力求突破 [J]. 北京体育大学学报，2007（9）：P1155.

倍于体重的重量举过头顶。① 随着科技在竞技体育领域的不断渗透，竞技体育的训练无论是在技术上和还是战术上都日趋细化，这对运动员的技术、战术的训练和创新也提出更高的要求。技术创新一直贯穿在举重运动的发展过程中，始终发挥着重大作用，技术动作的每次重大改进和变化，都使运动成绩的提高出现飞跃，推动着举重运动的不断前进。从1896年第1届奥运会举重项目为单手举和双手举，1905年第6届世界举重锦标赛竞赛方式增加了推举和左手抓举，到1928年第9届奥运会举重比赛定为双手推举、双手抓举和双手挺举。20世纪初运动员采用的是大陆式提铃技术，40年代运动员广泛地采用了箭步式提铃技术，50年代，箭步式提铃技术逐步被下蹲式提铃技术所取代。在50年代我国运动员具有较强的创新意识和改革的勇气，大胆采用了当时在国际上尚不十分流行的下蹲式提铃技术，在先进技术的应用上走在一些欧洲国家的前面，从1956 – 1963年，陈镜开等运动员先后13次打破挺举世界纪录。而在60年代陈满林等运动员率先采用了含胸式预备姿势和后髋前送等先进技术，从而先后8次打破推举世界纪录，正因为有了这些动作技术创新，才使得我国举重运动在50年代末和60年代中期在某些级别和项目上能达到世界先进水平。②

创新是竞技体育发展的灵魂，是一个运动项目长盛不衰的不竭动力，探求举重技战术训练，实现举重项目技战术训练的革新是保证我国举重项目传统优势的必由之路。③

（二）举重奥运战绩回顾

举重比赛是世界体育运动的重要赛事，是我国的传统优势项目，在奥运会上也是我国重点的夺金项目，举重项目自1896年第一届奥运会就被列为比赛项目，我国在第23届以来的六届奥运会举重比赛中屡创佳绩

① 田麦久. 运动训练学 [M]. 北京：人民体育出版社，2000.
② 李永坤. 论举重技术的创新与竞赛规则的演变 [J]. 武汉体育学院学报，2001，4（2）：39 – 40.
③ 杨桦等. 竞技体育与奥运备战重要问题的研究 [M]. 北京：北京体育大学出版社，2006：39.

（见图 3 - 7 - 1），目前举重项目也是我国 2008 奥运会主要备战夺金项目，1984 年我国首次参加奥运会就获得 4 金 2 银的好成绩，随后的两届奥运会中战绩明显下降，显示我国举重后备人才的不足。但在 2000 年第 27 届奥运会正式纳入女子项目以来，优势日益突显，本届奥运会上中国举重队获得 5 枚金牌，占总金牌数量的 18%，本届奥运会中国女子举重可谓大放光芒，女举 4 位运动员分头出击，在各自级别中都如愿夺金，男子选手占旭刚也顽强地力拼 1 金。2004 年雅典奥运会，我国举重项目获得了 5 枚金牌，张国政在 69kg 级中以 347.5kg 的总成绩摘得金牌。在本届奥运会上该项目还有 3 枚银牌入账，使举重奖牌的总量达到了 8 枚，虽然相对于 2000 年金牌的总量没有增加，但也是一个很大的进步。2004 年的 3 银预示着我国的巨大潜力，同时也为我们敲响了实现梦想的警钟。作为体育工作者，我们不应当沉迷于收获的喜悦，而要为实现 2008 年的梦想去总结金牌背后成功的经验和夺金失利的种种教训，为举重技战术的训练和创新出谋划策。

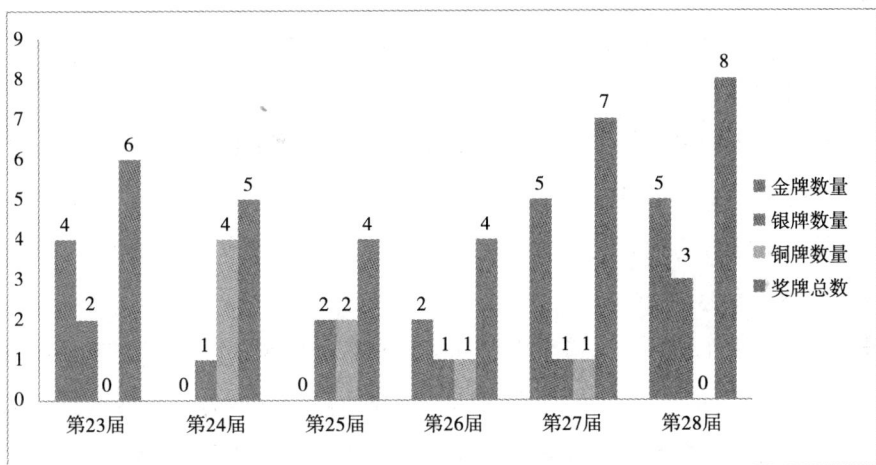

图 3 - 7 - 1　第 23 - 28 届奥运会我国获举重奖牌数

（三）当今举坛概况

1. 面临的挑战

中国举重面临强大挑战，亚洲诸强将成北京奥运劲敌。2008 年举重将是中国奥运夺金的亮点，在日益受到世人瞩目的同时，也正面临越来越大的挑战。亚洲和欧洲的大力士在雅典奥运会上包揽了全部金牌，亚洲选手表现不俗，共获得了 15 枚金牌中的 9 枚，男子 8 个级别中，亚洲力士与欧洲势均力敌，各自摘取 4 块；女子 7 个级别中，有 5 枚金牌被亚洲选手夺走。亚洲举重联合会秘书长莫拉迪说："亚洲的举重实力已经开始超过欧洲，我相信在北京奥运会上亚洲举重会有进一步的发展。"亚举联主席普特韦拉大胆预测："虽然中国是举重强国，但是在北京奥运会上，他们最具有威胁力的对手不再是欧洲，而是亚洲的邻居们。"中国女举教练马文辉坦承，从悉尼奥运会开始，中国女举几乎每块金牌都"赢得很险"。并认为：这般险情还在发展，将直接威胁到中国女举 2008 年奥运会的夺金计划。重竞技运动管理中心主任马文广透露，除了中国和泰国，亚洲的朝鲜、韩国和印度尼西亚近些年也都培养出了许多高水平女子举重选手，她们的目标就是在 2008 年奥运会上向中国队发起挑战。①

中国举重的发展促进了亚洲举重的进步，亚洲举重发展的同时也促使亚洲举重的内部竞争日趋激烈，在未来的奥运赛场上中国军团所面临的将是以欧洲和亚洲为代表的整个世界的挑战，夺金之路可谓艰难坎坷。②

2. 规则的修订

国际举联在每一个奥运会周期都会对举重规则做出一系列的调整和修改，而在 2005 年至 2008 年这个周期对规则的修改中最为重要最具影响力的就是对杠铃的重量从原有的"2.5kg 的倍数"改为"1kg 的倍数"。国际举联作出如此重大的改革并非是一次别出心裁的尝试，而是因为在旧规则

---

① 胡贤豪. 女子举重列入奥运会项目后我国面临的挑战［J］. 中国体育教练员 2005（2）：35－36.

② 何刚. 新规则对我国女子举重比赛产生的影响［J］. 德州学院学报，2008（2）：P94.

下长期以来存在着纪录和成绩不统一这一不合理性。在破纪录的情况下，抓举挺举的试举重量只要超过原纪录 0.5kg，即承认为新纪录，而在计算成绩时却必须是 2.5kg 的倍数，所以有时就会出现举得重的却因为体重不占优势，反而在比赛中失利的情况。这一次改动解决了这一现象。①

3. 规则变动带来的变革

（1）新规则对比赛战术运用的影响

举重比赛的战术手段主要表现在试举重量、体重和签号三个方面，其中试举重量是最主要的手段，其次便是体重因素。

①体重作为战术手段的重要性程度下降

举重竞赛规则规定，当两名运动员成绩相等时，体重轻者名次列前。因此，这会促使教练员和运动员自觉地运用体重这一战术手段去争取比赛的胜利。2002 年旧规则下的举重比赛在运用体重因素作为战术手段占到相当大的比率。然而新旧规则对比来看，无论是抓举、挺举还是总成绩以体重定名次的情况在新规则下都有明显的下降，抓举下降了 19.7%，挺举下降了 4.0%，总成绩下降了 26.3%。这表明在新规则下进行的举重比赛，体重作为战术手段的重要性程度在降低。②

表 3－7－10　2002 年与 2006 年全国女子举重锦标赛
全场比赛以体重定名次的情况比较

年份	人数	抓举		挺举		总成绩		总计
		人数	%	人数	百分比%	人数	%	
2002 年	128	92	71.9	76	59.4	63	49.2	231
2006 年	157	82	52.2	87	55.4	36	23.0	205
百分比差			19.7		4.0		26.3	

②规则的改动对大签号更有利

第一次试举以签号决定试举顺序的次数很频繁，抓、挺举都占有较高

---

① 何刚．新规则对我国女子举重比赛产生的影响［J］．德州学院学报，2008（2）：24.
② 何刚．新规则对我国女子举重比赛产生的影响［J］．德州学院学报，2008（2）：95.

的比率，在旧规则中甚至有两场比赛抓举达到了100%。说明举重比赛中签号的作用是不容忽视的，大签号可以给教练员在战术安排上提供很大的可调度性。①

从2002年与2006年全国女子举重锦标赛比赛的对照可以看出，在新规则下的2006年比赛以签号决定试举顺序次数百分比相对旧规则下的2002年比有所下降，说明规则的改动对签号这一战术因素带来了巨大的影响。因为在全国比赛中运动员水平比较接近，预报试举重量相同时签号大的运动员排在后举，这就给战术安排带来了很大的主动权，所以在举重比赛中通常签号较大者占据优势。而对于签号小的运动员而言，若想改变在签号因素上的不利地位就只能靠增加试举重量获得后举机会。②

（2）新规则变动对训练的要求

从以下两表对照可以看出，新规则中的报名成绩与第一次试举重量之和的差与旧规则中的相比数值要小，百分比上高出2002年全国女子举重锦标赛。从各个级别中看，2006年的锦标赛除了75kg级低于2002年锦标赛。其余6个级别都不同程度的高于2002年锦标赛。而且2006年锦标赛每个级别的第一次试举重量强度都在95%以上。这说明新规则下的举重比赛第一次试举重量比旧规则更接近于报名成绩，第一次试举的强度增大了。这预示着新规则下进行的举重比赛，随着第一次试举重量强度的增大，对于运动员大强度试举的成功率要求也会提高，所以建议教练员运动员今后在训练中，应更加注重大强度的技术训练，并提高大强度试举的成功率，以适应比赛中的这种大强度的比赛节奏。③

① 何刚. 新规则对我国女子举重比赛产生的影响 [J]. 德州学院学报, 2008 (2): 95.
② 何刚. 新规则对我国女子举重比赛产生的影响 [J]. 德州学院学报, 2008 (2): 95.
③ 何刚. 新规则对我国女子举重比赛产生的影响 [J]. 德州学院学报, 2008 (2): 95.

表 3 - 7 - 11　2002 年全国女子举重锦标赛报名
成绩与第一次试举重量之和对比

级别	人数	报名成绩 平均值 kg	第一次试举 平均值 kg	报名成绩与 首把重量差 kg	%
48kg	16	185.9	174.2	11.7	93.7
53kg	24	203.8	191.3	12.5	93.9
58kg	27	211.9	200.6	11.3	94.7
63kg	20	223.3	215.1	8.2	96.3
69kg	13	236	223.1	12.9	94.5
75kg	15	240	231.8	8.2	96.6
75 + kg	13	256.5	248.5	8.0	96.9
总平均值	128	222.5	212.1	10.4	95.3

表 3 - 7 - 12　2006 年全国女子举重锦标赛报名
成绩与第一次试举重量之和对比

级别	人数	报名成绩 平均值 kg	第一次试举 平均值 kg	报名成绩与 首把重量差 kg	%
48kg	24	189.7	183	6.7	96.5
53kg	28	204.7	199.4	5.3	97.4
58kg	27	218.8	211.8	7	96.8
63kg	20	224.9	217.5	7.4	69.7
69kg	16	237.0	225.3	11.7	95.1
75kg	18	235.5	224.2	11.3	95.5
75 + kg	24	259.9	253.3	6.6	97.5
总平均值	157	224.4	216.4	8	96.5

（3）规则变动对教练员、裁判员的影响

①对教练员的影响

规则对教练员的要求比对运动员的要求高，使用新规则后，选手间的竞争更加激烈，这就要求教练员在后场紧跟比赛形势、果断决定试举重量。

②对裁判员的影响

1公斤倍数新规则下的举重比赛中裁判工作比旧规则下的比赛更加繁忙，检录台应接不暇，教练员运动员大量的运用战术更改试举重量，使得检录台空前的忙碌，与检录台衔接的记录台自然也不可开交，试举顺序改变的现象频频发生。由于战术运用增多导致试举同等重量的次数大大减少了，从而使得加重员的工作也空前的繁忙。同时，由于连续试举的次数增多，计时员和技术监督的工作比过去更加劳累；战术的频繁使用和场上情况的多变。①

总之，新规则的实行使举重比赛更加合理，新规则的出台对举重比赛的战术运用上有很大的冲击，带来的影响是积极的，但是规则的变化给我们带来的不利因素才是我们应当学习和关注的焦点。

（四）举重技战术训练理念

四年一度的奥运会赛事是世界人们广泛关注的体育盛会，作为运动员能够参加奥运会并取得良好的成绩是其最大梦想。纵观运动员从选材到走向奥运赛场所经历的成长历程，可谓是重重考验、百般艰辛。举重运动员在赛场上竞技能力的发挥受到多种因素综合的影响，国人、教练员、领队、后勤人员、科研人员等等，这些方面也都或多或少给运动员增添了一定压力。奥运夺金不是运动员一个人的事，在赛场上战斗的也不是运动员一人，金牌是共同努力的结果，是集体智慧的结晶。在奥运会备战的征程中需要我们突出运动员的核心地位，从运动员的日常训练、选拔赛、正式比赛以及生活中挖掘"冲击金牌，抢收金牌"的影响因素，把握各个环节，处理好每一个细节。为有潜力的运动员尽可能的铺平道路，扫除一切障碍，提供最优化的服务。

1. 抓住一根线、把握全方位

一根线即运动员；全方位即影响即技战术训练和发挥的各个方面。举重竞技人才的培养是一项系统工程，又是一个动态过程，若要在举重比赛

---

① 何刚. 新规则对我国女子举重比赛产生的影响［J］. 德州学院学报，2008（2）：95.

的竞争中占据领先，必须在动态中不断认识、观察、摸索和把握运动员竞技能力的构成要素和竞技能力的主要影响因素，并不断顺应规律调整训练理念、转换方法、革新体制，以此来探求影响技战术训练与发挥的多种因素。

表 3 – 7 – 13　运动员各阶段技战术训练和发挥的主要影响因素

运动员经历	各阶段的任务、目标	各阶段的影响因素	
		主观因素	客观因素
运动队训练	竞技能力的储备	运动员的心态、身体状况、饮食休息等	领导、教练、科研人员、领队、医务人员、后勤人员和队友等
参加选拔赛	参赛机会的争取	自身竞技状态	选拔机制、领导、教练、科研人员、医务人员、国内对手、教练、领导、媒体；裁判员、规则、抽签号码、比赛场、比赛用具
参加奥运会	调动一切因素，发挥训练水平，争取比赛胜利	自身竞技状态	领导、教练、科研人员、领队、医务人员、翻译；对方水平、教练、领队、医务人员和科研人员；裁判员、规则、抽签号码、比赛场、比赛用具

在这个动态的体系当中蕴含着错综复杂的众多因素，若要做的全方位的把握必须抓住运动员这一联系一切主观因素和客观因素的纽带。

（1）因素分析

1）因素主次分层的依据

是否与运动员的技术、战术（竞技能力的构成要素）密切相关；是否伴随运动员的整个成长历程；是否为可控性因素。

2）因素筛选结果

表 3 − 7 − 14　各因素筛选结果

重要性程度	主要因素	次主要因素
功能等级	重要功能	影响功能
具体因素	可控因素：运动员个人、领导机制、教练、科研人员、领队 非可控因素：对手、对方教练、对方科研人员	可控因素：医务人员、后勤人员、翻译人员、媒体记者等 非可控因素：裁判员、规则裁判法、抽签、赛场环境、器材状况等
备注		特殊时期功能等级提升

（2）各主要因素职责和要求

主要因素又可以划分为可控因素和非可控因素两个方面，对于可控因素我们要做的主要工作就是调动一些有利因素提升自我，改善技术，创新技术，研究战术的时效性，灵活迁移战术。对于非可控因素主要涉及的是对方的情况，在这一方面我们要做的工作就是全面把握，深刻了解，分析其技战术的特点。

1）运动员个人

任务：

①接受训练，提高自己的竞技能力，发挥自己的竞技能力；

②接受思想教育，树立正确的价值观念；

③接受专业知识教育，提高自己的专业认知水平；

④配合教练、领队、科研人员等共同完成各自任务；

要求：

①服从领导、教练员、领队安排，训练刻苦；

②动机纯正，思想觉悟高，积极性高；

③学习认真、配合程度高；

④具有团队意识和爱国主义情怀。

2）教练员

任务：

①完成训练内容；

②提升自身的知识储备，包括现代化的训练方法手段和裁判知识；把握举坛新情况；

③配合科研人员，协同领队工作；

④了解对手，分析对手，为技战术的实施提供参考资料。

要求：

①要求严格，保质保量；

②爱护运动员，注意交流的方式，避免产生思想抵触；

③善于观察、善于思考；

④针对不合理现象敢于发表自己的看法。

教练员在运动训练过程中起着主导作用，他们的工作对运动训练水平的提高有着决定性的影响，这一点已经成为人们的共识。因此世界各国都十分重视对教练员进行培训，许多研究和大量事实都证明，抓好教练员的培训是推动运动训练科学化的必由之路。提高教练员的素质和训练的科学化水平的重要手段之一，就是不断提高教练员的科学文化水平，这对于他们学习和理解科学技术知识，消化吸收新的科技成果，进而在运动训练实践中不断应用科技成果，进行训练方法和手段的自主创新。[①]

3）领导机制

任务：

①制定正确的发展策略、构建合理的选拔机制；

②搞好教练培训和提供科研人员所需求的研究器材设备；

③把握举重发展新况，适时调整发展战略；

④加大资助力度和奖励力度。

要求：

①了解举重项目的特征和发展需求；

②配合教练员、领队、科研人员的工作；

---

① 罗超毅．为2008年奥运会中国田径打翻身仗而奋斗［J］．体育管理．2005（9）：6－9.

③关爱运动员，忧其所忧；

④监督选拔，为运动员提供一个公平的机会。

4）科研人员

任务：

①提供科学的训练和营养方面的指导；

②研究对手为技战术的制定和发挥提供一手信息；

③配合教练员工作；

④建立国内外举重运动员的数据库，随用随调。

要求：

①了解举重项目特点，了解举重技术；

②善于观察，善于分析，广泛收集研究资料；

③具有高度的团队意识。

5）领队

任务：

①配合教练员，协调好各方面工作；

②爱护运动员，保障运动员的权益；

③做好思想工作，处理好内部矛盾。

要求：

①工作具有热情；

②工作具有积极性；

③工作具有耐心和信心；

④想运动员之所想，忧教练之所忧。

对于主要因素中的非可控因素，我们所要做的就是充分地了解对手的情况和信息，建立对方信息库，另一方面要注意我们也是对方研究的对象，应避免或者尽可能减少对方对我们的了解，适时散布虚假信息迷惑对手，做到真假相间，虚中有实。

（3）次主要因素的分析

次主要因素特殊时期功能等级提升，因此无论是举重技战术的创新还

是技战术的运用和发挥，都应该给予这方面高度的关注。这一点过去的实践已经证明，比如拿翻译来看：语言是交流的工具，是战术实施的重要环节，可能在运动员具备绝对实力的情况下显现不出重要性，但由于交流障碍造成的不必要损失在重大赛事上已屡见不鲜。63kg级世锦赛冠军欧阳晓芳多哈亚运受伤，归其原因就是在与裁判的交流上出现了问题，造成了时间的拖延，致使仓促应战而导致前十字韧带和内侧副韧带撕裂。2004年雅典奥运会裁判对48公斤级亚军李卓的不合理判罚，也因语言问题而不能及时申诉。

裁判员作为次主要因素之一，在竞争异常激烈的关键时刻往往也起着不可忽视的作用，即使是在奥运赛场上由于裁判因素而影响比赛结果的现象也是屡见不鲜。这就对我们备战奥运会的过程中提出了要求：要深刻了解举重规则同时精通英语，认真观察，发现不公正判罚立即提出申诉，捍卫奥运会"公平公正的原则"，争取自己的合法权益，维护运动员的切身利益。

次主要因素主要和服务人员的联系比较密切，因此在进行工作的过程中要分工明确，联系紧密，交流及时，不仅仅每一个环节上的工作要做到位，更应该在各个环节的衔接上下工夫，真正做到了解深刻、发现及时、交流迅速、衔接顺畅。

2. 实践中的经验总结：金牌背后的经验与冲金未果的教训

（1）丁美媛的心态：良好的心态是技战术发挥的保障

2000年9月22日，第27届悉尼奥运会女子举重75kg以上级决赛，丁美媛在比赛中技压波兰选手弗罗贝尔成功夺得金牌，同时打破两个挺举和总成绩世界纪录，成为名副其实的世界女子第一大力士。赛后据丁美媛个人讲："你都不会相信，当时称体重完休息时，我竟然睡着了。"对于任何一名参加奥运会的运动员来讲能够做到这一点确实是难能可贵的！而无论是作为服务人员还是教练员能够把运动员的心态调整到这种状况的确是功不可没。

经验总结：良好的心态为技战术实施提供保证，功在平时，平时训练当比赛，关键比赛当平时，调整心态从容应战，注重心理训练和心态调整。

（2）李卓的失利：正确处理内部矛盾增强自我优势

人才多应该是一种优势，然而在某种情况下却不是这样，中国女子举重人才可谓是人才济济，然而有限的奥运会参赛名额使得国内不少选手在拿到奥运会的入场券之前还要经历层层选拔，体能的消耗、精力的花费无疑给运动员夺金的征程添加了不必要的艰辛。

表 3-7-15　2003 年我国举重 48kg 级优秀选手一览表

单位	姓名	年龄	比赛时间	最好成绩（kg）
辽宁	李卓	22	2003 年全国冠军赛	92.5 + 120 = 212.5（选拔赛之前）
辽宁	高伟	19	2003 年城运会	92.5 + 117.5 = 210
湖南	王明娟	19	2003 年全国锦标赛	92.5 + 117.5 = 210
湖南	杨炼	20	2004 年全国锦标赛	92.5 + 115 = 207.5

上表显示：李卓的成绩最高，排在第一位，加之正值最佳出成绩年龄，具有较丰富的大赛经验，排在第二位的高伟年龄偏小，比赛经验略显不足。王明娟在 2003 年 12 月份的世锦赛上因膝关节严重损伤，暂不能正常训练，奥运会以前恢复到原来最好成绩的可能性不太大。杨炼在九运会后，因兴奋剂问题被禁赛。此时李卓应该是最佳入围选手。

表 3-7-16　国外 48kg 级优秀选手成绩一览表

国家	姓名	比赛时间	比赛成绩（kg）
马来西亚	Kaythiwin	2003 年国际比赛	87.5 + 112.5 = 200
土耳其	塔伊兰	2002 年世锦赛	87.5 + 105 = 192.5
泰国	Aree	2003 年世锦赛	82.5 + 107.5 = 190
保加利亚	Dragneva	2003 年世锦赛	82.5 + 100 = 182.5

从表 3-7-16 可以看出国外最好选手是马来西亚的 kaythinwin 总成绩是 200kg，同李卓的最好成绩 212.5kg 相比要差 12.5kg，这对于 48kg 级最轻级别的选手来说差距是明显的。土耳其的塔伊兰 192.5kg 与李卓相比相差 20kg，根本上来说她不具备同李卓竞争的实力。

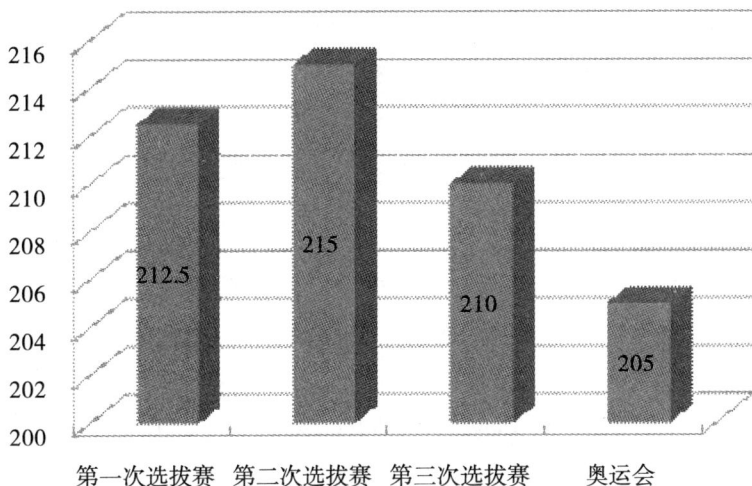

图 3 - 7 - 2　李卓成绩的变化趋势（单位：千克）

从上图可以看出，在出征奥运会前女子举重 48kg 级的 3 次选拔赛中，李卓技术发挥稳定成绩最高，而且体重不大，仅高出该级别 0.3kg。因此，李卓理所当然的是这个级别的最佳选手，第三次选拔结束后李卓才被最后确定为参加第 28 届奥运会的选手，此时奥运大赛只剩下短短的一个月。从图 3 - 6 - 2 可以看出李卓竞技能力在参加奥运会时已经成下降趋势，作为一个有经验的教练员来讲调整其竞技状态完全不是问题。其竞技能力却在第二次选拔赛达到了巅峰，一个运动员一直承受着获取参赛资格的压力屡屡参加选拔，无论是从精力上还是体力上都是莫大的消耗。最终李卓输给了最好成绩低于自己 20 千克的塔伊兰是谁都没有想到的。三次选拔赛无疑也搅乱了教练的工作和计划。

经验总结：革新选拔赛制，避免内战带来的体能消耗，给具备绝对实力的运动员营造轻松的氛围；教练员要敢于针对不合理的现象和行为发表自己的观点；统一认识，统一目标，避免内耗；举重主管部门要加强体育情报及时准确，做到准确无误。

（3）信息决定成败

1988 年汉城奥运会前，中国选手何灼强先后两次打破 52 公斤级总成绩世界纪录,将世界纪录从 262.5 公斤提高到 267.5 公斤。对此,各方面盲目乐观,认为何灼强奥运会上可稳操胜券,忽视了对国际信息的准确把握。在奥运会前的欧洲锦标赛上,52 公斤级前世界纪录(262.5 公斤)创造者,保加利亚选手马林诺夫以 270 公斤获 56 公斤级冠军。在奥运会上,马林诺夫减体重参加 52 公斤级比赛,6 次试举 6 次成功,以 270 公斤夺得金牌。何灼强在强劲的对手面前缺乏足够的心理准备和应变能力,措手不及,6 次试举仅成功 2 次,以 257.5(112.5 + 145)公斤仅获铜牌。2004 年雅典奥运会上,女子 48 公斤级是我国必夺金牌,夺金重任交给了世界冠军李卓。但没有预料到年仅 21 岁的土耳其选手塔伊兰(2004 年 4 月欧洲锦标赛总成绩 205 公斤),以 210 公斤的总成绩打破世界纪录并夺得金牌。李卓以 5 公斤差距仅获银牌。上述失误的主要原因是对国际举坛最新信息的搜集了解不够,缺乏随机应变,对战胜突然出现的困难没有充分的准备。①

经验总结:教练员不但要盯住本级别,还要把上一个级别和下一个级别的选手都登上,关键比赛时,哪个运动员要上去,哪个运动员要下来,一定要做到心中有数;对国际举坛最新信息的准确要把握。

(4)占旭刚的突破

占旭刚 1996 年初的抓举成绩徘徊在 150 公斤左右,科研人员和教练员认真分析了他的技术动作后,认为他锁握法握杠时只用拇指和食指,不能把力量全部传输给杠铃,提出了用三个手指锁握杠铃的技术改造方案。占旭刚最初改技术的几周,手指上磨起了大大的水泡,但适应新技术后,抓举成绩增长了 10 公斤,并在奥运会上以 162.5 公斤打破了抓举世界纪录,为荣获金牌奠定了基础。②

经验总结:技术上精雕细刻,训练中求实创新,科学训练是实现奥运会突破的重要前提;科技攻关,后勤保障,医务监督是实现奥运会突破的助推剂;重视科研,加大科研投资力度。

---

① 杨世勇. 中国举重再续辉煌的研究 [J]. 成都体育学院学报,2009(11):46 - 47.
② 董生辉. 中国举重队在奥运会取得重大突破的多因素研究 [D]. 硕士学位论文,2007.

3. 实现举重技战术训练、创新目标的若干理念

(1) 从整体和现实要求把握工作重点

在不同的阶段，组成全局的各个局部在全局的发展中所处的地位和作用是不相同的。有的起一般性的作用，有的起比较重要的作用，有的起最重要的、决定性的作用。一般说来，起最重要的、决定性作用的工作常常就是我们工作中的主要矛盾，由于它的存在和发展规定和影响着其他矛盾的存在和发展。抓准、抓住了主要矛盾，就可以提纲挈领，带动全局工作的开展。

(2) 整合资源实现"1+1=11"

实践证明运动成绩发展到如此高的水平，要继续保持优势，再创新高，仅仅靠教练员挖掘个人的智慧或者凭借运动员的艰苦训练已经远远不够了。一个教练员在训练过程中，需要强有力的管理者的帮助，高水平科技专家的支持，医生、后勤保证人员的积极配合。由这些人员组成的群体构成了现代运动训练的科学化团队。这个团队组成成员的水平越高，配合越紧密，则训练的科学化水平必然越高。一般而言，决定团队工作效率的主要因素有任务的确定性、目标的一致性和相互的依赖性，任务分工越明确，目标越一致，团队成员之间相互依赖性越强，则这个科学训练的团队工作效率越高。

(3) 融会规则贯通规则

学习规则要抓住规则中的关键，尤其是规则的改动之处。规则的学习不仅仅是教练员个人的事情，运动员、科研人员、翻译人员等等都要学习规则、吃透规则，这样才能利用规则，在关键时刻及时地针对裁判的不公平现象提出异议或者申诉。同时也能够为技战术的制定与实施公共出谋划策。

(4) 把握全局放眼世界

这里主要是从信息方面而言的，无论是作为领导、教练员、科研人员是运动员都不能盲目地"闭关锁国"，只顾自己的训练和备战而不了解对手，工作中就不可避免地会出现各种盲目性。我们要通过各种渠道来收集国际最新动向和变化，包括通过比赛、媒体、情报人员等来间接地获得相关信息。只有做到了知己知彼，才能在任何时候做到百战不殆。只有详细了解对手才能在关键时刻不至于措手不及。我们要调动所有积极性因素去建立一个举重信息资源的数据库，把国外优秀选手甚至教练的情况——登录在查，以供必要时随时调用。

七、摔跤项目——女子摔跤技、战术训练创新探索

（一）中国女子摔跤的发展历程

1. 我国女子摔跤发展过程的简要回顾

我国女子自由式摔跤运动是从 1987 年 3 月开始的，当时国家体委布局了 10 个试点，从此这项运动在国内发展起来。到 1988 年 11 月，在四川成都举办了首届全国邀请赛。在 20 世纪 90 年代初期，我国女子摔跤竞技运动水平发展达到了顶峰，1991 年，中国代表团首次参加了第三届世界女子摔跤锦标赛，并取得了 3 金 1 银的优异成绩，钟秀娥还获得了此次大赛"敢斗奖"的荣誉，在国外刮起了巨大的"中国风"。① 在 1992 - 1993 年连续两届的世锦赛中，我国又夺得了 7 金 1 铜的优异成绩，震动了世界跤坛。从 1991 - 1993 年的比赛成绩可以证明，我国的女子摔跤运动在世界处于领先地位。但是，女子摔跤在随后的发展中，逐渐步入困境。从 1994 - 2001 年连续 8 年才共获得 5 枚金牌，各省、市也因为该项目不是奥运会、亚运会、全运会的比赛项目，纷纷解散了队伍，全国只有北京体育大学唯一保留了这一项目，但也是举步维艰，至此，我国女子摔跤跌入了低谷。直至 2002 年女子摔跤被列为亚运会和奥运会的正式比赛项目，女子摔跤才得到全面的复苏，在正式发展的短短 2 年时间内，最终我们能在雅典奥运会上有所突破，获得了一枚宝贵的、意义重大的金牌，实现中国摔跤史上金牌"零"的突破。至此，我国女子摔跤进入了一个全新的发展期，2005 年世锦赛我们获得了 2 金的新历史最好成绩，2006 - 2007 年又分别获得 1 金，总成绩分别排在第 2 和第 4 位，从这 3 年的成绩来看我们目前仅次于日本，

---

① 王芬等. 高水平运动训练与管理研究［M］. 北京：北京体育大学出版社. 2002：347.

处于第 2 集团首位，在目前这个新的发展期，我们最主要的任务就是为实现 2008 年的奥运会的梦想去总结每块金牌背后成功的经验和夺金失利的种种教训，为女子摔跤技战术的训练和创新出谋划策。

表 3 - 7 - 17 中国女子摔跤运动员获世锦赛（奥运会）冠军总统计

比赛名称	地点	运动员	级别（kg）	金牌数	百分比
2007 世锦赛	巴库	景瑞雪	67.0	1	5%
2006 世锦赛	广州	景瑞雪	67.0	1	5%
2005 世锦赛	布达佩斯	孟丽丽	67.0	2	10%
		任雪层	48.0		
2004 奥运会	雅典	王旭	72.0	1	5%
2001 世锦赛	索菲亚	孟丽丽	62.0	1	5%
1997 世锦赛	克莱蒙德	钟秀娥	46.0	1	5%
1996 世锦赛	索菲亚	刘东风	75.0	2	10%
		钟秀娥	44.0		
1995 世锦赛	莫斯科	刘东风	75.0	1	5%
1993 世锦赛	挪威	刘东风	75.0	3	15%
		王朝丽	65.0		
		钟秀娥	47.0		
1992 世锦赛	维勒班	刘东风	75.0	4	20%
		潘燕萍	44.0		
		王朝丽	65.0		
		钟秀娥	47.0		
1991 世锦赛	东京	刘东风	75.0	3	15%
		张霞	53.0		
		钟秀娥	44.0		
总计				20	100%

注：1994、1998、1999、2000 年未参加比赛

2. 当今世界女子摔跤发展形势分析

表 3 - 7 - 18 2006 年世锦赛奖牌分布情况

级别 名次	48kg	51kg	55kg	59kg	63kg	67kg	72kg
第一名	日本	日本	日本	日本	日本	中国	保加利亚
第二名	中国	加拿大	白俄罗斯	中国	中国	加拿大	日本
第三名	波兰	美国	西班牙	乌克兰	俄罗斯	日本	美国
第三名	意大利	俄罗斯	瑞典	印度	委内瑞拉	德国	俄罗斯

表 3 - 7 - 19 2007 年世锦赛奖牌分布情况

级别 名次	48kg	51kg	55kg	59kg	63kg	67kg	72kg
第一名	日本	日本	日本	法国	日本	中国	保加利亚
第二名	乌克兰	中国	瑞士	德国	哈萨克斯坦	加拿大	美国
第三名	委内瑞拉	法国	俄罗斯	马来西亚	俄罗斯	俄罗斯	俄罗斯
第三名	中国	加拿大	哈萨克斯坦	乌克兰	波兰	美国	哈萨克斯坦

（1）总体形势分析

①竞争白炽化

2006 年世锦赛共有 43 个国家，169 名世界最优秀的选手参加了世锦赛，七个级别的金牌分别为日本（5）、中国（1）、保加利亚（1）获得，有 15 个国家获得了奖牌。2007 年世锦赛共有来自 54 个国家（或地区）的 198 名女子运动员参赛，七个级别的金牌分别为日本（4）、法国（1）、中国（1）和保加利亚（1）获得，共有 19 个国家获得了奖牌，15 个国家分享了本次比赛的 32 个奥运席位。通过两届比赛的参赛国数、运动员人数及奖牌的分布情况可以看出：项目发展的国际化程度逐步提高，参赛的国家及人数越来越多，规模越来越大；优势国家继续保持强劲的发展势头，新竞争对手不断出现，参赛的水平越来越接近。

②格局动摇

通过两届世锦赛的金牌数和奖牌数对比，可以显示出女子摔跤的传统格局已经发生动摇，女子摔跤领头羊日本队和处于第二集团领先地位的中国队本次比赛受到了强烈的冲击。2006年世界锦标赛日本队以5金、1银和1铜的绝对优势位居前列，但本次比赛只获得4金、一个第5、一个第7，并且，一直具有绝对实力的55kg选手吉田沙保里，在部分场次的部分局次也受到冲击。但总体而言日本55kg和63kg两个级别的优势依然存在，48kg伊调千春，凭借稳定的心理和丰富的比赛经验，仍然在本级别保持较大的竞争实力，72kg滨口京子已经在走下坡路，被保加利亚选手斯丹卡完全掌握了比赛节奏情况下战胜，而且还输给了哈萨克斯坦选手，可以说在2008年的金牌争夺战中，已明显居下风，基本上退出了竞争舞台。纵观2008年奥运会，日本队在48kg、55kg、63kg这三个级别具有明显的优势。中国队上届世界锦标赛获得1金、3银和1铜、总分排名第二，而本次世界锦标赛退居哈萨克斯坦、乌克兰之后，位居团体总分第四，面对2008年奥运会我们女子摔跤夺金的形势已经异常的严峻。

③新军突起

众多年轻的队伍和年轻的选手正脱颖而出。哈萨克斯坦、乌克兰、阿塞拜疆等从前苏联分离出的国家异军突起，其中哈、乌两国团体总分在2007年世锦赛上力压中国排名并列第二；乌克兰在获得奥运席位的数量上力压日本和中国，一次性获得四个级别的奥运入场券。众多二十岁以下的年轻选手战胜强手，取得了奥运会资格（如48kg哈萨克斯坦选手、瑞典选手，55kg白俄罗斯选手，63kg乌克兰选手等）。保加利亚72kg选手连续取得2006－2007年两届世界锦标赛冠军，在本级别显示出了一定的实力和优势。

（2）国内形势分析

中国女子摔跤队在2006年世锦赛获得了1金3银，在2007年世锦赛获得1金1银1铜，并获得了三张奥运入场券，从成绩上来看我们比较稳定，还属于第二集团领先地位，但是从实力和趋势来看我们的形势是严峻的，中国女子自由式摔跤队在两次世锦赛中均派出了七个级别的最强阵容。四个奥运级别（48kg 级、55kg 级、63kg 级、72kg 级）共获得了 2 银 1 铜、一个第 5 和一个第 8，取得了三张奥运会入场券，非奥运级别（51kg 级、59kg 级、67kg 级）共获得 2 金、2 银。尽管我国每个级别都有几名冲击奥运金牌的选手，但是从本次比赛看出，我国重点队员的实力没有得到明显的提高，年轻队员在比赛中没有实现应有的突破。奥运级别中，48kg 与日本、乌克兰相比略处下风，55kg 延续了连续两年惨遭淘汰，63kg 与日本相比技术战术的运用能力有差距，72kg 受到伤病的困扰，没能正常发挥。2008 年北京奥运会夺金的形势非常严峻。[①]

（二）女子摔跤技、战术训练创新

女子自由式摔跤运动属于技能主导类格斗对抗性项群。[②] 摔跤运动是身体直接接触的、不断克服瞬间变化阻力的，具有高度应变性的对抗运动。在比赛中双方运动员在规则允许的范围内，以各种徒手方式进行搂抱、拌摔、挤压、滚翻对方，目的是摔倒对方，使其双肩着地或以比分战胜对手。[③] 因此，对于一名优秀摔跤运动员来说，技能是核心，是完成各种目的的直接行为手段；体能是基础，是实现行为手段产生效果的保障；智能是灵魂，是指挥和支配行为手段的合理运用过程。因此，高水平女子摔跤运动员必须具备敏捷的思维，深刻的悟性，超前的感觉，良好的身体能力，过硬的技术，坚强的意志和稳定的心态。此外，项目的发展与变化，使人们对专项力量、专项速度、专项对抗强度的追求日益加大，身体素质训练的重点已转向专项化。且重中之重的发展核心是以专项力量速度为灵魂。因此，深悟以上内涵，加深对其理解和认识，对宏观上准确地把握发展趋势，找到创新方向，有着极为重要的作用。

从哲学角度来看，创新有认识创新、方法创新、工具创新和信息创新。

---

① 许奎元. 摔跤：四面围金 [J]. 新体育，2008.
② 田麦久. 项群训练理论 [M]. 北京：人民体育出版社，1997：157.
③ 冯连世. 优秀运动员身体机能评定方法 [M]. 北京：人民体育出版社. 2003：235.

具体到女子摔跤项目备战 2008 年奥运会，创新内容包括训练理念创新、训练内容创新、训练方法体系创新、训练结构设计创新、竞赛体系创新、科技攻关组织模式创新和教练团队的人才培养方式的创新等几个方面。

1. 训练理念创新

"理念来自于理解"，没有全面的深入地认识项目本质规律就不可能更新训练的理念，现代高水平竞技训练前进的原动力就是需要理念创新。

（1）科学审定"三从一大"训练精髓与时代内涵

"三从一大"原则的全称是"从难、从严、从实战出发，科学地进行大运动量训练的原则"。[①] 女子摔跤运动的性质，属于格斗对抗的技能主导类项目，在女子摔跤竞技的制胜系统中，技术因素占据着主导地位，这种地位是其他任何因素都难以替代的。从实战出发就是从当代运动训练和运动竞赛的实际，特别是以奥运会为最高层次的国际竞技体育大赛的实际出发，把比赛与训练融为一体，将大赛中的残酷性、对抗性和来自各方面的压力体现在训练中，牢固树立"练"为"赛"的训练指导思想，训练讲究质量，训练要有效果，训练是为了比赛，比赛是为了结果，任何正确的训练过程的积累，就是好的比赛结果的开始，任何科学的训练手段，前提必须是练，通过科学的检测手段，为训练安排做出正确的指导。[②] 坚持"从难、从严、从实战出发，科学地进行大运动量的训练"，始终贯穿我们的训练计划，并真切地收到了良好的效果。

（2）动态把握项目制胜规律，准确预见技术发展趋势

运动训练的主要目的是在竞赛中夺取优异运动成绩，"夺取"的过程其实就是"制胜"的过程。而要制胜，就必须遵循制胜规律。所谓制胜规律，是指在竞赛规则的限定内，教练员、运动员在竞赛中战胜对手，争取优异运动成绩所必须遵循的客观规律。

---

① 徐寅生等. 乒乓球长盛的训练学探索［M］. 北京：北京体育大学出版社，2002：39.
② 杨桦等. 竞技体育与奥运备战重要问题的研究［M］. 北京：北京体育大学出版社，2006：9.

　　运动训练实践证明，训练理论是训练过程系统化和科学化的基础，是快速提高运动水平的保障，而项目的制胜规律又是项目训练理论的基础。摔跤的在新一轮的奥运备战周期，世界女子摔跤的竞技水平得到迅速提高，在大赛中涌现出一批具有不同技、战术风格的世界级年轻选手。竞赛中的各种情况趋于复杂尖锐，由于规则的不断修改和变化直接影响我们所具备的优势和打法，并且导致较多的不利因素，国际大赛的竞争会更加激烈和残酷。为此，我们在新的奥运备战周期中，不能仅仅把目光局限在那些具体的训练方法和手段上，而是应该对训练理念和思路进行反思，动态把握女子摔跤的制胜规律。

　　唯物辩证法告诉我们，任何事物都是处于运动之中，绝对静止的事物是不存在的。如何在严峻的形势面前克服主观和客观、内环境和外环境及成绩和挑战的矛盾，女子摔跤项目的制胜规律同样也处于不断动态变化之中，这就要求我们教练员不断探索和发现项目新特点，以新认识、新突破和新作为为导向，充分利用现代科学技术，加强科技资源的介入，探求女子摔跤技、战术训练的科学性，不断进行以"技、战术"为核心的应用性实践研究，变更我们的训练计划，创新训练方法，合理安排运动负荷，灵活处理赛、练关系。只有这样我们的项目才能始终处于不败之地。

　　2. 训练内容创新

　　（1）打法类型的创新

　　打法类型具有丰富的科学内涵。打法类型可将竞技要素和制胜要素最经济有效地组合到某一特定运动员身上，并起到出其不意的效果。所谓经济有效，是指运动员在比赛中根据个人特点不同而更适合于某一种特定打法。女子摔跤发展到今天，形成了几种不同类型的技战术打法，可以说这几种打法都带有浓厚的地区性传统意义色彩。

　　①力量形打法

　　主要是以俄罗斯、乌克兰为代表欧洲运动员，特别是中大级别运动员技战术特点，具体表现在她们力量大，在比赛中强拿、硬捧、硬要，多以运用上肢技术；搂抱技术为主，打法凶悍，作风强硬，显示了很强的实力。

②力量技术型打法

主要表现在加拿大、美国、德国、小级别选手的一些技战术特点上，她们力量明显、技术好、变化多、在比赛中能抢、能拿、能捧，能在抢夺中运用各种动作，也能在上肢把位抢夺中运用搂抱等一系列技术动作，显示了相当高的水平。

③技术型打法

主要表现在以日本运动员为亚洲代表的一些技战术特点上，具体体现在技术精、变化多、速度快、反应好、灵活、手法带动能力强、作战意识好、作风顽强，在比赛中多以手法带动、步法移动、散手快速运用各种转移、抱腿充分体现了小、快、灵的特点，同样表现出了相当高的水准。

④我国女子摔跤技战术打法

在学习别人先进的东西，结合自己的优势发展，走站立以手法带动，手法多变的连贯组合结合快速灵活的步法，利用我们跪撑摔较好的特点，是我们的特长，但是由于目前新规则的应用，跪撑摔在比赛中所应用的机率大大减少，使得我们必须对自己以往的风格重新定位。通过一段时期的摸索和磨合，我们总结出我们不能跟在别人的后面，我们要走自主创新的路子，我们要发展："以提高速度为前提、深化绝招技术为根本，多手法组合应用是关键、充沛的专项体能、力量为保障、突出训练强度为核心的技战术训练"，是我们现在的主导发展思路。

（2）技战术与规则组合训练

技战术是一体的，是相扶相助的，规则是比赛游戏的法则，技战术的变化是紧跟随规则的。没有绝对性的技术或是战术，以往我们训练技术、战术训练以及规则的讲解，在实际教学与传授当中，交叉、结合、引用、应用得比较少，通过和日本队的比赛，明确感受到日本队员的技战术素养非常的高，场上的节奏、条理、布控非常的清晰，将规则的理解始终贯彻于技战术应用当中，队员场上的头脑非常清楚，这不是一时的，也不是先天的，这是后天有意识培养的。应该说，我们在这一点上做得不如日本，这些东西是在平时训练中贯彻养成的，否则和比赛就是脱节的，我们强化了单个技术，绝招技术，强化了成功率，但是，我们忽视了"技术为保障，战术为灵魂，规则是根本的游戏法则"。如果说，我们当前在能力上必须寻求突破之外，技战术与规则的组合训练，也是寻求创新突破的关键环节。

3. 训练结构创新

理念变化和训练方法体系的实质性转变必然落实到对全程训练节奏和训练结构的设计上，我们正在系统地总结十年来的训练经验和教训，梳理训练思路，更新训练观念，准确地把握竞赛训练规律，科学的、合理地设计训练计划。

（1）对项目"周期训练"再认识

创新在多种赛制下周期训练的节奏设计，训赛一体化需要我们改变原来的时间长、节奏慢、效率低的大周期训练，逐渐转变为阶梯式的小周期训练。

（2）对项目"训练负荷"再理解

重新审视训练负荷，没有强度的技术训练是无效训练。重视实战要求下的持续性高强度变换训练，提高运动员连续踢击能力和自我调控能力。

（3）对项目"训练组织"再强化

完善一节训练课结构，激活运动员的自我内动力与恢复机制，树立一节课训练"质量工程"。

（4）对项目"训练量化评价体系"再构建

逐渐建立训练控制的量化标准体系，构建训练效益和训练质量的监控体系。研究训练过程中量变如何引起质变，以及质变引起量变的基本规律研究，提高训练效能。

（5）对项目"训练计划"再定义

变原有的"群体式计划"为"个性化"计划与"个案化"计划。

4. 训练方法创新

通过三次转训与国际交流深入研究与综合分析情况表明，我们不仅在专项训练的理念上相对滞后，而且在专项训练方法手段系统上缺乏整体创新。新规则下的项目竞技本质规律和特点以及国际竞技发展动态发生了深

刻变化，训练方法手段呈现出从"局部"到"整体"、由"单一化"向"多元化"发展态势，需要我们务必从实战出发，构建女子摔跤专项训练方法。

（1）专项力量训练

专项力量训练是当前急需创新和突破的重点。摔跤是身体直接接触对抗性项目，很多发力都是在不规则的情况下进行的。身体在失去重心的情况下，不仅要控制身体重心，掌握平衡，还要发出力来制服对手。专项力量的训练就要在不规则的运动下进行练习，在练习方法上我们有了新的革新，利用一些器械和工具，比如："瑞士球、平衡板、高弹性绳索"，这些简单、便宜的工具结合科学的训练方法与手段会收到意想不到的效果，女子摔跤通过采用这方面的强化性练习，使运动员的专项力量得到了很大的改进。

（2）爆发力训练

摔跤运动身体最主要发力的肌肉在身体的主躯干，也就是腰、背、腹部的肌肉力量，四肢力量再强大，没有躯干力量做支撑和协调，不仅发不出力，而且会引起损伤，摔跤运动两人在角斗时，都是通过躯干力量的控制、把持、平衡自身的重心，只有控制好自己的重心，才能让其他肢体协调发出力来，才能够制服和控制对手，所以，在训练中发展躯干核心力量，是我们训练创新的重要内容和手段。通过研究和观察，发展躯干肌肉部分最好的训练手段是"抓举和高翻"，这两个动作是非常全面的用力，但最起主导作用的是躯干力量，躯干力量的爆发力，最重要的是还可以练习平衡用力、控制用力，这正是运动员需要的最大力量。以前，我们也练习，但是不得法，方法上不对，动作不到位，坚持的不够，通过学习和研究，深刻体会到竞技体育所特有的共性，是有依可据的。

（3）转训

转训是备战环节必不可少的训练方法与手段，众所周知，转训已经不是什么秘密，转训已经在很多运动队有着很好的成功先例。上届奥运会，女子跤备战就转训过，积累了一定的经验，也收到了一定的效果。但是，我们不能在老经验上停留，我们的创新在于对"转训的时机、转训的效果、转训时间的长短、上高原或到平原、休闲调整还是增大负荷"，在这些方面进行深层次的把握，探索和创新，以前的经验可以借鉴，正是因为我们有经验，我们才不是盲目地去创新，利用国家队目前有效的一切科研手段和保障，制定出每次转训的可行性计划，以科学、严谨的态度，对我们的事业负责。转训是我们创新训练，提高训练水平，锻炼队伍机动能力，对环境应激性的适应能力，抗各种不利因素和条件的能力，提高队伍整体的战斗力和团队意识，是非常行之有效的。

（4）小周期训练

小周期训练时为了适应新规则、多赛制，而提出的一种新型训练方法，它打破了以往大周期的训练理念。摔跤项目国家队一年的比赛很多，不可能按照以往地方队为了一次、两次全国比赛的方式去备战。欧美选手、日本队一年参加比赛的次数在 6 - 8 次之间，有的国家甚至更多，也没有看出运动员的状态有所波动，这说明什么，人的机体可以适应各种变化。当然这种适应是在科学的范围之内，国外运动员能做到，难道我们就做不到吗？主要还是我们的思路问题，小周期的训练主要是突出强度，高强度是维持不了很长的时间的，但是，对机体的刺激是最大的，到一定的时候，运动员身体疲劳就会达到一定的程度，但是不能让疲劳累积太深，这样不利于恢复，在到达一定的疲劳后，提前进行调整，准备下一个周期的时候，再加大负荷，进行超量恢复，全年训练可分为若干个小周期。摔跤项目一天就比赛完，这一天比赛的强度是非常大的，特别是上午的比赛，强度是最大的，所以在安排上，小周期的训练，中心是要突出强度，要与比赛性质紧密结合。另外，小周期的训练和转训相结合，会有非常好的效果。

（5）心理训练

目前中国女子摔跤队整体在心理方面存在问题，特别是和日本队，这里有一部分队员是放不开，想赢又怕输，有些队员就是一个字"拼"，毫无章法地拼，有些是真怕，只会找软柿子捏，见到日本就不是自己了。主要还是心态摆不正，心理失衡，没有发挥出自己的特点。其实，日本也怕我

们，同样的，见到中国运动员她们就摔得特别谨慎，特别保守，说明什么呢？我们在心理训练方面应该正确的引导队员，不能只看人家的长处，老拿自己的缺点去和人家的优点比，要帮助队员分析，使队员看到自己的长处，将自己的长处无限的放大、扩大，不断地挖掘自身的潜能，让队员有种成就感，比赛失利后，不要过分谴责，要帮她分析清楚自己失利的原因，分析她的优势，看优势是否发挥了？发挥了多少？为什么会失利？是否对手发挥了长处？要明白失利的原因，帮助运动员走出失利的阴影，使运动员了解自己的不足，明确今后努力的方向，在训练中再加以针对性，让运动员感觉到在进步，增强对自信心，逐渐克服心理上的问题。另外，要加强爱国主义教育，利用一些讲座、展览、电影，从侧面去激发运动员，刺激运动员产生动力，使其摆脱阴影，平时在训练中加大种种针对性的模拟训练，多管齐下，才能收到奇效，变恐惧为动力。

（6）针对性训练

针对性解决比赛中暴露出来的问题。日本队散手很灵活，抱腿速度很快，那么在训练中就需要灌输和练习压制对手，控制对手的方法和能力。比如："利用我们转移技术较好的优势，不和对手散手纠缠，搭手我就做转移，抢先得分，打乱对手的技战术安排，敌乱我不乱，乱中扩大战果。"我们的跪撑进攻要好于日本，但是由于我们以前站立技术优势不大，不能充分发挥跪撑的优势，如果我们能够抢先得分，并且利用好跪撑的机会扩大比分，这样比赛的主动权就会在我们自己手中。战术训练是在技术完善、保障的基础上，才能合理、有效、的应用，在比赛中技术和战术是相辅相成的，运动员有什么样的技术，围绕技术就可以发展很多实用的战术。比如："日本队员防守好，不轻易输分，所以她就有很多的战术可以打，打体能、打控制、打边线、打时间、打裁判、打防守等等"，所以她有很多战术可以使用。如果我们想要破她，不是要破她的战术，而是要破她的"根"，也就是她的防守，破防守就必须用到技术，你只有自己的"攻"强了，对方自然也就没有能力再防守。这就好比是"矛和盾"的关系。所以，技、战术训练是一体的，但对于运动员，是个体化、个性化的，需要教练员具有准确和敏锐的判断、洞察以及诊治能力，针对不同的队员，不同的对手，制订出相应的不同技、战术组合，只有这样，才能克敌之长，利我之锋。

5. 训练主体重新审视

"专项化、实战化和个性化"现已成为现代竞技体育运动突出特点，这是一个有机的整体，没有孤立的专项化、实战化与个性化，只是在一个整体中表现为不同的侧面而已。专项化是运动训练的总体方向；实战化是运动训练的标准要求；个性化是运动训练的具体内容。"三化"训练突出项目特征、训练规律和训练的实际，是一切方法、手段的总体要求。

（1）专项化

在进一步加强专项理论学习研究、吸收消化的基础上，牢牢把握项目本质规律，再次创新，建立具有中国特色的女子摔跤竞技打法与风格。

①以"肌肉等长收缩"与"整体发力"为突破口，提高专项能力，避免一般能力训练代替专项能力训练，减少动作预伸值，加固技术动态结构。

②以"一细三化"作为今后技战术系统设计的主体模式，提高专项能力发挥。

③以专项辅助技术为重点，改"两头弱、中间强"的"粗放"设计为"实战条件下的技战术实施全过程"的"精细"设计，在结构中抓环节，在系统中抓细节。

（2）实战化

深入研究女子摔跤实战化具体内涵，剖析影响技战术适时发挥的诸多因素，防止出现用比赛和对抗作为实战化唯一要求的简单化模式，确立项目系统训练的实战化体系。

①加强训练的动态练习，变"死练"为"活练"，转"动力定型"为"动态定型"。

②创设训练中的"竞赛环境"，提高运动员心理承受能力与高强度下的对抗意识。

③强化"技术强度"训练，提高专项体能储备与高密度条件下的技术运用能力。

④突出实战模拟训练，设置各种战局、战况进行有针对性的演练。

⑤针对对手特点，提高陪练难度系数设计。

⑥注重听觉、视觉、本体感觉等手段的实施，完善实战化训练方法。

（3）个性化

现代竞技体育是精英体育，讲究在全面的基础上，突出"以优打优、以特打特"。因此，围绕运动员自身特点进行针对性个体化、个性化、个案化的训练设计是我们下一步训练的重要内容。

①对运动员个体要全方位了解，包括社会与家庭背景、成长历程、自身特点、技术特长、自身薄弱环节等方面都要有清晰的认知。只有这样，才能保证我们"优势更优、特点更特"。

②仔细研究运动员内在的、隐性的个性特质，进行专业化引导设计，形成具有运动员个性化的主体打法。

③在竞赛中根据不同对手的特点、特性，进行长期跟踪和系统化研究，设立准确的预案，制定切实可行的参赛方案，做到"知己知彼、有的放矢"。

6. 竞赛体系创新

竞赛不仅是杠杆，更是一个促进训练、提高整体竞技水平的平台，具有综合的效益。竞赛体系是一个无形的力量，是项目发展的动力源，但女子摔跤的赛事体系结构需要进一步强化才能更有效促进女子摔跤备战奥运会的训练。"练为战、赛促练、以赛带练、以赛促练、赛练结合、赛中有练、练中有赛"已经成为当代竞赛体系条件下总体发展趋势，但我们尚未形成自己的赛事组合体系，竞赛的集约化效应没有得到最大化。在具体安排上力争做到"周周有考核，月月有比赛"，并不断丰富训赛一体化的科学内涵，强化管理机制和管理方式，以积分的方法促进训赛质量的提高。

在未来两年，我们要进一步发挥举国体制的优势，依托社会与政府之力，构建女子摔跤新型的竞赛体系，利用积分制将年度竞赛系统化、序列化，利用席位制将全国备战 2009 年全运会和 2008 年奥运会同步化，最大限度通过各省市参赛体制来促进国家队备战奥运能力的提高和参赛高水平人才数量的提高，既要与国际接轨，又要自己的项目作战特色，提高主体思想。

7. 体育科技创新

在举国体制下，竞技项目具有得天独厚的科技资源，构建专项训练的科学化平台是将创新转化训练动力的桥梁。在备战北京奥运会的征程中，我们要借助外脑，优化科研资源，转变过去以教练员为主体的单一训练探索模式，构建"复合型"的科学化训练团队，丰富方法与手段。

中心和国家队已经着手组织科研攻关来加强科技创新，开展科技服务促进科训结合、加强科技建设改善科研条件等多方面的科技攻关团队建设工作，对科技备战工作进行全面部署。

—— 与北京体育大学联合，攻克"训练理念与智能化的综合体系"；

—— 在国家体育总局科教司的支持下正在加大信息化平台建设，以信息化促进科学化，全面启动裁判信息、对手信息、世界发展格局发展信息等方面信息资源库研制。

8. 人才管理创新

（1）运动员教育管理创新

①加大运动员在独立创新意识、自我发展、心理品质、人生目标，以及对项目的社会属性认识。

②注重运动员在自然环境、社会环境、人文环境、心理环境的培育。

③创设运动员科学文化知识学习氛围，努力提高个人文化内涵。

（2）教练员培养管理创新

① 综合性地提高教练员团体为核心的科研素质，为科学训练探索奠定认识论基础，提高动态把握项目本质能力。

②实现现有教练员"经验型"向"学者型"转化，教练团队"专业型"向"研究型"转变。

③利用高校教育资源，为教练员进行及时充电，参加研究生冠军班学习，目前国家队教练员中已经有五名教练员成为硕士研究生；未来将建立科技攻坚战，构建科学训练的人才平台，最终提高科学训练的操作水平。

④采取竞争机制和淘汰机制，选拔教练人员，组建复合型教练团队，加强学习交流，优势互补；组织教练员学习、培训、业务交流提高专业能力；聘请外教，激活内动力，挖掘潜力。

⑤提高教练员实践创新能力和实际操作能力，提高教练员的技术思维水平和学习国外先进技术，总结成功经验，消化吸收再创新能力。

综上所述，经过对项目面临形势、运动队存在问题的分析，以及自主创新内容的梳理，使我们初步找到了需自主创新原因，理清了自主创新思路，确立了自主创新目标，明确了自主创新内容，为下一步具体联系运动实践和对运动员个性化培养的自主创新提供了方向。

我国自1987年引进开展此项目，女子摔跤经历了一条不平凡的曲折发展之路，从起步到巅峰，从跌入谷底到重新创业，在这跌宕起伏的十几年里，中国女子摔跤队经历了无数次的荣誉，也经历了无数次的失败。从20世纪90年代初期14个世锦赛冠军的获得，到1994－1998年的举步维艰、面临解散，再到雅典奥运会上王旭获得第一枚摔跤奥运金牌。中国女子摔跤队在短期内取得的骄人战绩绝非偶然，回顾我国女子摔跤的雅典奥运夺冠之路，这种成功的实践过程得益于认识领先，即较及时、准确地认识女子摔跤的特性及其制胜规律，建立"以我为主、以快为主、以攻为主"具有中国技、战术特色的女子摔跤队伍；进而根据世界女子摔跤技、战术发展特点，以追求训练质量、效果最大化为根本出发点，自觉自主的进行创新训练；以特点突出，技术全面为核心指导思想，控制训练全过程；以转变观念、解放思想为前提，坚决致力于训练创新；以高效运转的专业队伍为实施系统，培养造就一代代优秀的女子摔跤运动员。

第八章 运动队思想政治工作

精神力量的产生与思想政治工作关系密切，加强和改进国家队思想政治工作是奥运备战工作的迫切需要，是成功备战的法宝，是中国军团制胜的重要力量之源。

对于中国代表团来说，"奥运会不仅仅是体育比赛，备战工作也不仅仅是技战术和体能训练，思想政治工作、运动员和教练员的作风锤炼以及精神风貌、文明素质也是备战工作的重要组成部分。思想政治工作是我国竞技体育界几十年的优良传统，也是共产党人的政治优势。这些因素直接关系到运动成绩的好坏，直接关系到国家形象，与夺取金牌同样重要，必须给予高度重视。"① 北京奥运会，我们在自己的祖国参赛，为圆中华民族百年之梦而拼搏，需要集聚巨大的物质力量和精神力量，形成强大的综合实力，才能达到让党和人民满意的预期目的。

第一节 思想政治工作的新举措及其意义

举办国代表团取得好成绩是奥运会成功的重要标志。这一条，不仅是国际奥委会的愿望，更是中国人民的热切期盼。近几年的全国人大会议和全国政协会议上，人们讨论的热门话题之一就是体育和 2008 年奥运会，很多人大代表和政协委员都希望我国运动员在北京奥运会上既要多升国旗、多奏国歌，又要以顽强拼搏的精神和大度、高尚、文明的体育道德风尚来

---

① 刘鹏. 在 2007 年全国体育局长会议上的讲话［N］. 中国体育报，2007 – 01 – 19（4）.

展示中国的形象，为国家争光。长期以来，在国家应对重大事件过程中，我们常常采用多种多样的教育方法和手段，开展思想政治教育，激发广大人民群众的力量，收到了良好的效果。在运动队奥运备战期间，开展思想政治工作，对于提高运动员为祖国而战的顽强决心将起到非常重要的作用。

一、理想信念教育——思想政治工作的新举措

面对备战 2008 年奥运会的严峻形势，国家体育总局出台了《进一步加强和改进国家队思想政治工作的意见》，在抓好运动队常规教育管理工作的基础上，做出在运动队开展"备战 2008 年奥运会理想信念系列教育活动"的决定。理想信念系列教育活动的开展，是主动迎接北京奥运会新形势、新任务挑战所采取的新举措，将对中国军团备战的效果产生直接的影响。

（一）理想信念教育实施的情况

2008 年北京奥运会，我们是在本土参赛，运动员的一言一行都表现着国家形象，如果我们的队伍是一支精神萎靡、纪律松散、作风涣散、思想抛锚的队伍，那是绝对不可能取得优异运动成绩的。肩负着党的重托和全国人民的殷切希望，我国体育健儿应当以怎样的精神面貌全身心地投入到备战奥运的训练之中呢？在北京奥运会上又如何以运动成绩和精神文明双丰收的最佳表现实现海内外中华儿女的心愿？这是每一位中国体育人必须思考和回答的问题。坚定信念、奋发进取、顽强拼搏，努力在北京奥运会上为国争光，是中国体育人义不容辞的神圣使命。

奥运备战的训练过程，不仅是运动员提高竞技水平的问题，更是运动员锤炼思想、磨炼意志、增强整体素质的过程；运动员在奥运赛场上的较量，也不仅是竞技实力的比拼，更是心理素质、意志品质、拼搏精神的较量：狭路相逢勇者胜！中国体育军团、中国运动员只有树立起"为国争光"的崇高理想信念，只有以"黄河之水天上流"的磅礴气势和"敢于亮剑"的英雄主义精神去拼搏，才有可能在北京奥运赛场上不负众望，圆满完成

历史赋予的使命。①

奥运竞赛是对世界各国运动员综合能力的检阅。包括道德风尚、聪明智慧、意志品质、技战术水平等等方面的全面考核。中国军团需要思想教育与技能训练紧密结合,来养成和积累参赛所具备的思想素质、技能素质和临场经验。

孔子曾讲到"仁者不忧,知者不惑、勇者不惧"。② 仁、知、勇,再加一个"强",可以说是中国奥运军团素质的总概括。这个"强"就是我们要有敢于迎接任何挑战的竞赛技能。一支"强"队如果具备"仁、知、勇",达到不忧、不惑、不惧的境界,那就是战无不胜的铁军!因此,2008年奥运备战必须是全面的备战。不仅仅是运动员的技战术、身体素质等的硬实力的备战,而且必须包括理想信念、思想作风、拼搏精神、心理素质、道德文明等方面的备战。

历史经验告诉我们,但凡重大的攻坚项目,没有精神力量的提高,最终也是难以取得好成绩的。要想取得优异的运动成绩,必须以扎实细致的思想政治工作为前提。加强运动队思想政治工作,对于指导奥运备战,造就政治坚定、意志顽强、道德高尚、敢于和勇于胜利的威武之师、文明之师有着重要意义。而在这之中"理想信念教育"有着不可替代的重要位置。

为此,国家体育总局党组把加强运动队思想政治工作作为备战2008年奥运会思想保障的重要措施,在充分调研基础上,根据备战2008年奥运会的新要求,出台了《进一步加强和改善国家队思想政治工作的意见》,做出了在国家队中普遍开展"备战2008年奥运会理想信念系列教育活动"的决定,目的是希望通过宣讲体育战线和运动员身边优秀人物的典型事例,鼓舞斗志、增强信心、锤炼思想作风,增强中国代表团全体将士的使命感、责任感,教育和激励运动员专心致志、厉兵秣马、厚积薄发、攀登顶峰。

国家体育总局在运动队备战工作中开展的理想信念教育是思想政治工

---

① 刘鹏. 序. 励志与使命 [M]. 北京:北京体育大学出版社,2011:1.
② 《论语·宪问》. 见:中国儒家文化名著 [M]. 吉林:延边大学出版社,1995:60.

作一个富有特色的创新。理想信念教育是与励志教材编纂及宣讲团队组建同时展开的。2006 年 2 月，总局决定，组织专家、学者把新中国历史上体育人创造的可歌可泣的英雄业绩和勇于拼搏的精神进行梳理，结合 2008 奥运备战的新形势、新任务，汇编成《励志教育》和《实战案例》两本教材，供理想信念教育活动使用。北京体育大学接受了这项光荣任务，学校党政领导高度重视此项工作，把备战、参赛等活动作为学校的重要工作加以落实。

在《励志教育》和《实战案例》两个读本的编写过程中，北京体育大学先后邀请体育界和其他领域的有关专家、人员召开工作会、研讨会、调研会、咨询会、审稿会、定稿会等 20 多次；编写和报送工作简报 18 期；初稿多次征求国家队运动员、教练员和管理人员的意见，进行多次修改和补充；稍后又报国家体育总局领导，经过部分修改和调整，形成了《励志教育》和《实战案例》试用本，下发有关运动队，在试用范围内受到很好的评价。

在完成理想信念教育教材的基础上，总局开展了"2008 年奥运会理想信念系列教育活动"。2007 年 4 月 9 日，国家体育总局成立了总局领导组成的备战 2008 年奥运会理想信念系列教育宣讲工作小组，同时成立了由总局有关领导、北京体育大学有关领导和教师组成的宣讲团，奔赴各集训队开始理想信念教育宣讲活动。刘鹏局长在千岛湖水上基地为赛艇和皮划艇国家运动队做了题为《坚定信念，奋发进取，顽强拼搏，努力在北京奥运会上为国争光》的首场宣讲，拉开了理想信念教育的序幕。接着，总局的每位领导都深入备战第一线，分别在射击、射箭、赛艇、皮划艇、女排、游泳、田径、体操、跆拳道、柔道、摔跤、网球、篮球、女曲、女手、垒球等 16 支国家队进行了现场宣讲。各管理中心领导也结合本中心的训练特点、任务和具体情况，开办讲座，进行有针对性的思想教育。由北京体育大学领导挂帅，总局退休老领导担任顾问，北京体育大学优秀教师担任主讲的理想信念教育宣讲团，经过认真准备，在接续总局领导报告会的基础上，深入运动集训队开展理想信念系列教育活动。

（二）理想信念教育实施的效果

各级领导和教师根据教材内容结合现实训练中的事例，向队员宣讲顽强拼搏、为国争光的意义，教育运动员从实战入手，提高技能和思想素质，完成党和人民赋予的神圣使命。以宣讲团为例，2007 年 4 月 9 日成立当天，总局党组副书记、副局长胡家燕主持工作会议，要求宣讲工作从备战和参赛的大局出发，按照刘鹏局长的要求，"眼睛向下看，围着项目转"，激励教练员、运动员艰苦备战，勇于创新，敢于胜利。北京体育大学贯彻总局领导的指示，明确了宣讲的 4 条准则：要感动运动员，必须自己感动；要紧扣理想信念教育主题；要做到讲故事见精神；要选准角度、发挥优势。同时确定了三个宣讲主题："通向珠穆朗玛峰的阶梯"、"从成功到卓越"、"2008，祖国为你而自豪"。为了增强宣讲效果，宣讲团先后为国家艺术体操队、跆拳道队、柔道队及北京体育大学代表队进行了试讲，听取有关建议，反复对案例、素材进行修改、提炼，逐步达到完善的程度。宣讲团于 2007 年 8 月 16 日在游泳管理中心为国家游泳队、跳水队和花样游泳队进行了正式宣讲，逐步向其他运动队展开。据不完全统计，到 2007 年 9 月，有近 2000 名运动员、教练员和有关人员聆听了宣讲报告。

理想信念教育活动工作人员对宣讲的效果精心组织了 7 次问卷调查，共发放 432 份问卷（其中教练员 69 份、运动员 363 份），数据统计表明，16 支运动队都表示，以励志为内容的理想信念教育使自己有很大收获；《励志教育》和《实战案例》读本内容富有感染力，《经典晨读》等读本短小精悍，都切合运动队的实际，及时为备战和参赛注入了新的活力，具有系统性的教育作用，对提高中国军团及各运动队备战、参赛的战斗力、夺冠的保障力，起到了至关重要的作用。来自备战第一线的反映可归结为以下几点：第一，理想信念系列教育活动抓得准、抓得实，解决了备战中运动队的精神需求，切中了备战参赛的命脉；第二，理想信念系列教育的构思新颖，开拓了运动队思想政治工的新思路，为备战提供了强大的精神动力；第三，理想信念教育的内容既不是"高、大、全"，也不是"假、大、空"，更不是权宜之计，而是来自运动队的生活，来自先辈们的创造和奉献，是今天备战取得成效的无价之宝。

二、理想信念教育对成功备战的意义

理想信念教育对于提高中国代表团的综合实力，丰富中华民族精神，提升中国在国际社会的地位具有促进作用。

（一）增强中国代表团的综合实力

美国未来学家约瑟夫·奈曾提出软实力的概念，认为一个国家的综合实力可分为硬实力和软实力两部分。硬实力是指国家的经济力量、军事力量、国土面积、人口等因素，而软实力则指国家的精神力量，包括民族的凝聚力、意志力、创造力、纪律性等等。备战奥运会，如果说运动员的体能和技战术是比赛硬实力的话，那么，运动员的国家荣誉感、敢打敢拼的斗志、百折不挠的毅力、严肃缜密的纪律等就是软实力。理想信念教育能够增强中国军团的综合实力，也就是说，不仅增强竞赛的硬实力，更重要的是大大增强软实力。

中国奥运军团参赛的历史证明，凡是在奥运大赛中能够夺取冠军的队伍都是作风顽强、思想过硬、能打硬仗的集体或个人。反之，一支思想涣散、纪律松懈、作风懒散的队伍，不可能在奥运会的激烈竞争中取得胜利。备战奥运，不仅仅是技战术和体能的训练，通过思想政治工作，锤炼运动员的作风也是重要一环。

在备战过程中，不仅要了解我国参赛项目的竞技实力如何，还要对世界上其他竞技体育强国（如美国、俄罗斯、德国、英国、日本等）的竞技实力有所了解，而且对强大对手的精神面貌也要有所察觉。

"夫战，勇气也。"[1] 一支优秀队伍得胜的先决条件就是要激励队伍中的每一个成员，保持高昂的精神气质。只有注重队伍的思想政治教育（包括情感教育），才能培养出一流竞技状态和杰出的竞技人格。

本土作战的环境变化：影响运动员比赛成绩的因素很多，其中包括运动员参加比赛的地点。众所周知，北京奥运会是本土作战，中国体育代表

---

[1] 左传·曹刿论战．见：古文观止［M］．甘肃：甘肃民族出版社，1998：20．

团参赛将面临许多与以往不同的因素，这些因素大多是"双刃剑"，有的有利于运动员竞技水平的发挥，而有的则不利于发挥。对于我国的传统优势项目来说，本土参赛将面临比出国参赛更大的困难。国人对乒乓球、羽毛球、跳水、体操、射击、举重、女子柔道、女子跆拳道等这些优势项目抱有极大的期望，甚至要求这些项目只能成功，得银牌就是失败。这些项目是中国代表团争金夺牌的重点项目。各级领导、亲朋好友、家乡父老、媒体、企业等对这些热门夺金项目的关注度大大高于其他项目，这给运动员造成的压力是空前的。而这些项目又是对稳定性要求极高的项目，需要运动员有过硬的心理素质。如果比赛过程中运动员背着沉重的"思想包袱"，将会严重影响他们竞技水平的正常发挥。

国人空前高涨的期望值：本土参赛，国人对夺金数量有非常高的期望，国外舆论从各种动机出发，一味地抬高对中国实力的预测。对此，我们要保持高度的清醒和警觉。在家门口参赛，固然有天时、地利、人和等条件，有利于比出好成绩。但另一方面，过高的期望值却有诸多弊端：一是树敌过多，促使对手瞄准我们、研究我们、对付我们，大大增加我们取胜的难度；二是给我们教练员、运动员施加的心理压力更大，不利于出好成绩；三是可能误导我们错判形势，过低估计对手，过高估计自身实力，影响备战的水平；四是过高的期望值一旦破灭，对国人的感情将是沉重打击，代表团也难以承受来自社会的压力。所以，适度的期望值，既给运动员以恰当激励，又有利于创造优异成绩，那才是人们期待的结果。

面对日益临近的北京奥运会以及本土参赛的特殊性，我国体育代表团所承受的压力是前所未有的。问题的关键在于，如何能够使运动员从思想上重视备战工作，既让运动员认清本土参赛的特点、利弊，作好足够的心理准备，同时也能够让运动员克服困难，以顽强的精神做好备战，争取在国人面前展示最佳风采。除了日常的技术训练之外，思想政治工作也要及时跟上。理想信念教育可以增强队伍的凝聚力、向心力和拼搏精神，产生战无不胜的力量。

（二）丰富和发展中华民族精神

进入新世纪以来，中国竞技体育的骄人战绩震惊了世界体坛，同时也极大地丰富和发展了中华民族精神。这一使命是由特别出色的中国奥运军团实现的。他们始终具有敢打硬仗、恶仗的勇气和战胜一切困难的良好心理品质。建设一支"有理想、有道德、有文化、守纪律"，勇攀高峰的竞技体育队伍，就是要让队伍中的每一个成员具备超人的智商和超人的情商。优秀的运动员不仅了解训练理论，具备创新能力，而且拥有自信、稳重的心理品质，在团队中形成团结合作、公平竞争、快乐竞争的良好技术环境与生活环境；优秀的教练员不仅具备对本专业理论的深刻掌握和对运动员训练过程的计划控制能力，而且具备较强的事业心、实干精神、公正诚实和谦虚好学的品质，具备良好的职业道德；优秀的领队不仅具备较强的理解能力、洞察能力，具备较强的判断力和决策能力，而且还必须掌握运动项目的特点，了解运动训练的规律，切中运动队伍的"命脉"，能够与队员心灵沟通、心心相印，以人格魅力赢得团队的衷心拥戴。奥运会比赛期间，他们是中华民族的代表。世界从中国代表团成员身上看到中国人民的面貌，领悟中华民族的精神。

民族精神是一个民族的自我意识与自我认同所体现的心理素质、理想信念和性格特征，是一个民族的集体人格的凝结，是区别于其他民族的精神标志。民族精神是一个民族社会生活的综合体现，是特定时期该民族成员所认同的世界观、人生观和价值观及其思维方式和行为方式的集合。自古以来，中国人围绕爱国这一情结，孕育了具有中国特色的团结统一、热爱和平、勤劳勇敢、自强不息的民族精神。中华体育精神既是中华民族精神的重要组成部分，又是中华民族精神的鲜明体现。

思想政治工作是我国竞技体育事业持续健康发展的政治优势和优良传统，也是竞技体育克敌制胜的法宝。通过理想信念教育，将我国运动队从长期实践中所形成的优良传统和历史经验进行总结提炼，形成社会主义核心价值体系的重要组成部分，成为促进社会发展的强大动力和激励全国人民奋发有为的宝贵精神财富。中华体育精神作为民族文化的优良元素，是精神文明建设的重要内容，既是中华民族精神的组成部分，又是奥运之年我们时代精神的体现，成为推进先进文化建设和社会进步的重要手段。

备战中，通过理想信念教育，使运动队伍目标明确，精力集中，全队上下全力以赴投入到紧张的训练中，那将不仅会在 2008 年奥运会上为我国的竞技体育增光添彩，同时还将使中华民族精神得到进一步弘扬。

中华民族精神含有与时俱进的品质，是一个开放的思想体系，需要在实践中不断丰富，赋予具有时代精神的内涵。第 29 届奥运会在中国首都北京举办，对运动员来说，这是一生中难得的机会。顽强拼搏，争取优异的成绩，向党中央、国务院和全国人民交出一份满意的答卷，不仅是中国奥运军团的强烈愿望，更是人民赋予我们的义不容辞的历史责任。在这样的一个紧要关头，我们的运动队必须增强紧迫感和危机感，恢弘士气，负重前行，迎难而上，以良好的精神面貌和昂扬的斗志积极投身到备战奥运会的训练和各项工作中去。[①]

备战 2008 奥运会是体育工作一个时期的重中之重。中国军团一方面要将思想政治工作强大的精神动力转化为竞技备战的能力，再展雄风，实现奥运史上新的辉煌，另一方面要在奥运赛场上展示中国竞技体育的成果和中国运动员的风貌。良好的形象从何而来？来自于精神！加强理想信念教育，将中华体育精神转化为运动员不甘落后、追求卓越的高尚情感和奋发进取的力量。2008 年北京奥运会的最终成功，将会使中国体育精神经历前所未有的考验，千锤百炼之后，必将推动中华民族精神历史性的提升，使世界通过奥运会这个窗口，一睹中华民族精神日新月异的风采。

（三）提升中国的国际地位

一个国家的国际地位和声望主要通过她对国际社会的影响力体现出来。国家的地位和声望包括该国在国际社会的处境、影响力以及与其他国家交往的程度等。举办 2008 年奥运会，将使中国获得一次在更大范围、更广领域提升国际地位和声望的难得机遇。这一机遇表现出"双重效应"：一是获

---

① 黄莉. 中华体育精神与竞技体育［J］. 中国体育科技. 2007（5）：3-16.

得 2008 年奥运会的举办权增加了国际社会对中国的瞩目和认可；二是通过筹办和举办奥运会，中国政治、经济、文化、科技、教育、环境等方面得到了向世界宣传、展示、交流的机会，奥运会成为提升中国国际地位和声望的助推器。

北京奥运会将汇集全球亿万目光，成为世界聚焦的中心。成功举办奥运会对中国抓住战略机遇期，借此推动经济和社会发展，形成更大范围、更广领域、更高层次的对外开放格局，对提高中国的国际地位与国际声誉，推进社会主义和谐社会建设都将产生重大而久远的影响。

奥运会作为一种国际性盛会，是展示举办国国家形象的窗口。奥运代表团（包括每一成员）的表现都是国家形象的标志。运动员、教练员的精神风貌和文明素质就是中国人的缩影。中央领导同志在 2005 年听取北京奥运会筹备情况汇报时曾经指出：在备战过程中，既要准备在奥运会上争夺金牌，也要教育训练出良好的精神风貌。从现在起，就要加强教育，严格要求。运动员、教练员在赛场上的精神风貌代表国家形象，所以要特别注意细节，因为细节决定成败。我们的运动员获得金牌之后，不能傲气十足、旁若无人，而应和第二、三名选手握握手，表现出文明素质。如果未得冠军，也应和冠军主动握手祝贺，这也表现出文明程度。运动员、教练员在国际赛场上面对媒体、观众和对手时，他的行为是代表中国的，在赛场上展示文明的表现，同样是为国争光的重要内容，同样是树立国家形象的重要方面。与技战术和体能训练一样，运动员精神风貌、文明素质的锤炼也是备战工作的重要组成部分。①

国家体育总局领导认识到这一工作的重要性，所以特别强调在备战的训练当中，有关部门和各项目管理中心要把运动员思想道德教育和作风培养作为备战工作的重要内容，融入到备战奥运会工作的全过程中，一刻也不能放松。要在运动队中广泛开展社会主义荣辱观教育，在平时的训练和

---

① 杨桦.2008 年奥运会提升中国国际地位和声望的研究 [M]．北京：中国法制出版社，2007：1.

生活中，通过意志的磨炼、作风的锤炼，培养运动员无私奉献的精神，培养运动员尊重对手、尊重裁判、尊重观众的道德风尚，培养运动员顽强的作风、坚忍不拔的意志和压倒对手的气势。让我们的运动员、教练员在奥运赛场上以顽强拼搏的精神和良好的体育道德来展现 21 世纪中国全新的国家形象。

第二节　思想政治工作的优良传统及面临的问题

备战北京奥运会，我们要继续发扬优良传统，查找消极因素，解决面临的问题，化不利条件为有利条件，为取得优异成绩、展示良好风貌打下基础。

一、运动队思想政治工作的优良传统

思想政治工作是中国共产党的优良传统，是当代中国快速发展过程中值得继承的珍贵精神财富。毛泽东说过："掌握思想领导是掌握一切领导的第一位。"① 革命战争年代，强有力的思想政治工作使人民军队由小到大，由弱到强，推翻旧政权，建立新国家。新中国成立后，中国竞技体育运动队在党的领导下，继承和发扬党在战争年代思想政治工作的传统，结合竞技体育在国家政治、经济、外交和文化交往中的历史使命，针对不同竞赛内容和运动队的实际，创造性地开展爱国主义、艰苦奋斗、集体主义和革命英雄主义教育，总结出具有中国特色的运动队思想政治工作的珍贵经验。

半个多世纪以来，中国在竞技体育人才选拔、集训和国际比赛的过程中，始终坚持了对运动员进行爱国主义教育，并在以下几方面形成了运动队思想政治工作的优良传统：

（一）爱国主义教育凝炼出具有时代特征的中华体育精神

中国竞技体育五十多年的核心目标是：爱我中华，扬民族之气，为国

---

① 毛泽东. 山东有可能成为战略转移的枢纽. 见：毛泽东文集（第 2 卷）[M]. 北京：人民出版社. 1993：435.

家争光。五十多年所走过的路程极不平坦。从新中国成立到改革开放之前，由于帝国主义阵营在政治、经济和文化上的封锁以及中苏矛盾的激化，中国不得不先后应对来自美苏两大阵营的威胁和压力，中国竞技体育在相对孤立和封闭的环境中艰难前行。在物质条件相对不足的条件下，中国体育人凭着为国争光的热情和不屈不挠的毅力，艰苦奋斗，诞生了乒乓球国际比赛的第一个世界冠军，创造了中国田径的世界纪录。改革开放，尤其是1979年日本名古屋会议妥善解决了海峡两岸中国人参加奥运会的问题后，中国快步向世界竞技体育强国跨越，取得了一个又一个令世人瞩目的成就。中华体育精神就是从中国体育人积累的精神财富中萃取的精华。

　　20 世纪 50 年代，毛泽东发出"发展体育运动，增强人民体质"的号召，竞技体育和群众体育成为我国国家事务的重要内容。当时，在中国人对世界竞技体育顶峰可望而不可即的情况下，容国团发出了"人生能有几回搏"的豪迈誓言，以顽强的斗志和精湛的球技，战胜众多世界名将，夺取乒乓球世界杯男单冠军，为中国人打开了通向世界冠军的大门；60 年代，中国登山队发扬"人梯精神"，搭建"天梯"胜利登上珠峰的壮举，使中国体育人和全国人民得到"吓不倒、压不垮"的精神支撑，懂得了"世上无难事，只要肯登攀"的道理，树立了顽强拼搏，战胜自我，战胜困难的信心；70 年代，中国体育完成了"小球推动地球"的历史重任，并倡导团结友爱、尊重对手、遵纪守法的"志行风格"，受到人们的普遍赞誉；80年代，中国女排"五连冠"的奇迹所伴随的顽强拼搏、永不放弃的"女排精神"深深激励着体育健儿奋力拼搏，中国奥运军团在洛杉矶实现"零"的突破和获得的 15 枚金牌，表现出团结协作、勇攀高峰的英雄气概，给全国人民以巨大鼓舞；90 年代，中国竞技体育向第二集团前列跨越，王军霞苦练出神力，邓亚萍敢拼创奇迹，叶乔波带伤赴赛场，女足汗水铸银牌，她们的奋斗所得到的"东方神鹿"、"乒乓奇才"、"体坛尖兵"、"铿锵玫瑰"的美誉都是对中华体育精神的具体诠释；新世纪，中国体育凯歌高奏，刘翔的创纪录跨越，女排的惊天大逆转，王义夫的老枪新传，张丹、张昊在伤后坚持完成比赛勇夺银牌的举动，都给中国体育健儿和全体国民以巨大的精神鼓舞。

竞技体育在激发爱国主义、集体主义和革命英雄主义等方面有着特殊作用。例如，悉尼奥运会上，我国体育健儿表现出的顽强拼搏精神和良好体育道德，极大地激发了全国各族人民的爱国热情，增强了中华儿女的民族自信心和自豪感。党中央、国务院曾专发贺电，称赞中国体育代表团"你们发扬爱国主义、集体主义、社会主义精神，恪守体育道德，坚持公正竞赛，发挥运动技能，取得了运动成绩和精神文明双丰收。你们没有辜负祖国和人民的殷切期望。你们的表现，再一次展示了中国人民自强不息、奋发进取的精神风貌，体现了中华民族自立于世界民族之林的坚强信心和力量。"①

"中华体育精神"是指中国人在体育实践活动中形成的以爱国奉献、团结协作、公平竞争、注重创新、拼搏自强、快乐健康为主要价值标准的意识、思维活动和心理状态。从时间看，"中华体育精神"的说法是在 1996 年亚特兰大奥运会后，由国家体育总局明确提出的。同年，时任中共中央总书记的江泽民同志号召全国"各条战线都要向在奥运会为国争光的体育健儿学习"。全国人民学习的主要内容就是学习体育健儿的"拼搏精神"。"拼搏精神"经过扩展充实引申后并得到一些学者的总结，形成"中华体育精神"的基本提法。②

新中国成立以来，我国历届体育的领导、教练员和运动员在训练和比赛中孕育出可贵的中华体育精神。这种精神作为全民族的宝贵财富，表现在：爱国奉献、团结协作、公平竞争、注重创新、拼搏自强、快乐健康六个方面。中华体育精神在中国竞技体育界一直发挥着独特的引导作用，并且赢得了社会各界的一致认同和赞赏，成为激励中国人民前进的精神动力之一。2008 年北京奥运会，我国运动员能否取得优异的运动成绩，关键要看备战的效果如何。如果备战效果好，就能够续写雅典奥运会后的新辉煌，

---

① 江泽民. 祖国的光荣 人民的骄傲 [M]. 北京：学习出版社，2000：2.
② 张振亭. 中华体育精神 [M]. 北京：北京体育大学出版社，1996：1.

为祖国争得更多的荣誉，如果备战效果不理想，就难以保证竞赛取得优异成绩。优异竞赛来自优质备战。我们必须格外强化运动员的思想政治工作，在训练和日常生活中不失时机地进行理想信念教育和艰苦奋斗的精神教育，务必使运动员始终保持顽强拼搏、奋发向上、团结一心、为国争光的高昂斗志，并将这种斗志直接转化为参战迎战的强大精神动力。

中华体育精神是中华民族精神和体育精神共同作用的结晶，是中国体育的灵魂和精髓。它扎根在深厚的中华民族文化的土壤之中，同时又吸取了西方文化的精华，是引进消化吸收西方文明之后的创新型文化，因而具有独到之处。中华体育精神不仅诠释了以改革创新为核心的时代精神，而且始终洋溢着以爱国主义为核心的民族精神，它是中华民族宝贵的精神财富。中华体育精神能强化国家认同、增强民族凝聚力，既是综合国力的重要组成部分，也是体育事业兴旺发达的强大精神动力。[1]

中华体育精神是运动队思想政治教育的主要内容，并且与现实生活、训练和比赛的实际相结合。在比赛中，坚持爱国主义，把祖国荣誉放在第一位，在奋斗中实现自己的光荣与梦想。在困难挫折面前，在强大的对手面前，表现自强不息的英雄主义精神，胜不骄，败不馁。在日常生活和训练中，强调严肃纪律和顽强作风，形成自觉落实"三从一大"的思想意识。在荣誉和利益面前，强调集体主义，个人服从整体需要，国家荣誉至上。在比赛过程中突出规则意识，讲究公平竞争，遵守规则，尊重对手。如果说思想政治教育是中国竞技体育走向强大的精神利器的话，那么，由此积淀而成的中华体育精神则更是统帅三军意志、克敌制胜的法宝。

（二）优良的传统教育打造了行之有效的思想政治工作方法

纯粹的钢铁是时间炼就的，加入适当的添加剂才会百折不挠。

竞技体育运动队肩负着特殊的使命，很多情况下采取准军事化管理。所以，运动队思想政治教育的手段也往往吸取了人民军队教育的经验。运动队管理借鉴人民军队建设的许多教育手段，注重在"新旧对比、内外对

---

① 黄莉. 中华体育精神与竞技体育［J］. 中国体育科技. 2007（5）：3－16.

比、胜负对比"中提高队员的政治觉悟,召开战前动员誓师大会,激发献身报国的情感等。这些有效的思想政治工作方法在运动队建设过程中得到了进一步发展。

1. 学习先烈,抚今追昔

许多运动队带领队员赴革命老区、革命历史纪念地参观,学习革命前辈献身民族独立、人民解放事业的伟大品德,磨炼自己艰苦奋斗、不屈不挠的顽强意志。五十多年来,各运动队专程赴革命老区或利用集训所在地历史纪念馆的教育材料,对运动员进行革命传统和革命理想教育,让运动员从今昔对比中深刻领会爱国主义的深刻内涵,正确认识肩负的神圣使命,产生奋进的激情和毅力。例如,中国乒乓球队多次组织队员到天安门广场观看升国旗仪式;到江西革命老区进行"心连心"活动,听老红军讲述革命历史;到西柏坡参观学习;参观抗日战争地道战遗址,到农民家实地考察;向山西繁峙县希望小学捐钱捐物等,培养了一代又一代队员的爱国主义情操。中国射击射箭中心组织队员到遵义会议会址、息烽集中营等革命纪念地参观学习,提高了队员苦练技能的责任感。

2. 典型示范,榜样教育

榜样的力量是无穷的。近年来,各运动队注意开展学习英雄模范人物的活动的同时,注重整理本队优秀运动员的感人事迹,特别强调用身边的典型人物作例子,为大家树立起日常言行仿效的楷模。比如,冬季运动管理中心把第一枚冬奥会金牌获得者大杨扬作为学习的榜样,号召队员学习她17年如一日,为祖国荣誉而顽强拼搏的精神。杨扬在32岁时还继续投入训练,在盐湖城冬奥会上用44秒为中国冰雪人实现了首个500米短道速滑比赛的奥运冠军。

3. 严肃纪律,教管结合

邓小平指出:"有了理想,还要有纪律才能实现。"① 许多成功和失败

---

① 邓小平. 一靠理想二靠纪律才能团结起来 [M]. 邓小平文选(第三卷). 人民出版社. 1993:111.

的例子证明，严格的纪律、缜密的管理、严谨的作风是一支队伍出成绩、创新高的基本条件。许多运动队制定了适合本队生活、训练特点的队规，并在实践中从细节要求，严格管理，对运动员进行警示教育。广为人们熟知的中国女排的"27条军规"就是一个经领队、教练和队员讨论形成的高标准全方位的规章制度，从吃、穿、住、行、练、赛六大方面立下规矩。如吃饭不能剩饭，吃东西不能走路吃、坐车吃、在公共场合吃；睡觉要按时，到点熄灯；喝过的水瓶、用过的胶布都要亲手放到垃圾箱中等等，使大家在生活、训练的细微之处都有章可循。由于这些规矩是从实际出发由队员参与讨论并代代相传的，所以大家执行起来自觉、顺畅，偶有受罚的也做到了口服心服。中国乒乓球队之所以长期占领世界乒坛制高点，一个基本原因是制定了一整套规章制度，奖罚严明。如国家队一、二队内部循环赛升降级制度、比赛积分电脑排名、训练课管理制度、生活管理制度、请销假制度、手机管理与使用的暂行规定等。在实际工作中，队领导狠抓各项制度的贯彻执行，对遵守规定的给予表扬，对差的提出批评并做出处罚，起到了激励先进，鞭策后进的作用。

4. 领导带头，以身作则

党的优良作风之一是在军队内部互相尊重、官兵一致。许多运动队在遵守纪律方面，领队、教练和队员一视同仁，谁违反纪律，都要受到批评和处罚，不搞特殊。实际上，没有领队、教练和其他工作人员的身先士卒，好的规章制度是不可能得以严格执行的。中国女排严格执行"军规"就是一个典型例子。有一次，一位年轻的陪打教练在训练场上吃口香糖，队领导根据规定，当着大伙的面对这位教练的行为给予严肃批评。队员们看到队规对教练也如此严格，大家很快就提高了遵守队规的自觉性。

（三）形成了思想政治教育的机制

在众多国家运动队中，五十多年来形成了相对稳定的思想政治教育机制，从人员配备，到理想、信念、纪律教育的内容等几个方面统筹规划，持续对运动员进行思想教育，产生了比较好的作用。

组织以领队为主，教练、队医等人员共同参加的思想政治教育团队。

中国运动队成立之初，一直把思想政治工作当做起家的本钱，看家的本领，并配备相应的人员，从专职或兼职两个方面承担思想教育的任务。领队这个岗位的设置是竞技体育的中国特色，由领队负责运动队的日常事务，特别是思想政治教育工作，发挥了类似人民军队中政治委员的作用。领队在思想教育上起主导作用，协同其他人员执行规章制度，共同解决队员的思想问题。中国举重队在执行制度上，领队、主教练起带头作用，从入队教育开始，他们就以身示范，并要求各教练员、科研人员和队医等一起参与全队的思想政治教育工作，在思想上、行动上要体现出对队员的爱心、恒心、细心和热心，为他们做出表率。

在运动队建立党团组织，发挥党团员的先锋模范作用。支部建在连上，这是人民军队的创造，中国竞技体育吸收了这一成功经验，将党委、团委建在运动管理中心，将党、团总支、支部建立在运动队里，在运动员中发展党团员，凝聚党员、团员和青年的力量，针对训练、比赛中的重大问题，征求队员们的意见，了解他们的所思所想，把握思想脉搏，解决思想问题和实际问题。乒羽管理中心党委注重党团支部建设，加强党员先进性教育和模范带头作用，对重大问题，如出国人选、梯次安排、评选先进等，都坚持民主集中制和公开、公正、公平的原则，听取运动员的意见，理顺关系，合理决策，产生了鼓舞士气、凝聚力量的效果。

二、运动队思想政治工作的优势和问题

重视思想政治教育所起的作用，把技术战术训练、后勤保障与思想教育结合起来，发挥综合效力，提高运动员的竞技水平和意志品质，这是2008奥运备战工作的一个重要内容。在国家队中，不少运动队都以多种形式开展思想政治教育。例如，中国跳水队是一支多次获得世界冠军的功勋团队，取得的优异成绩与长期以来重视思想教育的作用是分不开的。他们持续不断地对运动员进行祖国培养意识的教育，从精神上打造团队的品牌。

每次重大国际比赛结束之后，他们在表彰冠军的同时，也特别表彰了在冠军背后默默奉献的教练员、科研人员、队医及其训练基地工作人员和

各省市的培养者。重点表彰启蒙教练，使运动员认识到自己的成功与祖国的培养和人民的支持是分不开的。

目前，各国家运动队面临备战 2008 北京奥运的庄严使命，从体育总局到各管理中心，再到各运动队，都在秣马厉兵，加紧准备。从运动队思想政治工作的状况来看，既有长期形成的优势，也存在着一些不足之处，需要我们总结经验，查找问题，发挥优势，取长补短。

（一）优势所在

第一，领导重视。各级领导比较重视思想政治工作的作用，已采取重大的教育措施和有效的行动，收到较好的效果。面临 2008 北京奥运，总局领导和各运动队领导敏锐地看到了主场比赛的利与弊，清醒地分析了目前中国队所处的严峻形势，认识到这次大赛不仅是比技能、比战术，更是比思想、比意志的重大考验，在加强专业技术、战术训练的基础上，加大运动队思想政治教育的力度。

体育总局刘鹏局长指出：体育更是一种精神，在进行爱国主义教育，弘扬民族精神，凝聚人心，鼓舞士气方面发挥着越来越重要的，甚至是不可替代的作用。总局做出进一步加强和改进国家队思想政治工作的决定，突出重点，建立以领队为主，总教练和教练分工负责、相互协调的思想政治工作机制，明确工作责任，把为国争光作为训练、比赛的永恒主题。

第二，体制具有方便条件。牢固的举国体制基础，为思想教育发挥作用提供了更加宽阔的平台。五十多年的中国体育形成了集中全国优势力量和财力，攀登竞技高峰的全国一盘棋的领导管理模式。这就是被人们公认的举国体制。在当代竞技体育激烈的竞争中，这一体制继续显现出其集中全国优秀人才，锤炼精兵强将，夺取竞技运动制高点的长处。在新的形势下，总局领导认识到，继续完善举国体制，调动各方面的积极性，才能完成备战 2008 年奥运会的任务。在总局开展的备战奥运思想政治教育中，各运动队产生这样的共识：长期形成的国家利益至上的思想政治工作传统和作风，在新时代对于夺取奥运奖牌，树立国家良好形象具有特别重要的意义。例如，国家体操队雅典奥运会比赛成绩不理想，他们认真总结经验教训，变雅典奥运失利教训为 2008 奥运思想教育的财富。

体操管理中心领导带领运动队查找训练和思想锤炼上的不足，总结出"思想教育跟不上，队伍肯定垮；思想教育跟不上，队伍肯定下；思想教育跟不上，管理是空话"的队伍建设的真谛。他们在紧抓技术训练的同时，坚持深入细致的思想教育，全年 12 个月，几乎月月安排有政治、思想、生理、心理教育的讲座或活动，提高了队员们的思想政治素质和心理素质。近年来，中国体操队在国际大赛中取得的辉煌成绩与举国体制所提供的优秀人才和思想教育所带来的作用是分不开的。

乒乓球、羽毛球、举重、跳水、射击、体操、女子摔跤、女子跆拳道等是我国的优势项目，夺取金牌的几率较大。从这些运动队的成功经验中可以看出，他们都在继承传统的基础上，与时俱进，创造出适合本队实际的思想政治教育内容和方法。这也是他们持续强大的原因之一。乒乓球队在市场化面前没有随波逐流，而是教育队员端正名利观，正确处理国家荣誉与物质利益的关系，处理好俱乐部打球与国家队训练的关系。在奖励上以精神奖励为主，物质奖励为辅。他们认识到，打球打到底，打的就是"人"，学球先学做人！所以，他们教育运动员要老老实实、堂堂正正做人。

跆拳道队在进行思想政治教育中增强了针对性，出了新招。他们把运动员当做训练、比赛的主角，发挥著名运动员的示范作用，带动全体运动员训练的积极性。获得过世界冠军、亚洲冠军的运动员都有许多训练比赛的经验和体会，这就是队里的宝贵财富。队领导没有把队员发表意见当作高傲自满看待，而是当做关心事业发展责任心的表达。他们把老队员的体会和思想发掘出来，让大家领会、学习、体验，不但利于提高队伍的水平，而且成为代表队思想教育的好材料。领队、教练冲破家长制思想的羁绊，以同志、朋友关系平等地对待生活、训练中的问题，不同场合转换不同的角色，与运动员保持密切关系，工作中做到以情感人，以理服人。

第三，运动队文化正在兴起。部分运动队建立了本队文化，对运动员产生长期的教育作用。中国女排在长期的建队实践中，逐步形成了属于本队的优秀文化，并代代相传。"27 条军规"以及"刻苦训练、团结拼搏、爱岗敬

业、为国争光"的十六字主题已成为队伍的精神名片，全队上下人人遵守。表面上看，这些"军规"是严厉的规矩，从深层次上看，这是队内无障碍交流的体现。女排内部相互之间如果有矛盾、有意见，都会及时与相关人员一对一交流，提出自己的观点、看法，不必拐弯抹角。中国乒乓球队从容国团开始，明言警句层出不穷，成为中国乒乓球队的文化，也成了中国体育的格言，如："人生能有几回搏"、"一切从零开始"、"我是代表集体来领奖的"、"输球不输人"、"胸怀祖国、放眼世界"、"打出风格、打出水平"等。

中国游泳队在备战奥运中开创的"精神风貌一句话"活动，富有哲理，充满启迪。中国皮划艇队在备战雅典奥运会时就注意创设属于自己的先进文化，逐步形成了"两严"（严格训练、严格管理）为主旨的，由三敢（敢与强者拼、敢同快者赛、敢向高峰攀）＋三特（特别能吃苦、特别能战斗、特别能忍耐）＋四新（新境界、新思想、新举措、新进步）所构成的皮划艇竞技文化模式。这一皮划艇文化激励队员在落后的情况下顽强拼搏，由后进逐步达到世界先进水平，并在雅典夺取男子双人划艇 500 米赛的冠军，实现了水上项目夺取奥运冠军的梦想。

（二）存在问题

目前，国家运动队思想政治教育的总体情况是积极的，有成效的。但从局部细节看，还存在着一些不足之处，影响着备战的质量。

首先，思想政治教育与市场机制的融合问题还没有完全解决。改革开放，实行社会主义市场经济，某些观赏性强的体育活动获得了市场支持和较为充裕的发展资金，但这种情况同时给思想教育带来许多难题，突出表现在国家队集训与俱乐部比赛之间存在的冲突和市场经济条件下国家荣誉与个人利益的矛盾。多种分配方式所带来的不同利益驱使教练员、运动员的思想观念和价值取向呈现多元化趋势。部分运动员入队动机复杂，国家观念淡薄，实惠思想居多，在个人利益与奉献国家的选择面前，拜金主义、个人主义、小团体主义、享乐主义思想抬头，对国家和社会的义务感、责任感减弱。运动协会实体化和商业开发过程中存在的收入差异及资源配置、发展条件和分配水平等方面的失衡，在教练员、运动员层面引起思想波动，增加了队伍稳定和思想教育的难度。少数运动员价值观模糊，感到自己的青春有限，追求实惠较多，在为国争光与俱乐部效力问题上，动机倾向于物质利益，对进入国家队存在心理负担，感到受约束较多，妨碍自己获取物质利益。

其次，有些运动队党团组织的战斗堡垒作用发挥不够。目前，大多数运动员在思想上是积极要求进步的。2006年的一项调查表明，国家女子冰球队就有9名团员提出入党申请，5名青年提出入团申请。但少数运动队党团组织建设还存在不平衡问题，党团组织的作用发挥不够充分。主要表现在组织发展受到现行体制的约束，人员在国家队中，编制却在省里，组织发展也在省里，组织管理和组织发展出现错位；个别运动队党团支部建立不完全，运动员想入党却找不到组织；有的党团组织开展活动较少，影响力和凝聚力不强。在问卷调查"当你遇到训练、生活、学习等问题并试图解决时，你最喜欢哪些沟通方式？"时，仅5.8%的运动员选择了"党团组织生活会上交流思想"。有些运动队思想政治工作局限于"抢险救灾"式，出了问题才受到重视。由于人手少、任务重、不集中、难度大等原因，不少运动队思想政治教育还处于"临时抱佛脚"的状态，缺乏系统的设计和长期效应。

再次，部分运动队思想认识不到位，纪律和作风锤炼不到火候。由于运动项目的市场化不同，运动员在社会上名气大小不同，运动队管理的难度也不同。有的运动队，大牌人物较多，社会干扰较多，严格的队规队纪难以得到全面执行，商务活动影响队伍正常训练的问题始终没有得到妥善解决。如何处理好队伍日常管理与竞赛水平提高之间的矛盾，如何处理好国家队工作与俱乐部工作之间的关系，如何处理生活小节与保护国家荣誉之间的关系，都是少数运动队所面临的老大难问题。只有从具体的小事小节入手，严格国家队的纪律，避免市场的负面效应，把运动员的精力集中到备战中来，才是当务之急。

第三节　思想政治工作的创新之路

继承优良传统，解决新的问题，都需要与时俱进，工作创新。运动队

思想政治工作的创新要从整体上统筹考虑，从工作内容、工作途径和方法的创新等方面着手。

一、运动队思想政治工作创新构思

运动队思想政治工作的创新，应遵循思想政治工作的学科规律，探索适应新时期符合运动队特点的工作内容、途径和方法，并通过有效的评价的反馈系统，指导和促进思想政治工作不断得到改进和提高。

为了简便，在此将思想政治工作创新所涉及的因素及整体系统的结构用下图来表示：

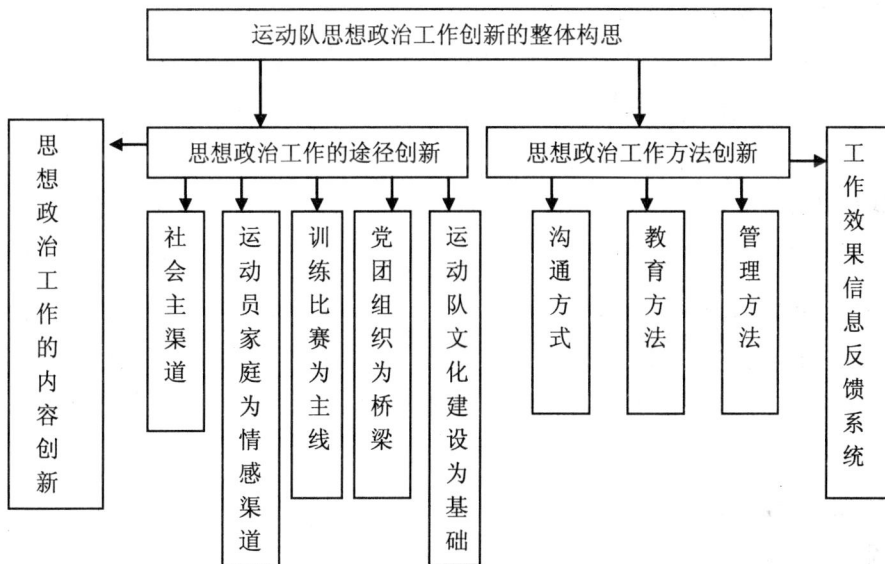

图 3 - 8 - 1　思想政治工作创新要素结构图

二、运动队思想政治工作内容的创新

2008 年北京奥运会，中国队既面临着主场优势，也面临着比在国外比赛更大的压力。我们需要以与时俱进的眼光，根据新的形势，新的任务，挖掘思想政治教育的新内容，增加教育的效果，为备战奥运积累更多的精神力量。当前运动队思想政治教育的内容创新应把以下方面当做重点。

（一）进行爱国主义教育，激励运动员为祖国的荣誉而战

举办奥运会，实现中华民族的百年梦想，这是海内外中华儿女的期盼。能否举办一届高水平的奥运会，关乎能否展示中华文明，展示中华民族永不衰竭的创造力。科学阐释中国的崛起是为世界和平发展的积极贡献，逐步强大的中国竞技体育文化也是对丰富全世界文化的一种巨大贡献。

中国奥运军团应当借此机会，发挥最佳水平，进一步实现体育强国之梦。对于运动员来说，登上奥运会赛场，争金夺银，可以实现长久的梦想。获得世界冠军，无疑是运动队的重要目标，也是运动员梦寐以求的愿望。爱国主义在运动员身上的体现，最根本的是在奥运赛场升起国旗，奏响国歌。在奥林匹克精神照耀下，最大限度地发挥出自己的智力、体力和技术水平，争取最好的比赛成绩，为奥林匹克的发展和中国体育的进步做出贡献。这一点是运动员思想政治教育的首要内容，也是我们应当一以贯之的思想教育的重点。

爱国主义教育不是空泛的政治口号，而是实实在在的行动，需要落实在日常生活和训练中，落实在关键时刻的比赛中。这要求运动员具有社会责任感和历史使命感，通过严格训练提高竞技水平，通过比赛展现优秀的品德、技能和风范，弘扬中华体育精神，不负祖国和人民的重托。"为国争光是运动队思想政治工作永恒的主题。面对 2008 北京奥运会，必须让我们的运动员认识到，为国争光绝不仅是一句口号，而是沉甸甸的责任和无比荣耀的使命。"①

为了实现既定的目标，中国体育人，包括官员、教练和运动员，必须全盘考虑，周密部署，拼尽全力，务求必胜。爱国主义既体现在重要比赛中，也体现在平时的训练中。没有平时的忧患意识和艰苦磨炼，就难以在关键时刻爆发出一鸣惊人的力量。在中国代表团出征的历史上，团长、副团长及其他官员都与教练员、运动员同住奥运村临场指挥，有利于建立高

---

① 刘鹏. 在 2007 年全国体育局长会议上的讲话［N］. 中国体育报, 2007－01－19（4）.

效的指挥协调系统。

这种零距离的指挥和服务保证了整个代表团工作的高效运转，为开好一个好头，团部上下发扬连续作战的作风，结合实战相互借鉴，解决问题不过夜，败后不馁，胜后不骄。这种扎实灵活、生死与共的做事风格是我们永远都要保持的，也是思想教育最好的内容。

（二）进行英雄主义教育，激励运动员不畏困难，奋力攻关

英雄主义是中国竞技体育创造奇迹的重要因素。英雄主义是一种为了实现既定目标，蔑视困难，无所畏惧、敢于献身，勇于胜利的精神。战争年代的英雄因战场上的搏杀而诞生，竞技体育的英雄则是靠不懈的追求、顽强的毅力、卓越的表现和显赫的成绩来塑造。尽管成就英雄的舞台和事业不同，但在本质上英雄都有相同之处，表现在：都具有崇高的英雄主义理想，渴望创造性的事业获得巨大的成功；都有压倒一切困难的大无畏气概；都有百折不挠、勇往直前的毅力；都能豁得出去，不怕牺牲，放下一切世俗的包袱（如名利、地位等），毫不犹豫的献身于报效祖国的宏伟事业。

进行英雄主义教育，重点在于教育运动队、运动员不怕挫折，锤炼毅力。在奇迹创造的过程中，一个重要条件是如何面对挫折。在世界冠军的成长道路上，免不了遇到来自各方面的挫折。集体有集体的挫折，个体有个体的挫折。对于运动员来说，对手的实力、自身的技术状态、心理素质、训练方法、比赛经验、比赛名次、运动损伤、生活环境、人际关系等方面的变化都可能成为产生挫折的原因。如果处理不好，都有可能导致事业的半途而废、无果而终。所以，抗挫折教育是英雄主义教育的基本内容。在我国，许多优秀运动队、运动员都是在诸多挫折的过程中成长起来并取得辉煌业绩的。郎平、李宁、邓亚萍、王军霞等，几乎都是先尝挫折的苦涩，然后在不懈的奋斗中逐步尝到胜利的甘甜。不怕挫折，既是优秀运动员必须体验的一道难关，也是优秀运动员必须具备的心理素质。

进行英雄主义教育，还要采取各种形式，锻炼运动员不怕牺牲的品质。这种牺牲不是表现在奉献生命上，而是表现在敢于牺牲个人利益上。为了中国竞技体育事业的发展，可以牺牲自己支配的闲暇，可以牺牲常人所享的天伦之乐，可以牺牲风花雪月的浪漫、可以牺牲金钱的富足……这也就是说，要经常保持中国竞技体育史上产生的"人梯精神"和"铺路石精神"。一个民族、一支队伍，没有这种精神，就不可能产生一往无前的气概和战无不胜的业绩。甘愿牺牲小我，成就集体大我，这种不怕牺牲的精神也是爱国主义的组成部分。

英雄主义在竞技体育中的基本表现是赛场之上敢于拼搏。这需要无畏的气概、勇敢的行为、顽强的意志。日常训练中，有的运动队带领运动员参加蹦极活动，目的在于锻炼运动员的胆量，实际上这也是英雄主义教育的一种方式。进行英雄主义教育，拼搏精神是一个重点。由中国女排奋斗所归纳的拼搏精神是我们以往教育的经验，也是未来成功的法宝。所有的世界冠军都是"拼"出来的，无论是初次获得，还是再次蝉联，留下的都是拼搏的足迹。许多"打平即可出线"的败局，无不显现那是拼搏意识淡化所带来的遗憾。

（三）进行乐观主义教育，激励运动员超越自我，追求卓越

体育比赛，成败是客观存在的，有时人们并非以成败论英雄。奥林匹克所弘扬的精神还包括面对困难和强者所表现的自信和乐观。体育是被仪式化了的"战争"，是通过非暴力手段显现战争气概的游戏性活动。参加竞技运动，精神面貌十分重要，只有乐观自信，才能展示非凡。旧中国内忧外患，"东亚病夫"的阴影挥之不去，运动员参赛成绩不佳，其中原因固然多样，但国破家贫、缺乏自信是一个重要原因。民族的独立，中国的强大，洗刷了百年屈辱。中国体育人，在逐步走向世界强国的过程中，要拥有与大国、强国相称的胸怀。这种胸怀就是在体育交往中表达乐观和自信。

对运动员进行思想教育，乐观自信是一项重要内容。教育运动员做到乐观自信，是以虚心学习为前提的。没有虚心的乐观是自大。中国优秀运动队，如乒乓球队、羽毛球队之所以能够走到世界前列，就在于他们瞄准世界比赛的动向，认真学习、研究别人的打法和长处，总结自己的经验和教训，查找不足，快速赶上，不断超越。在虚心的基础上，产生自尊，然

后拥有自信，进而达到自强的境界。我们所进行的乐观自信品质教育，就是要教育运动员，学会自尊、自信和自强。做到胜利时不得意忘形、乐极生悲；做到失败的时不精神萎靡。事实上，竞技体育活动过程中，能够与高手过招，敢于挑战强者，虽败犹荣，展示运动家的风范，就是要时刻表现出友好、大度和宽容。

有时，运动员需要张扬。没有张扬，显示不出自信，但张扬有一个"度"，过度和不及都对比赛不利。张扬既是自信的表现，同时也是自满的起因。所以，备战 2008 北京奥运，运动队思想政治教育，引导运动员超越自我，以体育为乐，保持开朗的心态十分重要。只有具备这种心态，才能做到胜不骄，败不馁。

有时，个别运动员成功以后目空一切，或者失败之后失去常态，皆因缺乏乐观开朗的心态。当年，米卢带来的"快乐足球"的理念助我首次打入世界杯，其中值得回味的东西很多。尽管首次打入世界杯的因素是多个的，但乐观的心态、自信的表情和轻松的表演是最根本的原因。所以，只有超越自我，忘掉那些杂念，才能达到理想目标，走向卓越。

（四）进行公平竞争教育，促使运动员服从规则，完善人格

奥林匹克的基本理念是公平竞争（fair play），体育文明与战争的根本不同在于，体育剔除了战争所包含的暴力并实现了公平竞争。体育的公平竞争主要体现在竞赛的起点和过程的公平，而支持结果差异的出现并保留这一差异。所以，体育比赛中所谓的公平具有相对性，因为绝对的公平不具有操作性，所以也难以达到。有时在团体比赛中，一名运动员比赛技能很高，但却在重要赛次中"休息"。表面看，这好像是某人给他（她）"过不去"，其实这一现象包含着局外人不知的情节。因为，比赛有一个排兵布阵的问题，有一个全局协同作战的问题。没有整体作战思路的团队，有时仅凭匹夫之勇是难以登上最高峰的，更是难以长期雄居高端的。

奥林匹克公平竞赛的规则是奥运会成功举办的保障。要做到公平竞争，就要具备规则意识，做到服从规则，不做违背规则的事。遵守规则是国家文明的标志，也是运动队实力的体现。北京奥组委筹办奥运会要格外遵守奥林匹克规则，无疑，中国代表团参赛更要遵守这些规则。遵守规则，才能做到公平竞争。此间，有两个教育的重点：一是要教育队员做到尊重对手，尊重裁判，绝不做侮辱对方、伤害对方的事；二是远离兴奋剂，做一个清白干净的参赛者。事实上，奥运会是"games"，是众多游戏项目的集合。参加奥运会就是一种无上的荣耀，而遵守"游戏规则"的参与那就更是千载难逢的幸福。

在遵守规则的前提下，发挥主观能动性，进行实事求是的创新，利用一切有利条件，占据主动，扬长避短，取得胜利。这是智慧的表现，更是奥林匹克推崇的理念。奥运会比赛，首先是比智慧，其次才是比力量。更快、更高、更强的格言就是要激励人们产生更多智慧，表现创造性的速度和力量。创新是一个队伍强大的前提，创新需要遵循规律，需要不断学习、研究和实践。参加比赛是最好的研究和实践机会。例如，刘翔"以赛带训"快速进步的例子具有规律性和指导性意义。

创新既是教练思考的问题，也是运动员思考和实践的问题，而且运动员的思考和实践对于创新来说更具现实性，因为比赛中的智慧较量、力量对比，运动员是最清楚、最有体会的。他们参与创新更具针对性。运动队思想政治教育不是远离比赛搞空洞说教，而要结合比赛进行启迪。

目前，鼓励运动员研究规律，利用规律去提高竞赛水平是思想教育的核心内容之一。我国现在具备竞赛优势的运动队，都是建立在技术创新基础之上的。在创新发展的同时，注重队伍的梯队建设和平衡过渡，在周期性的更新中保持整体水平的不断提高。这是我国传统优势项目长期保持优势的重要原因。

（五）进行团队精神教育，引导运动员尊重同伴，同舟共济

奥运会的许多项目是双人或集体项目，即使个人参赛的项目，也有群体作战的配合、支援问题。所以，竞技体育表面上是个人行为，实际上是群体行为。任何一个运动队都需要培养团队精神。有人认为，西方突出个人表现，东方重在集体力量。这种观点是片面的。无论东方还是西方，都强调集体配合，都发挥个体的表演和创造。只是这种个人的表演和创造都

是建立在集体的基础上。当年，美国 NBA 巨星迈克尔·乔丹的精彩表演令人如醉如痴，但是，假如没有公牛队众多将士的配合支持，尤其是皮蓬的协同掩护、助攻，乔丹的光辉将减弱许多。

养成良好的团队精神，需要培养运动员的协同意识，并且建立协作习惯。集体具有良好的协作机制、自觉的协作意识，个人具有主动的协作行动，这都是成功大厦的重要支柱。对于集体项目的团队，要增强战斗力，必须相互信任、理解、配合、支援，才能达到动作默契、战术奏效。如此，胜利就有了保障。

队员之间是战斗的伙伴，相互配合、相互理解，在逆境中更显重要。有时，队伍处在不利条件下，如果思想涵养较差，相互埋怨，情绪不稳，整个队伍很快就从被动跌入崩溃状态，最后不得不咀嚼失败的苦果。相反，如果队员相互鼓励，相互理解，持之以恒，就可能捕捉到对方的弱点，插入对方的空隙，获得翻身取胜的机会。竞技体育比的是团队的智慧和力量。所以，领队、教练和队员是一个完整的作战整体，每一个部位的力量协调一致，同舟共济，共同推动竞赛之船驶向胜利的港湾。如果各种力量发力的方向分散、相反，轮船可能原地打转，难逃覆灭的厄运。

对于运动队来说，拥有团队精神，比赛场上同舟共济，取得胜利就有了坚实基础。对于运动员个人来说，同舟共济也是其敬业的表现，是检验其是否具有职业精神的标志。培养运动员的职业精神，既要一视同仁，又要因材施教。这里有一个如何对待新老队员、明星队员和一般队员的关系问题。一般来说，对于已取得突出成绩的老队员，在相互尊重和队内纪律的要求上要一视同仁，不能搞特殊；在训练的具体细节、参加活动的分配上则要有所区别，不能搞一刀切。也就是说，要在共性问题上提出共同要求，坚持共同标准处理问题；同时，要把握运动员的个体差异，采取不同教育内容和方法，对症下药，教育他们养成团队精神，相互关爱，相互支持。一个具有团队精神的队伍，可以有效减弱内部的无益损耗，保持整体的和谐统一，因而才有强大的内聚力和战斗力。

三、运动队思想政治工作途径和方法的创新

21世纪是一个数字化符号化的国际大语境，是一个重视差异性与生成性的人性化建构时期，也是一个考验中国体育事业乃至奥运军团能否与时代合拍，为人类的共同健康福祉产生影响的关键时期。思想政治教育作为体育文化"软实力"建设能否成功，就要看它能否真正做到以人为本、关心人类共同的生存境遇。因此，运动队思想政治工作途径和方法的创新就提到了议事日程上来。

（一）运动队思想政治工作途径的创新

途径创新包括：发挥社会主渠道教育、以运动队和家庭为渠道教育、以训练和比赛为主线的教育、以党团组织为桥梁的教育和以高科技信息手段的教育等五个主要方面。

1. 充分发挥社会主渠道的教育途径

环境创造人，我们的运动员生活在现实社会中，无时无刻不受到周围环境的影响。社会环境对运动员的思想起到非常大的导向作用，社会舆论、社会风气、社会活动等就是思想政治教育的重要途径。运动队思想政治教育应整合和利用整个社会的有用资源和有利环境，充分利用主流媒体生产上乘的精神文化产品，从而营造优良的舆论氛围，扩大积极的教育影响。

目前，国家运动队多实行封闭管理，特别在大赛前更是如此，其目的一方面是便于训练管理，但更重要的是为了摆脱各种社会因素对运动员的干扰，如限制打电话和上网等。这确实能屏蔽一些社会的负面东西对运动员的不利影响，但另一方面也可能把社会有利的资源和优秀文化产品挡在了门外。从一定程度上说，无论封闭情况如何，整个社会毕竟处在普遍的联系中，运动员是人而不是物，不可能处在真空中，长远来看，思想政治教育应当立足于培养运动队伍每一个成员独立的认识能力和思考判断能力。他们终究要走向社会，融入社会。因此，运动队的思想政治教育应适当逐步开放，要和整个社会的主体教育相适应，并以此为努力方向，作为一种政治思想教育的长效机制。

2. 以运动员家庭为情感渠道的教育途径

家庭作为社会的组织细胞，担负着对子女进行思想品德教育的重任，家庭是人的第一所学校，父母是子女的第一位老师。家长的世界观、价值观和行为方式对子女有着巨大影响。家庭教育是以血缘亲情为基础的教育，亲切自然，潜移默化。中国的独生子女家庭结构使得家庭教育在运动员的个人成长过程中有着不可替代的作用。在问卷调查中，家长、队友、教练和朋友是运动员遇到问题时的主要诉说对象（见图 3 - 8 - 2）。可以看出家庭、运动队是运动员思想工作的重要渠道。

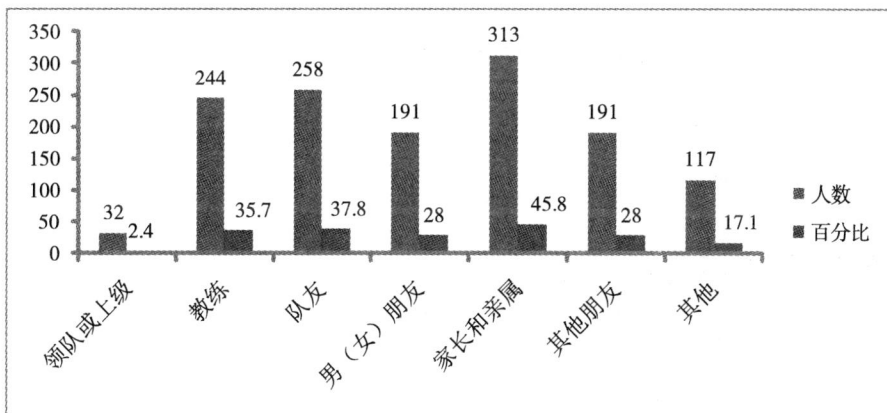

图 3 - 8 - 2　运动员遇到苦恼问题时，愿意述说的对象的统计图

因此要保证家庭成员与运动员、教练员和领队之间的沟通渠道的畅通，运动队可以定期或不定期的和家长联系，或举办家长见面会，及时沟通运动员的思想情况，共同做好运动员的思想工作。

3. 以训练、比赛为主线的教育途径

运动队日常的训练和比赛，不仅只是关注成绩的提高和比赛的输赢，这是运动队进行思想政治教育的重要渠道，训练、比赛中出现的许多问题和运动员的思想问题有密切关系。训练和比赛中见缝插针式的思想工作，既是运动员容易接受的（见图 3 - 8 - 3、3 - 8 - 4），也是取得效果极佳的时机。

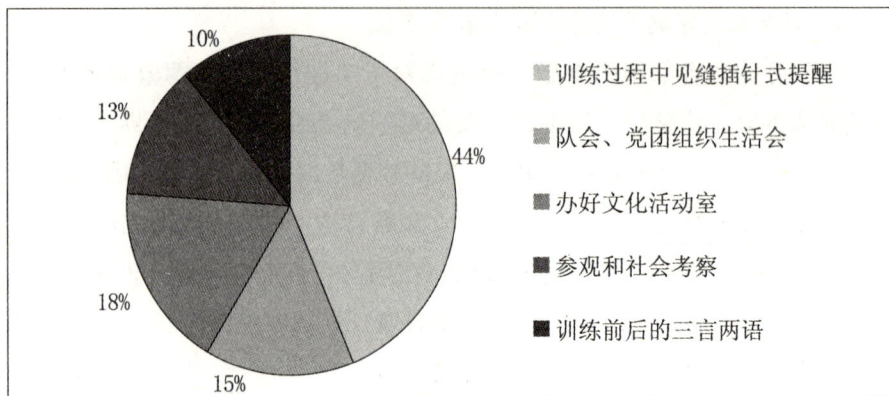

图 3 - 8 - 3　在运动队思想教育中运动员第一喜欢的形式和方法统计

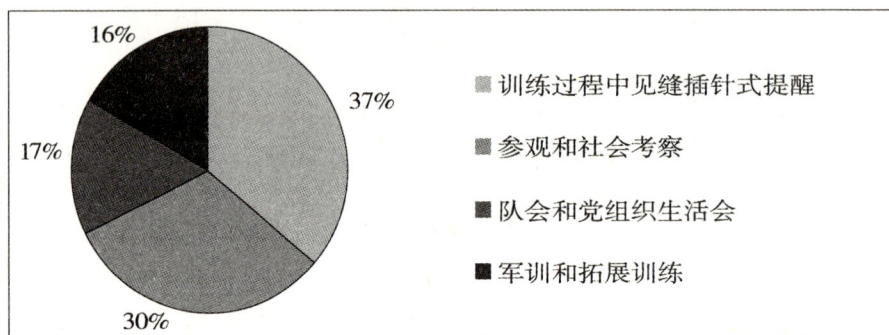

图 3 - 8 - 4　在思想政治教育工作中，领队、
教练员认为最有效的形式和方法

　　问卷调查反映，教练员、领队和运动员都认为"训练过程中见缝插针的提醒"是最为有效方法之一，因为此时的说教往往能抓住运动员的具体问题，有情有理有据的说服教育能取得很好的效果。领队、教练员要能及时发现训练、比赛中出现的思想问题，如训练目的、态度、克服运动量和技术难度、训练的热情和士气等带来的思想问题，要结合运动员的具体问题，有针对性地做思想工作。

4. 以党团组织为桥梁的教育途径

发挥组织建设作用，所有的国家队应成立党、团支部或临时党、团支部，把思想政治工作从组织上加以落实。从国家队政治面貌的统计数据看运动队中党、团员的人数占到70%以上，这是思想政治工作中的骨干力量，党、团组织作为运动队中的先进队伍能起到很好的模范带头作用、架起党和群众之间的桥梁作用，共青团贴近年青的运动员，具有组织优势和活动优势，针对运动员在生活、训练中存在的思想困惑和精神需求，开展有针对性地教育工作和教育活动。在思想教育的内容、形式的选择上，既要主题高尚，又要生动活泼、喜闻乐见；既体现教育导向，又能被运动员所接受。

党支部建设和积极分子的培养是开展运动员党内教育的基本途径。从调查统计中可以看出，运动员中的党员人数仅为17%。在调查访谈中，有运动员反映"非常想入党，可找不到组织，希望在国家队建立党支部，能给我向党组织靠拢的机会"。可见国家队在入党积极分子的培养和党员的发展工作还很薄弱。

应加强党组织对优秀运动员的培养，一方面党员的培养和发展工作的过程就是对运动员进行思想教育的很好途径，另一方面通过培养使他们成为运动队思想政治教育的骨干力量。党、团组织作为运动队思想政治教育的核心，在运动队思想工作中的作用是巨大的。在实际工作中党、团组织可结合运动员的思想实际和运动队的特点，提出一个引导性的主题口号，通过党、团组织发动运动员，开展形式多样的主题教育活动，以使运动员提高认识，形成具有本专项特色的主旋律氛围。

5. 以运动队文化建设为基础的教育途径

运动队文化是在一个运动队范围内长期形成的精神产品、制度规则和行为方式。运动队文化的结构可分为三个层次，即精神层、制度层和物质层。作为一种亚文化，运动队文化的内容体现在这三个层次之中。

（1）精神层

运动队文化的深层是精神层，主要是指领队、教练员、运动员等成员共同信守的奋斗目标、价值观及各种理念等。精神层作为运动队文化的核心，是运动队文化的内在灵魂，是形成物质层和制度层的基础，具有统摄全局的作用。

奋斗目标：目标是组织的灵魂，是组织开展活动的依据和动力。组织内部的一切活动也是围绕着目标而进行的。在备战 2008 北京奥运会的关键时期，国家运动队的奋斗目标无疑就是要在比赛中创造优异的运动成绩，摘金夺银，它是运动队前进的动力。事实上，我国各运动队长期以来都以不同的方式树立了明确的目标，如中国乒乓球队一贯坚持"不想当世界冠军，别进国家队大门"，"夺冠军是赢，夺亚军是输"的奋斗精神。中国体操队全面信奉"不愿做将军的士兵就不是好士兵"的锦标理念，使运动员感受到争当世界冠军的紧迫感。

共同的价值观：价值观是关于价值的一定信念、倾向、主张和态度的系统观点。价值观起着行为取向、评价标准、评价原则和尺度的作用。为国争光、竞争、协作、创新、胜不骄、败不馁等是运动队共有的价值观，是运动队文化的本质。它是在运动队长期的发展过程中不断提炼形成的，并得到运动队成员一致认同，成为指导他们行为的准则，具体来说有为国争光的爱国主义情感、竞争与协作的团队精神、不断创新的时代精神以及胜不骄、败不馁的思想气度。

理念：理念是思想和行为的风向标。在竞技体育实践中，有了科学的理念才能够保证各项工作以低成本获取更大的效益，换句话说就是少走弯路。运动队文化中的理念主要有，训练理念：为了提高运动员的竞技能力，继而通过参加运动竞赛，将其已获得的竞技能力转化为运动成绩的过程中，运动队成员形成的一系列的理性认识和观念体系称之为训练理念，如勤学苦练，科学求实、高标准、严要求，等等。比赛理念：是我国国家队运动员在比赛场上一贯秉持的理念，是鞭策着无数运动员取得优秀运动成绩的观念，如顽强拼搏、赛出风格、赛出水平，等等。管理理念"新时期，运动队的管理要体现出以人为本，以情为重，全面关心和关爱运动员。发展理念：运动队有着高瞻远瞩的发展眼光，这种发展眼光具体表现在：可持续发展的队伍建设思路；与时俱进、不断创建项目发展模式；居安思危、

取长补短的强烈忧患意识。决策理念：它是在科学地预测、判断以至选择最优方案的过程中所形成的观念体系，优秀运动队参与群体决策的理念是"知己知彼，集思广益，精心策划"。

（2）制度层

运动队的规章制度是运动队文化的重要内容，它规定着哪些行为应受到肯定和赞扬，哪些行为应被禁止和批评，带有鲜明的强制性。根据运动队的具体情况建立健全各种规章制度是管理水平高低的一个重要标志。目前我国运动队各项规章制度的内容主要包括以下几个方面：思想管理制度包括运动员、教练员、队干部与工作人员、管理人员守则等；训练比赛制度主要包括训练比赛中的作风制度、集体训练与陪练制度、重大责任事故问责制、运动员选拔制度、教练员聘任制度等；生活管理制度主要包括作息制度、请销假制度、住宿制度、卫生制度、膳食管理制度等；其他相关制度包括学习制度、奖励与惩处制度、媒体采访制度、商业活动制度、运动员转会制度以及运动队制度化了的典礼、仪式、特色活动等，如登榜仪式、新年晚会等。从管理层次上划分，我国运动队制度有国家体育总局下发的规章制度和省级运动队的规章制度。

（3）物质层

运动队文化中的物质层主要反映在训练的环境上。如，宽敞明亮、干净整洁的训练馆布置着的各种标语、光荣榜、标志性雕塑、博物馆等。此外，在物质层上，还有体现运动队文化的各种活动设施，如卡拉 OK 比赛、知识竞赛的基本条件等。运动队环境正像它呈现在我们面前的那样，体现了运动队文化的个性特点，是运动队文化的一种外在象征。

加强国家运动队文化建设，就是以队为基础开展多种形式的主题教育文化活动。一些文化建设比较好的运动队的做法值得其他队伍学习。例如，中国乒乓球队非常重视队史教育，每当一批新队员进入国家队，都要请老领导、老教练讲述中国乒乓球队的光荣历史，观看容国团等老一辈运动员争冠夺标激烈场面的录像，了解他们成长的过程，使他们感受到自身所肩负的责任、祖国的期望和人民的重托，使运动员在燃烧着对祖国一片赤诚和对运动队的热爱情绪中，保持旺盛的斗志、顽强的信念和必胜的信心，忍受常人难以忍受的艰辛，换得常人难以取得的战果。军训是另一种运动队文化建设方式，在国家运动队中，为了严格纪律、磨砺运动员坚毅的品格，形成良好的战斗作风，中国乒乓球队、中国体操队、中国射击队等许多队伍都定期进行军训。中国体操队为了培养运动员勇于克服困难的作风，组织运动员到贫困的农村体验生活。中国射击队经常屯兵井冈山，一方面利用当地适宜的训练环境，另一方面则利用红色资源，组织队员聆听革命老前辈的传统教育，净化身心，为比赛作好精神准备。

创建个性化的组织文化是运动队文化建设的重点。由于项目的不同，不同的运动队必然会形成不同的组织文化，出现不同的个性。个性会使组织具有活力，充分发挥组织文化的作用，使组织长盛不衰。中国优势竞技体育项目，如乒乓球、体操、射击项目之所以保持长盛的地位，与他们极具个性的组织文化有着较大的关系。中国乒乓球队价值观体现在"祖国的荣誉高于一切"、"胸怀祖国，放眼世界"的爱国主义情感，"甘当铺路石"的团队精神，"有创新则兴，无创新则衰"的创新意识，"胜不骄败不馁"的思想气度。中国体操队的价值观可以概括为"一少，四忠诚"，即较少地以自我为中心，对国家荣誉忠诚、对最高目标忠诚、对英雄忠诚、对合作忠诚。中国乒乓球队的比赛理念强调"两强相遇勇者胜"、"赢球还要赢人，输球不能输人"。中国射击队强调的是"以瓦伦达心态走向赛场，保持平常心，你打你的，我打我的"。在管理理念上，由于中国射击队运动员的年龄偏大，在制定制度时提倡在严格管理的前提下注重制度的适度弹性，如运动队让那些成了家的运动员在每个大型比赛任务结束后有一个星期左右的时间回家调整。但对于运动员年龄偏小的体操队，在注重严格管理的同时，强调利用赏识教育来突出爱心等。在制度文化中，中国体操队的登榜仪式独有特色。十几年来中国体操队的登榜仪式不仅成为一种传统，而且对运动队产生了强大的凝聚力和活力，使每一个运动员学有榜样，赶有目标，增强自身的夺冠意识。在北京射击场，为纪念中国在奥运会历史上奖牌零的突破而建立的雕塑，就是中国射击队物质文化建设的重要标志。

（二）运动队思想政治工作方法的创新

方法创新主要包括：搭建全方位的沟通、更新传统的灌输方法、选择多样化的教育载体、实行人性化管理等四个主要方面。

1. 搭建全方位的沟通方式

沟通是实现思想政治教育目的的重要手段，良好沟通方式的运用是解决思想问题的保证。在对运动队的调查中，目前各运动队主要的沟通方式是谈心，沟通对象依次是：教练、领队、队友和家长。（见表3-8-1）

表3-8-1　运动员遇到问题时，最喜欢的沟通方式

沟通方式	频数	百分比
主动找教练、领队	202	29.6
队友间的谈话	115	16.8
领队、教练找我谈	113	16.5
自己想办法解决	91	13.3
与朋友沟通	76	11.1
找家长沟通	51	7.5
选择适合自己的图书	18	2.6
召开队会共同协商	8	1.2
在网上寻找答案或与网友沟通	7	1.0

从调查统计看出，运动员在遇到问题时，沟通对象和方式比较单一，沟通渠道的不够畅通，限制了思想政治教育的效果，所以应利用现代的信息手段拓宽沟通渠道和方法。具体方法有：

第一，民主对话的教育方法。

思想政治教育的民主对话就是教育者和被教育对象之间站在平等的位置上进行对话。当代年轻人的民主意识很强，这种民主意识也深深影响着运动员。他们希望以平等的方式和领队、教练沟通思想，交流意见。思想教育过程中开展对话，有利于人们自觉暴露矛盾、分析矛盾、解决矛盾，坦陈自己的观点，通过探讨和争论，求得分清是非，统一认识。专业运动队中，日常的训练和比赛任务繁重，顺畅沟通尤为重要。调查中运动员谈

到，感到苦闷时最希望有人和他谈心，并且希望教练员能像父母一样关心他们。民主对话是新时期思想政治教育中行之有效的方法之一。因此，应在运动队建立完善对话制度，广开对话渠道。

第二，权威对话的教育方法。

就是请出具有一定知名度的专家、领导与运动员进行对话，就某种问题进行探讨。"在遇到苦恼时向谁述说"的问卷调查结果显示，运动员向领导述说的频数最低。分析原因，一方面领导和运动员的接触少；另一方面是运动员在领导面前不敢说。因此，在这一对话途径中要充分利用网络。网络的交互性、平等性、自由性的特点，使运动员能够毫无顾忌地敞开心扉，参与对话。同时领导又可以通过这种方式了解到运动员的真实感受和观点。这种对话缩短心理距离，减弱抵触情绪，道理容易被接受。运动队可采用目前大家喜爱的"在线访谈"等网络手段，邀请中心领导、思想教育和心理学等专家进行专题讲座，并进行在线讨论和问答，这种对话方式既提高了运动员的思想理论水平，又使他们感到平等而易于接受。

第三，日常生活对话的方法。

就是在日常交往过程中，采用直接或间接对话的方法使教育对象在不自觉中受到教育的方法。这种传统的沟通方式主要表现为：把思想政治教育与日常生活、训练联系起来。即把教育的信息输出融于日常的训练、生活中，尽可能以自然的方式，让队员从生活和训练中受到教育，在自然的环境中昭示教育的内涵，减少刻意的、人为的痕迹，注重创设情景和氛围以促使个体内在的需要和情感上的共鸣。淡化被教育者的"受教育"角色意识，在充分自主意识的支配下，自觉自愿或不知不觉中接受思想政治教育的内容，实现思想教育的目的。

2. 更新传统的灌输方法

灌输教育方法是目前我国进行思想教育的主要形式，以往在灌输教育中，只注重教育客体的表现，而忽视教育对象主体性的开发，只重视理论观点的灌输，而忽视对受教育者的思想政治需求意识的培养和开启。

在调查中，教练员、领队普遍反映"现在讲大道理不行了，运动员反

感这一套"。新时期随着运动员自主意识和利益观念的增强，思想政治需求意识呈现出弱化的倾向，给灌输教育增添了新的难度。传统、单纯的外在灌输会使运动员产生一定的排斥甚至逆反心理。

采取的措施有：要把理论灌输和思想疏导结合起来，把简单的说教、单向的强硬灌输，变为渗透到训练、生活的各个方面，寓教于知、寓教于乐、寓教于美、寓教于管理，尊重工作对象，谆谆诱导，使思想工作贴近运动员的生活和训练的实际。对于运动员思想问题要超前引导，同步开导，善后疏导。要把政治思想教育的内容"内化"为运动员的思想政治素质和能力。通过激发运动员的主动性，增强领队、教练和运动员之间的沟通。

3. 选择多样化的教育载体

首先，以文化为载体。思想政治教育是通过人的一定的社会文化教化活动，使人经过文化习得与适应而实现文化的膜塑过程。要达到以文化人的目的，就必须有鲜明的民族性。我国当今社会的主文化是以马克思主义、毛泽东思想和中国特色社会主义理论为指导，以培养"四有"新人为目标，以民族、科学、大众为特征的社会主义文化，能够引导人们树立正确的世界观、人生观和价值观。

中华体育精神所倡导的"爱国奉献、团结协作、公平竞争、注重创新、拼搏自强、快乐健康"是当今我国竞技体育的主文化。在日常的思想教育中，以一定的竞技文化现象和竞技文化活动为教育内容，使运动员潜移默化地受到蕴含于文化中的思想观念的影响，以提升运动员的文化品位。一是深层次的背景文化教育，如队史、队训、名人队友事迹、运动队优良传统等方面的教育。二是显性的文化活动，如升旗仪式、队办宣传栏、训练场馆的标语、口号、演讲和唱歌比赛等。文化活动的感召力对激发队员的奉献热情尤为重要。

其次，以先进典型为载体。以先进人物引导人，是实现思想政治工作目的的基本方法。教育不仅需要通过说服，帮助人们用科学的理论武装头脑，用正确方法指导实践，同时也需要典型教育，用生动具体的形象给人以感染，推动正确思想的形成和正确行为的强化。

典型教育之所以能收到这样的效果，这是因为，在社会生活中，每个人都有模仿榜样的本能。在运动队中榜样主要来自于两个方面：

领队、教练员自身的模范作用。作为思想政治工作者，他的威信就表现在自身对教育对象不同程度的影响，这种影响体现在思想政治教育者凝聚、感召和制约作用上、教练员的身体力行以及强烈的事业心和奉献精神，对运动员的教育作用和影响是很大的。

运动员中的先进典型。来源于比赛、训练和日常活动中的先进典型产生于运动员中间，最贴近他们的生活。他们对身边的先进事迹熟悉，学起来亲近，富有感染力，因此教育效果更好。在调研中发现：优秀运动员的行为、举止对其他运动员的影响很大，因此，应充分发挥他们在训练和比赛中的模范带头作用。

再次，以先进交往手段为载体。网络是一个超越地域和国界的人类信息传播交往空间。信息网络技术的发展，为我们开展思想政治工作提供了现代化的信息途径。网络交往体现出的平等性，交互性、普遍性和无限性的特点，极大地拓展了思想政治工作的空间和渠道。运动队应充分利用网络先进手段的优势开展思想政治工作。

互联网给整个社会带来了前所未有的深刻变化，也成为思想政治教育信息传播的重要载体。在对教练员、领队和运动员获取知识的渠道调查中可以发现，上网是他们获取知识的重要渠道。（见表 3 - 8 - 2、表 3 - 8 - 3）

表 3 - 8 - 2　教练员、领队获取知识、信息主要渠道统计　n = 178

获取途径	人数	百分比
上网	45	25.3
看书、报	53	29.8
看电视、听广播	8	4.5
听领队或其他教练员讲	17	9.6
开会或听报告	10	5.6
参加各种培训和进修	44	24.7
手机上获取	1	0.6

表 3 - 8 - 3　运动员获取知识、信息的主要渠道统计　n = 638

获取途径	人数	百分比
上网	256	37. 5
看书、报	193	28. 3
看电视、听广播	99	14. 5
听领队或其他教练员讲	63	9. 2
开会或听报告	42	3. 5
参加各种培训和进修	24	6. 1
手机上获取	6	0. 9

由于网络载体传播空间广域性的特点，它可以把思想政治教育的信息发送到不同地方。网络延伸到哪里，思想政治教育工作就能做到哪里。这一特点为我们分布在全国各地的运动队的思想教育提供了可能性。运用网络进行思想政治教育，可以把一流的思想政治教育专家或运动员中的典型人物请来，和他们共同讨论世界观、人生观、价值观。网络技术传播时间快捷性的特点，大大提高了思想政治教育的时效性。

一是网站建设。应尽快建立运动队思想政治工作专题网站，使网络不仅仅是"人机交互"的工具，而且成为运动队思想政治工作的重要阵地。要运用网络阵地，建立运动队思想政治工作的平台，利用互联网的交互性、开放性、适时性特点，建立运动队网上宣传体系。如：设立专家论坛，领导、教练员和运动员相互对话，释疑解惑，辨析商讨等，把网上的虚拟与生活的现实联系起来，使网络真正融入全体成员的训练、生活中，真正解决运动员的思想问题。

二是队伍建设。为了提高运动队网络文化的思想性、艺术性、教育性和指导性，就必须建立专业的队伍。这支队伍的构成应该是多层面的：既有专家教授，又有领导、教练员和领队。通过参与论坛、聊天室、BBS 等栏目形式实现思想政治教育的作用，通过网络把队员们最想知道、最想解决而又不愿当面提出的问题解决好。因此，一支强有力的网络文化队伍，是运动队网络文化向深层次、高品位发展的重要保障。

当然，网络作为运动员思想教育载体的可控性要差一些。对于青少年运动员来说，网络好比一把"双刃剑"。一方面，交互性、个性化的网络有利于青年个性的发展和自我的完善，有利于人与人之间思想信息的交流，有利于快速简捷地从网上获得时势信息；另一方面，网上不良的思想观念、价值观念和暴力色情信息也会对运动员的思想产生不利的影响。因此，我们的领队、教练员应具有超前意识和现代意识，很好地利用这一现代载体，改变原有的"堵"或"塞"的教育方式，充分利用网络的有利资源，开展思想政治教育。如可开设专门的思想政治教育网站，播放专题片等富有教育意义、运动员喜闻乐见的节目。

手机是现代化信息技术的另一个有效的沟通方式，特别是手机短信的广泛运用。一句简短温馨的话语不仅能给人以关心、安慰和鼓励，也能化解冲突产生的矛盾。

最后，以奖惩为载体。以奖惩手段激励人，在思想教育工作中，对好人好事大力宣传和表彰，可营造良好的思想政治工作的氛围，如：用黑板报刊登训练标兵、难度动作标兵；建队内冠军榜等，公开提倡积极向上、刻苦训练、为国争光的拼搏精神。同时，对所犯错误进行必要的惩戒。俗话说，没有规矩不成方圆。在问卷调查中，关于目前思想政治工作存在的主要问题，教练员、领队认为"缺乏激励和处罚机制"是主要因素之一。运动队需要一个公平、先进、贯彻始终的奖惩制度。否则，那些刻苦训练的运动员的士气就会受损。但惩罚的目的在于激励，是为了促使受到惩罚的人能遵守纪律和规章，激励士气。因此在执行奖惩规定过程中要遵循以下五个原则：

第一，事先告知原则。事先公布那些行为不被允许的，违者会受到什么程度的惩罚。

第二，及时惩罚原则。发现违规行为，立即调查并明快做出裁决。

第三，公平公正原则。相同违纪行为处罚的一致性。

第四，顾及颜面原则。避免在大庭广众之下为之。

第五，适可而止原则。点到为止，避免受罚者长时间处于恐惧不安中。

4. 实行人性化管理

在思想教育的众多形式中，管理是独特而显著的一种形式，它为思想政治教育提供了一个很好的教育平台和视角，具体表现在：

第一，各项管理工作中，对人的管理是最根本的，管理的真谛在于对人的组织、领导。因此管理工作需要以教育为基础，以提升人的素质为目的。人的素质的提高也是思想政治工作的目标之一。

第二，科学规范的管理体现的是人本精神，把人的需要的满足作为管理的目标，做到尊重人、理解人、关心人、帮助人，充分调动人的积极性和创造精神，同时转化思想，化解矛盾、理顺各种关系。这样思想教育的内容就易于渗透，思想教育的目的就易于达到。

第三，科学规范的管理。这是制度的管理、民主的管理、体现公正与公平的管理，也是符合并尊重人的思想、行为规律的管理。这种管理是对人说服劝导、沟通交流、情感贴近、促使习惯养成的过程，本身就是一个教育的过程。

第四，公平化管理。公平感，是一种主观感受，是个人当前可选择机会、实际贡献度、个人能力结构与组织需要、人力资源竞争状况、组织对个人的培育等一系列要素的综合感，是每一个人价值计算标准下的一个主观结果。

人总有一种在竞争中成为优胜者的心理。良好的竞争机制，可以更好地激发人们的热情。在调研中发现，运动员的不公平感是影响训练和比赛积极性的一个重要因素，已成为思想政治工作必须重视的一个方面。不公平感是人们对自己的付出和所得比值与他人的付出和所得比值比较后所产生的主观感受。

在调研组的调查中，教练员、运动员对目前各项目中工资待遇和分配不合理问题的反应强烈，已影响了教练员和运动员的积极性。在对683名国家队队员的调查中，有207人（占30.3%）关心在国家队"能否得到教练员的认同"，调查足以证明，运动员非常希望得到教练员的公平对待，包括训练、比赛的机会是否公平等。目前国家队中的部分运动队对运动员参加国际比赛的选拔采取了公平竞争的形式，受到运动员的一致赞同。如乒乓球队和羽毛球采用队内选拔赛，决定参加世界锦标赛的人员，这种公开、公平的竞争形式起到了很好的激励作用。

第五，人性化管理。人性永远是追求快乐的，管理有责任让每个人感受到工作的快乐，才能从根本上消除反抗所产生的懒惰；人性是不可违背和强制的，只能顺应和引导，否则，就会遭遇抵抗。在调研组的调查中，教练员和运动员反映强烈的问题是，节假日的探亲和家人的团聚。在对178名国家队教练员的问卷调查中，问道"除训练外，当前你感到第一苦恼的问题"时，有34.4%的人认为是"眷属两地分居"。在对运动员的问卷调查中（见表3-8-4），除关注提高运动成绩因素外，想家人和亲属团聚也是主要的问题。

表3-8-4　当前你感到第一苦恼的问题　　n＝683

选项	频数	百分比
爱情问题	33	4.8
想家和亲属	87	12.7
文化学习和获得大学文凭	93	13.6
伤病困扰	142	20.8
提高成绩和竞技水平	164	24.0
今后的前途和出路	86	12.6
被队里淘汰	29	4.2
人际关系	12	1.8
经济收入	12	1.8
其他	6	1.3

在调研组的访谈和座谈中，教练员和运动员对"长年累月的在外训练而不能和家人团聚，特别是重要的传统节日不能回家"反映强烈。亲情本是人们奋发的强大动力，适度的休息对心理恢复、体力恢复有益，训练的效益更高，好的心情可以使教练员和运动员充分享受训练和比赛

带来的愉悦和成绩高峰的体验。米卢的"快乐足球"给中国体育带来了训练中的新理念；国家自由式滑雪队的加拿大教练达斯汀提倡的"快乐训练、享受比赛"的激励理念，给运动员在比赛中增加了很强的自信心。目前运动队中"运动员的恋爱"也是非常突出的一个问题，是"堵"还是"引导"？这已经成为运动队思想工作中不可忽视的问题，关心运动员的个人问题，积极地引导和疏通，帮助他们解决具体问题是做好思想工作的关键。

第六，情感化管理。人是一种情感动物，在大多数情况下情感往往高于理性；建立起信任和亲情，理性所遇到的抵抗就会减小；管理的理性要建立在感情通融的基础上，而不能在感情生疏和对立的前提下获得理性。运动队思想政治工作提倡"晓之以理，动之以情"，要求我们的教练员和领队要把运动员当成自己的朋友甚至是孩子，与他们平等相处，互相尊重，主动关怀，让他们向你敞开心扉，帮他们解决实际问题（困难）。刘翔在他的自传中写道："我和师父情同父子，除了父母我已把他看做是我最亲近的一位长辈……在点点滴滴的训练生活中，师父确实像一位慈父，无微不至地照顾我。"现代人的情感意识很强，在调查中，有317人，占46.7％的人希望教练员能像父母一样关心他。

表3－8－5　心目中最喜欢的教练员应该是
（选项中排前四项统计）　n＝683

问题选项	频数	百分比
像父母一样关心我	317	46.4
有渊博的知识	218	31.9
善解人意	94	13.8
跟得上时代	14	2.0

运动员长期远离家人，非常需要情感上的关心、理解和信任，这是他们集中思想、全力投入训练的情感保证。

第九章 伤病防治与功能恢复

从事竞技体育的运动员都企盼有朝一日能出成绩、拿金牌，在这条用汗水浇灌成功的路上，他们最担心的一件事就是发生运动损伤。而一旦发生运动损伤，轻则影响训练和比赛，重则缩短甚至终止运动员的运动寿命。

在激烈竞争的奥运备战与参赛背后，运动员的伤病问题也是一个迫切需要解决的问题，它直接关系到运动员能否以良好的状态去投入比赛。

第一节 我国不同专项运动员常见损伤

运动损伤常常是指由于从事体育运动而造成的损伤。运动损伤中除因大量身体素质训练引起的损伤外，如膝部的劳损伤等，运动损伤的类型及发病率与从事的运动项目是密切相关的。

一、我国运动员备战奥运会的运动损伤特点

2004 年雅典奥运会上我国运动员取得了 32 块金牌。在备战期间，国家体育总局运动医学研究所组织医疗专家组对参加雅典奥运会的国家队运动员的伤病进行了会诊与治疗。在调查的 30 支队伍 650 人中，患病人数 268人，患病率 44%。膝关节损伤的人数最多，为 97 个，占患病人数的 36.2%；腰部损伤次之，为 76 人，占 28.4%；踝关节 27 人，占 11%；肩

关节 22 人，占 8.2%；跟腱 19 人，占 7.1%。[①]

在膝关节损伤中，以运动项目划分，损伤居前三位的项目为篮球、足球、排球，损伤人数分别为 14 人、11 人、9 人，占膝关节损伤 97 人的 14.4%、11.3%、9.25%。以疾病种类划分，半月板损伤人数最多，有 24 例（24.7%），其次为软骨损伤，有 22 例（22.7%），其中篮球中 4 人为膝关节前交叉韧带损伤（28.6%）。

腰部损伤患者中，以运动项目划分，损伤居前三位的项目分别为举重、赛艇、皮划艇，损伤人数分别为 11 人、8 人、6 人，占腰部损伤患者 76 人的 14.4%、10.5%、7.8%。以疾病种类划分，其腰肌劳损人数最多，为 51 例（67.1%），其次为腰椎间盘突出，为 24 例（31.6%）。

踝关节损伤患者中，以运动项目划分，损伤居前三位的项目分别为体操、篮球、蹦床，损伤人数为分别为 10 人（37%）、5 人（18%）、2 人（7.4%）。以疾病种类划分，踝关节创伤性滑膜炎人数最多，为 12 例（44%），其次为踝关节骨性关节炎 15 例（55%）。

二、不同专项运动员损伤特点

（一）射击

1. 颈部劳损：射击运动员在训练时，颈部均要求向左（步枪）或向右（手枪）呈 30°-45° 旋转，步枪项目还要求右腮紧贴在枪托上，在训练中要求两侧颈部肌肉协调合作，其中一侧收缩，另一侧舒张，长期反复保持这一姿势（每发子弹完成时间长者要持续 1 分钟），易引起一侧肌肉出现疲劳，乳酸堆积，如不及时恢复，长期引起肌肉发生静力性操作变性而变为伤痛；另外，由于长期颈部旋转姿势，易引起颈椎部分肌腱变化、缺水、营养供应不足而起变性甚至钙化，表现为颈部不适、易落枕、颈部肌肉（胸锁乳突肌、斜方肌、肩胛提肌）及面部筋膜出现僵硬疼痛。引起颈部

---

① 李方祥，崔颖，周敬滨，等. 国家队备战雅典奥运会伤病调查. 见：中国科协 2005 年学术年会体育科学分会场论文摘要汇编［C］.2005.

无菌性炎症，长期则引起颈椎骨质增生；颈部长期扭转，长期处于紧张状态的姿势，颈椎生理曲度变直，颈椎及其周围软组织逐渐产生退行性病变。①

2. 肩背部：射击运动员在训练比赛中要求在某一姿势，呈机械性地重复某一动作，特别是手臂的举枪－据枪－瞄扣－放下－举枪这一动作，一天训练下来要重复几百次，在完成一套动作时要求肩关节、上臂、肘、腕等肌群协同参与，特别三角肌前部、喙肱肌及肱二头肌长头、背部等肌肉。例如，肱二头肌长头在其鞘中不停地滑动，易引起长头肌腱炎。三角肌在据枪时起稳定住上臂作用，重复使用易引起三角肌肌腱炎。背部肌肉长期处于紧张状态，易引起背部肌筋膜炎。在手枪项目中，由于一些举枪时的特殊姿势（例如肘关节过度外翻）还易引起网球肘，步枪由于左腕部持枪动作，易引起腕部腱鞘炎。②

3. 腰部劳损：几乎所有射击运动员无论是在训练还是比赛都要求有腰部肌肉的参与，在预备姿势时要固定住身体，控制好人体重心和人枪合重心，所以腰部肌肉几乎长期处紧张状态，使腰部肌肉筋膜长期受到牵拉，纤维组织产生疲劳性劳损，这些反复的微小损伤积累导致局部劳损，特别是有的射击运动员年龄比较小，处在发育期，加之训练时间比较长，腰部肌肉发育不完全，如果在训练前后不注意放松，及在训练后贪凉，受风寒湿邪侵袭更易发生腰肌劳损。③

4. 精神疲劳：射击运动由于长时间地静力运动，并且要求运动员精力高度集中，因此，射击运动员训练以后以精神疲劳为主。精神疲劳主要反映在中枢神经系统，特别是大脑皮层神经细胞工作能力下降。

5. 其他损伤：如步枪项目由于枪皮带勒得太紧而引起的尺神经炎，在射击训练中由于长期下肢站立时膝关节长期伸直，压迫半月板前角而引起

---

① 陈小亮，田新. 射击运动员常见伤病分析 [J]. 按照与导引，2007，24（3）：17－18.
② 陈小亮，田新. 射击运动员常见伤病分析 [J]. 按照与导引，2007，24（3）：17－18.
③ 陈小亮，田新. 射击运动员常见伤病分析 [J]. 按照与导引，2007，24（3）：17－18.

的半月板变性。[①]

（二）体操

1. 踝关节：踝关节的损伤同其他运动项目相同，主要是由于该关节解剖结构的特点，所导致的踝关节稳定性差，造成踝关节过度内翻，拉伤外侧肌肉和韧带。足踝大强度的踏跳、落地及平衡木的足尖支撑等，易损伤脚踝两侧的肌腱，并引起胫骨肌、胫后肌的腱鞘炎。

2. 肘关节：在体操高难度动作中，如跳马、小翻或吊环上压十字时，过多使用上臂支撑，容易诱发肘创伤性骨关节病。

3. 腕关节：局部过度疲劳所致腕腱鞘的损伤在体操中最为常见，如在鞍马、自由体操、跳马等项目中，手腕过多支撑、顶推容易造成腕部损伤。倒立、各种翻腾中的推手易伤腕背侧伸肌。

4. 肩关节：在单杠、高低杠和吊环项目中，过多的"转肩"、"砸肩"动作，或肩部肌力不足，准备活动不充分，常常会导致肩袖损伤的发生。

5. 膝关节：落地时的强大反作用力或膝关节不得缓冲的半蹲位下法都易导致膝关节损伤的发生。各种空翻落地和下法不正确，或重心失去平衡，着地时两腿并未靠拢，身体侧倒，容易扭伤膝关节和造成半月板及韧带的损伤。

（三）跳水

1. 腰腿痛：主要的原因是运动员腰椎长期过度负荷导致腰椎间盘严重变性，纤维环出现小的破裂口，溢出的髓核液中所含的化学物质刺激神经根，产生化学性神经根炎而引起腰腿痛症状。

2. 腕舟状骨骨折：在跳水运动员的创伤中比较常见。李凤莲[②]于1988 −2001年，通过对160名跳水运动员的调查分析，发现10例腕舟骨骨折。引起骨折的原因很多，其原因与跳水运动项目的特点有关，腕部过度疲劳

[①]　陈小亮，田新.射击运动员常见伤病分析［J］.按照与导引，2007，24（3）：17−18.

[②]　李凤莲.跳水运动员腕舟状骨骨折调查分析［J］.中国运动医学杂志，2004，23（1）：104−105.

是导致骨折发生的主要原因。伤后局部过多的封闭治疗等也是腕舟状骨骨折的因素。

3. 胫骨结节骨骺炎：该损伤是青少年运动员在早期跳水训练中最易出现的。青少年运动员尤其是少年运动员，由于骨骼发育的生理特征，长期局部受力，易致使该部位发生肿胀、疼痛，甚至出现局限性隆突。症状严重者将直接影响正常训练和生活。①

4. 视网膜脱落：跳水运动员的视力都不是很好，原因是无数次的跳水造成水流对头部尤其是比较脆弱的眼部冲击太大，视网膜遭受冲击除了会造成视力下降以外还可能有脱落失明的危险。

（四）举重

1. 腰部急性损伤及劳损

腰部急性损伤包括肌肉、韧带损伤及关节扭伤等，90%发生在腰骶部和髋关节。② 挺举在上挺前先屈膝预蹲，预蹲后马上迅速伸膝、伸髋、屈踝、伸臂，把杠铃举至头上；而抓举在做好准备动作后，发力时充分蹬腿（伸膝）、展体（伸髋）、提踵（屈踝）③，稍后提肩抬上臂，利用各大肌肉协同收缩发出的力量向上提拉杠铃至头上。在整个动作过程中，腰髋部和骶髋关节承受着重于肢体的压力运动，正常的脊柱腰弯为向前 3 – 5 cm，要维持重压下脊柱的生理弯曲，主要靠骶棘肌、前纵韧带、后纵韧带和棘间韧带的超常运动，而骶棘肌的解剖结构位于脊柱的牵拉位置，血液循环略滞后于其他组织，因此，在运动过程中，出现"慢热"状态，即肌肉和韧带达到最佳状态，要远慢于周边的其他软组织，所以在比赛训练过程中，发生急性的腰部损伤，多为准备运动不足所致，也有相关的报道腰急性损伤为肌肉的力量不足，活动超过解剖范围，技术动作不正确等。④

---

① 王洪兰. 析跳水运动员胫骨结节骨骺炎的预防和治疗 [J]. 南京体育学院学报：社会科学版. 2001, 15 (6)：95 – 95.
② 黄明强. 举重运动损伤和预防 [J]. 广州体育学院学报, 2003 (4)：43 – 44.
③ 郭廷栋. 竞技举重运动 [M]. 北京：人民体育出版社, 1990：59.
④ 黄明强. 举重运动损伤和预防 [J]. 广州体育学院学报, 2003 (4)：43 – 44.

2. 肩关节、肘关节和腕关节损伤①

肩关节是一个臼杵关节，活动范围很大，因而其稳定性能相对差，主要由肩袖肌腱（冈上肌、冈下肌、小圆肌和肩胛下肌）给予固定，附着于肱骨大结节和解剖颈边缘。挺举和抓举的引铃过程中，由于骨间膜狭窄，动作过程中的急剧扭转，反复外展发力，冈上肌腱在肩外展 60°－120°时，发生牵拉性损伤。

挺举时肘关节损伤是提铃至上举过程中肘关节由屈曲 90°至肘伸直时内、外髁及鹰嘴三点成等腰三角型变成一直线，由于重力的压迫，前臂上举力量带动肘关节平伸的力量不足，运动过程产生线性变形而引起的，加上上举翻腕动作与伸肘动作的不协调，引起肱骨内上髁的损伤。

腕关节损伤，主要是在抓举引铃过程中，腕关节翻腕（后伸）与伸肘关节不协调，即腕关节的后伸落后于肘关节前推，过重的负荷压迫于腕关节而引起的腕后伸肌群和肌腱损伤，加上腕关节周边的肌群力量不足而引起的损伤。

3. 膝关节、踝关节和髋关节损伤②

挺举与抓举下肢部位受伤发病率最高的是膝关节，据资料显示，该项目中发生损伤几率由高到低分别为半月板、侧副韧带、十字韧带。膝关节处于内旋位，突然伸直，半月板出现矛盾运动，半月板被挤压和研磨，引起半月板损伤；小腿突然外展外旋或足固定，大腿突然内收内旋，会引起内侧副韧带的损伤；小腿突然内收内旋或足固定，大腿突然外展外旋，引起外侧副韧带损伤；膝关节半屈位突然内收、外展或旋转，膝关节过伸、膝伸直或半屈位，大小腿受撞击，引起十字韧带损伤。髋关节和踝关节的损伤，有其解剖弱点所引起的，也有其技术动作错误所致，而大腿的损伤则完全由于技术动作错误所致。

---

①　黄明强. 举重运动损伤和预防［J］. 广州体育学院学报，2003（4）：43－44.

②　黄明强. 举重运动损伤和预防［J］. 广州体育学院学报，2003（4）：43－44.

（五）田径

1. 赛跑类①

赛跑类项目中损伤部位多为踝关节，膝关节，股后肌群。踝关节损伤之所以最多，主要是因为踝关节损伤是一种病程长，反复发作，且较难治愈的外伤疾病，尤其是优秀运动员患者，常在大运动量训练及比赛时发生，严重影响训练和比赛。田径运动中几乎所有动作都有踝关节的参与，由于现代竞技体育的高、快、难的发展趋势，对踝关节的柔韧性、灵活性、力量要求很高。如果踝关节的这些素质较差就易受伤。特别是长期的磨损使得三角韧带和腓侧副韧带在整个运动过程中几乎从来不能得到休息，因此损伤常伴有炎症，这是踝关节损伤较多的原因。股后肌群损伤主要是在爆发式发力动作中，使得肌肉承受了过多的牵扯、挤压，导致负担过重，如果肌力较弱就会受伤，同时过多追求动作的完美和有效性也加大了此处的拉伤的几率，长此以往还可产生劳损。膝关节损伤位于第三位是由于在运动过程中特别是田赛中以膝关节负重为主，而且多数使膝关节处于屈膝状态负荷，而这一姿势恰好是膝关节的结构弱点，所以经常导致受伤。

短跑时常易发生的是大腿后部屈肌拉伤，足踝腱鞘炎，跟腱纤维撕裂，断裂或跟腱腱炎。

赛跑时由于急停而引起的踝关节与膝关节的扭伤等。短跑是以快速而获胜，要求运动员在最短时间完成规定的距离，这就使对其身体素质要求极高。比赛和训练的质量高低在很大程度上取决于关节的灵活性、韧带的坚固性和肌肉的发力效果，在运动过程中有很多肌肉参加，原动肌的负荷很大，同时对抗肌要处于放松状态，如果两者不能匹配很易导致受伤，在关节承受负荷过程中，特别是下肢的踝、膝多数情况要负担体重的好几倍的重量和冲力，地面的反作用力也主要靠踝关节进行缓冲，如果这类关节力量差又过度疲劳，随时都会损伤。

---

① 姚磊. 我国优秀田径运动员的运动损伤流行病学调查与分析［J］. 北京体育大学学报，2007，30（3）：363－365.

中长跑和竞走运动员如果下肢训练过多，会出现胫腓骨疲劳性骨膜炎或骨折。对于长距离的跑和竞走，长期疲劳性负荷很容易引起肌肉、肌腱和韧带慢性损伤。因为机体组织在受到反复的外力作用下，日月积累的磨损或疲劳使其机能下降，从而导致对负荷的适应能力和承受能力下降。

2. 跳高、跳远、三级跳和撑竿跳[①]

最常见的外伤是踝关节韧带损伤或骨折，足跟挫伤，膝关节韧带和半月板损伤，前臂骨折和肩部挫伤。跳跃类的损伤主要是下肢占主导，在各种跳跃中的不同距离助跑或跨跳等速度爆发式动作中，如着地动作不对，用力过猛，运动员的股四头肌、内侧肌以及小腿软组织也就极易受伤。

3. 投掷项目

投掷类运动员易造成肩关节损伤，包括前方撞击伤，后部紧张伤，撕裂伤，前部过松；肘关节损伤，包括内侧紧张性损伤，外侧和后部的挤压伤。

铁饼运动员最易发生的是髌骨软骨病，伸肌腱膜炎，这是由于投铁饼时需要运动员在膝半蹲位置扭转用力所致。

铅球运动员常见的有掌指关节扭伤，指屈深肌腱拉伤等。此外，左侧腰方肌也常因投出时腰的突然侧倾而拉伤。

标枪运动员常出现肩袖肘，肘内侧副韧带及肌肉损伤，肘的骨关节病。膝伤最常见的是髌骨软骨病或伸膝腱膜炎，这主要是由于助跑末，一腿突然制动，使髌骨的软骨和股骨反复撞击牵拉所致。

链球运动员最常见的损伤是斜方肌拉伤。

（六）游泳

1. 腰骶部关节及肌肉损伤：游泳运动员需要通过反复快速的上肢划水及下肢打水动作提供动力，腰骶部关节就成为连接上肢与下肢的枢纽，腰骶部肌肉则起到维持身体平衡和控制方向的作用。在蝶泳中还需要通过腰

---

① 姚磊. 我国优秀田径运动员的运动损伤流行病学调查与分析［J］. 北京体育大学学报，2007，30（3）：363－365.

椎反复屈伸提供一部分动力。因此，游泳运动损伤多发生在腰骶部。[①]

2. 肩部损伤：在游泳过程中，随着肩关节反复不断的内收内旋，冈上肌和肱二头肌与喙肩韧带反复摩擦撞击，可能引起肩部的急性损伤，进而在长期训练过程中转变为慢性。还有可能造成肩袖损伤。

3. 膝关节损伤：尤其在蛙泳项目中，由于膝关节在屈曲位时，小腿突然外展，使膝关节发生突然外翻，造成膝关节内侧副韧带损伤。轻者发生膝内侧副韧带部分纤维撕裂，重者可以造成韧带完全断裂，甚至可以合并交叉韧带断裂或半月板撕裂的联合损伤。除蛙泳膝外，还有一种游泳运动员常见的膝关节周围疼痛症，多为髌腱末端病、髌骨软骨病等慢性劳损引起。[②]

4. 踝关节损伤：在自由泳和仰泳的打水动作时，踝关节极度背伸，造成踝关节滑膜被动牵拉，伸肌腱与腱鞘反复摩擦，这种慢性刺激的结果可引起关节滑膜、腱鞘的炎症反应，出现疼痛。[③]

（七）自行车[④]

1. 皮肤和软组织损伤

所有受伤自行车运动员都会出现擦伤、挫伤和表皮破裂伤。这些损伤较轻，对运动员运动能力影响不大。但软组织损伤不同，常伴随有骨折和头部损伤。深层次的损伤也常有出现，有些局部擦伤会深及鹰嘴和膝盖粘膜液囊。上肢的挫伤常会引起尺骨动脉挫伤。肌肉损伤常常在颈部区域出现，背部、小腿和大腿肌肉拉伤也有报道。

2. 骨折

常出现在上肢和躯干，锁骨是最容易引起骨折的部位，除此还有：桡

---

① 李国平，史和福. 游泳运动创伤的流行病学研究 [J]. 中国运动医学杂志，1998，17 (2)：129-134.

② 李国平，史和福. 游泳运动创伤的流行病学研究 [J]. 中国运动医学杂志，1998，17 (2)：129-134.

③ 李国平，史和福. 游泳运动创伤的流行病学研究 [J]. 中国运动医学杂志，1998，17 (2)：129-134.

④ 郑振盛. 浅析自行车运动损伤 [J]. 黑龙江科技信息，2007.190.

骨头、桡骨远端、舟状骨、掌骨和指骨。在躯干中，常有肋骨骨折和肩胛骨骨折出现，也报道有盆骨骨折、股骨近端骨折，腓骨和胫骨的开放或封闭骨折，膝盖骨骨折等，常也引发颈部、胸廓和腰椎骨折。

3. 关节损伤

膝关节损伤是所有自行车运动员不容忽视的，其中髂胫束下滑囊炎、膝内侧半月板损伤、膝脂肪垫炎、膝前交叉韧带断裂、髌尖末端病、膝外侧疼痛综合征等尤其常见。手指、腕关节、踝关节前、后十字交叉韧带和半月板损伤也常有拉伤；此外还常见关节脱臼。

4. 腰部慢性损伤

腰肌劳损是自行车运动员比较常见的一种慢性损伤，主要损伤原因是腰肌长时间处于过度牵拉状态、准备活动不充分、腰肌力量不够等原因造成。腰椎间盘突出症也时有发生。

5. 生殖器官损伤

在男性公路自行车队员中，阴部神经和血管的压迫和损伤可引起多起阴部麻木和勃起障碍，这种症状在山地自行车队员中也有，不仅仅局限男运动员，女运动员也有阴部麻木等症状。

此外还有最严重的损伤是颅脑损伤，含脑震荡、脑挫裂伤、硬膜外血肿，颈椎和脊椎损伤等。

（八）柔道

1. 膝部损伤：膝关节的主要运动方式是屈和伸，其正常活动范围为 −100°至 +135°之间。当小腿突然外展、外旋，或是足与小腿固定、大腿突然剧烈内收、内旋时，[1] 可因膝关节的过度外翻而损伤内侧副韧带。若膝关节屈伸时伴有关节的扭转，则半月板在股骨髁与胫骨平台间被剧烈研磨而导致劳损。

2. 踝部损伤：踝关节是由胫骨、腓骨的下端关节面与距骨上部关节面构成，关节囊前后较薄弱，柔道运动过程中如果脚踝过度内翻易使外侧韧

① 梁洪洲，李萍. 柔道运动损伤的成因及其防治 [J]. 辽宁体育科技，2004，26：33.

带损伤。

3. 腰部损伤：柔道很多动作依赖腰背的巧妙发力来完成，在长年累月的反复练习动作中，腰背肌肉承受过大的负荷，诱发腰背的运动损伤。[1]

4. 指部损伤：柔道中的抓、握、拧、抱、推、拉等技法，皆与指关节、腕关节及其相关肌肉和韧带的运动密不可分。另外，手的全部动作抓握与非抓握，也都与上述关节、肌肉、韧带有关。在推拉、摆动乃至整个赛程，乎都离不开手与腕的用力，因此，易发生损伤。[2]

5. 肩部损伤：当手臂屈过伸位时，若再单掌着垫，则可在强力冲击下伤及肩盂的前下缘，甚至肩带，而造成肩关节脱位。

（九）摔跤

1. 踝关节扭伤：在急性损伤中患病率最高，可能是由于踝关节内外侧解剖结构相对不稳定，在触碰对手的脚或垫子时，内外侧韧带紧张度改变而发生扭伤。

2. 摔跤耳：摔跤耳虽然不影响训练，但严重影响运动员的容貌。发生率较高主要是因为实战中抱腿、夹颈背、圈头等技术动作，挟颈摔时耳部软骨受到挤压、渗出，软骨增生变厚，最终变形而形成。[3]

3. 腰背部损伤：摔跤运动中，腰背部的损伤占重要地位，尤其是古典式摔跤，腰背部损伤居所有损伤之首。腰部是整个身体的枢纽，它使上肢与下肢有机结合起来。在摔跤运动中，腰部力量更占有非常重要的地位，所以容易造成腰背部的损伤。摔跤运动中，运动员始终处于弯腰状态，腰背肌紧张收缩，课后又没有进行充分的牵拉和放松，导致慢性疲劳。再加上长期腰背部的大力量训练，容易造成椎间盘病变。在古典式摔跤中，抱提是一项非常重要的技术。抱提动作主要靠腰部肌群用力，特别是竖棘肌

---

① 闫恩旭，蔚兵. 青少年柔道运动员损伤的成因及防治 [J]. 内蒙古体育科技, 2011, 24 (11)：105 - 106.

② 闫恩旭，蔚兵. 青少年柔道运动员损伤的成因及防治 [J]. 内蒙古体育科技, 2011, 24 (11)：105 - 106.

③ 安楠，唐涛敏. 优秀女子自由跤运动员损伤调查 [J]. 中国运动医学杂志, 2005, 24：586 - 589.

始终处于强直收缩状态。如果训练或比赛时抱提动作过多，而后期又不能得到充分放松，长期肌肉疲劳的堆积，就会造成腰肌劳损；在古典式摔跤的滚桥和提抱动作中，突然发力可造竖棘肌及腰背其他肌肉的急性损伤。[①]

4. 上肢诸关节是完成跪撑、抱腿、做桥以及撑垫等动作时主要的运动关节，在躯干的带动下，肩关节、肘关节和手腕指关节连续发力。由于手腕指关节是与外力（对手、触垫）直接接触的部位，承受直接应力最大，所以腕骨骨折、指间关节挫伤患病率在上肢关节中最高，也可能与平时训练更着重于大肌群的力量训练，而对小肌群及韧带的力量训练关注不够有关。[②]

（十）拳击

1. 头部损伤

拳击比赛中出现的颅脑损伤分为急性颅脑损伤和慢性颅脑损伤，以慢性颅脑损伤为多见。头部受击后产生的旋转加速运动是拳击性脑损伤致伤的主要机理。头部受击后突然发生旋转加速运动，由于惯性作用，脑的起止运动均落后于颅骨脑在硬脑膜下发生滑动而使跨越脑表面和矢状窦之间的桥静脉受到牵拉、破裂出血，形成急性硬脑膜下血肿；同时颅内各种组织间产生的剪力足以撕裂脑内神经轴索和小血管，其损伤可发生于皮质矢状窦旁区域，也可以发生于皮质下、脑深部、脑干等部位。运动员带有软拳具，使受击部位不易造成颅骨变形或骨折，但不能消减致伤暴力的能量，因而冲击伤所致的脑受伤部位损伤减轻，而对侧脑则往往会严重受伤，即导致"对侧撞击伤"。除头部受击产生加速性损伤外，如跌倒在地，头部撞击地面还会导致减速性脑损伤。[③]

2. 手部的损伤

掌指关节部皮肤擦伤及关节囊损伤：运动员绑护手绷带后戴拳套击打

---

① 张传光，吕瑞磊，修振涛等. 我国优秀摔跤运动员损伤调查分析［J］. 天津体育学院学报，2005. 20（3）：69 - 71.

② 安楠，唐涛敏. 优秀女子自由跤运动员损伤调查［J］. 中国运动医学杂志，2005，24：586 - 589.

③ 鲍善柱，雷玉平. 散打和拳击运动员运动损伤特点的比较研究［J］. 山东体育学报. 2006，22（6）：63 - 65.

对方运动员，或戴较薄的沙包手套击打沙袋作为长期训练的内容，握拳后掌指关节为直接受力部位，因直接摩擦、击打的反作用力而致掌指关节部位出现皮肤擦伤、破溃，关节囊慢性反复损伤而呈现纤维化增厚，尤其是第三掌骨头部更为明显。此类损伤会引起局部肿胀、疼痛、活动受限、皮肤破溃或继发感染，反复受伤会造成局部皮肤角化、关节变形。[①]

拇指掌指关节半脱位：运动员在训练或比赛中运用摆拳击打对方时，由于握拳不紧或击打动作不规范，用拇指部作为击打点，易发生拇指掌指关节半脱位。这类损伤表现为突发性剧痛，有时可听到清脆的弹响声，拇指的掌指关节局部肿胀或可见畸形，压痛明显、活动受限。X线拍片可见第一掌骨头向外、向背侧移位呈半脱位状。[②]

掌骨骨折：由于出拳迅猛有力，击打对方较坚硬部位所致。最常见的是第三掌骨骨折或第一掌骨基底部骨折。其损伤表现为运动员在比赛中突感剧烈疼痛而不敢出拳，甚至自己在拳台中能听到骨折的响声。骨折发生后，受伤部位出现肿胀、有周边性压痛及轴心挤压痛，严重者可见局部畸形，X线片常显示为短斜面掌骨骨折。[③]

另外在拳击比赛中由于运动员技术动作不规范和比赛器材质量问题而造成手部损伤。

（十一）跆拳道

跆拳道具有高超的技艺性和激烈的对抗性等特点。由于90%是以踢为主的动作，在脚踢动作中，像侧踢、高劈、回旋踢、后踢等动作均要通过踝关节的灵活转向来完成；快速的步法移动、连续的组合腿法进攻以及腾空跳跃动作还造成身体重心的不稳定，所以踝关节是跆拳道运动员受伤最多的部位之一。据统计受伤部位最多的是外踝副韧带（占49.8%），其次是

---

① 王秋泰. 拳击运动员常见的手部损伤及其防治 [J]. 中国运动员医学杂志, 2001, 20 (3)：325 - 326.

② 王秋泰. 拳击运动员常见的手部损伤及其防治 [J]. 中国运动员医学杂志, 2001, 20 (3)：325 - 326.

③ 王秋泰. 拳击运动员常见的手部损伤及其防治 [J]. 中国运动员医学杂志, 2001, 20 (3)：325 - 326.

内踝副韧带（占 29.4%）和胫腓韧带联合处（占 20.5）。①

　　跆拳道运动员的膝关节髌下脂肪垫损伤的发病率也很高。其一，膝关节髌下脂肪垫损伤：在完成这些腿踢动作时，膝关节不断在迅速做屈伸，尤其是实战中，弹踢腿踢空，惯性的作用使膝关节过度伸直，从而造成髌下脂肪垫不断受到挤压而损伤。长期的损伤，导致髌下脂肪垫慢性无菌性炎症。其二，跆拳道运动员在对打中互相撞击，站立不稳，使膝关节发生挫伤，扭伤，肌肉韧带拉伤等急性损伤，也可造成髌下脂肪垫部位的水肿、充血、肥厚及周围组织粘连。其三，据软组织外科学的研究成果表明，髌下脂肪垫损伤与腰臀腿部肌群的痉挛和挛缩关系密切。跆拳道运动员在比赛和训练时很容易造成腰、臀、腿部肌群的痉挛、疲劳，从而发生髌下脂肪垫损伤。②

（十二）赛艇、皮划艇

　　赛艇、皮划艇运动属于体能性项目，长期大运动量大强度的训练会导致肌肉、肌腱、关节、韧带等组织的各种急慢性损伤，如肌肉劳损、韧带拉伤、半月板损伤、椎间盘突出等。③ 运动员腰部损伤多为长期积累造成的慢性损伤。美国的一项调查显示优秀划船运动员已患有腰伤的约占 82%，任素春等④在调查赛艇运动员创伤流行病时发现腰部损伤占第 1 位，黄杰明⑤在对备战二十四届奥运会中国划船队进行医务监督工作时，调查发现腰肌劳损发病率高达 83%，占第 1 位。杨至刚⑥对赛艇、皮划艇运动员腰部损伤进行了调研与分析，结果表明赛艇、皮划艇运动员的腰部损伤的比例高达

　　①　王晓．对跆拳道运动员踝关节损伤的调查分析［J］．四川体育科学．2003，9：13 - 14.

　　②　刘燕．跆拳道运动员髌下脂肪垫损伤发生机制及治疗探讨［J］．西安体育学院学报．2002，10：50 - 51.

　　③　沈红飞，沈友青．我国赛艇运动员运动寿命的影响因素［J］．武汉体育学院学报，2005，39（9）：77 - 80.

　　④　任素春，任玉衡，史和福等．赛艇运动员的创伤流行病学研究［J］．中国体育科技，1998，40（9）：48 - 50.

　　⑤　黄杰明．二十四届奥运会中国女子赛艇集训队医务监督工作初探［J］．湖南体育科学，1989，11（1）.

　　⑥　杨至刚．赛艇和皮划艇运动员腰部损伤发生原因、分型及治疗情况［J］．中国临床康复，2006，10（48）：62 - 64.

75%，而且以慢性损伤为主，其中腰肌劳损居首位，腰椎间盘脱出居第2位。

对于功能性腰痛，运动员会表现出疼痛、压痛、背肌牵拉试验及背伸抗阻试验都出现腰背部疼痛阳性症状。

赛艇的基本技术可简单概括为推桨和拉桨，在拉桨的过程中，运动员从推桨末两手引桨至最大伸展位置，依次完成蹬腿、伸膝、伸髋、倒肩、屈肘、拉桨动作，通过水的反作用力使艇体产生向前的位移，要完成这个动作，腰部将承受相当大的压力。而皮划艇专项技术动作的特殊要求导致该专项运动员的腰部损伤，皮划艇运动员在完成插桨、拉桨、出桨、摆桨及加快船体运动时，身体的动作幅度，桨频的提高，都依赖于腰部运动，在一次又一次划桨周期中，运动员腰部要循环往复成百上千次来完成一个周期性的脊柱抬体扭转动作，腰部屈曲肌群因腰部肌群的收缩，使脊柱形成强有力的屈曲旋转动作，并给脊柱一个巨大的压力与扭转力，长期巨大的压力与扭转力的复合作用，容易使腰部骨骼和肌肉造成疲劳性损伤，从而影响训练和比赛。[1]

皮划艇激流回旋属奥运会项目，但国内开展此项目时间不长，有关此项目运动损伤特点及防治的文献报告并不太多。皮划艇激流运动容易受伤的部位主要位于肩背腰及部分上肢，是与技术特点及身体局部解剖结构的薄弱环节紧密相关的。[2] 导致竞技皮划艇激流受伤的原因主要有：训练水平、身体机能、训练组织安排、心理状态、激流场地水流量落差、激流场地构造、天气水温等因素。损伤多发生在冬训大运动量和赛前大强度训练期间，与调整期间相比有明显差异。容易致伤的情况主要有：逆水回旋门、翻船、桨意外触河道、单双划反手、比赛河道水流量大落差大水冷、场地难度大、新场地等。激流运动最易发生创伤的技术主要有过逆水门、翻船翻滚、桨意外触河道、单双划反手。

---

① 葛隆旗. 腰脊劳损的力学分析和预防 [J]. 浙江体育科学, 1990, 12 (3): 2.
② 莫也, 文野, 谭若翔. 我国皮划艇激流回旋运动员运动损伤特点及预防 [J]. 武汉体育学院学报, 2004, 38 (2): 69-72.

（十三）乒乓球

乒乓球运动是我国开展普及的运动项目，不同打法的运动员损伤的部位也有所不同：

1. 快攻型打法的运动损伤发生多分布于上肢，其中肩部与腕、手部最多。因为快攻型打法的主要技术是正手攻球和反手推挡，都是以快为主，扣杀是主要的得分手段，也是突出一个"快"字，在扣杀中集中全身力量，通过臂、腕、手击球，具有很大的爆发性，整个手臂起到速度杠杆的作用，此时肩部承受力量最大，位置稍有不当就可能发生损伤。

2. 削球型打法运动损伤的发生多分布于下肢与躯干部，腰骶与膝部最多。削球型打法下肢的活动较多，且幅度较大，造成膝关节负担过重，常处于半屈曲位的膝关节在左右前后大范围的跑动中，呈不稳定状态，损伤较易发生。

3. 弧圈型打法运动损伤的发生多分布在上肢和躯干部，腰部与肩部最为多见。运动员拉弧圈球的质量高低很大程度取决于腰部肌肉用力的大小，握拍手同侧的腰部肌肉的负担量很大，而对侧肌肉处于相对松弛状态，就腰骶部这个整体来说，参加用力的部分与相对不参加用力的部分不能协调一致，执拍手同侧腰背部肌肉力量较弱或伸展性较差，都可能引起腰扭伤。接弧圈球时，手臂的动作是以肩为轴，以大臂带动小臂，此时肩关节的负担过重是造成肩部运动损伤的主要原因。

乒乓球运动损伤的多发部位为腰部、肩部和膝部：

在乒乓球运动中，人体始终要保持上体前倾的状态，此时人体后方的棘上韧带始终保持绷紧状态，骶棘肌也长时间处于收缩紧张状态，许多运动员在运动结束后又不注意放松腰骶部，致使局部过度疲劳，以致"积劳成损"。[①]

由于在乒乓球运动中肩的活动度很大，在攻球时肩部都发挥很大力量。大量的抽拉动作使肩袖和周围的滑囊韧带慢性劳损伤。乒乓球运动员的肩背部软组织劳损，较多见的损伤原因是局部单一动作过多，持续时间过长，

---

① 元圣华，李繁荣，庄明谦等. 乒乓球运动训练中损伤的一般规律及预防［J］. 山东体育科技，2002，24（4）：27 - 28.

用力过猛而造成肌肉痉挛。痉挛的肌肉未得到及时解除，微伤积累也是引起劳损性损伤的主要原因。乒乓球运动都是在无风密闭的馆内进行训练和比赛，常常大汗淋漓、湿衣湿裤未换就到场外透风乘凉，于是常常受到风寒的刺激。这种寒湿的刺激不仅会降低肌肉的工作能力，还会引起气血失调、经络受阻而发生局部受损。①

在乒乓球运动中，人体在不停的跑动中，膝关节始终处于半屈曲位，此时关节前十字韧带绷紧，膝关节两侧副韧带松弛，关节处于不稳定状态，乒乓球击球动作要求身体重心不停地转换，腿部不断地内外旋转，膝关节即不停地承受着向两侧的力的作用，若是膝关节力量薄弱，在急促改变体位和失去重心时，都容易造成膝关节两侧副韧带的运动损伤。

（十四）羽毛球

羽毛球是对抗性和技巧性较强的运动项目，运动员在场上要连续做各种复杂的技术动作，如急停、启动、回动、起跳、快速向前、向左、向右、向后奔跑，及躯干后伸、侧弯、扭转、前屈、挥拍击球，虽然没有直接的身体对抗，但运动复杂性、突然性，以及持续性都很强，运动员的身体特别是运动系统承担很大的负荷，因此造成较高的损伤发生率。② 羽毛球运动员损伤发生以腰部、足部、肩部和膝关节最高。

腰背肌筋膜炎：多因急性扭伤腰部后，治疗不彻底即投入训练或逐渐劳损所致。另外，训练中出汗受凉也是很重要的原因之一。羽毛球运动员运动时要求腰部处于不断地过屈（如弓步接吊球，跨步接，搓网前球）或过伸运动中（如扣、杀球、击打后场高球），在每天的高强度训练中，腰部在反复受到过伸，或过屈的应力作用同时，还不断受到左、右旋转应力，因而很易产生疲劳性骨折，腰部的损伤，常常使运动员的训练受到很大影响。

足跟痛：足跟部柔软的脂肪垫是羽毛球运动中劳损的多发部位，肌腱

---

① 罗启翠．乒乓球运动员肩背软组织劳损的按摩治疗［J］．四川体育科学．2000，91（3）：23－24.

② 余晓，徐国强．广州地区羽毛球运动员损伤调查分析［J］．解放军体育学院学报，2005，24（2）：101－102.

旁组织及滑囊发炎是足跟疼痛的常见原因。

肩部疼痛：羽毛球运动员肩部疼痛的重要原因是由于肱骨的关节窝和肩胛骨的不稳定而造成的间接撞击。主要症状是肩前部疼痛。

膝前疼痛：羽毛球是一项需要反复移动，要求股四头肌进行强有力的向心，离心收缩的运动。这是反复微细的损伤或是韧带附着点附近长期负荷过度而引起的损伤积累的结果。

（十五）网球

网球是一项在体力和情感方面都具有挑战性的运动，它是耐力与力量为主的运动项目。常见的急性损伤包括踝关节扭伤、膝半月板损伤，以及腰腿部拉伤。常见的过度使用性损伤包括了肩部的腱鞘炎、肘部损伤、跟腱损伤及足底筋膜损伤。

优秀网球运动员腰背肌损伤为主要的损伤部位。分析认为这主要是因为专业运动员发力部位以慢性劳损为主，如腰背肌筋膜炎、肩肘损伤、髌尖末端病等为其多发病。其中"网球肘"是网球运动中常见的一种伤病。"网球肘"学名为"肱骨外上髁炎"，因多见于网球运动员而得名。运动员经常反复伸屈腕关节，尤其是用力伸腕而又同时需要前臂旋前、旋后的动作非常容易引起这种损伤，初期只感到肘关节外侧酸胀和轻微疼痛，或仅在用力伸腕与前臂用力旋前、旋后时出现局部疼痛，病情发展时，肱骨外上髁部发生持续性疼痛，疼痛可向前臂外侧扩散，患侧手的力量减低，持物不牢，拎提重物、拧毛巾、反手击球时，肘外侧疼痛尤为显著。①

腱鞘炎是体育运动中常见的一种劳损性伤病，是对局部运动量过大的一种不适应性炎症反应，多发生于手腕、掌指关节、脚踝后部、肩前部等。腱鞘主要分布在跨越手指、手腕、肩、踝关节等部位的肌腱上，它像套子一样套于肌腱之外，其作用是减少肌腱活动时与相邻肌腱的摩擦。在网球、乒乓球等项目中，由于击球动作的特点，手腕及肩部肌肉反复收缩牵拉肌腱，使这些部位的腱鞘受到过度摩擦或挤压而引起腱鞘发炎。

---

① 邵玉萍. 网球运动所引起的常见伤痛及其预防措施 [J]. 湖北体育科技, 2004, 23 (2).

腕尺侧损伤在网球运动员中是很常见的，夸张的腕部姿势，旋转发球时的屈腕动作和正手截击时的"后伸的腕部"都是导致腕尺侧损伤的常见原因。①

（十六）足球

足球运动一直是最具吸引力的体育项目，有很强的锻炼价值和观赏价值，但是足球运动技战术多样、对抗激烈等特点，使得从事足球运动的人员又容易造成一些或轻或重的损伤。常易损伤的部位是足踝部，足踝部没有丰满的肌肉包盖，主要由多块小肌肉、韧带、肌膜所固定。足踝部承受全身重量，在运动的跑跳瞬间要承受高达几百公斤的重力，地面的反冲力首先作用到足踝部。踝关节创伤性骨关节炎，又名"足球踝"，其成因之一是局部劳损。其次，胫骨因位置表浅，其内侧仅有皮肤覆盖，受伤后容易成为开放性损伤，造成感染，比赛中激烈的拼抢或故意用力铲、踢对方小腿会使小腿造成不同程度的损伤。另外膝关节也是经常受伤的部位，如运动员足内侧踢球用力过猛、球踢空、快跑转身踢球时，均易伤及膝关节及半月板。②

（十七）篮球

1. 腰肌劳损及下腰部痛：腰骶部是人体躯干连接上下肢的桥梁，篮球运动员在各种封堵、抢打、躲闪和蹲身突然跃起活动中，都是以腰部为枢纽带动肢体完成的。突然地过度屈伸、摆动和被对手碰撞等，尤其是腰背肌力量不足的队员，极易造成腰背肌肉、韧带和关节扭错伤，急性损伤治疗不彻底便投入训练或反复损伤等，最后都转变为腰背肌劳损，其中主要伤在竖脊肌、腰背筋膜、腰骶和骶髂关节韧带部位。③

2. 膝关节损伤：优秀的篮球运动员的损伤很多，其中大部分是普通的拉伤、扭伤和挫伤。最值得注意的是膝关节前交叉韧带的完全断裂，它可导致膝关节的不稳。膝关节囊内共两条十字韧带，即前交叉韧带和后交叉韧带，主要功能是限制胫骨过度前移或后移。篮球运动中常见持球突破急

---

① 伦斯特伦. 运动损伤预防与治疗的临床实践［M］. 北京：人民体育出版社，2006：444.
② 卫明. 足球运动损伤的特点［J］. 武汉体育学院学报，2003，37（1）：59－60.
③ 朱海营. 篮球运动员常见运动损伤的调查分析与预防［J］. 四川体育科学，2004（4）：101－102.

停跳起投篮或跳起抢篮板等动作易使处于半屈曲位的膝关节突然完成旋转及内收、外展，则易引起韧带断裂。它常合并内侧副韧带或半月板损伤。此外，在篮球运动中包括了大量反复撞击和离心性减速动作，髌骨侧面结构就会出现异常，如髌腱炎以及髌骨软骨病。髌腱炎是唯一高发的有自觉症状的疾患，在髌骨下极易出现局部疼痛和肿胀，这是由于运动员长时间参加伸肌的离心和推动负荷力为特征的运动引起的。[①]

3. 踝关节损伤：踝关节是篮球运动员最常见的损伤部位，其中外侧韧带损伤最常见。因为跳起落地时足部呈内翻位，外侧韧带损伤通常波及从距腓前韧带到跟腓侧韧带，最后到距腓后韧带。其中，距腓前韧带是最容易受损的韧带，因为它是踝部外侧韧带中最宽和最薄弱的韧带。

4. 跟腱炎：篮球运动的跑和跳较易引起这种损伤。跟腱炎通常是急性的，若长期受到连续运动的刺激就会演变成慢性的。

5. 手和腕的损伤：和坚硬的表面直接接触，如地板或篮筐，可以导致掌骨骨折，腕部骨折或扭伤。舟骨－月骨扭伤又称"灌篮腕"。这些损伤并不总是急性或严重的，从损伤到出现明显征象或症状间有一个长时间的潜伏期。

（十八）排球

排球运动是世界上流行的运动项目之一，女子排球也是我国的优势项目。由于大力发球、单脚跳起扣球、跳发球等新的技战术的应用，加重了运动员身体各部分的负担，运动损伤的发生率较高，分布也较广，踝、膝、肩是排球运动员损伤的主要部位。

排球运动中最常发生的损伤是踝关节扭伤，运动员在拦网或扣球后落地时踩在对方队员脚上或双人拦网后踩在同伴脚上是踝关节扭伤最主要的机制。运动员踝关节受伤后的第一年内再次损伤的危险性大大增加，其原因可能是韧带至少在6个月内才能完全愈合和再次承受正常的力量，也可能是在受伤后本体感觉功能下降所致。

在排球运动中，膝关节损伤也是一种常见的伤病，以前临床上所谓的

---

① 伦斯特伦. 运动损伤预防与治疗的临床实践［M］. 北京：人民体育出版社，2006：319.

"膝关节疼痛综合征"也即是现在的"跳跃膝",是一种由多次强有力的弹跳所引起的陈旧伤。

流行病学的调查研究发现,女子排球运动员中肩关节的损伤发生率较高,肩关节的损伤多为陈旧伤且呈现上升趋势。这说明女子排球运动员肩关节的力量较弱,应该采取措施,加强对肩关节的特殊训练。手指损伤也是一种常见的急性损伤,常发生在拦网时球从其他角度击中手指。但是这种损伤大多不太严重,运动员使用绷带、金属夹板或石膏后几天内就可恢复运动。

第二节　防治伤病的方法、手段与功能恢复

一、各专项运动员伤病防治方法与手段

(一)射击

教练员、运动员要有防伤、治伤的思想意识,未伤先防,有伤早治,另外要组织教练员、运动员学习一些运动损伤的常识,做到主动预防积极治疗,合理安排教学、训练和比赛,根据运动员特点有针对性地安排训练,定期对运动员进行机能评定,自觉接受医务监督。

训练前后进行有意识的关节牵拉,把容易受伤的关节、肌肉、韧带充分牵拉舒展,同时注意训练后的肌肉放松,及时释放由于肌肉长期收缩而引起的乳酸堆积。

进行体疗和物理治疗相结合,通常对不同伤痛使用不同治疗仪,如(神灯)频谱仪、超短波、电兴奋及电脑中频、酒醋疗法等物理治疗手段。

按摩手法以揉、滚、推、按为主,辅于火罐、热敷、熏洗等方法,重点部位如出现有粘连者进行弹拨治疗。

选用穴位注射针对伤痛表现不同可选用穴位注射,常用药物有复方当归注射液、胎盘注射液,VB 注射液,必要时进行封闭和小针刀治疗。①

---

① 陈小亮,田新.射击运动员常见伤病分析[J].按摩与导引,2007,24(3):17-18.

（二）体操

体操项目难度不断发展，对身体的综合素质要求越来越高，所以，日常训练中应该注意身体素质的全面锻炼，尤其是要加强小肌肉群的训练，同时，在发展技术之前应做好专项素质的发展，打好坚实基础。[①]

训练时，运动负荷的安排要循序渐进，动作难度系数要由易至难。动作的设计安排要充分考虑人体的生理结构及特点。

重视身体素质和专项素质的训练。加强腕及踝关节的肌力练习和肩与上肢肌力的练习，发展肩、胸及髋的后伸柔韧性。

注意比赛和训练过程中，提高警惕，加强对运动员的保护措施。同时注意提高运动员心理素质，克服恐惧感，减少由于心理原因而造成的损伤。

（三）跳水

腰背部：在腰腿痛急性发作期，应采用以卧床休息为主的综合治疗，避免脊柱负重，充足的时间有利于神经根炎症的消退。慢性期可采用训练与治疗相结合的原则。在进行综合治疗的同时，训练量和训练强度掌握在症状不加重的尺度内。此时期特别要注重腰背和腹肌的力量训练，但腰背和腹肌训练切忌急进，开始时少做"快速两头接"一类的动作，应以静力性肌肉力量训练为主，先静后动，循序渐进，以增强脊柱的稳定因素，尽量在此时期将损伤控制处理好。[②]

腕舟状骨骨折：要加强医务监督工作，早发现早治疗。跳水运动员定期拍腕部 X 线片非常必要。在训练时用绷带或护腕做腕部固定，以防止或减少腕部损伤的发生。在训练时，严格按照教练要求的规范动作去做。要避免长时间、反复、单一、超负荷的练习方法。当运动员已感觉很疲劳时，要及时调整运动量，或改变训练内容。必要时，应适当休息，以防止因过度疲劳引起损伤。要重视防护性训练，针对跳水运动项目损伤的部位，进

---

① 田凌.体操运动员常见运动损伤的调查分析 [J].首都体育学院院报.2003，15（4）：116.

② 傅明.广东省优秀跳水运动员腰腿痛调查分析 [J].中国运动医学杂志.2002，7.21（4）.

行专门的防护性练习，以增强其关节周围的肌肉力量，防止受伤。对于轻微的损伤也要重视治疗，必要时要停止局部训练，避免反复损伤，使受伤的组织有一个良好的修复过程和条件，以防止累积性损伤。①

胫骨结节骨膜炎：急性期局部肿胀明显者，尽量减少踏跳用力动作，局部辅以新伤药，配合超短波、离子透入等方法。慢性期不必减量，可配以粘贴支持带外固定训练，局部配以旧伤药、针灸、理疗配合治疗。大多数病例治疗时间较长，一般为 2 - 3 个月。治疗后局部症状消失，可基本进行正常训练，但训练量过大时会有反应。

(四) 举重

腰部：做足准备活动并且在加强腰部肌肉韧带力量练习同时加强柔韧性练习。

上肢带及自由上肢关节：防止肩关节损伤的有效方法是加强肩部肌群的力量训练，特别是冈上肌的练习，防止与减少肘关节和腕关节损伤，关键是注意运动过程中肘和腕关节之间的协调性，特别强调在上举的过程中，用力推肘向前的重要性，肘关节及时向前运动，能减轻上肢的力量负担。

膝关节运动损伤的预防，主要是加强膝关节和周围的肌肉力量的训练。因为腘绳肌参与伸膝活动，所以肌肉的锻炼主要是股四头肌、股直肌、股中肌和腘绳肌肌力的锻炼，以及膝关节中的侧副韧带、十字韧带的功能锻炼，增加膝关节内的滑液分泌，加强关节的协调运动，提倡大强度的训练和比赛时，膝关节使用保护支持带。

(五) 田径

赛跑类：由于赛跑类项目的损伤原因是多种多样的，而且是多因素共同作用的，所以提出任何特定的单一预防措施都不能对所有运动员有帮助。在实际预防中应做好热身活动，在训练中采取有效的方法使运动员的兴奋状态达到适宜程度，并按要求严格进行练习，防止运动损伤的发生；科学

---

① 李凤莲. 跳水运动员腕舟状骨骨折调查分析 [J]. 中国运动医学杂志, 2004, 1 (23): 104-105.

安排训练计划和负荷量提高身体训练及专项技术训练水平，根据运动员的年龄、性别、跑步频率、肌肉不平衡性等状况综合分析，给予适宜的训练；训练和比赛中进行合理的液体摄入；训练比赛后积极恢复体能。

跳跃类：为了预防损伤，跳高、跳远助跑的跑道应平而不滑，在练习前应检查器具的质量，运动员应选择适宜的运动鞋，运动前做好热身运动，平时训练要科学安排训练计划和负荷量，提高身体训练及专项技术训练水平。

投掷类：预防投掷类损伤应包括合理的生物力学技术的支持，赛前合理的训练计划和保持良好身体状况的计划。[①] 赛前合理的训练计划应包括：心血管系统耐力的训练，柔韧性和力量的训练。通过训练心血管系统，提高机体有氧能力，这样可以改善肌肉功能，防止肌肉疲劳以预防损伤。稳定关节肌肉的疲劳在投掷类肩损伤中表现得尤为突出。柔韧性训练可以提高肌肉活动能力。耐力训练对保证关节结构完整起到促进作用。肌肉耐力和柔韧训练可以增加关节的动态稳定性，从而提高对韧带的被动保护作用，这种作用对保护膝关节、踝关节、肘关节和肩关节均具有明显作用。

（六）游泳

游泳运动损伤是在整个训练、比赛中逐渐形成的，因此对于游泳损伤的治疗也应该是进行综合和系统的治疗。[②] 这种综合治疗手段应该包括：

1. 改善专项运动技术，如利用有效的身体滚动减少提肘而带来的肩关节过度外展，尽可能降低肩内收、外展以及内旋动作中冈上肌及肩袖组织的血循环障碍和减少与肩峰之间的撞击，预防肩部损伤的发生。

2. 坚持正确的肌力练习，肌力增加可以有效地预防损伤的发生，不正确的肌力练习反而会导致运动损伤产生。

3. 柔韧性练习，游泳运动员的技术主要表现在肩、腰、髋、膝、踝等关节的柔韧性上，关节的柔韧性较好，关节的活动范围越大，出现损伤的可能性就越少。

---

① 伦斯特伦. 运动损伤预防与治疗的临床实践［M］. 北京：人民体育出版社，2006，423.

② 李国平，史和福. 游泳运动创伤的流行病学研究［J］. 中国运动医学杂志，1998，17（2）.

（七）自行车

加强场地、天气及器械的监督，做好防护措施，加强医务监督。

科学安排训练。合理安排训练内容和负荷，科学制订训练计划，合理安排一般训练和专项训练的比重。尤其要重视一般训练，全面发展一般性身体素质，避免过早过窄地进行大强度的专项训练，为专项成绩的提高打好基础；合理划分和安排训练的大周期和每次课的内容和负荷，处理好负荷量和负荷强度的关系；因人而异区别对待。避免过度训练和慢性损伤的出现。

加强运动员的自我保护能力和应变能力的练习。教给运动员一定的预防运动损伤的知识、学习，掌握必要的自救和互救方法。①

（八）柔道

1. 膝关节损伤：应避免突然和过度地加大负荷或"单打一"的训练方式；采用逐渐加大负荷的下蹲运动，加强股四头肌、的力量和柔韧性。要反复适应和熟练各类攻、守双方的规范运作，特别是上肢、下肢相互协调配合的动作要领，以将膝关节损伤减小到最低限度。同时，还可每日数次按摩具有保健作用的犊鼻、膝眼、血海、梁丘、阳陵泉、足三里等，穴髌骨劳损者应进行局部推揉、按摩髌骨及其周围软组织。揉捏股四头肌：髌骨处擦涂加有2%普鲁卡因（1份）的药酒（2份），约5-20ml；或局部进行直流电导入30-40min/次，约3-6次。

侧副韧带撕裂伤者应先进行局部冷敷、包扎和固定；24小时后可采取适度热敷、按摩和理疗；还可局部外敷新伤药、奇正炎痛贴或接骨续筋青等。完全断裂者应及时进行手术缝合与固定。

半月板损伤者早期应制动、消肿、止痛；外敷新伤药和消肿等，内服跌打丸等。若关节内有明显积血，应在无菌条件下抽血，以减少关节腔内粘连的后果；为防止肌肉萎缩，应在伤后3-4周逐渐恢复伤肢的活动。若症状迁延达6-8周，则应考虑手术缝合或去除损伤的半月板。

2. 腰部损伤：可以用扭腰练习来预防：练习者两脚开立与肩同宽，双

---

① 郑振盛. 浅析自行车运动损伤 [J] 黑龙江科技信息，2007. 190.

手上举放在身体两侧，然后以腰为动力源带动下肢快速来回旋转 20－30 次。

腰肌劳损可以理疗、按摩等长期治疗。手法以放松疲劳的腰部肌肉为目的，多按压，按揉类手法；可配以针灸，针刺阿是穴。

急性损伤早期制动，遵循止痛、消肿的原则，可用冰敷减少肿胀发生。中后期用热疗，和促进血液循环的方法促进渗出的吸收，可以用活血化淤的药物外敷内服。

3. 腕、指关节损伤：通过反复演练以手撑垫的规范动作：肘、低头收腹、团身和滚翻等，以及加强对指、腕关节的防范都可预防指、腕关节损伤。还可双手揉握大小和弹性适度的橡皮球或每日用力屈伸十指活动数遍，每遍 30－50 次，并辅以重刺激按摩内关、神门、合谷、劳宫和八邪穴数次。

4. 肩带损伤：利用哑铃和杠铃进行举重练习；直立，双手摸高练习；推肩前缘和肩后缘，并配合适度的被动性肩外展和上举运动的练习，均可增强肩袖和肩带肌群的力与柔韧性。反复演练单手或单肩缓冲式和滚翻式着垫技术，也可预防肩关节与肩带的损伤。还可经常按摩合谷、曲池、肩井、肩贞、大抒和足三里。

急性创伤性肩袖炎损伤时，令伤肢在外展 30 度状态下休息；局部先以摩擦和推揉，继而分筋、理筋和牵拉等手法进行按摩；局部理疗、药物封闭或外敷内服云南白药等。[1]

肩袖或肩带肌肉、肌腱断裂损伤时，要用三角巾和夹板及时包扎固定，托臂护肩；明确断裂部位后应及时进行手术修补，外敷内服云南白药等。

（九）摔跤

1. 预防：在训练中要加强腰腹部的肌肉力量训练，主要是腹直肌、腹内斜肌、腹外斜肌、腹横肌及髂腰肌、竖棘肌和腰背筋膜的力量训练，以增强对抗性。同时，还应注意主动肌与对抗肌力量的协调发展，以增强预防损伤的能力。在进行大力量训练时，要有一定保护措施。另外，在每堂课后都要进行足够的牵拉和放松，以免造成慢性疲劳。

---

[1]　梁洪洲，李萍. 柔道运动损伤的成因及其防治 [J]. 辽宁体育科技，2004，26（3）：33.

肩部损伤大多是由倒地动作不正确引起，运动中要防止肩锁关节损伤，必须加强肩带及胸廓部肌群的力量训练并发展其柔韧性。摔跤中运动员躯干的前部接触较多倒地时没及时奋力憋气，即未使胸廓部充满足够的气体易造成肋软骨受伤。因此，在训练和比赛中要让运动员掌握正确的倒地方法，特别要强调做到接触地面的刹那间憋气奋力，经常做倒地练习。①

培养头颈转动应变能力，在自由式摔跤中运动员摆脱危险状态避免双肩着地的唯一办法就是用强有力的头桥动作来实现的。如果运动员训练水平低、技术掌握不够、消极运动或身体技能水平不佳就很容易颈部受伤。因此，为预防或减少运动损伤，应采取桥的各种训练手段来增加颈部肌肉群的力量。同时加强颈部椎关节及韧带的抗外力扭的耐受性，注意摸索掌握作桥时颈椎各关节紧张和放松的规律，当对手压桥时根据需要保持颈部适度的紧张和产生相反的力，这时的任何放松动作都是危险。

平时应加强踝关节周围韧带的力量训练。

训练结束部分必须有一定时间安排合理放松内容，有条件可采用淋浴、蒸汽浴按摩药物理疗等措施，达到尽快恢复的目的，以便防止肌肉僵化失去弹性。

2. 治疗：摔跤耳目前较前沿的整形治疗方法是手术切除，效果较理想，但最重要的还是预防。初次损伤后及时热敷以减少渗出，可抑制软骨肿块的形成。

针灸和推拿在治疗中备受青睐。针灸和推拿通过刺激穴位起到活血化淤、舒筋通络、消肿止痛的效果，从而改善局部血液循环，促进炎症渗出物的吸收，加快损伤组织的愈合。针灸和推拿因效果好、费用低、无需服用药物等优点而成为所有运动员首选的治疗手段。因此，在平时的治疗中，根据病情首选针灸、推拿，再配合力王、超短波、微波等理疗器械进行综合治疗，使运动员在最短的时间里恢复训练。

---

① 张豪杰. 自由式摔跤中的运动损伤机制及其防治 [J]. 中国体育教练员. 2005（2）：23 – 24.

加强营养配合治疗，在膳食中应注意供给钙、磷、蛋白质、VC、VB、VE，加速损伤修复。

（十）拳击

针对运动员由于技术动作或器材质量而造成的手损伤，运动在比赛和训练中应该掌握正确的动作要领，并且佩戴用国际业余拳击联合会（AIBA）认可的合格拳套，以免造成不必要的损伤。

针对掌指关节部皮肤擦伤及关节囊损伤，要求运动员使用较柔软的护手绷带，训练后进行局部按摩和热疗，以改善皮肤的血运和营养；出现皮肤破溃要清洁消毒伤口，避免再次受伤，并提议更改训练内容，以促进愈合；对拇指掌指关节半脱位，处理则是尽快实施手法复位和局部外固定，要求拇指呈背伸、外展位固定；掌骨骨折应尽快采取手法复位和外固定，复位不满意者可考虑采用切开整复、克氏针内固定手术。

（十一）跆拳道

1. 膝关节髌下脂肪垫损伤：加强股四头肌，髌韧带两侧的力量训练，针对不同的年龄、身高、气质、技术能力、训练水平和身体素质等系统安排训练。训练前要充分做膝关节的准备活动，训练中掌握正确的技术要领，注重动作技术的规范化，尽量避免踢空。训练后放松整理及时。

可用针刺方法：主要取犊鼻，膝眼、鹤顶及阴陵泉穴位，进针方向为针身与表呈45°，行针以酸胀感为准，留针20min，每天一次，7天为一个疗程，治疗2-3个疗程。

理疗：采用超短波电疗仪局部照射治疗，以温热舒适感为度患者可忍受，以防灼烧。每周三次，二周为一个疗程。[①]

2. 踝关节韧带损伤：加强小肌肉群的练习，尤其是踝关节韧带的力量。受伤后立即采取冷疗法对踝关节进行制动、冷敷、加压保扎、抬高患肢治疗。可以使局部组织温度下降，毛细血管收缩，明显地减少局部出血而起

---

① 刘燕萍. 跆拳道运动员髌下脂肪垫损伤发生机制及治疗探讨［J］. 西安体育学院学报，2002，19（4）：50-51.

到止血、退热、镇痛和防肿的作用。

3. 全面提高身体素质特别是力量素质，提高易伤部位力量，采用对易伤部位进行力量训练，循序渐进地加强易伤部位或相对较弱部位的训练，提高它们的功能，是预防运动损伤的一种积极手段。

（十二）赛艇、皮划艇

赛艇、皮划艇运动员的腰部损伤多发生在专项训练中，根据这一特点在专项训练当中，一定要注意到合理安排负荷及恢复。要提高训练的条件，改善训练的环境，增强运动员的保护意识，重视腰部损伤。尽快使赛艇、皮划艇运动训练步入训练过程模式化，运动员负荷个体化，力量训练专项化，恢复手段程序化的科学轨道。中医综合治疗偏重于自然疗法，效果良好，且无副作用，不影响运动员的正常训练，值得广泛应用。如果效果实在不明显可以建议进行封闭治疗，但对运动员应说明利害关系，不要只单纯追求止痛，不惜牺牲自己的运动寿命，这样显然很不合理。[①]

从调查统计资料看，皮划艇激流运动员上肢和躯干损伤率较高，而肩关节和背部肌肉损伤又居首位，由此可见，寻找支撑运动器官的薄弱环节以及加强这些薄弱环节的功能训练和肌肉群力量训练（背肌深浅层如菱形肌、背阔肌、斜方肌、竖棘肌和腰腹肌、肩轴）和注意这些肌群的拮抗肌力量均衡是预防运动损伤的基础。根据激流项目特点，运动员应加强保护与自我保护意识。训练、比赛时要戴好头盔，穿好防风防水的衣服，练好基本功，如练好在急流中翻船时的徒手爱斯基摩翻滚技术。在训练中运动员也要做好自我监督，随时注意自己的主观感觉（如头晕、疲乏等），特别注意背肩肘等各关节周围肌肉、韧带有无酸痛、僵硬，当有不良反应时，就不宜加大负荷量。此外还要注意气候水温、场地服装是否符合要求，在进行大运动量时，应对肩肘等易伤部位用护肩护肘或弹性绷带固定。[②]

---

① 李增明. 赛艇运动员功能性腰痛的诊治 [J]. 河北体育学院学报，2002，16（2）：63－64.

② 莫也，文野，谭若翔. 我国皮划艇激流回旋运动员运动损伤特点及预防 [J]. 武汉体育学院学报，2004，38（2）：69－72.

（十三）乒乓球

合理科学地安排运动量和运动强度，采取各种技术穿插进行训练，训练时尤需注意的是不要太长时间重复一个动作，避免"单打一"练习，造成局部负担过重而引起损伤。[①]

充分的准备活动是预防运动损伤的重要措施之一，训练和比赛前应加强易受伤部位的准备活动。

对于慢性肩袖的治疗：训练前要将肩关节充分活动开；训练或比赛后肩部放松动作，主要是被动牵拉动作；训练或比赛后做完肩部放松；立即冰敷患肩15至20分钟；肩袖损伤的患者，常有不同程度的肩带肌痉挛和肌肉劳损，治疗上要考虑整个肩带肌部分和肩关节的治疗。

（十四）羽毛球

腰背疼痛的预防主要在于平时应加强腰部竖棘肌、腰肌及腹部肌肉力量的练习，坚持不懈，可以预防腰椎板骨折和腰椎横突末端病的发生，一旦已患有腰部疾患，亦需要加强腰腹肌练习，捆扎保护带，防止损伤加重。[②]

足跟痛：早期进行检查，穿一双吸震好的鞋对预防劳损有重要作用，另外，加强下肢肌肉练习，进行伸拉练习使踝关节得到适当的灵活性对预防足跟痛有重要作用。

肩部疼痛：加强肩部肌肉练习和协调性练习，尤其要注意肩带后面的肌肉的训练。

膝前疼痛：进行下肢协调性练习，尤其注意股四头肌的股直肌的练习，加强伸膝肌的拉伸运动有助于预防膝前疼痛。如果经过至少6个月的练习后治疗无效则需要手术。

（十五）网球

损伤的预防主要包括以下几个方面：

---

① 须晓东. 优秀乒乓球运动员运动损伤的调查分析及对策研究 [J]. 体育科研，2005，26（3）：109.

② 余晓，徐国强. 广州地区羽毛球运动员损伤调查分析 [J]. 解放军体育学院学报，2005，24（2）：101 – 102.

1. 身体素质的评价，根据个体的肌肉力量等差异制定实施个体化的力量、耐力、柔韧性等各方面的训练。

2. 发展下肢的素质和技术，从而保证击球的质量。①

3. 装备，选择合适的拍子是预防的第一步②，首先从握柄选起，底线选手握柄一般要粗一些，截击型选手握柄一般要稍细一些。选择拍子的材质、大小、重量也是非常重要的。有力的人可以用沉一点硬一点的拍子。

4. 使用保护性支持带，在腕部、下肢使用可以预防损伤的发生。

（十六）.足球

损伤的预防措施有以下一些：

1. 赛前的体检（包括全面的体格检查以及肌肉力量的测定），体格检查中应进行踝关节的抽屉试验检查，如存在结构不稳应建议进行关节绷带包扎；膝关节稳定性极髋关节环转能力的分析评定。肌肉力量可用等动测力仪来测伸膝肌群和屈膝肌群的最大肌力。

2. 训练前的热身、放松和伸展练习。

3. 对于踝关节结构不稳定的运动员进行绷带包扎。

4. 选择适宜的足球鞋。

（十七）篮球

应重视全面身体训练，身体素质全面发展是提高防伤的重要条件。在训练中要坚持循序渐进，逐步提高的原则，克服"单打一"的专项身体技术过早专门化，发展四肢力量时，注意避免单侧过度负荷，并同时特别重视腰背肌的协同发展。③

1. 膝关节：高度重视、防止重复受伤，强化腰腹肌群力量训练，避免单一的训练模式，必要时可佩戴护具如护膝绷等；合理安排运动量要注意

---

① 伦斯特伦. 运动损伤预防与治疗的临床实践［M］. 北京：人民体育出版社，2006，435 - 440.

② 洪家云. 试论"网球肘"的成因、诊断、预防与治疗［J］. 浙江体育科学，2001，23（1）：55 - 56.

③ 殷学锋，常燕，郑师超. 篮球运动中常见损伤的防治方法［J］. 武汉体育学院学报，2002，36（6）：54.

膝关节的局部负担不能过重，当持久训练出现动作反应迟钝时应终止基本部分练习，预防动作不协调而致伤；对于韧带断裂的运动员来说，进行膝韧带修复术，或重建术是最佳选择，这对膝关节功能达到最佳恢复是最好的机会。

2. 踝关节：重视踝关节周围肌肉力量和关节协调性训练，肌肉韧带得到锻炼，增强踝关节的力量、协调、平衡和适应能力；控制踝部运动的肌肉力量的增加是一个有效的预防机制；应用支持带保护踝关节来预防踝关节扭伤；做好运动场地医学监督培养良好的习惯，在运动前做好充分的准备活动及相应的辅助练习减小关节韧带的粘滞性。

3. 跟腱炎：急性时治疗方法是减少运动，进行物理治疗。重新参加活动时，可轻轻地抬提起脚后跟以减轻损伤症状。

（十八）排球

注意年龄对损伤的影响：随着运动员年龄的增长，运动损伤也相应地增加，主要是因为身体各器官功能下降和长期训练比赛形成的各种损伤的积累。采取多种、全面的练习方式，注重身体各部位的全面训练，降低局部的负荷。

注重力量训练：在加强膝关节周围力量训练的基础上还应对肌肉力量和平衡程度进行分析，加强薄弱环节训练，消除肌肉的不平衡才能有效预防运动损伤的发生。[①]

选择适宜的护具：在排球中这类护具包括吸震鞋垫、护肘、护膝。通过保护或限制运动中可能出现的不正常的活动范围，以保护关节免受损伤。

训练后及时消除局部的疲劳：温水疗法：每日训练后进行温水浴15 - 20min。

伸展（柔韧）练习：每日睡前或每日训练后，取平坐地板上，双足尽力背屈，膝伸直，双手用力摸足尖，200 - 300次或双手尽力摸足尖不动1

---

① 于雅丽. 排球运动中膝关节损伤的机制及预防 [J]. 吉林体育学院学报, 2000, (1): 50 - 52.

–2min 重复 3 次。此目的是将腰背肌和下肢屈肌群尽力展长，放松肌肉，解痉挛，消除疲劳。

二、功能恢复

（一）医疗、安全训练与康复的系统化措施

1. 运动队医疗、安全训练与康复的系统化措施模式

运动队医疗、安全训练与康复的系统化措施模式基本目标是恢复与发展机体对创伤的适应能力（图 3 – 9 – 1）。包括解剖性适应、代偿性适应及疼痛性适应。对运动员而言，科学而合理的康复目的是发展机体对创伤的正向适应，使伤病痊愈功能恢复，或在伤病存在的情况下也能较好地完成比赛（表 3 – 9 – 1）。

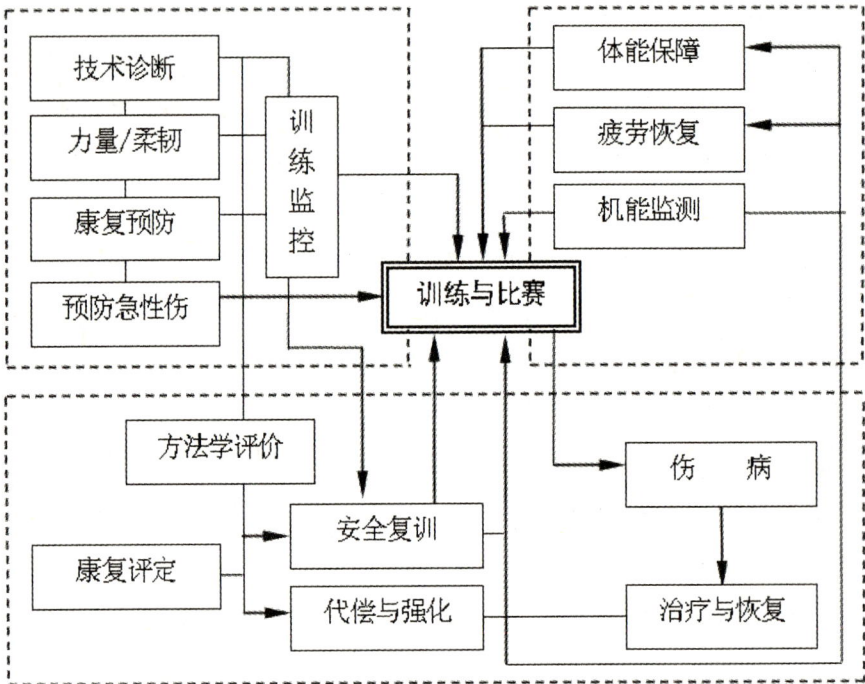

图 3 – 9 – 1　医疗、安全训练与康复的系统化措施模式

表 3 - 9 - 1　不同阶段的伤病康复目标

阶段	目标	内容	重点
训练	二期康复预防	预防伤病加重，减少运动影响	关节损伤
赛前	一期康复预防	防止伤病发生，控制频数	预防急性伤 避免慢性伤急性发作

对运动员的康复评定主要目的在于评估损伤或治疗后的运动能力，包括两方面内容，一是对创伤所引起的功能障碍评估，二是对康复训练的效果评定，二者是相辅相成的。[①] 在伤后不同阶段进行康复评定有不同的目的。

初期评定，在康复治疗开始时进行。目的在于了解运动功能损害的范围及程度，作为制定康复方案，选择康复疗法的依据。中期评定，在康复治疗过程中定期进行。目的在于评价治疗效果，判断康复进程，作为必要时修改康复方案的依据。末期评定，在康复疗程结束时进行，作为判定疗效、安排日常训练及确定是否可以恢复正规训练或参加比赛的依据，对防止再次损伤有很大意义。

另一方面，运动员的运动创伤的功能评定，还必须根据伤种和运动项目的关系、运动员的个人特点进行判断。有些伤病属运动技术伤，专项训练时间应较晚，如髌腱腱围炎，是跳高的专项病，伤未愈即训练较难提高成绩。对伤后恢复运动能力的时间估计要考虑运动员伤病恢复的快慢及治疗的反应差异较大，可以同一人的其他伤情的恢复时间来参考估量。

总结历史经验，在队伍伤病发作的高危时间区采取积极的、强迫性的恢复和康复治疗。

纠正或暂时改变运动方式，保证运动训练的安全性和连续性，改变技术动作发展代偿功能的练习。如投掷肘已经不能伸直者，应改变训练内容，重点发展前臂、肩、腰、腹及膝的爆发力，这样常常能够继续提高成绩，

---

① 解勇，侯乐荣. 备战北京奥运会的运动员损伤康复体系思考 [J]. 成都体育学院学报，2008，2 (35)：66 - 68.

而减轻伤痛，腰椎峡部不连或椎体缘离断症的运动员，应减少腰部后伸角度，发展肩、上胸椎及髋的柔韧代偿训练，既可较好地完成"下腰"等后伸动作，也可以减轻伤痛。

矫正畸形的训练。射击、射箭运动员，久之易发生脊椎姿势性侧弯，继发腰痛，影响训练成成绩。发生后应根据项目的不同练习矫正体操。全脚着着地的慢跑可有效改善跟腱腱围炎的粘连。

2. 以均衡的全面身体素质尤其是专项身体素质保护专项训练安全

几乎所有的运动项目都需要强化和保护腰、膝、踝，以适应专项训练的要求。

平衡的基础力量训练尤其是要注意腰腹和下肢关节伸屈肌的平衡训练。拮抗肌力量比例失调常引起肌肉损伤，较明显的是大腿后部腘绳肌拉伤，常是由于训练时只注意股四头肌力量的训练，忽略了同时加强腘绳肌的练习，致使比例失调（正常约为10:6），同样腰腹肌力也有一个恰当的比例（正常约为7:3）。因此，从预防损伤的角度出发，应注意有计划按比例地进行相关训练，使肌力比协调。

发展腰、膝部等长训练（静力性训练）的关节保护作用。增强等长训练对预防及康复腰、膝部肌肉劳损性损伤效果明显。由于等长训练的"生理溢流"现象，应根据项目及个体运动员特点，针对性开展有效的腰、膝部静力性训练。最常见的无效性等长训练是"直膝抗阻股四头肌等长收缩"——没有一项球类运动是直膝跑跳的。正确的方法应是确定每个队员的习惯性屈膝角度范围，强化此范围内的肌肉力量，以稳定膝关节。

通过"医、科、训"三结合模式可验证模拟专项运动的姿势性静力性腰背肌力训练方法。静力性训练叠加效应可通过渐进性增加负荷量和组次完成，而不能单纯依靠增加持续负荷时间完成。

维持高度的身体柔韧性。在准备活动中应充分完成静力性和冲击性拉伸训练，运动后的整理活动应至少保证足够的慢跑和静力性肌肉拉伸。有条件的运动队，可在经过培训的人员指导及辅助下采用本体感受促进牵拉

法，放松肌肉效果更好。①

3. 专项多发病的预防与康复

简单地说，康复训练的目标是恢复到受伤前的状态，早日恢复训练，按时参加比赛。因此，运动员的伤后康复训练较一般人更具有特殊的意义和要求。消除和尽早尽量减轻创伤的功能障碍，弥补和重建功能缺失，设法改善和提高运动人体的诸方面功能。

康复训练不仅可以帮助创伤部渗出液的吸收，并且可以保护机体神经及肌肉的紧张度，以及在训练当中已经建立起来的条件反射，及各个器官与系统的反射性联系。很久以来大家都公认，活动能使深筋膜腔中的血流及淋巴液的回流加速，还能保持肌肉紧张力与力量。但对伤后缺乏运动而引起的各种条件反射的消退，甚至引起机能紊乱（即所谓停训综合征），却注意不够。康复训练能加强关节稳定性，改善伤部组织的代谢与营养，促进功能及形态结构的统一。另外，某些体重限制类项目，如体操、舞蹈人员应利用体育锻炼防止体重增加，以减少影响恢复训练的时间。

早期活动对损伤的治疗作用是明显的。早期活动可以防止损伤或手术后肌肉及肌腱的粘连。早期活动可以促使损伤韧带结构正常化，同时还可防止因固定带来的各种其他病理改变，因此，韧带损伤后早期活动是康复训练的原则。对损伤软骨而言，早期活动可以改善关节软骨的营养，改善软骨的力学结构以适应力学的需要，促进关节软骨损伤化的修复和预防各种因固定或牵引而产生的软骨变性。

根据运动员的腰、膝、踝部是专项运动创伤多发病和易伤部位的特点，结合运动项目特点，制定针对性预防措施，强化安全训练与带伤训练的医务监督。

慢性损伤是运动创伤防治中的一大难点，带伤训练的安全问题易被忽视。尤其是经过一段时间高密度和高强度训练、比赛之后，往往出现较大

① 解勇，侯乐荣. 备战北京奥运会的运动员损伤康复体系思考 [J] . 成都体育学院学报，2008，2（34）：66－68.

面积伤病。在全面掌握每个队员的病情及对训练的具体影响的基础上，强化带伤训练的安全性和康复训练的有效性。

运动创伤的康复目的是使运动员尽快重返赛场。运动功能的恢复要快，尽量缩短中断训练的时间，以减轻体力及技术水平的减退，而且要达高达高水平的恢复。在一般功能恢复的基础上要按照专项运动的特殊需要，对某些运动素质、某些肌肉功能及肢体柔韧性进行重点训练，为恢复专项训练做好准备。

尽量不停止全身和局部的活动，伤部肌肉的训练越早开始越好的康复基本原则，对保障运动员早日恢复训练非常重要。当身体的某一部分受伤后，其他部分只要与伤处无关，就不应当停止活动。运动员因伤被迫卧床时，利用强力的与阻力的练习是非常必要的，并且应尽早开始。例如，上肢受伤下肢仍应保持训练状态，以保持过去所获得的肌肉及心脏血管系统等的条件反射，动力定型及训练程度。

重返运动场是由运动员自身、教练员、功能恢复指导者、医生以及通过肌肉力量、爆发力、柔韧性、耐力的测试等客观的标准来决定的。运动员重新参加训练后，为了防止伤病复发也必须随时进行监控（图 3 – 9 – 2）。

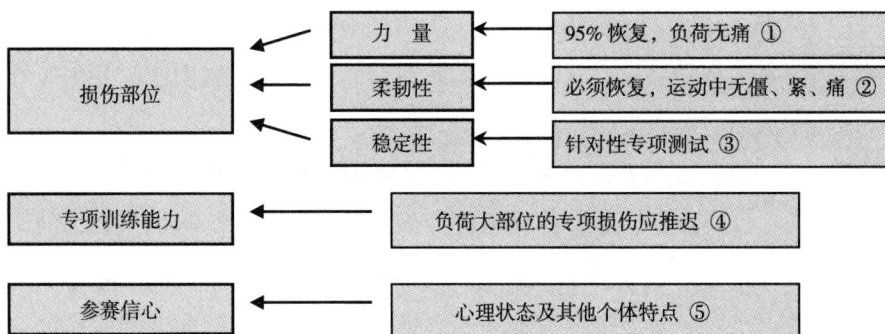

图 3 – 9 – 2 急性损伤后重返赛场的时机和条件

（二）各专项运动伤病的功能恢复

1. 跳水

恢复性训练的第一步是开始一系列的关节可动范围及柔软性的改善练习。其中最为简单、有效的一种方法是静止状态的伸展练习，即关节和肌肉在一定的时间内慢慢地作伸展运动。动力性练习法是指针对一定的抵抗和负荷使肌肉的长度缩短、在关节可活动范围内关节的活动使肌肉力量得到加强。动静力综合训练法从方法上来说就是动力训练法同可变性抵抗训练法的组合。同其他的动力学的练习方法不同的是抵抗能够得到最大限度的调整，这种训练是通过控制其实施速度来完成的。同动力训练法和可变性训练法相比较，动静力综合训练法的优点是练习的速度。徒手抵抗法在恢复阶段对肌肉力量的强化有着非常显著的效果。这种方法不需要任何的器械，而且对于特定肌肉的力量强化也最有效果。

2. 举重

训练前后进行有意识的关节牵拉，可以把容易受伤的关节、肌肉韧带充分牵拉舒展。同时注意训练后的肌肉放松，对由于局部用力过大或不协调动作造成的小关节错位及时进行手法按摩复位，并注意加强小肌肉群的锻炼，加强肌肉间的协调和关节柔韧性练习。

进行体疗和物理治疗相结合。物理治疗通常对不同伤痛根据治疗要求不同而使用不同治疗仪、谱仪、超短波、电兴奋及电脑中频等物理治疗手段。

3. 田径

田径类项目的损伤种类很多，其中值得一提的是肩关节的功能康复，这对投掷类项目的运动员来说是很重要的。对于不同的肩部损伤采取的方法也不同。

挤压性肩袖病：在投掷动作中要求前臂处于充分的屈曲，内收和内旋位置，这正是导致出现挤压症状的位置。通过适当的休息，使用非固醇类消炎药，渐进性肩袖力量和伸展性练习治疗。

拉伤：运动员肩部拉伤常常是肩袖深层撕裂伤。运动员可以采用加强肌肉力量为主的康复计划，如果在 2 至 3 个月后没有明显效果则需要进行手术清创。在关节镜清除术后要进行康复训练。

投掷过程中肘关节也易受到损伤，除了积极性休息外，不要重复导致肘关节损伤的投掷动作。

4. 柔道

损伤的即刻就要建立功能恢复的概念。由于长期的固定和不运动可能会引起肌肉萎缩，关节周围组织挛缩，神经肌肉连接传导减慢，心肺功能下降等一系列停训综合征。在肌肉损伤的功能恢复中最常用的是等长收缩，抗阻收缩。

肩关节周围的肩带肌肉的等长收缩或在后期的抗阻外展、后伸、旋外的动作能对肩关节的活动度和功能恢复起到积极作用。

踝关节的功能恢复可在抗重力的条件下做提踵练习；这对于小腿后群（腓肠肌，比目鱼肌）和趾肌的恢复也有帮助。为了加大难度，还可以在负重条件下进行。

膝关节的功能恢复可在带护具的条件下进行前群（股四头肌）和后群肌（股二头肌，半膜肌，半腱肌）的功能联系，但要注意负荷强度不能过重，否则会加重损伤程度。

手腕关节的恢复可以进行一些作业治疗，抓握练习。

腰背部的急性损伤要及时治疗和充分休息之后才能继续运动，否则很容易迁延成为慢性劳损而留下长久伤痛。

此外，还可以辅助以超声波和微波治疗，以软化瘢痕，防止粘连，加速组织的修复和再生。

5. 羽毛球

对于足跟痛的运动员，如果对症治疗不能完全恢复，则需要手术，手术后皮肤恢复完全才能做拉伸练习。可以先进行膝关节的屈曲位和伸位的小腿三头肌拉伸练习，加强整个下肢的肌肉力量，3 至 4 周后可以进行慢跑，一般 8 至 10 周后可以进行羽毛球运动。

对于膝前疼痛的运动员，手术后 3 周后可以进行水中跑，一般 8 至 12 周后可以进行羽毛球运动。

6. 网球

网球有关的损伤是通过高质量的康复计划的实施来解决的。通常在休息阶段是以控制疼痛为主，避免过多运动，进行理疗等，同时应服用抗炎药物。之后进行有步骤的练习阶段，运用绷带固定，进行屈肘和上肢的固定练习，从静力性练习开始到等张抗阻力练习，直到做快速屈伸练习时没有疼痛就可恢复网球训练了。

7. 足球

针对膝关节及踝关节的康复练习要遵循循序渐进的原则，尽早开始其背伸抗阻力练习，有氧运动也应尽早开始，最后是进行灵敏性练习，重返赛场前要求必须达到肢体活动时能达到最大范围且完全没有疼痛的感觉，肢体运动协调性恢复和超过90％肌力已恢复。

8. 篮球

通常膝关节前韧带断裂后进行修复手术，骨－髌腱－骨手术，手术后至少在一年内限制球员运动，然后逐渐开始活动，并加入力量练习和灵敏性练习，直到痊愈。而对于进行髌腱清创术的运动员来说，术后应立即进行股四头肌和腘绳肌的被动伸展性练习。

踝关节伤后康复训练应尽早开始其背伸抗阻力练习，有氧运动也应尽早开始，然后逐渐开始上下楼梯、跑台训练，最后是进行灵敏性练习，在恢复过程中，使用绷带及支柱加强踝关节的支持和保护具有一定意义。

跟腱炎的运动员在进行物理疗法之后开始运动，踝关节的活动范围应该从痉挛位开始逐渐转向背屈位。之后进行抗阻收缩练习、有氧练习等。

9. 排球

排球是一项高风险的运动，尤其易发生膝关节和踝关节的损伤。对于膝关节和踝关节的功能恢复要通过以下四个主要阶段：关节柔韧性的修复；肌肉力量和耐力的修复；本体感觉的修复；运动能力的修复。

第十章　奥运科技保障与创新

第一节　科技在奥运备战中的作用

胡锦涛总书记在全国科技大会上的讲话指出，当今时代，人类社会步入了一个科技创新不断涌现的重要时期。科技竞争成为国际综合国力竞争的焦点，谁在知识和科技创新方面占据优势，谁就能够在发展上掌握主动。党中央、国务院作出按照"自主创新，重点跨越，支撑发展，引领未来"的指导思想，抓住自主创新这个关键，建设创新型国家的决策，是事关社会主义现代化建设全局的重大战略决策。

奥运备战工作也同样如此，在科技进步日新月异、体育发展突飞猛进的今天，竞技体育之争在某种意义上已经成为名副其实的科技之争，金牌之中已经铸入了越来越高的科技含量，这已经被当今世界竞技体育的发展所证实。备战和参加奥运会是国与国之间综合实力的较量，科技实力对于这种较量的结果将起到举足轻重的作用。

一、科技创新是竞技体育的核心竞争力

当今时代，许多国家的高水平运动员为能在激烈的国际竞技体育竞争中保持优势，已越来越依赖于国家体育科技的进步与实力。竞技体育的发展使人们深深认识到，只有不断提高竞技体育的科技含量，将现代体育科技成果广泛应用于竞技体育训练与竞赛中，包括运动员选材、训练监控、技术诊断、伤病治疗、心理调整、营养指导一系列的备战过程，才能使预定的目标得以实现。科技进步和创新已经成为竞技体育的核心竞争力和发

展过程中新的增长点，是新时期竞技体育发展战略的必然要求，也是实现奥运备战和参赛目标的重要保证。

在我国竞技体育实现一次次重大突破的过程中，一些传统优势项目之所以长期保持领先地位，在技术上不断创新是重要原因。一些项目长期不能取得突破，很大程度上也是受制于科技瓶颈。创新是一个民族兴旺发达的不竭动力。因此，我国的竞技体育优势项目要巩固，潜优势项目要取得突破，落后项目要取得大的进步，必须依靠科技创新，必须依靠广大科技工作者的智慧和劳动。

二、科技服务为奥运备战提供重要保障

现代体育的发展，科学技术和体育训练的结合越来越紧密，通过科学技术提高训练的效率，就等于赢得了比对手更多的时间。科研工作与竞技体育的紧密结合是当代体育运动发展的客观要求，体育训练和竞赛的科技含量直接关系到竞技水平的高低。因此，在备战工作中，体育科研攻关与科技服务至关重要。

能否为奥运备战提供良好的科技服务是事关大局、事关能否完成任务的重要因素。在备战奥运会过程中，必须充分发挥科学技术在提高竞技体育运动技术水平方面的重要作用，把备战工作切实纳入到依靠科技进步的轨道上来。为此，要进一步明确当前体育科技工作必须面向奥运备战主战场的指导思想，进一步完善体育科研与运动训练紧密结合的体制和机制，进一步调动全国科技界的积极性，充分发挥"举国体制"的优势。

三、运动训练的科学化促进竞技运动水平的提高

运动训练科学化是指在运动训练的全过程中，应用科学理论、科学方法、科技成果达到运动训练的定量化和科学化标准的卓有成效的训练。训练科学化是现代运动训练的基本特点之一。训练科学化的过程本身就是一个观念更新的变革，它要求人们从传统训练的模式中走出来，把科学、实效的价值观念渗透到运动训练的每一个环节和层面，从而有效地提高训练

水平，达到理想的训练效果和成绩。

世界日新月异的新技术革命，现代运动训练过程中各类学科的综合先进技术的应用，为竞技运动训练提出了更高的要求，即必须以科学的求实态度，摒弃落后的陈腐观念，学习、掌握、运用先进的指导理论和训练方法，走在科技的前端，才能够在竞技赛场获得成功。

四、运动场地、器材的改进促进训练水平的提高

科技的发展使运动场地、器材的条件得到极大的改进，从而促进了运动员的运动成绩的提高。以运动场馆为例，在 20 世纪初期，游泳馆的数量极少，游泳运动员只能在室外训练，因此不能保证全天候、全年的训练。这就极大地影响了运动员的训练系统性，限制了训练水平的提高。而室内游泳馆的出现使运动员的全年、全天候的训练成为可能，从而使训练水平大幅度提高。

科技发展对运动成绩提高的作用还表现在运动器材上。美国 SPEEDO 泳装就根据流体力学原理，研制开发了新型的泳衣材料，并制造了"快速皮肤"泳装，这种泳装可以极大减少运动员在水中的阻力，从而提高游速。澳大利亚运动员索普就是穿这种泳衣在 2000 年悉尼奥运会上打破了两项世界纪录。撑杆跳高运动员使用的撑杆已经经历了木杆、竹竿、金属杆、玻璃纤维杆等 4 个阶段，随着科学技术的发展，撑杆也发生着变化，使运动员的成绩大幅度提高。

五、高科技的训练基地是奥运备战的物质基础

以高科技的训练基地为载体，实现训练基地化，建设好导调监控、比赛仿真、考核评估和基地管理等几大系统，全面提高一体化训练水平。这已经成为奥运备战的物质基础，也是世界竞技体育强国所普遍采取的备战模式。

美国国家队在训练转型实施计划中，就曾提出过以"联合作战中心"为核心的"联合训练者社区"这一概念，向大型化和联合性、综合性、智

能性、仿真性方向发展，并要求训练基地为运动员提供提出要求、计划、实施和评估四个阶段的整体保障，做到上、下结合，保障运动队能实施从下到上的逐级合成与联合演练，突出功能开发，注重使用效率，为运动队自训、互训、专训、合训提供依托，最大限度地提高训练保障效益，有力推动了运动员实战能力的大幅度跃升。

此外，模拟训练是一体化保障体系的重要组成部分，核心即是解决训练的模拟化。例如，俄罗斯以模拟训练器材和计算机为基础的战术训练模拟系统，逐步形成平时训练模拟、实战模拟、比赛模拟的系列配套，突出模拟平台和系统互连互通互操作的信息化，为一体化训练提供虚实结合的训练手段，推动一体化训练质量的不断提高。比赛仿真系统要努力创建"多维一体"的比赛空间，实现近似真实的比赛环境，使参训运动队获得近似实战的锻炼。考核评估系统必须创立数据化的信息生成机制，实时采集训练中的各类、各种数据，建立滚动更新的数据库，靠数据检测评定一体化训练成果，科学验证比赛效率，准确评估运动员的比赛能力。管理系统则应能够保证基地全年度满负荷使用、多个项目共同使用、面向国家队开放使用，最大限度地挖掘训练基地的训练潜力，使训练基地名副其实地成为承载一体化训练的综合平台。

第二节　我国备战奥运会科技工作与创新的现状

在体育科技工作方面，我国紧紧围绕2008年奥运会备战任务，围绕促进和推动体育事业的发展需要，抓住奥运会重大机遇，突出体育科技工作重点，体育科研条件得到了很大改善，广大教练员、科研人员更新了观念，科研工作得到运动队的欢迎与肯定，重点研究领域取得较大进展，科研与训练实践结合更加紧密，运动成绩的提高更多融入了科技含量。在"科技兴国"、"科技兴体"的形势下，我国备战奥运会的科技工作与创新取得了历史性的进步，也呈现出自身的一些显著特征。

一、坚持科技创新，着力解决训练中的关键和难点问题

在奥运备战过程中，从战略高度充分认识竞技体育发展中科技工作的重要性和紧迫性，将促进科技进步和加强技术创新放到竞技体育事业优先发展的关键位置。竞技体育的科研攻关与科技服务工作紧紧围绕"奥运争光"计划的战略目标，以备战奥运会等重大国际赛事为主要任务而开展体育科技创新活动，把主要科研力量和多学科联合攻关措施集中组织和使用到一些关键性的大项上来，使科技创新为竞技体育的持续、快速发展服务，为实现我国在奥运会上的战略目标打下基础。

在备战 2004 年雅典奥运会和 2008 年北京奥运会过程中，国家体育总局针对国家队训练中的关键问题和难点问题，组织了一系列的科研攻关，以科技创新推动训练创新，一大批科研成果在备战过程中得到应用，有效地提高了训练质量。

国家皮划艇队通过对专项训练规律的研究与探索，提出了"坚持以有氧训练为基础、坚持以提高个体能力为主导、坚持以每一桨划船效果为重点"的训练指导思想，开发出一系列行之有效的训练手段，在雅典奥运会比赛中取得重大突破。为跳水、举重、蹦床等国家队研制的"技术图像分析系统"，可以帮助教练员和运动员科学、直观、量化、及时地掌握运动员技术能力的主要参数及变化规律，对优秀运动员改进技术动作提供了有效的帮助。自行车、赛艇、帆板、摔跤、拳击等项目通过科研攻关研制了一批专项训练辅助器材，为提高运动员的竞赛能力或专项力量素质提供了有效的训练手段。

二、完善奥运备战科技服务保障体系，突出"科训"结合

在备战 2008 年奥运会的过程中，国家体育总局和各奥运项目管理中心在加强备战科技保障方面做了很多工作。改革完善了备战科研工作组织方式，调整了科研经费的投入方向，加强了训练基地和国家队的科技建设，在国家队中设立了科研工作岗位，组织专家下队进行科技服务。这些工作

在一定程度上解决了长期以来一些项目科技工作与运动训练结合不紧的矛盾，解决了一些备战实践中的关键问题。

（一）建立健全科技服务保障体系，科技工作全面服务于国家队的需要

重点加强国家队驻队科技人员、医务人员配置，加强体能、康复、心理等紧缺人才和在一线工作的科技医疗人员的培训工作，加强国家队科研条件改善。建立训练、科研、医疗三位一体的科技服务体系，制定和认真落实各项医务制度，科技保障制度，积极做好运动员伤病的预防和治疗工作，促进科学训练水平的不断提高。

（二）开展国家队科研团队建设，发挥科技保障的整体作用

为进一步发挥举国体制的优势，吸纳高水平科技人才参与备战奥运会的科技工作，我国在 37 支国家队（组）建设形成集训练监控、体能训练、运动营养、医务监督等多学科综合参与的科研团队，确定了各国家队科研团队负责人，建立了一套与训练紧密结合，高效的、具有合力的科技保障运行机制，整合各方面科研力量，开展多学科、综合性科研攻关，解决国家队备战中的关键问题，实现运动训练全方位科技保障。

（三）成立备战奥运专家组，充分发挥高水平科技专家在提高训练科学化水平中的作用

为了缓解国家队对科技服务的要求不断提高与驻队科技力量不足、水平不高的矛盾，国家体育总局成立了备战 2008 奥运科技专家组，集中全国有关领域知名专家，分别成立了高原训练、训练监控、伤病防治与康复、心理调控等专家组，根据国家队的科技需求，针对性地开展"专家下队"活动，专家组的主要任务是在备战奥运科技工作中起到指导、咨询、巡诊、会诊作用。

（四）体育科学会议直接为奥运备战服务

体育科学大会作为全国最高层次、最大规模、最高水平的科技盛会，是进行学术交流、展示和推广体育科技成果的重要平台。2008 年奥运会之前的两届全国体育科学大会都直接为奥运备战服务。2004 年，第七届全国体育科学大会的主题是"奥运、科技、健身"。"面向 2008 奥运"是本届大会的出发点和立足点，大会设立了奥运科技攻关与科研服务专门会场，对与奥运会相关的一系列关键问题进行研讨与交流。2007 年，第八届全国体育科学大会继续设立了奥运科技攻关与服务的专题报告会，体育科技专家们针对备战 2008 年奥运会期间的运动营养综合攻关、运动生物力学、曲棍球、竞走等方面展开了探讨。

三、成立专门科研机构，不断改善科研条件

（一）反兴奋剂中心正式成立，科研设备国际领先

2007 年 11 月，位于国家奥林匹克体育中心的中国反兴奋剂中心正式揭牌。该中心下设兴奋剂检查、教育信息等六个部门，现有人员由体育总局运动医学研究所部分人员和中国奥委会反兴奋剂委员会有关人员组成。相比较国外同类的反兴奋剂检测实验室，中国反兴奋剂中心目前是面积最大、设备最先进的实验室。中心的仪器来源主要分为两个部分，一部分是最新购买的世界先进的检测仪器，另一部分是中国奥委会反兴奋剂机构现有的仪器。

成立国家反兴奋剂中心，有助于奥运备战过程中反兴奋剂工作的开展，同时通过建立一支专门的队伍，长期专注于反兴奋剂工作从而提高反兴奋剂工作的科学性和有效性。此外，这也是我国履行《反对在体育运动中使用兴奋剂国际公约》有关义务的重要体现，对我国开展反兴奋剂工作的国际合作，将产生重要而积极的影响。

（二）加强重点实验室建设

根据备战 2008 年奥运会科技工作重点研究任务的实施和项目攻关研究的需要，加强对国家体育总局直属科教单位的六个重点实验室的科技建设。从 2003 年开始，加强国家体育总局直属的 6 个重点实验室（运动训练监控、运动创伤和医务监督、体能训练与恢复、运动心理、运动营养、体育信息研究）建设，划拨专项经费用于科研仪器设备的购置。同时，为调动和发挥社会科技力量进入竞技体育科研工作，在全国范围内开展体育行业重点实验室建设。国家体育总局有关部门已经对全国范围内申报的 47 个重点实验室进行考察评估。

（三）加强训练基地的科技设施设备仪器建设，改善重点训练基地的科技服务条件

根据国家体育总局直属训练基地的项目设置和实际需要，分别配备了先进的恢复设施、科研监测仪器和力量训练器材等以改善科研条件。国家体育总局所属的训练局、奥体中心、射击射箭中心、自剑中心、冬季中心、北京体育大学、秦皇岛等7个训练基地的科技保障条件大大改善。

（四）改善国家队科研攻关与科技服务的条件

对没有固定训练基地的国家队或者难以进入固定基地训练的国家队配备必要的便携、实用的小型科研测试仪器，以满足国家队进行日常科学训练的需求。2005年为国家队配置了便携式体育科研设备；2006年为保障高原训练需要配置专门设备，提高了高原训练的科学化水平。

（五）开展国家队体育科技信息化平台建设

为充分利用信息技术，提高国家队科学训练和管理水平，满足2008年奥运备战需要，国家体育总局投入500万元，在17支国家队建立了体育科技信息化平台。该平台为教练员不断深化对项目发展规律的认识，科学地制定训练、比赛计划提供参考依据。

四、发挥体育院校人才密集优势，全面服务竞技体育主战

邓小平同志早在1977年就明确指出："高等院校特别是重点高等院校，应当是科研的一个重要方面，这一点要定下来。他们有这个能力，有这方面的人才。"

体育院校的社会使命要求自身具有不断探索与产生体育科学研究的最新成果，更好地为我国体育事业发展服务。体育院校拥有的众多专家学者，他们由于受过良好的科学教育，因而是体育领域里最具从事探索与创新实力的群体。因此，重视发挥体育院校知识、人才密集和科研优势，以期突破和解决一些运动训练实践中的关键问题，可以为我国竞技体育事业发展发挥更大更直接的作用。

以北京体育大学为例，在备战雅典奥运会期间，北京体育大学充分发

挥学校人才密集、科研实力雄厚的优势，为学校运动队和国家其他运动队特别是重点项目、重点队伍和重点运动员提供了强有力的科研保障。围绕备战奥运会，学校共立项相关课题 62 项，其中，科技部和国家自然科学基金、国家社科基金课题各 5 项，部委级课题 26 项，体育总局各中心课题 21 项，学校有一批教师、科研人员深入到运动队从事科技服务。据不完全统计，从 2002 年开始，学校共有教师和研究生 60 多人次参与了备战雅典奥运的科技服务工作，服务的运动队主要有国家乒乓球队、田径队、游泳队、排球队等 23 支队伍，服务的内容主要涉及运动员的营养调整、机能评定、动作的技术分析和改进、体能训练、心理咨询和心理训练、疲劳恢复以及信息收集和咨询等诸多方面，为我国选手在奥运会上摘金夺银提供了有效的科技保障。

经过几十年的建设与发展，体育院校已经拥有丰富的文化科学教育、实验仪器设备以及训练场地器械等资源。充分发挥高校在竞技体育发展中的积极作用，充分利用其设备先进、人才密集的多学科优势，集中力量，联合攻坚，进行高水平运动队训练，建立科训一体化竞技体育管理体制，有利于解决体育科技与运动实践的结合和优秀运动队科学训练的集约化管理问题，有利于解决科研人员与教练员的结合和优秀运动队训练基地的科研建设问题，有利于解决科技成果向运动实践的快速转化和体育科学技术市场的培育问题。

五、体育科技政策和经费支持力度加大，形成良好工作氛围

2008 年奥运会所确立的"绿色奥运、人文奥运和科技奥运"三大理念，使我国很多部门主动支持体育工作、支持体育科技工作，体育科技政策和经费支持力度不断加大，为体育科技工作创造了一个良好的工作氛围。

2001 年 7 月，科技部、教育部、国家体育总局、国防科工委等 11 个部委局成立了"奥运科技（2008）行动计划"领导小组，制定和实施《奥运（2008）科技行动计划》，出现了多部委、全方位主动为体育科技服务的好局面，尤其是科技部的科研课题支持力度加大。据统计，2001 年以来，国家体育总局所得到的体育科研经费发生了很大变化，国家财政部和国家科

技部对体育科技投入逐年增加（见表3－10－1），这些科研经费主要包括科研攻关研究经费和科研条件建设经费。由于中央各部委对体育科技的重视和关心，健全了体育科技的组织，加强了政策和制度建设，加大了对体育科技的经费支持，为加速我国体育科技的发展以及备战奥运创造了条件。

表3－10－1　2001－2007年我国体育科技投入情况汇总表

类别	来源	项目	经费（万元）
科研项目经费	财政部	雅典奥运	4300
		北京奥运	4600
	科技部	科技奥运	4644
		基础性工作	725
		科技支撑计划	2940
科研条件建设	财政部	国家队配置	900
		高原训练基地	1000
		重点实验室	6000
		2007－2008国家队配置	1600
总计			26,709

第三节　我国奥运科技工作的重点方向与效果评价

奥运科技工作以运动训练为主战场，以训练中的实际需要为着力点，紧密结合运动训练实践，做好备战奥运会的科研攻关与科技服务工作。联合各方面科技力量，针对训练实践中的关键问题，组织科研攻关，加强技术创新，增强科技实力，提高科研水平。奥运科技工作主旨是全面推进运动训练的科学化，充分发挥科技的先导作用，提高我国运动员的运动技术水平和在奥运会比赛中的竞争实力。

一、奥运科技工作的总体状况

党中央在关于科技体制改革的决定中指出"科学研究要面向现代化建

设实际"、"科研成果要更多地转化为现实生产力"等一系列深刻论述。就体育科技来说，就是必须更多地面对体育工作的实际需要，特别是面对提高竞技水平、夺金牌的需要来实施科研工作。

依靠科技完成奥运任务，是我国备战工作的重要指导思想。面对奥运会的机遇和挑战，体育科技工作承载了比以往更重的责任和压力。通过多年的努力，现在竞技体育科研已经彻底摆脱科研训练"两张皮"，科研与训练工作已经融为一体，科技工作已经成为运动训练不可或缺的重要组成部分，成为创造优异成绩的基础。

总体而言，我国奥运科技工作主要包括基础研究、项目研究、创新研究、攻关研究等四个方面（详情参见图 3 - 10 - 1）。

二、2008 年奥运会科技工作的重点方向

进入新奥运会周期以来，根据备战 2008 年奥运会的需要，需要整合有限的体育科技资源，进一步明确体育科技工作的重点。现在备战 2008 年奥运已到了最后的攻坚阶段，全方位做好奥运会国家队的科研攻关和科技服务工作是体育科技最重要的工作，要不断提升科技在夺取金牌中的作用。2008 年北京奥运会科技工作重点包括下列内容。

（一）认识与研究运动项目专项规律

科技攻关立足于深化对项目规律的认识和把握，紧紧瞄准金牌，瞄准优势项目的巩固，瞄准潜优势和落后项目的进步与突破，刻苦攻关，为提高运动技术水平做出切实的努力，发挥更大的作用。

对运动项目专项规律的深入探索和研究，可以有效提高训练质量。许多项目的国家队在备战过程工作中，对专项训练规律进行了深入研究和探索，有效地提高了备战训练的质量。以国家赛艇队备战 2008 年北京奥运会为例，在科技工作中特别强调深化对赛艇项目训练规律的认识和把握，推进自觉、自主创新训练，如通过每桨功率及相应船速初步建立监督反馈模式。每桨功率的建立首先建立在对拉桨技术的要求改变上，在体能调动上采用乳酸和心率检测，通过各种监测手段在高原水上环节已初步建立了即

时监督、即时反馈的有效训练模式。

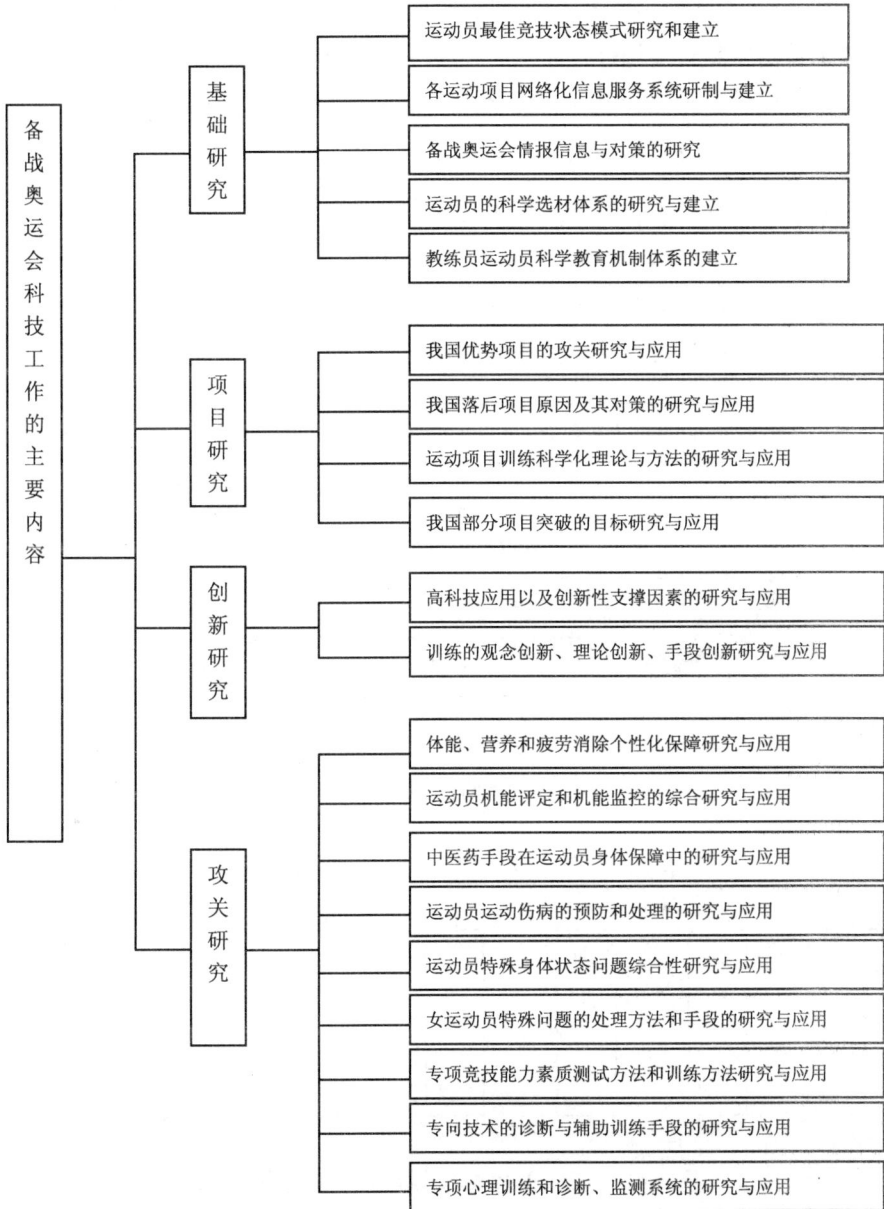

图 3-10-1 奥运科技工作主要内容

（二）全面开展训练监控科技服务工作

备战 2008 年北京奥运会的训练监控工作覆盖了所有项目的国家队，成为各项目国家队日常训练中不可缺少的组成部分。科技人员与教练员紧密配合，运用科学知识和方法，对运动员的身体机能、运动能力、技战术特点、健康水平以及训练方法手段的有效性进行监控和评定，并及时将检测结果反馈给教练员，为教练员科学训练提供了重要依据。

国家体操队以建立科研团队的组织形式，发挥团队整体优势和科研人员的集体智慧，全面开展训练监控科技服务工作，为备战 2008 年北京奥运会做好全方位的科技支持，体操队的科研团队组织机构如图 3 - 10 - 2。

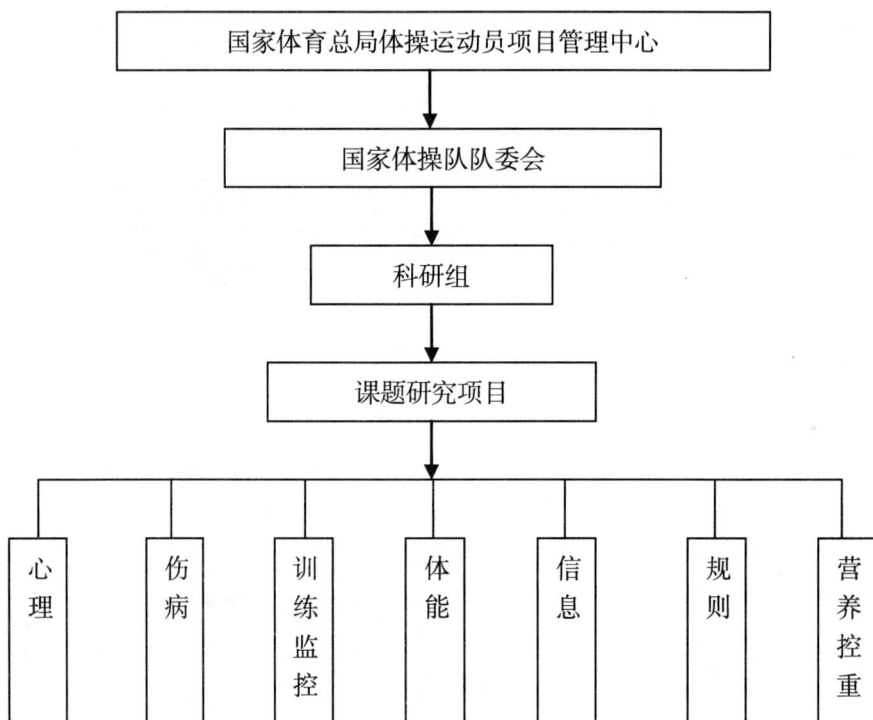

图 3 - 10 - 2　国家体操队科研团队组织机构

（三）探索与创新高原训练等训练方法

高原训练一直是我国体育科技攻关的重点和难点。高原训练是竞技体

育训练形式中一种特殊的训练方式，进行高原训练必须建立在准确把握高原训练规律的基础上才能产生效益。

训练实践和理论研究表明，高原训练在提高运动员心脏功能、增加血红蛋白数量以及有氧代谢能力方面的作用是它的特点和普遍性规律，但不同的项目、不同的地点、不同的运动员、不同的训练负荷、不同的训练时间所产生的作用都是不同的，甚至同一名运动员两次去同一个地点进行高原训练的结果也会有很大的不同。这一方面反映出高原训练除普遍规律外，还有很多因人、因项目、因训练、因条件的动态状况和特殊规律。另一方面说明，在目前对高原训练的各项规律尚未完全掌握的情况下进行的实践活动，本身就是一种探索性的创新活动，是一项科学研究的过程。

赛艇项目科技保障工作突出表现在高原训练的全面实践研究和探索上。在2006年高原训练探索的基础上，国家赛艇队在2007年度周期内分别在4个地点探索了4种不同形式的历时16周的高原训练。目前国家赛艇队正充分利用高原和低氧环境特点，全面提升个体综合素质。通过平原化的训练设计，建立专项能力的基础储备。继续探索赛艇高原训练的本质规律，并使之成熟起来，获得一定理论化的认识，为2008年奥运会赛前高原训练积累经验。

（四）有针对性地应对东道主的参赛心理问题

体育科技工作者不但要为技战术问题提供科研保障，还要在运动心理学等非技战术领域提供强大的科技保障，加强东道主参赛心理的研究与服务工作。

历届奥运会上，运动员的参赛心理问题都是一大难题。在本土参赛，尽管占据了天时、地利、人和等有利条件，但也会给运动员的心理带来很大的压力，直接影响运动员竞技能力的发挥。特别是射击、体操、跳水等对稳定性要求高的项目，主场作战可能会受到更多干扰。对于这些项目而言，2008年奥运会比的不仅仅是技术水平，更多的是心理素质的考验和较量。

在国家体育总局科学研究所里，已经建立了一个国际一流的运动心理重点实验室，专家们依靠先进的仪器设备对运动员进行科学的心理状态评定，辅助教练员的科学化训练过程。他们通过积累大量数据，以便为中国运动员2008年调整比赛状态提供有力的参考。这个实验室还具备外延功能，有些便携的仪器可以带入运动队中，随时进行调研应用。另外，他们还正在筹建奥运心理网站和编制"奥运心理攻略"专题片。

（五）加强运动伤病预防与治疗，提高队伍战斗力

运动伤病是影响训练和比赛的重要因素。体育科技工作要动员各方面力量，全面做好医疗服务保障工作。

以竞走项目为例，2006年奥运会专家小组来到云南呈贡体育训练基地，对国家竞走队进行科学训练指导，并对国家竞走队队员的伤病情况进行摸底，针对每个队员的情况提出治疗的方案和科学训练建议。根据专家的建议，竞走队已经开始实施新的训练方式，在专家现场指导下，队员已经做了针对性的治疗方案和训练方案，队员们普遍感到自己伤病有所缓解。国家体育总局田径管理中心副主任冯树勇表示，通过专家对竞走队的"诊脉"和帮助制定科学训练的方法，进一步增强了竞走在北京奥运会上取得好成绩的信心。这些科学训练方法落实到训练中，将会对预防运动受伤、缓解过去运动中积累的伤有着非常重要的意义。

（六）重视和加强运动营养补充，保证运动员大运动量训练

为保证运动员得到充分的营养和训练后的迅速恢复，各运动项目管理中心及国家队普遍重视运动营养补充。各国家队科技人员根据各项生化指标检测结果及时采用营养手段进行调整，使运动员能通过科学合理的营养补充消除运动疲劳，保障训练正常进行。运动营养专家组深入各国家队，开展宣传营养知识、营养状况调查、进行营养配餐的咨询服务与指导，并对运动员的营养和膳食进行跟踪监测，为国家队提供了广泛的服务。国家体育总局还加强了营养品使用的管理，组织实施并完善了营养品集中采购办法，使运动营养品的使用安全、可靠。

（七）有效解决本土作战面临的兴奋剂问题

2008年奥运会在北京举办，对我们来说有优势，同时也面临一些新的

问题和风险。"本土作战"如何防止兴奋剂事件的发生，就是严峻挑战。
2008 年奥运会，中国体育代表团的艰巨任务是全面参赛并取得优异成绩，
但前提是不能出兴奋剂事件。以往，我们派代表团出国参赛都有一套比较
成熟的做法，确保不出兴奋剂问题。而奥运会在家门口举办，不可控因素
大大增加，从管理上增加了很大的难度，原来行之有效的办法不一定适应
新的形势和环境。所以，要研究制定严密的操作办法，加强监管，确保我
国代表团运动员不出现由各种原因造成的兴奋剂事件。体育科技工作者也
必须高度重视"本土作战"的反兴奋剂工作。

第十一章　反兴奋剂

第一节　国际反兴奋剂斗争与中国政府的坚定立场

一、国际反兴奋剂斗争历程

体育领域反兴奋剂斗争，是随着滥用药物的不断升级而发展起来的，也是随着国际体育界对兴奋剂问题的认识不断深化，在不断积累共识的基础上展开的。

上世纪五十年代开始，相对和平的国际环境使体育运动日趋繁荣，竞技活动日趋激烈，战前一度在体育领域盛行的兴奋剂现象再度出现在奥运会、环法自行车赛等有国际性影响的赛事中。五六十年代主要被滥用的药物是以苯丙胺为代表的精神类药品，而且滥用苯丙胺也是当时欧美地区的时尚。滥用苯丙胺严重伤害运动员的身体健康，终因一起出现在奥运会上的悲剧性事件促使国际奥委会下决心采取措施限制和抵制兴奋剂。

1960 年，在意大利罗马举行第 17 届奥运会上，英国自行车运动员詹森猝死在赛场上，经检查，詹森体内有大量苯丙胺和尼古丁酸，是药物过量造成的急性中毒反应夺去了他的生命。1967 年环法自行车大赛第 13 天比赛途中，英国著名的自行车运动员汤米·辛普森意外地死于法国境内的旺图山峰。[①] 同年，英国的一名健美运动员戴维金同样因兴奋剂而死亡。

"詹森事件"后，国际奥委会于 1960 年成立医学委员会，反兴奋剂是

---

① 何珍文等. 教练员反兴奋剂知识读本 [M]. 北京：北京体育大学出版社，2007.

该委员会的主要职能。1964 年东京奥运会首次进行小范围兴奋剂检查。1967 年"辛普森事件"发生更促使国际奥委会下决心在奥林匹克运动中抵制和反对兴奋剂。1968 年，国际奥委会医学委员会首次公布了 8 种禁用药物，并在当年举行的冬季和夏季奥运会上组织了兴奋剂检查，对违规的运动员进行了处罚，国际反兴奋剂斗争由此全面展开。①

由于苯丙胺等精神兴奋剂化学结构简单，运动员又是在比赛期间使用，赛后尿液中的药物浓度高，检测没有太大的困难，因此查禁精神类兴奋剂的努力取得成效。20 世纪 70 年代以后，苯丙胺不再是体育中被滥用的主导药物，代之而起的是以合成类固醇为代表的雄性激素。雄性激素是人体自然产生的内源性物质，20 世纪 30 年代被人工合成，随着制药技术的进步，六七十年代一批针对性强、作用大、毒性小的雄性激素被研制出来，进入医疗市场，成为运动员滥用的对象。滥用类固醇的主要目的是增强肌肉的力量，加快代谢，促进疲劳恢复，从而在比赛中获得"额外利益"。合成类固醇的药理作用使得滥用兴奋剂从赛内延伸到赛外，成为"训练药物"，滥用者在平时训练中有计划地用药，比赛前提早停药，以躲避兴奋剂检查。因此，滥用合成类固醇带有明显的欺骗性质，使兴奋剂问题从医学道德问题变成社会道德问题，反兴奋剂斗争的焦点由初期维护运动员健康的斗争发展为反对不道德的欺骗行为的斗争。但是由于合成类固醇等蛋白同化制剂的分子量大，结构复杂，1975 年 4 月，检测方法才有了重大的突破，1976 年蒙特利尔奥运会时国际奥委会宣布其为禁用物质，在这届奥运会上，有 8 名举重运动员药检结果为阳性，其中 7 人被证实使用了合成类固醇。为加强兴奋剂检查的力度，国际奥委会医学委员会从 80 年代开始逐步建立了实验室资格认证考核系统，对兴奋剂检测实验室按年度考核认证。这样，以检查、检测和处罚为关键环节的反兴奋剂框架初步形成。②

然而兴奋剂的滥用并没有得到有效遏制。一方面与制药技术的发展相比

---

① 何珍文等. 教练员反兴奋剂知识读本［M］. 北京：北京体育大学出版社，2007.

② 何珍文等. 教练员反兴奋剂知识读本［M］. 北京：北京体育大学出版社，2007.

兴奋剂检测相对滞后，造成打击不力；另一方面不同的体育组织对兴奋剂的态度也不相同，各国的法律千差万别，单靠国际奥委会来解决兴奋剂问题远远不够。反兴奋剂必须寻求国际合作，特别是各国政府的参与，并且综合运用经济、政治、法律、教育、科技等手段对体育环境进行治理，才能收到成效。"本·约翰逊事件"是造成新一轮反兴奋剂高潮的重要契机。在1988年汉城奥运会男子100米决赛中，牙买加裔加拿大运动员本·约翰逊以"9秒79"打破了世界纪录，赛后72小时，一个惊人的消息让世人目瞪口呆，药检结果，约翰逊使用了禁用物质康力龙（属合成类固醇）①，赛会取消了他创造的成绩，国际田联对他进行了禁赛2年的处罚。他在人们心目中的英雄形象变成了骗子，兴奋剂问题由此泛出体坛，成为具有国际影响的丑闻，受到世人的关注。

在随后的司法调查中，约翰逊和加拿大其他优秀运动员都承认：多年来，他们一直在服用激素类药物而没有被查获。此外，他们还证实了一个当时已经流传几年的传闻：运动员们正在使用像生长激素这种因目前找不到满意的检测方法而未被国际奥委会禁用的物质。② 据有关报道，约翰逊使用的康力龙属于内源性物质，国际奥委会也是刚刚找到检测手段。

应国际奥委会和一些体育组织的要求，联合国教科文组织于1989年11月召开了以反兴奋剂为议题的各国体育部长和高级官员会议。会议通过的《反对在体育运动中使用兴奋剂国际奥林匹克宪章》，规定了在反兴奋剂中"各国政府的任务"，同时也把教育作为反兴奋剂的一项重要措施。但在反兴奋剂方面，国际奥委会仍然发挥着主导作用。

20世纪80年代，生物基因技术运用于制药业，生产出生物制剂，其中的肽类激素如促红细胞生成素（EPO）、生长激素（hGH）等在体育领域被滥用，而且主要用于赛外。生物制剂与合成类固醇等雄性激素一样，与人体内自然生成的物质相同，但分子量更大，分析的难度也就更大。鉴于肽

---

① 中国医药报 [U] . 2008 – 05 – 06.
② 中国医药报 [U] . 2008 – 05 – 06.

类激素的欺骗性质，"本·约翰逊事件"后，国际奥委会在无可靠分析检测方法的情况下于1990年将其列入禁用清单。1991年，国际奥委会医学委员会成立了赛外检查委员会，实施赛外检查计划。1994年，在巴黎召开的国际奥委会奥林匹克代表大会上，通过了严禁使用兴奋剂的惩罚条例。提出：第一次被查出使用兴奋剂者禁赛两年；第二次查出终身禁赛，规定适用于国际各单项体育组织。1992年生效的新版《奥林匹克宪章》规定了奥林匹克运动在反兴奋剂中的责任，并在第48条"医务条例"中，详细规定了反兴奋剂的规则，以后禁用物质和禁用方法的清单就以该条例附录的形式发布，逐渐成为一个国际标准。[1]

这期间对兴奋剂检测技术的研究、各种形式的反兴奋剂教育都取得一定成果。人们对兴奋剂的认识有了明显的进步，许多国家及体育组织开始加入到反兴奋剂的行列。但是由于立法不一致、标准不统一，甚至在奥林匹克大家庭内部也存在许多争议，影响了反兴奋剂的效果。

上世纪90年代，反兴奋剂斗争进入相持阶段，不断发现有新的违规事件，同时反兴奋剂的措施也不断完备。但从药物源头上遏制兴奋剂，必须通过立法和政府间的合作才能取得成效。同样，所有运动项目也要统一反兴奋剂的政策和规章，才能形成对兴奋剂的全面围剿。因此，尽快解决国际奥委会、各单项体育组织和各国政府内部和三方之间在对兴奋剂的定义、反兴奋剂的政策和法规方面争论不休的问题，形成全球统一的反兴奋剂斗争的格局就成为当务之急。而推进这一进程的是1998年发生的"环法自行车赛事件"。

1998年7月8日，参加环法自行车赛的法国费斯蒂纳车队按摩师威利·瓦邦开车从比利时进入法国时，被边防海关人员从车上查获400瓶三种不同类型的违禁药物，包括EPO和合成类固醇，从而暴露了该队有组织、有系统地集体用药的丑闻，引起了司法介入。[2] 警方相继拘捕了该队领

---

① 中国医药报 [U].2008-05-06.

② 中国医药报 [U].2008-05-06.

队、队医，对该队进行了调查。一名队员在调查中承认曾服用 EPO，车队医生在拘留所向警方供认他向车队提供禁药。而车队的律师透露，服用兴奋剂是车队老板鲁塞尔指使的。费斯蒂纳车队被逐出比赛。后来查实有 3 人使用兴奋剂，被禁赛。7 月 23 日警方在搜查了另一支来自荷兰的 TVM 车队时，在其运动员下榻的旅馆搜出 100 瓶 EPO，遂逮捕了车队总经理和体能教练，最终查实，该队 9 名车手在参加环法自行车赛中全部使用违禁药物。① 这些药物包括 EPO、生长激素、合成类固醇，至少有 4 人使用 EPO、3 人使用苯丙胺、1 人服用大麻。

对这次行动，荷兰皇家自行车联合会主席认为这是法国警方对荷兰警方的报复。荷兰总理科克也向法国总理若斯潘求情，要求释放被捕人员。若斯潘予以拒绝说："法国司法部是完全独立的部门，我不能对他们指手画脚"。在这起被媒体称为"环法自行车赛风暴"的行动中，共有 4 支车队 13 人被警方审问，而且导致 21 支车队只有 14 支坚持到最后，出现大批运动员罢赛。法国《解放报》载文称这次行动，是反兴奋剂斗争的"转折点"，文章说，"由完全独立于体育部门的有关当局（司法部门、警察局、海关）提供关于使用兴奋剂的证据，这在法国还是第一次。运动员没有经过检测就受到处罚；一位负责人承认为本队解决兴奋剂供应问题；有关部门顺藤摸瓜，打击兴奋剂供应商，所有这些也是第一次。兴奋剂问题已由处理运动员服用兴奋剂问题转向追究兴奋剂来源问题。"②

环法自行车赛有近百年历史，是欧洲影响较大的赛事之一。自行车运动一直是兴奋剂的重灾区，也是最早开始进行反兴奋剂斗争的项目，尽管如此，仍然发生重大兴奋剂丑闻，涉案人员之多，比赛环境之恶劣，用药范围之滥，令人震惊。所以事件发生后，兴奋剂问题再次引起世人的关注。有三个关键点使这起事件成为推进反兴奋剂斗争的转机：一是说明使用兴奋剂在某些方面已经形成了一个利益的链条，成为社会问题，单靠体育界

---

① 中国医药报 [U]．2008 – 05 – 06．
② 参考消息 [N]．1998 – 07 – 27．

不可能从源头上解决问题。而且这起事件也暴露了体育界存在的政出多门、规则不统一、抵制不力等问题，此间国际奥委会也受到指责，承受极大的压力。二是该事件也使行政当局"在反兴奋剂中所扮演的角色获得重新评价"（世界反兴奋剂机构官方网站）。三是在这起事件中，法国警方拘押收审荷兰等外国参赛车队选手，使兴奋剂争端国际化，迫切需要各国政府统一立场，在立法和司法合作方面达成共识，共同行动，因此要求更权威的国际组织出场。

环法自行车赛事件促使有关当局反思反兴奋剂政策，法国议会通过法案，规定政府部门有权对所有体育场所进行突袭检查，有权命令运动员进行兴奋剂检查，并通报国际奥委会等相关体育组织。而国际奥委会和有关体育组织在需要各国政府合作的同时，也需要加大自身反兴奋剂的协调统一，以避免更多的外部干预，维护比赛的完整性和运动员的权益，为此，1998年11月，时任国际奥委会主席的萨马兰奇接受法国《队报》记者采访，提出国际奥委会解决兴奋剂问题的五点主张：①确定什么是兴奋剂；②统一国际奥委会和各单项体育组织的处罚规则和尺度；③建立各国反兴奋剂机构；④放权给各国政府和体育机构，使之发挥作用；⑤开展反兴奋剂教育。

1999年2月，国际奥委会世界反兴奋剂大会在洛桑举行，60多个国家、地区和80多个国际体育组织的800多名代表出席会议。会议通过《洛桑宣言》，决定成立世界反兴奋剂机构（WADA），其任务包括从事反兴奋剂的研究、教育和预防工作；大会通过了《奥林匹克运动反兴奋剂条例》（OMADC），该法规不仅是后来《世界反兴奋剂条例》的基础，而且确认了"奥林匹克弃权原则"，即运动员因兴奋剂发生的争端只能由体育仲裁机构裁定，国际体育仲裁法庭（CAS）是奥林匹克运动的最高仲裁机构。同年11月，世界反兴奋剂大会在悉尼召开。30多个国家和地区派出政府官员研究反兴奋剂问题。会议的宗旨是：求得各国政府对反兴奋剂的承诺和参与，加强国际合作，加强反兴奋剂活动。会议通过《悉尼公报》，成立"国际政府间反兴奋剂协调小组"。这些行动，标志着国际反兴奋剂协调行动的开始。1999 年 11 月世界反兴奋剂机构（WADA）正式成立。[①]

2000 年 8 月 1 日，国际奥委会医学委员会审查通过 EPO 检测方法，标志着兴奋剂检测的新突破。在 2002 年盐湖城冬奥会上，依照悉尼奥运会模式，进行了血检结合尿检的 EPO 检测，并依靠经过改进和提高的检测技术，查获了违禁使用第二代 EPO 的 3 名滑雪运动员。2002 年和 2004 年，国际奥委会与世界反兴奋剂机构两次举行关于基因技术和兴奋剂的会议，并邀请世界各地的体育科学家和基因技术专家参加，以求在打击利用基因技术"作弊"的斗争中掌握主动。

2003 年 3 月，有来自世界各国政府、公共当局、国际体育组织和各国体育组织等的 1000 多名官员和代表参加了哥本哈根世界反兴奋剂大会，大会通过《世界反兴奋剂条例》，该条例是 21 世纪反兴奋剂斗争的基本纲领，也是各种国际体育组织和各国体育组织必须遵守的反兴奋剂规则。《条例》规定，今后将对所有国家、所有体育组织和所有项目的运动员执行统一的违禁处罚标准。

2005 年 10 月 25 日，联合国教科文组织第 33 届会议通过了《反对在体育运动中使用兴奋剂国际公约》，这是全球第一部具有国际法约束力的反兴奋剂法律文书，它要求各国政府通过签约的方式，成为该公约的缔约国，承认并承担《世界反兴奋剂条例》规定的反兴奋剂义务。

2007 年 11 月 17 日，世界反兴奋剂大会在西班牙马德里落幕。大会通过了新修订的将于 2009 年 1 月正式生效的《世界反兴奋剂条例》。国际奥委会主席罗格强调，国际奥委会在反兴奋剂问题上将坚定不移地执行"零容忍"政策。[②]

这样，世界范围的反兴奋剂斗争的基本格局就形成了：它以国际奥委会和奥林匹克运动为主导，以《世界反兴奋剂条例》为依据，由世界反兴奋剂机构具体组织协调，以兴奋剂检查为核心手段，综合运用政治、经济、

---

① 何珍文等. 教练员反兴奋剂知识读本［M］. 北京：北京体育大学出版社，2007.

② http://news.sohu.com/20071120/n253350487.shtml.

法律、教育、管理等手段，并依靠各国政府和各体育组织履行各自责任、协调一致的行动，共同治理使用兴奋剂问题，目标是创造"无兴奋剂"的比赛环境。

回顾 40 多年来国际反兴奋剂斗争的历程，我们可以看到，一方面使用兴奋剂不断升级，而另一方面反兴奋剂的力度也不断加强。由于反兴奋剂斗争是被迫进行的，反兴奋剂的措施始终在"追赶使用兴奋剂的人"（庞德语）。管理和控制中的空档，总是不断被作弊者利用。正像社会不能完全消灭犯罪一样，兴奋剂滥用的现象也不能完全避免。国际奥委会主席罗格曾对《南德意志报》说，"我们永远都不能让体育完全干净，但我们可以让它比今天更干净。我们必须在思想上遏制兴奋剂，但药物欺骗总是存在的，因为体育是社会的缩影，社会总是存在着欺骗。在反兴奋剂斗争中，需要更多的科学知识，更多的管理，更多的信息。"[①] 反兴奋剂斗争将是长期的、复杂的、艰巨的工作。

二、中国政府反兴奋剂的坚定立场[②]

（一）中国反兴奋剂工作的简要情况

兴奋剂问题一直是国际体坛面临的严峻挑战之一。上世纪 80 年代以前，我国体育界对兴奋剂问题了解得并不多。随着我国对外体育交往的不断扩大，竞技体育竞争的日趋激烈，特别是商业化对体育带来的种种负面影响，兴奋剂这一"国际公害"在上世纪 80 年代中、后期开始波及我国。为应对兴奋剂对我国体育事业健康发展的威胁，根据当时国际反兴奋剂形势，我们开始重视和加强反兴奋剂工作，并在 1989 年确定了对兴奋剂问题实行"严令禁止、严格检查、严肃处理"的三严方针。

为配合 1990 年我国举办亚运会，满足亚运会对兴奋剂检测工作的需

---

① 中国体育报 [N]. 2002 - 01 - 03.

② http://www.olympic.cn/china/dopingI_ news/2007 - 08 - 30/1365318. shtml. 此部分援引蒋志学在北京奥运会新闻中心召开的新闻发布会上关于"中国反兴奋剂工作情况介绍"，2007 - 08 - 29.

要，更好地为我国反兴奋剂工作提供技术支持，我国建立了符合国际标准的兴奋剂检测中心，并开始在国内进行兴奋剂检查。1992 年成立了中国奥委会反兴奋剂委员会，开展反兴奋剂教育，着手研究和加强反兴奋剂的制度建设。1995 年经全国人大通过颁布实施《中华人民共和国体育法》，第一次将反对使用兴奋剂纳入国家法律范畴。1999 年国家体育总局发布《关于严格禁止在体育运动中使用兴奋剂行为的规定（暂行）》（国家体育总局 1 号令），规范了对使用兴奋剂行为的检查和处罚办法。2004 年国务院颁布实施《反兴奋剂条例》，成为世界上少数几个颁布实施专门的反对使用兴奋剂法律法规的国家之一，我国的反兴奋剂工作步入法制化、制度化和规范化的轨道。

（二）中国对兴奋剂问题的基本立场

中国政府一贯坚持反对使用兴奋剂的立场。使用兴奋剂不仅严重损害了运动员的身心健康，干扰了运动员的科学训练和刻苦训练，而且违背了公平竞争原则和国际公认的体育道德，是一种欺骗行为，严重影响体育事业的健康、可持续发展。

中国政府提倡健康、文明的体育运动，并积极加强反兴奋剂的教育和监督管理，坚持"严令禁止、严格检查、严肃处理"的反兴奋剂工作方针，禁止在一切体育运动中使用兴奋剂。

中国赞成《反对在体育运动中使用兴奋剂奥林匹克宪章》、《洛桑宣言》（1999 年）、《哥本哈根宣言》（2003 年），承诺执行《世界反兴奋剂条例》（2004 年）。2006 年 8 月 17 日国务院总理温家宝签署联合国教科文组织《反对在体育运动中使用兴奋剂国际公约》（以下简称《反兴奋剂国际公约》），成为亚洲第一个、世界第十八个签署公约的国家。充分表明了中国反对使用兴奋剂的坚定立场和积极参与国际反兴奋剂事务的鲜明态度。

（三）建立和健全反兴奋剂工作的组织监管体系

自开展反兴奋剂工作以来，我国逐步建立了较为完善的反兴奋剂工作组织、监管体系，由政府体育主管部门领导、协调和监督，中国奥委会反兴奋剂委员会组织实施，全国性单项体育组织、行业体育协会和各级地方

政府体育部门积极参与并各负其责，国务院有关部门协同配合的反兴奋剂组织、实施、监督、管理的体制。

尤其是我国政府根据反兴奋剂工作的需要，于 2007 年 5 月 10 日正式批准成立国家反兴奋剂中心，新的国家反兴奋剂中心在原来的中国奥委会反兴奋剂委员会的部分职能和兴奋剂检测中心的基础上重新进行组建，新的反兴奋剂中心成立将为我国的反兴奋剂工作提供强有力的组织和人力资源保证，目前已经成立了该中心筹备工作领导小组，各项筹备工作正在进行之中。

（四）我国兴奋剂检查数量大幅度增加，兴奋剂违规事件得到有效控制

自 20 世纪 90 年代初开始，我们在全国范围内实施了统一的兴奋剂检查计划，全国各单项协会注册的运动员、省级以上的体育竞赛的参赛运动员都被纳入兴奋剂检查的范围。检查涉及包括全部夏季奥运会和冬季奥运会项目在内的 58 个运动项目，检查数量逐年大幅度提高。1990 年，全年共实施兴奋剂检查 165 例；1995 年检查 1914 例；2000 年检查 3245 例；2005 年检查 8709 例；2006 年达到 9424 例。相对于中国专业运动员人数，以及中国运动项目开展的状况和水平而言，我国目前实施的兴奋剂检查绝对数量处于国际领先地位。并且我们在 1998 年开始在体能类项目中实施血检。

随着我国兴奋剂检查力度的逐步加大，我国的兴奋剂阳性率逐年降低，从 1990 年的阳性率为 1.82%，1995 年的阳性率为 0.68%，降低到目前的 0.4% 左右，大大低于 2006 年国际 1.98% 的平均水平。

为保证赛外兴奋剂检查的质量，确保运动员能够随时接受赛外检查，中国奥委会反兴奋剂委员会要求所有在全国单项协会注册的运动员及时报送行踪信息，无条件接受事先无通知的赛外检查，增加了赛外检查的威慑力。

在评价一个国家兴奋剂检查计划的质量和有效性方面，赛外检查的比例是一个重要指标。为进一步提高兴奋剂检查的科学性和有效性，我国不断增加赛外检查的数量，从 1991 年开始与国际奥委会同步进行赛外检查（注：1990 的检查全部为赛内检查），当年赛外检查所占检查总数的比例仅为 16.7%。之后，赛外检查占检查总数的比例逐年增加，1995 年赛外检查占检查总数37%，2001年赛外检查占检查总数的67%，2006年赛外检查达到74%。

我国建立了兴奋剂控制质量管理体系，于2004年3月通过ISO9001：2000质量认证，成为世界上第九个获得该认证的反兴奋剂组织。进一步规范了兴奋剂控制的过程，保证工作质量。

为完善兴奋剂控制技术，进一步提高兴奋剂检查的科学性和有效性，开发建立了中国兴奋剂控制信息管理系统，包括运动员行踪信息收集管理、检查计划制定、检查官信息管理、结果管理等兴奋剂控制的各个环节。

除按照《世界反兴奋剂条例》国际统一的规则对运动员给予停赛、罚款等处罚外，我们还对相关责任人进行处罚。如对运动员主管教练员以及其他的运动员辅助人员、运动员管理单位给予处罚，给予负有责任的国家工作人员给予撤职、开除公职的行政处分，以强化教练员和其他的运动员辅助人员反兴奋剂的责任意识。从这一点上我们的处罚严于目前国际通行的处罚，起到很好的威慑作用。

（五）积极开展反兴奋剂教育

反兴奋剂教育是防止使用兴奋剂的根本途径。在反兴奋剂工作中国家体育总局和中国奥委会始终坚持"预防为主、教育为本"的原则，并以形成长效机制，不断加大反兴奋剂教育的力度，帮助广大体育工作者正确认识兴奋剂的危害，建立起反对兴奋剂的道德、思想、法律、心理等防线。教育的基本内容包括常识教育、健康教育、道德教育、法制教育和思想教育。

针对2008年奥运会，国家体育总局和中国奥委会通过召开2005年科技与反兴奋剂大会等各种类型的反兴奋剂会议，举办教练员、运动员开展治疗性用药豁免知识培训班，与北京科协、北京奥组委联合举办"历史与未来——奥林匹克反兴奋剂四十年"反兴奋剂主题展览，开展普及型的反兴奋剂知识讲座，在有关体育院校开设反兴奋剂课程，建立反兴奋剂网站等各种不同的形式，针对不同人群特点编辑出版知识手册、宣传招贴画、《运动员反兴奋剂手册》及声像制品，开展反兴奋剂宣传教育，普及反兴奋

剂知识，提高运动员、教练员及其他运动员辅助人员的反兴奋剂意识，增强自觉抵制兴奋剂的能力。针对奥运会、亚运会和全运会等国内外大赛专门制定反兴奋剂的工作方案，加强对优秀运动员的兴奋剂检查。与各单项协会签署反兴奋剂责任书。2006年，总局和中国奥委会还组织力量编写了《运动员反兴奋剂知识读本》和《教练员反兴奋剂知识读本》，并在国家队开展反兴奋剂集中教育活动，要求国家队的所有运动员都要认真学习《运动员反兴奋剂知识读本》，并与运动员签订《反兴奋剂承诺书》，承诺自觉遵守反兴奋剂规定，以不断提高广大运动员反兴奋剂的自律意识。

其中2003年10月的第五届城运会上，中国奥委会反兴奋剂委员会策划了一组反对使用兴奋剂的宣传画，并将其广泛张贴在赛场、运动员驻地和兴奋剂检查站；《运动员反兴奋剂教育手册》发到每一个运动员手中，上面详细介绍了兴奋剂的种类、危害与举报方法，这是国内赛事第一次采用公开宣传的方式进行反兴奋剂教育。2007年1月，举办了"历史与未来——奥林匹克反兴奋剂四十年"主题展览，展览以大量图片和文字回顾了奥林匹克运动反兴奋剂工作发展的历程，讲述了一些曾经轰动一时的案例。这是奥运会历史上第一次由主办城市提出、面向公众普及反兴奋剂知识的展览，取得了较好的宣传和教育效果。

（六）加强对外交流与合作，在国际反兴奋剂事务中发挥积极作用

中国积极开展国际交流与合作，积极参与国际反兴奋剂事务，派代表参加国际奥委会、政府间组织或国际单项体育组织举行的反兴奋剂国际会议，支持国际社会为反兴奋剂所采取的政策措施，庄严承诺中国应履行的责任和义务。

自1999年世界反兴奋剂机构成立以来，中国一直作为亚洲国家的代表之一担任理事，派代表出席世界反兴奋剂机构的会议及相关国际会议，积极履行相应的义务。我国应国际奥委会、世界反兴奋剂机构、亚奥理事会及相关的国际体育单项联合会的邀请多次派代表参与奥运会、亚运会以及其他国际重大赛事的反兴奋剂工作，在国际反兴奋剂事务中发挥着越来越大的作用。

中国还积极开展反兴奋剂领域的双边合作，先后与挪威、瑞典、澳大利亚、加拿大、美国、西班牙等国家签署了双边合作协议，与法国、英国、日本等国家开展双边交流活动，增进了彼此的了解和互信。通过交流与合作，深入地交换反兴奋剂信息，提升了双方的反兴奋剂工作水平，推动反兴奋剂事业的发展。

（七）加强兴奋剂检测中心建设，不断提高兴奋剂检测水平

中国兴奋剂检测中心自 1989 年建成以来，连续 19 年通过国际奥委会、世界反兴奋剂机构的认证，符合《世界反兴奋剂条例》及《实验室国际标准》的要求，获得授权进行国内外兴奋剂检测；2000 年经中国实验室国家认可委员会评定获得了 ISO17025 认可，是国内唯一由体育主管部门确定的兴奋剂检测实验室。

检测中心在承担大量的国内兴奋剂检测任务以外，还完成了世界反兴奋剂机构、国际单项联合会等国际体育组织委托的检测任务。2006 年检测样品数量位居全世界 34 个实验室的第 5 位。

在承担大量检测任务的同时，检测中心还开展大量的科学研究工作，不断提高检测技术水平。保持兴奋剂检测的国际先进水平。

为了满足 2008 年奥运会对兴奋剂检测的需求，新建成的 5600 平方米的新实验大楼已经投入使用，并更新了检测设备，为顺利完成 2008 年奥运会的兴奋剂检测任务奠定良好的基础。

总之，中国反兴奋剂工作在近二十年中通过不懈努力，工作水平和质量明显提高，成效有目共睹。同时我们也清楚地知道，反兴奋剂是一项长期、复杂、艰巨的斗争，我们必须通过进一步健全法制，加强教育尤其是对青少年的教育，提升检查质量和检测技术来适应反兴奋剂工作发展的要求。

中国政府有决心、有信心、有能力继续与使用兴奋剂的行为进行坚决斗争，为保护运动员和广大青少年的身心健康，维护公平竞争的体育道德，为弘扬奥林匹克精神，促进体育运动的健康发展做出更大的贡献。

在 2007 年 11 月 17 日结束的世界反兴奋剂大会上，庞德盛赞了中国的反兴奋剂工作，他说："如果你能看到中国为反兴奋剂采取的措施和付出的

努力，你就会知道，全世界几乎没有其余国家比他们做得更多。"中国对运动员进行检测的数量和检测手段的科学性都令庞德感到满意。他还特别提到中国政府为此作出的努力。"中央政府和各级地方政府之间已经建立起良好的信息交流和沟通机制，这在反兴奋剂工作中十分重要。"庞德说："我们不仅期望 2008 年北京能举办一届成功的奥运会，也希望在反兴奋剂的斗争中能和中国保持长期、积极的合作关系。"①

第二节　反兴奋剂工作对北京奥运会的意义

北京举办 2008 年奥运会，必将促进我国体育事业全面发展。反兴奋剂工作既是 2008 年奥运会备战参赛和办赛任务圆满完成的重要保障，也是重要标志之一，对国家形象和中国体育的形象意义重大。不到一年的备战时间，既是推进我国反兴奋剂工作难得的发展机遇，又是对中国反兴奋剂工作成果的重要检验。

一、担负起一个大国的国际责任

坚决反对在体育运动中使用兴奋剂是我国政府的一贯立场，也是中国发展体育运动的一贯方针。国家体育总局始终把反兴奋剂斗争作为关系我国体育事业健康发展的一个全局性问题，坚持"严令禁止、严格检查、严肃处理"的方针，采取了一系列有效措施，取得了很大成绩。

2004 年 3 月 1 日，国务院《反兴奋剂条例》正式颁布实施。这标志着我国政府把反兴奋剂工作纳入了法制化管理的轨道。《条例》的颁布实施，也使我国成为世界上为数不多的、以专门立法规范反兴奋剂事务的国家之一，在国际上引起较大反响和积极评价。《条例》明确了各级体育行政部门和其他政府部门在反兴奋剂工作中的职责，强化了体育社会团体、运动员

---

① 北京时报．"历史与未来——奥林匹克反兴奋剂四十年"展览开幕［U］．2007 - 01 - 18（或 http：//sohu. com/20071120/n253350487. shtml）．

管理单位的义务，严格规范、约束了运动员辅助人员的行为，加强了对兴奋剂源头的控制，扩大了对违法主体的处罚范围，加大了处罚力度。①

近 10 年来，我国每年的运动员药检数量连年增加，而阳性率不断下降，连年低于国际平均水平，充分体现了中国反兴奋剂工作取得了最切实的成效。我国连续两届奥运会上没有出现兴奋剂问题。2004 年雅典奥运会期间，在世界反兴奋剂组织召开的理事会议上，世界反兴奋剂机构主席庞德对这一良举给予了高度评价，并积极号召其他国家向中国学习。

在雅典奥运会上，美国、俄罗斯包括东道主希腊都先后受到兴奋剂问题的困扰，爆出丑闻的同时，中国以国际义务及其责任的承担和承诺，反兴奋剂工作得到国内国际的高度肯定。国际奥委会主席罗格和国内外媒体评价："中国是国际大家庭中负责任的一个成员"，"雅典奥运会中国有 33 枚金牌，分量最重的一枚是反兴奋剂"。多年来，中国政府坚决反对在体育运动中使用兴奋剂的立场、原则、措施和成果，为 2008 年北京奥运会的反兴奋剂工作打下了坚实的基础。

2005 年 7 月 13 日，国家体育总局在安徽合肥召开全国体育科技和反兴奋剂工作会议，回顾和总结体育科技和反兴奋剂工作，研究和探讨如何为完成 2008 年奥运会的任务提供科技服务，如何做好 2008 年奥运会的反兴奋剂工作，并以此为契机，全面推动体育科技和反兴奋剂工作的开展。②

中国政府发挥负责任大国的国际责任，积极参与国际反兴奋剂斗争的合作，于 2006 年 10 月 9 日，正式加入联合国《反对在体育运动中使用兴奋剂国际公约》，成为该公约亚洲第一个缔约国。

刘鹏在讲话中指出，作为世界体育舞台上越来越重要的角色，作为 2008 年奥运会主办国，中国政府和体育部门努力树立与之相适应的国际形象，成为国际反兴奋剂领域一支重要力量，努力维护奥林匹克运动的纯洁

---

① 北京时报．"历史与未来——奥林匹克反兴奋剂四十年"展览开幕 [U]．2007 - 01 - 18（或 http：//sohu. com/20071120/n253350487. shtml）．

② 中国体育报 [U]．2005 - 07 - 14.

性，切实担负起一个大国的国际责任。①

2006 年 10 月 9 日，世界反兴奋剂机构（WADA）主席、国际奥委会副主席理查德·庞德到中国访问，在北京体育大学的演讲中表示，此次访华是其就任 WADA 主席以来最重要的一次正式访问。这是因为：第一，中国是即将举办当今世界最重要的体育盛会的国家；第二，作为世界上有领导地位的国家，中国肩负着承担体育反兴奋剂斗争的领导责任。他还表示距离 2008 年奥运会还有不足 2 年的时间，现在该是所有国家包括中国采取相应措施根除兴奋剂问题的时候了。一个奥运会主办国，不管在国内还是在国际上，都有特定的责任证明他们对无兴奋剂体育运动的承诺，并保证他们为此所做的各项努力组织有序，资金充足。主办国必须在这方面以身作则。②

我国承担起一个负责任的大国对国际反兴奋剂事务的国际责任，率先垂范地做好反兴奋剂工作，维护体育的公平竞赛原则，维护竞技体育的纯洁性意义重大。

二、树立和维护国家形象和中国体育的形象

2008 年奥运会在北京举办，这是国家重视、万众期盼、世界瞩目的大事。北京奥运会不仅是我国体育事业发展难得的历史机遇，同时也是展示我国改革开放的伟大成就，树立和平、发展的国家形象的窗口。把北京奥运会办成一届"高水平、有特色"的奥运会，办成"体育的盛会、人民的节日"，做好反兴奋剂工作既是显著标志，又是重要保障。③

反兴奋剂工作是一项长期而艰巨的任务。尽管经过努力，我国反兴奋剂工作取得了很大的成绩，运动员接受兴奋剂检查的阳性率大大低于世界

---

①　刘鹏在 2005 年全国体育科技、反兴奋剂会议上的讲话 ［R］. 2005 – 07 – 13.

②　理查德·庞德. 体育反兴奋剂斗争中的领导力量（在北京体育大学的演讲）［R］. 2006 – 10 – 09.

③　刘鹏. 在全国体育科技和反兴奋剂会议开幕式上的讲话 ［R］. 体育科学. 2005 年（第 25 卷）第 9 期, Vol. 25, No. 9, 3 – 5, 2005.

平均阳性率。但兴奋剂事件还时有发生，而且造成了极其恶劣的影响。2005年的十运会和2006年辽宁鞍山体校的兴奋剂事件引起国内外一片哗然。国内外一些敌对势力也不会放过借兴奋剂问题攻击和诋毁中国体育，攻击和诋毁中国社会制度的机会。如果中国运动员在2008年奥运会上出现了兴奋剂问题，决不仅是某位运动员、教练员、某个项目的问题，而会使中国体育代表团所获得的所有金牌黯然失色，将抹杀中国体育的伟大成就，将使申办以来，我们为筹备和备战奥运会所做的努力，所取得的成果都付之东流。我们将是国家和民族的罪人。

2006年10月12日，中央政治局常委在听取北京奥运会筹备情况汇报时，中央领导同志特别强调了反兴奋剂工作的重要性，要求中国运动员在奥运会上坚决不能出兴奋剂问题。10月23日，国务委员陈至立同志在听取国家体育总局关于多哈亚运会参赛准备情况的汇报时指出：中国代表团、中国运动员用兴奋剂，就会给我们的运动队抹黑，给我们国家的形象抹黑。从某种意义上讲，国际社会对兴奋剂问题比对运动成绩还要关注，运动员没得冠军，得了第二名，国人会惋惜或有些遗憾，但是我们的运动员用了兴奋剂就会对国家的形象有损害。

党中央和国务院领导同志的指示，深刻阐述了反兴奋剂工作的极端重要性。国家体育总局必须牢固树立政治责任感和社会责任感，从实践"三个代表"重要思想、提高执政能力的高度，从促进人的全面发展、构建社会主义和谐社会的高度深刻认识做好反兴奋剂工作的重要意义。要保证在从现在起，在国际国内的所有赛事中不出任何兴奋剂问题。在备战过程中出了兴奋剂问题，同样是给国家形象抹黑，同样影响2008年奥运会形象，使国际社会对北京举办一届成功的奥运会产生怀疑。国家体育总局要警钟长鸣，决不能掉以轻心，应将反兴奋剂工作放在与备战训练工作同等重要的位置，一刻也不能放松。总局有关职能部门和各项目中心必须系统规划，周密设计反兴奋剂工作，特别是要做好基础性的宣传教育工作。强化对《反兴奋剂条例》的宣传，加强对运动员、教练员和更大群体的教育。要明确总局、各项目中心、单项协会、各地方体育部门、教育部门甚至社区等

在反兴奋剂工作中的责任和义务。同时要通过完善组织管理体系和检查体系、提高检测水平、增加检查数量、加大惩罚力度等多种措施，确保中国选手在北京奥运会举办前和奥运会上不出现任何兴奋剂问题，获得运动成绩和精神文明的双丰收。① 在兴奋剂问题上，我国曾有过沉痛、深刻的教训，不但给我国体育发展带来了不利影响，国内外一些敌对势力也会借题发挥，对我国进行攻击和诋毁。因此对于反兴奋剂工作，决不能掉以轻心，在 2008 年奥运会上，绝不能出现一例损害中国体育的形象，损害北京奥运会的形象，损害中国的形象的使用兴奋剂事件。②

三、促进社会主义和谐社会建设

2008 年奥运会在北京举办，是构建和谐社会关键阶段的一件大事，北京奥运会成功举办，对于构建和谐社会有着重要的历史意义。党和国家领导人十分重视体育工作和北京奥运会的筹备工作，胡锦涛总书记在十六届六中全会的工作报告中，对体育工作给予了充分肯定，指出："广泛开展全民健身活动，启动农民体育健身工程，成功举办第十届全运会。"2006 年10 月 1 日，胡锦涛总书记视察了奥运工程并发表了重要讲话，强调"举办奥运会是我国各族人民的共同心愿，是中华民族的百年企盼，是全国的一件大事。我们一定要尽最大努力把奥运会办好，以增强全国各族人民的自信心和奋斗精神、增强中华民族的自豪感和凝聚力，共同为实现中华民族的伟大复兴而奋斗"。③ 10 月 12 日，中央政治局常委还专门听取了北京奥运会筹备情况的汇报，对筹备和备战奥运会的各项工作作出了重要指示。10 月 15 日，回良玉副总理在 2007 年上海世界特殊奥运会组委会会议上的讲话中指出，"在人类历史舞台上，体育扮演着重要角色。特别是进入现代

---

① 刘鹏. 在备战 2008 年奥运会训练工作会议暨 2006 年冬训动员大会上的讲话 [R]. 2006 - 11 - 01.

② 刘鹏. 在全国体育科技和反兴奋剂会议开幕式上的讲话 [R]. 体育科学. 2005 年（第 25 卷）第 9 期，Vol. 25，No. 9，3 - 5，2005.

③ http://xh. xhby. net/mpl/html/2006 - 10/02/content_ 4850628. htm.

社会，体育事业蓬勃发展，与经济、政治、文化的关联度越来越大，成为蔚为壮观的文明现象。体育是一种实力，是一个国家，一个地区社会生产力发展水平的集中体现，是综合国力的重要组成部分；体育是一种文化，已经成为继音乐之后又一种世界通行的语言，人们通过体育来沟通和了解各地的文化，甚至把它作为评判一个国家和地区社会进步快慢、国民素质高低的重要窗口；体育也是一种艺术，可以使人的力量得到体现，潜力得到发挥，使人有更高的希望和追求，使我们得到美的享受和生活乐趣；体育更是一种精神，在进行爱国主义教育，弘扬民族精神，凝聚人心，鼓舞士气方面发挥着越来越重要，甚至是无可替代的作用。重视体育，发展体育成为人类文明的重要标志。"①

刘鹏同志在全国体育科技与反兴奋剂工作会议上的进话中指出，从体育事业发展的长远和全局出发，我们不但要追求"更高、更快、更强"，还要追求"更干净、更人性、更团结"；要按照讲政治、讲正气的要求，牢固树立政治责任感和社会责任感，从促进人的全面发展、构建社会主义和谐社会的高度深刻认识做好反兴奋剂工作的重要意义。②

四、维护公平竞赛的体育道德和社会公德

兴奋剂问题是体育运动健康发展面临的主要威胁之一。体育运动追求人的全面发展，是一项健康事业、阳光事业；体育工作要为建设诚信社会，为促进精神文明建设，为构建社会主义和谐社会做出应有的贡献。运动员是广大青少年心中的偶像，应该成为行为典范、道德楷模。而使用兴奋剂是对运动员身心健康的严重摧残，是对社会风气的严重污染，是对社会道德的严重破坏。同时也是对科学训练的极大干扰，还破坏体育队伍的团结，对运动员成长会产生严重的负面影响。在体育运动中使用兴奋剂，目的是

---

① 回良玉副总理在2007年上海世界特殊奥林匹克运动会组委会上的讲话 ［R］. 2006 - 10 - 15（或 http: //cdpf. org. cn/2008old/wxzx/content/2008 - 04/01/comtent_ 83048. htm）.

② 刘鹏. 在全国体育科技和反兴奋剂会议开幕式上的讲话 ［R］. 体育科学. 2005 年（第25卷）第9期, Vol. 25, No. 9, 3 - 5, 2005.

以欺骗手段谋取个人或小团体利益，助长投机取巧、弄虚作假的不正之风，违反了公平竞赛的原则，直接破坏了体育运动存在和发展的道德基础，背离了发展体育运动的根本目的，是行业不正之风和腐败现象在体育界的集中表现。在体育运动中使用兴奋剂，是违背科学精神、无视人的尊严、背离社会责任的行为表现。①

WADA 主席庞德指出，如果我们不控制体育运动中的兴奋剂问题，那么体育将面临着成为一个仅仅局限于提高极限、暴力和毫无意义的角斗场的危险。那是一群怪物才会从事的活动。果真如此的话，那么体育最基本的道德基准将消失殆尽，体育对构建一个健康积极社会的社会价值更将无从谈起。我不希望我的孩子，你的孩子，我们任何人的孩子，为了在体育中取得成功而变成一个化学药罐子。而这仅仅是因为一些人缺乏对他们竞争对手的尊重，缺乏对体育竞赛规则的尊重，甚至是缺乏对他们自己的尊重。为了胜出，他们不惜采取欺骗的手段。

必须承认，任何兴奋剂事件都绝少具有偶然性。大多数情况下，使用兴奋剂行为都是有计划的，经过周密计算的，为了寻找捷径来取得不公平的优势。使用类固醇以及人工设计的类固醇不是偶然的，使用促红细胞生成素不是偶然的，使用人体生长激素不是偶然的，血液回输不是偶然的，对尿样和血样的篡改也不是偶然的。但是以公平为原则竞赛的运动员每天都必须与这些行为作斗争。

庞德表示：我相信在中国，类似这样更深入的合作是完全可能的。你们国家在亚洲以及世界具有举足轻重的地位，因此更不能出现使用兴奋剂获胜并获得虚假荣誉的事件。中国的文化和儒家思想都拒绝任何以放弃自身美德为代价而换取来的成功。正如孔子说的："自敬者人敬之。"我毫不怀疑中国会在体育运动中显示这种自我尊重，以赢得世界对中国应有的尊重。②

---

① 刘鹏. 在全国体育科技和反兴奋剂会议开幕式上的讲话 [R]. 体育科学. 2005 年（第 25 卷）第 9 期，Vol. 25，No. 9，3 - 5，2005.

② 理查德·庞德. 体育反兴奋剂斗争中的领导力量（在北京体育大学的演讲）[R]. 2006 - 10 - 09.

做好反兴奋剂工作，特别是做好宣传教育工作就是要使所有人彻底摒弃在兴奋剂问题上的错误观念、糊涂认识和侥幸心理，与兴奋剂做坚决的斗争。

五、建立中国反兴奋剂教育的长效机制

由于我国政府在反兴奋剂问题上的明确立场和"三严"方针，中国的反兴奋剂工作取得了被国际社会公认的成绩。但由于反兴奋剂工作的长期性、复杂性、严峻性和艰巨性特点，为保证国务院《反兴奋剂条例》的全面实施，在 2005 年的全国体育局长会议上，国家体育总局领导强调指出，要进一步落实反兴奋剂"三严"方针，重点抓好"教育、自律、制度、监督、惩处"五个环节的工作。同时要积极探索建立反兴奋剂工作的长效机制。

在 2007 年体育局长会议上，国家体育总局与全国 31 个省、区、市体育局的局长签订《反兴奋剂工作责任书》，同时要求各省体育局与所属各地市体育局签订《反兴奋剂工作责任书》。

建立反兴奋剂工作长效机制，其关键是做好具有基础性、战略性的反兴奋剂宣传教育工作，这也是国际社会反兴奋剂斗争的基本经验。

面临 2008 年北京奥运会，实现"保证不出现一例兴奋剂事件"和把北京奥运会办成"高水平、有特色"的一届奥运会，推进我国反兴奋剂教育长效机制建设，促进我国体育事业的健康持续发展，推进社会主义和谐社会的建设，树立良好的国家形象和中国体育形象，承担起一个负责任大国的责任意义重大。

国家社科基金重大项目
（项目编号：06&ZD023）

我国奥运会备战参赛的理论与实践

下

杨桦 主编

中国法制出版社

CHINA LEGAL PUBLISHING HOUSE

目　　录

第四篇

北京奥运会我国参赛重大问题

第一章　中国代表团本土参赛

2008 年是北京奥运周期的最后一年，也是中国代表团参赛工作的收官之年、决战之年。中国代表团本土参赛的成绩将成为中国体育事业改革开放 30 年来的一次重要总结。

通过对参赛系统的战略部署，最终使中国体育代表团在北京奥运会上取得优异成绩，展示良好的技术水平和奋发有为的精神面貌，是党和全国人民的深切托付，是北京奥运会成功举办的最重要标志之一，是对整个备战系统效果的最终检验。同时，对我国体育事业的发展来说，也将诞生一个重要的历史节点，具有在一个更高起点上承前启后的重大意义。

第一节　本土参赛形势

奥运会各东道国都十分重视抓住举办奥运会的机会，采取多种措施，加大投入，提高本国的竞技运动实力（见表 4 - 1 - 1）。

韩国政府从获得 1988 年奥运会承办权开始逐年加大对培养运动员的投入，连续几年投入达 150 亿韩元（约 2000 多万美元），并采取了很多具体措施保证参赛队伍的准备，使其金牌数从 6 枚增加到 12 枚，名次从第 10 上升到第 4。

西班牙准备 1992 年巴塞罗那奥运会，为培养运动员投入 4 亿多美元，并且开始实行运动员资助计划，将不同水平的运动员划分等次，按运动水平予以资助。西班牙金牌从上届 1 枚增加到 13 枚，名次从第 26 上升到第 6。

美国为准备 1996 年亚特兰大奥运会，制定并实施了"金牌行动计划"，以较大优势重获排名第一。

澳大利亚承办 2000 年奥运会，制订了一个 6 年发展规划，联邦政府每年投入 1 亿澳元用于体育事业，不惜出重金向俄罗斯购买其《金牌行动计划》。金牌数从上届 9 枚增加到 16 枚，名次从第 7 上升到第 4。

希腊为准备 2004 年雅典奥运会，提前招募海外兵团回国效力，并给运动员发放补贴，鼓励提高运动水平。

表 4-1-1　近五届奥运会东道主国家成绩提高情况

国　　别	金牌数		增长率	奖牌数		增长率
	上届	本届		上届	本届	
韩　　国	6	12	100%	19	33	73.6%
西 班 牙	1	13	1200%	4	22	475%
美　　国	37	44	18.9%	108	101	-6.5%
澳大利亚	9	16	77.7%	41	58	41.5%
希　　腊	4	6	50%	13	16	23%

一、主要参赛对手实力分析

2008 年奥运会，中国体育代表团在整体上的主要竞争是美国和俄罗斯。另外在部分项目上将与澳大利亚、日本展开激烈竞争。

美国竞技实力雄厚，在第 26、27、28 三届奥运会列金牌榜第 1 位。美国代表团规模庞大，参赛项目多，获奖面广。在雅典奥运会上美国在 15 个大项上获得了 35 枚金牌，尤其是基础项目实力雄厚，在悉尼奥运会上美国仅田径、游泳两个项目获得了 25 枚金牌，在雅典奥运会上美国在田径、游泳两个项目上获得了 20 枚金牌。美国在雅典奥运会虽然获得了 35 枚金牌，金牌数少于悉尼奥运会，但获金牌的大项却有所增加。预计在北京奥运会上，美国代表团将继续保持强劲的势头，蝉联奖牌榜首位的可能性很大。

俄罗斯一直是世界竞技体育的强国，在 26 届奥运会前多次蝉联奥运会金牌榜首位。26 届、27 届奥运会列金牌榜第 2 位。2000 年悉尼奥运会后，

通过对美国、俄罗斯、中国、德国、澳大利亚的主要国家各奥运会项目在世界最高水平比赛中的成绩进行了统计，得出俄罗斯 2001、2002、2003 三个年度所获得的金牌数连续超过美国，列第 1 位，美国列第 2 位，我国列第 3 位。雅典奥运会上俄罗斯在自己的传统项目上表现一般，没有取得预期的成绩，但在田径、游泳两个基础大项上进步很大，与悉尼奥运会相比在这两个项目上多得了 5 枚金牌，14 枚奖牌。预计在 2008 年奥运会上，俄罗斯的田径、游泳项目将还会有所表现，如果传统优势项目如体操、摔跤、拳击能够走出低谷，俄罗斯将会成为 2008 年奥运会上金牌榜首位的最强劲争夺者。

德国的奥运会备战计划一般都在奥运会前一年启动，而本奥运周期德国体联于 2004 年年底就成立"备战北京奥运会运动队"，提前启动 2008 年奥运会的备战工作，吸取了雅典奥运的教训，制定了 2008 年奥运会运动员的选拔标准。

德国体联推出了一系列的高水平竞技体育资助计划，对各项目协会进行系统的财政资助。雅典奥运会结束后，德国体联联邦议会根据世界竞技体育的发展以及德国当前联邦预算的状况，于 2004 年 12 月通过了"2012资助计划"。各项目的资助级别依据其近期在国际大赛上的表现以及未来成绩提高的可能性，并将根据各项目今后的表现及时调整。各奥运项目除了按级别获得基本资助外，还可以为备战奥运会申请"奥运特别资金"，用于进行高原训练、气候适应性训练等。

2005 年 3 月，澳大利亚体育和经济界的 500 多名代表研讨制定了"澳大利亚体育发展计划"。在备战 2008 年奥运周期澳大利亚继续实施和完善澳大利亚体育学院计划，该计划包括了 26 个大项的 35 个专项计划，涵盖了全国 9 所国立和州立体育学院及 6 大训练基地，保障了分散训练的实施。

为更好地备战 2008 年北京奥运会，澳大利亚投入 1100 万澳元，在欧洲建立了永久性训练中心。该训练中心位于意大利北部的瓦雷泽，建成后将为澳选手赴欧洲训练或比赛时提供世界一流水平的支持和保障。欧洲训练中心预计将于今年下半年建成，供澳体育学院和国家队使用。

二、我国代表团实力分析

从奥运会金牌榜来看，我国金牌数排在第二位。但仅从奥运会金牌数量来定义体育强国是不客观的。奥运会金牌固然是一项重要的指标，但还要看其他方面的指标来综合评定。一是世界高水平大赛的成绩。二是还要看奥运会奖牌数、获金牌、奖牌项数、进入前八名的项目和数量，以及影响较大的田径、游泳等基础大项和国际流行的集体球类项目的水平。（见表4－1－2）

表4－1－2　美、中、俄基础项目对比

国　　家	金牌数	奖牌数	前八名	田　　径	游　　泳
美　国	35	103	186	8金、12银、5铜	12金、9银、10铜
中　国	32	63	132	2金	1金、1银
俄罗斯	27	92	164	6金、7银、7铜	2金、3银、3铜

在雅典奥运会上，我代表团只是金牌数超过了俄罗斯，而在奖牌数、前八名的数量上与俄罗斯还有很大差距。尤其在田径、游泳等基础大项上，我们整体实力不如美国和俄罗斯。三是我国其他在一些世界公认的影响力较大的项目上水平不高，如男子足球、男子篮球、男子排球、网球等。

从近几届奥运会的成绩来看，我国已经形成乒乓球、羽毛球、跳水、射击、举重、体操、女子柔道、女子跆拳道等优势项目，并且在田径、游泳、水上的个别小项上有所突破。

通过备战雅典奥运会，我国竞技体育的总体实力进一步增强，与悉尼奥运会相比，金牌数增加了4枚，奖牌数增加了4枚，进入前8名的人次增加了25个。在悉尼奥运会上我们的金牌集中在9个大项、奖牌集中在12大项47个小项上，本届奥运会所获金牌已扩大到13个大项、奖牌扩大到18个大项55个小项，进入前8名的项目扩大到23个大项132个小项。

我国在第27届、28届两届奥运会连续上两个台阶，列金牌榜第3和第

2 位。虽然我国在奥运会上的基础实力与美、俄相比还有差距，但我们仍然处在实力上升的阶段，一些潜优势项目提高水平的空间很大。再经过精心的备战，凭借 2008 年奥运会东道主之利，具备了较强的竞争力。

第二节　本土参赛利弊分析

奥运会虽然是"赛会制"比赛，所有队伍集中在举办国，在短短两三周内决出胜负，结束全部比赛，但是，也会产生类似"主客场赛制"比赛中存在的"主场效应"现象，即主场的某些条件对于各个参赛队的运动成绩会产生积极或消极两方面的影响。在赛会制比赛当中，举办国的某些条件对于各个参赛队的该届运动成绩会产生积极或消极两方面的影响。

本研究将这种影响称为"本土参赛的利弊"，或概括为"举办国参赛效应"。

面对 2008 年北京奥运会，作为举办国参赛队，我们必须清醒地认识到，举办国参赛环境对于该国运动员成绩所产生的影响不一定都是积极的，要尽早发现举办国参赛环境的劣势所在，并对这些劣势环境因素及时做出针对性适应调节，趋利避害、化弊为利。

一、本土参赛的影响因素

（一）异地参赛与本土参赛

以往，我国运动员参加的历届奥运都是前往他国的异地参赛，而在 2008 年第 29 届北京奥运会上，中国队将作为举办国参赛队，在自己本土参加奥运会比赛，所以认真对待举办国参赛效应对于总成绩的影响，对于中国队参加 2008 奥运，非常重要。

有研究者表明，在我国优秀运动员异地参赛的经验中，影响运动成绩的客观因素有以下方面，见下表：

表4－1－3　中国运动员异地参赛的影响因素

主场条件		
	比赛前期	比赛期间
旅　行	时差	赛期时差
	旅途	赛期旅途
地　理	海拔	赛期海拔
	日晒	赛地日晒
	温湿度	赛场温湿度
	降水	赛场降水
	风	赛场的风
文　化	语言	赛场语言
	社会文化习俗	赛期文化
生　活	饮食	赛期饮食
	住宿	赛期住宿
	交通	赛地交通
训　练	训练条件	
恢　复	恢复设施	赛期恢复
比　赛	赛前准备活动、赛前准备、赛场场地、赛场器械、赛场设备、赛场灯光等	
裁　判	裁判	
观　众	观众	
运动员自身	动机	

（自马红宇、田麦久，2002）

上述运动成绩的影响因素是从异地参赛的经验中总结出来的，然而，在2008年奥运会上，中国队将作为举办国参赛队在本土参加比赛，在这种情况下，又会有哪些因素会对运动成绩产生影响呢？

中国队参加2008年奥运会，将面临两个特定的比赛环境：

第一，2008年是中国举办奥运会，中国队将作为奥运会举办国参赛队在本土作战，届时，上述易地参赛时的影响因素，是否能够变弊为利、对

比赛成绩产生积极的效应？还会有哪些举办国参赛效应对于中国队发挥竞技水平、取得优异成绩产生影响？产生怎样的影响？

第二，要特别注意的是，2008 年是中国首次举办奥运会，中国队是首次作为举办国参赛队在本土参赛，在这种情况下，哪些是有利条件，哪里还暗藏风险？中国队如何最大限度地利用举办国参赛环境中的有利条件，规避或降低风险？

面对以上一连串的问题，在举办国参赛利弊问题上，我们要有的放矢地备战 2008 奥运，了解举办国参赛利弊的具体表现，弄清举办国参赛利弊的产生途径，充分认识举办国参赛效应的特点，尽早提出并及时采取对策，趋利避害、化弊为利。

（二）举办国参赛效应及其产生途径

要控制举办国参赛效应，最佳途径是从其产生的原因入手。造成举办国参赛利弊的既有客观原因，又有主观原因。其中主观原因是中国队控制举办国参赛效应的关键切入点。

1. 八类举办国参赛效应

按举办国条件的基本内容，可大致将举办国参赛效应分为四个方面、八类效应。

表 4-1-4　举办国条件分类

1. 自然物质条件方面	（1）举办国赛场效应（场地、设施等） （2）举办国地理效应（气候、时差等） （3）举办国生活效应（衣食住行）
2. 社会人文条件	（4）举办国观众效应 （5）举办国文化效应；动机效应；运动员的自我表现欲望、面子 （6）举办国战术运用效应
3. 组织管理	（7）比赛时间、地点、场次的变化
4. 比赛结果评定	（8）举办国裁判效应

（1）地理效应（天时）

地理效应取决于旅行因素和运动员对其适应的能力，气候条件不同、温差大时，对人的心理、生理适应能力提出较高的要求，如果运动员不能很好地调整自己的心态和具有很强的生理适应能力，则很难适应主客赛制提出的高要求。

（2）生活效应

生活效应取决于衣食住行的条件。

（3）赛场环境效应（地利）

赛场环境效应取决于赛场条件变化和运动员对其熟悉的程度。场地的参照系对运动竞赛能力的发挥构成潜在影响。如球场场地的形状、大小、颜色、方位、背景、无障碍区的大小等。对参照物越熟悉，就越有安全感，情绪相对稳定，越有利于运动员的技术发挥。参见表 4-1-5。

表 4-1-5　不同项目各类举办国参赛利弊的具体表现——赛场环境

项目	赛场环境	效应
羽毛球、排球、艺体等需要上方捕捉信息的项目	（1）天花板的高度 （2）灯光的位置（两侧、头顶） （3）灯光的强弱 （4）室内气流方向 （5）四周的颜色与捕捉目标的颜色（如观众席背景画面颜色、光的反射强度的变化）	（1）高度影响对球下落速度的判断 （2）头顶上方的灯光影响击球时的视线 （3）强光易提高运动员兴奋性 （4）气流影响球、绳、带的运行轨迹 （5）颜色接近不易分辨目标
游泳、水球、花游	水温	影响机体的舒适感
水球、	室外场馆的风力、阳光、球的新旧程度	阳光影响视线 风力影响球速 新球"跟手"，旧球易打滑
游泳	出发台的高低、拉杆、池壁的贴合度，看台的设计，赛前休息区的设计 检录次数的要求、严格与宽松	十运会游泳馆看台是在泳池的一侧，拉拉队比较密集

续　表

跆拳道	垫子的硬度	
艺术体操	场地的湿度	湿度大会增加绳、带的重量
体操、艺体、击剑	（1）地毯周边的装饰 （2）赛台的高度（击剑）	（1）影响对边界的视觉判断 （2）参照物改变影响空间判断
篮球	篮板与篮圈弹性等	

（4）观众效应（人和）

观众效应取决于观众（官员）的反应和运动员对这些反应的理解。参见表 4 - 1 - 6。

表 4 - 1 - 6　不同项目各类举办国参赛利弊的具体表现——观众

项目	观众	效应
游泳	运动员在入水之前会意识到观众的反应，但一入水就关注动作了。泳道介绍时，对主队选手反应热烈，与对客队形成反差	为对手带来压力
羽毛球	在运动员腾空扣杀时，观众席"杀"声一片	鼓舞士气
击剑	在运动员出手之后、击中之前，观众叫好	引导裁判的判决
羽、乒、网球等对抗性项目	观众的呐喊也会误导运动员，大部分运动员并不了解队员的战术，有时观众不择时机地高喊"杀杀杀"	会让队员完全乱了自己的阵脚

（5）裁判效应（人和）

裁判效应取决于裁判对举办国参赛队的保护性、规则的实施和运动员对这些内容的理解，参见表 4 - 1 - 7。

表 4 - 1 - 7　不同项目各类举办国参赛利弊的具体表现——裁判

项目	裁判	效应
摔跤	吹哨的时机：在运动员开始用力时吹，还是在用力之后吹	举办国参赛队进攻时，早吹有利；客队进攻时，晚吹有利

续　表

网球等有边裁的项目	（1）教练队员席远离边裁位置 （2）在比赛间歇时，用大屏幕反复回放对手失败的镜头，或将对手镜头和某一球出界镜头先后循环播放。反之，多次播放主队打出的好球，精彩镜头	（1）以免运动队获得信息抗诉边裁 （2）增加运动员信心，暗示裁判对手的特点，也暗示观众
击剑	（见观众效应：击剑）	

（6）比赛组织效应

比赛组织效应取决于主办方对赛前训练时间、顺序、场地的安排；赛前训练、预赛时间的临时变更；以及赛前、赛中临时增加必须出席的活动。参见表4-1-8。

表4-1-8　不同项目各类举办国参赛利弊的具体表现——比赛组织

项目	比赛的组织	效应
曲棍球（十运会）	临时增加入场式，各队队员必须参加	主队派青年队参加，赢得休息时间
花样游泳	在三天的赛前训练中，各队有10分钟练习；主队总被安排在最后一个训练，每次训练都超过10分钟	有更多时间熟悉场地
柔道等需要控体重的项目	给主队安排随时称体重的时间	知道自己什么时候可以吃多少，有利于体力恢复，保持情绪稳定
跆拳道	"扑朔迷离"的赛制	选择合适自己的对手

（7）文化效应

一般而言，文化的外在表现有：①球队各自稳定的主场，②具有地域文化特征的队名和标志物，通过观众拉拉队形成举办国文化。参见表4-1-9。

表4-1-9　不同项目各类举办国参赛利弊的具体表现——文化

来源	举办国文化	效应
观众	全国观众都在看直播，而且谁都觉得你该赢	这种压力导致运动员发挥失常
观众	对运动员的期望过大	运动员现场压力过大，害怕发挥不好，特别是有成绩的运动员
教练、官员	一些教练官员的观念是：举办国不可轻易输掉比赛	这使运动员在比赛中比较紧张，整个战术意图中增添了"守"
运动员自身	有些运动员在家门口比赛领先时候，容易受到外界的影响	不能专心比赛
赛场文化氛围		

（8）其他

场地服务和战术运用方面等等。

不同运动项目的各类举办国参赛效应的具体表现不同，详见附件一：《不同项目各类举办国参赛利弊的具体表现》。

2. 举办国条件是造成举办国参赛效应的前提

造成举办国参赛利弊的前提条件主要在于举办国的条件，其基本内容包括：（1）旅行、地理因素；（2）赛场环境（场地、设施、气候、时差等）；（3）裁判因素；（4）生活因素（衣食住行）；（5）观众因素；（6）文化氛围；（7）其他。

在这些条件中，有些是人力不可抗拒的，如旅行、地理、气候等因素；有些是必须按照国际奥委会的标准来安排的，如赛场条件、裁判、衣食住行生活条件等；还有一些条件没有一定的控制的标准，如观众、社会文化等人文社会条件。

根据可控性，可将这些条件分为三种：不可控、有标准可控、无标准可控。（见表4-1-10）

表4-1-10　举办国条件的可控性

举办国条件	可控性	控制者
地理条件	（1）不可控因素	不可控
赛场客观条件、裁判、生活（衣食住行）条件等	（2）有标准可控因素	由各举办国组委会以国际奥委会的要求为标准来控制
社会人文条件（观众、比赛动机、举办国文化等）	（3）无标准可控因素	由举办国相关部门来安排，如：当地政府、各项目协会等

注：举办国相关部门要在无标准可控因素上下工夫。

3. 运动员对举办国条件的理解和利用是造成举办国参赛效应的主观途径

举办国参赛队能不能占到"利"，关键在于队员的心理素质。心理素质好的队员，能控制和调整自己的心态，变观众的压力为动力，充分利用优势，发挥水平；而心理素质差的队员，则不能摆脱由于在家门口打比赛而带来的巨大心理压力，过度的紧张、焦虑情绪会引起运动员的动作失常，发挥不出应有的水平。

应当注意，由于运动员的处理方式不同，同一种因素的积极作用和消极作用可以互相转化。举办国运动队要在理解和利用主场条件上下工夫。

二、本土参赛的利与弊

辩证唯物主义的矛盾观认为，矛盾是普遍的。事事有矛盾，时时有矛盾。我们要坚持用一分为二、全面的、观点来看待举办国参赛的利与弊，要辩证地认识利与弊及其相互之间的转化。

（一）举办国参赛的优势

1. 地理效应（天时）的利

举办国参赛队在地理效应方面的有利条件表现在：运动员省去旅途的劳顿，以逸待劳；适应地理和气候条件。

2. 生活效应的利

举办国参赛队在生活效应方面的有利条件表现在运动员对饮食起居、

交通都很习惯，没有其他队可能面临的时差、旅途、饮食等因素的综合效应。

3. 赛场环境效应（地利）的利

举办国参赛队在赛场环境效应方面的有利条件之一是有更长的时间熟悉环境。

4. 观众效应（人和）的利

举办国参赛队在观众效应方面的有利条件表现：可获得更多观众的支持。支持举办国参赛队的观众数量多，他们营造的热烈、友好的赛场气氛，以及他们的鼓励、支持、呐喊、加油、助威给举办国运动员增添了获胜的信心，增加了"霸气"。运动员的任何积极性行为都会得到观众的强化。例如，队员打出一个精彩的配合，举办国观众敲锣打鼓、击掌助威加油；队员的精彩进攻或防守表现会激起观众的鼓励和赞扬。观众的呐喊助威会成为运动队的精神激励因素，因而队员处于良好竞技状态中，有利于运动水平的正常发挥，甚至超水平的发挥。部分球星更是观众心目中的偶像，球员在比赛中表现出的体力充沛、斗志旺盛，在困难面前勇往直前。①

5. 裁判效应（人和）的利

举办国参赛队在裁判效应方面的有利条件表现在：有裁判保护感，并可能实际得到保护。裁判的判罚具有人文性的特点。举办国环境气氛无形中会给裁判员造成一定的心理压力，容易使裁判员形成有利于举办国参赛队的心理环境，比赛中出现错判、误判、漏判，潜意识地偏向他们。而其他队的运动员如果没有足够的心理准备，就会由于气愤和愤怒而情绪波动，因此影响技战术水平的发挥。②

6. 比赛组织效应的利

举办国参赛队在比赛组织效应方面的有利条件表现在，东道主在一定

---

① 刘春梅. 全运会主办省市的主场效应理性分析研究［D］. 南京师范大学硕士论文. 2011. 5.

② 雷海. 足球比赛中主场作战的利与弊分析［J］. 魅力中国. 2009 － 10 － 05.

范围内，可以根据自己的习惯安排举办国参赛队的训练、比赛时间和顺序，并有机会及时知道各种情况的变更。

7. 文化效应的利

举办国参赛队在文化方面的有利条件表现在多个方面，如，拉拉队使用具有中国特色的器具，如唢呐等。大批稳定的球迷群体，使球队有归属感。① 归属感在一定情境下表现得十分突出和强烈。一支球队属于某一团体，球队和球员们就有了一定的归属感。在比赛中遇到困难时，球员的归属感可使其勇敢地面对困难，去争取胜利。②

针对 2008 年北京奥运会而言，在自己的祖国参加奥运会是中华民族的百年期盼，对于中国运动员来说，也许是一生中唯一的机会。在自己祖国举办的奥运会上为国争光，是每一位运动员、教练员毕生的梦想。中国渴望在 2008 年奥运会这个千载难逢的机会中证实自己，强化和焕发民族精神，增强民族凝聚力。在这样的背景下，体育总局依靠举国体制，集中全国优势，以高度的使命感和责任感投入备战 2008 年奥运会。

8. 其他

（1）场地服务。比赛中有许多情况变化会给运动员造成"不确定性"。优质的服务可以帮助中国队减少不确定性，使之集中精力关注比赛。

（2）战术运用方面。通常在自己的地盘参赛时，比赛战术的指导思想多以主动进攻为主，且战术变化多样，而在客队的比赛战术指导思想则多以防守为主，且战术比较单一。

（二）举办国参赛的劣势

当人们沉浸在享受举办国参赛有利条件的同时，还要警惕一个潜在的赛场"杀手"，这就是举办国参赛的消极效应，也是举办国参赛队本土作战

---

① 归属感是人特有的心理需要。个体只有产生了自己是归属某一个团体的意识时，才能免于孤独的恐惧感，获得心理上的安全感。归属感在一定情境下表现得十分突出和强烈，这在体育团队中表现得非常充分和典型。一支球队属于某一团体，球队和球员们就有了一定的归属感，当全体成员在比赛中团结合作，为共同的目标尽心竭力时，球队和球员们的归属感会得到进一步的增强，进而激发出自豪感。

② 雷海. 足球比赛中主场作战的利与弊分析 ［J］. 魅力中国. 2009 - 10 - 05.

的弊端所在。

1. 物质环境的劣势

虽然奥运会举办国参赛队具有熟悉环境、习惯饮食、较多参赛名额和项目设置等方面的多项优势，但是在北京奥运会的备战过程中，我们应当重视举办国参赛效应的积极和消极的双重性，更多地考虑举办国参赛的弊，这有助于为我们明确方向，避免盲目乐观，选择正确的方法，更有针对性地备战，将举办国参赛劣势变为举办国参赛优势。

（1）生活效应的弊

生活效应取决于衣食住行的条件。虽然举办国参赛队的运动员对饮食起居、交通都很习惯，没有其他队可能面临的时差、旅途、饮食等因素的综合效应，但是要注意：①许多中餐华而不实，中国小吃味道好，但营养差；中国大餐味道好，但食后有嗜睡倾向。②虽然中国运动员不用憋在宾馆里，可以随意做事，但队员也可能因此而分心。③尽量减少参加举办国安排的丰富多彩的文化活动。

（2）赛场环境效应（地利）的弊

赛场环境效应取决于赛场条件变化和运动员对其熟悉的程度。虽然举办国参赛队有更长的事件熟悉环境。但是如果尽管身在举办国，却不熟悉举办国环境，不能利用举办国资源，则仍然不能产生积极的效应。

也不能太早去适应场地，过多的适应会减少比赛时的兴奋性。而且熟悉举办国条件要有一定范围，过多的信息量会分散运动员的注意力。对于场地的适应时间过长，会导致队员会缺少新鲜感，比赛时无法尽快兴奋。应注意：①要适当提前熟悉举办国条件，调整并形成有利的举办国参赛心态。②不同项目的赛场环境效应不同。

2. 人文环境的劣势

观众、官员、教练、亲朋好友反应和运动员对这些反应的理解是人际环境的主要方面，也是看似所谓的"人和"。

（1）观众效应（人和）的弊

观众效应取决于观众（官员）的反应和运动员对这些反应的理解。虽然举办国参赛队可获得更多观众的支持，但应注意：①观众虽然一定要多，但亲朋好友在比赛结束前，不宜告知运动员前来观看比赛。以免运动员压力过大，或自我表现欲突然增高。②随着比赛的临近，官员应有计划地逐渐加强探望运动员的密度，以免赛前密度突然增加，给运动员造成心理负担。③在志愿者中培养"专业拉拉队"，能够在特定的时刻有所反应，从而诱导运动员、诱导裁判。

王义夫说："在国内比赛，方方面面对优秀选手的压力会更大。"特别是众多枪迷的热情实在令枪手无法拒绝。无论什么时候，随处可见等着要签名和合影的枪迷。在王义夫给记者开发布会的时候，就有枪迷进来要签名。对于枪迷的要求，射击队向来是热情而且是有求必应的，但这多少会影响到枪手们的情绪。这次比赛是在离广州市区很远的黄村，而且比赛规模小，宣传力度也不大，比赛日期还都是工作日。试想一下，如果在北京的奥运会上，外界干扰一定会大得多。

①要注意和观众心理上的相通相融，但与不同类型的观众保持不同的距离。

②一旦运动员过分看重胜负结果，加之受场内观众激烈情绪的影响，有可能产生的急躁情绪等等，很容易破坏运动员良好的竞技状态，结果信心下降，并导致肌肉紧张，注意力不能集中，动作失常，配合失误，从而导致比赛失利。

③不同项目的观众效应不同，详见表：《不同项目各类举办国参赛利弊的具体表现——观众》。

（2）裁判效应（人和）的弊

裁判效应取决于裁判对举办国参赛队的保护性、规则的实施和运动员对这些内容的理解。某些裁判员职业心理素质不过硬，在举办国环境气氛的影响下，比赛中出现错判、误判、漏判，潜意识地在某些判罚上偏向举办国参赛队。举办国参赛队也可能具有裁判保护感。

虽然举办国参赛队会有裁判保护感，并可能实际得到保护。但我们要重视培养自己的比赛实力，淡化裁判的保护性。

应注意：

①举办国参赛队提早赢得裁判的认同。如利用大赛前的一系列比赛。

②当裁判的判罚不利于举办国参赛队时，举办国参赛队员也可能会因为自己关于裁判保护性的想法过强而不满意，造成情绪上的波动。

③利用观众的气势、镜头回放等方式诱导裁判。

一方面，要重视自己的实力，淡化裁判的保护性。另一方面，不同项目的裁判效应不同，详见表：《不同项目各类举办国参赛利弊的具体表现——裁判》。

（3）文化效应的弊

如前所述，中国队以高度的使命感和责任感投入备战 2008 年奥运会，采取了多种措施激励运动员。一般而言，前述措施确实会激发和保持运动员训练备战的动机水平，运动员的比赛动机和自我表现欲望在一定程度上也会激励运动员。如，2000 赛季全国足球甲级赛广州队在主场比赛中的心理不稳定，想赢怕输的思想严重，落后时急躁，领先时保守，影响了技术水平的正常发挥。

要安排有经验的人员经常对运动员进行心理状态的监督，在特定的时刻及时帮助运动员调整心态。如，雅典奥运会网球女双比赛中，李富荣赛前为中国选手巧妙布置：保持心态，把决赛当预赛打。结果，李婷和孙甜甜在决赛中的心态保持非常好。

（4）社会期望的弊

（见下文三：社会期望对于本土参赛的影响）

3. 举办国运动员自身劣势分析

（1）比赛动机和自我表现欲望

中国渴望在 2008 年奥运会这个千载难逢的机会中证实自己，强化和焕发民族精神，增强民族凝聚力。一般而言，以上目标确实会激发和保持运动员训练备战的动机水平，运动员的比赛动机和自我表现欲望在一定程度上也会激励运动员。但是，正因为如此，有些运动员会抱有"一定要为家乡的父老乡亲争光"的愿望，在这种心理支配下，就会有想赢怕输的心态，过分考虑胜与负，怕在主场丢面子，其结果往往导致心理上的过分焦虑和过度紧张，不能以"平常心"打比赛，不能自如地发挥。

（2）信心方面

由于多种因素的综合作用，大多数举办国参赛运动员都有较强的自信心，形成"举办国场地的比赛是自己的比赛"的心理体验。比赛中主队球员的良好表现总是能得到充分的肯定，部分球星更是主场观众心目中的偶像，球员在主场比赛中表现出的体力充沛、斗志旺盛，在困难面前勇往直前。

但是如果运动员过分看重胜负结果，加之受场内观众激烈情绪的影响、久攻不下产生的急躁情绪等等，很容易破坏运动员良好的竞技状态，结果信心下降，并导致肌肉紧张，注意力不能集中，动作失常，配合失误，从而导致比赛失利。

（3）战术运用

举办国参赛队在比赛战术的指导思想上，多以主动进攻为主，且战术变化多样，而对方的比赛战术指导思想则多以防守为主，且战术比较单一。一旦举办国参赛队这一战术不能奏效，或需要转入以防守为主，可能会带来思想、情绪上的微妙变化。

（4）心理素质

体育比赛以各种形式牵动着社会，社会对体育形形色色的反响，以及体育比赛本身，又给参赛运动员带来各种各样不同程度的心理负荷，这是人们难以想象的。然而，面对压力，运动员最大的对手并不是别人，而是自己。战胜自我是优秀运动员必备的品质。

举办国参赛队能不能能占到举办国赛场的"利"，关键在于队员的心理素质。心理素质好的主队队员，能控制和调整自己的心态，变观众的压力为动力，充分利用优势，发挥水平，而心理素质差的主队队员则不能摆脱由于主场带来的巨大心理压力，过度的紧张焦虑情绪引起运动员的动作失常，发挥不出应有的水平。

4. 媒体环境劣势

王义夫说："在训练和比赛时，身后都会有许多闪光灯在追随。"举办

国运动员将面临大量的体育迷和媒体记者，无数的球迷、枪迷、追星族，无孔不入的话筒、镜头、闪光灯，更多的电话和短信，随处可见的文字、图片、影像报道，更强烈地意识到观众席上自己的亲朋好友、自己省市的体委领导，抹不开面子，为索要入场票的亲朋好友上下奔忙……如此这般，分散了运动员自己训练和比赛的精力。

优势项目是全国乃至全世界关注的焦点，媒体的镜头、话筒对准了优势项目的运动员，企业主、商家的"金砖"砸向优势项目的运动员，观众的期望指向优势项目的运动员，各级体育管理层的压力压在优势项目的运动员。这些运动员既有可能因过大的压力影响竞技水平思维发挥，也可能因自己以往的优异成绩而过于乐观、掉以轻心。

潜优势项目尚未引起外界的注意，但在备战2008年奥运会中，却是业内人士关注的重中之重，在举国体制下，大量的人力、物力、财力投向潜优势项目。在2008奥运备战和参赛中，潜优势项目的运动员面临着前所未有的优势条件，在充分利用这些优势条件的前提下，才能处于蓄势待发的状态。

中国队运动员要设法提高面对各种人文环境的能力。在备战大赛的紧张时刻，面对媒体铺天盖地的报道，运动员可以利用这种舆论工具大打竞技场外的心理战，也可以进行"封闭式训练"，避免干扰。在准备启程出征的时候，面对各路财神的重金相许，运动员们需要设法甩掉这一块块不期而至的沉重的"金砣"，轻装前进。在专心致志地酝酿赛前状态的时候，面对捷足先登的体育记者的镜头和话筒，运动员必须精心守护刚刚培养好的情绪。在出场参赛的时候，面对爆满全场的观众的欢呼雀跃，呐喊助威，运动员要努力使自己排除环境的干扰，集中注意，默诵动作要领。

三、社会期望对于本土参赛的影响

现代奥林匹克运动经过百年的发展历程，已逐渐走向成熟。奥运会赛场正在成为显示各国实力、扩大影响、振奋民族精神的重要场所。随着新世纪世界经济、政治、文化的发展，各国更加重视奥运会，并将奥运会作为展现民族精神的场所和窗口，树立自己国家和民族的形象。而作为任何一届奥运会的举办国，都会不失时机地通过举办奥运会提升举办国的国际地位和声望，而获得优异的运动成绩是其中的一个关键因素。

（一）举办国的国家意志要求运动成绩

作为任何一届奥运会举办国，都希望本国选手在奥运会比赛中取得优异的成绩和较高的排名，为举办国争"面子"，同时也借此展现国家综合实力，振奋民族精神。

中国是一个"后发外生型"国家，社会经济并不发达，在举国体制的支撑与保障下，中国在这样一个体育基础相对薄弱，经济尚处于整体不发达水平的国度，竞技体育在短短20多年的时间内迅速崛起，参加每届奥运会所获得的金牌数和奖牌数逐渐增加，从1984年起在4届奥运会中有3次名列第4，2000年悉尼奥运会名列第3，2004年雅典奥运会名列第2。无论从顶级选手的数量，还是从高水平运动员的总体实力来看，雅典奥运会的竞技结果都表明，在国际竞技体育格局中，中国已经是第一集团当之无愧的重要成员之一。

2008年北京奥运会，是中国作为东道国第一次举办奥运会，是展现新中国改革开放的伟大成就，同时也是扩大国际影响、振奋民族精神，树立国家和民族形象的良机。因此，在本土参赛表现出高水平的体育运动成绩是全国人民的期望，通过我国选手在北京奥运赛场上所展现出的中华体育精神，也能让世界来了解正在实现伟大复兴的中华民族的精神风貌。在这样的历史背景下，在这样的社会期望下，会对我们的参赛选手产生什么影响呢？

（二）社会期望与主场压力的负面效应

高社会期望虽然会对本国参赛选手产生巨大的精神动力，但同时也会使本国运动员主场作战产生较大的心理压力。在当今世界竞技体育竞争如此激烈的情况下，高水平运动员之间的较量不仅仅是技战术的较量，而是体能、技能、心理能力和智能的综合实力的较量。试想在这样激烈竞争中，如果我们的运动员背上了沉重的心理包袱，还能正常的赛出自身最好的水平吗？纵观世界大赛，我们可以看见许多在主场参赛反而失利的例子。因为在主场作战，虽然可以让东道主选手更有人气，受到最热情的欢呼，有

利于增强信心、刺激表现欲；但弊端却是运动员容易背上想赢怕输的包袱，思想压力过重。

2004 年中国乒乓球公开赛在长春举行，在男子单打决赛中王皓输给了王励勤，在记者的采访中，王皓表示，"在家乡比赛，赛场内更热烈，家乡的球迷对我也更加关注，自己就容易兴奋……比赛有很大的压力，球迷都给我加油，所以我自己也想拿下比赛回报球迷，无形中压力就产生了。"

在 2005 年三星 Anycall 世界花样滑冰大奖赛双人滑比赛中，由于赵宏博受伤，中国一号双人滑搭档申雪/赵宏博无缘本赛季的大奖赛，而张丹/张昊又没有抽中本站比赛。庞清/佟健成为唯一一对参加本次中国站比赛的双人滑搭档。主场作战的庞清/佟健坦言承受着巨大的压力，"由于小雪/宏博因伤没法参赛，我们俩第一次成为最受关注的焦点，承担为中国双人滑在主场夺取金牌的重担。在压力面前，我们比赛中有些紧张，导致体力消耗太大。"唯一一对参赛的中国选手庞清/佟健不敌俄罗斯搭档佩特洛娃/蒂洪诺夫获得亚军。

2006 年足协杯比赛中，北京国安队在丰体主场首场被淘汰，赛后，几名经历过 3 次足协杯夺冠的老队员认为，输球是因为主场压力过大。

2006 年射击世界杯广州站，中国队在 6 个男子项目中仅拿到了 1 枚银牌，这与 2005 年的 4 站世界杯系列赛和总决赛上披金戴银的成绩相去甚远。开赛首日爆出冷门，朱启南打出的 592 环的成绩在 56 名参赛选手中列第 22 位，无缘决赛。这个成绩，连朱启南自己都感到困惑不解，他说："我也不知道出了什么问题，就是感觉不好。"状态低迷的不止朱启南，十运会冠军张良的成绩更差，只打出了 590 环，同样无缘决赛。教练常静春坦言，朱启南抗干扰的能力还需要提高，"主要包括两个方面，一是外界的干扰，比如场地、灯光、观众、对手等等，一是内在的干扰。"常静春特别强调了内在的干扰，认为朱启南拿奥运冠军前后，面对的压力和环境不一样了，不像从前那么单纯。"运动员的状态总有起伏，由于他受关注度比其他人高，压力大，有时候这种关注度处理不好，就会起副作用。"在第二日进行的男子 50 米手枪慢射比赛中，中国队 3 名选手谭宗亮、张添和林忠仔均未能晋级决赛。34 岁的老将谭宗亮叱咤国际枪坛多年，今年依然状态神勇，张添和林忠仔在去年的世界杯系列赛上各得一张北京奥运会的入场券，这 3 员大将都具备了夺牌的实力，但他们最终却无一人能晋级决赛。谭宗亮只打出 560 环的成绩，排名第 11 位，林忠仔和张添分别以 557 环和 556 环的成绩位列第 16 和第 21 位。可以说，心理波动是造成 3 人失利的症结所在，中国射击队（手步枪）总教练王义夫在赛后总结时认为，"运动员在本土作战最不利的因素就是各方面的压力和信息特别多，比如说，在比赛过程中，照相机的闪光灯对视力产生影响，我们的赛前准备方案中还没有应对这些情况的具体措施。"王义夫希望记者日后能经常在队员身后架上摄像机和照相机，让他们尽早适应，因为到北京奥运会时，运动员将要面对更大的压力。

2006 年在加拿大举行的游泳世锦赛女子跳水 10 米台决赛中，夺标热门、卫冕冠军艾米莉想赢怕输，思想压力过重，因此给自己背上了沉重的包袱，本来最有希望夺冠，谁知两次出现重大失误，尽管裁判拼命给她"抬轿子"，拼命给别人压低分，结果还是名列第四。"这就是主场的副作用，就连艾米莉这样参加过两届奥运会和两届世锦赛的名将都会在家门口出现这样的失误，我们的年轻选手需要的磨炼还多着呢！"，"所以说，主场因素并不一定都能带来好结果。想想北京奥运会，会不会也出现这样的情况？"周继红说。

可见，东道主虽有天时地利人和之利，但对它可能产生的负面影响决不能小视。作为 2008 年奥运会东道主是双刃剑，既有有利的一面，又有不利的地方。

（三）社会期望和主场压力下的心理应对

在北京奥运主场作战，中国选手优势是适应气候与环境、熟悉比赛场地以及观众的偏爱等。但是，主场的不利因素同样很多：运动员的一举一动在众目睽睽之下，为国争光的责任感巨大。因此，要将压力变为动力，其中有运动员自身的问题、教练员的赛前训练安排、将心态与体力调整到恰到好处等，这是一项系统的综合工程。其中非常重要的一点是在社会期

望和巨大的主场压力下保持心理稳定性，并以心理稳定性支撑技战术发挥的稳定性。压力下心理的稳定性主要与自我意识、自信、注意和情绪有密切关系。[1]

1. 奥运参赛运动员自我意识的控制

大赛中，总有发挥失准、名将落马的情况，这类案例在奥运会中俯拾皆是尤其是在本土作战。研究结果表明，这一现象可能同自我意识水平升高有关。

奥运会参赛，如果希望控制自我意识产生的过犹不及，可以从以下 3 个方面入手：

第一，缩小比赛和训练的差异。用我们经常对运动员说的是：把比赛当训练，把训练当比赛。具体的做法可以是：平时训练应给运动员通过各种方式加压，比如，要求乒乓球运动员在某一局、甚至是某一分时必须赢球；或进行模拟训练，从场地的布置，到训练的程序，甚至到运动员做的每一件事情、想到的每一件事情，使他们对比赛氛围产生适应；而在赛前和赛中应给运动员减压，特别在关键时刻，必须减少运动员产生"我字当头"的刺激。

第二，比赛关键时刻强调动作的完整性和流畅性，减少对动作细节问题的提示；比赛关键时刻的表象演练强调肌肉运动的整体感受，减少对动作细节问题的关注。

第三，对于教练员，比赛关键时刻的语言提示应简练、明确、有力；同时，减少语言提示的频率。语言的提示，或者是肢体语言不要与平常训练有不同，这样会打破运动员已有的程序。而且语言提示的内容应视项目的不同而不同，如田径类的项目，激发运动员兴奋的语言会帮助比较大，但对跳水、体操之类的项目，平和的语言、更多技术类的提示会更好。

2. 奥运参赛运动员参赛自信的提高

要想提高自信，最重要的是应当要求运动员关注可控因素，忽略不可

---

[1]　杨桦等．竞技体育与奥运备战重要问题的研究 [M]．北京：北京体育大学出版社，2006：4.

控因素。要做到关注可控因素，有三个重要步骤。第一，要引导运动员分析决定比赛进程和结果的那些重要因素中，哪些是可控因素，哪些是不可控因素；第二，要求运动员制定解决可控因素问题的操作方案；第三，在日常训练中反复强调和实际落实这一方案。

要做到忽略不可控因素，应当注意提醒运动员临赛前应当提示自己应该做什么，不能提示自己不该做什么？这一原则的理论依据是反语效应。所谓反语效应，是指不要发生的事情反而更容易发生的现象。因此，告诉运动员不该做什么，不一定能够保证他们做正确的事情，有时反而会使他们做出错误的事情。只有提醒运动员应当做好的事情，才最有利于比赛的正常发挥。

每个人除了自己肯定自己，还需要得到别人的肯定。因此，提高自信除了运动员自己独立完成外，很重要的一点是需要教练员和同伴之间的互动。对运动员来说，教练员是自己身边最重要的人，技术上最了解自己的人，说的话自然也是最有分量的。在赛场上，教练员的鼓励、积极性的语言也是帮助运动员建立自信的有效方法。但是鼓励和积极性的语言也不是凭空就来的，这需要教练员根据每个运动员的实际情况而定。同样，朝夕相伴的队友之间的相互鼓励也能帮助运动员建立自信。

3. 奥运参赛运动员注意焦点的指向

运动员大赛中，只有将注意指向过程（的进行）、当前（的情况）和自己（应该做的事），才能充分发挥水平，达到成绩目标。

（1）过程定向

过程定向是比赛时将注意的方向定位在比赛过程要素而不是比赛最终结果的认识倾向。这里，比赛过程要素主要指与比赛表现直接联系的且自己可以控制的要素，例如比赛之前的器材维护、饮食调节、休息、练习等等，以及比赛之中的技术战术、体能分配等等。比赛最终结果主要指比赛名次、比赛成绩、与他人相比的差距等等。将注意指向比赛最终结果之所以不利于运动员的比赛发挥，是因为：第一，思考结果及其某种结果对自己产生的影响，会使运动员的紧张程度不由自主地升高，甚至升高到难以

自控的不适宜程度；第二，比赛结果是比赛进程的最终环节，主要受先行事件的影响，例如运动员准备活动的充分程度、比赛器材的质量、技术战术应用情况。将注意集中在比赛最终结果上，会干扰先行事件的必要准备，进而使比赛最终结果不能到达预定目标，产生越想结果越出现坏结果的情况。

（2）当前定向

当前定向是比赛时将注意的方向定位在当前任务而不是过去的结局和将来的结果的认识倾向。运动员参赛过程往往是一个分阶段且持续时间较长的过程，前一轮的比赛结果往往会对运动员后一轮的表现产生重要影响。因此，如何在比赛进程中不断进行心理调节，树立正确的心理定势，成为运动员保持优势或反败为胜的重要保证。要让运动员知道，过去是无法改变，将来是无法控制的，我们只能改变或控制的就是现在。当前定向的原则要求运动员在不断进行心理调整的过程中，确立和保持从零开始的注意指向，将注意集中在立刻需要加以完成的具体任务上，既不过多缠绕在已经发生的事件上（不论是积极事件还是消极事件），也不过多缠绕在将要取得的成绩上。也就是说，要做到打一场，甩一场，场场从零开始。这个原则具体化到射击比赛中，可以成为"打一枪，甩一枪，枪枪从零开始"；具体化到体操比赛中，可以成为"比一项，甩一项，项项从零开始"。具体化到跳水比赛中，可以成为"跳一次，甩一次，次次从零开始"。

（3）主位定向

比赛注意指向的第三个原则是主位定向。决定比赛结果的因素很多，例如裁判、天气、场地、观众、对手的基本技术战术体能水平、对手的比赛发挥情况以及运动员自己的比赛表现。这些因素中，有很多是运动员难以控制或根本不可能控制的，如对手、气候和裁判。关注那些不能控制的因素，不但会使运动员因产生无助感而信心下降，而且还干扰了极其必要的技术、战术和体能的准备工作。主位定向的原则要求运动员将注意集中在可以控制的因素上，而可以控制的因素主要是运动员自身的一些因素，例如自己正在和将要采取技术战术手段，体力分配策略，思维和表象的内容以及与教练员的沟通等等。同时，应采取一切必要的措施，回避和排除与自己无关和与比赛过程无关的信息。例如，在射击比赛的间歇过程中，在人较少且较安静的地方，戴上耳机，闭目听自己预先准备好的轻音乐，以放松身心，节省体力，回避干扰信息，准备下一轮的比赛。

4. 奥运参赛运动员的适应性训练

应对社会期望和主场压力，需要通过平时训练提高适应能力。模拟训练和程序化参赛是适应性训练的两种重要形式。

模拟训练包括对手特点的模拟训练、观众影响的模拟训练、裁判错判的模拟训练、比赛时间的模拟训练、记者采访的模拟训练等等；程序化参赛是根据比赛环境、对手情况和突发事件三类情况制定比赛方案，根据比赛方案参加比赛，做到有备无患。比赛方案的核定是行为程序，即关于在什么时间、在什么情况下、做什么事情的行动计划。行为程序需要运动员和教练员的共同协商和认同，需要落实到文字上，需要在赛前进行详尽的演练。

第三节　本土参赛基本措施与调节

在国家体育总局 2008 年北京奥运会竞技备战领导小组成立的会议上，总局刘鹏局长曾指出："举办 2008 年奥运会是我们的百年期盼，要抓住在家门口举办奥运的机会，这可能是几代人一生的唯一机会。"当前的形势是"机遇与挑战并存，责任与进取同在"。因此，研究备战奥运会的对策，研究作为东道主备战奥运会的特殊性，顺应形势发展，采取有效的对策，做好这次特殊的备战是中国竞技工作面临的首要任务。

一、充分发挥举国体制的优势

长期以来，我国的竞技体育实行的是举国体制，以奥运战略为最高目标。体制决定了我国竞技体育增长主要来源于国家政策支持和经费投入。

中国体育代表团在奥运会所取得的成绩，很大程度上得益于我国竞技

体育的举国体制。在以往的备战工作中，我们积累很多宝贵的经验，如成立项目的备战工作领导小组，集思广益；加大了奥运会成绩带入全运会的成绩的比例；加大了对地方体育部门的奖励；实行了国家队教练员、运动员的训练津贴制等等，有力地保障和推进了备战工作。这些政策和措施需要我们在新的备战周期中要继续坚持和完善。

二、组建复合型训练团队

调整国家队编制，提高国家队教练员、科研人员、医务人员、管理人员的岗位比例，进一步强化对训练的管理、服务和保障工作。规范国家队的组建，教练员的选聘，国家队运动员的选拔和国家队的管理和集训工作。

组织国家队教练组认真总结经验，深入研究项目规律，将多年来的实践经验归纳提炼到理论层面。紧密结合实战在训练指导思想、方法、手段上进行了大胆的尝试和创新，取得了明显的效果。同时加强项目间的经验交流，推广先进的训练方法、手段。

三、建立备战工作的组织实施体系

组建各奥运项目的备战工作领导小组，共同研究和分析本项目的形势、明确目标和任务，制定各项具体的计划和方案。重视发挥项目领导小组的作用，不仅发挥领导小组的保障和服务作用，并建立集中讨论、群策群力的工作机制，更多地发挥领导小组的决策作用。

为做好备战 2004 年、2008 年奥运会，总局相关职能部门相继制定了一些规章、制度，对雅典奥运会的备战工作起到了积极作用，但通过试行也暴露出一些问题，有待修改完善。同时，进一步细化各项管理工作规范，明确职责。

四、提高参赛项目竞技水平

2008 年奥运会是一届具有特殊意义的奥运会，总局和各项目管理中心的工作以备战工作为中心，以提高竞技运动水平为主要任务。

在项目的发展上，应坚持突出重点。备战 2008 年奥运会，我们仍将坚持力争优势项目要保持优势，潜优势项目要发展，集体项目水平要明显提高，落后项目要有进步的战略思想。

优先保障优势项目，力争在跳水、乒乓球、举重、射击、体操、羽毛球、女子柔道、女子跆拳道等项目上继续保持优势。

重点保障潜优势项目，力争在击剑、女子摔跤、女子网球、女子射箭、蹦床、女子沙滩排球等项目上力争实现突破。

发展基础性大项，力争在田径、游泳、赛艇、皮划艇、帆船、摔跤、自行车等共 155 个小项上，挖掘潜力，扩大获奖面，实现奥运金牌的可持续增长。

提高集体球类项目水平，以 6 支女线为重点，兼顾男子足球、男子篮球、男子排球等影响较大的项目，带动集体球类项目整体水平的明显提高。

五、发挥东道主优势

积极与北京奥组委密切合作，抢占先机，了解奥运会比赛的场地、器材和相关的竞赛信息，提前熟悉和适应赛场环境，制定参赛保障工作预案。对代表团参赛期间的管理、科研、医务、场地、器材、保障、指挥等各项工作做出部署，尽早构建备战和参赛的组织指挥体系和保障服务体系，确定奥运会期间中国体育代表团的保障基地。努力塑造中国竞技体育的良好社会形象和中国体育代表团的公众形象，使备战工作得到全社会更广泛的支持和理解。

六、扩大奥运项目参赛面

自 1984 年洛杉矶奥运会起，中国体育表团已连续参加了 6 届夏季奥运会，但参加大项不全，参赛人数也远远少于美国、俄罗斯、德国、澳大利亚等体育大国。2000 年悉尼奥运会中国体育代表团参赛运动员为 277 人，参加 24 个大项，2004 年雅典奥运会中国体育代表团参赛运动员为 407 人，

参加 26 个大项。根据奥运会惯例和 2008 年奥运会参赛资格分配办法，东道主将自然获得 2008 年奥运会 23 个大项、30 个分项的参赛资格，使我们一些水平不高的项目有机会参赛，为我们全面参与奥运会的比赛，全面提升整体实力提供了前所未有的机遇。同时，承办奥运会各项目比赛将给我们提供更多与国际单项体育组织联络、交往的机会，便于我们及时了解和把握项目的发展动态和趋势，提高训练水平，并且有利于营造良好的参赛环境。

七、加强运动员参赛行为的监督与调控

行为是受思想支配而表现出来的外表活动。对于竞技信息的处理必然导致竞技行为的改变。在本研究的资料中，许多运动员不仅报告了对竞技信息的认知处理，而且还有大量行为上的处理。运动员在竞技活动中，如何调解自身的竞技行为？竞技信息处理在其中的作用是怎样的呢？

（一）滚动式竞技信息处理——竞技行为的动态管理

在竞赛中，一方面运动员在赛前要及时合理处理竞技信息，形成良好竞技状态；另一方面，随着时间的推移，运动员良好竞技状态又受到不断输入的竞技信息的影响，因而需要不断地处理竞技信息，以维持良好的竞技状态。这种动态性表现在以下几个方面。

首先，竞技信息对于运动员是否具有积极或消极意义，是否影响运动成绩，取决于多种中介因素：竞技信息本身、运动员个人特点，以及竞技信息处理的效果。这些因素使竞技信息的作用在积极作用和消极作用之间不断互相转化，形成动态特征。

其次，竞技信息处理方式是指所采用的方式的总和，竞技信息处理是运动员面对竞技信息时，出现的稳定的处理类型。但是在一个具体的时刻，运动员对竞技信息处理方式的选择，却可能受到多种因素或背景条件的影响。所以，竞技信息处理方式的选择也是在竞技信息环境作用下的一个自主的动态过程。

第三，竞技信息处理的选择和竞技信息环境的关系是双向的、交互作用的关系。人－环境关系的特征就是不断变化。当一个人置身于竞技信息

环境之中时，竞技信息本身和竞技信息带来的最初反应或评价，会影响到运动员所采用的处理方式。此外，处理效果又改变了运动员与竞技信息环境的原有关系，会进一步导致另一种不同的状态。

如前所述，可将连锁的信息产生、传递和加工过程视为"信息链"。信息到达第一个信宿（信宿1）并被加工后，再向下传递，产生信息2，并继续传递下去。因此，在这不断输入的竞技信息中，不乏运动员刚刚结束的对前一竞技信息的处理结果，形成了一个信息链。

在这个信息链中，所传递的竞技信息不断发生变化，但信宿始终是运动员。在"信源1－信息－信宿1－信源2－信息2－信宿1"的反复中，竞技信息每到次到达运动员信宿，都会有一个处理环节，形成多轮次的竞技信息处理循环，直至比赛开始，从而保证运动员的行为与目标时时一致。

据此，从时间维度分析，研究者认为，竞技信息处理呈现为一个在有限的时间资源内，对竞技信息进行不断循环的、滚动式的加工处理过程，直至比赛开始。研究者称之为"滚动式竞技信息处理"，即竞技行为的动态调节（见图4－1－4）。

总之，业已形成的主导目标是造成运动员竞技行为的一个重要因素，但它并不是影响行为的唯一因素。行为的产生还受到那些运动员事先没有预期到的种种内外因素的影响，包括竞技信息和竞技信息处理结果本身。虽然某一时刻的竞技行为指向当时的目标，但在整个竞技行为过程中，运动员仍然在不断地对根据信息环境的变化，随时对竞技行为和目标进行着监控和调整，甚至不断改变原有行动的方案，不断发动有利于竞技表现的行为，制止不利于竞技表现的行为，以便有效地达到创造优异运动成绩的既定目标。

（二）多元化竞技信息处理——竞技行为的自主管理

竞技信息处理是一个运动员与信息环境交互影响的过程。在复杂多变的竞技信息环境中，需要运动员适时酌情采用不同的竞技信息处理方式、在各种处理方式中灵活转变，从而实现竞技行为的动态调节。因而，要求运动员在目标和行为调节中有很强的能动性或自主性。

```
                    ┌──────────┐
                    │  事件本身  │
                    └──────────┘
                         │
                    ┌──────────┐
                    ║  竞技信息  ║◄────────────────┐
                    └──────────┘                  │
                         │                        │
                  ┌────────────────┐              │
                  │ 信息到达前经验性评价 │              │
                  └────────────────┘              │
                    ┌────┴────┐                   │
          ┌────────────┐  ┌──────────────────┐    │
          ║ 有益竞技信息 ║  ║ 有害竞技信息（有害）║    │
          └────────────┘  └──────────────────┘    │
                │            ┌────┴────┐           │
                │       ┌─────────┐ ┌─────────┐    │
                │       │ 可回避信息 │ │不可回避信息│   │
                │       └─────────┘ └─────────┘    │
                │         ┌──┴──┐       │          │
          ┌──────────┐ ┌─────────┐      │          │
          ║ 开发、回避 ║ ║  未回避  ║      │          │
          └──────────┘ └─────────┘      │          │
                │          │            │          │
                │     ┌──────────────────────┐     │
                │     │       运  动  员       │     │
                │     └──────────────────────┘     │
                │              │                   │
                │       ┌────────────┐             │
                │       │ 反应或应对处理 │             │
                │       └────────────┘             │
                │        ┌────┴────┐               │
          ┌────────────┐ ┌──────────────────┐      │
          │ 利用有益信息 │ ║ 有害信息（有害）  ║──────┤
          └────────────┘ └──────────────────┘      │
                │          ┌────┴────┐             │
          ┌──────────┐  ┌──────────┐               │
          │ 积极反应  │  │  消极反应  │───────────────┘
          └──────────┘  └──────────┘
                │          │
              ┌──────────────┐
              │   比赛开始     │
              └──────────────┘
```

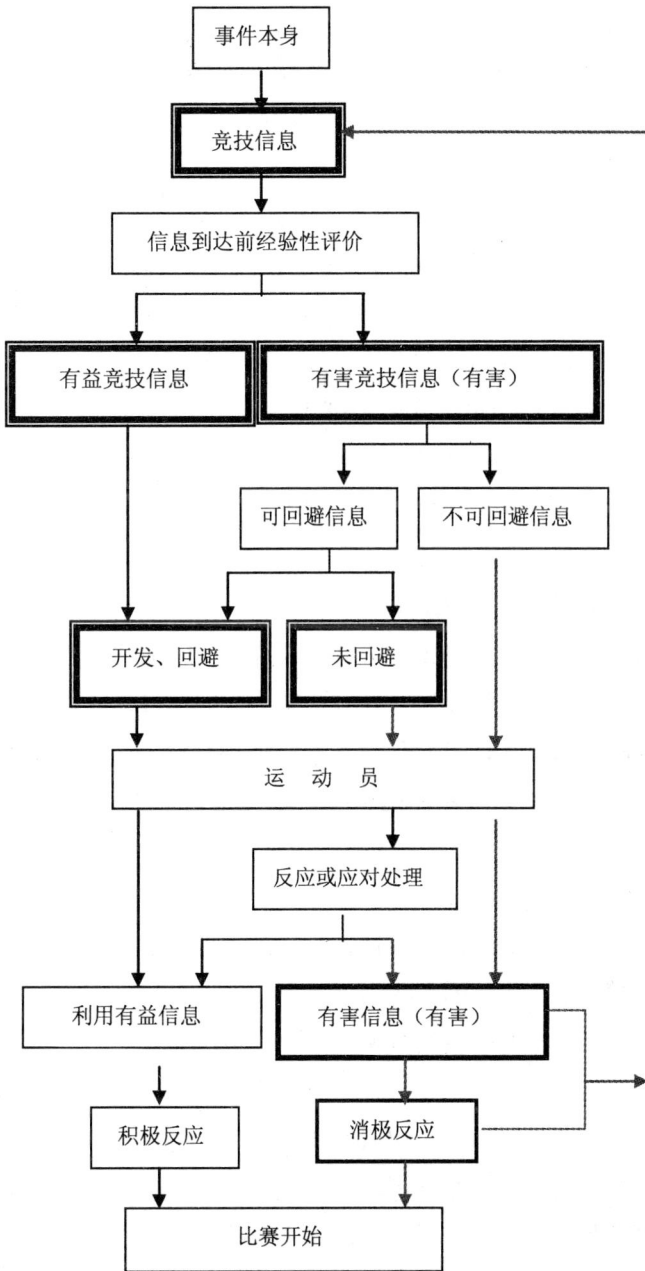

图 4－1－1 信息链和滚动试竞技信息处理流程图

这种自主性表现在以下三个方面。

1. 竞技信息处理方式的选择是建立在自我感知基础上

从所收集的资料来看从运动员接收竞技信息到其实施竞技信息处理方法的全过程，可以发现，运动员是在自己亲身体验竞技信息的基础上，凭借自我感觉，自己选择竞技信息处理方式的。有时在决策之前，还要关注事实，辨别竞技信息的真伪。这就需要运动员对外部世界和内部世界有敏锐的观察和感受，承认和尊重自身感受的客观存在，区分现实和目标（或理想、期望），实事求是，及时捕捉竞技信息处理的时机，选择适当的竞技信息处理方式。如：在处理目标体系冲突中，运动员必须根据环境条件和自身条件来分析、比较两种目标的微弱差异，从而化解目标冲突，结束心理上的犹豫不决，重新聚焦在当前主目标上，才能引发有效的行动。

2. 竞技信息处理方式的选择是自主的

一个运动员的竞技信息处理方式不是单一的，而是一个复杂多样、灵活多变、相互之间纵横相连的"复式"结构。如：目标确立后的行为处理、合理化思维后的认可、认可之后的学习、适应和接纳、抗性思维和创新思维，等等。从资料可见，24 种竞技信息处理的共性之一在于运动员选择竞技信息处理方式是自主的。

3. 外部诱因和内部需要的自我调节

行为调节取决于对外部诱因和内部需要的操作，同时还取决于内部需要与外部目标物的一致性的自我调节。

张爱卿提出动机的自我调节观点，认为"动机是在自我调节的作用下，个体使自身的内在要求（如本能、需要、驱力）与行为的外在诱因（如目标物、奖惩）相协调，从而形成激发和维持行为的动力因素"。其中自我调节作用是使内在起因和外在诱因转化为真正行为动因的桥梁。自我调节不仅使内在要求获得动力和方向，也使外在行为目标和诱因对个体具有某种

意义，从而转化为个体的内在激励因素。①

结合上述观点来看运动竞赛，研究者认为，在比赛中，不断循环的各种竞技信息处理方式变换着发动、维持和调节着运动员竞技行为，从而达到竞技行为的自我激励、自主调节和自我控制，体现出以自我调节的形式使运动员内在要求与行为目标的相互协调（如图4－1－2）。

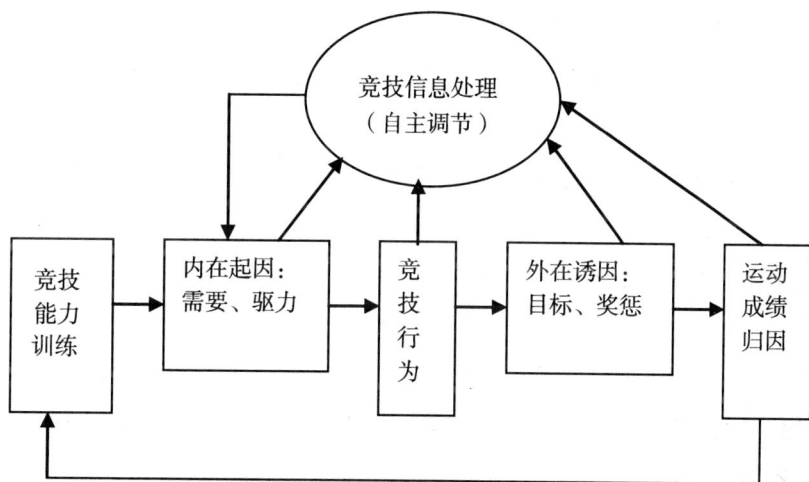

图4－1－2 竞技行为的自我调节

（根据张爱卿：动机模式图）

竞技行为的自我调节过程也是运动员高度自动化的信息加工过程。运动员通过微观的竞技信息处理，实现宏观的竞技行为控制的目的。

八、运用多种竞技信息处理方式

竞技信息处理是指运动员对竞技信息所采取的认知策略和行为策略。在日益信息化的社会中，人们面临着全方位的信息冲击。信息给人类带来巨大影响，在体育比赛中也是如此。在运动竞赛过程中，存在着各种各样的

---

① 张爱卿. 动机论：迈向21世纪的动机心理学研究［M］. 武汉：华中师范大学出版社，1999.

信息。处于竞赛环境中的每一个人，运动员、教练员、裁判员、官员、观众，以及其他工作人员等等，时刻被无处不在的、大量的各种信息所包围。

比赛环境中这些大量的信息不可避免地对参赛运动员产生影响，运动员对这些信息的处理也会对运动成绩产生直接的影响。假如运动员对这些信息处理不当，就可能限制自身发挥出原有的竞技能力，而如果运动员能够合理地、有效地处理这些信息，就可以大大增加取得优异成绩的可能性，如人们熟知的优秀射击运动员采用"回避"方法，摒除不良信息的负面影响，就是一个典型的例子。

2006年国际射联世界杯广州站赛后，王义夫说："本土作战最大的不利因素就是方方面面的压力和信息特别多，有的人能够适应，有的就适应不了，因为每个人处理信息的能力不一样。"

优秀运动员的竞技信息处理方式有24种，其中常用的有弱化排除和退避思维、泛化和投射思维、抗性思维、认可和接受、直面风险、锁定具体目标、锁定模糊目标、目标难度调节三种处理方式，以及定向行为策略中的采取相应行动措施，共9种。

1. 弱化排除与退避思维

收集的资料显示，运动员虽然接收了竞技信息，但却不积极反应所接收信息的内容。反而主动要求自己淡化、忽视、甚至忘却、放弃所接收的信息，从而达到使竞技信息内容在头脑中消失，好像自己不曾接收过这种竞技信息的效果。例如下面运动员问卷资料中的处理方式。（见表4-1-11）

表4-1-11 "弱化排除和退避思维"处理方式资料

所遇竞技信息	竞技信息处理方式
"比赛时碰到自己害怕的对手"	"忘记自己以前事情，对自己说自己是最好的"
"比赛前2分钟出现肚子痛"	"忽略它"，"放平心态，不去想它"
"赛前对自己的器材不适应"	"尽量让自己的思想不去太在意"
"比赛时想赢怕输"	"不去想结果，只想现在"

续　表

"在比赛中看到对手状态很好"	"不理会，按自己的思路走"
"对手比自己强"	"忽略对手的实力，当他不存在"
"意外被判抢航"	"放松心态，当做什么事都没发生过，刚才只是在演习"
"对手向我施威，说些不好听的话"	"不放在心上，好好的调整自己的状态，就当做没听见"

弱化有不同程度，最极端的弱化就是将已经接收的信息弱化为"零"，达到"零信息"状态。退避也有不同程度，最极端的退避是最大限度地远离已经接收的信息，也达到"零信息"状态。

强化与弱化是运动员控制信息作用强度变量的不同属性。对于有害信息的强化不是运动员所期望的。

弱化排除和退避思维的主要方式有：视而不见、听而不闻、"阻断"、排除、淡化、忽视、放弃等。

2. 泛化思维与投射思维

收集的资料显示，运动员接收竞技信息后，将该信息内容原样或加强效果后，转移到其他人或事情上，从而减轻信息对自己的作用。例如下面运动员问卷资料中的处理方式。（见表4-1-12）

表4-1-12　"泛化思维和投射思维"处理方式资料

所遇竞技信息	竞技信息处理方式
"比赛前遇到常年的对手精神旺胜"	"没什么，他好，我更好"
"感觉自己最近身体不好"	"都一样，他们也不行"
"比赛奖金丰厚"	"无所谓，当做一般比赛"
"比赛时有自己不利的风浪"	"有没有浪都一样划"
"裁判啰嗦"	"大家同等"
"快到终点体力不好，而对手正在超越"	"对自己说他比我更累"

在上述例子中，被转移的信息内容大致有三种："己方和对方的心态"、"比赛和训练的情景"、"比赛条件对自身或对方的影响"。

信息转移的目标处于"己方和对方之间"以及"比赛和训练之间"。所以，要区分信息的转移方向。

投射的反面是压抑，他们是运动员对所接收信息位置或去向安排变量的不同属性。根据精神分析理论，不愿意被接受的动机被压抑于这一方，又会从那一方表现出来。故压抑不是运动员所期望的。

3. 抗性思维

收集的资料显示，在以下一类处理方式中，运动员接收竞技信息后，以该信息为"导火索"，表达并提升自己的原有的求胜愿望。例如，下列材料中的处理方式。（见表4-1-13）

表4-1-13　"抗性思维"处理方式资料

所遇竞技信息	竞技信息处理方式
"在比赛中对手比我强"	"在信心上要战胜对手"
"看到和自己同一时出发的运动员"	"和他拼到底"
"赛前教练给自己说对手的短处"	"牢记对手的弱点，和他死拼"
"在航道边和看台上有很多给对手助威的人"	"我偏要赢你"
"看到所有的运动员都精神百倍"	"我就是不好也不会怕他们"
"决赛时突然被换道次"	"即使换了航道，我还是尽力划出最好的成绩和名次"

在这种处理中，所接收的信息引发运动员的获胜愿望，运动员到强烈要求自己不退让、不妥协，实现或经过努力实现原计划目标。这些原计划目标可能是经过努力能够达到的，有些是自身无力做到的，其中也可能是自身不愿意做的。

运动员在表达愿望时，有时用词极端："见谁灭谁"、"心狠手辣"、"死拼"。这种表达强化了运动员求胜的目标，从这个意义上讲，运动员将消极竞技信息转化为有益竞技信息。

抗性思维与异向思维、认可接纳有所不同，在于所接收信息引发的思维内容不同，前者关注原有求胜目标，后者则视所接收信息的内容而定。

在表达方式上，抗性表达的反面是不表达，或常规表达（含目标设置）。是运动员表达求胜愿望与否变量和表达形式变量的不同属性。

抗性思维也是一种目标设置。抗性表达的反面是目标难度调节，他们是对原有目标的坚持程度变量的不同属性，但后者更具理智性和层次性（见目标难度调节）。

4. 认可与接受

收集的资料显示，运动员在接收消极信息后，承认所接收竞技信息的内容，有时还在此基础上做进一步的思考或采取行动措施。例如，下列材料中表示认可和接受的内容。（见表 4－1－14）

表 4－1－14　"认可和接受"处理方式资料

所遇竞技信息	竞技信息处理方式
"我的强项没发挥好"	"不要怕失败，在失败中得到经验"
"和强手一起出发"	"跟着他，冲出去"
"比得不好，让教练骂了"	"将自己的比赛过程回想一遍，找出原因"
"赛前领导，教练给的压力"	"领导教练对我那么看中，我一定要好好比赛，充分做好赛前的一切准备工作"
"裁判警告（警告级别不重）"	"面对警告觉得挺好玩"（陶璐娜）
"我在比赛之前应该拿到第一却没拿到"	"我心理上出现了看不起自己"
"我比赛强项是 1000 米结果却败了"	"我的 500 米会不会更差"
"比赛时艇不够重加上沙包"	"老在想这艇这么重，我会划得动吗?"
"比赛中看到别人都特健壮"	"我能不能划过他"

在这种处理中，如果仅仅是认可和接受竞技信息，却不因竞技信息而引发进一步的反应，可以使运动员免除消极信息的影响，保持原有的良好竞技状态。

从资料发现，在认可竞技信息后，往往紧跟着一个反应，如进一步的思考和行动（见后面行为处理）。这些由该竞技信息所引发的反应有些是积极的，如："模仿学习"、"交流倾诉"、"思索失败原因"等，有助于运动员重新建立良好竞技状态；而有些反应是消极的，如："抱怨"、"怀疑"，这些则对运动员的良好竞技状态可能有消极影响，需要采取进一步的处理措施。

如前所述，认可的反面是否认或质疑，它们是运动员评价竞技信息真实性变量的不同属性。对于有害信息真实性的否认能够直接将消极信息从信宿的头脑中排除，当认可环节本身不引起其他反应时，能够使良好竞技状态得以保持。

5. 突围式思维

收集的资料显示，运动员用来表达竞技信息处理的语言表达句式都惊人地相似。例如下面运动员问卷资料中的内容。（表4-1-15）

表4-1-15　"直面风险"处理方式资料

所遇竞技信息	竞技信息处理方式
"团体赛第一个怯场"	"影响就影响了"
"对比赛结果考虑过多"	"放心好，爱比成什么样是什么样"
"领导亲临赛场"	"看就看吧，比是我比"
"比赛前挨了批评"	"骂吧！我就这样了"
"比赛意义重大，怕完不成任务"	"真完不成也没办法了"
"裁判打分不分平"	"那也没办法啊！谁要裁判不公平的"
"比赛前挨了批评"	"管他的比不好算了让你骂够"
"比赛时状态不好"	"差就差吧，反正比不过他们"
"裁判偏袒对方"	"没办法，有裁判帮他我肯定比不过他了"
"赛前训练不好"	"反正都这样了，放开了比吧"
"赛场出现问题，教练对手发脾气"	"反正比不好了，就随便比吧"
"赛前准备活动没做好"	"管它的，碰运气吧"
"比赛前突然停电"	"就这么比吧，能比什么样，就比什么样"

续　表

"赛前训练情况不好"	"管它的,要摔就摔"
"比赛时接到通知说取消了"	"那就回家好好休息"
"比赛后听到成绩不好"	"没办法了都已经比完了"
"今天的板太硬了"	"没办法了,硬就硬吧,自己多使劲一点就行了"
"爸爸妈妈看我比赛"	"失败就失败吧!"
"前面的人从木上掉下来了"	"不要紧张,放开做,掉就掉吧"
"赛前没有活动好"	"上去蒙吧"
"比赛时生病了"	"病了也没办法"
"比赛时心里紧张"	"豁出去了,不想那么多"
"比赛时生病了"	"病就病了,先想比赛"
"记者赛前采访"	"赛前准备空间接受"
"比赛时的风浪特别大"	"大胆地划,翻船就翻吧,无所谓"

运动员面对可能发生失败的风险,而且自身又无法控制。这种处理方式表面上是运动员不在乎这些危险,但实际上,这表现出运动员能够预期风险、准备承担风险、能够放下由于风险而带来包袱,冲出恐惧等不良情绪的包围。

直面风险的反面是反复嘀咕可能出现的危险,深陷恐惧情绪之中不能自拔。

这个现象大多发生在体操运动员身上,垒球和皮划艇运动员也有一些。(见表4-1-16)

表4-1-16　三项目运动员的"直面风险"处理方式条目数

	皮划艇(45人)		体操(33人)		垒球(17人)	
	条目数	%	条目数	%	条目数	%
直面风险	1	0.22	27	13.92	6	5.45
总条目数l	452	100.00	194	100.00	110	100.00

体操属于技能主导类表现难美性项群的项目,[①] 无论在比赛还是训练中，随时面临高难动作带来的风险，这似乎练就了体操运动员在高风险面前的一种超然的态度。

6. 锁定新的具体目标

收集的资料显示，当运动员明确自己接收到消极信息后，会很快根据接收到的信息为自己设定一个目标。例如下面运动员问卷资料中的处理方式。（见表4-1-17）

表4-1-17　"锁定新的具体目标"处理方式资料

所遇竞技信息	竞技信息处理方式
"对手比我强"	"划出自己的节奏、战术，比出自己的成绩"
"对手与自己水平差不多"	"拉好水下的每一桨"
头脑中出现"语言障碍，缺乏沟通"的信息	"谨记自己航道的说法"
"意识到心情不好"	"好好放松自己"
"在比赛中领先对手"	"加大自己的动作幅度和桨下力量"
"比赛中被别人影响了自己的发挥"	"稳住，调整战术"
"比赛过程中有自己与其他对手对抗"	"依然保持自己的节奏和战术去比赛"
"天气不好"、"有浪"、"有风"	"稳住船"
"赛前教练对我说：你一定能划过他"	"你说你的我划我的，按自己的节奏划"
"比赛前被人刺激"	"不，按自己的节奏走"

在这种处理方式中，运动员在接收消极信息后，迅速转移目标定向，要求自己去关注另外建立的新目标，并以此取代对原有信息的关注，从而避免所接收信息的干扰。

从运动员填写的问卷可见，在新设置的目标中，根据其在上述几个目标维度上的属性，可以分为以下两类：

---

① 田麦久. 项群训练理论 [M]. 北京：人民体育出版社，1998.

（1）具体的目标

有些新目标是具体的、以肯定方式表达的目标，该目标的指向是近景的、运动员本人的和行为过程的。这表明运动员已经有了一个比较精确的、具有比较准确指导意义的策略，如上表所示。研究者称其为"关注具体目标"。

前国家女排教练袁伟民认为："临场出点子的语言，必须重点突出，具体明确。譬如当场上需要抓一传和拦网时，要具体地讲：'现在一传站位要往里夹一夹'，'拦网放第一下，拦第二下'。而不能一般地、笼统地讲：'要注意一传'，'要加强拦网'"[①]。

运动心理学认为，具体的目标更能提高行为的效果。

由消极信息引发的新目标更接近取得优异成绩的最终目标，使运动员更集中注意力，强化了取胜目标，利于终止不利行为，发动有利行为。在这个意义上，消极信息被转化为有益信息。

（2）模糊的目标

有些新目标在表达上是模糊的、"口号式"的模糊标。

目标设置原是运动心理学中的常用术语，指通过制定和调节具体目标而提高行为效率。类似于心理学中的目标管理。

在目标设置中，需要从几个维度调节目标，如：目标的指向（即目标的内容），目标清晰度（模糊与具体），表达目标的方式（肯定与否定），时间维度（过去、当前、未来），过程与结果，内、外部维度（自身、他人），设置目标的主体（自身、他人），以及目标难易度，等等。何时、何地、怎样在这几个维度上适当地调整目标，是每一个运动员所面临的问题。

目标设置的其他方式有：积极的自我谈话、自我命令、鼓励、积极思维，等等。

7. 锁定新的模糊目标

收集的资料显示，当运动员明确自己接收到消极信息后，会很快根据

---

① 袁伟民. 我的执教之道 ［M］. 北京：人民体育出版社. 1988.

接收到的信息为自己设定一个新的目标，这些目标并不具体，是模糊的、"口号式"的，缺少可操作性的，更强调目的性，而不注重如何操作去达到该目标。

从运动员填写的问卷可见，这样的模糊目标在其表达方式上可以分为以下两类：

（1）肯定式模糊目标

肯定式模糊目标表达的意思是"一定要……"。如下面的材料所示。

"放松一些"、"保持冷静"、"要对自己有信心，谁也不怕"、"调整心态"、"坚定信心，相信自己行"、"用尽全力追上"、"头脑要保持清醒"、"提醒自己注意点"、"放开了我自己"、"要特别小心"、"在比赛中战胜对手"、"保持平常心，尽自己最大能力去划"、"相信自己"、"在比赛时划出好成绩"。

运动心理学认为，模糊的目标看起来是一个伟大的目标，但它缺乏可操作性和具体的指导。然而，这样的模糊目标却是一个"安全的"目标，但它使运动员能够避开消极信息。

（2）否定式模糊目标——"突围式思维"

否定式模糊目标表达的意思是"不要……"。如下面的材料所示。

"不去想比赛的事情"、"不要慌张，不要乱"、"心里不能急……"、"不能怀疑，相信自己"、"不要怕，放松一些"。

"不要……"、"不怕……"的句式有助于运动员阻断反映消极情绪的竞技信息，本研究称之为"突围式思维"。

在"突围式思维"方法中，当运动员获得消极竞技信息后产生一种不良情绪，并被这种情绪所包围时，运动员能够意识到自身的不良情绪，并主动设法要求自己突破这种情绪的包围，突破思维的瓶颈，重新获得冷静的头脑，流畅的理智思维，做到处惊不乱。

情绪可以影响认知过程，"运动员们会经常感到，在心情良好时，情绪适宜的状态下进行运动训练或参加竞赛时，思维敏捷，战术思路开阔，解决问题迅速，而在心情低沉郁闷或情绪体验淡漠的状态时，则思路阻塞，

操作迟缓，无创造性可言。"①

虽然模糊的目标缺乏可操作性和具体的指导，但无论是肯定式，还是否定式，它们使运动员能够避开消极信息的影响。一般而言，肯定式表达比否定式表达具有更直接的指导意义。

8. 目标难度调节

收集的资料显示，当运动员明确自己接收到消极信息后，会很快根据接收到的信息改变自身原有的目标。从运动员填写的问卷可见，在这些被修正的目标中，目标难度调节的维度有目标清晰度（模糊与具体）、目标难易度、过程与结果、内外部维度（自身、他人）和目标的清晰度（具体、笼统）。其调整结果有以下两类：

第一类：更容易的目标

参加比赛比赛的运动员都想取得第一名。但在被调整的目标中，有些目标在难度上有所下降；在指向上从对方转向自身、从外部转向内部；更指向过程，而不是结果。例如下面运动员问卷资料中的内容。

"尽力去拼"、"跟她拼拼试试，看看我们之间到底存在多大的差距"、"尽自己最大努力，发挥自己的水平就可以了"、"划给他们看看显示实力"、"尽量放松自己，使自己放下包袱，投入到比赛当中，发挥自己的最高水平"、"埋头苦干能追上几个就几个"、"尽量把它划好"、"要把技术发挥得出色"、"只看前后，不去管它，划到终点就行"、"以平常心去对待，划出自己平时的好成绩就好"。

难度上的下降使目标更易完成；目标转向自身使目标的可控制性提高；指向过程使目标更易操作。所以，在这个意义上，运动员将消极信息转化为有益信息。

第二类：更远大的目标——升华和补偿

另一些被调整的目标更加远大，更加难以实现；在清晰度上更加模糊，不易操作，更指向结果，而不是过程。例如下面运动员问卷资料中的内容。

---

① 体育学院通用教材．运动心理学［M］．北京：人民体育出版社，1988．

（见表 4 - 1 - 18）

表 4 - 1 - 18　"升华和补偿"处理方式资料

所遇竞技信息	竞技信息处理方式
"赛前发生不愉快的事情"	"化悲愤为动力"
"中途对手借浪，裁判敷衍了事"	"哼！真不公平！但一定要坚持划好！"
"比赛前别人还在说自己的技术及状态的缺点，尤其是赛前教练还给压力"	"以压力为动力"
"上一场比赛队友发挥欠佳"	"不会受太大负面影响，也容易激起理想的竞技状态，渴望证明自己，渴望出色完成比赛"
"比赛前被人刺激"	"带着怒气划，特别有爆发力，尤其是短距离，准备活动都不用做就火开了"

　　在这种处理中，运动员意识到接收了消极信息后，将自己的注意力导向今后的、或更远大的目标；或选择其他能获得成功的活动来代替。这种更远大的目标同上述模糊目标具有相同的作用，能够消除消极信息的不良影响，属于排除类处理。

　　目标难度调节和抗性思维均属于目标设置，但目标难度调节更具理智性和层次性。

　　在应用心理学中，这样的目标修正叫做"升华和补偿"，是心理防御机制之一。指根据主客观情况，重新解释目标，或延期、或修订、或转化原有目标，以摆脱因目标难以达到而形成的挫折情境。适时、适度地调整目标难度也是每一个运动员所面临的问题。

　　9. 根据信息类别，采取相应措施

　　收集的资料显示，运动员所采取的具体措施是多种多样的，不仅对于不同的问题有不同的方法，而且对于相同的问题，也有多种不同的方法。根据所接收的竞技信息的不同，所采取的具体措施可以分为身体、心理、技战术等方面。例如下面运动员问卷资料中的内容。（见表 4 - 1 - 19）

表 4 - 1 - 19 **"采取相应行动措施"处理方式资料**

所遇竞技信息	竞技信息处理方式
睡不好觉	如"听音乐"、"按摩放松"、"数数"等
生病、身体不适	如"预备药品"、"及时、积极治疗"等
心理紧张	"放松自己"、"听音乐"、"深呼吸"
赛前看到对手状态很好	自己换个地方做准备活动，避开对手
技战术问题	实施相应的技战术（举例略）
其他	采取相应行动措施（举例略）

对于已经接收的有害信息，运动员在认知基础上所采取的行为，在处理方式上，既有将其转化为有益信息的，也有将其排除的；在处理的指向性上，既有关注问题本身的，也有关注由有害信息所引发的不良情绪的。

九、竞技目标管理——"加压"和"减压"

虽然在整个运动竞赛活动中，指引和维持运动员的有组织的竞技行为的是"提高运动成绩"这一目标，但在不同的时段、不同的层次，还有其他许多大小不同的目标。这些目标以一定的相互关系构成目标体系。各种竞技信息的冲击，使运动员随时会产生新的目标，造成各个目标在时空上的矛盾和冲突。

在信息环境中，我们必须面对的一个事实是人的注意范围的有限性。那么，在供过于求的竞技信息环境中，优秀运动员如何面对学习压力、如何解决由所接收信息而产生的新目标以及各个目标之间的矛盾？竞技信息处理在其中又起什么作用？

1. 目标的空间排序

从运动员提供的问卷资料可见，优秀运动员在发现并准确辨认出那些由竞技信息引起的、与取得优异成绩的原始目标不和谐的目标之后，通过"锁定新的具体目标"、"锁定新的模糊目标"、"目标难度调节"、"抗性思维"、"抗性行为"、"弱化排除"和"退避思维"几种竞技信息处理方式，来剥离不和谐的目标，保留所需要的主导目标，做到"有所为，有所不为"，使注意力聚焦在当前比赛上。例如下面运动员问卷资料中的内容。（见表4-1-20）

表4-1-20　"目标体系重组"资料

竞技信息处理类别	资　料
"锁定新的具体目标"	"按照自己的技术分配划，不管她"
"锁定新的模糊目标"	"调整心态，勇于挑战"、"保持冷静"、"谁也不怕"
"目标难度调节"	"尽自己最大的能力去完成比赛" "奥运会金牌就是天上的月亮，我也要把它摘下来"（占旭刚）
"抗性思维"	"就是死一次，也要把它举起来"（占旭刚） "睁大眼睛，豁出去拼了"（张建） "我死也要死在靶台上"（王义夫）
"抗性行为"	"强行吃下"、"努力寻找"、"划不动，也要划到终点"
"弱化排除"	"让自己不太在意"
"退避思维"	"不去想那么多，只想比赛"

经过上述竞技信息处理，运动员排除了与当前主导目标相矛盾的目标，重新调整目标结构，使目标结构更合理、更明确、更突出主次，从而只关注一个目标，而不顾及其他。

根据研究者以往的下队经验，其他不和谐的目标还表现为："想赢怕输"、"奖励与惩罚"、"美好理想与现实能力"、"比赛过程与结果"、"各界舆论"、"我要开门红"等等。

在处理这些目标关系时，还有更为概括的语言，如："丢掉包袱、轻装前进"、"放开打"、"摆正位置"、"顽强拼搏"、"斗志昂扬"等等（悉尼奥运会指挥部官员）。

在运动心理学中，常见的剥离不和谐目标的方法是各种心理定向或目标定向。

从这些处理过程可见，在目标体系中，当主导和辅导目标交织盘错，

存在相互矛盾时，运动员意识到的自己在多个方面同时处于不平衡状态，从而造成当前主导目标的意识模糊不清，使活动结果发生改变。这时，需要运动员在纷乱复杂的目标体系中，剥离出不和谐的、相互矛盾的目标，加强目标体系内部各目标的一致性，突出并关注当前主导目标。

根据这类竞技信息处理方式"多择一"的特点，研究者将这种"在目标之间矛盾增多的情况下，阻止无关目标，突出原有目标"的过程，叫做"目标的空间排序"。

目标的空间排序就是当由于竞技信息的出现，使运动员在层面的主导目标的发生转移，或原来所指向的目标退后或模糊时，运动员采用"锁定新的具体目标"、"锁定新的模糊目标"、"目标难度调节"、"抗性思维"、"抗性行为"、"弱化排除"、"退避思维"等竞技信息处理方式，梳理这些目标的主次地位矛盾、重建目标体系的空间序列，从而减少竞技信息压力。

2. 目标的时间排序

资料还显示，优秀运动员在发现并准确辨认那些由竞技信息引起的、不合时宜的目标之后，通过"锁定新的具体目标"、"目标难度调节"、"弱化排除"和"退避思维"几种竞技信息处理方式，来阻断思维流动，终止这些不合时宜的目标，关注当前的环节。例如下面运动员问卷资料中的内容。（见表4-1-21）

表4-1-21　"目标体系时间排序"资料

竞技信息处理类别	资　料
"锁定新的具体目标"	"事情已经发生不多想，奋起直追，争取好的成绩" "一分一分地打"（吉新鹏）
"目标难度调节"	"好好地去打好每一场比赛"
"弱化排除"	"不想结果，只想过程"；"比赛过后再想对与错的问题"
"退避思维"	"没有想冠军"（杨凌）；"不留恋射出去的箭"（金水宁）

经过上述竞技信息处理，运动员排除了不合时宜的目标，确保当前目标的各个环节按照原有的顺序进行，关注当前的过程，而不顾及未来的比

赛结果。

根据研究者以往的下队经验，其他不合时宜的目标还有表现为："赛前过多地想结果"、"完成动作时想成绩"、"前三发子弹打连打10环就开始想奖金"等等。运动员提前关注后面的目标环节，也就是通常所说的"分心"。

运动心理学中，常见的终止不合时宜目标的方法有："重过程，不重结果"、"排除杂念"、正确的角色定位等等。

从这些处理过程可见，由于目标体系由顺序性极强的若干目标构成，形成一定的层次，一环套一环，所以，当运动员排除了矛盾目标的干扰之后、专注于当前目标时，如果不同层次的目标不合时宜地交替出现，运动员的关注点不符合现实中的活动顺序，当前的活动就会受到影响。这时，需要运动员分清轻重缓急，暂时搁置比赛结果，加强时间管理，专时专用，关注当前和过程，在适宜的时刻关注适当的环节。

根据这类竞技信息处理方式使目标体系在时间维度上"序化"的特点，研究者将这种"在目标体系失序的情况下，按照实际活动的时间顺序，优化排序，阻止后续目标，突出当前目标"的过程，叫做"目标的时间排序"。

目标的时间排序就是当由于竞技信息的出现，使运动员的目标体系在时间维度上的顺序性受到干扰，造成当前活动结果发生改变时，运动员采用"锁定新的具体目标"、"目标难度调节"、"弱化排除"、"退避思维"等竞技信息处理方式，在时间维度上进行目标的优化排序，重建目标体系的时间序列，从而减少信息压力。

3. 竞技信息处理是提高目标体系时空有序性的手段之一

目标体系的时间序列和空间序列构成了该体系的时空有序性。即在目标体系中，一定数量目标的时间排序和空间排序。

在由多种目标构成的目标体系中，当目标的内容或指向互相冲突时，或当目标排序与现实的操作顺序相矛盾时，需要行为者有一个能动的调节。这种调节不是减少目标数量和削弱实现目标的愿望，而是提高目标体系的

有序性。强烈而高度有序的目标体系是运动员取得好成绩的保障之一。有序化的目标体系能够使运动员关注当前的、直接涉及自身的有关目标，制止未来的、涉及其他间接的或无关的目标。

由此可见，那些与目标设置有关的竞技信息处理方式是运动员梳理目标体系、解决目标冲突、提高目标体系有序性的重要方式。如："锁定新的具体目标"、"锁定新的模糊目标"、"目标难度调节"、"抗性思维"、"抗性行为"、"弱化排除"、"退避思维"等竞技信息处理方式。

在比赛开始之前及时解决目标冲突，锁定当前目标，是运动员成功处理竞技信息的标志之一。或者说，认识和分析竞技信息是解决目标冲突的关键之一，通过时时的目标优先排序，实现对竞技行为全过程的控制。

在以多学科参与训练为特点的现代竞技运动中，各项目教练员和运动员已经将提高心理素质列为运动训练的重要内容之一。如女飞人乔伊纳的"魔幻训练"、韩国射箭队的"梦幻训练"、加拿大花样游泳队和冰球队的"动作视觉化训练"，中国队传统的"封闭式训练"、"模拟训练"、"过电影"，还有"愤怒训练"、"逆向训练"、"表象训练"等等，共同迎接着竞技场上一个新的挑战——心理素质。

第二章 奥运代表团参赛指挥系统

第一节 奥运代表团参赛指挥系统特征

一、奥运会指挥工作的"战争"特性

奥运会如同一场战役，奥运会参赛管理如同战争指挥。战争是充满不确实的领域，在战争中，一切行动所追求的只是可能的结果。人们对隐藏着的敌情，只能根据不多的材料进行推测，同时也很难每时每刻都确切地了解自己的情况，从而增加了认识和把握战争规律的困难。战争也是充满偶然性的领域，偶然性会增加各种情况的不确实性，并扰乱战争事件的进程。由于偶然性的不断出现，就会不断发生预期计划与战争实际不符的情况，它直接影响到作战计划的实施。[1]

奥运代表因参赛在许多方面有类似战争的特征，相对于非赛期的常规性决策环境而言，运动会的参赛往往处于一种非常态的情境，是各种不利情况、严重威胁、不确定性的高度积聚。从抽象特性上来看，奥运会参赛具有以下四个特征。

（一）突发性和紧急性

组织所面临的环境达到了一个临界值和既定的阀值，组织必须快速做出决策。虽然一些普通的参赛管理工作可以进行提前的预测与通报，但相对于正常竞赛组织秩序来说，毕竟会出现打破常规的突发性事件，这就需

---

[1] 克劳塞维茨. 战争论 [M]. 2卷. 北京：商务印书馆，1982：707.

要进行非常规的处理。例如 1996 年亚特兰大奥运会上，击剑运动员叶冲因为翻译搞错比赛时间，使他无比可惜地丢掉了夺冠良机。这类事件的突发性表现得很明显，既可能没有人确切知道在什么时间什么地点会发生什么样的事件，也没有人能确切地预知事件的后果；既可能由一些小事引起，也可能根本没有任何先兆，完全是一种突发性的巨大事件。[①]

（二）高度不确定性

竞赛过程不但存在必然性和确定性，而且还大量存在偶然性和不确定性。运动竞赛因其固有的随机——模糊——偶然事件发生概率较大的特点，往往变得扑朔迷离。事件的开端无法用常规性规则进行判断，而且其后的衍生和可能涉及的影响是没有经验性知识可供指导的，一切似乎都是在瞬息万变。事件存在着向各种方向发生迅速演化的可能，控制好了，可能有助于解决危机；失控或错误的控制处理，则可能加剧危机，甚至引发其他诸多连锁反应，这也正是 1988 年兵败汉城的原因。突发事件的管理对奥运代表团指挥系统的反应能力与控制事态能力提出了很高的要求。[②]

（三）影响的延伸性

尽管奥运会期间的突发事件可能导致原有问题与不足的充分暴露，对改进今后的工作有一定的促进作用，但是奥运会四年才举办一次，从政府、社会、个人等各方面所付出的艰辛努力分析，它的损失和负面影响还是要大于正面影响。除了巨大的经济损失外，还可能会导致原有秩序的破坏，甚至影响到该运动项目的发展前景。

（四）实质是非程序化决策问题

突发事件是出乎意料的，整个事件都具备独特性，无法用处理常规事件的方法来应对与处理。管理者必须在有限的信息、资源和时间的条件下寻求"满意"的处理方案，迅速地从正常情况转换到紧急情况（从常态到

---

① 周学武，魏永平. 政府危机管理中的指挥探析 [J]. 青海社会科学，2004（6）：19.
② 刘建和. 关于运动竞赛的系统研究 [J]. 成都体育学院学报，1997（4）：23.

非常态）的能力是奥运代表团参赛指挥管理的核心内容。[①]

总之，从对战争和参赛特征的比较可以看出，奥运代表团参赛就是一种特殊的"战争"形式，代表团参赛工作就需要遵循军事指挥原则来管理，需要运用"打硬仗"的思维来管理。

二、中国奥运代表团参赛指挥系统的特征分析

奥运会的比赛是国家、地区之间竞技体育综合实力的对比，参加奥运会不同于单项国际竞技体育的比赛。历届奥运会我们都能精心组织、知己知彼，主动驾驭局势。而且奥运会的备战工作起步都很早，往往是上届奥运会刚刚结束不久，国家体育总局就着手备战下一届奥运会。还专门成立奥运领导小组，深入了解各奥运项目管理中心备战奥运会的各项工作，及时帮助解决各个运动项目遇到的困难和问题。[②] 在奥运会期间，代表团指挥部能带领大部队打大仗、整体作战、把握局势、运筹帷幄。几届奥运会，根据比赛的实际情况，围绕比赛的进程，指挥部采取相应措施有效指挥，为创造好成绩提供了保障，已逐步形成自己的指挥特点，大体可以概括为以下几个方面。

（一）参赛指挥主体明确

每届奥运会期间都能根据往届参赛经验和本届实际情况，建立高效的中国奥运代表团的指挥组织系统。通过参加近几届奥运会等国际重大比赛，积累出丰富的参赛实践经验，逐渐形成了一套建立在举国体制基础之上的、具有中国特色的参赛指挥系统，为我国运动员在比赛中取得好成绩创造了良好的组织基础。

代表团由几十人组成，设有精干的竞赛、外联、新闻、安全、后勤、文秘、医疗等工作小组，对参赛各队实行统一领导，面对面的服务和指挥，保证了整个中国代表团工作高效协调运转。在总局党组的领导下，由指挥

---

① 周学武，魏永平. 政府危机管理中的指挥探析 [J]. 青海社会科学，2004（6）：19.
② 袁伟民. 团结一致，迎难而上，再创体育辉煌 [J]. 中国体育教练员，2004（9）.

中心实施集中统一指挥，坚持党委集体领导下的总指挥分工负责制，有关参赛的重大问题，只要情况允许，经党委讨论决定，然后由总指挥分工组织实施，以赛事指挥员为主组织指挥。总指挥根据上级的意图和党委的决定，勇于负责，积极主动完成任务。情况紧急时，总指挥临机处置，事后向党委报告。

（二）重视打好开局，鼓舞士气的参赛战略

重视首战，打好开局，对提高士气、增强信心有着很大的影响。历届奥运会期间，我国奥运代表团从团部领导到项目领队都围绕开局做了大量扎实细致的工作。通过熟悉对手情况，找出行动规律，力求使主观指导符合于客观实际。奥运代表团能发扬民主，结合参赛任务，发动和组织代表团队伍，把领导的决心变为教练员、运动员的自觉行动。在首战必胜的信念指导下，力争取得最好的开局。

（三）参赛指挥体系规范、缜密、程式化

奥运代表团包括总指挥部、参赛现场指挥部和行动指挥部。各部门间能够加强协调与联系，注意听取各方面的意见，集中各方面的智慧，形成正确的决心，使代表团各项目组织团结协作，行动一致。工作中注重及时小结和分析案例，结合实战相互借鉴，使成功的经验和受挫的教训成为全团的财富，以利再战。代表团团部坚持午夜例会制度，及时分析形势，把握真情实况，力求各个层面上的工作过细再过细，形成了全团上下，自始至终团结奋战的良好局面。

（四）注重临场指挥的策略研究

能够深刻认识奥运会竞争的激烈性、残酷性和不可预见性。奥运会比赛，不仅比谁的技战术水平高，更多的是比思想、比意志、比作风、比心理、比应变能力、比临场指挥，这是竞技体育规律所决定的。指挥部能够保持清醒的头脑，在整个参赛过程中十分重视运动员思想和心理的变化，抓住苗头，防微杜渐。指挥部坚持以胜不骄、败不馁的体育精神为武器，做好思想转化工作，解决问题不过夜。团部领导和各领队配合教练一起帮助运动员调节出最佳竞技状态，轻装上阵，提高争金夺牌的成功率。

（五）参赛保障到位

总局十分重视科技备战，制定指导性文件对科技备战工作进行全面部署。加大科技攻关经费投入的力度，很多运动队都配备了科技人员长期跟队，有效地提高了训练的科技含量，医疗服务保障明显加强，一百余名医务人员长期随队工作。能加强信息研究和信息服务，体育信息中心紧密结合备战训练工作，编辑出版刊物，为代表团参赛准备了重要参考资料。从备战到参赛，有关奥运会的宣传报道工作全面翔实、丰富多彩。整个奥运会期间的宣传组织工作高效有序，舆论引导正确、及时，通过合理整合代表团资源和媒体资源，实现了传播平台最大化，满足了广大受众了解奥运的多样化需求。参加奥运会的整个外联工作也是井然有序，能与国际奥委会和奥组委之间进行多方面的联络与合作，为代表团创造了一个良好的参赛环境。同时，与国际奥委会和各国奥委会之间也能进行广泛的友好交流活动。还能成立安全领导小组，制定安全保卫工作方案及处置突发事件预案；国家安全部门还派出专职安全人员随团工作，向代表团领导汇报和提供大量安保信息，加强了代表团的安全保卫工作，保证了我国代表团参加奥运会期间的安全。

三、中国奥运代表团参赛指挥系统的运行机制

（一）分级管理，逐级负责，高效、快捷的组织体系

通过参加近几届奥运会等国际重大比赛，我们积累了丰富的参赛实践经验，逐渐形成了一套建立在举国体制基础之上的、具有中国特色的参赛指挥系统，为我国运动员在比赛中取得好成绩创造了良好的组织基础（见图4-2-1）。代表团参赛指挥系统能实行分级管理，逐级负责不同参赛工作。一般性事件由所在队部负责组织处置。责任单位和相关部门按照各自职责分工负责，能够迅速有效地开展工作。逐级负责有利于在紧急事件发生的第一时间以最快的速度做出决策，就地就近实施指挥，可以将不良损失降到最低限度。

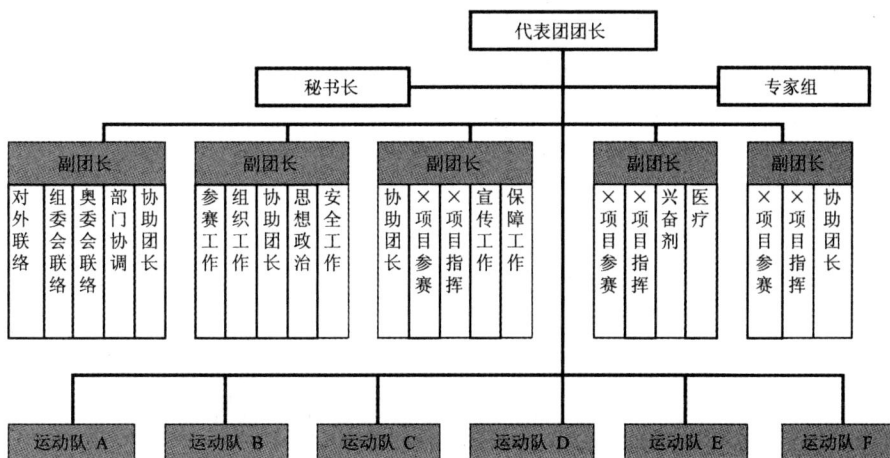

图 4 - 2 - 1　奥运会指挥系统组织结构图

（二）合理的参赛指挥工作流程

代表团指挥体系由代表团团部、参赛组织工作执行组、攻坚突击队和秘书处组成。团部由体育总局主管领导组成，秘书处由有关职能部门领导组成，负责重大问题的研究与决策以及备战工作的监督检查；参赛组织工作执行小组是各具体运动项目的执行单位，具体负责本项目行动计划的实施；以主教练为核心的攻坚突击队由各个单项的管理人员、教练员、科研人员和医生组成，全面把握竞技信息，根据实际情况制定有针对性的攻关计划和实施细则（见图 4 - 2 - 2）。

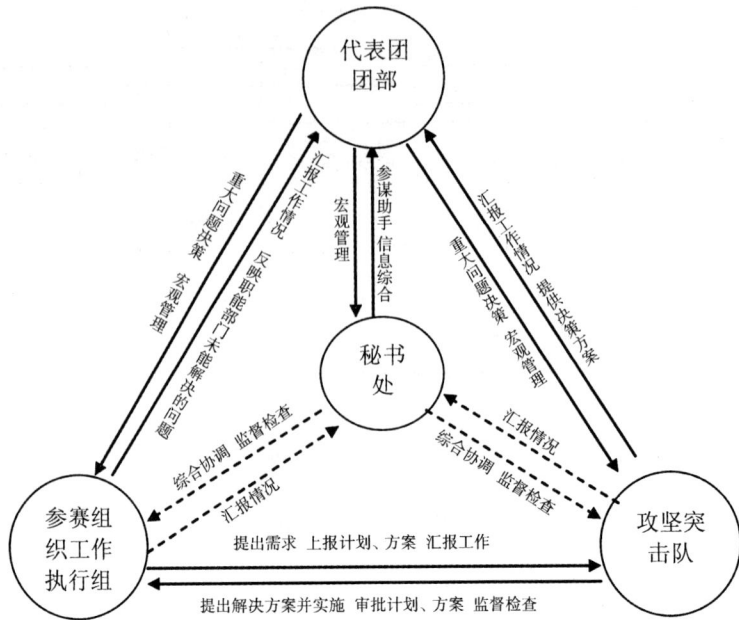

图 4-2-2　代表团工作流程示意图

（三）条块结合，统分结合，有效整合资源

采取条块结合的矩阵式管理。代表团是按照不同的系统建立起来的，在正常状态之下有利于管理和运行；而一旦出现紧急、特殊事件时，专业化的应急指挥就是迅速有效的。然而，紧急、特殊事件的出现往往是跨系统、跨部门的、全局性的，这就需要多系统/多部门联合行动。协同作战可以整合资源，通过信息系统实现一体化的集中指挥，这样既可解决重复建设，资源浪费的问题，又可以保证系统内应急处理的单独运作和全局性危急事件出现时的统一指挥和调度。

（四）平战结合，做好代表团参赛工作的常态管理

代表团对参赛工作的常态管理非常重视，既注意到工作人员和专业队伍的培训，又注意到对代表团团员的宣传教育；既注意到专业职能部门应急预案的制定，又注意到应急预案的日常管理和定期修订。

总之，通过分析历届奥运会我国参赛指挥系统的运行经验，启示我们

在 2008 年北京奥运会上要加强参赛指挥工作体系的建设，理顺指挥关系；要提高指挥中心的调度能力，明确参赛现场指挥部的工作规范和岗位职责，并确定建立现场指挥关系的原则；还要研究参赛指挥条例，规范现场指挥工作；并且要加强各级行政领导指挥能力培训，提高参赛指挥工作水平；更要加强参赛现场指挥战术策略的研究。[①]

第二节　奥运代表团参赛指挥系统结构及功能

一、奥运代表团参赛指挥系统的组织结构及职责

（一）多级协调模式的指挥组织结构

奥运会参赛目标的实现，需要国家体育总局整个体系的参与，因此奥运参赛指挥系统的体系结构应与整个总局的部门职能工作紧密结合。针对目前国家体育总局政府体制和奥运参赛指挥工作的实际情况，提出一种适合我国特点的"多级协调模式"的参赛指挥体系。该指挥体系的特点是通过通讯与计算机网络基础设施和共用基础信息平台，将不同层次的资源统一起来，划分为六级结构，如图 4 - 2 - 3 所示。

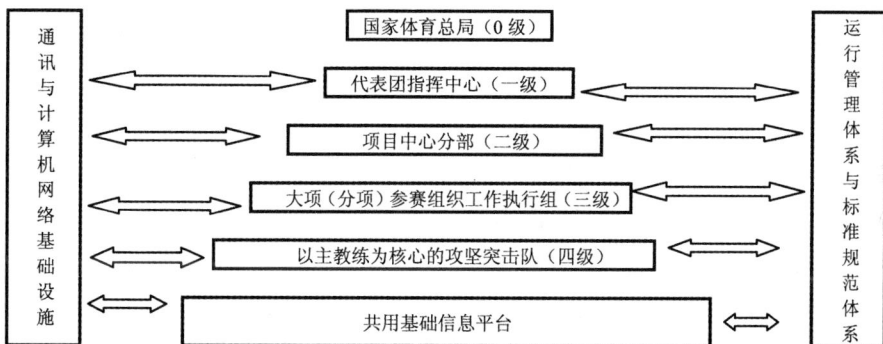

图 4 - 2 - 3　多级协调式指挥体系结构图

---

① 严苏平、雷厉. 我国代表团参加成届奥运会指挥系统特征的启示［J］. 第八届全国体育科学大会论文摘要汇编，2007.

（二）参赛指挥系统组织机构的职责

1. 代表团部

作为整个体育代表团的心脏，代表团部起着核心与中枢的重要作用。既要制定整个代表团的总体作战战略与行动规划，从宏观上掌控我国代表团整个奥运会参赛行动的战局发展；还要引导各个项目组织管理人员制定本项目的参赛战略与具体战术，保证各个项目的局部战役为我国参加奥运会的总体战局做出既定的贡献。其中指挥部办公室主要职责是汇集、上报工作进展，提出工作方案和措施建议，贯彻指挥部指示和部署，协调有关部门或单位的工作并督促落实，掌握参赛情况，指导参赛宣传工作，组织新闻发布会，审查新闻稿等。指挥部办公室的使命紧张而繁重，它的工作状态将影响到指挥部的启动和运作效能。指挥部办公室应当在以下两方面相应地发挥作用：一是办公室适时启动预案，迅速运转，全面进入工作状态，发挥办公室提供信息、做好参谋、发布命令的基本功能；办公室服务于代表团指挥活动，确保指挥部的运转。二是根据指挥部的命令或指示，积极协助指挥部成员单位和支持有关执行小组，确保各项工作协调、有序和高效地进行。

2. 项目中心分部

各个运动项目管理中心在代表团总体规划的基础上，分别负责组织各个项目的战略规划。根据比赛的实际需要，各个中心组成以中心主任为核心、包括各个部处领导的项目参赛领导小组，系统规划本项目的奥运竞技活动，抓紧落实各项组织规划。作为整个组织体系中非常重要的一个中间层级，项目中心担负着贯彻代表团总体战略、规划项目进程的重要任务，是总体参赛组织工作中承上启下的重要环节。

3. 大项（分项）参赛组织工作执行组

在项目中心领导小组的组织下，各个项目的负责人要本着分工合作与协调配合的原则，详细制定各个项目和分项的参赛策略和作战流程，具体执行各项参赛的组织管理工作。全面贯彻代表团部的总体战略和中心分部的项目规划就成为各个项目（分项）取得参赛成功的重要前提条件。

4. 以主教练为核心的攻坚突击队

各个单项的管理人员、教练员、科研人员和医生围绕运动员组成"攻坚部队",全面把握竞技信息,根据实际情况制定有针对性的攻关计划和实施细则。遵循程序化参赛思想,赛前围绕夺金的关键点制定程序化的参赛方案,力求提高运动员的抗干扰能力和赛中战术储备,实现参赛行为的功能节省化,避免在比赛中单纯依靠运动员的临场应激表现,保证运动员有良好的发挥。

(三)指挥组织系统的科学管理

1. 选好代表团组织成员

重点选择熟悉训练竞赛工作、了解竞争对手,且对外有良好工作关系的训练竞赛干部。这些人是代表团的主体,有的留在团部,有的则指派到运动队担任有关工作。此外,还要选择人员担任运动队思想教育、精神文明建设工作;选择专人负责科研力量、医生的组织调度和营养药物管理工作;选择专人负责大会新闻宣传、广播电视、采访记者联系、沟通工作。在代表团组成及明确分工后重要的是确保认识到位、人员到位、工作到位。

2. 强化指挥中心办公室在系统中的协调组织作用

办公室作为竞赛管理的主要职能部门,在参赛指挥系统中具有举足轻重的协调作用。根据责权利一致的原则,代表团应赋予办公室相应的权力和地位。凡涉及运动成绩的各种决策,总指挥均应充分听取和尊重办公室的意见,并支持办公室行使对参赛工作的指挥调度权,对人、财、物的分配调节权。

3. 可以根据地域分布成立代表团分团

由于奥运会赛区大多比较分散,而且距离较远,因而造成直接指挥的诸多不便。可以把地域相近的几个项目组成代表团分团,安排分团的前线指挥。但是要注意做到早规划、早安排,使分团的指挥尽早进入工作状态,尽早熟悉项目情况,以适应决策的工作需要。

4. 赛事指挥工作阶段划分

大型体育赛事的赛事安排一般都在半个月左右,各代表团参赛项目都分布其间。为了便于组织指挥,代表团应该根据自身参赛项目的分布情况,把整个比赛过程分成几个阶段（多为三个阶段），并预定出每个阶段的重点项目、高潮和关键比赛。分阶段推进工作是代表团的基本工作方法。根据各个阶段预赛的任务和实际完成的情况进行工作小结和动员部署，以推进整个赛事能在代表团的统一组织指挥下健康发展。

另外，良好的开局是成功的一半，打好开局，首战胜利是关系全体将士精神状态和胜利信心的重要一役。代表团应该根据各自的实际情况，有针对性地帮助运动员、教练员放下思想包袱、缓解紧张情绪，同时充分考虑到比赛双方的整体实力、技战术特点和心理倾向，认真开好准备会，统一思想达成共识，充分做好各种准备，努力打好开局。①

5. 统一的战斗思想是奥运会参赛组织工作的动力源泉

奥运会赛场的竞争将是空前激烈的，中国体育代表团所面临的参赛任务也将是光荣而艰巨的。在这种情况下，当我们的运动员站在奥运会赛场上时，需要的不仅仅是高水平的竞技能力，更重要的将是思想动力的支持！在雅典奥运会上，我国男子双人划艇拿到了中国水上项目的第一块奥运会金牌，在短短两年零八个月的时间里实现了一个中国落后项目的历史性突破！刘翔则以优异的成绩向世人发布了一个重要的宣言：中国人同样可以在短距离直道竞速项目上登上世界的顶峰！这些激动人心的胜利，是运动员竞技能力的胜利，更是奋发图强的中华民族精神的胜利，是果决的战斗士气的胜利，是坚定的参赛思想的胜利！由此也提醒我们，在北京奥运会的高端竞技对话中，战斗思想的创新是我们取得成功所必需的基本条件之一。

二、奥运代表团参赛指挥系统的系统结构及功能

（一）奥运代表团参赛指挥的系统结构

北京奥运会设置28个大项302个小项，是国家整体竞技实力的全面展示，参加奥运会的中国代表团自然也是一个有机的整体。代表团参赛指挥

---

① 孔庆鹏. 大型运动会参赛组织指挥若干问题的研究 [J]. 体育文化导刊，2005（2）：3 - 7.

系统结构应该采取矩阵式指挥方式。大型综合性运动会代表团的管理是一个多职能、多要素、结构复杂、范围广泛的综合系统，这个系统由信息反馈、管理决策、管理执行、工作监控、后勤保障五个动态的子系统构成一个有序的结构。五个子系统功能不同，彼此相互联系，相互依赖（见图4-2-4）。

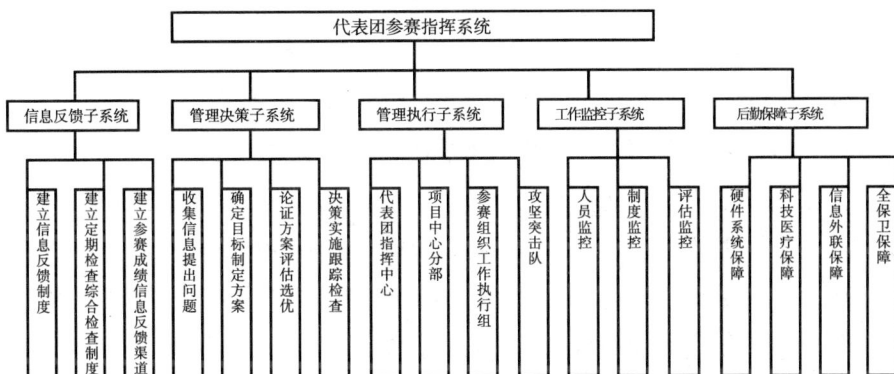

图4-2-4　代表团参赛指挥系统结构图

（二）奥运代表团参赛指挥子系统的功能

1. 信息反馈子系统

领导决策一定要以准确、及时的信息为依据，这就需要指挥室全面、迅速、准确地了解各种信息，经过汇集、整理，向领导反映。信息系统既是代表团指挥中心实施指挥的客观需要，又是保证指挥系统正常运转的重要环节，信息系统的建立，使指挥中心客观控制、层次管理、程序指挥等任务能够得以顺利完成，使指挥系统的各项工作能按计划，有步骤地进行，起到了联结代表团团部和各执行小组，确保信息畅通的枢纽作用。信息系统运转后，对代表团指挥系统的指挥提供了一系列赛事信息、做出决策、实施指挥的方案，而且运用现代化的通信手段，帮助领导实施有效的、及时的指挥，为代表团各部门工作的正常运转和领导决策及时沟通起到了良好的作用。

信息反馈子系统是参赛工作指挥系统的基础。这个系统以竞赛信息中心为基础，通过建立信息网络，建立竞赛成绩数据库，及时了解运动员参加比赛成绩、训练水平、运动状态等条件，使之构成网状信息渠道，并不断完善，保持畅通。信息管理的基本要求是流通合理，反馈准确及时。主要是使用通信手段，将上级指挥系统的命令、指示、要求和下级执行任务的情况，请求上级解决的问题，突发事件发展的态势，通过有（无）线电话、电台、传真机、计算机、对讲机等传输方式，用语言、电信号、文字的形式沟通上下级之间的联系，保证指挥系统准确、快速、高效率实施指挥。

2. 管理决策子系统

管理决策子系统是指挥系统的中心，它由代表团团长及其领导下的秘书处、执行小组、各部门的负责人等构成，决策的依据是信息中心及各有关渠道提供的信息。参赛决策是参赛组织管理的关键，只有在正确的决策前提下进行的管理才有其意义。因此，管理决策必须遵循目的性、科学性、可行性三项决策原则。[1] 要配备相应的装备器材，有专门的工作人员，有危机管理预案，定期召开协调会议，通报情况，指导有关部门做好处理各类参赛事件的准备。管理决策子系统是指挥中心实施运作的核心部分，各部门要在总指挥的现场指挥下，做好代表团团部和各项目执行小组正常运转的领导、指挥、协调工作，及时掌握并协调落实运转过程中出现的重要情况，及时处理各种突发事件、问题，做到上情下达，下情上报，以保障取得最佳的运动成绩。

其中，奥运会代表团决策中枢由团长、副团长、秘书长、副秘书长等组成，是系统中最核心的部分，他能不能在最短的时间内做出反应、做出反应的方式以及领导、指挥参赛管理工作的过程，是衡量一个参赛组织管理的主要因素。这里最重要的不是决策中枢机构组成人员的地位、身份，而是组织所拥有的权力及其资源、运行的机制、处理事件的方式。对于决策中枢系统而言，除了要有一套完善的组织机构和相应的条例制度以外，还要求决策中枢系统的成员，尤其是领导人应具备高超的指挥艺术。领导人必须表现出高超的处事艺术，具备很强的反应、决策、协调、指挥、控

---

① 李忠云. 高校教学工作指挥系统的探索与实践 [J]. 高等农业教育，1997（10）.

制能力，富有智慧，在决策时表现得理智而又成熟。①

3. 管理执行子系统

管理执行子系统是指挥系统有效运行的关键。它主要由办公室、各部门主管组成。这个系统的主要任务是调动运动员、教练员的积极性，优化资源配置，通过各项目的分层管理，使指挥系统的决策迅速有效地得到贯彻执行，从而实现管理的功能和目标。

4. 工作监控子系统

工作监控子系统是指挥系统有效运行的重要保障，由人员监控、制度监控、评估监控三个部分组成。监控系统要求遵循三条基本原则，一是要对管理的全部要素实施监控；二是监控应有效地覆盖运动会参赛全过程；三是能控制住影响竞赛成绩的关键环节。

5. 后勤保障子系统

后勤保障子系统是指挥系统实施职工的基本保障，也是指挥中心准确灵活指挥的前提条件，必须投入现代化的科学仪器设备保障指挥中心良性运转。主要是对参加指挥管理的单位、人员所需的经费、物资、科研、医疗、宣传、外联、安全、技术、伙食等多方面进行保障。

第三节　奥运代表团参赛指挥系统的有效运行

一、各子系统的有效运行

构成代表团参赛指挥系统的五个子系统是动态的、发展的，既相互联系，相互依赖，又有各自特定的功能。只有五个子系统既充分地发挥其作用，又彼此相互协调，整个指挥系统的功能才能有效地实现。

（一）信息反馈子系统的运行

管理决策是否正确，管理是否有效，在很大程度上依赖于参赛信息反

---

① 陈尧. 当代政府的危机管理 [J]. 行政论坛，2002 (8)：24－25.

馈是否准确及时。参赛信息既要通过各种渠道全面收集，又要进行科学管理，对收集到的信息精心筛选，浓缩提取，分类处理，及时反馈到决策和执行部门。要求做到：第一，建立信息反馈制度。形成常规信息网络，指挥中心办公室负责汇总分析，及时对参赛过程进行有效调控。比赛中的重大问题，通过召开各种形式的论证会，听取意见和建议，经及时调研后，由领导决策。第二，建立定期检查、综合检查等经常性信息反馈制度。第三，建立各项目国外运动员参赛成绩的信息反馈渠道。在认真分析、研究各类信息的基础上，对参赛工作进行有效调控和改进。第四，加强参赛指挥管理网络系统建设，实现领导机构报告系统和网络系统的互补。无论从传统的角度，还是从现实的角度来看，体育总局都是层级制的行政组织系统。在这个系统中，信息的传递实际上都是沿着纵向层级流动，参赛指挥系统也不例外。各类参赛事件发生后，有关情况由运动队向执行组报告，然后执行组迅速逐级向上一级分部报告，直至指挥中心。而指挥中心的决策和指令则沿相反的方向向下逐级传达。这种行政组织系统的优越性是能够通过行政组织的责任制来发挥效率。但其一个重大的缺陷是信息在逐级传递的过程中由于系统和人为的原因，会出现延缓、缺失、失真、难以比较等问题。而这些问题在对信息的时效性和确切性要求极高的指挥管理中，会带来诸如难以对局势做出准确判断，从而难以正确决策等困难。所以，我们在按照行政程序实施应急报告，获取上级指示以及各种信息的同时，应该注重发挥网络系统的作用。加强网络系统的建设，使各部门特别是决策部门，能够通过网络系统，同步获得各种原始信息，获得更多的信息评价，进行多渠道的信息对比，从而增强信息的时效性、准确性，为及时准确的决策提供保证。

（二）管理决策子系统的运行

管理决策子系统由代表团团长及其领导下的领导小组、主管各部门的负责人等构成。决策的依据是信息中心及各有关渠道提供的信息。参赛决策是参赛组织管理的关键。只有在正确的决策前提下进行的管理才有其意义。因此，管理决策必须遵循目的性、科学性、可行性三项决策原则。管理决策子系统运行的一般程序包括收集信息，提出问题；确定目标，制定

方案；论证方案，评估选优；决策实施，跟踪检查。要形成以团长为中心的管理决策系统。管理上的重大问题由办公室在调研的基础上提出方案，经指挥中心论证、评估、选优后，再由办公会议决策。常规管理工作由各项目主管召开工作会议决策。

（三）管理执行子系统的运行

管理执行系统的任务是以最优的方法把各个运动项目、各个管理组织科学地组织起来，使各个参赛环节有机地协调，从而形成一加一大于二的管理合力。它主要由办公室、各部门主管组成。这个系统的主要任务是调动运动员、教练员的积极性，优化资源配置，通过各项目的分层管理，使指挥系统的决策迅速有效地得到贯彻执行，从而实现管理的功能和目标。

（四）工作监控子系统的运行

要提高成绩，获得更多的金牌，就必须对整个参赛工作进行有效的监控。这个系统分为三个层面，它一般由人员监控、制度监控、评估监控三个部分有机组成。按照控制论的观点，管理就是控制。管理者可以运用信息对管理对象实行控制，从而获得所需要的功能行为。管理过程，实际上就是对竞赛成绩实行有效控制的过程。①

（五）后勤保障子系统的运行

后勤保障子系统包括科研、医疗、信息、宣传、外联、安全等工作。指挥系统的实施还需要一系列保障措施，具体包括：经费的重点投入、科技服务与攻关、反违禁药物、加强政治思想工作、建立目标责任制以及建立监督机制等。

二、指挥中心的科学管理

（一）完善管理制度，严格按照规章办事

指挥中心必须制定一系列的管理条例，保证指挥工作的严肃性、科学

---

① 华中农业大学：高校教学工作指挥系统的探索与实践［J］.中国电子教育，1999（1）：12－16.

性和正确性。必须要求指挥中心的每个工作人员及有关部门严格按照有关规章制度办事。指挥中心规章制度包括《指挥中心管理办法》、《指挥中心的指挥系统和人员安排》、《代表团电话会议流程》、《指挥中心正式运转方案》等文件和规定。对指挥中心运转过程中所涉的有关工作内容、工作程序、工作要求要做出明确的规定，使得工作在实践过程中能做到及时、果断、有序、规范。

（二）编制计划网络图，从宏观上掌握指挥中心的工作节奏

计划网络法是系统工程的一种方法。它的基本思想是"统筹兼顾，求快、求好、求省"。它的基本原理是将拟定与开发项目的计划作为一个系统来看待，通过网络图的形式对整个系统全面规划，并分别轻重急缓进行协调，达到以最少时间和资源的消耗来完成整个系统的预定计划目标，取得最好的社会、经济效益。[①] 因此，从指挥中心正式运转那天起开始设计计划网络图，列出指挥中心的主要工作；使各类工作人员每天应该干什么，必须完成什么工作得以明确；从而使代表团按既定的程序，有条不紊地开展各项工作。

（三）分工明确，逐级上报

由于指挥中心的工作涉及的部门多，处理的各种问题多，指挥中心工作人员必须明确分工，各项目委员会都要有一套班子，最后汇总报副总指挥、总指挥。在每套班子当中，都要建立逐级上报制度，对于一些有难度的具体工作，每个工作人员要在解决问题的同时，迅速向上逐级汇报，做到哪一级能解决就到哪一级。这样便于总指挥、副总指挥集中精力处理重大的事情。

（四）制作流程图

计划网络图只解决了宏观上的调控，微观上的具体事情就必须靠制定流程图来解决。要提前编制接待服务、训练安排、赛场组织、医务科研、饮食交通等流程图，还要明确与之相匹配的实施方案和实施流程。还要设计机构设置、通讯联络、信息反馈等有关系统的图表，方便操作。

---

① 梁晓龙. 第 11 届亚运会筹备工作计划网络图的研制 [J]. 福建体育科技, 1994 (1).

```
事件受理 ──────→ 电话库
   │                │
   ↓                ↓
事件辨别 ←──────────┘

事件分析 ──────→ 预案库
   │                │
   ↓                ↓
方案生成 ←──────────┘

执行组和相关    ←── 指令下达
部门                 │
   │                ↓
   │            信息保存 ──────→ 数据库
   │                │              │
   └──────────→ 信息反馈 ←─────────┘
                     │
                     ↓
                 情况汇报
                     │
                     ↓
                   结束
```

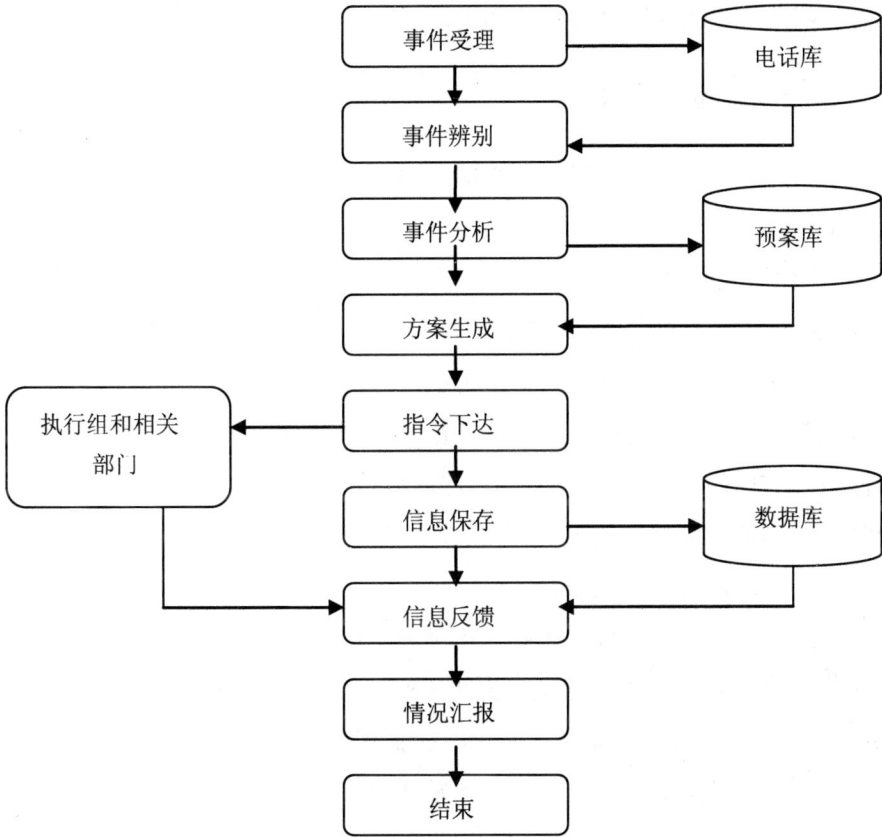

图 4 - 2 - 5　代表团指挥工作业务流程

（五）实行以点带面，以局部带动全局的试运转方案

实行以点带面、以局部带动全局的方案具有非常现实的意义。各执行小组根据自身项目的特点制定出试运转方案及流程图，报指挥中心审验后先自行试运转。先进行局部试运转，然后再合起来进行整个流程的试运转，通过部分纵横交叉的"磨合"，加强各个环节之间的衔接。但是，只有局部试运转是不够的，因为局部的计划和运行有时看起来比较圆满，但合在一起进行整体运转往往会产生新的问题。而全局合练则是检验和调整局部与全局的好办法。因此，在局部试运转的基础上，指挥中心必须及早组织合

练，提高整体与局部的协调配合和工作人员的实际操作能力。①

三、有效运行的保障

（一）处理好各项目部门与总指挥之间的关系

既要强化各项目部门在参赛管理中的主体作用，又要保证总指挥对参赛组织工作的领导和保障作用。各项目部门处于参赛管理的第一线，直接全面负责参赛工作的组织、协调和指挥。各项目部门参赛组织管理工作的状态如何，直接影响最终比赛成绩。必须调动各项目部门的积极性，发挥其在组织管理工作中的主体作用。总指挥是参赛工作指挥系统的核心，他和其他领导对竞赛工作的认识和思路，对提高比赛成绩至关重要。指挥班子必须配备与利用一定的现代化通讯技术手段，才能加强团部与各队的沟通联络。②

（二）重视比赛环境的竞技信息

运动员参加比赛的成绩直接受比赛环境信息的影响，主要包括运动员自己、对手、比赛结果的评定、比赛条件等。在北京奥运会上，我国运动员主场作战，对场地、器材、气候等都非常熟悉，还可以免受奔波之苦，天时、地利、人和将成为我们取胜的重要因素。而对手运动员的各种竞技情况对于我们备战和参赛工作就至关重要了。

现代的体育竞技是信息的竞争，运动员接受的信息以及处理的方式，都在一定程度上影响着运动员自身的竞技表现，从而对比赛结果产生影响。正确处理竞技信息能够使运动员改变自己同环境的关系，获得更多的有益竞技信息、避除有害信息，利于建立和维护良好的竞技状态，从而为运动员取得优异成绩创造良好条件。为此，我们更要特别重视收集各种信息，利用既定策略对信息进行定向处理，全面了解比赛环境。与此同时，在参赛指挥系统中，要实现既定的目标，关键在于各个层级之间要建立一套顺

---

① 戴健. 谈谈系统思想在东亚运动会指挥中心的应用 [J]. 福建体育科技，1995（9）.

② 潘前，陈如桦，张璐裴. 从我国奥运军团的成功之道谈我省九运会对策 [J]. 福建体育科技，2001（2）：26-29.

畅的信息沟通与流动路径，保证管理层的组织理念和激励信息可以不折不扣地在操作层和表现层得到全面贯彻并且彻底执行，同时使得操作层和表现层的竞技信息可以有重点地传递给组织管理的决策层，为组织决策提供重要的信息支持，保证领导决策、教练员决策与运动员决策的协同，实现参赛系统的整体推进。

（三）实施参赛指挥系统的人力支持

指挥系统的第一要素是人。应抽调作风硬朗、经验丰富、精力充沛的体育干部组成指挥班子，分工合作、明确权责、管理到队。班子成员应经常下队跟队，深入训练与比赛现场，及时了解教练员和运动员的思想动态与训练动态，与教练员、运动员成为知心朋友，培养与运动队相处所必需的情感体验与共同语言，为决赛时对运动队实施有效的指挥积累经验与条件。目标明确的参赛指挥系统需要在各个层级上配置具有特定素质的人员以提供重要的人力资源支持。

首先，战略与行动的协调需要思想的统一，而这需要参赛体系中各个层级之间有顺畅的信息沟通。为此，在各个组织层级中，都应该有成员同时隶属于上下相邻的两个层级并且拥有重要的位置。这样，战略思想与重要信息才能在层级之间实现顺畅传递，保证参赛系统的紧密联系。另一方面，我们要建立以主教练为核心的突击队直接完成攻坚任务。从实践角度来讲，奥运会比赛的激烈与复杂要求国家队教练组是一个由多学科人员组成的、高素质的执教团队。这个团队包括由主教练、领队、科研教练组成的决策层，以及教练员的操作层，可以更好地理解和贯彻参赛组织系统中上级的组织思想，应对参赛组织实践过程中面对的问题。对此，我们要充分考虑项目的竞技特点，以此为依据打造精锐之师更好地完成攻坚任务。

（四）指挥中要强调对运动员参赛行为的控制

北京奥运会的参赛组织工作，最后都要围绕我国运动员的参赛行为展开，都要在运动员的赛中表现上体现出组织效益。而谈到"参赛行为"，既要考虑如何控制运动员比赛时的竞技能力发挥，也要考虑运动员进入赛地后的赛前竞技状态调控。

奥运会的比赛，各个项目都会规定运动员提前一段时间进驻赛地准备比赛，这段时间的训练与比赛发挥紧密联系，此时的调控也就直接影响到运动员在比赛中的状态。通过多年的探索和实践发现，优秀教练员团队对于运动员能力的发展和状态的变化有着全面的控制能力，保证运动员在比赛中处于最佳的竞技状态。但是，我们必须要清醒的认识到，目前还有不少项目的教练员并没有真正把握本项目运动员的状态调控规律，在很多细节问题上存在漏洞，导致的结果就是运动员最佳竞技状态的遗失。所以在现有条件的基础上，要重视运动员赛中竞技状态的调控。在比赛过程中，运动员随时随地都可能遇到各种干扰事件，发挥水平会受到各种因素的影响，使得运动员在比赛过程中的行为过程、行为结果与训练不一样，有的还会直接导致比赛的失利。对此，我们要加强备战工作的实战性，从风险管理的角度出发，结合各个专项的竞技特征和制胜规律，在备战训练中对运动员进行参赛风险教育，培养运动员的自控能力，保证运动员在比赛中能够坦然面对各种突发事件，泰然自若地发挥自己的竞技能力。

（五）建立与系统功能和结构相适应的工作作风

实现参赛工作指挥系统的有效运行，达到管理目标，必须强化与系统息息相关的领导和有关职能部门的作用，建立与系统功能和结构相适应的工作作风。要求干部作风要扎实，工作要务实，措施要落实。基于上述特点，对于指挥部办公室及其参与人员，应当具备的观念、原则、作风和能力如下：观念包括大局的政治观念，明确的时间观念，整体的信息观念。原则总体强调着眼全局，恪尽职守，科学预见，集思广益，及时沟通，协同配合，简化程序，有序高效。作风应是团结、精干、协调、有序、简约、高效。能力包括讲求政策与策略，善于积极主动，善于运筹帷幄，善于组织协调，善于维护集中。

要做好重点运动员、重点项目关键场次比赛的赛前准备和临场督战。根据整个竞赛的发展进程和代表团的工作实际，代表团领导和训练竞赛的业务人员要有选择地参加一些项目、运动员的赛前准备会或赛后总结会，帮助运动员进一步调整心态，端正态度，排除干扰，以便从技战术、心态多方面做

好准备，必要时还要适当组织观众或领导亲自观赛督战。另外，体育比赛有极强的时效性，所以围绕比赛的有关工作，一定要抢时间、争速度。

（六）参赛指挥中的关键是实行有效的突发事件指挥

大型体育赛事的实践证明，整个比赛进程常常是波澜起伏、曲折跌宕，有时甚至一波三折、大喜大悲、瞬间巨变，因此代表团应该充分估计困难，并能在各种复杂情况面前都有所准备，都能及时应对。例如，开局失利怎么办？首战告捷怎么办？连续受挫怎么办？连续打胜仗怎么办？还有先胜后败、先败后胜、多种情况交替出现又怎么应对。重要的是代表团领导对此要早有预见，早有预案，并在工作实践中不断提高综合分析复杂情况、判断战局发展趋势的能力，抓住关键，思想教育、心理疏导与解决技战术等实际问题相结合。代表团领导要善于通过现场观战，个别访谈和有关会议等多种途径，了解真实情况，倾听大家的意见，并组织和发挥集体的力量，集中大家的智慧，调动大家的积极性，进行卓有成效的工作。

在实际过程中最怕的是连续受挫，预想的金牌一枚枚地丢失，实际成绩与原先的预计反差太大，甚至眼看任务完不成，全团气氛压抑，意志消沉。面对这种情况，代表团领导特别是主要领导首先要控制好自己的情绪，沉着冷静，遇变不慌，处惊不乱，有一个大将的风度。同时要善于集中大家的智慧，寻求良策，果断指挥，振奋精神，扭转颓势。危机管理作为特殊的"战争"，更需要一个有效的指挥，一个强有力的权威，所以这就要求有一个危机管理系统，使决策能迅速地贯彻实施。通过卓越的指挥员，决断力强的决策者，采取高超的指挥艺术，将不良事件带来的各种影响减少到最低程度。

（七）建立重大问题和突出事件的报告制度

代表团为了执行大会组委会的要求，把整个比赛组织好，在处理对裁判纠纷、对手矛盾和观众冲突方面要有明确的要求和严格的规定，凡规则规定以外的所谓申诉、抗议、暂停比赛等过激行为，都要在报告团部并得到批准后才能实施，这样有利于缓解矛盾，处理和解决问题。确有必要的也要通过组织程序依法按章办事。

第三章　程序化参赛

第一节　程序化参赛的基本认知

一、程序化参赛概念的提出

长期以来，我们在探讨训练规律时十分重视训练过程的规律，对项目的本质特征研究的较多，对训练过程的控制已经形成很多的模式，但是运动员的成功和成才只有训练是不够的，只有通过比赛才能提高竞技能力和竞技水平。随着竞赛制度的改革，多样化、多层次的赛事安排已经构成了竞赛体系；随着市场经济的发展，竞技体育的内部要素和外部要素越来越复杂，掌握参赛规律已经成为各个项目共同关注的主题，参赛环节的掌控成为运动员发挥水平的关键环节和关键技术。因此，如何从理论上研究和把握参赛规律对提高参赛质量十分重要。笔者从 1997 年开始先后在举重、射击、皮划艇项目尝试程序化参赛的研究。

1997 年为了准备第八届全运会举重比赛，提出要制定详细的参赛方案，要求运动员在比赛中要做到"视而不见、充耳不闻、注重过程、唯我独尊"的参赛要诀，并提出"穴位兴奋－心理诱导－程序准备"的赛前准备模式，在全运会预赛上全体队员六次试举成功率达到 76.76%，创造了预赛成功率第一历史。

1998－2001 年为了准备全国第九届全运会射击比赛，笔者在大量研究成功经验和失败教训的基础上，提出"递进式"准备全运会决赛的模式，在平时的测试中要求运动员制定参赛的方案和操作清单，共列出 144 项目

参赛准备工作，优化参赛的准备工作。

2001 年 12 月新一届国家皮划艇队成立以来，系统研究参赛问题，并进行观念创新，从教练员重视结果逐渐改变到重视过程，倡导"以我为主，注重过程"参赛理念，十分重视准备活动的作用。

2002 年 6 月在陕西的全国锦标赛赛前首先提出"程序化参赛"的概念，在 8 月的世界锦标赛上进行尝试，取得初步的成功；在 10 月份的第十四届亚运会上进一步确定程序化参赛的原则、方法手段、程序性安排，最后获得 8 枚亚运会金牌。

2003 年通过全国冠军赛和锦标赛、世界杯、世界锦标赛的检验和完善，程序化参赛确定为国家皮划艇队备战雅典奥运会最基本的参赛模式，在雅典奥运会上取得进一步的成功，获得我国首枚水上项目奥运会金牌，实现历史性突破。

2004 年总局将程序化参赛模式运用到女子冬季两项和自由式滑雪空中技巧队准备参加第二十届冬季奥会运会上，并获得一枚金牌。

2007 年 5 月国家体育总局下发体备战字［2007］8 号文件《关于制定程序化参赛方案的通知》，指出：程序化参赛是对赛前准备工作的系统安排，是对参加比赛的科学管理，是集约化参赛的具体体现，是细节决定成败的核心表现，可以达到参赛准备工作充分、忙而不乱、稳定心理、避免失误，表现最佳竞技状态的目的。程序化参赛是提高参赛工作的针对性和系统性，从实战出发，做好大赛前准备工作的重要环节，将为各个项目在北京奥运会上表现出最高竞技能力提供支持。

二、程序化参赛的理论基础

程序化是系统理论的重要研究内容，系统工程理论指出，对于一个系统来说，只有程序化才能使能量节省化。竞技能力的获得和竞技能力的表现是由两个环节构成的，训练过程是运动员生物学结构改造过程和能量的储备过程，包括肌肉结构、心血管结构、技术构造、体能结构等，参赛过程是能量释放、技术再现、竞技心理制胜等表现过程，其结果是这些过程的最佳浓缩。比赛中，运动员不仅要克服对手的障碍，还要影响最大适应外部环境所带来的刺激以及由这些刺激产生的运动员心理的落差。程序化参赛就是教练员和运动员将参赛的时间、空间、生理、心理等多种因素进行有序安排，为运动员提供脉络清晰的操作路径，为运动员尽可能表现出自己应有的竞技能力提供客观保证。

三、程序化参赛的基本原则

（一）时间连续性和阶段性的统一；

（二）空间层次性和整体性的统一；

（三）心理准备的充分性和战术安排灵活性的统一；

（四）体能调适最佳化和情绪调适合适性的统一；

（五）方法操作具体性与个性的统一。

四、程序化参赛的主要作用

（一）通过程序化方案的制定可以使参赛的群体包括教练员、运动员和管理人员、工作人员形成共识，从而形成强大的心理氛围；

（二）程序化参赛可以避免运动员因大赛造成过度紧张而忘却某些重要参赛环节；

（三）程序化参赛可以使不同的角色各归其位，使比赛的现场忙而不乱；

（四）程序化参赛可以为运动员发挥比赛能力提供必要的保障。

第二节　程序化参赛的基本流程

2002 年开始笔者和国家皮划艇的教练员一道共同研究制定了皮划艇项目参赛的流程，并通过亚运会、世界杯和世界锦标赛等多次国际比赛以及全国锦标赛的运用取得了足够的经验，并将这一程序运用到雅典奥运会取得成功。

图 4 - 3 - 1 是皮划艇程序化参赛的流程图。

第一阶段 赛前程序化准备模式

1. 赛前训练突出实战、突出强度、促进竞技状态形成

2. 赛前模拟训练和比赛,注重首场成功和稳定发挥,建立自信

3. 自下而上制定方案、细化环节、制定预案、强化团队心理

4. 参赛的程序性动员,由浅入深,由外向内,由技术到体能

第二阶段 运动员程序化动员模式

5. 拉伸10分钟

6. 划5~6公里,最后250米3-4级强度

7. 拉伸10分钟

8. 跑步3公里,最后800米4级强度(1000米比赛前)/400米4级强度(500米比赛前)

9. 划向起点(20~22分钟,1000米比赛前;18~20分钟,500米比赛前),做2~3次起航和加速(每次不超过10秒 最高强度)

第三阶段 主动恢复

10. 比赛结束后将放松划3公里,强度控制在40%~60%,上岸后拉伸10分钟。

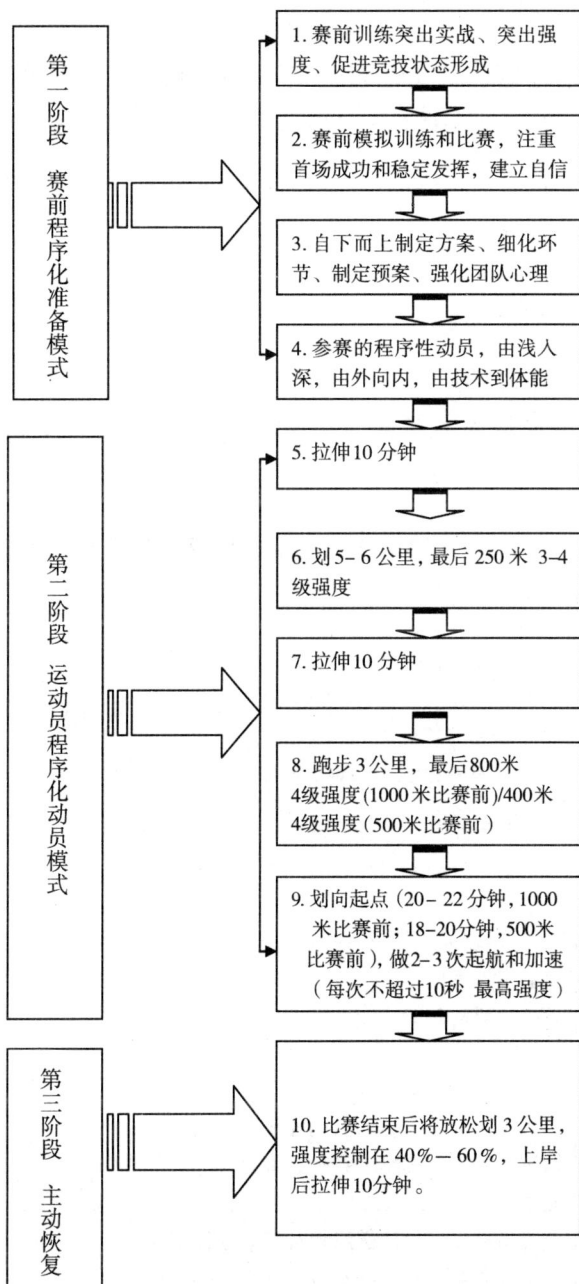

图4-3-1 皮划艇项目程序化参赛流程

工作流程是指在亚运会皮划艇比赛的 13 个项目中，教练员如何按照既定的工作程序有序地组织和安排每一场比赛，使比赛工作的各个环节紧密地联系在一起，使每一个项目的比赛成为一个有机的整体，从而保证比赛的正常或超常发挥，去完成预先制定的战术思想，一步一步实现全队的指导思想和亚运会任务。

一、程序化职责

根据比赛工作的实际需要，将参赛工作环节分为参赛指挥、信息收集、场地服务、医学保障四个方面，各个方面的具体职责和主要承担人如下（表 4 - 3 - 1）。

表 4 - 3 - 1　　国家皮划艇队参加亚运会职责分工表

分类	主　要　职　责	主要承担者	协助者
参赛指挥	1. 制定全队的参赛指导思想和战术原则 2. 统筹全队各个方面的工作 3. 组织召开赛区工作例会 4. 解决参赛过程中的难点问题	刘爱杰	段南北 马克 亚诺西 徐菊生
信息收集	收集赛前相关的信息并进行加工整理 收集组委会关于比赛成绩和比赛秩序的最新信息 向大会或仲裁及时传递队内需要变更、抗议、申诉等信息 各种需要的翻译工作	吴昊	段南北 马克 亚诺西 袁守龙 徐菊生
场地服务	负责参赛船艇的装卸工作 负责每个项目参赛前后的船艇准备工作 擦洗、抬船、称艇、看护、维修等	段南北 马克 亚诺西 徐菊生	最后确定未参赛的运动员
医学保障	负责参赛运动员的健康保证和医学防护 负责反兴奋剂知识的宣传和兴奋剂检查的陪同工作 负责赛区运动员赛后的疲劳恢复	袁守龙	段南北 马克 亚诺西 徐菊生

（一）赛前进行明确职责，各方面的主要承担者根据自身工作需要进入角色，自觉主动地投入到各项工作中去；

（二）以各类职责的分工为单位，主要承担者以独立工作为第一原则，扎实努力，务实创新；

（三）比赛工作是整体的、全方位的，各个方面的主要承担者在各自领域除独立地工作之外，相互协作和相互支持作为参赛工作的基本要求；

（四）各个方面的主要承担者对待工作的态度和作风要服从大局、听从指挥、开动脑筋、深入细致、有条不紊。

二、参赛清单

参赛清单是指整个参赛方案的具体落实过程，按照时间的顺序推移列出参赛工作行为主线，提高全队的参赛工作程序性，从理性的角度避免参赛工作的顾此失彼，为成功参赛奠定基础和前提，这也是大型系统性工作必备的知识和逻辑体系。下面是国家皮划艇队参加第十四届亚运会工作清单一览表（表4-3-2）。

表4-3-2　国家皮划艇队参加亚运会工作清单

序号	时间	工作内容	负责人	备注
1	9月1日-30日	1. 赛前训练 2. 器材运输 3. 出发准备	领队教练	
2	10月1日	先期人员提前到韩国办理、落实器材、队伍食宿、了解参赛信息	吴昊 徐菊生	
3	10月3日7:00	队伍从千岛湖训练基地出发至杭州	段南北	
4	11:00	乘CA1510航班到北京并在龙潭湖宾馆住宿	段南北	
5	15:00	队伍到水上中心领取亚运会代表团服装	万红军	
6	17:00-21:00	以组为单位集体活动	万红军	
7	21:30	休息	段南北	

8	10月4日 8:00－11:00	全队出发到北京国际机场赶乘飞往韩国航班	刘爱杰	
9	13:00－14:00	办理亚运会注册并进驻亚运村	吴昊	
10	14:00－18:00	全队到亚运村后，争取当日去赛场整理器材、熟悉环境并进行适应性训练	教练员	
11	19:00－21:00	运动员整理内务；恢复放松	全队	
12	21:30	运动员休息；工作人员召开碰头会，研究训练比赛情况，去团部汇报	刘爱杰	
13	10月4日6:00	运动员起床、早餐	教练员	
14	8:00－11:00	运动员到赛地，各组分别安排训练	教练员	
15	11:00－13:45	返回亚运村、中餐、休息	教练员	
16	14:00－18:00	运动员到赛地，各组分别安排训练	教练员	
17	18:00－21:30	返回亚运村、晚餐后运动员、教练员交流训练；放松	各个组	
18	21:30－23:00	工作人员碰头会，整理信息、分析训练、制定10月6－7测验方案	刘爱杰	
19	10月5日6:00	运动员起床、早餐	教练员	
20	8:00－11:00	适应器材、场地风浪等，赛前训练	全队	
21	11:00－14:00	返回驻地或就地中餐，休息	教练员	
22	14:00－18:00	适应器材、场地风浪等，赛前训练	全队	
23	16:00－20:00	返回亚运村、晚餐	教练员	
24	20:00－21:30	各组开会、运动员恢复放松、休息	全队	
25	21:30－23:00	全队干部开会，总结训练情况，汇总一天信息，研究6－7日测试的编排安排等	刘爱杰	
26	10月6日6:00	运动员起床、早餐	教练员	
27	8:00－11:00	邀请领导到赛场观摩全队测验	全队	
28	11:00－14:00	返回驻地或就地中餐，休息	教练员	
29	14:00－18:00	邀请领导到赛场观摩全队测验	全队	

续　表

30	16:00－20:00	返回亚运村、晚餐	教练员	
31	20:00－21:30	各组开会、运动员恢复放松、休息	全队	
32	21:30－23:00	全队干部开会，总结训练、考核经验，研究测试	刘爱杰	
33	晚	团部汇报	刘爱杰	
34	10月7日7:00	赛前训练，重点演练战术和起航、加速训练；其他程序化工作	各组	
35	21:30－23:00	工作人员例会，分析运动员训练状况，研究各国参赛选手情况，最终优选出最佳阵容报代表团	刘爱杰	
36	10月8日6:00	各个组进行最后的赛前训练，整理器材	教练员	
37	14:00－18:00	参加第一次组委会	刘爱杰	
38	18:00－20:00	提出并提交组委会全队参加亚运会最后运动员名单	全队	
39	20:00－9:30	中心领导召开领队、教练员和工作人员座谈会，确定参赛指导思想和第一天参赛工作流程	刘爱杰	
40	10月8日－10月12日	各组按照参赛流程，制定各个组具体操作性清单并予以落实，一步一步完成战略目标和任务	刘爱杰	
41	10月12日12:00－14:00	召开总结会议，贯彻代表团关于亚运会有关会议精神，布置全队的总结工作，安排13日返程细节和总体要求	刘爱杰	
42	10月13日	返回北京，听从亚运会代表团安排并准备10月15日全国冠军赛	全队	

三、程序化参赛的路径

表4－3－3、4－3－4分别是国家皮划艇队皮艇组和男子划艇组参加2003年度世界锦标赛程序化参赛的路径。

表 4 - 3 - 3　女子皮艇组参加 2003 年世界锦标赛程序化参赛路径

步骤	内容	要求	时间
1	跑步	有 2 - 3 个 150 米的快跑，充分刺激呼吸系统和心血管系统，为极限强度的比赛准备好心肺功能	10′
2	水上 4km	第一次下水，找到水上平衡感觉和良好的技术感觉，特别是抓前弧和防止回桨越空；找到感觉后完成 2 个 200 - 300 米的 95% 强度的高桨频划，充分体会发力（合力）感觉，注意桨下力量和效果	25′
3	积极性休息	补充必要营养和水分，换衣服，作好参赛准备，充分动员，准备参赛	20′
4	拉伸	动力性非常强的拉伸，充分将各肌群和关节拉伸开，为比赛做好准备	5′
5	水上	提前 25 分钟下水，在划向起点的途中做多个起航出发练习，做到最大力量，最高桨频，完成 30 桨即可，防止乳酸堆积；同时注意体会技术	25′

表 4 - 3 - 4　划艇组参加 2003 年世界锦标赛程序化参赛路径

步骤	内容	要求	时间
1	拉伸	一般性拉伸	5′
2	水上 4km - 5km 最后 250m @ zone3	第一次下水，找到水上平衡感觉和良好的技术感觉，最后 250 米要有一定的拉桨力量，充分体会水感	25′
3	拉伸	具有一定力量	10′
4	跑步 2km - 3km， 最后 800 米（400 米）@zone3 - 4 1000m 比赛跑 800m，500m 比赛跑 400m	最后几百米一定要达到强度要求，充分刺激呼吸系统和心血管系统，为极限强度的比赛准备好心肺功能	20′
5	拉伸	动力性非常强的拉伸，充分将各肌群和关节拉伸开，为比赛做好准备	10′
6	水上	提前 20 分钟下水，在划向起点的途中做多个起航出发练习，做到最大力量，最高桨频，但不要超过 10″，防止乳酸积累	20′

四、程序化参赛的实践案例

案例1：国家皮划艇队世界锦标赛准备方案

世界皮划艇锦标赛暨2004年奥运会资格赛将于2003年9月11-14日在美国举行，中国皮划艇队承载着总局、中心和全国皮划艇界的殷切希望。目前距比赛还剩6周，国家队正在北京延庆县积极进行赛前备战。为打好比赛，实现《皮划艇（静水）奥运争光计划实施方案》提出的目标要求，国家队在进行思想发动、深入分析和反复研讨的基础上，集思广益、群策群力，制订了我队备战世界锦标赛的准备方案，以此作为我们备战世锦赛的行动指南。

（一）参赛目标和任务：

1. 探索成功参加世界大赛的阶段训练规律，为奥运备战夯实基础；

2. 获取2-4张奥运入场券。其中女皮1-2张、划艇1-2张；

3. 男皮力争1项进入Finial A；

4. 在获得资格的同时，力争提高入场券的含金量。

（二）参赛人员及重点队员情况分析：

1. 重点艇及参赛人员的确定原则

为顺利完成比赛预定目标，我们拟引入国外流行的桨位赛做法，一方面突出赛前上强度，另一方面，以客观的方法、残酷的激烈竞争手段培养运动员意志，优胜劣汰、强者为王、能者上艇；同时，通过周末实战性合练的检验，对桨位赛仍难确定的人选进行进一步考察；另外，引入专项测功仪机能评定方法，对上艇人员进行进一步评定。最终客观、公正地选拔出奥运资格赛重点艇参赛阵容。

2. 重点队员的初步分析

通过对世界杯第4站和全国锦标赛的分析，我们认为目前我队具备向世界水平进行冲击的项目有：WK2　500M，WK4　500，MC1　500M和MC1　1000M。根据目前我队运动员现状，女皮较为突出的有：钟红燕、李婷、何静、徐琳蓓、孙秀静、张金梅；划艇重点队员为孟关良、杨文军；男子皮艇重点队员为刘海涛等4位K4 1000M运动员。

钟红燕的主要优点是速度快、力量大、拼劲足，有很好的个体能力，目前单人艇具备世界前6名的水平，跟桨意识和跟桨能力强，是我队冲击世界水平不可缺少的运动员。其缺点是训练不能始终保持高质量，竞技水平尚未达到高度稳定的水平。

李婷是今年我队涌现出来的一位新秀。她训练刻苦、系统，进步很快，比赛稳定、善于发挥。其缺点是虽有很好的桨下效果，但高桨频能力有待提高。

何静是我队训练的典范，训练非常刻苦也非常系统，身体素质较好，有很好的有氧能力，较高的专项水平。缺点是比赛能力有待进一步挖掘和提高。

徐琳蓓具有流畅的技术，善于保护动力，比赛头脑清晰，能较好地分配和控制全程节奏。但其创造动力的能力有待提高，协作意识和协作精神有待坚强。

孙秀静训练非常刻苦和系统，有很好的有氧能力，身体素质较好，跟桨意识和能力较强，协作精神好。其缺点是高桨频的维持能力有待提高。

张金梅身材高大，力量和有氧能力强，训练刻苦、系统，有较好的协作意识，但其高桨频、高强度对抗有待提高。

划艇组：

孟关良：27岁，目前划艇组成绩最好的运动员，国际大赛经验丰富，比赛心理日趋成熟。在今年6月强手云集的德国世界杯上，获得了500米第5名，并创造了新的中国最好成绩。该队员短距离项目优势明显，专项力量、爆发力强，起航能力好，但有氧耐力、技术细节和比赛中合理分配体力的能力还有待进一步提高。

杨文军：划艇组一名后起之秀，从去年起进步显著，去年亚运会获得了双人艇两枚金牌，在今年的全国冠军赛和锦标赛上两次在1000米项目战胜孟关良。该队员速度、力量、耐力等身体素质都很突出，专项技术进步

很大，具备非常大的发展潜力。目前还需积累单人艇的国际比赛经验，提高训练质量，提高职业运动员的意识。

男皮组：

刘海涛单人艇实力较强，心理素质好，单人艇能力近年来在国内一直属于绝对领先地位。个人专项素质全面，转向速度和耐力都比较平均，技术动作规范、稳定。通过今年的训练及在第四届世界杯上的表现看，刘海涛具有较好的领桨意识和反应能力。由于年轻及较低的认知水平，他还缺乏作为领桨手应具有的凝聚力，更需要在大赛当中加以磨炼，积累经验。

李臻是今年冒出来的年轻选手，单人艇成绩在今年各项比赛中进步很大，进入全国前三名水平。技术动作比较流畅，理解能力强，对教练的训练指导思想能充分领会，跟桨意识强。但他年龄小，身体较单薄，力量较欠缺。

曲先武是队中年龄最大的一名运动员，经验比较丰富。单人艇实力在今年的各项比赛中仅次于刘海涛。他力量大，爆发力强，是速度型选手。四人艇3号位是整条船的"发动机"，曲先武正好起到动力桨手的作用。

张维良也是今年涌现出的新手，个人艇能力在今年有很大提高，但与艇上其他三位选手相比还有一定的差距。他跟桨意识强，耐力好，拼劲足。

（三）目前我队存在的主要问题

通过对全年训练和比赛的综合分析，我们认为我队主要存在以下主要问题：

1. 缺乏良好的比赛和训练作风

中国皮划艇队的目标是要在雅典奥运会上实现金牌零的突破。长期以来，我国皮划艇处于落后状态，其主要原因是我们对本项目的项目特征和训练规律认识不准、不清。但根本原因则是我们一直没有形成那种经得起考验、经得起摔打的具有高度责任感和职业意识的特别能战斗的团队，没有这样素质的团队是不可能打大打仗、恶仗的。从我队运动员平时的言行特别是个别重点队员的表现看，队员缺乏良好的训练和比赛作风。女皮骄娇二气严重，想赢怕输，训练不敢打对抗，以至于比赛不能以我为主、关键时刻拼不出来；划艇也时常在高强度、高对抗训练情况下出现运动员和教练员的矛盾，凡此种种，均是我队缺乏职业修养和思想境界的表现。因此，我队备战世界锦标赛的首要任务就是思想发动和动员，明确目标，提高责任感，在此基础上，严格训练、严格管理，形成坚强的比赛和训练作风。

2. 力量和专项力量薄弱，专项距离的高桨频竞速能力有待提高

去年冬训以始，我们就提出重点提高运动员力量特别是专项力量水平的训练指导思想。这在划艇组今年冬训中得到了很好的贯彻，他们非常重视力量素质的发展，目前运动员的力量水平虽与世界先进水平尚有差距，但与去年相比，运动员力量水平有了质的进步，上了一个大的台阶。而我们女皮的力量训练虽有进步却没有质的提高。虽然调赛和春季冠军赛的力量测试，表明了女皮运动员的力量水平有了一定提高。且我们在世界杯赛前着力加强了运动员的薄弱肌群的训练，但在世界杯第4站比赛中，女皮突出暴露的仍是力量水平与国外有较大差距。说明下步训练我们必须对力量训练进行超常规思维，加大力量训练的次数和时间，力争在世界锦标赛前女皮力量训练上一个大的台阶。

通过对世界优秀运动员全程比赛的录像解析，以及与我队运动员在世界杯第4站和全国锦标赛的录像进行对比分析，发现我队运动员专项距离比赛中的途中划桨频能力与世界优秀运动员存在着较大差距，表现在专项距离内的高桨频能力和高桨频持续能力训练和发展不足。这应是我队备战世界锦标赛训练的重点主攻方向。

3. 尚未真正找到分道竞速过程中的速度结构规律

从去年开始，我队在重大比赛中对运动员提出了以我为主的参赛指导思想。注重过程、以我为主就是要根据自己的实力和水平合理分配自己的体力，形成合理的速度结构，不被对手牵着鼻子走。这种参赛指导思想提出的内在依据是皮划艇是分道竞速项目，特定的比赛距离对运动员的能量代谢系统有着相应的要求，因此，这类项目有自身内在的速度结构规律。虽然为备战世界杯第4站，我们已开始尝试了速度结构规律探索的工作，

制订了不同距离单、多人艇起航加速、途中和冲刺训练模型，但遗憾的是，由于我们的设计没能内化到教练员的日常训练中，导致效果不佳。因此，到目前为止，我们尚未在实践中真正找到分道竞速过程中的速度结构训练规律。我们拟抓紧进行对世界优秀运动员的分道竞速特点的录像解析和我队重点队员速度结构特点的研究工作，力争根据我队运动员的现实水平和特点，设计出合理的速度结构并在备战中反复演练，提高运动员的全程意识和全程分配能力。

4. 竞速中回桨越空现象具有普遍性，连贯、流畅技术风格亟待形成

通过对中外运动员高桨频竞速过程的生物力学分析，发现我队运动员技术不够细腻，动作的连贯性、流畅性有待加强。通过对划桨技术慢动作的不断观察和分析，发现造成这一问题的主要原因是运动员由于发力顺序不对，在蹬腿发力的过程中，不自觉地出现了回桨越空现象。为此，我们拟在有氧训练中突出进行避免回桨越空的专门技术训练，通过训练过程技术拍摄和训练后的反复播放，提高运动员的动作连贯、协调、抓前弧的意识。既而通过合练技术分析，组织运动员观看，不断强化，争取赛前最大限度地改进运动员的专项技术。

（四）备战世锦赛指导思想、原则及主要措施

1. 指导思想

以"超常规思维、跨越式发展"战略思想为指导，围绕奥运主要任务，扣住专项竞技需要，创新为先、整合攻坚、精心准备、打造奇兵、哀兵出战、出奇制胜。

2. 备战原则

（1）精心策划，认真准备，超前思维，跨越发展，启动"战时体制"，一切服从和服务于世锦赛，联合攻关，畅通"绿色通道"；

（2）转变观念，立足专项，突出难点，狠抓重点，变整体性提高为针对性提高，变个体性提高为多人整合性提高；

（3）以有氧强度训练为补偿，以竞速能力训练为核心，以提升参赛表现能力为关键，以高桨频、高对抗、高难度专项距离训练为手段；

（4）分工协作，步步推进，立体保驾，以我为主，狠抓过程，做到参赛过程的全程设计和创造性发挥，打出信心，打出士气，打出水平，力争突破。

3. 主要措施

（1）综合分析，转变观念，坚定信心，牢固树立"超常规思维，跨越式发展战略"，启动战时体制

竞技水平提高的非线性提高的现象启示我们，仅仅靠台阶式发展思路是不够的，中心提出的"超常规思维、跨越式发展"的战略思想将是我们备战世界锦标赛坚定不移的指导思想。

通过一年多的努力，我国皮划艇项目竞技水平严重滞后的现状已经有了很大的变化，但是从这次世界杯比赛可以发现，我国仅有女子项目跻身先进行列，女子皮艇项目积分排名第五，但是在奥运会项目上的水平还需要进一步提高。通过分析可以看出，不同国家采取的训练比赛思路是有很大区别的，匈牙利全面提高，属于整体推进型（Ⅰ型）；德国夯实有氧强度基础，注重率先在1000M上进步，再求得专项500M提高，属于稳步推进型（Ⅱ型）；波兰则在世界杯上主攻专项500M项目，取得先期的制胜地位，属于主动发展型（Ⅲ型）；其他国家皮划艇项目属于以点带面型（Ⅳ型）。相比之下，我国皮划艇项目发展思路介于Ⅰ型和Ⅱ型之间，综合分析可以得出这样的结论：潜力大，难度更大。

在备战世界锦标赛过程中，我们将以必胜的信念，转变观念，扬长补短，迅速实现有氧能力向专项能力的有序转化，整体提高皮划艇整体实力，重点艇必须突破。为确保参赛任务的完成，提高训练质量和办事效率，充分发挥举国体制优势，我们决定启动世锦赛战时体制。为提高战时体制的工作效率，我们拟请韦主任亲自挂帅，利用主任丰富的指挥大赛的经验为我们的备战工作把关。同时，对三个组的训练和备战工作有机部署，形成训练-管理-科医一体化的保驾机制，女皮组以刘爱杰、划艇组以袁守龙、男皮组以曹景伟为协调人协助各组主教练加强对队员的管理和科医保驾。一切从实战出发，改变过去令行不能禁止的局面，加强对教学、训练的严

格管理；同时，要超常规思维，敢于打破传统，在备战过程的最后阶段，敢于整合，要对力量、跑步、机能评定和技术进行大胆改革和探索，跨越式提高训练质量。

战时体制的主要特征是：国家队以训练为唯一核心，迅速开辟国家队训练"绿色通道"，一切工作必须服务、服从于训练工作，科研、医务、后勤工作必须雷厉风行，动员迅捷、指挥灵敏顺畅。

战时体制的主要措施有：

①建立每天例会制，对世锦赛备战实施全天候、封闭式管理

全国锦标赛结束后，根据备战需要和战时体制要求，我队建立了每天晚上10点由全队工作人员参加的例会制度。包括各组当日训练情况汇报、医务科研情况汇报、后勤运行情况汇报、第二天各组工作设想和要求等，通过这种形式，使全队信息沟通顺畅，工作流程一目了然，便于统一管理、运作协调，有利于提高训练质量和工作效率。

②建立晨练制度

由于我队的训练主课通常在上午，为使运动员能多吃饭和工作人员精力充沛，我队规定所有运动员和工作人员早晨6:15起床，6:30由值班教练统一集合带队集体慢跑10分钟，然后拉伸10分钟，最后由教练组长根据昨晚例会各组情况，总结昨日训练情况并进行当日训练动员。增强运动员的紧迫感，为新一天训练的高质量完成做好准备。

③实施周末合练制

为形成队伍的团队意识和精神，增强备战世锦赛的紧迫感，提升各组训练质量的提高，更好贯彻"从实战出发"，经全队例会研究决定，从8月16日开始，每周六、日全队进行高强度、实战性合练，各组提前确定全程及分段桨频、时间指标，且教练员和运动员必须在呈报全队的速度结构模型上签字。合练时全队组织人员全程采集分段数据并和模型对比，以提高教练员的指挥能力和运动员的控制能力。这种能力在世锦赛中贯彻"以我为主、抓好过程"是十分重要的。为提高运动员的竞争意识，我们将根据运动员表现实施奖惩，对成绩突破和分段模型达到要求的艇实施奖

励，对不能完成预定指标和分段成绩不符合模型要求的艇则予以批评和惩罚。

④成立联合攻关组

为确保重点队员、重点艇任务的完成，经研究决定成立由领队为组长的联合攻关组。攻关组主要围绕女子和男子单划开展工作，包括训练动员、思想工作、训练质量评估和科研、医务攻关等，形成全队的强力支撑，协助主教练顺利实施计划。

（2）坚持"三从一大"和"两严"方针，着力培养教练员和运动员的职业境界，加大作风培养

继续贯彻落实我队提出的"敢与强者拼、敢同快者赛、敢向高峰攀"的治队精神，迅速提高教练员和运动员的职业境界，培养队伍的志气、骨气、霸气、杀气和干劲、拼劲、韧劲、狠劲，全面自觉地坚持"三从一大"和"两严"方针，从每一天、每一节课、每个技术动作开始，从难、从严、从实战出发，对运动员实行"全方位、全天候、全封闭"式管理，形成战前体制和工作机制。

首先，从现在开始到世界锦标赛结束实行封闭式管理，任何人不得请假，从重点队员着手实施严格的管理和训练作风培养，培养高昂的精神和顽强的斗志。第二，要从每一节训练课开始从难要求，全方位地进行动员和自我激励，努力提高运动员的职业境界，使运动员全省全身心地投入到训练、管理和作风建设中去，提高每一分钟的训练质量。第三，树立以我为主、注重过程的参赛心态，加大运动队伍一体化建设，形成教练员和运动员二元统一的训练竞赛复合体，提高无形战斗力。

（3）围绕高桨频竞速能力进行多种能力训练方法的科学设计和有效实施

要实现专项竞技能力的迅速提高，高桨频下的竞速能力的提高是关键，围绕这一能力的提高在备战世锦赛的 6 周时间里需要强化和提高专项速度力量、专项力量耐力和超高桨频对抗能力和持续能力。具体手段有：

①改变过去赛前不重视力量训练，随着比赛的临近保持每周 3 - 4 次的

速度力量和力量耐力训练；

②借助不同外部条件，以不同距离的速度训练来提高运动员的高桨频对抗能力和持续能力；

③以男促女、以男帮女、以男带女，提高女子皮艇运动员的高桨频能力，提高神经冲动的频率和强度；

④采取男、女组间对抗，合练，计时等多种方法提高训练的有效强度，提高重点女子皮艇组训练的高强度、高难度、高对抗的持续能力；

⑤提高多人艇组合的科学性，有效地发挥每个人的潜力，提高多人艇的高桨频对抗能力。

通过上述方法使重点艇的运动员尤其是女子皮艇运动员的高桨频对抗能力和高桨频持续能力再上新台阶，适应世界锦标赛的需要。

（4）营造国家队各组间相互学习、相互借鉴、相互促进的训练氛围，形成优势互补的战时训练机制，提高各组训练的科学决策和科学实施水平

国家队是战斗的整体、统一的整体，更是团结的整体，可以说国家队在训练理念和训练方法手段上兼具不同国家训练的特点，具有极大的资源共享性和资源互补性。这些正是我国皮划艇项目实现突破的动力机制。划艇组马克教练在力量训练和速度训练上特色明显；男子皮艇维克多教练在训练的系统性和比赛动员方面较为突出，女子皮艇项目在有氧训练和有氧强度训练方面积累了丰富的经验。在备战世界锦标赛的 4 周里，正在形成"战时体制"，从训练计划的制订和训练观念的交流采取联合攻关的机制。女皮在力量训练和速度训练上要认真分析和学习划艇组的经验并在实践中予以落实；划艇组在训练的系统性和力量耐力训练方面向维克多学习等。女子项目在小周期、快节奏、高强度等方面在学习基础上推陈出新，稳步推进；在训练的动员和比赛准备中要集中男队的经验。

（5）丰富战术性模拟能力储备，提高全队比赛的成功率

在对全程速度结构研究的基础上，结合世界杯比赛的实际拍摄的录像分析进行全程性战术结构模型的设计和途中高桨频竞速能力的桨频参数，

在赛前的训练中进行模拟训练，增加战术性能力的储备，提高运动员比赛中应变能力，逐渐培养运动员"敢与强手拼、敢同快者赛、敢向高峰攀"的意志品质。

（6）完善程序化参赛流程，自上而下，层层递进

形成以我为主的优势参赛心理和高效的操作程序，同时注重发挥运动员的主观能动性避免机械化参赛

在刚刚结束的全国锦标赛上，赛前要求运动员进行自我动员，将全国锦标赛作为世界锦标赛的预演，每一位运动员参加的每一个项目着手逐个制定出程序化参赛方案；经过教练员和科研人员的研究，形成操作性强的个性化参赛方案，有效落实"以我为主"和"注重过程"参赛策略，积累参赛经验，形成整体优势参赛心理。在下一步的备战工作中，要认真总结国家队参加国内外大赛关于程序化参赛的经验和教训，结合世界锦标赛的赛程安排，制定出操作性强、效率高的程序化参赛方案。

（7）医学科研保驾工程的实施和完善

为了进一步做好备战世锦赛的工作，全国锦标赛后强化的国家队的医学科研保驾工程，充实了医学科研力量并注重借助训练的区位优势，调动北京体育大学和国家体育科研所、清华大学和省市等单位医学科研力量，对赛前训练进行了多方位的保障，主要措施有以下几个方面：

①分别从江西体育局和北京体育大学抽调两名医学和科研人员充实到赛前保驾的队伍，使我们的医学科研队伍达到一个新的规模；

②在同仁医院和中国体育科学学会的指导和帮助下，对重点运动员进行健康促进，使用非违禁的强力手段促进运动机体的免疫力和赛前强度训练的动员水平；

③保证重点，制定每日的医学恢复计划，由专人定点定时为重点队员进行恢复放松 30－60 分钟；利用桑拿等物理性恢复手段进行集体性恢复，消除疲劳，预防伤病；

④防微杜渐，对有关非战斗性减员的呼吸系统、消化系统等季节性、大赛前易发疾病采取预防性措施，对已经发病的运动员采取及时隔离和强

制性的措施予以诊治，切断传染源，杜绝蔓延；

⑤坚决反对兴奋剂，改变由教练员分发营养品的做法，由科研人员统一分发，以防兴奋剂误服和意外情况的发生；对于治疗用药建立药物使用登记制度，杜绝"祸从口入"。

（五）参赛组织工作

1. 明晰职责

此次世界锦标赛任务重，比赛的项目较多、运动员多和比赛密度大，涉及的点多面宽的现状，运动员的心理压力较大，容易进入赛前应激状态，一般性的组织准备难以满足比赛的需要，为确保世界锦标赛参赛工作的有序性、高效性和高成功率，明晰所有人员的职责与分工使我十分重要的。

根据比赛工作的实际需要，将参赛工作环节分为参赛指挥、医学科研保障、信息调研、后勤服务四个方面，各个方面的具体职责和主要承担人如下。（表4-3-5）

表4-3-5　国家皮划艇队参加世界锦标赛职责分工表

分类	主要职责	主要承担者	协助者
参赛指挥	制定全队的参赛指导思想、战术原则和比赛节奏 统筹全队各个方面的工作 组织召开每日赛区工作例会 解决参赛过程中的难点问题	刘爱杰	袁守龙 石严 段南北 马克 维克多
信息调研	收集赛前相关的信息并进行加工整理 收集组委会关于比赛成绩和比赛秩序的最新信息 向大会或仲裁及时传递队内需要变更、抗议、申诉等信息 各种需要的翻译工作 做好参赛录像	袁守龙	石严 许高航 金绍辉

后勤服务	负责参赛船艇的装卸工作 负责每个项目参赛前后的船艇准备工作：擦洗、抬艇、称艇、看护、维修等	石严	段南北 马克 维克多
医学科研	负责参赛运动员的健康保证和医学防护 负责反兴奋剂知识的宣传和兴奋剂检查的陪同工作 负责赛区运动员赛后的疲劳恢复	胡海盛	袁守龙 许高航 金绍辉

2. 运作机制

（1）赛前明晰职责，各个方面的主要承担者根据自身工作需要进入角色，自觉主动地投入到各项工作中去；

（2）以各类职责的分工为单位，主要承担者以独立工作为第一原则，扎实努力，务实创新；

（3）比赛工作是整体的、全方位的，各个方面的主要承担者在各自领域除独立地工作之外，相互协作和相互支持作为参赛工作的基本要求；

（4）各个方面的主要承担者对待工作的态度和作风要服从大局、听从指挥、开动脑筋、深入细致、有条不紊。

3. 比赛工作流程

比赛工作流程是指在世锦赛皮划艇比赛期间，教练员和运动员如何按照既定的工作程序有序地组织和安排每一场比赛，使比赛工作的各个环节紧密地联系在一起，使每一个项目的比赛成为一个有机的整体，保证运动员在每一场比赛正常或超常发挥，客观上减少比赛的失误率，提高比赛的成功率，完成预先制定的战术思想和比赛节奏，完成世界锦标赛任务。

赛前训练	1. 适应场地　2. 水上专门训练 3. 演练全程节奏 4. 寻找流畅技术感觉　5. 多人艇配合 6. 观摩
参赛动员	1. 思想动员：以我为主，注重过程 2. 战术布置：起航——稳、深；加速——快、狠；途中划——幅度、深度、加速度；变速——齐、力度；冲刺——速度、力量、短桨
赛前准备	1. 器材准备 2. 航道牌、服装 3. 准备活动（一般、专项）4. 表象训练 5. 出发
比赛过程	1. 按规定水域到达起点 2. 起航和加速演练 3. 进入起航区 4. 辨别发令员口令 5. 执行既定战术节奏 6. 适时、合理运用加速 7. 重视过程和自我
赛后总结	1. 冲过终点后注意上水码头裁判员和兴奋剂官员的信息——船艇检查、兴奋剂检测等 2. 放松训练 3. 思考或交流比赛过程 4. 恢复放松 5. 领队、教练召集会议，总结比赛得失，分析对手 6. 研究部署下一场比赛方案 7. 决赛颁奖仪式准备

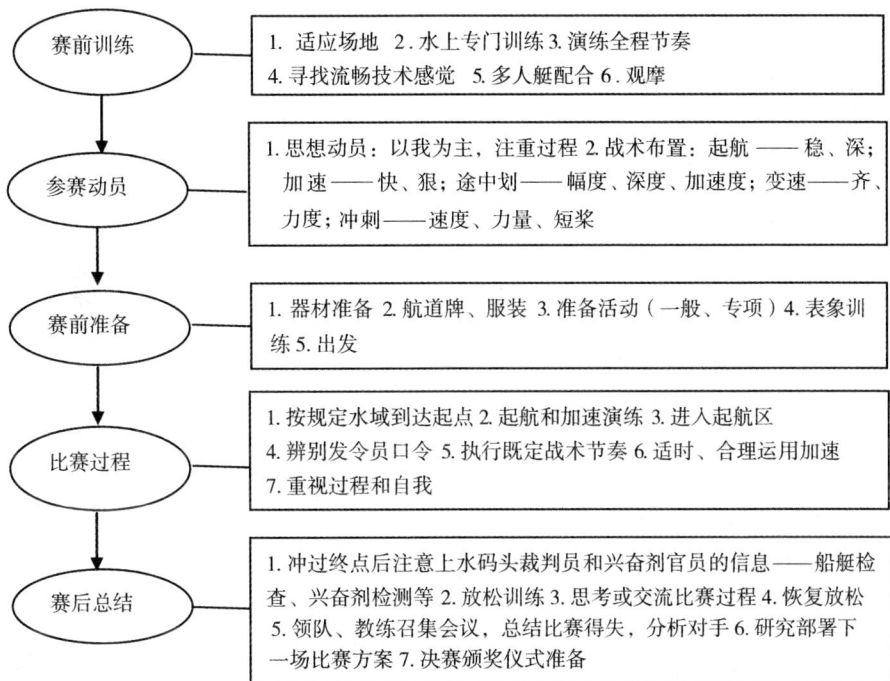

图 4 - 3 - 2　赛前及比赛工作流程

（六）世锦赛结束后工作打算

世界锦标赛结束后，国家队一回国便奔赴总局科研所，投入机能测试，然后运动员回各单位参加秋季冠军赛。10 月 10 日，国家队重新集中。队伍先到贵州进行亚高原大集训，大集训结束后，进行国家队组队选拔，然后赶赴千岛湖基地训练。

（七）《国家皮划艇队备战世锦赛详案》

1. 各个训练组的详案包括如下内容

（1）目标与任务

（2）参赛选手选定

（3）对手分析

（4）赛前训练要点

——负荷量度的规划

——全程速度结构模型设计

——主要训练方法和手段

——训练质量控制

（5）世锦赛参赛日程

（6）程序化参赛方案

2. 医学科研组详案包括如下内容

（1）赛前训练的恢复保驾计划

（2）反兴奋剂的主要措施

（3）重点队员的健康促进

（4）运动员的膳食与营养方案

（5）比赛期间的健康与恢复

（6）赛前阶段和比赛的科研措施

（7）世锦赛程序化参赛方案

3. 信息调研组详案包括如下内容

（1）国外技术的主要特征调研

（2）全程速度结构的研究

（3）主要对手情况的调研

4. 后勤服务组详案包括如下内容

（1）赛前训练的后勤保证措施

（2）世锦赛出发的系统准备

（3）比赛期间的器材保证

（4）食宿与安全问题

（5）返程的工作安排

案例2：第20届冬奥会中国自由式滑雪空中技巧队程序化参赛方案

比赛项目：自由式滑雪空中技巧男子决赛

比赛时间：2006年2月23日18:30

比赛地点：意大利 Sauze d'Oulx 自由式滑雪空中技巧场地

制定方案的意义：

程序化参赛方案不是制定一个时间表就是程序化了，而是要使每一个人清楚在赛前、赛中、赛后该做何种准备，并且在收到指令后知道自己立即该做什么。考虑到我们是室外比赛项目，场地地处高原地带，定会受到自然环境的制约，比赛时间可能会由于天气的原因如下雪、刮风、大雾而推迟，甚至是改变日期。但无论是推迟还是改期，比赛的组织程序是不变的，整个比赛过程约用时4小时左右。我们将本着灵活、机动的原则去掌握时间，但参赛的基本程序不变，每一程序的用时也不变。

赛前：下午14点的活动内容，检查器材及备品是该单元的重要工作。

项目	时间	内容	备注
起床及早餐		时间自我安排，但要保证足够的睡眠	
身体训练	10：30	男队常规身体训练	40分钟
午饭	11：30	按个人习惯用餐，要摄入足够的热量	
看录像准备会	12：00	观看前一天晚上训练的录像，观看时教练员给运动员技术反馈 赛前准备会，确定参赛动作，告知出场顺序	
器材准备	13：30	运动员在房间里准备好两副雪板，教练员到每个房间去取，然后带到场地打蜡（教练员带好对讲机、备用电池、耳机、备用耳机、工具包、雨伞）	
出发前的准备工作	14：00	先去厕所，然后着装；按物品清单备好自己需要的服装和器材；准备服装时要考虑到天气的变化，准备必要的保暖和防水的衣物 物品清单：号码布、胸卡、旗标、头盔、眼镜、备用镜片、眼镜布、雪板、备板、雪鞋、护膝、腰带、手套、水壶、毛巾、MP3（队医带好对讲机、备用电池、耳机、备用耳机、绷带、支持带、急救医药包、大浴巾两条）	1小时

续　表

搭乘班车	15:00	15:00 在 A 地点集合，乘 15:10 的班车去场地 途中听音乐，闭目养神，表象训练 2－3 次（按个人习惯）	15－20分钟
到达场地后的准备工作	15:30	在运动员休息区内集中放好雪板、备板、物品，然后打支持带；更换雪鞋、护具，检查雪板、脱落器、头盔、眼镜；然后去厕所	55分钟

　　赛中：比赛出发前的 1 分 30 秒准备工作是该单元的重要工作。

项目	时间	内容	备注
准备活动	16:25	16:25 准时到达场地同外教辛蒂做陆地准备活动，利用重球、橡皮筋等小器材使身体四肢活动开，为雪上训练做好准备	20分钟
测速	16:45 16:55	可准备 3 次左右。每人要在同一起点准确测速两次，用时 10 分钟 测好速后，把标志旗插得结实点，并且要有一个固定的参照物，防止风大将标志旗刮倒或其他的运动员碰倒	10分钟
赛前训练	17:00 18:25	训练时间为 1 小时 25 分钟。如天气好没风，每人可做 5 跳左右；如天气不好有风或雾，每人可做 4 跳左右。跳的内容可按个人习惯适当调整 韩晓鹏：LFF，FFF，FDFF，FDFF，LDFF 邱　森：LFF，FFF，FDFF，FDFF，LDFF	
介绍出场运动员（Showcase）	18:30	宣告员按预赛成绩逆序介绍每位运动员，当念到你的名字时，你从平台滑向停止区，待所有运动员介绍完毕后，排成一列向观众致意。致意结束后立即乘索道回到出发区待命	5－7分钟
试滑员	18:37 18:39	试滑员出发	2分钟

续　表

| 男子决赛
第一跳 | 18:45 | 出发顺序是按预赛成绩的逆序出发
邱森第7，韩晓鹏第12
等待阶段：
最晚在你出发前还有5名队员的时候到达起点。表象训练1－2次（比赛动作）。按心理训练时的要求做，表象之前，对自己大声地说一句鼓励的话，然后默念动作要领，体会身体感觉，表象你最完美的一次动作，动作要一遍过
如果此时出现情绪波动，呼吸急促，心跳加快，就采用心理训练的自我鼓励替换法。教练员就在你的身边，他随时可以向你提供任何方面的帮助和鼓励。相信自己的实力，我行，我们中国队个个行，我已经整装待发，我的准备工作是最充分的、最棒的
出发阶段：
时间为1分—1分30秒
该阶段是非常关键的一道准备程序。我们要充分使用这最后的时间让自己准备好。下面是出发阶段的基本程序：
1. 你的上一名运动员出发后，发令员会叫你的名字
2. 上边的教练会帮助你，你要尽快地到达起点（在5秒钟之内）
3. 在起点位置做模仿和自己的习惯动作（20－30秒钟）
4. 在着路坡没有整理完的情况下，你可以观察周围情况或与教练进行简短的沟通（10秒钟）
5. 竞赛长确认各方面准备完毕，主教练会从着路坡跑向指挥地点，你要做的就是等待教练的示意
6. 竞赛长吹哨，倒计时表启动，教练举手示意，一切都已OK，你就可以出发
7. 如果没有风，你可以掌握倒计时表的这15秒时间。但如果有风，你要服从教练的指挥，顶风时教练会让你向上，顺风时教练会让你向下，调整完毕后立即出发。此时运动员不要迟疑，要相信教练的指挥，相信自己的能力和技术，一定能完成好动作（3－5秒内） | |

		8. 上述的各项准备程序要在 1 分钟之内完成。特殊情况除外 **注意:** 重要的是要信任上下教练员给你的指示和建议,要相信速度是没有问题的,人体在 60 公里/小时时速滑行中,即使天气没有风,迎面的风速也会达到 17 米/秒,所以一些小的变化是不会影响你的动作的,现场直播的比赛在时间安排上是很严格的,只要我们做好我们该做的,任何事情都不会影响到我们的技术,要相信自己 "我能赢!""I can do it"	
两跳之间的安排	19:10 19:20	第一跳完成之后,到休息区休息,无论第一跳跳的如何,它已成为过去时。现在要准备跳好第二跳。第二跳的出发顺序按第一跳的成绩逆序出发	
男子决赛第二跳	19:20 19:45	准备程序与第一跳相同	
改变比赛动作		至少在你出发前的三名运动员之前通知发令员	

赛后:兴奋剂检测是该单元的重要工作。

项目	时间	内容	备注
颁花仪式	20:00	获得比赛前三名的运动员参加颁花仪式	
新闻采访	20:40	前三名运动员在新闻中心接受新闻采访	
兴奋剂检测	21:30	获得比赛前五名的运动员及由抽签决定的一名运动员将进行兴奋剂检测。请队医做好相应的准备工作	
比赛结束后	21:00	未获奖和不做兴奋剂检测的运动员拿好备板等物品,集体下山在 B 地点集合,然后乘班车返回驻地	

教练员、工作人员几项主要工作:

1. 了解当天的天气情况,决定打什么蜡,穿多少衣服;

2. 打蜡时间在比赛当天下午,两副板一样蜡,检查脱落器和螺丝钉,

雪鞋，头盔；

3. 备用手套，头盔，工具：螺丝刀（一字，十字），小搓，砂纸，502 胶，钳子，别针，刀；

4. 对讲机充满电，带块备用电池；

5. 随时准备赛场出现状况时，要让队员冷静、保暖、原地活动，或酌情安排，不受外界干扰，自己努力做到心如止水；

6. 工作人员分工：兴奋剂检测——周大夫、外教辛蒂、闫领队负责。

新闻采访——闫领队、陈冲负责。

颁花仪式——外教达斯汀、纪老师负责。

返回驻地——杨老师负责。

注：A 集合点在运动员村主楼一楼的总服务台对过。

　　　B 集合点在雪场小广场的班车站。

案例 3：第 20 届冬奥会中国冬季两项女队程序化参赛方案

赛事：冬季奥运会女子冬季两项比赛

地点：意大利，都灵

时间：2006 年 2 月 13 日

项目：15 公里

校枪时间：11：05 – 11：50

比赛时间：12：00

指导思想：精心准备、程序参赛、头脑清楚、稳定控枪、注意瞄扣

内容	时间	要点
晨起	08：10 – 08：15	测试晨脉
生化指标测试	08：20 – 08：30	HB、CK、T
早餐	08：30 – 09：00	早餐要求：吃习惯的、可口的
准备会	09：00 – 09：05	1. 提示比赛前的各注意事项 2. 讲解比赛战术要点 3. 讲解比赛线路特点及起、终点靶场布置

运动员准备事项	09:00 - 09:10	运动员检查以下必备品（17 项）： 1. 胸卡 2. 比赛服 3. 热身服 4. 棉服 5. 手套 6. 帽子 7. 雪镜 8. 护膝布 9. 雪鞋 10. 枪臂带 11. 号码背心 12. 腿部号码 13. 水壶 14. 背包 15. 毛巾、内衣裤 16. 自带食品 17. 心率表
营养补剂准备	09:10 - 09:20	1. 热身活动用糖粉（100 克高能糖粉加入 1000 毫升水） 2. 糖胶 2 袋，应急用能量棒 1 个
教练员准备事项	09:00 - 09:10	1. 运动员枪支机械性能复检 2. 带备用枪支到靶场并检枪打标记；3. 子弹准备；4. 射击观察镜；5. 备用弹夹；6. 射击备用臂带；7. 备用撞针；8. 枪用各种配件；9. 对讲机
运动员最后准备	09:20 - 09:30	1. 整理服装，再次查验所带物品；2. 打热油
驻地乘车出发	9:30	
抵达赛场	10:05	抵达赛场后注意是否有血检
试板	10:10 - 10:55	地点：在试板区和线路；如运动员不能确定，由蜡师确定；运动员确认后交给蜡师；换训练板进入靶场
校枪靶位		号
校枪	11:05 - 11:50	1. 校枪时注意风向、雾气、雪情、风速、光线及可能会发生的天气变化等因素 2. 4 分钟，原地校枪射击 15 - 20 发子弹 3. 10 分钟，背枪结合射击 10 - 20 发子弹 4. 校枪结束后运动员负责检枪打上标记，送到准备区交焦文鹏看管
第一组 校枪顺序（原地）	11:05 - 12:09	1. 原地射击：15 - 20 发子弹，打精确度
	12:09 - 12:13	2. 背枪结合：注意调整好枪的自然指向、大胆预压、注意瞄扣、打呼吸、打出节奏

续　表

第二组 校枪顺序（原地）	11：13－11：25	
	11：13－11：25	
校枪顺序（结合） 二人交替进行	11：33－11：50	
	11：33－11：50	
比赛前 热身安排	11：05－12：15	1. 前 30 分钟：75% 强度，比赛线路热身滑 2. 后 15 分钟：150－200mX5 次　强度：90% X1 次；95% X2 次；100% X3 次 3. 热身期间喝所备的糖粉
赛前热身返回	11：45	1. 按时返回起点区
	11：56	2. 佩戴计时发射器
	12：09	3. 起点区热身跑，体操，加速跑，按摩
	12：15	4. 心理暗示：我做好了参赛准备 5. 注意观察风向旗
竞赛板送达起点区	11：40	教练负责
竞赛板打标记	11：45－12：15	运动员负责验板打标记并送到起点区
雪天枪的专门准备		1. 出发前注意检查枪支是否有雪 2. 检查枪支前准星瞄准具是否有雪 3. 检查枪支后瞄准具觇孔是否有雪
个人比赛出发		
3 号	12：01：30	1. 赛前 10 分服糖胶 1－2 袋 2. 出发前 10 秒打开心率表
23 号		同上
51 号		同上
60 号		同上

比赛结束

1. 血乳酸测试（由焦文鹏负责）　　　　　2. 饮用蛋白粉和糖粉饮料

3. 放松滑行 30 分钟　　　　　　　　　　4. 颁奖

5. 新闻采访　　　　　　　　　　　　　　6. 尿检准备

7. 不饮用和吃任何人提供的水、食品　　　8. 只饮用自己亲自检查开瓶的水、饮料

9. 饮用水、饮料没饮用完不能交给任何人

10. 确认 A、B 瓶和剩尿时远离任何人自己完成

第四章　竞技参赛与心理因素

第一节　心理因素在竞技参赛中的作用

运动员参加重大比赛，是身心的双重考验和历练。这其中，既有令人叹为观止、永垂史册的杰出表演，也有"出师未捷身先死，长使英雄泪满襟"的遗憾。成也好，败也好，心理因素总是背后的那只看不见的手，往往决定着比赛的进程和结果。以下两个案例就是明证。

一、"灵魂出窍"的经典案例

（一）赛场停电后的心理短路

多布罗斯科克是俄罗斯泳坛崛起的一颗新星，在 2003 年世界游泳锦标赛上一鸣惊人，高难度高质量的动作令世界震惊，被誉为"新萨乌丁"。多布罗斯科克已经和老将萨乌丁成为俄罗斯在男子 3 米跳板上的双保险。但是，这颗新星却在第 12 届游泳世锦赛上却上演了"灵魂出窍"的一幕，既令人震惊，也令人惋惜。

墨尔本当地时间 2007 年 3 月 20 日晚，跳水男子双人三米板的决赛进行到第四轮时，刚刚站上跳板的两位意大利选手还没有开始做动作，全场的主要照明电源突然发生故障。此时，包括前三轮成绩一直领先的、由多布罗斯科克领衔的俄罗斯组合还没有跳第四个动作。当 25 分钟后照明恢复之后，轮到俄罗斯组合比赛时，多布罗斯科克却如同着魔一样，自己在跳板上跳了一下之后就停止了动作，任由身旁的同伴加尔克林入水，结果俄罗斯组合一分未得，积分排名从第一一下落到了最后一位。更奇怪的是，

第五跳完成之后，多布罗斯科克在第六跳又一次重演了第四跳时的场面，在走板之后突然呆立在跳板上，又一次让俄罗斯队得了0分！

多布罗斯科克到底怎么了？带着这样的问题，北京晚报记者赛后采访了多布罗斯科克的私人教练波斯尼科夫。不过，谈起多布罗斯科克随着场馆一齐"停电"的原因，愤怒的波斯尼科夫并不愿意多说，只是一个劲地解释："我也问了他，可他自己也说不清，我更不知道为了什么，我只知道我现在非常非常生气。"

赛后，获得前三名的选手在谈到俄罗斯组合的失误时也均表示难以理解。中国队的王峰说："比赛中出现各种情况都很正常，选手应该对此有足够的应变能力，我们当时没看到他们是如何发生问题的，但我们既没有受到停电的影响，也没有受到他们失误的影响。"加拿大队的德斯帕蒂说："我们也没有看到这场场面，所以难以理解。"德国选手则表示，他在奥运会比赛中看到过一次类似的情况，但是不知道这次俄罗斯选手是否原因相同。"他们的意外失常对我们没有影响，我当时反而认为我们的机会来了。"他说。

一直注视着比赛的中国跳水队教练刘恒林事后表示，这一意外场面多数因为运动员在注意力过于集中的情况下，遇到突然的打断时，容易出现肌肉的僵硬。"由于比赛馆内的照明发生变化后，他们受到了较大影响，特别是在心理上起了变化，结果出现了走板失误。在雅典奥运上，中国队的彭勃和王克楠也曾遇到了相似的问题，不同的是，那次是我们受到了外界影响，而这次是俄罗斯选手出现了意外。"此外，刘恒林还透露，多布罗斯科克在赛前训练中常有走板停顿的习惯。他说："多布罗斯科克在训练中，一遇到感觉不好的时候，往往喜欢中途停下来，所以，他可能习惯了。这种失误在单人比赛时被扣一些分，后面还有追回来的可能，但今天参加的是双人比赛，类似的重大失误就难以挽回了。"

中国跳水队领队周继红认为，"正常来说，王峰、秦凯的规定动作比往常少了4到5分，可以说开局很不好。但是停电后，他俩表现得很正常，临场应变能力还不错。"周继红承认，国际大赛中很少出现停电事故，对精神高度集中的比赛运动员来说会产生一定的影响。"但大家面对的情况都一样，就看自我调整和临场应变能力。事先不可能预想到会出现什么问题。"周继红还表示，"俄罗斯选手的实力本来非常强，之前的规定动作就跳得很好。也许是多布罗斯科克精神太集中了，出现停电意外之后，打乱了他的节奏和心理，太遗憾了。"

比赛现场出现意外最经典的一幕发生在雅典奥运会，也是男子双人3米板决赛。当时，有一位穿着天鹅服的男子跳入池中，引起一阵骚动。之后上场的中国、俄罗斯、美国、日本、加拿大等金牌热门组合全都出现失误。最终，靠东道主"外卡"身份进入比赛的希腊选手上演了一出"夺冠神话"，德国选手"捡"到了银牌。

（二）最后一枪时的心理短路

美国23岁会计学大学生埃蒙斯干出了奥运会射击史上最愚蠢的事，这位天天与数字打交道的美国牛仔最后一枪忘记了看靶号，把子弹射向澳大利亚人普拉纳尔的靶纸上，将金牌让给了中国射手贾占波。

埃蒙斯被公认为射击界的神童，奥运会前的一个意外是，埃蒙斯选拔赛前发现他的爱枪的关键部位好像被人做过手脚。埃蒙斯向比赛委员会汇报了上述问题，并决定换枪，他找到了与他一起在大学队训练的达兰德，埃蒙斯此后一直拿着达兰德的枪来到奥运会。

埃蒙斯总共要参加三项比赛，第一项男子10米气步枪，他并不走运，连决赛都未能进入。而他20日打得相当自信，并且击败了各路好手，拿到了男子50米卧射金牌。22日的男子50米步枪3×40比赛埃蒙斯后来居上，到了决赛第9枪结束后，他已经领先第二名达3环之多，如果他最后一枪能打上7环，基本就稳拿金牌。就在这个时候，不可思议的事情发生了。

埃蒙斯要击发2号靶位，澳大利亚人普拉纳尔站在他旁边。普拉纳尔在9枪之后，暂时排在第5位，已经与金牌无缘，普拉纳尔是击发3号靶位。埃蒙斯已经扣动了扳机，但是他的2号靶纸上竟然没有记录。此时埃蒙斯找到了比赛官员，他打着手势，示意这是一个错误，比赛官员迅速过来查看了埃蒙斯的来福枪，再次检查了靶纸，靶纸没有留下任何枪弹的痕

迹，官员示意埃蒙斯可以重新击发。就在此时，3 号靶纸显示出已中两弹，这是怎么回事？两弹分别是 10.6 环和 8.1 环，难道埃蒙斯帮助普拉纳尔打了一枪？这种射击史上少有的场面如何判罚？三名官员围在一起，最终结论是埃蒙斯最后一枪为 0 环。那么普拉纳尔是打中了 10.6 环，还是 8.1 环？裁判断定普拉纳尔打中了 10.6 环，这也是普拉纳尔当天最精准的一枪。如果埃蒙斯最后一枪在自己靶纸上打出这个成绩，他就稳登冠军宝座。而现在，中国选手贾占波以 1264.5 环的总成绩戏剧性地夺得金牌；普拉纳尔凭借最后一枪在总成绩上攀升至第三位，获得一枚宝贵的铜牌；美国选手迈克尔·安蒂获得该项目的银牌；最后一枪被判 0 环的埃蒙斯则只能无限惋惜地位列垫底的第八名。

埃蒙斯没有把责任推给那支"朋友"枪。他起初还想博得裁判的同情，但后来埃蒙斯承认自己大脑出现了短路，他说："在任何比赛里，我在击发前通常会看一下靶号，然后再瞄准击发。过去 6 年时间里，在任何国际大赛我都没有发生过这种事。"

二、大赛的瓶颈

上述关键时刻的卡壳与失态，在心理学上叫做"choking"。该词的基本含义是窒息、哽住、阻塞，在竞技运动中，就是指由于心理因素造成的表现失准或发挥失准。这种现象是观众的谈资，也是运动员的噩梦。心理因素往往成为运动员重大比赛中的瓶颈因素。刘淑慧的研究发现[1]，射击运动员备战和参赛的瓶颈因素有 9 种，包括：

——消极心态表现；

——获胜欲望过强；

——看重比赛结果带来的社会报偿；

——高期望值；

---

[1] 刘淑慧. 射击比赛的"瓶颈效应"分析［R］. 河南开封：第十一届全国心理学学术会议运动心理学分会场专题报告，2007.11.

——打不好对不起领导、亲人和教练；

——对主场因素敏感；

——情绪过于紧张、发抖、呼吸不平稳、精力（视力）前移、猛扣或击发困难、节奏改变；

——以往的调节方法不奏效；

——出现不利局面难于扭转；

——自信心水平下降。

诚然，不同的运动项目，比赛制胜的瓶颈因素会有所不同，但有一点各个运动项目是十分近似的，即：在整个训练比赛周期中，心理因素随着比赛的接近而变得越来越重要。如图4-4-1所示，从决定运动员比赛成绩的内部因素分析，运动员的比赛成绩取决于比赛表现，而比赛表现取决于赛前的身体、技战术和心理状态。这些赛前状态是运动员通过遗传和学习获得的身体能力、技战术能力和心理能力的体现。

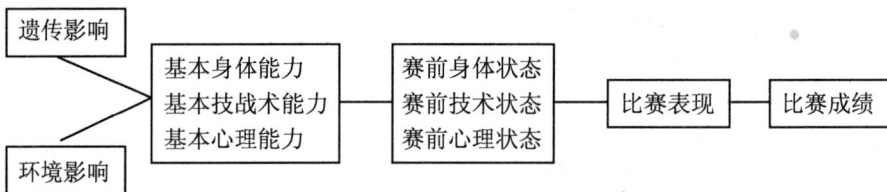

图4-4-1 运动员比赛表现内部因素分析[①]

在图4-4-1表示的自左向右发展的因果链中，"赛前心理状态"的字体之所以加粗，是因为心理因素的相对重要性会随着比赛的临近而提高，最有力的研究证据之一来自李益群[②]对克拉克现象的研究。所谓克拉克现象，系指顶尖选手大赛中发挥失常。而这种发挥失常，更多地是由于心理失控造成的。李益群的研究发现，我国优秀田径、游泳、举重选手在国际

---

① 张力为. 赛前情绪的因素结构、自陈评定及注意特征 [M]. 北京：北京体育大学出版社，2001.

② 李益群. 体能类项群重大比赛中的"克拉克现场" [J]. 体育科学，1991. 1.

重大比赛中的"克拉克率"平均达5.6%。许多运动员都有"战胜别人容易，战胜自我极难"的切身体验，这种战胜自我的过程，高度体现在比赛中的"心理斗争"中。比赛心理状态对于比赛表现和比赛成绩的重要意义，可以借"养兵千日，用兵一时"这句成语说明：比赛中心理的一时控制不当，足以使千日苦心付诸东流。

2008年北京奥运会时，中国运动员在主场作战，会有主场便利，如环境的适应、观众的支持；也会有主场干扰，例如主场的压力、期望的升高。有些运动员甚至认为，在国内打比赛、在家门口打比赛比在国外比赛还要难打，因为需要应对的干扰往往更多。因此，主场优势是否能够充分体现出来，还要看运动员自身的心理调节。

第二节　中国运动员奥运参赛主要心理问题及其应对

运动员参赛，需要在多方面进行心理调节和心理控制。不同的运动项目，这种大赛心理调节和心理控制又有各自的特点。这里，我们选择几个具有共性的心理课题加以讨论。它们分别是主场逆效问题，参赛自信问题，注意焦点问题和逆境顺境问题。最后我们还讨论了进行心理训练以提高心理调节和心理控制能力的一般性原则和出发点。

一、主场逆效的控制

2007年11月底，"好运北京"国际蹦床邀请赛在北京的国家体育馆举行。女子预赛波澜不惊，几位名将轻松过关，但12月2日的决赛却让人大跌眼镜。中国头号选手、今年世锦赛的季军黄珊汕在全场观众的支持呐喊声中"晕场"，最后一个动作出现严重失误，仅得到26.50分，最终排名第七位。乌兹别克斯坦选手萨夫金娜也出现严重失误，以11.10分排名第八。今年的世锦赛亚军、加拿大选手麦克伦南以36.80分的成绩获得亚军。获得今年世锦赛第四名的中国选手何雯娜则以36.60分获得季军。名不见经传的乌克兰选手莫瓦查则技压群雄，跳出37.50分的成绩，意外地获得冠军。女子蹦床决赛排名的这种戏剧性升降提醒中国运动员，即便是在北京的主场比赛，占尽天时地利人和的优势，也未必一定能够在关键时刻将这一优势转为胜势，并最后将胜势定格在成绩上。我们可以将这种在主场作战发挥失准的罕见现象称为主场逆效，它正好与下面提及的主场优势相反。

那么，关键时刻主场作战的运动员为何发挥失准，出现主场逆效？如何将主场优势发挥到极致，控制主场逆效，这既是教练员运动员关心的重要问题，也是运动心理学探索的重要问题。过去的研究结果表明，这一现象可能同自我意识水平升高有关。[①]

（一）主场优势与自我意识

运动员在主场作战时取胜的比例大于客场取胜的比例，这种现象叫做主场优势。但有研究表明，前半赛季主场优势更加明显，后半赛季主场优势有所降低。例如，鲍梅斯特和斯坦赫伯曾对 1924 - 1982 年的棒球世界系列大赛和 1967 - 1982 年的美国篮球协会锦标赛的比赛结果进行了统计，结果发现，在淘汰赛的初期的确存在主场优势，但在决定比赛名次的最后关头，则不存在主场优势。鲍梅斯特和斯坦赫伯更关心的是：为什么会是这样？是主队发挥失常？还是客队发挥奇好？

对于棒球，他们选择了"场上失误"进行分析，因为这一指标相对来说比较独立，不受对方影响，是测量失常的一个好指标。他们发现，在系列大赛的头两场比赛中，客队的场上失误更多；但在第七场比赛中，情况正好颠倒，主队的场上失误更多（表 4 - 4 - 1）。

表 4 - 4 - 1   1924 - 1982 年棒球世界系列大赛场上失误情况

比赛顺序	每场比赛失误		每场比赛无失误	
	主队	客队	主队	客队

---

① Baumeister. R. F. , choking under plessure：Self - consciousness and paradoxical effects of incentives on skillful performance ［J］. Journal of Personality and Social Psychology, 1984, （46）：610 - 620.

第一场和第二场	0.65	1.04	33	18
第七场	1.31	0.81＊	6	12＊＊

＊＝p＜.01；＊＊＝p＜.02. 引自 Baumeister & Steinhilber, 1984①

对于篮球，他们选择了罚篮进行分析，结果与棒球的相似。在七场制的淘汰赛中，第一到第四场比赛中，主队与客队的罚篮命中率差不多，但在第七场比赛中，客队的命中率较主队高（表4-4-2）。

表4-4-2 1967-1982年NBA淘汰赛罚篮成绩

比赛场次	主队	客队
第一到第四场		
命中	3368	3412
失误	1303	1266
命中率	.72	.73
第七场		
命中	873	937
失误	391	328
命中率	.69	.74＊

＊＝p＜.01. 引自 Baumeister & Steinhilber, 1984②

鲍梅斯特和斯坦赫伯进行的另一项分析是1967-1982年NBA的半决赛和冠军赛。他们发现，在第一到第四场比赛中，主队在70.1%的比赛获胜；而在决定性的第七场比赛中，主队则仅在38.5%的比赛中获胜。从这一研究结果中可以明显看出，在关键场次，主场优势变成了主场劣势。他们认为，主场劣势主要是由于主队发挥失常引起的，而不是客队发挥奇好

---

① Baumeister. R. F. &, Steinhilber A. . Paradoxical effects of supportive audiences on permance under pressure：The home filed disadvantage in sports championships ［J］. Journal of Personality and Social Psychology, 1984, (47)：85-93.

② Baumeister. R. F. &, Steinhilber A. . Paradoxical effects of supportive audiences on performance under pressure：The home filed disadvantage in sports championships ［J］. Journal of Personality and Social Psychology, 1984, (47)：85-93.

引起的。鲍梅斯特等人①稍后对大学生进行的实验室实验再次支持了这一结果。

关键是，为什么主场优势随比赛进程递减？

对这一结果的解释是，越是到关键比赛，在给以巨大社会支持的观众面前进行自我表现的愿望就越强，运动员这种自我意识水平的提高，使他们将过多的注意集中在自我表现或印象管理上，而这并不利于运动操作。

（二）关注过度和努力过度

在自由式滑雪空中技巧队有这样一个运动员，她的身体素质非常好，连她们的身体素质外籍教练也说：××是难得一见的好运动员。她在参加世界杯前的训练也非常出色，动作完美的无懈可击。但是就是这样一个运动员，在家门口的世界杯比赛中，失败了。她说："我只是想跳得更好一点，身体更紧一点……"为什么良好的愿望换回的只是失败呢？

自动执行假说②认为，意识控制会破坏成熟技术的自动化执行过程。而高水平运动员大赛中的过度意识控制，会引起关注过度和努力过度，进而使自动化动作执行过程受阻，最终导致发挥失准。王进③最近进行的一项系列研究，更清楚地说明了其中的机制。他的研究一表明，技术成熟的篮球运动员如果有意识地把注意力集中在手、肘、肩的投篮动作上，其效果比只尽力完成投篮任务时差。说明过多注重动作细节对动作的流畅性产生破坏，因而使成绩下降。他的研究二表明，运动员在观众、录像和奖金三种压力下投篮时，成绩较没有压力时下降，其中奖金压力组的投篮成绩下降幅度最大。他的研究三发现，自我意识强的人和高躯体特质焦虑者在压力

① Baumeister. R. F., Hamilton, J., Tice, D. Public versus Private expectance of Success: confidence booster or performance pressure [J]. Journal of Personality and Social Psychology, 1985, (48): 1447 – 1457.

② Baumeister. R. F., choking under pressure: self – consciousness and paradoxical effects of incentives on skillful performance [J]. Journal of Personality and Social Psychology, 1984, (46): 610 – 620.

③ 王进. 压力下的 "choking"：运动竞赛中努力的反常现象及相关因素 [J]. 体育科学, 2005, 25 (3): 85 – 94.

下更容易出现发挥失准情况。这三项研究均提示，在比赛的关键时刻，运动员在压力下做出的刻意关注和超常努力，常会导致"过犹不及"。

除了自动执行假说以外，还有三类心理学研究成果有助于解释关注过度和努力过度产生的负面作用。

第一，流畅状态（flow state）的研究表明，丧失自我意识和自然而然发生是运动员最佳竞技状态（peak performance）8 个特征中的 2 个最重要特征。①

第二，运动技能学习与控制方面的研究表明，运动技能的学习和掌握是一个意识过程，我们年复一年、月复一月、日复一日地练习某类技能，是一个在意识指导下的认知过程。但运动技能的表现如比赛却是一个意识和直觉共同指挥的过程：在较长时限内，如几千毫秒，意识参与战术决策，如乒乓球发球前和足球任意球前落点和旋转的计划，短道速滑弯道超越前时机和线路的计划；在较短时限内，如几百毫秒甚至更短，直觉参与战术决策，② 如棒球的击打动作、篮球的传球动作。

第三，Hatfield 等人③对实弹射击时运动员脑电图变化规律的研究表明，从射击前 7.5 秒到扣板机时，左半球 α 波指数呈直线增加，右半球 α 波指数则无明显增加。这说明，此时将注意集中在视觉空间任务时，左半球处于相对抑制状态，语言不参与动作执行过程；右半球则处于相对兴奋状态，指挥机体完成空间定向任务。Hatfield 等人④还发现，实验中两个射击成绩

---

① Csikszertmihalyi, M, Flow：The psychology of optimal experience ［J］. New York：Harper & Row.

② 韩晨. 问题情景及技术等级对运动员直觉性思维的影响 ［D］. 北京：北京体育大学, 1999. 王斌. 手球运动情况中直觉决策的实验研究与运动直觉理论的初步建构 ［D］. 北京：北京体育大学, 2002.

③ Hatfield, B. D., Landers, D. M., Daniels, F. S. & Ray, w. Electroencephalographic profile of elite rifle shooters ［A］. In G. C. Roberts, D. M. Landers（eds.）. Psychology of Motor Behavior and Sport ［C］. Champaign, Ill.：Human Kinetice Pulishers, 1981. pp. 92.

④ Hatfield, B. D., Landers, D. M., Daniels, F. S. & Ray, W. Electroencephalographic profile of elite rifle shooters ［A］. In G. C. Roberts, D. M. Landers（eds.）. Psychology of Motor Behavior and Sport ［C］. Champaign, Ill.：Human Kinetice Pulishers, 1981. pp. 92.

最好的射手左半球的 α 波指数也最高，即他们左半球的放松程度最深。在这种情况下，运动员不大可能利用左半球对来自身体内部或外部的刺激进行语言编码式的加工并对动作进行语言控制。这提示，带有语言控制的关注和努力可能会干扰射击击发程序。

（三）控制自我意识产生的过犹不及

奥运会运动员参赛，如果希望控制自我意识产生的过犹不及，可以从以下 3 个方面入手：

第一，缩小比赛和训练的差异。用我们经常对运动员说的是：把比赛当训练，把训练当比赛。具体的做法可以是：平时训练应给运动员通过各种方式加压，比如，要求乒乓球运动员在某一局、甚至是某一分时必须赢球；或进行模拟训练，从场地的布置，到训练的程序，甚至到运动员做的每一件事情、想的每一件事情，使他们对比赛氛围产生适应；而在赛前和赛中应给运动员减压，特别在关键时刻，必须减少使运动员产生"我字当头"的刺激。

第二，比赛关键时刻强调动作的完整性和流畅性，减少对动作细节问题的提示；比赛关键时刻的表象演练强调肌肉运动的整体感受，减少对动作细节问题的关注。

第三，对于教练员，比赛关键时刻的语言提示应简练、明确、有力；同时，减少语言提示的频率。语言的提示，或者是肢体语言不要与平常训练有不同，这样会打破运动员已有的程序。

而且语言提示的内容应视项目的不同而不同，如田径类的项目，激发运动员兴奋的语言会帮助比较大，但对跳水、体操之类的项目，平和的语言，更多技术类的提示会更好。

二、参赛自信的提高

高自信和高成就动机是运动员最重要和最主要的精神财富。相比而言，成就动机主要体现在训练阶段，而自信则在训练和比赛两个阶段均有鲜明的体现。对于运动员和教练员而言，自信似乎永远不是一个多余的话题。

（一）不自信的原因

不自信主要是由运动员主观上体验到的比赛结果的不确定性和不可控性引起，这两点是不自信的主要原因。例如，运动员常体验到对手太强，怀疑自己能不能战胜对手；自己今天的训练不理想，怀疑自己能不能练好这个项目……而且马术中马失前蹄的一瞬间、足球运动员点球前的一瞬间、自由式滑雪空中技巧起跳前的一瞬间，都与结果的不确定性和不可控性有关。不确定性越强，不可控性越高，就越有可能产生不自信的问题。赌博和竞赛都具有不确定性和不可控性，因此，很容易使人产生不自信的感觉。

心理学家（Maier & Seligman）[1] 在动物研究中曾发现一种与控制感和自信心有密切联系的现象，叫"习得性无助"（learned helplessness）。这一著名实验的做法是：起初把狗关在笼子里，只要蜂音器一响，就给狗以难受的电击，狗关在笼子里逃避不了电击。多次实验后，蜂音器一响，在给电击之前，先把笼门打开，此时狗不但不逃，反而不等电击出现就先倒在地上开始呻吟和颤抖。这只在正常条件下根据本能应该主动逃避的狗，现在却绝望地、不采取任何有效行为地等待痛苦的来临。这就是习得性无助。这一实验提示，当有机体感到无法控制时，会减少努力甚至放弃努力。这是缺乏自信的典型表现。

（二）提高自信的方法

运动员经常说，我比赛比好了，我就会有自信。但是在比赛之前，在平时的训练中，我们怎么来建立运动员的自信呢？

从上述习得性无助的实验可知，要想提高自信，最重要的是应当要求运动员关注可控因素，忽略不可控因素。

要做到关注可控因素，有三个重要步骤。第一，要引导运动员分析决定比赛进程和结果的那些重要因素中，哪些是可控因素，哪些是不可控因素；第二，要求运动员制定解决可控因素问题的操作方案；第三，在日常

---

① Maier, S. F. & M. E. P. Seligman. Learned helplessness：Theory and evidence ［J］. Journal of Experimental Psychology, 1976, （105）：3 – 46.

训练中反复强调和实际落实这一操作方案。例如，对于足球比赛而言，裁判、天气、对手、准备活动、体能分配、赛前饮食、战术等，对比赛结果均有重要影响，但是，比较而言，前三项因素不可控性强，后四项因素可控性较强，因此，应鼓励和要求运动员把注意集中在准备活动、体能分配、赛前饮食和战术等因素；然后，要求运动员制定做好这四件事情的操作方案，例如，制定上半场和下半场体力分配的具体方案；最后，在训练中根据具体方案进行反复的实际演练。

要做到忽略不可控因素，应当注意提醒运动员临赛前应当提示自己应该做什么，不能提示自己不该做什么。这一原则的理论依据是反语效应。所谓反语效应，是指提示不要发生的事情反而更容易发生的现象。达格戴和爱克兰（Dugdale，Eklund）[①] 最近发表了一项研究成果。在研究一中，他们让被试观看橄榄球比赛的录像，并要求他们别去注意裁判。这种条件下，被试反而更多地观看了裁判。在研究二中他们发现，在抑制不需要的或消极的想法时，如果给被试以任务相关线索词来重新集中注意，将消除潜在的反语作用。这说明，告诉运动员不该做什么，不一定能够保证他们做正确的事情；有时，反而会使他们做出错误的事情。只有提醒运动员应当做好的事情，才最有利于比赛的正常发挥。

每个人除了自己肯定自己，还需要得到别人的肯定。因此，提高自信除了运动员自己独立完成外，很重要的一点需要是教练员和同伴之间的互动。对运动员来说，教练员是自己身边最重要的人，技术上最了解自己的人，说的话自然也是最有分量的。在训练中和赛场上，教练员的鼓励、积极性的语言也是帮助运动员建立自信的有效方法。但是鼓励和积极性的语言也不是凭空就来的，这需要教练员根据每个运动员的实际情况，寻找她（他）每一天训练中的进步之处。同样作为朝夕相伴的队友，他们之间的相

---

① Dugdale, J. R. & R. C. Eklund, Do not pay any attention to the umpires: Thought suppression and task - relevant focusing strategies [J]. Journal of Sport & Exercise Psychology, 2002, (24): 306 - 319.

互鼓励也是能帮助运动员建立自信。

除了以上分析的可控因素注意法和积极语言提示法以外，还有很多其他方法有助于运动员增强和保持自信，这些方法包括积极表象法、自我实现预言法、三种优势法、进步记录法、大型动作法、眼神对视法、爱好培养法、打破心理极限法、名言鼓励法、但是转折法、短期目标法、成功体验法等等。

这些方法不可能产生"一学就会，一会就用，一用就灵"的效果，但是，坚持这些方法的日常练习，可以培养运动员积极的思维习惯和行为习惯，这正是心理技能训练的最终目标。①

三、注意焦点的指向

运动员赛前和赛中的注意指向与比赛发挥有直接的联系，非常能说明两者关系的一个实例是雅典奥运冠军朱启南的夺冠过程。气步枪比赛中，朱启南打完最后一枪，并不清楚自己的最后成绩。他摘下眼镜，扭头寻找教练。教练高兴地向他挥手，朱启南则怀疑地伸出食指："我第一？"在得到肯定之后，朱启南才用力地挥了一下食指："我是奥运会冠军！"他的脸上洋溢着满心的喜悦。当记者问他：在资格赛里面你是冲着600环去打的吗？朱启南说："没有一个选手说冲着600环去打的，当时站在射击台上面想打600环是根本不可能做到的。但是当时我在打的时候，脑子里面只有一个感觉就是动作要正确，一枪一枪打好，每一个动作都做好了才有打出10环的可能，才有希望冲击600环，如果站上去就想打600环而忽略动作的话是不可能达到目标的。"②

这个战例说明，运动员大赛中，只有将注意指向过程（的进行）、当前（的情况）和自己（应该做的事），才能充分发挥水平，达到成绩目标。③

---

① 张力为，毛志雄. 运动心理学［M］. 上海：华东师范大学出版社，2003.

② 逍遥. 搜狐雅典报道［EB/OL］. http://sports.sohu.com，2004 – 08 – 16.

③ 张力为，毛志雄. 运动心理学［M］. 上海：华东师范大学出版社，2003.

（一）过程定向

比赛注意指向的第一个原则是过程定向，即比赛时将注意的方向定位在比赛过程要素而不是比赛最终结果的认识倾向。这里，比赛过程要素主要指与比赛表现直接联系的、且自己可以控制的要素，例如比赛之前的器材维护、饮食调节、休息、练习等等，以及比赛之中的技术战术、体能分配等等。比赛最终结果主要指比赛名次、比赛成绩、与他人相比的差距等等。将注意指向比赛最终结果之所以不利于运动员的比赛发挥，是因为第一，思考结果及其某种结果对自己产生的影响，会使运动员的紧张程度不由自主地升高，甚至升高到难以自控的不适宜程度；第二，比赛结果是比赛进程的最终环节，主要受先行事件的影响，例如运动员准备活动的充分程度、比赛器材的质量、技术战术应用情况。将注意集中在比赛最终结果上，会干扰对先行事件的必要准备，进而使比赛最终结果不能到达预定目标，产生越想结果越出现坏结果的情况。

（二）当前定向

比赛注意指向的第二个原则是当前定向，即比赛时将注意的方向定位在当前任务而不是过去的结局和将来的结果的认识倾向。运动员参赛过程往往是一个分阶段且持续时间较长的过程，前一轮的比赛结果往往会对运动员后一轮的表现产生重要影响。因此，如何在比赛进程中不断进行心理调节，树立正确的心理定势，成为运动员保持优势或反败为胜的重要保证。要让运动员知道，过去是无法改变的，将来是无法控制的，我们只能改变或控制的就是现在。当前定向的原则要求运动员在不断进行心理调整的过程中，确立和保持从零开始的注意指向，将注意集中在立刻需要加以完成的具体任务上，既不过多缠绕在已经发生的事件上（不论是积极事件还是消极事件）也不过多缠绕在将要取得的成绩上。

（三）主位定向

比赛注意指向的第三个原则是主位定向。大家都知道，决定比赛结果的因素很多，例如裁判、天气、场地、观众、对手的基本技术战术体能水平、对手的比赛发挥情况以及运动员自己的比赛表现。这些因素中，有很

多是运动员难以控制或根本不可能控制的，如对手、气候和裁判。关注那些不能控制的因素，不但会使运动员因产生无助感而信心下降，而且还干扰了极其必要和重要的技术战术体能的准备工作。主位定向的原则要求运动员将注意集中在可以控制的因素上，而可以控制的因素主要是运动员自身的一些因素，例如自己正在和将要采取技术战术手段，体力分配策略，思维和表象的内容以及与教练员的沟通等等。同时，应采取一切必要的措施，回避和排除与自己无关和与比赛过程无关的信息。例如，在射击比赛的间歇过程中，在人较少且较安静的地方，戴上耳机，闭目听自己预先准备好的轻音乐，以放松，节省体力，回避干扰信息，准备下一轮的比赛。

四、逆境顺境的应对

运动员对逆境和顺境的适应是稳定发挥技战术水平的保障。这里，我们讨论两类应对方式。第一类应对方式是临场应对策略，第二类应对方式是适应性训练。

（一）逆境的临场应对

逆境的临场应对包括对常见逆境和意外事件两种情况的临场应对。

常见逆境主要指对己方发挥不利的情况，如领先时被对手追上、比赛中总是不适应对手的打法、关键时刻对手"运气"好总是擦边擦网、裁判错判误判、连续多轮比赛极其疲劳、受伤、记者在不该采访的时间地点采访或提出不合适的问题等等。意外事件主要指对双方发挥均不利的情况，如器材突然损坏、场地突然停电、天气突然变化等等。

逆境的临场应对策略有以下四种：[①]

第一，问题定向的应对。这是直接面对逆境、解决问题的策略，例如，请队医按摩，以缓解连续比赛造成的身体疲劳和心理疲劳。

第二，情绪定向的应对。这是控制由逆境所引起的情绪反应，例如，观

---

① 蚁刚彦．逆境应对心理学［R］．在备战 2008 年奥运会教练员心理训练研讨班上的报告，北京：北京体育大学，2002.

众为对方鼓掌时，可放慢比赛节奏，暗示自己：他们是在鼓励我打好下一个球！

第三，回避问题的应对。这种策略要求暂时躲开对自己有威胁或不利的逆境，例如，裁判错判误判时，自己安慰自己：后面的比赛裁判会将错判补回来。

第四，阿Q策略的应对。这是超然于逆境之上或顺应逆境，例如，突然停电后等待比赛重新开始时，提醒自己：大家都一样，看谁能适应！

（二）顺境的临场应对

顺境的临场应对包括对战局领先和观众支持两种情况的临场应对。

战局领先时，应采取保持原来比赛节奏或者加快比赛节奏的策略，以乘胜扩大优势；同时，应提醒自己：每分从零开始，才能保持优势。

弱手对强手领先时，要认可自己的超水平发挥，相信自己可以在最后时刻做得同样好。同时，把结局当开局，避免对比赛结果的关注。

观众支持对自己的发挥具有激发动机、鼓舞士气的作用，但也可能会提高自我意识水平，产生关注过度和努力过度的倾向，干扰运动技能的自动化执行过程。因此，在观众为自己鼓掌、呐喊时，应将注意集中在动作的整体性上，避免将注意集中在动作的细节性上；应多采用运动表象指挥动作，避免进行过多语言提示。

（三）适应性训练

应对各种逆境和顺境，更重要的是通过平时训练提高适应能力。模拟训练和程序化参赛是适应性训练的两种重要形式。

模拟训练包括对手特点的模拟训练、观众影响的模拟训练、裁判错判误判的模拟训练、比赛时间的模拟训练、记者采访的模拟训练等等。例如，中国射击队在雅典奥运会之前进行的模拟训练，安排运动员乘大巴自北京到保定，经一个半小时的路途奔波，下车后经过十分简短的热身，便开始正式射击比赛。他们模拟的比赛情景，就是奥运会中运动员由于大巴塞车、奔波而产生烦躁、疲劳，同时准备活动时间又非常短暂的特殊情况。

程序化参赛是指根据比赛环境、对手情况和突发事件三类情况制订比赛方案，根据比赛方案参加比赛，做到有备无患。比赛方案的核心是行为

程序，即关于在什么时间、在什么情况下、做什么事情的行动计划。行为程序需要运动员和教练员的共同协商和认同，需要落实到文字上，需要在赛前进行详尽的演练。

1. 比赛方案的实例

比赛方案的格式并没有必须遵守的规定，但可以本着提出问题（如果）和制定对策（我会）的原则进行，写在比赛日记中，可以采用"如果……我会……"的形式。下面，我们提供一个实例供运动员参考（参见表4-6-3）。

运动项目：风帆　运动员姓名：×××

撰写比赛方案的目的：针对该项比赛前和比赛中有可能出现的各种问题或情况，制订相应的对策，以做好全面而充分的心理准备。

表4-4-3　参加亚运会比赛方案

如果……	我会……
1. 赛前训练安排过量	1. 主动向教练员提出自己的感受 2. 自己及时有效地做放松恢复训练 3. 找大夫或队友做相互恢复性按摩 4. 向有关领导提出合理化建议
2. 比赛器材准备仓促	1. 正确对待，冷静处理 2. 相信自己的技术实力 3. 尽快了解器材的性能、特点 4. 重点考虑受风中心与以往训练用帆的差距；多做转向练习，熟练掌握板体侧阻中心
3. 在赛前训练上与教练员有分歧	1. 合理综合分析自己观点的正确与否 2. 与教练沟通，理智地提出自己观点与道理 3. 注意与教练沟通的场合和方式方法 4. 切记稳定自己的情绪
4. 赛前对场地不熟悉	1. 仔细观察风源及地形对风力风向的影响 2. 仔细观察掌握各风向的风区风摆的变化规律 3. 注意岸边风向曲线的变化及风力减弱区 4. 明确每日一潮的规律，面对大海从右向左 5. 了解最高流速的时间：距岸边3000米的流速约为每分钟10-12米，距岸边300米的流速约为4-5米

制订比赛方案一定要强调个人特点，运动员之间不能互相套用，只能相互参考。认真、细心、全面、负责和独立思考是制订好比赛方案的必要条件。① 比赛方案的格式和重点完全是因人而异、因任务而异和因情况而异的，不必拘泥于以上形式。

2. 新闻采访方案实例

史蒂夫曾三次参加奥运会，并为加拿大赢得第一个世界杯高山滑雪男子总成绩冠军。他接受新闻媒体采访的个人计划如下：②

（1）新闻发布会。提前 5 天举行新闻发布会，宣布大家关心的一些基本问题，如选手村、饮食、场地、交通以及线路。如果有必要，在比赛结束后再举行一次新闻发布会。

（2）站立式采访。每天只允许在比赛结束的地点（或类似区域），在比赛结束之后接受站立式采访（回答如"你今天的比赛如何？"等问题）。

（3）推销性拍照。也可以事先准备一些相关的照片或图片，分发给新闻媒体，供他们使用。

史蒂夫建议，"当我们做好准备的时候，我们才能通报新闻界。他们有责任随时做好准备，而不是由他们来安排时间表。"他还指出，"应该有一个新闻处，记者也要做好准备，而不要用一些简单、愚蠢的问题浪费时间（如"你有多高？"、"你今年多大？"等）。"如果一个没有任何背景的记者提出类似的问题，则应建议该记者到新闻处去咨询。

如果某个记者在街上或在比赛结束地点之外的其他地方硬拉住你说话，要遵守此前制定的比赛新闻采访准备方案。要明确告诉该记者，你要对全队的其他人负责，自己不能例外。告诉该记者去比赛结束区域参加站立式采访或新闻发布会。

---

① 丁雪琴. 如何制订比赛心理对策 [A]. 中国体育科学学会运动心理学专业委员会，北京体育大学编：中国代表团征战悉尼奥运会心理咨询手册. 北京：国家体育总局科教司，2000：64 - 66.

② 姚家新. 运动员对新闻媒体的理解与协作 [A]. 中国体育科学学会运动心理咨询手册：北京：国家体育总局科教局，2000. 233 - 243.

需要指出，运动员在大赛前制订的比赛方案，其内容应当是全方位的，重点是技术战术准备，同时，也应包括新闻采访准备和衣食住行等其他准备，还应包括意外情况的准备。

五、心理训练的重要原则

获得理想竞技表现是所有运动训练与体育比赛参与者的目标，也是运动员心理训练的现实目标。中国运动员、教练员在奥运会、亚运会和全运会上成功参赛的实践，为运动心理学家总结比赛制胜的心理规律和开展卓有成效的心理训练提供了丰富的养料。运动心理学家们结合心理学理论和运动队实践在高水平运动员心理训练领域进行的长期探索，也取得了丰硕的成果。

刘淑慧[①]紧密结合射击运动训练和国际重大比赛的实际，率先提出并逐步形成了以心技结合训练为基础，以积极思维控制训练为中介，以积极比赛自我意象训练为整合的前后有序、上下联结的心理建设综合模式。该模式的实施帮助射击运动员在多次国际比赛中取得了骄人战绩。依照"行为塑造"理论，刘淑慧[②]创造设计了射击心理训练系列程序，形成心、技、战、体协调统一的个体化合理动作定型，并通过加重心理负荷训练与比赛衔接，进一步提高射手的行为应对能力；依照合理情绪疗法、观念系统理论与方法等心理学原理进行咨询，经心理干预与认知调整，提高射击运动员参加国际大赛的自信心和成就动机水平，确立射手正确比赛心理定向，形成积极比赛态度，提高射手的认知应对能力；将上述内容整合在积极比赛自我意象训练中，通过表象、榜样替代、情境想象，形成自强、自信、自控的积极比赛自我意象，提高运动员大赛中自我指导能力，以充分发挥技术水平。心理建设综合模式体现了心理教育、心理训练、心理咨询在实

---

①　刘淑慧. 射击在奥运大赛中成功发挥的心理学研究［A］. 中国心理学会（编），当代中国心理学. 北京：人民教育出版社，2001：446-453.

②　刘淑慧. 射击在奥运大赛中成功发挥的心理学研究［A］. 中国心理学会（编），当代中国心理学. 北京：人民教育出版社，2001：446-453.

施上的系统性和个体心理建设的综合性。

姒刚彦①系统总结并详细阐述了传统心理训练范式在运动实践应用中遇到的困难及其原因。在运动心理学领域，传统的心理训练范式②从心理学角度来描述与界定理想竞技表现时，强调的是最优化原则，尝试做的便是对这种状态的追求，认为在"最佳"心理状态下运动员才会出现理想竞技表现，或者运动员的理想竞技表现本身就是这些最佳心理状态的体现。"最佳"或"最理想"心理状态可能是一种最佳的心境"冰峰"现象，也可能是单一维度或多重维度（唤醒、焦虑、自信心）的最佳水平、区域、组合，或者是一种理想的"流畅"（flow）境界。而姒刚彦③在过去20年的应用研究与实践工作经验基础上，从应用运动心理学的角度提出理想竞技表现的新定义，即：在竞赛中对各种逆境的成功应对。从该定义出发，他构建了运动员的逆境应对训练模式。这一训练模式由4个阶段组成，包括：（1）确认或预见典型逆境；（2）找出合适的应对逆境方法；（3）实施个人化的训练；（4）评价训练效果。这种训练模式可以使运动心理学家在实践中的干预体现出更强的可操作性与有效性。姒刚彦④认为，个体对逆境的意识和认知能力是可以被评价和训练的，所学到的应对行为的效果也是可以被评价和再建的。通过逆境应对训练模式，理想的竞技状态就向"通过训练可

---

① 姒刚彦.运动员心理训练研究进展［A］.中国体育科学学会（主编），体育科学学科发展报告，2006.

② Hanin, Y. L. Interpersonal and intragroup amxiety: conceptual and methodological issues. ［A］. In D. Hackfort, C. D. spielberger（eds）. An international persective［C］. Washington, DC: Hemisphere pulishing Corporaiton, 1989: 19 – 28. Jackson S. A., Touard a conceptual understanding of the flow experience in elite athletes［J］. Research quarterly for exercise and sport, 1996, (67): 76 – 90. Matern, R., Vealey, R. S. Burton, D. Competitive anxiety in sport［M］. Champaign, Ill: Human Kinetics, 1990. Morgan, W. P, Test of champions: The iceberg profile［J］. Psychology today, 1980, (14): 92 – 108. Terry, P. C., An overview of mood and emotions in sport［R］. In proceeding of 4th International Congress of Asiau – South Pacific Association of Sprot Psychology. Seoul, Korea. 2003: 368 – 377.

③ 姒刚彦,刘皓.高水平中的逆境应对［A］.第七届全国体育科学大会论文摘要汇编（二）.北京：2004, 100 – 101.

④ 姒刚彦.追求"最佳"还是强调"应对"——对理想竞技表现的重新定义及心理训练范式变革［J］.体育科学，2006.

获得"的境界迈进了一步。逆境应对训练模式直接植根于竞技运动实践，以众多实例为依据，提示了高水平运动员系统心理训练的一个新导向。

我们认为，心理训练的重点是在理解和认识的基础上，培养良好的思维习惯和行为习惯。比赛的心理控制和心理调节，是训练过程中心理训练和人格培养的自然结果和集中体现。运动员的心理调节，也是一种技能，可称为心理调节技能，可在训练中不断得到提高。在技术训练中，运动员通过天天练、反复练的过度式学习，形成长系列的、稳固的条件反射和行为模式，在比赛最关键的时刻，通过稳固的行为模式进行最迅速和最恰当的技术、战术反应。同理，心理训练也强调结合技术、战术、身体训练内容的天天练、反复练，形成积极而稳固的思维模式和行为模式，以正确习惯应对顺境、逆境、困难、挫折及突发事件，使自己取得心理上的优势。这样，运动员不仅可以凭借这些稳固而积极的思维模式和行为模式应对训练、比赛中的困难，还可以应对退役后生活中的困难。心理训练的目标首先是为了帮助运动员提高参赛成绩，同时，也是为了运动员的终生发展。

第三节　中国运动员奥运参赛制胜经典案例心理分析

个人有许多财富，集体有许多财富，国家也有许多财富。财富有物质的，亦有精神的。中国运动员奥运制胜的经典案例，既是个人的财富，亦是集体的和国家的财富。他们战胜困难、勇攀顶峰的经历和业绩，是后人继续攀登的指南。

一、激发动机

（一）引言

在艰苦训练中流下的汗水和泪水的价值，往往通过比赛成绩得到体现。因此，运动员在大赛之前总是有强烈的渴望，渴望在比赛中完美发挥，有所作为；渴望能够为祖国、为亲人、为自己争得荣誉。只有充分激发出运动员获胜的动机，运动员才能在比赛中更加奋力拼搏，创造出优异成绩。

（二）案例

1999 年，张怡宁首次在荷兰埃因霍温世锦赛上获得女单亚军，此后她在一系列重大的国际赛事中也表现不俗。可令人遗憾的是，张怡宁总是与大赛的冠军头衔无缘。"自九运会以来，我几乎总是以银牌而告终，有些遗憾。可是我非常热爱乒乓球事业，所以没有放弃，我坚信只要一直走下去，就一定会取得成果。"张怡宁回忆到。

雅典奥运会，张怡宁一路顺风，接连闯入女双、女单决赛。在与搭档王楠一同夺得奥运会女双冠军之后，张怡宁把目光投向了女单冠军。"要说此前我没有想过拿金牌，那是不现实的。但我没有过多地去考虑金牌，而是想如何去超越自己。"哲学家般的头脑帮了张怡宁一把，"想赢怕输是人之常情，无可厚非。我在比赛中，也有过想赢怕输的念头出现。我一再地告诉自己，不要考虑结果，放松。"

赛后的张怡宁，透露了自己在决赛中的心理状态："在这种时候，人要做到没有想法是很难的，但这一路走来，我已经很清楚了，打来打去，其实就是在跟自己斗。要想成为中国女乒的领军人物不容易，方方面面都要做到最好。"

记者：这次比赛后你已经成为中国女子乒乓球的领军人物，此时此刻你有什么感想？

张怡宁：当领军人物不是非常容易的，不是一朝一夕能够当成的，一定严格要求自己，做好这个重任。2008 年期间打奥运会，希望这 4 年能够有很好的状态，向更高的乒乓球水平冲击。

（三）分析

从张怡宁的例子里我们可以看到，她在谈论自己心路历程的时候反复提到"想如何去超越自己"，"跟自己斗"。将目标设定为超越自己，使得张怡宁总能不断的激发自己的斗志，不断提高，将获胜动机始终维持在很高的水平。

在心理学中，动机是指推动一个人进行活动的心理动因或内部动力，它能引起并维持人的活动，将该活动导向一定目标，以满足个体的愿望。动机对人的行为具有始发作用、指向作用和强化作用。决定动机的强度和

方向的因素主要是人的需要和外部环境这两类因素。①

　　运动心理学家和教练最关心的，也是与运动关系最密切的动机是成就动机。成就动机是指个体从事对他有重要意义的、有一定困难的、具有挑战性的活动，在活动中取得完满结果和优异成绩、并能超过他人的动机。②在训练中，运动员面对的是千万次重复的单调练习，生理上和心理上的疲劳以及各种伤病的困扰。如果不能有效的激励运动员的动机，那么在比赛中出色表现可以说是空谈。

　　根据动机产生的原理和影响因素，在训练中，为了激发运动员的动机，我们建议教练员注意：

　　1. 满足运动员的各种合理需要，包括：利用训练方法多样化等手段满足运动员追求乐趣的需要；创建良好的集体氛围满足运动员归属的需要；给予运动员比赛的机会，肯定其价值，满足其自我实现的需要等。

　　2. 采用有效的方式强化所期待的运动员行为，多使用奖励，减少惩罚。在强化的使用过程中，要注意：明确规定应获奖励的行为、奖励的条件以及奖励的标准；强化最好是无规律的，且不能过量，否则可能使运动员失去控制感，最终导致内部动机的丧失；当然，还要使运动员懂得，奖励不是最终目的。

　　3. 因人而异地激发动机。在了解运动员性格、气质等心理特质的基础上，教练可以有针对性直接或间接激发运动员的动机。对于自控能力较差，行为习惯没有养成的运动员，可以采用依从法，如强调："如果今天的任务按时按量完成，周末可以增加一个小时的休息时间。"如果教练和运动员之间的信任关系较好，也可采用认同法（依从法的隐蔽形式）进行强化。而对于那些已经建立起正确的价值和信仰体系的运动员，则可更多地采用内化法，启发运动员发掘自身价值来激发其动机。

　　4. 在训练中，给予运动员适当的自主权，使运动员产生控制感，从而

---

　　① 马启伟，张力为. 体育运动心理学 [M]. 杭州：浙江教育出版社，1996.

　　② 张力为，毛志雄. 运动心理学 [M]. 北京：高等教育出版社，2007.

加强动机，同时促进责任感和自我价值感的发展。但是，在自主权的发放过程中教练应做好把握和控制，因人而异的处理放权的程度和范围。常用的做法是让运动员参与到训练计划的制订中。

根据动机产生的原理和影响因素，在训练和比赛中，为了激发自身动机，我们建议运动员注意：

1. 对自己的实力作正确的评估，对比赛成功的标准作合理设置，轻装上阵。

2. 将注意力专注于当前比赛，勇敢的面对比赛挑战，全身心的投入。

3. 保持心态的平稳，避免不良因素的主观放大效应引起的情绪大起大落，做到从容不迫，冷静处理。

4. 赛前做好准备，做到知己知彼，针对对手的弱点和长处制定应对策略，做到心中有数，准备越充分，越容易激发获胜动机。

5. 在赛中进行深呼吸调节，使用提示语如"我紧张，他比我还紧张"来减少内心的疑惑和彷徨，坚定必胜信念，激发"想赢不怕输"的动机。[①]

二、保持自信

（一）引言

每个奥运冠军都有与众不同的技术、战术和体能特征，但所有奥运冠军都有两个共同的心理特征，即高度的自信和强烈的成就动机。这两个心理特征是运动员最重要的精神财富。成就动机支撑着运动员在训练中奋勇拼搏，其惨烈程度远远超过古人的"头悬梁，锥刺骨"；而自信使运动员在大赛中不断超越自己并傲视群雄。

（二）案例

罗雪娟是世界泳坛的顶尖选手，雅典奥运会之前已经取得骄人的战绩，包括2001年世锦赛50米、100米蛙泳冠军，2003年世锦赛50米、100米蛙泳、4×100米混合泳接力冠军。

---

① 刘淑慧. 射击比赛心理：研究与应用［M］. 北京：北京体育大学出版社，2006.

近年来，女蛙竞争日趋激烈，琼斯和阿曼达几次改写世界纪录，布鲁克、柯克等也屡次创造佳绩。但罗雪娟始终认为："虽然每次我都胜得艰难，但我从未放弃。全世界可以不相信你，你却不能不相信自己！"

在雅典奥运会决赛之前，罗雪娟说除了决赛，预赛也好，半决赛也好，都不足以说明任何问题。"第一道又怎么样呢？第一道就不能拿金牌吗？看不见对手更好，我游我自己的。我战胜了自己，也就肯定战胜了她们。就这么简单。"决赛在凌晨拉开了序幕，罗雪娟从一入水就拼尽了全力，整个过程节奏好、力量足，以自我为中心，霸气十足，以至于她旁边赛道在半决赛中打破世界纪录的琼斯都没能控制住自己的节奏。罗雪娟的发挥足以令观者感到一种力量的激情四射和淋漓尽致的爆发。

罗雪娟最终以一分零六秒八零的个人最好成绩夺冠，而半决赛上战胜过她的澳大利亚选手琼斯最终位列第三。

赛后一向笑容灿烂的罗雪娟喜极而泣，她激动地说："今晚的比赛是我两年多以来最艰难的一次，我是来卫冕的，心理压力其实很大，昨天的半决赛中更是了解到对手十分强大，我告诉自己一定要拼到底，现在我拿到了这枚金牌，我真的很激动。"

"我谁都不怕，"把玩着手里那块沉甸甸的金牌，罗雪娟说，"但我相信谁都怕我。琼斯怕，比尔德也怕，要不然，决赛的时候她们怎么会那么紧张？"她的陈述是如此不假思索而又不容置疑。"在决赛之前，你是不是也曾经——哪怕只是一瞬间——对自己产生过怀疑呢？"面对这样的问题，罗雪娟秀眉一挑："没有，从来没有。我的自信从世锦赛击败琼斯夺冠之后就再也没有消退过。是的，我承认今年有一段时间我的状态不太好，训练成绩也始终在 1 分 08 秒左右徘徊，但我没有忘记自己最重要的目标是什么。我在赛后的新闻发布会上也说了，中国人懂得如何在最关键的时刻爆发。"

（三）分析

罗雪娟的上述问答，对自信做了最好的解释：自信就是在比较中发现对方的弱点和自己的长处，确认自己达到目标的现实可能性。

自信如此重要，那么，有哪些方法可以帮助运动员提高自信呢？

班都拉和他的同事从信息加工的角度对自信（他将完成特定任务的自信称作自我效能）的形成做了大量的研究，提出自信是建立在4种信息来源之上[①]，即成败经验（直接经验）、替代经验（间接经验）、言语与社会诱导和生理状态，这4种信息影响人的效能期望，效能期望进而影响人的认知、情绪和行为，见图4-4-2。

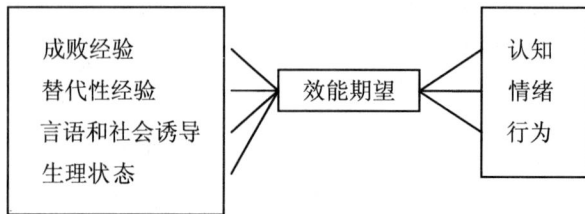

图4-4-2　自我效能来源和行为预测[②]

我们过去的成败经验是亲身经历，对自信形成的影响最大。成功的体验可提高自信，多次的失败会降低人们对自己能力的判断。在体育运动中，这一信息主要来自比赛表现和运动成绩。

人们通过观察或想象他人（那些与自己能力相当者）的行为会获得替代性经验，这一经验也对自信的形成产生影响。观看或想象与自己能力相当者的成功或失败操作，会提高或降低观察者的自信判断。

另一个促使自信形成的信息来源是言语诱导，包括他人的建议、劝告以及自我规劝。言语诱导会使人们相信自己的能力，在完成特定任务时付出更大、更持久的努力。

来自情绪和生理状态的信息，也影响着自信的形成。班都拉指出[③]，人们常把紧张情境中的生理唤醒作为不良信号加以解读，这会降低对努力成

① Bandura A. Social foundation of thought and action: A social cognitive theory. Englewood Cliffs, NJ: Prentice - Hall, 1986.

② Feltz, D. L. Self - confidence and sports performance [A]. Ink. B. Pandolf (Ed). Exercise and sport sciences review [C]. New York: Mac Millan, 1988: 423 - 457.

③ Bandura A. Social foundation of thought and action: A social cognitive theory. Englewood Cliffs, NJ: Prentice - Hall, 1986.

功的判断水平。过度焦虑的人会低估自己的能力；疲劳和烦恼会使人感到难以胜任任务需要；成功时的积极情绪和失败时的消极情绪也使自信发生变化。

根据班都拉的理论，为提高自信，我们建议，教练员应在训练中努力为运动员营造成功体验的氛围，包括：

第一，减少消极语言提示，如"还是低，还是低！我看你的正手算是废了！"、"别紧张！"；增加积极语言提示，如"好了一点，但还要再高一点！放胆做！"、"放松！"。

第二，减少他人参照提示，如"你怎么这么笨！别人学这个动作用3天，你却要用3个月！"；增加自我参照提示，如"比昨天有进步，但还要增加食指用力的程度！"。

第三，注意可控因素，如准备活动、赛前饮食、动作程序、战术安排等；忽略不可控因素，如天气、场地、裁判、观众等。

第四，注意短期目标，提供量化反馈，如把射箭运动员每周队内测验比赛时每组最高环数和最低环数的差值、标准差（另外一种离散程度指标）、平均数记录在计算机中（如 EXCEL 表格），作为纵坐标，每周的时间延续作为横坐标，做曲线图，让运动员直观地看到自己每周为减少射箭波动所作努力的成果，直观地看到自己的系统性进步。

根据班都拉的理论，为提高自信，我们建议，运动员应在训练中做到：

第一，注意可控因素，如准备活动、赛前饮食、动作程序、战术安排等；忽略不可控因素，如天气、场地、裁判、观众、媒体等。

第二，每次写训练日记的最后一句要用积极的话结束，如"我终于可以用冰激凌奖励自己了，因为我找到了弯道右腿蹬冰的那种感觉"；再如"桑兰能够克服那么大的困难，重新露出微笑，我也应该用同样的心态面对这次失败"。

第三，每晚睡觉前躺在床上，把自己今天最成功的那套动作（或过去曾做过的最成功的那套动作）在脑子里过一次电影，即做成功动作的表象练习（3 分钟内为宜）。

第四，把消极语言提示换为积极语言提示，如把"千万别失误!"换成"果断!"，把"别想输赢!"换成"盯着对手反手打!"。

第五，与别人交谈时，正视对方的眼睛，大声回答对方提问，适当做些大型手势，尽量多地保持微笑;握手时要多用力，让对方感到你的力量;签名时有意将自己的名字写得大一些。

第六，反复思考以下道理:人们选择自己的注意指向和思维方式的机会，总比改变他人和改变环境的机会更多一些;对待同一件事、同一个人的看法，人们总是可以有两种以上的选择;黑夜固然反复再现，但黎明又将来临;因此，为什么不选择更积极的方式去对待身边的人和解释身边的事呢?

三、控制情绪

(一) 引言

运动场上充满刺激——意料之外的顺利，难以预料的挫折，对手无意的失误，分数暂时的领先，都可能给双方运动员造成情绪上重大的变化:可能是兴奋，可能是焦虑。任何小的情绪变化，又可能影响运动员在比赛中的表现，进而对结果产生重大的影响。所有的奥运冠军，都有着非常强的情绪控制能力，正是这种"平常心"将他们送上冠军的领奖台。

(二) 案例

出生于1972年的杨凌14岁进入北京市业余体校，开始了自己的射击生涯。1993年他入选国家队，在教练蔡添响的指导下，2次获得全国锦标赛冠军，2次获得世界杯冠军，并分别在1996年和2000年获得了两枚奥运会金牌。杨凌在比赛中是少数几个不戴耳罩和眼罩的选手，为了提高自己的心理承受能力，他还发明了用大音量放音乐的方法。由于在平时的训练和比赛中经常有意想不到的表现，队友送他一个外号叫"天下第一大晃"。

1996年获得第一枚奥运金牌之后，在1997年的第八届全运会上，杨凌没有拿到北京代表团寄予厚望的金牌。从1998年到1999年两年间的奥运会参赛席位争夺战中，他运气不佳，总是拿不到前往悉尼的通行证。不管

说是"苍天有眼"也好，"好事多磨"也罢。亚锦赛上，杨凌如愿以偿，搭上了去悉尼的"末班车"。还在北京队时就带杨凌的移动靶教练沈建东说："我对杨凌有信心，他打奥运会，应该能发挥出自己的水平，他的心理承受能力是很强的。"

悉尼奥运，杨凌的主要对手是摩尔多万。正式比赛前每人试射 4 枪，杨凌前 3 枪很顺，不料最后一枪试射打了 7.9。马上就要转入正式决战，形势对杨凌不利。果然，第一枪杨凌 10.1，摩尔多万 10.7，决赛前杨凌领先 1 环的差距缩小到 0.4 环，第二枪杨凌被摩尔多万反超 0.7 环。但是杨凌沉住了气，一连 4 枪不但追回落后的环数，反而领先 1.8 环。然而摩尔多万毕竟实力不俗，七、八、九三枪急起直追，再次反超 0.2 环。

此时的杨凌，闭了一下眼，娴熟地举枪，10 米外移动着的靶子只闪现 4 秒，杨凌的眼睛、身体和枪连成一线，随靶移动——10.4 环，观众席上没有人鼓掌，这时候，所有的人都只等着看摩尔多万打多少环。摩尔多万的枪终于响了——10.1 环。这个本应说是不错的成绩，此时却略显苍白。

定乾坤的一枪，杨凌技高一筹。

赛后，谈到刚刚结束的决赛，杨凌说，他在赛场上并没有感到紧张。虽然他知道，他和亚军摩尔多万的积分已经相当接近，但没有想到最后他仅以 0.1 环的微小差距获胜。他说，他当时所做的只能是机械地做好射击的每个动作，根本没有可能再去想别的。

（三）分析

在决赛中"没有感到紧张"的杨凌，正是具备了我们所说的"平常心"，他利用自己良好的情绪控制能力，为自己营造了获胜所必需的心理环境，最终战胜对手。

情绪是指人对客观事物的态度体验及相应的行为反应，是以主体的愿望、需要等倾向为中介的一种心理现象，包括生理唤醒、主观体验和外部表现三个成分。[1]

---

① 彭聃龄.普通心理学［M］.北京：北京师范大学出版社，2004.

在心理测评和训练中，经常关注的是运动员的赛前情绪。赛前情绪是特殊群体在特殊情景下的情绪。赛前情绪往往是运动员在比赛前与教练员、队友、对手、观众、家人等社会因素和场地、器材、天气等物质因素交互作用的过程中产生和发展的；其情绪体验、认知评价、生理唤醒和行为表现等特征与竞赛任务紧密相关，具有重要的适应功能。这两点有别于其他交互作用条件下的情绪，如考试前的情绪，战斗前的情绪，等等。运动员的赛前和赛中情绪状态对运动员的比赛发挥起着非常重要的作用。

在比赛中，运动员的情绪控制主要包括三种情况，一是情绪的调动，即提高情绪的唤醒，使自身更加兴奋，从而促进潜能的发挥，这种情况在举重，跆拳道等项目中比较常见；第二种情况是情绪的平复，唤醒的降低，像上述的杨凌的例子，就是在比赛中降低自身唤醒，获得平静的心态，从而更好完成任务；最后一种情况是情绪的转换，即当消极情绪出现时，如何迅速完成情绪的转换，使积极情绪成为主导情绪，提高操作表现。

心理学中关于情绪的理论有很多，其中美国著名情绪心理学家伊扎德在70年代初提出的情绪分化理论影响很大。伊扎德的理论属于生物社会取向，他认为：

1. 情绪是人格系统的动力核心。

2. 情绪包含着神经生理、神经肌肉的表情行为、情感体验三个独立的子系统，它们相互作用和联结，并与情绪系统之外的认知、动作等人格子系统建立联系，实现情绪与其他系统的相互作用。

3. 关于情绪的激活与调节，伊扎德提出四个有关的基本系统与过程：生物遗传—神经内分泌过程，感觉反馈过程，情感过程以及认知过程。①

根据伊扎德所提及的情绪激活和调节的过程，我们建议，教练员和运动员在准备比赛时应注意：

---

① Izard, C. E. The Stucture and functions of emotions：Implication for cognition, motivation, and personality ［A］. In I. S. Cohen（Ed.）. The G. Stanley Hall Lecture Series. Washington DC：American Psychological Association, 1989,（9）：39 – 73.

1. 深入分析对手和己方的情况，做到知己知彼，心里有数，形成对比赛的控制方案，建立心理对策库，减少在比赛中由于准备不足而引起的恐慌情绪。

2. 设置合理的比赛目标，树立正确的比赛态度，如"我的目标是战胜自己"，"我只求在比赛中正常发挥"。减少由于比赛压力造成的焦虑。[①]

3. 减少外界舆论对比赛准备的影响，避免看有导向性特别是不良导向性的舆论报道，减少不必要的情绪干扰因素。

4. 准备必要的表象材料进行表象练习，如给举重运动员看从前举重成功时的图片，这样可以有效地提高运动员积极的情绪成分，帮助提高唤醒。

根据伊扎德所提及的情绪激活和调节的过程，我们建议，教练员和运动员在正式比赛中可以采用以下几种方法进行情绪控制：

1. 对情绪进行冷处理：可以采用暗示法、呼吸调节法等方法来使过度的紧张得到抑制。如采用幅度大、节奏比较慢的练习，有意识地改变表情，深呼吸，放慢步子，舒缓动作，这些方法都可以缓和情绪紧张，使心情安定。[②]

2. 利用改变活动方式或者改变注意力集中内容的方法来缓解情绪的紧张，如在射击前注视某个固定点，或者在比赛前听音乐。

3. 利用思维阻断法来打断引发焦虑的不良刺激，如大叫一声，或者击掌、挥手臂，通过这样的方法可以减少杂念，从而降低焦虑。

4. 在需要提高唤醒的比赛中，同样可采用叫喊口号或者事先准备好的暗示语的方式来唤醒情绪。

四、应对逆境

（一）引言

纪伯伦说，除了通过黑夜的道路之外，人们无法到达黎明。对于每个运动员来说，生命中的逆境都远远多于顺境。训练中的伤病、比赛中的失

---

① 刘淑慧. 射击比赛心理：研究与应用 [M]. 北京：北京体育大学出版社，2006.
② 刘淑慧. 射击比赛心理：研究与应用 [M]. 北京：北京体育大学出版社，2006.

误、客场的劣势、裁判的不公，当种种不利摆在眼前，是放弃，还是继续前进？对于奥运冠军来说，答案只有一个，那就是前进，因为只有前进，才有梦想实现的可能。

（二）案例

雅典奥运会，女子网球双打的两位姑娘除了带给我们惊喜之外，更让我们看到了中国运动员在逆境中乐观不屈的精神和永不放弃的勇气。

双双拥有 10 余年网球专业运动经验的李婷/孙甜甜组合，在奥运会前是国内头号女双组合，然而好不容易拿到比赛 8 号种子排名的她们，首轮抽中的居然是非种子选手，美国的大威廉姆斯和鲁宾。

这个非种子组合乃是由两个没有任何双打积分的单打高手所组成，"当时认识的人都跟我说，咱们抽上死签了，我说那不一定，我要证明给你们看。"主教练余丽乔说，"只有攻击她们配合的漏洞，我们才有胜算。"

比赛开局就是一边倒，中国姑娘们明显发紧，经验丰富的大威和鲁宾趁机破发成功。"虽然我们双打配合熟练，但对手经验多丰富，你看她们的网前技术，还有发球都比我们强很多。"余丽乔有些着急地说。

好在中国姑娘们很快进入状态，孙甜甜的后场对攻与李婷的网前发挥威力，而两位单打世界前十名的大威和鲁宾，从未配合过双打的劣势开始显现。"双打最讲究配合，因为发球的和网前的队友需要商量战术，美国这两个选手从没有配合过，怎么会有战术。"余丽乔说。此后中国姑娘们越打越顺，7∶5 拿下首盘。不过大威和鲁宾以 6∶1 还以颜色。

决胜盘，中国姑娘终于抓住她们配合的漏洞，以 6∶3 拿下。这也是中国女双首次战胜单打排名如此靠前的选手。

自此，中国姑娘士气大振，战胜了一个又一个强劲对手，奇迹般地夺得雅典奥运会网球女双冠军，开创了中国网球史的新纪元。雅典奥运网球女双决赛之后，记者对他们进行了采访。

记者：你们赛前觉得紧张吗？

李婷：我们心态放得比较正，而且我们最难过一关已经过去了，就是半决赛。决赛从我自身来说没想太多，就是发挥出水平，不过我一开始还

是有点紧张。

记者：那你觉得今天获胜的关键是什么？

李婷：我觉得关键还是我们放得开一些，她们有的球没有我们放得开，而且我们争取在网前主动，她们可能打得太被动了。

记者：你觉得今天获胜的关键是什么？

孙甜甜：赛前我们通过我们自己另外一对同伴郑洁、晏紫，她们第一场输了以后给我们总结了一些经验，加上我们赛前的一些了解，赛前针对她们练了一些，我们在场上很成功的，两个人配合得很成功。打到这个份上了，我们已经超额完成任务，再紧张就没必要了，再紧张就给我们自己压力了，我们就应该冲她们了，失误很正常的，对方打好也是很正常的。

（三）分析

竞技运动的魅力在于其不确定性，而这种不确定性的重要表现之一，就是有许多运动员在顺境中失败，而另一些运动员在逆境中反败而胜。李婷和孙甜甜面对单打实力远远高于自己的对手，沉着应战，扭转颓势，依靠的是应对逆境的良好心理素质和心理技巧。

逆境，毫无疑问是指不利于本方的情境。在运动比赛中，逆境可以从三个角度考虑：一是由于本方情况导致的不利，如伤病因素，技战术弱点等；二是由于对方情况导致的不利，如对手实力过于强大，具有主场优势等；三是由于环境因素造成的不利，如气候不能适应，裁判不够公正等。逆境之所以会影响运动员的操作表现，最主要是因为其对运动员的心理状态造成巨大影响，这种影响可能体现在唤醒水平的升高，注意力的分散或产生焦虑情绪等。

对于运动员在逆境中应当如何应对，我国学者姒刚彦根据多年的实践经验提出，运动情境相对于其他问题解决情景，具有更多限制和矛盾，运动员实际上处于必须在资源缺乏的情况下解决问题的状态；而这种状态下，人的决策和行动难免缺乏理性。因此，在应对逆境的过程中，关键不是要将自身状态调整到"最佳"，而是在于如何控制自身的不合理并充分利用对手的不合理。

根据上述理论，我们建议教练员应该帮助运动员更好的认识在比赛中可能遇到的各种逆境，建立良好的应对机制，可参考如下程序：①

1. 结合以往比赛经验，分析与预见各种典型逆境。包括（1）与运动项目有关的逆境：如集体战术实施过程中可能存在的突发情况等；（2）具体比赛中的逆境：如比分被反超的情况，遇到实力高于自己的选手等；（3）与个人特点有关的逆境：如失分后容易急躁，比赛慢热等。

2. 有针对性的找出合理的应对策略。策略可以针对情境中的具体问题，如制定在落后情况下的比赛战术，也可以针对具体的情绪，如在失误后情绪暴躁时利用暗示语等调节自己的唤醒，还有重要的一点在于提高对于逆境的包容力，容忍问题，专注于现在。

3. 在了解运动员个人情况的基础上，有针对性的采用不同方案对于逆境应对的策略进行安排和训练，目的是强化应对意识，学习应对技能，最后形成应对习惯。在应对技能的选择时，仍应想到策略的合理性，可以选用包括唤醒水平调节、注意控制、表象、思维控制、行为程序等方案。

4. 对训练效果进行评价和反馈，并对训练计划进行必要的补充和修改。在训练方案实施后，效果的观测是必要且重要的。运动员在比赛中策略运用的合理性和比赛成绩都应当作为训练效果的重要依据加以考察，并应对小周期和大周期训练目标的制定和训练计划的实施有重要的指导意义。

五、集中注意

（一）引言

我们常用"全身心投入"来描述奥运冠军在比赛中的状态。在比赛中，仅仅能集中注意力还不够。要在比赛中获得最佳的表现，该把注意力集中到哪里，需要分配到几个任务中，哪个任务应该分配最多的注意力，这都

---

① 姒刚彦. 追求"最佳"还是强调"应对"——对理想竞技表现的重新定义及心理训练范式变革［J］. 体育科学，2006.

是运动员在场上必须解决好的问题。迅速有效的组织自己注意资源的能力，是奥运冠军的必备法宝。

（二）案例

雅典奥运会，10 米气步枪决赛。小伙子打完最后一枪，扭头寻找教练。教练高兴地向他挥手，他怀疑地伸出食指：“我第一？”

这个特殊的动作让大家深深的记住了一个名字——朱启南。

出生于 1984 年的小将朱启南 1999 年开始从事业余训练，2002 年 2 月进入浙江省射击队，2003 年 12 月 14 日进入国家集训队。2004 年雅典奥运会，他在决赛中获得了奥运会金牌，同时以 702.7 环的成绩创造了男子 10 米气步枪新的世界纪录。

奥运会气步枪比赛中，朱启南打完最后一枪，摘下眼镜，扭头寻找教练。教练高兴地向他挥手，朱启南则怀疑地伸出食指：“我第一？”在得到肯定之后，朱启南用力地挥了一下食指：“我是奥运会冠军！”他的脸上洋溢着满心的喜悦。

在夺金之后，朱启南不敢相信的表情让省队的教练和领队都感到吃惊：“这个孩子是成熟了。”以前无论什么比赛，只要知道自己拿到了第一，朱启南都会调皮地向大家做出自豪的表情：“看，我又拿了第一！”

“这次比赛，他是太专注了。”郭领队说：“他是打好了每一枪，没有去理会其他事情。说明这个孩子已经走向成熟了！”

赛后，还沉浸在夺冠喜悦中的朱启南接受了记者采访。当记者问到：“在资格赛里面你是冲着 600 环去打的吗？”朱启南是这样回答的：“没有一个选手说冲着 600 环去打的，当时站在射击台上面想打 600 环是根本不可能做到的。但是当时我在打的时候，脑子里面只有一个感觉就是动作要正确，一枪一枪打好，每一个动作都做好了才有打出 10 环的可能，才有希望冲击 600 环，如果站上去就想打 600 环而忽略动作的话是不可能达到目标的。”

（三）分析

朱启南朴实的话语中所包含的道理，正是注意力要集中于当前比赛，当前任务，这既是他在赛后不知道自己名次的原因，也正是他夺冠的秘诀。

在竞技运动过程中，不论是哪种体育项目，也不论是教练员还是运动员都认为注意力是直接影响着运动员技术水平的提高和比赛获胜的关键因素。

注意是心理活动或意识对一定对象的选择、指向和集中（彭聃龄，2004）。[①] 其基本功能是对信息进行选择，以保证对事物更清晰的认识、更正确的反应和更有序可控的行为。

在运动心理学领域中，最受关注的注意理论之一是有关注意方式、个体差异与操作成绩关系的理论。[②] 该理论认为：注意的结构包括注意范围和注意方向两个维度。前者是指在瞬间能清楚地把握的对象数量；而后者是指人正在关注外部的环境信息（如对手的成绩，赛场的情况）或者内部的身心状况（如自己的呼吸和心跳）。

Nideffer 认为，不同运动项目需要将注意范围和注意方向进行不同组合，最适组合产生最佳运动表现。他根据注意范围的宽窄和注意方向的内外划分了 4 种不同的注意方式（见图 4 - 4 - 3），分别是：狭窄 - 内部注意方式，狭窄 - 外部注意方式，广阔 - 内部注意方式，广阔 - 外部注意方式。[③] 这 4 种方式的划分对于运动训练和比赛的实践具有重大的指导意义——即应该根据比赛项目和具体任务来选择合适的注意方式。以篮球运动员为例，在球员带球进攻时，既要注意持球又要注意对方防守队员的行为，此时应选择广阔 - 外部注意方式为宜；而当队员罚球时，如果过于关注周围环境因素会给自己造成干扰，因此应选择广阔 - 内部注意为宜。

① 彭聃龄. 普通心理学 ［M］. 北京：北京师范大学出版社，2004.

② Nideffer, R. M. Use of the test of attentional and interpersonal style（TAIS）in sprot ［J］. The Sprot Psychologist, 1990, （4）：285 - 300.

③ 张力为，毛志雄. 运动心理学 ［M］. 北京：高等教育出版社，2007.

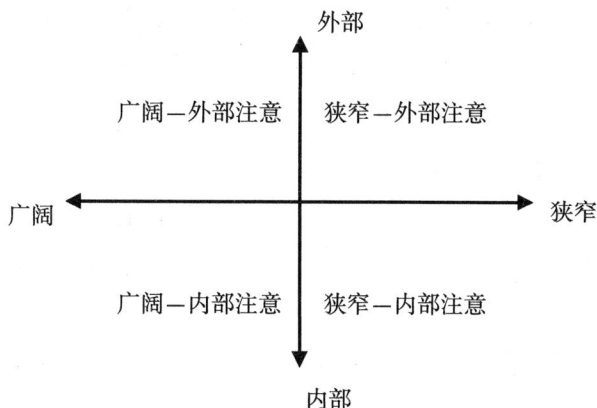

图 4 - 4 - 3 奈德弗的 4 种注意类型

要想在比赛中使得注意资源得到最有效的利用，运动心理学家建议注意的指向在比赛中的调节应遵从三个原则：①

1. 主位原则：将注意集中于主位是相对于将注意集中于他人而言的。这个原则要求运动员将注意集中于自身，而不要过多关注对手或环境中无关的因素。

2. 当前原则：将注意集中于当前是相对于将注意集中于过去和未来而言的。这个原则要求运动员关注场上正在进行的比赛，而不要过多想已经产生的失误，从前比赛的成败或可能到来的比赛结果等。

3. 程序原则：将注意集中于比赛程序是相对于将注意集中于比赛结果而言的。这个原则要求运动员将注意力集中在比赛的具体程序和任务上，而不要过多地考虑比赛的结果甚至是结果所带来的利益。

依据人的注意规律，在训练中为了提高注意的稳定性、抗干扰性或提高注意集中程度的过程，我们建议教练员和运动员可以使用以下训练方法：

1. 秒表练习。这是射击队经常使用的练习方法，其程序如下：

注视手表秒针的转动，先看一分钟，假如一分钟内注意没有离开过秒

---

① 张力为，毛志雄. 运动心理学［M］. 北京：高等教育出版社，2007.

针，再延长观察时间到二三分钟，等到确定了注意力不离开秒针的最长时间后，再按此时间重复三四次，每次间隔时间 10－15 秒。如果能持续注视 5 分钟而不转移注意，就是较好成绩。每天进行几次这样的练习，经过一段时间，注意集中的能力便会提高。①

2. 通过模拟练习等方法熟悉在运动情境中可能存在的干扰，减少干扰因素对注意力的影响。如通过对观众席的模拟训练来减少助威声对注意的干扰。

依据人的注意规律和比赛的特殊情境性，为了在比赛中获得更好的操作表现，我们建议运动员做到：

1. 保证充足的睡眠和休息，使神经系统具备良好的功能状态，满足集中注意所需的资源需要；

2. 明确比赛过程中的步骤和任务，在比赛中有意识地将注意力集中在当前任务上和可以控制的因素上（如自己的打法，自己可以使用的战术），而减少对不可控因素的注意（如裁判的不公正判决）；

3. 在赛前准备好暗示语或口号，用于帮助注意力集中或者阻断影响注意力集中的杂念。

六、对待荣誉

（一）引言

奥运冠军的荣誉，对于每个运动员都是难以抗拒的诱惑，它激励着运动员刻苦训练，在比赛中竭尽全力，同时也使运动员在比赛中感到压力，情绪波动，甚至发挥失常。在对待荣誉时是否能让自己在激发动机的同时，又不为荣誉所驭，往往取决于运动员的境界。

（二）案例

奥运冠军石智勇出生在福建省龙岩市一个普通工人家庭。9 岁时，他进入龙岩市新罗区举重体校开始练习举重。1997 年，他先是在 5 月的第 23 届

---

① 张力为，毛志雄. 运动心理学 [M]. 上海：华东师范大学出版社，2003.

世界青年举重锦标赛上夺得 3 项冠军，接着又于 10 月在第八届全国运动会上夺得亚军。2000 年 7 月，他参加了在美国举行的第 25 届世界青年男子举重锦标赛，被国际举重联合会授予最佳运动员奖。

为了奥运会冠军，石智勇背负了 5 年的思想包袱，付出了 5 年鲜为人知的辛酸。

也许是老天故意刁难，石智勇在悉尼奥运会前因训练过度，伤病加重，无缘奥运。"我把所有希望全部寄托在悉尼，根本没有想过 2004 年、2008 年，所以才特别难受。"

"幸好我身边有一群好人，他们用自身的经历教会我减压的方法，陈导也反复找我谈话，慢慢我找到了自己背负压力的重要原因——太想要冠军，太在乎冠军所带来的利益。"回想起当年稚嫩的想法石智勇失笑出声，"陈导常说，我老把还不属于我的东西硬放在口袋里牢牢护住，生怕别人抢走，防卫心态很重，给自己平添许多没必要的压力。现在我想明白了其实我是跟大家一样都是两手空空的，就是一个穷光蛋，就是去争那个东西的，心态变了，整个人都轻松了。"2003 年石智勇重新崛起，同一年夺取了亚锦赛三项冠军并在世锦赛中夺取了两枚银牌；2004 年 4 月，他在亚锦赛上获得了 325 公斤的总成绩，从而奠定了 62 公斤级的领先之位。

陶璐娜悉尼奥运夺冠历程，则更加鲜明地说明："只有不悲不喜的人，才能经得起大喜大悲；也只有无所谓得失、不等待回应的人，才能攀上人生的巅峰。"（刘庸语）实际上，这正是陶璐娜迄今 27 年人生路上得出的座右铭。

在总结悉尼奥运成功参赛经验时，陶璐娜说："比赛时一定不要闷着头光想我能不能打 10 环，更不要想自己是否能够成功，而是始终想着主要的技术动作。"

临参赛的头天晚上，她拿出这些笔记，反复看。"今天比赛时，我觉得自己心态很好，非常平静。我只想好好把握自己，别人的事少去关心。只要尽了最大努力，就可以了。"

她说，对于射击运动员来说，"金牌、成绩都不重要。那些都只是结果。关键是打出士气，要淋漓尽致地把动作做到家。"

这就是奥运冠军的境界。

（三）分析

中国自古就推崇淡定自若、豁达泰然的心态，并将其称为一种"境界"。范仲淹在《岳阳楼记》里有这样的文字："不以物喜，不以己悲"，即不因为物的富有而骄傲和狂喜，也不因个人的失意而悲伤潦倒。

争得荣誉，实现自我，这是许多运动员参与竞技比赛的重要原因之一。正确地对待荣誉，可以激发自己的斗志，有效的提高训练和比赛成绩；然而如果对待荣誉的方式错误，甚至单纯地将成绩、名次，甚至由此带来的物质利益作为参加运动竞赛的原因，则会给运动员带来很大的负面影响。石智勇正是经历了对荣誉从过分重视到正确认识的转变，才最终实现了自己的奥运冠军梦。

许多优秀运动员曾在金牌和荣誉面前迷失自己。俄罗斯网球运动员库尔尼科娃，当年被誉为网坛最有天赋的女运动员之一，并曾排名世界第一。然而她却在荣誉带来的巨大物质利益里迷失了自己，最终她没有获得一个大满贯赛事的冠军，也慢慢消失在人们的视线之中。这样的事例难免让人伤感。

然而，与迷失者相对，更多的冠军在面对荣誉的时候，以他们豁达的心胸和超人的境界去冷静地对待荣誉带给自己的机遇和挑战，让自己在成功的路上走得更远。为大家所熟知的奥运冠军邓亚萍，到 2006 年为止是获得世界冠军最多的乒乓球运动员。当年已经身为世界冠军的她，在昆明集训时婉言谢绝省领导的来访，闭门在宿舍准备清华大学外语系的期中考试，最终，她在乒乓球场外开辟了自己的新天地，为中国申奥成功做出了巨大贡献。2004 年的奥运会冠军刘翔在获胜之后，没有满足于自己已经获得的成绩，也没有在舆论铺天盖地的宣传下迷失自己，而是很快地调整好状态投入训练，最终在 2006 年打破了世界纪录，为自己的运动生涯又添辉煌一笔。

射击队有这样一句广为人知的口号，叫做"打一枪，甩一枪，枪枪从

零开始。"对于每个射击队员而言，这是要求大家不要背包袱，或者被自己之前成绩所影响。其实仔细斟酌，这句话背后，不正描述了面对荣誉时所应该具备的心态么？当荣誉到来的那一刻，其实它已经成为了历史，成为了一个新的起点。面对荣誉，每个运动员都应该做出自己的选择，选择淡然地面对，认真的总结，不是去关注成绩本身，而是关注在获得成绩的比赛中自己注意了哪些问题，运用了哪些正确的战术和技术，同时，还有哪些问题急需解决以获得更加完美的表现。具备这样的心态和境界往往可以帮助运动员走得更远。对于教练而言，要更多的帮助运动员树立正确的人生观，价值观，高尚的荣誉感和责任感，帮助运动员学会从更高的高度审视自己的荣誉。

在运动生涯中以及整个人生中，都需要面对荣誉，有些荣誉来的重，可能会把人压垮，有些荣誉来得快，可能会让人无措。唯有具有淡泊心态的人，才能不被荣誉所束缚，最终成为胜者。

七、应对意外事件

（一）引言

所谓意外事件，是指在无明显预兆的情况下突然发生的、当事人事先没有充分准备的、对事件进程和结果产生重要影响的事件。竞赛中，意外事件给教练员、运动员带来震惊，给观众带来悬念，给记者带来惊喜，给体育竞赛带来特殊的魅力。

2005 年 12 月 7 日在中国长春举行了自由式滑雪空中技巧世界杯比赛。决赛时女子组第七个出场的是一个美国运动员，她俯冲，腾起，做了一个优美的动作，然后落地。那一瞬间，如果她成功了，会取得一个高分，也许会获得冠军。谁知道呢？然而，那一瞬间，却传来声嘶力竭的一声惨叫，那么凄痛，那么惨烈，全场人都惊呆了。从雪场边奔过来的救护人员没有能够立刻止住那让所有人心碎的叫喊。惨叫持续了约 5 分钟。大家只是知道，她一定伤得很重，疼痛难忍，但在场的人都爱莫能助。现场紧急诊断、救治过程持续了约 20 分钟。

山上第八个出场的是一个中国运动员，她不得不在零下16℃的寒冷和忐忑不安中度过这难熬的20分钟。后来得知，那个美国运动员确诊为左大腿粉碎性骨折。在第二天的总结会上，中国队教练组则非常认真地讨论了在2006年都灵冬奥会上如果遇到类似意外，教练员和运动员应该怎么应对。

从某种意义上，这一类的意外事件已经成为体育竞赛的组成部分。因此，如何应对意外事件，往往成为运动员参赛心理准备的必修课。

（二）案例

中国男子乒乓球队员孔令辉属于典型传统直拍快攻结合欧洲横拍进攻型打法，两面拉弧圈，稳中见狠，有极好的战术素养。右手横握球拍，弧圈球结合快攻打法，正手抽杀力量大。他球感好，球速快，善打多回合，能够在相持中偷袭变线，整体技术全面。在悉尼奥运会的赛场上，他还向世界展示了临危不惧、处乱不惊的一面。

悉尼时间2000年9月24日下午，孔令辉和他最要好的朋友刘国梁分别参加了奥运会乒乓球男单的两场半决赛，赛前他们互相鼓励要会师决赛。然而比赛的结果是孔令辉将与中国男队十多年来的头号强敌瓦尔德内尔决战。这是他当年第三次与老瓦相遇，此前的两次老瓦都输了。男单决赛就看孔令辉的了，人们都这么想！看台上，四面八方传来的都是中国人的呐喊声，人们挥舞的是鲜艳的五星红旗。这里就像是中国队的主场。

第一局孔令辉轻松拿下，第二局比赛进行到10比7时，领先的孔令辉不小心脚扭伤了。怎么办？他想叫暂停，紧急处理一下。但一转念："自己正是有利位置，老瓦已经被打懵了，不能让他有喘息的机会。况且，狡猾的老瓦知道自己受了伤，不但提高了他的士气，也会给他改变战术的机会。"孔令辉果断决定：忍着！

决战进入第五局。20比13——大事临头向前冲的孔令辉，硬逼着老瓦把最后一球挑飞。好个临危不乱得孔令辉，直到比赛结束，瓦尔德内尔也不知道他的对手脚上有伤。摘得金牌的孔令辉低下头忘情地亲吻着胸前球衣上的国旗。他说，五星红旗是祖国的象征，我在为祖国而战！

　　比赛过后，中国体育代表团秘书长吴寿章说，孔令辉本次夺冠军之路极为坎坷。每次比赛回来，孔令辉都告诉吴寿章："今天我又是反败为胜。"说起脚伤，孔令辉赛后说，"奇怪了，打到后来，我根本不觉得疼了。"

（三）分析

　　大赛中，运动员突然受伤，裁判突然误判，场地突然停电，器材突然出现故障，天气突然恶变，诸如此类，不胜枚举。应对的最基本方法可分为两类，第一，临场应对，第二，赛前准备。

　　我们为教练员、运动员提供的临场应对的建议是：

　　1. 坦然接受现实。应接受意外事件本身，因为它已经发生，不可改变；还应接受它对比赛发挥产生的不利影响。接受的态度有助于心态的平和以及积极的应对。

　　2. 关注可控因素。应将注意更多地放在"我应做什么"、"我能做什么"和"我将做什么"上，如案例中孔令辉的决定：忍着；而不是反复回想发生了什么和思考将对我产生什么不利影响。

　　3. 许多情况下，意外事件对比赛双方或比赛多方同等不利，应分析意外事件对对方产生的影响，分析对方的心态。

　　4. 充分相信自己的应对能力，敢于在新的情境中与对手重新较量。

　　我们为教练员、运动员提供的赛前准备的建议是：

　　认真制订比赛方案。丁雪琴①认为，制订比赛方案，主要是为了提高运动员应对各种重要情况和突发情况的能力，做到有备无患。制订比赛方案可以帮助运动员稳定比赛情绪，增强比赛自信，使比赛行为有序。比赛方案也可称为比赛对策库。丁雪琴②提出，比赛对策库应包括以下两个部分：

---

　　①　丁雪琴. 如何制订比赛心理对策［A］. 中国体育科学学会运动心理学专业委员会，北京体育大学（主编）：中国代表团征战悉尼奥运会心理咨询手册. 北京：国家体育总局科教司，2000：64－66.

　　②　丁雪琴. 如何进行心理调节. 在中国短道速滑队备战 2006 年都灵冬奥会期间的心理学讲座，2005.11.

第一部分是程序活动对策库，即面对比赛必然遇到的问题和必须进行的活动（如赛前一天、赛前晚上、检录点名等环节）时所应采取的成套对策。程序活动对策库的主要内容有三：第一，比赛事件进程，如赛前 3 天、赛前 1 天、点名、入场、第一轮、第二轮等等；第二，想什么；第三，做什么。简单地说，程序活动对策库就是运动员写出的比赛关键时间点上想什么做什么的程序。

第二部分是预发事件对策库，即面对可能遇到的突发应激事件（如上场时间改变、气候变化、器材损坏、出场顺序改变、对手弃权等）时所采取的成套对策。预发事件对策库的主要内容有二：第一，如果发生了……情况；第二，我就采取……措施。这颇有点像自己为自己制订的"锦囊妙计"。

刘淑慧[1]曾介绍过王义夫在雅典奥运会前制订的比赛方案。该方案将上述程序活动对策库和预发事件对策库合二为一，现列于表 4 - 6 - 4，供教练员、运动员参考。王义夫在雅典奥运会取得男子 10 米气手枪金牌之后接受采访时的一段话，充分肯定了制订比赛方案的重要性。

许戈辉：我注意到你发最后一枪的时候，把枪举起来瞄了一会儿，放下来之后很长的时间。

王义夫：当时竞争非常激烈，也非常紧张，深呼吸也是调整心态的很好方法。稍微喝一点凉水也是调整心理，我平时也是这么做的，比赛当中我也是这么做的。因为在比赛当中我们有几套方案来应对，如果出现这个问题我们应该怎么解决，如出现其他问题我们怎么解决。

---

① 刘淑慧. 射击比赛心理：研究与应用 [M]. 北京：北京体育大学出版社，2006.

表4-4-4　王义夫雅典奥运会比赛可能遇到的问题与对策

维度	问题	积极思维与行为对策
比赛指导思想	强烈获胜欲望	欲望需要通过努力实现，要的是饱满的精神、坚定的信念、正确的指导思想
	想为运动生涯划上圆满的句号	二十余年比赛告诉我：以平常心对待不平常事的深刻道理
	对比赛胜败结果的思考难以释怀，媒体舆论	专心于比赛准备，控制好比赛中的行为，回避媒体
	比赛氛围与压力	全身心的享受比赛带给自己的无限乐趣，感受比赛过程中的种种刺激，有压力才有动力
	环境与气候	无数的比赛经验告诉我：只要思想准备充分，有适当的方法和措施，一定能应付环境的挑战
赛前准备	有时有思想随意、动作准备粗的现象	从思想上认识到各国运动员的水平提高很快，不能有老大自居心理
	有时有精力不够集中，容易出现注意力分散现象	动作上注意整体质量、把握力量的一致性可采取分段式练习，打20-40发停一停，将精力收一收再重新组合，继续下面的射击，也可临时以要求射击进行调整
	个别击发的处理存在侥幸心理	提醒自己：以单发为单位，把握好每一发
资格赛	试射表尺修正	注意观察风向，调整好动作的自然指向，多打几发密度，根据密度及动作状况修正表尺，最后几发以记分射要求打
	换记分后击发困难	精力集中到动作中去，打出10环的瞄区和动作感受，不勉强击发，不急于击发，沉住气不着急
	连续出9环和出远弹	主动停下来重新调整，静心稳神
	最后几发	处理要果断不怕麻烦，不随意延长瞄区时间，坚持动作标准

续　表

决赛	情绪更紧张 击发动作要求高	不把自己吓住，都是一样的人，一样的心情。动作按正常程序走，击发坚决果断。不勉强发射，可以二次瞄准。心静力稳用第一稳定期完成击发。不追求小数点，在瞄区内协调击发就行
可能遇到的问题	气候、光线（地中海气候、风大、酷热、光线强）	每个参赛选手的条件一致，既是公平的，就要主动接受，主动处理
	开头不顺的被动局面	足够的思想准备，足够的耐心。保持清醒的思路、冷静的头脑，拿得起、放得下，一切从头来
	出现预报不出的弹着及远弹	从心态下手，思想干净情绪平静。坚持自己的打法，可以一停二看三预习，也可离开射击位置与教练沟通，着实调整好心情及动作后再继续射击
	年龄因素	在国际比赛中大龄选手为数不少，我自认为仍然处于运动成绩的高峰期。但不盲目自信也不保守，真正做到从零开始。不与别人比，只跟自己比，挑战自我、战胜自我

引自刘淑慧，2006，106－107①

八、做好赛前定位

（一）引言

参加比赛之前如何看待自己的位置，如何给自己设置一个合适的目标，对每一位运动员来说都是个关键问题。雅典奥运会女子 10000 米冠军邢慧娜，正是出色地解决了赛前定位的问题，在通向成功的道路上迈出了关键的一步。

---

① 刘淑慧. 射击比赛心理：研究与应用［M］. 北京：北京体育大学出版社，2006.

（二）案例

山东姑娘邢慧娜，1996 年进入潍坊市体校，教练是迟玉斋；1999 年进入山东体育运动技术学院，教练是尹延勤；2003 年 1 月入选国家集训队师从教练王德显。

邢慧娜一向留长发，但为了奥运会，她特地剪了个短发。"就是在奥运会上让大家看得精神一点。"她说。雅典奥运会上，邢慧娜参加了 5000 米和 10000 米两项。她把所有的准备都用在 5000 米上，她认为在这个项目上能够成功。但是因为太紧张，技术动作变形，节奏乱了。邢慧娜的技术特点是大步型，脚步柔软，但是节奏一乱，技术用不出，结果失败了。接下来就要面对 10000 米的比赛了。

女子 10000 米比赛当天上午教练王德显了解到，邢慧娜还没在奥运村里逛过呢，于是便拿起相机，拉着邢慧娜在村子里转了起来。看到风景好的地方就"咔嚓咔嚓"。上场之前王德显告诉她"放松去跑，你是个小人物，有什么可紧张的！"

比赛开始，起跑后孙英杰和邢慧娜占据了比较靠前的位置，英国名将拉德克里夫曾一度处于第一，但 1000 米后就被肯尼亚人超过。在前 3000 米，孙英杰和邢慧娜均采取了跟随跑，把位置让给肯尼亚人去领跑。4000 米后，第一集团渐渐明朗，孙英杰一直处于第三到第五名之间，但是很难占到内道，邢慧娜被前面的选手挡住，无法前超，只能跟在较后的位置伺机而动。半程过后，第一集团的人数更少了，孙英杰和邢慧娜仍在其中，但拉德克里夫已经退出前十。

最后的三千米，孙英杰已经被第一集团落下 40 米，邢慧娜却后来居上，紧紧跟上了跑在前面的三名埃塞俄比亚选手和荷兰的基普拉加特。还剩下 1200 米，邢慧娜处在第五位，她超过了上届冠军图鲁，随后占据了内道的位置。荷兰选手基普拉加特试图从邢慧娜身前挤进内道，但年轻的小将显得非常有经验，她牢牢占据了第三的位置。

还剩最后一圈，虽然两名埃塞俄比亚人拦起人墙，试图阻止邢慧娜超越，但是她们已经无法阻挡这个只有 20 岁的中国小将向前的决心，她成功地超过基达尼，前面只剩下迪巴巴。转过弯道，邢慧娜开始最后的冲刺，她矫健的步伐让我们又记起了王军霞，她成功了，她把迪巴巴甩在身后，她领先了几乎5米的距离，第一个冲过了终点，30分24秒36，她以自己的个人最好成绩为中国又添一枚田径金牌。

比赛结束之后邢慧娜笑着说："今天我很放松，跑过终点后才想：这就是奥运会啊！"

面对从天而降的胜利，邢慧娜非常平静："这场比赛就像平时的一场训练课。我没有想到会拿金牌，拿到第三名就可以了。在最后800米冲刺中，看到他们的冲刺表现，我觉得金牌就是我的了，"说完还忍住调皮的笑。她说，"关键看思想"，说着指指自己的脑袋。

说起自己赛前的想法，邢慧娜就像在说一个平常的故事。"没有多少人知道我有夺金牌的能力。只有我们队少数人知道，当然，还有我知道。我知道我会赢。"

国际重大比赛这位20岁小姑娘竟用"就像平时训练课"之类的字眼来形容概括，猛一听似乎是不负责任，不够重视，可看她在赛场上的严肃认真，步步紧逼，少年老成，你就会得出结论，原来她是在用一种轻松心态调整自己，应对强手如云的国际赛事。

（三）分析

奥运会是体能、技能竞技场，更是健康和谐等心态的竞技场，当技术走到尽头，心理素质高下就是比赛成绩的高低。在比赛前的紧要关头，邢慧娜是怎样减轻压力、放下包袱的呢？

运动队中常讲的"包袱"也就是心理学中所说的压力，乃是人的内心冲突和与其相伴随的强烈的情绪体验。在应对压力的过程中，如果一味地强调全力投入，与压力搏斗，则可能因为消耗大量生理和心理资源，最后"筋疲力尽"而无法投入真正的活动。而邢慧娜采用的却是另一条路，她在教练的帮助下巧妙地回避开"能否夺冠"这个威胁性的问题，回避冲突，从与压力的对抗当中全身而退，得以调整状态，在比赛中充分发挥个人的竞技水平。

摆脱压力的时候避开能否夺冠的问题，不仅涉及到如何给自己定位，而且关系到如何设置参加比赛的目标。

动机的认知理论认为，同处于成就情景中的人们对成就情景中目标的认识和态度却是不相同的，他们在成就情景中的表现也会有差异。有些人会将成就情景看作提高自身能力的机会，并把掌握新知识、新技能和发展能力作为自己追求的目标；而另一些人则可能将成就情景看作是对自身能力的检验和测量，他们更关心怎样去证明自己的能力，而努力避免得到低成绩。前者称之为任务取向，后者称之为自我取向。

运动员持有目标取向不同，他们关注的重点就不同，对成功的理解，如何获得胜利的思路也不相同。持有任务目标取向的运动员关心的是不断努力增强自己的实力，认为不断提高自己才能获胜；而持有自我取向的运动员则更关心如何超越他人，如何让自己比他人表现得更好。这两种运动员对比赛条件、胜败结果、对对手和自己的看法都有区别。刘淑慧曾总结两种目标取向的特点，比较结果如表4-4-5（刘淑慧2006）：[1]

表4-4-5　两种目标取向的比较

心理特征	任务取向	自我取向
参照点	自己	他人
关注点	能力提高	能力显现与报偿
聚焦点	过程把握	结果比较
控制点	内控	外控
思维活动	对活动任务的认识	对非活动任务认识多
焦虑程度	较低（不致影响活动效率）	高（降低活动效率）

可见，任务取向是促进运动员发挥水平和取得胜利的理想状态。因此，应该培养运动员更多地采用任务取向的认知动机，鼓励他们依据自己在比赛中付出的努力、领悟水平和行为效果来评价成功与否。

---

[1]　刘淑慧. 射击比赛心理：研究与应用［M］. 北京：北京体育大学出版社，2006.

那么如何使运动员的参赛角色达到合理定位呢？张忠秋[①]为教练员和运动员提供了以下4项建议，非常值得参考：

第一，无论即将开始的比赛对手是谁，赛前都应对自己或全队的参赛角色进行重新定位。运动员的竞技状态始终处于动态发展中，影响运动员比赛成绩的因素又是复杂多样的。我们对每一竞争对手都应以概率观点来对待。在敌弱我强、敌强我弱及势均力敌三类情况对比中，运动员取胜的概率虽有所不同，但绝不会出现百分之百的概率。所以，赛前角色定位均应以"夺、冲、追"为最佳。被誉为网坛"常青树"的美国网坛女王拉芙娜蒂洛娃称霸网坛二十余年，她总结出的成功奥秘就是，不论对手是谁，绝不轻敌，总是集中精力打好每一球。她说："我一上场，就把自己看成是第一次上场的新手，而对方是比自己强得多的强手，所以总是竭尽全力，使自己绝处逢生。"

第二，随着比赛进行中双方成绩的变化，运动员应本着必须"冲击"对手的原则及时调整比赛角色。比赛开始后，运动员会有意或无意地将比赛进程与赛前角色定位相联系，若开赛成绩大大好于赛前角色定位期望，很易滋生侥幸心理产生，进而对自己的参赛角色重新调位。如一些球队或队员在比赛成绩领先情况下，不是乘胜"追"击，反而将参赛角色由"追"变"保"，变主动为被动。正如一些教练员所批评的："成绩领先反而不会比赛了。"相反，若开赛成绩差于赛前角色定位期望或出现伤病意外，一些运动员又易产生自我怀疑，对比赛失去信心，使赛前角色的"冲劲"大为减弱。

第三，明确比赛过程的关键性指标，并对这些过程指标坚定必胜信心。"不去关注比赛结果，而要关注比赛过程。"这是心理学家对运动员比赛心理调节的原则性指导。在此前提下，运动员还应明确比赛过程的技、战术

---

① 张忠秋. 大赛前的心理定向与角色定位［A］. 中国体育科学学会运动心理学专业委员会，北京体育大学（主编）：中国代表团征战悉尼奥运会心理咨询手册：北京：国家体育总局科教司，2000：137－146.

关键性指标，并对这些通过自己的努力可以加以控制的因素坚定必胜信心。

第四，无论比赛结果如何，赛后均应对自我和全队进行重新定位。经过比赛应激刺激和赛后对胜或负的精神与物质奖励体验，运动员的参赛角色又要面临调节变位时刻。此时，胜者的自我形象往往会被无意识地夸大，败者则会无意识地感到自我形象降低，运动员参赛的无关杂念迅速增多。一些球队或运动员在连续比赛中，出现大胜后大败或一蹶不振现象皆属此类。美国的奥格利夫曾提出一份《再当冠军者为什么如此少?》的调查报告，他通过大量调查，列出许多获冠军后的运动员新增加的一些心理负担和顾虑。可见，赛后进行参赛角色的重新定位不是可有可无，而是必须进行的。对于实际的参赛角色定位的做法，可根据比赛胜负情况给以不同的要求。例如，胜者必须针对比赛找出几条缺点，负者则应针对比赛找出几条优点，总的目的在于纠正运动员赛后自我形象的偏差，为今后的训练和比赛奠定良好基础。

九、提高适应能力

(一) 引言

与训练相比，比赛带给运动员的总是复杂而多变的局面。有些运动员进入赛场后镇静、专注、有活力从而创造佳绩；也总有些会显得缩手缩脚、局促不安、动作变形而大失水准。是什么使得训练中一起流汗、一起成长的运动员们，到了激烈拼搏的赛场上却表现出如此大的差异？从心理学视角来看，运动员在赛场上是否能发挥自己实力的重要原因之一，就在于他们对比赛的适应能力不同。

(二) 案例

1999 年罗微从田径场"跳槽"，进入了北京市跆拳道队，师从教练姚强，即在 2000 年全国跆拳道冠军赛 67 公斤级亚军。2002 年 1 月 14 日她正式进入国家队转投教练陈立人，随即获得 2002 年釜山亚运会 67 公斤级第三名，2003 年世锦赛 72 公斤级冠军，并最终在 2004 年雅典奥运会中摘得

67 公斤级金牌。

这个乐观的姑娘不但竞技水平高，更有着很突出的适应能力。

罗微最初练的是田径，项目是跨栏。但练了好几年她也没取得什么进展。1999 年，罗微参加一次田径比赛，她在跑道上的成绩一般却被一名看比赛的跆拳道教练选中。16 岁的时候，她终于找到了通往成功的路。

在只练了不到两星期的时候罗微就赶上了一次比赛，教练想让她感受一下正式比赛就把她派上了场。当时罗微甚至连比赛规则都不大明白，队友告诉她只要往对手衣服上画的三个圈里踢就行，结果罗微凭着她的那股"虎"劲，先后"踢"败了几名选手硬是闯进了全国的前八。罗微现在是北京体育大学的学生，在她的眼里，跆拳道是一个非常细腻、很需要动脑子的项目。随着训练的深入，跆拳道的魅力完全吸引住了这位北京姑娘。水平渐渐提高，她一发不可收拾，从全国冠军变成了世界冠军。

2004 年出征雅典的跆拳道队只有罗微与陈中两个冲金点，身处异国他乡，思想、心理、情绪难免都会有些波动。为了避免罗微的"怕生"，跆拳道队发动所有能找得到的人员利用各自经验安慰她。中国跆拳道协会秘书长、雅典奥运跆拳道执法裁判之一的赵磊就跟她讲了裁判判罚心理、剖析了 24 名执法裁判的判罚特点；为了保证罗微的训练、比赛状态，中国跆拳道协会副秘书长田爱丽、队医朱丽华等人在出发前更深入了解了罗微的心理状态，比如她与队友陈中是否有细微的矛盾、她对主教练有何要求、对待训练、调整的态度、看法等等。上场比赛是罗微的任务，而在场外，罗微绝对是队里的"宝贝"。

当罗微进入决赛场地时希腊选手米斯塔基多的主场优势来的很直接。罗微和米斯塔基多刚走上赛场，六千名东道主观众一起爆发巨大声浪，冲破屋顶，直冲云霄。六千人猛烈的跺脚，令整个赛场都晃动起来。在观众"希腊！希腊！"排山倒海的呐喊声中，罗微没有慌。自始至终，她的脸上带着一丝微笑。

在汹涌的客场风潮中，罗微有着自己的适应办法。一个又一个回合，在六千名东道主观众为对手的助威声中，罗微的风度令人折服，不仅在比赛后，

每局开端和结束，她都规规矩矩地、面带微笑地向观众行礼。最终，罗微以8比6的比分击败对手夺取冠军，米斯塔基多屈居亚军。当罗微一脸灿烂地上前拥抱对手时，米斯塔基多的脸上也显露了微笑；当罗微礼貌地向四周看台鞠躬致意时，给罗微施加了强大压力的东道主观众，终于为她送上了热烈的掌声。罗微不仅获得了胜利，她的风度和意志也征服了现场所有人。

赛后举行的新闻发布会上，罗微透露，因为在往常的国际比赛中经常遇到主客场的问题，赛前教练和重竞技中心的领导鼓励她要把雅典观众为对手的欢呼当成是北京观众对自己的欢呼。

（三）分析

对运动员来说，比赛与平时训练的区别是多方面的。在日常训练中，运动员主要关注的是自己的技术动作完成情况、体力分配等可控制的因素；而在比赛当中，比赛场地的情况、其他物理环境、裁判、对手、观众、媒体等等因素都可能对运动员的比赛成绩产生影响。运动员要做到随环境变化而变化，通过自我调节对外部条件变化做出有效反应，才能充分发挥自己的潜能，取得最好的参赛成绩。这时的运动员其实处在一种有意识的适应过程当中。

依据《心理学大辞典》对适应的解释，适应是来源于生物学的一个名词，用来表示能增加有机体生存机会的那些身体上和行为上的改变。心理学中则用来表示对环境变化做出的反应。如对光的变化的适应和人对社会行为的变化等。

运动员对比赛条件的适应、针对比赛当中的变化做出调节的好坏，反映出运动员自身适应能力的高低。因此，也可通过一些科学的方法提高运动员的适应能力，从而提高运动员在比赛当中的表现。基本的思路是通过对比赛的自然条件和人文、社会环境等各方面进行模拟，提高运动员对那些新异的、敏感的因素的耐受性，也就是说通过"脱敏训练"对比赛当中的各种刺激产生习惯化反应，从而排除影响、赢得比赛。

提高运动员的适应能力，不仅要从行为上能够符合外部环境要求的适应，还要在心理上达到认知和情感的平衡状态的适应，也就是运动心理学中所讲到外适应和内适应的问题。

提高运动员的外部适应能力，比赛之前可以采取一些简单有效的方法，比如根据比赛的需要到比赛场地进行热身赛；选择与对手条件相似的陪练进行实战演练；对比赛情况进行观众和裁判的模拟等等。而在日常的训练当中，则可以采用模拟训练的方法。模拟训练是指模拟设置未来比赛可能出现的条件进行训练，是一种针对性很强的训练方法。

模拟训练的基本结构由被模拟系统、同态系统、主练系统三方面共同构成。一般把正式比赛中可能遇到的主要对手或竞赛条件视为被模拟系统，在训练当中限于实际条件，只能按照被模拟系统的各种参数选择或设计、创造出一个与被模拟系统相似的同态系统。运动员和教练作为主练系统，在同态系统中进行训练活动，以提高对比赛的适应能力。[1]

在选择和建设同态系统时要从多方面考虑，尽量做到与被模拟系统的相似。目前，主要从几何相似、物理相似、数学相似三方面考虑同态系统合被模拟系统的关系，即要求两个系统在空间几何学、物理过程和数学形式等方面都相似。具体的讲就是运动场馆的大小、模拟对手的外表衣着、力量和技术特点，团体项目中战术特点的数学方程等方面都要相似。第26届世乒赛前，我国乒乓球运动员对日本选手星野、木村的模拟就不仅包括技战术特点，还包括他们的外表和衣着。

那么，如何具体进行模拟训练呢？张力为、毛志雄[2]向教练员提供了以下5项建议：

第一，进行对手特点的模拟。模拟国内外比赛对手的技术、战术特点以及他们的比赛风格、气质表现，是许多对抗性运动项目训练的常用方法。可以让队友扮演对手的各种活动，以更深入细致地了解对手的特征，演习各种有效的对策。

第二，进行不同起点比赛的模拟。不同起点的比赛包括领先、落后和

---

① 田麦久. 运动训练学 [M]. 北京：人民体育出版社，2000.
② 张力为，毛志雄. 运动心理学 [M]. 上海：华东师范大学出版社，2003.

关键球相持三种情况。例如羽毛球比赛在模拟训练中可从 14:3 开始，强手从三分开始，弱手从 14 分开始，以锻炼在落后情况下转败为胜的顽强意志。再如，乒乓球比赛在模拟训练中可从 9:9 开始，以锻炼在关键时沉着冷静、处理果断的品质。

第三，进行裁判错判误判的模拟。裁判的错判误判是比赛场上最难应付的问题之一，这种模拟可以帮助运动员将注意集中在可以控制的事情上，即下一步的技术、战术上，而忽略那些自己难以控制的事情，即裁判行为。

第四，进行观众影响的模拟。观众的鲜明态度和立场往往通过震耳欲聋的呼喊声和激烈的表情动作表现出来，给运动员以极大的压力和干扰，在这种情况下，即便是最有经验的运动员也有可能分心或过于激动、紧张。如果在模拟比赛中组织一些观众，有意识地给运动员制造一些困难，如鼓倒掌，吹口哨，为对方加油等，有助于减少运动员实际比赛时的应激反应。

第五，进行突发事件的模拟。例如，全场突然停电，中断 30 分钟之后，比赛立刻继续进行。

在采取措施提高运动员的外部适应能力时，不能忽视对运动员内部适应能力的培养和提高。因为内部适应是外部适应的基础，比赛前未达到较好的内适应水平，外适应必定受到牵制。

如何才能帮助运动员做好心理准备，达到认知和情感上的平衡状态呢? 刘淑慧的建议是:[1]

首先要真正了解运动员比赛前心理真正存在的问题是什么; 进而集中精力帮助运动员进行认知调整，使他们对问题的认识向积极方向转化，并促动其态度转变，情绪积极化，进行新的行为选择; 最后提高运动员进行积极自我调节的能力。

运动员心理转化的内部模式见图 4 - 4 - 4。

---

[1] 刘淑慧. 射击比赛心理: 研究与应用 [M]. 北京: 北京体育大学出版社，2006.

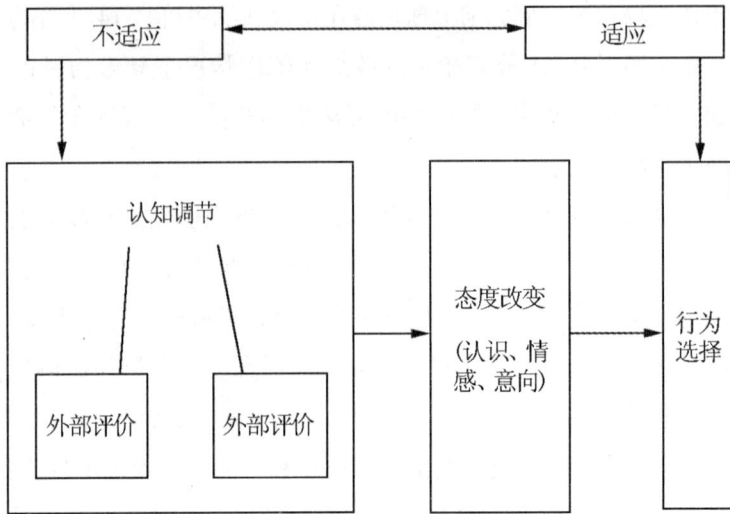

图 4 - 4 - 4　心理转化的内部机制

通过提高运动员的内适应水平，使他们具有对比赛的积极心态，在比赛中更容易发挥出自己的真实水平，甚至超水平发挥。

十、提高团队凝聚力

（一）引言

俗话说"打虎亲兄弟，上阵父子兵。"在很多集体运动项目中，团队合作永远是奠定成功的基石。那么，如何才能提高团队凝聚力，真正达到"1+1＞2"呢？中国女排的姑娘们正在一步步品味着团队的力量，实现着自己的梦想。

中国女排是一支具有光荣历史的队伍。20 世纪 80 年代曾获得辉煌的"五连冠"；之后，也经历过发展当中的低谷；今天，她们又重塑辉煌。荣与辱、成与败之间，团队的凝聚力一直是伴随她们走过风雨的传家宝。

（二）案例

2001 年，新的教练班子和年轻人为主的队员组成了中国女排的新队伍。重组后，中国女排的精神面貌令人耳目一新。她们在 2001 年世界大冠军杯

上获得冠军，2002 年世界女排锦标赛获得第四名、第十四届亚运会获得冠军，2003 年获得世界女排大奖赛冠军、亚洲锦标赛冠军和第九届世界杯冠军。

2003 年获得世界杯冠军，中国女排主教练陈忠和并没有特别兴奋。他淡淡地说，关键还是要看奥运会上打得好不好。就在中国女排雄心勃勃地备战奥运会的时候，重大的打击从天而降。世界杯时的扣球第一名、拦网第三名的赵蕊蕊在 3 月 26 日的训练中腓骨骨折。

面对这种意外情况，中国女排的教练班子一方面稳定队伍、做好队员的思想工作——告诉大家，没有了明星队员，发扬每个人的优势，一样可以取得好成绩；另一方面，果敢地启用了名不见经传的年轻选手张萍顶替赵蕊蕊的位置。面对教练的赏识，队友的支持和鼓励，张萍在这个关键位置上用顽强的斗志和出色的球艺证明了自己的实力。

小组赛里一帆风顺的中国女排在 17 日 2∶3 不敌事先并没有被我们看好的古巴队，面临着严峻的考验。突然间输一场球并不稀奇，关键要看输球以后，教练员有没有本事把队员的信心在一夜之间恢复起来。这种快速修补的能力是一个优秀教练所必需的，因而也是验证一个教练优秀不优秀的重要指标。1984 年洛杉矶奥运会上，袁伟民领导的中国女排在小组赛里 1∶3 败给过美国女排，决赛里却以 3∶0 从美国队那里拿到了金牌。现在的中国女排显然也经受住了突然受挫的打击，迅速恢复过来，在接下来的比赛里人心不散、斗志更坚，3∶0 击败俄罗斯队，半决赛再战古巴又以 3∶2 笑到最后。

北京时间 29 日凌晨 1 时，雅典奥运会女排金牌争夺战打响。这是中国女排继 1984 年的洛杉矶奥运会，1996 年的亚特兰大奥运会后，中国女排第三次进入奥运会的决赛。决赛的争夺，远比想象的激烈得多。第一局，双方便打得难解难分，在 25 平之后，经过 5 个回合的较量，俄罗斯队凭借着高大的拦网，以 30∶28 险胜。第二局，俄罗斯队又以 25∶23 获胜。

0∶2 大比分落后，开局不利，并没有动摇女排姑娘取胜的决心。对困难做了最充分准备的女排姑娘，按照教练赛前的部署，她们用发球冲击俄罗斯队的一攻，并力争用最有效的拦网和顽强的防守，来限制对手的进攻。面对强劲对手和逆境，她们身上没有压力，有的只是教练的信任和队友的支持，汇在一起爆发出最大的能量。

作为队长，冯坤的确做到了一位队长该做的。决赛中，中国队先负两局身处绝境，冯坤在场下安慰队友冷静，鼓励队友加油，在场上二传多变，兼或突施冷箭，令俄罗斯队防不胜防。作为半决赛晋级的最大功臣之一，杨昊在面对俄罗斯队时依然发挥出了自己敢打敢拼的特点，尤其是在决胜局关键时刻的一次救球成功，几乎可以说正是那次救球防反成功，才基本奠定了中国队决胜局获胜的结局。

22岁的张萍首次进入主力阵容、亮相奥运会。面对外界的众多质疑和压力，张萍在队友的支持下克服了所有困难，并在雅典完全爆发。决赛中，张萍的扣球为中国队带来了21分，并且39.47%的成功率比身高2米04的加莫娃都高出了近5个百分点。在半决赛发挥失常的自由人张娜用了两天时间重新复活。在决赛中，面对前排无法拦住俄罗斯的高点扣球时，张娜以极佳的竞技状态屡屡倒地飞身扑救险球，为中国队发动防守反击奠定良好基础。此外，副攻刘亚男和接应周苏红也在比赛的关键时刻挺身而出，为中国队拿下救命的分数。

中国女排的姑娘们就这样在挑战面前紧紧团结在一起，攥成了一只坚强有力的拳头，以每一个人的优秀表现组成了最优秀的团队。经过两个半小时的激战，坚强的中国女排反败为胜，实现了大逆转。当比分定格在15：12中国女排3：2战胜俄罗斯时，女排姑娘和陈忠和、赖亚文紧紧拥抱在了一起。正如队长冯坤所说："潮流不一样，但是有一点是一样的，都是拼搏的精神，这是和老女排完全相同的地方，都是依靠团队的力量，依靠集体的力量。"

（三）分析

团结就是力量。在心理学中团体凝聚力指团体成员之间心理结合力的总体，可以从团体和团体中成员两个角度理解。团体凝聚力既是表现团体团结力量的概念，又是表现个人心理感受的概念。对运动员个人来说，关

于团队凝聚力的心理感受主要表现在对团队的认同感、归属感、力量感三方面。[1]

当团体成员具有对团体的认同感，面对一些重大事件和原则问题时，各成员会保持共同的认识和评价，而且这种认同感会互相影响，达到团队的整体统一。全队中形成一个"我们"的概念，每一位队员对自己的看法和对全队的评价是结合在一起的，且个人的行为和团体观念会相互促进、发展。也就是说个人能在共同取得的成绩中不断地增强自信，再以更强的信心来投入团体活动，促进团体的发展。

归属感是指团体每个成员在情绪情感方面加入团体，具有"我们的"这种情感。当团体取得成功或遭受失败时，团体成员有共同感受，团体成员会和其他直接取得成功的成员有共同的喜悦和自豪，从感情上爱好自己所属的团体。

团队成员在团体中可以感觉到力量感，当队员的行为符合团体规范、符合团体期待时，团体会给予他赞许、鼓励和支持，这时队员的信心更足，决心更大。可以理解，来自队友赞许的目光和支持的眼神会给予场上队员怎样的力量。

团队凝聚力是由任务凝聚力和社会凝聚力两个独立的组成部分的，[2] 在运动队中往往很重视任务凝聚力，重视所有运动员团结一致为赢得比赛共同做出努力。而另一方面，社会凝聚力也同样需要重视和培养，才能使团体成员间相互欣赏，每个人都愿意成为队中的一员。分析团队凝聚力时，要注意两者兼顾。拥有任务凝聚力的球队，教练与队员在球队的打法上取得共识、达成一致；而球队拥有了社会凝聚力后队员之间能够和睦相处、深入交流。完整的团队凝聚力作用下，所有成员会一起面对问题，共同承担并解决问题，每个运动员了解并完成好自己的职责，团队内部是整合而平衡的。

---

[1]　张力为，毛志雄. 运动心理学［M］. 上海：华东师范大学出版社，2003.

[2]　张力为，毛志雄. 运动心理学［M］. 上海：华东师范大学出版社，2003.

要想建设一个有凝聚力的团体，就要考虑团体的凝聚力受哪些因素影响。影响团体凝聚力的因素有很多，总结起来主要包括以下7个方面：①

第一，领导者的领导方式，根据心理学家的研究，民主型领导方式和人情取向高的领导方式容易造就较高的团体凝聚力。

第二，目标的整合性，对一个运动队来说，要整合整体目标和个人目标并不难，取得比赛的最终胜利往往是大家的一致目标。

第三，志趣的一致性，指团体成员在动机、理想、志向、信念、兴趣等方面基本一致。这样既可以促成队员间有相似的态度，还可以使各队员更好的沟通，获得最大的心理满足。这就要求教练在训练以外的日常活动中，想办法放大队员间各种心理品质的一致性，促进队员产生更多的共同语言，使互相之间的观点、意图、生活方式等更容易被理解和接受。

第四，心理的相容性，是队员、教练相互之间和睦相处、相互尊重、相互信任、互相支持。在运动队中做到相互间心理相容不仅是团体团结的心理基础和实现团体目标的保证，并且为队员发挥个人的创造性提供了积极乐观的心理气氛，队员可以保持良好的心境，发挥自己的主观能动性。提高团队的心理相容性，可以强调队中"我们"的概念，做到所有的结果全队上下"共同承担"，没有相互的埋怨，避免推诿也就增强了信任。

第五，成员的互补性，就是队员相互取长补短，在不同的方面互补来增强团队的凝聚力。队员之间的差异是客观存在的，如何利用队员间的差异来更好的结合成一个完整的队伍才是真正的问题。这些差异不仅有年龄上的，更有能力、经验、性格、气质等方面的。对队员的评价不是用于比较、排序或者简单分类，而是准确认识队员情况以便真正做到互补。

第六，外界的压力，心理学家经实验证实当某一团体处于外界压力或遇到外来威胁时，凝聚力会提高，成员间彼此相互合作、更加宽容。因此，巧妙地使运动队整体处于一定的外界的压力之下，就成为了教练提高团队凝聚力的有效手段。

---

① 马启伟，张力为 . 体育运动心理学［M］. 杭州：浙江教育出版社，1996.

第七，团体规模的大小，社会心理学的研究提示我们当团体规模增大且集中完成某活动时，很可能会使工作效率降低。部分原因是配合的机械性累加效果不能用 1 + 1 来类推，在心理层面上则存在一种"责任分散"现象，使个人感到自己的努力在整体中重要性下降从而个人动机减弱。这提示教练员，分派各队员的任务一定要仔细、具体、明确职责，个人的奖惩要严格依据个人成绩，成员越多越要避免"责任分散"。

从影响团体凝聚力的因素入手试图对团体凝聚力加以控制，还有很多细节需要注意，要更多地结合教练个人的直接经验和各个团队的具体情况。团队凝聚力与工作效率的有重要相关，所以要尤其注意对团队凝聚力向积极方向引导。在高凝聚力的团体中，团体的倾向性尤其关键，绝不能产生方向性问题。

从应用的角度着手，究竟如何提高运动团队的凝聚力呢？我们对教练员的建议如下：

首先，提高运动员的团队认同感。团体凝聚力的重要方面就是认同感，而认同感的核心是团体目标的认同。因此，向运动员宣传和灌输团体目标，使其对此认同，并激发运动员为实现团体目标做出贡献的愿望，是提高团体凝聚力的必要前提。提高认同感的具体做法可考虑：

1. 传统教育法：目的是通过了解集体的光荣传统，提高对集体的认同。做法是：

（1）收集与本队训练比赛有关的录像、照片、奖杯、奖状等物品，布置本队队史展览。

（2）请老队员向新队员介绍本队的光荣传统。

2. 醒目标语法：目的是通过视觉冲击，烘托集体目标。做法是：

（1）将全队目标写在大型横幅上，挂在食堂、训练场、宿舍楼等建筑的醒目处。例如："金 3 银 4 铜 15，五星红旗迎风舞！""奋战冬训 100 天，全运预赛开门红！"

（2）大赛之前用倒计时方法营造紧迫感，如"距奥运会还有 138 天"，"距世界锦标赛还有 45 天"。

3. 定期队会法：目的是通过征询每个队员对实现目标的意见，使队员认同全队目标。做法是：

（1）组织队会，讨论为实现全队目标应当采取的措施。

（2）组织队会，讨论大赛中技术战术方面需要注意的问题。

（3）组织队会，请每个队员就某个重点队员的技术战术问题出谋划策。

4. 内化目标法：目的是将集体目标与个人目标有机结合在一起。做法是：

（1）要求运动员在训练日记中写明全队目标和个人目标。

（2）集体项目中，强调个人目标的实现取决于集体目标的实现。

（3）个人项目中，强调个人目标的实现有助于集体目标的实现。

5. 互相了解法：目的是通过使每个队员了解其他队员的感受，使队员更具同理心。做法是：

（1）请每个运动员在一张纸条上写出在比赛时希望其他队员如何对待自己；纸条不记名。

（2）教练员收集每个队员的纸条，并在全队会上念出每个队员的希望。

（3）教练员与运动员一起讨论，将这些希望归纳为几项可以操作的原则。

其次，提高运动员的团队归属感。人们身处集体之内时，往往不容易感到集体的魅力，时间一长，甚至可能还会生出许多抱怨和不满。但是，一旦离开自己所属的集体而身处异地他乡的时候，往往会产生一种孤独感，产生一种回归集体愿望。同时，也总是希望能够从自己从属的那个集体中汲取某种优越感，或是避免因自己从属的集体而产生的卑微感。人们对集体的从属感和希望自己集体强大的愿望总是可以促使自己为集体做出贡献。提高归属感的具体方法可考虑：

1. 生日庆贺法：目的是建立社会支持系统，提高全队凝聚力。做法是：

（1）将每个队员的生日按照时间顺序记录下来。

（2）在队员生日的时候以个人名义送上一份生日礼物。

可以在大运动量训练过程中队员普遍感到极度疲劳时或大赛之前，组

织全队为一个队员过生日，以松弛由于疲劳和大赛带来的紧张气氛。生日礼物一般不应过于昂贵，有纪念意义即可，如书、书签、音乐磁带等，所谓礼轻情意重。

2. 父母恳谈法：目的是建立社会支持系统，提高全队凝聚力。做法是：

（1）在运动员父母生日的时候向其表示祝贺。

（2）通过书信或电话与运动员的父母交谈，向他们通报运动员的基本情况，争取父母对运动员训练比赛的支持，配合教练员做好运动员的心理支持和心理建设工作。

3. 伤病问候法：目的是建立社会支持系统，提高全队凝聚力。做法是：

（1）在运动员伤病时，教练员亲自带着鲜花去看望队员，给予安慰和鼓励。

（2）购买慰问卡，请每个队员写一句话给伤病队员，给予安慰和鼓励。可以1人1卡，也可多人1卡。

（3）如果伤病较为严重，需要较长时间才能康复，还可安排队员前去探望。

4. 互相赠言法：目的是通过互相勉励，提高全队凝聚力。做法是：

（1）在大赛前，每个参赛队员写一句适用于所有参赛队员的赠言，但不署名；教练员统一收齐后，随机发放给每个参赛队员，大声念出或写在黑板上。

（2）在成功或失败之后以及遇到极大困难时，也可以请队员互写赠言，以互相鼓励。

（3）要求运动员将自己收到的赠言写在训练日记中；或者将自己认为特别有意义的赠言写在训练日记中。

第五章　教练员参赛指挥

《体育事业"十一五"规划》在"全国体育人才队伍建设"中指出："不断提高体育教练员把握竞技体育发展趋势、掌握训练竞赛规律和组织管理的能力，丰富实践经验，提高业务水平"。由此我们可以看出，培养高水平教练员已成为我国体育人才队伍建设的一个重要任务。我国竞技体育成功的因素很多，毋庸置疑，金牌教练员在我国竞技体育的成功中发挥了无以替代的重要作用。"现代竞技体育的竞争，从一定意义上说是教练员水平的竞争。"只有世界级的金牌教练员，才会有世界级的金牌运动员。因此，金牌教练员是提升竞技体育竞争力的决定性力量。2008年北京奥运会比赛中，教练员对竞赛规律的把握、大赛实战场景的处理、运动员比赛现场关键时刻的指导以及突发事件的应对措施是运动员取胜的法宝。充分发挥教练员的参赛指挥能力，对于提高我国运动员的运动成绩和竞技水平，将有着重要的意义和影响。

第一节　参赛过程教练员扮演的角色

"角色"一词原是戏剧、电影术语，原意是指演员在戏剧舞台上或电影中依据剧本所扮演的某一特定的人物。角色可被定义为处于一定社会地位的个体，依据社会客观期望，借助自己的主观能力适应社会环境所表现出的行为模式。[①] 可以被理解为是社会地位或社会期望与个体能力相统一的产

---

① 周晓虹. 现代社会心理学 [M]. 上海：上海人民出版社，2005：361.

物。角色的功能包括：互动、规范和自我表现三大方面。角色的互动功能是由角色的本质表现出来的，即由社会地位所决定的社会期望与个体的角色扮演能力之间的统一。角色的规范功能说明了角色具有制约、控制和规范个体行为的作用。

角色扮演过程是指人们用自己的主观能动性，认识自己所处的特定地位和情景，并据此做出行为反应的过程。在这个过程中，主要包含三个方面，即角色期望、角色领悟、角色扮演（或称角色实践）。个体承担某一角色，首先遇到的是他人与社会对这个角色的期待，即社会公众对其行为方式的要求与期望。如果个体偏离角色期待就可能招致异议和反对。所以个体对于社会角色的领悟和扮演对其社会生活的适应是很重要的。①

一、教练员参赛角色的定位

社会学家戈夫曼说过：在社会这个大舞台上，每个人都有一个从"后台"进入"前台"，最后又默默地消失于"后台"的过程。

在社会舞台上，当一个人具备了充当某种角色的条件，去担任这一角色，并按这一角色所要求的行为规范去活动时，这就是社会角色的扮演。②在竞技体育比赛这个大舞台中，教练员和运动员其实也在履行着这样一种角色扮演过程。运动竞赛中，运动员和教练员同时从"后台"进入"前台"，各自有不同的角色任务，向人们展示自己，表演自己（如图4－7－1所示）。教练员和运动员在竞技舞台中共同表演，他们受到外界环境的共同影响。在这个舞台中，教练员的角色定位很重要。就像戏剧舞台表演一样，什么时刻说台词，展示自己，什么时刻不能说，都有严格的控制和要求，一旦不符合要求，就会跟不上节奏，最终导致整个舞台表演不和谐、不流畅，甚至出现致命的失误。运动员和教练员都是运动竞赛的参与者。在这个过程中，运动员是竞赛的主体，教练员对参赛的运动员起着主导作用。

---

①　奚从清，俞国良. 角色理论研究 [M]. 杭州：杭州大学出版社，1991：103

②　郑杭生. 社会学概论新修（第三版）[M]. 北京：中国人民大学出版社，2006：113.

由此而言，教练员在参赛中准确的定位自己的扮演角色，即充分发挥自己的主导作用至关重要，这也是确保运动员主体作用正常发挥，取得比赛胜利的重要保证。

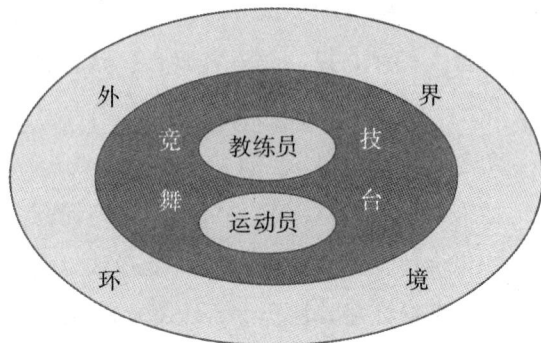

图 4 - 7 - 1　竞技舞台双角色表演

华盛顿奇才队阿里纳斯在 2007 年 3 月 4 日比赛还剩下 0.1 秒钟时 3 次罚球命中，帮助奇才队 107：106 险胜金州勇士队，而奇才队能够取得这场胜利靠的还是勇士队教练尼尔森。在比赛还剩下 2.9 秒的时候，奇才队还 104：106 落后。阿里纳斯接到球后立刻直冲篮下，结果造成对方皮特鲁斯犯规。尽管终场哨子已经响起，但裁判认为皮特鲁斯在比赛结束前犯规，并且判阿里纳斯直接罚球。如果仅仅是这两次罚球，阿里纳斯就算全部命中也只能将比赛拖进加时赛。但老尼尔森对这个判罚非常不满，结果领到一次技术犯规，又给了奇才队一次罚球的机会。阿里纳斯在投中了自己的两个罚球后，又被委以重任主罚这最后一球，最终帮助球队获胜。

"吴鹏！吴鹏！" 2006 年 12 月 2 日晚上，多哈体育中心哈马德水上中心，一群中国记者高声尖叫，不顾身边日本记者的侧目，当吴鹏最终获胜时，赛场沸腾了，看台上为数不多的中国观众扯起国旗，拼命呐喊，总教练张亚东从座位上站起来振臂高呼，中国记者笑着拥抱、鼓掌。金牌并不是开心的唯一原因，重要的是因为 1 分 54 秒 91 的成绩是今年世界第二好成绩，拿到去年世锦赛，可以拿冠军。虽然当晚中国女子项目全线飘红，

可是要说成绩，反而是吴鹏的成绩真正具有世界水平。这意味着中国男子游泳在世界上的地位将有所提升。

这场惊险的比赛结束了，然而大家的疑问没有结束，吴鹏前150米怎么一直被压着，是失误了吗？"不是的，"吴鹏回答，"我很久以前就在看柴田隆一的录像，他的技术特点我早就烂熟于心，他前150米比较好，但是后50米差，我就制定了相应的战术，先跟随他，在最后50米超越他。"

我们惊喜于吴鹏的聪明和用心。由于游泳是个体能项目，也是个"以我为主"的竞技项目而非对抗项目，所以，很少有队员会仔细研究自己的对手。"以我为主"当然是基础，只有自己的成绩上去了，心里才有底。自身成绩提高以后，学会研究对手的情况，就能使自己的训练事半功倍。而吴鹏的大胆也令人吃惊，"因为前程柴田肯定比我快，所以我希望能跟着他，就算比他落后也能有劲，因为我相信最后50米冲刺我一定能超过他。这次破了全国纪录，快了0.8秒。赛前教练说不要有压力，不管对手比你快多少，你只要绷着口气。"艺高人胆大，如果不是对自己的训练水平和比赛发挥有相当的把握，他又怎敢大胆地放掉前150米，而全力压向后50米呢，吴鹏确实成熟了。赛后连对手柴田都惊叹，他最后50米怎么像上了马达一样，太快了。[1]

二、教练员参赛角色扮演的过程

社会角色扮演通常要经历三个过程，即对角色的期望、对角色的领悟和对角色的实践。[2]教练员在扮演参赛指挥这一角色时，首先遇到的就是社会或他人对于这一角色的期望。这是影响教练员参赛指挥的外在力量。如果教练员要想更好地承担这一指挥角色，就应尽力了解社会或他人对这一角色的要求与期望。教练员在这一参赛指挥过程中，首先要了解国家代表团整体参赛目标，个人所指导的项目在国家参赛目标中所处的位置；其次

① 陈思彤. 吴鹏蝶出世界波［N］. 中国体育报. 2006 - 12 - 04.

② 奚从清，俞国良. 角色理论研究［M］. 杭州：杭州大学出版社，1991：103.

是项目中心内部的参赛目标，对教练员的参赛指挥的期望和要求；第三是参赛运动员临场发挥也直接影响着教练员的指挥策略。同时，也受到现场观众、裁判员、对方运动员等因素的影响。这就要求教练员参赛指挥过程中大赛指挥经验、临场应变能力以及大赛指挥心理能力要强。

角色扮演过程中对角色的领悟过程，是影响教练员参赛指挥的内在力量。角色领悟是指个体在特定的社会关系中对自己所扮演的角色的认识、态度和情感的总和。[①] 教练员在参赛中对角色的认识和理解往往是按照运动员的期望和反应来不断进行调整和完善，最终形成自己的角色观念。一般而言，参赛过程中教练员角色领悟首先要明确地认识自己在参赛中所处地位；其次是教练员对对自己所应履行的角色义务职责的认识；第三是教练员对自己所扮演的角色的行为模式的认识。比赛时间、地点、场地、对手不同，特别是比赛中得失分的变化、队员技术发挥的起伏、对方技战术的改变都要求教练员的临场指挥要按照不同的行为模式随机应变；[②] 最后是教练员对自己所扮演的角色所应具有的思想、品格和风格方面的认识，也就是说在与别人的互动中，应以什么样的形象出现。如果教练在参赛中对自己所处的角色认识不清就容易出现不应该出现的失误。2005 年上海世乒赛，当比赛进入第二、三轮，中国队包括刘国梁主教练在内，先后二人二次由于违规指导，被现场裁判员罚出场外，取消临场指导资格，这是由于过度紧张，导致情绪失控下造成的非正常的应激行为。[③]

角色实践过程，是角色期望和角色领悟的发展，是指教练员在参赛过程中按照其特定的地位和所处的情境实际表现出来的行为。这一过程要求教练员能够针对场上千变万化的形势进行排兵布阵，沉着、冷静的对待赛场上发生的各种情况，果断做出决定，指挥运动员转变策略，发挥出正常水平。

① 奚从清，俞国良. 角色理论研究 [M]. 杭州：杭州大学出版社，1991：103.

② 张忠秋，王智. 教练员大赛临场指挥应注意把握哪些心理要素 [J]. 中国体育教练员，2000 (3)：9.

③ 郭苏芝. 运动竞赛教练员临场指挥的心理分析 [J]. 科技广场，2005 (7)：69-72.

"马，你是不是打扑克牌的高手？"当新闻官德波尔先生把这个奇怪的问题抛给陪刘海霞出席 2007 年世界举重锦标赛赛后新闻发布会的马文辉教练时，在场的所有人都很诧异。"是的，你怎么知道？不过也谈不上什么高手，我平时最喜欢玩保皇，很少输罢了。"在怔了一下之后，马文辉还是如实回答了这个匈牙利老头的问题。"我从你的现场指挥就可以看出来，你非常精明，无论是开把叫重还是在比赛中加重，每一步都算得非常到位，所以我一猜你就是个打扑克牌的高手。"德波尔解释了一番之后，所有人才恍然大悟，轻松地笑了起来。马文辉透露抓举是刘海霞总成绩夺冠的关键。"因为她的体重比俄罗斯选手轻一点，俄罗斯选手开把要 109 公斤，我们就报 110 公斤，我看刘海霞赛前感觉不错，而且上场前还试举了一把，主要抓举拿下了，哪怕是举同样的重量，那么最后拿三块金牌的可能性就很大，因为我们的优势在挺举。"刘海霞也把自己夺金的最大功劳归功于女队总教练马文辉。"没有他的指导，我不敢保证今天三枚金牌都能拿下来。在此我谢谢我的教练，也谢谢赛前中心领导的鼓舞，同时还要感谢现场所有为我加油的观众。"刘海霞说道。①

三、教练员参赛角色的主导

主导一词有三层含义：主要的并且引导事物向某方面发展的；处于支配地位；处于指导地位的。主体一词主要指事物的主要部分；为属性所依附的实体。② 参赛过程中教练员的主导作用表现在善于把握和控制比赛过程中运动员的情绪状态，在比赛的关键时刻，或者运动员比赛过程中无助时刻，教练员的手势、表情以及动作都能够给运动员莫大的鼓舞。同时，充分了解运动员的个性特征，针对其在比赛中容易出现的问题和情况进行有效的控制和调节。引导运动员发挥自己最佳水平，最终取得比赛的胜利。

---

① 田京波. "扑克教练"指挥有方，刘海霞破世界纪录有保留 [N] . http：//2008.163.com/07/0923/21/3P3T1UOG007425UF.html.

② 王同亿. 语言大典 [M]. 三环出版社，1990：4495 – 4498.

案例：哈里斯教会男篮永不放弃①

2004 年 8 月雅典奥运会小组赛中，负于西班牙、阿根廷、意大利队的中国男篮，8 月 23 日晚在小组赛最后一轮以 67∶66 掀翻世界冠军塞黑队，晋级奥运会男篮八强。

对于为什么能赢得这场比赛的胜利，主教练哈里斯说："昨天晚上在 11 点钟，我走出奥运村的公寓，我当时准备去奥运村里的资料图书馆的录像中心找新西兰队战胜塞黑队的录像。走出公寓的时候我就想，我这么做值得吗？我到底是去还是不去？我去或者不去对这场比赛的胜负会有什么影响吗？我想了很长时间，最后我还是决定去找这个录像。今天早上我在准备会上所做的事情，就是把新西兰队和新西兰队战胜塞黑队的录像剪辑放给队员们看。我需要告诉队员们的是，即使你输球、输了 25 分、又连输这么多场，你们也不能放弃。"这就是教练员的主导作用。这种主导作用发挥的结果，是运动员在比赛中主体地位的提升。

比赛结束后李楠说："就是因为哈里斯，我才明白什么叫永不放弃。我们前面输成那样，但哈里斯始终在努力，他一切都像从前一样准备，自己还在那儿剪辑录像带给我们看，分析塞黑的特点和弱点。如果不是他这么执著，他不组织我们了，不看了，那今天绝对就赢不了了。"

刘炜说："今天的比赛可以让别人对我们有个重新认识，这是哈里斯教给我们的态度。"

姚明说："哈里斯用三个月的时间给我们上了一堂人生课，就是什么时候都不要放弃。我认为我们至少给后面很多球员留下了一笔财富，这笔财富是哈里斯带来的。我发现今天用得最多的一个词，就是'没有放弃'。"

第二节　影响教练员参赛指挥的因素

唯物辩证法认为内因是事物发展的根据，它是第一位的，它决定着事

---

① 男篮小伙子学会永不放弃　哈里斯曾考试走还是留 ［EB/OL］. http：//sports. cn. yahoo. com/040823/335/258e6. html.

物发展的基本趋向；外因是事物发展的外部条件，它是第二位的，它对事物的发展起着加速或延缓的作用；外因必须通过内因而起作用。在竞技体育赛场上，教练员参赛指挥同样也受到两个因素的影响。其一是教练员自身的因素，是影响参赛指挥的过程和结果的内部因素，决定着赛场格局的变化；其二是除受到教练员自身因素影响之外，它同时又受到社会政治、经济、文化、运动员赛场表现以及观众对教练员期望的影响和制约。因此，教练员若想达到满意的赛场指挥效果，取得理想的运动成绩，就必须处理好影响参赛指挥的内部因素和外部因素的辩证关系。

一、内部因素

国家体育总局副局长崔大林同志在 2005 年 8 月 26 日第一期国家队教练员培训班上作了题为"树雄心壮志，攀奥运高峰"的讲话。在他的讲话中谈到了教练员成功的七要素。第一，树立理想目标。第二，爱岗敬业是教练员成功的前提。第三，把握项目规律和特点，根据各个项目竞赛的不同要求做好各方面的参赛准备，并且在比赛中能够以我为主，充分发挥水平，创造佳绩。第四，科学安排训练。必须解决好练什么、怎么练、练多少的三个训练实践问题。第五，贯彻科学的"三从一大"训练原则。处理好练与赛的关系，训练就是为了比赛，参赛少的话，没有临场经验，没有实战能力，也很难在大赛中取得好的成绩。第六，不断突破创新。创新也是我们竞技体育提高运动技术水平的不竭动力和源泉。第七，教练员要具有极强的竞争性、很强的决断性，具有抗压性、献身性、创造性、较强的感知性、专一性、张扬性，心理承受力强、善于突破创新、勇于挑战极限、个性突出等人格特点。从中我们可以理解到教练员自身素是影响运动员训和比赛成功的重要因素，教练员自身能力的高低，也制约着运动员赛场上发挥的好坏。

（一）知识结构

运动训练和竞赛作为竞技体育的一个重要组成部分，涉及的学科非常广泛，包括运动选材学、运动训练学、运动生理学、运动医学、管理学等多门学科的知识。现代竞技体育的竞争，已不单纯是体能的竞争，而是综合实力和技术的竞争。这就要求现代的教练员必须具备广博的知识，才能够培养出高水平的运动员。运动竞赛，是运动员竞技能力展示的舞台，也是展示教练员训练效果的舞台，其中，不管是运动员赛场表现还是教练员的临场指挥，其实是以运动员为媒介展示教练员的执教水平、经验、方法和创新的舞台。"不积跬步，无以至千里；不积小流，无以成江海。"教练员的参赛指挥能力也不是一蹴而就的，是在不断地总结运动项目本质特征、规律、发展趋势、制胜规律，不断地总结大赛指挥经验而逐步形成的一种思维定势。

中国体操女队主教练陆善真，因他的因材施教，针对毕文静柔韧性好、上肢力量强的特点，为她量身定做了"反吊大回环至倒立阶段单臂转体360°"，即"毕氏转体"新动作。又因他的"体操就是玩，它应该是快乐的！"这一理念，不断探索和追求体操项目的发展规律，以巧制胜，创造佳绩，认为提高训练质量和效率与发掘利用好运动员的特点和潜力息息相关。他倡导"打牢基础、循序渐进"的训练方法，使程菲在 2005 年墨尔本世界体操锦标赛，以"程菲跳"与"尤尔琴科 900°"改写了中国体操女队无跳马世界冠军的历史。随后 2006 年的丹麦世界体操锦标赛，程菲一人独揽了团体、跳马、自由体操 3 项冠军，并在年底的巴西世界杯总决赛上，又夺得跳马冠军，成为中国体操历史上夺得世界冠军数最多的女子运动员。这也再次印证了"打牢基础、循序渐进"训练方法的科学性和有效性。陆善真是一个知识广博的"学者型"体操教练，他博览群书，涉及学科较多，除一般的体育学之外，还有舞美、力学等方面的知识，并且注重言传身教。由此可以看出，知识水平在教练员训练、参赛中具有的重要地位。陆善真教练为我们提供了一个成功的典范。

（二）心理素质

在激烈的比赛中，教练员的临场指挥决定着全队比赛指导思想、比赛策略，战术的变化以及运动员的情绪控制等重要因素。[①] 尤其北京奥运会，

---

① 张忠秋，王智. 教练员大赛临场指挥应注意把握哪些心理要素 [J]. 中国体育教练员，2000（3）：9.

主场参赛，教练员的心理压力会更大，这直接影响教练员的临场指挥效果。因此，教练员必须妥善处理自身的情绪状态，善于观察、分析和思考，随机应变，采用积极的语言引导运动员，临场指挥不能犹豫，必须当机立断。[①] 2004年雅典奥运会中国女排和俄罗斯女排冠亚军决赛，双方竞争十分激烈，但一向状况稳定的主攻手——老将王丽娜发挥失常，陈忠和主教练果断地换上张越红，在第五局决战关键时刻，张越红敢打敢拼，连续三次重扣，最后一次重炮落地开花，使中国20年后又重新登上冠军领奖台。[②]

2004年雅典奥运会女子100米蛙泳决赛，中国游泳总教练张亚东采用了赛中训练方法，他说："在检录前20min，才跟罗雪娟讲前50米怎么游，后50米怎么游，中间应注意什么。这时候的谈话能让她兴奋和适当紧张起来，同时，我会跟她在一起做准备活动，我用我的肢体语言和形象，告诉她我很兴奋，充满了斗志，目的在于调动她的激情。进场后又在她耳边说了一句话，'你是最棒的，没有人比你更棒，你是最好的，绝不允许别人比你更好'。罗雪娟会意地笑了笑，同时，我还会利用一切机会与周边的人聊天，跟别的教练开玩笑，营造一种宽松的气氛，缓解运动员因过度紧张而绷紧的神经。"最后，罗雪娟成功地摘取了女子100米蛙泳的冠军，这与张亚东教练良好的心理素质和心理调节能力有很大的关系。

（三）创新能力

江泽民在十六大报告中指出："创新是一个民族进步的灵魂，是一个国家兴旺发达的不竭动力，也是一个执政党永葆生机的源泉。"同样，创新也是竞技体育不断进步和发展的动力，尤其体现在教练员的身上。技战术的创新、训练手段和方法的创新、训练理念的创新，都可以使运动员的竞技能力获得突飞猛进的发展。这种创新同样也体现在运动赛场上，教练员在赛场上灵活运用遵循项目本质发展规律的创新思想和方法，采用不同的技

[①] 张忠秋，王智. 教练员大赛临场指挥应注意把握哪些心理要素 [J]. 中国体育教练员，2000（3）：9.

[②] 吉嘉. 赛场上的几个辩证关系 [J]. 中国体育教练员，2007（3）：24-25.

战术策略组合、新的指导技巧和思维、新的语言表达方式等，既能够将赛场危机化解，又能保证运动员发挥出正常水平。

中国男子重剑队教练员杜震城，创新在他眼中是制胜的法宝。2004 年雅典奥运会，王磊在赛前并不被看好的情况下，连续闯关成功，最后取得了奥运会男子重剑银牌，这是一项历史性佳绩，是中国乃至亚洲在重剑项目上的突破。"尽管在出征前我给王磊定下的指标只是进前 8，但是我是心里有数的，如果发挥得好完全可以再向上冲一下！"对于外界关于王磊是最黑的"黑马"一说，杜指导还是有一点想法的。"没有实力，再好的机会也是白搭，想'黑'也难。"的确，王磊在 5 轮比赛中连续拼掉了 4 名世界顶尖选手，包括 4 进 2 时对阵曾几获世界冠军的俄罗斯选手，在 10∶13 落后的情况下，反败为胜堪称经典。杜指导认为："当你取胜后，你就成了对手的研究对象，现在的分析手段又先进，录像里慢镜头一遍一遍地放，再厉害的技术也被研究透了，所以创新是我这么多年来一直坚持的训练理念，不是一句空话。"为了始终立于不败之地，"创新"二字已成为杜指导口中的"高频词"。①

二、外部因素

（一）运动员赛场发挥

2008 年北京奥运会，对我国运动员来讲，占据天时、地利、人和的优势，每一名运动员都在摩拳擦掌，暗自努力，决心在自己的祖国夺取优异成绩，为国争光。这种决心和士气是可以理解的，是令人鼓舞的，但是如果运动员给予自己过高的期望，就会造成心理负担过重，影响比赛的正常发挥。运动员的心理状态直接影响着比赛成功发挥和优异成绩的创造，同时也严重影响着教练员的各种技战术组合、策略、战略意图等作战方案不能贯彻到实际的比赛实战中，造成比赛的失利。

---

① 奕锴．创新：一位教练员眼中的制胜法宝——访中国男子重剑队教练员杜震城［J］．中国体育教练员．2005－06－10.

2004 年雅典奥运会男子三米板双人跳水决赛，王克楠/彭博最后一跳，王克楠出现重大失误。"在我的印象中，中国跳水选手在以往重大国际比赛中，还没出现过这么严重的失误。"昔日"跳水王子"熊倪说。但是王克楠却是用屁股入水的。这一个"屁股落水平沙落雁式"绝对算得上一大发明。翻看跳水历史上的重大失误，最严重的莫过于整个人平着落在水面上，但至少跳水运动员入水时自然伸展身体的本能还是存在的。屁股先入水的动作可谓前无古人。

"如果你三更半夜将王克楠突然叫起床来跳，他跳 100 次都不会出现这样的失误。"一位跳水教练说。大部分人都把这次意外归结为失误，而失误的原因是年轻。

就算王克楠失误的原因是年轻，在跳台上征战了 10 年的俄罗斯老将萨乌丁失误的原因是否因为太老？在中国队选手失误之后，萨乌丁只需保证不出现重大失误也有机会夺冠。萨乌丁的入水动作是一个侧倒的"丁"字形，等于是一个"倒过来"的王克楠。最后一跳前排名第 2 的美国选手杜马斯兄弟，也出现了可怕的失误。他们好像在集体合作，一起把金牌"让给"希腊人。如果果真如此，那就不是跳板名将的"滑铁卢"，而是"奥斯卡"了。

这次跳水赛事中给我们留下了很大的悬念。萨乌丁/多布罗斯科克组合在他们最擅长的 5353B 中失手，彭勃/王克楠在擅长的 5154B 中失手，而美国杜马斯兄弟跳好了 5154B，最后一轮却栽在了 5353B 上面。3 对强劲组合都倒在最后一轮，看来这注定要诞生一个希腊新"神话"。

（二）裁判员的评判

竞技体育是有规程、规则的游戏，同时由裁判员、技术官员监督执行。虽然要求裁判员在执行规则时要严肃、认真、公正、准确，但裁判员也是人，人是有感情的，在规则允许的范围内，对可进可出的判断，往往是感情起着支配作用，这里还不包括其他一些人为因素在内。[①] 裁判员的评判不

---

① 吉嘉. 比赛的四大制胜因素［J］. 中国体育教练员，2007（2）：12-13.

公，很容易引起教练员的不满，从而导致教练员的应激行为。所以在参赛过程中出现的这种危机事件，需要教练员妥善的处理，使用正当、合法的手段诉诸项目联合会。

2004年雅典奥运会男子花剑决赛现场，老剑客董兆致代表中国队首发出场，他与意大利桑佐率先过招。比赛伊始，董兆致表现神勇，先后以4比2、5比3领先对手。但此后，裁判成了比赛主角和导演，场上两名队员成了配角。董兆致进攻，他奋力一刺，桑佐躲闪不及被刺中无效部分，白灯亮起。按正常情况，白灯亮起后比赛应重新开始。但就在瞬间桑佐顺手把剑搭在董身上，意大利队的红灯亮了。裁判居然判给了意大利队一分，全场一片嘘声。而执法裁判不以为然。此后连续几次，董兆致该得的分得不到，有效进攻被判为无效。比分很快改写为10比7。中国队落后了！这节比赛后半段，全场观众的群情激昂没能使裁判改判。但是他们改变了仲裁的"判罚"，该节之后，那名裁判再也没出现在赛场边。而按惯例他应该在第四节时再次执法。

在评价这场比赛时，自行车击剑管理中心主任蔡家东说："这场比赛，我们发挥非常出色。说句俗话，我们都打得意大利队东倒西歪连滚带爬了。我们的几名队员发挥稳定，其实真正紧张的是意大利队。不过，有很多比赛以外的因素不是我们能左右的了的。所以我们只能拿银牌。"就在蔡主任大吐苦水的同时，国际击剑联合会的一位技术官员走过来说："早晚要处理了那个裁判！如果他们不是偏心眼，肯定是执法水平有问题。灯都亮了，怎么还能继续比赛呢？"在场的蔡家东、花击队教练过鹰等人都一脸苦笑。

（三）观众的影响

肖川在《体育的价值》一文中论述到，体育已成为文明的人类生活中不可或缺的一部分，在影响和塑造现代人的精神与身体方面发挥着越来越大的作用。体育的价值远远不止促进身体发育、强健体魄和劳逸结合的功能，更深层次的价值在于培植、释放和提升人心灵深处潜在的狂热和痴迷，以及身体感知世界的能力，从而充分调动我们所有的感官投入生活，使心

灵丰满和生活圆融。[①]

体育的精神就是游戏的精神。也许单纯的激情、勇气、智慧及挑战极限的无畏精神才是体育这种游戏的真谛。体育运动是一种极富感情色彩的高尚活动。它是人们高级情感的产物，又是人类高级情感的发生器。它丰富着人类的情感宝库。在体育运动中人们追求积极向上的荣誉感和人们之间相互交往的亲和感。体育运动承担着培育现代人高级情怀的功能。体育竞赛为人们创设了一种情境，并在其特定的氛围中考量人类的能力，包括协作精神、顽强的品质、集体的观念、心理承受力、公平原则、精神修养、道德意识。其实"球迷"、"乐迷"的多少能够反映出一个民族的精神素养。正是体育的这种精神，吸引着球迷选择体育、参与体育、捍卫体育。他们用热情、用正义诠释着奥林匹克的精神。

2004 年雅典奥运会男子单杠决赛中，俄罗斯体操元老涅莫夫用一套近乎完美的高难度动作彻底征服了观众，得分却只有 9.725 分。涅莫夫看了一眼分数就镇定地坐下了。但是，全场观众同时站起，将大拇指向下，嘘声四起。国际体联的官员赶紧上前同裁判进行商议。这时，全场开始呼喊"涅莫夫"的名字。下一位准备上场的美国选手哈姆，尴尬地站在单杠前，最后还是退了下去。涅莫夫感激地站起身，向热爱他的观众挥手致意。十分钟后，计分牌重新显示涅莫夫的得分，9.762 分。两名分别来自马来西亚和加拿大的裁判增加了评分，嘘声停顿了一下，接着重新响起。改分！难改嘘声！在无法收场的情况下，涅莫夫再次走上赛台，双手下压，示意观众停止起哄。嘘声渐止，取而代之的是献给涅莫夫的热烈掌声。涅莫夫之后，哈姆得了 9.812 分，观众嘘声又起。前后加起来，嘘声长达二十分钟。

在雅典听到不同国籍、不同肤色的观众向赛场上出现不公平不公正发出强烈的嘘声，逼迫裁判当场修改结果，不能不说是一件幸事。但是在观众排山倒海的嘘声中，我们把镜头聚焦到即将出场的美国选手哈姆及其教

---

① 肖川．体育的价值［J］．教师博览．2005 - 04 - 01.

练身上，在这种时刻，哈姆的教练米勒斯·阿沃瑞在思考什么？又能够告诉哈姆些什么？是值得我们遐想和反思的。

第三节　教练员的指挥艺术

指挥是指挥员及其指挥机关对所属部队作战行动的组织领导活动。包括战略、战役、战斗范围内的指挥。目的在于统一意志、统一行动、最大限度地发挥部队战斗力，夺取作战的胜利。[①] 一支军队是否善战，在相当程度上取决于指挥官的素质，看他能否从思想到技术、战术把整支队伍的力量组织好，发挥出最大的战斗力。体育竞赛也一样，既是竞技能力的抗衡，又是智慧的碰撞。教练员不仅是训练活动的制订者、组织者与实施者，同时也是比赛策略的策划者、指挥者。比赛策略制定正确与否，能否抓住比赛过程中瞬息万变的表象背后蕴涵的本质，能否敏锐地预见比赛的变化趋势，是衡量一名教练员执教水平的重要环节，也是带领队伍打好大赛的关键。

一、教练员指挥艺术的含义

教练员指挥艺术是教练员基于竞技活动中所具有的突然、随机和多变的特点，为处置在训练或比赛中，所出现超常（也有一般）的现象和事件，在已有的知识、经验和方法的基础上，通过非规范化、非模式化的观察与思考，灵活地、创造性地运用，使主客观相统一的方式、方法[②]。结合竞技指挥的具体特点，指挥艺术主要表现在以下几个方面：

（一）教练员的指挥艺术，是竞技活动中存在着不确定性和具体性的产物

竞技活动是一个充满流动性的领域，具有较大的随机性和多变性，因

---

① 《辞海》［M］. 上海：上海辞书出版社，1999.
② 钟秉枢，高峰，董进霞. 运动员基础训练的人文社科指导［M］. 北京：北京体育大学出版社，2005：1.

而，其指挥活动存在着一定的不确定性。对于在训练或比赛中所出现的突发、偶然、超常的现象和事件，作为形态相对稳定，知识体系规范，规律有章可循的指挥科学就显得力不从心，这就需要一种观察、思考、应付非常规化现象和事件的方式、方法。此外，指挥的科学，是在"每一个具体条件下"抽象出的最一般的规律性认识，具有普遍的适用性，但在与具体实践相结合的过程中，并无精确的指挥性，只有大致近似的并非完全的导向性。这就为指挥艺术的产生提供了条件，为指挥艺术的发展提供了舞台。

（二）教练员的指挥艺术，是在已有的知识、经验和方法基础上的一种超越

教练员指挥艺术的形成，绝非是主观臆测和灵机一动，它有着坚实的知识、经验和方法的基础。但其形成过程并不是一般意义上的循序渐进、水到渠成的符合规律的发展。它并不遵循一般规律，其形成的过程常常是非规范化、非模式化、非程序化的，而是一种直觉式的思维，在已有的知识、经验和方法基础上，所产生的一种跃进式的超越，所形成的在一般常态下所不具备的新观念、新思想、新方法。指挥艺术，既是在一定知识、经验和方法的基础上形成，又是对原有的知识、经验和方法的超越；既表现为教练员的"灵机一动"，却又与知识、经验的平庸者无缘，是原有的知识、经验和方法基础上的一种超越和升华。

（三）教练员的指挥艺术，是一种创造性的、具有特定性质的方式、方法

教练员的指挥艺术，来源于竞技指挥实践的一次次、具体的创造性指挥中。指挥的艺术，来源于指挥的创造，可以说，创造性是指挥艺术的显著特征。没有创造性的指挥，就不可能产生指挥的艺术。因此，竞技指挥的艺术不仅仅需要综合的知识，而且需要特别的创造性思维，这种创造性思维体现着教练员的才气和勇气。在竞技指挥实践中，每一次艺术的指挥，都意味着是一次艺术的创造。指挥艺术的创造包括在超常条件下的和在一般条件下，对方式、方法的创造，但这种创造，是有实实在在的目的和任务的，具有客观的衡量标准的，不只是为指挥的艺术而艺术所进行的"创造"。教练员指挥艺术的表现，并非是随心所欲的胡乱指挥，而是把

目的、需要等主观的、观念性的东西，通过创造性的方式、方法转化为与客观实际相符合的可观的、实在的东西，达到主观指挥与客观实际的高度统一。

二、教练员指挥艺术的特征

（一）实践性和具体性

指挥艺术是以实践活动的具体形式表现出来的，是属实践的范畴。因此，实践性和具体性体现了竞技指挥的艺术性。实践性是指指挥的艺术只能在实践中产生，只能追寻其实践过程，才能被感知和领悟，才能展示其奥妙和价值。任何从理论到理论、从书本到书本的东西都谈不上指挥艺术。俗话说"熟能生巧"，离开了竞技指挥的实践活动，没有"熟"，指挥艺术的"巧"就无从得以体现。那些优秀教练员的指挥艺术，如袁伟民的指挥艺术是他在八年半的排球指挥实践中形成和表现出来的，"三连冠"的艰难历程，是他指挥艺术形成的源泉。因为，指挥的艺术更多地需要直觉思维形式，如现象、灵感和理性直观等，需要具体的感知、体验指挥的过程，要有一定的指挥"量"的积累。因此，指挥艺术的实践性客观上要求教练员，要想把握和运用好指挥艺术，靠掌握书本理论知识是不够的。唯有亲自参与竞技指挥活动，在指挥的实践中，既要汲取理论知识，深刻理解涵义，又要不断运用并努力创造，才能把握其精髓。

具体性是指挥艺术实实在在地体现在每一次具体的指挥方式、方法和技巧中。而每一次具体的指挥，都是在不同的条件下，所采用的不同的方式、方法。上面所谈到的袁伟民的指挥艺术，不是抽象的指挥艺术，而总是在具体地体现在某一次具体训练或比赛中。例如：袁伟民可能在磨炼尖子队员，在处理补课中与队员的矛盾冲突时依据不同的对象，采用了不同的方式、方法。为加快培养二传手杨锡兰，而有意不让孙晋芳去日本比赛，而把杨锡兰逼上梁山顶着打，无退路可走，让其他攻手必须认同杨锡兰。这些不同凡响的方法，形成了他独具特色的指挥艺术。对其指挥艺术的深刻理解，必须深入到对应的具体事例中去，到产生的形式和产生的过程中

去寻找。只有认真探索其指挥的每一次训练和比赛所采用的方式、方法及其运用的缘由，才能从中体会出他的指挥艺术的真谛。

（二）创造性和应变性

创造性是教练员指挥最显著的特征和最活跃的表现。创造性是指指挥的艺术通过非程序化的过程，产生非常规、非常法所使用的方式、方法。指挥艺术的创造性、既是在遵循竞技指挥规律和方法基础上形成并产生的，同时又是对这些规律和方法的辩证否定。创造性是指挥艺术的核心，是指挥艺术的生命力，是教练员知识经验、谋略、勇气和意志等综合素质的集中体现，是排险制胜的良方。指挥艺术的创造，首先是思维的创造，善于想常人想不到、不敢想的事情；也是决策的创造，敢下常人不敢下的决心；更是行动的创造，敢做常人做不到的事情。若对规律、原则、方法的一般性运用，往往与指挥艺术无缘，而墨守成规者，则注定要失败。因此，教练员指挥艺术的创造性特征，客观上要求教练员在训练、比赛中要敢于打破常规、常法，不循旧规，大胆创新，才能创造优势、战胜对手，取得胜利。可以说，创造性是对模式化和因循守旧的否定，是对主观能动性的尽情发挥。

应变性是指指挥艺术要因时、因地、因情、因对象的不同，灵活应变地认识问题、解决问题。这些问题一般是突发的、偶然、超常的或一般的问题用超常的方式、方法来应变的处置。而这些方式、方法，都是根据当时、当地、各方的当时情况决定的。如果说指挥艺术是在遵循的基础上创造性的运用知识、经验和方法的结果，那么从方法论的角度看，这些遵循和运用，就一刻也离不开应变性。特别是在白热化的比赛中，充满了不确定性和复杂性，而下定决心做出选择却又要求必须快捷和确切时，容不得作更多权衡和选择。例如：篮球比赛中，当距终场还有是几秒时，在投中则赢，不中则输的紧要关头，能否应变的布置战术，达成主观的愿望，取得胜利，指挥艺术就显得尤为重要。因此，应变特征客观上要求教练员要灵活应变地运用各种方式、方法来处置各种问题，不能墨守于已有的方式、方法。

三、教练员指挥艺术的具体体现

教练员指挥艺术，并不是在比赛打响后才开始表现出来，而是体现在赛前训练准备工作和赛中灵活运用各种战术技巧中，这样才能带领运动员在比赛中能够镇定自若地发挥出高水平。

（一）知己知彼，百战不殆

赛前准备，光靠拼命苦练不行。教练员必须亲自搜集各队的技战术资料，根据大量的技术统计数据、录像及各方面的信息，对主要对手进行定量、定性分析，准确地把握对手的实力。然后再科学地进行彼我双方实力的对比，找出对付对手的有效方法。俗话说："知人者智，自知者明。"知己知彼，才能百战不殆，这一点非常重要。

为拿到雅典奥运会羽毛球女子单打决赛的胜利，中国队认真分析了张海丽和张宁的竞技能力特点，制订出张宁应在赛中敢打多拍、坚持压对手后场的对策。果然，张宁上场后不怕与对手拉多拍，更不怕因此而丢分，并用高质量的高远球牢牢地把张海丽控制在后场。在决胜局，张海丽被"拉"得没了首局的速度和精气神，最后在两次交换球权后，张宁连得6分，将比分定格在11:5，锁定了胜局。正是张宁和教练员在赛前准确剖析了我方与对方的体能和技战术特点，确定了以己之长，克彼之短的比赛策略，在比赛过程中，张宁能够合理控制心理活动，在首局失利的不利局面下，始终坚持既定的技战术打法并最终夺得金牌。

中国选手张国政在2004年雅典奥运会男子举重69公斤级比赛中，以抓举160公斤，挺举187.5公斤，总成绩347.5公斤获得金牌。赛后，中国举重队男队总教练陈文斌透露了夺冠的幕后情况：四次改变他的试举重量，从而确保了这枚宝贵金牌的取得。张国政在抓举头把试举时，把重量从155公斤降到152.5公斤，第二把增加到157.5公斤。挺举的时候，张国政的开把又降了5公斤，到187.5公斤，到了第二把又升回到190公斤。之所以改变张国政的试举重量是教练员根据张国政身体状况以及对手的情况而做出的正确决断。为了达到比赛的要求，张国政赛前降了7.2公斤体重，

对他来说达到了极限！张国政说"开把对我们举重来说很重要，降到152.5 公斤让我能够从心理和体能上完全战胜他，确保成功。第二把，按我们的常理应该说都是 157.5 公斤。至于挺举，为什么报的 192.5 公斤又往下降？抓举拼得比较狠，体力消耗太大。陈导出于我体能消耗大的考虑做出的调整。"而韩国的李培永在 195 公斤上的能力有限，张国政把 187.5 公斤举下来，就逼迫了对手要举到 195 公斤，而李陪永在这个重量上没有成功的把握。可见，正是在知己知彼的基础上，制定了张国政抓举和挺举的策略，从而才能成功地战胜对手，夺取金牌。

（二）知人善任，合理用兵

俗话说"能用人者，无敌于天下"。人们常把指挥才能比喻为"用兵如神"。会用人是指挥者的首要素质。古代，楚汉之争，刘邦所在的汉所以能由弱到强，项羽所在的楚所以由盛到衰，原因之一是刘邦启用了韩信、张良一些人才。衡量教练员有没有指挥才能，第一条恐怕就是看他会不会用人。不同其才，何以成材？良材美器，宜在尽用。体育竞争，实际上就是人才的竞争。教练员认准的人才就要大胆启用，要有这个气魄。[①]

1979 年袁伟民指挥的中国女排进步神速，不仅在亚洲成绩飙升，在世界排坛也占得一席之地。此时，他将当"红"主攻手杨希从主力阵容中拿下来，换上了条件出众、初露峥嵘的郎平，立刻就遭到了非议。但是他"用人不疑"，用杨希作为郎平的后盾，一箭双雕，实现了主攻位置的"双保险"。果然，中国女排很快就迎来了巅峰时期，连续五次夺取世界冠军。1982 年世锦赛后，中国女排 5 位老将退役，袁伟民选用杨锡兰为主二传，丢掉 1983 年的亚洲女排锦标赛冠军。接着，他又启用了身高仅 1.72 米的郑美珠打接应二传。有人不信这样的运动员能打高水平，可他们仅用了一年多的时间，就夺得了 1984 年奥运会冠军。袁伟民的指挥和用人之道让人交口称赞。2001 年陈忠和组队，力排众议，启用一批年轻队员，卧薪尝胆，

---

① 袁伟民. 运筹帷幄 决胜千里——谈谈如何带领队伍打好大赛［J］. 北京体育学院学报. 1990（3）.

用了两年的时间，夺取了久违17年的世界杯冠军。一年后又荣膺雅典奥运会金牌，充分表现了他选人、用人和指挥才干。

应该说，中国女排两个鼎盛时期，饱经磨难，披荆斩棘，做了方方面面的大量工作，但首要的是教练员选拔了一批可塑之材，成就大业。

（三）合理运用暂停和换人

把握暂停的最佳时机和充分利用暂停时间是教练指挥艺术的重要方面，处理得当将直接关系到比赛的胜负。比赛中正确使用暂停并起到立竿见影的效果，体现了一名优秀教练员不同寻常的能力和水平。教练主动叫暂停多在比分落后或连续丢分时，暂停的目的是调整运动员心态和战术，为运动员摆脱困境出谋划策，同时打乱对方节奏，力争扼制颓势，争取扳平或反超，最终取胜。技术暂停则要视本队的情况，点明哪些方面要巩固，哪些问题要注意，哪些环节要加强。这时最忌讲得面面俱到，没有重点，更忌老生常谈，过于空泛，如"好好打！"、"加油！"、"没关系！"、"抓紧一点！"、"不要放松！"、"注意一传！"、"加强拦网"等。指挥语言一是要明确，要有可操作性，要解决场上的实际问题。例如，"注意一传"，就可以说"注意拦网放第一下，拦第二下。"这样队员一下子就听进去了，具有可操作性，马上见诸行动。当然更不应大发其火或语言过激，例如"怎么打得这么乱！"、"老毛病又犯了！"、"你怎么搞的?"、"我早就说了，为什么不贯彻！"等，诸如此类之话，说了也解决不了任何问题，反而破坏队员的情绪，适得其反，加重运动员的心理负担。另外，暂停的时机很重要，不宜过早或过晚。有的教练员较为急躁，运动员表现欠佳，在第一次技术暂停前就用完了两次暂停机会，完全丧失了信心。有的教练则在最后一刻，如18比24时才叫暂停，再好的主意也于事无补。

1982年的秘鲁世界锦标赛，由于中国女排预赛时输给了美国队，决定了后边必须场场以3:0获胜，否则夺魁无望。中苏之战，实力相当，我队拿下了两局后，第三局争夺异常激烈。打到12:9时，苏队一分分追上来，打到13:12，队员一个个紧张地拉长了脸。袁伟民连叫两次暂停，不和队员谈技术，只是说："我现在不和你们讲别的，只要求你们笑一笑，笑着去拿

下这最后的两分。"队员回答说："都什么时候了，还让我们笑，怎么笑得出来？"袁伟民说："你们现在急于求成。打得太拘谨，人家每得一分，就像挖掉你们身上一块肉一样。你们平时一个个那么淘气，那个劲儿到哪去了，现在拿出点那个劲儿就什么都有了。"袁伟民这么一说，队员们笑了，紧张情绪以下放松了，队员们又生龙活虎地投入到战斗中去，最后 2 分很快就拿下了。

在比赛中，临场换人的学问也很深奥。一支队伍的主力队员都是技术最好的，候补队员往往都有一技之长。如何把他们不同的长处用在关键时刻并发挥效益，就看教练员的应急能力。1982 年世锦赛，中国女排对原苏联队的第二局 0 比 9 落后，袁伟民换曹慧英上场接发球，起到了转危为安的作用。1984 年奥运会中国女排对美国队第一局 14 平的局面久拖不决，袁伟民换上侯玉珠发球，连得两分，奠定了胜利的基础。这些早已被作为经典范例。2004 年奥运会中国女排对俄罗斯决战，陈忠和换张越红加强进攻，她连扣三大板结束战斗的那一幕，仍让人记忆犹新。当然，并不是在任何关键时刻换人都能起到良好的效果。例如，在排球比赛关键时刻如 23 平、24 平时，换一位跳发球队员发攻击性很强的球。教练员做出这样的决策应慎重。这位运动员必须具备稳定的心理素质和非常熟练的跳发球技术，否则得不偿失。可见，在比赛的关键时刻换人是需要一定的智慧和勇气的。

（四）出其不意，攻其不备

在大赛前，比赛双方主教练都会通过录像掌握对方的技术资料，制定克敌制胜的作战方案。正因为此，教练员又会根据临场的千变万化及时调换打法，力争出其不意，攻其不备。因此，临场指挥需应变快，抉择准，才能把握胜机。

1984 年，中国女排在前苏联参加四国女排邀请赛，对美国队一仗，杨锡兰、侯玉珠发的远距离冲球，本来威胁力很大，可美国队都能接好。袁伟民判断，美国队是有备而来，立刻叫了暂停，让改发近距离网前"菜"球。这样突然的变化，使美国队一时不适应，打乱了她们的节奏，接着再发远距离冲球，同样又不适应了，美国队的情绪受到很大的干扰，因而输掉了比赛。

在 1992 年巴塞罗那奥运会体操比赛的男子自由体操决赛中，中国体操队教练员根据对手的完成情况，认为李小双必须拿出"团身后空翻三周"的绝活，通过背水一战才能有获得金牌的可能，否则，即使动作圆满完成也无法超过对手。通过短暂、迅速的分析，教练员果断决策，决定让李小双在成套动作中加入"团身后空翻三周"的高难度动作。结果李小双不负众望，靠这一"绝活"出其不意，勇夺奥运会自由体操单项冠军。

2004 年雅典奥运会游泳女子 100 米蛙泳决赛中，澳大利亚选手琼斯以预赛第一的身份进入决赛，成绩是 1 分 06 秒 78，比罗雪娟 2003 年世界游泳锦标赛时的夺冠成绩快了 0.02 秒。在紧张得令人窒息的奥运会决赛中，罗雪娟因为半决赛成绩只是第七名被安排在了第一泳道，即所谓的"慢行道"。由于罗雪娟预赛成绩"糟糕"，以至于在决赛中，琼斯把视线更多地转向到比尔德身上。而不被对手注意，正是罗雪娟所需要的。她是按照计划训练，按计划比赛，实施的是完全处于掌控中的比赛策略。赛前张亚东教练给她布置的预赛目标是 1 分 09 秒左右，她做到了；晚上的半决赛又进了一步：1 分 08 秒 57。之所以制订这样的计划，是为了罗雪娟的状态不要出得太快。100 米蛙泳本来就是罗雪娟的强项，她也曾经是这个项目的世界纪录保持者，但直到半决赛结束，罗雪娟都没有显现冠军相，勉强挤进决赛的她不被任何人看好。但就在这"慢行道"里，罗雪娟还是用她"猛兽"般的勇气，实现了"我就是冠军"的诺言，而琼斯被罗雪娟的战术迷惑了，输掉了比赛。

第六章　代表团成员形象塑造与媒体应对

第一节　北京奥运会对我国国家形象塑造的意义

当前，奥林匹克运动已经发展到了强烈干预国际社会、深刻影响现实生活、全面关照人类文化的新阶段。举办奥运会对于举办城市和国家来说，已经不仅仅具有体育意义，而且强烈越来越全面而深刻的社会政治、经济和文化意义。从国际政治影响力、世界经济推动力、全球文化传播力角度入手来看，奥运会对于改善主办国家的国际形象具有越来越鲜明而独特的价值。

与此同时，在经历冷战之后的国际格局正在向一超多强发展，国际社会的竞争已经从单一的政治制衡、经济竞合、文化交融等进入到全面的综合竞争的阶段。其中，国家的国际形象或者说国家形象已经成为各国人民和政府普遍关注的重要问题，成为各国综合国力中软实力的重要内容。

一个国家的国家形象是指"其他国家（包括个人、组织和政府）对该国的综合评价和总体印象"。[①]

当今，随着全球一体化的加速，国家形象在国际交往中发挥着越来越重要的作用。树立好的国家形象有利于一个国家在国际舆论中获得较高的美誉度，从而更有利于为本国的内政、外交服务。可以说，国家形象是"国

---

① 杨伟芬. 渗透与互动——广播电视与国际关系 [M] . 北京：广播学院出版社，2000.

家综合国力的最大无形资产"，① 是一国综合国力在国际竞争中的外在反映和集中体现。

国家形象的建构不仅要以经济、政治、军事和科技等为基点，也要以文化为重要的支撑。②

就像人一样，一个国家也可以被理解成是由身体、心脏和灵魂构成的，而这个身体就是以政治、经济和军事力量为代表的。

我们可以把文化和价值观看成是一个国家的心脏和灵魂。一个伟大的国家并不仅仅因为她比别的国家强大而被世人所敬仰，她的道德力量、她的心和灵魂也一样重要。

长期以来，软实力方面对于阐释一个国家的国际关系是更有决定性力量的，因为它能影响到民众的感情和心灵。这方面的因素使别人想成为一个国家的朋友，不是因为他们必须这样做，而是因为他们这样想要这样做。③

因此，举办 2008 年北京奥运会对于中国的意义重大，通过奥运会塑造国家形象为目标的一系列努力，北京奥运会可以有效地整合各种有利于塑造良好国家形象的资源，从而全面、系统地塑造和展示中国的国际新形象，其独特价值可以从以下三个方面体现出来：增强民族凝聚力、强化社会认同观念、增进国际接轨意识。

一、主办国"自己形象自己制造"的优势

毋庸讳言，由于长期以来国际舆论的形成机制、国际政治经济格局等原因，中国的国际形象并不主要是由中国来塑造的，或者说国际社会对于中国形象的认识很少受到中国的积极影响。因此，在中国举办 2008 年奥运

---

① 常爱玲，刘卫宏．新华社都灵 2006 年 2 月 25 日电．http：//www．kuaiw en．com？ new sinfo．aspx？w eb ID ＝ 23&new s ID ＝283311，2006－02－25．

② 郑贵兰．2008 北京奥运会与中国国家形象塑造［J］．理论观察，2006，（2）．

③ 杨雪兰．国际关系中文化的影响力：软实力与硬实力［M/OL］http：//www．cccf．china．cn/whcb/txt/2006－08/25/content＿ 161785．htm．

会，给了中国一个"自己形象自己制造"的机会。在以人文奥运为核心主题的北京奥运会理念指导下，文化传播将成为文化大国——中国传播自己国家形象的重要内容。

中国人民大学人文奥运研究中心执行主任金元浦指出，人文奥运彪炳文化的伟力，呼唤中华文明的价值重构，推动中国文化走出去，给予我们重建文化中国国际形象的极好机缘；作为一个巨型的展示会，它所具有的独一无二的全球平台，将吸引全世界的目光聚焦中国；它有可能也应当成为展示中国国际姿态，重建"文化中国"的当代形象的世界舞台。

文化部文化市场司司长、北京奥组委文化活动部副部长刘玉珠认为，奥运会作为一种体育与文化完美结合的庆典，包括了众多的文化元素，这都需要创意的实践来完成。与奥运会相关的大量活动均涉及到视觉设计、活动策划、文艺表演等文化创意领域，赋予了奥运会以鲜明的文化色彩和文化特色。可以想象，离开了这些丰富多彩的文化元素和文化活动，奥运会将会黯然失色。因此，在传播良好的中国国际形象的目标指导之下，中国将有大量的文化创意人才来完成塑造中国文化大国形象的使命。

雅典奥运就以"奥林匹克回家"作为口号，并以此作为它所有宣传活动的中心环节。可以说通过奥运会，雅典把它的文化淋漓尽致地展现于世界面前并取得了很好的效果。有人说"雅典是西方的北京，北京是东方的雅典"。中国有着五千年悠久而灿烂的历史文化，而最有国际吸引力的也正是我国传统文化的精髓。以"天人合一"、"以人为本"、"自强不息"等为精髓的中国传统文化与"互相了解、友谊、团结和公平竞争"的奥林匹克精神本身就有契合和互补之处，是易被外国人接受与理解的，同时它对奥林匹克精神也有促进和丰富作用。

当然，塑造中国的国际形象不能仅仅依靠文化来实现，中国也不能仅仅通过北京奥运会对外树立一个文化大国的形象，但只要意识到这是一次"自己制造自己形象"的契机，我们就有可能把握这次机会，实现良好的中国国家形象的塑造与传播。

二、北京奥运会为我国展示国家形象提供的便利条件

美国密苏里大学苏珊·布朗奈尔教授曾经是北京大学学生，对于中国体育和文化有着深刻的理解，她在接受《华盛顿观察》周刊记者采访时说，"对中国人民和政府来说，举办奥运会是中国崛起的标志。北京奥运会标志着中国的腾飞，会给中国在社会、经济、文化、政治和心理等多元领域带来深刻影响。"①

可以说，北京2008年奥运会的召开，给了在国际上塑造中国国家形象的良机。中国悠久的历史和深厚的文化积淀，中国人的自强不息刚健有为的精神，不仅是中华民族的财富，同样也是世界的财富。在不可阻挡的全球化趋势下，世界的民族文化正在遭受全球文化的猛烈冲击。把握住奥运这个历史契机，将开明、和谐、生机勃勃的中国形象传播给全世界，是全中国人普遍关注的问题。

北京奥运会为中国展示国家形象提供了怎样的机遇呢？

民进中央委员、北京大学文化资源研究中心副主任张颐武指出，中国"奥运文化"的全球意识和开放性必将使二十一世纪的中国文化带来新的创造力。人们经常谈论"二十一世纪是中国的世纪"、"东方文化的复兴"等等话题，谈论中国在二十一世纪的不可阻挡的崛起，那么，这一复兴的最为明确的标志就是奥运及中国"奥运文化"。

奥运会作为一种文化体验，不仅仅要有辉煌宏大的场馆和场景，更重要的是人的感觉。它的文化理念体现在以人为本、以民为本、全民奥运、全民健身的人文精神上。所以在文化信息的内容上，我们既要展示奥运会轰轰烈烈的场面，精心策划有东方色彩和中国特色的奥运会开、闭幕式，将其作为传播中国文化，塑造国家形象的最大亮点。与此同时，在奥运会筹备及举办期间，也要办好北京奥林匹克文化节、北京国际戏剧演出节、北京

---

① 凤凰网综述. 北京奥运复兴中国文化软实力提升国家形象 [EB/OL] . http: //www. phoenixtv. com, 2005 – 11 –12.

国际音乐节暨国际交响乐演出节、北京国际舞蹈演出节、北京国际旅游文化节等大型文化主题活动，让这些文化活动对北京奥运的文化传播形成众星捧月之势。但更需要强调的是，在策划和组织好大型主题导向性活动的同时，更要重视通过奥运会向世界展示中国寻常百姓的日常生活，展示有民族传统和民族特色的文化活动，如冰灯节、采摘节等。以人作为最根本点，让世界各国运动健儿和人民群众感性地认识中国人民和了解中国的民风、民情，而这种具有生活气息、人情味和亲切感的信息则更易引起外国人民的共鸣，从情感上打动他们，让他们发自内心地喜欢中国，关注中国。①

从传播学角度看，2008 年北京奥运会既是开创型传播，即让世界上各个国家和地区的人们更多地了解中国，了解北京，消除对中国的某些误会或不良印象；又是提升型传播，即借助奥运会的契机，向全世界介绍中国的飞速发展，展现中国人民的精神风貌、社会生活和古老文化，凸显中国国家形象中的精神本质和文化内涵。②

三、应对媒体是国家形象传播的核心环节

资深传媒人孟勇指出：根据传播学的规律，全世界对奥运会及其举办国的认知，主要还是来自于新闻传播媒介。来自于媒介传播的内容，媒介传播的方式，媒介传播的效果。在这当中，谁占主导地位，谁是"意见领袖"，谁在"设置议程"，都体现出举办国的舆论能力。奥运举办国的新闻传播界，不仅担负着传播奥运新闻的重任，而且同时也承担了塑造国家文化形象的重任。

在现有的国际传播体系中，以美国为代表的西方国家由于具有雄厚的经济和技术基础，比起广大的发展中国家拥有更强的媒介产品生产能力，从而获得了更大的国际话语权和主导公众舆论的能力。全球传播成为他们

---

① 朱方．文化传播与国家形象建构——以 2008 年北京奥运宣传为例 [J]．当代传播，2006 (5)．

② 宋扬．从北京奥运会的传播策略看中国国家形象 [J]．新闻三味，2006 (12)．

利用传媒进行"文化帝国主义"的一种方式。而中国作为一个发展中国家，与西方国家相比，在传播理念、传播技巧、传播效果等诸多方面还存在着较明显的差距。面对西方主流媒体对中国长期"妖魔化"的报道，中国在国际社会中反击的声音微弱。在这样的背景下，处于弱势的中国不仅要有意识采取措施来防御文化侵略，防止西方资本主义国家，尤其是美国的信息霸权与文化渗透，也要在大力发展经济和技术的同时，提高中国文化的生存和拓展能力，积极地向世界展示我们与众不同的文化，并借助传播文化来建构成功的中国形象。①

2006年6月24日，国务院新闻办副主任王国庆在主题演讲《构建和谐世界与对外形象传播》中指出，近年来中国的进步与发展，国际地位的提升，和国际影响力的扩大，为中国国家形象的改善和提高，提供了良好的客观环境，同时也带来了挑战。随着2008年北京奥运会和2010年上海世博会的临近，中国正成为世界公众的关注点和国际媒体的聚焦点，这一切为中国国家形象的塑造提供了千载难逢的机遇，国际传播中展示中国国家形象的黄金期即将到来，如何把握和利用这个黄金期是中国应认真研究和对待的挑战。②

所以，在北京奥运会这个宏大主题下，如何通过媒体传播中国的国际形象，已经成为除北京奥运会组织委员会之外众多相关部门必须研究的重大课题。怀特海说，"在美国，如果新闻界还没有准备好公众的思想，那么任何国会的重大立法、任何国外冒险、任何外交活动、任何重大的社会改革都不可能成功。"③可见，媒体对于一种新观念的传播、一种新形象的树立具有不可替代的价值。

从一般意义上看，媒介作为上层建筑的一部分，必然要为它所依附的经济基础服务，世界各国都是这样，无一例外。美国的杰克·富勒曾说过：

---

① 朱方，文化传播与国家形象建构——以2008年北京奥运宣传为例 [J]．当代传播，2006，(5)．

② 国外主流媒体妖魔化中国收敛 负面报道减少．[EB/OL]．中国新闻网，2006－06－24.

③ 顾耀铭主编．我看美国媒体 [M]．北京：新华出版社，2000．21－22.

"当代报道中的最大困难之一直接来自对被观察的现象所产生的监测效果。最常见的报道对象——首先是政府和政客——已变得特别精通于支配新闻事业的种种规则。因此，他们策划事件，做出关于公共政策的决定，其目的只是为了在电视或报刊上买个好。在某种意义上，这种发展正反映出民主在一个追求即时性的时代发挥着作用。对于政府官员来说，必须征得被治理者的同意毕竟是一个包袱。官员们必须决定人民将对政府以他们的名义已做或打算做的事情作什么样的反应，然后在必要时改弦易辙，以赢得支持。问题不在于即时性或不断地寻求同意。问题在于手段，因为这种手段已经将形象重视到了不健康的地步。"① 从这个意义上，我国新闻媒体作为党、政府和人民的喉舌，不仅有上通下达的责任，更有为政府塑造形象、帮助政府改进工作的职责职能②。新闻媒体要自觉树立为正面的国家形象传播服务而不添乱的理念。

另一方面，有关政府部门要有效利用大众传媒，尤其是奥运会期间利用媒体，就必须按照国际惯例来操作，我们应该以新闻为主，宣传为辅，而不是以宣传为主，新闻为辅。我们要精心设计有针对性的议题，提高信息内容的质量和权威性，从而有效地影响国外媒体报道，进而提高国外民众对中国形象的正面认知。其次，我们要善待国外媒体，注意加强与国外媒体的沟通，尽量使得外国记者客观友善地报道中国，并可以考虑借助国外公关公司之力为传播造势。众所周知，雅典奥运会开幕的几个月前，国际传媒对雅典奥运的筹备工作发表了不少批评意见。虽然希腊在奥运组织和城市改善方面做出了很大努力，然而却始终得不到国际社会的认可。持续不断的负面报道在公众中引起了不良的反响，极大地损害了希腊的国家形象。而这正是因为希腊奥组委没能设法与国际媒体建立起良好的公共关系，没能使国际媒体扭转态度和报道基调，这是值得我们吸取的教训③。

---

① 杰克·富勒著．展江译．信息时代的新闻价值观［M］．北京：新华出版社，1999：21－22．

② 方延明．媒体与政府形象的关系研究［J］．江海学刊，2004（5）．

③ 朱方．文化传播与国家形象建构——以2008年北京奥运宣传为例［J］．当代传播，2006（5）．

第二节　我国代表团形象的界定

中国体育代表团形象是北京奥运会的总体评价的重要影响因素和整体形象的重要组成部分。而奥运会形象的内涵和外延的影响因素很多。北京奥运会形象定位要求根据对各种影响因素的分析、研究，确定北京奥运会的目标、理念，从而设计出一个理想的、独具个性的北京奥运会形象，并且要把握好一致性、可行性、可衡量性等原则。[①]

一、我国代表团形象的内涵与外延

形象传播的主体一般包括国家、城市、企业等组织，外交使团、文艺表演团体等临时性组织以及作为社会性个人的领导人、文体明星等。体育代表团形象为临时性组织形象，但兼具常规的组织形象和特定的个体形象，其传播和管理具有系统性和复合性。

具体反映在中国体育代表团形象，传播主体包括代表团全体成员，尤其是运动员、教练员和官员，某些特殊成员的个体形象甚至对于代表团形象影响很大，如国际著名运动员、代表团开幕式旗手等。

中国体育代表团形象是国际社会公众对中国体育代表团成员及其各项活动的整体印象和评价，是通过代表团成员的穿着、言行及代表团象征物等作用于公众的思想感情而产生的主观的综合印象。其外延主要包括代表团成员装备、行为表现（如应对媒体、裁判与观众等）、理念与象征物等。

体育代表团形象的基本特征有：组织的临时性；传播的广泛性；沟通的亲和性；管理的复杂性；影响的深刻性。

相对于一个稳定的组织而言，中国体育代表团往往具有随赛事举办时间而产生与消亡的特征，其形象表现和传播也因此具有临时性。

---

① 郭立亚. 论北京奥运会导入企业识别系统的基本构想［J］. 西南师范大学学报（自然科学版）2004（3）.

相对于比较封闭和传播机会比较少的团队（如外交或经济谈判代表团）而言，体育代表团由于体育赛事的特殊传播场域，其形象传播具有广泛性。

相对于表现力不强和表现机会不多的团队（如保密和纪检等政府部门或某些社团），体育代表团成员具有与外界沟通障碍较少，藩篱不多的特性，其形象沟通因此具有较大的亲和性。

相对于与外界接触不多的组织（如某些企业的技术研发部门），体育代表团在形象表现、形象管理方面具有多因素和多序列的特点，因此管理相对复杂。

相对于较少受到大众传媒关注的组织（如某些政府部门），体育代表团往往处于聚光灯的关注下，其成员的一言一行都可能影响代表团形象，加上国际赛事的特殊舞台，很多小事容易被放大为国际事件，因此具有影响的深刻性。

体育代表团形象往往有以下三种形象组成：

外在形象，如穿着、吉祥物、使用的器材等；

内在形象，代表团、代表团、成员理念，如参赛口号和目标等；

行为形象，如升旗仪式、入场与旗手、团队新闻发布会与新闻发言人、官员表现、混合区与发布会应答提问、比赛前后表现、个性化表达、尊重对手和裁判的情况等。

二、以往的中国体育代表团形象

借鉴企业形象设计（CIS）的理论，可以将中国体育代表团形象的内涵分为奥运会理念识别系统、奥运会行为识别系统、奥运会视觉识别系统三大层面。理念识别系统是核心部分，是中国体育代表团的观念系统和目标系统，是形象设计的核心和依据；行为识别系统是指从代表团组团到赛事结束代表团解散整个运行过程中有关行为方面的所有要素的整合；视觉识别系统是中国体育代表团静态的识别符号，是形象设计的外在硬件部分，是形象设计最外露、最直观的表现，其作用在于通过组织化、系统化的视觉方案体现中国体育代表团的理念，以形成独特的中国体育代表团形象。

由于以往的体育代表团一般没有鲜明的形象设计理念，因此很少有专门的中国体育代表团形象的表述，不过我们可以通过以下渠道获得一些关于中国体育代表团的阐述：对国际赛事前、中、后期领导人讲话、官方报告和媒体报道的静态分析；调查国际赛事前体育部门形象塑造、传播和管理等相关工作，如装备的商务开发、反兴奋剂教育等；剖析国际赛事期间运动员、教练员和官员的典型表现。

2006 年的多哈亚运会结束后，中国体育代表团在总结其工作时提到："中国运动员在多哈的赛场上敢于挑战强手、勇于拼搏，尊重对手，尊重裁判，尊重观众，展现了良好的精神风貌，为祖国争得了荣誉。……这些运动员在赛场内外表现出的良好精神风貌，让亚洲和世界人民进一步了解了开放、民主、文明、进步的中国。"

2006 年都灵冬奥会结束后，国家体育总局副局长肖天在发布会上高度称赞中国运动员在都灵本届冬奥会上表现出了"顽强拼搏、敢于超越自我、挑战强手的良好的精神风貌和自强、自信的民族精神"。①

2005 年 1 月中国体育代表团在对外进行招商时指出，中国体育代表团具有健康向上的品牌形象，并且认为可以从以下几方面体现出来：充满青春活力的团队；顽强拼搏，为国争光；展现中国年轻一代积极进取的精神风貌；中国体育健儿在奥运赛场上表现出来的顽强拼搏精神和良好体育道德，极大地激发了全国各族人民的爱国热情、增强了中华儿女的自信心和自豪感，成为推动中国前进的强大精神力量。②

2004 年 9 月 27 日，在中共中央、国务院对第 12 届残疾人奥运会中国体育代表团的贺电中提到：我国残疾人运动员在奥运赛场上超越自我，挑战极限，向全世界展示了中国残疾人自尊、自信、自强、自立的良好形象，为弘扬奥林匹克精神做出了积极贡献，也极大地鼓舞了全国各族人民。③

---

① 王向娜. 顽强超越挑战——我国健儿良好风貌赢赞评［N］. 中国体育报. 2006 - 02 - 26.
② 中国体育代表团品牌价值 权威评价：强者更强，华奥星空，2005 - 01 - 25.
③ 中共中央、国务院致电祝贺第 12 届残疾人兵运会中国体育代表团［EB/OL］. 央视国际，2004 - 09 - 27. http：//www.cctv.com/news/xwlb/20040927/102598.shtml.

2002 年 10 月 14 日，在国家体育总局、中华全国体育总会和中国奥委会给中国代表团的贺电中有"展现了中华儿女自强不息、奋勇向上的精神风貌，展示了我国竞技体育发展的丰硕成果，弘扬了奥林匹克精神"这样的语句。[1]

以上是我们通过中国体育代表团官员的讲话或者中共中央、国务院的贺电可以发现的一些中国体育代表团形象的表述。而事实上，由于以往并没有明确的代表团形象的概念和塑造形象的理念，中国体育代表团在形象塑造方面也有一些不尽如人意之处。

2006 年多哈亚洲运动会期间台球运动员的打架事件及其处理、部分运动员不苟言笑、少数教练员应对媒体不当、体育官员应对媒体存在失误（悉尼奥运会期间针对王丽萍"意外"夺冠中国某官员对媒体的言论不当）等问题都出现过，虽然没有不能说这些细节就影响了中国的国家形象，但很多类似事件显然影响了当时的中国体育代表团形象，至于兴奋剂事件对于代表团形象乃至国家形象的影响就不言自明了。

以运动员为例，我国运动员在应对国内外媒体的时，由于缺乏专门的培训和自身个性更原因，往往表现不够得体，很少有国外运动员常有的机智和幽默。在多哈亚运会期间，不少外国选手很懂得配合媒体，基本是有问必答，甚至还主动留下电话。相形之下，一些中国运动员对记者的采访相当不配合，甚至有人排斥记者。跟踪采访中国网球多年的《体坛周报》专项记者张奋斗就认为："郑洁、晏紫的性格还是比较淳朴，不会炒作，只知道安安心心练球。而且围绕女网选手的话题也并不多，她们都还只是一个纯粹的运动员形象。"在温布尔登公开赛的冠军晚宴上，郑洁和晏紫按规定着晚礼服出席，郑洁略显局促的样子，让更多的媒体意识到中国有名的运动员在应对媒体镁光灯和笔触的时候都会显示出稚嫩的一面。

张奋斗说："对于成长经历单一、知识结构也不够全面的中国运动员来

---

① 国家体育总局等电贺中国亚运代表团圆满完成任务［EB/OL］. 新华网，2002 - 10 - 15，http：//sports. anhuinews. com/system/2002/10/15/000140918. shtml.

说，要想在网坛走得更远，不但要成绩好，还要学会如何在闪光灯下摆POSE，学会以不同的形象出现在社交场等赛场外不同场合，他们急需要学会如何应对媒体。"①

综合起来看，以往中国体育代表团形象总体上属于良性和正面，大多围绕赛场表现、竞赛道德、拼搏和团结精神等维度来总结代表团形象，或者将赛场表现与民族精神等结合起来阐述。但客观地是，我们对于自身形象建设缺乏整体性和系统性，也未将媒体关系作为形象管理的重要因素，对代表团成员赛场外非正式场合的形象传播重视不够。这是将要作为东道主的 2008 年北京奥运会中国体育代表团必须正视的一个问题。尤其在行为表现对形象的影响方面要高度重视，对于运动员、教练员、相关官员的专门培训很有必要。

三、我国代表团成员的媒体应对与代表团的形象塑造

所谓应对媒体是指个人或者组织在面对媒体为了满足受众和媒体自身对于个人和组织情况的欲知欲，而进行的采访和提问时，以及在面对由于媒体的报道行为给组织和个人带来的影响时，个人和组织所做出的心理、语言以及行为的反应。

旅美华人杨雪兰曾在《国际关系中文化的影响力 软实力与硬实力》一文中极富理性而又饱含深情地谈到一件事情：

1996 年奥运期间，我有幸作为志愿者为奥运会工作。当时媒体对中国运动员的报道铺天盖地，但往往传达的却都是负面的信息。当中国运动员在比赛中失利的时候，他们往往被描述成有负众望，而当他们赢得比赛的时候，却被怀疑是不是用了禁药。中国体育代表团的领导对于媒体报道的问题和提升中国国家形象等方面毫无兴趣，用他们的话来说，"我们的任务就是要赢得金牌"。

对于这方面的空白，负面的报道还在继续。

---

① http：//www.chinanews.com.cn/ty/jdpl/news/2006/09－18/791560.shtml，2006－09－18.

我们当时给了一名记者一个机会，在中国代表团抵达美国后的赛事准备中全程随行。她得以亲眼见到运动员状态好与不好的时候，因而渐渐地对他们有了了解。那次随行的成果便是华尔街日报中的一整页的特写，而这篇特写的导语这样写道："中国运动员之所以能赢得奖牌，可能是因为他们比其他任何人都要努力。"之后，她又描述了全程跟随运动员训练的个人经历。

在那一届奥运会期间，为了提供给世人一个更人性化、更透明的中国代表团的形象，我们安排中国获奖牌的运动员参与市长的一个爱心计划，即为旧城区孩子举办的公园野营活动。中国运动员们与孩子们一起玩耍，市长微笑着感谢中国运动员对于孩子们的支持，而电视台的摄像机把捕捉到的这一切展现给美国观众。重要的是，只要用适当的方式展示，就能为中国塑造面向世界的人性化的一面。

杨雪兰深刻地指出：从传播学的角度来看，最好的时机是媒体关注已经存在的时候。记者这个时候需要写新闻稿，对于新的内容和看法非常易于接受。很明显地，从现在开始，2008 年北京奥运会将成为媒体报道的焦点。中国应该"从运动员、相关团体和中国整个国家入手，来展现奥运会人性的一方面"。①

有些国家比较重视对运动员应对媒体的培训。加拿大妇女和体育协会1998 年就出版过指导运动员和教练员如何应对媒体的手册。②

如英国奥林匹克协会就专门有运动员应对媒体的指导性文件。The British Olympic Association – Athletes' Guide To Dealing With The Media 中就"为什么要应对媒体；如何处理与不同媒体之间的关系；理解媒体工作方式和记者工作压力"等方面做了详尽的阐释。具体提到"运动员要利用媒体更好地建立良好的媒体形象，为推广自己所从事的体育项目提供更多的机

---

① 杨雪兰. 国际关系中文化的影响力：软实力与硬实力［EB/OL］http：//www.cccf.china.cn/whcb/txt/2006–08/25/content_161785.htm.

② heila robertson, ed. A Media guide for athletes and their coaches. CAAWS（Canadian association for the Advancement of women and sport and physical avtivity），1998.

会；掌握一定的媒介知识会有利于提高自己应对媒体的能力；理解广播电视和纸质媒体的不同会更有利于运动员与媒体建立良好的关系"。在阐述如何更加成功地接受采访时，非常细化地提出几点建议："在接受采访前尽可能做好准备；尽最大努力配合记者；减少口头语 en 和 ur 的使用；始终保持微笑。"

参加高级别体育赛事，对于每个人来说都是一种挑战，是对个人、集体乃至国家素质的一次检阅，特别是在媒体发达的今天，作为公众人物的体育界人士，不免会暴露在镁光灯下。媒体的目光，不再仅仅聚焦在运动员身上，而把一部分目光给予了运动员身后的教练团队以及掌控代表团事务的某些官员，尤其是新闻发言人身上。代表团的成绩并不是仅靠运动员的勤奋得来的，无论是在技能，还是在指挥的战略战术上，他们身后的教练团队及领导团队都起着举足轻重，甚至是决定性作用，这往往成为比赛时一种暗地里的较量，吸引了越来越多媒体的注意力。而且在国际赛事场域中，一些相关的非体育问题也可能成为媒体报道的关注点。

可喜的是，国家体育总局已经认识到这一问题，国家体育总局的领导曾在多次会议上强调，要提高我国运动员应对媒体、特别是应对国外媒体的能力，预期使我国运动员在赛场之外应对媒体的表现与赛场上同样出色，能与我国体育大国的位置相匹配。体育总局宣传司司长张海峰曾在一次奥运研讨会上讲到：运动员要正确处理与媒体的关系，提高应对媒体的能力，以来树立我国体育代表团和运动员的良好形象。[①]

从著名体育人物的社会影响越来越大的趋势看，体育代表团的成员也应该学会应对媒体。美国有社会学家认为，在青少年的成长过程中，对他们影响最大的就是体育明星，其在赛场内外的优秀表现对青少年是有道德感染的积极作用，也会激励人们选择乐观向上的生活方式。对于一名运动员而言，利用媒体树立自身和所在团队良好的形象，可以说是众望所归的事情。

---

① http：//www. sport. gov. cn.

我们的体育官员再也不能这么教运动员应对媒体："一句话都不能讲。"而应该心里明白："国内看报纸的读者和电视观众，对我们的训练、比赛都有贡献！"、"代表团成员的一言一行都有可能影响代表团的形象、国家体育的形象乃至国家的形象。"

中国体育代表团以往展示"顽强拼搏、敢于超越自我、挑战强手的良好的精神风貌和自强、自信的民族精神"，北京奥运期间应注入"亲和、开放、宽容、友善"等新元素。

第三节　我国代表团成员媒体应对原则与要求

北京奥运会期间中国体育代表团形象的传播可分为对内传播和对外传播。对内传播主要是针对国内公众而言，即通过宣传教育及各种活动在全国人民心目中树立起良好的形象，达到团结、凝聚人心的目的，使广大人民积极支持奥运，并以极大的热情投入到奥运建设和本职工作中去。对外传播主要是针对国外公众而言，通过种种形式，向世界展示中国体育代表团形象，增强世界对中国运动员的了解和理解。中国体育代表团形象是国际社会公众对中国体育代表团成员及其各项活动的整体印象和评价，是通过代表团成员的穿着、言行及代表团象征物等作用于公众的思想感情而产生的主观的综合印象。可分为单项形象和整体形象、实际形象和期望形象、真实形象和失真形象、有形形象和无形形象。

由于3万多名媒体从业人员担负着向全世界40亿民众传播北京奥运会整体形象的任务，而到场观众只有不到800万人次，这注定了北京奥运会期间中国体育代表团的形象将主要通过媒体类呈现、评价和传播。

下面我们逐一从中国体育代表团三类主要成员的角度来谈谈他们应对媒体的一般原则与具体要求，以推动中国体育代表团良好形象的树立与传播。

一、运动员应对媒体的一般原则与具体要求

（一）一般原则

2006 年 12 月 11 日中午的一场亚运会网球女单比赛上，中国选手李娜艰难地战胜了乌兹别克斯坦选手图亚加诺娃。然而，获胜后的李娜却没按国际惯例在混合采访区接受媒体采访，而是面无表情地径直走过运动员通道，对记者们的提问充耳不闻，而输了比赛、还在喘着粗气的图亚加诺娃却主动走到混合采访区，接受了中外记者的采访。

李娜是中国在国际女子职业网坛排名最高的中国选手，她的表现充分暴露出我国运动员缺乏基本的国际公关意识。公关意识，属于一种现代的经营管理的思想、观念和原则，即公共关系实践在人们思维中的反映。① 这种反映不是一种表层简单的被动反应，而是实践为理论所概括且演化为公共关系的原理、规律、原则，由感性认识上升为理性认识的一种深层的能动反应。它一旦形成，就会成为制约人们公共关系行为的一种能量。

1. 运动员应该具有国际公关意识

运动员的公共关系意识就是指将体育领域中的公关原则转化为一定的内在习惯和自觉行为规范所形成的思想意识，公共关系的意识是运动员在应对媒体是应具备的基本素质的核心。② 运动员提高应对媒体能力时强调的具体公关意识主要有以下几个方面：

第一，形象意识。时刻牢记"形象至上"的原则，在应对媒体的各种场合争取一切机会为自己和所在团队塑造良好的公众形象。

第二，公众意识。运动员在面对媒体的时候，媒体就是运动员要面对的公众，只有时时处处照顾到公众的利益、尊重公众、为公众着想，才能赢得公众，也就是媒体的理解、支持和合作，这才能更好地塑造自己的形象。

---

① 熊源伟. 公共关系学［M］. 合肥：安徽人民出版社，2003.
② 骆秉全，王子朴. 体育公共关系概论［M］. 北京：北京体育大学出版社，2002.

第三，互惠意识。互惠意识要求运动员在面对媒体的时候能够坚持个人和公众共同获利的原则。也就是说要求运动员在媒体存在的场合，必须照顾到自己和对方的利益，争取双赢，以规范为准绳，以相互利益为纽带，平等合作，利益均沾。

第四，真诚原则。运动员在面对媒体的时候，想要塑造良好的个人形象就必须具有真诚的意识和观念。真诚的将运动员的信息通过媒体传递给公众，而且传输出去的信息必须具有真实性。同时，还要真诚的接受媒体的反馈意见。只有这样才能赢得媒体的信任，在媒体中树立自己良好的形象。

第五，沟通意识。沟通是联系运动员与媒体的途径与手段，是建立了解、信任和相互支持的必经之路。运动员在应对媒体的时候必须具有这样的沟通意识，学会利用沟通的手段来为自己建立一个媒体的网络。

第六，长远意识。运动员的良好的形象的塑造和维系不是一朝一夕的事情，需要长时间不断积累和努力。运动员在应对媒体的时候要有长远的观点，眼光要远大，不要急功近利，也不要忽冷忽热，要与媒体建立长久可信的关系。

2. 运动员应对媒体时应具备良好的心理素质

运动员的心理素质在应对媒体所需要的素质中属于基础素质。在运动员应对媒体的所有活动中，无论是接受采访还是双向沟通都是在和人打交道，要在运动员和媒体之间建立良好的关系，运动员应该具备以下几点心理素质：

第一，自信。自信是运动员职业心理最基本的要求，无论是在赛场上比赛还是在赛场外面对媒体，运动员有了自信才会产生自信力，并迸发出极大的勇气和毅力去完成比赛，成功应对媒体。当然这样的自信不是凭空而来的，是建立在运动员对自身所从事的项目和行业的了解，以及在应对媒体时不断的经验的积累。

第二，热情。运动员在应对媒体的时候要有一种热情的心理。人与人之间的交往因为彼此的热情会有很大的促进。对于应对媒体的运动员来说，因为这是一项频度比较大的工作，不仅要耐心而且要热情。当媒体感受到运动员的热情的同时，也会给予自己的热情回报，相互之间良好的关系就比较容易建立。

第三，开放。运动员提高应对媒体能力的时候，要具有开放的心理。不断接受新的观点和事物。因为具有开放心理的人，能宽容、接受各种各样与自己风格不同的人，与各类人都建立良好的关系。毕竟媒体工作者是有着不同经历和性格的人群，运动员具有了开放的心理，就容易接受不同的媒体公众。运动员的这种开放的心理，就能在很多的场合和方面表现出一种较高的姿态，冷静地处理和对待在应对媒体时出现的问题和困难，而不去计较一时的得失。

3. 运动员应该了解的体育公关原则

第一，真诚尊重的原则。真诚的原则是礼仪的首要的原则，只有真诚待人才是尊重他人，只有真诚尊重，才能创造和谐愉快的人际关系。运动员在与记者交往时，首先要怀着真诚尊重的原则，这样才可能建立良好的媒体关系。

第二，平等适度的原则。在社交的场合，礼仪行为总是表现为双方的，平等是人与人交往时建立情感的基础，是保持良好人际关系的诀窍。运动员在与媒体记者打交道的时候，要保持平等交往的原则，在行为上不要表现骄狂、我行我素，也不要以职业、社会地位压人。适度原则就是指在交往的时候要把握礼仪的分寸，运动员在应对媒体的时候，既要彬彬有礼，也要有自己的分寸，不轻浮阿谀，要谦虚又不能拘谨。

第三，自信自律原则。自信是社交场合一份很可贵的心理素质，自信的原则是一个人心理健康的原则。运动员在面对媒体的时候要表现出如赛场上一样的自信，和记者的交往中不卑不亢，落落大方。自律就是自我约束的原则。在与媒体记者的交往过程中，运动员要树立起一种内心的道德信念和行为修养的准则，以获得一种来自自身心中的力量。

第四，信用宽容的原则。运动员在应对媒体的场合，尤其应该讲究：一是要守时；二是要守约。在与媒体记者打交道的时候，如果没有十分把

握的事情不要轻易许诺他人，如果诺言做不到，就会给自己的形象带来不好的影响。宽容的原则也是与人为善的原则，在社交的场合，宽容是一种比较高的境界。运动员在应对媒体的时候，应该有这样的原则和态度，不能因为媒体的尖刻提问或者是不适宜的行为而表现出不礼貌或者是失礼。

（二）具体要求

运动员应对媒体的具体场合主要分为四个部分：随机采访；记者专访；记者招待会；应对危机事件。

1. 随机采访

随机采访是指采访者在没有事先与受访对象约好，而受访者通常没有准备的情况下，在不特定的场合，记者围追或者堵截采访受访者的情况。[①]在运动员应对媒体的场合中，随机采访也是常见的现象，比如赛前入场、赛后退场、进入新闻发布会会场前的随机采访等。

运动员应对媒体随机采访的技巧：

（1）注意体态和表情语言，不要拒人以千里之外

记者随机采访的目的往往是为了多获取新闻信息，或者拿到一些独家信息。运动员对记者的工作首先要在心理上给予理解，了解他们也是为了工作。在受到记者的围追堵截时，运动员不要表现出不耐烦的神情，要面带微笑，更不要有鲁莽或者强横的动作去推开记者。

（2）适当满足媒体记者的提问要求

在随机采访的时候，由于时间和场合的原因，记者的提问往往比较着急，语言速度较快，而且一般情况下提问人数会比较多。这时，运动员不应该低头不语或者默不作声，也不能开口就说"无可奉告"之类的话。应该适当选择听清楚的、自己可以回答的问题给出简洁明了的答案，并且在不能回答其他记者问题的时候表达自己的歉意。需要注意的是表达歉意时，面部表情要真诚平和，让记者感受到运动员不能回答问题的确有原因所在。

（3）尽量回避在随机采访时回答敏感问题

---

① 张东霞，刘江. 如何应对记者［M］. 北京：五洲传播出版社，2004.

随机采访的场合最大的特点往往就是媒体人数众多、时间仓促。而媒体记者也会选择在这个时候追问运动员某些比较敏感的话题，比如私人问题，或者是运动员与教练关系紧张、与队友不合等问题。面对这样的记者提问，运动员不应表现出恼火的情绪，或者出口呵斥记者的行为，而应尽量平静面对这样的问题，采取迂回委婉的方法拒绝记者的问题，比如回答：时间紧，我们改日再聊；或者幽默地告诉记者我们私下去谈等。同时，运动员在面对记者敏感提问的时候，一定要保持头脑冷静，以防陷入记者的问题陷阱。

2. 记者专访

记者专访是指媒体记者为了掌握更多的信息来源，对受访者事前约好进行的一对一的采访，一般这样的采访持续时间较长，且内容涉及比较丰富，问题较多、较深入。[①] 运动员，特别是比较有名气的运动员都是媒体愿意进行专访的对象，媒体以此期望获得更多的关于运动员各个方面的信息和独家新闻，运动员也可以利用这样的访问机会更好地发布和表达自己的见解和信息，塑造自己良好的形象。如《桑兰 2008》等体育访谈类节目都是对运动员专访的节目形式。

运动员应对记者专访的技巧：

（1）分析并有选择地接受媒体专访

现代媒体高度发达，种类繁多，进行专访的栏目或者节目也比较多。运动员在接受记者专访邀请之前应该对媒体和节目进行选择，一般的原则是选择影响力较大，与自己所要发布信息相关的媒体节目或者栏目，并且事先应该了解栏目或者是节目的定位和播出的时间，及覆盖的范围。运动员接受媒体专访最多谈论的应该是自己的运动生涯和与运动相关的内容，如是其他娱乐节目或者与自身定位和形象不是特别匹配的专访，就要慎重选择。

（2）接受采访之前要与记者沟通采访内容

---

① 郎劲松. 新闻发言人实务［M］. 北京：中国传媒大学出版社，2005.

媒体专访由于时间较长，所采访的内容涉及一定相对比较广泛和深入，而且选择了影响力较大的媒体时，所收到的传播效果影响也相对较大。记者在进行访问之前也会有运动员很多背景资料的准备，会研究相关信息的和设计采访的问题，所以运动员在接受记者专访之前一定要与记者进行事先的沟通，商讨所要专访问题的范围和深度，最好可以确定什么可以说，什么不可以说。事前也要做好如何回答问题的准备，防止被记者引导到自己不熟悉和不愿意谈论的问题上。

（3）接受专访时要注意自己的着装

外表和服饰往往是一个人精神风貌的体现。运动员在接受记者专访的时候一定要注意时间和地点，以此来选择自己的服饰。特别是要针对不同性质的媒体场合进行选择，如平面媒体，因为不出现自身影像，所以穿着上只要大方的体就基本满足需要；如果是电视等影像媒体，运动员就要根据场合和所要谈论的主要内容选择自己的服饰，必要时还可以咨询有关专家选择服装的款式和色彩。不建议运动员无论什么场合都着运动装，这样显得比较古板。

（4）接受媒体专访时要注意自己的语言和表情

接受采访毕竟和普通的交流场合有所区别，运动员要尽量避免在平时说话时的口头禅和不太适合在媒体上用到的口语，要注意使用礼貌用语。同时还要注意自己的表情，要表现出内心的真诚，面对记者和镜头的时候要保持微笑。肢体语言上，如上所述要注意站立和落座的姿势，展示运动员的精神风貌，时刻牢记自己不仅是自身的代表，还代表着自己的运动队，甚至是国家的形象。

（5）注意不同国家媒体的风格、风俗和礼仪

随着运动员参加国际赛事的逐步增多，以及我国举办各种国家赛事的频度和数量也在不断增加，特别是面对2008年北京奥运会的挑战和机遇，运动员应对的媒体组成已经不再是仅限于国内的媒体，国外记者的笔触和镜头也对准我国的运动员赛场内外的种种表现。

在这样大的媒体背景之下，运动员对于所要应对媒体的风格，以及所

属国家的风俗和礼仪都应有所了解。如果运动员可以很好了解并且注意一个媒体的风格，或者是该媒体的所属国的风俗，会给媒体工作人员留下美好的印象，对于运动员和体育团队来说，这是一件非常有利的事情，除去塑造自身形象之外，还可以为运动员在该国的比赛中赢得更多的支持者和有利的舆论环境。

3. 记者招待会

记者招待会（press conference）是指政府机构、政党团体、社会组织或者个人邀请新闻记者参加的公开发布新闻的会议。记者招待会也称为新闻发布会，是新闻发布者在同一场所、同时接待许多记者采访的形式。[1] 新闻发布会既是组织和个人宣传本人立场和观点的场合，又是记者猎取各自所需要、感兴趣的新闻的机会。记者招待会一般由新闻发布者介绍情况，或者做简单的发言，然后在限制的时间内让记者提问，由新闻发布者提问解答。

运动员和所在团队为了宣传自己的立场和观点，满足媒体记者对于新闻信息的需求，也会采取召开记者招待会形式发布相关信息。

运动员在记者招待会上应对媒体的技巧：

（1）运动员要掌握主动的技巧。运动员在记者招待会上面对记者时，无论记者提到什么样的问题，始终要尽量掌握主动权，把自己希望传递的信息传递出去。在遇到不想谈及的问题时要学会巧妙过渡，同时讲到自己希望强调的信息时要加重语气，强调重点，语言上要避免逻辑错误。

（2）运动员要避免紧张情绪。在面对记者招待会上的众多媒体记者和镜头时，运动员难免紧张，但是为了更好地传达自己希望传递的信息，要尽量避免这样的情绪。如果紧张的情绪控制不好或者是表现明显的话，就会使场面陷入尴尬，甚至是让自己陷入被动的局面。所以运动员在记者招待会之前要有充分的准备，同时在上场之前要学会放松自己，比如做深呼

① 靖鸣，李勤，汪磊，黄大剑. 记者招待会的组织与传播 [M]. 南宁：广西人民出版社，2004.

吸，攥紧拳头，然后放松，反复练习使自己平静。

（3）运动员在记者招待会上语言要富有感情，果断自信。运动员在回答记者提问的时候，所用语言一定要具有真实的感情，注意语调的顿挫，真情流露往往容易打动别人，调动记者的感情共鸣。同时说话时一定要果断利落、自信从容。即使遇到比较难以回答的问题之时，仍要表现出自己的信心，采用"我们正在调查"、"我们正在进一步解决"、"不久会给大家一个解释"等这样的说法。

运动员在记者招待会上需要注意的问题：

（1）不要被记者激怒。运动员在记者招待会现场始终要控制好自己的情绪，注意不要被激怒，更不要在被激怒的情况下回答问题。其实记者激怒你的目的很简单，只是希望你能说出些可以让他报道的新闻，如果运动员控制不了自己，就恰恰陷入了记者的陷阱。万一遇到记者提出的挑衅性的问题和进攻性的问题，运动员不要感情用事和他争辩，可以用比较礼貌的语气把他的问题否定掉。比如说可以说"我无法很快回应你的问题"，或者"你的问题是有一些不公正的"。

（2）不要节外生枝，自问自答。在记者招待会上，运动员不要在记者没有问到的问题上节外生枝，自问自答。如果运动员在记者招待会上自己提问自己回答，很容易造成角色的错位和混乱，从而影响新闻发布的公信度。

（3）不要重复有负面内容的信息。在记者招待会上，比较危险的是记者的诱导性提问，实际上是诱发运动员重复他的话，如果运动员重复了就有可能被片面的引用。所以一定记住一条原则：永远不重复负面信息。

（4）不与记者展开争论。运动员在记者招待会上不要与记者展开争论。即使记者对运动员的信息表示不满和质疑，或者是运动员不同意记者的某些看法，也不要在记者招待会上展开一对一的争论。因为在记者招待会上，记者的职责就是提问，而运动员就是回答问题。如果展开争论，对记者招待会的功能是一个较大的损坏，而且非常不利于运动员自身的形象。

4. 危机事件

"危机"就是"危险"和"机会"的复合词。从词源的角度来讲，英文中的"危机"（crisis）一词来自希腊语中的 kinetin，意思既是"决定"，按照《韦氏英文词典》的解释，"危机"是指有可能变好或者变坏的关键时刻。这就是说危机是一个具有阶段性的概念，它决定了事态向着更好或者更坏的方向发展。① 总体来说危机的定义包括了以下的几个方面：突发性；具有潜在的危险性；需要迅速采取行动来应付；当事人不能完全掌握；有可能引发出人意料的后果及影响；引发了媒体和公众的强烈关注。但无论是定义的哪个方面都说明危机中存在着不确定性和负面影响。

所谓危机传播就是在危机前后及其发生的过程中，在组织和个人、与媒体、公众之内以及彼此之间进行的信息交流的过程。

运动员在遇到突发的危机事件时，也要利用危机传播的宗旨和规则，与媒体配合进行修复和弥补的工作，创造对自己有利的舆论环境。在这个过程中，运动员首先要处理好的就是和媒体的关系，因为媒体是运动员发布信息的一个重要通道。

运动员在遇到危机事件时应对媒体的技巧：

按照美国学者文森特·科维罗（Vincent Covelo）的说法，无论是以书面或者口头发布信息，都必须鲜明地体现几个要素。运动员在遇到危机事件需要面对媒体发布信息，同样要注意这几个要素。

（1）能力和权威

在危机传播中，运动员应该交代自己的背景和对事件了解和把握的程度，这是在危机过程中表明权威性和赢得公信力的捷径。诚然，在危机事件发生之前已经与媒体建立互信的关系是再理想不过的，如果做不到这一点，可以寻找一个目标受众作为"第三方"（比如体育运动团队的领导），让他表示对运动员的信任和理解，从而通过他们的帮助作用最终赢得媒体和公众的信任。

---

① 胡百精. 危机传播管理［M］. 北京：中国传媒大学出版社，2005.

（2）坦诚和开放

坦诚和开放并不意味着运动员什么话都说，或者是在危机不成熟的时候发布信息。在此，运动员应该采取务实的态度来对事件进行回应。不要用"无可奉告"这样的话来搪塞媒体，应该向媒体记者和公众解释为什么没有可供发布的信息，例如"信息还在进一步核实"。总之，在危机期间谨慎从事，可以确保救援弥补工作的万无一失。同时，运动员不能表现出一副居高临下的架势，对媒体进行说教，而应该通过媒体为公众提供足量的信息和各种选择，让他们自己判断和决策，这就是所谓的"参与性传播"。[1]

（3）责任感和奉献精神

运动员应该向媒体表明自己处理危机的目标。一方面承认危机造成的负面影响；另一方面也不要讳言处理危机的难度和必须付出的代价。

（4）信息发布要简明扼要、中心突出

运动员在遇到危机事件，通过媒体发布信息时应该尽可能简洁，因为媒体在危机事件面前都会表现出着急和焦虑的心态，没有时间去听长篇大论，运动员在这个时候提供信息，一定要中心突出，简单明了。

（5）说话要尽量幽默

运动员在面对危机事件的时候心情一定紧张，这个可以理解，但是在面对媒体的时候，发布信息时尽量幽默诙谐，这样就可以缓解媒体的压力，同时也给自己造就相对轻松的媒体环境，更好地利用媒体处理危机，恢复自己的形象。

二、教练员应对媒体的一般原则与具体要求

（一）一般原则

无论是国内还是国外，教练员在应对媒体时发生不愉快的事情经常见诸报端。2005年在江苏举行的十运会上，奥运冠军孙福明的提前倒地让解

---

[1]　史安斌. 危机传播与新闻发布［M］. 广州：南方日报出版社，2004.

放军和辽宁队各添一枚金牌。赛后，教练刘永福将深陷记者重围的孙福明解救出来后，自己却被记者包围，记者们根本不满意他所说的"都是一个队的，谁得金牌都一样"、"其实我们也是出于保护孙福明的原因，她身上有伤，怕她决赛坚持不了"这些牵强的理由，依旧想从他口中听到更加站得住脚的解释，没想到此举却激怒了刘永福，他以一句"我要去厕所，我看哪个女记者还跟来"结束了与媒体的"纠葛"。① 十运会篮球半决赛赛后的新闻发布会上，在教练答记者问这个环节，第一个问题"请问李指导，朱芳雨现在有伤……"就让刚刚带领队伍进军决赛的广东篮球队主教练李春江有些火气了。李春江接过提问："我一再强调，朱芳雨没有伤，是拉肚子。你不要一直抓着这个问题不放，好不好？"另一记者接过话题："决赛会让朱芳雨上场吗？"李春江说："我会根据决赛的需要安排他是否上场。我是球队的主教练，我有权决定他是否上场。"记者接着问："那朱芳雨决赛不上场，你有夺冠的信心吗？"李春江道："是！我有这个信心。""那你希望决赛的对手是谁呢？"记者问道。"爱谁谁。"李春江火了。② 其实在前几个问题上，李指导还是表现得相当有气度，问题的答案也干净利落，只是在媒体的咄咄逼人的态势下失去了作为教练在面对媒体时应有耐心，使之成为一个反例。

以上例子说明，教练和媒体没有互相了解彼此，总是站在针锋相对的两端，一方想要保留，一方想要揭示，教练并没有真正理解接受记者采访、召开新闻发布会等这些与媒体接触机会的意义所在，而是将其看作是一种不愿去完成的任务或者是一种负担，总对记者抱有防备之心，怕其在节目或者报端"胡言乱语"伤了自己的形象，特别是当自己带领的队员或者队伍成绩不好的时候，教练更是不能以平静而宽容的心情来对待咄咄逼问的媒体，教练也很少认为应该尽可能配合媒体来达到采访的双赢目的；另一

---

① 教练一声吼奥运冠军认输 刘永福：采访到厕所来［EB/OL］. http：//sports. qq. com/a/20051014/000235. htm.

② 新闻发布会草草结束 广东主师：决赛对手爱谁谁，十运会商业网站—中华网［EB/OL］. http：//titan. china. com/zh_ cn/sports/basketball/news/11037212/20051022/12775291. html.

方面，媒体也缺乏提问的技巧，本可婉转提问获得答案的时候却锋芒毕露，让教练如坐针毡，也有少数媒体喜欢在报道中添油加醋、断章取义，从而造成轰动效应促进收视率或者销量，这对球队来讲是不利于其比赛心态的，媒体所关注并报道的并不是教练想要通过媒体向大众传达的，久而久之，教练也就觉得没有必要通过这样一个不能正确转达意思的工具来发布信息了。这在一定程度上也反映了教练和媒体双方的素质问题。

教练员应该如何应对媒体才能避免以上这些问题的产生呢？在这之前，让我们来看《公共关系实务》上面的"一分钟媒体关系测试"。①

你需要面对新闻记者的时候，你会如何表现呢？完成下列测试，然后对照答案，看一看自己做得怎么样。

1. 是否应该向新闻记者叫板？

2. 新闻记者认为，他们可以在公共场合向任何人提出令人尴尬的问题，你认为这种想把对吗？

3. 你是否应该回答记者假设性的问题？

4. 你是否应该对记者说"对此我无可奉告"？

5. 当新闻记者来电话时，你是否会觉得谈话会被录音？

6. 你是否认为与媒体交往的确需要专业训练？

7. 对于新闻记者提出的问题，如果你不知道正确答案，是否应该是不去回答？

教练员与媒体要达成互相理解，必须把握下列原则：

第一，要有主动性与积极性。

大多数人都是不愿意主动向不熟的人谈论自己的，特别是内敛的亚洲人，所以如果不主动发问或侧面打听的话，教练一般是不会了解自己面对的这位记者的个人喜好的，而教练要记住的是，如果能够了解到采访自己的记者的个人喜好、媒体业绩等等，是十分有利于这次采访的进行的。这会在空间距离上拉近与记者的距离，给记者留下细心、热情的好印象，这

---

① 弗雷泽·P·西泰尔. 公共关系实务［M］. 北京：机械工业出版社，2004：271.

种好印象势必会延续到采访结束，并且添加到其拟写报道中，这将是教练十分愿意看到的状况。而了解到这家媒体以及这位记者的情况对于教练而讲不会花费太多的精力与时间，却能够达到更好的效果，何乐而不为呢？

主动性还表现在与记者的联系上，下面这几则例子均是来自教练的亲身体会。

Andy Lopez、John Kirkgard 所著的《如何成为顶级的棒球教练？》中写到：如果你觉得自己的队伍受到的关注微乎其微，你可以打电话主动约见媒体，问他们如何可以帮助他们把工作做得更好、更容易。找出他们想从你这里获取什么。你要做到真诚、从头至尾跟随媒体。这样的话，你将会从你与媒体的关系中得益。①

"对于一个项目的成功来说，如何被媒体对待也是重要因素之一。有些教练以为那些封面报道是理所当然，自然发生的，这种想法其实错了。教练必须去促进它的发生。散会后，无论你有多累，无论有多晚你都应该将会议的结果向媒体公布。"

"我经常打电话给媒体，因为我的队员们希望可以在报纸上见到他们的名字，他们的父母和朋友也是这样希望的。我与媒体坦诚相待，我永远不会忙到连媒体都没时间搭理，因为我知道他们可以为我们以及越野这个项目给予支持。越野项目经常出现在芝加哥地区的媒体上，这并不是全凭幸运，而是教练使其发生的。"②

"在我第一年的执教生涯中，我通过亲自向本地报纸的体育版发送我们游泳队的成绩来建筑与媒体的关系。虽然递送经常发生在晚上并且对我而言并不是十分方便，但我成为了各媒体记者和编辑的熟人。我与编辑的关系的确帮助了队伍获得好的成绩。当我队伍中最好的队员参加奥林匹克运

---

① Andy Lopez, John Kirkgard, Coaching baseball successfully, Human Kinetics Publishers（April 1996）, P21.

② Joe Newton, Joe Henderson, Coaching Cross Country Successfully, Human Kinetics Publishers（February1998）, P21.

动会的比赛时，当地报纸专门派驻了一名记者进行全方位的跟踪报道。"①

"在赛前或者赛后，鼓励当地的记者，包括学校中的学报记者对你的队员进行访问，这可以传递一种信息，这是球员们的队伍，而不是教练一个人的。你也可以传授给球员们一些被采访经验，这将是非常有用的。"②

第二，要了解媒体的需要。

一个运动项目的媒体封面故事的层次有很大区别，高质量的媒体可以对你的项目产生足够的关注，它可是使你及你的运动队增加在社会上（本地、外省，甚至国内）的曝光率。这足可以在吸引眼球、筹集资金、树立良好公众形象、提高运动员的声望等方面对你的运动队产生影响。

作为教练，对待媒体，首推的就是：帮助他们，使其工作变得容易些。媒体从业人员的工作是很辛苦的，而你可以使他们的工作变得容易些，你可以很容易地使他们的工作变得容易些或者是更加困难。你越容易接近和合作，你就会得到更加好的封面故事，当然，你认为这是你的运动队应得的。这种情况在主流媒体中很明显，因为各媒体间都面临着竞争的压力，在小城市其实也是一样的。

另一条重要的规则就是，让媒体保持见识多广。你有多少信息，就给他们多少，包括数据、时间表、临近的比赛、基金筹措者以及发生在你队伍中一些有趣的故事。媒体总是在不断寻找新的视角和主意。③

教练需要使媒体对队伍的赛程、花名册、比赛结果、精彩场面以及即将到来的重大赛事有一个全面的了解。作为一名教练，需要与来自报纸、电视台、电台的记者保持联系并且使他们对球队无所不知。赛后，教练应该在联系记者之前把这场比赛的比分、数据及精彩场面准备好，如果之前记者得到了球队的花名册，他将省去询问球员名字的正确拼写这一步骤。

---

① Dick Hannula, Coaching Swimming Successfully, Human Kinetics Publishers; 2nd edition (March 2003), P16.

② United States Tennis Association, Coaching Tennis Successfully, Human Kinetics Publishers; 2nd edition (February 2004), P17.

③ Andy Lopez, John Kirkgard, Coaching baseball successfully, Human Kinetics Publishers (April 1996), P20.

大型都市报有一种趋势，就是喜欢写那些经常赢得比赛的球队，而当地报纸就会支持本地的学校和俱乐部。

作为一名教练，应该让记者对即将到来的重大比赛中的摄影摄像有所了解。小型的报社会接受照片，你要确定知道他们需要的照片的格式要求。[①]

如果你想获得媒体的关注，你必须找出你可以做什么使得这些记者的工作变得容易些并且使他们看上去过得不错。赛前和媒体记者共进午餐是一个不错的主意，这可以使你掌握赛季中的报道进程。

大部分报纸记者每天会跟进若干体育项目以及很多队伍的比赛结果，你必须向记者提供形式明了易懂的比赛结果，并且加上一些有趣的精彩场面来传递赢球的喜悦，或者英勇的个人贡献，又或是令人沮丧的失败。

很多教练并没有花时间来和媒体进行交流，一些教练显得声名狼藉，是因为他们总是与媒体分享胜利的消息，而忽视那些糟糕的"表演"。如果你期望能从媒体那里获得公平、可靠以及坦诚，那么你也要这样对待他们。[②]

前面的"一分钟媒体关系测试"的答案如下：

1. 不应该。大多数人通过访问等接触，都希望建立友谊，使用恶毒的语言是很难达到目的的。

2. 是的。新闻记者必须对任一公众人物所作的任何言论都持怀疑态度，并证实他们所说不仅仅是事实，而且必须是完整的事实。

3. 不应该。应避免回答任何假象性问题，因为对付记者可不是件容易的事。

4. 不要。不然会显得你在遮掩某些问题。

5. 是的。必须时刻牢记，你所说的每一句话都有可能被录音并被媒体引用刊登。

6. 是的。认识到这一点其实很重要，能很好地同媒体沟通是组织的一

---

① Sally Kus, Coaching Volleyball Successfully, Human Kinetics Publishers (April 2004), P14.

② United States Tennis Association, Coaching Tennis Successfully, Human Kinetics Publishers; 2nd edition (February 2004), P17.

大优势。

7. 不要。不要害怕说"我不知道"，事后试着去寻找答案并告诉访问这也是可以的。

这个答案在一定意义上可以成为教练员应对媒体的一般原则。

（二）具体要求

1. 接受采访前的准备

要想使采访成功，让记者明白自己的用意并不是一件容易的事情。在接受采访之前，教练员必须作很多准备工作。以下措施可作为参考：

（1）真心实意地准备采访。如果教练员从来没有看过你答应要去做嘉宾的节目，那么你需要通过各种途径仔细观看一下那个节目的录像带，做到心中有数，主持人会提问哪种类型的问题，现场观众又会提出哪些棘手的问题等。如果采访你的人是当地报纸的记者，那你就要浏览以前的报纸或者去图书馆搜寻那位记者其他的报道，这样你就能对他的写作风格有所了解，如果你十分喜欢这种写作风格，那会让采访进行得更加顺利，如果不喜欢的话，你也可以在采访结束前诚恳地对记者的写作风格提一些你认为记者有可能会接受的建议。或者在采访前就跟记者讨论一下写作的定位，当然，并不是让你去影响记者自己的写作思路，致使双方进行一下探讨，更有助于双方良好关系的维系。

（2）重温关键信息点。数据和事实的运用能增强你的可信度，要确保事先已经为可能遇到的棘手问题和简单问题做好了充足的准备。教练员在接受采访前，特别是新闻发布会这种实时性的场合，要对记者可能提出的比较棘手的问题有一个预想，并且要牢记关于本队的数据和例证，如果一位教练能够在采访时对比赛时的种种数据脱口而出，并跟对手的数据进行客观比较，那么，这位教练在记者面前的权威性和可信性将大大提高。

（3）判断这将是怎样一种形式的报道。在同意接受采访的时候，你应该对这个记者正在进行的报道有详尽的了解。换句话说，那是一篇仅仅以你的运动队为中心的特别报道吗？你是不是只是一个特殊新闻事件中众多被采访中的一个？了解到这些将有助于教练考虑说多说少，什么该说什么不该说的问题，这很重要。

2. 答复记者的技巧

记者们都是经过采访技巧学习及训练的人，在采访的过程中，他会利用他所学到任何关于采访的技巧来对你进行发问，比如他会运用沉默来让你不停地说，直到让他抓住你言语上的漏洞，以此来进行"逼问"；也会运用奉承来让你忘乎所以；又会采用激将法让你失去了以往的谨慎；有的记者会扮演"老妈念经"的角色，旁敲侧击地问你同一个问题，直到你松口为止……

当然，上述这些其实都属于记者的采访技巧问题，是无可厚非的，在这里提出来只是要提醒教练员们出言谨慎，时刻保持头脑清醒，也要对记者的这些行为表示理解。记者进行采访前都会四处搜集关于采访题目的资料，并打电话给一切可能会提供只言片语而对他的报道有所帮助的人。

如果你现在不能马上接受记者的采访，也要诚恳地给记者回个电话，这样可以让记者的紧张情绪放轻松一点，你可以告诉他，现在你不方便接受采访，但是与他约定在截稿前的某个时间。这样也为你赢得了做准备的时间，从而确保采访的效果更好。

（1）要善待记者。当记者来访时，要礼貌地接待他们，比如说沏杯茶或者倒杯咖啡，甚至是为他们提供停车的场地，这都是对记者的尊重。对于教练员来说，记者来访时，自己最有可能是在空旷的训练场地上，你可以给记者提供瓶装矿泉水，可以找来椅子让摄影、摄像记者搁放器材，可以让他们先观看一会儿训练的情况，然后与记者沟通是站在训练场接受采访还是把记者引入办公室接受采访。善待记者并不意味着你会得到什么优惠待遇，并不意味着记者会一味地夸奖你及你的队伍，也不意味着记者会在报道事件时把你的利益凌驾于他的职业道德之上。它只意味着你的一点慷慨会收到更多的回报。如果你公平地对待记者，他会更乐意站在你的角度来倾听你的观点，然后再把它公正地报道出来。

（2）要抵制记者的不良行为。尊重记者并不意味着你要接受他违反职业道德的行为。所有的记者都应该坚守他们的职业道德规范，这意味着记

者报道的主题不能缺乏事实根据，不能含沙射影，除非他们清楚地表明这只是他们的个人观点而并非事实，同时允许别人发表意见和进行解释。教练员要监督记者的报道行为，对于记者有意或无意歪曲的报道要加以指正，最好在采访结束后就有关事实、数据、例证再进一步核实，以保证报道的真实性。

（3）利用事实来抓住记者的注意力，以事实为基础来答复记者。几乎在任何情况下，同记者打交道的最好方式就是坚持事实。当队伍落败时，教练员在接受采访时应该勇于承担责任，如果是自己的战术失误的话，要勇于面对媒体的质疑并解释原因，要用事实说话，不推卸责任，这样记者在报道中不会添油加醋地进行猜测性报道，这样即使是失败，也可以无愧于观众和球队，重要的是在失败中找到原因并加以改正。

（4）永远不要说"无可奉告"。对一个记者说"无可奉告"，等于是在为你自己设置障碍。你本来有机会直接将信息传达给听众，但现在只能让记者作为你的代言人。记者会把"无可奉告"理解为你在试图隐瞒一些重要的情节，他的这种感受肯定会体现在他的报道中。正确的做法应该是，在采访中应当极力维护自己的发言权，可以就你为什么不能回答这个问题给记者一个解释，或者"你完全可以向记者表示，对这个问题我要去了解一下，然后给你一个答复"。[①] 当然，更不要一句话都不说就一下子消失在媒体面前，完全放弃话语权。

（5）表现出对团队及运动项目的热情。教练的热情可以感染记者，让记者了解到教练对团队的用心良苦，这样更加容易建立信任感。如果在会谈当中，你不断地批评自己的团队或者这个项目，又或者对这些冷冷冰冰，这样极有可能让记者认为你是一个不称职的教练。在刚刚结束的体操世锦赛上，中国体操女队获得团体冠军，中国体操女队教练何花在接受记者采访时抑制不住激动的情绪，潸然泪下的场面让观众们体会到了她对体操的

---

① 吴建民. 交流学十四讲，第十讲，与媒体的交流［M］. 杭州：浙江人民出版社，2004：165.

热爱以及这个冠军的来之不易。

3. 做好在所有可能的场景中接受采访的准备

如果记者让你选择接受采访的地点，那么你就选一个你感觉最合适的地方。大多是情况下，场景是由采访的形式或是报社给记者的准备时间长短决定的。

（1）电话采访

过去，记者常常尽量当面采访以表示诚恳及获得更加准确的信息。然而，随着交通费用的增长和新闻周期越来越短，记者们越来越多地求助于电话采访。在电话采访时，注意要准时，最好不是在训练场里而是在自己的办公室打电话给记者，这样才不会显得太过傲慢，而且可以保证通话质量。在采访之前了解记者会不会对采访进行录音，如果你认为录音不妥当的话，可以与记者协商要求对方放弃录音。

（2）电子邮件采访

这种形式的采访越来越频繁的和其他方式一起被采用，但由于体育本身的性质所决定，电子邮件采访的方式并不是很普及，训练事务繁忙、训练场地的特殊性都决定了教练员们不可能守在电脑前面回答记者提出的问题，当然如果记者不急于要答案的时候，也可以采取这种方式。

教练员们必须十分小心地处理电子邮件，因为你一旦点击了"发送"，它就不在你的控制之内了。当一位记者通过电子邮件向你提出问题时，用打电话的方式回复他是很明智的，因为这样你就享有控制权了，而且这对于上述所提出的疑问也是很好的解释，教练员在查阅了电子邮件之后，可以在整理好思路之后以回电话的形式告知记者相关事宜，而不必给记者留下任何文字证据。

（3）当面采访

当记者来到你办公室的时候，可以带他简单参观一下奖杯陈列室，可以带他看一些运动员在比赛时的照片，还可以带他们到训练场地去看队员们的训练，这都是打破尴尬的好方法。可以问问他想喝点儿什么，然后找一个安静的地方接受采访，最好是在自己的办公室而不是空旷的会议室，

这对你是十分有利的，因为这样可以显示出你的友好和开放。

在采访安排好之前，弄清楚记者大概需要多长时间。在记者的估计时间之上再留出 15 - 30 分钟。尽量不要催促记者，如果在预定的时间内采访还没有完成，而你又有其他事情必须去做，那么你可以跟记者约定第二天的某个时间继续进行采访，如果你没有其他安排不需要停止采访的话，那就让记者将采访进行完。如果你把采访定在午餐时间，你就应当提前购置一些小食与记者共享，等采访完毕再考虑要不要一起共进午餐。

在采访即将结束的时候，当你和记者握手表示感谢的时候，记住，直到记者离开房间，采访才算是真正结束。这一小段时间内发生的事情有可能成为第二天报纸的头条。想要提前看到记者写的报道是不恰当的要求，如果发现报道中有不实之处，打电话给记者，并礼貌地提供真实情况。如果你对报道颇为满意，立即对记者表示感谢。①

（4）伏击式采访

我们有时可以在电视上看到被采访者一边走一边用手遮挡着摄像机的镜头，这也会发生在教练员身上，最好不要有这样的行为，不然别人会以为你是做贼心虚。这与"无可奉告"具有异曲同工的恶劣效果。你应当停下脚步，从下面两种做法中选择一种。

选择一：向那位记者询问他需要多长时间，如果可以的话，接受他的采访。

选择二：告诉记者你真的不能对目前的形势有任何的评论，或者说现在的确很难做评论，但是你相信总有一天会对事件做出评价的。

（5）新闻发布会

新闻发布会是教练们最常"遭遇"的一种被采访方式，它是同步接触多个媒体的好机会，但也会使教练一个人面对一系列独特的挑战。

---

① G. Clayton Stoldt, Stephen W. Dittmore, Scott E. Branvold, Clayton Stoldt , Sport Public Relations：Managing Organizational Communication, Human Kinetics Publishers , January 30, 2006, P130.

教练会在赛前出席发布会来向记者公布首发名单、伤病名单、战略战术，或者是表决心等等，赛后又会召开新闻发布会来对赛事进行总结，肯定团队的努力，指出不足之处，展望下一场比赛等；当有重量级球星加入到球队中的时候，俱乐部也会召开新闻发布会向公众宣布这一消息，这时候教练也要出席，来讲讲这位新近加入的球星将如何配合队伍将成绩更上一层楼，或者对这位球星进行高度好评等；作为国家队教练，在出征大赛之前也要召开新闻发布会，通常是对赛事的展望，是表决心的大会，是壮行的大会。

乔治·莫利斯在其《从容面对媒体》中提到了新闻发布会与一般采访的不同之处。

一般而言，一大堆新闻媒体肯定比单独一个记者要难应付的多。在一对一的采访中，记者通常提出一个问题，等待回答后再按照某种节奏往下继续。在一对一的采访中回避问题，记者可能会跳过这个问题而进行下一个。而在新闻发布会上回避问题，他们中总会有一些人会站起来挥手以引起你的注意，然后把你拉回到"水深火热"之中，让你遭到"散弹攻击"或者是"连珠炮弹"。

这只是新闻发布会和采访不一样的开始。即使应对单一记者采访的技巧已经达到炉火纯青的地步，可以把采访当作是一次机遇，对于一次面对十几位记者的新闻发布会也会让你感到有些惶恐。毕竟，在准备一次一对一的采访的时候，你可以突击研究记者的工作、他的所学以及他出版的作品。你可以对他的态度和写作风格做出估量。但是对于十几位将会向你的新闻发布会派遣代表的期刊和广播电视媒体来说，你不可能这样做。在一对一的采访之前，你的调查研究可以帮助你对记者面向的听众或读者的阅历水平做出评估，你可以调整答案以迎合他们的感受。在一对一的采访中，可能有热身期，你可以利用它给提问培养语境，从而使它为你的议程服务。所有这些在新闻发布会中都不存在。你可能会遇到资深刊物的媒体代表，也可以遇到小报记者。而且，热身的机会很少——你不可能在发布会正式

开始前与五个、十个或者更多的记者闲谈。①

参加新闻发布会的人有电视台记者及摄像、摄影记者、纸媒体记者和电台记者。你面前是一大丛五彩缤纷的麦克风，要面对的是不停闪烁的镁光灯，你不能保持一对一采访中那种交谈式口吻，记者们可能会以各种方式引起你的注意，比如说朝你大喊大叫，提出问题，因为他们也在彼此竞争，来提出自己的问题，期待你的回答。

新闻发布会给你提出一大堆挑战：如何回答大喊大叫粗鲁的提问？你怎样防止一名记者提出一连串问题或者发表讲演来霸占整个新闻发布会呢？当记者们没有出现减少提问迹象的时候，你如何终止发布会？怎么对付多余的提问？

虽然有这些挑战，新闻发布会还是一次与众多媒体接触的机会，如何在发布会中获取主动呢？

第一，要十分清楚是在和谁谈话。对于新闻发布会来说，要作基本的回答，大多数时候，基本的回答能够满足与会全部媒体的需要。这样的答案既可以满足资深媒体的问题，也可以满足一般媒体的问题，也不用变换口吻和答案的复杂程度，也不用记着到底是谁提出了这个问题，只需要给他们基本的简单的信息即可。比如在赛前新闻发布会上，媒体关心的问题不外乎出场的主力阵容、伤病情况、对比赛结果的预测等等，但他们可能会以各种各样的问题来寻求这些答案，比如说某某队员今天会不会首发？今天的比赛会采取什么样的阵形？面对这些，教练员只要抛出主力阵容名单，这些问题就迎刃而解了。又比如媒体会让教练对比分进行预测，让教练评价一下对手的情况，这些问题也无非都是想知道教练和队员对赢得这次比赛有多少信心。

第二，开场白。尽管在面对一大群记者的时候你的恐惧感可能成倍增加，但你必须对场面享有掌控权。开场白的第一句话和最后一句，要很流畅地说出来。要使发布会的开场白和结束语听起来中肯并且富含信息值得

①　乔治·莫利斯. 从容面对媒体［J］. 北京：中国轻工业出版社，2005：175.

引用。从电视的观点来看，这是最有可能被采用的讲话，这两句话一定要精彩并且坚定。比如，教练员在开场时就宣布队中的某某球星伤病痊愈，今天会首发，全队上下对即将到来的这场比赛信心十足，这样的开场白一下子就会抓住媒体的眼球。

第三，给会议设定一个时间限制。"我将会在会议的最后时段用10分钟来回答大家的问题。"这会提醒大家注意这是一个提问、回答的部分，不是要记者们开始表达自己的观点，以此来控制会议的时间。

第四，对于有些记者无理取闹的问题，不要说"无可奉告"，而是要态度坚决地对问题加以解释。新疆男篮助理教练张德贵在主教练王非缺席的情况下出席赛后新闻发布会，一名记者问他王非是不是要下课，这让张德贵的情绪有些激动，反问了他一句：你让他下课？发布会现场一片笑声。张教练马上又对王非的缺席进行了解释，是因为王非的爱人病危之事。刚才提问的那位记者在明白事情缘由的情况下还提出那样的问题显得专业素养极差，引来同行对他的嘲笑也只能说是自取其辱。张教练的处理方式是值得称赞的，"你让他下课？"这句话带有教训的意味，其实也不乏幽默在其中，而后又对事情做出了详细的解释，让新闻发布会在诚恳的气氛下继续进行。

以下是一位外国足球教练面对赛前及赛后新闻发布会的一些观点及技巧：

赛前预测是不那么靠谱的。所有的教练都不得不宣称他的队伍状态很好或者状态马上会调整到最好。

你希望见诸报端都是对队伍有利的消息，你不希望看见任何负面消息，如果看不到关于我的队伍的消息，我承认我会很失望。

引起媒体的关注，有些教练会将现在的队伍和过去的队伍做比较，我不喜欢这么做。

作为一个教练，当被问到他所执教的最伟大的队伍时回答：还未有过。我喜欢这样的回答，因为这不会伤害到过去为他效力的队员，同时也不会给今后将为他效力的队员留下话柄。我并不认为你可以将所执教过的队伍作对比，他们遵循着不同的赛程，且队员不同。所以将他们放在一起对比

并不公平，而且比较个人也不公平。在大赛前，媒体总是问：队伍的心态是怎样的？我只说：我们对比赛很期望，我们已经做好了迎战的准备。

赛后，我习惯花 10 分钟让我的头脑冷静下来，特别是在一场紧张的季后赛或者是惨痛的失败之后。你可以利用这个时间和队伍一起庆祝胜利或者讨论失败的原因。

在一个伟大的胜利后，你向媒体指出，我们的队伍踢得很棒。如果输了的话，诚实地评估这次比赛。

足球是团队项目，所以你的评论焦点应该在于整支球队。如果有球员的个人行为使得比赛结果遭到批评的话，教练一定要说出来，但是一定要站在整支队伍的高度对此事进行警告。

最糟糕的事情莫过于你将一名球员从整个队伍中孤立出来进行评论。所以永远不要说：如果其他人也能像 Jeff 踢得那样好的话，我们就会赢了。这会使 Jeff 被其他球员孤立。

当面对媒体时：

第一，不要羞辱另一支队伍或者球员；

第二，不要说自己球员的坏话；

第三，不要讨论球员的私人问题。

当然，避免指出是防守队员还是进攻队员更胜一筹，那会使队伍分裂为两支，其实我们只有一支向着胜利迈进的队伍。[①]

在队员们面对媒体回答问题时，教练也需要加入进来，来回答那些难以回答的问题。

第一，准备一些固定的答案来传递热情和积极的观点，并且向记者强调这些用语。

第二，对人们感兴趣的故事或者评论要保持清醒的态度，比如，当一个记者问道你的兴趣是，最好具体谈及些你喜欢的表演者或者音乐，那比

---

①　Bob Reade, Coaching Football Successfully, Human Kinetics Publishers（October 1993）, P21 - 23.

只是说"我喜欢音乐"要来得好。谈及你的家庭、朋友、爱好可以使你给记者留下更加丰富多彩的印象。

第三，对你队伍的评论要用词乐观并富于鼓励性。并且要记住，你所发表的每一条评论都是可以被引用的，所以尽可能畅所欲言，然后简单地完成这次采访。

第四，对俚语、行话都要小心些，你表达思想最好用简单、易懂的词汇。①

4. 一些简单的控制访问的言语

（1）过渡。对付问题的时候要诚实、简洁、逻辑性强。在你过渡之前要先回答提问。比如：

是的。另外……

不。让我解释一下……

这是以前的方式。现在……

（2）突出。向记者强调什么是你想要他们突出报道的。比如：

最重要的事情是……

这是……基础。

如果你记得××的那件事……

（3）诱敌深入。你可以在问答行将结束的时候将你想要回答的下一个问题设一个圈套，让记者来问你。比如：

这只是其中一种可能……

我们做了其他体育组织没有做过的事情……

媒体使用多种策略使被采访者回答问题。一个问题中仅有的几个短语可以影响回答者对这个问题的反映。记者们经常使用开放式结尾的问题，这不会拘束回答者。考虑一下下面记者对教练的提问：

第一，你的队伍还有比这次比赛更让你失望的表现吗？

---

① United States Tennis Association, Coaching Tennis Successfully, Human Kinetics Publishers; 2nd edition (February 2004), P17.

第二，你一定很失望。谈谈你对你的队伍表现的想法。

在第一个问题中，记者以消极的语气提出了一个是非问题。如果教练回答"否"，那很容易的想到第二天报纸的头条标题"队伍表现令教练大失所望"。但是，在第二个问题中，记者为教练的回答敞开了大门。①

有时候，你的外观比你的语言更为重要。你的穿着、姿态、眼神交流、礼仪等都传递着信息。

三、体育官员应对媒体的一般原则与具体要求

（一）一般原则

在应对媒体时，体育官员（一般指与媒体打交道的官员，主要指体育新闻官，下同）与媒体建立起良好关系是一个过程。这个过程可以分为三个步骤：首先，体育官员初步建立媒体关系，发布信息时尽力掌握主动权，主动和媒体交往，增加彼此间的了解和沟通；其次，逐步和媒体记者建立起相互信任的关系，共同制定新闻发布情境中的"游戏规则"，大家严格遵守"游戏规则"；最后，体育官员借助传播手段和公关手段，能够对媒体施加影响，设置新闻议程，发布和传播有利于体育组织的信息。为了完成这样的目标，体育官员需要从以下六个方面入手：

1. 具备主动的精神

在建立媒体关系的时候，体育官员要有主动的精神。体育官员是新闻信息的信源，媒体是新闻信息的传播渠道，双方相互倚重。体育官员千万不要轻视媒体记者，更不可敌视媒体记者，一定要在实际工作中采取主动，因为若是没有了媒体记者，体育官员就无法开展工作。

2. 维系长久的关系

体育官员和媒体记者要维系长久的合作关系。体育官员应对媒体的工作是一项长期的工作，如果想成功地召开一次新闻发布会，体育官员就需

① G. Clayton Stoldt, Stephen W. Dittmore, Scott E. Branvold, Clayton Stoldt , Sport Public Relations：Managing Organizational Communication, Human Kinetics Publishers, January 30, 2006, P128.

要媒体记者的合作。如果想与媒体记者保持长久的合作关系，体育官员就需要在新闻发布会上提供有新闻价值的信息，让记者有东西可写。

3. 分清友谊和工作

体育官员与媒体记者之间的关系是工作关系。体育官员可以和记者交朋友，但是千万不要让友谊取代了工作关系。对于体育官员来说，合作并不意味着友谊，若是友谊与工作关系互相掺杂在一起，极有可能同时失去工作和友谊。体育官员与媒体记者之间的信任不是建立在友谊的基础上，而是建立在合作的基础上。

4. 记者不分大小

记者不分大小，媒体不分大小，体育官员都要一视同仁，给予他们平等的待遇，提供相同的信息，这是体育官员建立良好媒体关系的一个重要原则。

5. 克服沟通障碍

体育官员要努力克服与媒体记者之间的下列沟通障碍：

（1）语言障碍

语言是以语音为物质外壳，以词汇为建筑材料，以语法为结构条例而构成的符号体系。语言与思维是不可以分离的，为人类所独有的，是一种特殊的社会现象，人们只有借助语言才能表达情感、交流思想、协调关系。因此，语言是人类最为重要的沟通工具。但是，语言也是复杂的。因为在不同的文化下和不同的语境中，人们使用语言交流和沟通时，常常会发生误解。尤其是当体育官员面对境外媒体记者采访时，语言障碍更为明显。

（2）习俗障碍

习俗即风俗习惯，是一定文化历史背景下形成的具有固定特点的、调整人际关系的社会因素，如道德、习惯、理解、审美、传统等。习俗世代相传，是经过长期重复出现而约定俗成的习惯法。体育官员面对具有不同习俗的媒体记者时，一定要事先了解他们的风俗习惯，尽量避免在媒体场合发生由于风俗习惯不同而导致的不愉快和交流的不顺畅。

（3）观念障碍

观念属于思想范畴，由一定的知识和经验积淀而成，是在一定条件下人们接受、信奉并用于指导自己行动的理论和观点。观念本身是沟通的内容之一，同时对沟通又有着巨大的影响作用。有的观念是促进沟通的强大动力，有的观念则是阻碍沟通的绊脚石。因此，体育官员有必要认真对待观念上的障碍。

（4）心理障碍

心理障碍是指人的认识、情感、态度等心理因素对沟通过程的阻碍。曲解的原因就在于一方或双方钻进了隐蔽假设的误区不能自拔并且毫无察觉。陷入困境的交流有时候就是这样造成的，在日常生活的交流中，意见冲突也往往是隐蔽的假设不同在作怪。体育官员要注意准确表达自己的观点，更要注意交流中是否存在着心理障碍。

（5）情感的失控

面对记者的提问，甚至是刁难，体育官员一定要控制自己的情绪。良好的情感控制能力与平和的态度是顺畅沟通的一个重要条件。

6. 遵守公共关系原则

体育官员应该遵守下列公共关系原则：

（1）真诚尊重的原则

真诚原则是公关礼仪的首要原则。只有真诚待人才是尊重他人，只有真诚尊重，才能创造和谐愉快的人际关系，真诚与尊重是相辅相成的。真诚是对人对事的一种实事求是的态度，是待人实心实意的友善表现。

（2）平等适度的原则

在社交的场合，礼仪行为总是表现为双方的，你给对方施礼，自然对方也会相应的还礼给你，这种礼仪施行必须讲究平等的原则。平等是人与人交往时建立情感的基础，是保持良好人际关系的诀窍。体育官员只有平等地对待媒体记者，才可能和媒体建立良好的关系。

适度原则是指在交往的时候要把握礼仪的分寸，体育官员在应对媒体的时候，既要彬彬有礼，也要有自己的分寸，不轻浮阿谀，要谦虚又不能拘谨。

（3）自信自律原则

自信是社交场合中很可贵的心理素质，自信是一个人心理健康的表现。社交场合只有充满信心，才会如鱼得水，得心应手。体育官员在面对媒体的时候，应该不卑不亢、落落大方。自律就是自我约束的原则。体育官员要加强自身的道德修养。

（4）信用宽容的原则

信用即讲究信誉的原则。体育官员在应对媒体的场合，一定要守信：一是要守时，与记者约好的采访一定要守时，参加记者招待会一定要按时到达；二是要守约，所谓言必行，行必果。

宽容的原则也是与人为善的原则，体育官员不能因为媒体的尖刻提问或者不适宜的行为而失礼。

（二）具体要求

1. 新闻发布会

新闻发布会的定义是"国家、政党、社会团体任命或指定的专职（比较小的部门为兼职）新闻发布人员，其一般是该职能部门中层以上的负责人，在一定时间内就某一重大事件或时局的问题，约见个别记者，发布相关新闻或阐述本部门的观点立场，并代表有关部门回答记者的提问。"①

前国务院新闻办公室主任赵启正说过："衡量（新闻发布会）质量的标准主要有一条，就是发布的重要信息是否都向外传播了，媒体报道和公众的反应是否如所预期的那样。"

而在记者眼中，好的新闻发布会是那种能够帮助他们写出好文章的发布会。好文章不一定总是正面的。例如，"非典"危机刚刚开始，公众没有得到一个清晰完整的事实真相，后来发布会才改变了这一局面。从这件事中，中国开始意识到新闻报道充当"警号"的重要性，在危机时刻官员们也开始更快地组织各种新闻发布会。

前国务院新闻办公室主任赵启正在谈及发布工作的规范和发言人的专业化问题时，说道："……这一流程大体可以概括为：一是'新闻加工'，

---

① 刘建明主编. 宣传舆论学大辞典［M］. 北京：经济日报出版社，1992：357－358.

就是说发言人要'嵌入'决策过程，非常深刻地了解领导人和领导机构的思维与决策，然后用新闻特殊的眼界'构造'出'新闻日程'（有人也称'新闻议程设置'），通过一系列的加工过程，包括准备相关口径，为发布做准备；二是'新闻分析'，就是说发言人要把触角伸到社会上去，包括国内和国外，非常深刻地了解公众和媒体关注什么，通过舆情分析和媒体反馈，对可能被问及的问题做好充分的准备。"

在知晓了新闻发布会的情境特点之后，体育官员在发布新闻时才能够主动地制造"新闻点"，吸引媒体记者们的关注，用好的新闻素材"喂饱"他们。这种做法就是"新闻议程设置"。通过这种方式，体育官员在新闻发布会上合理地操控媒体，达到对外信息发布的组织传播目标。

体育官员新闻发布时应遵循的原则有：第一，时效性。这是新闻的第一要素，也是新闻发布的基本要求。体育官员在第一时间、第一现场把新闻发布出去，就能够抢占先机、把握主动。一般情况下，第一个发布的消息，往往会给相当多的受众一种相对真实的感觉。第二，新闻性。新闻发布会要有新闻点，这是媒体报道新闻的核心，也是新闻发布的又一基本要求。只有新鲜、独到、饱满的信息，才是最能吸引媒体和公众的新闻。第三，真实性。只有真实可靠、准确无误的新闻，才具有权威性和公信度。这是新闻发布的又一条基本原则。体育官员提供的信息，一定都是经过认真核实的准确信息。如果发布的信息不够准确，或是有虚假的成分，体育官员的形象就会受到严重损害，那么其所代表的体育组织的形象也就会受到损害。第四，坦诚。体育官员对正在进行或者处于发展过程中的事件，信息的发布只能循序渐进、逐步完整；对尚未了解清楚的信息，既不虚报也不隐瞒。坦诚面对媒体和公众，不仅是实事求是作风的体现，也是新闻发布的重要原则之一。

体育官员准备新闻发布会的注意事项：

（1）建立新闻发布会之前的统一口径程序，体育官员们每天要研究各个媒体中提到的问题和体育组织中可能出现的问题，判断记者们感兴趣的问题，每天都要思考记者可能问到的问题。然后举行相关部门的会议对这些问题进行讨论，以便统一口径。

（2）参加新闻发布会的媒体的选择要多样化。

（3）了解记者的需要是提高新闻官素质的正确途径。在每场新闻发布会之前，新闻官的头脑里就应该已经形成了新闻标题。不能单纯地为了开发布会而开发布会，而是要将重要的信息公之于众。所以新闻官必须明白新闻是如何运作的，把他们自己放在记者的位置上设身处地考虑一下：我的发布会将能写出什么新闻故事？怎样帮助媒体讲这个故事？

（4）明确发布的内容：发布内容的选取采用概括、列举和排除相结合的方式，为避免搪塞之嫌疑，对于涉及机密的问题要说明"无可奉告"的原因。

（5）规范发布的程序：按照迅速及时、客观全面、准确的原则规定新闻官的信息发布程序。如尽量减少上报审批的时间，用尽可能具体的时间限制来督促相关组织部门以尽可能快的速度向外发布信息。

2. 记者招待会

记者招待会的定义是："党政部门、社会团体或个人邀请新闻记者参加的公开新闻发布会，它既为发言人（或主持人）提供了同一个场所面对较多记者的机会，也为新闻界提供了获得新闻材料的一种有效而又简便的采访方式。"①

从定义可知，记者招待会与新闻发布会在本质上是一致的，都具有新闻发布的性质。但是，二者的情境特点并不相同。记者招待会的主角一般是体育组织的领导，而不是受委托的体育官员。此时，体育官员不是主角，他/她要为主角服务，例如，事先帮助领导准备发言稿，在记者招待会上担负起组织者的角色，安排记者提问和会后采访活动，做好其他服务工作等。

记者招待会的形式多样，有的虽不以"记者招待会"名之，实际上也是记者招待会的一种形式。例如，新闻通气会、媒体吹风会、背景情况通报会等。

---

① 甘惜分主编. 新闻学大辞典 [M]. 郑州：河南人民出版社，1993：146.

"新闻通气会，这是在我国常用的概念，主要是指在报道敏感问题时，应该向媒体说明一些报道的宣传纪律和注意事项，希望记者怎么报道、哪些问题可以多报、哪些问题可以少报、哪些问题最好不要报，必要时可以请上级宣传领导部门出面，予以说明。它也包括就一些重大问题的计划、进展向媒体进行沟通交流，其中谈及的内容，有的有报道的价值，有的只能作为背景情况告知一下而已。"①

与新闻发布会相比，媒体吹风会介绍的情况和发布的新闻不是那么正式，提供的主要是背景信息，并且要求记者在报道时不能具体引述信息的来源。

相对来讲，背景情况通报会比较正式，可以散发新闻稿，但是散发新闻稿是单向的，没有记者提问的机会。体育官员把新闻稿发给记者，向记者介绍情况，但不回答问题。采取情况通报会的方式，有的时候就是为了避免记者的追问。

综述所述，由于记者招待会与新闻发布会在本质上是一样的，体育官员采取的策略和原则也与新闻发布会情境中的类似。但是，在记者招待会情境中，体育官员与媒体记者之间要建立起彼此的信任，共同制定好"游戏规则"，并且严格遵守"游戏规则"。体育官员提供记者需要的信息，记者知道应该怎么报道、哪些问题可以多报、哪些问题可以少报、哪些问题最好不要报。

3. 单独采访

单独采访等于给予了采访媒体独家消息，等于给予了他一种地位，所以有的时候为了建立媒体关系，可以把独家采访的机会加以利用。采访的方式主要以面谈为主，这样更加利于记者把握体育官员的中心思想，而不是抓住只言片语就胡乱猜测。采访的其他方式有书信、电话、传真、电子邮件、视频聊天等方式。但是，有经验的体育官员都主张面谈这种方式，

---

① 靖鸣，李勤，汪磊，黄大剑．记者招待会的组织与传播［M］．南宁：广西人民出版社，2004.

如果受到时空等因素的限制，也可以采取传真或电子邮件的方式。例如，中国足协新闻官董华认为，电话采访的方式容易受到记者的理解能力的限制，可能会产生不必要的误解。中国国务院新闻办要求，轻易不在电话里随意地回答记者的提问，记者有采访要求，一般情况下要求他传真过来，不当场作答。有的时候也可以婉拒，因为在电话里没有办法核实记者的身份。而且，见不到记者的面，容易放松警惕，有时会说出不够深思熟虑的话、很随意的话，但是记者会录下来。

4. 突发事件

广播、电视、报纸三大传统媒体，以及电视新闻、图片新闻、文字新闻和互联网新闻等多种新闻报道形式，他们的报道特点是很不相同的，甚至发稿时效的要求也不尽相同。所以，体育官员安排突发事件新闻发布要根据突发事件的性质和需要，根据需要发布的范围，综合考虑不同媒体的特点而开展，并确定发布的渠道和新闻处理的办法。比如，新闻发布的内容对于大报和小报、全国性和地方性媒体，全国性媒体中的这家媒体和那家媒体，地方性媒体中的本地媒体和外埠驻地媒体，效果作用都可能有所差异。

例如，天津曾经发生过扎针事件，处理上有一些问题，体育官员应引以为戒。传言说，天津发生马路扎针事件，而且是用艾滋病病人用过的针头扎，谣言沸沸扬扬，令人很恐慌。政府一直没有说话，后来觉得不行了，要说话了。但是在选择传播的方式上发生错位，当地政府考虑在人民网、新华网发布消息。在这一突发事件中，需要解决的是天津市老百姓的恐慌问题，不应该选择人民网和新华网发布消息，而应该选择天津当地媒体发布消息。这是一个局部性事件，最恐慌的是天津的老百姓，利用当地的晚报、电视、广播是最直接、最方便有效的传播渠道。而互联网是不受地域限制的，要向全世界扩散，却对天津的老百姓影响不大。了解媒体运作特点，才会因时因地解决危机。

遇到突发事件，体育官员有时一天之内要开一两个新闻发布会，会后可能还要安排记者采访，不断地面对来自不同国家、不同媒体的提问。在

时间紧张、情况有待于进一步查明的情况下，体育官员要善于使用简洁、明确的语句，还要充分考虑突发事件的受众一般比较多，各个文化层次都有，所以在语言上要通俗易懂，能够把一些专业问题深入浅出地讲明白。

给记者提供的背景资料、辅助性资料要很充分和全面。因为发布会的时间有限，记者的提问也就有限，所以会下提供给记者的文字资料要全面、具体，包括对一些专业知识的解释，专业用语的表达等，减少记者四处查询、打听的麻烦。另外，这种方式也有利于统一口径，防止在新闻报道中出现不一致和错误。

体育官员在发布新闻或接受采访的过程中，一定要把握好说话的分寸，有些问题要回答得斩钉截铁，态度明确，果断有力；有些问题还不能说清楚时，也要正面回答"这个问题还有待进一步调查"，或者"我没有被授权，所以无法回答这个问题"，等等。

综上所述，在突发事件的新闻发布情境中，体育官员应遵循的基本要求：

（1）第一时间，即时效性。媒体和公众更愿意相信第一时间得到的信息。

（2）简明扼要。语言要通俗易懂，态度要明确。

（3）真实可靠。体育官员既要保证信息的真实准确，又要确保媒体发布的是同样的信息。

（4）前后一致。体育官员发布的信息要连贯一致，否则将导致公众和媒体质疑体育官员的可信度。

第五篇

北京奥运会实现成功举办的伟大预期

第一章　奥运之路与中华民族伟大复兴

一个半世纪以前，当内忧外患的中华民族在求发展的道路上艰难探索时，现代体育和奥林匹克运动，作为促进国民体质、走向世界的一种选择，也融入了这一伟大的历史进程。1908 年，《天津青年》上发表文章，向灾难深重的国人提出了三个问题：中国何时才能派一位选手参加奥运会？中国何时才能派一支队伍参加奥运会？中国何时才能举办奥运会？

这三个问题点燃了一个世纪以来中华民族不变的奥运情愫。1932 年，刘长春"单刀赴会"，拉开中华民族参与奥运会的艰苦历程。此后，经历柏林奥运会和伦敦奥运会的铩羽而归，旧中国在奥运会的道路上留下了历史的遗憾。直到 1949 年新中国建立，中国参与奥运会才翻开了历史新篇章。1952 年赫尔辛基上空飘扬的五星红旗，预示着年轻的新中国勇敢地走向世界、蓄势待发。1979 年，改革开放的新中国重新回到国际奥林匹克大家庭。1984 年洛杉矶奥运会，许海峰一枪击碎"零的纪录"，我国运动员昂首阔步迈上了奥运冠军领奖台。自此以后，我国体育军团迈着坚实步伐，向着"更快、更高、更强"的目标进发，直至 2004 年雅典奥运会金牌榜第二，北京奥运会金牌高居榜首。百年沧桑，中国奥运的征程充满了屈辱与坎坷，也见证了辉煌与梦想。中国奥运百年之旅的背后，则是中华民族走向伟大复兴光荣进程的缩影。

第一节　北京申办奥运会的历史动因

马克思曾经说过："人们自己创造自己的历史，但他们并不是随心所欲地创造，并不是在他们自己选定的条件下创造，而是在直接碰到的、既定的、从过去继承下来的条件下创造。"① 因此，在探讨我国百年的奥运之旅之时，我们首先必须对当时的社会背景有一个清楚的了解与认识，这是我们研究当时选择奥林匹克运动必须具备的认识基础。

一、我国近现代社会的时代主题

人类历史画卷波澜壮阔，大国兴衰更迭难数。历史客观地记录了中华民族的辉煌，也镌刻了中华民族的沧桑。前资本主义时期，古老的中华民族曾经兴盛昌荣，无论政治、经济，还是文化都一直处于世界的高峰，引领着世界文明的发展。但是，当历史进入 18 世纪以后，西方工业革命的爆发，使东西方主流的地位发生了改变。在工业革命的推动下，新生的资本主义经济迎来了迅猛的发展时期，远远地把封建主义和农业经济甩在身后，同时也为资本主义在全球范围内推行殖民统治和贸易扩张奠定了基础，人类文明的指针开始转向了西方。但是，新兴的资本主义在全球范围内大肆扩张的同时，落后的封建清王朝却仍然醉心于"天朝大国"的"南柯一梦"，不愿意正视正在发生着的巨大变革。特别是清朝中叶的"康乾盛世"后，封建统治在中国迎来最后一个发展顶点时，也不可避免地拉开了走向近代衰败的大幕。

1840 年鸦片战争的爆发，中华民族迎来了一个"千年未有之大变局"，拉开了中国近代社会发展的序幕。鸦片战争以后，面对日益腐朽堕落的封建统治，西方列强对中国发动了一次又一次的殖民侵略，强迫清政府签订了一个又一个不平等条约，逐步把中国推向了一个主权旁落、经济崩溃、民生凋敝的半殖民地半封建社会的深渊。为了改变近代中国的落后地位，无数仁人志士为之进行了前赴后继的斗争。近代以来，"中华民族面对着两大历史任务：一个是求得民族独立和人民解放；一个是实现国家繁荣富强

---

① 马克思. 路易. 波拿巴的雾月十八日［C］. 马克思恩格斯选集（第一卷），1995：603.

和人民共同富裕。前一任务是为后一任务扫清障碍，创造必要的前提。"①
为了实现民族的复兴，中国人民从此开始了艰难的探索过程。一个旨在救
国救民、求强致富的救亡图存的现代化理想，激励着一代又一代的民族精
英为之前赴后继，奋斗不已。有志之士"睁眼看世界"，环视全球，寻觅致
富求强的方策；上下求索，反思历史，探讨积贫积弱的原因；身体力行，
锲而不舍，追逐一条富民强国的道路；中华民族用血肉之躯铸就了振兴民
族的丰碑。②

二、我国选择现代体育和奥林匹克运动的初衷

近代以来，半殖民地半封建社会的社会性质和社会现状，决定了我国
社会发展的历史主题就是寻求富国强民的道路。如果说我国的社会变革和
现代化建设是帝国主义列强用鸦片和船坚炮利逼出来的历史使然的话，那
么我国引进现代体育、发展竞技体育、参与国际体育竞争的进程就是一个
主动而自觉选择的历史过程。在寻求富国强民、强国强种的伟大进程中，
体育和奥林匹克运动作为促进社会现代化的一种选择，也自觉地融入了这
一伟大的历史进程，并且在促进我国走向现代化的过程中发挥了不可忽视
的作用。

（一）提高国民素质

鸦片战争以后，伴随着国家整体实力的衰落，我国国民的素质普遍下
降至历史最低点。无论是身体素质、文化素质还是道德素质，都在特殊时
代背景下，日暮途穷。1895 年，近代著名思想家严复先生曾将病入膏肓的
中国比喻成"病夫"，此后，英国、日本等国家的报刊也相继发表文章，称
中国为"东亚病夫"。"东亚病夫"这一顶耻辱的帽子沉重地扣在中华民
族的头上。近代，摆脱"东亚病夫"的辱称成为中华民族发展体育的特

---

① 江泽民. 高举邓小平理论伟大旗帜，把建设有中国特色社会主义事业全面推向二十一世纪
[C]. 江泽民文选（第二卷）. 北京：人民出版社，2006：2.

② 熊晓正. 中华人民共和国体育的历史基础 [J]. 体育文化导刊，1999 (6)：12.

殊使命。

在我国传统文化中，体育占据了重要的地位。它不仅是我国传统文化的重要组成部分，而且还一度成为培养人才的重要途径。封建统治在我国确立之前，我国教育模式曾经历过"重武轻文"、"文武并重"的演变。但是，随着封建统治地位的确立，"重文轻武"人格模式逐渐确立了主导地位，从此体育在教育中的地位逐渐下降。鸦片战争以后，在检讨我国衰败的原因时，不少人认为国民素质低是导致我国衰败的最重要原因。早在第一次鸦片战争之前，林则徐就曾向世人大声疾呼，国民体质的衰弱已严重影响到兵员的素质，羸弱之旅何能阻抗虎狼之师[①]，战败已经与国民体质相关联。面对每况愈下的国家，一些有志之士开始寻求致富致强的良方，近代我国社会变革由此拉开了大幕。

首先，洋务运动中提出了改革。怀着"师夷长技以制夷"的美好愿望，本着"中学为体、西学为用"改革主张的洋务派大量引进了西方的先进技术，优先发展军事，希望能够造就一支"虎狼之师"，捍卫封建统治。在洋务派改革中，近代西方兵操作为训练士兵的一种手段，率先引进我国。甲午战争的溃败，使得人们对"中学为体、西学为用"、"师夷长技以制夷"的改革主张彻底失望。随之以康有为、梁启超为代表的"维新运动"登上了历史的舞台。在维新派改革主张的推动下，人们逐步开始反思西方列强强大背后的真正原因，提出了"民力富强之本"的变法主张，把提高国民素质作为国家求强致富的根本。为此，维新派提出了以下改革主张：首先，确立"尚武"为核心内容的军国民主义教育思想；其次，"废科举、兴学校"，改革传统教育体系；第三，改革传统教学思想和教学内容，贯彻体育、德育、智育三育并重，体育为基础的教育制度。通过教育制度的改革，以实现增强民族体力、心力、群力，全面提高国民素质，实现强种进而强国的目标。虽然，最终维新派的改革主张由于种种原因未能实现，但是，

---

① 林则徐. 钱票无甚关碍宜重禁吃烟以杜弊源片 [C]. 中国通史参考资料近代部分（修订本）上册. 北京：中华书局，1980：41.

通过维新派改革，开启了近代中国认识体育的一扇大门，推动了中国国民对近代西方体育认识的加深和眼界拓展，同时也确立了近代体育在中国教育中的基础地位。更为重要的是，在近代以来各种改革主张和救国思想中，"体育救国"以自身的努力第一次在中华民族寻求国家解放和民族独立自强的丰碑上镌刻下了伟大的历史印迹。

（二）改变国家形象

维新派的改革主张，迈出了近代中国救亡图存最重要的一步。但是，对于腐朽没落的近代中国而言，要实现富国强民的伟大目标，仅仅依靠单个国民素质的提高还远远不够。鸦片战争以来的屈辱历史，已经把中国在国际上塑造成了一个人见人欺、病入膏肓的"病夫形象"。因此，要改变这种现状，必须通过自身的努力，在国际上重塑国家和民族形象，重新赢得在国际社会的地位。这就要求中国必须参与国际竞争。而在当时，西方的奥林匹克运动已经广泛开展，"睁眼看世界"的中国人这一次再没有错过机会，勇敢地参与到奥林匹克运动中。奥林匹克运动为改变国家形象、重塑民族精神提供了一个舞台。为此，中国竞技体育走过了一段艰辛的发展历程。

1907年10月24日，我国著名教育家、体育家张伯苓在天津基督教青年会第5届学校运动会的开幕式上，发表了以"奥林匹克运动"为主题的演讲。他指出："此次运动会的成功，使我对吾国不久的将来参加奥运会充满了希望。虽然许多欧洲国家奥运选手获奖机会甚微，但他们仍然派出选手参加奥运会，在此我呼吁我们的运动员，加紧准备，筹建奥运会代表队，争取早日出现在奥运会的赛场上。"[1] 这是我国首次由著名人士公开提出参加奥运会，也是近代以来中国人对奥林匹克运动的第一声呼唤。

1913年，我国参加了第一项国际性的体育竞赛——远东运动会。在这项持续了20余年、共举行了10届的国际性体育竞赛中，中国运动员取得了1次总分第一，1次田径总分第一，1次篮球冠军，5次排球冠军，并从

---

[1] 百年奥运今朝梦圆 忆"体育校长"的强国之梦 [N] . 文汇报，2008 - 08 - 11.

第二届开始连续 9 届夺得足球冠军的成绩。此后，日本军国主义为了在世界推销"满洲国"，强行要求把"满洲国"拉进远东运动会，中国义无反顾地退出了这一竞赛，以牺牲竞技体育发展的代价捍卫了国家领土完整和民族尊严。20 世纪 20 年代以后，伴随着我国收回教育权、体育权呼声的日益高涨，代表中国体育权利机构的中华全国体育协进会成立了，中国人第一次真正管理自己的体育事业。旧中国主权旁落的境况得到一定程度的改善，中华民族迈出了国家复兴的艰难的第一步。

　　1928 年，中华全国体育协进会干事宋如海观摩了在荷兰阿姆斯特丹举行的第 9 届奥运会，并且写下了《世界运动会丛录》一书，他将此书题名为"我能比呀"，并在扉页上写下了如此一段话："虽'我能比呀'（OLYMPIA）系古希腊运动会的名称，世界运动大会仍沿用之。'我能比呀'虽系译音，亦含有重大意义，盖所示吾人均能参加比赛，但凡事皆须要决心毅勇，便能与人竞争。"这不仅是一个民族的奥运情结，也是 20 世纪中华民族不甘落伍、欲与列强平等竞争的心声。1932 年洛杉矶奥运会上，刘长春的单刀赴会，改写了近代以来饱受列强压迫的中华民族参与奥运会"零的记录"，显示了深重苦难的中国勇于参与国际竞争、维护国家尊严的民族气节。1936 年柏林奥运会，中国国术第一次走出国门，赢得了世界的认可。1948 年伦敦奥运会，中国奥运代表团再一次无功而返。

　　先贤们奥运夺冠的努力一次又一次以失败而告终，但是，中华民族为改变国家形象和民族精神的愿望却并没有消退。直到新中国成立，我们仍然在为完成这一历史使命苦苦奋斗。最终，历经苦难的中华民族以一种近似于凤凰涅槃似的重生，迎来了体育事业的快速发展，同时也迎来了自身国际地位的飞速提升。因此，回首近代以来我国竞技体育的百年发展历史，抚慰殖民侵略战争的创伤、摘掉"东亚病夫"耻辱帽子的愿望，改变中华民族羸弱的国际形象，重塑中华民族的精神就成为我国近代体育发展的动因。而我国主动选择奥林匹克运动，更是作为一种促进民族现代化、实现救亡图存、进而实现强国强种的一种手段。可以说，体育和奥林匹克运动承载着中华民族的希望。从此以后，中华民族的体育融入到世界体育主流

文化的洪流之中，借以展示民族文化、力量、凝聚力，彻底丢掉东亚病夫的帽子①。这些因素为新中国成立后竞技体育"为国争光"的口号和举国体制的产生与选择奠定了民族心理基础。

第二节　从东亚病夫到体育强国

20 世纪的中国，是一个在现代化道路上寻觅、求索、奋斗的国家。一部近代中国体育史就是"东亚病夫"迈向"竞技体育强国"的发展史，是中国体育平等参与世界竞争、中华民族力争民族振兴和国家富强的奋斗史。

一、"东亚病夫"话语的由来

1932 年，香港南华足球队首次出访澳大利亚，墨尔本一家报纸刊出一幅漫画，将一个个中国球员画成骨瘦如柴、形容枯槁、垂头丧气、萎靡猥琐的样子，并冠以"东亚病夫"的大标题。② 其实，早在 1895 年 3 月，近代著名的思想家严复先生在天津《直报》上发表《原强》一文时，就已经把病入膏肓的近代中国比作"病夫"。1896 年，英国《伦敦学校岁报》发表专文，"夫中国——东方之病夫也，其麻木不仁久矣。然病根之深，自中日交战后，地球各国始患其虚实也。"该文于同年 10 月 17 日被上海《字林西报》（英文报纸）转载，11 月 1 日，当时中国最有影响的报纸之一的《时务报》将该文翻译成中文予以刊载，一时之间，"东亚病夫"成为内忧外患的旧中国的代名词。至此，这一屈辱性称谓一直伴随着近代中国的发展，长达一个世纪之久。

直到 1949 年新中国的成立，古老的中华民族迎来了民族的解放，毛泽东亲笔题词"发展体育运动，增强人民体质"，并通过"劳卫制"等一系

---

① 张晓义等. 中国选择奥林匹克的历史必然 [J]. 体育学刊，2008（5）：7.
② 熊晓正，林登辕. 20 世纪中国人体育认识的轨迹 [J]. 体育文史，1997（1）：21－24.

列政策保障，甩掉了"东亚病夫"这一耻辱的帽子。告别了近代以来一个世纪的屈辱历史，走上了一条全新的发展道路。

二、求索之途

民族英雄林则徐"羸弱之旅与虎狼之师"的论断，隐含了朴素的体育——强身健体意识。此后，无论是主张"师夷长技以制夷"的洋务运动，还是力求"民富强力之本"的维新改革运动，体育都在社会变革中扮演了重要的角色。洋务运动中，为了训练新式军队，洋务派在引进西方先进武器，改革军事技艺的同时，还先后引进了英、美、德、日等国家军事训练的一种重要手段——兵操。期望能够通过军队的改造，达到抵抗列强侵略和维护封建统治的目的。甲午战争的溃败，埋葬了洋务运动的美好改革愿望，同时也引发了人们对洋务运动的反思，从而把以康有为、梁启超为代表的"维新运动"推上了历史的舞台。维新派高举"民富强力之本"的改革主张，通过改革教育，高度重视体育在人格培养和塑造民族精神，进而重塑国际形象方面的重要作用，从而确立了体育在现代教育中的基础地位，以血的代价唤醒了中华民族的体育意识，推动了近代中国体育的发展。

受维新改革运动的影响，我国体育的发展速度大大加快。就在此时，地球另一端的奥林匹克运动也以其不断扩大的世界影响传入中国。由此，中国体育开始了参与世界体坛竞争的艰难之旅。1907 年著名教育家张伯苓先生在天津基督教青年会运动会上发表以"奥林匹克"为主题的演讲，并且还在天津各学校进行了以奥运会模式为基本组织形式的各种运动会，至此，从天津的海平面上我们看到了奥林匹克运动在中国开展的晨曦。西方文明的成果在遥远的东方点燃了"星星之火"。1908 年《天津青年》的世纪拷问，拉开了中国参与奥林匹克运动的序曲。而 1913 年至 1934 年，举办了 10 届、持续了 20 年的远东运动会，既见证了中国体育首次走向世界的始末，更显示了一个主权旁落的半殖民地半封建落后国家维护国家主权和领土完整的殊死抗争和万般无奈。

1928 年，中华全国体育协进会干事宋如海的阿姆斯特丹奥运之旅，第

一次为国人带回了现代奥林匹克运动的真实画面。1932 年，带着国家和民族的重托，刘长春单刀赴会，踏上了让无数中国人魂牵梦萦的奥运赛场，实现了中国运动员参与奥运会的梦想；1936 年，一个规模庞大的中国体育代表团出现在柏林，结束了没有一支队伍参加奥运会的历史；1948 年，风雨漂泊的国民党政府代表旧中国派出了最后一支代表队参加了伦敦奥运会，以零的记录结束了近代中国参与奥林匹克运动的艰难探索。

三、崛起之路

以 1949 年中华人民共和国的成立为标志，灾难深重的中华民族以巨大的牺牲告别了近代屈辱历史，中国的发展翻开了历史新篇章。但是，改善民族体魄、重塑民族形象与国家尊严的历史使命则刚刚拉开序幕。新中国成立初期，社会百废待兴，民族体质羸弱、体育运动水平低下、专业人才匮乏、体育场馆数量屈指可数。

1949 年受党中央委托，共青团中央在北京发起召开了全国体育工作者代表大会，成立了中华全国体育总会筹备会，提出了建设"民主的、科学的、大众的"新体育，为"人民的健康、新民主主义的建设和人民的国防而发展体育"。[①] 1952 年 6 月 20 日，毛泽东为中华全国体育总会成立大会题词"发展体育运动，增强人民体质"，指明了中华人民共和国体育事业的任务和发展方向。1954 年，又提出了"开展群众性体育运动，使体育运动普及和经常化"的具体工作方针。此后，随着国家对竞技体育工作的重视，体育事业发展逐步由"普及和经常化"逐步转变为"普及和提高相结合"，为中国竞技体育走向世界奠定了基础。

建设"新体育"的同时，新中国积极地走向世界，参与国际竞技体育的竞争。1952 年，在收到奥委会邀请函时间已晚的情况下，及时组团将五星红旗升起在赫尔辛基奥运会的主会场。至此，新中国开始了艰难的竞技

---

① 冯文彬. 新民主主义的国民体育——在全国体育总会筹备会议上的报告［J］. 新体育，1950（1）：8.

体育发展之路。初期，中国体育仿效前苏联建立起了一套较为完整的体育管理体制，为迅速提高运动技术水平打下了制度基础。1956 年，毛泽东自豪地说："过去说中国是'老大帝国'，'东亚病夫'，经济落后，文化也落后，又不讲卫生，打球也不行，游水也不行，女人是小脚，男人留辫子，还有太监，中国的月亮也不那么很好，外国的月亮总是比较清爽一点，总而言之，坏事不少。但是，经过这六年的改革，我们把中国的面貌改变了。我们的成绩是谁也否认不了的。"①

1958 年，因为台湾问题，新中国宣布断绝同国际奥委会以及绝大多数国际单项体育联合会的联系。在与国际奥委会隔绝的 29 年中，中国体育并没有停止发展的步伐。以 1959 年和 1965 年两次全运会的召开为标志，中国体育迎来了两个发展高峰。即使在国内外环境极端恶劣的 60 年代初期，也通过"缩短战线、保证重点"的发展方针，保证了竞技体育的发展。1963 年，在限制与反限制的斗争中，促成了"新兴力量运动会"的成功举办，新中国运动员第一次向世界全面展示了竞技体育的实力。竞技体育所取得的优异成绩，被誉为"精神原子弹"，极大地鼓舞了处于困境中的社会主义建设事业。此后，随着"乒乓外交"的成功，1974 年，中国体育代表团出现在德黑兰第七届亚运会赛场，突破重围的中国体育，拉开走向世界的帷幕。1979 年，经过 20 余年坚持原则的斗争，我国创造了解决台湾海峡两岸运动员同场竞技的"奥运模式"，恢复了我国在国际奥委会中的合法席位，开拓了中国竞技体育全面走向世界的通途。

1984 年，在刘长春单刀赴会的洛杉矶，改革开放的中国派出了一个庞大的代表团，许海峰以 566 环的成绩为中国争得第一枚奥运金牌。此时，美国人以他们特有的敏感告诫世界："中国从神秘的帷幕之后走出来，以一个长期睡梦觉醒的巨人的姿态突然出现在奥运会上"。② 这届奥运会上，中国体育代表团以 15 枚金牌向世界展示了励精图治的体育辉煌。之后，中国

---

① 郑志林. 识"东亚病夫"［J］. 浙江体育科学，1999，21（2）：47.
② 熊晓正. 中国体育［M］. 北京：北京出版社，1995：113.

体育军团向着"更快、更高、更强"的目标，一路高歌，直至达到 2004 年雅典奥运会金牌第二位的新高度。一个半世纪以来无数仁人志士的奥运梦想终于得以实现，中华民族以自身的努力赢得了世界的尊重与认可。

四、奋发之举

改革开放以后，中国社会的发展取得了前所未有的进步：经济飞速发展、政治稳定、民族团结、文化发展生机勃勃，一个崭新的中国在世界舞台上终于找到自己的坐标。依托于日渐强盛的综合国力，1990 年中国成功地举办了第 11 届亚运会，向世界展示了中国改革开放的伟大成就。1991年，中国北京正式向国际奥委会提交了申办 2000 年奥运会的申请。经过两年多的努力，虽然最终以两票之差惜败于悉尼，但是围绕申办奥运会而开展的大量工作，不仅让世界进一步认识和了解了中国，还有力推动了我国体育事业的整体发展水平，为后来的奥运申办工作打下了坚实的基础。1998 年，北京再次提出申办 2008 年夏季奥运会的申请，这一次，国际社会再也没有拒绝中国。

2001 年 7 月 13 日在莫斯科，国际奥委会第 112 次全会通过两轮投票，最终将 29 届夏季奥运会的举办权交给了北京。从 1908 年到 2008 年，中华民族用了整整 100 年，把奥林匹克运动第一次带到了古老的华夏文明大地。在这风云变幻的 100 年里，沧海桑田，唯一不变的是中华民族的奥运情结。就像 2001 年北京申奥代表何振梁在总结陈述中向国际奥委会委员们表示："多年来，中国人对于奥林匹克理想不懈追求，像奥林匹克信仰一样毫不动摇，在我的职业生涯中，我希望将奥林匹克带入中国，让我的祖国和人民体验奥林匹克……如果举办 2008 年的奥运会能够授予北京，我们可以向你们保证，7 年后的北京，会让你们为今天的决定而自豪！"①

这是富强起来的中国人民向世界宣告的骄傲声音。历史再一次以其公正的笔录记下了当代中国的崛起。从东亚病夫到体育大国，中国体育走过

---

① 何振梁在两次申奥时的陈述［J］. 今日中国论坛，2008（1）：2.

了一条艰苦的奋斗之路。在这背后，则是近代以来中华民族百年奋斗的缩影。也标志着自鸦片战争以来无数先贤毕生追求的民族独立、人民解放、国家富强和人民富裕的历史使命已经顺利实现，而体育所承载的改善民族体质、改变民族形象的重任也已经顺利完成。

第三节　民族复兴背景下的北京奥运会

在地球这个椭圆形的跑道上，各个国家和民族之间综合实力的比赛从未停止过。在这种激烈的角逐中，每一个国家和民族都有自己不灭的梦想。中华民族的梦想就是建设独立、民主、文明、富强的现代化国家，实现民族的伟大复兴。1949 年中华人民共和国的成立，迈出了民族复兴的伟大历程的第一步，1978 年改革开放政策的出台，进一步加速了这一历史进程。在这个过程中，体育和奥林匹克运动也以自身的努力，勇敢地融入了中华民族复兴的伟大历史进程中，并且发挥了重要的作用。因此，民族的崛起和强大是中国体育崛起和申奥成功的前提，体育的崛起和申奥的成功则是中国崛起和强大的标志之一。

一、中国的崛起

二战以后，随着现代奥运会规模迅速扩大，奥林匹克运动的国际影响力也迅速提升。特别是 1984 年洛杉矶奥运会把奥林匹克运动巨大的经济价值挖掘出来后，其已经成为对举办城市和国家政治、经济、文化、教育等诸多领域产生广泛影响的世界性活动。奥林匹克运动的价值认同在全球范围内迅速提升，直接引发了世界各国竞相争夺举办奥运会。最近几届举办权的争夺竞争更加激烈。这是因为，奥运会举办权的获得不仅为促进东道主经济发展注入了强大的推动力，而且还给了东道主向世界展示自己形象的舞台，其经济价值、政治价值、文化价值不可估量。因此，从某种意义上讲，奥运会举办权的获得也是东道主获得国际认可的重要标志。对于当代中国而言，北京申奥的成功和奥运会的成功举办，标志着中国正在实现

全方位的崛起。

（一）经济实力快速提升

当前经济发展水平已经成为衡量一个国家综合国力的首要指标。由于奥运会是世界上规模最大的国际性活动，要顺利举办这一活动，需要举办城市和国家有足够的经济实力来应对各种必要的运营支出。因此，国际奥委会在遴选举办城市时，经济实力就成为首要考虑的因素。通过对历届现代奥运会举办城市和国家的分析可以看出，绝大多数都是在当时经济实力较强的国家和城市举办的。从这个意义上讲，北京申奥的成功，也预示着北京乃至整个中国经济实力有了快速增长。从中国经济发展的现实情况来看，改革开放以来，中国经济发展水平保持了年均9%的高速增长势头，是当前世界上增长水平最快的国家之一。经过近30年的高速增长，中国经济已经发生了翻天覆地的变化：在经济总量方面，1978年至2005年，中国的GDP由3624.1亿元猛增至183084.8亿元。按2005年汇率计算，中国GDP总量已跃居世界第四位。中国进出口总额从355亿元增至116921.8亿元，进出口贸易额占GDP比重从9.7%增至64%，已经成为当代世界第三贸易大国。在外汇储备方面，2006年中国外汇储备达到10663亿美元，为世界第一外汇储备大国。因此，不论从哪个方面看，中国已经成为当代全球名副其实的经济大国①。

（二）民主政治发展水平不断提高

奥林匹克运动是西方文明的产物，是一种建立在以直接的身体对抗为主要表现形式的人类竞争，因此公平竞争是其核心价值观。公平竞争的价值观延伸到日常生活中表现为人与人之间权利的公平；延伸到国家与国家的关系中，则表现为抛开国家实力的大小的划分，国与国之间在关系上的平等。可以说，奥林匹克运动天生就是民主政治的温床。

历史上，由于意识形态的差异，中国与西方国家在民主政治方面有过尖锐的对立。但是随着时代的变迁，东西方的关系也从对立逐步走向缓和

---

① 高帆. 中国走向大国经济面临的挑战 [J]. 战略管理, 2007 (3)：8-11.

并向全球一体化逐渐发展。中国的民主政治也在这样的背景下，通过坚持不懈的工作，逐步建立起了一个政治更加民主、法制更加健全、政局更加稳定的现代化国家。

从整体情况来看，目前中国政局稳定、民主发展、文化昌明，主要表现在国家政权十分稳固、政治局势平稳、社会秩序良好、人心安定。在维护国家主权和领土完整方面，中国向世界做出了积极的表率：在"一国两制"、"港人治港"、"澳人治澳"的模式下，香港、澳门的和平回归与平稳过渡，有力地促进了中国政治、经济的发展，还为世界和平做出了积极贡献。台湾问题虽然还未彻底解决，但是中国人民正在为之进行最大的努力，和平解决台湾问题也是中国历史发展的必然趋势。

民主法制建设取得重大进步：通过稳步推进政治体制改革，人民代表大会制度、中国共产党领导的多党合作和政治协商制度、民族区域自治制度不断完善，基层民主活力增强，人权事业健康发展，爱国统一战线发展壮大，中国特色社会主义法律体系基本形成，依法治国基本方略切实贯彻，行政管理体制、司法体制改革不断深化。

文化建设开创新局面：社会主义核心价值体系建设扎实推进，马克思主义理论研究和建设工程成效明显，思想道德建设广泛开展，全社会文明程度进一步提高，文化体制改革取得重要进展，文化事业和文化产业快速发展，人民精神文化生活更加丰富，全民健身和竞技体育取得新成绩。

社会建设全面展开：各级各类教育迅速发展，农村免费义务教育全面实现，就业规模日益扩大。社会保障体系建设进一步加强。公共卫生体系和基本医疗服务不断健全，人民健康水平不断提高。社会管理逐步完善，社会大局稳定，人民安居乐业。[①]

（三）国际影响力日渐提高

改革开放以来，随着中国综合国力的迅速提升，中国在国际社会的影

---

① 胡锦涛. 高举中国特色社会主义伟大旗帜，为夺取全面建设小康社会新胜利而奋斗——在中国共产党第十七次全国代表大会上的报告［EB/OL］. 新华网，2007－10－24.

响力也日渐提高。中国政府历来倡导的"和平发展"理念深得世界各国的赞同，一个以维护世界和平为己任、勇于承担世界责任的中国正日益受到国际社会的重视与信赖。主要表现在以下几个方面：

积极参与多边对话与合作。中国以前所未有的姿态参加地区多边政治、经济、安全的对话与合作，为促进亚洲的和平与稳定发挥了重要的作用。我国同朝鲜、韩国都维持和发展友好关系，参加旨在建立朝鲜半岛和平机制的六方会谈，为维持朝鲜半岛及东北亚地区的和平与稳定做出了建设性贡献。

同大国和发达国家的关系逐步改善和发展。1997 年 10 月和 1999 年 6 月，时任国家主席的江泽民和美国总统克林顿相互进行访问；上世纪 90 年代以来，中俄关系进入相互尊重、睦邻友好的新阶段，宣布"平等信任、面向 21 世纪的战略协作伙伴关系"；中国同欧盟及其他欧洲国家，同北美国家的关系也取得了令人满意的成效。

多边外交拓展取得显著成效。20 世纪 90 年代之后，各种形式的多边外交在国际政治中占据着越来越重要的地位，世界政治格局正向多极化方向转变。随着科学技术的迅速发展，国际经济一体化的进程正在加速，全球出现了大量的问题需要解决。为此，多方的对话、协商、合作是大势所趋。面对这种形势，中国以积极的姿态参与和开展多边外交活动，扩大了外交工作的领域，并取得了显著的成效。

在国际事务中发挥着越来越重要的作用。在联合国改革问题上，中国的主张得到了大多数国家的赞同；对联合国和其他国际组织维护和平的事业，中国站在公正的立场上给予有力支持；中国为推动两伊战争问题、柬埔寨问题等重大地区冲突的公正、合理解决发挥了重要的作用；近年来，中国还积极参及联合国维和行动和联合国组织的大选监督等工作。

进入 21 世纪，我国的全方位外交取得重大进展，为全面建设小康社会争取了良好国际环境。中国经济、科技实力的增强，使中国在国际事务中的角色更加重要，影响力不断上升。尤其是"9·11"事件后，中国在国际反恐合作及主导推动"朝核六方会谈"等方面，充分显示了巨大的国际影响力与日益上升的国际地位，也充分显示出中国是一个负责任的世界大国。

二、中国崛起的世界影响

随着当代全球化进程不断加快、全球化发展水平的不断深入，世界各国的发展都被纳入全球化体系之中，任何一个国家的发展壮大都离不开世界范围内的认可与合作。因此，对于正在走向崛起的中国来说，民族复兴、国家崛起目标的实现除了需要我们励精图治，提高自身综合实力之外，还必须依靠世界各国的支持与合作。换言之，只有世界对中国发展的认可，中国的发展道路才会更加顺利。而北京奥运会的成功申办，有力地彰显了中国的国际影响不断扩大。事实也有力地证明自改革开放以来，中国在自身快速发展的同时，对世界的发展作出了积极的贡献。正因为如此，当1998年中国再次提出申办奥运会后，国际社会普遍给予中国以极大的支持与鼓励，就连一向对中国持保留意见的英美等国家也都表现出罕见的支持，这既体现了国际社会对中国发展的认同，也表达了国际社会对中国为世界和平、稳定、发展所作积极贡献的肯定。

经济上，中国经济的飞速发展对世界经济的发展提供了强劲的动力。上世纪50年代至70年代，由于第三次科技革命的广泛影响，世界经济出现了一个前所未有的黄金发展时期。但是，进入上世纪80年代以后，世界经济普遍出现了一个发展的颓势，不仅发展速度迅速减缓，许多国家还出现了不同程度的下滑。而在此时，中国却由于改革开放政策的实施，迎来了一个经济高速增长期。同时，由于市场的开放，中国广阔的市场需求为世界经济发展提供了巨大的动力。在上世纪末期亚洲金融危机中，中国政府为了维持世界经济的稳定，坚持人民币不贬值，以巨大的经济代价换取了世界经济秩序的稳定，为世界经济的发展做出了卓越的贡献，此举受到世界各国的高度评价。

政治上，由于近年来国际局部冲突进一步激化，世界和平遭受到严重的威胁。在这个过程中，中国政府一贯倡导的独立自主、和平崛起的发展

战略受到世界各国的赞同。同时，中国政府也积极参与到世界事务中，为维护世界稳定贡献力量。例如，从上世纪 90 年代起解决海湾战争、科索沃战争、巴以冲突、阿富汗战争等问题，到当前处理伊拉克冲突、朝韩冲突等重大国际事务，中国始终都是重要的力量。在解决这些事务中，中国政府所体现出来的大国风范深刻影响了世界政治格局。特别是"9·11"事件以后，中国在国际反恐问题、世界气候变暖问题、能源危机问题等问题上表现出来的对世界负责任的态度，更是深刻影响了国际社会对中国的评价。

文化上，伴随着中国经济实力的增长和国家政治地位的提升，中国文化也逐步走出国门，走向世界，对世界文化产生了重要的影响。当前风靡世界的"汉语热"、"孔子热"等"中国文化热"现象有力地证明了这一点。同时，以倡导"天人合一"、"和合与共"等和谐理念为核心的儒家文化对当代世界的发展提供了重要的方法论意义和实践价值。特别是和谐理念的回归和传播，对于解决当前世界上所发生的各种冲突和矛盾具有重要的方法论意义。

三、北京奥运会与中华民族伟大复兴

对于北京奥运会成功举办的重大意义，胡锦涛总书记深刻地指出："百年奥运梦想成功实现，这是我们在实现中华民族伟大复兴征程上的又一次历史性跨越，也是我们沿着中国特色社会主义道路奋勇前进的又一个新的起跑线。"

中华民族的伟大复兴，是相对于中华民族古代文明的繁荣昌盛而言的。中华民族在古代曾经创造了高度繁荣昌盛的文明。从春秋战国时代到"康乾盛世"，在长达 2000 年的时间里，中华民族经济发达、科技领先、文化繁荣，走在了同时期人类文明发展的前列。实现中华民族的伟大复兴，指的是中华民族要通过和平发展，再次走在世界前列。

中华民族的伟大复兴，是相对于中华民族近代文明衰落与民族危亡而言的。随着西方资本主义文明的兴起与扩张，古老的中华文明逐步走向衰落。西方资产阶级的思想解放运动与中国封建主义的思想禁锢，西方近代

自然科学的黎明与中国传统科学技术的黄昏，西方市场经济机制的确立与中国自然经济机制的延续，西方产业革命的高歌猛进与中国农业、手工业发展的停滞不前……种种差距使中华民族的发展落在了后面。落后就要挨打，文明衰落必然导致民族危亡。鸦片战争后，中国的国门被打开，主权遭践踏，领土被分割，跌到了文明发展的谷底。1921 年中国共产党成立，领导中华民族踏上了实现伟大复兴的漫漫征程。中华民族的伟大复兴，是相对于中华民族文明发展的历史延续性而言的。古代文明繁荣昌盛的国家或民族必须保持自己民族文明发展的历史延续性，从未发生过文明的断裂，才谈得上文明的复兴。在繁荣昌盛的世界古代文明中，只有中华文明发展绵延了 5000 年，其间虽然也经历过战乱、分裂与改朝换代，但始终保持着文明发展的历史延续性，从未出现过文明史或文化史的断裂。

北京获得 2008 年奥运会主办权，是中国在提高国际地位方面所树立起的又一座里程碑，是中华民族伟大复兴历程中又一大盛事。"北京申奥成功，证明世界对中国已有充分的认识和了解，并对中国的国力予以肯定。使西方人进一步认识到，再也不能将逐渐强大的中国排除在地球村以外。中国终于在列强中间站起来了。能获得奥运会主办权已经证明了中国作为一个外交大国的地位，这不仅是因为它是联合国安理会的一个会员国，而是因为它在国际外交舞台上已经发挥着积极的作用。她的领导人几乎走遍了全世界，中国政府正在越来越多地参与它所在地区以外的事物，并赢得了全世界的承认，中国将在所有领域变得更加强大、更具影响力。"①

---

① 彭杰，童昭岗. 从社会心理层面论北京申奥成功的原因及其影响 [J]. 南京体育学院学报，2003（5）：11－14.

第二章　北京奥运会成功举办的伟大意义

第一节　彰显中国特色社会主义道路强大生命力

一、充分展示了中国特色社会主义道路的强大生命力和无限活力

中国特色社会主义道路，就是在中国共产党领导下，立足基本国情，以经济建设为中心，坚持四项基本原则，坚持改革开放，解放和发展社会生产力，巩固和完善社会主义制度，建设社会主义市场经济、社会主义民主政治、社会主义先进文化、社会主义和谐社会，建设富强民主文明和谐的社会主义现代化国家。胡锦涛总书记指出："中国特色社会主义道路之所以完全正确、之所以能够引领中国发展进步，关键在于我们既坚持了科学社会主义的基本原则，又根据我国实际和时代特征赋予其鲜明的中国特色。在当代中国，坚持中国特色社会主义道路，就是真正坚持社会主义。"①

北京奥运会的成功举办是中国特色社会主义在实践中取得的巨大成就，是我国在坚定不移地走中国特色社会主义道路上取得的又一辉煌胜利。通过北京奥运会的申办、筹办与成功举办，向世界成功展示了中国特色社会主义道路的无限生机与活力，提高了国际认同，增强了全国人民坚定不移地走中国特色社会主义道路的决心和信心。使北京奥运会成为建设中国特色社会主义道路的新的起跑线。

---

① 胡锦涛．高举中国特色社会主义伟大旗帜，为夺取全面建设小康社会新胜利而奋斗——在中国共产党第十七次全国代表大会上的报告［EB/OL］．新华网，2007－10－24.

二、充分体现了社会主义制度集中力量办大事的优越性

"集中力量办大事"是我们的巨大政治优势。在新中国发展史上取得过无数震惊世界的辉煌成就，如两弹一星、青藏铁路、载人航天、抗震救灾、北京奥运、应对全球性金融危机等这些足以震惊世界的"大事"，哪一个不是凭了"集中力量办大事"的社会主义优越性完成的？正是有了这种制度保证和政治优势，才使得我们在经济及科技尚不发达的基本国情下，办成了一件件连许多发达国家也做不到的事情，创造了一项项的奇迹，在一个个领域实现了跨越式发展。很多时候，我们仅用了短短几年或十几年工夫，就走完别人需几十年才能走完的路。我们完全可以自豪地说，这种举国上下拧成一股劲的伟大精神，这种集中起来办大事的无穷力量，是世界上任何国家都很难比拟的。

北京奥运会的成功举办是社会主义集中力量办大事巨大制度优势的又一充分体现。对此，2008 年 9 月 29 日，胡锦涛总书记在《北京奥运会、残奥会总结表彰大会上的讲话》中深刻地指出："举办北京奥运会、残奥会涉及的领域、部门、地区众多，需要举全国之力。围绕成功举办北京奥运会、残奥会这个中心任务，中央奥运筹办工作领导小组加强统筹协调，各有关部门加强配合，跨部门协调小组密切协作，各省区市讲大局、讲风格，形成了上下贯通、内外衔接、协调运行的工作格局。北京市周边各省区市为北京奥运会、残奥会安全保卫、空气质量、交通保障等工作提供了全天候、全方位的有力支持。全国各行各业自觉服从和保证奥运大局，主动把困难留给自己，把方便让给奥运，凝聚成办好北京奥运会、残奥会的强大合力。举国上下同心同德、同舟共济，这是北京奥运会、残奥会成功举办的强大力量，也是我国改革开放和社会主义现代化事业不断前进的强大力量。"[1]

---

[1] 胡锦涛. 在北京奥运会、残奥会总结表彰大会上的讲话 [N]. 人民日报, 2008-9-30.

三、充分体现了竞技体育举国体制的优越性

在北京奥运会上，中国共有639名运动员参加了28个大项、38个分项、262个小项的比赛，经过顽强拼搏，中国体育代表团圆满完成了北京奥运会各项参赛任务，取得了运动成绩和精神文明双丰收，大力弘扬了顽强拼搏、为国争光的中华体育精神，弘扬"更快、更高、更强"的奥林匹克精神，出色完成了各项参赛任务，以51枚金牌、100枚奖牌的优异成绩首度位列奥运会金牌榜榜首。中国运动员展现出了良好的精神风貌和体育道德风尚。在北京奥运会上，中国运动员以良好的道德作风和文明礼仪，向全世界展现了新一代中国青年的精神风貌。他们虚心向各国各地区代表团学习，加强友好交流，增进友谊，他们与世界各国各地区的运动员一起实践了更快、更高、更强，团结、友谊、进步的奥林匹克精神和理想，使奥运会的赛场成为世界各国人民友好交流的大舞台，使本次奥运会成为和平、和谐、欢乐、进步的体育盛宴。激发了广大群众的健身热情。北京奥运会在中国掀起了奥运热、体育热，中国运动员和各国各地区运动员在北京奥运会上的精彩表现，更进一步激发了广大群众的体育热情，增强了全社会的体育意识，将有效地促进群众体育的蓬勃发展，促进中国体育的全面进步。

中国竞技体育在北京奥运会上取得的历史性突破，是竞技体育举国体制的重大胜利，是社会主义制度优越性在体育领域的充分体现。在社会主义初级阶段的历史条件下，我国竞技体育的举国体制是与其发展目标相适应的，是我们实现奥运战略的最有力支撑和保障。竞技体育举国体制就是集中有限的人力、物力和财力，最大限度地调动各方面的积极性，有效配置全国的竞技体育资源，上下形成合力，努力提高竞技体育水平，创造优异运动成绩，为国增光。①

---

①　国家体育总局.体育事业"十一五"规划［EB/OL］.国家体育总局网站，2006 – 07 –
27.

第二节 充分体现中国共产党的先进性

一、北京奥运会的成功申办是中国共产党正确决策的结果

先进的事业，需要先进的政党来领导；先进的政党，推动着先进的事业大步向前。北京成功申办奥运会是在几代中央领导集体对国际国内发展格局做出深刻分析和判断的基础上做出的一项重大决策。北京奥运会申办成功凝聚着几代中央领导集体的高超智慧和无数心血，是中国共产党在领导中国特色社会主义宏伟事业中取得的又一伟大胜利。

二、北京奥运会的顺利筹办是中国共产党坚强领导的结果

中国共产党作为领导我们事业的核心力量，是北京奥运会顺利筹办的坚强领导核心。筹办奥运会是一项纷繁复杂的系统工程，是对我国国家动员能力和综合国力的一次大检阅。正是有了党的坚强领导，北京奥运会的各项筹办工作才能克服重重困难，才能取得筹办工作的一个又一个胜利。

三、北京奥运会的成功举办是中国共产党直接领导的结果

北京奥运会从申办、筹办到成功举办，整个工作都是在党中央的直接领导下胜利完成的。党的十六大、十七大都把举办奥运会列为全党全国的重要任务。胡锦涛总书记和中央其他领导同志多次视察筹备工作，并作了一系列重要指示；中央政治局每年都多次研究奥运筹办工作；在临会时期，中央还专门成立了奥运领导小组统筹指导筹办工作。7 年的筹办过程中，我们直面非典疫情等一个个严峻挑战，在党中央坚强领导下，在全国人民大力支持下，北京奥运会筹办工作始终有条不紊地向前推进。2008 年，奥运筹办的决战决胜之年，接二连三的磨难，又一次次考验中国人民的意志。短短 5 个月里，先有南方罕见的低温雨雪冰冻灾害，后有拉萨打砸抢烧暴

力事件，继而出现奥运火炬境外传递屡受干扰，然后又发生震惊中外的四川汶川特大地震。纵观现代奥林匹克运动的百余年历史，还很少有奥运会的东道主像中国这样，在盛会开幕前的短短几个月中，面临如此众多、如此复杂、如此严峻的困难和挑战。在一次次考验、挑战面前，以胡锦涛同志为总书记的党中央从容镇定，高瞻远瞩，团结带领全国人民迎难而上，奥运会各项筹备工作紧张而有序地顺利进行①。在北京奥运会开幕前，国际社会最为关注、中国百姓甚为关心、与赛事和运动员密不可分的交通、环保、场馆、市场开发、奥运村、火炬登珠峰等项指标都已达标。北京奥运会正是通过良好的组织、周到的服务、一流的设施，赢得了世界各地运动员和国际社会的高度评价。

四、北京奥运会的成功再次体现了党的先进性

党的三代中央领导集体和以胡锦涛同志为总书记的党中央，都把加强党的建设作为中国特色社会主义事业一项十分重要的任务抓住不放。胡锦涛总书记强调："我们党要带领人民夺取全面建设小康社会新胜利，开创中国特色社会主义事业新局面，关键是要抓好党的自身建设。必须坚持党要管党、从严治党，继续推进党的建设新的伟大工程。"

2004 年，中国共产党通过了党的历史上第一份关于加强党的执政能力建设的纲领性文件《中共中央关于加强党的执政能力建设的决定》。这是以胡锦涛同志为总书记的党中央，推进党的建设新的伟大工程、开创中国特色社会主义伟大事业新局面的行动指南；回首北京奥运会取得的巨大成就和走过的不平凡历程，没有党的领导，我们就不可能经受住国内外各种风险的考验，更不可能取得北京奥运会的重大胜利。北京奥运会的成功举办充分体现了中国共产党作为中国特色社会主义事业的领导核心，是代表中国先进生产力的发展要求，代表中国先进文化的前进方向，代表中国最广大人民的根本利益的先进政党。

---

① 孙承斌，等．永远的奥林匹克 [EB/OL]．新华网，2008 - 08 - 06.

第三节　展示改革开放 30 年成就

一、充分展示了我国改革开放 30 年的辉煌成就

举办奥运会需要举办国具有强大的综合国力为基础，这也是在北京举办奥运会以前的历届奥运会集中于少数发达国家举办的重要原因之一。

一九七八年，我们党召开具有重大历史意义的十一届三中全会，开启了改革开放历史新时期。从那时以来，中国共产党人和中国人民以一往无前的进取精神和波澜壮阔的创新实践，谱写了中华民族自强不息、顽强奋进新的壮丽史诗，中国人民的面貌、社会主义中国的面貌发生了历史性变化[①]。改革开放 30 年我国经济从一度濒于崩溃的边缘发展到总量跃至世界第四、进出口总额位居世界第三，人民生活从温饱不足发展到总体小康，农村贫困人口从两亿五千多万减少到两千多万，政治建设、文化建设、社会建设取得举世瞩目的成就。中国的发展，不仅使中国人民稳定地走上了富裕安康的广阔道路，而且为世界经济发展和人类文明进步作出了重大贡献。我国改革开放 30 年所取得的辉煌成就、持续增强的综合国力为北京奥运会的成功举办提供了坚实的物质基础。

奥运会是当今世界最大规模的综合性体育盛会、文化盛典，是展示国家、民族形象的绝佳舞台。通过北京奥运会的成功举办，我们向全世界集中展示了改革开放 30 年中国人民取得的伟大成就，让世界如此近距离地感受改革开放 30 年中国在政治、经济、文化、社会建设等领域发生的翻天覆地的巨大变化。北京奥运会打开了一扇国际社会理解中国的大门，开放的中国令世界耳目一新。

---

① 胡锦涛. 高举中国特色社会主义伟大旗帜，为夺取全面建设小康社会新胜利而奋斗——在中国共产党第十七次全国代表大会上的报告 [EB/OL]. 新华网，2007 – 10 – 24.

二、促进了对外开放的进一步发展

北京奥运会之所以被称为"中国改革开放的新界标"，是因为它传递着今日中国走向世界的强烈愿望。北京奥运会的筹办和成功举办，始终坚持改革创新、坚持与国际接轨：一改过去体育场馆一般由政府投资、主管部门经营、出现亏损由政府部门补贴的做法，国家体育场"鸟巢"等奥运场馆的设计建设进行体制和机制创新，实行"政府引导、市场化运作"的建设和运营模式。实践"绿色奥运、科技奥运、人文奥运"理念。申奥期间，北京奥申委邀请20多个民间环保组织一起制定《奥运行动计划》；申奥成功后，继续聘任著名环保人士为环境顾问，为筹办绿色奥运出谋划策。北京奥运工程向全球招标。中外投资者在平等基础上通过公开竞标方式，参与北京奥运会场馆设施的设计、建设和运营。气势恢弘的国家体育场"鸟巢"、新颖别致的"水立方"以及现代时尚、充满力量感的五棵松篮球馆等，无不是中外设计大师们联手打造的精品。大力推进信息公开，为记者采访提供便利。2007年1月1日颁布的《北京奥运会及其筹备期间外国记者在华采访规定》明确规定，外国记者在华采访，只需征得被采访单位和个人的同意。总之，北京奥运会的成功举办是中国进一步走向国际化的例证。

此外，北京奥运会是坚持开展国际交流合作的生动体现。奥运会、残奥会是世界体育盛会，必须得到国际社会支持和配合。在北京奥运会申办、筹办过程中，我们顺应和平与发展的时代潮流，提出"同一个世界、同一个梦想"的响亮口号，把中国人民和世界各国人民的共同愿望连接在携手办好北京奥运会、残奥会这个聚焦点上。我们加强同国际奥委会、国际残奥委会、国际奥林匹克大家庭、国际残奥大家庭的合作，积极争取国际社会、各国政府和人民的支持。北京奥运会火炬境外接力传递先后在五大洲19个城市进行，受到当地政府和人民积极支持和热情欢迎。"鸟巢"、"水立方"等奥运场馆设计和建造凝聚了世界许多设计大师的智慧和心血。奥运志愿者招募以及会徽、主题口号、吉祥物征集得到世界各国人民热烈响应。北京奥运会、残奥会让世界各国人民相聚北京、相聚在五环旗下，成为世界各国人民加强交流、加深理解、增进友谊的盛会，使世界进一步了解了中国，也使中国进一步走向世界。

最后，通过举办奥运会，中国人民更加增强了民族自豪感和凝聚力，增强了对社会主义中国和平发展的信心，也使全世界进一步了解、正视、尊重中国的社会制度和发展模式。改革开放30年，中国已不再是世界舞台上蹒跚学步的迟到者。在全球化的语境中，中国的形象不仅体现在"中国制造"，也不仅体现在体育健儿曾经取得的163块奥运金牌。在融入经济全球化的浪潮之后，今天的中国人比以往任何时候都更关注国家的形象和社会的进步，具备更加开阔的视野和胸怀。30年改革开放的进程带来了综合国力的迅速增长和国民素质的全面提高，赢得了全球关注的目光和快速发展的外部环境，获得了世界的厚望和信任①。通过举办奥运会，加快了中国的开放步伐，使全世界清晰地看到一个发展进步、友好和谐、重诺守信、尊重国际规则的中国，有助于中国进一步走向世界。

三、充分展现了中国人崭新的思想风貌和文明素质

北京奥运会期间，从信息的主动公开，到公民的积极参与、观众心态的平和、志愿者精神的闪光，都反映着中国社会的文明进步，是奥运会珍贵的遗产。一个国家和民族的文明与成熟，取决于民众的整体素质与心态。改革开放以来，国人从封闭、僵化的状态中走出来，逐步形成了求真务实、勇于变革、开拓创新的良好氛围，价值观向多元多样转变，科学、民主、文明、生态、公平等新的理念成为社会主流思想和价值尺度；人们的文化观从泛政治化、排斥否定西方及外来文化，转变为在开放包容中不断接纳西方文化的先进因子，逐步形成了中国特色的社会主义文化。中国人在精神面貌、思想观念上所发生的翻天覆地的变化，是北京奥运会能够成功举办的内在动力。

---

① 任仲平. 北京拥抱世界［J］. 中国民营科技与经济，2008（8）：22.

四、党带领全国各族人民不断解放思想的又一重大胜利

十七大报告中指出，解放思想是发展中国特色社会主义的一大法宝。邓小平同志曾经指出："一个党、一个国家，一个民族，如果一切从本本出发，思想僵化，迷信盛行，那它就不能前进，它的生机就停止了，就要亡党亡国。""只有思想解放了，我们才能正确地以马列主义、毛泽东思想为指导，解决过去遗留的问题，解决新出现的一系列问题，正确地改革同生产力迅速发展不相适应的生产关系和上层建筑，根据我国的实际情况，确定实现四个现代化的具体道路、方针、方法和措施。"①2007 年 6 月，胡锦涛同志在中央党校发表的重要讲话中号召"继续解放思想"，指出："解放思想是党的思想路线的本质要求，是应对前进道路上各种新情况新问题、不断开创事业新局面的一大法宝，必须坚定不移地加以坚持。"② 一个"继续"，一个"必须坚定不移地加以坚持"，突显了在新时期新阶段不断解放思想对于发展中国特色社会主义的极端重要性。

北京奥运会的成功举办是不断解放思想、与时俱进、改革创新的结果。举办奥运会对于我国来说是一项前所未有的崭新事业，任务艰巨，挑战与机遇并存。北京奥运会在筹办过程中取得的每一次重大突破，每一个重要进步，都是解放思想、与时俱进、改革创新的结果。北京奥运会从申办、筹办到成功举办，是运用解放思想这个法宝不断冲破陈旧观念的束缚、破除体制机制障碍的过程。正是一次次思想解放，使我们不断进入全面、客观认识奥运筹办这一事物的新境界，不断推动着奥运筹办的体制机制创新。我们靠解放思想这一法宝，突破了旧的思维方式，突破了旧体制的束缚，使北京奥运会取得了举世公认的伟大成就。

---

① 邓小平. 解放思想，实事求是，团结一致向前看（1978 年 12 月 13 日）［C］. 邓小平文选（第 2 卷），北京：人民出版社，1994：141.

② 胡锦涛. 在中央党校省部级干部进修班的讲话［EB/OL］. 人民网，2007 - 6 - 26.

第四节　谱写奥林匹克运动新篇章

一、北京奥运会广泛弘扬了奥林匹克精神

北京奥运会推动了奥林匹克运动的发展! 历经百年的奥林匹克运动作为一种现代文明, 奥运会作为一项全球盛会, 五环旗作为一面全人类共同的旗帜, 只有来到占世界人口五分之一的东方文明发源地, 才具有更加完整的定义。经过中国人民、国际奥委会和全世界的共同努力, 奥运圣火终于在古老而现代的中国熊熊燃烧, 这使奥林匹克运动更加具有广泛性和全球性, 也使这项源于西方的文明由于融合了东方中华文明的精髓而具有更加博大精深的内涵, 具有更大的感召力、影响力。这是中国给奥林匹克运动作出的巨大贡献。

2008 年北京奥运会, "将给中国和世界体育留下独一无二的宝贵遗产"。在占世界人口五分之一的中国举办奥运会, 是有史以来的第一次, 奥林匹克运动将更大规模地普及, 奥林匹克精神会更广泛地弘扬。

中国需要世界, 世界需要中国。奥运会上以"团结、友谊、和平"为主旨的交流有利于世界各国和地区消除隔阂、摒弃歧见、化解矛盾、增进了解, 从而达到建设和谐世界的目的。这不仅是中国的渴望, 也是全世界的憧憬。北京奥运会, 使全世界看到了一个执著追求富强、民主、开放、和平、友谊的大国形象。这是中华民族通过北京奥运会献给世界的一声最真诚的问候, 一份最珍贵的礼物。

二、北京奥运会实现了有特色高水平的奋斗目标

北京奥运会一届创造奇迹的奥运盛典。它创造了多项奥运之最: 国际贵宾之最——100 家和地区的政要相聚北京, 同台观看开、闭幕式; 参赛成员之最——204 个国家和地区, 北京奥运会成为有史以来参赛国家和地区最多的一届奥运会; 参赛运动员人数之最——1 万 1 千多名运动员; 电视转播

规模之最——45 亿观众，北京奥运会成为奥运会历史上转播规模最大的一次；刷新纪录之最——北京奥运会诞生了 38 项世界纪录，85 项奥运会纪录；金牌数之最——302 块金牌，28 个大项 302 个小项；获奖牌国家和地区数之最——蒙古、多哥、阿富汗、塔吉克斯坦等代表团实现了各自国家金牌、奖牌的历史性突破，获奖国家和地区数达到 87 个；中国夺金之最——共获 51 枚金牌……对于体育而言，北京奥运会，这个带有诸多鲜明标记的盛典，无疑将铭刻在奥林匹克运动史上。

"有特色、高水平"是中央为北京奥运会、残奥会确定的目标。经过七年的不懈努力，我们圆满实现了这一目标。"有特色"主要体现在 4 个方面，即中国风格、人文风采、时代风貌、大众参与。"高水平"主要体现在 8 个方面，包括在场馆设施和竞赛组织、开闭幕式和文化活动、媒体运行和服务、交通组织和后勤保障、志愿者队伍和服务、安全保卫、城市形象、竞赛成绩等方面都体现出了高水平。

具体来说，北京奥运会、残奥会的"有特色、高水平"突出表现在许多方面创造了奥运历史之最：一是参赛国家和地区及运动员最多；二是进行了奥运史上传递时间最长、传递范围最广、参与人数最多的一次火炬接力活动；三是出席开闭幕式的国际贵宾最多；四是新闻宣传规模最大；五是竞赛成绩最突出；六是参与奥运志愿服务的志愿者最多；七是场馆设施最先进；八是中国代表团首次居于金牌榜首位。这些奥运历史之最，是"有特色、高水平"目标的生动诠释，也是国际奥委会主席罗格评价"真正无与伦比"奥运会的依据，国际残奥委主席克雷文评价"最伟大的一届残奥会"的原因。

第五节　由体育大国向体育强国迈进的新界标

一、见证中国竞技体育的历史性突破

其一，运动成绩取得重大历史性突破，全面展现了我国竞技体育的发

展水平。获得金牌和奖牌数创历史新高：中国体育代表团在北京奥运会上共获得51枚金牌、21枚银牌、28枚铜牌，奖牌总数100枚，创4项世界纪录。获金牌数超过美国，获奖牌数超过俄罗斯，位列奥运会金牌榜第一，奖牌榜第二，这是中国参加奥运会历史上的最好成绩，创造了中国竞技体育新的辉煌。获金牌和奖牌的项目数增加，获奖面拓宽：在雅典奥运会上，中国体育代表团在13个大项上获得了奖牌，在23个大项107个小项上进入前8名。北京奥运会，中国体育代表团所获金牌已扩大到15个大项，获奖牌扩大到20个大项85个小项，进入前8名的项目扩大到26个大项的136个小项。有16枚金牌是中国参加奥运会历史上从未获得过的[①]。优势项目在保持优势的基础上夺金数量进一步扩大，潜优势项目实现重大突破，集体球类项目整体上有新进步，老将宝刀不老，新人不断涌现。

其二，中国运动员展现了良好的精神风貌和体育道德风尚。面对巨大的压力和异常激烈的竞争，中国体育健儿牢记党和人民嘱托，弘扬中华体育精神和奥林匹克精神，以"狭路相逢勇者胜"的勇气和豪气，顽强拼搏，不屈不挠，敢于挑战对手，超越自我，胜不骄、败不馁，尊重对手、尊重观众、尊重裁判，表现出了良好的体育道德和文明礼仪，表现出了自强、自信的民族精神和为国争光、无私奉献的爱国情怀。在北京奥运会上，中国运动员干干净净参赛，实现了兴奋剂问题"万无一失"的目标[②]。同时加强了与国际体育界的友好交流，增进了相互了解和友谊。中国体育健儿的优异表现在全国掀起了新的体育热、奥运热、爱国热。

二、推动中国群众体育的蓬勃发展

在北京奥运会成功申办以来，"全民健身与奥运同行"的口号和行动响彻神州大地。

---

① 刘鹏. 中国体育代表团圆满完成奥运会参赛任务 [EB/OL]. 国家体育总局网站，2008 - 08 - 26.

② 刘鹏. 中国体育代表团圆满完成奥运会参赛任务 [EB/OL]. 国家体育总局网站，2008 - 08 - 26.

其一，群众喜闻乐见的全民健身活动广泛开展。"全民健身周"拓展为"全民健身月"，成为了群众体育活动中的知名品牌；元旦和春节前后的"健身大拜年，体育进万家"活动营造了健康喜庆的节日氛围；百万青少年上冰雪活动、迎奥运全国亿万妇女健身风采展示大赛、全国亿万学生阳光体育运动、全国亿万老年人健身展示活动等影响广泛、具有示范效应的大型群体活动顺利开展。成功举办了第十二届世界夏季特奥会、第七届全国残疾人运动会、第八届少数民族传统体育运动会、第八届大学生运动会、全国群众登山健身大会、全国百城健身气功系列展示活动、全国农民武术大赛、著名在华企业员工健身大赛等活动，营造了全民健身迎奥运的浓郁氛围。

其二，全面实施"农民体育健身工程"，加强全民健身各项工程的建设。2007 年，国家总局和国家发改委、财政部共同制定下发了《"十一五"农民体育健身工程建设规划》，投入资金 1.8 亿元，其中体育彩票公益金投入 9500 万元，在中西部 9277 个行政村建设农民体育健身工程。截至 2007 年底，中央投入资金 2.8 亿元，其中体育彩票公益金 1.8 亿元，共建设"农民体育健身工程"15000 多个。2007 年，总局投入 1000 万元，在全国命名资助了 16 个全民健身活动中心；投入 3000 万元，建设了 1000 条全民健身路径。按照"雪炭工程"2005 – 2007 年建设计划，74 个项目正式启动，41 个已经建成。

其三，青少年体育工作得到加强。党中央、国务院对加强青少年体质问题高度重视。2007 年 5 月，中共中央、国务院下发了《关于加强青少年体育增强青少年体质的意见》，国务院召开了加强青少年体育，增强青少年体质电视电话会议，对贯彻、落实《意见》作了专门部署。全面启动了"全国亿万学生阳光体育运动"，掀起了青少年学生参与健身、体验运动快乐、增强体质的热潮。

三、助推中国向体育强国迈进之路

北京奥运会的成功举办见证了中国体育事业发生的翻天覆地的变化、

取得的历史性跨越以及成长为体育大国的奋斗历程。但在取得成绩的同时，必须清醒地看到，目前我国距离体育强国的目标还存在较大差距，还有很长的一段路要走。北京奥运会的成功举办为我国向体育强国迈进注入了强大动力和活力，我们要深入贯彻落实科学发展观，推进体育事业实现全面、协调、可持续发展，充分发挥体育在强健民族体魄、振奋民族精神、促进国际交流等方面的不可替代的功能和价值，为实现体育强国宏伟目标而努力奋斗。

胡锦涛总书记号召："全党全军全国各族人民一定要以北京奥运会、残奥会成功举办为契机，更加紧密地团结起来，全面贯彻党的十七大精神，高举中国特色社会主义伟大旗帜，坚持以邓小平理论和"三个代表"重要思想为指导，深入贯彻落实科学发展观，坚定信念、锐意进取，谦虚谨慎、埋头苦干，努力在继续解放思想、坚持改革开放上迈出更大步伐，在推动科学发展、促进社会和谐上作出更大成绩，在发展体育运动、强健民族体魄上创造更大辉煌，继续为夺取全面建设小康社会新胜利、开创中国特色社会主义事业新局面而团结奋斗！"

第三章 北京奥运会的成功举办与奥运遗产

英文"遗产"（heritage）一词源于拉丁语，意思是指"父亲留下来的财产"。到了 20 世纪下半叶，"遗产"一词从内涵到外延都发生了巨大变化，它的内涵由原来的"父亲留下的财产"发展成为"祖先留给全人类的共同的文化财富"，外延也由一般的物质财富发展成为看得见的"有形遗产"、看不见的"无形遗产"及充满生力的"自然遗产"。2003 年 10 月 17 日，联合国教科文组织正式确立了世界遗产由"文化遗产"、"自然遗产"和"非物质文化遗产"三部分组成，为界定奥运会遗产提供了科学的参考价值。

有学者指出："奥运文化遗产是指在奥林匹克运动实践发展过程中，逐步形成的具有普遍价值的物质与精神遗产。"在此基础上，本研究认为：奥运会遗产是指，奥运会（包括残奥会）的举办所产生的具有普遍价值和延续影响的物质与精神财富。如：奥运会体育场馆设施、文化设施和相关城市基础设施，奥运会的口号、会徽、吉祥物等标志系统，奥运会赛会组织制度、举办活动经验等。还必须指出：残奥会的遗产是奥运会遗产的重要组成部分。奥运会的遗产不仅属于举办城市和举办国，也属于全世界。本研究从奥运会遗产作用的对象出发，将北京奥运会成功举办的组织工作所产生的遗产分为对中国的财富和对奥林匹克运动的财富两个部分。此外，为了突出备战、参赛以及志愿者工作对北京奥运会成功举办的重大意义，从备战、参赛和志愿者工作的视角对北京奥运会成功举办的遗产也进行了研究。

第一节　北京奥运会为中国留下的遗产

一、促进经济发展与良性运行

成功举办北京奥运会将成为促进我国经济发展的一台发动机。我国国家统计局认为，北京举办第29届奥运会，对中国经济的拉动作用每年为GDP总量的0.3%，而对举办城市而言，举办奥运将会对北京市每年的经济增长产生2个百分点以上的拉升作用，并使全市经济在近10年中保持两位数的增长，人均国内生产总值6000美元的目标也将提前实现。[①]

奥运会将能够提供100万个左右的就业机会。增加的就业岗位主要集中在建筑业、房地产业、环保业、电子信息产业、文化体育产业、旅游业、信息服务业等，以第三产业为主。这将带动我国产业结构的调整，使北京市的第三产业增速（年均提高2%左右）；金融保险、旅游会展、商业服务、现代流通和文化体育等一批体现首都城市功能的现代服务业，以年均10%－14%的速度发展，对全市国内生产总值的贡献率保持在35%以上，逐步成为服务业的主导产业，并带动一批新兴服务部门的发展。到2008年，第一、二、三产业实现增加值占国内生产总值的比重分别为2.02%、32.28%和65.7%。[②]

奥运会将推动旅游业的发展。历届奥运会后唯一保持增长的就是旅游服务业。2002－2005年，北京入境旅游者人数将以年均6%左右的速度增长，2006－2007年以年均8%速度增长，2008－2010年以10%的速度增长，外地来京人数2002－2007年年平均增长5%。估计，旅游外汇收入在2010

---

①　陆纯.奥运拉着北京跑——北京每年经济增长将提升2.5%［N］.北京青年报，2001－07－20.

②　刘燕.奥运经济拉动北京现代化［N］.北京现代商报，2003－04－04.

年将达到47.8亿元，外地来京旅游收入至2010年可达1266亿元。①

为体现"科技奥运"的理念，北京市将充分利用信息科学、生物科学和材料科学来建设奥运场馆、通讯和交通设施，对环境进行科学的整治和管理，对奥运赛事、交通、食宿等进行科学、有效和合理的组织和管理。具体而言，数字化宽带通讯、电子信息等使奥运会场馆更加现代化。北京奥运会信息系统也将由5大系统构成，即计时记分系统、成绩处理系统、Intranet/Internet综合信息查询系统、运动会管理系统和通信、网络系统。节能、节水技术和太阳能将广泛运用，新型建材、电子信息处理系统等将被使用。北京奥运会定会加速我国科学技术的现代化进程。

此外奥运会还会给举办国家带来巨大的无形资产，包括环境、开放度、国际声誉等方面的软环境建设，从而为我国的经济发展提供一个稳定的社会环境，有利于中国进一步扩大开放，使中国经济更好地适应经济全球化进程，在国际上打造"中国品牌"。②从主办国的长远利益来说，往往更有价值。

二、提升国际地位与影响力

首先，北京奥运会的成功举办履行了对国际社会的郑重承诺，赢得了国际社会的高度评价。

胡锦涛总书记在北京奥运会、残奥会总结表彰大会上的讲话中深刻地指出："经过7年多不懈努力，我们终于取得北京奥运会、残奥会的巨大成功，广泛弘扬了团结、友谊、和平的奥林匹克精神，大力促进了世界各国人民的相互了解和友谊，让同一个世界、同一个梦想的口号响彻寰球。中国人民以坚忍不拔的执著和努力，实现了中华民族的百年期盼，完成了海内外中华儿女的共同心愿，履行了对国际社会的郑重承诺，赢得了国际社

---

① 旅游业每年增收五十亿，奥运拉动中国旅游产业［EB/OL］.http：//www.ctilz.com.cn，2001－08－15.

② 喻坚.2008年北京奥运会对当代中国政治、经济、文化的综合效应［J］.山东体育学院学报，2002，18（3）：13.

会高度评价，在现代奥林匹克运动史册上深深钤上了彤红的中国印。"

其次，促进了各民族文化交流和各国人民的相互了解与友谊。

在世界多极化不可逆转、经济全球化深入发展、科技革命加速推进的世界大势下，国家与国家之间的相互了解，民族与民族之间的相互沟通，特别是各国人民之间的友好情谊，对于促进建设持久和平、共同繁荣的和谐世界，比以往任何时候都重要。

北京奥运会不仅是一个体育盛会，也是一次友谊的盛会。世界上不同国家、不同种族、不同宗教信仰的运动员、官员、观众、游客汇聚中国，共同度过一段难忘的美好时光。"奥运会带来世界与中国前所未有的相互交流。"北京奥运会这个巨大的平台，使这种交流的广度和深度达到了空前的规模。十几天的高水平竞赛，给中国人民带来了激情和欢乐，也使中国人民进一步加深了对奥林匹克精神的理解。中外观众和游客的接触交流，外国观众的文明素质和风趣表现，为中国人民和各国人民之间建立友谊、增进共识、加深理解都提供了良好契机。16天和平友谊的聚会，更加坚定了中国人民促进世界各国文化相互交流、相互借鉴的信心。北京奥运会的圆满成功，使世界更多了解了中国、中国更多了解了世界，也为世界各国人民增进了解、加深友谊搭建了良好平台，更为各国文化相互交流与借鉴提供了极佳机会。

最后，北京奥运会的成功举办充分展示了中国国家形象。

开闭幕式美轮美奂，展示中华文化的灿烂与辉煌。火炬传递活动圆满热烈，展示中华民族爱好和平的精神风貌。形象、景观、标识丰富的含有民族元素，凸显中国文化。场馆建设精品荟萃，展示中国自主创新的科技能力。竞赛组织完善圆满，体现中国人民高超的管理水平。志愿者服务热情周到，展示中国人民的友好与文明。虽然在举办奥运会条件方面北京还与西方发达国家城市相比有一定的差距，但是勤劳勇敢的中华民族以空前的热情和创造力，为成功举办一届高水平的奥运会正在积极努力着，并且已经取得了令人瞩目的成就。北京成功举办奥运会，是发展中国家举办奥运会的典范，赢得了世界的尊敬和钦佩，也为中国赢得了良好的声誉。总

之，北京奥运会的成功举办展示了中国重信、守诺、开放、透明的国家形象；成功展示了充满活力的中国改革创新的形象和日益增强的综合国力；展示了中国人民热情、友好、文明、礼貌的东道主形象。

三、传播奥林匹克文化，提高市民素质

中国人口占世界的五分之一，中国的竞技体育已进入世界先进行列。在世界人口最多的中国举办奥运会，最能体现重在参与的奥林匹克运动广泛性和全民性的特点。奥林匹克运动将更大规模地在拥有 13 亿人口的中华大地得到普及，奥林匹克精神也会更广泛地弘扬，从而促进世界奥林匹克运动的更大发展[①]。此外，大力弘扬奥林匹克运动，能够大力促进人与体育的结合，突出"以人为本"的理念，通过体育来促进人的身心健康发展，有助于激发广大群众参与体育健身活动的热情，这必将提高人民的体育意识，从而促进我国全民健身活动的开展。

2008 年北京奥运会尽管属于全人类，为各个年龄阶段的人们所喜爱，但是青年永远是奥林匹克关注的首要对象，是奥林匹克运动一切活动的核心力量。中国的年轻一代将乘 2008 年北京奥运会的东风，真切地感受到奥林匹克主义是"将身心和精神方面的各种品质均衡地结合起来并使之得到提高的一种人生哲学"。青年是人的一生中最关键的阶段，既处于生长发育时期，有着良好的可塑性，又趋于成熟，具有理性的思维能力，是接受教育、获得教育成效的最佳时期。因此，国际奥委会在其《奥林匹克宪章》中明确将教育青年确定为奥林匹克运动的目的："奥林匹克运动的宗旨是，通过没有任何歧视，具有奥林匹克精神——以友谊、团结和公平的精神相互了解的体育活动来教育青年，从而为建立一个和平的更加美好的世界作出贡献。"基于此，每届奥运会都成为最大规模的"世界青年狂欢节"。那些来自不同国家和地区的青年人，可以在"和谐、友好、交流发展"的良

---

① 李益群等. 成功申办与举办第 29 届奥运会对中国社会环境的影响［J］. 中国体育科技，2001，37（7）：16.

好氛围中接受奥林匹克教育，并通过多种不同文化的艺术节、国际青年营，体验东西方文化交融的巨大魅力。中国青年也可以通过 2008 年北京奥运会，增强与世界联通的观念，磨砺与世界沟通的本领。毫无疑问，这对中国年轻一代的思想观念生活方式都将产生深刻的影响①。

中国是有着五千年悠久历史的文明古国，北京是有着三千多年历史文化古都，历来就有礼仪之邦的美称。多年来，中国政府一直在加强精神文明建设，提倡全民素质的提高，并在各个方面做了大量的工作，取得了显著成效②。然而，至今尚没有全方位地进行大规模的集中展示，2008 年北京奥运会，理所当然地成为全方位展示其成效的最好舞台。在此期间，为了充分展示 2008 年奥运会的"人文奥运"和"绿色奥运"主题，北京乃至中国还必须在各个方面狠抓精神文明建设，改善各种环境，直到中国人民以更加文明、健康、开放的形象和更优美的城市、人文环境展现在世人面前为止。在此过程中，国民整体素质必将得到全面提高，尤其以北京市民素质提高更为显著。

四、激发爱国热情，增强民族凝聚力

虽然《奥林匹克宪章》中明确提出，奥运会是运动员之间的比赛而不是国家之间的比赛，但是在现实生活中，无论是运动员还是各国政府都不约而同地把它看做是国家之间的较量。1894 年，在巴黎举行的恢复奥林匹克运动的大会上，在确定奥运会的指导原则时，顾拜旦提出"政府的支持"是奥运会取得成功的必要条件，并要求国家选择运动员参加奥运会的比赛，从而清楚地表明运动员所代表的是国家的利益，是一个国家形象的体现。爱国主义是一个国家的重要精神支柱，而体育运动对于一个国家培养具有爱国主义的社会公民有着特殊的作用。在我国悠久的历史中，爱国主义历

---

① 喻坚. 2008 年北京奥运会对当代中国政治、经济、文化的综合效应 [J]. 山东体育学院学报，2002，18（3）：14.

② 抓住北京申奥成功的机遇乘势而上，奋力推进各项事业 [J]. 党建，2001（8）：2.

来就是我国优良传统。"人生自古谁无死，留取丹心照汗青"、"苟利国家生死以，岂因祸福避趋之"等千古流传的诗句，是我国源远流长的爱国主义文化传统的真实写照。现代社会，申办和举办奥运会的过程，也是一个激发人们的爱国主义热情，使全体中华儿女进一步团结在一起的过程，可以有力地推动我国社会主义现代化建设事业。举办奥运会一直都是中华民族的心愿，2008年奥运会是实现中华民族归属感的一次升华，开幕式上传统文化的展示和表演、中华人民共和国国旗的升旗、国歌的奏响、亿万观众的欢呼，这些都能极大地振奋民族精神、提高民族士气，增强民族凝聚力，共同团结在党中央周围，为建设更加强大、和谐的社会主义国家努力奋斗。

2008年北京奥运会的成功举办，将是中华民族伟大复兴历程中的一大盛事与象征，将展现中国人民自立于世界民族之林的雄姿，鼓舞炎黄子孙的民族自豪感，激发全国各族人民的爱国热情，激励13亿中国人以及爱国华侨在本世纪实现中华民族伟大复兴的信心，提升社会向心力和凝聚力，有助于促进两岸关系的发展与和平统一大业。①

五、促进体育事业全面腾飞

奥运会是当代社会规模最为宏大、水平最高的国际体育盛会。我国体育事业的发展，尤其是竞技体育运动的发展，离不开奥运会巨大的影响。从参加奥运会到实现金牌零的突破，再到获得奥运金牌第二的历史最好成绩；从1993年申办失败到2001年申办成功，再到举办2008年奥运会，反映了我国体育事业的巨大进步。为了推动我国体育事业的持续健康发展，国家先后出台了多种政策法规，1952年成立国家体委，领导我国体育事业的发展，到后来的体育体制改革，再到后来出台的《全民健身计划纲要》、《奥运增光计划纲要》、《体育法》等，都是为了保证我国体育事业的发展。

---

① 喻坚.2008年北京奥运会对当代中国青年的影响［J］.湖州师范学院学报，2004，26（1）：68.

尤其是《奥运增光计划纲要》的颁布，更是对我国奥林匹克运动的发展注入了强大的推动力。在长期的发展中，有中国特色的竞技体育"举国体制"的形成、发展到逐步完善，更是我国参与奥运会成绩的保障。到今天，我们参加奥运会、申办奥运会，再到举办奥运会，这就意味着我们必须承认《奥林匹克宪章》，坚持奥林匹克主义、精神和宗旨，按照奥林匹克运动的规则标准办事，也就是要与国际体育全面接轨，按照国际惯例办事。因此，申办和举办奥运会的过程，也是我国体育事业发展走向世界的一个过程，它不仅会加快我国实现奥运战略的步伐，而且还会有力地推动我国体育事业的对外开放和体育体制的进一步改革。

不仅是竞技体育，我国的群众体育和学校体育也深受奥林匹克运动的影响。奥林匹克运动的普遍活动，是通过广泛开展的体育活动教育青年，为国家为人类做出贡献。因此，从这个意义上讲，在一个国家广泛推广奥林匹克运动，应该把广泛开展群众性的体育活动结合起来，使其成为推动体育事业发展的推进剂。从我国群众体育和学校体育的发展历史来看，奥林匹克运动的推动作用是显而易见的。通过奥运会的举办，尤其是在自己家门口亲自体验奥运会的魅力，必将激发大众的健身热情，形成一股强有力的健身意识，大大加快群众体育的发展进程。此外，举办北京奥运会，我国将兴建一大批功能齐全、设备完善的体育设施，这些体育设施应用于全民健身，必将大大缓解目前群众体育健身设施不足的矛盾，同时引发新一轮的大众体育消费，为国家经济建设服务。在北京举办奥运会，对于我国民族传统体育来说是一次难得机遇，长期以来，独具中华民族色彩的民族传统体育始终未能走向世界，其中自然有自身的局限，但是缺少交流、沟通的平台也是一个重要的影响因素。多姿多彩、内容丰富、形式多样的民族传统体育活动，将通过北京奥运会这个世界性的文化盛会平台，走向世界，让世界了解和参与，这也必将对世界体育文化的多元发展做出巨大贡献。

六、全面促进北京城市的发展

正如德国经济学家荷尔兰·普鲁斯所说，"举办奥运会是发展一个城市甚至一个国家的最好、最容易的途径。"从历史发展的规律来看，通过举办奥运会，之所以会对举办城市带来巨大的影响，最根本最直接的原因就是因为巨大的投资给举办城市的社会、经济和商业带来难得的发展机遇。同时由于国民经济是一个不同行业相互关联的有机整体，某一部门的投资能够在各部门中产生连锁反应，由此带动城市经济的全面发展。举办奥运会首先就会对举办城市的建筑业、旅游业、服务业、信息产业、交通运输业等相关行业产生巨大的影响。其次，由于奥运会是一项规模宏大的社会活动，需要大量人员的参与，从而可以为举办城市提供大量的就业机会，减少失业率，增加城市抵御经济风险的能力。第三，举办奥运会，还会大大提高举办城市的形象。具体分析，成功举办 2008 年奥运会将会对北京产生以下主要影响：

第一，通过举办 2008 年奥运会，将有利于推动北京市现有产业结构的优化调整。举办奥运会需要多行业、多部门、多领域通力协作和共同支撑，因此举办奥运会也会带动相关的多个行业的发展。例如，奥运基础设施建设项目就会带动的建筑业、物流业、运输业、制造业等多个相关产业的发展；此外，举办奥运会吸引来的大量国际国内旅游者又会带动旅游业、运输业、服务业、零售业等行业；再次，举办奥运会有一套严格的环保要求，这对于目前亟待改善的北京市城市环境来说无疑是一个绝好的机遇，同时通过环境治理和保护，新兴建材业、环保产业等相关行业也会得到极大的促进。随着现代奥运会科技含量不断提高，举办北京奥运会也将对电子产业等新兴产业带来难得机遇。

第二，举办奥运会将会对扩大内需产生极大的效应，同时对增加就业机会、消除贫困有着直接的促进作用[①]。工薪阶层和普通民众虽不能直接从

---

① 曹庆华. 从经济学角度看"后奥运经济"[J]. 经济问题，2008（3）：17-19.

体育设施或环保、交通改善中获得直接收入，但可以间接地获得就业机会，有机会生产相关产品，获得额外收入。以往奥运会都会都在一定程度上缓解了举办国家尤其是主办城市失业人口的压力。如洛杉矶奥运会创造就业机会2.5万人。从奥运会举办前到举办完的4个月高峰期，洛杉矶创造了3.75万个新工作岗位。汉城奥运会给3.4万人提供了就业机会（申办成功到举办共增加了76万个就业机会）。悉尼到1999年已经增加了15万个就业机会。可以估计，北京举办奥运会，就业机会要远远超过汉城和悉尼。增加投资和消费伴随着经济的上扬和繁荣以及持续久远的就业机会。"城市快速发展"并不是通过主办城市基础设施改造的一次性需求的刺激，而是进一步引导需求，因为奥运会举办结束，刺激将失去动力。因此，主办城市完全可以用"初期刺激"的办法，改变经济结构，打下进一步经济刺激的基础，产生自我生存的发展机制（持久的旅游业、经常性的赛事与体育产业、与其他地区的新经济关系），从而使更多的人找到就业机会。

第三，举办奥运会将会极大地改善北京市体育场馆设施。任何一个国家只要提出申办奥运会都会对该国（城市）体育设施带来飞速的发展，举办奥运会提升的幅度更大。在北京提出申办奥运会后，北京市居民体育健身活动明显增多，这也给现有体育设施带来严重的压力，为了满足普通民众建设需求，北京市政府也随即整修、新建了一大批体育场馆，使得北京市居民有更多的场所锻炼身体。此外，通过成功举办2008年奥运会以及相继进行的残奥会，我国总共需要新建、扩建、改建各类场馆数十个，其中绝大部分分布在北京。这些现代化场馆的建设将有利于缓解目前北京市体育建设设施严重不足的矛盾，对于大众体育健身活动的开展将起到积极的推动作用。同时这些美观的场馆设施对于美化北京市城市形象也会有积极的影响作用，使得这座美丽的古城更加具有现代化气息。

第四，举办奥运会将有利于北京市城市环境的改善和保护。近年来，随着全球环境污染的加重，北京市环境面临更大的压力，特别是由于能源消耗的增加，机动车数量的增加以及常住人口的增加，生活垃圾、工业污染等更加严重，城市环境改善面临沉重的负担，也为奥运会的成功举办带

来了一定的影响。为了彻底整治北京市城市环境，近年来北京市对于环保工作的工作力度空前加大，特别是随着奥运会的成功申办，以及奥运会筹办工作的深入进行，北京市政府先后出台了多个环保规定，环境改善已经取得了重大突破。在 2010 年以前，全市大气、水体及市区与郊区城镇地区声学环境将全面达到国家环境质量标准。

第二节　北京奥运会为奥林匹克运动留下的遗产

一、促进理念矛盾与冲突的解决

一百多年来，由于西方发达国家在经济上所处的优势地位等原因，奥林匹克全球化已相当程度上表现为单纯的西方化，国际体育文化呈现出明显的单一化趋向。西方文化是人类文明史中极具特色的文化形态，近三百年来主导着世界潮流。然而与世界上任何事物一样，西方文化有其辉煌的一面，也有其固有的缺陷，比如以追求物质财富为终极目标，将物质利益置于精神价值之上，见物不见人。[①] 这种价值观表现在竞技运动上，就是极力强调比赛的结果，而忽视比赛的过程，必然导致竞技运动价值观的异化，从而不可避免地造成在竞技运动中无论是运动员还是观众，都被视为赚取巨大物质利益的手段和工具，导致奥林匹克理想与奥运会之间的巨大反差。事实上，奥林匹克运动是在西方文化中孕育和发展起来的，但随着时间的推移，西方文化本身固有的缺陷又制约了它的进一步发展。当前，奥林匹克运动中出现的种种问题，诸如商业化、职业化与奥林匹克理想的冲突，兴奋剂的滥用，决策中民主的不足，规模过大，重胜负轻参与等，都可以在它所赖以生存的西方文化中找到根源。[②]

---

① 任海. 北京奥运：东西文化的对话与交融 [J]. 体育博览，2001（8）：16 - 17.

② 钞群英. 对中国传统体育文化与奥林匹克文化整合方法的理性思考 [J]. 山东体育科技，2006，28（4）：35 - 36.

奥林匹克运动中出现的这些问题是西方文化本身无法解决的，必须从其他文化形态中吸取有益的思想材料和物质手段加以补充。历史无数次告诉我们，一种文化形态的发展速度及发展水平，取决于它与其他文化的碰撞、交流与融合，取决于它所能利用文化资源的丰富程度，取决于它自身的创新能力。基于此，2008 年北京奥运会为弥补西方文化的缺陷、丰富奥林匹克的文化内涵，提供了一次难得的历史机遇，是中国传统文化作用彰显的有利时机。[①] 中国是东方大国，中国文化底蕴丰厚而独具特色，包含着今天奥林匹克运动所需要的诸多文化特质。中国文化在体育比赛的价值观方面，重精神轻物质，重过程轻结果，重友谊轻比赛，这与西方文化在体育比赛中的价值观完全相反。此外，东方哲学思想内涵丰富，比如天人合一、以人为本、道法自然等，均为现代奥林匹克运动吸纳新的要素提供了必要的文化储备。

二、推动奥林匹克运动的普及与传播

中国是当今世界上人口最多的国家，也是综合国力提升最快的国家之一，是世界上一支重要的力量。作为一项重要的国际活动，奥林匹克运动如果没有中国的参与，其本身就是不完整的，也难以实现《奥林匹克宪章》所提出的理想和宗旨。同样，如果中国不在国际奥林匹克运动中贡献自己的力量，也难以成为一个赢得国际高度认可的国家。为了赢得认可，更为了自身的责任，中国将在未来奥林匹克运动的发展中做出更大贡献。

举办 2008 奥运会，在全国普及奥林匹克知识、传播奥林匹克文化、宣扬奥林匹克精神、倡导奥林匹克理想，是当今社会一个重要的文化活动。让 13 亿人民支持和参与奥林匹克运动，与全世界人民一起为实现奥林匹克崇高理想、为维护人类和平进步而努力，本身就对奥林匹克事业具有重大意义，也是对国际奥林匹克运动的巨大贡献。今天奥林匹克运动在中国家

---

① 喻坚. 2008 年北京奥运会对当代中国政治、经济、文化的综合效应 [J]. 山东体育学院学报, 2002, 18（3）: 14.

喻户晓，奥林匹克精神深入人心，全国人民由衷地支持和拥护奥林匹克事业，支持北京办奥运，有力地提升了奥林匹克运动的国际影响和国际地位。此外，随着中国经济实力的增强，还应该尽力支援和扶持那些贫穷落后的国家，为他们提供物质、技术等方面的帮助，例如修建场馆、输送优秀运动员、体育管理人员等体育人才，为奥林匹克运动在全球范围内的发展贡献力量。

三、提升奥运会的竞技水平

奥林匹克运动巨大的吸引力就在于它充分展示了人类不断追求超越的精神，这种超越反映在奥运会的赛场上就是竞赛成绩的不断提高。在奥运会赛场上，运动员努力展示高超的技艺、顽强的拼搏精神、克服困难的勇气，充分显示了人类对真善美的向往和追求。在这个舞台上，中国运动员以出色的表演，为奥林匹克运动的发展和世界竞技运动水平的提高做出了自己的贡献。

自从中国重返奥林匹克大家庭以来，中国的竞技体育发展速度十分迅速，在奥运会的赛场上取得了丰硕的成果，得到了国际社会的广泛认可。在长期的发展过程中，中国逐渐形成了适合中国运动员特色的优势项目，例如乒乓球、羽毛球、跳水、举重、排球、射击、体操等，并在实战中不断对这些项目进行推广，不断提高了中国运动员的竞技水平，而且还努力开展对外交流，为其他国家培养各种体育人才，相互借鉴、吸收，为这些项目在全球范围内的发展做出了巨大的贡献。

四、促进东西方体育文化的交流融合

在奥林匹克运动发展过程中，越来越重视奥林匹克文化的价值。由于历史的原因，奥林匹克运动至今为止都带有强烈的西方文化色彩。这种单一文化在发展过程中愈发凸现了缺陷，不能促进奥林匹克运动在全球范围内的广泛发展，也与奥林匹克全球化精神相背离。在寻求文化多元化的21世纪，奥林匹克运动需要全世界多种文化的参与。在人类文化发展的历史

长河中，逐渐形成的以中国传统文化为主的东方文化和以古希腊文明为主的西方文化，这两种文化植根于不同的历史、经济背景，显示出不同特点。作为人类宝贵的财富，各自具有重要的作用。

在奥林匹克未来的发展中，东西方体育文化的交流合作是一个必然的趋势。作为人类文化支柱之一的中国文化将会成为奥林匹克文化有益的、不可缺少的补充。因此需要我们拿出海纳百川的博大胸襟，提炼民族优秀文化成分，来不断完善奥林匹克文化体系。中国文化历史悠久，形成了有中国特色的体育文化。早在春秋战国时期，便有了《黄帝内经》为代表的注重内外兼修、动静结合的养生思想。此外，马球、蹴鞠运动也盛极一时。传统武术更是博大精深，流派众多，直到现代仍然具有较高的健身价值和欣赏价值。中国传统体育文化在理论上自成体系，在活动内容上独具特点，随着中国参与奥林匹克运动，这些理论体系和实践方法逐渐为世界所认可和接受。通过举办奥运会等大型国际体育赛事，更是为世界提供了了解中国、了解中国体育文化、了解中国悠久历史的窗口。

文化交流是双向的，在中国加入奥林匹克大家庭并接受奥林匹克文化体系的同时，奥林匹克运动也为中国体育文化产生了重大影响。在经济一体化、文化多元化的新世纪，东西方体育文化的交流，对于丰富我国体育文化和奥林匹克文化都有重要的作用，随着北京奥运会的举办，随着独一无二的奥运文化遗产的保留，中国文化也将在为促进奥林匹克运动持续健康发展贡献自己独特作用，从而为树立一个真正的世界大国承担自己义不容辞的责任。

我们完全有理由相信，第29届奥林匹克运动会是亿万人民盼望已久的国际体育盛会，也是促进世界上不同文明之间友好交流和相互理解的一次绝好机会，必将对中国乃至世界的文化走向产生深远影响。[①]

---

① 汝信. 北京奥运会与东西方文明交流 [J]. 文明, 2008 (08): 5.

第三节　北京奥运会为备战参赛留下的遗产

萨马兰奇先生曾经说过，一届成功的奥运会，不仅需要东道主确保奥运会所有竞赛的顺利、安全举行，同时还需要东道主在竞赛成绩方面取得优异成绩。只有同时做到这两点，才能算是一届成功的奥运会。因此，在东道主筹备奥运会过程中，备战和参赛工作就占据了重要的地位。它既是一届奥运会成功举办的基础，更是东道主取得优异竞赛成绩的保证。因此，在 2008 年奥运会成功举办的各项工作中，备战、参赛工作是重要的一环，成功的备战、参赛工作将为中国体育事业与奥林匹克运动留下宝贵的遗产。

一、保障竞技体育辉煌成绩延续

改革开放以后，中国在政治、经济、文化、科技、教育等领域发生了翻天覆地的变化，国家各项建设事业取得了全方位的发展，中国的体育事业也同样取得了飞速的发展。中国运动员不仅在历届奥运会上取得了举世公认的优异成绩，其良好的精神风貌和高尚的体育道德，更是让世界为之折服。

自 1979 年中华人民共和国重返国际奥林匹克大家庭后，立即开始了全方位参与国际体育竞赛的历程，并且于 1980 年 2 月正式派出运动员参加了在美国普莱西德湖举行的第 13 届冬季奥林匹克运动会。此后，中国陆续参加了每一届奥运会的比赛，我国已经连续参加了 6 届夏季奥运会和 8 届冬季奥运会。除 1988 年汉城奥运会成绩略有下降外，成绩一直都在不断进步，尤其是进入 21 世纪以后，我国竞技体育发展更为迅速，在悉尼，首次进入金牌榜第一集团，而在 2004 年雅典奥运会上，中国体育代表团金牌数更是超越传统体育强国俄罗斯，位居第二位。这充分表明了奥林匹克运动在我国发展的良好进程。

2008 年奥运会将在北京举行，作为东道主，中国军团在奥运会中的优异成绩和良好作风势必受到国人的期盼、世人的关注。认真做好备战和参赛工作，是保证和延续中国体育代表团在奥运会成绩榜上显著位置的必要前提。

二、保持竞技体育举国体制优势

发挥"举国体制"的优势，充分调动各方面的积极性，是我国成功备战和参赛 2008 年奥运会的制度性保障，完成 2004、2008 年奥运会的艰巨任务，必须根据市场经济的新形势，继续坚持和不断完善举国体制。从另外一个方面看，成功的备战、参赛工作能够证明举国体制的优越性，也能够促进举国体制的改革和完善。

当前，举国体制的强大资源动员能力和调控能力为备战、参赛工作打下了坚实的基础：在举国体制下，能够很好地处理中央与地方、体育部门与其他行业、不同地区和行业之间的关系，充分尊重各方面的利益，调动各地区、各行业、解放军等方方面面的积极性，利用一切可以利用的资源，实现为国争光的目标。各地区、各单位能够以国家目标、国家利益为重，顾全大局，积极支持、参与备战工作，发挥自身优势，做好本地区、本单位国家队运动员、教练员的思想工作，保障运动员、教练员在本地区、本单位的各项利益，解除他们的后顾之忧。[①] 此外，围绕完善举国体制，调动各方面的积极性，政府已经采取了措施，并将继续研究和完善有关政策，改革完善全运会赛制，更好地发挥全运会的杠杆作用，促进全运目标与奥运目标的协调；充分尊重和重视各方利益，根据各单位在奥运战略中的贡献，完善奖励制度；建立规范的人才交流和区域协作制度；建立公开透明的国家队组建和选拔制度等。

总之，备战、参赛工作有赖于举国体制发挥作用力，在举国体制框架内进行的备战、参赛工作也为证明举国体制的优越性提供了广阔的舞台。

---

① 袁伟民. 目标雅典奥运会 [J]. 中国体育教练员，2004 (1)：4-5.

三、推动体育体制的深入改革

对北京奥运会前的中国体育事业发展来说，同时面临着两大任务：一方面，要积极备战、参赛奥运会，这是历史性的重任；另一方面，要继续深化体育改革。这两大任务，缺一不可，任何一项任务的偏颇，都将给我国体育事业发展带来严重的影响。

如果单从体育改革的实际进程来看，为了备战和参加北京奥运会，国家和政府必然要在其中发挥主导作用。这一运作模式将极有可能会在一定程度上减缓我国体育管理体制的改革的步伐。但是，从我国体育事业的总体发展来讲，举办奥运会，不仅是展示和提升我国竞技体育实力的窗口，更是我们对外学习和交流的窗口，是改变我国竞技体育发展观念、促进竞技体育融入世界的舞台。这对于竞技体育体制改革来说，更具有重要意义。从这个意义上讲，因举办奥运会而带来的改革暂时性延缓就有着特殊的价值。因此，在当前的备战、参赛过程中，我们首先要改变原有政府主导型的竞技体育发展观念，把奥林匹克运动在市场化运作模式下形成的利益意识、竞争意识、规则意识、法律意识、协作意识、平等意识等思维观念和行为模式逐步移植到中国竞技体育发展过程中来。这些对于目前改革过程中出现的"管办一体"、"政事不分"、"权责不分"、忽略不同参与主体的利益、"以权代法"等旧有观念和体制将带来极大的冲击，从而为后奥运会时期体育改革奠定必备的思想基础。

总之，我国在备战和参赛各项工作的实际，要在坚持政府宏观主导的基础上，从微观层面入手，把体育改革融入到具体备战、参赛的全部过程之中。例如，在保证竞赛水平的基础上，可以尝试扩大国家队组建的选拔范围，高校、俱乐部、行业体协甚至个人只要达到一定的水平都可以吸收进国家队，从而扩大国家队选拔的"草根性"。在社会资源的融资过程中，充分考虑不同参与主体的利益诉求，在保证奥运会成功举办和竞赛成绩的基础上，尽量通过利益手段和激励机制来协调不同参与主体之间的关系，改变单纯依靠行政命令干预机制。同时，在备战和参赛过程中，我们也要深入研究国际奥委会、国际单项体育联合会以及其他国家奥委会的管理体制和运行机制，大力扶植和培育体育协会的发展，尤其是目前还未真正进行剥离的单项体育协会和行业体育协会，真正把协会作为一个权、责、利独立的社团法人，从而为后奥运会时期深化体育改革提供一个有效的组织依托和重要的突破口。

四、促进竞技体育后备人才培养

21 世纪是知识经济迅猛发展的时代。知识经济时代，人才是最宝贵的资源。因此对于 21 世纪中国体育事业的发展来说，高素质的体育人才将是确保我国体育事业持续发展的基础和关键。因此，北京奥运会中国的备战参赛过程，同时也是为我国体育事业可持续发展培养和积蓄高素质体育人才的过程。

首先，通过系统的参赛和备战工作，我国竞技体育运动技术人才数量和质量将得到很大提高。据统计北京奥运会中国体育代表团要参加全部 28 个大项的比赛。为此国家体育总局、国家人事部、财政部、劳动和社会保障部、中编办等机构经过研究，在沉重的就业压力下专门增加了我国体育队伍人才编制，为建立系统的体育人才队伍提供了制度保障。同时，为了在奥运会上取得优异的竞赛成绩，我国运动员的运动技术水平以及教练员的业务能力会得到大幅度的提升和锻炼，在促进我国竞技体育国际整体竞争力提高的同时，也为我国体育事业发展留下了一大批宝贵的运动技术人才资源筹备，为后奥运会时期我国体育事业的发展提供必要的人才基础。

其次，在备战和参赛过程中，我国体育经营管理人才队伍也将得到极大改善。在市场经济条件下，体育产业已经成为国民经济的重要组成部分，是一个国际公认的"朝阳产业"。虽然目前我国体育产业无论是从发展程度还是发展规模都极为有限，但是依托持续快速增长的国民经济发展水平以及 13 亿人口的广阔市场，使我国体育产业发展有了最稳定的依托。成功举办北京奥运会不仅需要我们在竞赛成绩上取得优异成绩，同时还要求我们必须组织好竞赛活动，发挥奥运会在推动国民经济发展方面的积极作用。

因此，我们不仅需要大批的运动技术人才，同时也需要数量庞大的经营管理人才。这就为我国体育经营管理人才的培养提供了一个难得机遇。通过奥运会经营管理工作的磨炼和培养，体育管理人才的数量和素质都将得到极大提高。这一批管理人才在奥运会后将成为我国体育管理方面的宝贵财富，对体育我国体育事业管理的科学化水平起到积极的推动作用。

第三，在备战和参赛工作过程中，我国体育志愿者服务队伍也将进一步增加。从近几届奥运会的实践来看，高素质的志愿者在成功举办奥运会中发挥了不可替代的重要作用。尤其是在提供人力资源、降低举办成本；提供高质量的体育服务；缩短奥运会与大众体育之间的距离促进国际交流等方面都发挥了重要作用。[1] 据统计，整个北京奥运会（包括残奥会）期间，我国共需要赛会志愿者约 10 万人。从 2005 年开始，北京奥运会志愿者项目就开始启动。所有的志愿者都将经过严密的筛选、培训和考核，达到一定的要求后才能参与奥运会志愿者工作服务。北京奥运会后，这批经过专门培训的、高素质的志愿者队伍是我国体育人才的重要组成部分，在推动我国体育事业发展方面发挥着重要作用。

第四，在奥运会备战和参赛过程中，我国体育科技人才队伍也将获得极大的发展。现代社会，科技在促进人类社会发展过程中的作用日渐突出，已经成为名副其实的"最高意义上的革命"。奥运会的竞争，从某种意义上也是世界各国科技实力的一次大检阅和大比较。因此，为了保证奥运会的顺利举办和竞赛成绩的提高，国家明确提出了"科技兴体"的发展思路，把科技应用到参赛、备战工作的方方面面，努力提高我竞技体育的科技含量，增强国际竞争力。反映在当前开展的备战和参赛工作中，最显著的标志就是围绕备战、参赛的一切工作都建立起了相应的科技攻关、服务保障系统，从思维观念、训练方法、训练手段、器材设备、营养医疗等对备战参赛工作实施全过程科学监控，提高备战、参赛工作的效率。这个过程不仅有利于我国科技成果的转化利用，同时还为我们培养和造就了一大批精

---

① 任海．奥林匹克运动读本［M］．北京：人民体育出版社，2005：190.

通业务的体育科技人才队伍，他们将是实现我国体育科学化发展的最重要人力资源。

五、带动群众体育蓬勃发展

备战与参赛工作将对中国体育——无论是竞技体育的发展，还是群众体育的普及，以及其他各项体育事业的进步产生长远的影响。奥运会上体育健儿的精彩表现、中华体育精神的展示以及"全民健身与奥运同行"活动等众多因素都会激发和引导人民群众的健身热情，从而推动群众体育的蓬勃发展。

奥运会是各国竞技体育进行展示交流的舞台，竞技体育以其激烈的竞争性和比赛结果的不确定性而备受关注，并且能够使人们产生强烈的感情刺激和情感体验。当本国运动员在奥运会这样的大型国际比赛中取得优异成绩时，人们会情绪激昂，喜悦之情难以言喻。并且竞技运动项目的运动技术日臻完善，在表现新、难、高、险的同时，也不断提高其艺术观赏价值，向艺术性和观赏性方向发展。[①] 奥运会除了竞技体育自身的高超技艺外，还以其特有的恢弘壮观的传统仪式感染亿万群众。如盛大的入场仪式、千万人的圣火传递、文艺演出、运动员裁判员的庄严宣誓、升国旗奏国歌时的热泪盈眶、欢快和激情的闭幕式等等，这些饱含深厚文化特征和深厚情感积淀以及丰富审美意蕴的传统仪式和场面，能够促使普通民众迸发运动激情，自发投入到各类体育活动中。

六、发挥东道国备战参赛成功效应

国家体育总局局长刘鹏同志在《备战2008年奥运会暨2005年冬训动员大会上的讲话》中明确指出："一届成功的奥运会有许多标准，其中东道主取得优异的运动成绩是最具体、最直观、最量化、量生动的标准。"国际奥委会主席罗格先生也明确指出："中国运动员在2008年的表现也是衡量北京奥运会的重要指标。"

---

① 刘勇等. 校园体育文化本质探析 [J]. 西安体育学院学报，2006 (4)：116–118.

通过近几届夏冬季奥运会比赛成绩统计及我国参加奥运会的成绩分析，在 2008 年奥运会的申办期（2000 年）和筹办期中（2004 年）的夺金实力，在与上届比较中，增长率分别是 75%、14.28%，呈现正增长，增长率提高幅度呈下降趋势。在两个奥运会周期中，奥运效应期（2000 – 2004 年）的竞技夺金实力比非奥运效应期（1992 – 1996 年）提高了 87.5 个百分点。在近 6 届夏季奥运会参赛队伍不断扩大，奥运会排名在逐渐提高。冬奥会上也有历史性的突破，获得金牌两枚的同时，排名上升到 13 名。

从 1956 年到 2004 年 12 月底，我国运动员共获得 1798 个世界冠军，世界纪录 1042 项。其中，1987 – 1992 年获得 441 个世界冠军，世界纪录 294 项；1993 – 1998 年获得 534 个世界冠军，世界纪录 361 项；1999 – 2004 年获得 592 个世界冠军，世界纪录 157 项。在 1993 – 1998 年非奥运效应期平均每年获得 89 个世界冠军，而 1999 – 2004 年奥运效应期平均每年获得 98.7 个世界冠军，奥运效应期的获得冠军数比非奥运效应期增长了 10.9%。从上面的奥运会成绩和世界冠军等数据分析，申办和筹办奥运会以来，中国在世界大赛中竞技体育的成绩在不断提高，特别是竞技夺金能力有较大的提高，竞技体育呈现出良好的发展趋势，2008 年奥运会对我国竞技实力起到了较大的作用。[1]

通过中国的东道主效应可知，奥运举办国的竞技体育发展比非举办国竞技体育的发展更为有利，本国政府将更加重视，经济投入加大，社会更为关注，举办国的体育国际影响有所提高，在外在要求和内在发展所形成的合力作用下对本国竞技体育的发展产生积极影响。中国如果能够成功地创造北京奥运会的东道主效应，可以为后来的奥运会主办国很好地利用东道主效应提供借鉴和参考。

在 2008 年奥运会的申办陈述中，何振梁先生表示，"北京的奥运会将为北京、中国和世界体育留下一份独特的遗产。"在申办成功后，北京奥申

---

[1]　陈绍艳，杨凤华. 奥运会对承办国竞技体育实力的影响 [J]. 体育学刊，2006，13 (4)：120 – 121.

委主席刘淇说："通过在世界上人口最多的国家举办奥运会，国际奥委会已经为体育事业留下了一份宝贵遗产。举办奥运会能改善中国人民的生活水平，加快中国的改革，这也会给中国留下一笔重要遗产。"

北京奥运会的成功组织，是举办一届成功奥运会的内在要求：奥运会的影响在不断扩大，各国对竞技体育的发展越来越重视，在一定意义上，奥运会的组织工作不仅关系各国参赛代表团的切身利益，也关系到东道主的国家形象；一流的组织工作是实践北京奥运会理念、突出人文奥运特色的重要方面，也是培养、锻炼体育人才，为中国体育留下宝贵遗产的重要途径，对提高我国体育管理水平，促进体育事业的可持续发展意义重大。

总之，成功举办的 2008 年北京奥运会需要在继承以往奥运会的遗产基础上，在实现"有特色、高水平"奥运会目标的同时，为奥林匹克运动、为中国的体育事业、为中国社会全面进步留下一笔宝贵的财富和丰富的遗产。

第四节　北京奥运会为志愿精神留下的遗产

一、提升社会良知

在奥运会的商业化运作模式正越来越强化趋向的同时，却有那么多人愿意在赛场内外无偿为奥运服务，这一现象凸显了奥运志愿者强烈的人文奉献精神。鉴于志愿者对奥运会的巨大贡献，国际奥委会官员对志愿者有着极高的评价。萨马兰奇认为，"奥林匹克运动是由富有奉献精神的志愿者组成的，没有他们，要组织像奥运会这样的大型体育赛事是不可能的。"[1]罗格指出，"志愿者是奥林匹克运动的基础"，"没有志愿者的参与和奉献，奥运会及各层次的体育比赛都不可能的。"[2] 从这个意义上理解，奥运志愿

---

[1]　J. A Samarach. Message from the President of IOC, M. Moragas ed. Volunteers, Global Society and the Olympic Movement［C］. IOC, 1999, 9.

[2]　J. Rogge. Volunteerism［J］. Olympic Review, 2002（1）.

者活动成为了最能体现奥林匹克运动存在真正价值的重要指标。

随着现代奥运会对志愿者的需求量不断攀升，志愿者活动所显示的人文价值也越来越突出。虽然有许多志愿者是第一次加入志愿者的队伍，是第一次提供志愿服务，但他们通过奥运会获得的体验，加深了对志愿服务的理解，从而在奥运会之后更充满热情地投身到志愿服务事业中，为志愿服务提供了雄厚的群众基础。志愿者通过为奥运会提供服务，通过各种群体以及社会的互动，达到"助人助己"的目的。

事实上，2008 年北京奥运会志愿者活动作为一种非市场化行为，通过自己的服务行为，志愿者不但扩展了自己对人生与社会的理解，而且他们热心公益、无私奉献的行为对北京乃至我国的民众也产生了强烈的示范效应，鼓励人们多为他人考虑，为社会着想，从而提升了社会的良知。

二、促进个人全面发展

2008 年北京奥运会志愿者在工作与生活之余，在追求经济利益和名誉地位之外，能通过为奥运会提供志愿服务而获得充实精神、纯净心灵、健全人格、提高品质的机会。因此可以说，奥运会志愿者既是奉献者，又是受益者。志愿者通过为 2008 年奥运会提供服务，通过与各种群体以及社会的互动，来达到"助人利己"的目的。[①]

第一，丰富阅历，增长才干。志愿服务是一种非市场化行为，扩展着志愿者对人生与社会的理解。2008 年北京奥运会对于大多数志愿者，特别是中国的志愿者来说是"一生只有一次的机会"，因此，对于志愿者来说，奥运会的经历是一个让参与者丰富人生阅历的极有价值的实践过程。

第二，学习社会规范，内化价值观念。对志愿者的教育与培训贯穿了 2008 年北京奥运会志愿服务的全过程，这一教育体系不仅包括奥林匹克基本知识和各种技能的培训，更渗透着对志愿者进行奥林匹克教育。志愿者

---

① 孙葆丽，张梦佳．奥运：志愿事业的助推器［C］．北京市志愿服务立法研讨会论文集，2006.

通过参与奥运会服务，了解奥林匹克精神——友谊、团结和公平，内化奥林匹克所提倡的基本伦理原则；志愿者通过传递爱心培养高尚品德，遵守社会公德，关心公益事业；志愿者通过互帮互助，增强创新能力、沟通技巧、团队意识。

第三，拓展社会交往范围。2008 年北京奥运会的筹办涉及到社会的多个领域，志愿者自然也由不同阶层、不同职业、不同年龄的成员组成，这为志愿者提供了展示自我的舞台和相互交流的机会，扩大了他们的生活空间，拓展了他们的社交范围。

三、推动和谐社会构建

志愿精神是一种自愿的、不为报酬和收入而参与推动人类发展、促进社会进步的精神，是公众参与社会生活的一种重要体现，是个人对自身价值、社会、人类的一种积极态度。奥运志愿精神是参加奥运会志愿行动的志愿者所体现的奉献奥运、服务奥运、在志愿行动中提升和完善自我的精神，也是"奉献、友爱、互助、进步"的精神。北京奥运会志愿精神的弘扬与传承必将在构建和谐社会的历史进程中发挥出自身独特的作用。

第一，推动社会转型和发展。我国当前正处于社会转型时期，社会保障制度和社会保障体系还不够健全完善，通过奥运全面发展和健全志愿者组织和行动，大力建设非政府组织活动和非营利社会团体机制，继承我国传统文化和集体主义教育的优秀成果，建立与世界各国接轨的志愿者组织与行动体系，具有重要现实意义和根本的长远的意义。这些与"人文奥运"理念是强烈呼应并相互促进的。

第二，有效营造和谐社会氛围。处于改革与发展关键时期的中国，正在积极落实以人为本，全面协调可持续的科学发展观，着力建设社会主义和谐社会。北京奥运会志愿者活动实践"和谐至上"的行动理念，与构建和谐社会的要求是一致的。北京奥运会志愿者活动具有深厚的精神内涵，可以营造和谐的社会氛围。良好的社会氛围是社会和谐的重要标志，也是构建和谐社会的重要内容。志愿服务及其蕴涵的精神，与中华民族扶贫济

困、助人为乐的传统美德一脉相承，具有深厚的民族文化传统；适应了市场经济条件下人们追求主体自觉的道德要求，具有鲜明的时代特征。奥运会志愿者在服务过程中，不图报酬、不辞劳苦、无私奉献、扎实工作，他们的精神会潜移默化地感染被服务的对象、影响周围的人们，这本身就是一个文明传递的过程，有助于推动平等友爱、融洽和谐人际环境的形成。在服务实践中，志愿者可以提高综合素质，进一步提升精神境界，从而成长为志愿精神的倡导者和实践者，成为建设和谐社会的重要力量。

第三，贡献重要精神力量。和谐社会是以人为本的社会，科学发展观是以人为本的发展观。志愿精神更是直接以人为本的，而且是以人们中间的弱者为本的。志愿者事业发源于对弱势群体的关爱，以后才扩展到更广泛的社会各个方面。特别是在我们这样的发展中国家，弱势群体的数量还十分巨大，这一点更不能忽视。所以，在某种较为狭窄的意义上也可以说，志愿精神，就是关爱弱势群体的精神①。以"奉献、友爱、互助、进步"为主要内容的志愿精神，在社会学看来，在某种程度上是增加社会公平度的精神。北京奥运会在我国的筹备与举办，为在新的历史条件下弘扬志愿精神提供了一个良好的平台，而这样的志愿精神正是在构建和谐社会中支撑我们前行的重要精神力量。

四、实现多元文化交流

"奉献、友爱、互助、进步"的志愿精神与奥林匹克主义、奥林匹克精神在本质上是高度契合的，其宗旨都是为建立一个和平的、更加美好的世界做出贡献。从一定意义上说，奥运会志愿者是奥林匹克精神的象征，是传播奥林匹克精神与志愿精神的载体。

2006 年 11 月 3 日，联合国秘书长科菲·安南提出了一个三年的行动计划，将体育纳入国家发展项目，用以减缓冲突、消除贫困、促进性别的平

---

① 　郑杭生. 从社会学视野看志愿者精神与和谐社会［EB/OL］. 搜狐网. http：//theory. people. com. cn/，2005 - 12 - 05.

等以及消灭其他社会顽疾。科菲·安南在联大报告中指出："将体育更多地纳入发展计划是一项战略，把体育纳入健康、教育、和平与发展项目之中，以体育为手段完成千年发展目标，投入更多的关注和资源在体育对和平与发展的服务之中。"2008年北京奥运会拥有十万名赛会志愿者乃至数千万名微笑活动的参与者，这正是展现体育及志愿服务对和平与发展意义的绝佳机会。

2008年北京奥运会践行"人文奥运"理念，志愿服务吸收来自世界各个国家和地区的友好人士，其所具有的公平、友好精神则在不同国度、不同种族、不同文化参与者之间架起了沟通、理解和友谊的桥梁。在参与北京奥运志愿服务的过程中，人们不分国家和地域，不分民族和种族、不分宗教与文化，大家以诚相见、以情相娱，使全世界的青年有机会了解各国文化，懂得我们的地球村落是由多元文化组成的五彩缤纷的世界，了解各国人民团结友爱的重要性，从而达到促进世界和平的目的。

此外，通过举办2008年奥运会将很好地展示新时期北京和中国的良好形象，这对于中国未来的可持续发展来说将创造出极大的无形价值。历史上，由于种种原因，无论是北京还是中国与世界的交流和沟通的机会较少，渠道较为狭窄，这不仅不利于中国的进一步改革开放，同时也不利于世界真正了解中国。而2008年北京奥运会则给世界和中国提供了一个最佳平台，通过这一窗口，世界将全方位了解中国，中国也将全面走向世界，从而推动中国进一步改革开放。

第四章　新世纪中国竞技体育的
伟大使命与历史责任

　　进入 21 世纪，奥林匹克运动已经与多种国际组织结合在一起，形成了一个全球性的奥林匹克网。在这一个巨大的网络中流动着数量可观的人、财、物、信息等各种资源。令人遗憾的是，奥林匹克运动在全世界获得普及的过程中，一些值得注意的问题已现端倪。奥林匹克运动的全球化的过程伴随着这样一种趋向，即强调西方体育文化，让其他非西方体育文化向西方体育文化看齐。[①] 相对于西方体育文化，包括中国在内的东方体育文化，是弱势文化，处于非主流地位。在东西方文化交流中，中国体育文化一直处于"贸易逆差"的地位。

　　经过百年努力，几代人的奋斗，中国终于实现了世纪梦想，实现了从"东亚病夫"到"体育大国"的崛起，这个过程是中华民族伟大复兴的过程。由此，在体育交流中，我们从一个国际事务的"旁观者"变成了一个积极"参与者"。全球化进程中单一文化潜在的危险与中国文化"软实力"的和平崛起，赋予了中国新的历史使命和历史责任。其中，创造国际体育生态领域的多样性、稳定性[②]，也必将促使我们的角色的转变，在体育国际事务中承担更加重要的责任和发挥更大的作用。

　　在此语境中，必须认真审视新世纪我国竞技体育所面临的机遇与环境，

---

① 任海．奥林匹克运动的全球化与文化的多样性 [J]．体育文化导刊，2002 (1)：81－83.
② 李湘浓，等．我国竞技体育国际角色转负的动因及价值 [J]．天津体育学院学报，2009 (7)：81－83.

充分发掘竞技体育在促进中国社会发展中的积极作用，并能够促使我们以一个大国的身份来考虑这样的问题：中国 21 世纪竞技体育的使命和任务是什么？我们如何为解决这些问题作出自己的努力？

第一节　新世纪中国竞技体育面临的机遇

一、建设小康社会和和谐社会的时代召唤

1979 年，邓小平在会见日本首相大平正芳时，第一次用"小康之家"四个字来描述我国现代化的阶段性目标和蓝图。从此，"小康"、"小康社会"、"小康生活"、"小康水平"等，就成了中国发展战略中的重要概念。1982 年 9 月，党的十二大正式提出到 20 世纪末要使人民生活达到小康水平。1987 年，党的十三大在确认邓小平提出的"三步走"战略时，正式把实现小康作为第二步的战略目标。到 20 世纪末，我们胜利实现了现代化建设"三步走"战略的第二步目标，人民生活总体上达到了小康水平。2002 年党的十六大，进一步规划未来，明确提出了"全面建设小康社会，加快推进社会主义现代化"的战略任务。

根据人民意愿和事业发展需要，及时提出具有感召力的奋斗目标并团结带领广大人民为之奋斗，这是我们党的一个十分重要的领导艺术。党的十七大报告从实际出发，适应国内外形势发展的新变化，顺应人民过上美好生活的新期待，对实现十六大确立的全面建设小康社会目标，提出了新的更高要求，就是增强发展协调性，努力实现经济又好又快发展；扩大社会主义民主，更好保障人民权益和社会公平正义；加强文化建设，明显提高全民族文明素质；加快发展社会事业，全面改善人民生活；建设生态文明，基本形成节约资源能源和保护生态环境的产业结构、增长方式、消费模式。这五个方面的新要求，表明我们追求的小康社会不仅是一个经济目标，更是一个经济、政治、文化、社会全面协调发展的目标；不仅是衡量一个国家富强、民主、文明、和谐的目标，更是衡量人民生活水平、生活

质量的目标。这一新的更高要求，使"全面建设"的内容更加完备，特点更加鲜明，描述更加具体，蓝图更加清晰。按照这一新的更高要求努力奋斗，迎接我们的必将是一个经济更加发展、民主更加健全、文化更加繁荣、社会更加和谐、生态更加文明的全面小康社会。①

　　全面建设小康社会标定了新时期体育事业发展的历史、方位和未来目标，全面建设小康社会，将使我国竞技体育未来发展的社会环境、经济基础、管理模式、运行机制、价值观念等发生重大变化，为体育发展尤其是竞技体育发展创造了难得的机遇。全面建设小康社会的实质是建设更高水平的物质文明和精神文明。竞技体育在我国"两个文明"建设中历来起着独特的作用，竞技体育与时俱进是全面建设小康社会的客观要求。在全面建设小康社会的历史进程中，我国的竞技体育在举国体制、奥运实力、人才培养、基础条件、科技水平、资源配置、项目布局、人力资源等诸多方面，将不断完善并得到发展，逐步确立科学的竞技体育效益观。有学者指出，在全面建设小康社会的指引下，竞技体育将呈现新的特征，如竞技体育的科技含量日益成为提高竞技水平的决定性因素；商业化运作成为竞技体育适应市场经济发展的典型范例；增强观赏性成为培育竞技体育市场的前提；竞技体育的辐射效应不断攀升；人文价值观回归奥林匹克运动，积极防范丑恶现象；"小政府大社会"的市场机制促进了竞技体育的管理体制改革。②

　　新世纪新阶段，我国进入改革发展的关键时期。此时期，我国社会虽然在总体上和谐，但也存在不少影响社会和谐的矛盾和问题：城乡、区域、经济社会发展不平衡，就业、社会保障、收入分配等问题比较突出等。新时代呼唤新理论。党的十六大以来，以胡锦涛同志为总书记的党中央，从中国特色社会主义事业的总体布局和全面建设小康社会的全局出发，全面分析新世纪新阶段的形势和任务，深刻认识我国发展的阶段性特征，明确

---

① 评论员. 领会把握全面小康重大战略目标——四论学习贯彻十七大精神 [N]. 大众日报，2007 - 11 - 01.

② 陈琦. 小康社会体育发展的基本特征 [EB/OL]. 国家体育总局网站，2006 - 11 - 15.

提出了构建社会主义和谐社会的重大战略思想和重大战略任务。从 2002 年党的十六大提出"社会更加和谐"的发展要求，中共十六大和十六届三中全会、四中全会，到 2006 年党的十六届六中全会审议通过《中共中央关于构建社会主义和谐社会若干重大问题的决定》，中国共产党从全面建设小康社会、开创中国特色社会主义事业新局面的全局出发，明确提出构建社会主义和谐社会的战略任务，并将其作为加强党的执政能力建设的重要内容。

中共十六大报告第一次将"社会更加和谐"作为重要目标提出。中共十六届四中全会，进一步提出构建社会主义和谐社会的任务。构建社会主义和谐社会的基本内容是：一要建立起人与人之间互相尊重、互相信任的社会关系；二要全体人民各尽所能、各得其所、和谐相处；三要和谐兴国、和谐创业、和谐安邦。构建社会主义和谐社会，是我们党全心全意为人民服务的根本宗旨所决定的，它完全符合"三个代表"重要思想的要求。进入新时期新阶段，我们党要保持先进性，巩固党的执政地位，提高党的执政能力，就必须努力实现人民群众期盼社会稳定、和谐的愿望。这样，我们才能得到人民群众的拥护，社会主义才能充满活力。[①]

构建社会主义和谐社会与体育事业的发展密切相关，"民主法治、公平正义、诚信友爱、充满活力、安定有序、人与自然和谐相处"，既是构建和谐社会的根本要求，也是指导当代体育发展的重要原则。体育是人类文化的重要组成部分。随着经济发展和社会进步，体育的地位越来越重要、作用越来越突出。体育运动的开展和体育精神的培育，对于促进人们身心健康和社会和谐发展具有不可替代的独特功能和作用。在构建和谐社会的进程中，体育承担着重要的历史使命[②]。竞技体育作为体育运动中最有代表性的组成部分，更是任重道远。体育界只有在深刻理解和谐社会科学内涵基础上，才能在竞技体育工作上立足当前，放眼长远，在推进和谐社会建设的过程中领悟竞技体育的发展使命与担当起历史责任。

---

① 评论员 . 深刻理解构建社会主义和谐社会的重大意义 [N] . 人民日报, 2005 - 02 - 21.
② 刘鹏 . 充分发挥体育在和谐社会建设中的作用 [N] . 中国体育报, 2008 - 02 - 27.

二、经济社会持续全面发展的强劲需求

进入新世纪，特别是十一五发展的新时期，面对国内外环境的复杂变化和重大风险挑战，党中央、国务院审时度势，团结带领全国各族人民，充分发挥我国社会主义制度的政治优势，发挥市场在资源配置中的基础性作用，推动民主政治和法制建设，使国家面貌发生了历史性变化。

党和政府有效应对了国际金融危机巨大冲击，保持了经济平稳较快发展良好态势，战胜了四川汶川特大地震等重大自然灾害，成功举办了北京奥运会、上海世博会和广州亚运会。综合国力大幅提升，2010 年国内生产总值达到 39.8 万亿元，跃居世界第二位，国家财政收入达到 8.3 万亿元；载人航天、探月工程、超级计算机等尖端科技领域实现重大跨越。经济结构调整步伐加快，农业特别是粮食生产连年获得好收成，产业结构优化升级取得积极进展，节能减排和生态环境保护扎实推进，控制温室气体排放取得积极成效，各具特色的区域发展格局初步形成。人民生活明显改善，就业规模持续扩大，城乡居民收入增长是改革开放以来最快的时期之一，各级各类教育快速发展，社会保障体系逐步健全。体制改革有序推进，农村综合改革、医药卫生、财税金融、文化体制等改革取得新突破，发展活力不断显现。对外开放迈上新台阶，进出口总额位居世界第二位，利用外资水平提升，境外投资明显加快，我国国际地位和影响力显著提高。社会主义经济建设、政治建设、文化建设、社会建设以及生态文明建设取得重大进展，谱写了中国特色社会主义事业新篇章。[①]

经过十余年的发展，我国经济社会发展的物质技术基础更加雄厚，有效缓解了我国经济增长中的一些瓶颈制约，为未来时期加快发展创造了有利条件。特别要指出的是，我国仍处于经济社会发展的重大战略机遇期，

---

① 中华人民共和国国民经济和社会发展第十二个五年规划纲要 [EB/OL]．新华社，2011 - 03 - 16.

未来的发展还有巨大的空间。总体上看，我国工业化和城镇化得到了长足发展，但整体水平仍比较低，工业化和城镇化的快速推进，将激发巨大的投资需求和消费需求，为我国经济较快发展提供持续动力。我国人均国内生产总值已超过4000美元，根据国际经验，已经进入居民消费结构和产业结构快速升级的时期。服务业的比重和地位将不断提高，高附加值和高技术产业比重将不断上升，新能源、新材料、新医药、节能环保、航空航天等新兴产业将快速发展，创造出新的消费热点和经济增长点。基础设施建设、生态环境保护、社会事业发展等都蕴藏着巨大的需求和增长的潜力。中国基础设施不单纯是量的扩张，将更加注重质和层次的提高。节能环保领域和"低碳经济"还处于起步阶段。公共教育支出占国内生产总值的比重仍低于4.5%的世界平均水平。此外，就业和社会保障体系尚待完善，文化体育事业发展方兴未艾，发展潜力巨大。①

唯物主义认为，经济基础决定上层建筑，上层建筑对经济基础有反作用，由此形成了经济基础与上层建筑的矛盾运动。由于体育的文化属性，体育和其他文化艺术一样，都是社会活动中的上层建筑部分。因此经济社会的进步与否是影响体育发展的最主要、最根本的因素。经济规模决定着体育的发展规模，经济的条件决定着体育的发展条件，高水平竞技体育进入市场的深度和广度，也受制于国民经济的发展水平。就中国当前的经济社会发展现实来看，国力增强，国运昌盛，为中国体育的崛起提供了最坚实的保证和最强大的动力；而中国体育的日益辉煌又为中国在世界舞台上不断提升的国家形象增光添彩。伴随着人民生活水平的提升与社会文明的进步，公众对高水平竞技体育的期望将日益多元化。这不仅要求我国高水平竞技体育继续在国际体育大赛中争金夺银，为振奋民族精神、增进国家认同作出贡献，同时也要求我国高水平竞技体育，转变发展方式，为促进社会经济发展、丰富人们生活内容、提升人们生活质量等方面发挥重要作用。随着未来五年甚至是十年经济社会的持续快速全面发展，各级政府必

---

① 刘泉. 未来五年中国发展潜力巨大 [N]，人民日报（海外版）. 2011 – 04 – 05.

将高水平竞技体育发展纳入社会发展的总体规划，并随着国民经济的发展，稳定增加对高水平竞技体育的投入，社会也会依据各自的利益诉求，积极参与竞技体育的发展，这些对促进我国竞技体育可持续地保持较快的发展，提供了强劲的动力。

三、辉煌成就与宝贵经验提供了坚实基础

旧中国的竞技体育水平低下，三次参加奥运会没有任何项目进入决赛。建国以后尤其是改革开放后，竞技体育连续取得历史性突破和连续跨越。1956 年，举重运动员陈镜开成为新中国第一个打破世界纪录的运动员。1959 年，乒乓球运动员容国团为新中国取得第一个世界冠军。1984 年，新中国首次参加在洛杉矶举办的夏季奥运会，实现了中国奥运史上金牌"零"的突破；2000 年悉尼夏季奥运会，中国首次进入奥运会金牌榜前三名，金牌总数位居第三，取得了历史性突破；2008 年，北京成功举办了第 29 届夏季奥运会，实现了中华民族的百年梦想，中国体育代表团取得了 51 枚金牌、100 枚奖牌的优异成绩，第一次名列奥运会金牌榜首，创造了中国体育代表团参加奥运会以来最好成绩。据统计，1949 - 2008 年，我国运动员共获得世界冠军 2283 个，其中 1978 - 2008 年共获得世界冠军 2257 个，占建国以来总数的 99%；创超世界纪录 1017 次，占建国以来总数的 85%。

进入新世纪特别是"十一五"时期，我国竞技体育成绩显著，总体实力全面提升，圆满完成了奥运争光任务。5 年间共获得世界冠军 634 个，创造世界纪录 88 次。在第 20 届都灵冬奥会稳中有升；在第 21 届温哥华冬奥会上获 5 金 2 银 4 铜，实现了历史性突破；在第 15 届多哈亚运会、第 16 届广州亚运会分别获得 165 枚、199 枚金牌，第七次、第八次蝉联金牌榜第一位。同时，成功举办了第 6 届全国城市运动会和第 11 届全国运动会等国内综合性赛事。竞技体育体制改革与制度创新取得重要进展，创建了较完备的国际大赛备战与参赛组织体系；以奥运会为龙头的竞赛体制改革取得了一定成效，竞赛活动丰富多样，职业体育和商业赛事不断发展；科教兴体和人才强体的推动作用明显，体教结合不断完善；竞技体育与群众体育，

奥运会项目与非奥运会项目进一步协调发展①。更值得一提的是，2008年北京奥运会隆重举行，竞技体育战线全力以赴做好奥运备战和参赛工作，圆满完成北京奥运会各项参赛任务，取得51金21银28铜，位列金牌榜第一的历史最好成绩，实现了运动成绩和精神文明双丰收，为祖国、为人民赢得了荣誉。

奥运会的成功举办和中国体育的优异成绩，是共和国奋斗进取、繁荣强盛光辉历程的真实写照，是中国改革开放和现代化建设巨大成就的集中展示，是符合中国国情、具有中国特色的体育发展道路的成功实践。竞技体育取得的辉煌成就也为中国新时期竞技体育发展提供了坚实的基础与宝贵的经验。这些基础与经验包括：通过强有力的思想动员激发广大运动员、教练员和体育工作者为国争光的强烈信念，并将其转化为拼搏奋斗、刻苦训练的实际行动；不断创新备战体系，完善备战措施。狠抓科学训练这一备战参赛的核心，提高科学训练水平和训练质量，为创造优异成绩奠定扎实的基础。高度重视运动队思想政治工作，加强体育道德作风建设和文明礼仪教育。高度重视反兴奋剂工作。坚持和完善举国体制，充分发挥举国体制的凝聚力和战斗力。② 未来时期，中国竞技体育的发展，也将在这些宝贵的经验指引下，取得更为辉煌的成就。

四、建设体育强国战略提出的更高要求

在北京奥运会、残奥会总结表彰大会上，胡锦涛总书记对体育工作进行了全面深刻的论述，提出了我国体育事业发展的总目标：要进一步解放思想、实事求是、与时俱进，锐意改革，勇于创新，继续完善各方面体制机制，不断增强各方面工作的活力，要坚持以增强人民体质、提高全民族身体素质和生活质量为目标，高度重视并充分发挥体育在促进人的全面发

---

① 国家体育总局. 竞技体育"十二五"规划［EB/OL］. 国家体育总局网站，2011－02－18.
② 刘鹏. 以科学发展观为统领，努力推动我国 由体育大国向体育强国迈进［EB/OL］. 国家体育总局网站，2009－01－20.

展、促进经济社会发展中的重要作用，实现竞技体育和群众体育协调发展，进一步推动我国由体育大国向体育强国迈进①，指明了新时期中国体育的前进方向和发展目标。这一目标是不断推进中国社会的现代化进程、实现中华民族伟大复兴的历史任务对体育工作的要求，是对我国体育事业贯彻落实科学发展观、面向未来发展目标的科学定位。

刘鹏局长在全国体育局长会议上对贯彻落实胡锦涛总书记在北京奥运会、残奥会总结表彰大会上的重要讲话精神，促进体育强国建设战略目标的实现提出了要求，要求中国体育战线要以胡锦涛总书记的重要讲话为指导、为纲领，在新的更高的起点上进一步树立发展信心，拓宽发展思路，改进发展方式，提高发展质量，增强发展后劲，努力从体育大国向体育强国迈进。

建设体育强国要在科学发展观的统领下，促进包括竞技体育、群众体育、体育产业、体育科技等各类体育事业的全面、协调与可持续发展。高水平的竞技体育能够推动群众体育和社区体育的普及与广泛开展，同时也是体育产业发展的原动力。在构建体育强国中，竞技体育事业的窗口作用更加突出，社会大众对中国竞技体育发展的期望不断提升，竞技体育作为一种体育文化，对丰富社会文化生活，构建和谐社会文化，促进社会经济发展起到积极作用，因此，建设体育强国要继续发展竞技体育，提高运动技术水平，发挥竞技体育在建设体育强国过程中的引领作用。此外，我国竞技体育已经取得辉煌成就，中国竞技体育总体水平已趋于世界领先水平。建设体育强国战略的实践，首先要求我们巩固和保持这种竞技体育优势水平，以竞技体育的发展引领体育事业的全面发展，实现体育强国战略。体育强国的建设也要求中国的竞技体育进一步提升国际影响力，在国际体育事务中争取话语权，加强竞技体育的国际交流和传播，向世界展示和输出优秀的竞技体育文化。②

---

①　胡锦涛．在北京奥运会、残奥会总结表彰大会上的讲话［EB/OL］新华网，2008 - 9 - 29.

②　胡利军．迈进体育强国中国竞技体育发展战略研究，引自体育强国战略研究［M］．北京：人民体育出版社，2010：46 - 48.

当前，我国的竞技体育发展过程中还面临着一些突出矛盾和问题。如竞技体育综合实力和国际竞争力有待提升。在项目结构上，争金夺银的优势项目有限，基础项目及集体球类项目整体水平较低，运动训练和管理科学化水平有待进一步提高。竞技体育国内区域间发展不平衡问题突出，人才培养体制和培养模式仍须进一步改革和完善。法制建设需要加强，赛风赛纪需要进一步净化。职业体育发展仍处在较低水平。竞技体育举国体制建设需要不断完善等等，这些问题不仅严重影响和制约我国竞技体育的发展，也将影响体育强国战略实现。体育强国战略的实施，也必将以解决上述问题和矛盾作为竞技体育全面、协调和可持续发展的重要前提，为其提供重要目标指引、制度保障和动力支持。

第二节　新世纪竞技体育在中国发展中的责任

胡锦涛总书记从坚持社会主义先进文化前进方向、加强社会主义核心价值体系建设的高度阐述了体育发展的重要价值，充分肯定了体育在提高全社会文明素质、激发全民族文化创造力、提高国家文化软实力、丰富社会文化生活、改善群众精神风貌方面的重要作用。

刘鹏局长指出：实现体育事业的新发展、新跨越，就要高度重视、充分实现新时期中国体育的社会价值。全面认识新时期中国体育的社会价值和综合作用，是实现新时期中国体育新发展、新跨越的重要认识基础和思想定位。[1]

竞技体育作为一种不断升腾的社会文化形态，其发展水平已成为一个民族精神的象征、一个国家政治经济强盛的重要标志、科学技术进步的醒目"橱窗"。竞技体育社会功能涵盖度的扩大已引起了各民族、各国家的高度关注，由此在人、财、物等各方面都加大了对竞技体育的投入，杰出体育人才

---

① 刘鹏. 以科学发展观为统领，努力推动我国 由体育大国向体育强国迈进［EB/OL］. 国家体育总局网站，2009 – 01 – 20.

的社会地位与经济地位都得到了明显的提升。竞技体育的"作为",为竞技体育在社会发展中赢得了"地位",形成了社会发展与竞技体育水平的提高紧密相连,从而使竞技体育与社会发展步入了一种良性循环的互动轨道。

一、拉动内需消费,促进经济发展

我国的竞技体育产业虽然在经济效益上还微不足道,但它毕竟是蓬勃向上的朝阳产业。被国民经济统计部门所忽略的是,高水平竞技体育可以带动有关产业的发展,从而有效刺激内需。竞技体育的发展必然扩大对有关产业部门产品或劳务的需求,为这些部门提供市场,推动这些产业的发展。北京奥运会举办前后,亚洲金融风暴曾经影响到世界经济,因此我国制定了扩大内需的战略性经济决策。高水平竞技体育产业抓住了这个机遇,初步实现了在实现为政治服务的基础上,延伸到为经济服务的历史性转变,成为国民经济中一支重要的新生力量。把高水平竞技体育本身定位于精神享受的产品,重视培育市场,刺激消费需求,扩大供给规模,提高服务质量,才能在刺激内需中发挥越来越大的作用。[①]

此外,当前体育事业发展的趋势是体育走向市场,市场推动体育。在市场经济中体育表现出其特定的经济作用,并正在确立它在国民经济中的社会地位和经济地位。而竞技体育也是在社会主义经济条件下,有目的、有计划、有组织、有消费、有产出的社会经济活动,它是随着社会政治、经济的发展而发展的。随着我国综合国力的持续增强,高水平竞技体育产业将在我国国民经济发展中,发挥越来越重要的作用。进入 21 世纪后,我国竞技体育处于发展的关键时期,特别是新世纪奥运争光计划的落实与全面实施竞技体育发展战略目标对我国竞技体育体制提出了新的要求,因此,提高我国竞技体育的效益与效率,既是竞技体育适应社会主义市场体制改革的需要,也是竞技体育自身发展的需要。在市场经济条件下竞技体育的

---

① 高水平竞技运动在我国国民经济和社会发展中的地位和作用 [EB/OL] . 国家体育总局网站,2003 - 07 - 23.

发展将驱动我国经济发展。

首先，竞技体育对经济产生直接的作用力。主要体现在维持发展竞技体育的经济保障、竞技体育赛事经营和竞技体育基础建设等方面。维持竞技体育发展对经济发展的作用，直接表现在项目投资、比赛场馆建设及运动员培养等相关方面，是内需的重要组成部分，它对经济发展起着重要的拉动作用。北京市统计局报告显示，北京奥运会根据投资性质，直接投资1386.97 亿元，间接投资 1438.3 亿元，在 2005 至 2008 年的"奥运投入期"内，北京市的 GDP 年均增速达到 11.8%。由此可见，竞技体育带来的直接经济效果是显而易见的。其次，竞技体育对经济产生间接的作用力。主要是以竞技体育主体或比赛预期而展开的一系列经济活动。它主要包括竞技体育赛事期间所带动的相关产业，如各类体育器材、设备用品、赛时电视转播、住宿、交通、医疗、餐饮等服务。据北京奥组委提供的不完全数据：2008 年北京奥运会各类体育器材、设备用品等价值接近 1.7 亿元；门票收入约为 1.4 亿美元；特许经营收入约 7000 万美元；赛时电视转播、住宿、交通、医疗、餐饮等服务支出 50.92 亿元；体育彩票为奥运筹集公益金约106 亿元。同时还拉动了与奥运经济关系密切的旅游会展业、文化演出业、房地产业、商品零售业、餐饮业、信息咨询业、金融保险业、邮政电信业等行业的经济增长。此外，竞技体育的一些潜在经济拉动效果是无法用价值概念衡量的，如对赛事承办国家和地区的社会、经济文化状况展开的宣传和交流，拉动的社会全方位发展等等。

总之，竞技体育对内需消费的驱动作用巨大，竞技体育是扩大我国内需的重要经济手段，也是发展我国经济的重要措施和组成部分。

二、增进国家认同，提升国际形象

增进国家认同功能是国际竞技体育各种功能中最为突出和鲜明的特色功能，主要表现在"聚民心、振民气、扬国威"三大方面。1894 年，在巴黎举行的恢复奥林匹克运动的大会上，在确定奥运会的指导原则时，顾拜旦提出"政府的支持"是奥运会取得成功的必要条件，并要求国家选择运

动员参加奥运会的比赛，从而清楚地表明运动员所代表的是国家利益，是一个国家形象的体现。爱国主义是一个国家的重要精神支柱。而体育运动对于一个国家培养具有爱国主义的公民有着特殊的作用。从珠峰登顶到"小球转动大球"，从到北京亚运会冲破制裁封锁到台湾海峡两岸运动员同场竞技，从"团结起来，振兴中华"，到奥运会上升国旗、奏国歌，极大地振奋了民族精神，增强了战胜困难的信心，增进了全世界华夏子孙的凝聚力，提升了自强不息、争创一流的自信。这些无不直接地反映出竞技体育在团结各族人民、展现民族精神与风貌、增进中华民族认同与凝聚力、振奋民族信心和积聚民族力量等方面的巨大作用。

中国发展竞技体育事业，与世界各民族在国际体坛平等竞技，始终承载着为国争光，提升中华民族国际形象的历史使命。这也成为我国发展竞技体育的强大动因与旨归。特别是成功举办最大规模的国际竞技体育赛事——奥运会后，竞技体育对提升中国国际政治地位和影响力的作用愈发明显。新加坡《联合早报》在中国获得 2008 年奥运会主办权后评论道："中国获得 2008 年奥运会主办权，并且在年底将要加入世贸组织，象征着中国无论是官方还是在民间层次，都进入国际社会的主流。经过近百年的努力，中国终于在国际上扬眉吐气，所有大国应享有的地位，中国现在全有了。"① 参与北京奥运会开幕式的各国政要共计一百零六名，其中八十一名系元首级领导人，包括总统、总理、国王和王储等，合计有八十多国领袖赴会，是历届之最。胡锦涛先后与时任美国总统布什、俄罗斯总理普京、时任日本首相福田康夫等多国政要，分别进行七十多场首脑外交，取得丰硕成果。显然，北京奥运会的成功举办为伟大中国的和平崛起与大国风范写下了绝佳的注脚。法国总统萨科齐甚至表示："显而易见，拥有灿烂文明和勤劳人民的中国，将有能力为一个和平与发展的世界的崛起作出决定性的贡献。"②

---

① 阮次山：中奥成功后中国面临挑战 [EB/OL]．新加坡的联合早报网，2001－07－17．
② 陈达．北京奥运会开幕式：见证中国大国外交的辉煌一页 [N]．第一财经日报，2008－08－09．

北京奥运会举办前后，广大民众发挥了重要的政治使者作用。一方面，通过宣传、展览、文化交流等多种形式宣传北京奥运会，展示"新北京、新奥运"的风采；另一方面，热情的邀请世界各国民众亲自体验一个充满活力、民主开放和富有人性的中国，从而让国际社会了解真实的中国，争取其最大认同和支持。中国人民对外友好协会会长陈昊苏曾言："就像那些拉拉队员一样，每一个人都可以是外交家。民众是奥运会期间重要的外交力量，帮助树立中国形象。"此外，中国政府和民众在对奥运会火炬接力中出现的不和谐事件的危机处理能力，应对部分反华排华势力借人权、环保营造不利舆论的媒体公关与媒体外交能力，都进一步展示了中国的国际地位的提升与影响力的增加。

三、推动社会进步，建设和谐社会

国家体育总局刘鹏局长曾经指出，体育运动的开展和体育精神的培育，对于促进人们身心健康和社会和谐发展具有不可替代的独特功能和作用。在构建社会主义和谐社会的进程中，体育承担着重要的历史使命。[①]

刘鹏局长就体育对构建和谐社会价值的认识中，既包括大众体育、体育教育、休闲体育的作用，主要体现在体育是人们保持身心健康的有效途径之一，体育不仅仅是一种身体运动，更是一种教育手段、一种生活方式、一种精神载体，体育中蕴涵着深刻的和谐理念与和谐精神；还包括竞技体育对推动社会进步和和谐发展的巨大作用力。竞技体育是体育的重要组成部分，是以体育竞赛为主要特征，以创造优异成绩为主要目标的社会性的体育活动。竞技体育作为现代社会中的一种积极、文明、健康的生活方式以其独特的魅力吸引着人们投身其中，促进了人与自然的融合与交流，促进了人与社会的协调发展，促进了人类自身的和谐发展。主要体现在：

1. 竞技体育推动当前中国社会面貌的更新与群体精神的进取。"更快、更高、更强"，是体育运动的不懈追求。体育运动充满了生生不息的动力和

---

① 刘鹏. 充分发挥体育在和谐社会建设中的作用 [N]. 人民日报，2007 – 06 – 21.

蓬勃向上的活力，培养人们勇敢顽强的性格和迎接挑战、不畏艰险的品质。在体育运动中，人们不断克服困难、跨越障碍、挑战极限、战胜自我，体现了积极进取、勇往直前的人生态度。

2. 竞技体育彰显社会公平正义的基本原则。社会公平正义是社会和谐的基本条件，而公正恰恰是体育运动的灵魂和重要价值尺度。运动场上强调的是"大家站在同一起跑线上"、"横杆面前人人平等"，不按名头评优劣，不以身份排座次，人人平等参与、切磋技艺、展示实力、享受过程。在长期的发展过程中，体育不分种族、性别、信仰，摒弃偏见、歧视、欺诈，追寻并实现着公正的核心价值。

3. 竞技体育推动中国和谐社会所倡导的法制精神的规则至上。规则是体育运动的生命线。在体育竞技场上，规则就是法律，具有不容挑战的权威性。从这个意义上说，体育精神与法治精神天然契合，都追求平等、崇尚秩序、尊重规则。我们所要建设的和谐社会，是一个民主法治的社会。在发展社会主义民主、健全社会主义法制、实现依法治国的进程中，体育可以发挥其独有的作用。

4. 竞技体育推动当前中国社会公民之间的团结友爱。体育既讲公平竞争，又讲分工合作，可以有效地增强人与人之间的认同感、归属感，是消除对立、弥合分歧、缓解矛盾的有效媒介。体育在促进团结、维护和平的事业中扮演着独特而重要的角色，奥运会和各种体育比赛已经成为世界各国各地区人民团结协作的大舞台，成为人类沟通情感、传递友谊的纽带。

四、提供精神动力，繁荣社会文化

党的十七届六中全会对社会主义文化大发展大繁荣进行了全面、系统、深入的论述：改革开放特别是党的十六大以来，我们党始终把文化建设放在党和国家全局工作重要战略地位，坚持物质文明和精神文明两手抓，实行依法治国和以德治国相结合，促进文化事业和文化产业同发展，推动文化建设不断取得新成就，走出了中国特色社会主义文化发展道路。我国文化改革发展，显著提高了全民族思想道德素质和科学文化素质、促进了人的全面发展，显著增强了国家文化软实力，为坚持和发展中国特色社会主义提供了强大精神力量。[①]

国家体育总局刘鹏局长在体育系统和全国体育局长会议上就贯彻落实十七届六中全会精神、推动社会主义文化大发展大繁荣做了重要讲话发表了具有代表性的讲话，他指出：体育是文化的重要组成部分，它集政治影响力、经济生产力、文化传播力、社会亲和力于一体，是建设社会主义先进文化的重要内容，推动社会主义文化大发展、大繁荣就包含着促进体育事业大发展、大繁荣的要求。[②]

就竞技体育而言，对社会主义文化大发展大繁荣的主要责任体现在如下方面：

首先，竞技体育是一个国家和地区综合实力、特别是文化软实力的重要体现。时代越发展，竞技体育就越受各国各地区的重视，人们越来越多地通过竞技体育来了解、评判一个国家和地区的综合实力。各国申办奥运会热情持续高涨，牵动了上至国家元首、下至平民百姓的心。各国都知道通过体育来展现国家、地区的形象，对外扩大影响力、对内为发展提供精神动力。就中国目前的文化发展而言，竞技体育在构建社会主义核心价值体系中，发挥着独特的精神动力作用。十七届六中全会决定中提出要弘扬以爱国主义为核心的民族精神和以改革创新为核心的时代精神，这两个方面，竞技体育都发挥独特作用。国际赛场上奋勇拼搏，为国争光，升国旗奏国歌，增强民族凝聚力、提升民族自豪感、弘扬爱国主义，体育在这些方面功能是独特的，有时甚至是不可替代的。

其次，体育应该说是我国最早对外开放的领域之一。早在改革开放之前，体育就推开了对外开放的大门，因为体育运动有通行的国际规则。

---

① 中共中央关于深化文化体制改革 推动社会主义文化大发展大繁荣若干重大问题的决定 [EB/OL]．新华社，2011－10－10.

② 蒋亚明，邵帅．发挥体育作用 刘鹏谈贯彻落实 17 届六中全会精神 [EB/OL]．中国体育在线，2011－11－17.

1961 年我们举办世乒赛，上世纪 70 年代在北京举行了亚非拉乒乓球友好邀请赛，1971 年的"乒乓外交"，这都是在面对政治、经济封锁，拓展我国国际生存空间的可贵努力。改革开放以来，体育界确立了"冲出亚洲，走向世界"的战略目标。我们不仅积极地参与国际体育竞赛，同时也积极的承担国际体育事务，承办亚洲运动会、世界大学生运动会乃至奥运会，中国体育界全面走向了世界。同时，我们也积极引进适合我国国情的别国体育人才、体育运动项目、体育运行方式、管理制度和经验，在体育发展方式转变的进程中，进行了左右成效的积极探索，较快地进入了国际体育大家庭，成为重要的一员。

此外，竞技体育是重要的文化载体和文化传播窗口。国际竞技体育和音乐一样，是一种通行世界的语言，大家通过体育竞赛相互了解、相互交流，通过体育这个窗口来达到国家和地区之间交流合作、促进文化交流与繁荣的目的。国际体育竞赛能把不同国家、民族、宗教、信仰，甚至还是相互敌对或战争状态中的人们如此大规模地聚在一起，奥运会、亚运会都成为蔚为壮观的文化现象。竞技体育还是一种艺术。不论是观看比赛还是亲自参与竞技体育运动，人们都从中得到美的享受，都从中来满足精神文化需求，而且竞技体育还与其他艺术门类相融合，给音乐、绘画、雕塑、摄影、电影、电视等提供了非常丰富的创作源泉。

第三节　新世纪中国竞技体育在奥林匹克运动中的义务

顾拜旦认为，恢复和建立一个高水平的运动竞赛体系可以鼓励和激励年轻人强身健体，其目的就是要教育青年如何生活，共同追求更加美好的世界。[1] 在现代奥运会复兴的这一个多世纪中，奥林匹克运动已经与政治、经济、文化、商业等紧密结合起来，并在促进社会进步、经济发展、文化

---

[1]　杨桦等.2008 年奥运会提升中国国际地位和声望的研究［M］.北京：中国法制出版社，2007：283.

繁荣等方面发挥了很大作用。但是，随之而来的过度政治化、商业化、职业化，不可避免地产生了一些与奥林匹克理想相违背的现象。

一、奥林匹克运动面临的挑战

（一）政治化倾向

顾拜旦期待着奥林匹克运动不受政治的干预，以保持其"世界和平盛典"的纯洁性和政治的中立性，然而在现实社会中，这种期待往往只是人们的一种美好愿望而已。一方面，奥林匹克运动离不开各国政府的支持和参与；另一方面，各国政府有着自身的利益诉求，并试图通过奥运会追求自身利益的最大化。政府利益诉求带来的政治化倾向，势必对奥林匹克运动的独立性造成影响，也与原有非政治的理想原则发生冲突。

首先，由于某种政治原因，奥运会往往成为一些国家抵制或者报复其他国家的工具。其次是种族歧视，种族歧视也是由于政治原因产生的一种异化现象，使许多有运动天赋的运动员失去了参与的机会，即使有少许人参加，也得不到尊重。再次，由于很多国家对体育的过分政治化渲染，使社会舆论造成运动员、教练员背上沉重的精神压力。过高的社会舆论使运动员感到过大的压力，背上沉重的精神负担，因此，政治干预已成为奥林匹克运动中普遍存在的异化现象。

（二）商业化倾向

市场化运作会给奥运会带来丰厚的经济收益，过分的商业化也给奥运会带来了负面影响。奥林匹克运动的商业化正如一把"双刃剑"，既会给奥林匹克运动带来生机，也带来了威胁和破坏。

现代奥林匹克运动面临过分商业化的严重冲击，存在演变成为商业附庸的危险趋势。现代奥运会由于自身规模的扩大，需要的物质资源早已不能由内部满足，越来越多的依仗商业赞助，在促进其运作的同时，有时也会出现赞助商反客为主的现象，赞助商干预赛程安排的事，时有发生。此外，商业利益、金钱和名誉驱使某些主办者、赞助商，以及一些运动员、教练员不择手段，谋取不该属于他们的利益。充斥着铜臭味的赛场，不仅失去了对运

动员的教育意义，更会影响社会对体育的认知，误导更多的青少年。再者，过分商业化倾向，也使奥运会承办城市的选拔丑闻频频曝光，导致国际奥委会面临严重的信任危机；加之奥运会日益扩大的规模，对奥运会的主办城市的选择往往取决于主办国经济实力，这样一来，发展中国家常常因经济原因而无力承办奥运会，事实上导致发展中国家被"名正言顺"地剥夺举办权。如何使商业的副作用得以控制，如何使奥林匹克运动既不脱离社会现实，又保持一个高尚的道德标准和多元文化的选择，这是一个值得关注的问题。

（三）工具化倾向

发掘人类运动的潜能、不断打破世界纪录、提高运动技术水平，是奥运会巨大的推动力。但人类的自身自然毕竟是一个有限的资源，某些人或组织为追求利益最大化，不愿意正视人类自身自然资源的有限性与不断超越的无限性之间的矛盾，试图通过现代科技的帮助，将运动员工具化（或将自身工具化），去谋取不正当的利益，从而导致运动训练和竞赛异化现象，成为当代奥林匹克运动挥之不去的梦魇。"公平竞争"是奥林匹克运动复兴时的基本信念，代表着现代社会的良好规范，但是为了在比赛中取得胜利，越来越多的运动员、教练员以及管理人员开始采用不正当的手段，导致诸多体育社会问题的产生。

首先，兴奋剂危害性，由于竞技体育的竞争性，运动员为了提高自己的表现水平，想尽办法在比赛中取胜，于是铤而走险使用兴奋剂，不仅损害运动员的身体健康，也损害了竞技体育的健康发展；其次，运动员资格作弊，为达到取得比赛的胜利，获取奖牌，有些运动员、教练员采取篡改年龄等手段，有的甚至于篡改性别；第三，使用不正当手段，谋取不该获得的利益，如收买裁判、贿赂对手、参与赌球，乃至动作粗野不惜伤及对手等不正当方式，使神圣的奥林匹克理想蒙羞。

总之，现代奥林匹克运动的种种异化现象集中表现为奥林匹克理想与现实的冲突，且这种冲突出现了在其内部无法调和与抗拒的局面。现代奥林匹克面临的种种问题，特别是奥林匹克运动自身的矛盾冲突，在原有的理论框架中，已不能自我修复，需要一种新的观念加以调和。

二、弘扬奥林匹克理想

英国的波特兰·罗素在《中国的问题》一书中曾经讲道,中国人已经发现了一种生活方式,并且已经实践了不少世纪,如果他能够被全世界采用,它将会造福于全世界。因此,我们可以预测中国体育文化为代表的东方体育文化的复兴,对中西方体育文化的融合和交流,特别是对世界体育文化格局的单一性、局限性所带来的负面影响,无疑是一剂良药。

国际奥林匹克运动作为联系体育文化的民族性与国际性的一座桥梁,一方面,促进了国家之间、地区之间、民族之间体育文化的交流与融合,承载着融汇各国家、地区、民族优秀文化的责任。另一方面,丰富了各国家、地区、民族体育文化内容。《奥林匹克宪章》提出:奥林匹克运动谋求把体育与文化融合起来。奥运会在它的百年历史中,绝少在西方文化圈以外的地方举行。而且,反观之前在日本和韩国举行的两届,虽然是在东方国家,但是这两个国家仍然处于东方文化的边缘地带,不能促成这两种文化真正的交融和碰撞。2008年北京奥运会让历史悠久的奥林匹克文化与源远流长的中华文明进行了一次划时代的交流与融合,不仅发扬光大了奥林匹克精神,更是中国对奥林匹克运动和世界文化的重要贡献。

三、促进奥林匹克运动健康发展

建立在"和谐"基础上的思想是中国文化的精髓。中国传统文化认为"和谐"既是万物生成的基本前提,也是万物发育的基本保障,并可以作为处理人与内、外部环境关系的理想范式,是中国文化思想的普遍原理。"和谐"是一种在不停运动过程中,通过互补而实现的异质同构的稳态;"和谐"的系统不是寻求不同要素在数量或形态上的对称,而是寻求不同要素在互动过程中实现互补,从而保证整体上的优化;"互补"和不断完善是实现"和谐"的基础与途径。

中国文化精神中以人为本的"和谐"思想完全体现了人文精神,强化了奥林匹克主义原有的和谐思想并弘扬了奥林匹克的人文精神,重新彰明

了"以人为本"原则，它对处理现代社会发展的自然生态环境、人文生态环境和人类自身发展所面临的多种问题，特别是为解决因不断超越引发的"人文危机"、为遏制奥林匹克运动或奥运会的异化都具有积极的价值导向作用。

此外，按照中国传统文化的理解，"和谐"既是一种理想状态，又是一个动态过程。"和谐"不是"中庸"，不是固步自封，更不是委曲求全。而是一种在不停运动过程中，通过互补而实现的、结构功能达到完美配合的"稳态"。这也是基于中国传统文化的"大一统"的整体思想基础之上的。"和谐"在结构体中不是寻求"对称"而是寻求"互补"，从而保证整体功能的最大化。建立在互补基础上的"和谐"，不仅可以为现代奥林匹克运动应对诸多挑战确立价值原则，也为现代奥林匹克运动未来发展，确立了价值取向；它为我们更好地认识和处理不同文化在全球化冲击下的发展模式，提供了解决不同需求在奥林匹克运动中利益追求的实现方式。①

四、弘扬奥林匹克精神

现代奥林匹克运动创建初期，有人问顾拜旦："你所说的奥运会与我们今天所说的世界锦标赛有什么不同？"顾拜旦回答说："我不否认世界锦标赛的存在，我还同意将它作为奥运会的一个组成部分。不过，奥运会还有'别的东西'，正是这'别的东西'使其自有特点，这种特点是在其他种种体育竞赛中找不到的。"顾拜旦所说的"别的东西"就是他称之为"奥林匹克主义"的文化内涵，即：奥林匹克主义是增强体质、意志和精神，并使之全面均衡发展的一种生活哲学。奥林匹克主义把体育运动与文化和教育相融合，谋求创造一种以奋斗为乐、发挥良好榜样的教育作用并尊重基本公德原则为基础的生活方式。

围绕着奥林匹克主义理论，奥林匹克运动初步具备了特定的理论构想和文化精神，如"更快、更高、更强"的奥林匹克格言，"参与比取胜更

---

① 熊晓正，夏永．让中国文化注入奥运精神［J］．中国体育科技，2004（4）：5.

重要"的奥林匹克名言以及"建立在友谊、团结和公平竞赛基础上的相互理解"的奥林匹克精神等。显然，奥林匹克运动的文化精神超越了体育竞技的简单胜负和肌肉运动的直观较量，正如萨马兰奇所言："奥林匹克主义通过体力、艺术和精神的融合而努力塑造完整的人。这意味着她关注所有的人，无论他的年龄、性别和赛场表现。她是一个'装配工'，一种寻求人与人之间相互礼让与理解的独特因素。"

然而，一个不可忽略的事实是，以奥林匹克主义为要义的精神内核体系是以西方体育文化的价值观（古希腊精神品质＋欧美式竞技形式）为基础建构起来的；世纪之交的理论创新也是在奥林匹克原有思想体系内部的调整与修正，还未能真正从跨文化的、世界性的视角汲取"人类文明"的养分，更难以真正实现奥林匹克文化价值的多元化。因此，奥林匹克运动必须建立在全人类文化的基础上得到进一步弘扬和发展。

审视中国体育文化，其中的人文精神体现着人类对真、善、美的追求。中国体育文化的人文精神的宗旨，是对于生命的关怀：仁者，生生之德。这便是中国体育文化中人文精神的血脉。注重人与人之间的和谐，提倡人的自我修养，提倡自律、内省，注重人的自我和谐。有利于纠正一味追求成绩的"超人"情结。中国文化中包含独特的"生态伦理"，在处理人与自然关系上，提出"爱物"，"参赞化育"，在奥林匹克运动的超级化的今天，无疑为其可持续发展提供了一条"绿色之路"。奥林匹克运动的最高目标是追求社会的和谐发展，人的全面发展，进而建立由全面发展的人所组成的和谐社会。中国体育文化的和谐精神，对中国、对世界、对奥林匹克运动，都具有重要的现实意义。以北京奥运会为契机，经历过与奥林匹克文化碰撞与交融的中国体育文化，理应在奥林匹克哲学的更新中发挥更大的启发性与互补性作用，更应该积极主动尝试丰富、完善，甚至是改革奥林匹克理论体系。

第四节　中国竞技体育的伟大使命

近百年以来，世界体育取得了巨大的发展，大众体育、竞技体育成为国际社会生活中一道亮丽的文化风景线，体育产业正在成为相当一部分国家第三产业的新兴支柱产业，体育在社会、经济、文化发展与国际文化交流中发挥着越来越重要的作用，成为最吸引人眼球的国际文化现象之一。世界体育在快速发展的同时，也积累与面临一些亟待解决的问题：如国家与地区间体育发展不平衡问题、国际体育事务参与的权力与机会不平等问题、国际体育界种族与性别歧视问题、奥运会项目设置与评价标准产生的"马太效应"问题，以及滥用兴奋剂、赌球、行贿受贿等问题，不仅危及世界体育的良性发展，也在一定程度上成为导致民族文化冲突或政治对抗的诱因。中国在建设体育强国的历史进程中，除了加强自身的全面发展，也要更多地参与国际体育的发展，参与国际体育秩序的改革与完善，主动承担起更大的国际责任，在世界体育发展中发挥符合与体育大国身份相适应的作用。

一、谋求国际体坛的公平局面

全球化的浪潮下，我们确立了新的外交战略和国家文化战略，以实现中华民族的伟大复兴。我国的竞技体育要以促进世界体坛公平、协调、均衡发展为己任，在世界体坛中树立良好国际形象，为促进世界体育的健康发展发挥重要作用。

其一，中国要为改革与完善国际体育秩序做出贡献。中国作为一个大国，要积极参与到世界体育事务和组织中，积极奉行奥林匹克的公平精神，与发展中国家和地区一道，共同努力创造一个良好的体育国际社会环境，为推动弱势体育文化项目的健康发展，消除洲际间的不公平现象，发挥积极的作用。

其二，中国要坚决维护国际体育公平的公约与准则。中国要以《联合国宪章》、《奥林匹克宪章》、《联合国消除一切形式种族歧视宣言》为依据，坚决反对体育领域内的任何种族歧视，积极提倡吸纳有色人种加入国际体育组织，增加有色人种在体育组织中的话语权，为谋求各个民族参与世界体育事务机会与权力平等发挥积极作用。

其三，中国要积极为发展中国家争取话语权。话语权的差异问题的解决，非一日之功。在 21 世纪，中国要积极推进与发展中国家的体育交流与合作，推进主流民族的体育走向世界，推动非主流地区体育项目进入国际比赛，帮助非国际项目比赛发扬光大，提高其获得国际资源的机会和更多的话语权，进而消除话语权的不平等。

其四，中国要为极力消除性别的不平等作出表率。1978 年联合国教科文组织颁布了《体育运动国际宪章》，并规定"参加体育运动是所有人的一项基本权利"，"要使所有参加体育运动的权力对所有人来说成为现实"；1994 年的《布莱顿妇女与体育宣言》提出，"体育运动是平等公正开展的活动"，"是每个国家文化不可分割的组成部分"。我国积极拥护性别的平等，并且在《宪法》中规定："中华人民共和国妇女在政治的、经济的、文化的、社会的和家庭的生活等各方面享有同男子平等的权利。国家保障妇女同男子平等的权利。"1995 年颁布的《体育法》中也规定了男女平等的问题。在国际体坛中，中国要以相关规定为依据，积极呼吁女性参加国际体育运动中来，提高女性在国际体坛中的数量和地位，并以身作则，为女性获得与男性平等的权利和体育资源而努力，为国际社会树立良好的榜样。

二、推动国际体育的均衡发展

中国要以更高的姿态屹立于世界民族之林，必须培养大国的思维与风范，必须有更多的"大国作为"，担当起更大的国际责任，在国际竞技体育秩序改革与完善中，更有效地维护发展中国家的体育权益。

第一，继续支持发展中国家的体育事业发展，广泛开展国际交流与合作。进一步发展中国家的友好往来和合作关系，继续发扬国际主义援助精神，积极开展与亚洲、非洲及拉美地区国家的体育交流和合作，做好重点

国家和地区的体育援助工作，继续支持亚非拉第三世界国家提高体育竞技水平，完善体育基础设施建设，逐步缩小与发达地区的差距。

第二，进一步加强体育教育与人才培养的合作交流。在广泛开展体育教育、体育科学研究、体育专门人才培养，以及体育学科发展合作交流的基础上，侧重关注发展中国家的体育教育、体育科技、人才培养等发展情况，本着互利、互惠、互补的原则，积极开展相关领域的合作交流。在必要时，派体育教育、科研人员到需要的国家进行交流，为其提供人才、技术支持，以促进其体育教育、体育科研水平提高，缩小与发达国家的差距。中国的高等体育院校和科研机构，在可能的情况下，扩大接受发展中国家的学生、技术人员、教练、科研人员、管理人员来华学习，以培养和提高其体育专门人才，回国后发挥"母机"作用。为最终促进地区间体育发展不平衡差距缩小，做积极贡献。

第三，大力发展体育产业，推动国际体育资本与人才的自由流动。体育产业是我国建设体育强国的"短板"，必须切实采取积极地措施，推进我国体育产业发展，提高"体育产品"的国际竞争力。为此，我们不仅需要国内相关特殊政策扶持，同时也需要一个良好的国际体育市场秩序与环境，以及国际体育资本与人才的自由流动。我们在学习发达国家和地区发展体育产业经验，积极引进其体育资本与人才的同时，要加强与发展中国家合作，从做大、做强地区性体育市场入手，积累经验，打造体育品牌，提升体育产品的竞争力。这不仅有助我国体育产业的全面发展，也有助于发展中国家或地区的体育产业发展和体育事业发展经费的筹集，以最终消除发展中国家和地区体育事业发展面临的资金短缺问题。从而为推进国际体育发展的均衡化打下坚实的经济基础。

三、促进体育多元文化交流

回顾现代体育的发展历史，体育文化发展呈现出时代性与民族性相统一的发展历程。在大多数情况下，全球化发展不仅没有抵消各个民族文化自身的存在，反而在不同文化冲突或比较中，彰显了不同民族文化的独特魅力，唤醒了各个国家和民族维护与发展本民族文化的自觉意识，激发了各个国家或民族推动自身文化走向世界的动力。现代体育文化发展的民族化、多元化正在成为大多数发展中国家与少数民族急切的宏愿。作为一个体育大国，中国有责任和义务推动世界各民族之间传统体育文化的交流，促进世界体育文化多元化发展。

首先，进一步加大体育开放的力度，在与国际体育秩序接轨的同时，与广大发展中国家或地区的体育界一道，抵制试图推行单一文化的文化霸权主义，积极参与现存国际体育秩序的改革完善，为体育文化多元化发展，创建一个良好的制度环境。其次，加强我国体育文化建设，积极稳妥地推进我国民族体育文化的现代化，扶持少数民族体育文化的传承与发展，鼓励各个少数民族体育文化参与国际体育文化交流，努力建设一个时代性与民族性相统一、有中国特色的体育文化体系，促进国内体育文化发展多元化。从而为世界体育文化多元化发展树立一个清新的样板，提供可资借鉴的经验。第三，积极促进地区间与民族间的体育国际合作与交流，顺应世界上绝大多数国家与民族的心愿，积极建言国际体育界创建各民族传统体育项目交流的国际平台，扩大世界各民族体育文化交流的深度与广度，增进民族体育文化间的"对话"机会。同时，推动地区间或民族间的体育文化交流与合作，逐步形成具有不同地区特色的体育赛事、体育节日、体育交易市场和具有民族特色的体育品牌。为国际体育文化交流与多元化发展夯实基础。

我国随着建设体育强国的进程加快，必将会承担越来越多的国际体育事务，在世界体育发展中发挥越来越大的作用。这是不以人们意志为转移的必然趋势。作为一个曾经被帝国主义列强奴役过的发展中大国，我们不会按照帝国主义逻辑，推行霸权主义或文化沙文主义，将自己的文化与发展方式强加于人；而是通过和平竞争的方式来彰显我们制度或文化的优势，与世界各民族一道，创建一个不论国家的大小、无论民族的强弱，平等对话、公平竞争、优势互补、共同发展的国际体育秩序。

促进世界体育文化多元化发展和各民族体育的繁荣昌盛，这既是我们的愿景，也是中国体育界不可推卸的国际义务。

参考文献

［1］胡锦涛总书记在国家体育总局训练局考察奥运备战工作［N］. 人民日报，2008 - 07 - 24.

［2］中国革命战争的战略问题. 毛泽东选集（第一卷）［M］. 北京：人民出版社，1991.

［3］党委会的工作方法. 毛泽东选集（第四卷）［M］. 北京：人民出版社，1991.

［4］阎学通. 中国崛起——国际环境评估［M］. 天津：天津人民出版社，1997.

［5］任东来. 大国崛起的制度框架和思想传统［G］. 北京：北京大学出版社，2004.

［6］阎学通，孙学峰. 中国崛起及其战略［M］. 北京：北京大学出版社，2005.

［7］谷世权. 中国体育史［M］. 北京：北京体育大学出版社，1997.

［8］伍绍祖. 中华人民共和国体育史（1949 - 1998）综合卷［M］. 北京：中国书籍出版社，1999.

［9］袁伟民. 雅典奥运会参赛总结［N］. 中国体育报，2004 - 09 - 05.

［10］田麦久. 国际竞技体育格局的"雅典重组"与中国竞技体育的科学发展［J］. 成都体育学院学报，2005.

［11］叶震. 综合国力显著增强的五十年［J］. 求是，1999.

［12］张彩珍. 论体育［M］. 北京：人民体育出版社，1990.

［13］伍绍祖．中华人民共和国体育史（1949—1998）综合卷［M］．北京：中国书籍出版社，1999.

［14］任海．奥林匹克运动读本［M］．北京：人民体育出版社，2005.

［15］孙有中．国家形象的内涵及其功能［J］．国际论坛，2002.

［16］周园．奥运报道和国家形象塑造［J］．青年记者，2007.

［17］梁晓龙．当代中国体育若干基本理论问题探讨之二——当代中国体育的基本理论和体育发展的基本经验［J］．体育文化导刊，2003.

［18］周西宽．体育基本理论教程［M］．北京：人民体育出版社，2004.

［19］颜绍泸．竞技体育史［M］．北京：人民体育出版社，2006.

［20］陈培德，凌平．举国体制的思想渊源和理论基础［J］．体育文化导刊，2003.

［21］高凤山，张占军，刘建中，等．战后世界经济的增长与高水平竞技运动的发展——简论中国体育发展战略［J］．体育科学，1991.

［22］刘鹏．在2005年全国体育局长会议上的讲话［R］．2005 - 02 - 07.

［23］杨桦，孙淑惠，舒为平，等．坚持和进一步完善我国竞技体育举国体制的研究［J］．北京体育大学学报，2004.

［24］卢文云，唐炎，熊晓正．建国初期我国竞技体育发展模式的历史回眸［R］．西安体育学院学报，2007.

［25］杨桦，陈宁，郝勤，等．改革开放以来中国体育发展战略的演进与思考［R］．成都体育学院学报，2002.

［26］肖林鹏，李宗浩，裴立新．中国竞技体育优先发展战略回顾与总结［R］．上海体育学院学报，2002.

［27］马克思恩格斯选集（第1卷）［M］．北京：人民出版社，1972.

［28］梁晓龙．举国体制：中国发展竞技体育的成功之路（上）［J］．广州体育学院学报，2005.

［29］伍绍祖．中华人民共和国体育史（1949—1998）综合卷［M］．北京：中国书籍出版社，1999．

［30］吴寿章．竞技体育改革方案出台的前前后后［J］．体育文化导刊，2001．

［31］国家体育总局．2001—2010 年体育改革与发展纲要［R］．体育科学，2001．

［32］胡锦涛会见参加第 28 届奥运会中国体育代表团时的讲话［N］．人民日报．2004 - 09 - 03．

［33］刘鹏．充分发挥体育在和谐社会建设中的作用［N］．人民日报，2007 - 05 - 21．

［34］杨桦，等．竞技体育与奥运备战重要问题的研究［M］．北京：北京体育大学出版社，2006．

［35］李抒望．社会主义和谐社会的价值诉求［J］．党建研究，2005．

［36］马志和，等．论我国竞技体育后备人才培养体制的创新［J］．体育科学，2004．

［37］郝勤．社会主义市场经济与新型"举国体制"的形成［J］．体育文化导刊，2005．

［38］夏端阳．我国竞技体操运动可持续发展的若干关系［J］．天津体育学报，2004．

［39］中共中央文献编辑委员会．毛泽东著作选读（下册）［M］．北京：人民出版社，1986．

［40］杨桦．20 世纪 80 年代以来我国竞技体育发展的成功经验及存在的问题［J］．成都体育学院学报，2002．

［41］黄向东，邹克宁，梁田，等．我国田径 50 年来的成功经验［J］．武汉体育学学报，2004．

［42］杨树安．世界竞技体育发展的五大趋势［J］．体育文化导刊，2003．

［43］李铁映．伟大的实践，成功的经验——纪念中国共产党十一届三

中全会 20 周年［J］. 中国社会科学，1999.

［44］田麦久. 运动训练学［M］. 北京：人民体育出版社，2000.

［45］国家体育总局研究课题组. 星光为何这般灿烂——为中国乒乓球队成立 50 周年而作［M］. 求是，2002.

［46］刘爱杰. 我国皮划艇科学训练的探索［J］. 北京体育大学学报，2002.

［47］袁伟民. 在中国代表团参加雅典奥运会总结大会上的讲话［N］. 中国体育报，2004 - 09 - 03.

［48］国家体育总局《乒乓长胜考》研究课题组. 乒乓长盛的训练学探索［M］. 北京：北京体育大学出版社，2002.

［49］李葳. 中国羽毛球队的成功经验与当前任务［J］. 中国体育科技，1986.

［50］杨桦，孙淑惠，舒为平，等. 坚持和进一步完善我国竞技体育举国体制的研究［J］. 北京体育大学学报，2004.

［51］李元伟，鲍明晓，任海，等. 关于进一步完善我国竞技体育举国体制的研究［J］. 中国体育科技，2003.

［52］陈云开. 利用市场机制完善举国体制——实施奥运战略的制度创新［J］. 体育科学，2002.

［53］肖林鹏，李宗浩，裴立新. 中国竞技体育与群众体育协调发展战略回顾［J］. 体育学刊，2002.

［54］刘鹏. 在备战 2008 年奥运会训练工作暨 2006 年冬训大会上的讲话［R］. 2006.

［55］魏冰，李庶鸿，王振涛，等. 影响我国竞技体育可持续发展的基本问题、产生原因及对策［N］. 北京体育大学学报，2002.

［56］段世杰. 在备战 2008 年奥运会本土参赛对策及运动员伤病防治专题会议上的讲话［R］. 2007.

［57］吴寿章，等. 中国 2010 年竞技体育发展战略研究［C］. 全国体育发展战略研讨会论文汇编，1998.

［58］王乐夫，等．公共行政学［M］．北京：高等教育出版社，2006．

［59］［美］弗里蒙特·卡斯特等．组织与管理——系统方法与权变方法［M］．北京：中国社会科学出版社，1985．

［60］［美］H·西蒙．管理行为：管理组织决策过程的研究［M］．北京：北京经济学院出版社，1988．

［61］［美］赫伯特·A·西蒙．管理决策新科学［M］．北京：中国社会科学出版社，1982．

［62］吴寿章．行与思［M］．北京：北京体育大学出版社，2001．

［63］Stephen P. Robbins. Managing Today, Prentice – Hall, Inc, 1997.

［64］陈树文．组织管理学［M］．大连：大连理工大学出版社，2005．

［65］［美］斯蒂芬·P·罗宾斯，玛丽·库尔特．管理学（第7版）［M］．孙健敏，等译．北京：人民大学出版社，2004．

［66］蒋志学，等．2008年北京奥运会的理论与实践．北京：人民体育出版社，2005．

［67］周志忍．当代政府管理的新理念［J］．北京大学学报（哲学社会科学版），2005．

［68］读本编写组．备战2008年奥运会实战案例读本［M］．北京：北京体育大学出版社．2007．

［69］陈效范．体育产业指导［M］．北京：人民体育出版社，1997.6.（78）．

［70］［美］托马斯·彼得斯．乱中求胜——美国管理革命通鉴［M］．北京：中信出版社，1987．

［71］袁守龙．运动项目的本质、特征与规律［M］．北京：北京体育大学出版社，2006．

［72］池建，苗向军．备战2008年奥运会我国奥运优势项目、潜优势项目备战策略［J］．北京体育大学学报，2006．

[73] 陈忠，盛毅华．现代系统科学学［M］．上海：上海科学技术文献出版社，2005.

[74] 简明社会科学词典［M］．上海：上海辞书出版社，1984.

[75] 李永坤．论举重技术的创新与竞赛规则的演变［J］．武汉体育学院学报，2001.

[76] 王芬，等．高水平运动训练与管理研究［M］．北京：北京体育大学出版社，2002.

[77] 田麦久．项群训练理论［M］．人民体育出版社，1997.

[78] 冯连世．优秀运动员身体机能评定方法［M］．人民体育出版社，2003.

[79] 杨桦．励志与使命［M］．北京：北京体育大学出版社，2007.

[80] 黄莉．中华体育精神与竞技体育［J］．中国体育科技，2007.

[81] 杨桦．2008 年奥运会提升中国国际地位和声望的研究［M］．北京：中国法制出版社，2007.

[82] 毛泽东．毛泽东文集（第 2 卷）［M］．北京：人民出版社，1993.

[83] 江泽民．祖国的光荣 人民的骄傲［M］．北京：学习出版社，2000.

[84] 张振亭．中华体育精神［M］．北京：北京体育大学出版社，1996.

[85] 邓小平．邓小平文选（第三卷）［M］．北京：人民出版社，1993.

[86] 李凤莲．跳水运动员腕舟状骨骨折调查分析［J］．中国运动医学杂志，2004.

[87] 郭廷栋．竞技举重运动［M］．北京：人民体育出版社，1990.

[88] 姚磊．我国优秀田径运动员的运动损伤流行病学调查与分析［J］．北京体育大学学报，2007.

[89] 李国平，史和福．游泳运动创伤的流行病学研究［J］．中国运动医学杂志，1998.

［90］安楠，唐涛敏．优秀女子自由跤运动员损伤调查［J］．中国运动医学杂志，2005．

［91］鲍善柱，雷玉平．散打和拳击运动员运动损伤特点的比较研究［J］．山东体育院学报，2006．

［92］刘燕．跆拳道运动员髌下脂肪垫损伤发生机制及治疗探讨［J］．西安体育学院学报，2002．

［93］沈红飞，沈友青．我国赛艇运动员运动寿命的影响因素［J］．武汉体育学院学报，2005．

［94］任素春，任玉衡，史和福，等．赛艇运动员的创伤流行病学研究［J］．中国体育科技，1998．

［95］杨至刚．赛艇和皮划艇运动员腰部损伤发生原因、分型及治疗情况［J］．中国临床康复，2006．

［96］［瑞典］伦斯特伦．运动损伤预防与治疗的临床实践［M］．北京：人民体育出版社，2006．

［97］卫明．足球运动损伤的特点［J］．武汉体育学院学报，2003．

［98］傅明．广东省优秀跳水运动员腰腿痛调查分析［J］．中国运动医学杂志，2002．

［99］张爱卿．动机论：迈向21世纪的动机心理学研究［M］．武汉：华中师范大学出版社，1999．

［100］袁伟民．我的执教之道［M］．北京：人民体育出版社，1988．

［101］全国体育学院教材委员会．运动心理学［M］．北京：人民体育出版社，2005．

［102］［德］克劳塞维茨．战争论2卷［M］．北京：商务印书馆，1982．

［103］刘建和．关于运动竞赛的系统研究［J］．成都体育学院学报，1997．

［104］陈英超．环境学［M］．北京：中国环境科学出版社，2000．

［105］张忠秋，阎国利，吉承恕．自行车运动员专项认知水平眼动特

征的实验研究［J］. 中国体育科技, 2001.

［106］陈南生. 体能类项目优秀运动员不同比赛阶段心理应激水平与血液生化指标变化的相关研究［J］. 解放军体育学院学报, 2000.

［107］张力为. 赛前情绪的因素结构、自陈评定及注意特征［J］. 体育科学, 2000.

［108］张春兴. 教育心理学——三化取向的理论与实践［M］. 杭州: 浙江教育出版社, 1998.

［109］［美］斯腾伯格. 超越IQ——人类智力的三元理论［M］. 俞晓琳, 吴国宏译. 上海: 华东师范大学出版社, 1999.

［110］伍绍祖. 通向奥运冠军之路［M］. 上海: 华东师范大学出版社, 1993.

［111］周晓虹. 现代社会心理学［M］. 上海: 上海人民出版社, 2005.

［112］奚从清, 俞国良. 角色理论研究［M］. 杭州: 杭州大学出版社, 1991.

［113］郑杭生. 社会学概论新修（第三版）［M］. 北京: 中国人民大学出版社, 2006.

［114］王同亿. 语言大典［M］. 海口: 三环出版社, 1990.

［115］夏征农.《辞海》. 上海: 上海辞书出版社, 1999.

［116］钟秉枢, 高峰, 董进霞. 运动员基础训练的人文社科指导［M］. 北京: 北京体育大学出版社, 2005.

［117］杨伟芬. 渗透与互动——广播电视与国际关系［M］. 北京: 北京广播学院出版社, 2000.

［118］郑贵兰. 2008北京奥运会与中国国家形象塑造［J］. 理论观察, 2006.

［119］朱方. 文化传播与国家形象建构——以2008年北京奥运宣传为例［J］. 当代传播, 2006.

［120］顾耀铭. 我看美国媒体［M］. 北京: 新华出版社, 2000.

［121］［美］杰克·富勒．信息时代的新闻价值观［M］．展江译．北京：新华出版社，1999．

［122］Heila Robertson，ed. A Media guide for athletes and their coaches. CAAWS（Canadian association for the Advancement of women and sport and physical avtivity），1998.

［123］熊源伟．公共关系学［M］．合肥：安徽人民出版社，2003．

［124］骆秉全，王子朴．体育公共关系概论［M］．北京：北京体育大学出版社，2002．

［125］张东霞，刘江．如何应对记者［M］．五洲传播出版社，2004．

［126］郎劲松．新闻发言人实务［M］．北京：中国传媒大学出版社，2005．

［127］靖鸣，李勤，汪磊，黄大剑．记者招待会的组织与传播［M］．南宁：广西人民出版社，2004．

［128］胡百精．危机传播管理［M］．北京：中国传媒大学出版社，2005．

［129］史安斌．危机传播与新闻发布［M］．广州：南方日报出版社，2004．

［130］［美］弗雷泽·P·西泰尔．公共关系实务［M］．北京：机械工业出版社，2004．

［131］Andy Lopez，John Kirkgard. Coaching baseball successfully. Human Kinetics Publishers，1996.

［132］Joe Newton，Joe Henderson. Coaching Cross Country Successfully. Human Kinetics Publishers，1998.

［133］Dick Hannula. Coaching Swimming Successfully. Human Kinetics Publishers，2003.

［134］United States Tennis Association. Coaching Tennis Successfully. Human Kinetics Publishers，2004.

［135］Sally Kus. Coaching Volleyball Successfully. Human Kinetics Publishers，

2004.

　　[136] 吴建民．交流学十四讲［M］，杭州：浙江人民出版社，2004.

　　[137] ［美］乔治·莫利斯．从容面对媒体［J］．北京：中国轻工业出版社，2005.

　　[138] Bob Reade. Coaching Football Successfully. Human Kinetics Publishers，1993.

　　[139] 刘建明．宣传舆论学大辞典［M］．北京：经济日报出版社，1992.

　　[140] 甘惜分．新闻学大辞典［M］．郑州：河南人民出版社，1993.

　　[141] 马克思．路易·波拿巴的雾月十八日［C］．马克思恩格斯选集（第一卷），1995：603.

　　[142] 江泽民．高举邓小平理论伟大旗帜，把建设有中国特色社会主义事业全面推向二十一世纪［C］．江泽民文选第二卷．北京：人民出版社，2006.

　　[143] 熊晓正．中华人民共和国体育的历史基础［J］．体育文化导刊，1999.

　　[144] 张晓义，等．中国选择奥林匹克的历史必然［J］．体育学刊，2008.

　　[145] 熊晓正，林登辕．20世纪中国人体育认识的轨迹［J］．体育文史，1997.

　　[146] 冯文彬．新民主主义的国民体育——在全国体育总会筹备会议上的报告［J］．新体育，1950.

　　[147] 熊晓正．中国体育［M］．北京：北京出版社，1995.

　　[148] 何振梁．在两次申奥时的陈述［J］．今日中国论坛，2008.

　　[149] 高帆．中国走向大国经济面临的挑战［J］．战略管理，2007.

　　[150] 胡锦涛．在北京奥运会、残奥会总结表彰大会上的讲话［N］．人民日报，2008－09－30.

　　[151] 任仲平．北京拥抱世界［J］．中国民营科技与经济，2008.

［152］邓小平．解放思想，实事求是，团结一致向前看［C］．邓小平文选（第2卷），北京：人民出版社，1994.

［153］抓住北京申奥成功的机遇乘势而上，奋力推进各项事业［J］．党建，2001.

［154］任海．北京奥运：东西文化的对话与交融［J］．体育博览，2001.

［155］刘勇，等．校园体育文化本质探析［J］．西安体育学院学报，2006.

［156］陈绍艳，杨风华．奥运会对承办国竞技体育实力的影响［J］．体育学刊，2006.

［157］J. A Samarach, M. Moragas ed. Volunteers, Global Society and the Olympic Movement［C］．IOC，1999.

［158］J. Rogge. Volunteerism［J］．Olympic Review，2002.

［159］任海．奥林匹克运动的全球化与文化的多样性［J］．体育文化导刊，2002.

［160］张晓义，刘彤．国际体坛不平等现象的社会学分析及中国竞技体育的使命［J］．北京体育大学学报，2008.

［161］［美］科克利．体育社会学——问题与争议［M］．管兵，等译．北京：清华大学出版社，2003.

［162］单绿叶．国际体坛中性别歧视现象的历史分析［J］．北京体育大学学报，2008.

［163］熊晓正，夏永．让中国文化注入奥运精神［J］．中国体育科技，2004.

［164］陈新．文化全球化背景下我国体育文化的认同［J］．体育文化导刊，2007.

［165］杨阳．浅析文化在国际关系中的作用［J］．现代国际关系，2002.

［166］马克思恩格斯选集（第3卷）［M］．北京：人民出版社，1979.

［167］王岳川．发现东方［M］．北京：北京图书馆出版社，2003.

图书在版编目（CIP）数据

我国奥运会备战参赛的理论与实践/杨桦主编.
—北京：中国法制出版社，2012.3
ISBN 978 - 7 - 5093 - 3626 - 7

Ⅰ. ①我… Ⅱ. ①杨… Ⅲ. ①奥运会 - 工作 - 研究 -
中国 Ⅳ. ①G811. 21

中国版本图书馆 CIP 数据核字（2012）第 047619 号

责任编辑　王佩琳　　　　　　　　　　　　　　　封面设计　李　宁

我国奥运会备战参赛的理论与实践
WOGUO AOYUNHUI BEIZHANCANSAI DE LILUN YU SHIJIAN

主编/杨桦
经销/新华书店
印刷/三河市紫恒印装有限公司
开本/787×1092 毫米　16　　　　　　　印张/ 57.75　字数/ 690 千
版次/2012 年 6 月第 1 版　　　　　　　　2012 年 6 月第 1 次印刷

中国法制出版社出版
书号 ISBN 978 - 7 - 5093 - 3626 - 7　　　　　　　　　定价：198.00 元

北京西单横二条 2 号　邮政编码 100031　　　　　　　传真：66031119
网址：http：//www. zgfzs. com　　　　　　编辑部电话：010 - 66038139
市场营销部电话：010 - 66017726　　　　　邮购部电话：010 - 66033288